Sigrid Dordel

Bewegungsförderung in der Schule

Handbuch des Sportförderunterrichts

Sigrid Dordel

Bewegungsförderung in der Schule

Handbuch des Sportförderunterrichts

 verlag modernes lernen - Dortmund

© 1987 verlag modernes lernen, Borgmann KG, D - 44139 Dortmund

4., überarbeitete und erweiterte Aufl. 2003

Illustrationen: Sylvie Beauvineau (Seite 131, 135-139, 141, 144, 148, 150, 152, 153, 157, 159, 160, 190-192, 195, 197, 199, 200, 202, 205, 206, 209, 211-214, 216, 217u., 219, 221, 223, 226-229, 233, 234, 293, 296, 297, 338, 400, 444-446)

Titelbild: Wolfgang Beudels

Herstellung: Löer Druck GmbH, 44139 Dortmund

 Bestell-Nr. 1124 ISBN 3-8080-0447-9

Urheberrecht beachten!
Alle Rechte der Wiedergabe dieses Fachbuches zur beruflichen Weiterbildung, auch auszugsweise und in jeder Form, liegen beim Verlag. Mit der Zahlung des Kaufpreises verpflichtet sich der Eigentümer des Werkes, unter Ausschluss der § 52a und § 53 UrhG., keine Vervielfältigungen, Fotokopien, Übersetzungen, Mikroverfilmungen und keine elektronische, optische Speicherung und Verarbeitung (z.B. Intranet), auch für den privaten Gebrauch oder Zwecke der Unterrichtsgestaltung, ohne schriftliche Genehmigung durch den Verlag anzufertigen. Er hat auch dafür Sorge zu tragen, dass dies nicht durch Dritte geschieht.

Zuwiderhandlungen werden strafrechtlich verfolgt und berechtigen den Verlag zu Schadenersatzforderungen.

Inhalt

Vorwort		**9**
1.	**Zur Bedeutung motorischer Förderung im Kindesalter**	**11**
1.1	Ein historischer Exkurs	11
1.2	„Kindheit heute"	26
1.3	Gesundheit / Gesundheitsförderung durch Bewegung, Spiel und Sport	42
1.4	Sportförderunterricht als Maßnahme der Schule	55
	1.4.1 Institutionelle Vorgaben und organisatorischer Rahmen	55
	1.4.2 Motorische Auffälligkeiten im Schulalter – Reduzierte motorische Kompetenz infolge veränderter Entwicklungsbedingungen?	65
	1.4.3 Zur Wirksamkeit motorischer Förderung	100
2.	**Grundlagen von Haltung und Bewegung**	**107**
2.1	Motorik – grundlegende Aspekte der Bewegungslehre	107
2.2	Steuerung und Regelung von Haltung und Bewegung	114
	2.2.1 Struktur und Funktion des Nervensystems	115
	2.2.2 Der Muskel	122
	2.2.3 Die Sinnesorgane	128
	2.2.4 Das Zentralnervensystem	144
	2.2.5 Das vegetative Nervensystem	161
	2.2.6 Steuerung und Regelung der Motorik	162
	2.2.7 Wahrnehmung	170
2.3	Bereitstellung und Umwandlung von Energie	173
	2.3.1 Das Herz-Kreislauf-Atmungs-System	173
	2.3.2 Zur Energieversorgung im Muskel	184
2.4	Der Bewegungsapparat	189
	2.4.1 Funktionell-anatomische Grundlagen im Bereich von Fuß und Bein	189
	2.4.2 Funktionell-anatomische Grundlagen im Bereich des Rumpfes	204
2.5	Zum Phänomen „Haltung"	232
3.	**Entwicklung der Motorik**	**239**
3.1	Zur Bedeutung der Motorik für die Entwicklung der Kindes	239
3.2	Motorische Entwicklung als Funktion von Reifung und Übung	244
3.3	Entwicklung der Wahrnehmung	253

3.4	Entwicklung koordinativer Fähigkeiten und motorischer Fertigkeiten	265
3.5	Entwicklung von Ausdauer, Kraft, Schnelligkeit und Flexibilität	276
3.6	Entwicklung der Haltung	290

4. Motorische Auffälligkeiten – Ursachen, Erscheinungsformen, Beurteilungsverfahren und Maßnahmen der Intervention   299

4.1	Zum Problem der Norm	299
4.2	Mögliche Ursachen und Auswirkungen motorischer Auffälligkeiten	301
4.3	Erscheinungsformen motorischer Auffälligkeiten	309
	4.3.1 Motorisches Verhalten – Verhaltensauffälligkeiten	309
	4.3.2 Wahrnehmung – Wahrnehmungsstörungen	314
	4.3.3 Koordination – Koordinationsschwäche und -störung	320
	4.3.4 Haltung – Haltungsschwäche und -schaden	334
	4.3.5 Ausdauer – Ausdauerschwäche	349
4.4	Beurteilung von Haltung und Bewegung	354
	4.4.1 Grundlagen der Haltungs- und Bewegungsbeurteilung	354
	4.4.2 Motodiagnostik	356
	4.4.3 Aspekte der Verhaltensbeurteilung	388
	4.4.4 Verfahren der Haltungsbeurteilung	392
	4.4.5 Verfahren zur Beurteilung der Ausdauerleistungsfähigkeit	412
	4.4.6 Beurteilung von Haltung und Bewegung im Rahmen des Sportförderunterrichts – Auswahl- und Kontrollverfahren	419
4.5	Förderung motorischer Leistungsfähigkeit im Sportförderunterricht	429
	4.5.1 Motorisches Lernen – Üben – Trainieren	429
	4.5.2 Koordinationsschulung – Wahrnehmungsschulung	435
	4.5.3 Förderung von Ausdauer, Kraft, Schnelligkeit und Flexibilität	439
	4.5.4 Haltungsschulung	456

5. Didaktisch-methodische Überlegungen zum Sportförderunterricht   463

5.1	Zielsetzungen und Schwerpunkte der Bewegungsförderung	463
5.2	Zur Planung und Durchführung des Sportförderunterrichts	469
	5.2.1 Voraussetzungen für die Planung	469
	5.2.2 Jahresplanung	472

	5.2.3 Planung einer Unterrichtseinheit	474
	5.2.4 Bewegungslandschaften im Sportförderunterricht	482
5.3	Lehrerverhalten – Schülerverhalten	489
	5.3.1 Zur Person des Lehrers	489
	5.3.2 Aspekte einer ganzheitlichen Entwicklungsförderung	493
	5.3.3 Zum Umgang mit auffälligem Verhalten	506
	5.3.4 Behinderte und chronisch kranke Kinder im Sportförderunterricht	512
5.4	Bewegungsförderung im Rahmen einer „Bewegten Schule"	525

6. Vorschläge für die Unterrichtspraxis **535**
   6.1 Förderung der Bewegungskoordination   535
   6.2 Förderung der Haltungsleistungsfähigkeit   580
      6.2.1 Zur Haltungsleistungsfähigkeit im Bereich von Fuß und Bein   581
      6.2.2 Zur Haltungsleistungsfähigkeit des Rumpfes   589
   6.3 Förderung der Ausdauerleistungsfähigkeit   611

Anhang: KMK-Empfehlungen   **616**

Literatur   **622**

Stichwortverzeichnis   **672**

Glossar   **676**

Vorwort

Der Gesundheitsförderung kommt traditionell im Rahmen schulischer Förderung ein hoher Stellenwert zu. Für deren Realisierung gilt der Bewegungs- und Sportunterricht bzw. der Schulsport als besonders geeignetes Feld.

Spätestens seit der Einführung der ersten Kurse des orthopädischen Schulturnens Anfang des zwanzigsten Jahrhunderts findet die Idee einer gezielten Förderung durch Bewegung für einzelne, in ihrer Gesundheit gefährdete Kinder auch ihren Niederschlag in schulischen Richtlinien und Lehrplänen sowie in besonderen Bestimmungen für die Ausbildung von Lehrkräften in diesem Fach. Das Konzept einer Bewegungsförderung in Kleingruppen – zusätzlich zum regulären Sportunterricht, erteilt durch Lehrer, die hierfür eine besondere Qualifikation erworben haben, – hat sich im Verlauf des vergangenen Jahrhunderts stetig fortentwickelt: Diese Entwicklung folgt den vielfältigen Veränderungen in der Gesellschaft, auf die die Institution Schule reagieren muss; hinzu kommen Veränderungen im Verständnis von Gesundheit, mit dem sich auch veränderte Anforderungen an die Gesundheitsförderung ergeben.

Je nach Herkunft, Lebensraum und individueller Sozialisation bieten sich dem einzelnen Kind heute gute Chancen für seine Entwicklung; es bestehen aber auch erhebliche Gefahren. Als besondere Gefährdung wird der weit verbreitete Bewegungsmangel hervorgehoben, insbesondere ein Mangel an elementaren Wahrnehmungs- und Bewegungserfahrungen im Zusammenhang mit einer Reduzierung der Selbsttätigkeit und einseitigen Belastungen / Überlastungen zum Beispiel bei übermäßigem Medienkonsum. Bewegungsmangel kann zu körperlichen und motorischen Entwicklungsrückständen führen; diese wiederum sind häufig mit psychomotorischen und psychosozialen Auffälligkeiten sowie Auffälligkeiten im Lern- und Leistungsverhalten der Kinder verbunden.

Dem Sportförderunterricht – als Nachfolger des orthopädischen Schulturnens, der vorbeugenden und ausgleichenden Leibesübungen und des Schulsonderturnens – liegt heute das Konzept einer umfassenden Bewegungsförderung, einer Förderung durch Bewegung zu Grunde. Ziel ist eine ganzheitliche Entwicklungsförderung, die sich an der individuellen Lebenssituation eines jeden Kindes orientiert. Über Bewegung, Spiel und Sport werden Impulse gesetzt zur Prävention bzw. Kompensation körperlicher Leistungsschwäche und motorischer bzw. psychomotorischer und psychosozialer Auffälligkeiten, um Gesundheit und Wohlbefinden eines Kindes zu steigern. Durch Unterstützung der Entwicklung eines positiven Selbstkonzepts und Stärkung sozialer Kompetenz können Kinder besser in das Schulleben eingebunden, ihre Schulzufriedenheit gefördert und damit auch ihre Lern- und Leistungsfähigkeit günstig beeinflusst werden.
Positive Entwicklungstendenzen sollten nach Möglichkeit auch in den außerschulischen Lebensbereich der Kinder hineinwirken. Hierfür sind Austausch und Kooperation der Lehrer mit den Bezugspersonen eines Kindes erforder-

lich; Tendenzen und Angebote des öffentlichen Sports und Bewegungslebens müssen wahrgenommen und in den Sportförderunterricht integriert werden.

Das vorliegende Buch gibt einen Einblick in den Problemkreis körperlicher Leistungsschwäche und motorischer Auffälligkeiten. Dabei finden biologische Grundlagen, mögliche Ursachen und Erscheinungsformen sowie Fördermaßnahmen gleichermaßen Berücksichtigung; besonderes Gewicht wird auf Verfahren der Haltungs- und Bewegungsbeurteilung gelegt. Eine erfolgreiche Förderung durch Bewegung setzt zwingend grundlegende Kenntnisse über den Bewegungsapparat sowie über Steuerung und Regelung der Motorik sowie die Bedeutung der Motorik für allgemeine Entwicklungsprozesse voraus; erst auf dieser Basis können sorgfältige und umfassende Haltungs- und Bewegungsbeobachtungen zu einer sinnvollen Interpretation individuellen Bewegungsverhaltens führen und Planung und Durchführung einer gezielten motorischen Intervention gelingen.

Zielgruppe des Sportförderunterrichts sind hauptsächlich Grundschulkinder, da präventive wie auch kompensatorische Maßnahmen möglichst frühzeitig Einsatz finden sollten, um die Entwicklung bestmöglich unterstützen zu können. Es empfiehlt sich, schon im Elementarbereich auf Entwicklungsauffälligkeiten und -störungen zu achten und betroffene Kinder gezielt zu fördern.

Das Handbuch versteht sich in erster Linie als Grundlage der Aus- und Fortbildung im Bereich Sportförderunterricht für Studierende der Studiengänge Sport sowie für Sport unterrichtende Lehrkräfte. Es werden aber generell Prinzipien der Prävention und Kompensation durch Bewegung, Spiel und Sport vermittelt, die auch außerhalb der Schule und über das Schulalter hinaus Gültigkeit haben. Das Konzept einer Förderung durch Bewegung sollte über die schulische Institution Sportförderunterricht hinaus in viele Felder des Freizeit- und Breitensports Eingang finden.

Sigrid Dordel

1. Zur Bedeutung motorischer Förderung im Kindesalter

1.1 Ein historischer Exkurs

Von der medizinischen Gymnastik zum orthopädischen Schulturnen

Bewegung, Spiel und Sport sind für die Gesundheit des Menschen wertvoll, wenn nicht unverzichtbar. Bewegung ist eine Grundfunktion menschlichen Lebens – Bewegung ist Leben ...
Dieses ist seit dem Altertum Thema medizinischer wie auch pädagogisch orientierter Schriften. Eine intensive Diskussion um den Nutzen der Bewegung für die Erhaltung und die Förderung der Gesundheit – auch der Gesundheit von Kindern – lässt sich insbesondere seit der Mitte des 18. Jahrhunderts verfolgen; hier liegen in der Neuzeit die historischen Wurzeln einer gezielten Förderung der Entwicklung durch Bewegung.

Andry und *Tissot* sollen als *Vertreter dieser Zeit*, die sich auch mit dem Problem einer „guten Haltung" beschäftigen, stellvertretend für zwei sich parallel entwickelnde, teilweise konkurrierende therapeutische Richtungen genannt werden:
- *einerseits ein überwiegend passiv-apparativ ausgerichtetes, die Haltung korrigierendes System,*
- *andererseits ein Konzept aktiver Maßnahmen, in dem Gesundheit und Haltung hauptsächlich durch Bewegung gefördert werden.*

Auf *Andry* geht der Begriff „*Orthopädie*" zurück: er hat „nemlich aus Orthos, welches gerade, von Ungestalt befreyet, was nach der Richtigkeit ist, heisset, und aus Pädion, welches ein Kind bedeutet ... das Wort Orthopädie gemacht um mit einem Ausdrucke den Vorsatz auszudrücken, den (er sich) vorgenommen (hat), nemlich verschiedene Mittel zu lehren, bey den Kindern die Ungestaltheiten des Körpers zu verhüten und zu verbessern" (Andry 1741, dt. Übers. 1744, 2).
Er beschäftigt sich insbesondere mit der *Vorbeugung und der Behandlung von Fehlhaltungen und Fehlbildungen des Skeletts bei Kindern*. Diese werden sowohl auf innere als auch auf äußere Faktoren zurückgeführt. Einen wichtigen äußeren Faktor bei der Entstehung von Wirbelsäulenverkrümmungen stellen ungünstige Haltungsgewohnheiten dar; als besonders problematisch sieht Andry eine lang andauernde Sitzhaltung in nicht körpergerechtem und nicht der Körpergröße entsprechend angepasstem Mobiliar an.
Die Vorstellung, dass von außen einwirkende Faktoren bedeutenden Einfluss auf die Entwicklung der Körperhaltung haben, findet ihren Ausdruck in dem Vergleich des Kindes mit einer Pflanze: ein Baum, der nicht gerade wächst, wird durch einen Stab „erzogen", also von außen korrigiert (Abb.1-1). Entsprechend soll der im Wachstum befindliche kindliche Organismus durch mechanische Korrektur beeinflusst werden. Dieser Vorstellung entsprechend werden Apparaturen

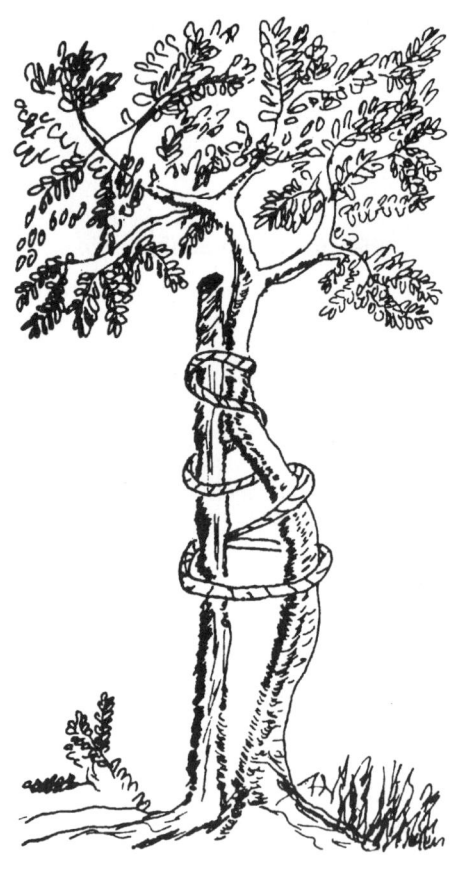

Abb. 1-1: Analogie Kind – Pflanze
(nach: Andry 1744)

zur „Geraderichtung" des Körpers entwickelt (Abb.1-2a/b), die vielfach modifiziert weite Verbreitung finden (vgl. Valentin 1961).

Andry weist aber auch auf die Bedeutung der Bewegung, des natürlichen Bewegungsdrangs von Kindern hin; er empfiehlt „mäßige Leibesübung" (1744, 569) sowie die Heilkraft von Luft und Wasser für die Erhaltung der Gesundheit.

Während Andry Bewegung eher als allgemein bedeutsam versteht und hauptsächlich vorbeugend einsetzt, empfiehlt *Tissot* speziell *angepasste Leibesübungen zur Verbesserung der körperlichen Kondition und zum Ausgleich bestimmter Schwächen oder Störungen.* Er legt eine umfassende und wegweisende Darstellung der medizinischen Gymnastik vor: „Medicinische und chirurgische Gymnastik, oder Versuch über den Nutzen der Bewegung oder der verschiedenen Leibesübungen und der Ruhe bey Heilung der Krankheiten" (Tissot 1780, dt. Übers. 1782).

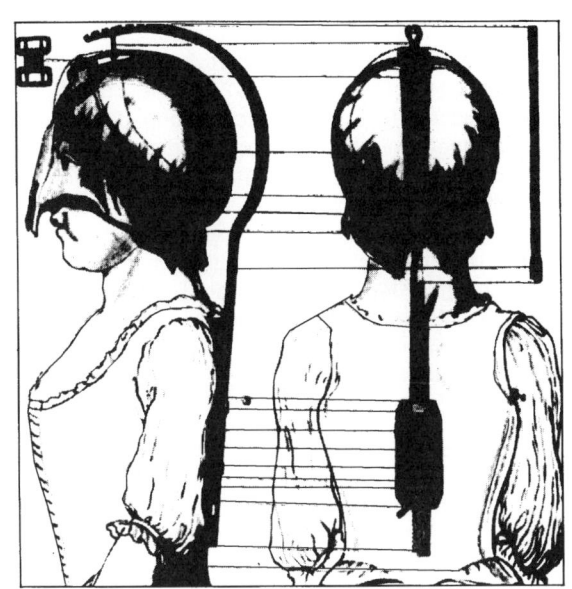

Abb. 1-2a: Apparate zur „Geraderichtung" – Korsett von ROUX 1762 (nach: Valentin 1961)

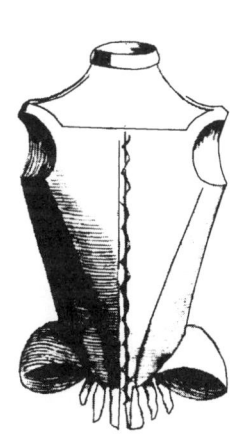 

Abb. 1-2b: Apparate zur „Geraderichtung" – Eisenkorsett von Levacher de la Feutre 1792 (nach: Valentin 1961)

Bei der medizinischen Gymnastik werden auf der Grundlage einer möglichst genauen Diagnose geeignete Übungen ausgewählt und deren Intensität und Wiederholungszahl festgelegt; die einzelnen Aufgaben sollen auch auf das Alter des Patienten abgestimmt sein. Als Leitsatz gilt: „Die Bewegung kann oft an die Stelle der Arzneyen gesetzt werden, alle nur möglichen Arzneyen hingegen nie die Stelle der Bewegung vertreten" (Tissot 1782, 27).

Die *Verbreitung und Weiterentwicklung der medizinischen – später: orthopädischen – Gymnastik* wird gefördert durch die Gründung von Orthopädischen Instituten an vielen Orten Europas. In Deutschland ist Jakob Heine der erste, der 1832 in seiner 1829 gegründeten Orthopädischen Heilanstalt in Canstatt bei Stuttgart die medizinische bzw. orthopädische Gymnastik einführt (Valentin 1961). Mit besonderem Nachdruck verfolgt Schreber, von 1844 bis 1861 Leiter der „Gymnastisch-orthopädischen Heilanstalt" in Leipzig, die Idee einer Heilgymnastik, die vorbeugend eingesetzt werden kann, die aber auch ausgleichende bzw. therapeutische Wirkungen zeigt. Wichtige Monographien kennzeichnen Schrebers Arbeitsbereich: „Kinesiatrische oder die gymnastische Heilmethode" (1852), „Die schädlichen Körperhaltungen und Gewohnheiten der Kinder" (1853) und die „Ärztliche Zimmergymnastik" (1855). In Schrebers Heilgymnastik finden sich auch turnerische Übungsformen, die von Jahn und Eiselen (1816) in „Die deutsche Turnkunst" beschrieben worden waren (vgl. Scholtzmethner 1976).

Wesentliche Impulse für die Entwicklung der Orthopädischen Gymnastik gehen aber von der *Schwedischen Gymnastik* aus, die Pehr Hendrik Ling in seinem 1813 in Stockholm gegründeten Gymnastik-Central-Institut anwendet. Die Schwedische Gymnastik, unterteilt in die „pädagogische", die „militärische" und die „ästhetische" Gymnastik sowie die „Heilgymnastik", gilt als ein System funktionell begründeter Übungen, das in seiner Einfachheit und Klarheit überzeugt. Es werden einzelne Übungen mit ihrer Wirkung und angemessener Übungsintensität, möglicherweise fehlerhafter Ausführung und entsprechend notwendiger Korrektur beschrieben. Dieses System hat nahezu Rezeptcharakter und erscheint dadurch in seiner Anwendung problemlos. Die Schwedische Gymnastik findet als Heilgymnastik in der Orthopädie Anerkennung und weite Verbreitung.

Das System der Schwedischen Gymnastik wird wesentlich von Hjalmar Ling, einem Sohn P.H. Lings, durch den Einsatz von Geräten und eine pädagogische, auch didaktisch-methodische Begründung der Übungen weiterentwickelt zum *Schwedischen Schulturnen*. Im täglichen Wechsel werden Übungsprogramme zur Körperbildung eingesetzt, die auch den Ausgleich von Haltungsfehlern, die durch das Sitzen in der Schule entstehen können, zum Ziel haben. Übungen der klassischen orthopädischen Gymnastik wie z.B. Redressionsübungen finden dagegen keine Berücksichtigung im Schulturnen.

So wie in Schweden die ursprünglich medizinische Sichtweise eines Systems funktionell begründeter Gymnastik durch pädagogische Aspekte erweitert in das Schulturnen integriert wird, so findet auch in Deutschland der *Anspruch eines gesundheitlich orientierten Konzepts schulischer Leibesübungen* immer stärker Beachtung. Besonderes Gewicht erhält in diesem Zusammenhang die Erkenntnis, dass das Sitzen in der Schule ursächlich im Zusammenhang steht mit der großen Zahl von Haltungsschwächen bei Kindern; wenn aber die Schule (mit)verantwortlich ist für die Entstehung dieser gesundheitlichen Störungen und Fehlentwicklungen, so hat sie auch Sorge zu tragen für den Ausgleich, besser noch für eine Vorbeugung gegenüber diesen Störungen. Auf diese Zusammenhänge weist Frank, der als Begründer des öffentlichen Gesundheitswesens gilt, schon Ende des 18. Jahrhunderts hin; Faust (1794) gibt in seinem „Gesundheits-Katechismus zum Gebrauche in den Schulen und beym häuslichen Unterricht" konkrete Hinweise auf mögliche Gefährdungen, aber auch auf eine sinnvolle Förderung der Entwicklung von Kindern. Koch (1830) beschreibt systematisch die Entstehung von Haltungsschwächen und die Bedeutung der Erziehung für die Entwicklung eines Kindes. Als Amtsarzt macht Lorinser (1836) eindringlich auf die Gefahr einer körperlichen und psychischen Überlastung von Kindern durch die Schule aufmerksam (vgl. Scholtzmethner 1976).

Als Direktor der „Herzogl. Anhalt-Dessauischen gymnastisch-orthopädischen Heilanstalt und der gymnastischen Akademie zu Dessau" versteht Werner (1838) die *medizinische Gymnastik als Grundlage der körperlichen Erziehung* und legt eine umfassende Monographie vor, die auch als Grundlage der Turnlehrerausbildung dient: „Medicinische Gymnastik oder die Kunst, verunstaltete und von ihren natürlichen Form- und Lageverhältnissen abweichende Theile des menschlichen Körpers nach anatomischen und physiologischen Grundsätzen in die ursprünglichen Richtungen zurückzuführen und darin zu kräftigen, durch 100 Figuren erläutert". Er wendet sich vehement gegen die weit verbreitete apparative Therapie durch mechanische Streck- und Druckapparate und fordert ein natürliches Übungsprogramm mit Balancieren, Laufen, Springen, Stabübungen und vor allem Klettern, Turnen an Geräten und Schwimmen, aber auch Spiele, vorzugsweise mit dem Ball oder dem Reifen; neben funktionellen Übungsbegründungen weist er auch auf die „Ausbildung des Geistes ... und gesellige Erheiterung" insbesondere durch die Spiele hin (Werner 1838, 209). Werner (1838, XV) betont, „daß das Physische und Psychische des Menschen in der innigsten Wechselthätigkeit steht, daß beides der höchsten Bildsamkeit fähig ist, und daß diese beiden Grundkräfte, wie sie naturgemäß zu einem organischen Ganzen verbunden sind, auch gleichmäßig zu freier Entwicklung gebildet werden müssen".

Werners Konzept dokumentiert die Integration verschiedener Strömungen der Zeit:
- In der Pädagogik der Aufklärung gewinnt die körperliche Erziehung zunehmend Bedeutung. So betont schon Rousseau (1780) den besonderen Nutzen von körperlichen Übungen nicht nur für die allgemeine körperliche Kondition, sondern für die gesamte Entwicklung eines Schülers.
- Mediziner zeigen zunehmend Interesse an der körperlichen Entwicklung von Kindern und deren Störungen, insbesondere an Haltungsschwächen und an Haltungsanomalien im Zusammenhang mit deren möglichen Ursachen. Dieses führt einerseits zur Entwicklung apparativer Korrekturmaßnahmen, andererseits zu einem differenziert funktionell-anatomisch begründeten Konzept der medizinischen bzw. orthopädischen Gymnastik.
- Mit der Entwicklung des öffentlichen Gesundheitswesens, speziell mit der Einführung des Schularztsystems, rückt die Gesundheitsgefährdung, die von der Schule ausgehen kann, verstärkt in das Bewusstsein aller Beteiligten; die Suche nach Strategien zur Gesundheitsförderung – auch in der Schule – ist die logische Konsequenz.

Orthopädisches Schulturnen und Vorbeugende und Ausgleichende Leibesübungen

Der Begriff „Schularzt" geht wohl auf Schraube (1859) zurück; als erster Schularzt wird Paul Stephani 1904 in Mannheim eingestellt (vgl. Hartung 1981). Zahlreiche Ärzte und Pädagogen besuchen in der zweiten Hälfte des 19. Jahrhunderts das Gymnastik-Central-Institut in Stockholm, um das System Schwedischer Gymnastik, aber auch das Schwedische Schulturnen zu studieren, das weitgehend Anerkennung findet und das Schulturnen in Deutschland wesentlich beeinflusst.

1903 führt Echternach in Hagen in Westfalen das orthopädische Schulturnen ein. Schmidt und Schroeder richten 1907 in Bonn erste orthopädische Turnstunden ein. F.A. Schmidt, Orthopäde und Schularzt, hat sich intensiv mit dem schwedischen Gymnastik-System auseinandergesetzt und dieses ausdrücklich befürwortet. Zusammen mit dem Bonner Turninspektor Schroeder gibt er ein erstes Lehrbuch heraus: „Orthopädisches Schulturnen. Haltungsfehler und leichte Rückgratsverkrümmungen im Schulalter, deren Verhütung und Bekämpfung durch geeignete Übungen" (Schmidt & Schroeder 1911). Dieser Titel verdeutlicht die Zielsetzung des orthopädischen Schulturnens.

Obwohl die Kurse des orthopädischen Schulturnens von Schulärzten befürwortet, teils mit eingerichtet werden, weckt der orthopädische Anspruch, der schon im Namen zum Ausdruck kommt, den *Widerspruch vieler Orthopäden.* Besonders kritisiert wird die Zielsetzung, leichten Formen der seitlichen Haltungsabweichung, der Skoliose, vorzubeugen bzw. diese auszugleichen. Die lange akzeptierte Meinung, dass die Schule einen bedeutenden Faktor bei der Entstehung der Skoliose darstellt und entsprechend auch für Vorbeuge- und Ausgleichsmaßnahmen Sorge tragen muss, wird zum Beispiel von Blencke (1913), einem engagierten Vertreter der Orthopäden, in Frage gestellt. Er lehnt das orthopädische Schulturnen entschieden ab und spricht Turnlehrern jegliche Kompetenz für eine Behandlung der Skoliose ab. An Stelle der Sonderturnkurse fordert er eine tägliche Bewegungszeit. Diese wird in Preußen als „10-Minuten-Turnen" mit Haltungsübungen für alle Schüler in Ergänzung zum normalen Unterricht eingeführt, ohne dass auf die zusätzlichen Kurse des orthopädischen Schulturnens für die körperlich schwachen Schüler verzichtet wird (Schmidt & Schroeder 1911).

Echternach gilt als der erfahrenste Vertreter des orthopädischen Schulturnens. Er wird häufig von Gremien verschiedenster Fachrichtungen und Institutionen aufgefordert, sein Konzept darzustellen. In seinem „Handbuch des orthopädischen Schulturnens" (Echternach 1912) zeigt er mit großer Ausführlichkeit den Kompetenzstreit zwischen den verschiedenen Fachrichtungen auf; dabei gelingt es ihm, Kritik zu widerlegen oder zumindest weitgehend zu entschärfen. Er selbst äußert Kritik an den Gegenvorschlägen der Orthopäden (Echternach 1912): Skolioseschulen, orthopädische Institute oder an Krüppelanstalten angegliederte Ambulatorien in Turnhallen sind entweder sehr aufwändig und daher unrealistisch oder stehen nicht in erforderlicher Anzahl zur Verfügung. Orthopädische Ambulatorien in Turnhallen, von Deutschländer vorgeschlagen, kommen der Idee des orthopädischen Schulturnens sehr nahe; das orthopädische Schulturnen hat demgegenüber aber „den Vorzug ..., nichts Neues, sondern ein organisch mit der gesamten Leibeserziehung verbundenes, angewandtes Schulturnen zu sein" (Echternach 1912, 34).

Echternach versteht also das *orthopädische Schulturnen als ein angewandtes Schulturnen*, nicht als eine in die Schule hineingetragene, quasi aufgepfropfte medizinisch-therapeutische Maßnahme. Mit dieser Auffassung kritisiert Echternach auch das Übungsangebot des Lehrbuches von Schmidt und Schroeder (1911), da er hier nur einen Katalog von Übungen der „Haltungsgymnastik" findet, die den Ansprüchen, die an das orthopädische Schulturnen zu stellen sind, nur teilweise genügen. Noch strenger, in der Tendenz aber ähnlich fällt die Kritik an der „Orthopädische(n) Gymnastik gegen Rückgratsverkrümmungen und schlechte Körperhaltung" von Mikulicz und Tomaszewski (1902) aus (Echternach 1912, 36 f, 49). Die Klappschen Kriechübungen (R. Klapp 1910; B. Klapp 1952; Lochmüller 1925), ein wesentlicher Bestandteil der Skoliosebehandlung in der Krankengymnastik, finden dagegen auch im orthopädischen Schulturnen Anwendung.

Als *Inhalte des orthopädischen Schulturnens* empfiehlt Echternach (1912):
1. Atemübungen,
2. Freiübungen,
3. Aufbeugeübungen,
4. Redressions-, Mobilisations- und Lagerungsübungen an den Geräten,
5. Gehübungen,
6. Schaukelübungen im Hang an den Ringen.

Die Inhalte werden in dieser Reihenfolge mit unterschiedlichem Zeitanteil innerhalb einer Übungsstunde durchgeführt; als Begründung dieses Vorschlages für einen Stundenverlauf nennt Echternach (1912) hauptsächlich Überlegungen zur Hygiene (Atmung) und zur Belastungsintensität der einzelnen Übungsschwerpunkte. Dabei betont er: „Nicht auf die Menge der Übungen kommt es an, sondern auf die exakte Ausführung derselben" (Echternach 1912, 104). Zahlreiche traditionelle Freiübungen wie z.B. den Liegestütz vorlings schließt Echternach (1912, 128) aus, da deren „korrekte Ausführung für die meist schwächlichen Kinder zu schwer ist" (Abb. 1-3). Abbildung 1-4 zeigt die Gegenüberstellung einer „übermäßigen", damit fehlerhaften und einer korrekt ausgeführten Aufbeugeübung (Echternach 1912, 168, 169).

Das orthopädische Schulturnen im Sinne Echternachs kann als *Weiterentwicklung der Leibeserziehung durch die Integration der orthopädischen Gymnastik* verstanden werden. Hervorzuheben ist einerseits die fundierte funktionell-anatomische Begründung der Inhalte, andererseits aber das Bemühen um *Individualisierung und Differenzierung* der Inhalte – je nach körperlicher Konstitution des einzelnen Schülers und nach Art und Ausmaß einer vorhandenen Rückgratsverkrümmung. Auch die *Motivation* der Kinder findet Berücksichtigung: „.... die Schaukelübungen bilden den Lohn für gutes und fleißiges Üben" (Echternach 1912, 104).

Abb. 1-3: Liegestütz vorlings in einer Gegenüberstellung der korrekten Ausführung (unten) und einer fehlerhaften Form (oben), wie sie bei muskelschwachen Kindern meistens zu sehen ist (Echternach 1912)

Trotz der Ablehnung durch Fachärzte wird das orthopädische Schulturnen an Volksschulen und auch an höheren Schulen durch Maßnahmen der Schulbehörde eingerichtet. Das Preußische Unterrichtsministerium weist 1911 auf die Bedeutung dieser schulischen Maßnahme hin, die schon in 32 Städten durchgeführt wird (Echternach 1912). Besonders hervorzuheben ist, dass der Einrichtung von orthopädischen Schulturnkursen als Angebot für alle Kinder eine wichtige *sozialpolitische Funktion* zukommt, denn die Behandlung von Haltungsschwächen und Rückgratsverkrümmungen in einem Orthopädischen Institut ist äußerst langwierig, finanziell sehr aufwändig und daher nur einer Minderheit zugänglich.

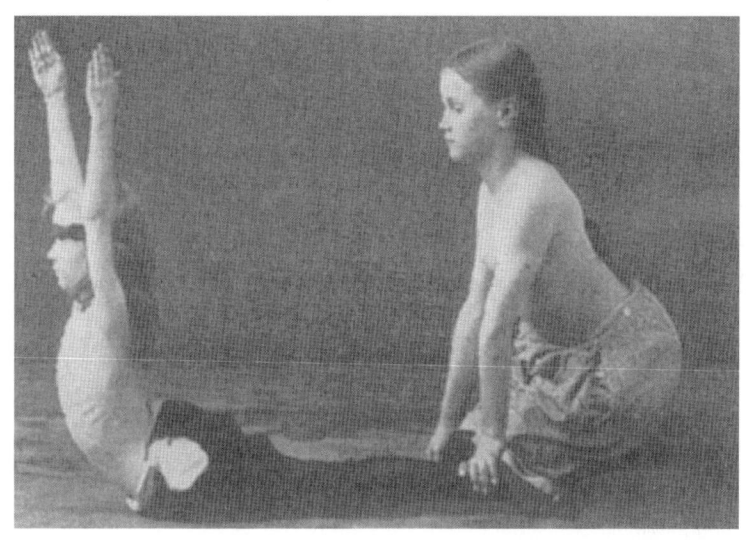

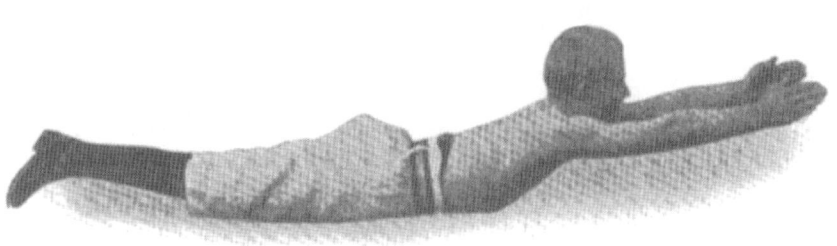

Abb. 1-4: Eine „Aufbeugeübung" in einer übermäßigen, unerwünschten Ausführung (oben), die die Lendenwirbelsäule gefährdet, gegenüber der korrekten Form (unten) (Echternach 1912)

Der Aufgabenbereich des orthopädischen Schulturnens wird im Laufe der Zeit erweitert. Stehen anfangs allein die Rumpfhaltung mit schwacher Rückenmuskulatur, Rückgratsverkrümmungen bzw. Skoliosen und der Rundrücken im Vordergrund, werden zunehmend auch Veränderungen des Brustkorbs mit möglicherweise negativen Auswirkungen auf das Herz-Kreislauf-Atmungs-System als Folge des lang andauernden Sitzens in der Schule genannt; diese werden in ursächlichem Zusammenhang mit einer Verminderung der Leistungsfähigkeit auch im späteren Berufsleben und einer verkürzten Lebenserwartung gesehen.

Hinnerks und Puschert (1925, 4) fassen die Ziele des orthopädischen Schulturnens zusammen:

„1. Alle Kinder mit schwächlicher Körperbeschaffenheit (sind) zu sammeln und durch besondere Turnübungen zu kräftigen;
2. durch die Kräftigung des Körpers (sind) Haltungsfehler zu beseitigen und dem Schiefwuchs (ist) entgegenzuarbeiten, also vorbeugend zu wirken;
3. die Kinder aus den orthopädischen Instituten und Krankenhäusern, welche einer Nachbehandlung bedürfen, (sind) in die Sonderturnkurse aufzunehmen."

Die Bezeichnung „orthopädisches Schulturnen" wird *ab 1926* offiziell – nicht zuletzt als Antwort auf die anhaltende Kritik der Orthopäden – durch den *Terminus „vorbeugende und ausgleichende Leibesübungen"* ersetzt. Lange Zeit werden beide Begriffe aber parallel benutzt.

Anfang der zwanziger Jahre – nach dem Krieg – erscheint die Zahl der Kinder mit schwacher Konstitution noch größer, die Notwendigkeit ihrer Förderung noch dringlicher. Als Zielgruppe für die Kurse des orthopädischen Schulturnens bzw. der vorbeugenden und ausgleichenden Leibesübungen werden noch immer die „Rückenschwächlinge ..., bei denen die Gefahr des Schiefwuchses besteht" (Hinnerks & Puschert 1925, 3) genannt; zunehmend finden aber auch andere Schwächen Berücksichtigung. So geben Hinnerks und Puschert (1925) als Ergänzung zum Förderprogramm bei Haltungsschwächen des Rumpfes Übungen zur „Kräftigung der Fußgewölbe" an. Diese „Plattfußübungen" werden auch von Orthopäden gut geheißen (Blencke 1927). Möhring (1927, 41) erweitert die Adressatengruppe der vorbeugenden und ausgleichenden Leibesübungen auf „Steiflinge, Krampflinge, Ungeschickte – Herzschwächlinge – Lungenschwächlinge – geistig Unbegabte – Nervöse, Ängstliche, Zerfahrene", so dass sich die ursprünglich auf orthopädische Probleme ausgerichteten Sonderturnkurse zu einer allgemeinen Fördermaßnahme – einem „Hilfsturnen" – entwickeln.

Sowohl Echternach (1912) als auch Hinnerks und Puschert (1925) geben ausführliche Hinweise auf die *schulische Organisation* der Sonderturnkurse:

Echternach (1912, 91) stellt besonders im Hinblick auf die Kompetenzstreitigkeiten die *Zusammenarbeit zwischen Schularzt und Turnlehrer* als „ein gemeinschaftliches Hand-in-Hand-arbeiten des Arztes mit dem Turnlehrer" heraus. Der Arzt entscheidet über die Aufnahme eines Kindes in einen orthopädischen Schulturnkurs; er bestimmt die Auswahl der individuell notwendigen spezifischen Übungen aus der Gruppe der Redressions-, Mobilisations- und Lagerungsübungen und überwacht deren Durchführung; außerdem kontrolliert er den Erfolg in einer Abschlussuntersuchung. Darüber hinaus sollte der Schularzt im Verlauf des Kurses einzelne Turnstunden besuchen, u.U. auch zusätzliche Untersuchungen als Grundlage weiterer Empfehlungen für den Unterricht vornehmen, um eine möglichst enge Zusammenarbeit zwischen Arzt und Turnlehrer zu gewährleisten. Für den Turnlehrer gilt, dass sich „nur geprüfte und erfahrene Turnlehrer oder Turnlehrerinnen ... dem orthopädischen Schulturnen widmen" sollten (Echternach 1912, 90). Die *notwendige zusätzliche Ausbildung* erfolgt in Theorie und Praxis

durch einen Orthopäden oder einen mit orthopädischen Problemen vertrauten Arzt und einen Sonderturnlehrer. Besonderer Wert wird auf Hospitationen und ein Praktikum in schon bestehenden Kursen des orthopädischen Schulturnens gelegt.
Die besondere Ausbildung und Prüfung der Lehrer in diesem Fach wird in der Folgezeit durch ministerielle Erlasse geregelt (Ottendorf & Briese 1926).

Die *Auswahl der Schüler* erfolgt im Rahmen der regelmäßigen schulärztlichen Untersuchungen. Eine eingehende Untersuchung der ausgewählten Schüler wird noch einmal in Gegenwart des Turnlehrers durchgeführt; über das Ergebnis dieser Untersuchung wird ein Protokoll angefertigt. In dieses Protokoll werden auch die in vier- bis sechswöchigem Abstand wiederholten Messungen und Wägungen der Schüler sowie das Ergebnis der Untersuchung am Ende des Kurses eingetragen. Damit wird der Verlauf der körperlichen Entwicklung eines jeden Schülers dokumentiert; ebenso kann die Wirksamkeit der Fördermaßnahme überprüft werden.

Für die dafür ausgewählten Schüler sind die *Turnkurse verbindlich*; sie werden in der Regel *zusätzlich zum normalen Turnunterricht* besucht. Ein Kurs erstreckt sich über die Dauer eines Jahres und verläuft parallel zum Schuljahr. Eine Teilnahme ist aber auch über einen längeren Zeitraum denkbar; hierüber entscheidet der Arzt. Die Kurse sollten für Schüler vom ersten Schuljahr an und während der gesamten Schulzeit angeboten werden. Dabei sind kleine Gruppen von höchstens 20 Schülern vorgesehen, damit ein Lehrer alle Kinder ihren Möglichkeiten entsprechend fördern kann (Hinnerks & Puschert 1925). Echternach (1912) empfiehlt eine Gruppengröße von 12 bis 15 Kindern; u.U. sind zwei Gruppen à 20 Schüler zu einer Doppelgruppe mit zwei Lehrern zusammenzufassen, da sich in dieser Organisationsform besondere Möglichkeiten der Differenzierung ergeben. Wöchentlich sind zwei, evtl. drei Doppelstunden vorgesehen. Diese sollten möglichst vormittags auf Eckstunden des normalen Stundenplans gelegt werden, um den Kindern einen doppelten Schulweg zu ersparen.
Ergänzend zu den Sonderturnkursen wird Schwimmen empfohlen, eine gleichzeitige Teilnahme am Vereinsturnen dagegen abgelehnt.

Die Teilnahme ist unentgeltlich (Hinnerks & Puschert 1925). Echternach (1912) hält dagegen eine geringe Unkostenbeteiligung der Eltern entsprechend ihrer Möglichkeiten für unverzichtbar; allerdings darf die Teilnahme für Kinder unbemittelter Eltern nicht mit besonderen Unkosten verbunden sein.

Von besonderer Bedeutung ist die *Information der Eltern* über Zielsetzungen und Inhalte der Turnkurse. Hierfür werden Elternabende veranstaltet. Zusätzlich werden die Eltern eingeladen, sich einzelne Turnstunden anzusehen. Sie sollten dadurch angeregt werden, auch im häuslichen Bereich auf die Körperhaltung ihrer Kinder zu achten, aber auch generell deren Entwicklung fördern, indem sie für eine gesunde Ernährung und angemessene Belastung Sorge tragen und Überbelastungen vermeiden.

Diese Durchführungsbestimmungen werden ergänzt durch ausführliche Hinweise auf Turnraum, -geräte und -kleidung.

Als besonderes Anliegen betonen Hinnerks und Puschert (1925, 21 f), dass „dem Bewegungs- und Spieltrieb der Kinder ... Rechnung getragen werden (muss). ... Gerade im orthopädischen Schulturnen soll Lust und Liebe für die Leibesübungen unserer körperlich Schwachen geweckt werden. Sie sind womöglich dauernd oder teilweise vom Turnunterricht befreit worden. Sie haben sich nicht getraut, die Übungen, die ihre Mitschüler mit Leichtigkeit ausführten, nachzumachen. Da physische Kraft im jugendlichen Alter hochgeschätzt wird, blieb Hohn und Spott unter den Altersgenossen nicht aus. Das orthopädische Schulturnen hat die Aufgabe, den Schülern Lebenskraft und Lebensfreude zu geben."

Diese *Hinweise auf die Bedeutung der Motivation für Bewegung und die mögliche psychosoziale Belastung*, die eine Leistungsschwäche für die betroffenen Kinder darstellen kann, machen deutlich, dass sich das orthopädische Schulturnen nicht in einem reinen Funktionstraining erschöpft, sondern eine umfassende Entwicklungsförderung zum Ziel hat. Echternachs Konzept – orthopädisches Schulturnen als „angewandtes Schulturnen" – wird damit unterstützt und das orthopädische Schulturnen eindeutig als pädagogische Aufgabe definiert.

Zwischen 1933 und 1945 wird zwar der körperlichen Ertüchtigung von Kindern und Jugendlichen in hohem Maße Aufmerksamkeit gewidmet, eine besondere Fürsorge für die Leistungsschwachen widerspricht jedoch dem politischen Geist dieser Zeit. Die Entwicklung des Sonderturnens kommt weitgehend zum Stillstand.

Vom Schulsonderturnen zum Sportförderunterricht

Wie schon Anfang der zwanziger Jahre gibt auch nach dem zweiten Weltkrieg der Gesundheitszustand von Kindern besonderen Anlass zur Besorgnis. Ab 1947 wird die Idee einer Förderung körperlich leistungsschwacher Kinder durch die Schule in Nordrhein-Westfalen wieder aufgenommen. Maßgeblich auf Initiative von Carl Diem wird bei der Gründung der Sporthochschule in Köln „Ausgleichsgymnastik" als verbindliches Studienfach eingeführt und „Sonderturnen" als Schulpraktikum vorgesehen. Die Ausbildung der Studierenden und die Fortbildung von Lehrkräften wird durch ministerielle Erlasse geregelt (vgl. Scholtzmethner 1976).

Als Name dieses neuen Studien- und Schulfaches wird der Begriff „*Schulsonderturnen*" gewählt, um die Anbindung an die Schule und damit die pädagogische Aufgabe zu dokumentieren – in Abgrenzung zum medizinisch-orthopädischen Aufgabenbereich der Krankengymnastik. Die erneut aufkeimende Kontroverse zwischen Vertretern medizinischer und pädagogischer Fachbereiche wird beigelegt durch die Übereinkunft, dass eine Behandlung von Krankheiten oder körperlichen Schäden – thematisiert wird hier wieder die Skoliose – nicht zum Aufgabenbereich der Schule gehören kann; Anliegen des Schulsonderturnens ist dagegen nur der Ausgleich körperlicher Leistungsschwächen, also funktioneller Beeinträchtigungen.

Zielgruppe für das Schulsonderturnen, das vorwiegend für Schüler der Volksschule vorgesehen ist (vgl. Scholtzmethner 1976), sind Kinder mit

1. Wachstums- und Entwicklungsstörungen (Muskelschwächen, Fußschwächen, Rumpfschwächen);
2. Koordinationsschwächen (Bewegungsarmut, Steifheit, Impulsschwäche, labile Konstitution);
3. Organschwäche (Atmung, Kreislauf, Dystrophien).

Diem und Scholtzmethner (1961) heben als Schwerpunkte des Schulsonderturnens schließlich *Vorbeugung und Ausgleich gegenüber Organschwächen, Muskelschwächen und Koordinationsschwächen* hervor.

Carl Diem (1964, 103) betont, „*dass wir den ganzen Menschen erziehen wollen*"*; dennoch nimmt er im Hinblick auf den allgemeinen Bewegungsmangel eine eindeutige Gewichtung vor mit seinem „Lehrsatz: Organschule geht vor Muskelschule". Damit hat sich die Schwerpunktsetzung des Schulsonderturnens von der des orthopädischen Schulturnens weit entfernt.

Der schulorganisatorische Rahmen des Schulsonderturnens entspricht weitgehend den Ausführungen von Hinnerks und Puschert (1925). Die Gruppengröße wird wegen der Notwendigkeit individuell dosierter und korrigierter Aufgabenstellung auf 12 bis 15 Kinder festgesetzt. Bei der Gruppeneinteilung soll allerdings nach Möglichkeit auf die Art der Leistungsschwäche Rücksicht genommen werden, um weitgehend homogene Gruppen zu schaffen (KM NRW 1952).

Von 1947 an war zunächst allein die Sporthochschule Köln für die Ausbildung im Bereich Schulsonderturnen zuständig; ab 1970 übernehmen in Nordrhein-Westfalen auch die Pädagogischen Hochschulen und die Institute für Leibesübungen bzw. Sportwissenschaft diese Aufgabe.

Die 1961 gegründete „*Arbeitsgemeinschaft zur Förderung haltungsgefährdeter Kinder und Jugendlicher*"[1] widmet sich ebenfalls der Aus- und Fortbildung von Lehrkräften und verbreitet die Idee des Schulsonderturnens über das Land Nordrhein-Westfalen hinaus. Ausbildungs- und Prüfungsrichtlinien sowie Durchführungsbestimmungen für den Unterricht an Schulen in anderen Bundesländern folgen (vgl. Scholtzmethner 1976).

1960 wird mit dem Erscheinen der Schrift „Bewegung heilt. Psychomotorische Übungsbehandlung bei entwicklungsrückständigen Kindern" von Hünnekens und Kiphard ein wichtiger Grundstein für die Verbreitung der *Idee der Psychomotorik* in Deutschland gelegt, die wesentlich von Kiphard entwickelt wurde und in der Folgezeit in hohem Maße Einfluss nimmt auf alle Bereiche der Bewegungserziehung, Bewegungsförderung und -therapie. Die Psychomotorische Übungsbehandlung widmet sich zunächst entwicklungsrückständigen Kindern und Kindern mit

---

* Anm. d. Verlages: In Zitaten wurde nachfolgend auch die neue Rechtschreibung verwendet.
[1] 1988 umbenannt in „Bundesarbeitsgemeinschaft zur Förderung haltungs- und bewegungsauffälliger Kinder und Jugendlicher e.V.", seit 1997 „Bundesarbeitsgemeinschaft für Haltungs- und Bewegungsförderung e.V."

„mangelhaft ausgebildete(n) Hemmungs-, Bremsungs- und Steuerungskräfte(n) ... (, die) sich selbst und ihren wilden Bewegungsdrang nicht unter Kontrolle haben" (Hünnekens & Kiphard 1971, 15) Die Autoren weisen – wie Hinnerks und Puschert (1925) – eindringlich auf die Bedeutung der Motorik für die emotionale und psychosoziale Entwicklung eines Kindes hin und formulieren als Ziel der Fördermaßnahme, „diesen ungeschickten, entmutigten und resignierten Kindern auf dem Wege über die Verbesserung ihrer Bewegungsfunktionen zu neuem Selbstvertrauen, neuem Mut und neuer Kontaktbereitschaft zu verhelfen, so dass sie aus eigener Kraft und auf Grund eigener Leistungen zu der bisher versagten Beachtung und Anerkennung kommen, die gleichsam der Schlüssel zur Gemeinschaft sind" (Hünnekens & Kiphard 1971, 15).

1976 wird der „Aktionskreis Psychomotorik e.V." gegründet, der einen eigenständigen Fachbereich Motologie und entsprechende Ausbildungs- und Studiengänge konzipiert.

Die Idee einer Förderung körperlich leistungsschwacher und motorisch – psychomotorisch – auffälliger Kinder in der Schule findet weite Verbreitung und allgemein Akzeptanz. Die Notwendigkeit dieser Förderung wird kaum in Zweifel gezogen, denn es scheint, als ob immer mehr Kinder und Jugendliche durch körperliche Leistungsschwächen und Defizite in ihrer motorischen Entwicklung gefährdet seien; dieses Phänomen, das nicht nur von Lehrern und Ärzten diskutiert wird, sondern auch in den Medien vielfältige Beachtung findet, wird im wesentlichen auf Einschränkungen der Bewegungserfahrung in Folge zunehmender Technisierung und Urbanisierung in der Gesellschaft zurückgeführt. In dieser Zeit – den siebziger Jahren – gerät die Institution Schulsonderturnen zunehmend in den Mittelpunkt *kritischer Diskussionen*: Mit großer Dringlichkeit wird die Frage gestellt, ob das traditionell gewachsene Konzept des Schulsonderturnens geeignet sei, im Rahmen der vorgegebenen Organisationsformen die aktuellen Probleme wirksam aufzufangen (vgl. Dordel 1982; Volck & Reiber 1977).

In den vielfach polemisch geführten Diskussionen, die teilweise fast an die Kompetenzstreitigkeiten im Zusammenhang mit dem orthopädischen Schulturnen am Anfang des Jahrhunderts erinnern, zeichnen sich *zahlreiche Missverständnisse* ab; hier sollen nur einige wenige Diskussionspunkte sehr verkürzt dargestellt werden:

- So wird Schulsonderturnen vor allem als *rein funktionelle Maßnahme* verstanden bzw. missverstanden und als „Pseudo-Krankengymnastik" kritisiert; das Anliegen einer individuellen, ganzheitlichen Förderung durch Bewegung wird häufig nicht gesehen bzw. als aufgesetzt und durch das inhaltliche Konzept nicht realisierbar in Frage gestellt.
- Die wünschenswerte enge *Zusammenarbeit von Schularzt und Sonderturnlehrer* wird hinterfragt; tatsächlich liegt häufig lediglich eine Aufgabenteilung vor in der Art, dass der Schularzt die Auswahluntersuchung der Kinder vornimmt, der Lehrer den Unterricht durchführt, ohne dass Absprachen vorgenommen werden (können).

- Die *Wirksamkeit des Schulsonderturnens* wird unter Bezugnahme auf die Aussagen der Trainingslehre zur notwendigen Häufigkeit von Trainingseinheiten bei ein bis zwei Unterrichtsstunden pro Woche als zu gering kritisiert.
- In der Auswahl und gesonderten Förderung einzelner Kinder wird die *Gefahr einer Ausgrenzung und Stigmatisierung* der Betroffenen gesehen; auch die Bezeichnung „Schulsonderturnen" wird angeprangert – nicht nur weil dieser Begriff die Sondermaßnahme verdeutlicht, sondern weil die häufig irrtümlich vorgenommene Umstellung in „Sonderschulturnen" möglicherweise als Diskriminierung empfunden wird und zur Ablehnung – insbesondere seitens der Eltern – führen könnte.

Diese Diskussion findet ihren Niederschlag in einer Empfehlung der Kultusministerkonferenz (KMK 1982) – „Grundsätze für die Durchführung eines Förderunterrichts im Schulsport (Schulsonderturnen) sowie für die Ausbildung und Prüfung zum Erwerb der Befähigung für das Erteilen von Förderunterricht" –, die als Standortbestimmung gelten und den Bundesländern als Orientierung für die Zielsetzung und die inhaltliche wie auch die organisatorische Ausrichtung dienen kann.

Als Zielgruppe werden hier Kinder und Jugendliche genannt, „deren motorische Leistungsfähigkeit durch psycho-physische Schwächen eingeschränkt ist." Die Fördermaßnahme wird dadurch begründet, „dass die motorische Entwicklung und die Förderung der körperlichen Leistungsfähigkeit in einem Wechselverhältnis mit der psychischen, geistigen und sozialen Entwicklung stehen" (KMK 1982, 3).

Mit dem Begriff *„Förderunterricht im Schulsport"* deutet sich auch eine Veränderung des Terminus an. In Bayern wird der Begriff *„Sportförderunterricht"* eingeführt, der sich allmählich bundesweit durchsetzt und auch von der Kultusministerkonferenz mit der „Empfehlung zur Intensivierung des Sportförderunterrichts" (KMK 1992) aufgenommen wird. Ende 1999 wird die Empfehlung von 1982 in einer überarbeiteten Fassung veröffentlicht: „Grundsätze für die Durchführung von Sportförderunterricht sowie für die Ausbildung und Prüfung zum Erwerb der Befähigung für das Erteilen von Sportförderunterricht" (KMK 1999)[2].

Vom Orthopädischen Schulturnen zum Sportförderunterricht – 100 Jahre im Überblick

Zusammenfassend kann die Entwicklung vom Orthopädischen Schulturnen zum Sportförderunterricht als ein Jahrhundert der Sorge um die Entwicklung der körperlich leistungsschwächeren und in ihrer motorischen Entwicklung retardierten und / oder beeinträchtigten Kinder und Jugendlichen und deren gezielter Förderung in der Schule nachgezeichnet werden. Die inhaltlichen Schwerpunkte haben sich entsprechend der Bedingungen der jeweiligen Zeit verändert so wie sich „die Schule" mit ihren Zielsetzungen und Methoden im Laufe der Zeit den gesellschaftlichen Veränderungen entsprechend gewandelt hat.

---

[2] Der Text dieser Empfehlung der Kultusministerkonferenz vom 26.02.1982 in der Fassung vom 17.09.1999 wird im Anhang abgedruckt.

- Im Mittelpunkt des orthopädischen Schulturnens und im wesentlichen auch noch der vorbeugenden und ausgleichenden Leibesübungen stehen Haltungsschwächen, hauptsächlich Haltungsschwächen des Rumpfes.
- Im Schulsonderturnen der fünfziger und sechziger Jahre verlagert sich der Schwerpunkt auf eine Förderung der Organleistung bzw. der Ausdauerleistungsfähigkeit.
- Im Verlauf der sechziger und siebziger Jahre bahnt sich eine neuerliche Umorientierung an: Zunehmend wird eine umfassende Förderung der motorischen Entwicklung stärker betont, gezielter Koordinations- und Wahrnehmungsschulung mehr Gewicht zugemessen. Im Zusammenhang mit der Koordinationsschwäche rücken die als Ursache wie auch als Folge einer Koordinationsschwäche denkbaren psychomotorischen und psychosozialen Auffälligkeiten von Kindern in den Mittelpunkt des Interesses von Lehrern, Ärzten und Psychologen. Bewegungsförderung – „Erziehung durch Bewegung" (Kiphard & Huppertz 1968) – wird mehr denn je als ganzheitliche Förderung verstanden.

Mit dieser Schwerpunktsetzung im Bereich der Koordination gewinnt jedoch auch die Haltung bzw. die Haltungsschwäche wieder an Bedeutung. Haltungserziehung beinhaltet nicht mehr hauptsächlich die Kräftigung geschwächter Muskulatur, sondern insbesondere eine grundlegende Förderung elementarer Körperwahrnehmung und spezifischer Haltungskoordination im Zusammenhang mit der Vermittlung kognitiver Inhalte; besondere Beachtung finden dabei auch die Zusammenhänge zwischen der Körperhaltung und der emotionalen bzw. psychosozialen Befindlichkeit. Der Haltungserziehung kommt große Bedeutung zu im Hinblick auf die Prävention einer großen Zahl von Erkrankungen des Stütz- und Bewegungsapparates; damit rückt sie auch wieder in den Mittelpunkt gesundheitspolitischer Diskussionen. Rückenschule (auch) in der Schule wird zu einem wichtigen Thema für Pädagogen. Anders als beim orthopädischen Schulturnen am Anfang des Jahrhunderts ist dieses jedoch im Sportförderunterricht mit Beginn des 21. Jahrhunderts nur ein Aspekt im Rahmen des Anliegens breit gefächerter – ganzheitlicher – individueller Entwicklungsförderung.

1.2 „Kindheit heute"

Kinder sind „heute" anders, schwieriger als „früher" – vor dreißig oder vierzig Jahren. Eltern und Lehrer klagen über häufig unkonzentrierte, desinteressierte und wenig anstrengungsbereite, vielfach auf sich selbst bezogene, auch kontaktarme, oft unzufriedene, immer nörgelnde und anmaßende Kinder. „Alles haben, alles dürfen, alles wollen – Die verwöhnten Kleinen" titelt *DER SPIEGEL* im August 2000 und gibt damit im wesentlichen die öffentliche Meinung über Kinder in der Konsumgesellschaft wieder. Berichte über zunehmend aggressives Verhalten von Kindern untereinander, Gewalt an Schulen und teilweise schon im Kindergarten lösen Unverständnis und Hilflosigkeit aus, ebenso wie die Tatsache, dass sich erste Anzeichen für die verschiedenen Formen der Sucht – Nikotin, Alkohol, Drogen, Spielsucht – möglicherweise schon im Grundschulalter zeigen. Vor einer deutlichen Zunahme der Kinder- und Jugendkriminalität wird in den Medien gewarnt – insbesondere wenn spektakuläre Straftaten einzelner die Schlagzeilen beherrschen.

Aber auch wissenschaftliche Arbeiten dokumentieren eine pessimistische Sicht der Entwicklungsbedingungen für Kinder, wenn von „Tendenzen der Liquidierung der Kindheit" und „Kindheit als Fiktion" (Hengst et al. 1981), von „Kindern ohne Kindheit" (Winn 1984), vom „Verschwinden der Kindheit" (Postman 1983) oder „verlorener Kindheit" (Holzer 1993) gesprochen wird (vgl. Bründel & Hurrelmann 1996).

Diese negativen Meinungen mögen auf den ersten Blick überraschen und widersprüchlich erscheinen, da es „uns doch zur Zeit so gut geht wie nie zuvor" – auch dieses eine häufig geäußerte Meinung. Die zweite Hälfte des zwanzigsten Jahrhunderts in (West-)Deutschland lässt sich kennzeichnen durch Frieden, wirtschaftlichen Aufschwung, gute Bildungschancen für alle. Die Entwicklungsbedingungen für Kinder dieser Zeit müssen aber differenziert betrachtet werden.

Jeder Mensch ist „ein Kind seiner Zeit". Die Gesellschaft repräsentiert eine wichtige – die wichtigste? – Instanz für die Entwicklung von Kindern. Im Verlauf der zweiten Hälfte des zwanzigsten Jahrhunderts, insbesondere seit den sechziger Jahren zeichnen sich in relativ kurzer Zeit erhebliche gesellschaftliche Veränderungen ab. Die vielfältig möglichen familiären Konstellationen in Zusammenhang mit veränderten kulturellen, sozio-ökonomischen und sozio-ökologischen Faktoren stellen komplexe Bedingungsgeflechte dar, die die individuelle Entwicklung unterschiedlich bestimmen. Für Kinder können sich daraus große Chancen individueller Entfaltung, aber auch in hohem Maße Gefahren der Verunsicherung und Desorientierung bis hin zu gesundheitlichen Einschränkungen ergeben.

Die Erscheinungsformen gesellschaftlichen Wandels haben verschiedene, stark miteinander verwobene Facetten, deren Bedeutung für die Entwicklung von Kindern unterschiedlich interpretiert, teils kontrovers diskutiert wird (vgl. Bründel & Hurrelmann 1996; Hurrelmann 1994; Kleine & Schulz 1999; Kretschmer 2000; MFJFG NRW 1999; Prenner 1989; Rolff & Zimmermann 1993; Thiele 1999; Schmidt 1997; u.a.); im Folgenden sollen nur einige für die motorische Entwicklung wichtige Bedingungen hervorgehoben werden.

Gesellschaftliche Rahmenbedingungen

Die *Altersstruktur der Bevölkerung* verändert sich kontinuierlich. Standen
- 1950 einem Anteil von 26 % Kindern bis 14 Jahren → 9 % über 65-Jährige gegenüber, sind dies
- 1990 im Vergleich dazu 16 % Kinder gegenüber → 15 % älterer Mitbürger.
- 2030 werden nur noch 12 % Kinder gegenüber → 29 % über 65-Jährigen erwartet (Bründel & Hurrelmann 1996).

Die *Zusammensetzung der Bevölkerung* verändert sich wesentlich auch im Hinblick auf deren ethnische und damit kulturelle Wurzeln: die Gesellschaft ist zu

einer „multikulturellen" Gesellschaft geworden. 1997 beträgt der Anteil der nicht deutschen Bevölkerung in Nordrhein-Westfalen 11,4 %; der Anteil nicht deutscher Kinder und Jugendlicher unter 18 Jahren wird von 15,6 % (1998) auf 25,2 % im Jahr 2030 ansteigen (MFJFG NRW 1999).
Die Vielfalt ethnischer Gruppen wird in der Gesellschaft zwar in vielerlei Hinsicht als problematisch angesehen, stellt aber zweifelsohne eine nicht zu unterschätzende Bereicherung dar. Gerade Kinder haben die Chance, im selbstverständlichen Miteinander in Kindergarten, Schule und Freizeit die Einflüsse unterschiedlicher Kulturen kennenzulernen.

Umfassende *technologische Fortschritte* und die *Globalisierung* wirtschaftlicher Strukturen führen zu einem deutlichen Wandel ökonomischer und ökologischer Bedingungen.

Seit etwa der Mitte der siebziger Jahre belastet – in den Größenordnungen regional unterschiedlich – in hohem Maße *Arbeitslosigkeit* die Gesellschaft und führt zu erheblicher sozialer Ungleichheit. Weit verbreitet und sozial akzeptiert ist eine Erwerbstätigkeit der Frauen; sie sichert Familien mit zwei Einkommen einen hohen Lebensstandard. Die Erwerbstätigkeit allein erziehender Mütter wird aber nicht selten erschwert durch einen Mangel an geeigneten Betreuungsplätzen bzw. ungünstige Zeiten vorhandener Betreuungsangebote. Allein erziehende Mütter sind zu einem Drittel – mit steigender Tendenz – von Sozialhilfe abhängig (Schmidt 1997).

Armut trifft in Nordrhein-Westfalen 8,5 % der Bevölkerung; dabei stehen 6,9 % der deutschen Bevölkerung einem Anteil von 26 % der Ausländer gegenüber. 20,1 % der Alleinerziehenden gelten als arm. In der Gruppe der Kinder bis 15 Jahren sind 11,9 % betroffen, in der Altersgruppe der 15- bis 25-Jährigen sind es 20,8 % (MFJGF NRW 1999). Als arm gelten Personen, denen nur 50 % oder weniger des Haushaltsnettoeinkommens vergleichbarer Haushalte zur Verfügung steht (50 % – Armutsgrenze).

Das *Spektrum möglicher Lebensbedingungen von Kindern* ist weit gefächert, obwohl eine Grundversorgung – Ernährung, Kleidung, Wohnung, gesundheitliche Betreuung, Erziehung und Bildung – garantiert ist: Einerseits existiert in nicht unerheblichem Maße Armut, demgegenüber besteht nicht selten eine „Überversorgung" mit Spielzeug und eine komplette Ausstattung mit technischen Geräten wie Fernseher, Videogerät, HiFi-Anlage bis hin zu Computer und Handy. Nach einer Untersuchung des Deutschen Jugendinstituts stehen 6- bis 14-Jährigen im Jahre 2000 etwa 5,2 Milliarden DM zur Verfügung; hinzu kommen Ersparnisse von etwa 4 Milliarden DM. Damit stellen sie eine wichtige Zielgruppe für die Werbung dar; Konsumdruck und Markenterror bestimmen vielfach Zugehörigkeit und Ansehen oder Ausgrenzung in Gruppen.

Unterschiede in der materiellen Ausstattung, aber auch mögliche Veränderungen individueller ökonomischer Verhältnisse z.B. durch Arbeitslosigkeit oder Scheidung stellen ein erhebliches Konfliktpotential für Kinder und Jugendliche dar. Hinzu kommen Unsicherheiten und Ängste bezüglich der eigenen beruflichen Chancen. Der vielfältigen ökologischen Probleme in der Gesellschaft sind sich auch schon Kinder häufig deutlich bewusst und äußern teils massive Zukunftsängste.

Veränderung familiärer Situation

Der Anteil der Kinder an der Gesamtbevölkerung nimmt seit etwa 30 Jahren stetig ab. Ebenso ist die *Kinderzahl pro Familie* rückläufig; die Ein-Kind-Familie stellt heute den am weitesten verbreiteten Familientyp dar.

An die Stelle der früher typischen Familie – Vater, Mutter und Kinder – ist heute eine *Vielfalt möglicher Konstellationen des Zusammenlebens von Erwachsenen und Kindern* getreten. Die Ein-Elternteil-Familie nimmt zu, nicht zuletzt deshalb, weil etwa jede dritte Ehe geschieden wird. Bedeutsam ist die große Zahl von nicht ehelichen Lebens(abschnitts)gemeinschaften.

Für Kinder ergeben sich daraus möglicherweise *langfristige Konflikte* im familiären Bereich durch die Scheidung und / oder wechselnde Partner der Elternteile oder wechselnder Bezugspersonen außerhalb der Familie; in der Konsequenz bedeutet dieses eine *erhebliche emotionale und psychosoziale Belastung*.

Ein weiteres Problem ist darin zu sehen, dass die *Bezugspersonen in Teilfamilien meistens die Mütter* sind. Hinzu kommen in Kinderkrippe, Kindergarten und Hort Erzieherinnen, in der Grundschule Lehrerinnen; männliche Bezugspersonen fehlen nicht selten vollständig. Dieses beinhaltet ein Defizit und damit ein gravierendes Problem für die Persönlichkeitsentwicklung von Jungen und Mädchen gleichermaßen.

Einzelkindern fehlt die *Erfahrung mit Geschwistern* – der unmittelbare, unausweichliche ständige Umgang mit älteren und jüngeren Jungen und Mädchen; Kontakte mit anderen Kindern müssen außerhalb der Familie gesucht und organisiert werden. Hier sind aber auch positive Entwicklungschancen zu sehen, indem Kinder schon frühzeitig lernen (müssen), Kontakte zu knüpfen und zu pflegen. Schon im Vorschulalter organisieren Kinder manchmal selbständig ihre Treffen mit Spielkameraden.

Erzieherverhalten, Erziehungsziele und -normen

Die Veränderungen im Bereich der Erziehung lassen sich mit Schlagworten wie „Beziehung statt Erziehung" oder *„vom Befehlen und Gehorchen zum Verhandeln"* charakterisieren (Schmidt 1997, 146). Terhart (1996, 17) spricht von einem „Übergang von der Anordnungs- zur Verhandlungsfamilie".
Im Verlauf der fünfziger Jahre stehen im Zusammenhang mit einem autoritären Erziehungsstil Gehorsam, Fleiß und Pflichtbewusstsein im Vordergrund der Erziehungsziele. Heute spielen Disziplin und Ordnung, „Anstand" und „Wohlverhalten", Zurückhaltung und Rücksichtnahme oft eine eher untergeordnete Bedeutung; statt dessen hat Erziehung eine umfassende Entfaltung der Persönlichkeit zum Ziel. Dabei hat die Entwicklung von Selbstbewusstsein und Selbständigkeit vorrangig Bedeutung. *Das Kind wird als Partner gleichberechtigt behandelt; Entscheidungen werden diskutiert, Regeln ausgehandelt.*

Eltern sind allerdings oft verunsichert. Im Sinne falsch verstandener antiautoritärer Erziehung setzen sie Kindern *keine Grenzen*; die Einhaltung von – ausgehandelten – Regeln wird nicht oder nicht konsequent verlangt. Damit fehlt Kindern die nötige Orientierung; durch *grenzenlose Offenheit und Freizügigkeit* sind sie *überfordert*.

Eltern wünschen ihren Kindern bzw. erwarten von ihnen Erfolg, damit sie in der *Leistungsgesellschaft* bestehen können. Dieses gilt in besonderem Maße für Eltern, die ihr Leben sorgfältig planen und davon ausgehen, dass ihr (einziges) Kind „perfekt" ihren Wünschen entspricht, beruflich ihre Arbeit weiterführt oder ihre eigenen Träume verwirklicht. Diese – oft unausgesprochenen, aber unterschwellig wahrgenommenen – Wünsche oder Forderungen stellen für Kinder, die die Eltern nicht enttäuschen möchten, die aber den Anforderungen der Schule nur mühsam genügen können, eine ungeheure Belastung dar; die angestrebte Entwicklung eines positiven Selbstkonzepts wird dadurch gefährdet.

In dem *Bemühen, die Kinder bestmöglich zu fördern*, wird nicht nur der schulische Erfolg gezielt durch Nachhilfestunden und Ferienkurse unterstützt. Vom Kleinkindalter an werden „Turnen", Schwimmen, Ballett, rhythmische und musikalische Früherziehung, später Reiten, Tennis, Hockey, Flöten- und Klavierunterricht, Malen, Töpfern und museumspädagogische Kurse, Sprachkurse und vieles mehr angeboten und genutzt. Institutionell organisierte Freizeitangebote im Sinne einer Förderung von Kindern „boomen" und sind zu einem nicht zu unterschätzenden Wirtschaftsfaktor geworden. Eltern meinen, ihren Kindern diese Chancen bieten zu müssen; nicht selten spielt auch die Konkurrenz mit anderen Kindern eine Rolle. Das kann dazu führen, dass Kinder nahezu an jedem Wochentag eine andere Verpflichtung haben; schon Vorschulkinder brauchen einen Terminkalender. Die neben Kindergarten oder Schule verbleibende *freie Zeit ist zu einem großen Teil verplant*; spontane Unternehmungen oder aber auch „nur" freies, selbst bestimmtes Spielen sind kaum möglich.

Die Veränderungen im Erzieherverhalten und der Wandel entsprechender Normen bergen wie auch die gesellschaftlichen Rahmenbedingungen *Chancen und Gefahren* gleichermaßen:

– die Chancen ungestörter individueller Entfaltung bei optimaler Unterstützung durch die Familie, ergänzt durch Experten unterschiedlicher Fachbereiche;
– andererseits die Gefahr einer Überforderung durch unangemessene Leistungsstandards im Zusammenhang mit weitgehend verplanter Zeit sowie ein Mangel an Orientierung im sozialen Kontext.

Veränderung des Bewegungsraumes

Einschränkungen des Bewegungsraums von Kindern sind offensichtliche Folge der Urbanisierung:

– eine Zunahme der Bebauung und damit Reduzierung freier Flächen;
– die Intensität der Bebauung – Hochhäuser, Mehrfamilienhäuser, auch Einfamilienhäuser auf immer kleineren Grundstücken;

- ein Ausgleich fehlender Freiräume durch Spielplätze, die allerdings am ehesten von Kleinkindern genutzt, von Schulkindern oft als langweilig abgelehnt werden.
- Freiflächen in Wohnsiedlungen wie zum Beispiel Garagenhöfe oder Grünflächen stehen als Spielflächen für Kinder nicht zur Verfügung („Ball spielen verboten", „Rasen betreten verboten", etc.).
- Straßen eignen sich in der Regel nicht als Spielfläche, schränken oft sogar die „Bewegungsfreiheit" jüngerer Kindern ein, wenn sie bestimmte Wege wegen der Gefährdung durch den Verkehr nicht selbständig gehen dürfen.

Diese Verhältnisse werden mit den Begriffen *„Verhäuslichung"* und *„Verinselung"* charakterisiert:

- Der Aktionsraum von Kindern liegt hauptsächlich im häuslichen Bereich. In der Wohnung selbst, erst recht in einem meistens kleinen Kinderzimmer steht nur ein begrenzter Bewegungsraum zur Verfügung; großräumige Bewegungserfahrungen sind nicht möglich.

- Das Phänomen der Verinselung deckt ein Defizit an kontinuierlicher, systematischer Raumerfahrung auf. Als „normal" und „früher" üblich gilt eine Eroberung des umgebenden Raumes quasi in konzentrischen Kreisen um den eigenen Lebensmittelpunkt, die mit der zunehmenden Bewegungsfähigkeit und der Entwicklung der Selbständigkeit eines Kindes einher geht bzw. von ihr abhängt: Das Kind lernt zunächst seinen Nahraum, den Aktionsradius der Arme kennen. Mit der Entwicklung der Fortbewegung erkundet es die elterliche Wohnung, das Wohnhaus mit dem umgebenden Hof, gegebenenfalls dem Garten und dem Weg oder Bürgersteig davor. Mit zunehmendem Alter und Entwicklungsfortschritt darf es allein den Weg z.B. zum Bäcker oder zum Kindergarten zurücklegen und auf Flächen spielen, die weiter entfernt von der elterlichen Wohnung liegen. So bewegt sich das Kind – zu Fuß, mit dem Roller oder Fahrrad – in immer größerem Radius von seinem Lebenszentrum weg, bis es das Dorf, das Viertel oder die Stadt kennt.

Zur Verinselung kommt es, wenn das Kind zu bestimmten Aktionsräumen transportiert wird, wenn mit dem Auto teils weite Strecken zurückgelegt werden, um zum Beispiel einen Freund zum Spielen zu besuchen oder zum Schwimmkurs oder zum Flötenunterricht zu gelangen, ohne dass die zurückgelegten Wege aus eigener, unmittelbarer Wahrnehmung und Bewegung bekannt sind. Die Raumerfahrung des Kindes bezieht sich dann lediglich auf einzelne bekannte „Inseln"; der dazwischen liegende Raum ist unbekannt. Raum und Räumlichkeit wird von dem Kind nur lückenhaft erfahren.

Seit den achtziger Jahren etwa wird aber vielerorts das Problem eingeschränkter Spiel- und Bewegungsflächen reduziert oder beseitigt. In Wohngebieten entstehen zunehmend Spielstraßen oder verkehrsberuhigte Straßen und Plätze. Spielplätze werden – meistens unter Beteiligung von Kindern – umgestaltet und gewinnen an Attraktivität; Freiflächen werden als „Bolzplätze" zur Verfügung gestellt, Übungsplätze für Skater oder Streetball-Anlagen eingerichtet und vieles mehr. Die Intensität der Nutzung dieser Räume ist allerdings abhängig von dem

Vorhandensein von Spielpartnern. Wie weit Kinder tatsächlich ihren Lebensraum unzusammenhängend als eine Gruppe von Inseln erfahren, bestimmen auch die Eltern und Kinder selbst, indem sie die Anzahl der Freizeitangebote, die an Funktionsräume gebunden sind, begrenzen und auch nach deren Entfernung bzw. Erreichbarkeit auswählen.

Einflüsse audio-visueller Medien

In Diskussionen um eine veränderte Kindheit steht in aller Regel ein übermäßiger Fernsehkonsum im Mittelpunkt. Das Fernsehen stellt sicher ein wichtiges, inzwischen nahezu überall verfügbares Medium dar, das die Freizeit vieler Menschen bestimmt und für Kinder zu einer Selbstverständlichkeit geworden ist. Neben dem Fernsehen spielen aber auch Videofilme, Computer, Computerspiele sowie Hörspiele und Musikkassetten für viele Kinder eine bedeutende Rolle.

Häufigkeit und Dauer des Medienkonsums von Kindern und dessen Bedeutung und Nutzen ist Gegenstand zahlreicher Untersuchungen (vgl. Baacke 1995). Ledig (1992) stellt in einer umfangreichen Studie mit 8- bis 12-Jährigen fest, dass in dem vielfältigen Spektrum möglicher Freizeitaktivitäten der Medienkonsum ein fester Bestandteil ist – aber in aller Regel eben nur eine Möglichkeit neben vielen anderen; als Gruppen möglicher Aktivitäten, die die Freizeit von Kindern ausfüllen, werden neben audio-visuellen Medien sportliche Aktivitäten, kreative Tätigkeiten, Außen- bzw. Innenaktivitäten und modische bzw. traditionelle Spiele unterschieden. Die Nutzung audiovisueller Medien kann in vieler Hinsicht eine Bereicherung sein (Baacke 1995); „zu problematisieren ist dagegen, wenn neben den Medien andere Freizeitaktivitäten kaum noch Platz haben" (Ledig 1992, 49). Wenn das Fernsehen den Alltag bestimmt, bleibt auch für Bewegungsaktivitäten kaum noch Zeit; Kleine (1997) weist dieses im Vergleich von 8- bis 13-jährigen „Vielsehern" und „Wenigsehern" nach.

Übermäßiger Medienkonsum kann die Entwicklung von Kindern in vielfacher Hinsicht gefährden:

- Die Zeit, die Kinder mit elektronischen Medien verbringen, steht nicht als Bewegungszeit zur Verfügung; *Bewegungsmangel* ist die Folge. Ein – quantitativ und qualitativ – hohes Maß an Wahrnehmungs- und Bewegungserfahrungen ist aber für eine „normale" Entwicklung von Kindern unverzichtbar.

- Im Umgang mit elektronischen Medien sind Kinder oft allein, so dass *Einschränkungen oder Störungen des Sozialverhaltens* zu befürchten sind. Im Extremfall kann – besonders bei Jugendlichen – die Beschäftigung mit dem Computer zu sozialer Isolation führen.

- Zumindest die Nutzung visueller Medien erfolgt meistens im Sitzen. *Sitzen als Dauerhaltung,* vor allem in nicht ergonomisch gestalteten und nicht körpergerecht angepassten Möbeln, hat besonders bei Kindern negative Auswirkungen auf die Entwicklung des Stütz- und Bewegungsapparates. Verspannungen der Nacken- und Rumpfmuskulatur verursachen akute Beschwerden (Kopf-, Nacken-, Rückenschmerzen).

- Lang andauernde Nutzung audiovisueller Medien führt zu einer *Reizüberflutung der Fernsinne Auge und Ohr* bzw. des visuellen und des auditiven Systems. Reizüberflutung im Zusammenhang mit nicht ausreichenden Erholungsphasen bewirkt eine Überlastung des vegetativen Nervensystems; vielfältige vegetative Symptome wie „Nervosität", (motorische) Unruhe, Konzentrationsschwierigkeiten, Schlafstörungen, Kopfschmerzen können die Folge sein.

- *Übermäßige Beanspruchung der Fernsinne* (Auge und Ohr) führt zu einer *Vernachlässigung der elementaren Sinnessysteme:* die taktil-kinästhetische Wahrnehmung (die Wahrnehmung über Rezeptoren in der Haut – taktile Wahrnehmung sowie über Rezeptoren in Muskeln, Sehnen und Gelenken – kinästhetische Wahrnehmung = „Bewegungswahrnehmung", „Bewegungssinn") und die vestibuläre Wahrnehmung (die Wahrnehmung über das Gleichgewichtsorgan – Vestibularapparat) haben grundlegende Bedeutung für das komplexe Geschehen sensorischer Integration. Sie stehen damit nicht nur im Zusammenhang mit grundlegenden Prozessen der motorischen Entwicklung, sondern stellen letztlich die Basis für die gesamte Persönlichkeitsentwicklung dar. Entsprechend können Defizite oder Störungen der Wahrnehmungs- und Bewegungsentwicklung komplexe Entwicklungsstörungen zur Folge haben.

- Ein Mangel an elementaren Wahrnehmungs- und Bewegungserfahrungen bzw. ein Übermaß audio-visueller Reize im frühen Kindesalter hat *Auswirkungen auf die Entwicklung des Zentralnervensystems*: Das noch unreife Nervensystem benötigt viele und vielfältige Reize für seine Entwicklung, die zwar in Grundzügen genetisch bestimmt ist, deren Ausformung aber von der funktionellen Inanspruchnahme seiner Strukturen abhängt. Diese spiegelt sich insbesondere in der Differenzierung der Zellfortsätze und der Bildung synaptischer Kontakte bzw. deren Empfindlichkeit im Sinne von Quantität und Qualität / Komplexität der Erregungsübertragung wider. Mit modernen bildgebenden Verfahren wie der Kernspintomographie lässt sich eine individuell unterschiedliche Ausdifferenzierung von mehr oder weniger genutzten Hirnarealen dokumentieren. Generell kann sich als Folge intensiver visueller Beanspruchung ein *Ungleichgewicht in der Entwicklung der beiden Hirnhälften* abzeichnen: Einer starken Ausprägung der rechten Hemisphäre, die einen Gesamteindruck vermittelt, Informationen gleichzeitig und als Ganzes verarbeitet, für Intuition, Gefühle, Kreativität und auch für die visuelle Wahrnehmung zuständig ist, steht eine reduzierte Entwicklung der linken Hemisphäre gegenüber, die im wesentlichen für analytisches Denken, für Sprache und Logik Verantwortung trägt. Eine Wertung dieser neurophysiologischen Prozesse als angemessene Anpassung an die Erfordernisse der sich verändernden Umweltbedingungen oder als Gefährdung einer notwendigerweise ausgewogenen kindlichen Entwicklung erscheint derzeit nicht ohne weiteres möglich.

- Intensive Nutzung audio-visueller Medien führt zu einer *Veränderung kindlicher Aneignungsprozesse*: Prozesse aktiver Umweltaneignung, des Begreifens und Erfahrens im realen wie im übertragenen Sinn, auch im sozialen Kontext treten zurück zugunsten passiven Konsumierens; Informationen werden ganzheitlich, bildhaft „episodisch" aufgenommen. Dieses hat Konsequenzen für alle Lernprozesse, aber auch für Prozesse der Interaktion und Kommunikation.

- Schließlich stellt Fernsehen wie auch viele Videospiele nicht selten eine *emotionale Belastung* und Überforderung dar, wenn nicht kritisch ausgewählt wird, was Kinder sehen und – ihrem Alter und Entwicklungsstand entsprechend – verarbeiten können. Vielfältige psychosomatische Beschwerden können aktuell die Folge sein; langfristige Auswirkungen auf die emotionale und psychosoziale Entwicklung sind nicht auszuschließen.

Bewegung und Sport im Wandel

Das 20. Jahrhundert bietet rasante technologische Veränderungen. Das Leben der Menschen wird in vielerlei Hinsicht erleichtert; schwere körperliche Arbeit wird zunehmend reduziert oder gänzlich überflüssig. *Der Alltag – auch der Alltag von Kindern – wird bewegungsärmer.* Mitarbeit der Kinder im Haushalt oder dem elterlichen Betrieb ist nicht mehr erforderlich; Wege werden mit dem Auto, mit Bus oder Bahn zurückgelegt. Das Angebot inaktiver Freizeitbetätigung ist durch die fast uneingeschränkte Verfügbarkeit der Medien groß; vorhandene Bewegungsräume und vor allem das überwiegend vorgefertigte, monofunktionelle Spielzeug, das Kinder meist im Überfluss besitzen, regen kaum oder gar nicht zu kreativen motorischen Aktivitäten an. So besteht die Gefahr, dass Kindern sowohl in der Quantität als auch in der Qualität die für ihre körperliche und motorische Entwicklung wichtigen Bewegungsreize fehlen.

Kinder werden heute aber schon frühzeitig mit *Bewegungsangeboten verschiedener Institutionen* konfrontiert. Babyschwimmen, Krabbelgruppen im Sportverein, Eltern-Kind-Turnen, u.a. haben eine Entwicklungsförderung über das Medium Bewegung zum Ziel. Viele Eltern sind sich der Gefahren, die Kindern durch Bewegungsmangel drohen, bewusst. Nicht selten entstehen aus Elterninitiativen Bewegungs- oder Sportkindergärten; das Konzept des Waldkindergartens verbindet die Förderung eigenständiger Kreativität im Bewegungsverhalten mit ökologischen Zielsetzungen. Sportvereine, auch die in großer Zahl in den achtziger und neunziger Jahren neu gegründeten Vereine mit einer Schwerpunktsetzung auf Gesundheitssport und Sporttherapie machen Angebote für Kinder vom Kleinkindalter an, in denen der Ausgleich von Bewegungsmangel und die Förderung (psycho)motorischer Entwicklung allgemein, speziell zum Beispiel die Förderung von Entspannungsfähigkeit, von Konzentration und Kreativität angeboten wird. Die Schule hat sich den gesellschaftlich bedingt veränderten Bedürfnissen von Kindern ebenfalls angepasst. Konzepte wie die *„Bewegte Schule"* (Illi 1995) oder die *„Bewegungsfreudige Schule"* (Kottmann, Küpper & Pack 1997), in denen der Stellenwert der Bewegung für die Entwicklung von Kindern, deren Wohlbefinden und letztlich auch deren Lernerfolg deutlich wird (vgl. Breithecker 1998; Dannenmann, Hannig-Schosser & Ullmann 1997; Klupsch-Sahlmann 1999; Laging & Schillack 2000; Illi, Breithecker & Mundigler 1998). Auch der Schulsport verändert sich von einem Konzept gezielter Sportartenvermittlung hin zu dem Anliegen einer Erziehung durch Bewegung.

Dennoch ist anhand von Bewegungstagebüchern nachzuweisen, dass sich *Grundschulkinder „heute"* nur noch über den Zeitraum von etwa einer Stunde pro Tag bewegen; dabei wird für intensives Bewegen bzw. Sporttreiben eine Zeit von 15 bis 30 Minuten pro Tag angegeben. Mädchen strengen sich erheblich weniger an als Jungen. Die Jungen kommen vor allem im Sportverein „ins Schwitzen"; demgegenüber fällt ihre Bewegungsintensität in der Freizeit deutlich geringer aus. Alle Kinder nennen für die Schule die geringste Bewegungsintensität. Der täglichen Bewegungszeit von nur einer Stunde stehen jeweils neun Stunden pro Tag für Liegen und Sitzen gegenüber; fünf Stunden brauchen die Kinder täglich für Tätigkeiten im Stehen (Bös 1999).

Schon früh werden Kinder mit Sportarten und ihrem verbindlichen Regelwerk vertraut gemacht. Umfangreiche Übertragungen von großen *Sportereignissen in den Medien,* aber auch vielfältige Information über weniger verbreitete Sportarten und neue Trends machen zuweilen schon Grundschulkinder zu Experten in Sachen *öffentlicher Sport und Bewegungskultur.* Die Faszination, die von Wettkämpfen und Turnieren im Hochleistungssport ausgeht, und das hohe Maß an Aufmerksamkeit, das die Öffentlichkeit bestimmten Sportarten – bestimmten Sportlern – widmet, führen nicht selten dazu, dass Kinder eben diese Sportarten ausüben möchten. Abgesehen davon, dass mit einer frühzeitigen sportartspezifischen Spezialisierung die Gefahr der Vernachlässigung einer umfassenden motorischen Entwicklung einhergeht, erleiden Kinder nicht selten Frustrationen, wenn ihnen die mühelose Perfektion der Bewegungsformen, die sie aus dem Fernsehen kennen, nicht auf Anhieb gelingt. Geduldiges Üben und auf ein Ziel hin arbeiten, ist für viele Kinder völlig ungewohnt. Hier sind Eltern, Lehrer, Übungsleiter und Trainer gefordert, wenn es darum geht, Sportarten individuell angemessen auszuwählen, Ziele realistisch zu setzen und die Motivation zu unterstützen, aber auch wieder das Üben zu üben ...

Trends einer Kindheit im Wandel

Brinkhoff (1996, 7) kennzeichnet die Ambivalenz der veränderten Entwicklungsbedingungen mit der Überschrift „Aufwachsen heute: zwischen Hoffnung und Verhängnis" und benennt plakativ Trends, die für das einzelne Kind je nach Herkunft, Lebensraum und individueller Sozialisation unterschiedlich relevant werden und damit Chancen und / oder Gefahren enthalten:

- „Airbag-Kindheit" → weitgehende Sicherheit durch relativ gute sozio-ökonomische Bedingungen;
- „Konsumkindheit" → Verlust an Kreativität zugunsten passiven Konsumierens;
- „Medienkindheit" → sozialisierende Funktion der Medien im Zusammenhang mit Verhaltensauffälligkeiten von Kindern, auch mit der Zunahme von Gewalt;

- „Erste Reihe" – Kindheit" → Zugang zu einer Fülle von Informationen, die eher der Erwachsenenwelt zuzurechnen sind;

- „Karrierekindheit" → Zugang zu höherer Bildung, unabhängig von der sozialen Herkunft; aber auch hohe Erwartungen seitens der Eltern;

- „Schulkindheit" → Leistungsdruck im Hinblick auf Schulerfolg, aber auch immer umfangreicher werdende Aufgaben von Schule im Hinblick auf Förderung und Kompensation;

- „Inselkindheit" → Veränderung der Bewegungsräume zugunsten von Funktionsräumen, zuungunsten spontaner und natürlicher Bewegung und Begegnung;

- „Geschuldete Kindheit" → Zunahme von psychosomatischen Erkrankungen und psychosozialen Stresssymptomen schon bei Schulkindern;

- „Familienkindheit" → emotionale, psychosoziale und ökonomische Belastungen durch Veränderungen der Familienstruktur;

- „Permissive Kindheit" → Veränderung der Erziehungsstile und -normen;

- „Entsinnlichte Kindheit" → Reduzierung elementarer Wahrnehmungs- und Bewegungserfahrungen durch hohen Medienkonsum, entsprechend ein Verlust an Eigentätigkeit;

- „Gefährdete Kindheit" → Gefährdung z.B. durch Unfälle, Sucht, Delinquenz oder Suizid; zu ergänzen wäre die Gefährdung durch Umweltgifte, auf die der kindliche Organismus bis zu dreimal so empfindlich reagiert wie der des Erwachsenen (vgl. Hoehne 1993; Wemmer 1990);

- „Multikulturelle Kindheit" → Chancen und Risiken durch einen hohen Ausländeranteil in der Bevölkerung;

- „Individualisierte Kindheit" → Reduzierung der Bedeutung von Familie, Nachbarschaft, Gemeinde;

- „Ungewisse Kindheit" → unsichere soziale, kulturelle, ökonomische und ökologische Zukunftsperspektiven.

Die genannten Trends weisen zahlreiche Überschneidungen auf und dokumentieren damit die Komplexität des Entwicklungsgeschehens. Um zusätzlich die

Bedeutung der durch zahlreiche Termine vielfach erheblich eingeschränkten freien Zeit von Kindern hervorzuheben, sollte das Phänomen „verplante Kindheit" ergänzt werden. Abbildung 1-5 zeigt die Aspekte veränderter Kindheit im Überblick.

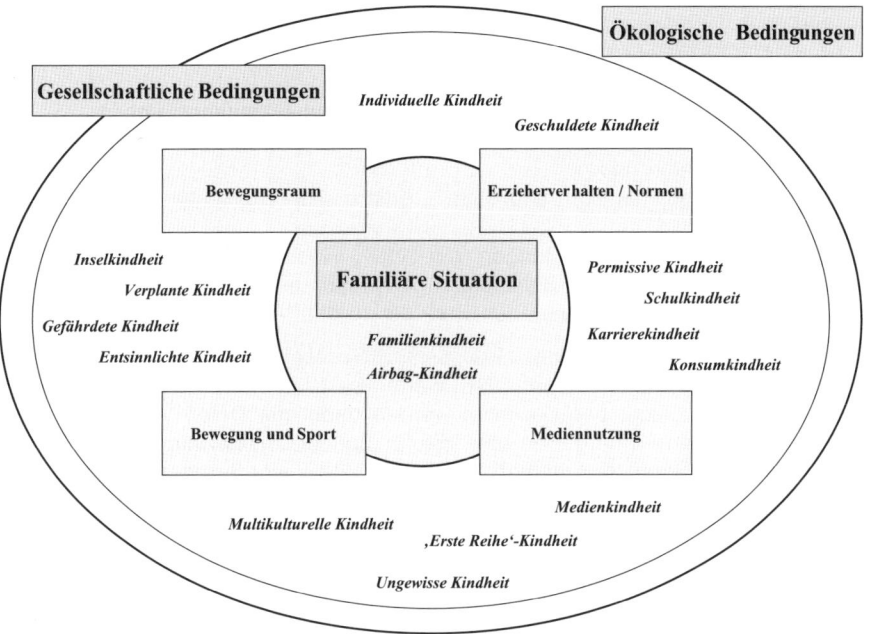

Abb. 1-5: Chancen und Risiken der Kindheit „heute" (vgl. Brinkhoff 1996)

Ausgewählte Daten zur Situation von Kindern und Jugendlichen

Die Belastungen, denen Kinder heute ausgesetzt sind, können durch Zahlen zur *Prävalenz von psychosomatischen und psychosozialen Symptomen* konkretisiert werden (Brinkhoff 1996, 11):
„– 18 % der Kinder im Grundschulalter sind öfters krank.
– 51 % der Kinder leiden unter Kopfschmerzen.
– 26 % der Kinder geben an, „schlechte Träume" zu haben.
– ... 12 % der Kinder haben bereits im Grundschulalter Erfahrungen mit Zigaretten gesammelt. 58 % der Kinder haben schon Bier, Wein und/oder Sekt getrunken.
– Ein wachsender Anteil von Kindern leidet unter erheblichen psychosomatischen Beeinträchtigungen, z.B. Nervosität und Unruhe, Konzentrationsschwierigkeiten und Schlafstörungen."
Grundlage dieser Daten ist eine für Nordrhein-Westfalen repräsentative Studie aus dem Jahr 1992; befragt wurden Kinder des 3. und 5. Schuljahres.

In einer bundesweiten Studie stellen Bös, Opper & Woll (2002) bei Kindern im Alter von 6 bis 10 Jahren (n = 1.442) gesundheitliche Beeinträchtigungen im Sinne psychosomatisch bedingter Befindlichkeitsstörungen in einer Größenordnung zwischen 40 und 70 % fest. Im einzelnen finden sich in der Gruppe der Grundschulkinder
- bei 56,8 % (gelegentlich) und 13,5 % (fast immer) Kopfschmerzen,
- bei 41,1 % (gelegentlich) und 11,9 % (fast immer) Konzentrationsschwierigkeiten,
- bei 33,3 % (gelegentlich) und 6,5 % (fast immer) Rückenschmerzen,
- bei 59,4 % (gelegentlich) und 13,8 % (fast immer) Bauchschmerzen / Magenbeschwerden und
- bei 37,9 % (gelegentlich) und 15,6 % (fast immer) Schlafstörungen / Schlaflosigkeit.

Mädchen sind häufiger als Jungen von Kopf-, Rücken- und Bauchschmerzen betroffen; mit Ausnahme der Schlafstörungen nimmt die Häufigkeit der Beschwerden mit steigendem Alter – von den Erst- bis zu den Viertklässlern – zu.

Umfangreiche Daten *zum Entwicklungsstand Sechsjähriger* liefert die Schuleingangsuntersuchung. Mersmann (1998) wertet die 1996 in Köln erhobenen Daten (n = 9.225) aus; nicht berücksichtigt werden dabei die Daten von Kinder aus heilpädagogischen Kindergärten bzw. die für Sonderschulen vorgesehenen Kinder sowie die Kinder, die im Vorjahr zurückgestellt worden waren und erneut untersucht werden. Folgende Befunde mit Relevanz für die Schulfähigkeit werden erhoben:
- 14,2 % grobmotorische Koordinationsstörung;
- 11,4 % Sprachstörung;
- 8,6 % feinmotorische / visuomotorische Schwäche;
- 8,4 % Verhaltensauffälligkeit;
- 6,6 % nicht schulbelastungsfähig;
- 5,6 % Adipositas.

Mit Ausnahme der Diagnosen „Sprachstörung" und „Verhaltensauffälligkeit", denen die Angaben der Eltern zu Grunde liegen, beruhen alle Befunde auf definierten und standardisiert erfassten Untersuchungsparametern. Der Befund „nicht schulbelastungsfähig" kennzeichnet einen erheblich verzögerten Entwicklungsstand, der einer differenzierten Diagnostik und nachfolgend spezifischer Förderung bzw. Therapie bedarf.

Zwischen den Symptomen retardierter Entwicklung bzw. den schulrelevanten Defiziten und sozialen Einflussfaktoren besteht ein deutlicher Zusammenhang.

Der *7. Kinder- und Jugendbericht der Landesregierung Nordrhein-Westfalen* (MF-JFG NRW 1999, 115 f) bescheinigt Kindern und Jugendlichen „heute" grundsätzlich einen guten Gesundheitszustand. Grundlage dieser Einschätzung ist der deutliche Rückgang von Erkrankungen im Verlauf der vergangenen Jahrzehnte, der auf verbesserte präventive und therapeutische Maßnahmen, aber auch auf allgemein verbesserte Lebensbedingungen zurückgeführt wird.

Einschränkend wird aber auch hier festgestellt, dass der Gesundheitszustand von Kindern und Jugendlichen gefährdet ist:

- *Chronische Krankheiten* nehmen zu; etwa 7 bis 10 % aller Kinder und Jugendlichen sind insbesondere von Allergien, Asthma, Diabetes und angeborenen Herzfehlern betroffen. Das Ursachenspektrum chronischer Erkrankungen ist äußerst komplex. Das gehäufte Auftreten wird hauptsächlich im Zusammenhang mit zunehmenden Umweltbelastungen diskutiert, teilweise aber auch mit psychosozialen Faktoren begründet.
- Als ebenfalls zunehmendes gesundheitliches Risiko werden *Essstörungen* genannt; dazu zählen Adipositas („Esssucht"; „Fettsucht"), Anorexia nervosa („Magersucht") und Bulimia nervosa („Ess-Brech-Sucht"). Mädchen ab 13 Jahren sind in besonderem Maße gefährdet, Magersucht oder / und Bulimie zu entwickeln. Essstörungen können einerseits als Sucht, andererseits als psychosomatische Erkrankung verstanden werden; psychosoziale Faktoren spielen sowohl als Ursache als auch als Folge dieser Störungen eine Rolle.
Konkrete Zahlen zur Häufigkeit von Essstörungen nennt der 7. Kinder- und Jugendbericht Nordrhein-Westfalen (MFJFG NRW 1999) nicht.

Statistische Angaben zur Häufigkeit von *Übergewicht* (erhöhtes Körpergewicht, d.h. erhöhte Körpermasse, die alle Gewebe – neben Fett auch Knochen, Muskulatur, u.a. – einschließt) und *Adipositas* (Fettsucht, übermäßig hohe Ansammlung von Fettgewebe) sind generell kritisch zu hinterfragen, da vielfach unterschiedliche diagnostische Methoden Einsatz finden bzw. die zur Orientierung herangezogenen Grenzwerte differieren (vgl. Kromeyer-Hauschild et al. 2001; Rolland-Cachera et al. 1982; Zabransky et al. 2000; Zwiauer & Wabitsch 1997). Ältere Arbeiten stützen sich auf Somatogramme, die altersbezogene Normtabellen zur Einschätzung von Normal-, Über- bzw. Untergewicht bieten; diese orientieren sich im wesentlichen an dem individuellen Verhältnis von Körpergewicht und Körpergröße (vgl. Kunze & Murken 1974; Schlaf & Pudel 1983). Zur Zeit gilt der Body-mass-Index (BMI = Körpergewicht (kg) / [Körperlänge (m)]^2) als hinreichend zuverlässiges Maß zur Beurteilung des Körpergewichts, das leicht zu erfassen ist. Da sich der Körperfettanteil im Kindes- und Jugendalter stark alters- und geschlechtsabhängig entwickelt, werden auf der Basis repräsentativer Stichproben Perzentil-Kurven bzw. Tabellen erarbeitet, anhand derer die Beurteilung vorgenommen wird; ein BMI zwischen der 90. und 97. Perzentile wird als Übergewicht, ein BMI oberhalb der 97. Perzentile als Adipositas gewertet. Vielfach wird allerdings auf eine Differenzierung zwischen Übergewicht und Adipositas verzichtet, so dass alle BMI-Werte oberhalb der 90. Perzentile dann als Übergewicht eingestuft werden.
Die Notwendigkeit exakter Angaben zu den jeweils herangezogenen Referenzwerten zeigen Graf et al. (in Vorb.) auf, die bei Untersuchungen von Kindern des ersten Schuljahres (n = 567) bei 15 % der Kinder Übergewicht und Adipositas finden, wenn die Perzentilen für den Body-mass-Index von Kromeyer-Hauschild et al. (2001) als aktuelle deutsche Referenzwerte zur Beurteilung herangezogen werden; bei derselben Stichprobe werden aber 27,3 % Übergewicht und Adipositas festgestellt, wenn die europaweit geltenden Perzentilen von Rolland-Cachera et al. (1982) genutzt werden.

Unbestritten ist jedoch eine rapide Zunahme der Häufigkeit von Übergewicht und Adipositas schon im Kindesalter. West (2002, 294) geht davon aus, dass „sich die Prävalenz der kindlichen Adipositas in den letzten zehn bis fünfzehn Jahren verdoppelt" hat. Für das betroffene Kind kann Adipositas einerseits eine erhebliche psychosoziale Belastung bedeuten; andererseits stellt Adipositas ein erhöhtes Risiko für die Entstehung einer Vielzahl von Erkrankungen des Herz-Kreislauf-Systems und des Stoffwechsels wie Bluthochdruck, Fettstoffwechselstörungen und Typ II-Diabetes, aber auch für Schäden im Bereich des Haltungs- und Bewegungsapparates dar und muss als schwerwiegende Gesundheitsstörung gewertet werden, zumal „mehr als 50 % der betroffenen (Kinder und) Jugendlichen ... ihr Übergewicht ins Erwachsenenalter" transportieren (West 2002, 296).

Unabhängig von der Größenordnung der Angaben zur Prävalenz erscheint eine deutliche Zunahme der Diagnose Übergewicht im Verlauf des Schulalters bemerkenswert: So wird im Rahmen der schulärztlichen Untersuchungen in Nordrhein-Westfalen 2001 Übergewicht – beurteilt anhand des Body-mass-Index, orientiert an den Referenzwerten der Deutschen Adipositasgesellschaft (vgl. Kromeyer-Hauschild et al. 2001) –
- bei 2,7 % (Jungen) bzw. 3,1 % (Mädchen) der Kindergartenkinder (n = 7.214),
- bei 6,1 % (Jungen) bzw. 7,3 % (Mädchen) der Schulanfänger (n = 88.339),
- bei 8,4 % (Jungen) bzw. 9,0 % (Mädchen) der Kinder bis einschließlich 11 Jahre (Viertklässler; n = 13.471) und
- bei 10,4 % (Jungen) bzw. 12,6 % (Mädchen) der Kinder über 11 Jahre (Schulentlassungsjahrgänge; n = 14.711) festgestellt (lögd NRW 2002).

Obwohl ebenfalls die Referenzwerte nach Kromeyer-Hauschild et al. (2001) zugrunde gelegt werden, zeigt sich in der Studie von Bös, Opper & Woll (2002) ein erheblich höherer Anteil übergewichtiger und adipöser Grundschulkinder (n = 1.393):
- 12,1 % im ersten Schuljahr,
- 12,6 % im zweiten Schuljahr,
- 18,7 % im dritten Schuljahr und
- 19,4 % im vierten Schuljahr.

Die Unterschiede zwischen Mädchen und Jungen werden als unerheblich angegeben. Die Zunahme der Symptomatik im Verlauf der Grundschulzeit erweist sich als statistisch signifikant.

Bei Schulentlassungsuntersuchungen 1995 (15- bis unter 20-Jährige) in Berlin findet Kiss (1997) bei 17,8 % der männlichen und 19,1 % der weiblichen Jugendlichen Übergewicht, wenn der Body-mass-Index zugrunde gelegt wird. Erfolgt dagegen die Orientierung an den Referenzgewichten für deutsche Kinder und Jugendliche von Schlaf & Pudel (1983), müssen 22 % der Jungen und 33 % der Mädchen in der Gruppe der untersuchten Zehntklässler als übergewichtig eingestuft werden.

Der 7. Kinder- und Jugendbericht der Landesregierung Nordrhein-Westfalen (MF-JFG NRW 1999, 115 f) nennt *weitere mögliche Beeinträchtigungen des Gesundheitszustandes* von Kindern und Jugendlichen:

- Die Gefährdung von Kindern und Jugendlichen durch *Drogen* hat verschiedene Facetten:
  - 50 % der 14- bis 16-Jährigen verfügen über erste „Rauscherfahrungen" durch *Alkohol*;
  - 50 % der unter 14-Jährigen hat Erfahrungen mit *Rauchen*; 30 % der 14- bis 17-Jährigen sind Raucher;
  - 20 % der bis zu 15-Jährigen wird ein *Arzneimittelmissbrauch* attestiert;
  - bei unter 14-Jährigen ist der Konsum illegaler Drogen selten, steigt aber im Alter von 14 bis 18 Jahren auf 20 %.

  Während der „Konsum" von Alkohol, Nikotin und Medikamenten in den vergangenen Jahren stabil zu sein scheint, nimmt die Gefährdung durch illegale Drogen im Verlauf der neunziger Jahre deutlich zu.

- *Unfälle* im Straßenverkehr, im häuslichen Umfeld und im Freizeitbereich häufen sich. Kinderunfälle ereignen sich mit etwa 40 bis 45 % einerseits zu Hause und im Freizeitbereich, andererseits in der Schule. Verkehrsunfälle sind mit einer Häufigkeit von nur 3 bis 12 % vergleichsweise selten, stellen aber die schwerwiegenderen Unfälle dar; 30 bis 45 % der tödlichen Unfälle ereignen sich im Straßenverkehr.

In der Studie von Bös, Opper & Woll (2002) geben 22,1 % der befragten Grundschulkinder (n = 1349) an, schon einmal einen Unfall in der Schule erlitten zu haben – auf dem Pausenhof (11,8 %), im Schulsport (5,1 %), im Klassenzimmer (5,1 %) oder auf dem Schulweg (2,2 %).

- *Psychosoziale Belastungen, Befindlichkeits- und Kommunikationsstörungen* treten gehäuft auf. Zuverlässige Zahlen hierzu liegen nicht vor, da es keine Übereinkunft über entsprechende Definitionen bzw. einheitliche diagnostische Verfahren gibt.

Die o.g. Studien von Brinkhoff (1996) und Bös, Opper & Woll (2002) geben Hinweise auf die große Anzahl – zwischen 40 und 70 % – psychosomatisch bedingter Befindlichkeitsstörungen bei Kindern.
Psychische Störungen finden sich nach Angaben von Remschmidt (1990) bei 8 bis 15 % aller Kinder und Jugendlichen; davon bedürfen mindestens 5 % einer Behandlung. Zusätzlich zeigen 10 bis 13 % aller Kinder und Jugendlichen behandlungsbedürftige Verhaltensstörungen oder Auffälligkeiten im Lern- und Leistungsverhalten, im Sozialverhalten, im emotionalen Bereich oder in anderen Entwicklungsbereichen.

- *Kinder aus sozial benachteiligten Familien* sind eher von Krankheiten betroffen, da präventive Maßnahmen weniger genutzt werden (vgl. Mersmann 1998). Auch in Unfälle sind diese Kinder häufiger verwickelt (vgl. Bös, Opper & Woll 2002); Unfälle mit tödlichem Ausgang ereignen sich hier dreimal so oft.

- Zur Diskussion der zunehmenden *Kinder- und Jugendkriminalität* konstatiert der Kinder- und Jugendbericht (MFJFG NRW 1999), dass 94 % der Kinder und Jugendlichen in Nordrhein-Westfalen nicht sozial auffällig oder straffällig werden. Bei den 6 % derer, die auffällig werden, handelt es sich überwiegend um einmaliges Fehlverhalten. Gleichwohl lässt sich eine geringgradige

Steigerungsrate sowohl bei Diebstahl als auch bei Gewaltdelikten feststellen. Besonderer Beachtung bedarf eine zunehmende Tendenz der Gewaltdelikte bei nicht deutschen Kindern und Jugendlichen; Jungen werden eher auffällig als Mädchen. Da gerade die Kinder von Migranten häufig sozial benachteiligten Schichten angehören und dementsprechend ungünstigen Lebensbedingungen ausgesetzt sind, wird gerade in diesem Zusammenhang „eine Politik gefordert, die auf soziale Gerechtigkeit setzt und Zukunftsperspektiven schafft" (MFJFG NRW 1999, 109).

Konsequenzen

Als Unterstützung von Kindern und Jugendlichen bei ihrer Lebensplanung, bei der Lebensgestaltung und der Bewältigung vorhandener Risiken werden in der Politik Schwerpunkte gesetzt (MFJFG NRW 1999, 9):

– *Prävention*, um Gefährdungen durch die aktuellen gesellschaftlichen Bedingungen begegnen zu können;

– *Integration*, damit ein jeder seinen Platz in der Gesellschaft finden kann;

– *Partizipation* an Angeboten der Bildung und der Freizeit, um die eigene Lebenswelt nach individuellen Bedürfnissen verantwortungsvoll gestalten zu können;

– *Emanzipation* zum Beispiel von der tradierten Geschlechterrolle, um die „Entwicklung junger Menschen hin zu eigenverantwortlichen und gemeinschaftsfähigen Persönlichkeiten" zu gewährleisten.

Sport hat für Kinder und Jugendliche einen hohen Stellenwert und ist daher ein wichtiges Medium für die praktische Umsetzung dieser Schwerpunkte – für eine Förderung gesunder Entwicklung von Kindern und Jugendlichen. In diesem Rahmen kommt dem Sportförderunterricht mit seiner spezifischen Zielsetzung eine besondere Bedeutung zu.

1.3 Gesundheit / Gesundheitsförderung durch Bewegung, Spiel und Sport

Zum Verständnis von Gesundheit

„Gesundheit ist der Zustand des vollständigen körperlichen, geistigen und sozialen Wohlbefindens und nicht nur des Freiseins von Krankheit und Gebrechen. Sich des bestmöglichen Gesundheitszustandes zu erfreuen, ist eines der Grundrechte jedes Menschen, ohne Unterschied der Rasse, der Religion, der politischen Überzeugung, der wirtschaftlichen oder sozialen Stellung" (WHO 1946, in Franzkowiak & Sabo 1998, 60).

Diese *Definition von Gesundheit* aus der Verfassung der Weltgesundheitsorganisation ist insofern in Frage zu stellen, als ein vollständiges Wohlbefinden utopisch erscheint; wäre der Begriff „complete" im Original mit umfassend übersetzt worden, wäre diese Kritik weitgehend gegenstandslos. Problematisch erscheint diese Definition aber auch im Hinblick auf die Befindlichkeit behinderter und chronisch kranker Menschen, die sich durchaus – zumindest zeitweise – als gesund empfinden (können). Schließlich wird die Vorstellung, dass Gesundheit ein Zustand sein könnte, heute vollständig abgelehnt; statt dessen spricht man eher von einem Potential. Gesundheit hat Prozesscharakter, wird als dynamisches Geschehen angesehen. Gesundheit ist als eine „lebensgeschichtlich und alltäglich immer wieder neu und aktiv herzustellende Balance" zu verstehen (BzgA 1996, 25).

Bedeutsam bleibt diese Definition von Gesundheit dennoch im Hinblick auf eine allgemein akzeptierte Abkehr von der bisher dominanten biomedizinischen Sichtweise, in der Gesundheit als Normalzustand verstanden wird, der durch Krankheiten bedroht ist: Jede Krankheit hat spezifische Ursachen und typische Symptome, die von medizinisch geschulten Fachleuten erkannt und behandelt werden müssen. Riskante Verhaltensweisen und Risikofaktoren, die zu bestimmten Erkrankungen führen, werden aufgedeckt und sollen im Rahmen präventiver Maßnahmen vermieden werden.

Im Gegensatz dazu wird Gesundheit heute als ganzheitliches Phänomen betrachtet. Neben der physischen finden auch die emotionale, soziale und kognitive Dimension menschlicher Persönlichkeit Berücksichtigung; hinzu kommt – ausdrücklich erwähnt in der Deklaration von Alma-Ata 1978 – die ökologische Dimension. Um zu dokumentieren, dass die subjektive Wahrnehmung von Gesundheit vor allem durch die psychosoziale Dimension erweitert wird, hat sich inzwischen der Terminus „gesundheitsbezogene Lebensqualität" etabliert (Bullinger & Pöppel 1988; vgl. Bullinger & Ravens-Sieberer 1995).

Hurrelmann (1990, 62) beschreibt Gesundheit als „subjektive Verarbeitung und Bewältigung gesellschaftlicher und sozialer Verhältnisse", als das „Gelingen der Abstimmung von Anforderungen und Bedürfnissen

a) des Körpers und des Selbst,
b) der sozialen Mitwelt und
c) der Umweltbedingungen" (Abb. 1-6).

Jedes dieser drei Bedingungsfelder kann positive wie auch negative *Impulse für das Ausbalancieren individueller Gesundheit* haben. Ob sich negative Impulse direkt als Beeinträchtigung der Gesundheit niederschlagen, hängt jedoch davon ab, wie ein Mensch mit den Anforderungen des Alltags umgeht: Individuelle personale und soziale Kapazitäten bestimmen die Qualität der Lebensbewältigung.

- ***Personale Ressourcen***

Als personale Ressourcen gelten in diesem Zusammenhang die individuelle Kompetenz der Verarbeitung und Bewältigung von belastenden, zum Beispiel die Gesundheit bedrohenden Situationen. Die persönlichen Handlungskapazitäten entscheiden darüber, ob eine belastende Situation gemeistert wird oder ob sie zur Überforderung führt und als Konsequenz zum Beispiel psychosomatische Symptome auftreten.

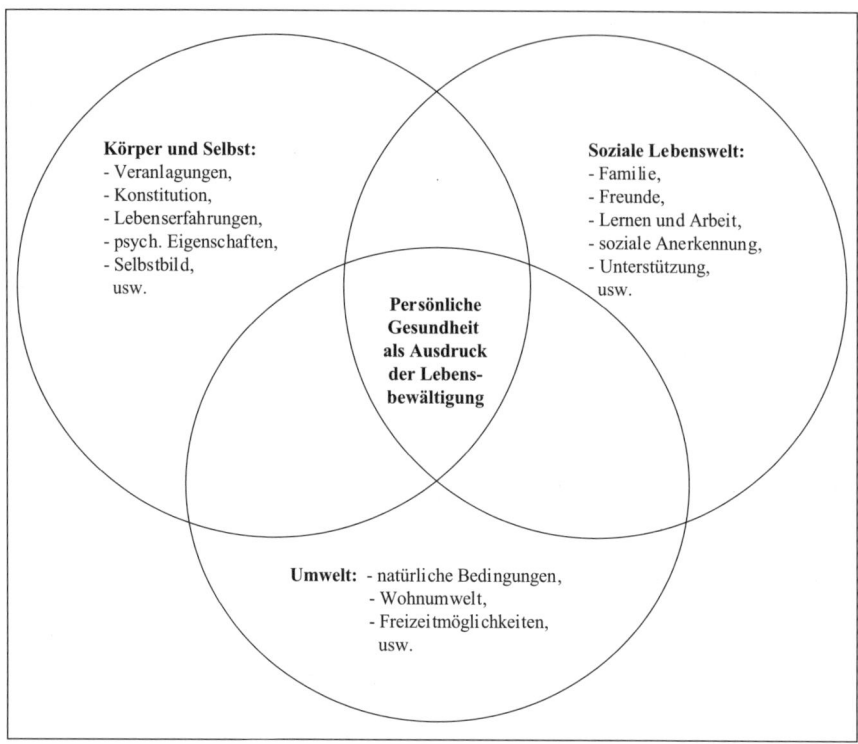

Abb. 1-6: *Abhängigkeits- und Bestimmungsfelder von Gesundheit (nach: Hurrelmann 1990)*

Voraussetzung für die Verarbeitung bedrohlicher Situationen stellt
– eine angemessene Wahrnehmung situativer Bedingungen auf dem Hintergrund
– ausreichender Information über den Handlungsrahmen dar;
– hinzu kommt eine realistische Einschätzung der Handlungsbedingungen und
– die entsprechende kritische Wertung von Rückmeldungen über das eigene Verhalten.

Auf der Grundlage physiologischer Prozesse sind somit Wahrnehmung und Bewegung sowie emotionale, soziale und vor allem kognitive Fähigkeiten als Basis kompetenter Verarbeitungsstile zu entwickeln.

Spezifische Persönlichkeitsmerkmale und psychische Prozessvariablen sind Voraussetzung für eine erfolgreiche Bewältigung belastender Situationen (vgl. Hurrelmann 1994). Ulich (1987) nennt in diesem Zusammenhang:

→ *Aufmerksamkeitsorientierung* – Unterschieden werden selbstzentrierte oder umwelt- bzw. aufgabenbezogene Aufmerksamkeit, denen im Verlauf des Verarbeitungsprozesses unterschiedliche Bedeutung zukommt. Ein hohes Maß an selbstzentrierter Aufmerksamkeit scheint aber zu einer geringeren Krankheitsanfälligkeit zu führen, da physische und psychische Reaktionen im Zusammenhang mit kritischen Ereignissen eher und genauer beachtet, angemessene Reaktionen besser geplant und durchgeführt werden.

→ *Selbstkonzept und Selbstwertschätzung* – Sie sind von Bedeutung dafür, ob eine Situation als mehr oder weniger bedrohlich eingeschätzt wird, und wie eine Person mit Belastungen umgeht bzw. wie sich eine Krisensituation auf die weitere Entwicklung eines Menschen auswirkt. Ein positives Selbstkonzept und eine hohe Selbstwertschätzung können negative Einflüsse und Auswirkungen von Krisen auf die Gesundheit abschwächen.

→ *Kontrollüberzeugung* – Sie entspricht der subjektiven Einschätzung, inwiefern eine gegebene Situation und deren mögliche Folgen angemessen zu interpretieren und erfolgreich zu beeinflussen sei. Von der Kontrollüberzeugung hängt ab, als wie bedrohlich eine Situation empfunden wird und wie deren Bewältigung geplant werden kann.

→ *Kausalattribution* – Auf der Grundlage von Normen, subjektiven Erfahrungen und aktuellen Eindrücken wird versucht, Ursachen für bestimmte Ereignisse oder auch die eigene Befindlichkeit zu bestimmen. Gemeinsam und in Wechselwirkung mit dem Selbstvertrauen beeinflusst die Kausalattribution die Einschätzung und die Planung der Bewältigung einer Bedrohung.

→ *Globale Prozesse der kognitiven Bewertung* – Diese bestimmen die Wertung einer Belastung – z.B. als Bedrohung oder Herausforderung – und die Einschätzung der Belastungsintensität. Von dieser u.U. vielschichtigen Bewertung hängt es ab, ob ein Problem überhaupt als relevant angesehen wird, ob und gegebenenfalls welche Formen der Bewältigung in Frage kommen und welche tatsächlich eingesetzt werden.

Die Vorstellung, dass Prozesse der kognitiven Bewertung für die Bewältigung belastender Situation Bedeutung haben, steht im Zusammenhang mit der *Konzeption von „Stress"*: Nach der klassischen, biologisch orientierten Auffassung (Selye 1953) gilt Stress als weitgehend physiologisch festgelegtes Reaktionsmuster des vegetativen Nervensystems bzw. des endokrinen Systems, mit dem der Organismus die Auswirkung von Belastungen zu kompensieren versucht. In der Psychologie und der Sozialmedizin wird dieses Konzept wesentlich erweitert. Stress wird jetzt verstanden als ein Prozess, der kognitive und emotionale Aspekte sowie Handlungskomponenten gleichermaßen umfasst. Von der kognitiven Einschätzung einer Situation hängt es ab, ob und welche Belastungsreaktionen auftreten. Stress entsteht erst, wenn zwischen den gegebenen Handlungsanforderungen und den eigenen Handlungsmöglichkeiten ein Missverhältnis wahrgenommen wird, das nicht bewältigt werden kann und dessen Folgen als bedrohlich erlebt werden (vgl. Lazarus & Launier 1981).

Zusammenhänge zwischen Emotion und Kognition beruhen auf zentralnervösen Verbindungen bestimmter Hirnstrukturen (Limbisches System, Hypothalamus, Formatio reticularis, u.a.); verantwortliche Rezeptoren und Überträgerstoffe im Gehirn entsprechen denen des Immunsystems. Diese *Beziehungen zwischen Nervensystem und Immunsystem* hat Ader (1981) nachgewiesen und mit dem Begriff „Psychoneuroimmunologie" charakterisiert; heute wird dieses Phänomen häufig mit der erweiterten Bezeichnung der „Psychoneuro-Endokrino-Immunologie" gekennzeichnet (vgl. Hollmann & Hettinger 2000).

- *Soziale Ressourcen*

Als „soziales Immunsystem" bezeichnet Hurrelmann (1994) ein unterstützendes soziales Netzwerk. Bezüglich der *sozialen Ressourcen* gilt als sicher, dass ungünstige Lebensbedingungen, krisenhafte oder auch lang andauernde Belastungen umso besser ertragen werden können, je stärker eine Person in ein positives soziales Beziehungssystem eingebunden ist. Ein unterstützendes soziales Netzwerk verringert die Wahrscheinlichkeit des Auftretens psychosomatischer und / oder psychosozialer Auffälligkeiten. Für Kinder und Jugendliche gewährleistet ein gutes Verhältnis zu den Eltern, dass einerseits belastende Situationen mit hoher Wahrscheinlichkeit seltener auftreten, andererseits diese besser verarbeitet und bewältigt werden können. Die positive soziale Bindung in der Familie bietet emotionale Sicherheit, Ansehen und Wertschätzung sowie ein Gefühl des Zusammengehörens durch „ein Netzwerk gegenseitiger Verpflichtungen und sinnstiftender Kommunikation" (Waller 1996, 37).

- *Umweltbedingungen*

Die Prozesse der physischen wie auch der psychosozialen Entwicklung stehen immer auch in Abhängigkeit von den Gegebenheiten der Umwelt. Gute personale und soziale Kapazitäten können aber ungünstige *ökologische Lebensbedingungen* nur unzureichend kompensieren, so dass Beeinträchtigungen der Gesundheit kaum zu vermeiden sind. Hier ist die Gesellschaft gefordert, günstige ökologische Lebens- und Entwicklungsbedingungen zu schaffen.

Gesundheitsförderung

Entwicklung bzw. Stabilisierung der Gesundheit ist also ein aktiver Prozess, der von personalen, sozialen und ökologischen Ressourcen abhängig ist. Entsprechend wird *Gesundheitsförderung* definiert (Charta der 1. Internationalen Konferenz zur Gesundheitsförderung, Ottawa 1986; Franzkowiak & Sabo 1998, 96): „Gesundheitsförderung zielt auf einen Prozess, allen Menschen ein höheres Maß an Selbstbestimmung über ihre Gesundheit zu ermöglichen und sie damit zur Stärkung ihrer Gesundheit zu befähigen. Um ein umfassendes körperliches, seelisches und soziales Wohlbefinden zu erlangen, ist es notwendig, dass sowohl einzelne als auch Gruppen ihre Bedürfnisse befriedigen, ihre Wünsche und Hoffnungen wahrnehmen und verwirklichen sowie ihre Umwelt meistern bzw. sie verändern können."

Brösskamp-Stone, Kickbusch & Walter (1998, 141) nehmen diese Definition auf und differenzieren bzw. konkretisieren:
„Gesundheitsförderung nach dem Verständnis der WHO setzt bei der Analyse

und Stärkung der Gesundheitsressourcen und -potentiale der Menschen und auf allen gesellschaftlichen Ebenen an (salutogenetischer Ansatz). Gesundheitsförderung umfasst Maßnahmen, die auf die Veränderung und Förderung sowohl des individuellen und des kollektiven Gesundheitsverhaltens als auch der Lebensverhältnisse abzielen – der Rahmenbedingungen, die Gesundheit und Gesundheitsverhalten jedes einzelnen und ganzer Bevölkerungsgruppen beeinflussen. ...
Gesundheitsförderung zielt darauf ab, bestehende erhebliche Ungleichheiten in der Gesundheits- und Lebenserwartung unterschiedlicher sozialer Gruppen zu reduzieren. Soziale Gerechtigkeit und Chancengleichheit stellen ebenso Grundvoraussetzungen für die Gesundheit dar wie Frieden, angemessene Wohnbedingungen, Bildung, Ernährung, ein stabiles Ökosystem und eine sorgfältige Verwendung vorhandener Naturressourcen."

Der salutogenetische Ansatz

Der erwähnte *salutogenetische Ansatz* geht auf Antonovsky (1979; 1987) zurück, dem das Verdienst zukommt, dem lange vorherrschenden Risikofaktorenmodell ein positiv orientiertes Konzept von Gesundheit und Gesundheitsförderung entgegen zu setzen. Der Begriff „Salutogenese" (= Entstehung von Gesundheit) steht dem der „Pathogenese" (= Entstehung von Krankheit) gegenüber. Im Mittelpunkt eines pathogenetischen Konzepts steht das Risikofaktorenmodell; dieses stellt die Frage nach Risiken, die den Zustand der Homöostase, eines geordneten Gleichgewichts, in dem sich der Organismus normalerweise befindet, gefährden. Diese Krankheiten auslösenden Risiken gilt es demnach zu vermeiden.

Antonovsky lehnt die Vorstellung einer strikten Trennung von Gesundheit und Krankheit ab; er postuliert statt dessen *ein Kontinuum mit den beiden Polen Gesundheit (Health-Ease) und Krankheit – besser: gestörte Gesundheit – (Dis-Ease)* (vgl. Abb. 1-7). Ein Mensch ist also immer mehr oder weniger gesund bzw. mehr oder weniger krank, je nachdem wo er sich gegenwärtig auf diesem Kontinuum befindet. Bei dem Konzept der Salutogenese geht es darum zu klären, was einen Menschen gesund erhält – trotz u.U. vorhandener widriger Lebensumstände. Im Mittelpunkt dieses Konzepts steht das Kohärenzgefühl oder der Kohärenzsinn (SOC, Sense of Coherence). Das Kohärenzgefühl ist als wichtigste Determinante dafür verantwortlich, wo sich ein Mensch auf dem Gesundheits-Krankheits-Kontinuum befindet und in welche Richtung zwischen den beiden Polen er sich bewegt.

Das *Kohärenzgefühl* ist nach Antonovsky (1987; 1997, 36) „eine globale Orientierung, die ausdrückt, in welchem Ausmaß man ein durchdringendes, andauerndes und dennoch dynamisches Gefühl hat, dass

1. die Stimuli, die sich im Verlauf des Lebens aus der inneren und äußeren Umgebung ergeben, strukturiert, vorhersehbar und erklärbar sind;
2. einem die Ressourcen zur Verfügung stehen, um den Anforderungen, die diese Stimuli stellen, zu begegnen;

3. diese Anforderungen Herausforderungen sind, die Anstrengung und Engagement lohnen."

Diese drei Komponenten des Kohärenzgefühls, die sich weitgehend in den individuellen personalen Kapazitäten der Lebensbewältigung nach Ulich (1987; vgl. Hurrelmann 1994) wiederfinden, werden als Verstehbarkeit bzw. comprehensibility (1.), Handhabbarkeit bzw. manageability (2.) und Bedeutsamkeit oder Sinnhaftigkeit bzw. meaningfulness (3.) bezeichnet. Bei der sogenannten Verstehbarkeit handelt es sich um eine eindeutig kognitive Komponente, während die Handhabbarkeit sowohl kognitive als auch emotionale Anteile enthält. Demgegenüber kann die Bedeutsamkeit oder Sinnhaftigkeit als eindeutig motivational bestimmter Anteil des Kohärenzgefühls beschrieben werden; dieser Komponente des Kohärenzgefühls misst Antonovsky die größte Bedeutung zu.

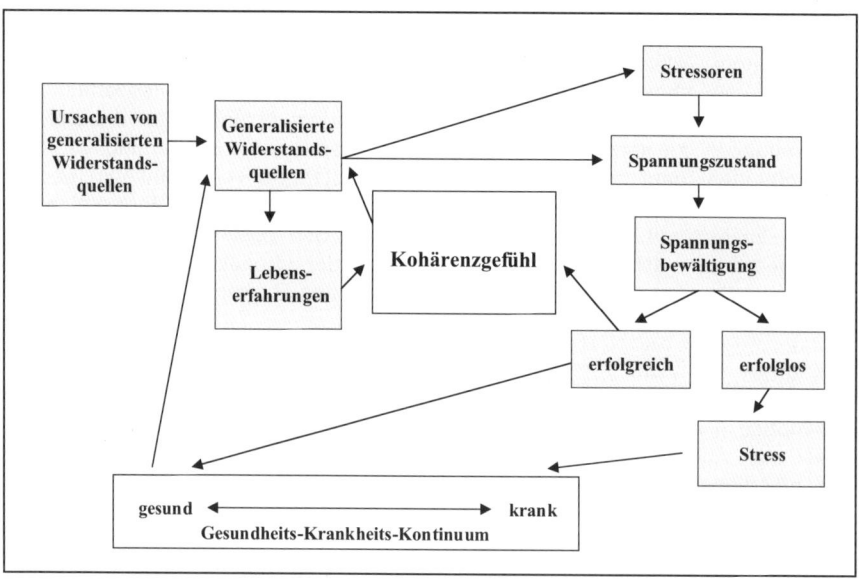

Abb. 1-7: *Vereinfachtes Modell der Salutogenese (nach: Bengel / Strittmatter / Willmann 1998)*

Abbildung 1-7 zeigt das Kohärenzgefühl im Mittelpunkt der Salutogenese. Es wird beeinflusst von den individuellen Lebenserfahrungen, die wiederum in Abhängigkeit von sogenannten *generalisierten Widerstandsquellen* zu sehen sind. Zu den generalisierten Widerstandsquellen, die – im Gegensatz zu Risikofaktoren – *als Schutzfaktoren* verstanden werden können, gehören

- physiologische Faktoren wie zum Beispiel ein intaktes Immunsystem, die Ausgewogenheit des vegetativen Nervensystems oder hormoneller Prozesse;
- ökonomische Faktoren, die zum Beispiel die Ausstattung mit Kleidung und Ernährung oder die Wohnbedingungen bestimmen;

- kognitive Faktoren (Intelligenz, Kenntnisse);
- individuelle Bewältigungsmuster im Umgang mit Stressoren;
- soziale Unterstützungssysteme;
- kulturelle und gesellschaftliche Bezüge wie gesellschaftliche Normen, Religionszugehörigkeit, u.a.;
- auch genetische Dispositionen spielen sicher eine Rolle.

Besonders zu beachten ist die *Wechselwirkung zwischen dem Kohärenzgefühl und den generalisierten Widerstandsquellen*:
Ein hoch entwickeltes Kohärenzgefühl unterstützt bzw. aktiviert die generalisierten Widerstandsquellen; diese stellen ihrerseits die Ressourcen für die Ausprägung des Kohärenzgefühls dar. Haben beide negative Vorzeichen – wenig oder schlecht ausgeprägte generalisierte Widerstandsquellen und ein niedriges Niveau des Kohärenzgefühls – entsteht ein Teufelskreis, der die Möglichkeiten der Gesunderhaltung stetig verschlechtert.

Der Prozess der Salutogenese wird gefährdet durch *Stressoren*, die endogen (Ängste, Lebenskrisen, u.a.) oder exogen (Unfälle, soziale Konflikte, u.a.) bedingt sein können. Der individuelle Ausprägungsgrad der generalisierten Widerstandsquellen bestimmt darüber, inwieweit Stressoren wirksam werden können; sie haben als Schutzfaktoren also direkt eine präventive Wirkung. Lösen Stressoren Spannungszustände aus, sind diese durch die Aktivierung der Widerstandsquellen zu verringern oder abzubauen. Eine erfolgreiche Bewältigung von Spannungszuständen unterstützt das Kohärenzgefühl und wirkt sich positiv auf die Erhaltung der Gesundheit aus. Eine günstige Lokalisation auf dem Gesundheits-Krankheits-Kontinuum bedeutet wiederum eine Stärkung der generalisierten Widerstandsquellen. Bleiben die Versuche, vorhandene Spannungszustände zu lösen, erfolglos, wird dieses als Stress erlebt mit entsprechend negativen Folgen für die Position auf dem Gesundheits-Krankheits-Kontinuum.

Hurrelmann (1994, 134) beschreibt das *Kohärenzgefühl bzw. den Kohärenzsinn* als „*positives Selbstbild* der Handlungsfähigkeit, der Bewältigbarkeit von externen und internen Lebensbedingungen, der Gewissheit der Selbststeuerungsfähigkeit und der Gestaltbarkeit der Lebensbedingungen ... mit dem Bestreben, den Lebensbedingungen einen subjektiven Sinn zu geben und sie mit den eigenen Wünschen und Bedürfnissen in Einklang bringen zu können" und zeigt damit die Nähe des salutogenetischen Ansatzes zu seinem eigenen Konzept von Gesundheit auf, in dem insbesondere individuelle personale und soziale Ressourcen die Qualität der Lebensbewältigung bestimmen (vgl. Abb. 1-6).

Dem salutogenetischen Ansatz entsprechend kann als *zentrales Anliegen der Gesundheitsförderung* also eine
- → *Stärkung des Kohärenzgefühls* bzw. der personalen und sozialen Kapazitäten des einzelnen im Zusammenhang mit einer
- → *Mobilisierung der generalisierten Widerstandsquellen* hervorgehoben werden.

Das Kohärenzgefühl entwickelt sich im wesentlichen im Kindes- und Jugendalter; Veränderungen im Erwachsenenalter scheinen nur in geringem Maße und eher kurzfristig möglich zu sein. Es liegt daher nahe, im Sinne einer salutogenetisch orientierten Gesundheitsförderung schwerpunktmäßig die Entwicklungsbedingungen für Kinder zu optimieren, um die Widerstandsquellen zu unterstützen bzw. zu aktivieren und die Entwicklung eines stabilen Kohärenzgefühls zu sichern. Im Vordergrund steht dabei die Förderung des Selbstwertgefühls (vgl. Kickbusch 1992) bzw. eines positiven Selbstbildes (Hurrelmann 1994). *Selbstkonzept und Selbstwertschätzung* sind aber auch im Kontext mit den anderen Bewältigungs- und Verarbeitungskompetenzen sowie den sozialen Ressourcen zu sehen (vgl. Hurrelmann 1990; 1994; Ulich 1987; Waller 1996).

Eine Schwerpunktsetzung auf individuumzentrierte Maßnahmen allein kann allerdings wenig bewirken, wenn die *gesellschaftlichen und ökologischen Rahmenbedingungen* ungünstig sind. Antonovsky sieht die beste Chance zur Stärkung des Kohärenzgefühls in „strukturelle(n) und gesellschaftliche(n) Maßnahmen, die dem einzelnen Einflussnahme und Teilhabe an sozial anerkannten Entscheidungsprozessen (Partizipation) ermöglichen" (Bengel, Strittmatter & Willmann 1998, 70).

Bewegung, Spiel und Sport als Gesundheitsförderung

Bewegung, Spiel und Sport als Medien pädagogischer Einflussnahme können sicher nur einen kleinen Beitrag zur Entwicklung bzw. Stärkung des Kohärenzgefühls und der Mobilisierung von Widerstandsquellen leisten. Brodtmann (1998; vgl. 1991, 1996) warnt vor einer *Überschätzung der Wirksamkeit des (Schul-) Sports im Sinne einer Gesundheitsförderung* und weist zum Beispiel darauf hin,

– dass Sinnhaftigkeit als bedeutendste Komponente des Kohärenzgefühls – das Gefühl, dass es sich lohnt, sich mit Engagement und Anstrengungsbereitschaft bestimmten Herausforderungen zu stellen – sich zunächst einmal auf das Leben mit seinen sozio-ökonomischen und sozio-ökologischen Bedingungen generell bezieht, bevor sich die Sinnfrage im Zusammenhang mit Bewegungsaktivitäten und sportlicher Betätigung stellt;
– dass die Entwicklung eines positiven Selbstkonzepts kaum – wie häufig angenommen – allein infolge der Erfahrung körperlicher Leistungsfähigkeit bzw. infolge von Erfolgserlebnisse im sportlichen Vergleich zu erwarten ist; wenn ein Kind außerhalb der Bewegungssituationen häufig Ablehnung und Ausgrenzung zum Beispiel auf Grund seines sozialen oder kulturellen Hintergrundes erfährt, werden sportliche Erfolge diese negativen Erfahrungen nur unzureichend kompensieren können.

Durch Bewegung, Spiel und Sport können aber durchaus Impulse zur Mobilisierung der Widerstandsquellen, zur Entwicklung bzw. Stabilisierung personaler und sozialer Ressourcen gesetzt werden. Uhlenbruck (1996) hebt als Wirkung eines gezielten Bewegungstrainings – speziell des Ausdauertrainings – hervor, dass die Aktivierung durch Bewegung entweder vom Zentralnervensystem oder von Immunzellen selbst ausgehend einen stabilisierenden, teils auch mobilisierenden Effekt auf die Immunabwehr hat. Dieses kann direkt durch eine *Reduktion von Stress* oder längerfristig im Sinne einer *Entwicklung größerer Stressresistenz* erfolgen. „Das Immunsystem setzt der Innenwelt auseinander, wie man sich mit der Außenwelt auseinandersetzt" (Uhlenbruck 1996, 200). Bewegung, Spiel und Sport führen damit nicht nur zu körperlicher Fitness, sondern auch zu psychischem bzw. mentalem Wohlbefinden und tragen zu einer besseren Lebensqualität bei (Abb. 1-8). So weisen Röthlisberger und Seiler (1999) in einer zweijährigen Längsschnittstudie zu Sport, Alltagsbewältigung und seelischer Gesundheit von Jugendlichen deutliche und konsistente Auswirkungen von Sport auf die seelische Gesundheit nach. Michaud et al. (1999) finden bei den Kindern und Jugendlichen im Alter von 9 bis 19 Jahren, die sich mindestens eine Stunde täglich körperlich belasten, eine signifikant größere Ausdauerleistungsfähigkeit als Indikator für körperliche Fitness im Vergleich zu denjenigen, die sich weniger bewegungsaktiv verhalten. Die sportlich Aktiven bewerten häufiger ihre Gesundheit als positiv und sind eher zufrieden mit ihrem äußeren Erscheinungsbild; sie rauchen seltener und nehmen weniger häufig Drogen.

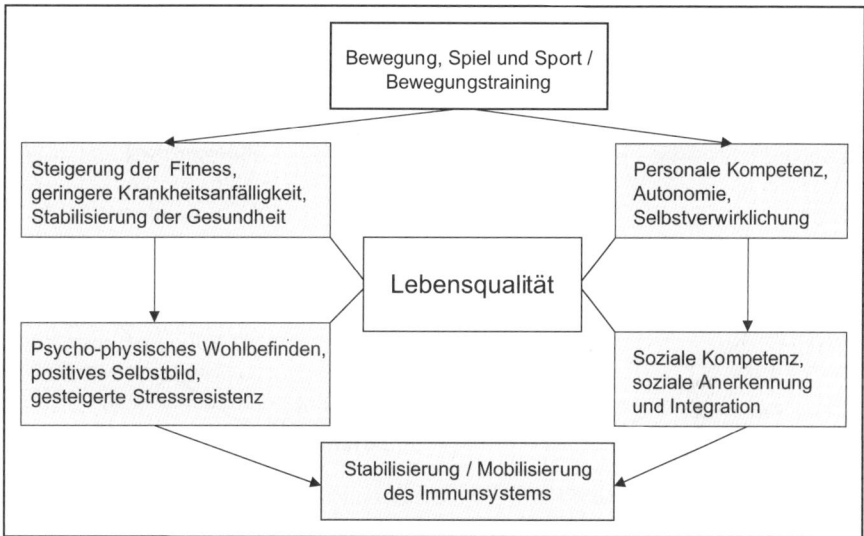

Abb. 1-8: Einfluss von Bewegung, Spiel und Sport auf die Lebensqualität (nach: Uhlenbruck 1996)

Pädagogen müssen sich der Vielschichtigkeit von Gesundheit und Gesundheitsförderung ebenso bewusst sein wie der verschiedenen Komponenten motorischer Handlungskompetenz (Abb. 1-9) und der Bedeutung der Motorik für die Entwicklung von Kindern (vgl. Kap. 3.1). Nur auf der Grundlage allgemeiner pädagogischer und fachspezifischer – motopädagogischer – Kompetenz kann mit einem hohen Maß an Sensibilität für die Lebenssituation und die momentane Befindlichkeit eines jeden Kindes oder Jugendlichen innerhalb einer Gruppe Bewegungsförderung im Sinne einer Gesundheitsförderung verwirklicht werden.

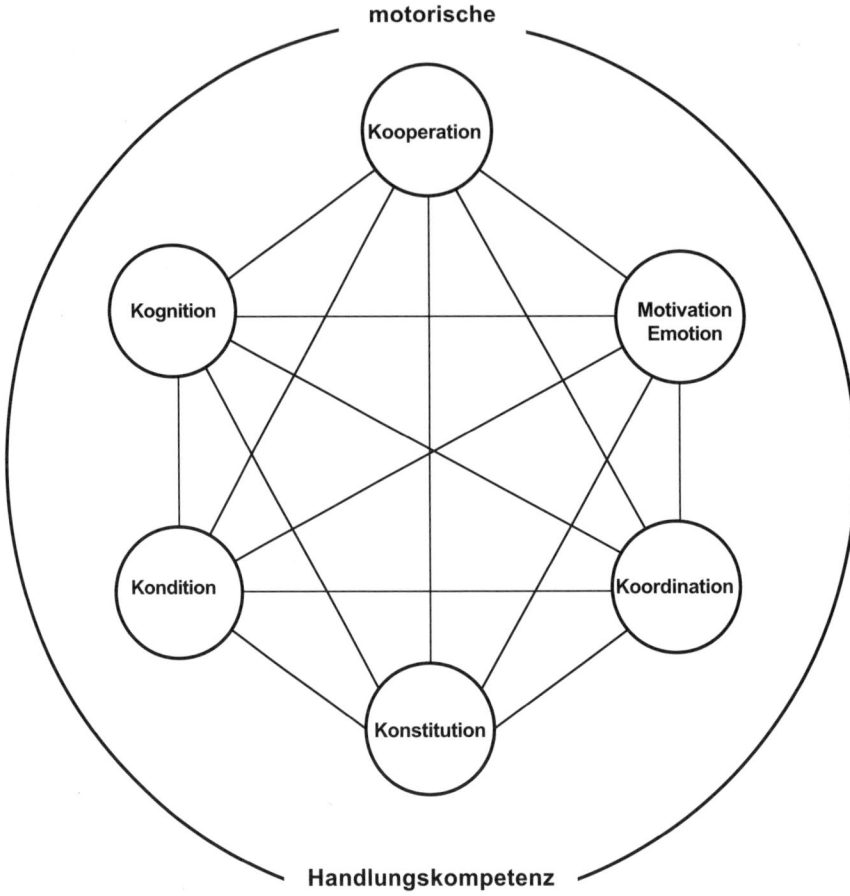

Abb. 1-9: Komponenten individueller motorischer Handlungskompetenz (Hirtz / Hummel / Rostock 1994)

Von Kindern und Jugendlichen wird Gesundheit in der Regel als „normal", als Selbstverständlichkeit hingenommen; als Motiv zum Sporttreiben kommt Gesundheit kaum zum Tragen. Brehm (1990) fasst als Ergebnis der Durchsicht empirischer Studien zum *Gesundheitskonzept und zum Gesundheitshandeln von Jugendlichen* zusammen:

- Jugendliche halten Gesundheit durchaus für wichtig; da sie sich selbst als gesund empfinden, sei Gesundheit für sie aber kein Thema.
- Viele Jugendliche nehmen Alltagsbelastungen als solche wahr und berichten schon von körperlichen Beeinträchtigungen; da sie sich aber als gesund empfinden, haben sie keine Bedenken, sich gesundheitsschädlich zu verhalten (Rauchen, Alkohol, Drogen).

- Die meisten Jugendlichen sehen ihre Lebensbedingungen äußerst kritisch; ein Bemühen um eine gesundheitsrelevante Lebensweise erscheint ihnen insbesondere angesichts der ökologischen Probleme nicht lohnend.

Als Begründung für ihre sportliche Aktivität geben Jugendliche hauptsächlich an, dass sie „Spaß haben" und „sich gut fühlen" wollen, aber auch „etwas für die Fitness tun", „Erfolg haben" und „mit Freunden etwas zusammen machen" wollen (Brehm 1990). Folgerichtig formuliert Brehm (1987, 1990) als wichtigstes Anliegen des (Schul-) Sports im Hinblick auf die Gesundheitsförderung, dass Kinder und Jugendliche sich in ihrem Körper, bei ihren Bewegungsaktivitäten wohl fühlen sollen. Es geht also um eine *Förderung „gesundheitsbezogener Lebensqualität"* (vgl. Bullinger & Pöppel 1988; Bullinger & Ravens-Sieberer 1995).

Konkret ergibt sich daraus als *Zielsetzung einer Bewegungsförderung, die als Gesundheitsförderung für Kinder und Jugendliche wirksam werden kann* (vgl. Kap. 4, 5),

- dass sie ihren Körper mit seinen Funktionsweisen kennenlernen, Kenntnisse über Gefahren durch Überlastung und schädliche Beanspruchung erwerben und diese aktiv meiden;
- dass sie Anspannung und Entspannung, Belastung und Entlastung wahrnehmen und realistisch einschätzen können und lernen, mit Stressbelastungen angemessen umzugehen und Entspannung und Ruhe gezielt herbeizuführen;
- dass sie sich mit ihrem Körper und seiner Leistungsfähigkeit, auch mit ihrem äußeren Erscheinungsbild identifizieren, ihre Stärken und Schwächen akzeptieren und erfahren, dass sie von anderen respektiert und angenommen werden, um sich in ihrem Körper wohl fühlen zu können;
- dass sie im Rahmen von Bewegung, Spiel und Sport Erfolg erleben, dass sie sich ihrer Leistungsfähigkeit bewusst werden, auch dass sie Mut haben können, Neues auszuprobieren und lernen, Risiken abzuwägen, aber auch Wagnisse einzugehen;
- dass sie ihre Bewegungsaktivität als wichtigen Anteil einer Gruppenaktivität – zum Beispiel im Spiel – erleben können und Wertschätzung und Anerkennung in der Gruppe erfahren;
- dass sie lernen, eigene Bewegungs- und Handlungsideen zu entwickeln und kreativ zu gestalten, und den Mut haben, diese in Gruppenaktivitäten einzubringen und gegenüber anderen Gruppenmitgliedern auch zu vertreten;
- dass sie Bewegung, Spiel und Sport auch im Freien, unter vielfältigen klimatischen Bedingungen erleben und ein kritisches Bewusstsein im Umgang mit der Natur entwickeln.

Diese Zielsetzungen enthalten – dem Anliegen der Gesundheitsförderung entsprechend – emotionale, psychosoziale, kognitive und ökologische Anteile.

Die im Rahmen der Bewegungsförderung zu vermittelnden Kenntnisse, Erfahrungen und Kompetenzen können eingebracht werden in das Anliegen der *Entwicklung bzw. Stabilisierung personaler und sozialer Ressourcen*, die wesentlich auch Gesundheit und Gesundheitsverhalten bestimmen. Im Hinblick auf die genannten Bewältigungsfähigkeiten (Hurrelmann 1994; Ulich 1987) ergeben sich folgende Überlegungen:

→ Eine *selbstzentrierte Aufmerksamkeitsorientierung* wird entwickelt, wenn Kinder lernen, ihren Körper differenziert wahrzunehmen und sorgsam mit sich selbst umzugehen; aber auch eine umweltbezogene Aufmerksamkeit sollte unterstützt werden – nicht nur im Sinne einer ökologischen Orientierung, sondern auch um Sensibilität für die Befindlichkeit der Mitmenschen zu entwickeln und Verantwortung für die Gesundheit des jeweils anderen zu übernehmen.

→ Ein *positives Selbstkonzepts und hohe Selbstwertschätzung* wird sich nicht allein auf der Basis physischer oder sport(art)bezogener Könnens- und Erfolgserlebnisse entwickeln (vgl. Brodtmann 1998), sondern beruht eher auf der Erfahrung einer umfassenden persönlichen Wertschätzung und Akzeptanz in der Gruppe, die auch über die Gruppe hinaus wirksam werden sollte.

→ Ein Beitrag zur *Entwicklung der Kontrollüberzeugung* kann im Bewegungsbereich geleistet werden, indem Kinder in einem positiven sozialen Klima an der Planung und Gestaltung von Unterrichtsinhalten und Projekten beteiligt werden, dabei eigene Kompetenzen erfahren, aber auch ihre Grenzen ausloten und Misserfolge einkalkulieren können, so dass ein gesunder Leistungsoptimismus erhalten bleibt und eine realistische Selbsteinschätzung entwickelt werden kann.

→ Im Sinne der *Kausalattribution* als wichtiger Variable der Bewältigungsfähigkeit können Kinder herausgefordert werden, komplexe Anforderungen bzw. neue Aufgaben und Herausforderungen im Bewegungsbereich zu analysieren, erworbene Kenntnisse und Erfahrungen zu aktualisieren und auf die gegebene Situation zu übertragen, um anstehende Probleme selbständig lösen zu können.

→ *Globale Prozesse der kognitiven Bewertung* setzen einerseits Kenntnisse über Art und Grad von Belastungen im physischen, psychosozialen und ökologischen Bereich voraus, erfordern andererseits aber auch Sensibilität für die Wahrnehmung entsprechender Symptome. Darauf aufbauend können Strategien zur Vermeidung bzw. Bewältigung von Stress entwickelt werden. Im Sportunterricht erlernte Techniken und Verfahren der Entspannung sollten gezielt auch außerhalb der Sportstunde und außerhalb der Schule Anwendung finden können.

Generell ist noch einmal zu betonen, dass *Bewegungsförderung als Teil der Gesundheitsförderung nur überdauernd wirksam werden kann, wenn nicht allein das Individuum in der speziellen Unterrichtssituation in den Blick genommen, sondern jedes Kind im Kontext seiner Lebensbedingungen gesehen wird* (vgl. Antonovsky 1997; Bengel, Strittmatter & Willmann 1998). Pädagogen sollten nach Möglichkeit also die Eltern, Geschwister, Freunde und andere Bezugspersonen der Kinder und Jugendlichen in ihre Arbeit mit einbeziehen; sie sollten versuchen, Informationen über Wünsche, Vorlieben, Interessen der Kinder und Jugendlichen – auch außerhalb von Bewegung, Spiel und Sport – zu sammeln, die für diese im familiären Rahmen wie auch im Freizeitbereich von Bedeutung sind, um konkret Berührungs- und Anknüpfungspunkte für eine Stärkung des Kohärenzgefühls, für die Entwicklung oder Stabilisierung personaler und sozialer Ressourcen zu finden.

1.4 Sportförderunterricht als Maßnahme der Schule

1.4.1 Institutionelle Vorgaben und organisatorischer Rahmen

Sportförderunterricht verfolgt seit den Anfängen als Orthopädisches Schulturnen die *Zielsetzung einer individuellen Förderung der Gesundheit von Schülern und Schülerinnen*; als Zielgruppe gelten die Kinder, deren Gesundheit in besonderem Maße eingeschränkt oder gefährdet ist.

Die Einbindung dieser Fördermaßnahme in den schulischen Rahmen garantiert aufgrund der Schulpflicht, dass alle Kinder – unabhängig von sozio-ökonomischen und sozio-kulturellen Faktoren – berücksichtigt werden können. Diese Überlegung stand schon im Mittelpunkt der Konzeption des Orthopädischen Schulturnens bei Echternach (1912) und hat noch heute Bestand; sie ist möglicherweise im Zusammenhang mit der Diskussion um Armut und soziale Benachteiligung von Kindern und Jugendlichen heute aktueller denn je (vgl. Butterwegge 2000; Klocke und Hurrelmann 1998).

Eine *aktuelle Standortbestimmung des Sportförderunterrichts* gelingt jedoch nur
- *auf dem Hintergrund des Paradigmenwechsels im Verständnis von Gesundheit und Gesundheitsförderung* mit der Überwindung des klassischen pathogenetischen Konzepts und Hinwendung zu einem salutogenetischen Ansatz sowie
- *unter Beachtung der Dynamik in dem Verständnis der Aufgaben von Schule*, die im Zusammenhang mit den umfangreichen gesellschaftlichen Veränderungen im Verlauf des zurückliegenden Jahrhunderts, vor allem der vergangenen dreißig / vierzig Jahre, steht und in einer kontinuierlichen Überarbeitung und Weiterentwicklung von Richtlinien und Lehrplänen der Schulen ihren Niederschlag findet.

Der Bereich „Bildung" gehört in der Bundesrepublik Deutschland in die politische Verantwortung eines jeden Bundeslandes; die Ständige Konferenz der Kultusminister der Länder (KMK) als Institution des Bundes gibt aber Empfehlungen heraus, die bundesweit als Orientierung dienen.

Zielgruppe

Die aktuellen Empfehlungen der KMK zum Sportförderunterricht nennen als Zielgruppe Schülerinnen und Schüler, die „motorische Defizite und psycho-soziale Auffälligkeiten aufweisen" (KMK 1999, 2), und begründen: „Oft korrelieren schulische Lernleistungen und auffälliges psycho-soziales Verhalten bei Schülerinnen und Schülern sehr eng mit körperlichen Entwicklungsrückständen und motorischen Leistungsdefiziten" (KMK 1999, 3).

Zielsetzung

Als Zielsetzung des Sportförderunterrichts steht eine ganzheitliche Förderung der Persönlichkeitsentwicklung durch Bewegung, Spiel und Sport im Vordergrund. Dabei geht es hauptsächlich um folgende Schwerpunkte (KMK 1999):
- eine positive Einflussnahme auf die Bewegungsentwicklung,
- eine Steigerung der Gesundheit und des Wohlbefindens,
- die Steigerung allgemeiner schulischer Lern- und Leistungsfähigkeit und
- eine Verbesserung der Integration in das Schulleben.

Didaktisches Konzept

Das didaktische Konzept wird geprägt von den Prinzipien der Ganzheitlichkeit, Kindgemäßheit, Offenheit, Freiwilligkeit und Selbständigkeit. Im Sportförderunterricht sollen psychosoziale Probleme Beachtung und nach Möglichkeit Ausgleich finden.
Angestrebt werden eine Steigerung des Selbstwertgefühls und die Entwicklung einer positiven Grundeinstellung. Sportförderunterricht soll insgesamt ein Bereich der psychischen Entspannung und des sozialen Wohlbefindens sein.
Angesichts der historischen Entwicklung des Sportförderunterrichts aus der medizinischen Gymnastik und dem orthopädischen Schulturnen wird ausdrücklich betont, dass eine einseitige Beachtung biologisch-medizinischer Aspekte bzw. Berücksichtigung allein körperlicher Symptome dem Anliegen einer ganzheitlichen Entwicklungsförderung bzw. dem aktuellen Verständnis von Gesundheit und Gesundheitsförderung nicht gerecht werden kann (vgl. KMK 1999).

Inhalte

Die Inhalte des Sportförderunterrichts können charakterisiert werden
- durch ihren Bezug zum obligatorischen Sportunterricht: alle Inhalte des Schulsports können einbezogen werden;
- durch ihre Orientierung an den grundlegenden und spezifischen Bedürfnissen der teilnehmenden Schülerinnen und Schüler;
- durch die Berücksichtigung von Anregungen aus dem Bewegungsleben der teilnehmenden Schülerinnen und Schüler und deren Spielverhalten;
- durch das Anliegen der Entwicklung sportlicher Neigungen und Interessen, die in die Freizeit hinein wirken (vgl. KMK 1999).

Schwerpunkte

Schwerpunkte – insbesondere im Primarbereich – sind
- elementare Körper- und Bewegungserfahrungen, speziell:
  - Förderung der Wahrnehmung und Bewegungskoordination,
  - vielfältige Beanspruchung der Muskulatur und
  - generell die Steigerung physischer und psychischer Belastbarkeit bzw. Leistungsfähigkeit;
- Förderung bzw. Entwicklung sozialer Kompetenzen;
- Aufbau von Befähigung und Motivation zum Sporttreiben in Schule und Freizeit;

- Vermittlung von Kompetenzen im Hinblick auf eine dem individuellen Leistungsvermögen angemessene sportliche Belastung (vgl. KMK 1999).

Sportförderunterricht in Nordrhein-Westfalen

In Nordrhein-Westfalen[3] wird der Sportförderunterricht durch einen Erlass (Rd.-Erl. d. KM NRW v. 22.11.1988) geregelt, der sich wiederum auf die „Richtlinien und Lehrpläne für den Sport in den Schulen im Lande Nordrhein-Westfalen" (1980), die KMK-Empfehlung vom 26.2.1982 und das „Handlungsprogramm zur Förderung der Gesundheitserziehung in der Schule durch Sport im Land Nordrhein-Westfalen" vom 1.8.1987 bezieht. Eine Aktualisierung dieses Erlasses unter Bezugnahme auf die Fortschreibung der KMK-Empfehlung in der Fassung vom 17.9.1999 sowie die neuen „Richtlinien und Lehrpläne Sport" (MSWWF NRW 1999) steht derzeit noch aus.

Der o.g. Erlass bestimmt die konzeptionellen und schulorganisatorischen Rahmenvorgaben sowie die Aus- und Fortbildung von Lehrkräften „für das Erteilen von Sportförderunterricht".

In diesem Erlass wird auf „die zunehmende Zahl von Schülerinnen und Schülern mit psycho-motorischen – auch sportmotorischen – und psycho-sozialen Entwicklungs- und Lerndefiziten" hingewiesen und gefordert, dass „der gesundheitserzieherische Auftrag des Schulsports ... vorrangig im Sportunterricht verwirklicht werden (muss), weil hier alle Schülerinnen und Schüler erreicht werden. Jeder Sportunterricht sollte auch ein gesundheitsfördernder Unterricht sein! ... Für Schülerinnen und Schüler mit erheblichen Entwicklungs- und Lerndefiziten sind spezielle gesundheitsfördernde Maßnahmen im Schulsport notwendig, um sie so zu fördern, dass sie sich der Leistungsfähigkeit ihres Körpers (wieder) sicher werden und jene Kompetenzen erwerben können, die für die Teilnahme am Bewegungsleben der Gleichaltrigen wichtig sind" (Rd.Erl. KM NRW 1988).

Kompensatorischer Sport in der Schule

Die speziellen gesundheitsfördernden Maßnahmen im Schulsport in Nordrhein-Westfalen werden als „Kompensatorischer Sport in der Schule" zusammengefasst. Abbildung 1-10 zeigt den strukturellen Rahmen, in dem der gesundheitserzieherische Auftrag des Schulsports verwirklicht werden kann:
1. im Sportunterricht im Rahmen von Maßnahmen der Individualisierung und Differenzierung und / oder als zeitlich begrenzte thematische Schwerpunktsetzung,
2. im außerunterrichtlichen Schulsport im Rahmen von Sportarbeitsgemeinschaften bzw. Freiwilligen Schülerarbeitsgemeinschaften z.B. als sog. Förder- und Fitnessgruppen oder
3. als „Sportförderunterricht" bzw. „Sportförderkurse", das heißt als „zeitlich begrenzte unterrichtliche Veranstaltungen ..., die zusätzlich zum obligatorischen Sportunterricht mit dem Ziel der individuellen psycho-motorischen – auch sport-

---

[3] Als Beispiel für die Organisation auf Landesebene wird nachfolgend die derzeitige Situation des Sportförderunterrichts in Nordrhein-Westfalen beschrieben.

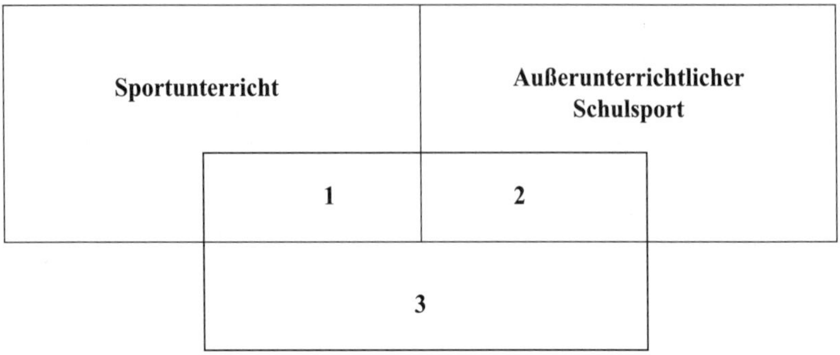

Sportunterricht	Außerunterrichtlicher Schulsport
1	2

3

1 - Spezielle gesundheitsfördernde Maßnahmen als Bestandteile einer jeden Sportstunde
2 - Spezielle gesundheitsfördernde Angebote im außerunterrichtlichen Schulsport
   (z.B. „Förder- und Fitnessgruppen")
3 - Spezielle gesundheitsfördernde unterrichtliche Veranstaltungen („Sportförderunterricht")

Abb. 1-10: Gesundheitsfördernde Maßnahmen im Schulsport in Nordrhein-Westfalen (Rd.Erl. KM NRW 1988)

motorischen – und psycho-sozialen Förderung ausgewählter Schülerinnen und Schüler an den Schulen durchgeführt werden" (Rd.Erl. KM NRW 1988).

Sportförderunterricht

Sportförderunterricht wird in der Grundschule als „Förderunterricht" im Rahmen der Stundentafel bzw. – in allen Schulformen und Schulstufen – als zusätzliche unterrichtliche Veranstaltung angeboten. Die erforderlichen Lehrerstunden können der sog. zusätzlichen Unterrichtspauschale entnommen werden (Rd.Erl. KM NRW 1988).

Um den kompensatorischen Sport in der Schule realisieren zu können, werden die folgenden Forderungen formuliert (Rd.Erl. KM NRW 1988):
- „Zumindest an jeder Schule der Primarstufe und der Sekundarstufe I sollte für Schülerinnen und Schüler mit erheblichen Entwicklungs- und Lerndefiziten zusätzlich zu den speziellen gesundheitsfördernden Maßnahmen im obligatorischen Sportunterricht wenigstens ein Sportförderkurs bzw. ein gesundheitsförderndes Angebot im außerunterrichtlichen Schulsport ... bestehen."
- „Jede Sport unterrichtende Lehrkraft sollte sich mit der Didaktik und Methodik des Sportförderunterrichts vertraut gemacht haben."

- „Wenigstens eine Sportlehrerin bzw. ein Sportlehrer an jeder Schule sollte die Befähigung für das Erteilen von Sportförderunterricht zur speziellen psycho-motorischen und psycho-sozialen Förderung gesundheitlich gefährdeter Schülerinnen und Schüler erworben und nachgewiesen haben."

Im Schuljahr 1998/99 nehmen in Nordrhein-Westfalen 2,5 % der Grundschulkinder am Sportförderunterricht teil. An der Sonderschule werden 1,8 % und an der Gesamtschule 1,2 % der Schüler und Schülerinnen im Rahmen von Sportförderkursen betreut. In anderen Schulformen findet Sportförderunterricht deutlich weniger Berücksichtigung: in der Hauptschule mit 0,5 %, in der Realschule mit 0,3 % und im Gymnasium mit 0,4 % der Schülerschaft, denen Sportförderunterricht angeboten werden kann.

Es ist offensichtlich, dass die Anzahl der Kinder und Jugendlichen im Schulalter, die intensiver zusätzlicher motorischer Förderung bedürfen, deutlich höher ist als die Anzahl derer, die tatsächlich am Sportförderunterricht teilnehmen. Aufgrund schulärztlicher Untersuchungen (lögd NRW 2002) wird „Kompensatorischer Sport"
- 6,8 % der Jungen und 3,5 % der Mädchen im Kindergartenalter,
- 12,6 % der Jungen und 9,5 % der Mädchen im Schuleingangsalter,
- 11,5 % der Jungen und 10,9 % der Mädchen bis 11 Jahre und
- 8,1 % der Jungen und 8,8 % der Mädchen über 11 Jahre empfohlen.

Die Notwendigkeit motorischer Förderung von Kindern und Jugendlichen wird – bundesweit – unterstrichen durch die *„Empfehlung zur Intensivierung des Sportförderunterrichts"* (KMK 1992). Auch in dem *„Landesprogramm zum Ausbau des Kompensatorischen Sports in Schulen"* (MAGS NRW 1997) wird auf das erhebliche Defizit an Angeboten des kompensatorischen Sports in der Schule hingewiesen. Abhilfe soll geschaffen werden durch Maßnahmen zur Weiterentwicklung der Handlungsfelder „Schule", „Schulärztlicher Dienst" und „Außerschulische Partner". Besonders hervorzuheben ist die Forderung nach stärkerer Zusammenarbeit der Schulen mit außerschulischen Partnern. Hier geht es vor allem um die Erschließung personeller und finanzieller Ressourcen. Viele Schulen entsprechen dieser Forderung zum Beispiel im Sinne einer Kooperation mit einem Sportverein. Sportförderunterricht wird von einem Übungsleiter des Vereins in der Turnhalle der Schule erteilt; entsprechend einer Empfehlung des Übungsleiters und der Klassenlehrerin, evtl. auch des Schularztes können Eltern ihre Kinder hier anmelden. Dieser Sportförderunterricht ist allerdings – anders als der sonstige Förderunterricht in der Schule – nicht kostenfrei.

Zur Organisation

Für die Organisation des Sportförderunterrichts sind die folgenden Merkmale charakteristisch (vgl. KM NRW 1980):

– *Anzahl der Unterrichtsstunden*
Der Sportförderunterricht bietet zwei Unterrichtsstunden zusätzlich über die normale Pflichtstundenzahl hinaus. Diese sollten in Einzelstunden an verschiedenen Tagen gegeben werden, und zwar möglichst an Tagen, an denen nicht der

obligatorische Sportunterricht auf dem Stundenplan steht; bei drei Stunden Sportunterricht plus zwei Stunden Sportförderunterricht für die Kinder, die besonderer Förderung bedürfen, kann so die seit Jahrhunderten geforderte „tägliche Turnstunde" verwirklicht werden ...

– *Gruppengröße*
Ursprünglich (KM NRW 1980) werden mindestens 12 Kinder pro Gruppe bzw. eine Gruppengröße, die die Hälfte des Klassenfrequenzrichtwertes nicht übersteigt, gefordert. In der Praxis steht jedoch eine Gruppengröße von 12 bis etwa 16 Kindern der Verwirklichung intensiver individueller Förderung eher entgegen. Empfehlenswert ist statt dessen eine Gruppengröße von etwa 8 bis 10 Kindern in der Regelschule; in der sonderpädagogischen Praxis sind vielfach noch kleiner Gruppen erforderlich.

– *Zusammensetzung der Gruppen*
Sportförderunterricht kann jahrgangsweise durchgeführt werden (KM NRW 1980), ebenso sind aber auch jahrgangsübergreifende Gruppen denkbar und in der Praxis üblich.
Eine Zusammensetzung von Gruppen entsprechend der Art individueller Entwicklungs- und Lerndefizite – z.B. eine Gruppe speziell für Kinder mit koordinativen Schwächen oder Störungen – ist nicht erforderlich; der Anspruch ganzheitlicher Entwicklungsförderung ist in einer „gemischten" Gruppe, einer Gruppe, in der die teilnehmenden Kinder unterschiedliche Stärken und Schwächen haben, genauso gut oder sogar besser zu verwirklichen.
Eine Differenzierung der Gruppen ist eher nach inhaltlichen Vorgaben denkbar, wenn eine Schule mehrere Gruppen anbieten kann. Insbesondere für den Sekundarbereich wird vorgeschlagen, Sportförderkurse mit unterschiedlichen Themen (Sportbereiche, Sportarten oder Bewegungsaktivitäten) anzubieten, die die Schülerinnen und Schüler, bei denen ein besonderer Förderbedarf vorliegt, entsprechend ihrer Interessenlage wählen können.
Auch die Integration behinderter Kinder in die Gruppen des Sportförderunterrichts ist gut möglich; gerade von der Kleingruppe können wesentliche Impulse für die Integration ausgehen. Allerdings ist bei Kindern mit erheblichen Entwicklungsdefiziten oder -störungen vielfach zusätzliche therapeutische Hilfe nötig; in Einzelfällen kann es für das betroffene Kind selbst wie auch für die anderen Mitglieder der Fördergruppe entlastend sein, wenn zum Beispiel ein Kind mit gravierenden Verhaltensauffälligkeiten – zumindest für einen bestimmten Zeitraum intensiver therapeutischer Behandlung – aus der Gruppe herausgenommen wird.

– *Auswahlverfahren*
„Anlass für die Teilnahme ... können schulärztliche Kontrollen sein. ... Die Auswahl erfolgt außerdem in regelmäßigen Abständen durch den Sonderturnlehrer oder den Sportlehrer" (KM NRW 1980, 169). Entsprechend dem Rd.Erl. KM NRW (1988) beurteilt der Sportlehrer nicht nur die körperliche Leistungsfähigkeit sondern auch den individuellen psychomotorischen und sportmotorischen Entwicklungsstand sowie die psychosoziale Situation der Schülerinnen und Schüler. Die Entscheidung, welche Kinder am Sportförderunterricht teilnehmen, kann also

sowohl der Schularzt als auch der Sportlehrer treffen. Wünschenswert wäre aber eine enge Zusammenarbeit von Medizinern und Pädagogen, da diese Entscheidung gleichermaßen auf biologisch-medizinischer wie auch auf pädagogischer, speziell sportpädagogischer Kompetenz beruhen sollte. Informationsaustausch und Kooperation zwischen Schularzt und Sportlehrer sollten sich aber nicht auf die Überlegungen zum Förderbedarf beschränken, sondern eine umfangreiche Betreuung der am Sportförderunterricht teilnehmenden Kinder zum Ziel haben. Dazu gehören z.B. Beratungen über im Einzelfall notwendige therapeutische Intervention, über Belastbarkeit chronisch kranker Kinder im Sportförderunterricht, evtl. gemeinsame Beratung von Eltern und anderes.

– *Kooperation mit den Eltern*
Die enge Kooperation mit den Eltern der für den Sportförderunterricht ausgewählten Kinder ist unverzichtbar für den Erfolg dieser Maßnahme. Eltern müssen die Bedeutung der Motorik für die Entwicklung im Kindesalter kennen; sie müssen aber auch um vorhandene Schwierigkeiten und Defizite ihrer Kinder und deren mögliche Auswirkungen auf die weitere Entwicklung wissen und diese akzeptieren, um mit einer positiven Einstellung gegenüber der Fördermaßnahme diese unterstützen zu können.
Umfangreiche Information über die Zielsetzungen des Sportförderunterrichts zum Beispiel im Rahmen von Elternabenden wie auch Einzelgespräche mit Eltern im Sinne individueller Beratung sollten selbstverständlich sein. Darüber hinaus können den Eltern und Geschwistern Hospitationen im Sportförderunterricht, in ausgewählten Stunden auch eine aktive Teilnahme angeboten werden. Eine „Präsentation" der am Sportförderunterricht teilnehmenden Kinder zum Beispiel im Rahmen eines Schulfestes – die Vorführung eines Tanzes oder die Vorstellung der Ergebnisse eines Unterrichtsschwerpunktes Gleichgewicht, Akrobatik oder Jonglage als „Zirkus-Vorstellung", o.ä. – können zu einem positiveren Image und einer besseren Akzeptanz des Sportförderunterrichts in der Öffentlichkeit beitragen.
Wünschenswert wäre es, wenn die Kooperation mit den Eltern Impulse setzen könnte, die familiären Lebensbedingungen kritisch zu hinterfragen und zu versuchen, diese zu optimieren – zum Beispiel im Hinblick auf Bewegungsaktivitäten, Ernährung, Belastungen durch Stress und anderes.

– *Verbindlichkeit der Teilnahme*
„Mit der Auswahl für diesen zusätzlichen Unterricht ist die Teilnahme verpflichtend" (KM NRW 1980, 170). Eine regelmäßige Teilnahme ist Voraussetzung für den Erfolg des Sportförderunterrichts – einerseits im Hinblick auf die für übungs- und trainingsrelevante Prozesse notwendige Häufigkeit motorischer Intervention, andererseits im Hinblick auf die Möglichkeit der Lehrkräfte, den Unterricht so zu planen, dass gezielt Impulse für die individuelle Entwicklung gesetzt werden können.

– *Kooperation mit außerschulischen Partnern*
Neben der Zusammenarbeit mit dem Schularzt bzw. dem gesamten „schulärztlichen Dienst" ist es für die im Sportförderunterricht tätigen Lehrkräfte von Bedeutung, differenzierte Kenntnisse über Bewegungsangebote von Sportvereinen, Kom-

munen und anderen Anbietern im Wohnumfeld der Schülerinnen und Schüler zu erhalten, um jedem Kind gezielt seinen Interessen und seinen Möglichkeiten entsprechende Angebote empfehlen zu können; persönlicher Kontakt zu den Übungsleitern dieser Kurse, insbesondere Hinweise auf den Förderbedarf einzelner Kinder kann hilfreich sein, wenn es darum geht, bei einem Kind über die Bindung an einen Verein oder eine Sportart bzw. Bewegungsaktivität das Fundament für außerschulisches, möglichst lebenslanges Sporttreiben zu bereiten.

Information über, gegebenfalls Kooperation mit Vertretern von pädagogisch-psychologischen Beratungsstellen, Förderzentren und niedergelassenen Therapeuten und Ärzten sind ebenfalls erforderlich – einerseits im Hinblick auf die Beratung von Eltern, andererseits im Sinne eines Informationsaustausches, auch gegenseitiger Ergänzung im Hinblick auf die unterschiedlichen Interventionsansätze.

– *Zum Begriff Sportförderunterricht*
Der Wechsel der Begrifflichkeit vom „Schulsonderturnen" zum „Sportförderunterricht" wird in Nordrhein-Westfalen 1988 vollzogen (Rd.Erl. KM NRW 1988). In der Schulpraxis ist jedoch auch dieser Begriff nicht unbedingt frei von negativen Assoziationen. Viele Schulen (er)finden eigene Namen für den Förderunterricht – von Extra-Turnen über Fitness-Turnen oder Psychomotorik zu Sport-AG und anderen Termini. Wenn Zielsetzung und inhaltliche Gestaltung denen des Sportförderunterrichts entsprechen, kann es sicher den Kindern und Lehrern überlassen bleiben, welchen Namen sie intern bevorzugen.

Sportförderunterricht als Teil des Schulsports

Dem Ausbau des kompensatorischen Sports in der Schule wird im Rahmen der Schulsportentwicklung in Nordrhein-Westfalen besonderes Gewicht zugemessen (vgl. Abb. 1-11). Parallel zu einem Landesprogramm „Talentsuche / Talentförderung" wurde das *Landesprogramm „Kompensatorischer Sport in der Schule"* eingerichtet; dieses wiederum sollte mit seinen engen Bezügen zu den weiteren Programmen und Initiativen des Landes – Gesundheitserziehung, Sicherheitserziehung und „Bewegungsfreudige Schule" / Tägliche Bewegungszeiten – gesehen und entsprechend umgesetzt werden.

Ausgehend von Pilotprojekten findet die Idee einer *„Bewegungsfreudigen Schule"* zunehmend Verbreitung auf lokaler, regionaler und überregionaler Ebene (vgl. LSW 1999; MASSKS NRW 1999). Abbildung 1-12 verdeutlicht die Idee einer Bewegungsfreudigen Schule in einer Schule als „Haus des Lernens" (Bildungskommission NRW 1995). Sportförderunterricht wird hier dokumentiert als Teil des Sportunterrichts. Es empfiehlt sich, im Sportförderunterricht „inhaltliche Bezüge zum obligatorischen Sportunterricht und zum außerunterrichtlichen Schulsport herzustellen" (KMK 1999, 5). Pausensport, Schulsportgemeinschaften, Schulsportfeste, aber auch Sport im Rahmen von Schulfesten, Schulsportwettkämpfe und Schulsporttage sowie Schulfahrten mit sportlichem Schwerpunkt bieten darüber hinaus zahllose und vielfältige Anlässe und Gelegenheiten für eine Verwirklichung der Zielsetzungen des Sportförderunterrichts; sie müssen allerdings von Lehrkräften wahrgenommen und entsprechend genutzt werden.

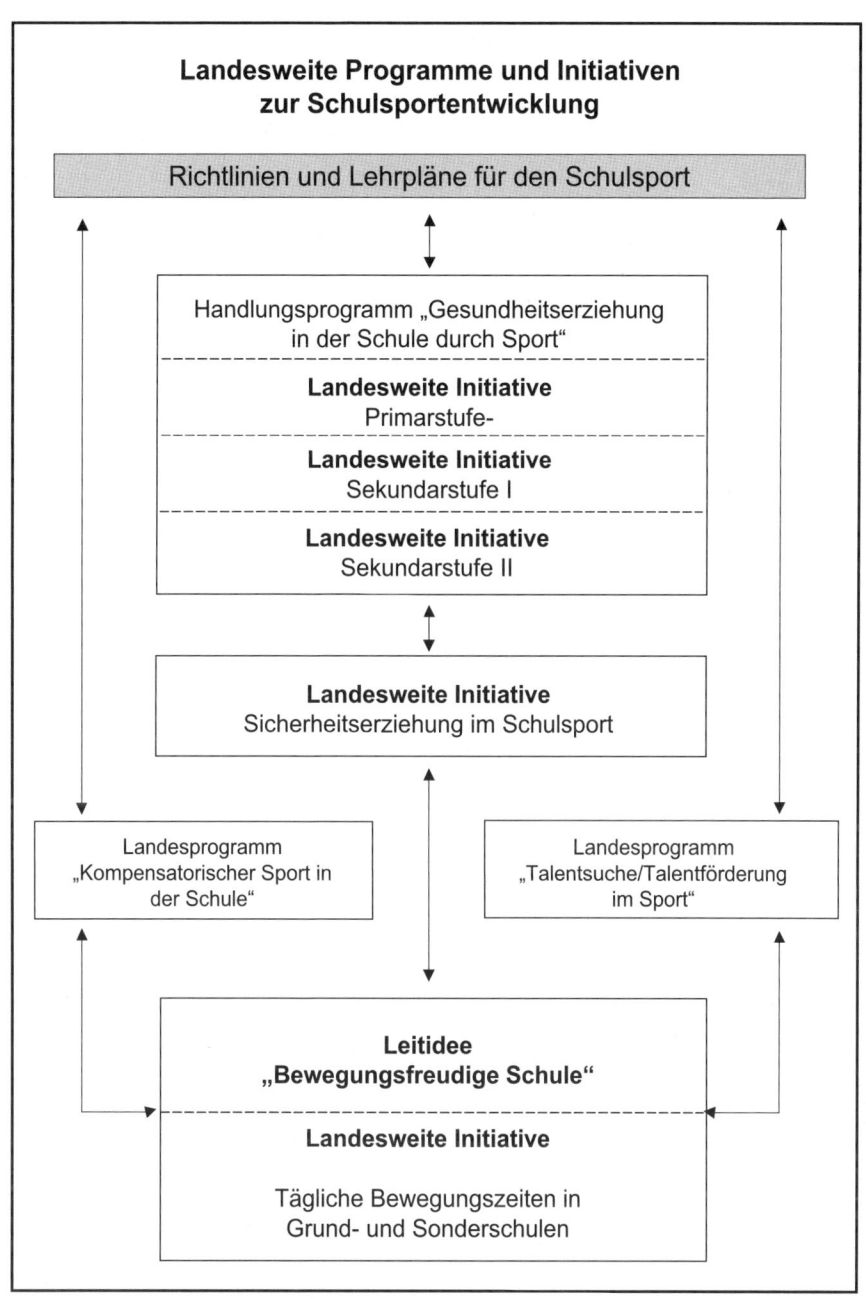

Abb. 1-11: Schulsport in Nordrhein-Westfalen (MASSKS NRW 1999)

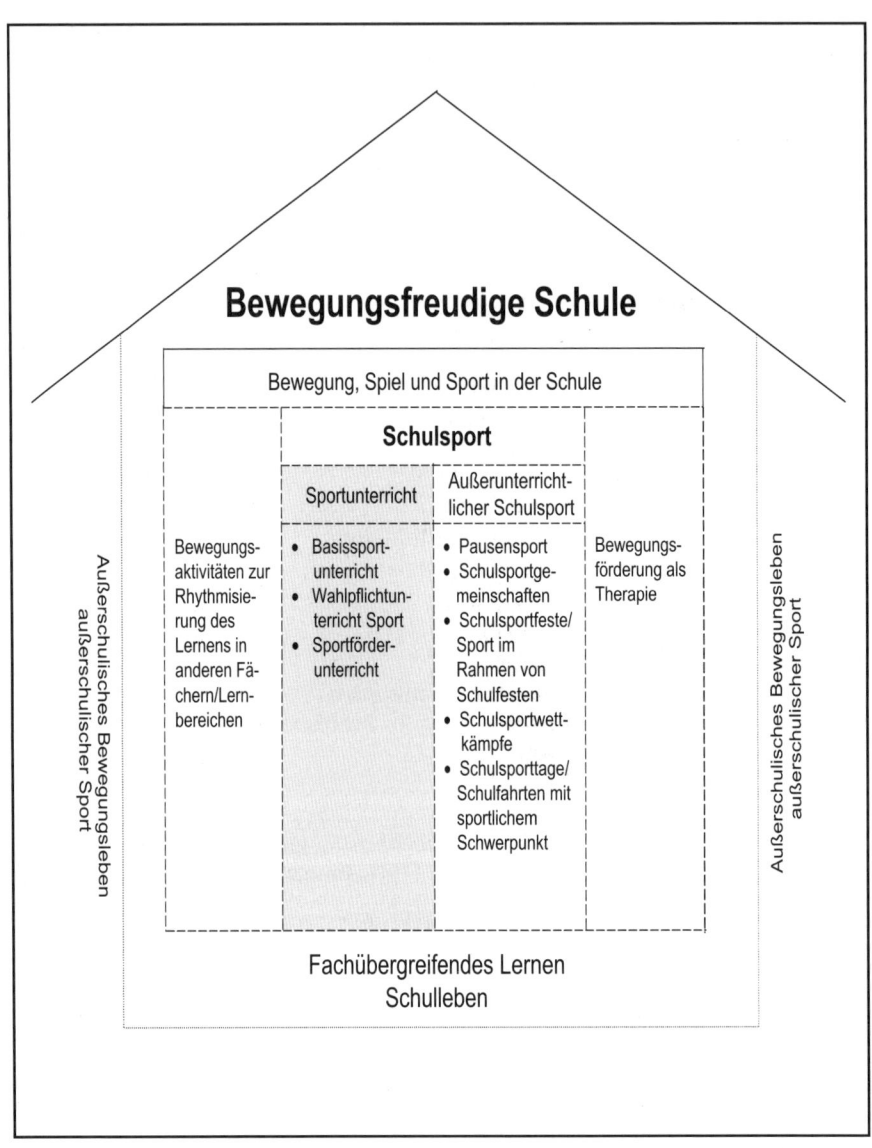

Abb. 1-12: Bewegungsfreudige Schule (MASSKS NRW 1999)

Inhalte und Prinzipien des Sportförderunterrichts finden Anwendung bei der Rhythmisierung des Lernens in anderen Fächern bzw. Lernbereichen (Bewegtes Lernen, Bewegungspause, tägliche Bewegungszeit). Bezüge zu anderen Schulfächern (fächerübergreifendes Lernen) und zu dem außerschulischen Bewegungs-

leben können nicht nur leicht hergestellt werden, sondern sind ein wesentliches Anliegen des Sportförderunterrichts (vgl. KMK 1999).
Als Teil des Schulsports ist schließlich der Sportförderunterricht in besonderem Maße geeignet, eine Verbindung zu der Bewegungsförderung als Therapie herzustellen; dieses gilt in besonderem Maße für den sonderpädagogischen Bereich, sollte aber auch von den Lehrkräften der Regelschule als Verpflichtung – und als Chance – akzeptiert werden.

1.4.2 Motorische Auffälligkeiten im Schulalter – Reduzierte motorische Kompetenz infolge veränderter Entwicklungsbedingungen?

In der aktuellen Diskussion um die Veränderungen der Entwicklungsbedingungen für Kinder spielt der Bewegungsmangel mit seinen negativen Folgen für die Gesundheit eine wichtige Rolle (vgl. Kap. 1.2). Diese Thematik findet in den Medien verstärkt Aufmerksamkeit und wird oft plakativ dargestellt bzw. überzeichnet; einige Zitate mögen dieses belegen:
- „Sprachstörungen, Übergewicht, Haltungsschäden und kein Gefühl für Bewegung – ein Drittel aller Grundschüler ist in manchen Schulklassen therapiebedürftig" (Die Zeit vom 14.2.1997);
- „Deutsche Kinder werden immer fetter" (Die Welt vom 30.6.1999);
- „Immer mehr Kindern geht die Puste aus" (Kölner Stadtanzeiger vom 28.9.1999);
- „Immer mehr Kinder leiden unter Bewegungsmangel. Die Folge sind Haltungsschäden, die Kinder sind unbeweglicher, verletzen sich leichter. Häufig ist aber auch die Armmuskulatur so wenig ausgeprägt, dass die Kinder sehr schnell ermüden, wenn sie in der Schule das Schreiben lernen sollen." (Kölner Stadtanzeiger vom 3.8.1999);
- „Jugendliche, die sich nicht richtig bewegen können, bleiben auch geistig zurück, werden depressiv und zappelig" (Spiegel spezial 12/1997, 123).

Von besonderem Interesse in der öffentlichen Diskussion ist die Frage der Häufigkeit von motorischen Auffälligkeiten oder Entwicklungsverzögerungen bzw. -störungen im Kindesalter, die im Zusammenhang mit den gesellschaftlich bedingten Veränderungen der Bewegungsgewohnheiten und Bewegungsmöglichkeiten stehen können. Verlässliche, auf der Grundlage repräsentativer Studien erhobene Daten hierzu liegen kaum vor. Vorhandene Daten müssen sorgfältig interpretiert und gewertet werden, da das jeweils zu Grunde liegende *Verständnis von „Auffälligkeit" oder „Störung", von „Schwäche" oder „Schaden"* sehr unterschiedlich sein kann. Allgemein gültige Definitionen gibt es kaum; die diagnostischen Verfahren, auf deren Grundlage Daten gewonnen werden, können stark differieren, werden oft aber auch gar nicht genannt. Aussagen zur Häufigkeit motorischer Auffälligkeiten scheinen nicht zuletzt auch in Abhängigkeit von der beruflichen Orientierung und Erfahrung der jeweiligen Autoren zu stehen.
Dieses Dilemma wird deutlich bei einer Gegenüberstellung von Daten zur Häufigkeit körperlicher bzw. motorischer Auffälligkeiten im Schulalter in Orientierung

an schulärztlichen Untersuchungen (A: lögd NRW 2002) gegenüber den vielfach zitierten sportmedizinischen bzw. sportpädagogischen Beurteilungen (B: Dordel 1985; Hollmann et al. 1978; vgl. Dordel 1998, 2000a):

- Haltungsschwächen A: 5,1 – 7,9 %; B: 50 – 65 %;
- Koordinationsstörungen / -schwächen A: 0,2 – 14,4 %; B: 30 – 40 %;
- Kreislaufregulationsstörungen / Ausdauerleistungsschwächen A: 0,0 – 2,6 %; B: 20 – 25 %.

Hinzu kommt die Problematik zuverlässiger bzw. vergleichbarer Daten zur Häufigkeit von Übergewicht, dem erhebliche Bedeutung für die Gesundheit, insbesondere auch für die psychosoziale Situation von Kindern zukommt (vgl. Kap. 1.2).

Ebenso müssen Auffälligkeiten des Verhaltens Beachtung finden; Aspekte des Sozialverhaltens sowie des Lern- und Leistungsverhaltens können in engem Zusammenhang stehen mit motorischen Auffälligkeiten. Zuverlässige Zahlen zur Prävalenz von Verhaltensauffälligkeiten liegen aber ebenfalls nicht vor. Aspekte und Dimensionen von „Verhalten" sind äußerst vielfältig und vielschichtig; eine Definition von „auffälligem" Verhalten erscheint daher problematisch. Besonders hervorzuheben ist in diesem Zusammenhang die subjektive Einschätzung dessen, was als „normal" anzusehen ist; entsprechend schwierig gestalten sich die Bemühungen um eine zuverlässige Diagnostik (vgl. Myschker 1999). Die Bandbreite der Aussagen zur Häufigkeit erstrecken sich von 10 bis 13 % aller Kinder und Jugendlichen (Remschmidt 1990) bis zu einer Häufigkeit von 4,3 (8,2) % der Mädchen (Jungen) im Schuleingangsalter mit abnehmender Tendenz im Verlauf des Schulalters: nur noch 0,4 % der Kinder über 11 Jahre werden im Rahmen schulärztlicher Untersuchungen als verhaltensauffällig diagnostiziert (lögd NRW 2002).

Zuverlässige, allgemein akzeptierte Daten zur Häufigkeit motorischer Auffälligkeiten liegen also nicht vor. Diese sind aber ebenso wie Hinweise auf deren mögliche Ursachen unverzichtbar als Grundlage einer Entwicklung präventiver wie auch kompensatorisch ausgerichteter Interventionsstrategien. Deshalb erscheint es dringend erforderlich (vgl. Dordel 1998, 2000 a),
1. interdisziplinär eine Bewertung von Symptomen motorischer Auffälligkeit vorzunehmen, um das jeweilige Maß an Gesundheits- und Entwicklungsgefährdung einschätzen zu können,
2. nach diesen Kriterien ein praktikables Screeningverfahren zur Beurteilung motorischer Entwicklung und Leistungsfähigkeit bereitzustellen und
3. dieses Verfahren regelmäßig – möglicherweise in Abständen von fünf oder zehn Jahren – mit großen, repräsentativen Stichproben durchzuführen.

Die auf diese Weise – wiederholt – gewonnenen Daten können auch über Veränderungen der motorischen Entwicklung und Leistungsfähigkeit im Verlauf der Zeit Auskunft geben.

Im Folgenden werden Ergebnisse ausgewählter Untersuchungen zum motorischen Entwicklungsstand und der motorischen Leistungsfähigkeit im Vorschul-

und Schulalter zusammengetragen. Die Ergebnisse sind nicht immer eindeutig, teils gegensätzlich und verdeutlichen damit die Problematik dieser Fragestellung. Die Ergebnisse lassen dennoch eine Annäherung an die Frage nach Veränderungen im Verlauf der vergangenen 20 bis 30 Jahre zu und können damit einen Beitrag zur Diskussion um die Einflüsse veränderter Entwicklungsbedingungen leisten. Sie machen außerdem die Notwendigkeit verstärkten Bemühens um eine gezielte Förderung auffälliger Kinder und Jugendlicher deutlich.

Ausgewählte Untersuchungen zum motorischen Entwicklungsstand bzw. zur Häufigkeit motorischer Auffälligkeiten im Vorschul- und Einschulungsalter

Um Veränderungen im Hinblick auf die motorische Entwicklung von Kindern feststellen zu können, bieten sich für das Vorschul- und Einschulungs- bzw. das Grundschulalter als motodiagnostische Verfahren vor allem der Motoriktest für 4- bis 6-Jährige (MOT 4-6) von Zimmer und Volkamer (1984, 1987) zur Beurteilung des motorischen Entwicklungsstandes und der Körperkoordinationstest für Kinder (KTK) von Schilling (1974) zur Beurteilung der Entwicklung von Gesamtkörperkoordination und Körperbeherrschung an.

Bei einer Untersuchung von 161 Kindern im Alter von 3 bis 6 Jahren mit dem MOT 4-6 findet Lensing-Conrady (1999, 101) einen „Rückgang motorischer Kompetenzen" ; er stellt fest, dass die Kinder „in einem vor erst ca. 12 Jahren standardisierten Test (MOT; $\varnothing$ 100 Punkte) heute ca. 9 % schlechtere Ergebnisse erzielen" ; das bedeutet, dass ein mittlerer Motorischer Quotient (MQ) von etwa 91 erreicht wird. In der Klassifizierung des Testergebnisses wird dieser Wert aber als „normal" eingestuft. MQ-Werte in dem Bereich von 86 bis 115 kennzeichnen einen durchschnittlichen motorischen Entwicklungsstand.

Gaschler (1998) weist bei 4- bis 6-Jährigen (n = 106) mit dem MOT 4-6 einen mittleren MQ von 108 nach; dieser Mittelwert liegt im oberen Bereich durchschnittlicher motorischer Entwicklung und wird ebenfalls als „normal" klassifiziert. Eine differenzierte Betrachtung der Einzelergebnisse dokumentiert einen recht guten motorischen Entwicklungsstand: Nur 8 % der Kinder zeigen unterdurchschnittliche Ergebnisse (MQ $\leq$ 85) gegenüber 3 % Probanden mit einem sehr guten, 29 % mit einem guten und 60 % mit einem normalen motorischen Entwicklungsstand. Besonders hervorzuheben ist allerdings die steigende Anzahl von Kindern mit motorischen Entwicklungsrückständen mit zunehmendem Alter: 5 % der Vierjährigen, 6 % der Fünfjährigen und 11 % der Sechsjährigen zeigen Auffälligkeiten in der Motorik.

Eine Tendenz zunehmender motorischer Auffälligkeit im Verlauf des Vorschulalters findet auch Ludwig (1989, 1994). Sie untersucht Kinder im Alter von 3,5 bis 6,5 Jahren mit einem eigenen Testprofil zur Erfassung psycho-physischer Funktionen, koordinativer und konditioneller Fähigkeiten sowie motorischer Fertigkeiten. Bei der Beurteilung der koordinativ-motorischen Entwicklung Vier- bis Sechsjähriger (n = 250) können zwar zwischen 24 und 30 % eines Geburtsjahrganges als überdurchschnittlich bewertet werden; unterdurchschnittliche Leistungen, also Auffälligkeiten im Bereich der Bewegungskoordination zeigen aber 14 % der Vierjährigen,

Alter	auffällige koordinativ-motorische Entwicklung	überdurchschnittliche koordinativ-motorische Entwicklung
4 Jahre	14 %	24 %
5 Jahre	16 %	20 %
6 Jahre	21 %	30 %

Tab. 1-1: *Häufigkeit motorischer Auffälligkeiten im Vergleich zu überdurchschnittlicher koordinativ-motorischer Entwicklung im Vorschulalter (nach: Ludwig 1994)*

16 % der Fünfjährigen und 21 % der Sechsjährigen (Tab. 1-1). Bei der Auswertung der Ergebnisse grob- und feinmotorischer Aufgaben der Schuleingangsuntersuchung der Jahrgänge 1997, 1998 und 1999 (n = ca. 30.000; 5,5 bis 7,5 Jahre), die vom Gesundheitsamt Köln erhoben wurden, stellt Müller (2002) Auffälligkeiten in der Bewegungskoordination bei etwa 25 % der untersuchten Kinder fest.

Für das Einschulungsalter – 5 bis 7 Jahre – liegt eine größere Anzahl an Untersuchungen vor, in denen der KTK Einsatz findet. Zu beachten ist, dass der KTK nicht den motorischen Entwicklungsstand generell, sondern nur eine Facette – „Gesamtkörperkoordination und Körperbeherrschung" – erfasst. Tabelle 1-2 zeigt,

	Probanden	Anz. d. Prob.	MQ - Mittel	MQ ≤ 85
Breuer, Rumpeltin & Schülert (1998)	Kindergarten (5 bis 6 Jahre)	n = 498	84,5	52,9 %
Gaschler (1987)	Schulkindergarten Erstklässler	n = 192 n = 171	82,0 ± 13,8 91,8 ± 12,7	61 % 31 %
Otten (1991)	Erst- u. Zweitkl.	n = 81	89,0 ± 16,1	29,6 %
Maas & Spiess (1992)	Erstklässler	n = 44	88,2 ± 10,8	34,1 %
v. Bibra & Fiebig (1993)	Erstklässler	n = 34	91,0 ± 10,6	50,0 %
Drees (1998)	Erstklässler	n = 117	99,0 ± 13,6	17,1 %
Altfeld (1998)	Siebenjährige	n = 81	97,9 ± 16,5	22,2 %
Dieterle (2001)	Erstklässler	n = 97	91,1 ± 12,9	36,0 %
Graf et al. (in Vorb.)	Erstklässler	n = 507	93,3 ±14,8	31,9 %

Tab. 1-2: *Ergebnisse des Körperkoordinationstest für Kinder (KTK) ausgewählter Untersuchungen mit Kindern im Einschulungsalter*

dass in allen hier zitierten Studien der MQ-Mittelwert von 100 unterschritten wird; noch deutlicher wird dieser Trend bei der Gegenüberstellung der Häufigkeit auffälliger Gesamtkörperkoordination (MQ ≤ 85) in den zitierten Untersuchungen gegenüber der Normierung des Tests, die von 16 % unterdurchschnittlicher Leistung ausgeht.

Abbildung 1-13 macht deutlich, dass in den meisten dieser empirischen Arbeiten seit 1987 unterdurchschnittliche Leistungen bei etwa 30 bis 36 % der untersuchten Schulanfänger festgestellt werden. Besonders hervorzuheben ist die umfangreiche Studie von Graf et al. (in Vorb.), die im Rahmen des Kölner CHILT-Projektes einen gegenüber der Normierungsstichprobe (Schilling 1974) um fast 7 Punkte verringerten mittleren MQ (MQ 93,3) findet und bei fast einem Drittel der Kinder (31,9 %) unterdurchschnittliche – auffällige und gestörte – Leistungen im KTK feststellt.

Die mit 61 % unterdurchschnittlicher Leistungen deutlich schlechteren Ergebnisse der Kinder des Schulkindergartens (Gaschler 1987) sind durch die Zusammensetzung der Stichprobe zu erklären; bei Kindern des Schulkindergartens fin-

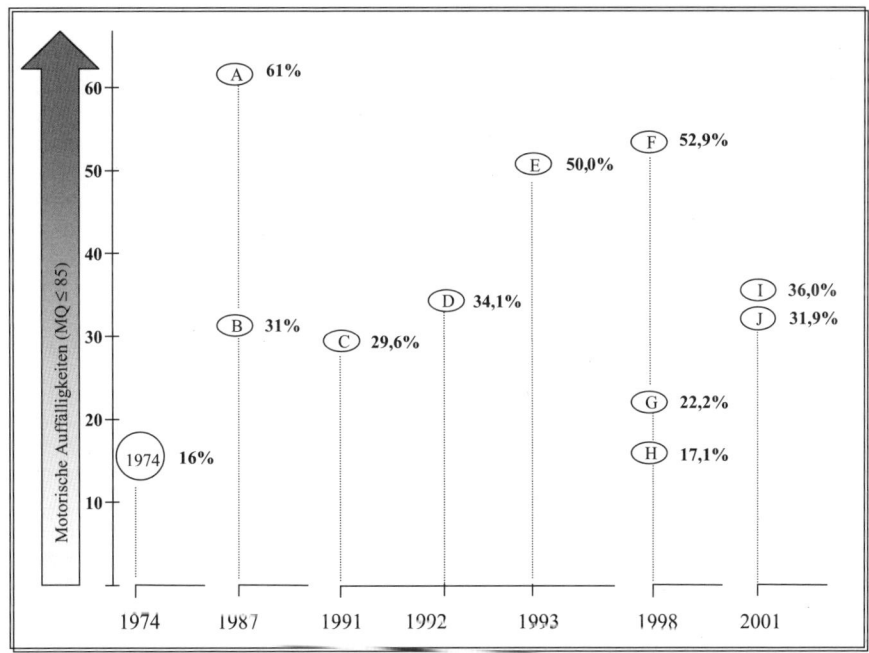

Abb. 1-13: *Einordnung motorischer Auffälligkeiten im KTK: verschiedene Untersuchungen 1987 bis 1998 im Vergleich zur Eichstichprobe (Schilling 1974)*
A+B: Gaschler 1987; C: Otten 1991; D: Maas / Spiess 1992; E: v. Bibra / Fiebig 1993; F: Breuer / Rumpeltin / Schülert 1998; G: Altfeld 1998; H: Drees 1998; I: Dieterle 2001; J: Graf et al. (in Vorb.)

den sich in der Regel Entwicklungsverzögerungen und / oder -störungen. Überraschend erscheinen dagegen die Ergebnisse von Breuer, Rumpeltin und Schülert (1998), die in ihrer umfangreichen Untersuchung 5- und 6-jähriger Kindergarten-Kinder fast 60 % unterdurchschnittliche Leistungen im KTK finden. Die Autoren werten die mit einem mittleren MQ von 84,5 auffällig niedrigen KTK-Ergebnisse in dieser Studie als Folge der gegenüber der Normierungsstichprobe veränderten Lebensbedingungen. Da andere Untersuchungen von Vorschulkindern, in denen der MOT 4-6 eingesetzt wurde (Lensing-Conrady 1999; Gaschler 1998), deutlich positivere Ergebnisse zeigen, wäre jedoch zu diskutieren, ob möglicherweise die Rahmenbedingungen, vor allem aber auch das gewählte Testverfahren einen Einfluss auf diese Ergebnisse gehabt haben könnten. Der KTK, gültig für den Altersbereich von 5 bis 14;11 Jahren, wird mit einer Normierung in Jahresabschnitten den jüngeren Kindern sicher nicht immer gerecht.

Die Studie von v. Bibra und Fiebig (1993), in der bei 50 % der untersuchten Erstklässler die Leistungen im KTK als auffällig oder gestört klassifiziert werden, soll hier vernachlässigt werden, einerseits weil die Stichprobe mit n = 34 relativ klein ist, andererseits weil der mittlere MQ mit 91,0 noch in den Bereich normaler Gesamtkörperkoordination einzuordnen ist.

Auffällig ist aber auch eine Tendenz zu etwas positiveren Ergebnissen in den Arbeiten von Altfeld (1998) und Drees (1998) mit einem mittleren MQ-Wert von 97,9 bzw. 99,0. Werden in der Untersuchung von Drees (1998) die KTK – Ergebnisse der Erstklässler (n = 117) in das Klassifizierungsschema von Schilling (1974) eingeordnet (Abb. 1-14a), zeigt sich eine nur geringgradige Verschiebung im Sinne einer Reduzierung bzw. Verschlechterung der Entwicklung der Gesamtkörperkoordination gegenüber der Normierungsstichprobe Anfang der 70-er Jahre. Dordel, Drees und Liebel (2000) diskutieren dieses Phänomen im Zusammenhang mit dem Wohnbereich: Die Untersuchung von Drees (1998) wurde mit Probanden aus einem ländlichen Wohngebiet, die von Altfeld (1998) in einer Kleinstadt durchgeführt; Probanden der anderen Untersuchungen mit Erstklässlern waren dagegen (Groß-) Stadtkinder.

Dieterle (2001) hat die Untersuchungen von Drees (1998) mit Kindern aus einem eindeutig urbanen Wohngebiet (Kölner Innenstadt) wiederholt und findet einen um fast 8 Punkte niedrigeren mittleren MQ-Wert (vgl. Tab. 1-2); mit einem mittleren MQ-Wert von 91,1 liegt aber auch diese Stichprobe noch im Bereich normal entwickelter Gesamtkörperkoordination. Auffälliger erscheint die Einordnung der Einzelergebnisse in das Klassifizierungsschema (Abb. 1-14b): In der Gruppe der Großstadtkinder müssen gegenüber den „Landkindern" mehr als doppelt so viele Probanden (36 % gegenüber 17,1 %) den Klassen auffälliger und gestörter Gesamtkörperkoordination zugeordnet werden; demgegenüber finden sich bei nur 2,7 % der Erstklässler aus der Großstadt überdurchschnittliche Ergebnisse (MQ > 115) im Vergleich zu 8,6 % der „Landkinder". Damit ergeben sich gegenüber der Normierungsstichprobe von Schilling (1974) deutlich schlechtere Leistungen heutiger Großstadtkinder, während sich bei Kindern, die in einem ländlichen Wohngebiet leben, nur geringfügige Verschiebungen in Richtung reduzierter Gesamtkörperkoordination zeigen.

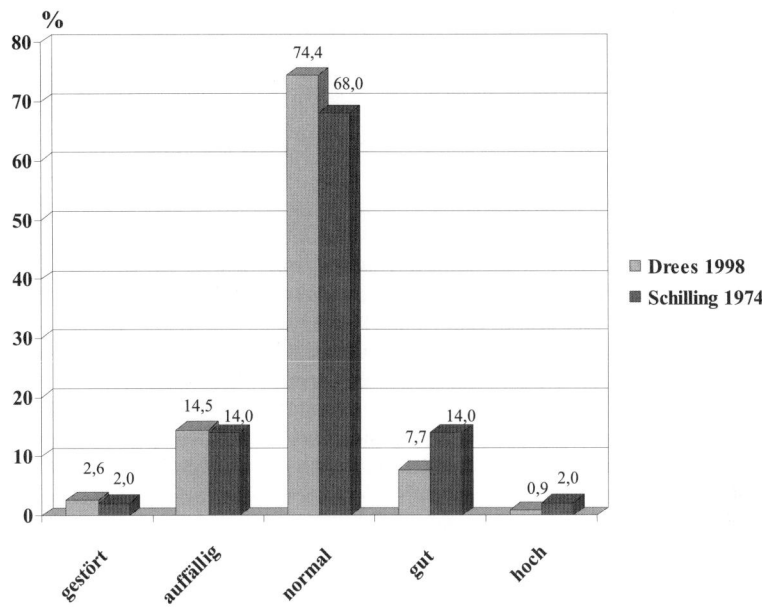

Abb. 1-14a: Klassifizierung der MQ-Werte im KTK von Erstklässlern – „Landkindern" (Drees 1998) im Vergleich zur Normierungsstichprobe von Schilling (1974)

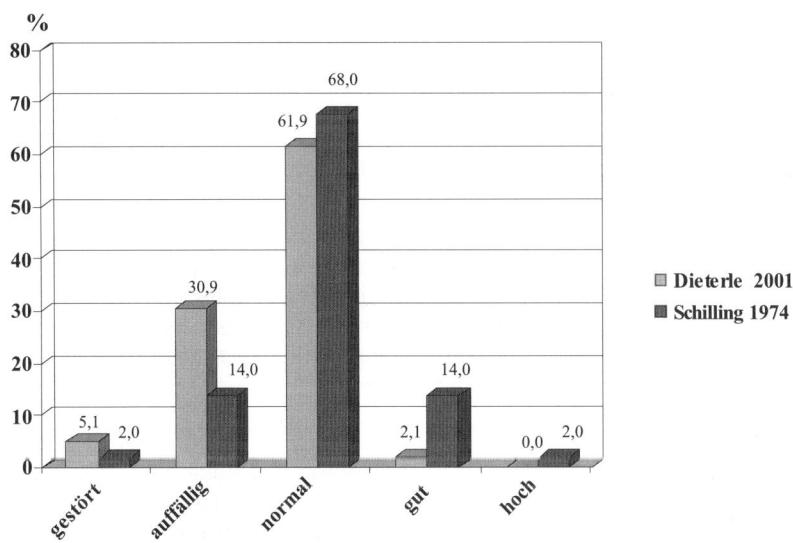

Abb. 1-14b: Klassifizierung der MQ-Werte im KTK von Erstklässlern – „Stadtkindern" (Dieterle 2001) im Vergleich zur Klassifizierungsstichprobe von Schilling (1974)

Gaschler (2000) kommt bei einem Vergleich verschiedener empirischer Arbeiten zu einem ähnlichen Ergebnis: Er hebt hervor, dass gegenüber etwa 1/4 bis 1/3 der Grundschulkinder aus städtischen Wohngebieten im ländlichen Einzugsgebiet nur etwa jedes 10. Kind motorische Auffälligkeiten zeigt. Schilling (1974) fand dagegen in der Normierungsstichprobe für den KTK keine Unterschiede zwischen Stadt- und Landkindern.

Eine Sichtung empirischer Arbeiten zu der Frage der Abhängigkeit motorischer Entwicklung von sozio-ökologischen Faktoren, die überwiegend im Verlauf der siebziger und achtziger Jahre durchgeführt wurden, ergibt kein eindeutiges Ergebnis; in der Tendenz wird aber dem Einfluss der Wohnverhältnisse keine oder nur eine unbedeutende Rolle zugemessen (vgl. Baur 1994b; Krombholz 1988). Auch jüngere Studien zu dieser Fragestellung weisen eher auf eine Nivellierung der Unterschiede zwischen Kindern aus städtischen gegenüber ländlichen Wohnbereichen aufgrund eines vergleichbaren Freizeitverhaltens hin (Brandt et al. 1997; Kretschmer 2000; Ritter und Adolph 1995). Bremers (1999) unterstützt diese These, indem sie feststellt, dass das Vorhandensein von Spielpartnern, deren Alter und Geschlecht das Bewegungsverhalten von 5- bis 13-Jährigen stärker bestimmt als die räumlichen Gegebenheiten.

Beurteilung motorischer Auffälligkeit bei Schulanfängern

Schon in der Schuleingangsuntersuchung, mit der der Schularzt vor der Einschulung die Schulfähigkeit eines Kindes beurteilt, werden häufig Empfehlungen im Hinblick auf gezielte Fördermaßnahmen ausgesprochen. Für die Lehrkräfte der Grundschule sind diese Hinweise wertvoll; möglicherweise führen aber erst die veränderten Lebensbedingungen nach der Einschulung und die komplexen Anforderungen des Schulalltags zu motorischen Auffälligkeiten als Ausdruck einer Überforderung. Daher erscheint es empfehlenswert, gerade im Verlauf des ersten Schuljahres das motorische Verhalten der Erstklässler sorgfältig zu beobachten, um gegebenenfalls frühzeitig durch eine gezielte motorische Förderung den Kindern den Start in die Schullaufbahn erleichtern zu können.

Lehrkräfte der Primarstufe sollten in dieser Hinsicht sensibel sein und ein hohes Maß an Kompetenz zur Bestimmung motorischer Auffälligkeiten erwerben. Aus der Fülle geeigneter Testaufgaben und motodiagnostischer Verfahren müssen diejenigen ausgewählt werden, die unter den gegebenen Bedingungen praktikabel sind und zuverlässig Auskunft geben über den motorischen Entwicklungs- und Leistungsstand bzw. den entsprechenden Förderbedarf (Dordel, Drees & Liebel 2000).

Die Untersuchung von Drees (1998) und Liebel (1999) verdeutlicht die Problematik von Aussagen zur Häufigkeit motorischer Auffälligkeit. Es werden alle Kinder der ersten Jahrgangsstufe einer Schule (n = 117; 49 Mädchen, 68 Jungen) im Verlauf der ersten vier Monate nach der Einschulung mit drei verschiedenen Verfahren zur Beurteilung des motorischen Entwicklungs- und Leistungsstandes bzw. motorischer Auffälligkeit untersucht: Zur Anwendung kommen (vgl. Kap. 4.4.2)

- der Körperkoordinationstest für Kinder KTK (Schilling 1994) zur Beurteilung von Gesamtkörperkoordination und Körperbeherrschung,
- der Punktiertest für Kinder PTK (Baedke 1977) zur Beurteilung der Handgeschicklichkeit und
- der Psychomotorische Screening-Test (Naville, Weber & Mock 1995), der hier als PST abgekürzt wird, zur Grobauslese psychomotorisch auffälliger Kinder.

Als unterdurchschnittlich (auffällig oder gestört) erweisen sich dabei
- 17,1 % der Kinder im KTK,
- 17,1 % der Kinder im PTK und
- 22,5 % der Kinder im PST.

Im Psychomotorischen Screening-Test erfolgt die Auswertung nur für 116 Kinder, da ein Kind mit neun Jahren den für den Test gültigen Altersbereich (6 bis 8 Jahre) zum Testzeitpunkt überschritten hatte.

Werden die Ergebnisse der verschiedenen Testverfahren im Vergleich betrachtet (n = 116), zeigt sich bei 66 Kindern (56,9 %) keinerlei Auffälligkeit. Die auffälligen Ergebnisse bei 50 Kindern (43,1 %) verteilen sich auf die Ergebnisse der einzelnen Testverfahren wie folgt:

- Auffälligkeiten im KTK: n = 10 (8,6 %),
- Auffälligkeiten im PTK: n = 11 (9,5 %),
- Auffälligkeiten im PST: n = 13 (11,2 %),
- Auffälligkeiten im KTK und PTK: n = 3 (2,6 %),
- Auffälligkeiten im KTK und PST: n = 7 (6,0 %),
- Auffälligkeiten im PTK und PST: n = 6 (5,1 %).

Kein Kind zeigt in allen durchgeführten Testverfahren unterdurchschnittliche Ergebnisse; die Mehrzahl der Kinder wird nur in einem der drei Verfahren auffällig.

Eine Prüfung der Korrelationen zwischen den Ergebnissen der drei Testverfahren ergibt lediglich einen niedrigen Zusammenhang zwischen dem KTK und dem Gesamtwert des PST sowie zwischen dem PTK und dem Untertest „Grafomotorik" des PST. Damit stellt sich erneut die Frage nach einer Definition des Phänomens „motorischer Auffälligkeit" bzw. bei Angaben zur Häufigkeit motorischer Auffälligkeit muss transparent gemacht werden, mit welchem Verfahren welche Facette motorischer Entwicklung und Leistungsfähigkeit erfasst wurde (Dordel, Drees & Liebel 2000).

Entwicklung der Gesamtkörperkoordination im Grundschulalter

Ergebnisse einer umfangreichen Untersuchung zur Entwicklung der Gesamtkörperkoordination im Grundschulalter legt Altfeld (1998; vgl. Dordel 2000 a, b) vor. Sie führt den KTK mit 7- bis 10- bzw. 11-jährigen Kindern durch, die zwei verschiedene Grundschulen besuchen. Untersucht werden jeweils 30 bis 45 Probanden pro Alter und Geschlecht; die Gruppe der 11-Jährigen ist mit nur 7 Jungen und 6 Mädchen unterrepräsentiert. Insgesamt werden 337 Kinder untersucht

(168 Jungen, 169 Mädchen). Der Motorische Quotient beträgt für die Gesamtgruppe im Mittel 97,2 (Jungen 98,4 ± 14,8; Mädchen 96,0 ±16,2).
Werden die Ergebnisse im Altersgang betrachtet, deutet sich insbesondere bei den Jungen eine Tendenz zu einer Reduzierung der Gesamtkörperkoordination mit zunehmendem Alter an (Abb. 1-15 a, b).

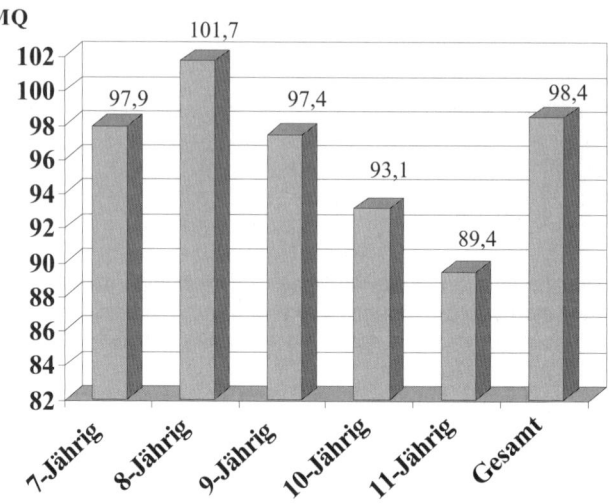

Abb. 1-15 a: Ergebnisse 7- bis 11-jähriger Jungen und Mädchen (n = 337) im KTK (Altfeld 1998)

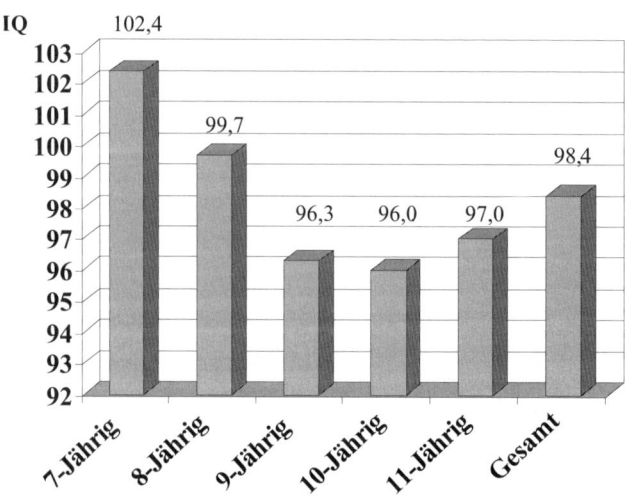

Abb. 1-15 b: Ergebnisse 7- bis 11-jähriger Jungen (n = 168) im KTK (Altfeld 1998)

Eine Einordnung der Ergebnisse in das Klassifizierungsschema von Schilling (1974) lässt im Vergleich zu der Normierungsstichprobe eine leichte Verschiebung in Richtung auf eine Reduzierung der Testleistung in der aktuellen Studie erkennen (Abb. 1-16). Diese Tendenz verstärkt sich mit zunehmendem Alter und zeichnet sich für die Gruppe der Mädchen deutlicher ab als für die Jungen (Dordel 2000 b).

Die beiden Schulen, die die Kinder besuchen, unterscheiden sich hinsichtlich ihrer Lage und der Bewegungsmöglichkeiten, die die Schule den Kindern bieten kann:
- Schule A liegt am Rand einer Kleinstadt und lässt sich als besonders bewegungsfreundlich kennzeichnen: drei Stunden Sportunterricht pro Woche in Einzelstunden, eine eigene Turnhalle, zusätzlich ein Freiplatz mit Leichtathletikanlagen sowie eine reichhaltige Ausstattung mit Sportgeräten und Materialien, die vielfach im Rahmen des Schulsports Einsatz finden. Die tägliche Bewegungszeit wird verwirklicht; als weitere Schwerpunkte der Schule werden Sportförderunterricht, Edu-Kinestetik, Angebote im Sinne der Bewegungsbaustelle, des Abenteuer- und Erlebnissports, aber auch Projekte wie Sportabzeichen-, Dauerlaufaktionen, Spaßolympiade u.a. genannt; die Kinder können den Schulhof auch nachmittags zum Spielen nutzen. Zwischen der Schule und örtlichen Sportvereinen bestehen Kooperationen.

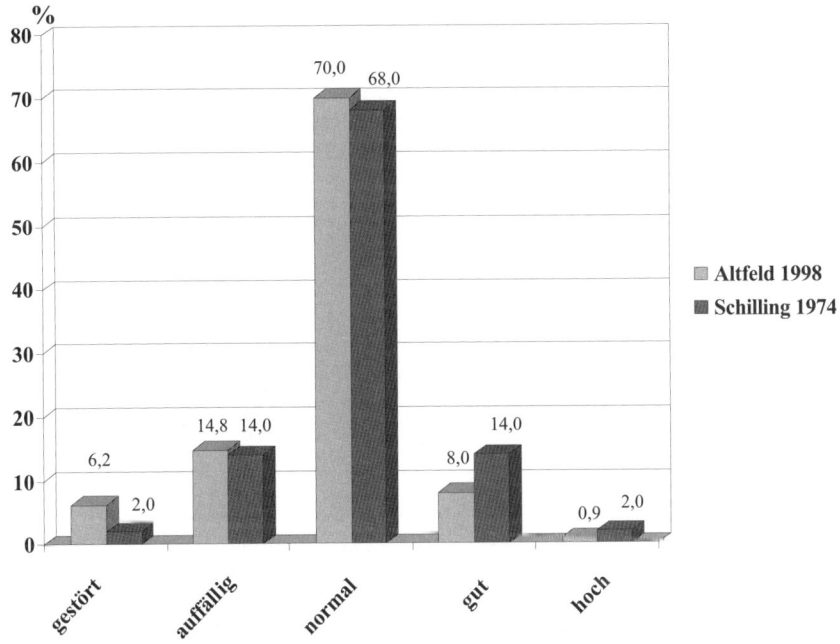

Abb. 1-16: *Klassifikation der KTK-Ergebnisse 7- bis 11-Jähriger (Altfeld 1998) im Vergleich zur Normierungsstichprobe von Schilling (1974)*

- Schule B liegt im Zentrum derselben Stadt und wird durch insgesamt ungünstige räumliche Bedingungen gekennzeichnet. Es steht nur eine städtische Turnhalle in etwa 0,5 km Entfernung zur Verfügung; die Ausstattung mit Geräten und Materialien wird als relativ eingeschränkt bezeichnet. Der Sportunterricht findet einmal pro Woche (90 min.) statt.

Diese unterschiedlichen schulischen Rahmenbedingungen legen eine differenzierte Auswertung der Ergebnisse nahe. Tatsächlich lässt sich ein statistisch signifikanter Unterschied (p = 0,004) zwischen den Kindern beider Schulen nachweisen: Die Kinder der Schule A (n = 167) haben im KTK einen mittleren MQ von 99,79 (± 15,97), die der Schule B (n = 170) von 94,85 (± 15,20).

Werden die aktuellen Ergebnisse mit denen der Normierungsstichprobe (Schilling 1974, 25) verglichen, wird eine Annäherung an die Frage nach Veränderungen der motorischen Entwicklung im Verlauf der Zeit möglich (Dordel 2000 b):

Die Gruppe der Normierungsstichprobe hat signifikant (p < 0,05) bessere Leistungen in den Aufgaben 1 und 4 (Balancieren rückwärts und Seitliches Umsetzen), aber signifikant (p < 0,05) schlechtere Leistungen in der Aufgabe 2 (Monopedales Überhüpfen), während sich beide Gruppen in der Aufgabe 3 (Seitliches Hin- und Herspringen) und im Gesamtergebnis nicht signifikant unterscheiden (Tab. 1-3).

Bei einer Gegenüberstellung der Ergebnisse von Jungen und Mädchen in den einzelnen Aufgaben des KTK lässt sich ein signifikanter Vorsprung der Mädchen gegenüber den Jungen bei der Aufgabe 1 (Balancieren rückwärts) erkennen (p = 0,05); im Vergleich der Ergebnisse der einzelnen Aufgaben erreichen beide Geschlechter bei dieser Aufgabe die niedrigsten MQ-Werte. Demgegenüber sind

	Schilling (1974)	Altfeld (1998)	sign.
n	140	337	
1. BR - MQ 1	99,4 ± 17,7	91,08 ± 13,91	*
2. MÜ - MQ 2	100,3 ± 14,8	104,90 ± 16,55	*
3. SH - MQ 3	99,9 ± 14,5	100,55 ± 15,92	n.s.
4. SU - MQ 4	100,4 ± 14,3	95,32 ± 13,62	*
MQ 1 - 4	400,0 ± 46,8	391,75 ± 48,27	n.s.

Tab. 1-3: Gegenüberstellung der KTK-Ergebnisse einer zufällig ausgewählten Gruppe der Normierungsstichprobe 1974 und der aktuellen Untersuchung (Altfeld 1998; Dordel 2000 a, b) BR - Balancieren rückwärts; MÜ - Monopedales Überhüpfen; SH - Seitliches Hin- und Herspringen; SU - Seitliches Umsetzen; RW - Rohwert; MQ - Motorischer Quotient

bei beiden Geschlechtern bei den Aufgaben 2 und 3 (Monopedales Überhüpfen und Seitliches Hin-und Herspringen) die höchsten Ergebnisse zu verzeichnen. Auffällig ist hier, dass sich die Ergebnisse der Jungen und Mädchen bei diesen beiden Aufgaben bezogen auf die Rohwerte nicht signifikant unterscheiden; nach der Umformung der Rohwerte in Motorische Quotienten ergeben sich jedoch signifikante Unterschiede auf dem 5%-Niveau zugunsten der Jungen (Tab. 1-4). Hierzu ist anzumerken, dass in der Normierungsstichprobe in beiden Aufgaben geschlechtsspezifische Leistungsunterschiede zugunsten der Mädchen festgestellt wurden; aus diesem Grunde erfolgte die Normierung für diese beiden Aufgaben für die Geschlechter getrennt (Schilling 1974). Im Vergleich dazu ergeben sich in der aktuellen Stichprobe keine nennenswerten geschlechtsspezifischen Unterschiede; bei der Aufgabe 2 (Monopedales Überhüpfen) zeigen die Jungen im Mittel sogar etwas bessere Leistungen.

Dieses Ergebnis, das in den Arbeiten von Drees (1998) und Dieterle (2001) bestätigt wird, kann als Dokumentation veränderter Freizeitgewohnheiten der Kinder im Laufe der Zeit gewertet werden. Die geschlechtsspezifischen Unterschiede Anfang der siebziger Jahre werden mit der Beanspruchung durch die für Mädchen typischen Aktivitäten wie Seilspringen oder Gummitwist begründet; diese Übungs- und Spielformen sind heute im Freizeitbereich kaum noch zu beobachten.

	Jungen (n = 168)	Mädchen (n = 169)	sign.
1. BR - RW	38,76 ± 12,87	42,31 ± 13,66	*
- MQ 1	88,88 ± 13,34	93,27 ± 14,12	*
2. MÜ - RW	55,11 ± 16,44	52,22 ± 17,32	n.s.
- MQ 2	106,74 ± 15,40	103,07 ± 17,43	*
3. SH - RW	51,98 ± 12,89	52,48 ± 13,94	n.s.
- MQ 3	103,90 ± 14,63	97,22 ± 16,44	*
4. SU - RW	39,99 ± 6,82	39,34 ± 6,54	n.s.
- MQ 4	95,80 ± 14,14	94,85 ± 13,06	n.s.
MQ 1 - 4	395,50 ± 45,73	388,02 ± 50,25	n.s.
Gesamt - MQ	98,38 ± 14,80	95,99 ± 16,24	n.s.

Tab. 1-4: KTK-Einzel- und Gesamtergebnisse 7- bis 11-Jähriger; Jungen und Mädchen im Vergleich (Altfeld 1998; Dordel 2000 a, b) BR - Balancieren rückwärts; MÜ - Monopedales Überhüpfen; SH - Seitliches Hin- und Herspringen; SU - Seitliches Umsetzen; RW - Rohwert; MQ - Motorischer Quotient

Zusammenfassend ist festzuhalten, dass Grundschulkinder „heute" im Vergleich zur Normierungsstichprobe Anfang der siebziger Jahre im Mittel nicht unbedingt schlechtere Ergebnisse im KTK haben. Mit einer Differenz von -1 bzw. -2,8 MQ-Punkten im Mittel (Drees 1998; Altfeld 1998) sind die in den jüngeren Studien untersuchten Kinder in ihrer Gesamtkörperkoordination nicht wesentlich schlechter entwickelt als die Kinder der Normierungsstichprobe vor gut 25 Jahren.

- Zu beachten ist aber, dass die Stichproben der vorliegenden Arbeiten *nicht repräsentativ* sind. Kinder aus ländlichen Regionen (Drees 1998; Altfeld 1998) zeigen eindeutig bessere Ergebnisse als Kinder aus dem großstädtischen Raum (Dieterle 2001; Gaschler 1987; Graf et al. in Vorb.; Otten 1991; Maas, Spiess 1992; v.Bibra, Fiebig 1993).

- Ein *Einfluss der sozio-ökologischen Bedingungen* deutet sich auch an, wenn die Schüler unterschiedlich bewegungsfreundlicher Schulen in der Tendenz unterschiedliche Ergebnisse im KTK zeigen (Altfeld 1998). Die gelungene Umsetzung der Idee einer bewegten Schule und die Unterstützung von Bewegungsaktivitäten im schulischen Rahmen und darüber hinaus zeigen hier positive Wirkungen (vgl. Illi 1995; Kottmann, Küpper & Pack 1997).

- *Geschlechtsspezifische Unterschiede* sind heute – im Gegensatz zu der Normierungsstichprobe des KTK – nicht mehr vorhanden; ein Leistungsvorsprung der Mädchen in den „Sprungbetonten" Aufgaben, der in einer für Jungen und Mädchen getrennten Normierung seinen Niederschlag gefunden hat, besteht nicht mehr (Altfeld 1998; Dieterle 2001; Drees 1998; Liebel 1999). Dieses spricht für eine Änderung der Freizeitaktivitäten im Verlauf der vergangenen 25 Jahre; dieses spricht allerdings auch für die Notwendigkeit einer Änderung der Normierung des KTK.
Die Tendenz zu schwächeren Leistungen der Mädchen im KTK ist im Zusammenhang mit der – offensichtlich nicht (mehr) zu rechtfertigenden – geschlechtsdifferenten Normierung von zwei der vier Untertests zu sehen und sollte dementsprechend nicht überbewertet werden.

- Ein Vergleich der *Ergebnisse der einzelnen Aufgaben des KTK* zeigt in der ersten Aufgabe – Balancieren rückwärts – die niedrigsten Werte: Jungen haben signifikant schlechtere Ergebnisse als Mädchen; Jungen und Mädchen haben „heute" signifikant schlechtere Ergebnisse als eine Vergleichsgruppe der Normierungsstichprobe 1974 (Altfeld 1998; Dordel 2000 b; vgl. Dieterle 2001; Drees 1998).
Dieses könnte als Auswirkung veränderter Entwicklungsbedingungen gewertet werden, denn die Entwicklung der Kinder ist heute vielfach geprägt durch ein Defizit an elementaren Wahrnehmungserfahrungen schon in der frühen Kindheit; differenzierte Steuer- und Regelmechanismen, die
    - für eine sichere Körperbeherrschung – gerade auch im Hinblick auf die Erfordernisse der Gleichgewichtserhaltung,
    - und die Orientierung im Raum – insbesondere bei eingeschränkter optischer Kontrolle,

erforderlich sind, werden als Folge mangelhafter Körpererfahrung möglicherweise nur ungenügend entwickelt.
Ein weiterer Erklärungsansatz wäre die für die Gesellschaft heute typische Gefährdung durch eine Reizüberflutung im audio-visuellen Bereich, die zu einer vegetativen Dysregulation – zum Beispiel mit der Symptomatik einer

Konzentrationsschwäche – führen kann. Eine reduzierte Konzentrationsleistungsfähigkeit stellt ebenfalls eine mögliche Ursache für geringere Balancierleistungen dar.

Diese Interpretationsansätze sollten aber mit aller Vorsicht betrachtet werden, denn im Gesamtergebnis des KTK ergeben sich weder für den Unterschied Jungen – Mädchen, noch zwischen den Kindern der aktuellen Untersuchung und der Gruppe aus der Eichstichprobe signifikante Unterschiede.

- Eine *zunehmende Reduzierung der Leistung im KTK mit steigendem Alter* deutet sich in der Gruppe der 9- / 10- / 11-Jährigen an (Altfeld 1998; Dordel 2000 b). Verantwortlich dafür könnte einerseits die Einschulung und damit verbunden eine stärkere Einbindung in zeitliche Strukturen sein, die generell zu einer Einschränkung der Bewegungszeit führt. Andererseits bringt die Schulzeit auch eine Ausweitung des Aktionsradius und des Interessensspektrums mit sich; eine Verlagerung der Interessen auf bewegungsarme Aktivitäten könnte eine Stagnation der motorischen Entwicklung bedingen. Hier ist durchaus an die Attraktivität der audio-visuellen Medien, auch an die zunehmende Bedeutung des Computers zu denken.

Untersuchungen von Kurth und Möller (2001) mit der Rostock-Oseretzki-Skala (ROS; Kurth 1978, 1985) bestätigen die mit Hilfe des KTK gewonnenen Ergebnisse. In der Tradition der motometrischen Verfahren nach Oseretzky (vgl. Eggert 1971; 1972) stellt die ROS ein Verfahren zur Beurteilung des motorischen Entwicklungsstandes dar. Sie enthält Aufgaben sowohl zur Grobmotorik (Gesamtkörperkoordination, Auge-Körper-Koordination) als auch zur Feinmotorik (Auge-Hand-Koordination); besondere Betonung erfahren Aufgaben zur motorisch-rhythmischen Koordination.

Ein Vergleich der Ergebnisse von Grundschulkindern (6 bis 11 Jahre) in der ROS im Jahr 1998 (n = 262) mit der Normierungsstichprobe 1972 (n = 325) zeigt kaum Veränderungen im Verlauf von 26 Jahren. Der Mittelwert (MQ) liegt in der aktuellen Untersuchung im Vergleich zur Normierungsstichprobe um 1,65 Punkte höher. Veränderungen zeigen sich allerdings bei einer qualitativen Auswertung: Bei einer feinmotorischen Beanspruchung ergeben sich Verbesserungen hinsichtlich des Tempos, aber Verschlechterungen in der Genauigkeit. Unterschiede im Hinblick auf sozio-ökologische Bedingungen deuten sich an, bedürfen aber einer weiteren Prüfung.

Motorische Leistungsfähigkeit von Kindern und Jugendlichen

Untersuchungen zur motorischen Leistungsfähigkeit von Kindern und Jugendlichen liegen in großer Zahl vor; diese unterscheiden sich jedoch – der jeweiligen Fragestellung entsprechend – hinsichtlich des Untersuchungsdesigns teilweise erheblich; sie sind damit nur eingeschränkt vergleichbar. Im Mittelpunkt steht vielfach die Frage nach der Häufigkeit eingeschränkter motorischer Leistungsfähigkeit – vor allem im Hinblick auf Notwendigkeit und Wirksamkeit des Sportförderunterrichts, in jüngerer Zeit öfter im Zusammenhang mit der Diskussion um Veränderungen – Verminderung – motorischer Leistungsfähigkeit von Kindern und Jugendlichen infolge veränderter gesellschaftlicher Bedingungen. Dabei kommen verschiedene motorische Testbatterien oder spezifisch zusammengestellte Testaufgaben zur Beurteilung koordinativer und konditioneller Fähigkeiten und Fertigkeiten zur Anwendung. Als Dokumentation des aktuellen Diskussionsstandes werden nachfolgend ausgewählte Untersuchungen beschrieben.

- *Zur Häufigkeit motorischen Förderbedarfs im Grundschulalter*

Als Ergebnis umfangreicher Untersuchungen (n = 3.800) mit dem Verfahren zur Bestimmung der motorischen Leistungsfähigkeit von Kindern (BML) weist Dordel, H.J. (1986, 1987, 1992) darauf hin, dass etwa 30 % aller Grundschulkinder aufgrund koordinativer und konditioneller Minderleistung, auffälliger Haltungslabilität, Übergewicht oder psycho-sozial bedingter Auffälligkeiten einer gezielten motorischen Förderung bedürfen; in „dicht besiedelten Stadtgebieten mit erhöhtem Anteil sozial schwacher Familien" (Dordel, H.J. 1992, 116) dürfte der Anteil motorisch auffälliger Kinder auf etwa 50 % steigen. Hahmann, Liebisch und Breithekker (1985) sowie Liebisch und Hanel (1991) stellen sportmotorische Aufgaben zu einem Auswahlverfahren für den Sportförderunterricht zusammen und finden in den einzelnen Leistungskategorien unterschiedliche Ergebnisse; eine zusammenfassende Wertung der Einzelergebnisse führt zu einer Empfehlung motorischer Förderung bei 33 % der untersuchten Erstklässler (n = 304; Hahmann, Liebisch & Breithecker 1985) bzw. 28 % der untersuchten Grundschulkinder (n = 282; Liebisch & Hanel 1991). Weineck et al. (1997) stellen bei Erstklässlern (n = 327) vor allem erhebliche Defizite im Bereich der Bauchmuskelkraft und der Dehnfähigkeit der ischiocruralen Muskulatur (Oberschenkelrückseite) fest. Gaschler (2000) diskutiert diese Arbeiten und weist mit der Auflistung in diesem Zusammenhang gebräuchlicher sportmotorischer Aufgaben und Tests auf die Problematik der Datengewinnung und damit deren Aussagekraft und Vergleichbarkeit hin. Die Hinweise auf die Notwendigkeit einer kritischen Wertung der Ergebnisse motodiagnostischer Verfahren als Grundlage einer Beurteilung motorischer Auffälligkeit (Dordel, Drees & Liebel 2000) finden hier ihre Entsprechung.

- *Untersuchungen zur motorischen Leistungsfähigkeit 6- bis 10-Jähriger*

Das Diagnostische Inventar motorischer Basiskompetenzen (DMB; Eggert & Ratschinski 1993) verwendet zur *Beurteilung des motorischen Entwicklungsstandes im Grundschulalter* Aufgaben zur Prüfung von Kraft und Ausdauer, Gelenkigkeit, Schnelligkeit, Gleichgewicht und Wahrnehmung. In einer Untersuchung 7- bis 10-Jähriger (n = 180) mit dem DMB finden Brandt et al. (1997; vgl. Eggert et al. 2000)
- in allen Altersstufen schlechtere Ergebnisse als in der Normierungsstichprobe zehn Jahre zuvor;
- die Leistungen der Kinder steigen mit zunehmendem Alter nicht an, die Defizite werden dementsprechend größer;
- reduzierte Leistungen finden sich bei allen Kindern vor allem im Wahrnehmungsbereich.

Die zehn Jahre zuvor deutlichen Leistungsunterschiede zugunsten von Landkindern sind nur noch in geringem Maße vorhanden; signifikante Unterschiede finden sich noch in zwei Aufgaben, die Gleichgewicht und Wahrnehmung (visuomotorische Koordination) beanspruchen.

Kirchem (1999; pers. Mitt.) führt in dem Zeitraum von 1989 bis 1998 an Essener Schulen mit Erstklässlern (n = 1.879) jeweils am Ende des ersten Schuljahres einen *mehrdimensionalen sportmotorischen Test* (15 m Sprint, Fünfer-Sprunglauf, Standweitsprung, Rumpfbeuge, Medizinballwurf und Hindernislauf) durch. Er stellt signifikant verminderte Leistungen bei den Aufgaben fest, die eine überwiegend koordinative Beanspruchung enthalten und bestätigt damit die Befunde von Brandt et al. (1997).

Werden die Ergebnisse mittels einer Clusteranalyse in drei Gruppen eingeteilt – motorisch leistungsstarke, durchschnittlich begabte und motorisch leistungsschwache Kinder –, ergibt sich ab 1992 eine deutliche Tendenz im Sinne einer Zunahme in der Gruppe der leistungsschwachen Kinder gegenüber einem Rückgang der Zahl leistungsstarker Kinder, während die Gruppe der als durchschnittlich motorisch begabt bezeichneten Kinder mit etwa 50 % in allen Jahrgängen gleich bleibt (Tab. 1-5). Die Jahrgänge 1992 bis 1998 zeigen in der Zuordnung zu den Leistungsgruppen hochsignifikante Veränderungen zuungunsten der Gruppe der leistungsstarken Kinder. Bei einem Vergleich der Jahrgänge 1989 und 1998 wird

Jahrgang	Anteil motorisch leistungsstarker Erstklässler	Anteil motorisch durchschnittlich Begabter	Anteil motorisch leistungsschwacher Erstklässler
1989 (n = 165)	23,8 %	53,7 %	22,6 %
1990 (n = 230)	35,8 %	43,7 %	20,5 %
1991 (n = 162)	34,0 %	53,7 %	12,3 %
1992 (n = 77)	44,2 %	46,8 %	9,1 %
1994 (n = 129)	31,0%	51,9 %	17,1 %
1995 (n = 259)	37,6 %	48,1 %	14,3 %
1996 (n = 246)	32,5 %	50,0 %	17,5 %
1997 (n = 274)	26,6%	49,4 %	24,0 %
1998 (n = 337)	25,5 %	49,3 %	25,2 %
Gesamt (n = 1.879)	31,2 %	49,4 %	19,4 %

Tab. 1-5: Verteilung des Anteils motorischer leistungsstarker Kinder gegenüber dem der leistungsschwachen Kinder in einer Untersuchung mit Erstklässlern der Jahrgänge 1989 bis 1998; 1993 konnten keine Daten erhoben werden (Kirchem 1999; pers. Mitt.).

allerdings eine ähnliche Verteilung deutlich: die Gruppen der Leistungsstarken und der Leistungsschwachen sind nahezu gleich besetzt. Eine eindeutige Begründung für die auffälligen Veränderungen des Anteils leistungsschwacher Kinder an der jeweiligen Stichprobe lässt sich nicht finden.

Kunz (1992; 1994) wendet zur Beurteilung motorischer Leistungsfähigkeit in einer breit angelegten Untersuchung von Grundschulkindern in Frankfurt (Kernuntersuchung mit mehr als 1200 Kindern) den *Allgemeinen Sportmotorischen Test (AST 6-11)* von Bös und Wohlmann (1987) an, der mit den Testaufgaben Sprint (20 m), Zielwerfen, Ball-Beine Wand, Hindernislauf, Medizinballstoß und einem 6-Minuten-Lauf die Beurteilung der Aktionsschnelligkeit, der Fähigkeit zur Koordination unter Zeitdruck und zur genauen Bewegungskontrolle, der Schnellkraft und der allgemeinen aeroben Ausdauer zum Ziel hat. Ergänzend wird der Standweitsprung zur Überprüfung der Sprungkraft durchgeführt. Im Vergleich zu der Normierungsstichprobe 1986 zeigen die 1992 getesteten Kinder in allen Bereichen deutlich schlechtere Ergebnisse; dieses gilt insbesondere für die Ausdauerleistungsfähigkeit und die Koordination.

Kretschmer und Giewald (2001) führen 1999 den AST 6-11 mit Hamburger Kindern der zweiten und vierten Jahrgangsstufe durch (n = 1672). Ein Vergleich dieser Ergebnisse einerseits mit der Normierungsstichprobe von Bös und Wohlmann (1987), deren Untersuchung bundesweit Mitte der 80-er Jahre stattfand, andererseits mit der Erhebung von Kunz (1992; 1994) Anfang der 90-er Jahre zeigt keine einheitliche Tendenz im Sinne der vielfach postulierten zunehmend reduzierten motorischen Leistungsfähigkeit von Kindern (Tab. 1-6a):

– Bei 48 möglichen Einzelvergleichen zeigen sich gegenüber der Normierungsstichprobe (Bös und Wohlmann 1987) bei der Erhebung von Kretschmer und Giewald (2001) in 23 Fällen bessere Ergebnisse; einmal ergibt sich ein gleicher Wert und in 24 Fällen werden schlechtere Ergebnisse erzielt. Positive wie negative Veränderungen betreffen sowohl koordinative als auch konditionelle Fähigkeiten. Auch die Unterschiede bezüglich Alter und Geschlecht zeigen keine eindeutige Tendenz.
– Gegenüber der Erhebung von Kunz (1992) erscheint die motorische Leistungsfähigkeit der Kinder in der Hamburger Studie noch günstiger. In 38 Fällen zeigen die Kinder bessere Leistungen, einmal ein gleiches Ergebnis und neun Mal schlechtere Leistungen. Die schlechteren Leistungen wurden durchweg in den Aufgaben Medizinballstoß und Hindernislauf erzielt; also auch hier sind sowohl konditionelle als auch koordinative Fähigkeiten von den Verschlechterungen betroffen.

Werden die jeweiligen Unterschiede auf ihre statistische Signifikanz hin überprüft, ergeben sich gegenüber der Normierungsstichprobe nur bei neun Vergleichen überzufällige Zusammenhänge; im Vergleich zu den Ergebnissen von Kunz (1992) erweist sich nur eine Verschlechterung als statistisch relevant. Die in der aktuellen Stichprobe verbesserten Resultate wurden nicht auf ihre statistische Relevanz hin überprüft.

Testaufgabe	Bös & Wohlmann (1987)								Kunz (1992)							
Alter	7		8		9		10		7		8		9		10	
Geschlecht	w	m	w	m	w	m	w	m	w	m	w	m	w	m	w	m
20-m-Lauf	-★	-★	-★	-★	+	O	+	+	+	+	+	+	+	+	+	+
6-min-Lauf	-	+	-★	-★	-	+	+	+	+	+	+	+	+	+	+	+
Medizinballstoßen	+	+	+	+	+	-	+	-	+	-	-	-	+★	-	-	-
Zielwerfen	+★	-	-★	-	-★	-	+★	-	+	+	+	+	+	+	+	+
Ball-Beine-Wand	+	+	+	+	+★	-	+	-	+	+	+	+	+	+	+	+
Hindernislauf	+	-	-	-	-	-	-	+	-	-	+	+	O	-	+	+

Tab. 1-6a: Ergebnisse im AST 6-11 bei Kretschmer / Giewald (2001) im Vergleich zu der Normierungsstichprobe von Bös / Wohlmann (1987) und der Erhebung von Kunz (1992) + = bessere Leistung, - = schlechtere Leistung; O = kein Unterschied; ★ = statistisch signifikant schlechtere Leistungen; die besseren Leistungen wurden nicht auf statistische Signifikanz hin überprüft.

In einer 2000 durchgeführten umfangreichen bundesweiten Erhebung zu Sportaktivität, Fitness und Gesundheit von Grundschulkindern (n = 1.410) – nun auch unter Berücksichtigung der neuen Bundesländer – finden Bös, Opper und Woll (2002) bei den Aufgaben des AST 6-11 ähnlich wie Kretschmer und Giewald (2001) in der Tendenz uneinheitliche Ergebnisse sowohl im Sinne einer Verschlechterung wie auch als Verbesserung gegenüber der Normierungsstichprobe von 1986. Diese Unterschiede bestehen sowohl zwischen Mädchen und Jungen als auch zwischen den einzelnen Jahrgängen. Tabelle 1-6b zeigt zusammenfassend die Ergebnisse von Jungen und Mädchen im Vergleich. Dabei sind die erheblichen Verbesserungen der Kinder bei der Aufgabe „Ball-Beine-Wand" mit hoher Wahrscheinlichkeit auf ein methodisches Problem (Bewertung der Aufgabe) zurückzuführen und sollten hier vernachlässigt werden.

Eine Studie zur *Veränderung der Beweglichkeit* von Kindern im Verlauf von zehn Jahren legen Gaschler und Heinecke (1990) vor. Untersucht wurden 1979 und 1989 jeweils 74 Kinder im Alter von 8 Jahren mit sportmotorischen Aufgaben zur Prüfung der Beweglichkeit der Schultergelenke, der Hüftgelenke und der Wirbelsäule sowie der Kraft der Bauch-, der Rückenstreck- sowie der Arm- und Schultergürtelmuskulatur. Obwohl die Ergebnisse uneinheitlich sind, lässt sich insgesamt eine im Verlauf der Zeit reduzierte Beweglichkeit feststellen. Hervorzuhe-

Testaufgabe	Jungen	Mädchen
20-m-Lauf	– 1,3 %	– 1,3 %
6-min-Lauf	– 1,7 %	– 0,8 %
Medizinballstoßen	+ 3,4 %	+ 5,8 %
Zielwerfen	– 2,8 %	+ 7,9 %
Ball-Beine-Wand	+ 20,2 %	+ 33,9 %
Hindernislauf	– 3,2 %	– 3,6 %

Tab. 1-6b: Zusammenfassung der Ergebnisse im AST 6-11 von Bös / Opper / Woll (2002) im Vergleich zu der Normierungsstichprobe von Bös / Wohlmann (1987)
+ = Verbesserung; - = Verschlechterung

ben sind hoch signifikante Verschlechterungen in der Beweglichkeit der Schultergelenke und der Kraft der Rückenstreckmuskulatur; demgegenüber haben die Jungen 1989 hoch signifikant bessere Ergebnisse bei der Aufgabe zur Prüfung der Arm- und Schultergürtelmuskulatur.

Kretschmer und Giewald (2001) bestätigen die Ergebnisse von Gaschler und Heinecke (1990) insofern, als sie ebenfalls bei 8-Jährigen mit der Aufgabe Rumpfvorbeuge (Gelenkigkeit der Hüftgelenke und der Wirbelsäule) im Vergleich zu einer Erhebung aus dem Jahr 1979 (Wasmund-Bodenstedt 1984) eine deutlich reduzierte Beweglichkeit feststellen; diese lässt sich aber nicht statistisch absichern.

Ein Rückgang motorischer Leistungsfähigkeit deutet sich auch für die *Sprungkraft* an (Dordel 1998). Im Vergleich zu den Ergebnissen 7- bis 11-Jähriger in der Arbeit von Kirsch (1974) zeigen Gleichaltrige 1996 im Altersgang zunehmend reduzierte Leistungen im Standweitsprung. Die Leistungsunterschiede im Vergleich zu der Studie von 1974 betragen zwischen 6,0 und 14,6 %; auffällig ist die durchgehend geringere Leistung der Mädchen sowie für beide Geschlechter eine Stagnation der Leistung der 10- / 11-Jährigen. Bös, Opper und Woll (2002) bestätigen diese Tendenz: im Vergleich zu den Ergebnissen von Fetz und Kornexl (1978) stellen sie in ihrer Erhebung von 2000 nahezu durchgängig schlechtere Leistungen der 6- bis 10-Jährigen im Standweitsprung fest. Die Mädchen zeigen im Mittel um 12,5 %, die Jungen um 8,2 % geringere Sprungweiten.

Köster (1997; vgl. Dordel 1998) diskutiert die Ergebnisse 6- bis 10-Jähriger im Standweitsprung (n = 542; 287 Jungen, 255 Mädchen; Abb. 1-17) im Vergleich mit den entsprechenden Daten von Fetz und Kornexl (1978), Hebbelinck und Borms (1978) und Kirsch und Kunze (1972). Die Mittelwerte dieser drei umfangreichen Studien unterscheiden sich teilweise erheblich. Eine Prüfung auf statistisch relevante Unterschiede zwischen den Daten der aktuellen Studie einerseits und den Daten der Arbeiten der siebziger Jahre andererseits zeigt Tabelle 1-7. Je nachdem welche „Normwerte" zum Vergleich herangezogen werden, ergeben sich für die Kinder der aktuellen Studie vergleichbare, bessere oder schlechtere Ergebnisse (vgl. Dordel 2000a).

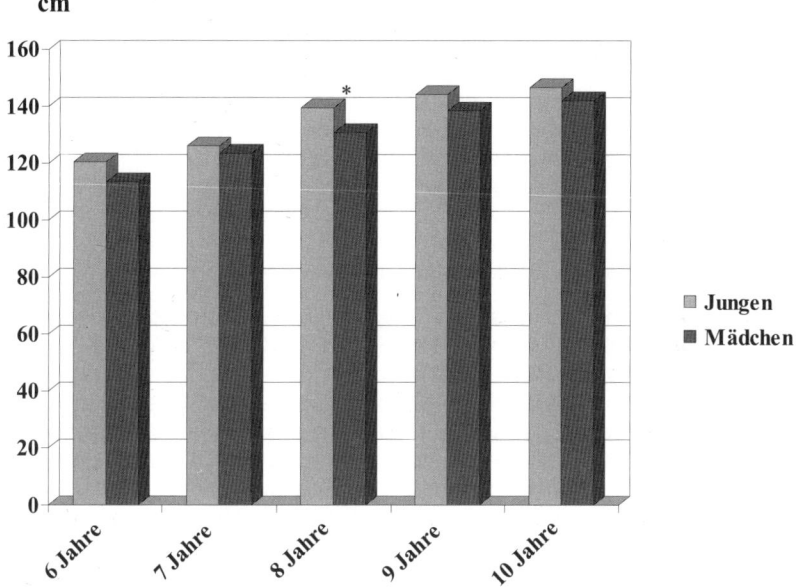

Abb. 1-17: Ergebnisse des Standweitsprungs 6- bis 10-Jähriger; * $p < 0,05$ (Köster 1997)

Alter	Kirsch & Kunze (1972) Jungen / Mädchen		Fetz & Kornexl (1978) Jungen / Mädchen		Hebbelinck & Borms (1978) Jungen / Mädchen	
6 Jahre	n.s.	★★ ↑	★ ↑	★ ↑	★★ ↑	★★ ↑
7 Jahre	n.s.	n.s.	★ ↓	n.s.	★★ ↑	★★ ↑
8 Jahre	★ ↑	n.s.	★ ↓	n.s.	★★ ↑	★★ ↑
9 Jahre	n.s.	n.s.	★★↓	n.s.	★★ ↑	★★ ↑
10 Jahre	n.s.	★ ↓	★★↓	★★↓	n.s.	n.s.

Tab. 1-7: Statistisch relevante Veränderungen der Leistung von Grundschulkindern im Standweitsprung in der Untersuchung von Köster (1997) im Vergleich mit verschiedenen Arbeiten der siebziger Jahre (Dordel 2000 a)
↓ / ↑ - Veränderungen zuungunsten / zugunsten der aktuellen Stichprobe; n.s. = nicht signifikant; ★ = signifikant ($p < 0,05$); ★★ = sehr signifikant ($p < 0,01$); ★★★ = hoch signifikant ($p < 0,001$);

Die große Anzahl von Untersuchungen, in denen der Standweitsprung durchgeführt wurde, und die teilweise auffällige Differenz zwischen den jeweils angegebenen Mittelwerten (vgl. Beck & Bös 1995) deutet wiederum die Problematik der Objektivität bzw. Zuverlässigkeit sportmotorischer Testaufgaben an.
Köster (1997) kommt zu dem Ergebnis, dass sich die Leistungsfähigkeit der Kinder der 90-er Jahre gegenüber der der 70-er Jahre im Hinblick auf die Sprungkraft nicht signifikant verändert hat (vgl. Bös, Opper & Woll 2002). Zusätzlich zu dem Versuch, das Vorhandensein systematischer Veränderungen in der Leistungsfähigkeit von Kindern im Verlauf der Zeit zu prüfen, wurden die aktuellen Daten in das Klassifizierungsschema eingeordnet, das Beck und Bös (1995) auf der Basis der Analyse von Untersuchungen mit dem Standweitsprung in den Jahren 1970 bis 1992 entwickelt haben. Hierbei ergibt sich, dass mehr als 80 % der Kinder der aktuellen Studie in ihrer Sprungkraft als durchschnittlich (2 Punkte) bis weit überdurchschnittlich (4 Punkte) bewertet werden. Aus dem Rahmen fallen die 10-jährigen Jungen und Mädchen mit deutlich schwächeren Leistungen.

Erhebliche Defizite in der *Ausdauerleistungsfähigkeit* von Grundschulkindern stellen neben Kunz (1992, 1994; vgl. Bös 1999; Bös, Opper & Wohlmann 2002), auch Matthee (1993), von Keitz (1993) und andere fest. Matthee (1993) führt mit 6- bis 10-Jährigen (n = 343) einen 8-Minuten-Lauf durch; in Orientierung an den 1979 festgelegten Bewertungskriterien muss die Ausdauerleistungsfähigkeit von fast 80 % der untersuchten Kinder als unterdurchschnittlich eingestuft werden. Kritisch anzumerken ist allerdings, dass das Ergebnis eines Lauftests bei Kindern nicht nur von der Ausdauerleistungsfähigkeit bestimmt wird, sondern auch vom Zeit-, Tempo- und Streckengefühl sowie von der momentanen Motivation für das Dauerlaufen.
Aussagekräftiger als ein Lauftest ist eine Ergometerbelastung, bei der aber ebenfalls mangelnde Motivation leistungsbegrenzend wirken kann. Dabei gilt für Schulkinder eine Leistung von mindestens 3 Watt pro kg Körpergewicht auf dem Fahrradergometer als normal; eine Leistung unterhalb von 2,5 Watt pro kg Körpergewicht dokumentiert eindeutig eine verminderte kardio-pulmonale Leistungsfähigkeit (Liesen & Hollmann 1977). Bei der Untersuchung von 80 Grundschulkindern im Alter von 6 bis 10 Jahren mit einem entsprechenden Ergometerverfahren findet von Keitz (1993), dass 76,3 % der Kinder nicht die als durchschnittlich erachtete Leistung von 3 Watt pro kg Körpergewicht erreichen, 50 % der Kinder schaffen nicht einmal 2,5 Watt pro kg Körpergewicht. Im geschlechtsspezifischen Vergleich fallen diese Ergebnisse deutlich zuungunsten der Mädchen aus. Im Gegensatz dazu stellt Klemt (1988) bei gleicher Methodik, allerdings einer größeren Stichprobe in den Jahren 1982 bis 1985 keine Defizite in der Ausdauerleistungsfähigkeit von Grundschulkindern fest.

- ***Untersuchungen zur motorischen Leistungsfähigkeit 11- bis 15-Jähriger***

Rusch und Irrgang (1996) führen den von ihnen entwickelten *Auswahltest Sportförderunterricht* (ATS; Rusch, Bradfisch & Irrgang 1994; Rusch & Weineck 1998) mit 11- bis 14-Jährigen 1986 (n = 289) und im Vergleich dazu 1995 (n = 850) durch. Sie finden einen Anstieg der Anzahl Jugendlicher mit unterdurchschnittlicher Leistung im ATS von 16 % (1986) auf 47 % (1995). Der Test beinhaltet die Aufgaben Ballprellen, Zielwerfen, Rumpfbeuge, Standhochsprung, Halten im Hang und einen Stufentest zur Beurteilung koordinativer und konditioneller Fähigkeiten. Rusch (1999) dokumentiert einen Leistungsrückgang der Probanden z.B. im Standhochsprung von im Mittel 44 cm (1986) auf 34 cm (1995); entsprechend reduziert sich die Leistung bei der Aufgabe „Halten im Hang" von 32 sec. (1986) auf 17 sec. (1995). Dieses entspricht einer Leistungsminderung um 23 bzw. 47 %.

In der WIAD-Studie zum Bewegungsstatus von Kindern und Jugendlichen in Deutschland (DSB 2001) wird der ATS unter der Bezeichnung Münchner Fitnesstest (MFT) durchgeführt (n = 313; 12- bis 18-Jährige). Gegenüber den 1995 von Rusch und Irrgang (1996) erhobenen Daten zeigt sich in der Erhebung aus dem Jahr 2000 erneut eine deutliche Verschlechterung der Testergebnisse; diese betrifft gleichermaßen Aufgaben mit einer Beanspruchung hinsichtlich der Koordination, der Kraft und der Ausdauer.

Englicht (1997) geht in ihrer Untersuchung 11- bis 15-Jähriger (n = 628; 301 Jungen, 327 Mädchen) ebenfalls der Frage nach Veränderungen der motorischen Leistungsfähigkeit von Jugendlichen nach und versucht Veränderungen im Verlauf der vergangenen 25 Jahre zu erfassen. Für die Beurteilung der motorischen Leistungsfähigkeit wurden fünf Aufgaben des *Internationalen Standard Fitness-Tests* (ISFT; Kirsch 1974) herangezogen:

- Standweitsprung zur Beurteilung der Schnellkraft / Sprungkraft,
- Klimmzüge (Jungen) / Hängen im gebeugten Armhang (Mädchen) zur Beurteilung der Kraftausdauer der Arm- und Schultergürtelmuskulatur,
- Aufrichten aus der Rückenlage zur Beurteilung der Kraftausdauer der Bauchmuskulatur,
- Abbeugen des Oberkörpers vorwärts zur Beurteilung der Flexibilität,
- Pendellauf zur Beurteilung der Gewandtheit / Koordination.

Die Durchführung der Aufgaben erfolgte nach einer Erwärmung in Kleingruppen im Rahmen der Schulsportstunden; der Vergleichbarkeit wegen wurde auf strenge Einhaltung der Testanweisungen von Kirsch (1974) geachtet, obwohl diese zum Teil (z.B. Sit-up) kritisch zu werten sind.

Für den ISFT liegen Mittelwerte und Standardabweichungen für die einzelnen Altersstufen vor (Kirsch & Kunze 1972), so dass ein Vergleich der einzelnen Jahrgänge der Normierungsstichprobe und der aktuellen Untersuchung möglich wird. Für die 11- jährigen Jungen und Mädchen fehlen Vergleichsdaten aus der Studie von 1972 für die Aufgabe Klimmzüge bzw. Hängen im gebeugten Armhang.

Tabelle 1-8 zeigt die Ergebnisse im Überblick und macht deutlich, dass von einer generellen Verschlechterung motorischer Leistungsfähigkeit 11- bis 15-Jähriger heute gegenüber gleichaltrigen Jugendlichen vor etwa 25 Jahren nicht gesprochen werden kann. Obwohl die Ergebnisse insgesamt uneinheitlich erscheinen, können doch Tendenzen festgehalten werden:

Alter	Standweit J / M	Klimmz./Hang J / M	Aufrichten J / M	Vorbeugen J / M	Pendellauf J / M
11	n.s. ★★★↓		n.s. n.s.	★★★↓ ★★↓	★↓ n.s.
12	★↓ ★★↓	n.s. ★★★↓	n.s. n.s.	★★★↓ n.s.	★★↓ n.s.
13	n.s. n.s.	n.s. n.s.	n.s. n.s.	★★↓ n.s.	n.s. n.s.
14	n.s. n.s.	n.s. n.s.	n.s. n.s.	★↓ ★★↓	★↑ n.s.
15	n.s. ★↓	n.s. ★★★↓	n.s. n.s.	★★↓ n.s.	★↑ ★★↓

Tab. 1-8: *Statistisch relevante Veränderungen der motorischen Leistungsfähigkeit im Vergleich der Arbeiten von Kirsch / Kunze (1972) und Englicht (1997; vgl. Dordel 2000 a)) ↓ / ↑ - Veränderungen zuungunsten / zugunsten der aktuellen Stichprobe; J-Jungen; M-Mädchen; n.s. = nicht signifikant; ★ = signifikant (p < 0,05); ★★ = sehr signifikant (p < 0,01); ★★★ = hoch signifikant (p < 0,001);*

- bezüglich der Muskelkraft entspricht die Leistungsfähigkeit der Jungen heute der der Stichprobe von 1972 (Ausnahme: 12-Jährige im Standweitsprung);
- bezüglich der Flexibilität haben die Jungen der aktuellen Stichprobe in allen Jahrgängen gegenüber der Stichprobe von 1972 teilweise erhebliche Defizite;
- bezüglich der Gewandtheit zeigen die 11- und 12-jährigen Jungen heute schwächere, die 14- und 15-Jährigen aber bessere Leistungen als die der Stichprobe von 1972;
- die Ergebnisse der Mädchen sind sowohl hinsichtlich der einzelnen Aufgaben als auch der verschiedenen Jahrgänge sehr unterschiedlich.

Von insgesamt 48 Vergleichen zwischen 1972 und 1997 – bezogen auf die verschiedenen Aufgaben, Alter und Geschlecht – sind in 30 Fällen keine signifikanten Unterschiede festzustellen; 16 mal fallen die Ergebnisse der Jugendlichen heute schlechter, zweimal besser aus.

Schneider (2002) führt mit 10- bis 19-Jährigen (n = 839) den Cooper-Test (12-Minuten-Lauf; Cooper 1970; vgl. Kreiß 1984; Spring 1980; Zintl 1988) durch und stellt fest, dass die Ausdauerleistungsfähigkeit dieser Kinder und Jugendlichen in Orientierung an den vor etwa 30 Jahren gewonnenen Normen im Mittel als durchschnittlich (Noten von 2- bis 3-) zu bewerten ist. Dieses Ergebnis ist insofern etwas zu relativieren, als hier keine repräsentative Studie vorliegt: Alle Probanden sind Schüler eines Gymnasiums, die zudem in einem ausgesprochen ländlichen Bereich leben. Allerdings findet Kruber (1997) in einer repräsentativen Studie mit Viert-, Sechst- und Achtklässlern (Schüler der Grund-, Haupt- und Realschulen sowie des Gymnasiums) im Mittel nur geringfügig schlechtere Ergebnisse im 12-Minuten-Lauf im Vergleich zu der Erhebung von Schneider (2002).

Besonders bemerkenswert erscheinen die geschlechtsspezifischen Unterschiede. Bei der Beurteilung der Laufleistung der Mädchen im Cooper-Test wird generell empfohlen, die Bewertungstabellen für Jungen abzüglich 200 m heranzuziehen (vgl. Zintl 1988). In der Studie von Schneider (2002) zeigt sich jedoch deutlich, dass ein solcher paralleler Leistungsanstieg nur für das Alter von 10 bis 13 Jahren gilt; hier finden sich Unterschiede von durchschnittlich 268 m zwischen der Leistung von Jungen und Mädchen zugunsten der Jungen. Anschließend steigern sich die geschlechtsspezifischen Differenzen bis zu einem Leistungsunterschied von 535 m bei den 18-Jährigen. Diese Ergebnisse entsprechen denen der sportmedizinischen Untersuchungen zur Entwicklung der Ausdauerleistungsfähigkeit (vgl. Kap. 3.5). Die Empfehlungen zur Beurteilung der Leistung von Mädchen im Cooper-Test sollten daher korrigiert werden.

Haltungsleistungsfähigkeit von Kindern und Jugendlichen

Haltung bzw. Haltungsleistungsfähigkeit ist ein außerordentlich komplexes Phänomen, das mit einem Beurteilungsverfahren allein nicht annähernd erfasst werden kann. Neben situativen und psychosozialen Aspekten spielen vor allem das „Haltungsgefühl", die Haltungswahrnehmung als koordinative Komponente und die Muskelkraft als konditionelle Komponente sowie die Flexibilität eine Rolle (vgl. Kap. 2.5, Kap. 4.4.4).

Zur Beurteilung der Haltungsleistungsfähigkeit findet vielfach der *Armvorhaltetest* Anwendung (Groeneveld 1976; Matthiaß 1966, 1977). Erfasst wird mit diesem Verfahren die Haltungskoordination, bei der die Körperwahrnehmung im Zusammenhang mit kognitiven Aspekten im Vordergrund steht; gute Haltungsleistungsfähigkeit setzt aber immer auch ein altersgemäß entwickeltes Muskelkorsett voraus (vgl. Klee 1994; Matthiaß 1977). Die Bewertung des Armvorhaltetests ist allerdings in hohem Maße subjektiv und insofern als Beurteilungskriterium kritisch zu sehen. Dennoch weist Groeneveld (1976, 16) darauf hin, dass sich der Armvorhaltetest „als eine zuverlässige Grundlage zur Erstellung einer Haltungsdiagnose bewährt hat": Bei ausreichender Erfahrung in dem Bereich der Haltungsbeurteilung kommt der gleiche Untersucher zu verschiedenen Zeitpunkten sowie verschiedene Untersucher bei der gleichen Testperson zu übereinstimmenden Ergebnissen. In der eigenen Arbeitsgruppe wird zur Objektivierung des Verfahrens jede Testperson vor einer Rasterwand fotografiert; Haltungsveränderungen während der Testzeit können so metrisch bestimmt werden (vgl. Kap. 4.4.4).

Hier sollen exemplarisch aus der eigenen Arbeitsgruppe die Ergebnisse der Untersuchungen von Bastian (1992) mit 5- bis 8-Jährigen (Abb. 1-18) und von Holle (1993) mit 8- bis 10-Jährigen (Abb. 1-19) sowie von Berends (1996) und von Schöler (1996) mit 10- bis 12-Jährigen (Abb. 1-20) sowie von Leithäuser (1996) dargestellt werden (vgl. Dordel 1998). Abgesehen von den fünfjährigen, evtl. auch den sechsjährigen Kindern in der Untersuchung von Bastian (1992), bei denen möglicherweise die entwicklungsbedingte Streckung der Hüftgelenke noch nicht vollzogen ist oder auch eine Retardierung der motorischen Entwicklung das Testergebnis beeinflussen könnte, sollten die hohen Zahlen auffälliger Haltungskoor-

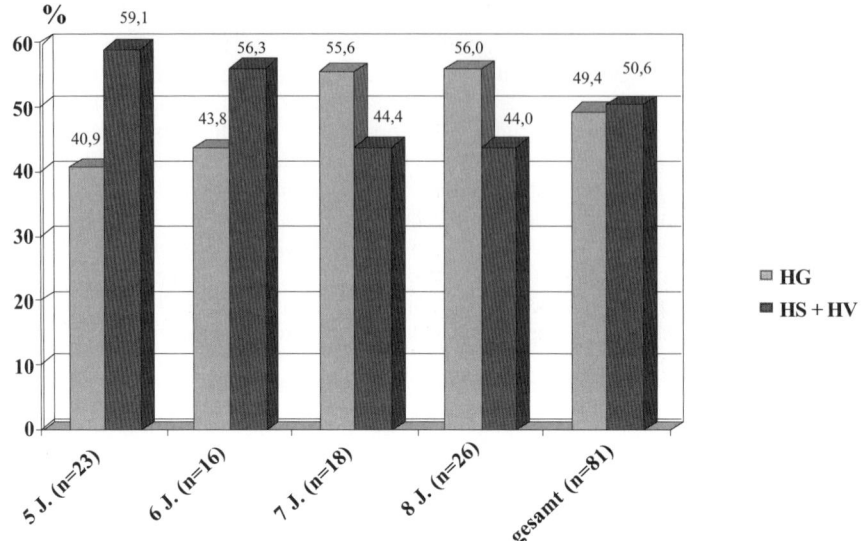

Abb. 1-18: Ergebnisse des Armvorhaltetests bei 5- bis 8-jährigen Kindern (Bastian 1992)
HG = haltungsgesund, normale Haltungsleistungsfähigkeit;
HS + HV = Haltungsschwäche und Haltungsverfall

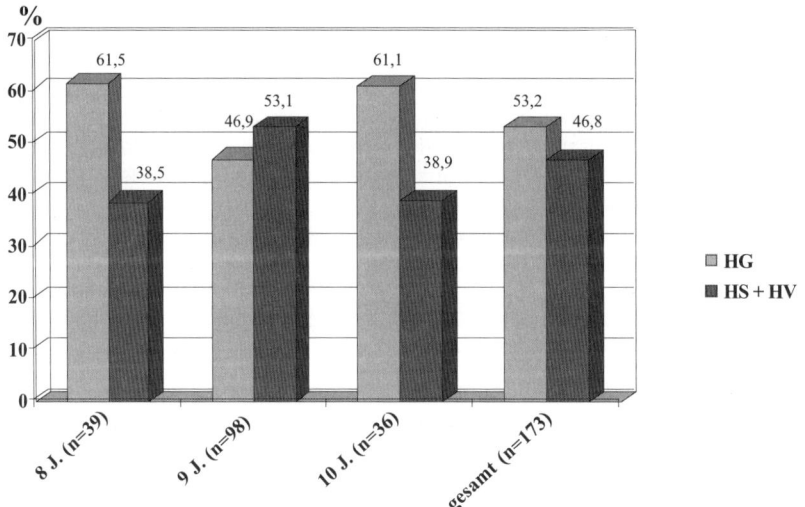

Abb. 1-19: Ergebnisse des Armvorhaltetests bei 8- bis 10-jährigen Kindern (Holle 1993)
HG = haltungsgesund, normale Haltungsleistungsfähigkeit;
HS + HV = Haltungsschwäche und Haltungsverfall

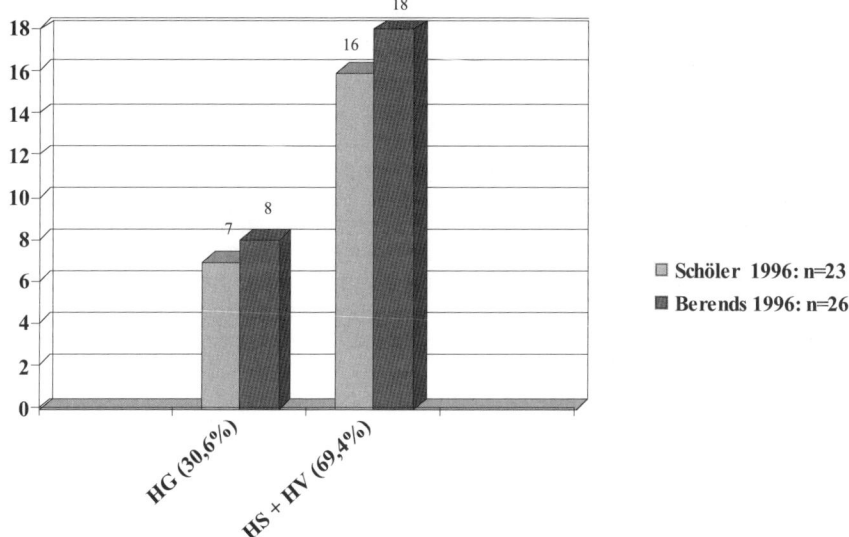

Abb. 1-20: Ergebnisse des Armvorhaltetests in der fünften Jahrgangsstufe:
n = 49, davon 30,6 % HG und 69,4 % HS + HV (Schöler 1996; Berends 1996)
HG = haltungsgesund, normale Haltungsleistungsfähigkeit;
HS + HV = Haltungsschwäche und Haltungsverfall

dination in allen Altersgruppen, insbesondere bei den 10- bis 12-Jährigen, beachtet werden. Bei den Grundschulkindern finden sich Auffälligkeiten in einer Größenordnung zwischen 38,5 und 56,3 %, bei den 10- 12-Jährigen beträgt der Anteil der haltungsschwachen Kinder fast 70 %. Die Stichproben in den Untersuchungen von Berends (1996) und Schöler (1996) sind mit n = 26 bzw. 23 sehr klein; untersucht wurde jeweils eine Schulklasse der fünften Jahrgangsstufe. Leithäuser (1996) bestätigt diesen hohen Anteil haltungsschwacher Kinder dieser Altersstufe. Sie untersucht 25 Kinder der sechsten Jahrgangsstufe und findet mit einer differenzierten Auswertung des Armvorhaltetests bei 20 Kindern eine ausreichende muskuläre Sicherung der Haltung, während nur 6 Personen der Stichprobe eine gute Haltungskoordination („Haltungsbewusstsein" oder „Haltungsgefühl") zeigen; 76 % der hier untersuchten 11- bis 13-Jährigen zeigen also keine sichere Haltungsleistungsfähigkeit.

Groeneveld (1976) findet dagegen im Rahmen einer klinischen Untersuchung mit dem Armvorhaltetest bei Kindern und Jugendlichen im Alter von 12;7 bis 14;11 Jahren (n = 183; 104 Jungen, 74 Mädchen) bei 39 % (37 % der Jungen, 42 % der Mädchen) eine Haltungsschwäche. Diese Ergebnisse stehen weitgehend in Einklang mit den Aussagen von Matthiaß (1966), der bei 12- und 13-Jährigen von Haltungsschwächen in einer Größenordnung von 45 % ausgeht, die aber in einem Alter von 16 bis 18 Jahren entwicklungsbedingt auf eine Größenordnung von etwa 20 % zurückgehen.

Im Rahmen einer umfangreichen Studie zur Haltungsleistungsfähigkeit bei Schulkindern untersucht Fröhner (1997) Schüler und Schülerinnen der
- 2. Jahrgangsstufe (n = 84) im Alter von 8,02 ± 0,43 Jahren,
- 5. Jahrgangsstufe (n = 82) im Alter von 10,98 ± 0,48 Jahren und der
- 9. Jahrgangsstufe (n = 84) im Alter von 15,43 ± 0,55 Jahren.

Dabei werden mit dem Armvorhaltetest bei 51 % der untersuchten Kinder und Jugendlichen Haltungsschwächen festgestellt.

Bei einer Beurteilung der „Aufrichtbarkeit der Haltung" finden sich bei 31 % der Stichprobe Mängel; bei den Jugendlichen zeigen sogar 45 % eine nicht ausreichende Aufrichtbarkeit. Dabei ist zu beachten, dass eine mangelhaft Aufrichtbarkeit der Haltung auf einer mangelhaften Körperwahrnehmung beruhen, aber auch durch strukturelle Veränderungen – Fixierungen – innerhalb der Wirbelsäule bedingt sein kann.

Des weiteren wird mit dem Armvorheben aus der habituellen Haltung die Stabilität der „Mittelkörperfunktion" geprüft. Hier fallen 45 % der untersuchten Kinder und Jugendlichen mit einer ungenügenden Stabilität auf. Bei dieser Aufgabe werden sicher vorrangig Aspekte der Haltungskoordination geprüft.

In Ergänzung zu den Ergebnissen des Armvorhaltetests sind die der *Untersuchungen zur muskulären Balance bzw. Dysbalance* bei Kindern zu sehen. In den Arbeiten von Bastian (1992) und Holle (1993) mit 5- bis 8-jährigen bzw. 8- bis 10-jährigen Kindern sowie von Hormann (1996), Janssen (1996) und Leithäuser (1996) mit 10- bis 13-Jährigen wurde mit Hilfe von Aufgaben der *Muskelfunktionsdiagnostik* (Janda 1979, 2000; vgl. auch Badtke et al. 1988; Schmidt et al. 1983) die Kraft bzw. Dehnfähigkeit der für die Beckenstellung verantwortlichen Muskelgruppen überprüft. Auch für die Muskelfunktionsdiagnostik gilt, dass dieses Verfahren höchstens als semi-objektiv bezeichnet werden kann und wesentlich von der Erfahrung des jeweiligen Testleiters abhängt. In den Untersuchungen des eigenen Arbeitskreises wurden allerdings keine Aufgaben gewählt, die gegen Widerstand durchzuführen sind, sondern nur solche, bei denen die Schwerkraft zum Einsatz kommt; dadurch wird die Subjektivität der Bewertung minimiert. Außerdem wurden wiederum die Testaufgaben fotografisch dokumentiert und konnten dadurch sorgfältig und in Ruhe ausgewertet werden.

Die Abbildungen 1-21 a/b und 1-22 a/b zeigen exemplarisch die Ergebnisse der 9-Jährigen (Holle 1993) und der 10- bis 12-Jährigen (Hormann 1996). Geht man davon aus, dass einerseits die Muskelkraft von Kindern aufgrund ihres natürlichen Bewegungsdrangs und vielfältiger körperlicher Beanspruchung hoch genug sein müsste, das eigene Körpergewicht entgegen der Schwerkraft zu heben und zu halten, andererseits die Entwicklung der Flexibilität ihren Höhepunkt im Alter von etwa 12 Jahren erreicht, sollte im Rahmen der Muskelfunktionsdiagnostik überwiegend die Stufe 5 erreicht werden. Dass dieses nicht so ist, wird in der Literatur mehrfach belegt (vgl. Bittmann et al. 1987; Bittmann et al. 1989; Tauchel & Müller 1986).

Die hier vorliegenden Ergebnisse dokumentieren, dass überwiegend nur die Anforderungen der Stufe 4 erfüllt werden können. Die Ergebnisse sollen hier nicht

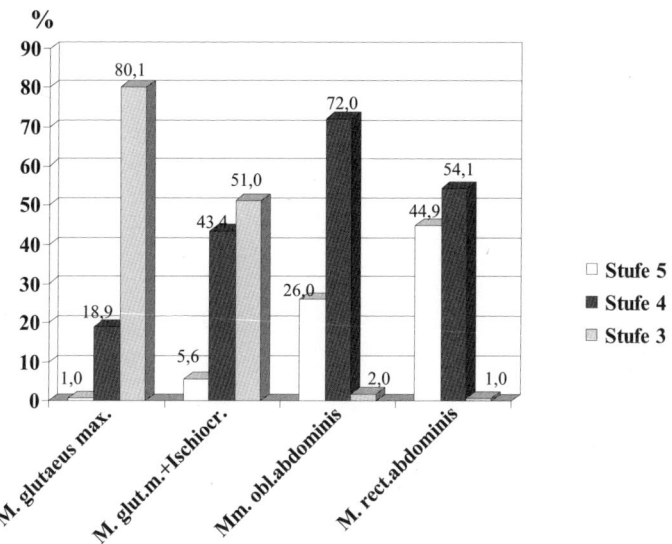

Abb. 1-21a: Ergebnisse der Muskelfunktionsdiagnostik bei 9-jährigen Kindern (n=98): Muskelkraft - M. Glutaeus max., M. Glutaeus max. + Ischiocrurales, Mm. obliquus abdominis und M. rectus abdominis (Holle 1993)

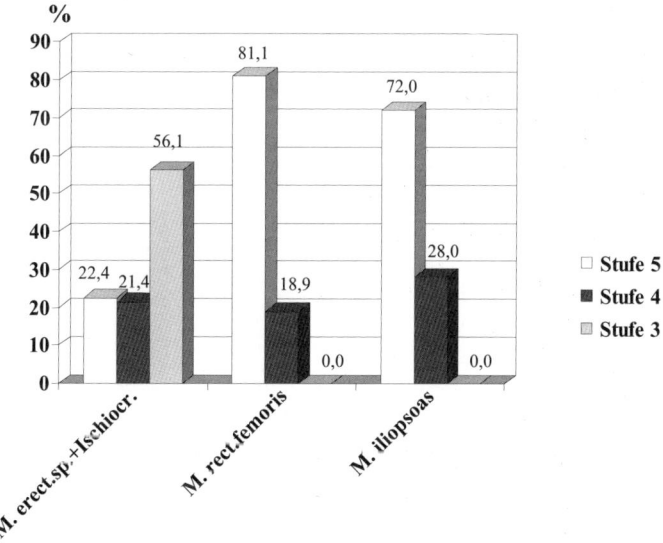

Abb. 1-21b: Ergebnisse der Muskelfunktionsdiagnostik bei 9-jährigen Kindern (n=98): Dehnfähigkeit - M. erector spinae + Ischiocrurales; M. rectus femoris; M. iliopsoas (Holle 1993)

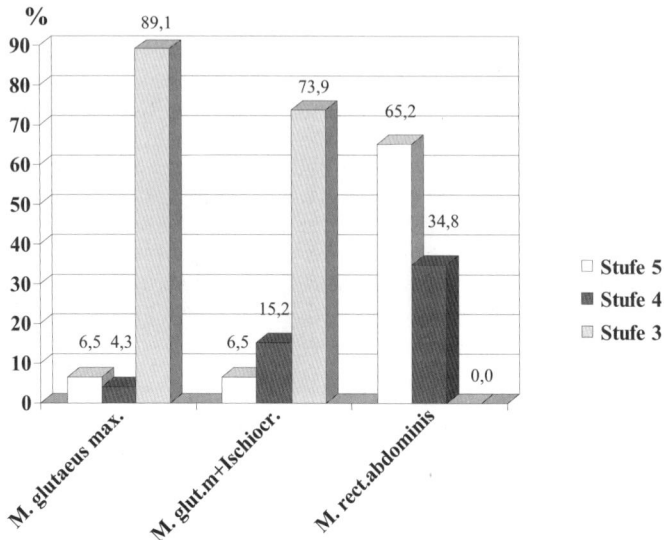

Abb. 1-22a: Ergebnisse der Muskelfunktionsdiagnostik bei 10- bis 12-Jährigen (n=23): Muskelkraft - M. glutaeus maximus; M. glutaeus maximus + Ischiocrurales; M. rectus abdominis (Hormann 1996)

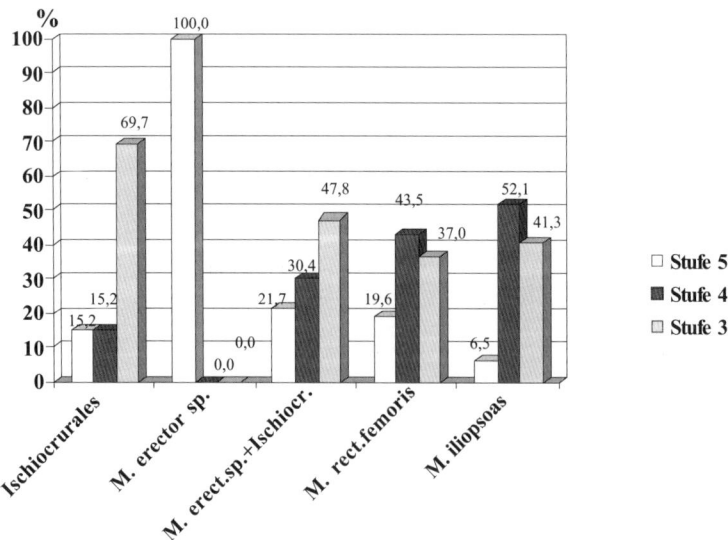

Abb. 1-22b: Ergebnisse der Muskelfunktionsdiagnostik bei 10- bis 12-Jährigen (n=23): Dehnfähigkeit - Ischiocrurales; M. erector spinae; M. erector spinae + Ischiocrurales; M. rectus femoris; M. iliopsoas (Hormann 1996)

im einzelnen interpretiert werden; hervorzuheben ist allerdings die auffällige muskuläre Dysbalance, die im Bereich der Hüftbeuger / Hüftstrecker zu verzeichnen ist. Dieses Ergebnis ist durchgängig in allen untersuchten Altersstufen zu finden. Im Vordergrund steht dabei die geringe Kraft des M. glutaeus maximus. Die Einschränkung der Dehnfähigkeit des M. iliopsoas und des M. rectus femoris erscheint demgegenüber zumindest bei den jüngeren Kindern eher unerheblich. Verantwortlich für die deutliche Abschwächung der Gesäßmuskulatur dürfte die mangelhafte Beanspruchung der Hüftstrecker im Alltag, vor allem die Dehnung dieser Muskelgruppe bei der häufig eingenommenen Sitzhaltung sein. Bei den zur Verkürzung neigenden Muskelgruppen sind im jüngeren Schulalter höchstens durch Tonuserhöhung bedingte Verspannungen zu erwarten, keine morphologischen Veränderungen (vgl. Bittmann et al. 1987); insofern wird verständlich, dass sich trotz vorhandener muskulärer Dysbalance eine ausreichende Flexibilität nachweisen lässt, wenn sorgfältig darauf geachtet wird, dass die Probanden sich bei der Durchführung der Prüfaufgabe entspannen.

Im Hinblick auf die Haltungsleistungsfähigkeit im Bereich des Schultergürtels weisen Gaschler und Heinecke (1990) bei 8-Jährigen eine deutliche Zunahme muskulärer Dysbalance (Beweglichkeit im Schultergürtel / Kraft der Rückenstrecker) im Verlauf von 10 Jahren nach (s.o.).

Fröhner (1997) beurteilt die Beweglichkeit des Rumpfes über Winkelmessungen (Hüftwinkel und Krümmungsindex der Wirbelsäule) und befindet bei 30 % der Stichprobe (n = 250) den Hüftwinkel als zu gering und bei 26 % den Krümmungsindex der Wirbelsäule als zu hoch. Bei 11 bis 19 % der untersuchten Kinder und Jugendlichen (17 % in der 2. Klasse, 19 % in der 5. Klasse, 11 % in der 9 Klasse) wird aber eine Überbeweglichkeit der Gelenke aufgrund von Bindegewebsschwächen festgestellt.

Eine Überprüfung der Aufrichtbarkeit der Wirbelsäule im Langsitz führt nur bei 15 % der Stichprobe zu einem befriedigenden Resultat, häufiger bei Mädchen als bei Jungen. Für Auffälligkeiten (ungenügende Beckenaufrichtung, „Sitzbuckel" oder Kyphosierung der gesamten Wirbelsäule) können sowohl muskuläre Dysbalancen als auch strukturelle Veränderungen des Bewegungsapparates verantwortlich sein.

Bei der Beurteilung der Kraft zeigen sich Auffälligkeiten in folgenden Bereichen:
– oberer Teil der Bauchmuskulatur bei 46 % unzureichend,
– unterer Teil der Bauchmuskulatur bei 71 % unzureichend,
– Gesäßmuskulatur bei 69 % unzureichend,
– Obere Rückenmuskulatur bei 74 % unzureichend.

Die Prüfung der Dehnfähigkeit der zur Verkürzung neigenden Muskelgruppen führt lediglich bei der Wadenmuskulatur zu einem befriedigenden Ergebnis (nur bei 14 % der Stichprobe eingeschränkte Dehnfähigkeit); Hüftlendenmuskulatur, vordere Oberschenkelmuskulatur sowie die hintere Oberschenkelmuskulatur „zeigten häufigere Verkürzungen" (Fröhner 1997, 40).

Im Rahmen einer durch Videorasterstereographie ergänzten schulärztlichen Untersuchung 11- bis 13-Jähriger (n = 497) finden sich 139 auffällige Befunde (27,9 %), die sich auf die Körperhaltung beziehen (Harzmann 2000): Bei 29 Kindern (5,8 %) werden erhebliche muskuläre Haltungsschwächen festgestellt; ihnen wird eine gezielte Intervention durch „intensive Krankengymnastik sowie Haltungsschulung empfohlen" (Harzmann 2000, 26). Von den verbleibenden 110 Kindern (22,1 %) werden 47 als grenzwertig, 63 als deutlich auffällig beurteilt. In der Gruppe der Kinder mit deutlichen Haltungsauffälligkeiten finden sich bei 45 Kindern (9,1 %) skoliotische Fehlhaltungen und bei 18 (3,6 %) strukturelle Skoliosen.

Veränderungen motorischer Leistungsfähigkeit von Kindern und Jugendlichen im Verlauf der Zeit?

Die vorliegenden Arbeiten geben *keine eindeutige Antwort* auf die Frage nach Veränderungen motorischer Leistungsfähigkeit in Abhängigkeit von den Veränderungen der Lebensbedingungen im Laufe der Zeit. Die eigenen Studien (Englicht 1997; Köster 1997), in denen schwerpunktmäßig mit den Aufgaben zur Beurteilung der *Kraft, Flexibilität und Gewandtheit* der Vergleich zu den Daten von Kirsch und Kunze (1972) hergestellt wird, zeigen ein uneinheitliches Bild: Kinder und Jugendliche haben sich im Verlauf der vergangenen 25 Jahre in ihrer motorischen Leistungsfähigkeit – soweit diese durch ausgewählte Aufgaben des Internationalen Standard Fitness-Tests erfasst wird – nicht wesentlich verändert; sie zeigen teils schlechtere, teils bessere, überwiegend aber vergleichbare Leistungen. Dieses Ergebnis steht im Einklang mit der Studie von Kretschmer und Giewald (2001), die über einen Zeitraum von etwa 15 Jahren keine systematischen Veränderungen sportmotorischer Leistungsfähigkeit von Kindern feststellen können (vgl. Bös, Opper & Woll 2002). Ebenso zeigen Schneider (2002) und Kruber (1997) bei der Durchführung eines 12-Minuten-Laufes (Cooper-Test), dass sich die Ausdauerleistungsfähigkeit von Kindern und Jugendlichen (10- bis 19-Jährige) im Verlauf der vergangenen 30 Jahre kaum verändert hat.

Im Gegensatz dazu dokumentieren Rusch und Irrgang (1996) für den Zeitraum von 1986 bis 1995, ergänzt durch die WIAG-Studie (DSB 2001) für den Zeitraum von 1995 bis 2000, eine erhebliche Verschlechterung Jugendlicher in allen Bereichen motorischer Leistungsfähigkeit. In den Studien von Brandt et al. (1997) und Kirchem (1999) lässt sich ein Rückgang motorischer Leistungsfähigkeit bei Grundschulkindern im Verlauf von etwa zehn Jahren zumindest in der Tendenz erkennen.

Im jüngeren Schulalter finden Bös (1999), v. Keitz (1993), Kunz (1994) und Matthee (1993) eine auffällige Reduzierung der Leistungsfähigkeit bei allen Aufgaben mit einer Beanspruchung der *allgemeinen aeroben Ausdauer*. Diese könnte auf eine Veränderung der Lebensbedingungen zurückzuführen sein; allerdings sollte diese Interpretation aufgrund der Problematik individueller Motivation bei Ausdauerbelastungen und der Bedeutung der Entwicklung des Zeitgefühls als Grundlage für das Dauerlaufen kritisch gewertet werden.

Ein uneinheitliches Bild an Veränderungen im Verlauf von zehn Jahren zeigt sich auch in der Arbeit von Gaschler und Heinecke (1990); sie stellen aber bei den von ihnen untersuchten 8-Jährigen eine hoch signifikante Reduzierung der Beweglichkeit im Bereich der Schultergelenke fest.

Eine Verringerung der *Flexibilität* findet sich eindeutig auch bei Jugendlichen. Während diese im Rückblick auf etwa 25 Jahre hauptsächlich bei den männlichen Jugendlichen festzustellen ist, bei den Mädchen nur bei den 11- und 14-Jährigen (Englicht 1997), zeigt sich in der Untersuchung von Rusch und Irrgang (1996) im Verlauf von zehn Jahren die Zunahme auffällig geringer Flexibilität stärker bei Mädchen als bei Jungen. In beiden Arbeiten wird die gleiche Testaufgabe gewählt (Rumpfbeuge vorwärts im Stand). In den Studien von Gaschler und Heinecke (1990) sowie von Kretschmer und Giewald (2001) wird bei der Aufgabe Rumpfvorbeuge schon für 8-jährige Mädchen und Jungen eine Tendenz zur Verringerung der Flexibilität im Verlauf von zehn Jahren deutlich, die sich aber statistisch nicht absichern lässt.

Einschränkungen der Flexibilität wie auch auffällige Reduzierung muskulärer Leistungsfähigkeit, insbesondere die Häufigkeit *muskulärer Dysbalancen* im Bereich der Rumpf- und Hüftgelenksmuskulatur (vgl. Bastian 1992, Fröhner 1997; Holle 1993; Hormann 1996; Weineck et al. 1997; u.a.) werden im Zusammenhang mit veränderten Lebensgewohnheiten – quantitative und qualitative Veränderungen von Bewegungsaktivitäten, insbesondere auch eine Zunahme sitzender Tätigkeiten schon bei Kindern – diskutiert.

Die *Problematik sportmotorischer Testverfahren* wird besonders deutlich, wenn sich die Mittelwerte von drei umfangreichen Studien mit derselben Testaufgabe – Standweitsprung – teilweise erheblich unterscheiden, obwohl sie nahezu zur gleichen Zeit erhoben wurden; die Unterschiede zwischen den Stichproben bezüglich des Herkunftslandes (Österreich, Belgien, Deutschland; vgl. Köster 1997) können kaum allein für diese Differenzen verantwortlich sein. Ebenso weist die Tatsache, dass dieselbe Testaufgabe zur Prüfung der Flexibilität geschlechtsspezifisch unterschiedliche Tendenzen der Veränderung aufzeigt (Englicht 1997 im Vergleich zu Rusch & Irrgang 1996), auf die Problematik der Aussagekraft bzw. die notwendige Vorsicht bei der Interpretation der Ergebnisse sportmotorischer Tests hin (vgl. Gaschler 2000).

Im Zusammenhang mit den veränderten Lebensbedingungen sollten aber die Veränderungen im Bereich der *Bewegungskoordination* besondere Beachtung finden. Während sich in der Arbeit von Altfeld (1998) bei Grundschulkindern im Mittel nur geringfügige Veränderungen in der Gesamtkörperkoordination gegenüber der Normierungsstichprobe des KTK (Schilling 1974) zeigen, weist eine differenzierte Betrachtung der Ergebnisse in den einzelnen Untertests durchaus auf Unterschiede hin, die möglicherweise auf einer Reduzierung elementarer Wahrnehmungserfahrungen im Verlauf der Zeit beruhen. Die Studie von Kurth und Möller (2001), bei der die ROS zur Beurteilung des motorischen Entwicklungsstandes Anwendung findet, bestätigt eine hohe Stabilität im Hinblick auf den Mittelwert der Stichproben von 1972 und 1998; bei einer qualitativen Auswertung der Einzelaufgaben deuten sich jedoch auch hier Veränderungen an.

Mit dem Einsatz des DMB (Eggert 1993; Brandt et al. 1997; Eggert et al. 2000) lassen sich dagegen deutlich reduzierte *Wahrnehmungsleistungen* im Verlauf von nur zehn Jahren feststellen. Kirchem (1999) findet mit Hilfe sportmotorischer Aufgaben im Vergleich von neun Jahrgängen einen deutlichen Rückgang koordinativer Leistungsfähigkeit bei Erstklässlern.

Erhebliche Einbußen im Hinblick auf die Bewegungskoordination im Verlauf von etwa zehn Jahren weisen auch Kunz (1994) mit dem AST (Bös & Wohlmann 1987) für das Grundschulalter und Rusch und Irrgang (1996) mit dem ATS (Rusch, Bradfisch & Irrgang 1994) bei Jugendlichen nach. Wiederum wird deutlich, dass die Frage nach Veränderungen im Zeitwandel in Abhängigkeit von dem jeweils eingesetzten Beurteilungsverfahren unterschiedlich beantwortet wird.

In Bezug auf das Alter ist hervorzuheben, dass sich der *mit zunehmendem Alter* zu erwartende Leistungsanstieg ab etwa 9 Jahren verringert (Altfeld 1998; Köster 1997) oder nahezu ganz ausbleibt (Brandt et al. 1997) und die Häufigkeit motorischer Auffälligkeiten zunimmt (Altfeld 1998; Gaschler 2000).

Geschlechtsspezifisch lässt sich mit dem KTK bei den Mädchen eine reduzierte Gesamtkörperkoordination im Verlauf von etwa 25 Jahren nachweisen, die mit hoher Wahrscheinlichkeit auf veränderte Freizeitgewohnheiten zurückzuführen ist (Altfeld 1998; Dieterle 2001; Drees 1998). Leistungsunterschiede im Hinblick auf die Kraft (Köster 1997; Bös, Opper & Woll 2002) und die allgemeine aerobe Ausdauer (v. Keitz 1993) zuungunsten der Mädchen schon im Grundschulalter deuten sich an. Auffällig erscheint die eindeutige Verringerung der Flexibilität insbesondere der 11- bis 15-jährigen Jungen im Verlauf von etwa 25 Jahren (Englicht 1997).

Diese Veränderungen motorischer Leistungsfähigkeit in Bezug auf Alter und Geschlecht im Verlauf der Zeit können sehr wohl Ausdruck veränderter Lebensbedingungen und Bewegungsgewohnheiten sein; für einen Nachweis eindeutiger Zusammenhänge sind aber weitere Studien erforderlich.

Fazit

Obwohl die Frage nach Veränderungen motorischer Leistungsfähigkeit von Kindern und Jugendlichen im Verlauf der Zeit in Abhängigkeit von Veränderungen der gesellschaftlich zu verantwortenden Entwicklungsbedingungen im Rückblick auf die vergangenen 25 Jahre nicht eindeutig zu beantworten ist, geben die hier zitierten Untersuchungsergebnisse aber in der Tendenz Grund dazu, im Hinblick auf die besonders in den Medien vielfach geäußerten Warnungen vor einer dramatischen Veränderung – Verschlechterung – der motorischen Entwicklung und Leistungsfähigkeit von Kindern und Jugendlichen abzuwiegeln. Die Skepsis von Thiele (1999), Gaschler (1999, 2000) und Kretschmer (2000) wird damit unterstrichen.

Die Hinweise auf negative Veränderungen – Reduzierung der Gesamtkörperkoordination mit zunehmendem Alter, möglicherweise eine Einschränkung elementarer Körperwahrnehmung und Verminderung konzentrativer Leistungsfähigkeit im Verlauf des Grundschulalters, muskuläre Dysbalancen und eingeschränkte Haltungsleistungsfähigkeit schon im Grundschulalter – sollten aber besondere Beachtung finden und in Zukunft aufmerksam verfolgt werden.

Schon die vorhandene Datenlage gibt Anlass dazu,

- das Bemühen um eine Sensibilisierung von Eltern und Pädagogen für die Bedeutung differenzierter Wahrnehmungs- und Bewegungserfahrungen im Kindesalter zu intensivieren,
- die Bewegungsmöglichkeiten für Kinder und Jugendliche im öffentlichen Raum insbesondere der Städte kritisch zu prüfen und nach Möglichkeit zu erweitern,
- die Anstrengungen zur Realisierung einer „Bewegten Schule" – nicht nur im Primarbereich – zu verstärken und
- die Inhalte des Schulsports kritisch zu hinterfragen und im Sinne vielseitiger Beanspruchung – unter besonderer Berücksichtigung elementarer Wahrnehmungs- und Bewegungserfahrungen – zu erweitern bzw. zu intensivieren.

Bei der Betrachtung allgemeiner Entwicklungstendenzen sollte aber nicht das Individuum aus dem Blick geraten. *Die Gruppe der Kinder mit motorischen Auffälligkeiten und eingeschränkter motorischer Leistungsfähigkeit ist groß.* Insbesondere Defizite im Bereich koordinativer Beanspruchung fallen als Ungeschicklichkeit, als „Tolpatschigkeit" auf und können die Entwicklung eines positiven Selbstkonzepts nachhaltig behindern; sie können im sozialen Kontext zur Ausgrenzung führen und damit das emotionale und psycho-soziale Wohlbefinden eines Kindes erheblich beeinträchtigen. In der Konsequenz entwickeln Kinder möglicherweise von der Umwelt als unangemessen und unerwünscht bewertete Verhaltensstrategien; aggressive wie regressive Verhaltensweisen, aber auch Clownerien sind vielfach auf diesem Hintergrund zu sehen. Häufige Misserfolge im Bereich von Bewegung, Spiel und Sport führen nicht selten zu einem Rückzug von Bewegungsaktivitäten; dadurch vergrößern sich die Defizite in der körperlichen und motorischen Entwicklung und Leistungsfähigkeit. *Der damit in Gang gesetzte gefürchtete Teufelskreis – circulus vitiosus – ist nur schwer zu durchbrechen.*

Wenn etwa 30 % aller Grundschulkinder gezielter motorischer Förderung bedürfen (vgl. Dordel, H.J. 1992; Hahmann, Liebisch & Breithecker 1985; Liebisch & Hanel 1991) und etwa 20 %, im großstädtischen Raum bis zu 36 % aller Erstklässler psychomotorische bzw. koordinative Auffälligkeiten zeigt (Dieterle 2001; Dordel, Drees & Liebel 2000; Graf et al. in Vorb.), sollte sich die Sorge um die motorische Entwicklung und Leistungsfähigkeit von Kindern und Jugendlichen verstärkt in der Lehreraus- und -fortbildung niederschlagen, indem die Themenkreise der Haltungs- und Bewegungsbeobachtung bzw. der Möglichkeit gezielter motorischer Förderung mehr Gewicht bekommen.

Jedes einzelne betroffene Kind braucht Hilfe durch Lehrkräfte und Erzieher. Diese wiederum müssen eine hohe Sensibilität für die Nöte dieser Kinder entwickeln und fundierte Kenntnisse erwerben, um intervenieren zu können. Als Voraussetzung für eine erfolgreiche Intervention durch eine motorische Entwicklungsförderung sind aber auch die notwendigen – nicht immer vorhandenen – schulischen Rahmenbedingungen einzufordern.

1.4.3 Zur Wirksamkeit motorischer Förderung

Hypothesen zur Wirksamkeit motorischer Förderung

Entsprechend der Vielschichtigkeit des Phänomens Motorik und der Komplexität individueller motorischer Handlungskompetenz (vgl. Abb. 1-9) kann motorische Förderung ganz unterschiedliche Zielsetzungen verfolgen. Eggert und Lütje (1991, 157) formulieren drei Hypothesen zur Wirksamkeit motorischer Förderung und diskutieren deren Bedeutung insbesondere für die sonderpädagogische Arbeit:

a) Eine *„triviale Förderhypothese*, d.h. die Annahme, dass die motorische Entwicklung durch direktes Training motorischer Funktionen gefördert werden kann",

b) eine *„Stabilisierungshypothese*, d.h. die Annahme, dass durch eine psychomotorische Intervention die Gesamtpersönlichkeit im emotionalen und sozialen Aspekt stabilisierend beeinflusst wird," und

c) eine *„Transferhypothese*, d.h. die Annahme, dass über die Bewegungs- und Wahrnehmungsförderung auch eine Steigerung der kognitiven Fähigkeiten und schulischen Lernleistungen erreicht werden kann".

Eine *Förderung einzelner Funktionsbereiche der Motorik* (a) ist ohne Zweifel erfolgreich, wenn Grundlagen des Lehrens und Lernens sowie der Trainingslehre Beachtung finden und keine schwerwiegenden pathologischen Veränderungen den Erfolg der Maßnahme beeinträchtigen. So wird in zahlreichen empirischen Arbeiten die Zunahme konditioneller oder koordinativer Fähigkeiten als Folge von Übung und Training im Rahmen gezielter Intervention nachgewiesen; dieses gilt ebenso für komplexe Funktionen wie zum Beispiel die Graphomotorik (vgl. Dordel 1981, 1982; Kiphard 1982; Rudolf 1986). Der Erfolg einer Intervention ist umso größer, je niedriger das Ausgangsniveau ist, an dem die Maßnahme ansetzt (vgl. Kunz 1992, 1993, 1994).

Die Möglichkeit einer *Einflussnahme auf die Persönlichkeitsentwicklung* von Kindern über das Medium Bewegung im Sinne der Stabilisierungshypothese (b) wird entsprechend der Bedeutung der Motorik für die gesamte Entwicklung eines Kindes kaum in Frage gestellt und vielfach bestätigt. Eindeutige empirische Nachweise sind allerdings schwierig. Effekte zeigen sich vor allem im Hinblick auf den Aufbau eines positiven Selbstkonzepts, eine Zunahme an emotionaler Stabilität und sozialer Kompetenz sowie gesteigerte Motivation für Bewegungsaktivitäten. Gestärktes Selbstbewusstsein kann generell zu mehr Eigeninitiative und Übernahme von Verantwortung nicht nur in motorischen Situationen führen (vgl. Eggert 1994).

Die Studien von Kunz (1992, 1993, 1994) machen deutlich, dass eine motorische Förderung im Vorschul- und Grundschulalter nicht nur Zuwächse im Bereich koordinativer und konditioneller Fähigkeiten – im Sinne der trivialen Förderhypothese – erbringt, sondern auch zu einer Reduzierung der Häufigkeit von Unfällen führt. Diese positive Einflussnahme auf die Sicherheit und Gesundheit von Kindern kann ebenfalls im Zusammenhang mit einer Stabilisierung der Persönlichkeitsentwicklung gesehen werden.

Zusammenhänge zwischen Motorik und Intelligenz bzw. Motorik und Kognition (c) werden seit langem diskutiert und finden auch in jüngerer Zeit wieder verstärkt Aufmerksamkeit (vgl. Daugs et al. 1996; Etnier et al. 1997; Sallis et al. 1999; Shephard 1997). Auf der Grundlage des Postulats einer „sensomotorischen Intelligenz" (Piaget 1973) stellt sich für Therapeuten und Pädagogen gleichermaßen die Frage, inwiefern durch motorische Förderung von Kindern auch kognitive Funktionen zu fördern bzw. der Schulerfolg zu unterstützen und zu steigern ist.

Motorische Intervention und schulischer Lernerfolg

Obwohl ein Zusammenhang zwischen Motorik und Intelligenz bei einem niedrigen Entwicklungsniveau, d.h. im Kleinkindalter und bei Geistig Behinderten, als sicher angenommen wird (Eggert 1994), erfolgt die Diskussion der Wirksamkeit motorischer Intervention im Schulalter in dieser Hinsicht kontrovers. So halten Krombholz (1985; 1988; 1989) sowie Eggert und Lütje (1991) nach der Sichtung zahlreicher Untersuchungen zur Effizienz perzeptiv-motorischer und psychomotorischer Förderprogramme sowie eigener empirischer Arbeiten einen direkten Transfer von motorischem Lernen auf kognitives Lernen im Schulalter für unwahrscheinlich. Demgegenüber weisen zum Beispiel Schuck und Adden (1972) bei 7-Jährigen (lernbehinderte Sonderschüler), Eunicke-Morell (1989) bei 10- / 11-Jährigen (lernbehinderte Sonderschüler), Beudels (1976, 1997) bei Schulkindergartenkindern und Fritz (1997) bei entwicklungsverzögerten Erstklässlern (hoch-)signifikante Effekte gezielter motorischer Intervention auf kognitive Funktionen bzw. auf die Intelligenz nach.

In eigenen Studien zur Wirksamkeit einer Rückenschule („Sitzschule") in der Schule (Regelschule, 1./2. sowie 5./6. Schuljahr) zeigen sich überwiegend hoch signifikante Verbesserungen konzentrativer Leistungsfähigkeit (vgl. Klavis 1997; May 1999; Rausch 1995; Schulz 1995; Stapf 1996). Ebenso ergeben sich deutlich gesteigerte Aufmerksamkeitsleistungen der Kinder im Zusammenhang mit einer konsequenten Umsetzung des Konzepts der Bewegten Schule in der Regelschule (Dordel & Breithecker i. Vorb.; Kahl 1993; Müller 2000).

Etnier et al. (1997) bestätigen nach der Sichtung von fast 200 Studien zur Wirkung von körperlicher Leistungsfähigkeit und Training auf kognitive Funktionen, dass die Ergebnisse uneinheitlich sind. Eine Meta-Analyse relevanter Arbeiten (134) ergibt jedoch einen nur geringen positiven Einfluss von Bewegungstraining auf die Kognition (vgl. Sallis et al. 1999; Shephard 1997).

Stabilisierung der Persönlichkeit

Auch wenn Einflüsse auf kognitive Funktionen nicht sicher nachzuweisen sind, stellt sich im Zusammenhang mit einer gezielten motorischen Förderung dennoch eine Steigerung des Schulerfolgs häufig ein. Dieses lässt sich – entsprechend der Stabilisierungshypothese –

– auf eine größere Schulzufriedenheit,
– eine erhöhte Leistungsbereitschaft der Kinder im Zusammenhang mit

- einem gestärkten Selbstvertrauen und
- größerer Frustrationstoleranz wie auch mit
- einer besseren Integration in die Gleichaltrigengruppe aufgrund zunehmender Sicherheit im Sozialverhalten zurückführen (Eggert 1975; Friedel-Ensle 1991).

Auch Eltern und Lehrer unterstützen möglicherweise mit einer positiven Einstellung zu der motorischen Förderung im Sinne einer Hoffnung auf Erfolg (Heckhausen 1980) die Leistungsmotivation der Kinder (Karch, Schellenschmidt & Feike 1989).

Überlegungen zur Wirksamkeit motorischer Intervention müssen immer berücksichtigen, dass diese in einem Feld komplexer individueller und sozialer Bedingungen stattfindet. Eine Vielzahl teils schwer kontrollierbarer Faktoren (z.B. die Persönlichkeit des Pädagogen bzw. Therapeuten, seine Erfahrung und fachliche Kompetenz; räumlich-zeitliche Variablen während der Fördermaßnahme; eingesetzte Materialien; individuelle Befindlichkeit und familiäre Situation des einzelnen Kindes; u.a.), die untereinander wechselseitig in Beziehung stehen (können), haben Einfluss auf den Verlauf und die Auswirkungen der Intervention (vgl. Eggert 1995; Kesselmann 1990)

Zum Stellenwert verschiedener Einflussfaktoren

Bei der Diskussion um den Stellenwert verschiedener Einflussfaktoren im Hinblick auf die Entwicklung von Kindern mit Entwicklungsbeeinträchtigungen stellt Puls (1997) fest; dass der Einfluss psychosozialer Belastungen, speziell sozioemotionaler und sozio-ökologischer Risiken im Lebenslauf zunimmt, während individuelle biologische Risiken eher an Bedeutung verlieren. So können zum Beispiel angeborene funktionelle Einschränkungen „unter günstigen sozialen Bedingungen minimiert oder kompensiert, unter ungünstigen Bedingungen dagegen verfestigt und vergrößert werden" (Schlack 1989, 41). Nach Schlack (1995) sind Kinder, die in sozial ungünstigen Verhältnissen leben, einem fast dreifach höheren Gesundheitsrisiko ausgesetzt gegenüber Kindern, die in günstigen Verhältnissen aufwachsen. Schlack (1995) weist auch darauf hin, dass problematische Lebensbedingungen eines Kindes die Erfolgsaussichten einer therapeutischen Intervention erheblich beeinträchtigen.

Monokausale Beziehungen zwischen einer motorischen Intervention und nachfolgend festgestellten Veränderungen des Bewegungsverhaltens, des Lern- und Leistungsverhaltens oder anderer Persönlichkeitsvariablen sind kaum vorstellbar. Auch wenn die motorische Intervention im Sinne einer systemischen Perspektive Rahmenbedingungen und Inhalte auf die Lebenswelt der Kinder bezieht und für das Kind relevante Bezugspersonen und Institutionen in das Förderkonzept mit einbezieht (vgl. Dordel & Welsch 1999), müssen die Ergebnisse empirischer Untersuchungen mit großer Vorsicht und kritischer Distanz interpretiert werden.

Motorische Intervention im Schuleingangsalter

Sportförderunterricht als gezielte motorische Förderung im Rahmen der Institution Schule ist in jeder Schulstufe und jeder Schulform sinnvoll und notwendig. Gerade für Schulanfänger erscheint diese Maßnahme besonders dringlich. Es steht außer Frage, dass motorisch auffällige oder entwicklungsrückständige Kinder im Vergleich zu Kindern mit unauffälligem motorischen Verhalten erheblich schwierigere Ausgangsbedingungen für ihre gesamte schulische Laufbahn haben, auch wenn sie als schulfähig bzw. schulreif gelten (vgl. Kiphard 1998; Nikkel 1989; Schlack 1995). Insbesondere für Schulkindergartenkinder kann eine gezielte motorische Intervention wesentlich verbesserte Startchancen für das erste Schuljahr schaffen. Gaschler (1990, 1992), Riebel (1980), Sattel und Quell (1978), Willimczik (1981) u.a. weisen darauf hin, dass motorische Defizite in der Regel im Rahmen des regulären Schulsports bzw. des Sportunterrichts der Schule nicht kompensiert werden, sondern sich im Verlauf der ersten Schuljahre noch vergrößern (können). Liegen bei Schulanfängern erhebliche motorische Defizite vor, reicht ein Jahr als Interventionszeitraum nicht aus; Gaschler (1992) zeigt in seiner Untersuchung, dass erst nach drei Förderjahren die ehemaligen Schulkindergartenkinder den motorischen Leistungsstand der ehemals schulreifen Kinder erreichen. Auch Willimczik (1981, 181) weist darauf hin, dass „sich eine solche pädagogische Förderung nicht nur auf das 1. Jahr beschränken (darf), sondern ... kontinuierlich fortgesetzt werden (muss)".

Im Gegensatz dazu finden Dordel und Rittershaußen (1997) nach einer motorischen Intervention verschiedener Gruppen im Verlauf des ersten Schuljahres nicht nur die zu erwartende Steigerung der motorischen Leistungsfähigkeit, sondern auch eine deutliche Annäherung an das Leistungsniveau der jeweiligen Klasse; dieser positive Effekt bleibt auch über einen Zeitraum von bis zu drei förderfreien Jahre – also während der gesamten Grundschulzeit – erhalten. Die Auswertung des Körperkoordinationstests für Kinder (KTK) nach dem Klassifizierungsschema von Schilling (1974) zeigt die Tendenz einer Reduzierung der Anzahl von Kindern mit auffälliger und gestörter Gesamtkörperkoordination und Körperbeherrschung im Verlauf des Förderzeitraums, aber auch noch während der förderfreien Zeit. Auch Beudels (1996) findet am Ende eines Jahres psychomotorischer Förderung von Kindern des Schulkindergartens mit dem KTK eine signifikante Steigerung der motorischen Leistung, die im Verlauf des ersten Schuljahres ohne eine weitere zusätzliche Förderung nicht nur erhalten bleibt, sondern weiter leicht ansteigt.

In Übereinstimmung mit Gaschler (1992), Riebel (1980) und Willimczik (1981) kann im Hinblick auf die Wirksamkeit motorischer Intervention betont werden, dass „bei gezielter Förderung durchaus die Möglichkeit besteht, leistungsschwachen Schülern während des 1. Schuljahres (ebenso wie Kindern des Schulkindergartens) eine entscheidende Hilfestellung zu geben" (Willimczik 1981, 181). Die „*triviale Förderhypothese*" nach Eggert und Lütje (1991) findet Bestätigung durch den Nachweis gesteigerter Leistung im Bereich Gesamtkörperkoordination und Körperbeherrschung. Die Annäherung an den Leistungsstand der Kontrollgruppen, gebildet durch nicht förderbedürftige Kinder der gleichen Jahrgangsstufe, legt die Vermutung nahe, dass sich hieraus auch Tendenzen im Sinne der „Stabilisierungshypothese" ergeben. Körperliche Leistungsfähigkeit bzw. „Sportlichkeit" stellt gerade im Grundschulalter einen bedeutsamen Faktor für den Grad der Beliebtheit in einer Gruppe dar. Die Ergebnisse der Verhaltensbeobachtungen und Befragungen der Klassenlehrerinnen in der Studie von Dordel und Rittershaußen (1997) bestätigen diese *Tendenz zur Harmonisierung und Stabilisierung der Persönlichkeit* infolge der motorischen Intervention und weisen auch auf einen *zunehmenden Schulerfolg* der geförderten Kinder hin, diese sind aber nicht zu objektivieren. In Zukunft sollte noch stärker versucht werden, auch zur Verifizierung der Stabilisierungs- und der Transferhypothese objektive Verfahren bei der Evaluation motorischer Intervention im Rahmen des Sportförderunterrichts einzusetzen (vgl. Beudels 1976, 1997; Fritz 1997).

Grenzen motorischer Intervention im Rahmen des Sportförderunterrichts

Während als Ergebnis der Studie von Dordel und Rittershaußen (1997) die Annäherung der motorischen Leistungsfähigkeit an das Niveau der Altersgruppe, die sich bei den Kindern auch nach bis zu drei förderfreien Jahren hält, besonders hervorzuheben ist, zeigt die differenzierte Betrachtung der Ergebnisse jedoch, dass *einzelne Kinder auch nach der Fördermaßnahme im Bereich gestörter oder auffälliger Gesamtkörperkoordination verbleiben*; vereinzelt verschlechtern sich Ergebnisse im Verlauf des förderfreien Zeitraums (vgl. Eggert 1975; Friedel-Ensele 1991; Karch, Schellenschmidt & Feike 1989; u.a.). Eine mögliche Begründung hierfür liegt in der Vielzahl und Komplexität möglicher, teilweise nicht kontrollierbarer Einflussvariablen. Es liegt aber auch die Schlussfolgerung nahe, dass das Bemühen um eine optimale Förderung im schulischen Rahmen für einzelne Kinder nicht ausreicht bzw. dass die Fördermaßnahme für diese Kinder kontinuierlich über einen längeren Zeitraum – möglicherweise über die gesamte Grundschulzeit wie Willimczik (1981) fordert – fortgesetzt werden muss.

In diesem Zusammenhang ist darauf hinzuweisen, dass ein wichtiges Anliegen des Schulsports, auch des Sportförderunterrichts, darin besteht, Kinder zu einer bewegungsaktiven Freizeitgestaltung zu motivieren, um Bewegungsmangelerscheinungen entgegenzuwirken. Bei Kindern, deren Gesamtkörperkoordination als gestört klassifiziert wird und durch gezielte Fördermaßnahme nicht oder nur unwesentlich gesteigert werden kann, müssen eine organische Schädigung oder massive milieu-reaktiv bedingte Entwicklungsverzögerungen als Ursache vermutet werden. Hier wären durch eine Zunahme unspezifischer Bewegungsaktivitäten im Freizeitbereich keine Veränderungen zu erwarten; statt dessen ist *dringend eine therapeutische Intervention anzuraten.*

Ein allgemein gesteigertes Bewegungsangebot im ersten und zweiten Schuljahr – eine *tägliche Bewegungszeit* von etwa 30 Minuten zusätzlich zum regulären Sportunterricht (Wasmund-Bodenstedt 1984) – hat positive Wirkungen vor allem auf die psychosoziale Situation der Kinder und ihr Verhalten in der Schule wie auch im Freizeitbereich. Eine Annäherung der Leistungsschwächeren – Bewegungsgehemmte und Kinder mit motorischen Defiziten – an die Bewegungsbegabten erfolgt jedoch nicht. *Offensichtlich können die motorisch leistungsschwächeren Kinder das vielfältige Angebot, zusätzliche Bewegungserfahrungen zu sammeln, weniger wirksam nutzen.* Hier spielt möglicherweise der Ausprägungsgrad motorischer Lernfähigkeit als allgemeiner koordinativer Fähigkeit (Meinel & Schnabel 1998) eine Rolle (vgl. Kap. 2.1, Abb. 2.3). Denkbar sind aber auch ungünstige emotionale und psychosoziale Entwicklungsbedingungen eines Kindes, die dazu führen, dass ein zusätzliches Angebot an Bewegungszeit, -raum und -anregungen nicht ausreicht, um die motorische Entwicklung nachhaltig zu fördern (vgl. Schlack 1995).

Über das Prinzip der täglichen Bewegungszeit hinaus geht das *Konzept der "Bewegten Schule"* (Illi 1995) oder der "Bewegungsfreudigen Schule" (Kottmann, Küpper & Pack 1997) mit Impulsen zu mehr Bewegung im Unterricht (z. B. Bewegungspausen, "bewegtes Lernen") und im außerunterrichtlichen Schulsport (z.B. Pausenaktivitäten, Projekte mit bewegungsorientierten Schwerpunkten), durch schulorganisatorische Maßnahmen (z.B. variable Pausenzeiten, kein Ausfall von Sportunterricht, Kooperation mit Sportvereinen) und in der Gestaltung des Schulraums (z.B. Beschaffung von ergonomischem Mobiliar, Einrichtung von Entspannungsräumen, Pausenhofgestaltung). Obwohl diese Maßnahmen nachweislich positive Wirkungen zeigen (Altfeld 1998; vgl. Dordel 2000a, b; Kahl 1993; Müller 2000), bleibt zu prüfen, inwieweit dadurch eine gezielte Förderung speziell der motorisch leistungsschwachen Schüler und Schülerinnen gelingt. *Vermutlich partizipieren auch hier die Leistungsschwächeren weniger als die Leistungsstärkeren.*

Konsequenzen

Die Sichtung der empirischen Arbeiten zur Wirksamkeit gezielter motorischer Förderung in der Schule bestätigt das Anliegen, *Sportförderunterricht schwerpunktmäßig im Schulkindergarten und im ersten Schuljahr* anzubieten. Vielen Kindern kann so der Start ihrer Schullaufbahn erleichtert werden; darüber hinaus ist durch die motorische Intervention generell ein wichtiger Schub für die gesamte Persönlichkeitsentwicklung zu erwarten.

Empfehlenswert ist auch in der Regelschule die *Förderung in kleinen Gruppen* mit nur vier bis sechs, höchstens acht Kindern. Je nachdem in welchem Leistungsbereich vorrangig Defizite vorhanden sind, ist in diesem Rahmen auch eine spezifische Schwerpunktsetzung für die Fördergruppe zum Beispiel im Hinblick auf Feinmotorik, auf visuo-motorische Koordination, auf Konzentrationsfähigkeit oder auch auf spezifische emotionale oder psycho-soziale Faktoren im Rahmen der Persönlichkeitsentwicklung denkbar; die geringe Teilnehmerzahl erleichtert aber auch in einer sehr heterogenen Gruppe die erforderlichen Maßnahmen der Individualisierung und Differenzierung. Die Erfahrungen von Fritz (1997) bezüglich gezielter Förderung der Planungsfähigkeit von Schulanfängern und die entsprechenden Vorschläge für die inhaltliche Gestaltung eines Förderkonzepts (Keller & Fritz 1995) sollten auch im Sportförderunterricht verstärkt Berücksichtigung finden.

Die Wirksamkeit der motorischen Intervention im Hinblick auf Gesamtkörperkoordination und Körperbeherrschung steht weniger in Abhängigkeit von der Zeitdauer der Förderung als von der *Anzahl der Fördereinheiten* (Kesselmann 1990). Bei einem vergleichbaren Förderkonzept mit den Schwerpunkten Wahrnehmung, Bewegungskoordination, Selbstkonzept, Sozialverhalten und kognitive Fähigkeiten führen etwa 40 Fördereinheiten à 45 Minuten im Verlauf des ersten Schuljahres zu einer Steigerung der Leistung im KTK um 12 MQ-Punkte von 82 auf 94 (von Bibra und Fiebig 1993), um 15 MQ-Punkte von 78 auf 93 (Otten 1991) und um 25 MQ-Punkte von 78 auf 103 (Maas und Spiess 1992). Als Begründung dieser unterschiedlichen Leistungsanstiege werden neben den individuellen Ausgangsbedingungen einzelner Kinder und der je unterschiedlichen Zusammensetzung der Gruppen vor allem die Persönlichkeit, aber auch die *fachliche Kompetenz der verschiedenen Lehrkräfte* diskutiert (vgl. Dordel & Rittershaußen 1997; Dordel & Welsch 1999).

Obwohl generell – gesamtgesellschaftlich wie auch im schulischen Rahmen – eine starke Betonung von *Integration* erfolgt und *„Segregation"*, eine Aussonderung einzelner zur Förderung in spezifischen „Sondergruppen" vielfach kritisiert, teilweise vehement abgelehnt wird (vgl. Brodtmann 1996, 1998; Fritz et al. 1989), sollte Sportförderunterricht aber nach wie vor als zusätzliche Fördermaßnahme für die motorisch auffälligen Kinder angeboten werden, um vorhandene Defizite wirksam abbauen und individuell gezielt fördern zu können. Die Tendenz, insgesamt mehr Bewegung in die Schule, nicht nur im Rahmen des Schulsports, sondern als „bewegtes Lernen" auch in die sogenannten Theoriefächer hineinzubringen, ist ermutigend. Es bleibt aber zu befürchten, dass die bewegungsaktiven, bewegungsbegabten Kinder hiervon mehr profitieren als die motorisch auffälligen Kinder, so dass die Leistungsunterschiede eher größer werden und die Kinder mit motorischen Problemen immer mehr ins Abseits geraten.

In Zeiten leerer Kassen, wenn zunehmend auch an Lehrerstunden gespart wird, sollte die Verantwortung der Schule für die Förderung eines jeden Kindes mit seinen individuellen Stärken und Schwächen umso mehr in Erinnerung gerufen und angemahnt werden (vgl. Piehler & Ilg 1995). Die Tendenz, die vorhandenen Defizite der Schule zu kompensieren, indem *außerschulische Partner* wie zum Beispiel die Vereine mit ihren Übungsleitern oder auch Honorarkräfte, die von aktiven Fördervereinen finanziert werden, für die motorische Intervention eingesetzt werden, ist an sich positiv zu bewerten, weil daran deutlich wird, dass die Probleme erkannt und ernst genommen werden. Zu bedenken ist dabei allerdings, dass in diesem Rahmen eine Einflussnahme in der Regel eher oberflächlich bleibt, indem einseitig eine Orientierung an den Symptomen erfolgt. Lehrkräften der Schule, speziell den Klassenlehrern, ist es in viel größerem Maße möglich, im Sinne eines systemischen Ansatzes insbesondere im Kontakt mit den Eltern Kenntnis über Ursachen für die Auffälligkeiten der Kinder zu erlangen und nach Möglichkeit schon hier Einfluss zu nehmen; auch im Schulalltag ergeben sich vielfältige Interventionsmöglichkeiten im Zusammenhang und in Ergänzung zu der zusätzlichen motorischen Fördermaßnahme. Daher sollte mit Nachdruck die Forderung nach verstärktem Bemühen um differenzierte Aus- und Fortbildung von Lehrkräften insbesondere der Primarstufe im Bereich motorischer Förderung ebenso wie die Forderung nach Bereitstellung entsprechender Förderstunden gestellt werden.

2. Grundlagen von Haltung und Bewegung

2.1 Motorik – grundlegende Aspekte der Bewegungslehre

„Motorik" und „Bewegung" sind zentrale Begriffe der Bewegungslehre, die allerdings nicht eindeutig zu fassen sind bzw. nicht einheitlich definiert werden. Die Vorstellungen über Art und Grad des Zusammenhangs zwischen Motorik und Bewegung gehen in verschiedenen Konzepten weit auseinander und reichen von Identität und entsprechendem Gebrauch beider Begriffe als Synonyma bis hin zu vollständiger Eigenständigkeit dieser beiden Bereiche (vgl. Bös & Mechling 1983a, b; Meinel & Schnabel 1998; Pöhlmann 1997; Roth 1982; Roth & Willimczik 1999; Willimczik & Roth 1983).

Bemühungen um eine klare Abgrenzung beider Begriffe gehen auf Marhold (1965) sowie Gutewort und Pöhlmann (1966) zurück. Demnach gehören Motorik und Bewegung wie „die zwei Seiten einer Medaille" zusammen (Pöhlmann 1997, 14), stellen also zwei unterschiedliche Aspekte eines Phänomens dar. Gutewort und Pöhlmann (1966, 597) kennzeichnen den Bereich der Motorik durch „die neurokybernetischen Charakteristika, die auch subjektive Faktoren und Bewusstseinsinhalte ... umfassen", während unter Bewegung die „als objektiver Vorgang in Erscheinung tretende Ortsveränderung der menschlichen Körpermasse in Raum und Zeit" zu verstehen ist. *Motorik gilt demnach als Ursache oder als Innenaspekt, Bewegung dagegen als äußeres Erscheinungsbild, als Außenaspekt. Motorik entspricht der „Gesamtheit aller Steuerungs- und Funktionsprozesse" (Marhold 1965, 1014), während Bewegung als das Ergebnis dieser Prozesse sichtbar, beobachtbar bzw. auch messbar wird.*

Obwohl die Trennung zwischen Innen- und Außenaspekt vielfach diskutiert und das umfassende Verständnis der Motorik nach Gutewort und Pöhlmann (1966) auch kritisch gesehen wird (vgl. Mechling 1984; Pöhlmann 1997; Roth & Willimczik 1999; Willimczik & Roth 1993), soll diese komplexe Sichtweise als Grundlage des Anliegens gezielter motorischer Intervention im Rahmen des Sportförderunterrichts dienen. In Übereinstimmung mit Singer und Bös (1994, 17) ist damit davon auszugehen, dass „Motorik ... alle an der Steuerung und Kontrolle von Haltung und Bewegung beteiligten Prozesse (umfasst) und damit auch sensorische, perzeptive, kognitive und motivationale Vorgänge (mit einbezieht). Haltung und Bewegung resultieren aus dem Zusammenspiel multipler Subsysteme."

Haltung und Bewegung sind nicht – wie vielfach missverstanden – Gegensätze im Sinne von Statik und Dynamik, sondern müssen als Einheit betrachtet werden. Bewegung ist ohne die stabilisierenden Elemente der haltungssichernden Systeme des Organismus nicht denkbar. Demgegenüber ist Haltung nie etwas Starres. Jede Körperhaltung wird fortlaufend durch eine Vielzahl differenzierter Bewegungsimpulse stabilisiert: *Haltung ist Bewegung.*

Begriffe wie „Neuromotorik", „Sensomotorik", „Psychomotorik" und „Soziomotorik" (Kiphard 1998; vgl. Pöhlmann 1997) weisen auf die Komplexität des Phänomens Motorik hin, indem Teilaspekte besonders herausgestellt werden. Diese Akzentuierung ist vielfach hilfreich, muss aber immer auf dem Hintergrund der komplexen Steuerungs- und Regelungsprozesse gesehen werden.

Der *Terminus Psychomotorik* wird gerade im motopädagogischen oder mototherapeutischen Kontext dem der Motorik oft vorgezogen, um hervorzuheben, dass Bewegungsvorgänge grundsätzlich von psychischen Vorgängen beeinflusst werden. Dieses gilt nicht nur für Willkürbewegungen, sondern auch für alle vom vegetativen Nervensystem beeinflussten Funktionen wie z.B. die Pulsfrequenz, die Darmperistaltik oder die Regelung der Pupillenweite (vgl. Singer & Bös 1994). Besonders deutlich zeigen sich diese Zusammenhänge an der für Haltung und Bewegung grundlegenden Funktion des Muskeltonus. Psychische Erregungen wie Angst oder Zorn führen zu einer Erhöhung des Muskeltonus – u.U. bis zum Muskelzittern oder einem „Erstarren" vor Schreck; aber auch positive Emotionen wie freudige Erwartung – „Gespanntsein" – lösen einen gesteigerten Muskeltonus aus. Der Muskeltonus, dessen Regelung im wesentlichen über die Muskelspindeln als Rezeptor des kinästhetischen Analysators erfolgt, ist nicht bewusstseinspflichtig, aber durchaus bewusstseinsfähig. Die Möglichkeit einer kognitiv gesteuerten Einflussnahme auf die Höhe des Muskeltonus wird zum Beispiel als Grundlage von Entspannungstechniken genutzt.

Der Begriff Psychomotorik betont somit die *Ganzheitlichkeit der Motorik: auf dem Hintergrund komplexer Steuer- und Regelmechanismen werden Wahrnehmung und Bewegung eines Menschen auf der Basis individueller körperlich – konstitutioneller Bedingungen durch Anteile emotionaler, motivationaler, auch psychosozialer und kognitiver Befindlichkeit moduliert (vgl. Abb. 1-9).*

Die Bewegungslehre oder Bewegungswissenschaft umfasst eine Vielzahl an Konzeptionen oder Betrachtungsweisen (vgl. Bös & Mechling 1983b; Roth & Willimczik 1999). Eingebettet in das *Konzept individueller motorischer Handlungsfähigkeit oder motorischer Kompetenz* soll hier nur der *fähigkeitsorientierte Ansatz* skizziert werden, der sich in der Sportpraxis bewährt hat und als gut geeignet erscheint, individuelle (sport)motorische Leistungsvoraussetzungen zu erfassen, aber auch motorische Entwicklungsverläufe zu beschreiben. Allerdings soll auch darauf hingewiesen werden, dass diese Konzepte nicht unumstritten sind (vgl. Neumaier 1999).

Als grundlegende Dimensionen menschlicher Motorik werden motorische Fähigkeiten verstanden. *Motorische Fähigkeiten* beschreiben allgemeine, bewegungsunspezifische Steuerungs- und Funktionsprozesse und sind damit einer Prozessebene zuzuordnen. Sie sind direkter Beobachtung nicht zugänglich, können aber als leistungsbestimmend für eine ganze Gruppe unterschiedlicher motorischer Fertigkeiten gelten. Bös (1987, 84) bezeichnet „motorische Fähigkeiten als Strukturkomponenten und damit als Voraussetzung von Bewegungshandlungen".
Motorische Fertigkeiten sind auf der Verhaltensebene anzusiedeln. Sie sind als Grundlage der Realisierung spezifischer Bewegungen beobachtbar und stellen

damit den Außenaspekt von Fähigkeiten dar (Bös 1987; Bös & Mechling 1983b; Roth 1982; Roth & Willimczik 1999). Elementare motorische Fertigkeiten sind einfache Bewegungsformen, die zur Bewältigung alltäglicher Anforderungen unerlässlich sind: Gehen, Laufen, Kriechen, Hüpfen, Springen, Heben, Tragen, Ziehen, Schieben, Klettern, Steigen, Rollen Wälzen, Werfen, Fangen u.a. Ihre Aneignung erfolgt im Kleinkind- und Vorschulalter, spätestens im Grundschulalter. Komplexe (sport-)motorische und sportartspezifische Fertigkeiten bauen auf diesen auf; sie werden über den Prozess des motorischen Lernens erworben und verfeinert (Bös & Mechling 1983b; Willimczik & Roth 1983).

Motorische Fähigkeiten werden nach einem Vorschlag von Gundlach (1968) in *konditionelle und koordinative Fähigkeiten* gegliedert. Konditionelle und koordinative Fähigkeiten stehen in einem wechselseitigen Verhältnis zueinander. Beide sind Grundlage motorischer Fertigkeiten. Lernen und Üben motorischer Fertigkeiten nimmt wiederum Einfluss auf den Ausprägungsgrad motorischer Fähigkeiten (Abb. 2-1; vgl. Hirtz 1985, 1997).

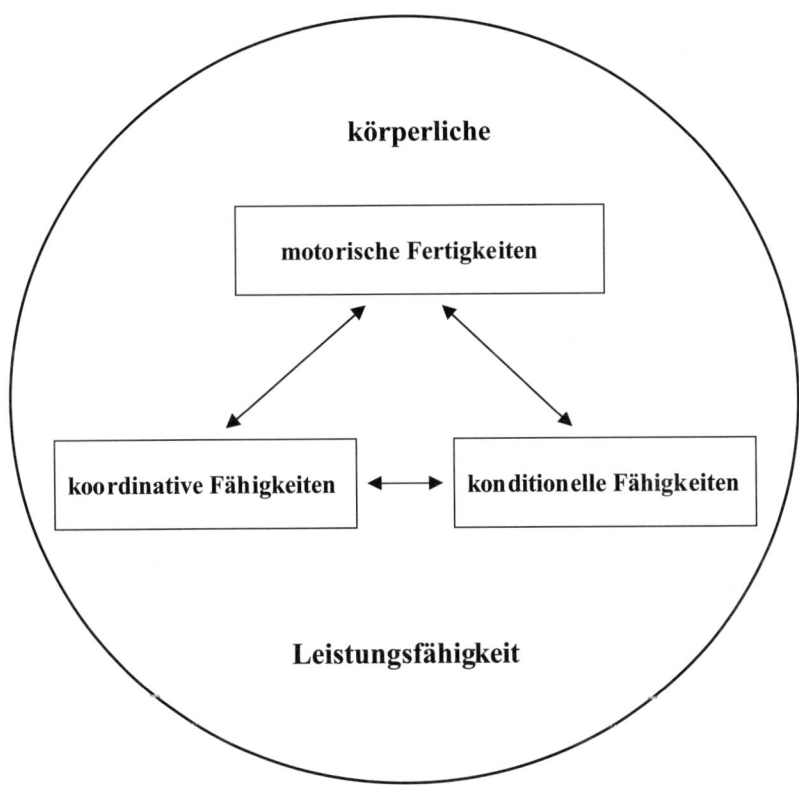

Abb. 2-1: *Motorische Fähigkeiten und Fertigkeiten als Grundlage körperlicher Leistungsfähigkeit* (nach: Hirtz 1985)

Konditionelle Fähigkeiten sind abhängig von Prozessen der Energiebereitstellung und Energieübertragung; sie bestimmen die *quantitativen Aspekte der Motorik*. Eindeutig energetisch determinierte Fähigkeiten stellen Ausdauer und Kraft dar. Die Schnelligkeit als weitere motorische Fähigkeit beruht sowohl auf energetisch determinierten konditionellen als auch auf informationsorientierten koordinativen Prozessen und nimmt damit eine Zwischenstellung ein (Abb. 2-2).

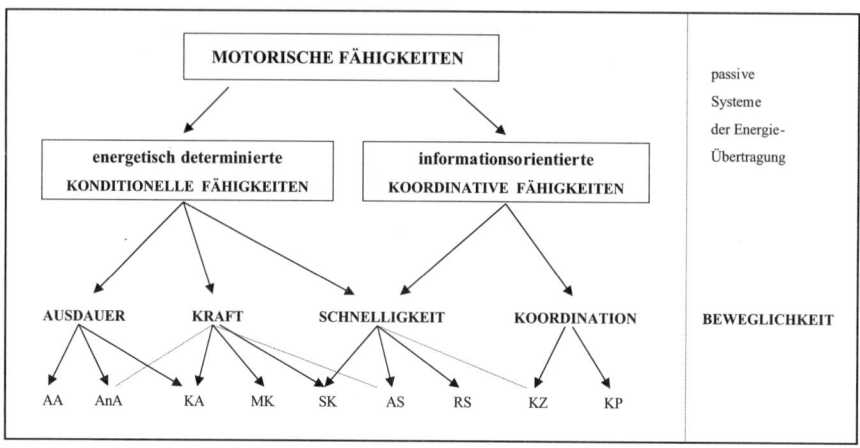

Abb. 2-2: Differenzierung motorischer Fähigkeiten (Bös 1987)
AA = aerobe Ausdauer, AnA = anaerobe Ausdauer, KA = Kraftausdauer, MK = Maximalkraft, SK = Schnellkraft, AS = Aktionsschnelligkeit, RS = Reaktionsschnelligkeit, KZ = Koordination unter Zeitdruck, KP = Koordination bei Präzisionsaufgaben

Koordinative Fähigkeiten prägen den *qualitativen Aspekt der Motorik;* sie sind abhängig von Systemen der Bewegungssteuerung und -regelung bzw. der Informationsverarbeitung.
Da koordinative Fähigkeiten den Charakter theoretischer Konstrukte haben, sind sie nur schwer zu konkretisieren. Zur *Struktur koordinativer Fähigkeiten* liegen zahlreiche Konzepte vor (vgl. Bös & Mechling 1983b; Meinel & Schnabel 1998; Neumaier 1999; Roth & Willimczik 1999).

Meinel und Schnabel (1998, 212 f) gehen von sieben grundlegenden koordinativen Fähigkeiten aus:

- *Differenzierungsfähigkeit* als „Fähigkeit zum Erreichen einer hohen Feinabstimmung einzelner Bewegungsphasen und Teilkörperbewegungen, die in großer Bewegungsgenauigkeit und Bewegungsökonomie zum Ausdruck kommen";
- *Kopplungsfähigkeit* als „Fähigkeit, Teilkörperbewegungen ... untereinander und in Beziehung zu der auf ein bestimmtes Handlungsziel gerichteten Gesamtkörperbewegung räumlich, zeitlich und dynamisch zweckmäßig aufeinander abzustimmen";
- *Reaktionsfähigkeit* als „Fähigkeit zur schnellen Einleitung und Ausführung zweckmäßiger motorischer Aktionen auf mehr oder weniger komplizierte Signale";

- *Orientierungsfähigkeit* als „Fähigkeit zur Bestimmung und zieladäquaten Veränderung der Lage und Bewegung des Körpers in Raum und Zeit bezogen auf ein definiertes Aktionsfeld ... und / oder ein sich bewegendes Objekt";
- *Gleichgewichtsfähigkeit* als „Fähigkeit, den gesamten Körper im Gleichgewichtszustand zu halten oder während und nach umfangreichen Körperverlagerungen diesen Zustand beizubehalten beziehungsweise wiederherzustellen";
- *Umstellungsfähigkeit* als „Fähigkeit, während des Handlungsvollzuges auf der Grundlage wahrgenommener oder vorauszusehender Situationsveränderungen ... das Handlungsprogramm den neuen Gegebenheiten anzupassen und motorisch umzusetzen oder es durch ein situationsadäquateres zu ersetzen und damit die Handlung auf völlig andere Weise fortzusetzen";
- *Rhythmisierungsfähigkeit* als „Fähigkeit, einen von außen vorgegebenen Rhythmus zu erfassen und motorisch zu reproduzieren sowie den „verinnerlichten", in der eigenen Vorstellung existierenden Rhythmus einer Bewegung in der eigenen Bewegungstätigkeit zu realisieren".

Diese elementaren koordinativen Fähigkeiten sind nicht unabhängig voneinander, sondern stehen vielfältig untereinander in Beziehung; in unterschiedlicher Kombination stellen sie die Voraussetzung für weitere, *komplexe koordinative Fähigkeiten* dar: motorische Lernfähigkeit, Steuerungs- und Adaptionsfähigkeit (Abb. 2-3).

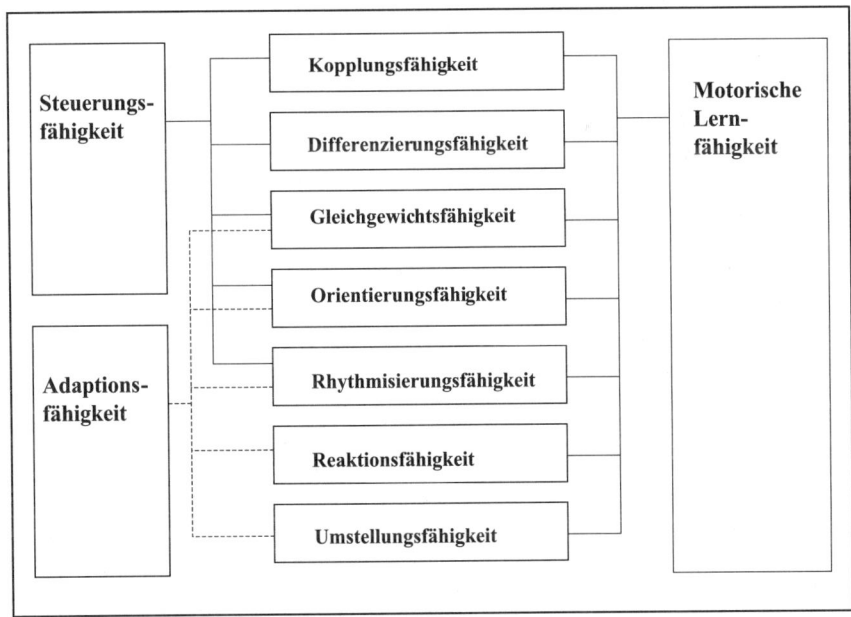

Abb. 2-3: Strukturelles Gefüge der koordinativen Fähigkeiten (Meinel / Schnabel 1998)

Roth (1982, 193 f) unterscheidet grundsätzlich – als oberste Ebene eines Strukturmodells – zwischen

- der *Koordination unter Zeitdruck* als „Vermögen zur raschen und flüssigen Ausführung oder Kombination von zumindest in der Grobform beherrschten grundlegenden Bewegungstätigkeiten" und
- der *Fähigkeit zur genauen Kontrolle von Bewegungen* als „das Vermögen zur präzisen Ausführung oder Kombination von zumindest in der Grobform beherrschten grundlegenden Bewegungstätigkeiten".

Hirtz (1997,131) sieht die Koordination unter Zeitdruck und die Fähigkeit zur genauen Kontrolle von Bewegungen nicht gleichberechtigt nebeneinander, sondern ordnet sie in ein *hierarchisches Modell* ein (Abb. 2-4): Als koordinative Ba-

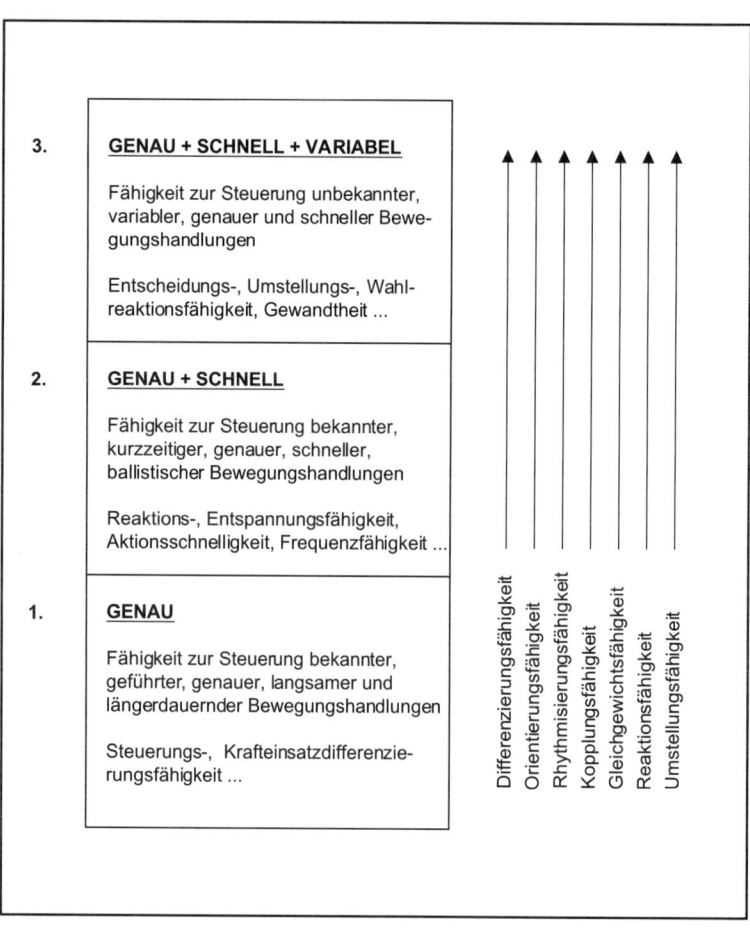

Abb. 2-4: Hierarchische Ordnung koordinativer Fähigkeiten (nach: Hirtz 1997)

sisfähigkeit gilt demnach „die Fähigkeit zur genauen Koordination bekannter, langsamer, „geführter" und kontrollierter Bewegungshandlungen mit ausreichender und fortlaufender Rückkopplung. Für eine Anforderungsbewältigung unter Zeitdruck und erst recht unter plötzlich, unerwartet und ständig wechselnden Bedingungen werden komplexere, hierarchisch höherwertige koordinative Leistungsvoraussetzungen benötigt, bzw. es werden höhere Anforderungen an die koordinative Basisfähigkeit gestellt."

Neben den genannten konditionellen und koordinativen Fähigkeiten – Ausdauer, Kraft, Schnelligkeit und Koordination – ist als weitere motorische Hauptbeanspruchungsform die *Flexibilität oder Gelenkigkeit* zu nennen, die den „willkürlich möglichen Bewegungsbereich in einem oder mehreren Gelenken" umschreibt (Hollmann & Hettinger 2000, 152). Sie ist weder den koordinativen noch den konditionellen Fähigkeiten eindeutig zuzuordnen und hängt in hohem Maße auch von der (den) Gelenkstruktur(en) ab.

Bös und Mechling (1983b) bevorzugen anstelle des Terminus Flexibilität den der Beweglichkeit und akzentuieren die Bedeutung der anatomisch vorgegebenen Voraussetzungen durch passive Systeme der Energieübertragung (vgl. Gundlach 1968). So verstanden gilt Beweglichkeit nicht als motorische Fähigkeit, sondern wird als passive Leistungsvoraussetzung den motorischen Fähigkeiten nebengeordnet (vgl. Abb. 2-2).

Veränderungen im Niveau motorischer Fähigkeiten wie auch der Erwerb, die zunehmende Stabilität und Verfügbarkeit motorischer Fertigkeiten führen immer auch zu einer *Veränderung individueller motorischer Handlungsfähigkeit*; andererseits sind Art und Ausmaß von Veränderungen im Fähigkeits- und Fertigkeitsniveau abhängig von personspezifischen und situativen Bedingungen. Hirtz (1997a, 117) definiert motorische Handlungsfähigkeit als „Einheit psychomotorisch-koordinativer, konditionell-energetischer, kognitiver und motivational-emotionaler Komponenten der Regulation motorischer Tätigkeit, die ein anforderungsgerechtes, situationsadäquates und persönlichkeitsbezogenes (individuelles) Lösen motorischer Aufgabenstellungen sichert." Zu ergänzen bzw. zu verdeutlichen wäre sicherlich, dass die motorische Handlungsfähigkeit immer auch auf der Basis individueller konstitutioneller Gegebenheiten zu sehen ist und sich vielfach im sozialen Kontext bewähren muss, also auch von der individuellen sozialen Kompetenz abhängt (vgl. Abb. 1-9).

Abbildung 2-5 stellt dieses Konzept motorischer Handlungsfähigkeit dar, dessen Komplexität durch die Vielfalt der Beziehungen und Wechselwirkungen einzelner Komponenten dokumentiert wird. Hirtz (1997a, 120) betont in besonderem Maße die Dynamik der Komponentenstruktur; das bedeutet, dass „verschiedene Individuen ... mit unterschiedlichen Verkettungen der Komponenten motorische Anforderungen gleichermaßen erfolgreich bewältigen" können.

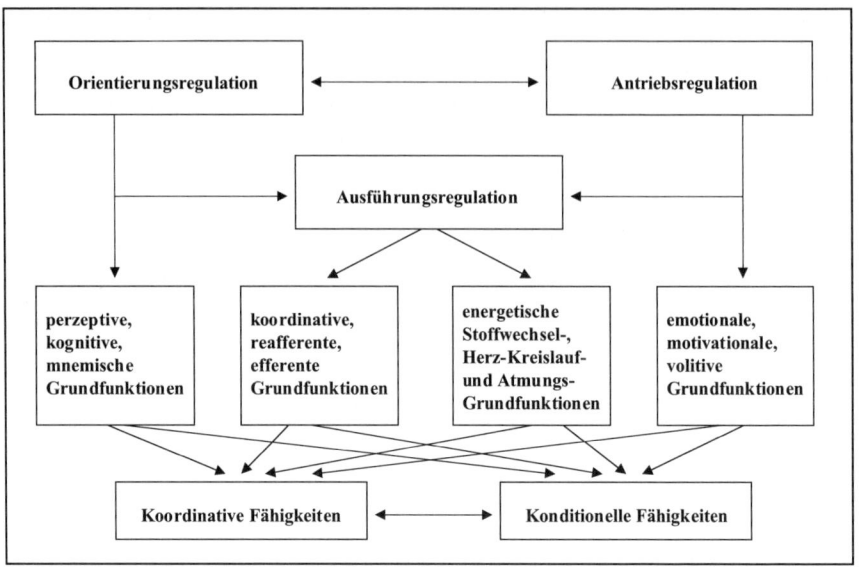

Abb. 2-5: *Konzept motorischer Handlungsfähigkeit – Fähigkeiten, Funktionen, Regulationsprozesse (Hirtz 1997)*

2.2 Steuerung und Regelung von Haltung und Bewegung

Prozesse der Steuerung und Regelung von Haltung und Bewegung sind im wesentlichen gebunden an *Strukturen und Funktionen des Nervensystems*. Dieses gliedert sich in das somatische (animales, willkürliches) und das autonome (vegetatives, unwillkürliches) Nervensystem. Zum somatischen Nervensystem gehören das Zentralnervensystem und das periphere Nervensystem. Das Zentralnervensystem setzt sich aus dem Gehirn (Cerebrum) als supraspinalem und dem Rückenmark (Spina, Medulla) als spinalem Anteil zusammen. Als peripheres Nervensystem wird das Nervengewebe außerhalb von Gehirn und Rückenmark zusammengefasst, also „die Nerven", die vom Rückenmark zum Muskel ziehen. Somatisches und vegetatives Nervensystem sind nur im Bereich des peripheren Nervensystems klar voneinander zu trennen, im Zentralnervensystem dagegen eng miteinander verflochten. Beide stehen in enger Beziehung zum hormonellen System und zum Immunsystem.

Als *Aufgabe und Leistung des Nervensystems* ist die Anpassung des Menschen an seine Umwelt zu verstehen, aber auch seine Befähigung, die Umwelt zu verändern, um sie dem Menschen und seinen Bedürfnissen anzupassen. Über verschiedene Rezeptoren, die „Empfänger" von Reizen, werden Informationen aus der Umwelt und dem Körper selbst aufgenommen, über afferente (sensorische) Nervenbahnen zum Zentralnervensystem geleitet, dort umfangreich verarbeitet, gewertet, auch gespeichert, um über efferente (motorische) Nervenbahnen als Erregung zur Muskulatur geleitet zu werden und damit Bewegung auszulösen. Zusammen mit dem hormonellen System regelt das Nervensystem die Funktionen aller Organsysteme und ermöglicht damit die Anpassung des Organismus an wechselnde Umweltanforderungen.

Darüber hinaus sollen die folgenden, teils schwer fassbaren Leistungen des Nervensystems hervorgehoben werden (vgl. Schäffler & Schmidt 1996):

- das *Bewusstsein* als das Wissen um das eigene Ich in Abgrenzung von der Umwelt, das Wissen um die eigenen Gedankengänge, aber auch um die Vorgänge in der Außenwelt;
- die *Wahrnehmung* als subjektiv gewertete Aufnahme und Verknüpfung von Informationen;
- das *Gedächtnis* als Möglichkeit, Informationen – unterschiedlich lange – zu speichern;
- *Antrieb und Motivation* als Grundlage von Handlungsimpulsen, die keiner äußeren Reize bedürfen;
- *Kreativität*, die es dem Menschen ermöglicht, aus sich heraus schöpferisch tätig zu sein;
- einen *Lebensrhythmus*, der den Wechsel von Aktivitäts- und Ruhephasen vorgibt.

2.2.1 Struktur und Funktion des Nervensystems

Die Grundstruktur des Nervensystems ist die *Nervenzelle (Neuron, Ganglienzelle)*. Nervenzellen, die mit anderen Nervenzellen in Kontakt stehen und innerhalb des Zentralnervensystems Verbindungen schaffen, werden als Interneurone bezeichnet.

Eine Nervenzelle besteht aus einem Zellkörper (Soma) und mehreren Fortsätzen. Bei den Fortsätzen sind die meist kürzeren Dendriten und ein längerer, z.T. mehr als 1 m langer Hauptfortsatz (Axon, Achsenzylinder oder Neurit) zu unterscheiden (Abb. 2-6). Die Fortsätze verzweigen sich gewöhnlich. Verzweigungen des Neuriten werden als Kollaterale bezeichnet. Die vielfältigen Verzweigungen der Dendriten führen zu einer erheblichen Variation der Nervenzellen in Form und Größe, so zum Beispiel die Differenzierung der Dendriten zu „Dendritenbäumen" in der Hirnrinde oder im Kleinhirn (vgl. Abb. 3-3a). Die Unterscheidung der Fortsätze folgt funktionellen Gesichtspunkten: Dendriten sind wie der Zellkörper Orte des Erregungsempfangs; Neuriten dienen der Erregungsleitung. Für die Erregungsübertragung an den Synapsen sind die Verzweigungen am Ende der Neuriten verdickt (präsynaptische Endknöpfe); diese „Endknöpfe" enthalten in Bläschen (Vesikel) die Stoffe (Neurotransmitter) für die Erregungsübertragung (vgl. Schäffler & Schmidt 1996).

Nervenzellen werden von *Gliazellen*, einem speziellen Stützgewebe umgeben. Neben der Stützfunktion dienen die Gliazellen mit hoher Wahrscheinlichkeit auch der Ernährung der Nervenzelle und bilden die Myelinscheiden (Markscheiden) der Nervenfasern, die für die Erregungsleitung von Bedeutung sind. Ein dichtes Netz von Blutgefäßen durchzieht das gesamte Nervensystem und sorgt für die Ernährung und Versorgung des Gewebes mit Sauerstoff. Blutgefäße, Gliazellen und Nervengewebe schließlich werden von einem System von extrazellulären Spalträumen (Interstitien) umgeben, das eine Flüssigkeit, den Liquor cerebrospinalis, enthält. Jeglicher Stoffaustausch erfolgt über das Interstitium.

Nervengewebe erscheint makroskopisch grau, Myelin dagegen weiß. Daher werden Ansammlungen von Nervenzellen mit ihren Dendriten im Gehirn als *„graue Substanz"* („Kerne" oder „Rindenfelder") bezeichnet. Bereiche, in denen myelinisierte Nervenfasern („Bahnen" im Gehirn) verlaufen, sind als *„weiße Substanz"* zu erkennen.

Als Nerv wird ein Bündel einer unterschiedlich großen Anzahl von *Nervenfasern* bezeichnet. Jede Nervenfaser besteht aus einem Neuriten und seiner ihn umgebenden Schwann'schen Zelle, einer speziellen Gliazelle. Bei etwa einem Drittel aller Nervenfasern bildet die Schwann'sche Zelle eine Hülle aus Myelin, einem Lipoid-Protein-Gemisch. Die *Myelin- oder Markscheide* wird in regelmäßigen Abständen von Ranvier'schen Schnürringen unterbrochen (Abb. 2-6). Den myelinisierten oder markhaltigen Nervenfasern stehen Nervenfasern ohne Markscheiden (marklos, unmyelinisiert) gegenüber. Beide unterscheiden sich durch ihre unterschiedliche *Leitungsgeschwindigkeit* (vgl. Tab. 2-1).

Ein weiteres Unterscheidungsmerkmal der Nervenfasern betrifft die *Leitungsrichtung*: Nervenfasern werden nach ihrem Verlauf als *afferente oder efferente Nervenfasern* bezeichnet (Afferenzen bzw. Efferenzen). Afferente Fasern sind Nervenfasern, die Information von Rezeptoren (Sinnesorgane, Haut, Gelenke, Skelettmuskulatur = somatische Afferenzen; Eingeweide = viszerale Afferenzen) zum

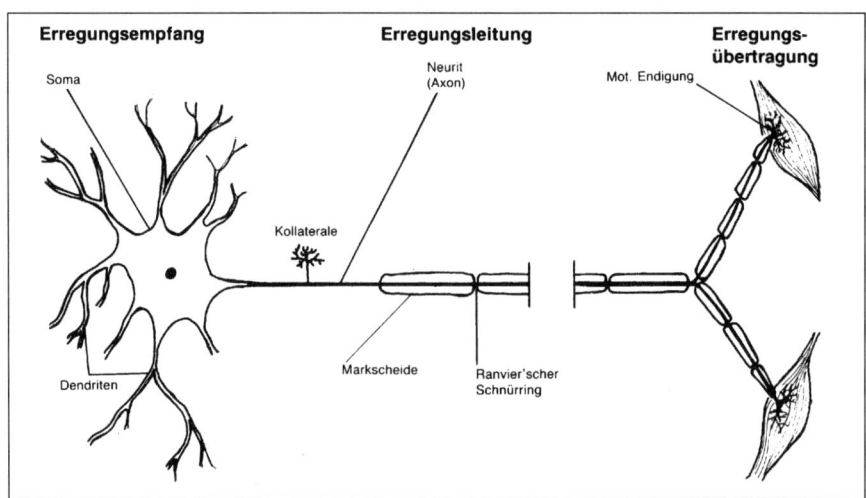

Abb. 2-6: Schema einer Nervenzelle

Fasertyp	Durchmesser (μ)	Leitungsgeschwindigkeit (m/sec)	Funktion (Beispiele)
A α	12 – 20	70 – 120	efferent zur Skelettmuskulatur, afferent von Muskelspindeln und Sehnen
A β	8 – 12	40 – 70	afferent von Mechanorezeptoren der Haut
A γ	5 – 8	30 – 45	efferent zu den Muskelspindeln
A δ	2 – 5	12 – 30	afferent von Thermo- und Schmerzrezeptoren der Haut
B	1 – 3	3 – 15	präganglionäre vegetative Fasern
C	0,3 – 1,5	0,5 - 2	postganglionäre vegetative Fasern

Tab. 2-1: *Klassifikation von Nervenfasern; Fasern des Typs A und B sind myelinisiert (nach: Asmus 1979; vgl. Birbaumer / Schmidt 1999)*

Zentralnervensystem leiten. Efferenzen werden Nervenfasern genannt, die Information vom Zentralnervensystem zur Skelettmuskulatur (motorische Efferenzen) oder zu Drüsen, glatter Muskulatur der Eingeweide oder zum Herzmuskel (vegetative Efferenzen) leiten (Abb. 2-7).

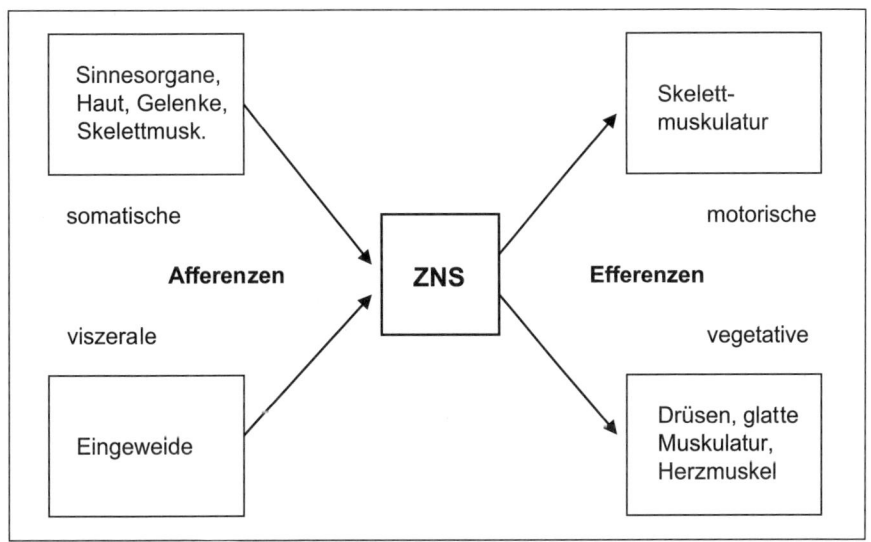

Abb. 2-7: *Klassifizierung der Nervenfasern entsprechend ihrer Herkunft und Funktion (vgl. Schmidt 1979)*

Grundlage der Informationsübertragung innerhalb neuro-muskulärer Systeme sind *Erregungsvorgänge an Nerv- und Muskelzellen*, die auf elektrischen und biochemischen Phänomenen basieren. An der Zellmembran entsteht aufgrund der unterschiedlichen Verteilung positiv und negativ geladener Ionen im intrazellulären gegenüber dem extrazellulären Raum eine elektrische Spannung, das *Membran- oder Ruhepotential*. Für die Aufrechterhaltung des Ruhepotentials sind passive (Diffusion) und aktive (Kalium-Natrium-Pumpe) Prozesse verantwortlich. Der aktive Ionentransport erfordert die Bereitstellung von Stoffwechselenergie.

Werden Zellen aktiv – im Sinne der Reizleitung der Nervenzelle, im Sinne der Kontraktion der Muskelzelle –, kommt es zu einer kurzzeitigen Änderung des Membranpotentials. Es entsteht ein *Aktionspotential* (Abb. 2-8). Der Depolarisierung der Membran, bei der überwiegend Natrium-Ionen in die Zelle einströmen, folgt zwingend die Repolarisation, bei der ein Ausstrom von Kalium-Ionen im Vordergrund steht. Über verschieden mögliche Formen der Nachpotentiale kehrt die Membran zum Ruhepotential zurück. Dieser Vorgang bzw. der Zustand der veränderten Ladung der Membran wird als Erregung bezeichnet. Während der gegenüber dem Ruhepotential veränderten Membransituation ist die Zelle refraktär d.h. Reize, die in dieser Zeit die Zelle erreichen, lösen keine Erregung aus. Entsprechend dem Verlauf des Aktionspotentials werden eine erste absolu-

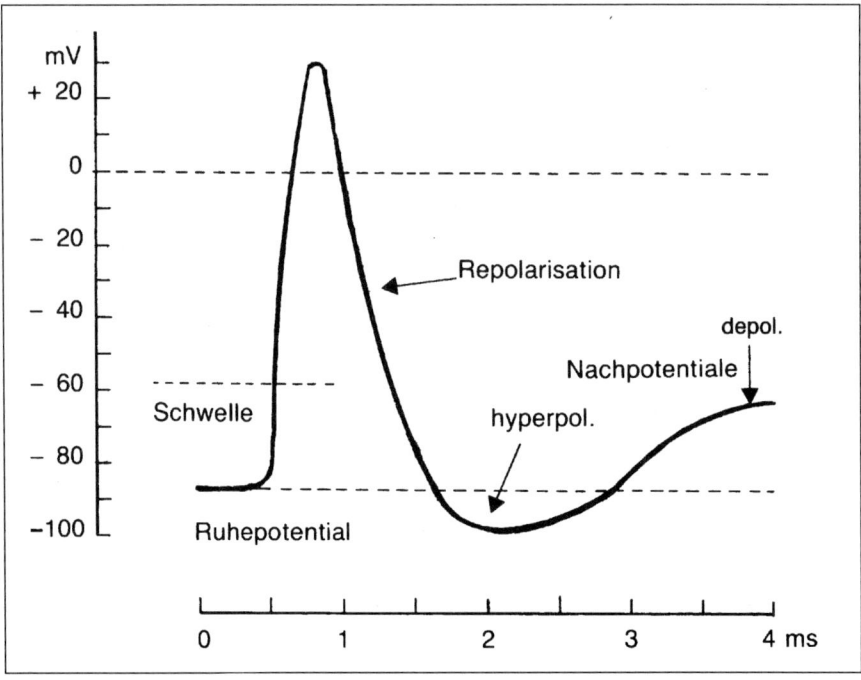

Abb. 2-8: Phasen eines Aktionspotentials

te Refraktärzeit und eine gegen Ende des Aktionspotentials folgende relative Refraktärzeit unterschieden.

Die Durchlässigkeit der Zellmembran für bestimmte Ionen scheint in Abhängigkeit von der Häufigkeit ihrer Nutzung veränderbar zu sein. Diese aus Tierversuchen bekannten Vorgänge werden als Grundlage von Lernprozessen bzw. Gedächtnisleistungen auch beim Menschen diskutiert.

Die *Wirksamkeit eines Reizes* ist abhängig von seiner Intensität, der Zeitdauer und der Anstiegssteilheit. Wird die Reizschwelle erreicht, so folgt die Erregung dem „Alles oder Nichts-Gesetz"; es wird ein typisches Aktionspotential ausgelöst. Für die Leitungsgeschwindigkeit einer Nervenfaser ist neben der Tatsache, ob sie myelinisiert oder unmyelinisiert ist, ihr Durchmesser von Bedeutung. Myelinisierte Nervenfasern mit großem Durchmesser leiten schneller als unmyelinisierte Fasern mit geringem Durchmesser. Eine hohe Leitungsgeschwindigkeit wird durch die saltatorische Leitung der myelinisierten Nervenfasern ermöglicht. Die Erregung wird hier nicht kontinuierlich fortgeleitet wie bei den unmyelinisierten Fasern, sondern „springt" von einem Ranvier'schen Schnürring (Abb. 2-6) zum nächsten. Tabelle 2-1 zeigt eine Klassifizierung von Nervenfasern entsprechend ihrem Durchmesser, der Leitungsgeschwindigkeit und ihrer möglichen Funktion.

Jede Nervenzelle empfängt Information von vielen anderen Nervenzellen oder Rezeptoren (*Prinzip der Konvergenz*) und gibt ihre Information an eine Vielzahl anderer Nervenzellen und / oder Effektoren über ihren Neuriten und seine Kollateralen ab (*Prinzip der Divergenz*).

Die *Erregungsübertragung* erfolgt durch Synapsen. Der Neurit und seine Kollateralen verbinden die Nervenzelle mit anderen Zellen; dieses können ebenfalls Nervenzellen, aber auch Muskel- oder Drüsenzellen sein. Nach dem jeweiligen Übertragungsort werden axo-axonische, axo-somatische und axo-dendritische Synapsen unterschieden (Abb. 2-9). Die Übertragung der Erregung vom Neuriten auf die Skelettmuskelfaser erfolgt durch eine *neuro-muskuläre Synapse*; diese wird auch als *motorische Endplatte* bezeichnet.

Der am häufigsten vorkommende Synapsen-Typ ist die chemische Synapse. Die Erregungsübertragung erfolgt hier durch Freisetzung chemischer Substanzen (Transmitter). Entsprechend ihrer Arbeitsweise werden *erregende und hemmende Synapsen* unterschieden.

Für die Funktion des Nervensystems sind Synapsen von zentraler Bedeutung, da ihre Wirksamkeit modifizierbar ist: *Synapsen sind bei häufigem Gebrauch „durchlässiger".* Sie übertragen die Erregung besser, wenn sie häufig benutzt werden (vgl. Abb. 3-3b). *Damit sind sie als Substrat für Lernprozesse, evtl. für Gedächtnisleistungen, und für die Plastizität des Nervensystems anzusehen.*

Elemente chemischer Synapsen sind die präsynaptische Endigung des Neuriten mit den synaptischen Bläschen (Vesikeln), die präsynaptische Membran, der synaptische Spalt und die subsynaptische bzw. die postsynaptische Membran (Abb. 2-9). Die synaptischen Bläschen enthalten die Überträgersubstanz. Wichtigste

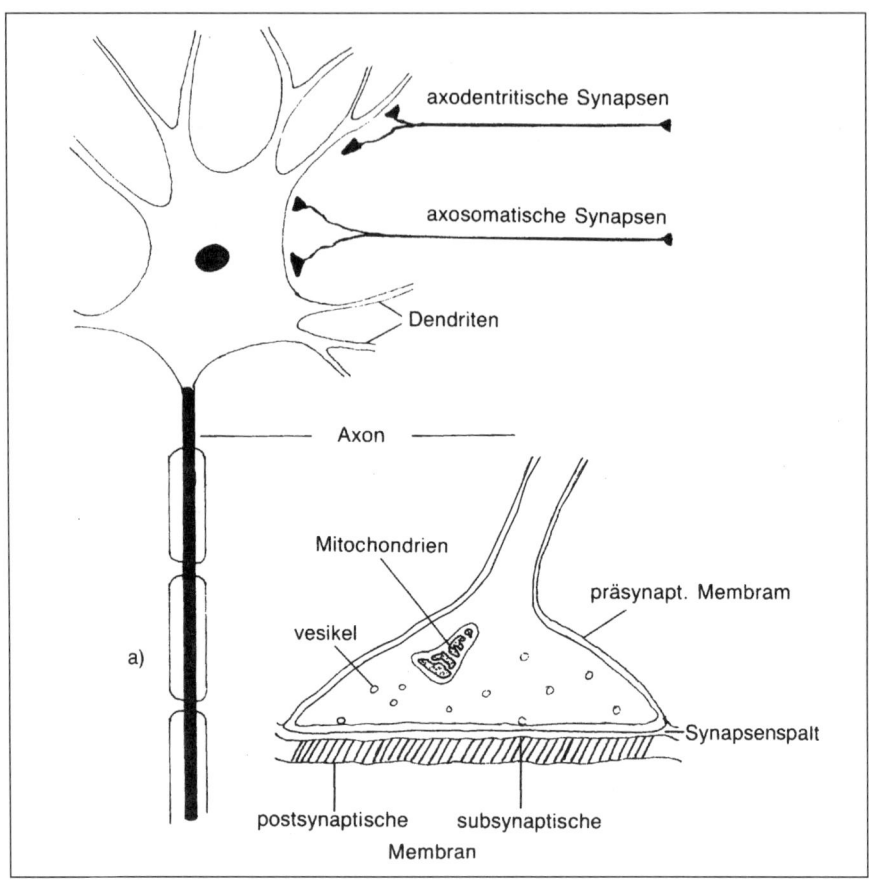

Abb. 2-9: Schema der synaptischen Kontakte und des Aufbaus einer Synapse

Überträgersubstanz (Transmitter) an peripheren Synapsen, auch an Synapsen des autonomen Nervensystems, ist Acetylcholin. Transmitter an zentralen Synapsen (in Rückenmark und Gehirn) sind bisher nur teilweise bekannt. Als weitere Überträgerstoffe wirken Katecholamine (Adrenalin, Noradrenalin, Dopamin) und Serotonin. Transmitterfunktion wird auch einigen Aminosäuren zugeschrieben.

Die genaue Kenntnis der Wirkungsweise spezifischer synaptischer Überträgerstoffe ist von hoher Bedeutung für die Pharmakologie. So ist zum Beispiel die Wirkung von Curare, einem Pfeilgift südamerikanischer Indianer seit langem bekannt: es hemmt die Wirkung von Acetylcholin und blockiert damit die neuromuskuläre Erregungsübertragung. Dieses führt zur Erschlaffung der Muskulatur. Entsprechende Muskelrelaxantien können innerhalb der Chirurgie gezielt während der Narkose angewandt werden. Auch die meisten Drogen wirken ebenso wie Psychopharmaka über Eingriffe in den Transmitter-Stoffwechsel, die Neurotransmitter selbst oder ihre Rezeptoren.

Bei der Erregungsübertragung an der Synapse – zum Beispiel an der motorischen Endplatte – depolarisiert ein Aktionspotential, das von einem motorischen Nerven geleitet wird, die präsynaptische Membran. Dadurch wird die Transmitterausschüttung ausgelöst: Acetylcholin wird in den synaptischen Spalt freigesetzt. Das Acetylcholin beeinflusst die Ionendurchlässigkeit der subsynaptischen Membran und löst durch die Depolarisierung der Membran ein Aktionspotential an der Muskelfasermembran aus. Das Acetylcholin wird im synaptischen Spalt durch das Ferment Cholinesterase in Cholin und Essigsäure aufgespalten, zum größten Teil wieder in die präsynaptische Endigung aufgenommen und mit Hilfe von Fermenten zu Acetylcholin resynthetisiert (Abb. 2-10).

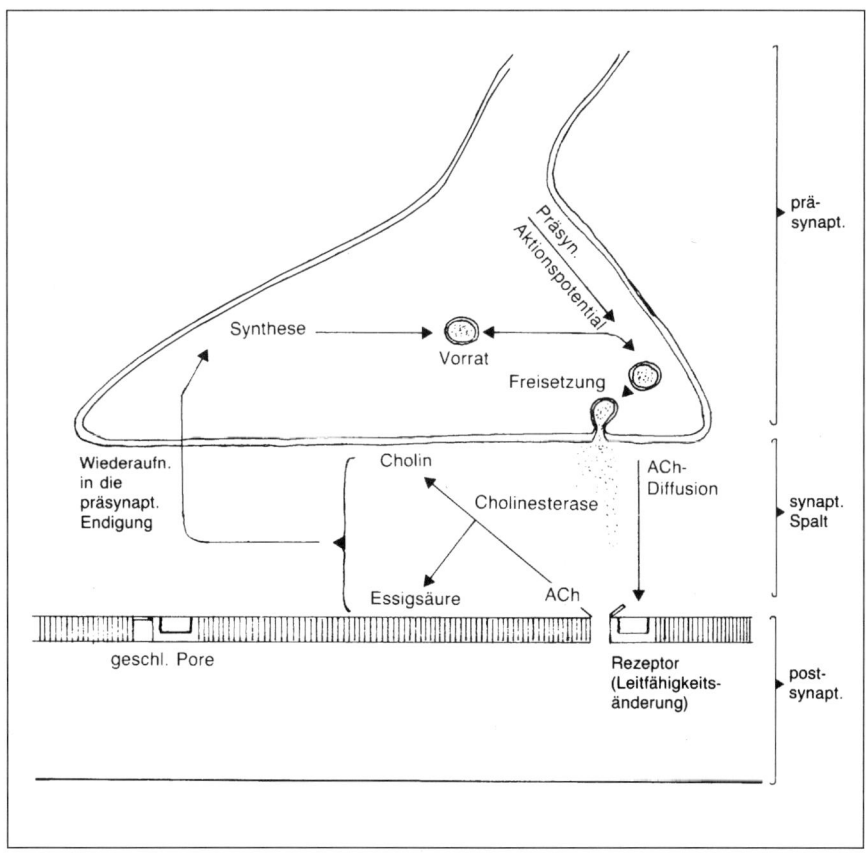

Abb. 2-10: Acetylcholinstoffwechsei – Zyklus an der motorischen Endplatte (nach: Schmidt 1987)

Während der Mechanismus der Erregungsübertragung an der motorischen Endplatte im Prinzip auch für die zentralnervösen Synapsen gilt, sind die Verhältnisse hier ungleich komplizierter. Zentrale Neuronen besitzen eine Vielzahl von axosomatischen und axo-dendritischen Synapsen. Neben erregenden sind auch hemmende Synapsen vorhanden. Da die erregenden postsynaptischen Potentiale hier in der Regel unterschwellig sind, kommt es nur bei einer genügenden Anzahl gleichzeitig tätiger Synapsen zu einer Erregung. *Hemmende Synapsen sind in der Lage, aktiv den Erregungszustand eines Neurons herabzusetzen. Sie sind von großer funktioneller Bedeutung für neuro-muskuläre Systeme, da sie die Modulation von Bewegungen ermöglichen.*

2.2.2 Der Muskel

Innerhalb der Muskulatur des Menschen können aufgrund ihrer Feinstruktur und ihrer Funktion die quergestreifte Skelettmuskulatur, die glatte Muskulatur der Eingeweide und der Herzmuskel, der mit glatter und quergestreifter Muskulatur eine Zwischenstellung innehat, unterschieden werden. Im Folgenden werden nur Struktur und Funktion der Skelettmuskulatur dargestellt.

Der *Skelettmuskel* besteht aus einer Vielzahl von parallel verlaufenden Muskelfasern, den eigentlichen Muskelzellen, die an beiden Enden des Muskels in die bindegewebige Sehne übergehen. Grundsätzlich sind zwei Muskelfasertypen zu unterscheiden: helle (weiße) Fasern, die phasisch arbeiten, also schnell reagieren, und dunkle (rote) Fasern, die tonisch arbeiten, also eine langsame Kontraktionsgeschwindigkeit aufweisen (Tab. 2-2). Beide Fasertypen sind biochemisch, bioelektrisch und histologisch zu unterscheiden. Beim Menschen gibt es keine rein phasisch oder rein tonisch arbeitenden Muskeln. Beide Fasertypen kommen in jedem Muskel vor. Die einzelnen Anteile sind aber unterschiedlich zahlreich vertreten entsprechend der Beanspruchungsform eines Muskels, je nachdem ob überwiegend statische oder dynamische Arbeit geleistet wird. Durch spezielles Training scheint eine Beeinflussung der Arbeitsweise eines Muskels und damit des Verhältnisses seiner phasischen und tonischen Fasern möglich zu sein.

Die *Kontraktion als Arbeitsform des Muskels* wird durch die Erregungsleitung von einer motorischen Nervenfaser über die motorische Endplatte auf einen Muskel ausgelöst. Dabei wird die Erregung einer Nervenzelle auf eine Vielzahl von Muskelzellen übertragen. Die motorische Nervenzelle (Motoneuron) und die Anzahl der von ihr innervierten Muskelfasern werden als *motorische Einheit* bezeichnet. Die Größe einer motorischen Einheit, also die Anzahl der von einer Nervenzelle erregten Muskelfasern ist abhängig von der notwendigen Differenzierung oder Feinabstufung der Innervation eines Muskels: *Kleine motorische Einheiten* mit nur etwa 10 Muskelfasern pro Motoneuron finden sich z.B. in der Muskulatur des Auges oder der Finger, die hoch differenzierte, feinmotorische Bewegungen ermöglicht. Die Muskulatur des Rumpfes oder der Beine, die eher grobmotorisch beansprucht wird, enthält dagegen *große motorische Einheiten* mit bis zu 1000 oder mehr Muskelfasern pro Motoneuron.

Die *Feinstruktur der Muskelfaser* ist Grundlage der Kontraktion. Sie enthält parallel angeordnete kontraktile Eiweißstrukturen, die Myofibrillen. Die Myofibrillen verursachen die charakteristische Querstreifung der Skelettmuskulatur durch die regelmäßige Folge von im Licht doppelt brechenden, dunklen anisotropen und einfach brechenden, helleren isotropen Anteilen. Diese werden als A-Bänder (anisotrop) und I-Bänder (isotrop) bezeichnet. In der Mitte jedes I-Bandes liegt ein feiner dunklerer Streifen, die Zwischenscheibe oder Z Scheibe. Innerhalb des A-Bandes befindet sich die etwas hellere H Zone (Abb. 2-11).

Die kleinste funktionelle Einheit des Muskels ist das *Sarkomer*, das jeweils den Abschnitt zwischen zwei Z-Scheiben einnimmt. Als Feinstruktur des Sarkomers können die Myofilamente benannt werden, die aus unterschiedlich dicken, parallel orientierten Eiweißstrukturen bestehen. Die dünnen Myofilamente bestehen aus Aktin, die etwas dickeren aus Myosin; die I-Bänder werden also überwiegend aus Aktin, die A-Bänder aus Myosin gebildet. Die Z-Scheiben entstehen durch die Verbindung der Aktin-Filamente zweier aneinander grenzender Sarkomere. Die A-Bänder enthalten im mittleren Teil nur Myosin (H-Zone), in den seitlichen Bereichen sowohl Myosin als auch Aktin. Bei der Kontraktion des Muskels

Eigenschaft	phasisch	tonisch (postural)
Funktion	vorwiegend Bewegungsfunktion	vorwiegend Haltefunktion
Ermüdbarkeit	stärker	geringer
Reaktion	schneller	langsamer
Phylogenese	jünger	älter
Fasertyp	vorwiegend ‚fast twitch-Fasern' bzw. FT- oder Typ-II-Fasern; helle (weiße) Fasern	vorwiegend ‚slow twitch'-Fasern' bzw. ST- oder Typ-I-Fasern; dunkle (rote) Fasern
Steuerung	überwiegend alpha-1-Motoneurone	überwiegend alpha-2-Motoneurone
Kontraktionszeit	ca. 30 ms	ca. 80 ms
Reaktion auf Überlastung	Abschwächung	Verkürzung

Tab. 2-2: Charakteristik phasischer und tonischer Muskulatur (nach: Spring 1981; Hollmann 2000)

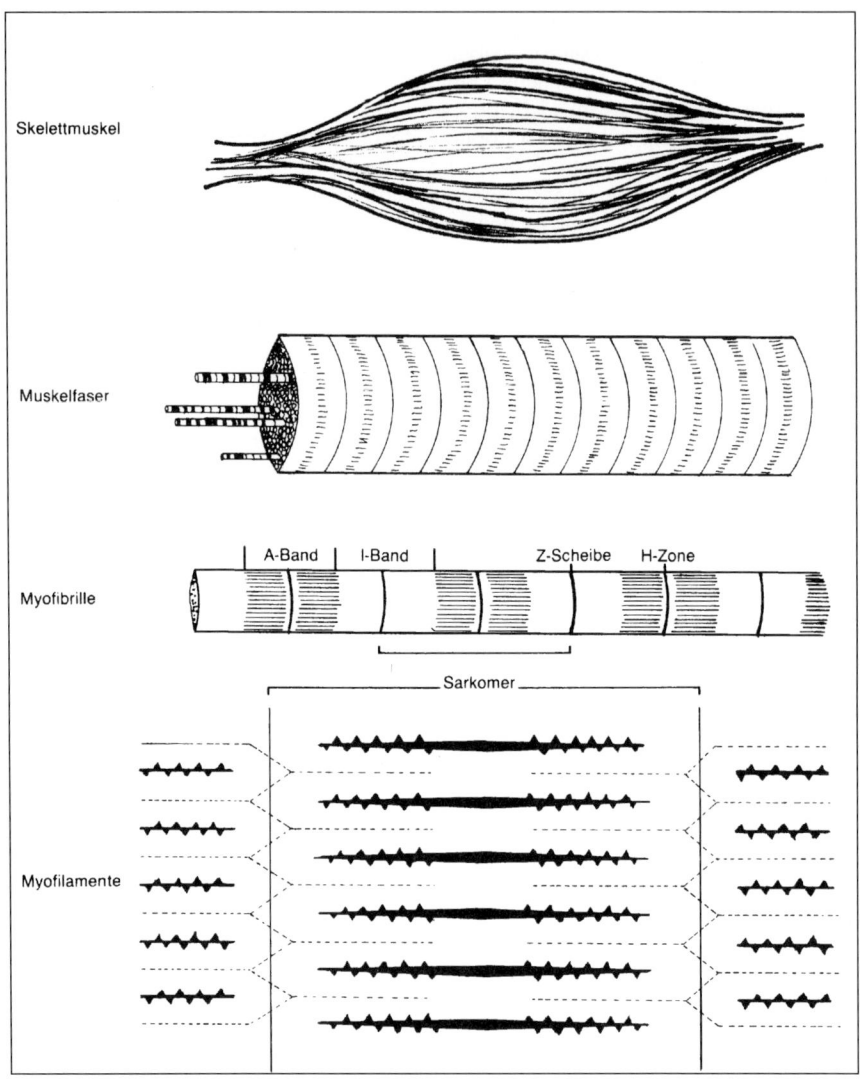

Abb. 2-11: Schema der Struktur eines Skelettmuskels

werden Brücken zwischen den Aktin- und Myosinfilamenten hergestellt, die sich verkürzen. Bei diesem Vorgang werden die Aktinfilamente zwischen die Myosinfilamente gezogen (Theorie der gleitenden Filamente). Die I-Bänder erscheinen verkürzt (Abb. 2-12). Bei der der Kontraktion folgenden Erschlaffung lösen sich die Brücken und die Filamente gleiten passiv in ihre Ausgangslage zurück.

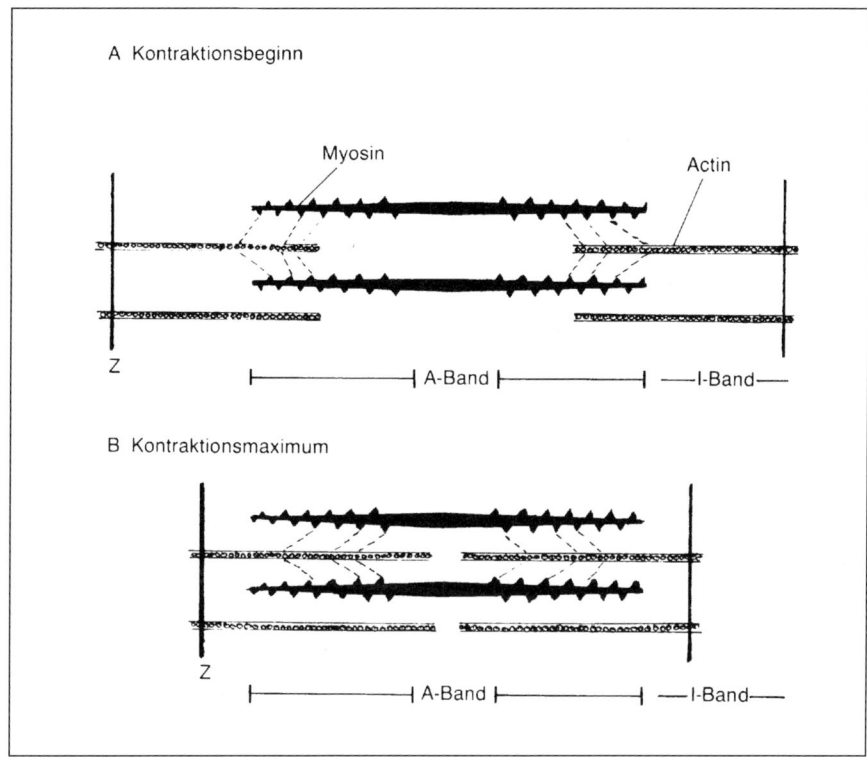

Abb. 2-12: Mechanismus der Muskelkontraktion

Die *Kontraktion des Muskels* wird also durch die Depolarisation der subsynaptischen Membran verursacht, indem diese in das Innere der Muskelfaser durch das endoplasmatische Retikulum, das aus zwei Systemen von Hohlräumen (transversale und longitudinale Tubuli, T und L-Systeme) besteht, fortgeleitet wird. Die Änderung des Membranpotentials löst die Reaktion der Myofilamente aus (Aktin-Myosin-Brückenbildung → Gleiten der Filamente): Die Muskelfaser verkürzt sich. Dieser Vorgang wird als *elektro-mechanische Koppelung* bezeichnet. Die Energie für diesen Prozess wird primär durch die Spaltung energiereicher Phosphate (ATP) bereitgestellt. Von besonderer Bedeutung ist dabei die intrazelluläre Konzentration von Kalzium-Ionen, die vom sarkoplasmatischen Retikulum, dem L-System, kontrolliert wird.

Die Arbeitsweise der Skelettmuskulatur ermöglicht zwei grundsätzlich unterschiedliche Formen der Kontraktion: die isotonische und die isometrische Kontraktion.

- Die *isotonische Kontraktion* ist gekennzeichnet durch eine Längenänderung, die Verkürzung des Muskels. Ursprung und Ansatz, die Anheftungsstellen des Muskels mit seinen Sehnen am Skelett, werden einander genähert.

- Bei der *isometrischen Kontraktion* ist keine Längenänderung des Muskels sichtbar, obwohl auch hier die Sarkomere verkürzt werden können, wenn die Sehnen gedehnt werden. Typisch für die isometrische Kontraktion ist aber die Zunahme der Muskelspannung ohne gleichzeitige Verkürzung.
- Bei einer *auxotonischen Kontraktion* treten gleichzeitig sowohl eine Längenänderung als auch eine Zunahme der Spannung im Muskel auf; es liegt also eine Mischform isotonischer und isometrischer Kontraktion vor.

Darüber hinaus können als Mischformen isometrischer und isotonischer Kontraktion Unterstützungszuckungen unterschieden werden. Bei der Unterstützungszuckung kommt es erst zu einer Spannungsänderung, dann zu einer Veränderung der Länge. Bei der Anschlagszuckung sind die Verhältnisse umgekehrt: einer Längenänderung folgt die Spannungsänderung.

Erreicht ein Reiz die für eine Reaktion notwendige Schwelle, so *folgt die einzelne Muskelfaser wie die Nervenzelle dem „Alles oder Nichts-Gesetz"*. Die ausgelöste Kontraktion kann durch eine Verstärkung des Reizes in der Verkürzungsamplitude oder im Spannungsgrad nicht verändert werden. *Die Stärke der Kontraktion eines ganzes Muskels ist dagegen abstufbar.* Sie hängt von der Anzahl der innvierten motorischen Einheiten und von der Erregungsfrequenz innerhalb der einzelnen motorischen Einheit ab. Das Aktionspotential und damit die Refraktärzeit einer Muskelfaser ist im Vergleich zur Nervenzelle sehr kurz. Das führt dazu, dass bei großer Reizfrequenz die Muskelfaser vor der vollständigen Erschlaffung wieder erregt wird. Es kommt zu einer *Überlagerung der Potentiale (Superposition)* und schließlich zum *Tetanus*. Beim vollständigen Tetanus können einzelne Kontraktionen nicht mehr unterschieden werden; es entsteht eine Dauerkontraktion, ein Plateau. Die *maximale Kraft eines Muskels* wird erreicht, wenn alle parallelen Fasern eines Muskels tetanische Kraft entwickeln.

Der Muskel ist elastisch; seine Länge veränderbar. Die *Dehnung* geschieht einerseits auf der Ebene der Myofilamente: Die Sarkomere werden länger, indem die I-Bänder verbreitert werden; die A-Bänder bleiben unverändert. Andererseits erfolgt bei der Muskeldehnung auch eine Verlängerung der passiv elastischen Elemente, der Sehnen.

Die Dehnungskurve (Abb. 2-13) zeigt das Verhältnis der zur Dehnung eines Muskels benötigten Kraft zu seiner Länge. Eine Dehnung bis zur etwa 1,8-fachen Länge eines Muskels ist ohne Schädigung möglich. Dehnungen größeren Ausmaßes führen zu Muskelfaserrissen. Die Entdehnungskurve deckt sich nicht mit der Dehnungskurve. Ein Teil der in die Dehnung investierten Arbeit geht durch „innere Reibung" verloren. Der Muskel geht nicht auf seine Ruhelänge zurück, es bleibt ein Dehnungsrest zurück.

Für die Kraftentwicklung ist die Ausgangslänge eines Muskels von Bedeutung.
- Sie erfolgt maximal, wenn sich der Muskel etwa in seiner *Ruhelänge* befindet.
- Wird der Muskel vor Beginn einer *Kontraktion* nicht bis zu seiner Ruhelänge gespannt, ist nur eine eingeschränkte Kraftentwicklung möglich. So wird bei einer gezielten Kräftigung der Bauchmuskulatur durch ein Aufrollen des Rump-

fes aus der Rückenlage eine gleichzeitige – unerwünschte – Aktivität der Hüftbeugemuskulatur verhindert oder zumindest eingeschränkt, indem die Hüftgelenke gebeugt werden durch eine Stufenlagerung der Beine oder ein Aufstellen der Füße nahe dem Gesäß: Ursprung und Ansatz der Hüftbeugemuskulatur sind einander dadurch stark genähert.

– Im sportlichen Training spielt aber auch die *Vordehnung* eine Rolle: Bei einer großen Zahl sportlicher Bewegungsabläufe werden Ausholbewegungen entsprechend der Vordehnung eingesetzt. Abbildung 2-13 zeigt die Kurve der Kraftentwicklung in Abhängigkeit von der Länge des Muskels. Der Muskel entwickelt in einem Bereich von 70 bis 180 % seiner Ruhelänge Kraft. Diese Tatsache wird bedingt durch die Feinstruktur der Muskelfaser. Die jeweilige Lage der Aktin- und Myosinfilamente zueinander ist die Ursache für die Abhängigkeit der Kontraktionskraft von der Vordehnung des Muskels. Die optimale Kontraktion erfolgt, wenn sich auf der gesamten Länge der Myofilamente Brücken bilden (vgl. Abb. 2-12). Bei maximaler Dehnung sind die Sarkomere so weit auseinandergezogen, dass sich zwischen den Aktin- und Myosinfilamenten keine Brücken mehr bilden können. Befindet sich der Muskel schon in einem Verkürzungszustand, ist ein weiteres Gleiten der Filamente nur so weit möglich, bis sie sich in Kontakt mit den Z-Scheiben befinden.

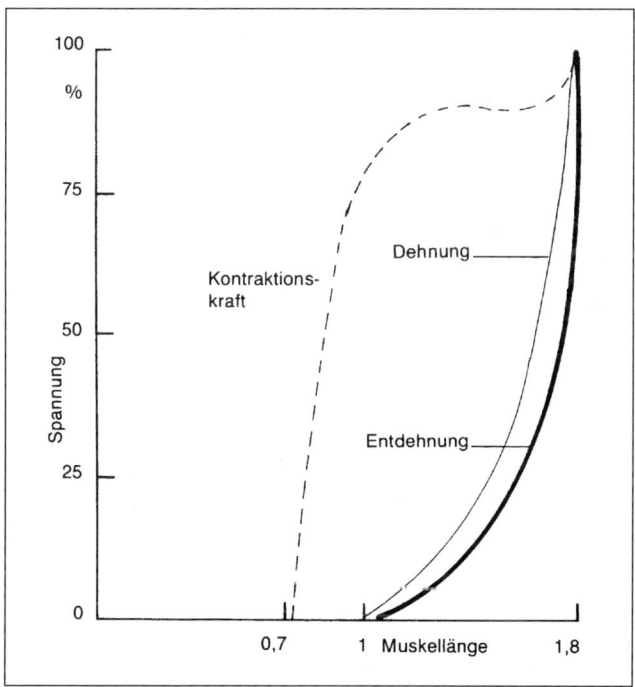

Abb. 2-13: Abhängigkeit der Kraftentwicklung eines Muskels von seiner Länge; Dehnung und Entdehnung

Die Beziehung zwischen der *Kontraktionsgeschwindigkeit* und der entwickelten Kraft ist ebenfalls durch die Arbeitsweise der Myofilamente bedingt. Je schneller eine Bewegung geschieht, desto geringer ist die Anzahl der Brücken, die zwischen Aktin- und Myosinfilamenten entstehen kann. Die Kraftentwicklung steht in Abhängigkeit von der Zahl der Brücken, die sich in einer Zeiteinheit bilden. Mit der Höhe der Geschwindigkeit einer Kontraktion nimmt also die Kraft ab. Die größte Kraft kann ein Muskel demnach entwickeln, wenn er sich so gut wie gar nicht verkürzt. Dieses ist der Fall bei der isometrischen Kontraktion.

Eine besondere Art muskulärer Aktivität stellt der *Muskeltonus* dar. Als Muskeltonus wird der Spannungszustand eines ruhenden Muskels bezeichnet. Auch bei subjektiver Entspannung ist eine Grundspannung der Muskulatur vorhanden. Der Muskeltonus entsteht durch die Summe der Einzelzuckungen vieler Fasern, die asynchron mit niedriger Frequenz erregt werden. Er spielt eine Rolle im Wärmehaushalt des Menschen (Muskelzittern); im Zusammenhang mit der Sicherung der Körperhaltung stellt ein angemessener Muskeltonus auch die Basis für eine gute Bewegungskoordination dar. Die Höhe des Muskeltonus wird zentralnervös geregelt; sie ist wesentlich auch von psychischen Faktoren abhängig (z.B. Zittern aus Angst, Wut oder Freude).

2.2.3 Die Sinnesorgane

Sinnesorgane mit ihren jeweils spezifischen Rezeptoren sind Orte der Informationsaufnahme im Organismus. Sie vermitteln Informationen über den Zustand bzw. Veränderungen der Umwelt wie auch des Körpers selbst. Diese Informationen werden über afferente Nervenfasern zum Zentralnervensystem geleitet und dort verarbeitet. Nur ein Teil der durch die Rezeptoren vermittelten Informationen wird bewusst wahrgenommen.

Rezeptoren

Als Rezeptoren werden *spezialisierte Zellen* bezeichnet, *die auf eine jeweils spezifische Reizqualität reagieren können*. Es sind häufig, aber nicht ausschließlich Nervenzellen. Rezeptoren können einfach strukturiert als freie Nervenendigungen im Gewebe – zum Beispiel in der Haut – liegen oder zusammen mit spezialisierten Zellen anderer Gewebe komplexe Sinnesorgane wie zum Beispiel das Auge bilden. Ein adäquater Reiz ausreichender Stärke – ein überschwelliger Reiz – führt zu einer Veränderung des Membranpotentials; an der mit dem Rezeptor verbundenen sensiblen Nervenzelle löst er Aktionspotentiale aus, die über deren Axon fortgeleitet werden. Entsprechend ihrer Spezialisierung auf bestimmte Reizqualitäten werden folgende Rezeptortypen unterschieden:

- *Mechanorezeptoren* reagieren auf Zug und Druck am Rezeptor selbst oder im Bereich des umgebenden Gewebes; sie befinden sich zum Beispiel in der Haut. Auch die Muskelspindel gehört als Dehnungsrezeptor zu den Mechanorezeptoren.
- *Thermorezeptoren* zum Beispiel in der Haut reagieren auf Temperaturveränderungen,

- *Photorezeptoren* im Auge reagieren auf Licht;
- *Chemorezeptoren*, die auf chemische Stoffe reagieren, liegen zum Beispiel in den Riechfeldern der Nase und den Geschmacksknospen im Mund- und Rachenraum. Chemorezeptoren spielen aber auch zum Beispiel für die Steuerung der Atmung (Sauerstoff, Kohlendioxid) und des Stoffwechsels (Glukose) eine wichtige Rolle.
- *Schmerzrezeptoren (Nozizeptoren)* reagieren auf Schädigungen des Gewebes; allerdings können alle Reize extrem hoher Intensität Schmerz auslösen.

Entsprechend ihrer Lage im Körper bzw. ihres Informationsgehaltes werden Exterozeptoren und Interozeptoren unterschieden. Zu den *Exterozeptoren* gehören die Rezeptoren in Auge und Ohr, aber auch die Geruchs- und Geschmacksrezeptoren und die Rezeptoren der Haut. Die *Interozeptoren* nehmen Informationen aus dem Körper selbst auf: Viszerozeptoren aus den Eingeweiden, Propriozeptoren aus dem Bewegungsapparat (aus Muskeln, Sehnen, Bändern und Gelenken, aber auch aus dem Vestibularapparat). Propriozeptoren und Exterozeptoren werden zusammen auch als *Somatozeptoren* den Viszerozeptoren gegenübergestellt; Viszerozeptoren befinden sich in den Eingeweiden wie zum Beispiel Magen, Darm, Leber, Lunge und Herz.

Die *Somatozeptoren* sind im wesentlichen für die *Steuerung und Regelung der Motorik* von Bedeutung. Sie informieren über die Länge und den Spannungsgrad der Muskulatur durch Muskel- und Sehnenspindeln, über die Stellung der einzelnen Körperteile zueinander durch Rezeptoren in den Gelenken, den Bändern und der Haut sowie über die Stellung bzw. Lage des Körpers im Raum durch die Rezeptoren des Vestibularapparates. Hinzu kommen Informationen über den umgebenden Raum durch die Rezeptoren des Auges und des Ohres sowie der Haut, hier speziell der Rezeptoren, die taktile Informationen registrieren.

Die Empfindung, die über ein spezifisches Rezeptorsystem erfolgt, wird als „*Sinnesmodalität*" bezeichnet. Hierzu gehören die klassischen „fünf Sinne" Sehen, Hören, Tasten, Riechen und Schmecken; hinzu kommen aber weitere Modalitäten wie Schmerz-, Temperatur-, Gleichgewichtsempfindung und andere (vgl. Gibson 1982).

Problematisch erscheint in diesem Zusammenhang der Begriff der *Propriozeption*, der Informationsaufnahme über die Propriozeptoren, der gegenüber dem der Kinästhesie nicht eindeutig abgegrenzt werden kann. Propriozeption steht für „Eigenwahrnehmung", Kinästhesie bedeutet dem Wortsinn nach „Bewegungswahrnehmung". Physiologisch bezieht sich Propriozeption im engeren Sinne auf die Information über Muskelspindeln und Gelenkrezeptoren, im weiteren Sinne kommt die Information über den Vestibularapparat hinzu. Gibson (1982) weist jedoch darauf hin, dass eine Eigenwahrnehmung nicht nur aus Muskeln, Gelenken und dem Vestibularapparat, sondern auch aus der Haut, über das Gehör und durch den Gesichtssinn erfolgt. *Kinästhesie* ist nach Gibson (1982, 147) „fast dasselbe wie Propriozeption. ... (Sie) ist bei allen funktionalen Wahrnehmungssystemen beteiligt." Kinästhesie ist jedoch nicht als spezifische Empfindung zu verstehen; sie stellt keine eigene Sinnesmodalität dar.

Hautsensibilität

Die Haut stellt die Begrenzung des Organismus nach außen dar; sie gilt als *Kontaktorgan, das zwischen Körper und Umwelt vermittelt.* Sie enthält zahlreiche Rezeptoren, die Informationen aus dem umgebenden Raum, der Außenwelt, aufnehmen, aber auch die Wahrnehmung der eigenen Körperoberfläche, der Körpergrenzen, ermöglichen.

Die Haut enthält Mechano-, Thermo- und Schmerzrezeptoren. Die Verteilungsdichte der Rezeptoren in der Haut entspricht dem Grad der Empfindlichkeit der jeweiligen Region; so haben die Fingerspitzen und die Innenflächen der Finger und der Hand mit etwa 17.000 Mechanorezeptoren die größte Sensibilität (vgl. Birbaumer & Schmidt 1999).

Als Rezeptoren der Haut wirken Dendriten sensibler Neuronen, die als *freie Nervenendigungen oder als „eingekapselte Endorgane"* (vgl. Kahle 2001) eingebettet in spezielle Haut- oder Bindegewebsstrukturen auf unterschiedliche Reizqualitäten reagieren; die zugehörigen Afferenzen sind markhaltige, also schnell leitenden Nervenfasern (vgl. Tab. 2-1).

Mechanorezeptoren, die auf Berührung, Druck und Vibration reagieren (Abb. 2-14a/b), sind

– freie Nervenendigungen, die die Haarwurzeln umgeben,
– Merkelsche Tastscheiben und Merkelzellen, die den Haarwurzeln angelagert sind, aber auch in haarlosen Hautarealen vorkommen,
– Meissnersche Tastkörperchen, die als ovale, lamellenartig geschichtete Strukturen erscheinen,
– längliche Ruffinische Körperchen und
– Vater-Pacinische Lamellenkörperchen, relativ große, bis zu 4 mm lange, aus konzentrisch geschichteten Lamellen bestehende Strukturen.

Während die oberflächlich liegenden freien Nervenendigungen, Merkelschen Zellen bzw. Tastscheiben und Meissnerschen und Ruffinischen Tastkörperchen eher Berührung registrieren, also die *Oberflächensensibilität* vermitteln, reagieren die in tieferen Hautarealen gelegenen Vater-Pacinischen Lamellenkörperchen auf Druck und Vibration; sie gelten damit in der Haut als Empfänger der *Tiefensensibilität*. Vater-Pacinische Lamellenkörperchen finden sich nicht nur in der Haut, sondern auch in der Knochenhaut, in Sehnen, Gelenken und Faszien.

Die verschiedenen Mechanorezeptoren unterscheiden sich darüber hinaus hinsichtlich ihrer Empfindlichkeit für die *Konstanz* eines Reizes, aber auch im Hinblick auf die Parameter *Intensität, Geschwindigkeit und Beschleunigung eines Reizes* (Tab. 2-3). Dieses gewährleistet die notwendige Differenzierung komplexer taktiler Empfindungen als Grundlage der hohen Sensibilität menschlicher Haut.

Thermorezeptoren, die nicht nur in der Haut, sondern überall im Organismus die Temperatur kontrollieren, sind spezialisiert auf die Registrierung von Wärme oder Kälte; als verantwortliche Rezeptoren kommen vor allem freie Nervenendigungen in Frage. In Zusammenarbeit von Warm- und Kaltrezeptoren werden Temperaturunterschiede in dem Bereich von 10 bis 45° C registriert. Temperaturen

langsame Adaptation			mittelschnelle Adaptation		sehr schnelle Adaptation
Ruffini-Körper	Merkel-Zelle	Tastscheibe	Meissner-Körper	Haarfollikel-Rezeptor	Pacini-Körper

Abb. 2-14a: Mechanorezeptoren der Haut (nach: Birbaumer / Schmidt 1999)

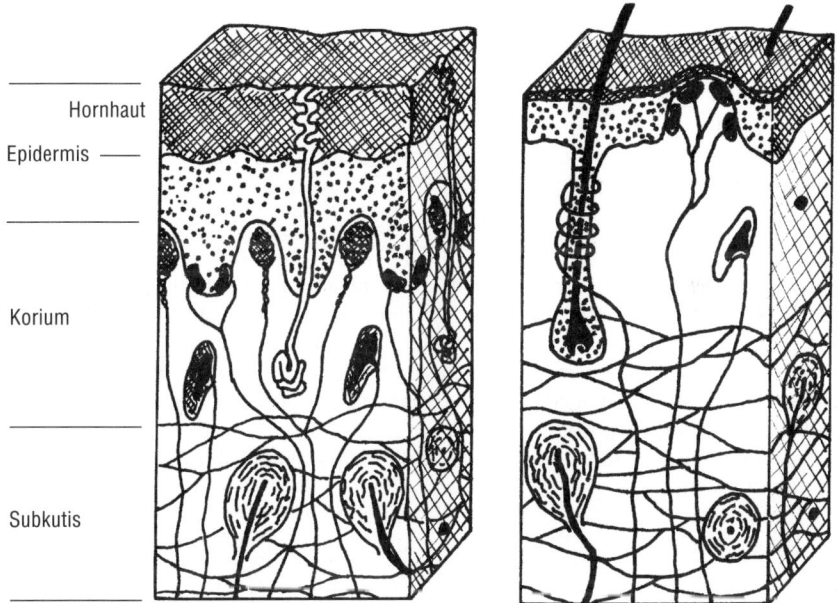

Abb. 2-14b: Verteilung der Mechanorezeptoren in der Haut (links unbehaart: rechts behaart); Epidermis − Oberhaut, Korium − Lederhaut, Subkutis − Unterhaut (nach: Birbaumer / Schmidt 1999)

Adaptation bei konstantem Druckreiz:			
	langsam	mittelschnell	sehr schnell
unbehaarte Haut	Merkelzellen, Ruffinische Körperchen	Meissnersche Tastkörperchen	Vater-Pacinische Lamellenkörperchen
behaarte Haut	Merkelsche Tastscheiben, Ruffinische Körperchen	Nervenendigungen a. d. Haarwurzeln	Vater-Pacinische Lamellenkörperchen
Adäquater Reiz:	Druck (Intensitätsdetektor)	Berührung (Geschwindigkeitsdetektor)	Vibration (Beschleunigungsdetektor)

Tab. 2-3: *Klassifikation der Mechanorezeptoren (nach: Birbaumer / Schmidt 1999)*

außerhalb dieses Bereiches werden eher als Schmerz empfunden und können kaum differenziert werden (vgl. Schäffler & Schmidt 1996).

Auch als *Schmerzrezeptoren* funktionieren überwiegend freie Nervenendigungen, die nicht nur in der Haut, sondern in vielen anderen Körperregionen vorkommen. Entsprechend der Lokalisation wird somatischer Schmerz (Oberflächen- und Tiefenschmerz) und viszeraler Schmerz (Eingeweideschmerz) unterschieden. Schmerzrezeptoren sind polymodal, d.h. sie reagieren auf verschiedene Reize: mechanische Reize (Quetschung, Nadelstiche, u.a.), thermische Reize (Hitze, Kälte) und chemische Reize (Substanzen, die z.B. bei Schädigung von Gewebe freigesetzt werden).

Schmerzempfindung hat eine Signal- und Warnfunktion; der Schmerz wirkt als Antrieb zur Vermeidung.

Die Empfindung eines Schmerzes wird allerdings auch stark von der subjektiven Einstellung beeinflusst. Neben den rein sensorischen Phänomenen hat Schmerz immer – mehr oder weniger deutlich – auch eine emotional-affektive, vegetative und motorische bzw. psychomotorische Komponente, nicht selten auch eine soziale Funktion (vgl. Birbaumer & Schmidt 1999).

Tiefensensibilität

Als Tiefensensibilität wird die *Empfindung von Muskelspannung und Gelenkstellung* bezeichnet. Dabei werden drei Empfindungsqualitäten unterschieden: Stellungs-, Bewegungs- und Kraftsinn.

- Der *Stellungssinn* gibt Auskunft über die Winkelstellung der Gelenke, damit über Lage und Stellung des Körpers im Raum.
- Der *Bewegungssinn* registriert Richtung und Geschwindigkeit einer Bewegung; das gilt gleichermaßen für aktive wie für passive Bewegungen.
- Der *Kraft- oder auch Widerstandssinn* gibt das Ausmaß aufgewendeter Muskelkraft wieder.

Die Rezeptoren der Tiefensensibilität liegen in den Gelenken sowie in Muskeln und Sehnen.

Innerhalb der Gelenke befinden sich Rezeptoren, die den Mechanorezeptoren der Haut entsprechen, insbesondere Vater-Pacinische Lamellenkörperchen, aber auch Ruffinische Körperchen. Gelenkrezeptoren sind überwiegend an der *Vermittlung des Bewegungssinns* beteiligt; Mechanorezeptoren der Haut unterstützen diese, indem bei Gelenkbewegungen die umgebende Haut gedehnt oder gestaucht wird. Freie Nervenendigungen innerhalb der Gelenke wirken wahrscheinlich als Schmerzrezeptoren.

Innerhalb der Muskulatur sind Muskelspindeln und Golgi-Sehnenorgane die für die Tiefensensibilität verantwortlichen Rezeptoren. Muskelspindeln registrieren als Dehnungsrezeptoren vorwiegend die Länge eines Muskels, die Sehnenorgane messen dessen Spannung. Die Muskelspindeln vermitteln den *Stellungs- und Bewegungssinn* und – zusammen mit den Golgi-Sehnenorganen – den *Kraftsinn* (vgl. Birbaumer & Schmidt 1999).

Muskelspindeln befinden sich in jedem Muskel in großer Zahl. Ihre *Verteilungsdichte* (Anzahl pro Gramm Muskelgewebe) ist besonders hoch in kleinen Muskel, die an fein differenzierten Bewegungen beteiligt sind, zum Beispiel den Muskeln der Finger. Die Anzahl der Sehnenorgane ist geringer als die der Muskelspindeln; auf je 100 Muskelspindeln kommen etwa 50 – 80 Sehnenorgane (Birbaumer & Schmidt 1999; vgl. Schmidt & Schaible 2001).

Die Muskelspindel (Abb. 2-15) besteht aus einer bindegewebigen Kapsel, die kurze, dünne, spezialisierte Muskelfasern enthält. Diese werden als *intrafusale Fasern* bezeichnet – im Gegensatz zu den gewöhnlichen Fasern des Muskels, den sog. extrafusalen Fasern. Die Muskelspindel mit den intrafusalen Fasern ist parallel zu den extrafusalen Fasern des Muskels angeordnet und über Bindegewebszüge mit ihren beiden Enden an den bindegewebigen Hüllen extrafusaler Faserbündel angeheftet.

Am Mittelteil der intrafusalen Fasern, der nicht quergestreift erscheint, also nicht kontraktil ist, befindet sich *als Dehnungsrezeptor die annulospiralige Endigung einer sensiblen Nervenfaser*, die dem Aα – Typ (α – Typ) angehört (vgl. Tab. 2-1). Der adäquate Reiz für die annulospiralige Endigung ist eine Dehnung dieses Bereiches; neben der Längenänderung der intrafusalen Fasern spielt aber auch die Geschwindigkeit der Längenänderung eine Rolle.

Außer dieser Afferenz enthält die Muskelspindel auch eine *efferente Innervation*. Die äußeren Anteile der intrafusalen Fasern sind quergestreift wie die Skelett-

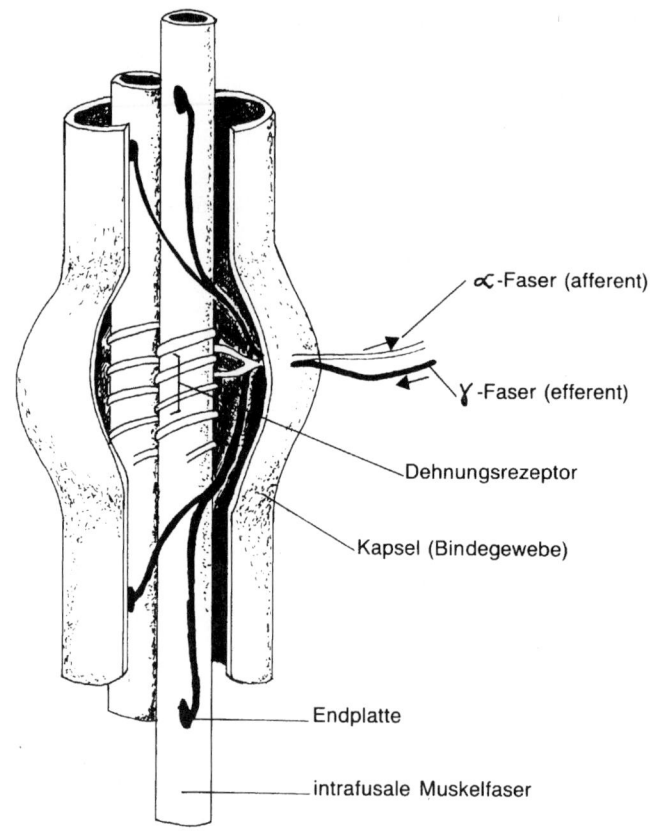

Abb. 2-15: Schematische Darstellung einer Muskelspindel

muskulatur. Sie werden innerviert von motorischen Nervenfasern des Aγ – Typs (γ-Typ); diese γ-Fasern gehen jeweils im äußeren Drittel der intrafusalen Fasern mit diesen synaptische Verbindungen ein, die denen der motorischen Endplatte entsprechen.

Die *Erregung des Dehnungsrezeptors* ist also einerseits möglich durch Dehnung des ganzen Muskels, andererseits durch eine Kontraktion der intrafusalen Fasern über die γ-Fasern. Durch die efferente Innervation über die γ-Fasern kann die intrafusale Vorspannung und damit die *Empfindlichkeit des Rezeptors* verändert werden.

Golgi-Sehnenorgane bestehen aus vielfach verzweigten, sensiblen Endigungen von α-Fasern, die von einer bindegewebigen Hülle umgeben sind. Sie liegen in den Sehnen eines Muskels, nahe dem Übergang der Muskelfasern in die Sehne. Den adäquaten Reiz für die Golgi-Sehnenorgane stellt die Spannung dar, die bei der Muskelkontraktion entwickelt wird.

Gleichgewichtssinn – der Vestibularapparat

Der Gleichgewichtssinn ermöglicht eine Orientierung im Raum, indem der *Einfluss der Schwerkraft*, aber auch andere *lineare Beschleunigungen sowie Drehbeschleunigungen* registriert werden. Das Gleichgewichtsorgan, der Vestibularapparat, liegt zusammen mit dem Hörorgan, der Schnecke oder Cochlea, im Innenohr, das in das knöcherne Labyrinth des Felsenbeins (Teil des Schläfenbeins) eingebettet ist. Das knöcherne Labyrinth enthält eine Flüssigkeit, die Perilymphe, in der die membranösen Strukturen des Gleichgewichts- und des Hörorgans liegen; diese Strukturen enthalten eine etwas anders zusammengesetzte Flüssigkeit, die Endolymphe. Beide Sinnesorgane leiten ihre Informationen über denselben Nerven, den VIII. Hirnnerven (Nervus vestibulocochlearis), zum Zentralnervensystem (Abb. 2-16).

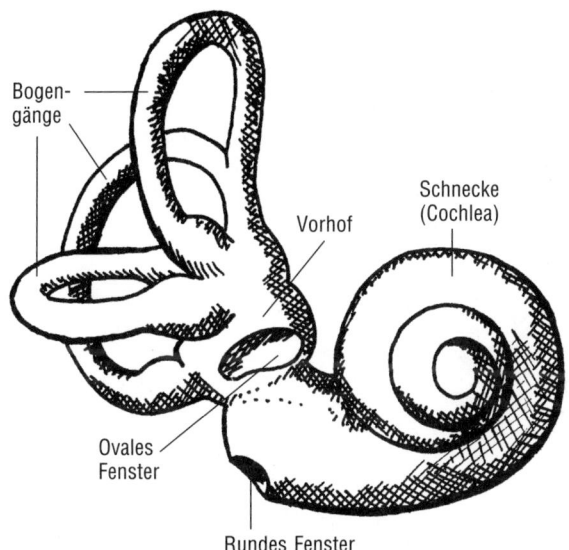

Abb. 2-16: Ausgussmodell des knöchernen Labyrinths (nach: Schäffler / Schmidt 1996)

Aufgrund der Lokalisation des Gleichgewichtsorgans im Schädel liegt nahe, dass dieses allein nur Informationen übor die Lage des Kopfes, nicht aber über die Lage des Körpers im Raum geben kann. Erst *die enge Zusammenarbeit des Gleichgewichtssinns mit der Tiefensensibilität* ermöglicht die Orientierung im Raum; besonders hervorzuheben sind die *Einflüsse des Gleichgewichtsorgans auf die Augenbewegungen und den Tonus der Skelettmuskulatur, insbesondere den Tonus der Halsmuskulatur und der Streckermuskulatur* (vgl. Kahle 2001). Beide Systeme sichern reflektorisch die Aufrechterhaltung der Kopf- und Körperhaltung in Ruhe wie auch in Bewegung und stellen damit im Sinne der Körperwahrnehmung – ergänzt durch die über die Haut vermittelte Oberflächensensibilität – eine wichtige *Grundlage der Haltungs- und Bewegungskoordination* dar. Im Alltag wird bei der Orientierung im Raum die Zusammenarbeit von Gleichgewichtssinn und Tiefensensibilität vor allem durch optische Informationen über das Auge ergänzt und differenziert; aber auch ohne aktuelle optische Information ist sich ein Mensch über seine Körperposition und eventuelle Lageveränderungen durchaus im Klaren.

Das Gleichgewichtsorgan setzt sich zusammen aus den drei Bogengangsorganen und den Rezeptoren des Vorhofs, den sog. Makula- oder Statolithenorganen (Abb. 2-17). Adäquater Reiz für die Bogengangsorgane ist die Drehbeschleunigung, für die Makula- oder Statolithenorgane die Linearbeschleunigung, vor allem die Einwirkung der Schwerkraft.

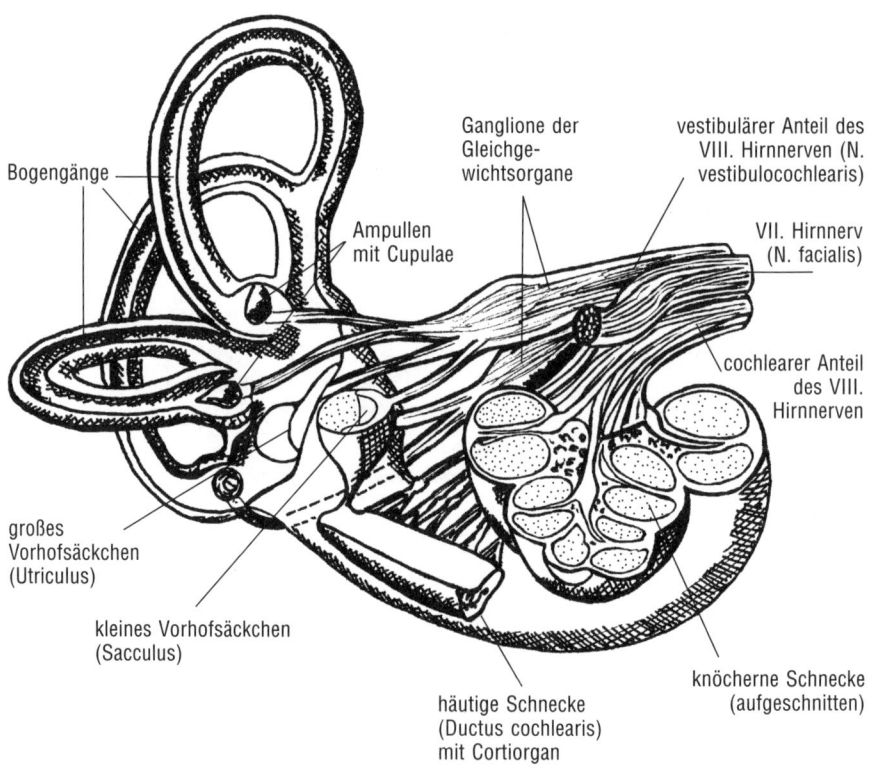

Abb. 2-17: *Gleichgewichts- und Hörorgan (nach: Schäffler / Schmidt 1996)*

Die *drei Bogengänge* beginnen und enden im Bereich des Vorhofs. Sie stehen senkrecht aufeinander und entsprechen ungefähr den drei Raumrichtungen. Jeder Bogengang erweitert sich an einem Ende zu einer Ampulle, in der ein sog. Sinnesepithel liegt. Dieses enthält als Rezeptoren des Bogengangs Haarzellen, die von Stützzellen umgeben in einer gallertartigen Kuppel (Cupula) liegen. Die Haarzellen sind Mechanorezeptoren, die auf tangentiale Auslenkung reagieren. Sie sind sekundäre Sinneszellen, also keine Nervenzellen, werden aber von Nervenzellen, die ihre Information aufnehmen, umgeben (vgl. Abb. 2-18).

Bei Bewegungen des Kopfes gerät auch die Endolymphe in den häutigen Bogengängen in Bewegung; da die Flüssigkeit träge ist, erfolgt dieses aber mit einer zeitlichen Verzögerung. Durch die Bewegung der Lymphe werden die Haarzellen in den Ampullen abgebogen und dadurch gereizt (Abb. 2-18). Allerdings passt sich die Bewegung der Endolymphe und der Cupula der Kopfbewegung an, d.h. sie drehen sich mit, so dass die Beschleunigung bzw. das Abbremsen einer Bewegung den adäquaten Reiz für die Bogengangsorgane darstellt. Eine gleichmäßige Geschwindigkeit wird nicht registriert (vgl. Schäffler & Schmidt 1996).

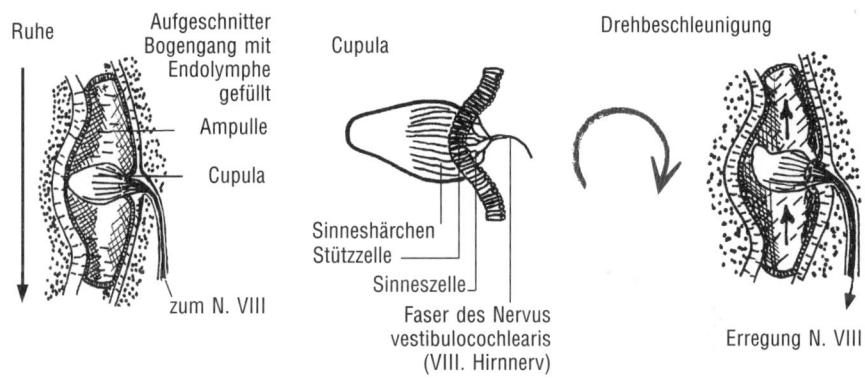

Abb. 2-18: Funktion der Bogengangsorgane – Auslenkung der Cupula bei einer Drehbeschleunigung (nach: Schäffler / Schmidt 1996)

Die *Makulaorgane* liegen im Vorhof (Vestibulum). Dieser bildet das Zentrum des Labyrinths, von dem aus nach hinten die Bogengänge, nach vorn die Schnecke abgehen (vgl. Abb. 2-16). In den Vorhof sind zwei untereinander verbundene membranöse Strukturen eingebettet, die wie die Bogengänge mit Endolymphe gefüllt sind: das *große Vorhofsäckchen (Utriculus)* und das *kleine Vorhofsäckchen (Sacculus)*. Beide Strukturen enthalten jeweils ein Sinnesepithel, die Makula. Im großen Vorhofsäckchen ist die Makula horizontal angeordnet, im kleinen Vorhofsäckchen liegt sie vertikal. Rezeptoren sind wiederum Haarzellen als Mechanorezeptoren, zwischen Stützzellen angeordnet, die in eine gallertartige Membran hineinragen. Diese wird von einer Statolithenmembran bedeckt, einer Membran, in die feine Kristalle eingelagert sind.

Bei einer aufrechten Position des Kopfes erfolgt auf der horizontalen Makula des großen Vorhofsäckchens (Utriculus) ein Druck, auf der vertikalen Makula des kleinen Vorhofsäckchens (Sacculus) ein Zug (Abb. 2-19). Diese Reizkonstellation wird als „normal" registriert; jede Lageänderung wie auch eine geradlinige Beschleunigung führt zu einem veränderten Reizmuster der beiden Statolithenmembranen, das zentral verarbeitet die entsprechende Empfindung – zum Beispiel: Fallen – vermittelt und reflektorisch die Anpassung des Muskeltonus und notwendige Ausgleichsbewegungen auslöst.

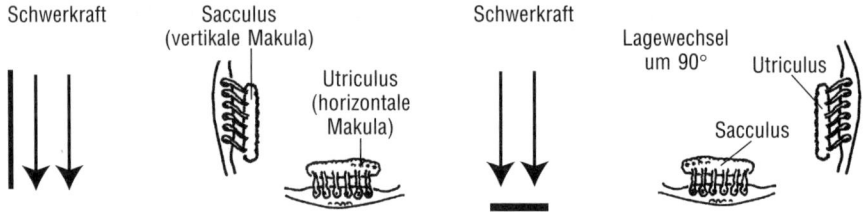

Abb. 2-19: Funktion der Makulaorgane – Auslenkung der Statolithenmembran beim Lagewechsel – vom Stand zu einer liegenden Position (nach: Schäffler / Schmidt 1996)

Hören – das Hörorgan (Cochlea)

Aufgabe des Hörorgans ist die *Umwandlung von Schallreizen in nervöse Impulsmuster des Hörnerven.*
Schallwellen werden zunächst durch die Ohrmuschel und den äußeren Gehörgang zum Mittelohr geleitet. Dieses äußere Ohr ist durch das Trommelfell vom Mittelohr getrennt. Das *Mittelohr* besteht aus der mit Luft gefüllten Paukenhöhle (Cavum tympani), die über die Ohrtrompete (Tuba auditiva eustachii oder Eustachische Röhre) mit dem oberen Rachenraum in Verbindung steht und für einen ausgeglichenen Luftdruck beiderseits des Trommelfells sorgt.
Die Paukenhöhle enthält die *Gehörknöchelchen* (Hammer, Amboss und Steigbügel):

- Der Hammer ist einerseits fest mit dem Trommelfell, andererseits gelenkig mit dem Amboss verbunden;
- dieser setzt die gelenkige Verbindung zum Steigbügel hin fort und
- der Steigbügel geht eine Verbindung mit dem ovalen Fenster ein, das das Mittelohr vom Innenohr trennt (Abb. 2-20).

Die Kette der Gehörknöchelchen leitet die auf das Trommelfell auftreffenden Schallwellen zum Innenohr weiter. Die Schallwellen werden quasi gebündelt und in Druckwellen umgesetzt, indem sie durch die Gehörknöchelchen von dem relativ großen Trommelfell auf das kleinere ovale Fenster übertragen werden.

Das *Innenohr* enthält neben den Bogengangs- und den Makulaorganen des Gleichgewichtsorgans in der Schnecke mit dem Corti-Organ die Rezeptoren des Hörorgans.

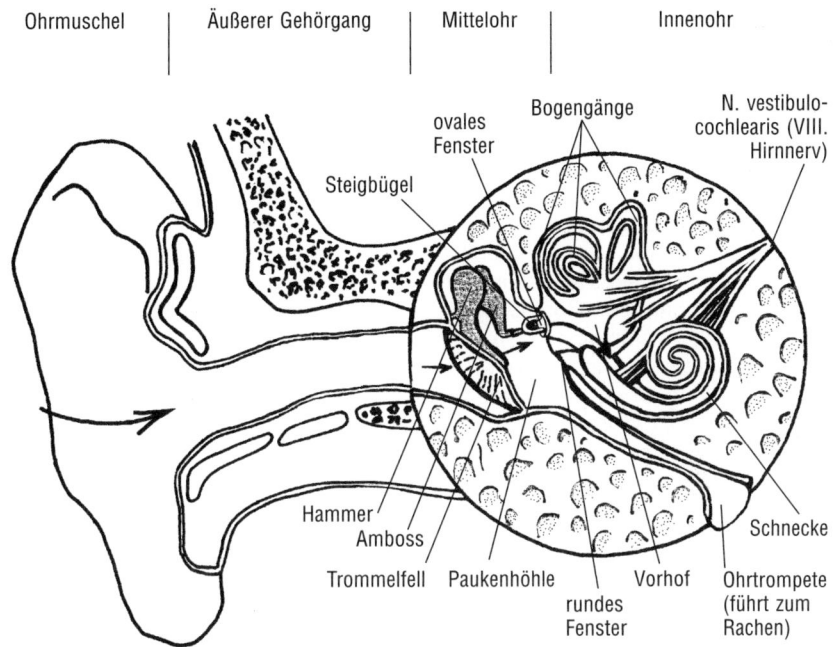

Abb. 2-20: Übersicht über das äußere Ohr, Mittelohr und Innenohr vergrößert (nach: Schäffler /Schmidt 1996)

Die *Schnecke (Cochlea)* hat die Form einer Spirale mit zweieinhalb Windungen. Jede Windung gliedert sich in zwei Etagen oder Skalen, zwischen denen als Hohlraum die häutige Schnecke (Ductus cochlearis oder Scala media) liegt. Diese enthält Endolymphe.
Die obere Etage, Scala vestibuli, nimmt ihren Anfang am ovalen Fenster und windet sich bis zur Schneckenspitze, wo sie in die untere Etage (Scala tympani) übergeht, die abwärts verläuft bis zum runden Fenster (vgl. Abb. 2-16); beide enthalten Perilymphe.
Den Boden der häutigen Schnecke bildet als Abgrenzung zur Scala tympani die Basilarmembran, auf der *das Corti-Organ, das eigentliche Hörorgan*, liegt. Die Basilarmembran ist im Bereich des ovalen Fensters relativ schmal; in ihrem Verlauf bis zur Schneckenspitze verbreitert sie sich stetig. Das Corti-Organ enthält als Rezeptoren Haarzellen (Mechanorezeptoren), die in Stützzellen eingebettet und an ihrer Basis von Fasern des Hörnerven umgeben sind. Neben dieser afferenten Versorgung wird ein großer Teil der Haarzellen auch durch efferente Nervenfasern innerviert, so dass die Empfindlichkeit der Rezeptoren moduliert werden kann (Birbaumer & Schmidt 1999). Die Haarzellen ragen nach oben in eine gallertartige Membran (Membrana tectoria) hinein, die das Corti-Organ bedeckt. Eine dünne Membran (Reissner-Membran) schließt die häutige Schnecke nach oben hin zur Scala vestibuli ab.

Schwingungen von Schallwellen werden vom Trommelfell über die Reihe der Gehörknöchelchen durch das Vorhoffenster (ovales Fenster) auf die Perilymphe übertragen, die dadurch in Bewegung versetzt wird und als Wanderwelle erscheint. Die Flüssigkeitsbewegung wandert die Scala vestibuli hinauf bis zur Schneckenspitze und von dort die Scala tympani hinab bis zum runden Fenster, in dem die Bewegung aufgefangen wird. Die Bewegung der Perilymphe versetzt die Basilarmembran in Schwingungen, die wiederum dazu führen, dass die Haarzellen des Corti-Organs gegenüber der Membrana tectoria abgebogen werden. In Abhängigkeit von der Frequenz der Wanderwelle bzw. des Tones, der als Reiz wirkt, kommt es zur maximalen Auslenkung der Haarzellen in einem bestimmten Abschnitt des Corti-Organs: Hohe Frequenzen bzw. hohe Töne führen zu maximalen Auslenkungen im Bereich der basalen Windung, in der die Basilarmembran schmal ist, niedrige Frequenzen bzw. tiefe Töne dagegen in der oberen Windung, in der die Basilarmembran am breitesten ist.

Jeder Schwingungsfrequenz bzw. jeder Tonhöhe entspricht also eine bestimmte Lokalisation auf der Basilarmembran, auf der die Haarzellen als Rezeptoren eine maximale Reizung erfahren. Das Ausmaß der Schwingungen hängt aber nicht nur von der Frequenz, sondern auch von der *Intensität des Reizes* ab: je größer die Intensität des Schalls, umso stärker wird die Membran in Schwingungen versetzt (Kahle 2001; Schäffler & Schmidt 1996).

Gesichtssinn – das Auge

Sehen stellt für den Menschen die wichtigste Sinnesmodalität dar. Der Mensch nimmt Informationen aus der Umwelt zum größten Teil – bis 85 % – über das Auge auf (Scherer 1983). Der Gesichtssinn bietet eine dreidimensionale Wahrnehmung der Umwelt sowohl in unmittelbarer Nähe als auch in großer Entfernung. Das relativ breite Gesichtsfeld kann durch Augenbewegungen noch erweitert werden. Mit Hilfe des Gesichtssinnes werden Informationen analysiert, zum Beispiel im Hinblick auf Farbe, Form, Größe und Struktur eines Objekts, auf die Anordnung im Raum, Tiefe bzw. Entfernung, Bewegung und Bewegungsrichtung und vieles mehr. Zum Teil erfolgen diese Differenzierungen schon in der Netzhaut als dem spezifischen Rezeptorsystem des Auges, zum größten Teil aber im Zentralnervensystem. Fast 40 % aller afferenten Nervenbahnen und etwa ein Drittel der Großhirnrinde sind an der visuellen Wahrnehmung beteiligt (Schäffler & Schmidt 1996).

Als *Schutzapparat des Auges* dienen Augenbrauen, Augenlider und Wimpern sowie die Bindehaut und die Tränendrüsen.

Der Augapfel (Bulbus oculi) und die *Muskulatur des Auges* sind in die Augenhöhle (Orbita) eingebettet, die mit Fettgewebe ausgekleidet Schutz bietet. Sechs Augenmuskeln, von denen vier gerade und zwei schräg verlaufen, ermöglichen präzise und schnelle Bewegungen, da die motorischen Einheiten extrem klein sind: eine Nervenfaser versorgt nur etwa sechs Fasern eines Augenmuskels (Kahle 2001).

Am *Augapfel* (Abb. 2-21) kann wie bei einer Kamera ein vorderer, das Bild entwerfender Teil von einem hinteren, Licht aufnehmenden Bereich unterschieden

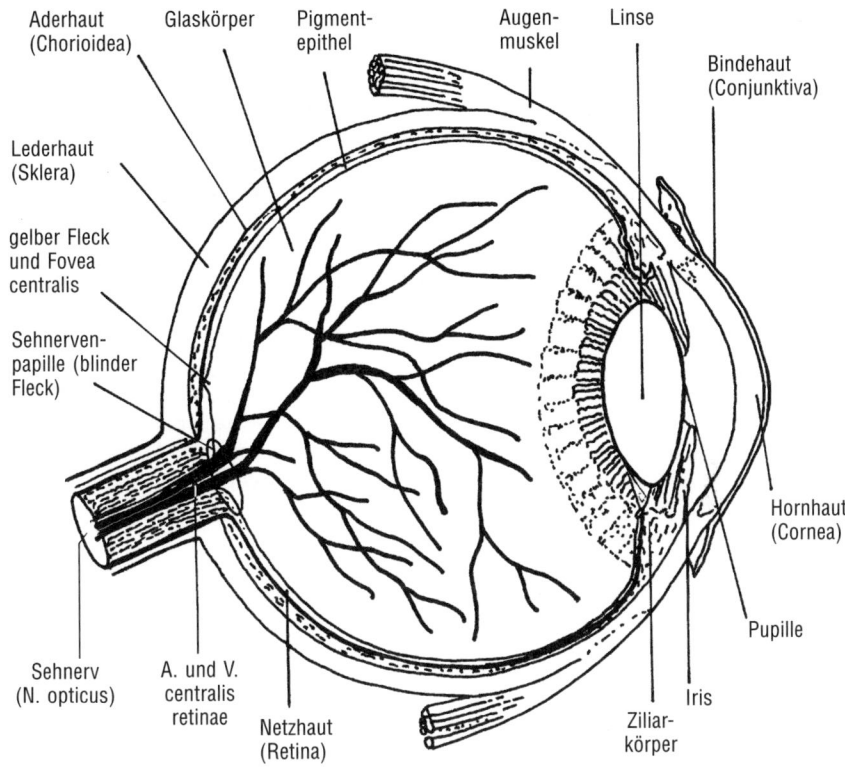

Abb. 2-21: Struktur des Augapfels mit Hornhaut und Sehnerv (nach: Schäffler / Schmidt 1996)

werden. Der vordere Abschnitt mit der Linse und der Iris entspricht dem Linsensystem und der Blende einer Kamera; an der Hinterwand des Augapfels liegt die Netzhaut, die bei der Kamera dem lichtempfindlichen Film entspricht.

Die Wand des Augapfels besteht aus drei Schichten, aus Lederhaut (Sklera), Aderhaut (Choroidea) und Netzhaut (Retina).

Die *außen liegende Lederhaut* stellt eine feste Bindegewebskapsel dar, die dem Augapfel seine Form gibt und dem Augeninnendruck standhält. Im vorderen Bereich des Augapfels geht die Lederhaut in die *dünnere, durchsichtige Hornhaut* (Cornea) über.

Der Lederhaut liegt innen die *Aderhaut* an, die im vorderen Abschnitt in den Ziliarkörper und die Iris übergeht. Der *Ziliarkörper* bildet den bindegewebigen Aufhängeapparat für die Linse. Die *Linse* (Lens cristallina) stellt einen beidseitig konvex geformten transparenten Körper dar, der mit einer festen Bindegewebskapsel umgeben ist. Ihre Brechkraft trägt dazu bei, einfallende Lichtstrahlen auf der Netzhaut zu bündeln. Der ringförmige Ziliarmuskel bestimmt durch seine Spannung den Krümmungsgrad der Linse; dieser Mechanismus erlaubt die Einstellung des optischen Apparates auf Nähe oder Ferne (Nah-Fern-Einstellung oder *Akkommodation*). Die *Iris (Regenbogenhaut)* besteht aus ring- bzw. strahlenförmig angeordneten glatten Muskelfasern, dessen Zentrum eine Öffnung enthält, die *Pupille*; deren Größe wird je nach Lichteinfall variiert (Hell-Dunkel-Einstellung).

Die Aderhaut ist stark mit Blutgefäßen versorgt, die vor allem die Ernährung der anliegenden Netzhaut übernehmen. Von den Gefäßen des Ziliarkörpers wird das Kammerwasser gebildet, dessen Aufgabe in der Ernährung von Hornhaut und Linse besteht. Kammerwasser befindet sich in der vorderen und hinteren Augenkammer. Die *vordere Augenkammer* wird von der Hornhaut sowie Iris und Linse begrenzt; die kleinere *hintere Augenkammer* erstreckt sich ringförmig um die Linse herum. Über kleine Zwischenräume im Kammerwinkel, dem Winkel, den Hornhaut und Iris bilden, kann Kammerwasser über den sog. Schlemmschen Kanal in das venöse Blut abfließen. Ein ausgeglichenes Verhältnis zwischen Produktion und Abfluss von Kammerwasser ist notwendig, um den Augeninnendruck stabil zu halten.

Neben der vorderen und hinteren Augenkammer ist als dritter Raum im Bereich des Augapfels der *Glaskörper* (Corpus vitreum) hervorzuheben, der als klare gelartige Masse den Raum hinter der Linse ausfüllt. Er ist durch Fasern mit der Netzhaut verbunden, bewirkt aber auch durch seinen Quelldruck den engen Kontakt der Rezeptoren der Netzhaut mit dem Pigmentepithel.

Die *Netzhaut* schließt sich nach innen an die Aderhaut an. Einem Pigmentepithel, das fest mit der Aderhaut verwachsen ist, liegen die bildaufnehmenden Rezeptoren (Photorezeptoren) auf. Zwei unterschiedliche Rezeptortypen sind spezialisiert auf *Farbsehen (Zapfen)* und *Helligkeitssehen (Stäbchen)*. Die Netzhaut enthält etwa 6 Millionen Zapfen und 120 Millionen Stäbchen (Kahle 2001), die sich in einem bestimmten Muster über die Netzhaut verteilen. Zapfen befinden sich hauptsächlich im Bereich des sog. gelben Flecks. Hier kennzeichnet eine Vertiefung (Fovea centralis) im Zentrum der Netzhaut, der Sehachse entsprechend, den Bereich schärfsten Sehens. Die Anzahl der Zapfen nimmt nach außen hin ab; in den seitlichen Abschnitten der Netzhaut liegen fast nur Stäbchen. Zapfen sind nicht nur farbempfindlich, sondern auch für eine präzise Abbildung zuständig; sie sind imstande, in hellem Licht genau unterscheiden zu können. Aufgabe der Stäbchen dagegen ist es, auch bei ungünstigen Lichtverhältnissen optische Information aufzunehmen, deren Genauigkeit oder Differenziertheit eher gering bleibt.

Die Photorezeptoren bilden das erste Neuron der Sehbahn. Ihnen sind bipolare Ganglienzellen aufgelagert, die das zweite Neuron darstellen; nach innen zum Glaskörper hin folgt eine dritte Schicht, die großen Ganglienzellen als drittes Neuron. Deren Axone vereinigen sich zum Sehnerven (Nervus opticus). In dem Bereich, in dem der Sehnerv austritt (Papille), sind keine Photorezeptoren vorhanden; er wird deshalb als blinder Fleck bezeichnet.

Die Netzhaut mit ihren drei Schichten – Photorezeptoren, bipolare Zellen und Ganglienzellen – besitzt ein hoch kompliziertes neuronales Schaltsystem. Gruppen von Rezeptoren sind zu rezeptiven Feldern verbunden; bei der Erregung eines rezeptiven Feldes werden die benachbarten Felder gehemmt. Dieses – verglichen mit anderen Sinnesorganen – außerordentlich komplexe System verdeutlicht, dass das Auge optische Reize nicht nur aufnimmt und vermittelt, sondern dass diese Reize schon hier einer ersten Analyse unterzogen, also verarbeitet werden. Psycho-physische Phänomene wie zum Beispiel Nachbilder lassen sich durch diese Organisation der Netzhaut erklären (Pöppel 1995; Roth 1999a; Eysel 2001; vgl. Rodgers 1999).

Geruchs- und Geschmackssinn

Riechen und Schmecken haben für die Motorik nur untergeordnete Bedeutung, spielen aber als elementare Modalitäten eine wichtige Rolle in der Entwicklung der Wahrnehmung.

Gerade dem *Geruch* wird in einer Zeit, die gekennzeichnet ist durch Reizüberflutung im optischen und im akustischen Bereich, zunehmend mehr Aufmerksamkeit geschenkt – im therapeutischen Kontext wie zum Beispiel bei der Aromatherapie oder auch im Rahmen senorischer Integrationstherapie und allgemeiner im Fitness- und Wellness-Bereich, aber auch in Marketing-Strategien der Werbung. Gerüche haben *Bedeutung für vegetative und hormonelle Steuerungsprozesse*; sie spielen – wie die taktile Wahrnehmung – eine wichtige Rolle im sozialen Miteinander und sind *häufig stark emotional besetzt*. Schließlich hat der Geruchssinn auch eine Signalfunktion. Er gilt sowohl als Nahsinn als auch als Fernsinn.

Riechzellen sind primäre Sinneszellen, die als *Chemorezeptoren* arbeiten. Sie befinden sich hauptsächlich auf einem Schleimhautareal der oberen Nasenhöhle, das als Riechepithel bezeichnet wird. Sie können eine Fülle verschiedener Geruchsqualitäten unterscheiden, die aber schwer zu differenzieren und zu benennen sind. Geringe Konzentrationen eines Duftstoffes lösen eine unspezifische Geruchsempfindung aus: es riecht ...; erst bei höheren Konzentrationen wird eine Identifizierung möglich. Länger andauernde Reizung der Riechzellen führt zu einer Adaptation: Der entsprechende Duftstoff wird nicht mehr wahrgenommen.

Rezeptoren des Geschmackssinns sind sekundäre Sinneszellen, die ebenfalls als *Chemorezeptoren* funktionieren. Sie sind auf der Zunge lokalisiert. Es werden die vier Geschmacksqualitäten süß, sauer, salzig und bitter unterschieden; viele natürliche Geschmacksreize können aber nicht eindeutig zugeordnet werden, sondern lösen Mischempfindungen aus. Für eine Geschmacksempfindung spielt in erster Linie die Konzentration des Stoffes, aber auch die Reizdauer eine Rolle; bei lang andauernder Reizung kommt es auch hier zu einer Adaptation, einer Abnahme der Empfindungsstärke.

Als Funktion des Geschmackssinnes stehen die *Prüfung der Nahrung und die Steuerung der Sekretion der Verdauungsdrüsen* im Vordergrund; an der Geschmacksempfindung ist allerdings der Geruchssinn stark beteiligt. So kommt der Geschmack einer Speise nicht zur Geltung, wenn das Riechepithel zum Beispiel durch einen Schnupfen in seiner Funktion eingeschränkt ist. Die Anregung der Sekretion von Speichel und Magensaft erfolgt ebenso über den Geruchs- wie den Geschmackssinn; dem Geruch als Fernsinn ist hier möglicherweise eine übergeordnete Funktion zuzumessen.

Geschmacksempfindungen haben aber auch eine *psycho-physiologische Funktion*, die als Verstärkung in Lernprozessen eine wichtige Rolle spielt. So scheinen positive Empfindungen bei der Geschmacksqualität „süß" ebenso wie die Ablehnung von „bitter" angeboren zu sein (vgl. Birbaumer & Schmidt 1999)

2.2.4 Das Zentralnervensystem

Als Zentralnervensystem werden *Gehirn und Rückenmark* zusammengefasst. Es ist von Häuten umgeben in den Schädel bzw. den Wirbelkanal eingebettet. Zwischenräume werden von der Gehirn-Rückenmarksflüssigkeit (Liquor cerebrospinalis) ausgefüllt. Diese Verhältnisse bieten Schutz vor allem gegenüber mechanischen Einwirkungen. Liquor enthalten auch die inneren Hohlräume des Gehirns (Ventrikel).

Abbildung 2-22 gibt einen Einblick in den Aufbau des Gehirns.

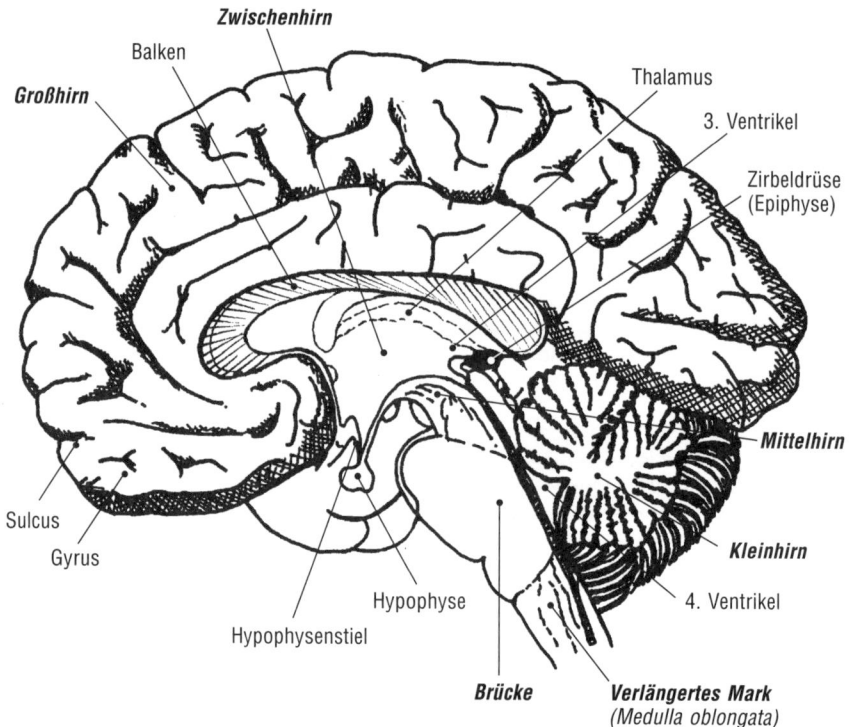

Abb. 2-22: Sagittalschnitt durch das Gehirn (nach: Schäffler / Schmidt 1996)

Die *Gliederung des Gehirns* kann nach unterschiedlichen Gesichtspunkten (z.B. entwicklungsgeschichtlich, anatomisch oder funktional) vorgenommen werden. Je nach Gliederungsschema kommen verschiedene Begriffe zur Anwendung, so dass eine Orientierung zunächst schwer fallen mag. Tabelle 2-4 versucht, einen Überblick zu geben, wäre aber auch zu diskutieren. So wird vielfach das Zwischenhirn nicht als Teil des Hirnstamms gewertet, sondern seiner besonderen Bedeutung wegen als eigener Abschnitt zwischen Großhirn und Hirnstamm angesiedelt.

Auch die Zuordnung einzelner Strukturen zu bestimmten Abschnitten des Gehirns erfolgt nicht einheitlich.

– So werden zum Beispiel als Basalganglien (Stammganglien) für die Motorik bedeutsame Kerngebiete des Großhirns und des Zwischenhirns bezeichnet, wobei die Anzahl der zu den Basalganglien gerechneten Kernbereiche variiert. Diese mangelnde Eindeutigkeit führt dazu, dass der Begriff Basalganglien heute zum Teil gar nicht mehr Verwendung findet (Kahle 2001).

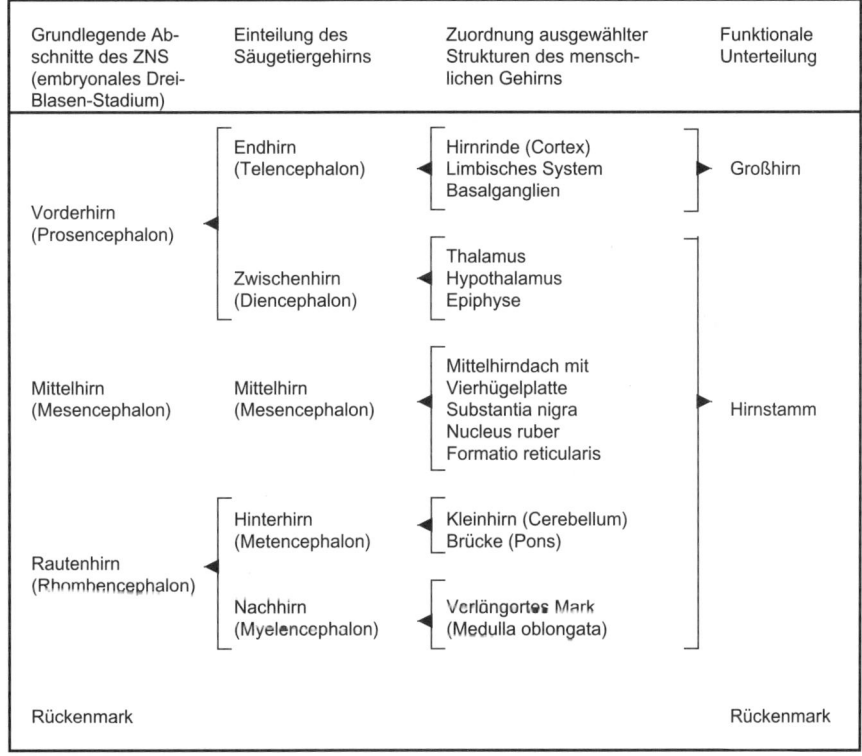

Tab. 2-4: Gliederung des Zentralnervensystems (nach: Kolb / Wishaw 1996)

- Auch als limbisches System werden unterschiedliche Strukturen zusammengefasst, die als funktionelle Einheit gelten; diese gehören teils dem Großhirn, teils dem Zwischenhirn bzw. auch dem Mittelhirn an.
- Die Formatio reticularis schließlich wird schwerpunktartig dem Mittelhirn zugeordnet, da sich in diesem Abschnitt des Hirnstamms ihre Nervenzellen häufen; tatsächlich stellt sie eine netzartige Neuronenstruktur dar, die sich über den gesamten Hirnstammbereich bis zum Zwischenhirn erstreckt.

Großhirn – Großhirnrinde

Das *Großhirn* überlagert als größter Abschnitt des Gehirns Zwischenhirn und Mittelhirn. Dieser entwicklungsgeschichtlich (phylogenetisch) jüngste Teil gilt als *Sitz des Bewusstseins und sog. höherer Funktionen wie sprachlichen, geistigen, moralischen und ästhetischen Leistungen.* Außen liegt die *Großhirnrinde (Cortex)*, die mit ihrer durch zahlreiche Windungen (Gyri) und Furchen (Sulci) bedingten Oberflächenerweiterung die entwicklungsgeschichtliche Bedeutung dieses Bereichs des menschlichen Gehirns dokumentiert. Besonders tiefe Furchen werden Fissuren genannt. Die größte, von vorn nach hinten verlaufende Furche ist die Längsfurche (Fissura longitudinalis), die das Großhirn in zwei Hälften, die beiden Hemisphären (rechte und linke Hirnhälfte), teilt. Weitere Fissuren gliedern jede Hemisphäre in verschieden Großhirnlappen (Lobi; vgl. Abb. 2-23).

Viele Strukturen des Gehirns sind paarig angelegt. Dennoch unterscheiden sich beide Großhirnhälften, die durch den Balken (Corpus callosum; vgl. Abb. 2-22) verbunden sind, voneinander. *Die linke Großhirnhälfte* repräsentiert eher abstraktes, logisches Denken und ist bei den meisten Menschen für Sprache verantwortlich. *Die rechte Hemisphäre* steht dagegen für Emotionalität, Intuition und Kreativität. Tabelle 2-5 fasst empirisch gewonnene Daten zur Lateralisation von Hirnfunktionen zusammen (Birbaumer & Schmidt 1999).

Moderne bildgebende Verfahren ermöglichen zunehmend Einblick in die *komplexe, integrative Arbeitsweise des Gehirns*, indem zum Beispiel während einer bestimmten motorischen Aufgabe in mehreren motorischen und sensorischen Rindenfeldern parallel und in unterschiedlicher Intensität Aktivität nachgewiesen werden kann, u.U. bei verschiedenen Personen(gruppen) unterschiedliche Aktivitätsmuster deutlich werden.

Die *Großhirnrinde* ist besonders reich an Nervenzellen; sie enthält etwa 70 % der Neuronen des Gehirns. Andere Anhäufungen von Nervenzellen, die auch als *Kerne (Nuclei) oder Ganglien* bezeichnet werden, liegen in der Tiefe des Großhirns und im Zwischenhirn, aber auch im Bereich des Stammhirns. Anhäufungen von Nervenzellen erscheinen grau und werden als „graue Substanz" bezeichnet; demgegenüber kennzeichnet die sog. „weiße Substanz" die Nervenfasern. Große Faserbündel werden als Bahnen bezeichnet: *Kommissurenbahnen* sind Querverbindungen zwischen den beiden Hirnhälften; die größte Kommissurenbahn ist der Balken. *Assoziationsbahnen* bieten Verbindungen innerhalb einer Hemisphäre. *Projektionsbahnen* verbinden verschiedene Regionen des Körpers mit dem Großhirn und umgekehrt.

Funktion	Linke Hemisphäre	Rechte Hemisphäre
visuelles System	Buchstaben, Wörter	komplexe geometrische Muster; Gesichter
auditives System	sprachbezogene Laute	nicht sprachbezogene externe Geräusche; Musik
somatosensorisches System	???	taktiles Wiedererkennen komplexer Muster
Bewegung	komplexe Willkürbewegung	Bewegung in räumlichen Mustern
Gedächtnis	verbales Gedächtnis	nonverbales Gedächtnis
Sprache	Sprechen, Lesen, Schreiben, Rechnen	metrisch-rhythmische Aspekte derSprache
räumliche Prozesse	???	Geometrie, Richtungssinn, mentale Rotation von Formen
Emotionen	neutral-positiv	negativ-depressiv

Tab. 2-5: *Unterschiedliche Funktionen der linken und rechten Hirnhälfte (Birbaumer / Schmidt 1999)*

Bestimmten *Arealen der Großhirnrinde* sind *spezifische Funktionen* zuzuordnen. Auf dem Stirnlappen (Lobus frontalis) im Bereich der vorderen Zentralwindung (Gyrus präcentralis; vgl. Abb. 2-23) wird das *primäre motorische Rindenfeld (motorischer Cortex, Motorcortex)* lokalisiert; in der hinteren Zentralwindung (Gyrus postcentralis) befindet sich das *sensorische Rindenfeld (sensorischer Cortex)*. Als weitere wichtige Rindenfelder sind zum Beispiel die *Sehrinde* im Bereich des Hinterhauptslappens, die *Hörrinde* im Schläfenlappen, das *Wernicke-Zentrum* für Sprachverständnis und das *Broca-Zentrum* als klassisches Sprachzentrum zu nennen.
Den primären Rindenfeldern sind in der Regel *sekundäre, auch tertiäre Felder* zugeordnet. Diese haben komplexere Funktionen, in die auch Erfahrungen mit eingehen. So sind zum Beispiel sekundäre bzw. tertiäre Felder der Sehrinde zuständig für optische Aufmerksamkeit, optische Erinnerung wie Ortsgedächtnis, visuelles Gedächtnis, optisches Dingerkennen, Farberkennen und anderes (Rohen 1994). *Assoziationsfelder* verbinden im Sinne integrativer Funktion verschie-

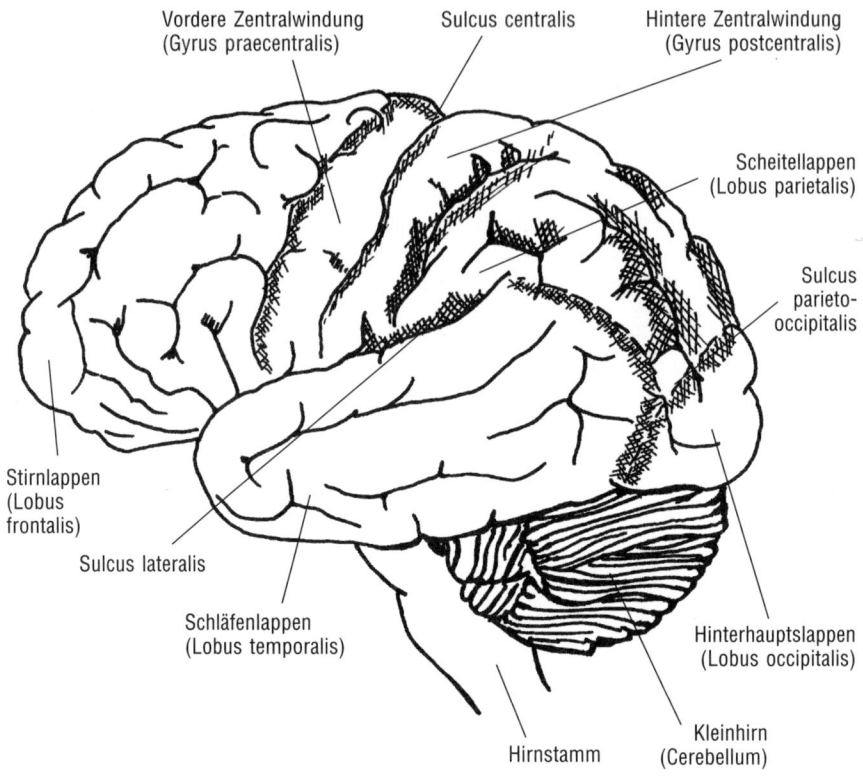

Abb. 2-23: *Gliederung der Großhirnrinde – Seitenansicht (nach: Schäffler / Schmidt 1996)*

dene Hirnzentren und Areale und stellen damit die Grundlage höherer Hirnfunktionen dar.

Auf dem *primären motorischen Rindenfeld* liegen die Neurone für die Steuerung bewusster Bewegungen. Auf dem *primären sensorischen Rindenfeld* kommen die Informationen aus den peripheren Rezeptoren, hauptsächlich den Propriozeptoren, an, sofern sie bewusst werden. Beide Rindenfelder sind *somatotopisch gegliedert*, d.h. die gesamte Körpermuskulatur ist hier repräsentiert im Sinne einer „Abbildung" des gesamten Körpers. Diese Abbildung entspricht allerdings nicht den realen Körperproportionen, sondern dem Grad der jeweiligen Differenzierung (motorischer bzw. sensorischer Homunculus). So nehmen zum Beispiel Finger und Hände, Gesicht und Zunge große Areale ein, während der Rumpf nur eine geringe Repräsentation erhält (Abb. 2-24).

Dem primären motorischen Cortex benachbart liegen wahrscheinlich ebenfalls somatotopisch gegliederte *sekundäre motorische Rindenfelder bzw. der assozia-*

tive motorische Cortex (Abb. 2-25; Illert & Kuhtz-Buschbeck 2001). Während der primäre motorische Cortex wahrscheinlich für eine Feinabstimmung von Einzelbewegungen zuständig ist und mit der Programmierung die Bewegungsausführung einleitet, bestimmt der *sekundär motorische Cortex (supplementär-motorischer Cortex)* die Bewegungsplanung. Er ist wesentlich an der Programmierung von Willkürbewegungen, auch an dem motorischen Gedächtnis beteiligt. Er hat außerdem Einfluss auf die Koordination beidhändiger Bewegungen. Die *zinguläre motorische Region* regelt wie der supplementär-motorische Cortex überwiegend die Koordination komplexer Bewegungsabläufe, während der *prämotorische Cortex* für die Organisation sensorisch ausgelöster, geführter Bewegungsabläufe zuständig zu sein scheint.

In engem Zusammenhang mit diesen motorischen Rindenfeldern steht der *posterior-parietale Cortex,* der den somato-sensorischen Rindenfeldern angehört; er nimmt wesentlich Einfluss auf die Motorik, indem er die sensomotorische Integration von Bewegungsabläufen und motorischen Handlungen bestimmt.

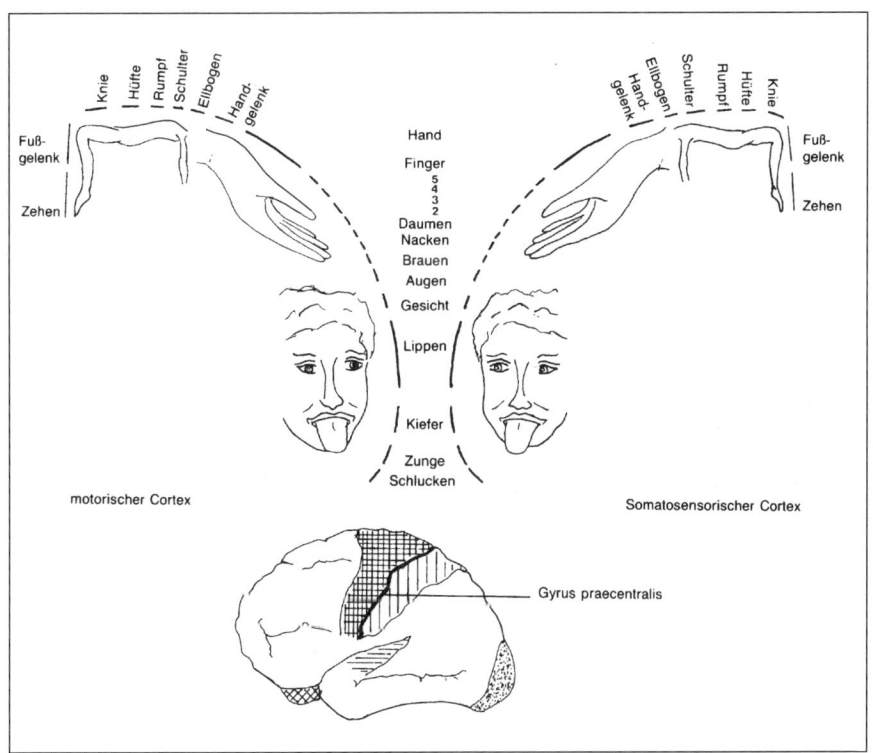

Abb. 2-24: Schematische Darstellung des motorischen und somatosensorischen Cortex

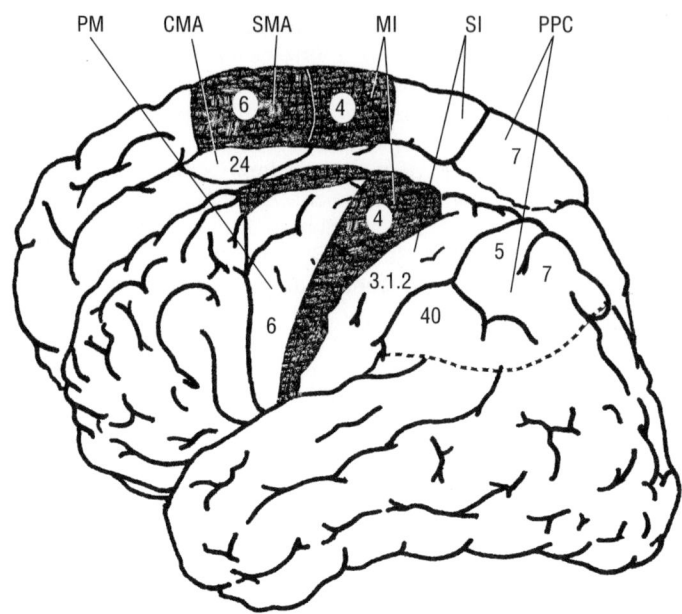

Abb. 2-25: Sensomotorische Repräsentationsfelder der menschlichen Hirnrinde. Motorische Cortex-Areale: primär motorischer Cortex (MI, Area 4); prämotorischer Cortex (PM, laterale Area 6); supplementär-motorische Area (SMA, mediale Area 6); zingulär motorische Area (CMA, Area 24); Sensomotorischer Cortex: primär sensomotorischer Cortex (SI; Areale 1, 2, 3); posterior-perietaler Assoziationscortex (PPC) (nach: Illert / Kuhtz-Buschbeck 2001)

Projektionsbahnen

Von den Neuronen der motorischen Rindenfelder ausgehend vereinigen sich die Nervenfasern zu einem mächtigen Faserbündel, das als Projektionsbahn ohne Unterbrechung bis ins Rückenmark zieht. Diese sog. *Pyramidenbahn* (Tractus corticospinalis) nimmt ihren Verlauf durch die innere Kapsel (Capsula interna) zwischen den Basalganglien hindurch zum Hirnstamm. In den Pyramiden des verlängerten Marks, die der Pyramidenbahn ihren Namen gegeben haben, kreuzt der überwiegende Teil (75-90%) der Fasern zur gegenüberliegenden Seite; ein Teil der verbleibenden Fasern kreuzt noch auf segmentaler Ebene des Rückenmarks zur anderen Seite. Die Pyramidenbahn endet an Motoneuronen oder Interneuronen des Rückenmarks.

Als *extrapyramidale Bahnen* werden andere für die Motorik bedeutsame Projektionsbahnen bezeichnet, deren Neurone auch im motorischen Cortex, hauptsächlich aber unterhalb der Hirnrinde in den Basalganglien und in Zentren des Hirnstamms liegen. Als *extrapyramidales System* gehen Neuronenketten zahlreiche synaptische Verbindungen ein bzw. sind in Neuronenkreisen untereinander verschaltet. Die extrapyramidalen Bahnen verlaufen außerhalb der Pyramide im verlängerten Mark; ihre Fasern kreuzen nicht auf die Gegenseite. Sie enden ebenso wie die Pyramidenbahn an Motoneuronen und Interneuronen des Rückenmarks. Wichtige Bahnen, die entsprechend ihrer Ursprungsgebiete im Hirnstamm benannt werden, sind der Tractus tectospinalis, Tractus reticulospinalis, Tractus vestibulospinalis und Tractus rubrospinalis (vgl. Abb. 2-29b).

Die *Gliederung in pyramidale und extrapyramidale Bahnen* folgt rein anatomischen Gesichtspunkten. Die früher geläufige Zuordnung von willkürmotorischen Funktionen zur Pyramidenbahn im Gegensatz zu einer Zuständigkeit für unwillkürliche Bewegungen seitens der extrapyramidalen Bahnen ist nicht mehr haltbar. Beide Bahnsysteme sind in ihrer Arbeitsweise eng miteinander verknüpft. Jede Willkürbewegung wird über das extrapyramidal-motorische System moduliert, um die Körperhaltung zu sichern und das Gleichgewicht aufrecht zu erhalten sowie die intendierte Bewegung möglichst flüssig zu gestalten und räumlich-zeitlich anzupassen. Die Funktion des extrapyramidalen Systems wird mit einem Servomechanismus verglichen, der quasi automatisch alle willkürlichen Bewegungen reguliert (Kahle 2001).

Das limbische System

Bei dem limbischen System als *phylogenetisch ältestem Teil des Großhirns* handelt es sich nicht um ein klar abgegrenztes einheitliches Gebiet, sondern um eine Gruppe von Kernen und Rindenbezirken mit ihren Verbindungen zu subcorticalen Zentren, die funktionell eine Einheit bilden. Funktionell und entwicklungsgeschichtlich gilt das limbische System als *Bindeglied zwischen Hirnrinde und Hirnstamm*.

Die Strukturen des limbischen Systems umgeben im Sinne einer kreisartigen Verbindung (Papez-Kreis) wie ein Saum (limbus) Kerngebiete des Hirnstamms und den Balken, der beide Hirnhälften verbindet (Abb. 2-26). Wichtigste Kerngebiete sind der *Mandelkern (Amygdala, Corpus amygdaloideum)* und das *Ammonshorn (Hippocampus)*; auch *Teile des Hypothalamus* werden als zum limbischen System gehörig gewertet. Eine *enge Verbindung besteht zum Riechkolben (Bulbus olfactorius)*, der als Zentrum des Geruchssinns im sog Palaeocortex, dem ältesten Teil der Hirnrinde, liegt. Roth (1999a, 198) ordnet auch Kerne der Formatio reticularis dem limbischen System zu und beschreibt dieses als „ein sehr ausgedehntes, das ganze Gehirn durchziehendes System".

Das limbische System wird auch als *viszerales oder emotionales Gehirn* bezeichnet. Es gilt als *übergeordnete Instanz für vegetative und hormonelle Regulation* und hat vor allem zentrale Bedeutung für die *Steuerung des Aufmerksamkeitsverhaltens* in *Verbindung mit emotional-motivationalen Prozessen*. Zusammen mit den Basalganglien und dem Kleinhirn steuert das limbische System auch Aufmerksamkeit und Planung im Bereich der Motorik.

Eine besondere Rolle spielt das limbische System für *Gedächtnis und Lernen*. Roth (1999a, 197, 198) spricht von dem limbischen System als dem „Verhaltensbewertungssystem des Gehirns", das untrennbar mit dem Gedächtnis zu-

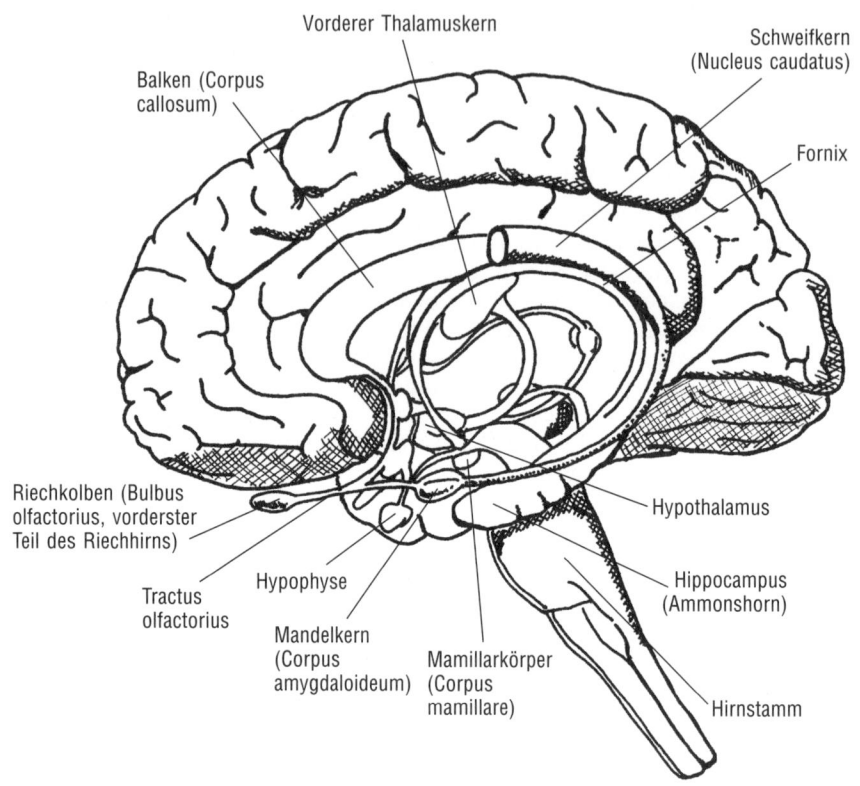

Abb. 2-26: Strukturen des limbischen Systems (nach: Schäffler / Schmidt 1996)

sammenhängt, denn „Gedächtnis ist nicht ohne Bewertung möglich, und jede Bewertung geschieht aufgrund des Gedächtnisses, d.h. früherer Erfahrungen und Bewertungen". Die enge Verbindung zum Riechkolben erklärt die Bedeutung von Geruchsreizen für Gedächtnis und Lernen, aber auch die emotionale Färbung vieler Gerüche. Insgesamt ist davon auszugehen, dass *limbische Strukturen an der Steuerung aller Verhaltens- und Denkprozesse beteiligt* sind (Birbaumer & Schmidt 1999; Kolb & Wishaw 1996; Roth 1999a).

Basalganglien

Als Basalganglien werden verschiedene *Kerngebiete des Großhirns und des Zwischenhirns* zusammengefasst (Abb. 2-27). Der *Streifenkörper (Corpus striatum)* wird in Höhe der inneren Kapsel durch die Pyramidenbahn aufgeteilt in den *Schweifkern (Nucleus caudatus) und den Schalenkern (Putamen);* der Schalenkern bildet zusammen mit dem *blassen Kern (Globus pallidus, Pallidum)* den

Linsenkern (Nucleus lentiformis). Auch der Mandelkern (Amygdala, Globus amygdaloideum) als wichtige Struktur des limbischen Systems ebenso wie der Thalamus und die Kerne des Mittelhirns, die schwarze Substanz (Substantia nigra) und der rote Kern (Nucleus ruber), werden gelegentlich den Basalganglien zugeordnet.

Der Streifenkörper gilt als *oberstes Integrationszentrum des extrapyramidalen Systems*. Insgesamt werden die Basalganglien mit ihren vielfältigen Verschaltungen als Bindeglied zwischen Feldern des assoziativen motorischen Cortex und dem primären motorischen Cortex bezeichnet, da hier die *Bewegungsplanung in ein zeitlich und räumlich strukturiertes Bewegungsprogramm umgeformt* wird. Die Basalganglien haben wesentlichen Einfluss auf die *Programmierung von Kraft, Richtung, Amplitude und Geschwindigkeit einer Bewegung*; sie kontrollieren über sensorische Rückmeldungen gerade ablaufende bzw. abgelaufene Bewegungen und spielen eine wichtige Rolle bei der *Regelung motorischer Aufmerksamkeit*, sind aber auch für kognitive Funktionen von Bedeutung (vgl. Birbaumer & Schmidt 1999).

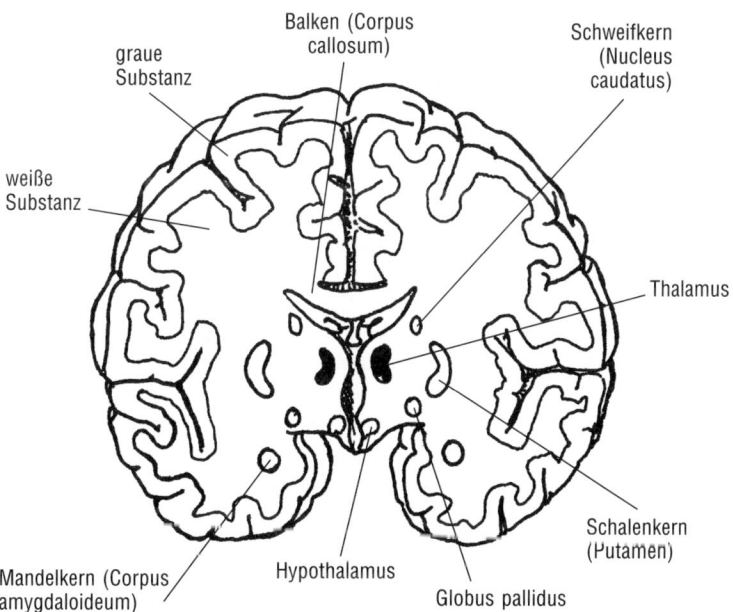

Abb. 2-27: Basalganglien im Querschnitt; Schweifkern und Schalenkern werden auch als Streifenkörper (Corpus striatum) zusammengefasst; Globus pallidus (blasser Kern) und Schalenkern bilden zusammen den Linsenkern (Nucleus lentiformis) (nach: Schäffler / Schmidt 1996)

Thalamus und Hypothalamus

Wichtige *Strukturen des Zwischenhirns* sind Thalamus und Hypothalamus sowie die dem Hypothalamus anhängende Hypophyse („Hirnanhangsdrüse").

Der *Thalamus* wird als das *„Tor zum Bewusstsein"* oder das *„Tor zum Cortex"* bezeichnet. Alle aufsteigenden Bahnen mit Informationen aus den Sinnesorganen gelangen zum Thalamus, der aus einer Vielzahl unterschiedlicher Neuronengruppen besteht. Hier werden die *Informationen aus der Umwelt und dem Körper selbst gesammelt, miteinander verknüpft und verarbeitet, bevor sie zur Hirnrinde weitergeleitet und dort bewusst werden.* Dabei arbeitet der Thalamus wie ein *Filtersystem*, das nur ausgewählte, für den Organismus bedeutsame Informationen weitergibt. Er erhält zudem Informationen aus den Basalganglien und dem Kleinhirn. In Verbindung mit dem limbischen Systems, dem er teilweise auch zugeordnet wird, hat der Thalamus auch auf *emotional-motivationale Prozesse* Einfluss und ist an der *Steuerung motorischer Aufmerksamkeit und Programmierung* beteiligt.

Der *Hypothalamus* liegt unterhalb des Thalamus; er bildet quasi den Boden des Zwischenhirns. Er stellt das *oberste Zentrum des vegetativen Nervensystems* dar und ist damit für die *Steuerung lebenswichtiger Funktionen* – z.B. Kreislauf, Stoffwechsel, Wasserhaushalt, Wärmeregulation, Nahrungsaufnahme (Appetit), Schlaf-Wachrhythmus – zuständig. Zudem scheint der Hypothalamus als Teil des limbischen Systems hauptverantwortlich für *Antrieb und Gefühle* zu sein.

Über eine Ausstülpung, den Hypophysenstiel (Infundibulum), steht der Hypothalamus mit der *Hypophyse*, dem obersten *Zentrum hormonaler Regelung*, in Verbindung. Die Hypophyse steuert alle hormonalen Systeme (endokrine Drüsen) und erhält ihrerseits von allen endokrinen Drüsen Rückmeldungen. Sie wird in Vorderlappen (Adenohypophyse) und Hinterlappen (Neurohypophyse) gegliedert. Während die Adenohypophyse als endokrine Drüse gilt, steht die Neurohypophyse über Nervenfasern mit dem Hypothalamus in Verbindung. Neuronen des Hypothalalmus produzieren Substanzen, die über Nervenfasern in die Neurohypophyse transportiert und dort bei Bedarf an das Blut abgegeben werden. Diese Art der Hormonproduktion wird als Neurosekretion bezeichnet.

Mittelhirn

Als Mittelhirn wird ein schmaler Abschnitt bezeichnet, der Zwischenhirn und Brücke verbindet. Das Mittelhirndach (Tectum mesencephalicum) enthält die *Vierhügelplatte* (Lamina quadrigemina), die als *optisches und akustisches Reflexzentrum* gilt. Die vorderen zwei Hügel (Colliculi superiores) gehören als wichtige Schaltstellen zur Sehbahn, die hinteren zwei Hügel (Colliculi inferiores) zur Hörbahn. Mit der *schwarzen Substanz (Substantia nigra)* und dem *roten Kern (Nucleus ruber)* enthält das Mittelhirn wichtige Kerngebiete des extrapyramidalen Systems, die vielfältige afferente und efferente Verbindungen mit anderen extrapyramidalen Zentren eingehen. Der Substantia nigra kommt besondere Bedeutung für *automatische Mitbewegungen* und den Bewegungsbeginn (Starterfunktion) zu;

der Nucleus ruber stellt eine wichtige Instanz für die *Regelung des Muskeltonus* und Sicherung der Körperhaltung dar.

Formatio reticularis

Die Formatio reticularis erstreckt sich über den gesamten Hirnstammbereich. Sie verdankt ihren Namen („netzartiges Gebilde") der entsprechenden Anordnung ihrer Nervenfasern. Sie erhält Afferenzen aus allen Sinnesbereichen, aber auch aus dem Kleinhirn, Nucleus ruber und Pallidum sowie der Hirnrinde; wichtige efferente Verbindungen gehen von der Formatio reticularis aus zum Rückenmark, zum Thalamus und Hypothalamus. So hat die Formatio reticularis wesentlichen *Einfluss auf vegetative Funktionen* und differenziert die spinale Motorik, indem sie *Muskeltonus und Reflexerregbarkeit* steuert.

Besondere Bedeutung kommt der Formatio reticularis auch im Sinne einer „Weckfunktion" zu, d.h. sie stellt eine *Regulationsinstanz für das Aktivitätsniveau* des gesamten Nervensystems dar. Verstärkte sensorische, aber auch corticale Impulse können über das sog. aufsteigende retikuläre Aktivierungssystem (ARAS) schlagartig ein hohes Maß an Vigilanz (Wachheit) herstellen, das als Voraussetzung für Aufmerksamkeit, Wahrnehmung und Lernen gilt.

Hinterhirn mit Brücke und Kleinhirn

Das Hinterhirn umfasst *Brücke (Pons)* und *Kleinhirn (Cerebellum),* die seitlich durch je einen Stiel (Pedunculus cerebellaris medius) verbunden sind. Die Brücke enthält vor allem Kerngebiete, die Schaltstationen für die Bahnen darstellen, die Kleinhirn und Großhirnrinde verbinden.

Das *Kleinhirn* (vgl. Abb. 2-22) ist nicht nur mit der Brücke, sondern auch mit dem Mittelhirn und dem verlängerten Mark beiderseits durch je einen Stiel (Pedunculus cerebellaris superior und inferior) verbunden, durch die die auf- und absteigenden Bahnen verlaufen. Es besteht aus einem mittleren unpaaren Teil, dem *Kleinhirnwurm (Vermis cerebelli),* und den *beiden Kleinhirnhemisphären.* Wie die Großhirnrinde erfährt auch die Oberfläche des Kleinhirns durch Furchen und Windungen eine erhebliche Vergrößerung. Die Kleinhirnrinde (Cortex cerebelli) besteht aus grauer Substanz, also Neuronen; darunter liegen die Nervenfasern als weiße Substanz, in die graue Kerne eingelagert sind.

Das Kleinhirn erhält *Afferenzen* aus den Sinnesorganen, vorwiegend aus den Propriozeptoren, dem Gleichgewichtsorgan und dem Auge, sowie aus dem assoziativen Cortex; *efferente Verbindungen* bestehen zu den Vestibulariskernen, zur Formatio reticularis und zum Thalamus sowie dem Nucleus ruber.

Das Kleinhirn ist durch seine Verbindungen mit dem assoziativen Cortex und dem primären motorischen Cortex *an Bewegungsplanung und -programmierung genauso beteiligt wie an der Durchführung und Kontrolle, gegebenenfalls Korrektur ablaufender Bewegungen*; damit kommt dem Kleinhirn auch eine *wichtige Funktion im Rahmen des motorischen Lernens* zu. Es hat durch die Koordination von Kopf- und Augenbewegungen und die Regelung von Muskeltonus und Gleichgewicht zentrale Bedeutung für die *Sicherung der Körperhaltung*, aber auch für eine *situativ angepasste, räumlich-zeitlich abgestimmte Koordination von Bewegungen*. Insgesamt kann die herausragende Bedeutung des Kleinhirns für die Motorik mit der Funktion eines Integrationszentrums umschrieben werden.

Verlängertes Mark

Das verlängerte Mark verbindet als unterer Teil des Hirnstamms das Gehirn mit dem Rückenmark. Es enthält *auf- und absteigende Bahnen*; ventral vorgewölbt erscheinen die beiden Pyramiden, in denen die Pyramidenbahn verläuft. Die Kreuzung der Pyramidenbahnfasern markiert die Grenze zum Rückenmark. Neben den Pyramiden liegt beiderseits die *Olive*, ein Kerngebiet, das als *Schaltstelle für die Motorik* gilt und insbesondere in *Verbindung mit dem Kleinhirn* steht. Außer den Nervenbahnen enthält das verlängerte Mark *lebenswichtige vegetative Zentren*, das Herz-Kreislaufzentrum und das Atemzentrum sowie wichtige Reflexzentren (z.B. Schluck-, Husten-, Niesreflex). Hinzu kommen die Kerne einiger Hirnnerven.

Hirnnerven

Als Hirnnerven werden solche Faserbündel bezeichnet, die schon oberhalb des Rückenmarks das Zentralnervensystem verlassen und durch Öffnungen des knöchernen Schädels austreten. Die zwölf Hirnnervenpaare werden mit römischen Zahlen gekennzeichnet (N. I bis N. XII). Der erste Hirnnerv (N. I, N. olfactorius / Riechnerv) zieht zum Großhirn, der zweite (N. II, N. opticus / Sehnerv) zum Zwischenhirn; alle anderen Hirnnerven sind dem Hirnstamm zuzuordnen. Sie sind teils sensorische, teils motorische Nerven, die überwiegend den Bereich des Kopfes, aber auch die inneren Organe (N. X, N. vagus / wichtiger Teil des vegetativen Nervensystems) versorgen.

Rückenmark

Das *Rückenmark (Medulla spinalis)* enthält als weiße Substanz die *großen auf- und absteigenden Bahnen*, die das Gehirn mit den Rückenmarksnerven (Spinalnerven) und so mit dem peripheren Nervensystem verbindet. Neben den Nervenbahnen enthält das Rückenmark mit seiner grauen Substanz aber auch *Schaltkreise zur Steuerung von Reflexen* und kann als Reflexzentrum bezeichnet werden.

Das Rückenmark (Abb. 2-28) geht aus dem verlängerten Mark hervor und verläuft eingebettet in Gehirn-Rückenmarksflüssigkeit (Liquor cerebrospinalis) im Wirbelkanal. Es ist *segmental gegliedert*, d.h. jedem Wirbel entspricht ein Abschnitt des Rückenmarks. Auf beiden Seiten jeden Segmentes treten ventral und dorsal Nervenfasern aus, die *Vorderwurzeln* und die *Hinterwurzeln*, die sich zu den *Spinalnerven* zusammenschließen. *Diese sind Teil des peripheren Nervensystems*.

Der Mensch hat 31 Spinalnervenpaare, die entsprechend ihrer Lage zusammengefasst werden als

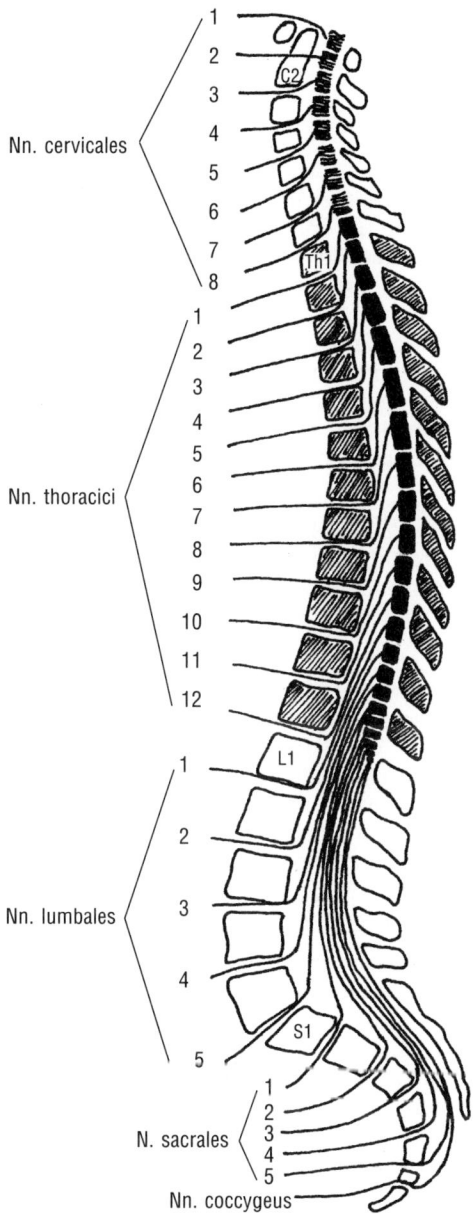

Abb. 2-28: Seitenansicht der Wirbelsäule mit dem im Wirbelkanal verlaufenden Rückenmark.
C2 – 2. Halswirbel;
Th 1 – 1. Brustwirbel;
L 1 – 1. Lendenwirbel;
S 1 – 1. Kreuzbeinwirbel;
Nn. cervicales – Halssegmente;
Nn. thoracici – Brustsegmente;
Nn. lumbales – Lendensegmente;
Nn. sacrales – Kreuzbeinsegmente;
N. coccygeus – Steißbeinsegmente
(nach: Kahle 2001)

- acht Halssegmente, die zum Beispiel für die Innervation der Atemmuskulatur und der oberen Extremitäten zuständig sind,
- zwölf Brustsegmente, die hauptsächlich die Rumpfmuskulatur innervieren,
- fünf Lendensegmente und fünf Kreuzbeinsegmente, die u.a. die unteren Extremitäten versorgen und
- bis zu drei Steißbeinsegmenten, die für die Haut im Steißbeinbereich verantwortlich sind.

Die Spinalnerven treten durch die Zwischenwirbellöcher seitlich aus dem Wirbelkanal aus. Da im Verlauf der Entwicklung die Länge der Wirbelsäule stärker zunimmt als die des Rückenmarks, treten die Spinalnerven nicht in der Höhe ihres Ursprungs aus, sondern verlaufen mit ihren Wurzeln im Wirbelkanal abwärts, bevor sie den Wirbelkanal verlassen (Abb. 2-28).

Das Rückenmark verjüngt sich beim Erwachsenen im Bereich des 12 Brustwirbels und 1. Lendenwirbels – beim Neugeborenen in Höhe des 3. Lendenwirbels – zum sog. Conus medullaris und endet hier in einem dünnen Strang. Unterhalb dieses Conus enthält der Wirbelkanal abwärts verlaufend die Wurzeln der unteren Spinalnerven, die als *Cauda equina (Pferdeschweif)* zusammengefasst werden.

Der *Querschnitt des Rückenmarks* (Abb. 2-29 a/b) zeigt die *graue Substanz* der Nervenzellen in Form eines Schmetterlings, der eingebettet ist in die weiße Substanz der auf- und absteigenden Nervenbahnen. Bei der grauen Substanz werden auf beiden Seiten Vorderhorn und Hinterhorn unterschieden; dazwischen befindet sich das Seitenhorn.

- Im *Vorderhorn* liegen die Zellen motorischer (efferenter) Nerven, deren Axone die Vorderwurzel eines Spinalnervs bilden und über den Spinalnerven bzw. seine Äste zu den Erfolgsorganen, der Skelettmuskulatur, ziehen.
- Das *Hinterhorn* enthält die Zellen sensibler (afferenter) Systeme. Von Rezeptoren der Peripherie werden Erregungen über den Spinalnerven und die Hinterwurzel zum Hinterhorn des Rückenmarks geleitet. Die Hinterwurzel enthält das Spinalganglion, eine Ansammlung von Neuronen sensibler Nervenzellen.
- Im *Seitenhorn* befinden sich Zellen des vegetativen Nervensystems.

Die *weiße Substanz* lässt sich durch die aus- und eintretenden Vorder- und Hinterwurzeln in *Vorder-, Seiten- und Hinterstrang* gliedern. Nervenbahnen werden entsprechend der Richtung und dem Zielort ihrer Erregungsleitung zu Bündeln (Tractus) zusammengefasst (vgl. Abb. 2-29 a/b). *Aufsteigende (afferente, sensible) Bahnen* vermitteln die Information, die die Sinnesorgane aufnehmen und die über das Spinalganglion und die Hinterwurzel in das Rückenmark gelangt, zum Gehirn. *Absteigende (efferente, motorische) Bahnen* sind die Pyramidenbahn und die Bahnen des extrapyramidalen Systems. Sie vermitteln ihre Information zur Bewegungsausführung an die motorischen Zellen im Vorderhorn (motorische Vorderhornzellen), deren Fasern über die Vorderwurzel austreten und über den Spinalnerven und seine Äste zur Skelettmuskulatur geleitet werden.

a)

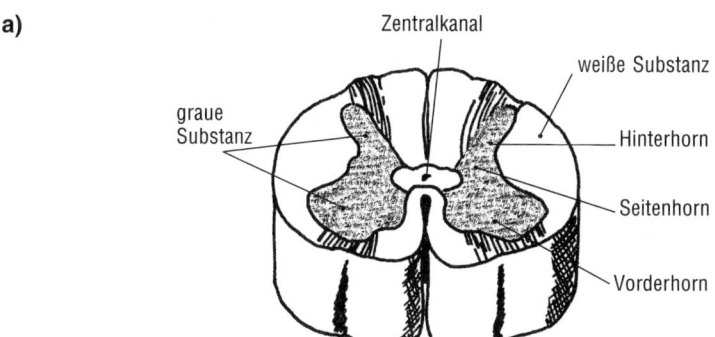

b)

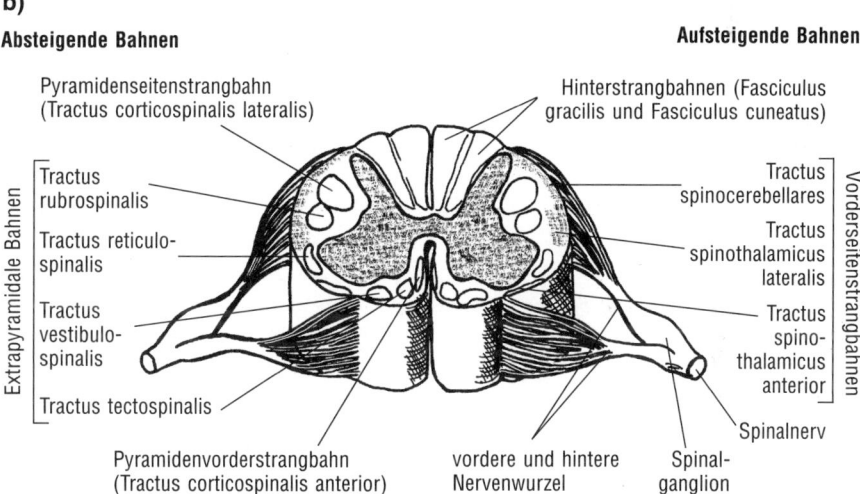

Abb. 2-29 a/b: Querschnitt des Rückenmarks (nach: Schäffler / Schmidt 1996)
a) Vorder- und Hinterwurzel abgetrennt
b) mit ab- und aufsteigenden Bahnen

Das Rückenmark als Reflexzentrum

Neben der Aufgabe der Nervenleitung über auf- und absteigende Bahnen hat das Rückenmark die Funktion eines Reflexzentrums.
Der Reflex wird als unwillkürlich ablaufende Reaktion des Organismus auf einen sensiblen Reiz definiert und stellt damit einen *einfachen Regelmechanimus* dar. Beteiligte Strukturen sind ein Rezeptor zur Reizaufnahme, eine afferente Ner-

venfaser, die Verschaltung im Zentralnervensystem, eine efferente Nervenfaser und ein Muskel als Effektor oder Erfolgsorgan (Abb. 2-30). Die Verschaltung im Zentralnervensystem erfolgt im wesentlichen auf spinaler Ebene (Rückenmarksebene); Reflexe werden aber auch supraspinal, über Zentren im Stammhirn vermittelt.

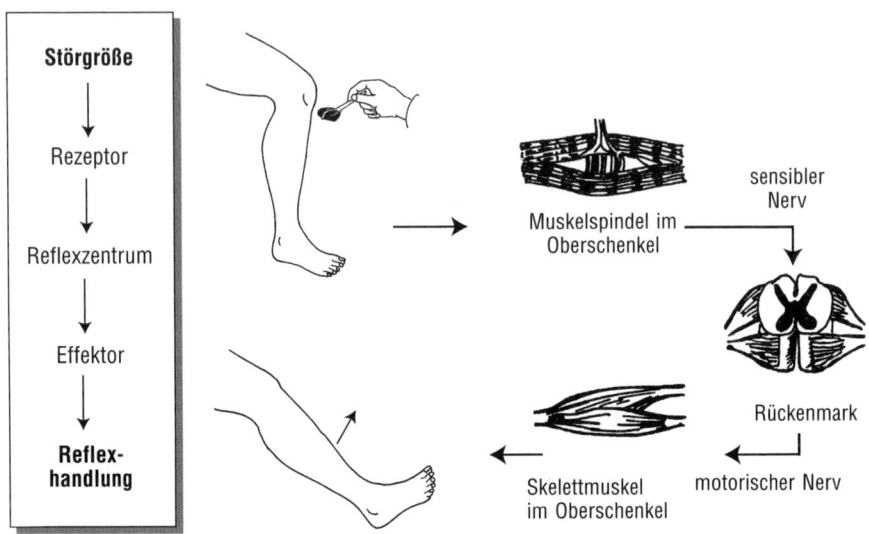

Abb. 2-30: Schema eines Reflexbogens am Beispiel des Patellarsehnenreflexes. Eigenreflex: Rezeptor und Effektor liegen in demselben Muskel, hier dem M. quadrizeps femoris, dem vierköpfigen Oberschenkelmuskel (nach: Schäffler / Schmidt 1996)

Reflexe gelten als für die Sicherung der Existenz notwendige Grundausstattung des Organismus. Sie werden in der Regel nicht bewusst wahrgenommen. So dienen sie zum Beispiel der Sicherung der Haltung und des Gleichgewichts. Bei der Fortbewegung sichern Lokomotionsreflexe die harmonische Bewegung durch Koordination der Erregung und Hemmung synergistisch bzw. antagonistisch arbeitender Muskelgruppen. Reflektorisch erfolgt aber auch die Anpassung des Herz-Kreislauf-Atmungs-Systems an die jeweiligen Erfordernisse des Organismus ebenso wie Aufbereitung und Transport der Nahrungsstoffe im Magen-Darmtrakt. Für die Nahrungsaufnahme sorgen Nutritionsreflexe (Saugen, Schlucken). Von besonderer Bedeutung sind die Schutzreflexe (z.B. Lidschlag, Husten). Im medizinischen Bereich wird die Reflexprüfung bei der Diagnostik des Nervensystems eingesetzt.

Entsprechend der Lage des Rezeptors werden Eigen- und Fremdreflexe unterschieden. Beim *Eigenreflex* befinden sich Rezeptor und Effektor in einem Organ (Beispiel: Patellarsehnenreflex – Rezeptor und Effektor in einem Muskel; Abb. 2-30). Beim *Fremdreflex* liegt der Rezeptor nicht direkt im Erfolgsorgan; es besteht eine räumliche Trennung (Beispiel: Schmerzrezeptor in der Haut, Effektor im Muskel beim reflektorischen Zurückziehen der Hand von der heißen Herdplatte). Eigenreflexe werden auch als *monosynaptische Reflexe* bezeichnet, da hier nur eine zentrale Synapse beansprucht wird bei der Umschaltung von der afferenten Nervenfaser auf das Motoneuron in der Vorderhornzelle des Rückenmarks. Fremdreflexe sind dagegen *polysynaptische Reflexe*, da die Verschaltung über mehrere zentrale Neurone erfolgt.

Für die Motorik von besonderer Bedeutung ist der *monosynaptische Dehnungsreflex* (Beispiel Patellarsehnenreflex; Abb. 2-30). Als Rezeptoren liegen im Muskel die Muskelspindeln (vgl. Abb. 2-15). Durch Dehnung des Muskels – zum Beispiel beim Patellarsehnenreflex durch einen leichten Schlag auf die Sehne des vierköpfigen Oberschenkelmuskels (M. quadriceps femoris) unterhalb der Kniescheibe – werden als reizaufnehmendes System die annulospiralen Endigungen der α-Fasern in den Muskelspindeln erregt. Die Erregungsleitung erfolgt über die afferenten Nervenfasern und die Hinterwurzel zum Rückenmark, wird dort auf die motorische Vorderhornzelle umgeschaltet und über efferente Nervenfasern zum Erfolgsorgan – zum vierköpfigen Oberschenkelmuskel – geleitet, um hier eine Kontraktion auszulösen. Bei der Prüfung des Patellarsehnenreflexes wird diese Kontraktion in einer leichten Zuckung, dem Anheben des frei herabhängenden Unterschenkels, sichtbar.

Das periphere Nervensystem

Das periphere Nervensystem befindet sich *außerhalb des Zentralnervensystems*. Zugehörige Neuronen bzw. Ganglien liegen für den efferenten Schenkel im motorischen Vorderhorn des Rückenmarks, für den afferenten Schenkel im Spinalganglion der Hinterwurzel. Durch den Zusammenschluss der Vorder- und Hinterwurzel zum *Spinalnerven* enthält dieser *sowohl motorische (efferente) als auch sensorische (afferente) Fasern.*

Spinalnerven teilen sich in Äste, zum Beispiel vorderer Ast (Ramus ventralis), auf und bilden Nervengeflechte (Plexus), die Fasern mehrerer Spinalnerven enthalten; so versorgt zum Beispiel das Armgeflecht (Plexus brachialis), das sich aus den Nerven der Segmente C 5 (5. Zervikal- / Halsnerv) bis Th 1 (1. Thorakal- / Brustnerv) zusammensetzt, Teile der Nacken- und Schulter- / Armmuskulatur. Die motorischen Nervenfasern übertragen ihre Impulse über die motorische Endplatte auf den Skelettmuskel. Die sensorischen Nerven nehmen ihre Information über die Rezeptoren der Sinnesorgane auf und leiten diese zum Spinalganglion und von dort weiter in das Hinterhorn des Rückenmarks; hier erfolgt die Umschaltung auf Neuronen des Zentralnervensystems.

2.2.5 Das vegetative Nervensystem

Das vegetative Nervensystem regelt die *lebenswichtigen Funktionen des Organismus* wie Atmung, Stoffwechsel, Wärmehaushalt, Sekretion und Fortpflanzung. Es innerviert die glatte Muskulatur, den Herzmuskel und die Drüsen. Seine Funktion ist nicht dem Willen unterworfen; es wird deshalb auch als *autonomes oder unwillkürliches Nervensystem* bezeichnet. Trotz dieser Autonomie steht das vegetative Nervensystem in enger Verbindung zum somatischen Nervensystem, so dass seine Funktion auch für die Motorik von Bedeutung ist.

Als *oberstes Integrationszentrum des vegetativen Nervensystems* gilt der *Hypothalamus*, der dem Thalamus im Zwischenhirn benachbart ist. Er koordiniert die Funktionen des vegetativen Nervensystems mit dem Zentralnervensystem und dem hormonellen (endokrinen) System, da er in enger Beziehung zu der Hypophyse (Hirnanhangdrüse) steht; deren Funktion stellt die zentrale Steuerung und Regelung der endokrinen Drüsen und ihrer Hormonproduktion dar. Der Hypothalamus seinerseits produziert sog. Releasing-Hormone, die regulierend auf den Hypophysenvorderlappen (Adenohypophyse) wirken. Mit dem Hypophysenhinterlappen (Neurohypophyse) ist der Hypothalamus auf neuronalem Weg verbunden (vgl. Kap. 2.2.4).

Darüber hinaus steht der *Hypothalamus in enger Beziehung zu anderen Strukturen des Zentralnervensystems*, insbesondere zum *limbischen System*, dem die Steuerung artspezifischen Verhaltens – beim Menschen: Emotionen, Affekte und Motivationen – zugeschrieben wird; hinzu kommt die Bedeutung des limbischen Systems auch für Gedächtnis und Lernen. Neben dem Hypothalamus und dem limbischen System als übergeordneten Zentren des vegetativen Nervensystems existieren *im Hirnstamm und im Rückenmark, insbesondere im verlängerten Mark eine Reihe vegetativer Zentren wie Atemzentrum, Kreislaufzentrum u.a.,* die funktionell, aber nicht unbedingt strukturell eindeutig zuzuordnen sind.

Das *periphere vegetative Nervensystem* besteht aus zwei überwiegend *antagonistisch arbeitenden Systemen, dem Sympathicus und dem Parasympathicus.* Die Funktionen von Sympathicus und Parasympathicus sind im Zusammenhang mit unterschiedlichen Grundtendenzen des Organismus zu sehen. Diese können entweder vorwiegend leistungsbezogen und umweltorientiert oder im Gegenteil dazu vorwiegend auf sich selbst bezogen, also umweltabgewandt orientiert sein. Die *Tendenz zur Leistungsorientierung wird als ergotrope Reaktionslage* bezeichnet; sie führt zum Beispiel zu verstärkter Durchblutung der Muskulatur, Anstieg von Blutdruck und Herzaktivität, dagegen zum Beispiel zu eingeschränkter Aktivität im Magen-Darm-Trakt. Verantwortlich für die ergotrope Reaktionslage ist der Sympathicus.

In der *trophotropen Reaktionslage,* die vom Parasympathicus gesteuert wird, richtet sich die Orientierung auf den Organismus selbst zum Beispiel durch die Anregung der Drüsen- und der Magen-Darm-Tätigkeit, der Erniedrigung des Energieumsatzes, der Senkung des Blutdrucks und der Verlangsamung der Herztätigkeit.

Der Parasympathicus wird auch als Erholungsnerv, der Sympathicus dagegen als Leistungsnerv bezeichnet.

2.2.6 Steuerung und Regelung der Motorik

Die Regelung der Motorik lässt eine *hierarchische Gliederung* erkennen:
- Grundlage stellt die *spinale Motorik* dar, deren Regelung über das Rückenmark verläuft; sie wird als *„reflexgesteuert"* bezeichnet.

- Übergeordnet ist der supraspinale Anteil der Motorik, bei dem Steuerungs- und Regelungsprozesse im Gehirn ablaufen; dieser Anteil gilt als „programmgesteuert" (vgl. Birbaumer & Schmidt 1999). *Spinale und supraspinale Motorik stehen jedoch nicht isoliert, sondern sind vielfach miteinander verknüpft.*

Spinale Regelung

Zum Verständnis der Regelung der Motorik auf spinaler Ebene ist hervorzuheben, dass *spinale Reflexe nicht mit stereotypen Bewegungsantworten auf bestimmte Reize gleichzusetzen* sind. Die motorischen Vorderhornzellen im Rückenmark senden ihre Impulse nicht nur zum Skelettmuskel, sondern über Kollaterale zu Schaltzellen in der grauen Substanz. Eine Vielzahl dieser *Interneurone* hat eine *hemmende (*inhibitorische) Funktion. Diese gewährleistet zum Beispiel das für jede Bewegung erforderliche *Zusammenspiel von agonistischer und antagonistischer Muskulatur.* Darüber hinaus garantieren spinale Reflexe aber auch *elementare Vorgänge der Haltungssicherung und Bewegungskoordination.* Einige Beispiele sollen dieses erläutern:

- Der *monosynaptische Dehnungsreflex* (vgl. Abb. 2-30), dessen Rezeptor die Muskelspindel darstellt, hat vor allem die Aufgabe, die Länge eines Muskels konstant zu halten; der Reflexbogen, dessen Afferenz aus den Sehnenorganen kommt, dient dazu, eine bestimmte Muskelspannung aufrecht zu erhalten. Beide tragen damit wesentlich zur Sicherung der aufrechten Haltung bei.

- Über hemmende Interneurone, sog. Renshaw-Zellen, erfolgt eine *rückläufige (rekurrente oder Feedback-)Hemmung* (Abb. 2-31a). Je stärker die Erregung eines Motoneurons ist, desto größer ist auch die Erregung der Renshaw-Zellen und damit die Hemmung dieses Motoneurons. Dadurch ist gewährleistet, dass übermäßig gesteigerte Aktivität gedämpft wird.

- Erst die *antagonistische Hemmung* ermöglicht koordinierte Bewegungen: die Kontraktion eines Muskels, zum Beispiel eines Beugers, kann nur zu einer Gelenkbewegung führen, wenn die antagonistische Muskulatur, die Streckergruppe, zur gleichen Zeit erschlafft, die Beugung also zulässt. Als antagonistische Hemmung verläuft beim monosynaptischen Dehnungsreflex neben dem eigentlichen Reflexbogen eine Verschaltung über ein oder mehrere Interneurone, die auf das oder die Motoneurone der antagonistischen Muskulatur hemmend wirkt (Abb. 2-31b).

- Als Beispiel für einen Vorgang komplexer motorischer Haltungssicherung auf spinaler Ebene dient der Flexorreflex eines Beines, der immer mit einem Streckreflex des Beines der Gegenseite (*gekreuzter Streckreflex*) einhergeht. Es handelt sich um einen polysynaptischen Reflex, der beide Seiten des Rückenmarks einbezieht. Der Flexorreflex ist ein typischer Schutzreflex: Bei einer schmerzhaften Reizung der Fußsohle wird der Fuß weggezogen, also das Bein in mehreren Gelenken gebeugt; gleichzeitig wird das andere Bein gestreckt, um den Körper im Stand oder in der Fortbewegung im Gleichgewicht zu halten. Dieses Geschehen wird – je nach Intensität des Schmerzreizes – darüber hinaus erweitert durch Beteiligung der oberen Extremität im

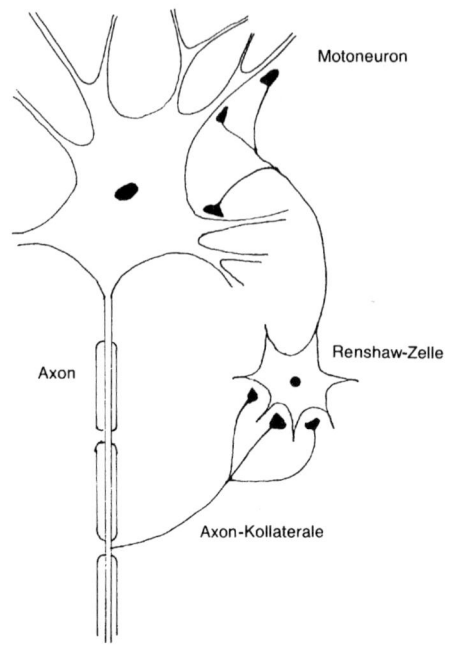

Abb. 2-31a: Schematische Darstellung der rekurrenten Hemmung (nach: Asmussen 1979)

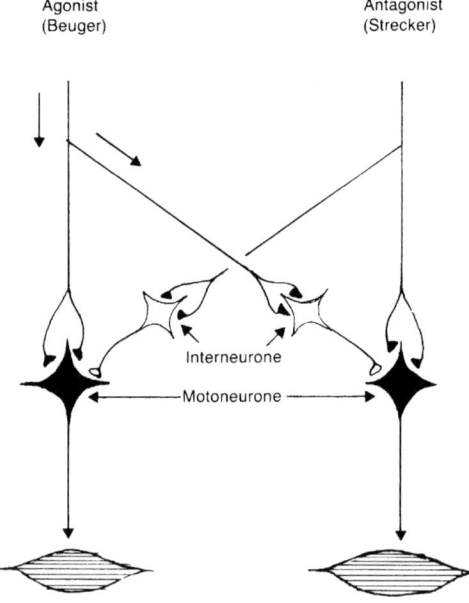

Abb. 2-31b: Schematische Darstellung der antagonistischen Hemmung (nach: Schmidt 1979)

Sinne des *doppelt gekreuzten Streckreflexes*, d.h. es kommt zusätzlich zur Beugung des gleichseitigen (ipsilateralen) Armes und Streckung des gegengleichen (kontralateralen) Armes. Auch die Rumpfmuskulatur ist durch komplexe Anpassungsvorgänge im Sinne von Änderungen des Muskeltonus bzw. von Ausgleichsbewegungen beteiligt (vgl. Illert & Kuhtz-Buschbeck 2001).

Die spinale, reflektorisch gesteuerte Motorik wird beim Menschen *supraspinal kontrolliert und moduliert; dieses geschieht vorwiegend durch Strukturen des Hirnstamms, die Muskeltonus und Reflexerregbarkeit* regeln.

Reflexe, die auf supraspinaler Ebene über den Hirnstamm gesteuert werden, zeigen einen zunehmend komplexeren Charakter (*tonische Reflexe bzw. Halte- und Stellreflexe*) und werden ihrerseits überlagert durch die *optischen Stellreflexe*, die von der höher entwickelten, phylogenetisch jüngeren Hirnrinde ausgehen. Halte- und Stellreflexe haben ihre *zentrale Verschaltung im Bereich des verlängerten Marks und der Brücke*; die Rezeptoren liegen in der Halsmuskulatur und im Gleichgewichtsorgan.

Halte- und Stellreflexe stellen ein System komplexer Haltungsmuster im Sinne elementarer Haltungssicherung dar. Beim Menschen werden sie im Verlauf der Entwicklung durch die Funktion übergeordneter Hirnstrukturen überlagert und gehemmt bzw. in willkürliche Handlungsabläufe integriert (vgl. Kap 3.2). Die Haltereflexe sind nur am unreifen Gehirn, im Säuglingsalter, auslösbar. Bleiben sie bis über den 5. / 6. Lebensmonat erhalten, gilt dieses als Kennzeichen gestörter Hirnentwicklung. Ein Persistieren dieser Reflexe würde die Entwicklung der Willkürmotorik behindern bzw. verhindern. *Vom 6. Lebensmonat an werden die Stellreflexe durch Gleichgewichtsreaktionen modifiziert, ergänzt und zunehmend von Willkürmotorik überlagert.*

Supraspinale Steuerung und Regelung

Der als programmgesteuert bezeichnete supraspinale Anteil der Motorik ist *verantwortlich für Handlungsantrieb, Planung und Programmierung sowie die Einleitung der Bewegungsausführung*.

Eine zentrale Rolle spielt hier der *motorische Cortex* mit seinen primären, sekundären und assoziativen Arealen, der sowohl an der Programmierung beteiligt ist, als auch die Bewegungsausführung initiiert.

Die vielfältigen Verbindungen der für die Motorik relevanten Zentren sowohl im Hinstamm als auch im Großhirn machen deutlich, dass im Gehirn neben der entwicklungsgeschichtlich bedingten hierarchischen Gliederung eine *überwiegend „partnerschaftliche" Zusammenarbeit zwischen einzelnen Zentren* vorherrscht (Birbaumer & Schmidt 1999). Abbildung 2-32 a/b verdeutlicht die Einbindung einerseits der *Basalganglien*, andererseits des *Kleinhirns* in das motorische System. Beide gelten als gleichrangig bedeutende motorische Zentren, die wesentlichen Anteil an der Programmierung der Bewegung haben.

Moderne bildgebende Verfahren (vor allem PET – Positronen-Emissions-Tomographie und fMRT – funktionelle Kernspintomographie) ermöglichen beispielsweise über eine Messung des regionalen cerebralen Blutflusses genauere Aus-

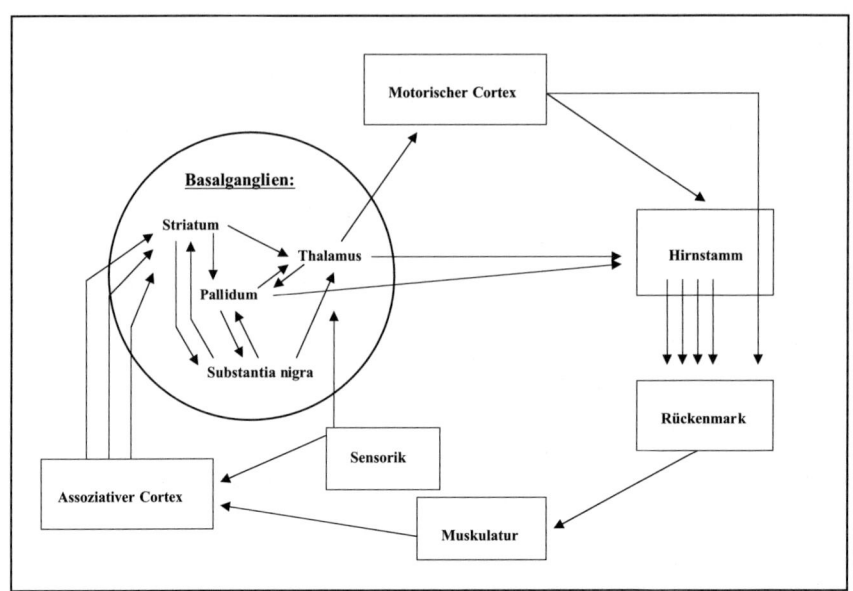

Abb. 2-32a: Einbindung der Basalganglien in das motorische System – stark vereinfachte, schematische Darstellung (nach: Birbaumer / Schmidt 1999)

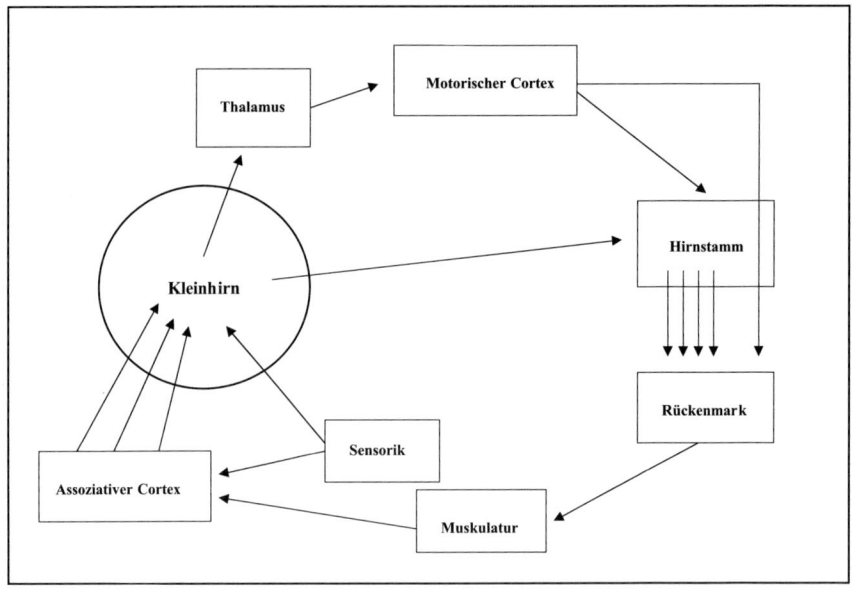

Abb. 2-32b: Einbindung des Kleinhirns in das motorische System – stark vereinfachte, schematische Darstellung (nach: Birbaumer / Schmidt 1999)

sagen über die Beteiligung bestimmter Hirnareale an spezifischen motorischen Handlungen. Seitz (2001, 347) weist darauf hin, dass „beim geübten Ausführen von Bewegungen ein neuronales Netzwerk von kontralateralem motorischen Kortex, prämotorischen Kortex einschließlich der SMA (supplementär motorische Area), den Basalganglien und dem ipsilateralen Kleinhirnvorderlappen aktiviert wird". Andere Areale kommen hinzu, wenn räumlich und zeitlich komplexe Bewegungen durchgeführt oder auch nur mental vorgestellt werden. Je nachdem ob zyklische oder azyklische, ein- oder beidseitige Bewegungen ausgeführt werden, sind unterschiedliche Aktivierungsmuster zu erkennen.

Die Strukturen, die die willkürliche Bewegungsausführung ermöglichen, sind offensichtlich auch für das motorische Gedächtnis verantwortlich; besonders bemerkenswert erscheint, dass *„das Kleinhirn des Menschen eine Rolle beim Lernen sowohl motorischer Fertigkeiten als auch kognitiver Leistungen spielt"* (Seitz 2001, 348).

Einen Überblick über die Beteiligung wichtiger motorischer Zentren an motorischen Steuerungs- und Regelungsvorgängen gibt Abbildung 2-33. Dabei ist zu beachten, dass Sensorik hier nur „en bloc" genannt wird. Tatsächlich sind *Sensorik und Motorik* so eng miteinander verflochten, dass eines ohne das andere kaum denkbar erscheint. Einerseits erhalten die für die Motorik verantwortlichen Strukturen ständig Informationen über den Zustand und Zustandsänderungen des

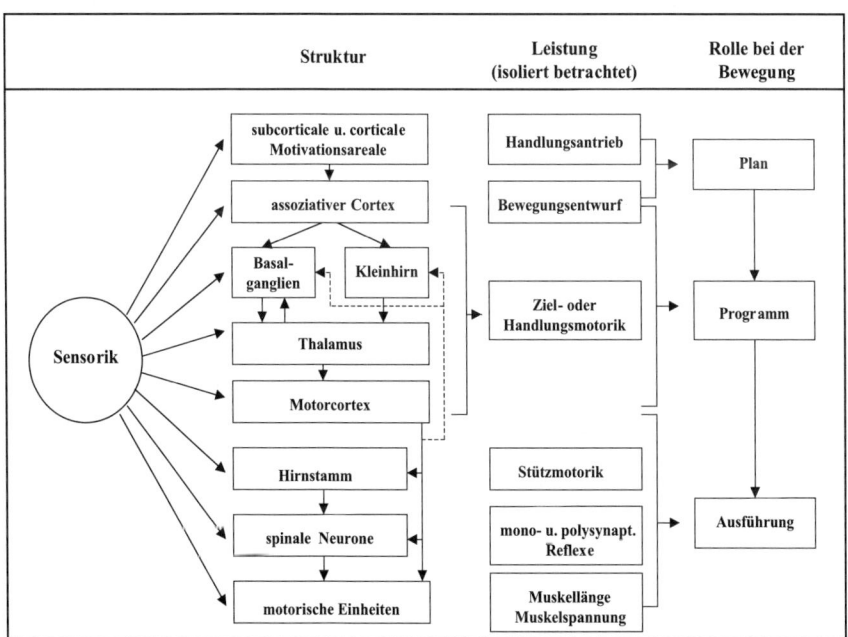

Abb. 2-33: Überblick über die für die Motorik wichtigsten Strukturen und ihre Stellung im Prozess motorischer Steuerung und Regelung (nach: Birbaumer / Schmidt 1999)

Körpers selbst wie auch seiner Umgebung; andererseits ist ein differenzierter Informationsgewinn zum Beispiel über die Haut- aber auch über die Tiefensensibilität erst über Bewegung möglich.

Zu bedenken ist aber auch, dass Motorik nicht allein von Funktionen des Zentralnervensystems abhängig ist. *Weitere wichtige Regelsysteme*, die die Aufgabe haben, den Organismus in einem dynamischen Gleichgewicht zu halten, sind das *endokrine (hormonelle) System und das Immunsystem*. Diese Systeme beeinflussen sich gegenseitig und sind vielfältig untereinander verknüpft (Abb. 2-34). Kerngebiete des Zentralnervensystems, die für die Steuerung und Regelung der Motorik zuständig sind, haben gleichzeitig Bedeutung für Motivation, Emotion und Kognition; Strukturen des vegetativen Nervensystems stehen im Austausch mit denen des hormonellen Systems. Dieselben Strukturen – insbesondere Hypothalamus und limbisches System, aber auch Kerngebiete des vegetativen Nervensystems im Hirnstamm – scheinen das Immunsystem zu beeinflussen.

Die relativ junge Wissenschaft der Psychoneuroimmunologie befasst sich mit den Wechselwirkungen von Zentralnervensystem, endokrinem System und Immunsystem (vgl. Ader 1981; Birbaumer & Schmidt 1999; Miketta 1992); künftige Forschungen werden weitere bzw. differenziertere Kenntnisse dieser Wechselwirkungen und deren Bedeutung für Gesundheit und Krankheit des Menschen, auch für die Bedeutung von Bewegung, Bewegungsmangel und Bewegungsförderung erbringen.

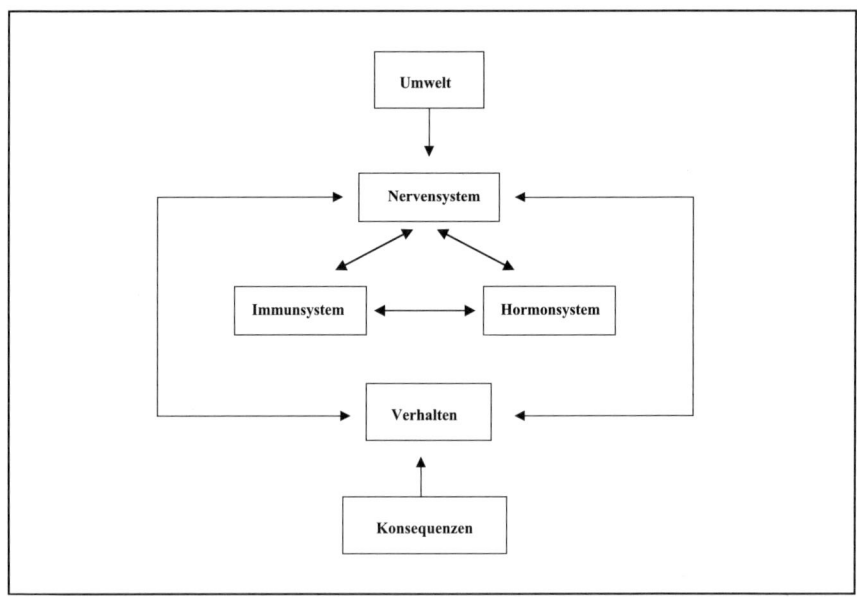

Abb. 2-34: Beziehungen zwischen Nervensystem, endokrinem (hormonellem) System und Immunsystem (nach: Birbaumer / Schmidt 1999; vgl. Miketta 1992)

Aspekte gestörter motorischer Funktionen

Die Funktion einzelner motorischer Zentren wird deutlich bei Erkrankungen, die zu einer Störung oder zum Ausfall dieser Strukturen führen (Pathophysiologie). Schädigungen *innerhalb des pyramidal-motorischen Systems*, der Pyramidenbahn oder ihrer Ursprungsfelder auf der Hirnrinde, führen zu schweren Störungen der Motorik; *Leitsymptom ist die Spastik*, eine Form gesteigerten Muskeltonus (Hypertonus). Allerdings kommt es beim Menschen so gut wie nie zu einer rein pyramidalen Schädigung; in der Regel sind extrapyramidale Strukturen gleichzeitig betroffen, so dass auch hier eine exakte Trennung zwischen beiden Systemen nicht möglich ist.

Eine häufig auftretende Störung ist die vollständige oder teilweise Unterbrechung der corticalen Efferenzen (pyramidale und extrapyramidale Bahnen) im Bereich der inneren Kapsel (Capsula interna) durch Blutungen oder Gefäßverschluss, die zum *Hirnschlag oder Schlaganfall* führen. Im Bereich der inneren Kapsel treten die von der Hirnrinde absteigenden Bahnen fächerförmig zusammen; auch die aufsteigenden Bahnen durchlaufen die innere Kapsel, um sich dann fächerförmig auszubreiten. Die innere Kapsel wird eng von den Basalganglien Caudatum, Putamen, Pallidum und Thalamus umgeben. Typische Folge des Hirnschlags ist neben gestörter Reflexaktivität und dem Vorhandensein pathologischer Reflexe die *Halbseitenlähmung (Hemiplegie)*, die meist als spastische Lähmung der kontralateralen Körperhälfte bestehen bleibt.

Schädigungen innerhalb der Basalganglien, also extrapyramidale Ausfälle, führen ebenfalls zu *Störungen des Muskeltonus*. Bei der *Chorea*, die auch *als hyperkinetisch-atonisches Syndrom* bezeichnet wird, liegt eine Degeneration der Zellen im Striatum zugrunde, die hemmend auf Großhirnrinde und Pallidum wirken. Typisches Symptom sind unwillkürliche, ausfahrende, ruckartige Bewegungen insbesondere der oberen Extremität aufgrund eines herabgesetzten Muskeltonus. Andere Formen der Hyperkinese sind *pathologische Mitbewegungen*, die eher träge, wurmförmig gewunden (*athetotisch*) oder schleuderartig (*ballistisch*) erscheinen. Das *Parkinson-Syndrom (akinetisch-hypertonisches Syndrom)*, das durch Degeneration der Nervenzellen, die von der Substantia nigra zum Striatum ziehen, ausgelöst wird, kennzeichnet dagegen ein *erhöhter Muskeltonus (Rigor), Ruhetremor (Zittern)* sowie mimische Starre und eine auffallende Einschränkung aller Ausdrucks- und Mitbewegungen.

Störungen des Kleinhirns äußern sich hauptsächlich in *unvollkommener räumlich-zeitlicher Koordination insbesondere bei Zielbewegungen (Dysmetrie) und beim Gleichgewicht (Ataxie)*.

Zusammengefasst können als *wichtigste Symptome pathologischer Motorik* genannt werden:

- *Störungen des Bewegungsausmaßes*, evtl. des Bewegungsantriebs durch *Hyperkinese* (choreatische, athetotische, ballistische Bewegung) oder *Hypokinese* bzw. Akinese;

- *Störungen des Muskeltonus* im Sinne eines *Hypertonus* (Spastik und Rigor, unterschieden durch unterschiedlichen Dehnungswiderstand) oder *Hypotonus* (z.B. beim Parkinson-Syndrom). Hinzu kommen Formen der *Dystonie* mit wechselndem Muskeltonus;
- *Störungen der räumlich-zeitlichen Koordination (Dysmetrie);*
- *Störungen des Gleichgewichts (Ataxie);*
- *Störungen durch rhythmische Muskelkontraktionen (Muskelzittern, Tremor).*

2.2.7 Wahrnehmung

Wahrnehmung ist mehr als das Funktionieren der Sinnesorgane; Wahrnehmung stellt ein *komplexes psycho-physisches Geschehen* dar. Sie ist gebunden an die Funktionsfähigkeit von Strukturen des Zentralnervensystems, ist aber immer ein subjektiver Vorgang. Was in einer bestimmten Situation wahrgenommen wird, hängt in hohem Maße von der wahrnehmenden Person und ihrem Erfahrungshintergrund ab, von ihrer Motivationslage in der jeweiligen Situation und ihrem Interesse an dem spezifischen Wahrnehmungsgegenstand. Es geht immer um eine Selektion von Reizen und es bedarf einer Lenkung der Aufmerksamkeit auf bestimmte Reize oder Reizkonstellationen. Hierfür ist ein gewisser Aktivitäts- oder Wachheitsgrad (Vigilanz) erforderlich.

Mertens (1990, 1) beschreibt Wahrnehmung als „die allgemeine und umfassende Bezeichnung für den zyklischen Prozess der Informationsgewinnung aus Umwelt und Körperreizen (äußere und innere Wahrnehmung), einschließlich der in diesem Regelsystem verbundenen emotionalen und sozialen Prozesse und ihrer durch Erfahrung und Denken erfolgenden Modifikationen".

Neumaier und Mester (1990, 18) weisen in Anlehnung an Neisser (1979) darauf hin, dass *„das Subjekt und die objektive Umwelt" im Rahmen von Wahrnehmungsprozessen nicht zu trennen sind und dass dementsprechend jeder Wahrnehmungsvorgang „Informationen über den Wahrnehmenden selbst wie über seine Umwelt" vermittelt.*

Das Phänomen Wahrnehmung unterscheidet sich also deutlich von Prozessen der Reizaufnahme durch spezifische Rezeptoren. Die Aktivität der Sinnesorgane, die Reizleitung und Verschaltung über sensorische Nerven bis hin zu den sensorischen Zentren im Gehirn wird als objektiver, durch die *Sinnesphysiologie* fassbarer Vorgang angesehen. Sinneseindrücke werden aber auf dem Hintergrund von persönlichen Erfahrungen gedeutet und bewertet und damit subjektiv gefärbt; diese Prozesse sind Gegenstand der *Wahrnehmungspsychologie* (vgl. Birbaumer & Schmidt 1999). Um beide Vorgänge begrifflich voneinander zu trennen, wären die objektiven Prozesse vor allem der Reizaufnahme und der Reizleitung als *Empfindung (Sensorik)* zu bezeichnen und dem subjektiven Bereich der Reizverarbeitung – der *Wahrnehmung (Perzeption)* – gegenüberzustellen (vgl. Ljublinskaja 1985). Terminologisch kann – zumindest für das Sehen und Hören – klar unterschieden werden zwischen objektiven und subjektiven Vorgängen: So bezeichnet der Begriff „optisch" die physikalische, objektive Dimension, dagegen „visuell" den subjektiven Wahrnehmungsvorgang; entsprechend sollten die

Begriffe „akustisch" und „auditiv" differenziert für objektive bzw. subjektive Prozesse eingesetzt werden.

Abbildung 2-35 verdeutlicht die Vorgänge von der Reizaufnahme bis hin zur subjektiven Wahrnehmung: Phänomene der Umwelt – Entsprechendes gilt für Phänomene, die sich im Körperinneren abspielen, – treten in Kontakt mit Sinnesorganen bzw. Rezeptoren, um zu einem Sinnesreiz zu werden. Ein Reiz muss auf einen spezifischen, adäquaten Rezeptor treffen und eine bestimmte Intensität erreichen, um zu einer Erregung des zugehörigen Nerven zu führen. Dieser leitet die Erregung zum Zentralnervensystem – über aufsteigende Bahnen des Rückenmarks zu sensorischen Zentren des Hirnstamms wie der Formatio reticularis und dem Thalamus, in denen Informationen aus verschiedenen Sinnesmodalitäten koordiniert und integriert werden. Sensorische Zentren des Hirnstamms mit ihren vielfältigen Verbindungen führen dazu, dass Wichtiges gegenüber Unwichtigem herausgefiltert wird, gespeichert und mit bereits Gespeichertem verglichen wird. Für die Person als relevant erachtete Informationen werden vom Hirnstamm zur Hirnrinde geleitet und bewusst wahrgenommen.

Die Bedeutung der Wahrnehmung für das Verhalten eines Menschen, das mit motorischem Handeln gleichzusetzen ist oder von Bewegung begleitet wird, stellt Roth (1999a) heraus. Er postuliert einen *Kreislauf zwischen Verhalten, Wahrnehmung, Bewertung, Gedächtnis, Aufmerksamkeit und Wahrnehmung* (Abb. 2-36). Demnach stehen Wahrnehmung und Verhalten in engster gegenseitiger Beziehung; beide sind abhängig von Prozessen der Bewertung und Steuerung der Aufmerksamkeit, die nicht dem Bewusstsein zugänglich sind.

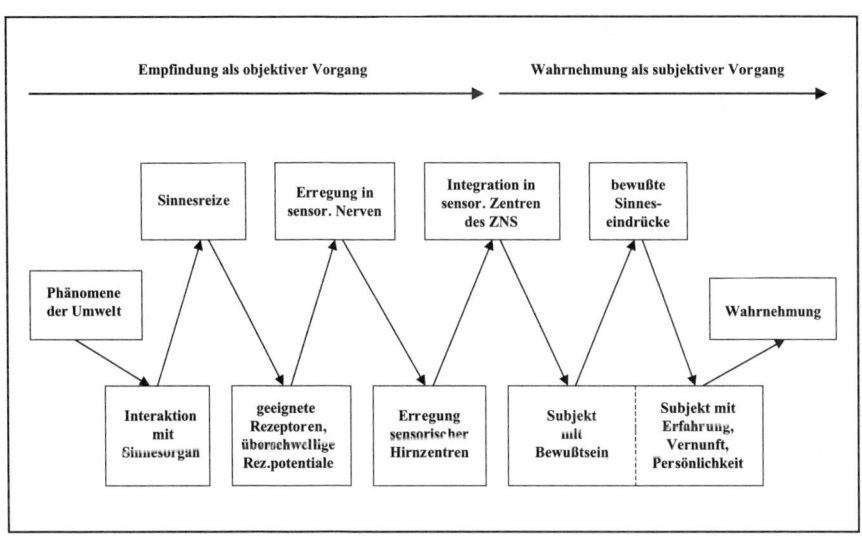

Abb. 2-35: Empfindung und Wahrnehmung als objektive und subjektive Vorgänge der Informationsaufnahme und -verarbeitung (nach: Handwerker 1997)

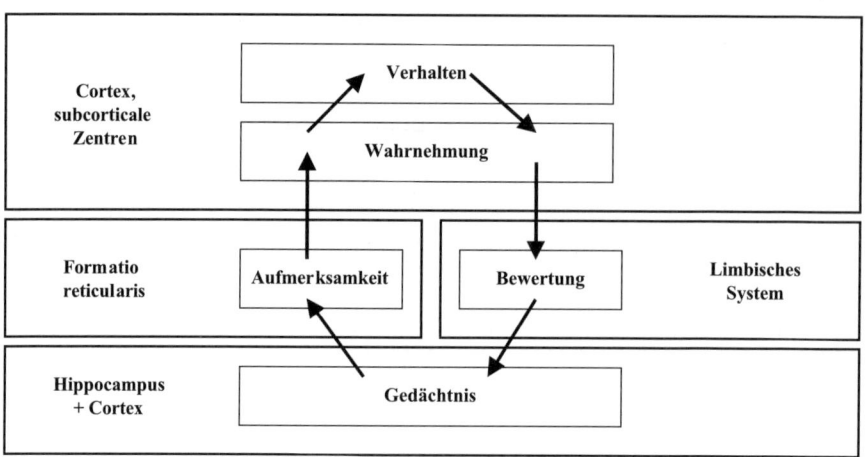

Abb. 2-36: *Kreislauf zwischen Verhalten, Wahrnehmung, Bewertung, Gedächtnis, Aufmerksamkeit und Wahrnehmung (nach: Roth 1999)*

Der enge Zusammenhang zwischen Wahrnehmung und Motorik kommt in Begriffen wie „Sensomotorik" oder „Auge-Hand-Koordination" zum Ausdruck; das Auge bzw. die visuelle Wahrnehmung als beim Menschen – beim Erwachsenen – dominanter Wahrnehmungsbereich steht hier im Vordergrund. Aber auch Wörter wie „Begreifen" oder „Erfassen" dokumentieren, dass das *Wahrnehmen im Sinne kognitiver Funktion auf die Erfahrung aktiven motorischen Handelns zurückgeht.*

In der Praxis lässt sich leicht überprüfen, dass ein Gegenstand, der einer Testperson in die Hand gelegt wird und ohne optische Kontrolle beschrieben oder identifiziert werden soll, intensiv taktil-kinästhetisch und auch akustisch untersucht wird durch Finger- und Handbewegungen, evtl unterstützt durch Armbewegungen. *Ohne Bewegung bleibt der Informationsgewinn gering.*

Eine Vielzahl an Untersuchungen zur Entwicklung des Sehens – häufig in Tierversuchen, durchaus aber auch mit Menschen – zeigt eindrucksvoll die Bedeutung der Bewegung auf. Umfangreiche Versuche mit Prismenbrillen, die die visuelle Welt quasi seitlich verschieben oder sogar dazu führen, dass oben und unten vertauscht scheinen, hat Kohler (1951; zit. n. Gibson 1982) gemacht. Hier zeigt sich deutlich, dass der Mensch lernt, sich in seinem Verhalten an die veränderten optischen Informationen anzupassen. Diese Adaptation erfolgt aber nur, wenn die Möglichkeit besteht, sich durch aktives Bewegen die optisch veränderten räumlichen Bedingungen zu erschließen. Wird die Testperson dagegen passiv bewegt und jede aktive Bewegung verhindert, kommt es nicht zu einer Anpassung an die veränderte „Seh-Welt" (vgl. Pöppel 1995).

2.3 Bereitstellung und Umwandlung von Energie

2.3.1 Das Herz-Kreislauf-Atmungs-System

Aufgaben des Blutes

Das *Blut* stellt den eigentlichen *Ver- und Entsorgungs-Mechanismus* dar. Es hat die Aufgabe des Stoffaustausches im Gewebe; es transportiert Sauerstoff O_2 und Nährstoffe zu den Orten des Verbrauches hin und befördert Kohlendioxyd CO_2 und Stoffwechselschlacken zur Lunge bzw. zu den Ausscheidungsorganen. Daneben dient das Blut dem Transport von Hormonen. Es enthält ein Abwehr- und ein Gerinnungssystem; dadurch wird der Organismus vor Fremdstoffen und vor größerem Blutverlust geschützt. Die Pufferkapazität des Blutes hat eine wesentliche Funktion im Salz- und Wasserhaushalt des Organismus; das innere Milieu des Gewebes wird konstant gehalten. Der Transport von Wärme, die bei den Stoffwechselprozessen produziert wird, spielt eine entscheidende Rolle bei der Temperaturregulation.

Großer und kleiner Kreislauf

Das Blut kann seinen vielfältigen Aufgaben nur gerecht werden, wenn sein Transport gewährleistet ist; dieser erfolgt in den *Gefäßen* des Kreislauf-Systems. Dabei wird der *große oder Körperkreislauf* vom *kleinen oder Lungenkreislauf* unterschieden (Abb. 2-37). Im Hinblick auf den Körperkreislauf ist der Pfortaderkreislauf besonders hervorzuheben, der als Kreislauf der Bauchorgane über das Kapillarnetz der Leber auch die Funktion einer Entgiftung der bei der Verdauung entstandenen Stoffwechselprodukte übernimmt.

Gefäße, die Blut vom Herzen weg führen, werden *Arterien* genannt; solche, die dem Herzen Blut zuführen, heißen *Venen*. Zwischen Arterien und Venen liegen als Orte des Stoffaustausches in beiden Kreisläufen die *Kapillaren*. Als „Motor" des Gefäßsystems wirkt das Herz.

Das Herz als „Motor"

Das Herz ist ein Hohlmuskel; es besteht anatomisch und funktionell aus zwei Hälften. Das „*rechte Herz*" enthält CO_2-angereichertes (desoxigeniertes oder O_2-armes) Blut, das in den Lungenkreislauf befördert wird; es wirkt also als Motor des Lungenkreislaufes. Das „*linke Herz*" erhält Blut aus dem Lungenkreislauf. Dieses O_2-reiche (oxigenierte, arterialisierte) Blut wird in den Körperkreislauf gepumpt. Das linke Herz ist somit Motor des Körperkreislaufes. Rechtes und linkes Herz unterscheiden sich in der Wanddicke: Da der Körperkreislauf bedeutend größer ist als der Lungenkreislauf und hier erheblich längere Wege zu bewältigen sind, während der Lungenkreislauf sich weitgehend auf der gleichen Ebene wie das Herz befindet, ist die Muskulatur der linken Herzkammer stärker entwickelt als die des rechten Herzens. Im rechten Herzen entsteht nur etwa 1/5 des Druckes, der im linken Herzen benötigt wird.

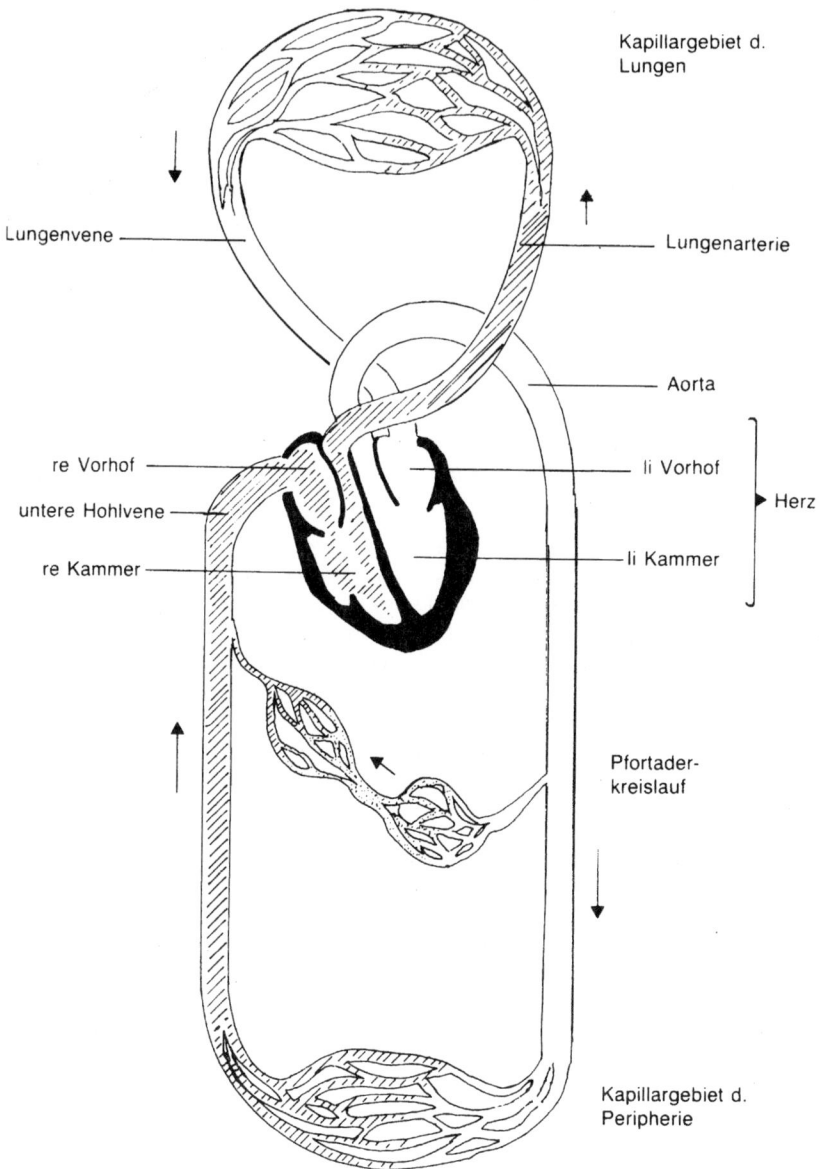

Abb. 2-37: Schema der Kreislauforgane

Jede Herzhälfte besteht aus *Vorhof (Atrium)* und Kammer *(Ventrikel).* Die Muskulatur der Vorhöfe ist gegenüber der der Kammern relativ schwach ausgeprägt. Die Räume des Herzens sind durch Bindegewebe, das sog. „Herzskelett" voneinander getrennt. Dieses Herzskelett dient der Muskulatur als Ursprung und Ansatz.

Am Eingang und Ausgang jeder Kammer befindet sich eine Klappe. Diese *Herzklappen* entsprechen technisch einem Ventilmechanismus, bei dem ein Einstrom, aber kein Rückstrom möglich ist. Alle Klappen liegen etwa in einer Ebene, der *Ventilebene* (Abb. 2-38). Jeweils zwischen Vorhof und Kammer befindet sich die *Segelklappe*, die im *rechten Herzen dreizipflig (Trikuspidalklappe)* und *im linken Herzen zweizipflig (Bikuspidalklappe)* ist. Durch Sehnenfäden sind die Segelklappen an Papillarmuskeln der jeweiligen Kammer befestigt; so wird ein Zurückschlagen der Klappe in den Vorhof verhindert. Zwischen Kammer und Arterie liegt die *Taschenklappen oder Mitralklappen (Pulmonalklappe und Aortenklappe)*, die aus drei Taschen bestehen.

Relativ häufig kommen – auch schon bei Kindern – Herzfehler vor, als deren Ursache zum Beispiel Mängel im Klappenmechanismus verantwortlich gemacht werden: Als Stenose wird eine Verengung der Ventilöffnung zum Beispiel durch Narbenbildung nach Entzündungen bezeichnet; bei einer Insuffizienz schließt eine Klappe nicht vollständig.

Die *Arbeit des Herzens* verläuft in beiden Hälften synchron. Eine Herzaktion gliedert sich in die *Systole (Kontraktionsphase)* und die *Diastole (Erschlaffungsphase).* Die *Systole* beginnt mit einer Anspannung des Herzmuskels. Diese erzeugt einen Druckanstieg in der Kammer. Beide Klappen sind geschlossen; das Volumen der Kammer ändert sich nicht (isovolumetrische Kontraktions- oder Anspannungsphase). Wenn der Druck in der Kammer den der Arterie erreicht (systolischer Blutdruck von etwa 120 mmHg in der Aorta) bzw. übersteigt, öffnet

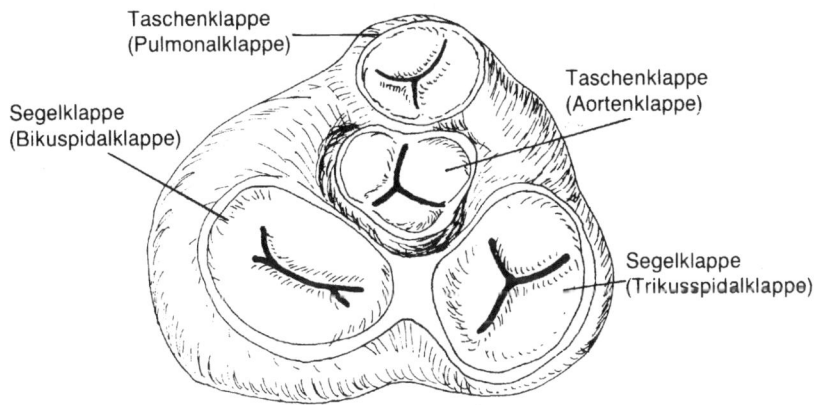

Abb. 2-38: Ventilebene – Herzklappen von oben

sich die Taschenklappe. Die Muskulatur der Kammer verkürzt sich; das Kammervolumen wird kleiner. Das Schlagvolumen von etwa 70 ml Blut wird in die Arterie ausgeworfen.

Der Druck in der Kammer sinkt unter den Druck in der Aorta. Die Klappe zwischen Kammer und Aorta wird geschlossen (Austreibungsphase}. Ein Restvolumen von ebenfalls etwa 70 ml bleibt in der Kammer zurück. Die *Diastole* beginnt mit einer Entspannung der Kammermuskulatur bei unverändertem Volumen (isovolumetrische Erschlaffungsphase}. Sinkt der Druck in der Kammer unter den des Vorhofes, öffnet sich die Segelklappe. Blut strömt aus dem Vorhof in die Kammer (Füllungsphase). Während die Kammer in der *Systole als Druckpumpe* arbeitet, wirkt in der *Diastole ein Saugmechanismus*, so dass die Charakterisierung des *Herzens als Saug-Druck-Pumpe* gerechtfertigt ist.

In der Austreibungsphase wird die Ventilebene des Herzens gegen die Herzspitze nach unten gezogen; in der Füllungsphase erfolgt die entgegengesetzte Bewegung. Durch diesen Vorgang werden die Vorhöfe erweitert. Auf das venöse Blut wird ein Sog ausgeübt, so dass auch der venöse Rückstrom des Blutes gefördert wird.

Das Herz arbeitet autonom durch sein *spezifisches Erregungsbildungs- und Reizleitungssystem*. Hier werden spontan rhythmische Erregungen gebildet und über den gesamten Muskel geleitet, die die Kontraktionen auslösen. Das Reizleitungssystem besteht aus dem Sinusknoten, dem Atrioventrikularknoten (AV-Knoten), dem His-Bündel und den Purkinje-Fasern (Abb. 2-39). Der *Sinusknoten* liegt an

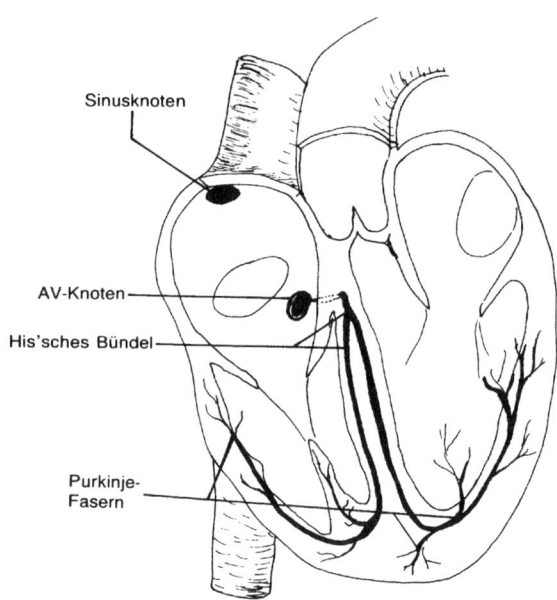

Abb. 2-39: Erregungsbildungs- und Reizleitungssystem des Herzens

der Mündung der oberen Hohlvene in den rechten Vorhof. Er gilt als eigentliches Erregungsbildungszentrum, als Schrittmacher des Herzens. In Ruhe werden 60 bis 80 Erregungen pro Minute gebildet, die über die Muskulatur des Vorhofes zum *Atrioventrikularknoten* geleitet werden. Dieser liegt im rechten Vorhof nahe der Vorhof-Kammer-Grenze. Der AV-Knoten setzt sich im *His-Bündel* fort, das in der Kammerscheidewand verläuft und sich in einen rechten und einen linken Schenkel aufspaltet. Die *Purkinje-Fasern* sind die Ausläufer des His-Bündels; sie gehen in die Arbeitsmuskulatur über.
Fällt der Sinusknoten aus, kann der AV-Knoten die Funktion als Schrittmacher übernehmen. Seine Frequenz liegt aber nur bei 40 Erregungen pro Minute. Die autonome Frequenz des His-Bündels ist mit etwa 20/min noch geringer.

Obwohl das Herz autonom arbeitet, wird sein *Eigenrhythmus vom vegetativen Nervensystem modifiziert.* Der Sympathicus steigert das Herzminutenvolumen, indem er sowohl das Schlagvolumen als auch die Schlagfrequenz fördert. Der Parasympathicus wirkt hemmend auf die Schlagfrequenz, ohne die Kontraktionskraft des Herzens und damit das Schlagvolumen zu beeinflussen. Da beide Systeme jederzeit wirksam sind, erfolgt eine Modifizierung des Herzminutenvolumens bei jeder Aktivitätsänderung eines der beiden Systeme. Diese Aktivitätsänderungen werden wiederum ausgelöst durch Einflüsse des Kreislaufzentrums im verlängerten Mark oder übergeordnete Strukturen (Hypothalamus, limbisches System).

Die *Regelung des Blutdrucks* ist für den Stoffaustausch im Gewebe von Bedeutung. Über viscerale Afferenzen von den Pressorezeptoren, die in den Wänden von Aorta und Halsschlagader (Glomus aorticum; Glomus Garoticum) liegen, gelangen Informationen über den Dehnungszustand der Gefäßwände bzw. dessen Änderungen zum Kreislaufzentrum im verlängerten Mark. Für die Blutdruckregulation wichtige Efferenzen gelangen einerseits zum Herzen, andererseits zu den kleinen Arterien (Arteriolen). Diese werden nur vom *Sympathicus* innerviert. Dessen Fasern heißen hier Vasokonstriktoren. Aktivitätssteigerung des Sympathicus führt zur Verengung der Gefäße; eine Abnahme der Sympathicusaktivität verursacht eine Gefäßerweiterung.
Bei *erhöhtem Blutdruck* erfolgen die Afferenzen aufgrund des erhöhten Dehnungszustandes der Gefäßwände. Als Reaktion zentraler Instanzen des Kreislaufsystems wird die Aktivität des Parasympathicus erhöht und die Sympathicus-Aktivität herabgesetzt. Das führt zu erniedrigter Schlagfrequenz und dadurch geringerem Herzminutenvolumen sowie der Erweiterung der kleinen Arterien und damit verstärktem Abfluss des Blutes aus dem arteriellen System. Der Blutdruck sinkt. Bei erniedrigtem Blutdruck erfolgt eine gegensinnige Regulation. Über die Blutdruckregulation hinaus wirken eine Vielzahl weiterer Regelmechanismen (Regelung der Körpertemperatur, der Durchblutung der Organsysteme, u.a.) auf das Herz-Kreislauf-System ein, die untereinander wiederum verknüpft sind.

Das *Herzminutenvolumen* beträgt als Produkt aus Schlagvolumen (ca. 70 ml) und Schlagfrequenz (ca. 70/min) in Ruhe etwa 5 l. Zu seiner Steigerung kann eine Steigerung des Schlagvolumens, eine Erhöhung der Schlagfrequenz oder eine Kombination beider Möglichkeiten führen. Wird nur die Schlagfrequenz erhöht, führt das zu einer verringerten *Ökonomie der Herzarbeit*. Die Diastole wird verkürzt; dadurch erfolgt die Füllung der Kammer mit Blut möglicherweise nur unvollständig. Die Versorgung des Herzmuskels selbst mit Sauerstoff und Nährstoffen kann eingeschränkt sein, da in den Herzkranzgefäßen, die für die Eigenversorgung des Herzens etwa 5 % des Herzminutenvolumens erhalten, der Blutfluss bei jeder Kontraktion des Herzens gedrosselt wird. Die Diastole ist also für die Eigenversorgung des Herzens von besonderer Bedeutung.

Durch Training kann eine Anpassung der Herzarbeit an körperliche Arbeit überwiegend durch eine Steigerung des Schlagvolumens erreicht werden. Training führt also zu einer größeren Ökonomie der Herzarbeit.

Während im Kreislauf das gesamte Blut durch die Lungen als einzigem Organ des Lungenkreislaufs fließt, erfolgt die *Verteilung des Blutes* im Körperkreislauf entsprechend dem Bedarf der einzelnen Organsysteme (Abb. 2-40). Wie groß der Anteil des Herzminutenvolumens ist, der einen bestimmten Bereich durchströmt, hängt von seinem Aktivitätsniveau ab. So kommen der Skelettmuskulatur in Ruhe etwa 15 % des Herzminutenvolumens zu; dieser Anteil kann sich aber bei körperlicher Arbeit erheblich steigern. Die Regulation der Verteilung des Blutes erfolgt weitgehend über das vegetative Nervensystem.

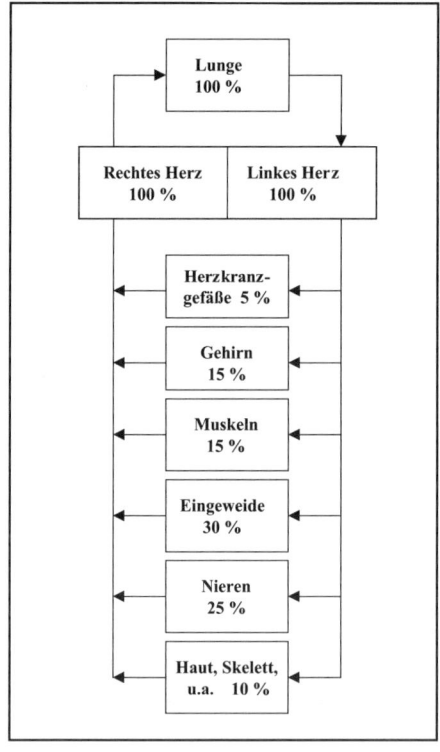

Abb. 2-40: Verteilung des Blutes an die verschiedenen Organsysteme

Zum Gefäßsystem

Die einzelnen Gefäßabschnitte zeigen *unterschiedliche hämodynamische Verhältnisse*. Den Änderungen des Blutdrucks zwischen Systole und Diastole in den herznahen Gefäßen steht ein kontinuierlicher Blutstrom in der Peripherie gegenüber. Der Strömungswiderstand wird in den Kapillaren größer, die Strömungsgeschwindigkeit dagegen wesentlich geringer als in den Arterien. Obwohl der Durchmesser des einzelnen Gefäßes von der Aorta zur Kapillare abnimmt, wird der gesamte Gefäßquerschnitt vom Zentrum zur Peripherie hin aufgrund der erheblichen Verzweigungen insbesondere im Gebiet der Kapillaren größer.

Charakteristisch für die *Aorta* und die herznahen Arterien ist ihre *„Windkesselfunktion"* (Abb. 2-41). Die Elastizität der Gefäßwände und der Widerstand, den das Blutvolumen im Gefäßsystem bietet, führen dazu, dass ein Teil des Schlagvolumens, das in der Systole vom Herzen ausgeworfen wird, zunächst in der Aorta gespeichert wird, da sich die Gefäßwand dehnt. In der Diastole – der Druck in der Herzkammer sinkt, die Taschenklappe schließt sich – befördert die unter hohem Druck stehende Gefäßwand das Blut in Richtung Peripherie. Die Weitung der Aortenwand setzt sich als Pulswelle fort. Der Blutdruck schwankt zwischen dem systolischen Druck von etwa 120 mmHg und dem diastolischen Druck von etwa 80 mmHg.

Die Elastizität der elastischen Fasern in allen Organen nimmt im Alter ab. Im Gefäßsystem führt das zu einem Anstieg hauptsächlich des systolischen Blutdrucks. Die Blutdruckamplitude wird größer.

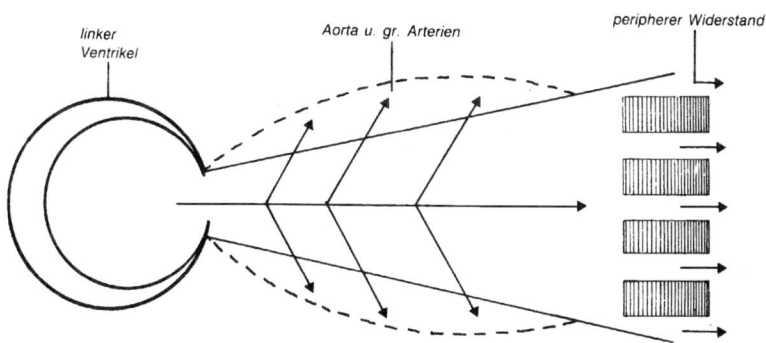

Abb. 2-41: *„Windkesselfunktion" der Aorta*

Auf die Arterien folgen im Gefäßsystem die *Arteriolen*. Arteriolen wie auch kleinere, herzferne Arterien vom muskulären Typ können in ihrem Durchmesser verändert werden und dienen damit der *Regulation von peripherem Widerstand und Blutdruck*. Verschiedene Mechanismen können in diesem Sinne wirksam werden: Die Dehnung der glatten Muskulatur der Gefäßwand durch einen Druckanstieg bewirkt nachfolgend eine Kontraktion (Autoregulation der Durchblutung). Vegetativ führt eine Zunahme der Sympathicusaktivität – von wenigen Ausnahmen abgesehen – zu einer Verengung der Gefäße. Darüber hinaus beeinflussen weitere Faktoren – CO_2-Druck in der Lunge, im Gehirn, gefäßaktive Substanzen im Verdauungstrakt, Temperatur in der Haut – die Gefäßweite.

In den *Kapillaren* findet der *Stoff- und Gasaustausch* statt. Dieser Austausch vollzieht sich hauptsächlich über den Mechanismus der Diffusion. Die Diffusion erfolgt sowohl von den Kapillaren nach außen, in den umgebenden Raum (Interstitium), als auch auf umgekehrtem Weg in die Kapillaren hinein. Flüssigkeiten und kleinere gelöste Teile können leicht durch die Wand der Kapillaren hindurchtreten, die größeren Eiweißmoleküle jedoch nur in geringem Maße. So ist der Eiweißgehalt des Blutes größer als der des Interstitiums. Voraussetzung für einen intensiven Stoffaustausch sind eine große Diffusionsfläche, kurze Diffusionswege und ein hohes Konzentrationsgefälle. Neben der Diffusion spielt die Filtration eine Rolle für den Stoffaustausch. Hier stehen sich der Blutdruck in den Kapillaren und der Gewebsdruck im umgebenden Raum sowie die kolloidosmotischen Drücke (Eiweißdrücke) in den Kapillaren und im Interstitium gegenüber.

An die Kapillaren schließen sich zunächst die *Venolen*, dann die größeren *Venen* an. Sie besitzen sehr dünne Wände, in denen sich kaum Muskelzellen befinden. Der Rücktransport des venösen Blutes gegen die Schwerkraft wird zu einem großen Teil durch die *„Muskelpumpe"* ermöglicht: Durch die Kontraktion der Skelettmuskulatur werden die Wände der dazwischen liegenden Venen zusammengedrückt und das Blut zum Herzen transportiert. *Venenklappen*, taschenartige Ventile, verhindern eine entgegengesetzte Bewegung des Blutes. Dieser Vorgang wird unterstützt durch die *arterio-venöse Kopplung*, d.h. mittlere und kleine Arterien sind meist von zwei Venen begleitet; durch die Pulswelle erfolgt ein Druck auf die Venenwände. Auf die herznahen Venen wirkt auch die Einatmung; der Unterdruck im Brustkorb fördert den Blutstrom zum Herzen. Hinzu kommt eine Sogwirkung durch die Senkung der Ventilebene des Herzens bei der Systole.

Parallel zum venösen Schenkel des Kreislaufs verlaufen die *Lymphgefäße*. Sie entstehen blind im Gewebe und nehmen Flüssigkeit auf, die aus den Kapillaren austritt. Klappen sorgen dafür, dass ein Transport der Lymphe nur in einer Richtung möglich ist. Eingeschaltete Lymphknoten wirken als biologische Filter. In Herznähe fließt die Lymphe in das venöse Blut.

Atmung

Unter Atmung sind einerseits die *Ventilation (Einatmung und Ausatmung)* und der Gasaustausch in den Lungen als *äußere Atmung* und andererseits der Gasaustausch im Gewebe sowie die biologischen Oxidationsvorgänge in der Zelle *(innere Atmung)* zu verstehen.

Die Wege der äußeren Atmung werden in *obere und untere Atemwege* gegliedert. Die oberen Atemwege liegen im Bereich des Kopfes. Hierzu gehören die

Nasenhöhlen und der Rachen. Als besondere Funktion hauptsächlich der Nasenschleimhaut gilt das Erwärmen, Befeuchten und Reinigen der eingeatmeten Luft. Der Übergang zu den unteren Atemwegen, die in Hals und Rumpf liegen, bildet der Kehlkopf. Luftröhre, Bronchien und Lungen schließen sich an. Die Luftröhre teilt sich in die beiden Luftröhrenäste, die Stammbronchien, die beiderseits in die Lungen münden. Die Stammbronchien verästeln sich bis in die Endbronchien und die Lungenbläschen, die Alveolen. Aufgrund der vielfachen Verzweigungen spricht man vom Bronchialbaum (Abb. 2-42).

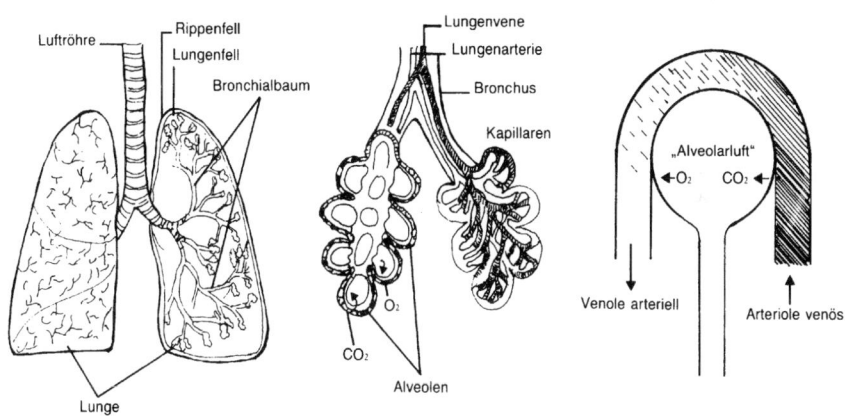

Abb. 2-42: *Schematische Darstellung der Lunge und des Gasaustausches in den Alveolen*

Die *Alveolen* werden von Kapillaren umgeben. Hier findet der *Gasaustausch* statt. Mit einer Oberfläche von 90 bis 100 m^2 bieten die Alveolen eine große Austauschfläche für die Diffusion. Der Abstand zwischen Alveole und Kapillare ist mit ca. 1/1000 mm sehr gering, so dass die Diffusionsstrecken kurz sind. Die Druckunterschiede in der Alveole einerseits und in der Kapillare andererseits führen dazu, dass Sauerstoff aus der Alveole über das Interstitium in die Kapillare strömt; Kohlendioxyd diffundiert auf dem entgegengesetzten Weg von der Kapillare in die Alveole. Im Blut wird Sauerstoff hauptsächlich an das Hämoglobin der Erythrozyten, der roten Blutkörperchen, gebunden. Eine Kontaktzeit von etwa 0,5 sec ist erforderlich bis zur Sättigung des Hämoglobins; in Ruhe beträgt die Kontaktzeit etwa 1,2 sec.

Die Lungen enthalten den Bronchialbaum. Jede Lunge wird in Lappen unterteilt; in der Regel besteht die rechte Lunge aus drei, die linke Lunge aus zwei Lappen. Die Lungen liegen in der Brusthöhle und werden nach unten gegen den Bauchraum durch das Zwerchfell (Diaphragma) begrenzt. Das Brustfell (Pleura) umgibt die Lungen insgesamt. Dieses besteht aus zwei Blättern: das innere (viszerale) Blatt überzieht als Lungenfell die Lungen, das äußere (parietale) Blatt kleidet als Rippenfell die Lungenhöhle aus. Zwischen den beiden Blättern befin-

det sich der Pleuraspalt, der Flüssigkeit enthält. Da die Flüssigkeit sich nicht ausdehnt, können die beiden Blätter nicht auseinanderweichen. Die Lungen müssen daher den Bewegungen des Brustkorbs folgen.
Dringt Luft in den Pleuraspalt ein, ziehen sich die Lungen mit dem Lungenfell aufgrund der Elastizität des Gewebes zusammen (Pneumothorax). Ein künstlicher Pneumothorax kann aus therapeutischen Gründen zur Ruhigstellung einer Lunge hergestellt werden. Infolge von Entzündungen können die beiden Pleurablätter teilweise miteinander verwachsen; dieses kann zu Behinderungen der Atmung führen.

Grundlage der Atemmechanik (Abb. 2-43) sind die Elastizität des Lungengewebes, die Beweglichkeit innerhalb des Brustkorbs, die durch gelenkige Verbindungen insbesondere ein Heben und Senken der Rippen ermöglicht, und die Atemmuskulatur.

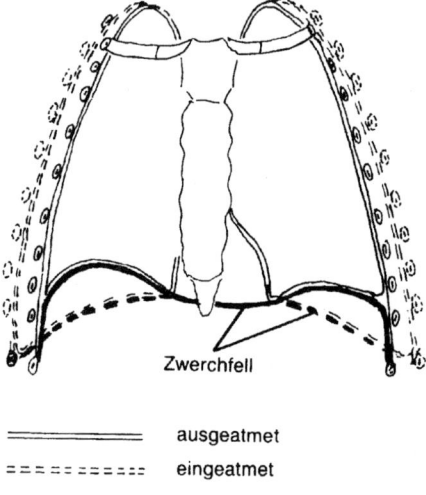

Abb. 2-43: Atemmechanik – Form des Brustkorbs und Lage des Zwerchfells in Ein- und Ausatemstellung

Wichtigster Muskel für die *Einatmung (Inspiration)* ist das *Zwerchfell*, das Brust- und Bauchraum voneinander trennt. Im entspannten Zustand wölbt es sich kuppelförmig in den Brustraum hinein. Bei der Kontraktion flacht sich seine Form ab; es tritt insgesamt tiefer und erweitert dadurch den Brustraum nach unten. Die *äußeren Zwischenrippenmuskeln (Mm. intercostales externi),* die in den Zwischenrippenräumen jeweils von hinten oben nach vorn unten ziehen, heben die Rippen, so dass es zu einer Weitung des Brustkorbes kommt. Als weitere Inspirationsmuskeln können die hinteren Sägemuskeln (Mm. serrati posteriores), die Treppenmuskeln (Mm. scaleni), u.a. wirken. Die Lungen folgen der Weitung des

Brustkorbs aufgrund der Verbindung durch die Pleura. Das Lungenvolumen vergrößert sich; Außenluft strömt ein.

Bei ruhiger Atmung erfolgt die *Ausatmung (Exspiration)* passiv. Der elastische Brustkorb kehrt in die Atemruhelage zurück, bei der ein Gleichgewicht besteht zwischen den Kräften, die einerseits von der Elastizität des Lungengewebes, andererseits von der Elastizität bzw. Verformbarkeit des Brustkorbs ausgehen. Die Volumenabnahme der Lunge führt zum Ausströmen der Luft. Eine Verstärkung der Ausatmung über die Atemruhelage hinaus bewirken die *inneren Zwischenrippenmuskeln (Mm. intercostales interni)*, die zu den äußeren Zwischenrippenmuskeln im rechten Winkel verlaufen.

Bei *forcierter Atmung* werden zusätzlich *Atemhilfsmuskeln* eingesetzt. Hier spielen für die *Ausatmung* insbesondere die Bauchmuskeln eine Rolle. Bei Kontraktion der Bauchmuskulatur (Bauchpresse), hauptsächlich des queren Bauchmuskels (M. transversus abdominis), erhöht sich der Druck in der Bauchhöhle; die Eingeweide schieben das Zwerchfell nach oben und verkleinern so das Lungenvolumen. Weiterer wichtiger Atemhilfsmuskel für die Ausatmung ist der breite Rückenmuskel (M. latissimus dorsi).

Atemhilfsmuskulatur für die *Einatmung* ist die Muskulatur des Schultergürtels, insbesondere der große und der kleine Brustmuskel (M. pectoralis major, M. pectoralis minor) sowie der vordere Sägemuskel (M. serratus anterior). Werden diese Muskeln als Atemhilfsmuskeln eingesetzt, muss der Schultergürtel zum Beispiel durch Aufstützen der Arme fixiert werden.

Bei einer normalen ruhigen Atmung wird ein Volumen von etwa 0,5 l ausgetauscht. Dieses *Atemzugvolumen* steht aber nicht vollständig dem Gasaustausch zur Verfügung; der den Alveolen vorgeschaltete Totraum – die luftleitenden Atemorgane – beinhaltet etwa 150 ml (anatomischer Totraum). Bei verstärkter Atmung werden *Reservevolumina* ausgeschöpft: Das inspiratorische Reservevolumen beträgt etwa 2 bis 4 l, das exspiratorische Reservevolumen etwa 1 bis 2 l zusätzlich zum normalen Atemzugvolumen. Die Summe aus Atemzugvolumen, inspiratorischem und exspiratorischem Reservevolumen wird als *Vitalkapazität* bezeichnet.

Auch bei forcierter Atmung bleibt in der Lunge ein *Residualvolumen* von etwa 1 bis 1,5 l erhalten, das willkürlich nicht ausgeatmet werden kann. Residualvolumen und exspiratorisches Reservevolumen werden als *funktionelle Residualkapazität* zusammengefasst. Vitalkapazität und Residualvolumen zusammen stellen die *Totalkapazität* dar (vgl. Abb. 2-44).

Die *Atemfrequenz* beträgt in Ruhe etwa 16 Atemzüge / min; sie kann aber zwischen 12 und 20 Atemzügen schwanken. Bei körperlicher Arbeit ändern sich sowohl die Atemfrequenz als auch die Atemtiefe, das Atemzugvolumen. Das Produkt aus beiden Faktoren ergibt das *Atemminutenvolumen*. In Ruhe beträgt das Atemminutenvolumen etwa 8 l (Atemfrequenz 16 / min; Atemzugvolumen 0,5 l). Eine Steigerung der Atemfrequenz auf 40 / min und des Atemzugvolumens auf 2,5 l führt zu einem Atemminutenvolumen von 100 l / min.

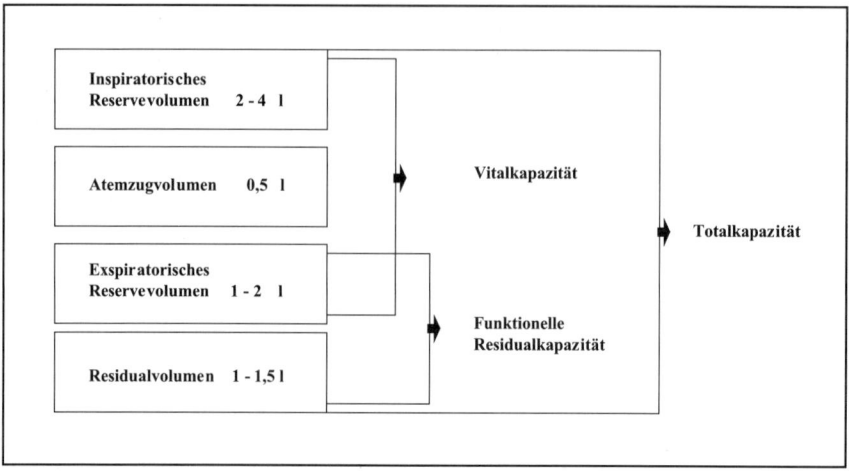

Abb. 2-44: Bezeichnung der Lungenvolumina

Entsprechend den Verhältnissen beim Herzminutenvolumen wird auch bei einer Steigerung des Atemminutenvolumens eine hohe *Ökonomie der Atmung* erreicht, wenn ein größeres Atemzugvolumen bei niedriger Atemfrequenz eingesetzt werden kann. Gesteigerte Atemfrequenz bei flacher Atmung kann dazu führen, dass hauptsächlich das Totraumvolumen bewegt, nicht aber der Gasaustausch in den Alveolen gefördert wird.

Im Mittelpunkt der *Atemregulation* stehen der O_2-Partialdruck, der CO_2-Partialdruck und der ph-Wert im arteriellen Blut. Rezeptoren in den Wänden der Aorta und der Halsschlagader messen den O_2-Druck. CO_2-Druck und ph-Wert werden vom Atemzentrum im verlängerten Mark erfasst. Ein Ansteigen des CO_2-Partialdruckes gilt als der stärkste Antrieb für die Atmung. Eine Reihe weiterer, peripherer Mechanismen nehmen Einfluss auf die Atmung (Rezeptoren in den Bronchien, in den oberen Atemwegen, in der Haut; psychische Einflüsse; u.a.). Zentral erfolgt die Regelung der Atmung durch das Atemzentrum im verlängerten Mark und übergeordnete Zentren, insbesondere den Hypothalamus. Das Atemzentrum ist mit den anderen vegetativen Zentren verbunden. Im Vordergrund steht die enge Verbindung zwischen Atem- und Kreislaufzentrum.

2.3.2 Zur Energieversorgung im Muskel

Für die Aufrechterhaltung seiner Funktionen benötigt der Organismus Energie. Dieses wird insbesondere bei der Tätigkeit der Muskulatur deutlich: Für den Vorgang der elektro-mechanischen Koppelung, der die Bildung von Brücken zwischen den Aktin- und Myosinfilamenten und damit die Kontraktion der Muskelfaser auslöst, ist die Anwesenheit von Adenosintriphosphat (ATP) als Energiespeicher unerlässlich.

Voraussetzung für die Freisetzung von Energie im Muskel sind

- *Nahrungsaufnahme und Aufbereitung der Nährstoffe in energieliefernde Substrate*;
- *Gasaustausch* ($O_2 \leftrightarrow CO_2$) durch Diffusion in der Lunge (Alveolen ↔ Kapillaren);
- *Transport von Nährstoffen*, in erster Linie Glukose, und Sauerstoff durch das Blut zum Gewebe, der Muskelzelle;
- *Abbau der Nährstoffe als energiereiche Substrate* in der Muskelzelle und Aufbau energiereicher Verbindungen (ATP).

Bei der Muskelkontraktion wird chemische Energie in mechanische Energie umgewandelt. Dabei kann nur ein geringer Teil (10-35%) der aufgewandten Energie mechanisch nutzbar gemacht werden. Der Wirkungsgrad ist relativ gering. Der Rest wird als Wärme frei und dient der Aufrechterhaltung bzw. Regulation der Körpertemperatur.

Bei der Nahrungsaufnahme spielen Kohlehydrate und Fette die wesentliche Rolle; energieliefernde Substrate für die Muskeltätigkeit sind Glukose und Fettsäuren bzw. deren Speicherformen Glykogen und Fette, die unter Zufuhr von Sauerstoff (Oxydation) verbrannt werden können. Eiweiße (Aminosäuren) werden nur bei Kohlehydrat- und Fett-Mangel als Energielieferung für den Muskelstoffwechsel genutzt.

Für die *Oxydation von Glukose* gilt

$C_6H_{12}O_6 + 6\ O_2 \rightarrow 6\ CO_2 + 6\ H_2O + 675$ Kcal / Mol (2826 KJ / Mol).

Die *Oxydation von Fett* ergibt mehr Energie, verbraucht aber auch wesentlich mehr Sauerstoff. Für Palmitinsäure, eine Fettsäure, gilt die Summenformel

$C_{15}H_{31}COOH + 23\ O_2 \rightarrow 16\ CO_2 + 16\ H_2O + 2379$ Kcal / Mol (9958 KJ / Mol).

Für die Muskelkontraktion werden *unterschiedliche Mechanismen der Energiegewinnung* in Anspruch genommen.

Jede Muskelzelle besitzt eine Art Kurzzeitspeicher für Energie, die *energiereichen Phosphate: Adenosintriphosphat (ATP) und Kreatinphosphat (KP)*. Bei Energiebedarf erfolgt als erste Reaktion die Spaltung von ATP in ADP (Adenosindiphosphat) und Phosphorsäure, wobei die frei werdende Energie in Arbeit (Muskelkontraktion) und Wärme umgesetzt wird. Da ATP in der Zelle nur begrenzt vorhanden ist, muss es laufend resynthetisiert werden. Hierfür wird die bei der Spaltung von Kreatinphosphat (KP) frei werdende Energie benutzt. Diese Reaktionen, die *unabhängig von einer Sauerstoffzufuhr (anaerob)* stattfinden, können folgendermaßen skizziert werden:

ATP → ADP + P + Energie für die Muskelkontraktion;
KP → Kreatin + P + Energie für die Resynthese von ATP;
KP + ADP → ATP + Kreatin.

Auch der Vorrat an Kreatinphosphat in der Zelle ist begrenzt. Die Speicherkapazität der Zelle für ATP und Kreatinphosphat reicht aus für etwa 100 Muskelkontraktionen. Wenn der Vorrat an ATP und Kreatinphosphat erschöpft ist, werden andere Mechanismen der Energiebereitstellung genutzt. Entscheidend ist, ob genügend Sauerstoff für den Stoffwechsel in der Zelle vorhanden ist oder nicht.

Von besonderer Bedeutung für den Muskelstoffwechsel ist der *Abbau der Kohlehydrate*. Die Speicherform Glykogen wird in Glukose umgewandelt und kann *ohne Sauerstoffzufuhr (anaerob)* in der Glykolyse zu Brenztraubensäure (Pyruvat) und Milchsäure (Laktat) abgebaut werden. Es wird anaerobe Arbeit geleistet. Die Milchsäure wird nach Beendigung der muskulären Tätigkeit abgebaut oder – zum größeren Teil – zu Glykogen resynthetisiert und überwiegend in der Leber gespeichert. Die Anhäufung von Milchsäure im Blut während der Glykolyse wird nicht in unbegrenzter Höhe toleriert und stellt einen *leistungsbegrenzenden Faktor bei anaerober Arbeit* dar.

Bei *Anwesenheit von Sauerstoff (aerobe Arbeit)* wird Brenztraubensäure zu Essigsäure abgebaut. Diese reagiert mit dem Coenzym A und bildet die aktivierte Essigsäure (Acetyl-Coenzym A), die eine Schlüsselrolle für den Zellstoffwechsel spielt. Über die aktivierte Essigsäure wird der Zitronensäurezyklus in Gang gesetzt. Hier wird die Brenztraubensäure unter Freisetzung von Energie zu Kohlendioxid und Wasser abgebaut.

Im Gegensatz zum Abbau der Kohlehydrate erfolgt die Energiegewinnung aus Fett und Eiweiß nur in Gegenwart von Sauerstoff. Abbildung 2-45 zeigt in stark vereinfachter Form die Mechanismen der Energiegewinnung beim Abbau der Nährstoffe.

Die *Energiegewinnung* ist beim anaeroben Abbau der Glukose, bei der Glykolyse, gering; pro Mol Glukose entstehen 2 Mol ATP. Der aerobe Abbau der Glukose liefert dagegen 38 Mol ATP pro Mol Glukose. Obwohl die Glykolyse nur eine verhältnismäßig geringe Energiemenge zur Verfügung stellt, hat sie den Vorteil, sofort „einsatzbereit" zu sein, da Glykogen in der Muskelzelle gespeichert ist. Sauerstoff und Glukose für den Prozess der Oxydation müssen dagegen nach der Aktivierung von Atmung und Kreislauf zur Muskelzelle transportiert werden. Dieser Vorgang benötigt mehr Zeit.

Die *Mobilisierung der verschiedenen energieliefernden Prozesse* in ihrer zeitlichen Reihenfolge und ihrer Bedeutung ist unterschiedlich bei verschiedenen Belastungsformen. Sie hängt ab von der *Intensität und der Dauer einer Belastung* (Abb. 2-46). Mit dem Start wird als erster Mechanismus die ATP-Spaltung in Gang gesetzt. ATP-Synthese und Resynthese durch den Zerfall von Kreatinphosphat liefern Energie für die ersten 20 Sekunden der Belastung. Sofort mit dem Beginn der Umstellung des Organismus auf Arbeit beginnt auch die Glykolyse als anaerobe Oxidation. Sie erreicht ihren Höhepunkt nach etwa 40 Sekunden; nach Überschreiten dieses Höhepunktes nimmt die Bedeutung der Glykolyse als Energielieferant ab. Zunehmend gewinnt die aerobe Oxidation an Bedeutung und stellt nach etwa 2 Minuten die wesentliche Energiequelle dar.

Der Übergang von anaerober zu aerober Arbeit wird durch die *Steigerung der Atemtiefe und Atemfrequenz sowie der Pulsfrequenz* ermöglicht. Entspricht die Sauerstoffaufnahme dem Sauerstoffbedarf im Organismus, erfolgt die Arbeit im sog. „steady state".

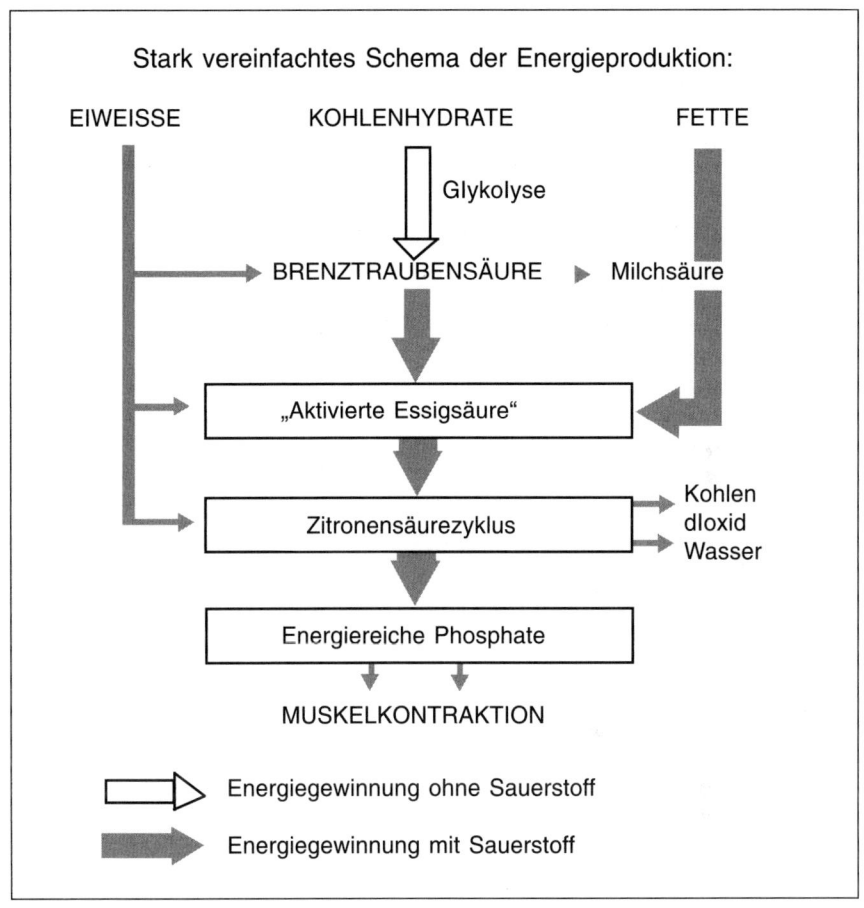

Abb. 2-45: Mechanismen der Energiegewinnung (Donath / Schüler 1972)

Da der Organismus während der Anfangsphase der Belastung immer ohne Sauerstoff arbeitet, geht er eine *Sauerstoffschuld* ein. In der ersten Phase der Energiegewinnung durch Spaltung von ATP und Kreatinphosphat entsteht die Sauerstoffschuld ohne Bildung von Milchsäure (alaktazide Phase). Bei der folgenden Glykolyse nimmt die Milchsäurekonzentration im Blut zu (laktazide Phase). Ein hoher Anstieg der Milchsäurekonzentration kann zum Abbruch der Arbeit führen. Die Anhäufung von Milchsäure im Blut wird auch als eine Erklärung für das Entstehen des sog. „Muskelkaters" herangezogen. Dieses Phänomen ist jedoch bis heute nicht ganz geklärt. Es gilt als wahrscheinlicher, dass der Muskelkater durch kleine Verletzungen (Mikrotraumen) im Muskel verursacht wird.

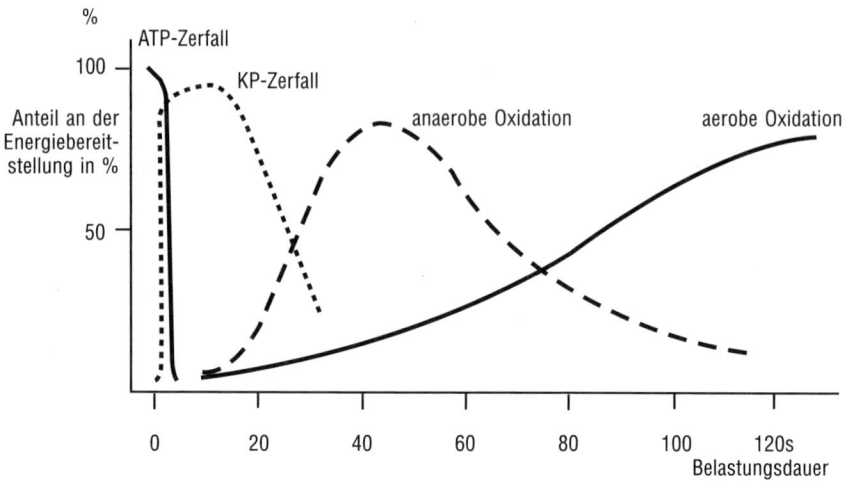

Abb. 2-46: Anteil der energieliefernden Prozesse an der Energiebereitstellung bei maximaler körperlicher Belastung von unterschiedlicher Dauer (nach: De Marées 1987)

Wird im steady state gearbeitet, bleibt eine konstante Sauerstoffschuld bis zum Arbeitsende bestehen oder wird bei niedriger Arbeitsintensität schon während der Belastung verringert. Nach Beendigung der Arbeit wird die Sauerstoffschuld durch anhaltend verstärkte Atmung und Pulsfrequenz abgetragen (Abb. 2-47).

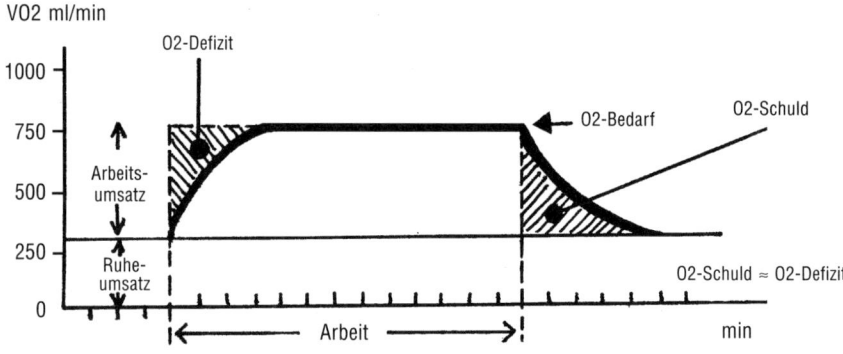

Abb. 2-47: Sauerstoffschuld bei leichter körperlicher Arbeit (nach: De Marées 1987)

2.4 Der Bewegungsapparat

Um eine Orientierung an dem menschlichen Bewegungsapparat zu ermöglichen, zeigt Abbildung 2-48 das Skelett (a) sowie die oberflächlich liegende Muskulatur von vorn (b) und von hinten (c). Im Folgenden werden aus dem umfangreichen Gebiet der funktionellen Anatomie nur die Bereiche dargestellt, die für das Verständnis der Haltungsschwächen und ihres Ausgleichs durch Bewegungsförderung unverzichtbar erscheinen.

Haltungsschwächen zeigen sich im Bereich des Fußes und des Rumpfes. Am Fuß sind hauptsächlich die Gewölbekonstruktion, sowie Sprung- und Zehengelenke betroffen. Im Bereich des Rumpfes sind die Schwingungen der Wirbelsäule besonders in Verbindung mit der Beckenstellung, mit dem Schultergürtel und dem Kopf „labile Punkte" der Haltung.

2.4.1 Funktionell-anatomische Grundlagen im Bereich von Fuß und Bein

Prinzipiell ist das Fußskelett (Abb. 2-49) wie das der Hand gegliedert, obwohl der Fuß die Greiffunktion der Hand verloren und sich statt dessen zum Stütz- und Bewegungsorgan entwickelt hat.

Zum knöchernen Bau des Fußes

Das Fußskelett gliedert sich in Fußwurzel (Tarsus), Mittelfuß (Metatarsus) und Zehen (Digiti oder Phalanges pedis). Sprungbein (Talus) und Fersenbein (Calcaneus), die größten der Fußwurzelknochen, sind übereinander angeordnet; nach vorn schließen sich medial das Kahnbein (Os naviculare), die drei Keilbeine (Os cuneiforme I, II, III) und lateral das Würfelbein (Os cuboideum) an. Es folgen die fünf Mittelfußknochen und die fünf Zehen, von denen der große Zeh zweigliedrig, die anderen dreigliedrig sind.

Die wichtigsten Gelenke des Fußes sind die beiden Sprunggelenke. Das *obere Sprunggelenk* verbindet den Fuß mit dem Unterschenkel. Es besteht aus der Malleolengabel, die von den distalen Enden der Unterschenkelknochen, Schienbein (Tibia) und Wadenbein (Fibula), gebildet wird und dem proximalen Anteil des Sprungbeins, der Talusrolle. Das obere Sprunggelenk ist ein Scharniergelenk. Die Achse verläuft quer durch die beiden Knöchel. Hier sind *Heben der Fußspitze (Dorsalflexion bzw. Extension)* und *Senken der Fußspitze (Plantarflexion)* möglich. In der Dorsalflexion besteht im oberen Sprunggelenk eine hohe Stabilität, während in der Plantarflexion der Bewegungsraum im Sinne leichter „Wackelbewegungen" (Platzer 1999) erweitert wird; die kräftigen Seitenbänder übernehmen hier die Gelenkführung. Der größere Bewegungsraum in der Plantarflexion ist von Vorteil zum Beispiel bei Landungen auf unebenen Böden, bringt aber auch ein höheres Verletzungsrisiko mit sich.

Das *untere Sprunggelenk* ist weitaus komplizierter gebaut; es besteht eigentlich aus zwei Gelenken, die aber in funktioneller Hinsicht eine Einheit bilden. Beteiligt am unteren Sprunggelenk sind als Gelenkkopf das Sprungbein und als Ge-

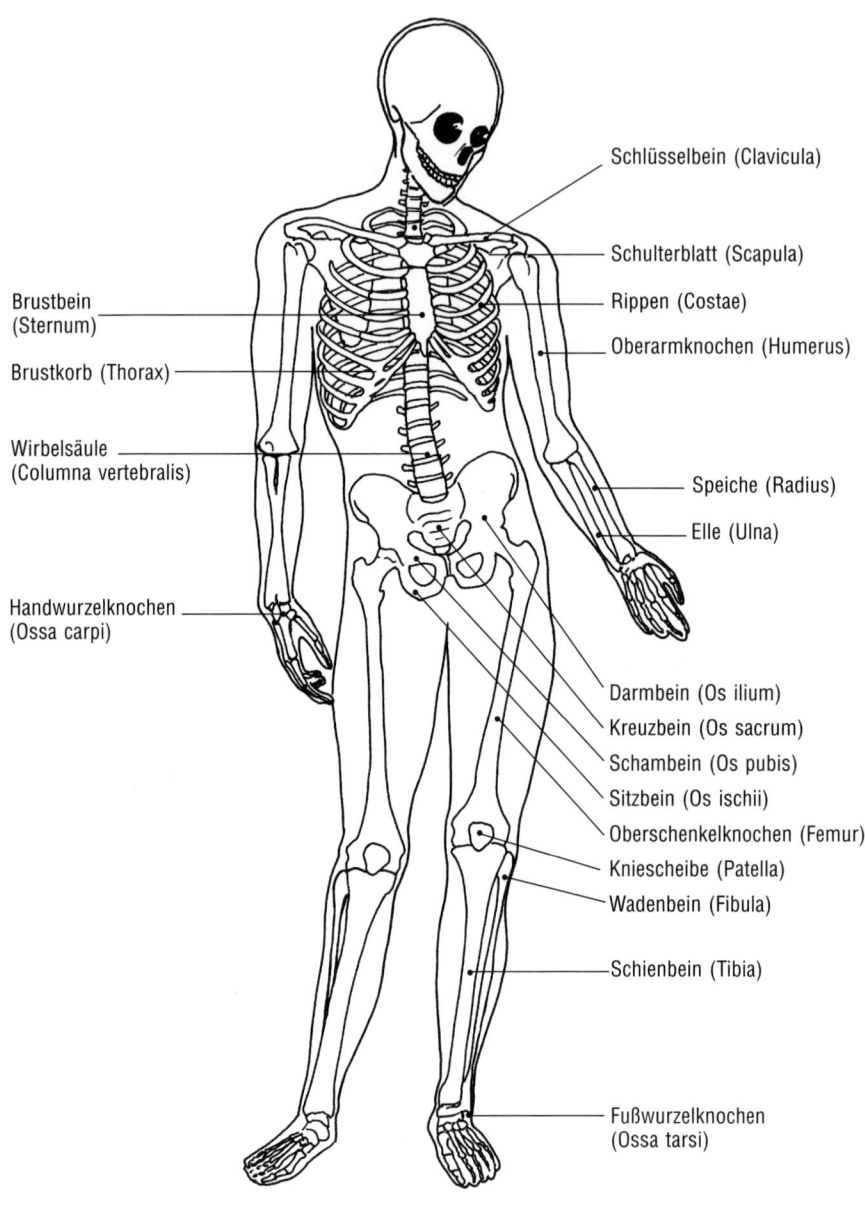

Abb. 2-48a: Das menschliche Skelett in der Ansicht von vorn (nach: Schäffler / Schmidt 1996)

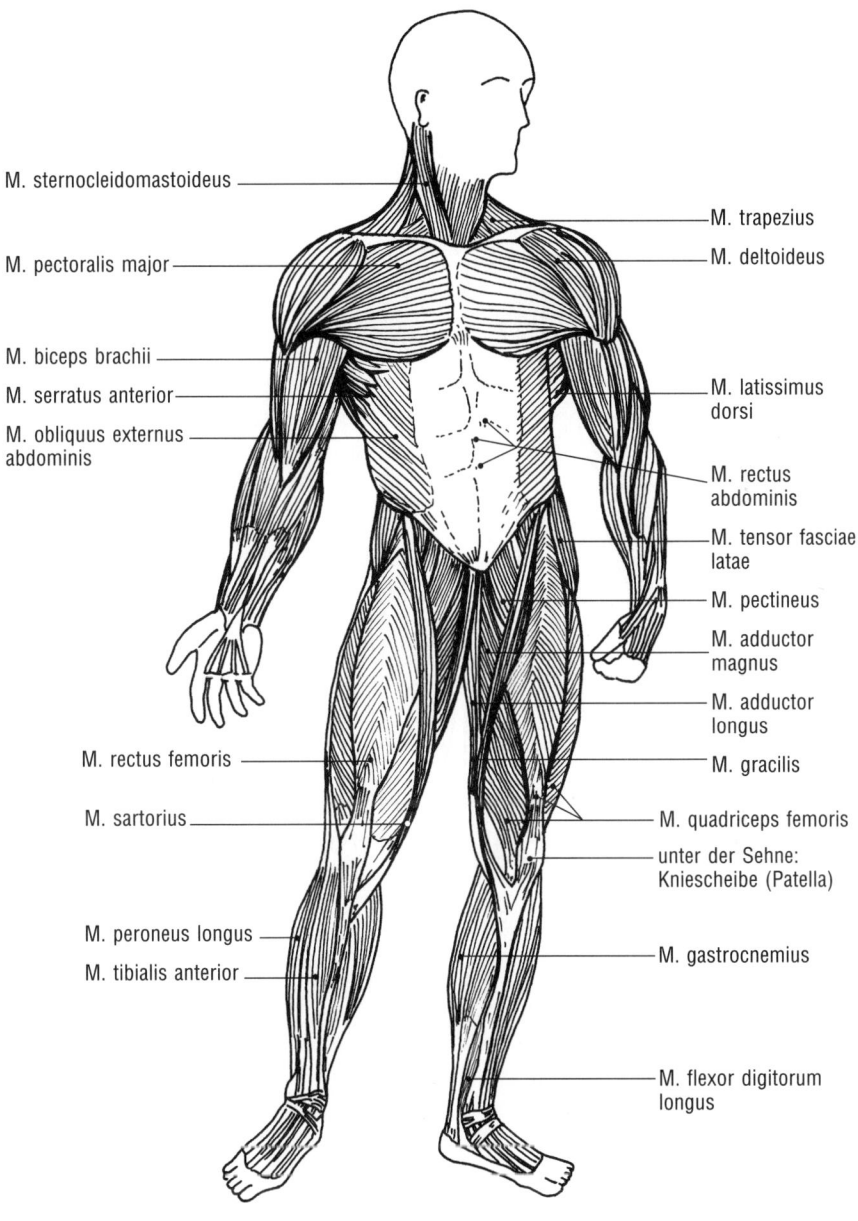

Abb. 2-48b: Die oberflächliche Skelettmuskulatur in der Ansicht von vorn (nach: Schäffler / Schmidt 1996)

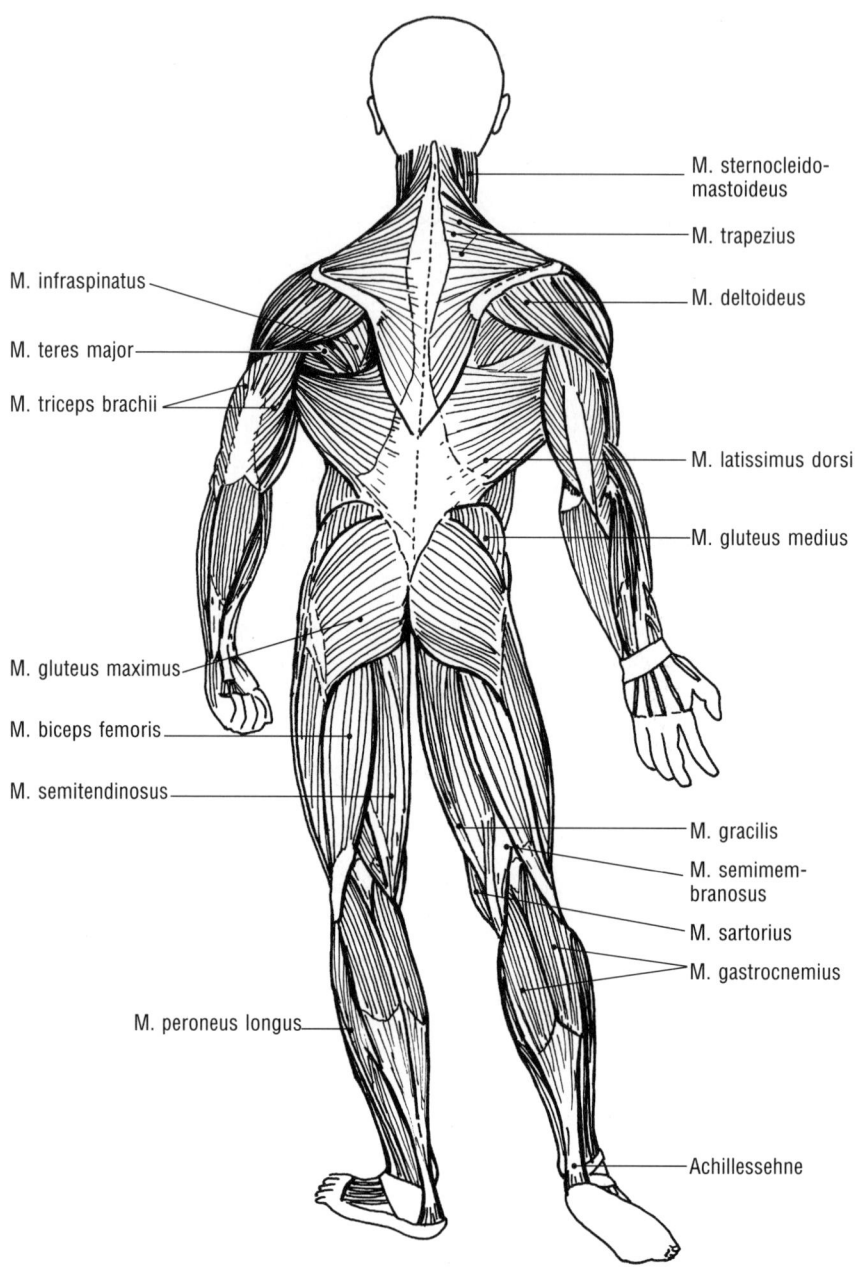

Abb. 2-48c: Die oberflächliche Skelettmuskulatur in der Ansicht von hinten (nach: Schäffler / Schmidt 1996)

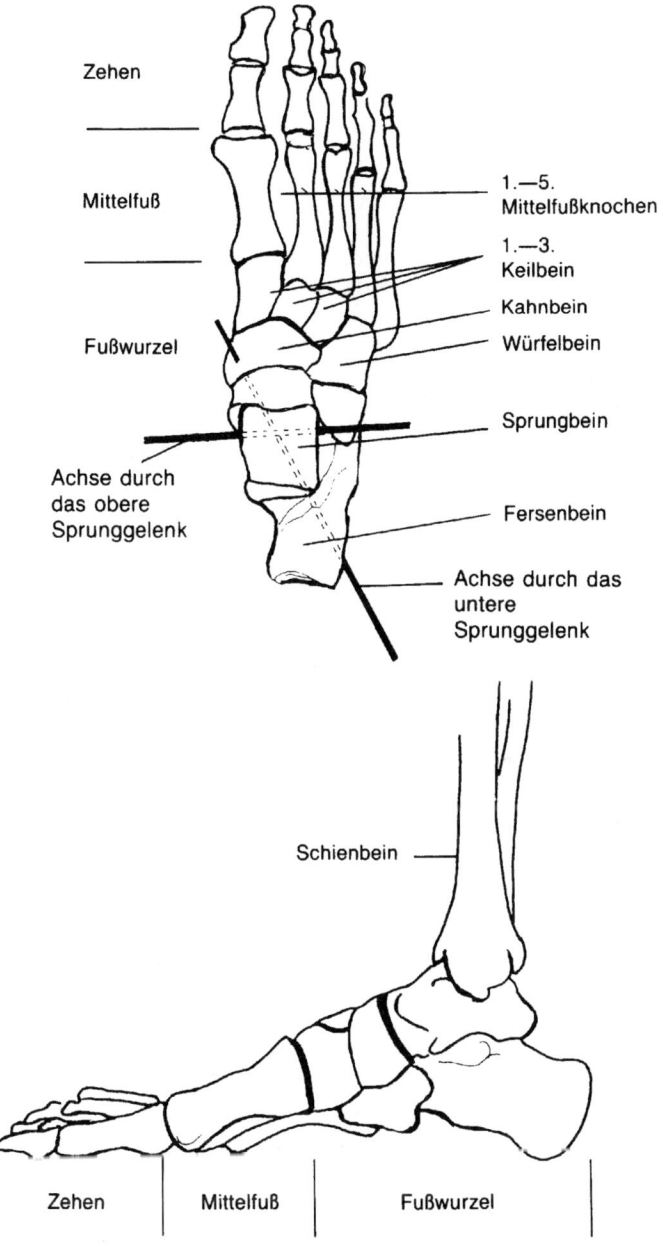

Abb. 2-49: Fußskelett von oben und von der Innenseite

lenkpfanne Fersenbein und Kahnbein. Seine Achse verläuft schräg von hinten außen nach vorn innen (vgl. Abb. 2-49). Im unteren Sprunggelenk wird der Fuß gegen das Sprungbein bewegt, indem der *innere Fußrand gehoben (Supination) oder gesenkt (Pronation)* wird; bei der Supination wird der Fuß gleichzeitig leicht *zur Körpermitte herangezogen (Adduktion)*, bei der Pronation *von der Körpermitte weggeführt (Abduktion)*.

Auch die übrigen Knochen der Fußwurzel und des Mittelfußes sind untereinander gelenkig verbunden. Ihre Beweglichkeit ist aber gering, denn es handelt sich hier um *straffe Gelenke (Amphiarthrosen)*, die durch kurze, feste Bänder gesichert sind. Diesen Gelenken ist jedoch im Zusammenhang mit der *Fußelastizität* ein hoher Stellenwert zuzumessen; sie ermöglichen zum Beispiel die Anpassung des Fußes an unebenes Gelände. Außerdem sind sie für die natürliche Fußverwringung von Bedeutung.

Die Zehengrundgelenke sind Kugelgelenke, die Mittel- und Endgelenke Scharniergelenke. Die *Beweglichkeit der Zehengelenke* wird jedoch nicht voll ausgenützt und erscheint beim Erwachsenen infolge mangelnder Inanspruchnahme zunehmend eingeschränkt. Die Zehenbewegung ist aber von entscheidender Bedeutung für die Statik des Fußes und vor allem für den *Abdruck des Fußes beim Gehen und Laufen*.

Die Gewölbekonstruktion des Fußes

Die *Gewölbekonstruktion* des Fußes ist knöchern vorgegeben – hauptsächlich durch die Form der Fußwurzelknochen und ihre räumliche Anordnung. Der Fuß als Ganzes kann in einen *inneren, medialen Strahl (inneres Längsgewölbe)* und einen *äußeren, lateralen Strahl (äußeres Längsgewölbe)* gegliedert werden. Den medialen Strahl bilden Fersenbein, Sprungbein, Kahnbein und die drei Keilbeine mit den sich anschließenden Mittelfußknochen und Zehen; der laterale Strahl setzt sich zusammen aus Fersenbein, Würfelbein, den 4. und 5. Mittelfußknochen und den zugehörigen Zehen. Diese beiden Strahlen liegen im Bereich des Rückfußes übereinander, im Bereich des Vorfußes jedoch nebeneinander; so entsteht die für den voll entwickelten, gesunden Fuß typische *natürliche Fußverwringung* mit der Ausbildung von Längs- und Querwölbung.

Stützpunkte des Längsgewölbes sind Ferse, Klein- und Großzehenballen; als *Stützpunkte des distalen Quergewölbes* dienen der Groß- und Kleinzehenballen (Abb. 2-50a). Als Kennzeichen der natürlichen Fußverwringung steht der *Vorfuß in Pronation* gegenüber einer *Supination des Rückfußes*. Diese natürliche Fußverwringung ist gut beim Gehen zu beobachten. Zuerst wird die Ferse außen aufgesetzt; die Belastung wird über den äußeren Fußrand auf den Kleinzehenballen und dann auf den Großzehenballen und den großen Zeh übertragen. Die Hauptbelastungspunkte des Fußes liegen diagonal gegenüber: die Ferse hinten außen und der Großzehenballen und große Zeh vorn innen. An der Fußsohle ist dieses einerseits durch Hornhautbildung an den Hauptbelastungszonen, andererseits an diagonal verlaufenden Verwindungslinien zu erkennen.

Zur passiven Sicherung der Fußgewölbe durch den Bandapparat

Die Fußgewölbe sind ebenso wie die Fußgelenke durch eine *große Zahl zum Teil sehr starker Bänder* gesichert (Abb. 2-50b).
Hier ist insbesondere das *Sohlenband* (Ligamentum plantare longum) zu nennen, das an der Fußsohle die Reihe der Fußwurzelknochen verklammert. Die Faserzüge dieses Bandes verlaufen in Längsrichtung des Fußes, aber auch schräg, so dass das Sohlenband sowohl das Längs- als auch das Quergewölbe sichert.

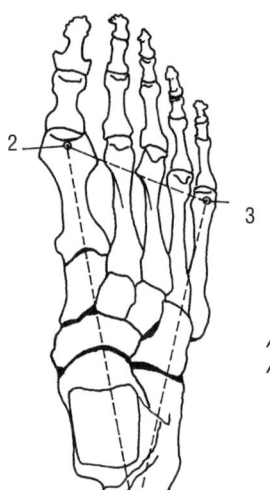

Abb. 2-50a: Das Fußskelett von oben mit den Auflagepunkten (1-2-3) (nach: Platzer 1999)

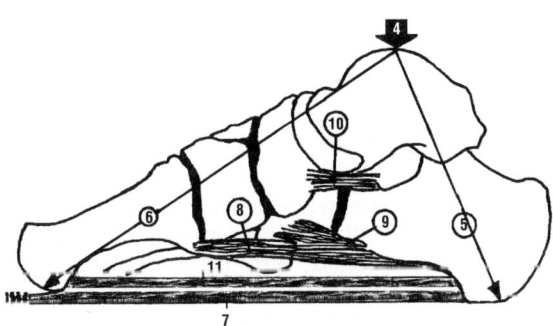

Abb. 2-50b: Das Fußskelett (ohne Zehen) von der Innenseite mit der Druckverteilung (4-5-6) und der Gewölbesicherung durch den Bandapparat – Plantaraponeurose (7), lange, gerade verlaufende (8) und kurze, schräg verlaufende (9) Fasern des Sohlenbandes und Pfannenband (10) – sowie die kurzen Fußmuskeln (11) (nach: Platzer 1999)

Die *Plantaraponeurose* ist eine sehnige Haut, die die Muskulatur der Fußsohle bedeckt. Sie verläuft vom Fersenbein bis zu den Zehen, und dient somit ebenfalls als passive Verspannung der Fußgewölbe. Auch sie enthält gerade und schräg verlaufende Faserzüge, die die Gewölbekonstruktion des Fußes sichern. Das *Pfannenband* (Ligamentum calcaneonaviculare) ergänzt die Pfanne des unteren Sprunggelenkes durch eine Verbindung von Fersenbein und Kahnbein. Es verhindert ein Absinken des Sprungbeins an der Innenseite des Fußes. Das Pfannenband beugt damit einem Knicksenkfuß vor und trägt so mittelbar zur Aufrechterhaltung der Gewölbekonstruktion bei.

Hinzu kommt eine Vielzahl kurzer Bänder, die die straffen Gelenke im Bereich von Fußwurzel und Mittelfuß überziehen (s.o.). Ihnen kommt ebenfalls eine gewölbesichernde Funktion zu.

Der Bandapparat ist im Gegensatz zur Muskulatur nicht ermüdbar; er setzt einen größeren Widerstand als die Muskulatur. Wird der Bandapparat überdehnt, ist seine ursprüngliche Form durch aktive Maßnahmen nicht wiederherzustellen; die *Funktionen der Stabilisation und Haltungssicherung* muss dann allein die Muskulatur übernehmen.

Die Muskulatur im Bereich von Fuß und Bein

Die Muskulatur, die für Haltung und Bewegung des Fußes von Bedeutung ist, kann in Gruppen „kurzer" und „langer" Muskeln gegliedert werden. Die kurzen Fußmuskeln liegen direkt, in ihrem gesamten Verlauf vom Ursprung bis zum Ansatz am Fuß. Die langen Fußmuskeln sind Muskeln des Unterschenkels, die mit ihren teils sehr langen Ansatzsehnen über die Sprunggelenke hinweg ziehen und am Fußskelett ansetzen.

– Die „kurzen" Fußmuskeln

Die kurzen Fußmuskeln haben im wesentlichen die Aufgabe, die Zehen zu bewegen. Die Muskeln des Fußrückens sind Strecker der Zehen. Anzahl und Masse der kurzen Muskeln an der Fußsohle sind denen des Fußrückens bei weitem überlegen. Sie sind zum größten Teil Beuger. Groß- und Kleinzehenballen werden noch durch besondere Muskeln versorgt, die die Zehen zum Fuß heran- bzw. wegbewegen (Ad-, Abduktoren).

Die kurzen Muskeln der Fußsohle, zusammengefasst als die kurzen Zehenbeuger, sind darüber hinaus wesentlich an der *Sicherung der Fußgewölbe* beteiligt. Abbildung 2-51a gibt einen Eindruck von der starken muskulären Verspannung der Fußsohle. Besonders hervorgehoben werden soll der Musculus adductor hallucis, der Muskel, der die Großzehe heranzieht (Abb. 2-51b); er liegt unterhalb des kurzen Großzehenbeugers (M. flexor hallucis brevis) und der kurzen Zehenbeuger (M. flexor digitorum brevis). Der schräge bzw. quere Verlauf dieses Muskels deutet eine muskuläre Sicherung des Quergewölbes an; im Vergleich zu der muskulären Verspannung des Längsgewölbes fällt aber auf, dass das Quergewölbe kaum durch Muskulatur abgesichert ist.

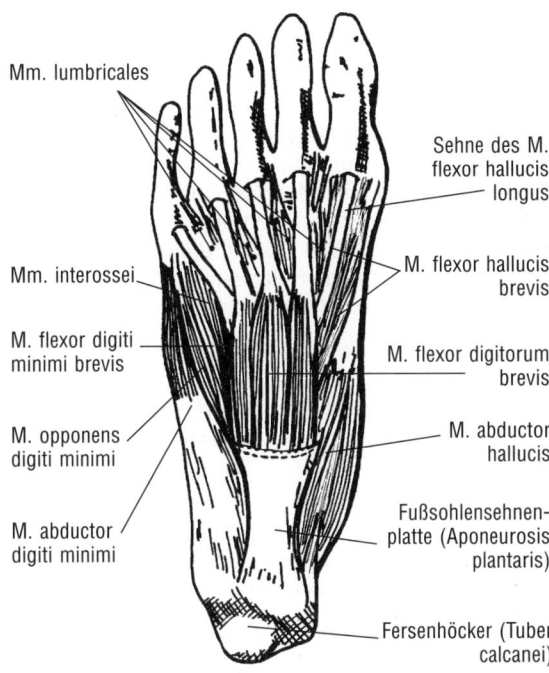

Abb. 2-51a: „Kurze" Fußmuskeln – muskuläre Verspannung der Fußsohle (nach: Schäffler / Schmidt 1996)

Abb. 2-51b: Der Heranzieher der Großzehe (M. adductor hallucis) (nach: Appell / Stang-Voss 1996)

- *Die „langen" Fußmuskeln*

Die langen Fußmuskeln können entsprechend ihrer Lage *drei Gruppen* zugeordnet werden:

1. die vordere Streckergruppe, die vorn am Schienbein und Fußrücken liegt und überwiegend eine Hebung der Fußspitze (Dorsalflexion) bewirkt;
2. die hintere Beugergruppe, die die Wade bildet und ein Senken der Fußspitze (Plantarflexion) und Heben des Fußinnenrandes (Supination) ausführt;
3. die seitliche Gruppe oder Wadenbeingruppe, die am Unterschenkel außen liegt und hauptsächlich für das Senken des Fußinnenrandes / Heben des Fußaußenrandes (Pronation) verantwortlich ist.

Die *langen Fußmuskeln überziehen beide Sprunggelenke*, so dass jeder Muskel entsprechend seinem Verlauf in Bezug zu den beiden Gelenkachsen im oberen Sprunggelenk entweder Dorsal- oder Plantarflexion und im untereren Sprunggelenk entweder Supination oder Pronation bewirkt (vgl. Tab. 2-6).

- *Die vordere Streckergruppe*

Die vordere Streckergruppe (Abb. 2-52) liegt am Unterschenkel vorn zwischen Schien- und Wadenbein. Ihre Sehnen werden durch Bänder am Unterschenkel und Fußrücken gehalten. Zu ihr gehören

– der vordere Schienbeinmuskel (M. tibialis anterior),
– der lange Großzehenstrecker (M. extensor hallucis longus),
– der lange Zehenstrecker (M. extensor digitorum longus).

Der *vordere Schienbeinmuskel* entspringt an der dem Wadenbein zugewandten Fläche des Schienbeines und der zwischen den beiden Unterschenkelknochen ausgespannten Zwischenknochenhaut (Membrana interossea) und geht im unteren Drittel des Unterschenkels in die Sehne über. Diese zieht über den Fußrücken zum inneren Fußrand und setzt dort am 1. Keilbein und 1. Mittelfußknochen an.
Dieser Verlauf ergibt, dass der vordere Schienbeinmuskel neben der Dorsalflexion auch eine Supination bewirkt.

Der *lange Großzehenstrecker* entspringt von der dem Schienbein zugewandten Wadenbeinfläche und der Zwischenknochenhaut und verläuft mit seiner Sehne über den Fußrücken zur Großzehe.
Der lange Großzehenstrecker bewirkt eine Hebung der Fußspitze (Dorsalflexion) und eine Streckung der Großzehe sowie eine Supination des Fußes.

Der *lange Zehenstrecker* entspringt im oberen Bereich des Schienbeins (äußerer Schienbeinknorren, Condylus lateralis tibiae), vom Wadenbeinköpfchen, der vorderen Kante des Wadenbeines und der Zwischenknochenhaut und zieht über den Fußrücken zu der 2. bis 5. Zehe; seine Sehne teilt sich in vier Einzelsehnen auf, so dass die vier Zehen gestreckt werden können.
Er hebt den Fuß (Dorsalflexion) und unterstützt außerdem die Pronation des Fußes (Heben des äußeren Fußrandes).

a) vorderer Schienbeinmuskel   b) langer Zehenstrecker   c) langer Großzehenstrecker

Abb. 2-52: Vordere Streckergruppe, alle in der Ansicht von vorn (nach: Appell / Stang-Voss 1996)

Werden „punctum fixum" und „punctum mobile" dieser Muskeln vertauscht, d.h. in diesem Fall wird der Fuß festgestellt, bewirkt die Muskulatur der Streckergruppe eine Annäherung des Unterschenkels an den Fuß.

- **Die hintere Beugergruppe – oberflächliche Schicht**

Die hintere Beugergruppe (Abb. 2-53) gliedert sich in eine oberflächliche und eine tiefe Schicht.

Die *oberflächliche Schicht* bilden

- der Zwillingswadenmuskel (M. gastrocnemius),
- der Schollenmuskel (M. soleus),
- der Sohlenspanner (M. plantaris).

Zwillingswadenmuskel und Schollenmuskel werden auch als Drillingsmuskel der Wade (M. triceps surae) zusammengefasst. Der Sohlenspanner kann unterschiedlich ausgebildet sein; oft fehlt er ganz.

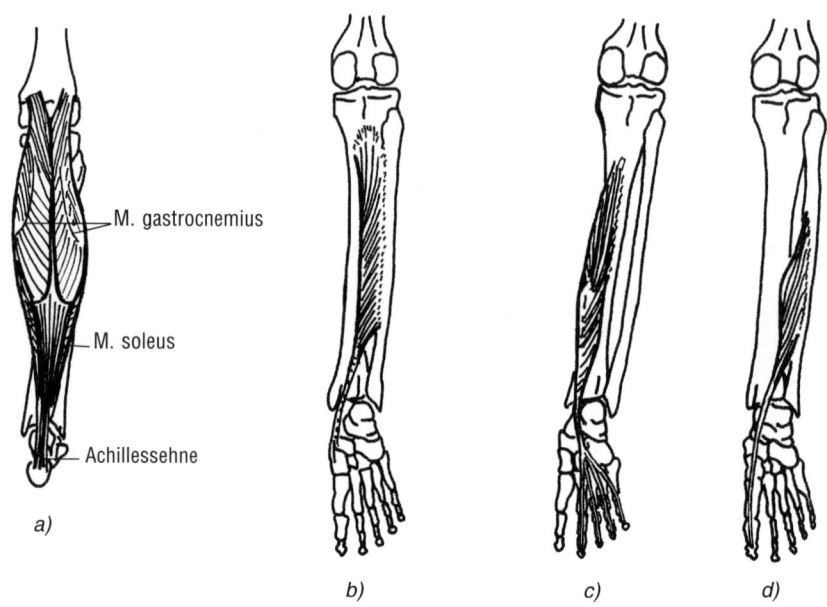

Abb. 2-53: Hintere Beugergruppe
a) dreiköpfiger Wadenmuskel (M. Triceps surae), bestehend aus dem Zwillingswadenmuskel (M. gastocnemius) und dem Schollenmuskel (M. soleus)
b) hinterer Schienbeinmuskel
c) langer Zehenbeuger
d) langer Großzehenbeuger
alle in der Ansicht von hinten; b, c, d - Fuß in Plantarflexion (nach: Appell / Stang-Voss 1996)

Der *Zwillingswadenmuskel* entspringt mit seinen beiden Köpfen an den Knorren des Oberschenkels (Condyli femuris) und umgrenzt die Kniekehle. Beide Köpfe verschmelzen, der Muskelbauch zieht mit kräftigen Fasern nach unten und läuft in der Mitte des Unterschenkels in die Endsehne, die Achillessehne, aus, die am Fersenbeinhöcker ansetzt.

Der *Schollenmuskel* entspringt an der hinteren Fläche des Wadenbeinköpfchens und am oberen Drittel des Waden- und des Schienbeins. Er verläuft unter dem Zwillingswadenmuskel und verbindet sich mit diesem, indem beide gemeinsam die Achillessehne bilden.

Der *Sohlenspanner* liegt seitlich am Schollenmuskel. Er entspringt am seitlichen Schenkelbeinknorren und der rückwärtigen Fläche der Kniegelenkskapsel. Die lange schmale Sehne verschmilzt mit der Achillessehne.

Diese oberflächlich gelegenen Beuger, die auch als Wadenmuskel zusammengefasst werden, sind die *kräftigsten Senker des Fußes (Plantarflexion)*. Sie ermöglichen den Zehenstand, das Abheben des Fußes beim Gehen, Laufen und Springen. Die Fußsenker leisten viermal so viel wie die Fußheber. Den größten

Anteil an dieser Arbeit übernehmen die oberflächlichen Beuger, die ähnlich wie die vordere Oberschenkelmuskulatur ihre mächtige Entwicklung beim Menschen mit dem Erwerb des aufrechten Ganges erfahren haben. Die oberflächlichen Beuger wirken außerdem als *kräftige Supinatoren*; sie heben den Fußinnenrand, da die Achillessehne innen, medial von der Achse des unteren Sprunggelenks verläuft.

Der *Zwillingswadenmuskel* überzieht nicht nur die beiden Sprunggelenke, sondern auch das Kniegelenk. Er wirkt im Sinne einer *Beugung des Kniegelenks*. Seine Wirkung auf den Fuß ist am größten, wenn das Kniegelenk in einer Streckung fixiert wird, da dann seine gesamte Kraft für die Beugung des Fußes eingesetzt werden kann. Der Abdruck vom Boden beim Sprung ist am größten, wenn die Kniegelenke gestreckt sind. Andererseits wird bei gestrecktem Kniegelenk und gehobenem Fuß die Wadenmuskulatur stark gedehnt; die Fußhebung ist nur eingeschränkt möglich. Der Fußrücken kann dem Unterschenkel stärker genähert werden, wenn das Kniegelenk gebeugt ist.

– Die hintere Beugergruppe – tiefe Schicht

Die *Muskeln der tiefen Beugergruppe* entsprechen denen der vorderen Streckergruppe; zur tiefen Beugergruppe gehören demnach

- der hintere Schienbeinmuskel (M. tibialis posterior),
- der lange Großzehenbeuger (M. flexor hallucis longus),
- der lange Zehenbeuger (M. flexor digitorum longus).

Der *hintere Schienbeinmuskel* entspringt im oberen Bereich des Unterschenkels, an Schien- und Wadenbein und der Zwischenknochenhaut. Oberhalb des inneren Knöchels geht er in seine Sehne über, die an der rückwärtigen Fläche des Innenknöchels vorbei zum medialen Fußrand verläuft. Hier fächert sie sich auf und setzt am Kahnbein und dem 1. Keilbein an.

Der hintere Schienbeinmuskel wirkt daher stark supinierend, er sichert das untere Sprunggelenk (Antiknickfußmuskel) und senkt den Fuß (Plantarflexion).

Der *lange Großzehenbeuger* ist der stärkste Muskel der tiefen Beugergruppe. Er entspringt am Schienbein und an der Zwischenknochenhaut. Seine Sehne zieht durch eine Furche am Sprungbein (Sustentaculum talare) an der Fußsohle entlang zum Grundgelenk der Großzehe.

Seine Wirkung besteht neben der Beugung der Großzehe in einer Senkung des Fußes (Plantarflexion) und im Heben des inneren Fußrandes (Supination). Seine Sehne verspannt das Längsgewölbe des Fußes und bewahrt das Sprungbein vor einem Absinken nach innen. Der Großzehenbeuger wirkt also einem Knicksenkfuß entgegen. Besondere Bedeutung hat der Großzehenbeuger für das Abrollen des Fußes beim Gehen und Laufen, da Großzehenballen und Großzehe auf den Boden gedrückt als Widerlager wirken. Der letzte Abdruck beim Gehen, Laufen und Springen erfolgt vom Großzehenballen und vom großen Zeh.

Der *lange Zehenbeuger* entspringt an der rückwärtigen Schienbeinfläche. Seine Sehne überkreuzt oberhalb des Innenknöchels die des hinteren Schienbeinmuskels und zieht zur Fußsohle; sie überkreuzt die Sehne des Großzehenbeugers und setzt nach einer Aufteilung in vier Sehnenzipfel an den Endgliedern der Zehen an.

Der lange Zehenbeuger klammert die Zehen am Boden an; dieses ist wiederum von Bedeutung für den Abrollvorgang des Fußes. Er wirkt auf den Fuß als Plantarflexor und Supinator und verspannt durch die Lage seiner Sehne das Fußgewölbe.

– **Die seitliche Gruppe („Peroneusgruppe")**

Die seitliche Gruppe der langen Fußmuskeln (Abb. 2-54) besteht aus
– dem langen Wadenbeinmuskel (M. peroneus longus bzw. M. fibularis longus) und
– dem kurzen Wadenbeinmuskel (M. peroneus brevis bzw. M. fibularis brevis).

Der *lange Wadenbeinmuskel* entspringt am Köpfchen und oberen Teil des Wadenbeines und dem äußeren Schienbeinknorren. Seine Sehne verläuft hinter dem äußeren Knöchel um die Außenkante des Fersenbeines zur Fußsohle unter das Würfelbein, schräg nach vorn zum inneren Fußrand und setzt in der Nähe der Sehne des vorderen Schienbeinmuskels am 1. Keilbein und 1. Mittelfußknochen an. Der lange Wadenbeinmuskel trägt so zur Sicherung der Querwölbung des Fußes bei.

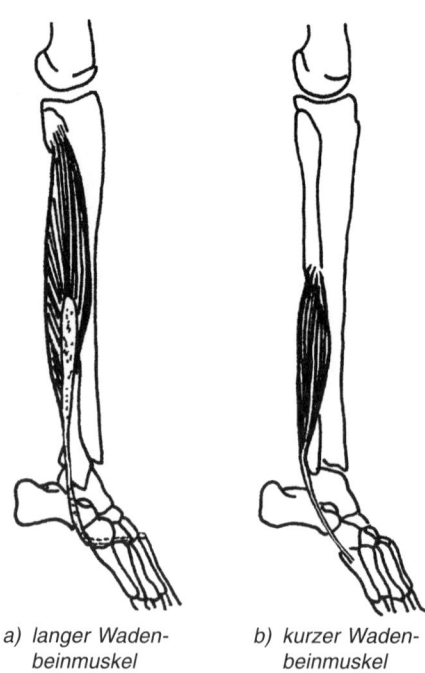

a) langer Wadenbeinmuskel   b) kurzer Wadenbeinmuskel

Abb. 2-54: Seitliche Wadenbeingruppe in der Ansicht von außen (nach: Appell / Stang-Voss 1996)

Der *kurze Wadenbeinmuskel* wird überwiegend vom langen Wadenbeinmuskel bedeckt. Er entspringt an der hinteren und äußeren Fläche des unteren Drittels des Wadenbeins. Seine Sehne zieht zusammen mit der des langen Wadenbeinmuskels hinter den äußeren Fußknöchel, trennt sich dann, um allein am äußeren Fußrand, am Höcker des 5. Mittelfußknochens anzusetzen.

Beide Wadenbeinmuskeln heben den äußeren Fußrand; sie sind die wichtigsten Pronatoren des Fußes. Außerdem bewirken sie eine Senkung des Fußes (Plantarflexion).

– *Die Unterschenkelmuskulatur im Zusammenhang*

Die Wirkung der Unterschenkelmuskulatur auf die Sprunggelenke kann aus dem Verlauf ihrer Sehnen im Verhältnis zu den Achsen des oberen und unteren Sprunggelenkes (vgl. Abb. 2-49) abgeleitet werden. Tabelle 2-6 gibt einen Überblick über die Muskulatur des Unterschenkels und ihre Wirkungsweise im Hinblick auf die Bewegungen des Fußes. Dabei wird deutlich, dass die *größere Anzahl dieser Muskeln Plantarflexion und Supination* bewirkt; sie weisen auch einen erheblich *größeren Muskelquerschnitt* auf und können *entsprechend mehr Kraft* entwickeln. Dieses lässt sich dadurch erklären, dass Plantarflexion und Supination Bewegungen sind, die in der aufrechten Haltung entgegen der Schwerkraft ausgeführt werden müssen und dadurch einer größeren Muskelkraft bedürfen.

unteres Sprunggelenk \ oberes Sprunggelenk	Dorsalflexion	Plantarflexion
Supination und Adduktion	• vorderer Schienbeinmuskel • langer Großzehenstrecker	• Wadenmuskel (Zwillingswadenm. und Schollenmuskel) • langer Großzehenbeuger • langer Zehenbeuger
Pronation und Abduktion	• langer Zehenstrecker	• Wadenbeinmuskulatur (langer und kurzer Wadenbeinmuskel)

Tab. 2-6: *Wirkung der Muskulatur des Unterschenkels in Bezug auf die Sprunggelenke*

Zur Bedeutung der Fußgewölbe

Zusammenfassend soll noch einmal die für den menschlichen Fuß typische Gewölbekonstruktion herausgestellt werden, die die *Elastizität des Fußes* gewährleistet und damit auch einen *Schutz für die Strukturen der Sprunggelenke, Knie- und Hüftgelenke wie auch der Wirbelsäule* bietet.

Die Gewölbekonstruktion ist *durch das Skelett vorgegeben*, insbesondere durch die Form, auch die Größe und die Anordnung der Fußwurzelknochen. Hervorzuheben sind hier besonders Fersenbein und Sprungbein, die größten Fußwurzelknochen, die übereinander liegen und damit die Höhe der Fußwölbung vorgeben.

Die knöcherne Konstruktion ist *passiv gesichert durch den Bandapparat, aktiv durch Muskulatur*. Die muskuläre Sicherung wird einerseits von den kurzen Zehenbeugern gewährleistet, insbesondere von dem kurzen Großzehenbeuger (M. flexor hallucis brevis) und dem Abspreizer des großen Zehs (M. abductor hallucis). Hinzu kommt eine starke Gewölbeverspannung vorwiegend durch die Sehnen des langen Großzehenbeugers (M. flexor hallucis longus) und des langen Zehenbeugers (M. flexor digitorum longus), auch des hinteren Schienbeinmuskels (M. tibialis posterior).

Interessant erscheint in diesem Zusammenhang der *sog. „Steigbügel"*, der aus den Sehnen des vorderen Schienbeinmuskels (M. tibialis anterior) – von vorn oben kommend – und des langen Wadenbeinmuskels (M. peroneus longus) – von seitlich außen kommend, unter dem Fuß zum Fußinnenrand ziehend – gebildet wird. Beide Muskeln haben einen nahezu identischen Ansatz im Bereich der Basis des ersten Mittelfußknochens, so dass der Fuß in der von beiden Muskeln gebildeten Schlinge wie in einem Steigbügel liegt. Die Vermutung, dass beide Muskeln zusammen eine gewölbesichernde Funktion haben, liegt nahe, ist aber nach wie vor umstritten.

Eine genauere Betrachtung der *plantaren Verspannung* (Verspannung der Fußsohle) zeigt einen klaren Aufbau

— mit einem oberflächlichen und einem tiefen Anteil;
— beide enthalten jeweils passive und aktive Strukturen:

Oberflächlich liegt als passive Struktur die Plantaraponeurose, als aktive Verspannung folgen die kurzen Muskeln der Fußsohle (vgl. Abb. 2-50b). Tiefer liegend schließt sich als passive Struktur das Sohlenband an, dem die Sehnen der langen Plantarflexoren folgen (langer Großzehenbeuger, langer Zehenbeuger, hinterer Schienbeinmuskel und langer Wadenbeinmuskel). Diese vielfache, systematische Absicherung der Gewölbekonstruktion des Fußes mag ihre Bedeutung für die aufrechte Haltung des Menschen unterstreichen.

2.4.2 Funktionell-anatomische Grundlagen im Bereich des Rumpfes

Die Wirbelsäule

Die Wirbelsäule (Abb. 2-55) hat *statische und dynamische Funktion*: Statisch übernimmt sie Halte- und Stützarbeit; dynamisch dient sie als Ursprung und Ansatz für zahlreiche Muskelgruppen. Hinzu kommt ihre *Schutzfunktion* für das Rückenmark.

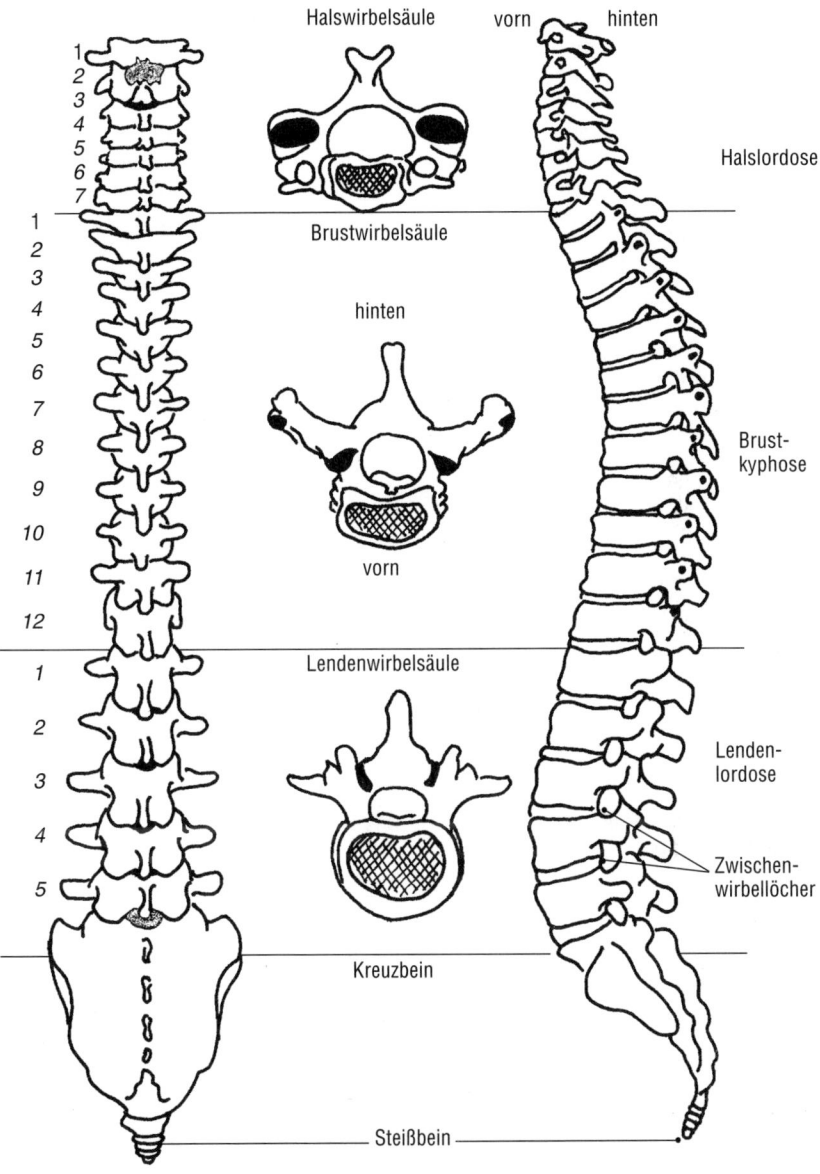

Abb. 2-55: Die Wirbelsäule von hinten und von der Seite sowie die unterschiedliche Form und Größe von Hals-, Brust- und Lendenwirbel (nach: Reichel 1988)

Ihre *typische Doppel-S-Form* ist Grundlage ihrer Funktion als bewegliche Stütze. Sie besteht aus einzelnen Wirbeln, die untereinander gelenkig verbunden sind; zwischen den Wirbeln liegen die Bandscheiben oder Zwischenwirbelscheiben. Entsprechend ihrer Lage werden sieben Halswirbel, zwölf Brustwirbel und fünf Lendenwirbel unterschieden, die untereinander beweglich sind und auch als „wahre" Wirbel bezeichnet werden. Darauf folgen fünf zum Kreuzbein verschmolzene Wirbel, die über das Lenden-Darmbein-Gelenk (Iliosacralgelenk) in Verbindung mit den Hüftbeinen stehen, und vier oder fünf ebenfalls verschmolzene Wirbel, die das Steißbein bilden. Der Übergang von der Lendenwirbelsäule zum Kreuzbein fällt als scharfer Knick auf; dieses ist das für die Wirbelsäule des Menschen typische Promontorium.

Die Doppel-S-Form der Wirbelsäule wird dadurch gekennzeichnet, dass Hals- und Lendenwirbel als *Lordose nach vorn konvex*, die Brustwirbel als *Kyphose nach hinten konvex* geschwungen sind. Kreuz- und Steißbein entsprechen in ihrer Form ebenfalls einer Kyphose. Diese *physiologischen Schwingungen der Wirbelsäule* sind zu einem großen Teil darauf zurückzuführen, dass Wirbelkörper und Bandscheiben nicht planparallel sind. Die Wirbelkörper sind vorn (ventral) etwas niedriger als hinten (dorsal). Im Abschnitt der Brustwirbelsäule entsprechen die Bandscheiben dieser Form, so dass die Kyphose deutlich ausgeprägt wird. In der Hals- und Lendenwirbelsäule dagegen sind die Bandscheiben vorn teilweise erheblich höher als hinten. Diese den Wirbelkörpern entgegengesetzte Form verursacht die Lordose in diesen Bereichen der Wirbelsäule (vgl. Tittel 1990).

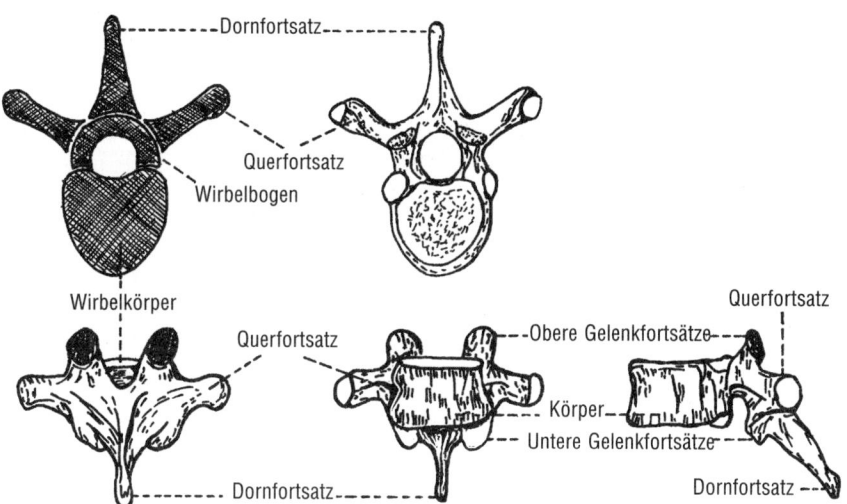

Abb. 2-56: *Bestandteil eines Wirbels – Schematisch (von oben) und am Beispiel eines Brustwirbels (von oben, von hinten, von vorn und von der Seite) (nach: Appell / Stang-Voss 1996)*

Der *Bauplan der Wirbel* ist im Prinzip gleich (Abb. 2-56). Jeder Wirbel besteht aus einem Wirbelkörper, einem Wirbelbogen mit dem Wirbelloch, einem Dornfortsatz, zwei Querfortsätzen und je zwei oberen und unteren Gelenkfortsätzen. Die Brustwirbel haben außerdem Gelenkflächen für die Verbindung mit den Rippen. Die Wirbellöcher aller Wirbel bilden einen Kanal, den Wirbelkanal, in dem das Rückenmark verläuft. Jeder Wirbelbogen hat beiderseits an der Basis oben und unten eine Aussparung, das Zwischenwirbelloch, durch das die Rückenmarksnerven austreten.
Eine Sonderstellung nehmen in ihrer Form der 1. und 2. Halswirbel ein (Atlas und Axis), die das Kopfgelenk bilden.

Von der Hals- zur Lendenwirbelsäule, von kranial nach caudal, zeigen die Wirbel eine Veränderung der Form entsprechend ihrer Funktion (vgl. Abb. 2-55): Wirbelkörper, Quer- und Dornfortsätze werden nach unten hin stärker, da die statische Belastung zunimmt; der Grad der Beweglichkeit ändert sich. Die Wirbellöcher zeigen eine entgegengesetzte Tendenz. Sie werden nach unten hin kleiner, da das Rückenmark nach caudal in seinem Volumen abnimmt (vgl. Abb. 2-28).

Die Wirbel sind untereinander gelenkig verbunden; jeweils zwei Gelenke verbinden einen Wirbel mit dem darüber und dem darunter liegenden Wirbel. Die Stellung dieser *kleinen Wirbelgelenke* bestimmt wesentlich das Ausmaß der Beweglichkeit in den verschiedenen Abschnitten der Wirbelsäule. *Kräftige Längsbänder* verspannen die Wirbelsäule als Ganzes und tragen zu ihrer Stabilität bei. *Kurze Bänder* ergänzen diese Wirkung, indem sie Dornfortsätze und Wirbelbögen verbinden und die Kapseln der Wirbelgelenke verstärken.

Als wichtiger Mechanismus zur Verbindung der Wirbel untereinander, als Garant der Beweglichkeit der Wirbelsäule und ihrer Elastizität sind die *Bandscheiben* anzusehen. Sie bestehen aus ringförmig angeordneten Faserknorpelzügen (Anulus fibrosus), die einen gallertartigen Kern (Nucleus pulposus) umschließen. Dieser Kern ist verformbar, aber nicht komprimierbar („Wasserkissenfunktion"). Er weicht bei jeder Bewegung der Wirbelsäule zur entgegengesetzten Richtung aus.

Bandscheiben werden nur bis zum vierten Lebensjahr durch Blutgefäße versorgt; danach erfolgen Flüssigkeits- und Stoffaustausch über Vorgänge der Diffusion. Hierfür ist ein *regelmäßiger Wechsel von Belastung und Entlastung*, der quasi als Pumpmechanismus wirkt, erforderlich. Das bedeutet: die Wirbelsäule „lebt von der Bewegung". Haltungskonstanz, also langandauernde, gleichbleibende Haltung im Stehen oder Sitzen, aber auch einseitige Belastungen sind für die Wirbelsäule schädlich.
Im Laufe des Lebens nimmt der Flüssigkeitsgehalt ab, die Bandscheiben werden flacher. Die Wirbelsäule büßt dadurch einen großen Teil ihrer Elastizität, ihrer „Stoßdämpfer"-Funktion, ein. Im Zusammenhang mit degenerativen Veränderungen kann es zum Bandscheibenvorfall kommen: bei Belastung (Überlastung) reißt der Faserknorpelring; der Kern tritt aus und drückt auf die aus dem Wirbelkanal austretenden Nerven (Spinalnerven) oder Gefäße.

Die Wirbelsäule ist *in drei Ebenen beweglich*. Bewegungen sind möglich
- in der *Sagittalebene*, das sind Bewegungen nach vorn und hinten (Beugung / Flexion und Streckung / Extension der Wirbelsäule),
- in der *Frontalebene*, das sind Bewegungen seitwärts nach rechts und links (Lateralflexion), und
- in der *Horizontalebene*, das sind Drehbewegungen, bei denen der Schultergürtel mit dem Brustkorb gegen den Beckengürtel gedreht wird (Rotation).

Die Beweglichkeit der Wirbelsäule (Tab. 2-7) ist im Bereich der Halswirbelsäule am größten und nimmt nach caudal, zur Lendenwirbelsäule hin, ab. Dieses ist hauptsächlich bedingt durch Form und Größe der Wirbel, insbesondere ihrer Fortsätze, und die Form und Stellung der kleinen Wirbelgelenke. Sie wird im Bereich der Brustwirbelsäule zusätzlich durch den Brustkorb eingeschränkt. Die große Beweglichkeit der Halswirbelsäule ist auch auf die Struktur und Funktion des Kopfgelenkes zurückzuführen.

Bewegung	Halswirbelsäule	Brustwirbelsäule	Lendenwirbelsäule
Beugung	+++	++	++
Streckung	+++	+	+++
Seitneigung	+++	++	++
Drehung	+++	++	-

Tab. 2-7: *Beweglichkeit der Wirbelsäule in ihren Abschnitten: - / + / ++ / +++ = keine / geringe / gute / sehr gute Beweglichkeit* (nach: Tittel 1990)

Muskulatur des Rumpfes

Als Muskulatur, die für die Bewegungen der Wirbelsäule verantwortlich ist, kann die gesamte Rumpfmuskulatur genannt werden. Von besonderem Interesse für den Haltungsaufbau ist die Rücken- und Bauchmuskulatur. Hinzu kommen die Gesäßmuskulatur und die Muskulatur, die aufrichtend auf den Schultergürtel wirkt; diese Muskelgruppen werden im Zusammenhang mit dem Beckengürtel bzw. dem Schultergürtel beschrieben.

- *Die Rückenmuskulatur*

Die Rückenmuskulatur (M. erector spinae) wird in einen medialen tiefen und einen lateralen oberflächlichen Strang unterteilt.

Der mediale Strang, der die Rinne zwischen Dorn- und Querfortsätzen ausfüllt, gliedert sich in eine Vielzahl einzelner Muskeln auf. Diese Muskeln verbinden jeweils zwei oder mehrere übereinanderliegende Dorn- oder Querfortsätze (interspinales System) oder sie verlaufen schräg von einem Querfortsatz zum nächsten oder übernächsten Wirbelbogen oder Dornfortsatz (transversospinales System}.

Die *Muskeln des interspinalen Systems* (*Geradsystem*) strecken die Wirbelsäule, wenn die Muskeln beiderseits der Wirbelsäule kontrahiert werden, und führen eine Seitbewegung aus, wenn die Innervation nur auf einer Seite erfolgt.

Die *Muskeln des transversospinalen Systems* (*Schrägsystem*), die besonders im Bereich der Lenden- und Halswirbelsäule ausgeprägt sind, verursachen bei einseitiger Innervation eine Drehbewegung. Sie verspannen bzw. verstärken die Lordose bei beidseitiger Innervation; sie strecken also die Wirbelsäule.

Der laterale Strang macht die Hauptmasse der Rückenmuskulatur aus (Abb. 2-57). Er verläuft neben der Dornfortsatzreihe.

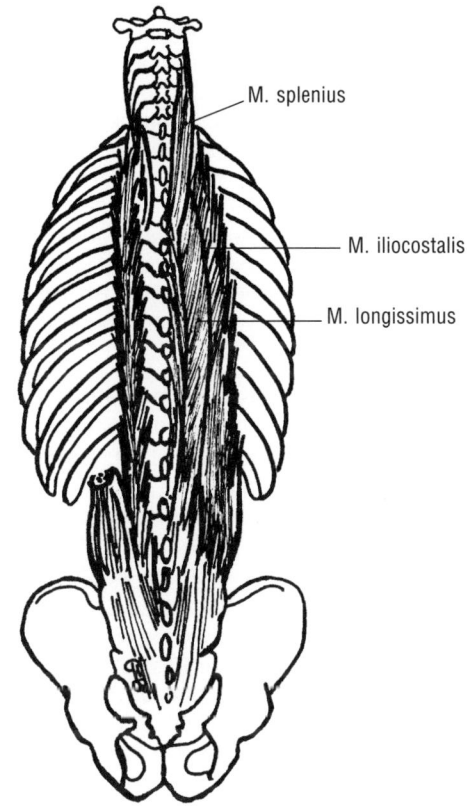

Abb. 2-57: Lateraler Strang des langen Rückenstreckers (nach: Tittel 2000)

Hier werden hauptsächlich zwei Muskeln unterschieden:
- der lange Rückenstrecker (M. longissimus) und
- der Darmbein-Rippenmuskel (M. iliocostalis).

Beide entspringen gemeinsam an der rückwärtigen Fläche des Kreuzbeins; beide werden nach oben hin schmaler und schlanker. Nur der lange Rückenstrekker erreicht das Kopfskelett; die Nackenmuskulatur wird überwiegend von dem medialen Strang gebildet.

Der *lange Rückenstrecker* besteht aus mehreren Abschnitten, die etwa dachziegelartig übereinander liegen. Er setzt zunächst an den Querfortsätzen der unteren Brustwirbel an, gewinnt neue Ursprünge an den darüber liegenden Querfortsätzen und setzt sich so bis zur Halswirbelsäule und zum Kopf fort.

Der *Darmbein-Rippenmuskel* liegt seitlich neben dem langen Rückenstrecker. Er setzt an den unteren Rippen an und pflanzt sich ebenso wie der lange Rückenstrecker nach oben bis zu den Querfortsätzen der unteren Halswirbel fort.

Beide Muskeln *strecken die Wirbelsäule* insgesamt und *neigen sie bei einseitiger Innervation zur Seite.* Der lange Rückenstrecker wirkt auch auf den Kopf im Sinne einer Rückwärtsneigung bzw. bei einseitiger Innervation als Seitneigung.

Zum lateralen Strang der Rückenmuskulatur gehört außerdem der *Riemenmuskel (M. splenius),* der schräg von den oberen Brust- und unteren Halswirbeln zum Hinterhaupt und den Querfortsätzen der oberen Halswirbel zieht; er unterstützt die Funktion der übrigen Anteile des langen Rückenstreckers.

- **Die Bauchmuskulatur**

Die Bauchmuskulatur wirkt als Antagonist (Gegenspieler) zur Rückenmuskulatur. Während die Rückenmuskulatur die Wirbelsäule streckt, wird sie von der Bauchmuskulatur gebeugt. Bei der Beugung, zum Beispiel der Rumpfbeuge im Stand, übernimmt allerdings die Schwerkraft weitgehend die Bewegung, die Bauchmuskulatur leitet sie nur ein.

Die Bauchmuskulatur setzt sich zusammen aus
- dem geraden Bauchmuskel (M. rectus abdominis),
- dem äußeren schrägen Bauchmuskel (M. obliquus externus abdominis),
- dem inneren schrägen Bauchmuskel (M. obliquus internus abdominis),
- dem queren Bauchmuskel (M. transversus abdominis),
- dem Pyramidenmuskel (M. pyramidalis) und
- dem viereckigen Lendenmuskel (M. quadratus lumborum).

Die Bauchmuskulatur bildet die *Bauchwand* (Abb. 2-58), die durch eine kreuzweise Verspannung mit wechselndem Faserverlauf hohe Festigkeit erreicht. Der gerade Bauchmuskel wird von seiner Faszie umgeben, einer sehnenartigen Haut, die den Muskel wie eine Scheide umgibt. Diese *Rectusscheide* wird als wirksamster Antagonist der Rückenmuskulatur dargestellt, da an ihrer Bildung auch Sehnenzüge der anderen Bauchmuskeln beteiligt sind.

Der *gerade Bauchmuskel* (Abb. 2-59) verläuft als gerades Band zwischen dem Schwertfortsatz des Brustbeines und den Außenflächen des 5. und 7. Rippenknorpels einerseits und dem Schambein andererseits.

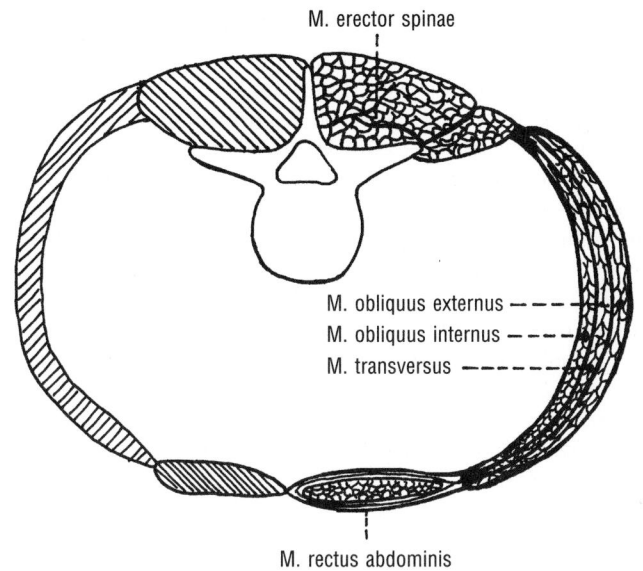

Abb. 2-58: Querschnitt durch die Rumpfwand (nach: Appell / Stang-Voss 1996)

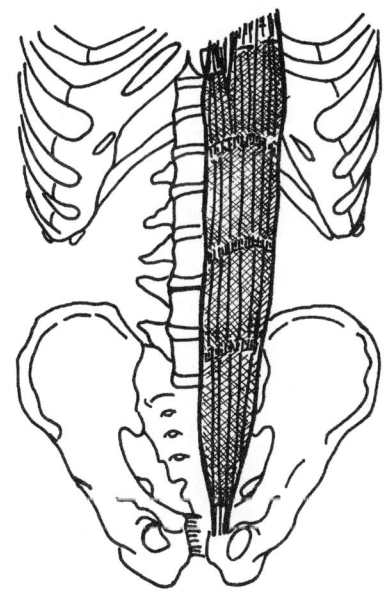

Abb. 2-59: Der gerade Bauchmuskel (nach: Appell /Stang-Voss 1996)

Er richtet das Becken auf und neigt bei festgestelltem Becken den Rumpf nach vorn.

Der *äußere schräge Bauchmuskel* (Abb. 2-60) verläuft schräg von hinten oben nach vorn unten. Er entspringt mit mehreren Zacken an den Außenflächen der 5. bis 12. Rippe und zieht abwärts zum Darmbeinkamm; die übrigen Fasern gehen in die vordere Rectusscheide über.

Seine Funktion besteht ebenfalls in einer Beugung des Rumpfes, wenn beide Seiten bei festgestelltem Becken innerviert werden. Bei einseitiger Kontraktion erfolgt eine Beugung zur gleichen Seite und eine Drehung zur entgegengesetzten Seite.

Der *innere schräge Bauchmuskel* (Abb. 2-61) verläuft schräg von hinten unten nach vorn oben. Er liegt unter dem äußeren schrägen Bauchmuskel (vgl. Abb. 2-58). Er entspringt an der Faszie des Rückenmuskels (Fascia thoracolumbalis, Lenden-Rückenbinde; vgl. Abb. 2-71), dem Darmbeinkamm und einem Teil des Leistenbandes und zieht fächerförmig zu den drei untersten Rippen; er geht ebenfalls in die Rectusscheide über.

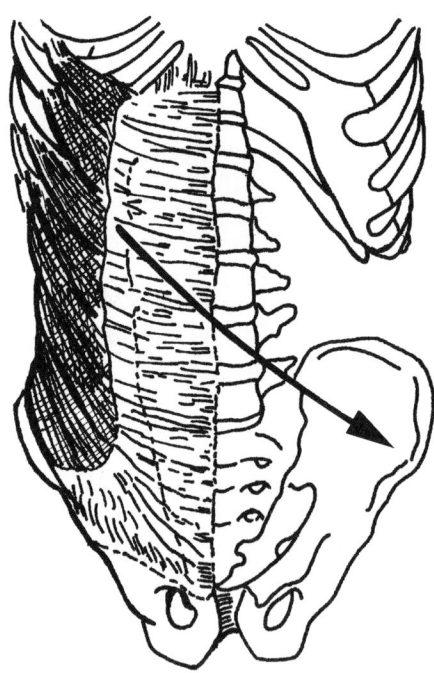

Abb. 2-60: Der äußere schräge Bauchmuskel; der Pfeil deutet die Fortsetzung der Verlaufsrichtung dieses Muskels durch den inneren schrägen Bauchmuskel der Gegenseite an (nach: Appell / Stang-Voss 1996)

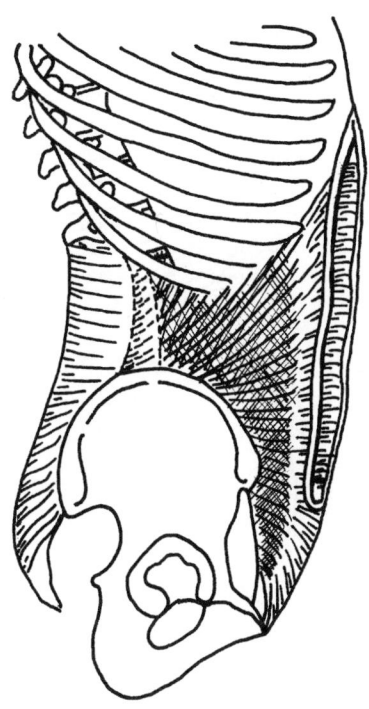

Abb. 2-61: Der innere schräge Bauchmuskel (nach: Appell / Stang-Voss 1996)

Bei einseitiger Kontraktion wird der Rumpf auf die Seite des Muskels gedreht. Bei festgestelltem Becken und beidseitiger Kontraktion erfolgt wiederum eine Rumpfbeugung.

Die *beiden schrägen Bauchmuskeln* müssen auch *im Zusammenhang* betrachtet werden, da der Faserverlauf des äußeren schrägen Bauchmuskels der einen Seite in den des inneren schrägen Bauchmuskels der anderen Seite übergeht. Beide schrägen Bauchmuskeln bilden also zwei lange Schrägverspannungen der Bauchdecke, die kreuzweise verlaufen. Dieses ist auch für die Drehung des Rumpfes von Bedeutung. Kontraktion des rechten äußeren und des linken inneren schrägen Bauchmuskels bewirken eine starke Rotation nach links: die rechte Schulter wird nach vorn genommen.

Der *quere Bauchmuskel* (Abb. 2-62) entspringt innen an den Knorpeln der 7. bis 12. Rippe, der Fascia thoracolumbalis, am Darmbeinkamm und dem Leistenband und verläuft quer, um mit seinen Sehnenzügen in die Rectusscheide überzugehen. Er wirkt wie eine „Bauchbinde" und hat auch seine Funktion in einer Einengung der Bauchhöhle und Begrenzung deren Inhaltes.

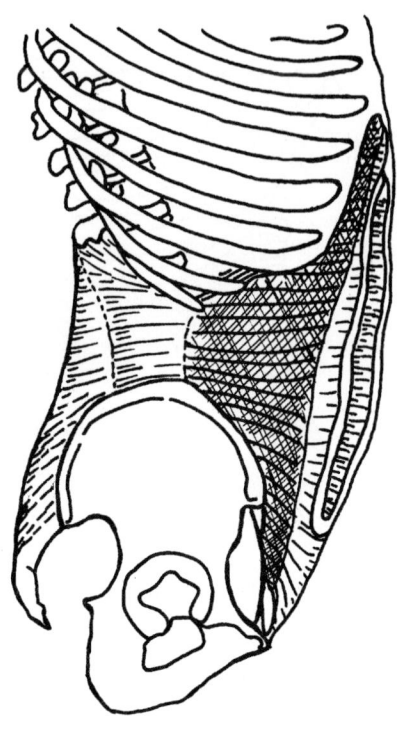

Abb. 2-62: Der quere Bauchmuskel (nach: Appell / Stang-Voss 1996)

Der *Pyramidenmuskel* ist ein kleiner dreieckiger Muskel, der dem geraden Bauchmuskel vorgelagert in der Rectusscheide liegt.

Der *viereckige Lendenmuskel* (vgl. Abb. 2-68) wird auch als hinterer Bauchmuskel bezeichnet. Er verläuft zwischen dem Darmbeinkamm und der 12. Rippe.
Vom Rückenmuskel wird er durch ein kräftiges Band getrennt.
Der viereckige Lendenmuskel sichert die Lendenlordose und wirkt bei einseitiger Kontraktion im Sinne einer Seitbeugung des Rumpfes.

Neben der Bewegung des Rumpfes und des Beckens muss als *Funktion der Bauchmuskulatur insgesamt* auch die *„Bauchpresse"* hervorgehoben werden, die eine Erhöhung des Drucks im Bauchraum bewirkt und für die Entleerung des Darms, der Harnblase, beim Erbrechen etc. von Bedeutung ist. Außerdem wirkt die Bauchmuskulatur als *Atemhilfsmuskulatur bei der Ausatmung*, indem bei festgestelltem Becken die Rippen nach unten gezogen werden. Bei Kontraktion überwiegend des queren Bauchmuskels wird das Zwerchfell, der wichtigste Atemmuskel, durch die Eingeweide nach oben in die Ausatmungsstellung gedrückt.

Der Beckengürtel

Der Beckengürtel (Abb. 2-63a) besteht aus dem *Kreuzbein (Os sacrum)* und den sich beiderseits anschließenden *Hüftbeinen (Ossa coxae)*, die sich vorn in der Schambeinfuge (Symphyse) zu einem Ring vereinigen. Das *Hüftbein* entsteht durch die *Verschmelzung von Darmbein (Os ilium), Sitzbein (Os ischii) und Schambein (Os pubis)*. Nur beim Kind sind diese Bestandteile des Hüftbeines noch durch Knorpelfugen voneinander abzugrenzen. Das Hüftbein bildet die *Gelenkpfanne des Hüftgelenkes (Acetabulum)*, das den Kopf des Schenkelbeines (Femur) aufnimmt. Von Teilen des Sitzbeines und des Schambeines wird das von einer Membran verschlossene Hüftloch (Foramen obturatum) begrenzt.

Am Darmbein finden sich charakteristische Knochenvorsprünge (Abb. 2-63c). Für Körper- und Haltungsmessungen von Bedeutung sind vor allem der Darmbeinkamm (Crista iliaca) und der vordere obere Darmbeinstachel (Crista iliaca anterior superior), die gut tastbar sind. Darunter liegt der vordere unterer Darmbeinstachel (Spina iliaca anterior inferior). Am Sitzbein springt der Hüftbeinstachel (Spina ischiadica) hervor; den tiefsten Knochenpunkt des Beckens bildet der Sitzbeinhöcker (Tuber ischiadicum), der beim Sitzen auf einer harten Unterlage gut zu spüren ist.

Das *Gelenk zwischen Kreuzbein und Hüftbein (Iliosacralgelenk)* ist ein *straffes* Gelenk (Amphiarthrose), die *Schambeinfuge eine Knorpelhaft (Synchondrose)*. Kräftige Bänder überziehen vor allem das Kreuz-Darmbeingelenk (Abb. 2-63b), aber auch die Symphyse und vergrößern die Übertragungsfläche für die Rumpflast auf die unteren Extremitäten. Die gelenkigen Verbindungen geben dem Bekken eine gewisse Elastizität, so dass Erschütterungen abgefangen werden können.

Die *Stellung des Beckens* ist für die aufrechte Haltung und mögliche Haltungsveränderungen von besonderer Bedeutung. Das Becken steht normalerweise nicht senkrecht oder aufrecht, sondern – bedingt durch die Stellung des Kreuzbeins und seiner Verbindungen mit den Hüftbeinen – leicht nach vorn geneigt. Die Beckenneigung wird ausgedrückt durch den Winkel zwischen der Linea terminalis und der Horizontalen; die Linea terminalis verläuft vom Promontorium zum oberen Rand der Symphyse. *Eine Beckenneigung im Stand von 60-70° wird als normal angesehen* (Abb. 2-64a). Diese Beckenneigung ist durch die Verbindung mit der Wirbelsäule variabel. *Das Becken wird aufgerichtet durch eine Abflachung der Lendenlordose; es wird verstärkt gekippt durch eine Vertiefung der Lendenlordose.*

Die Beckenstellung wird erheblich verändert beim Sitzen: Das Becken wird aufgerichtet mit einer Beckenneigung von 13 bis 20° bei einer horizontalen Sitzfläche (Abb. 2-64b). Eine weitere Neigung verhindert der Bandapparat der Hüftgelenke (vgl. Benninghoff 1994; Schoberth 1989).

Im aufrechten Stand wird das Becken auf den Hüftgelenken in einem labilen Gleichgewicht ausbalanciert. Dabei wird es vorn durch den Bandapparat der Hüftgelenke, insbesondere das Bertin'sche Band (Lig. iliofemorale), das als kräftigstes Band des menschlichen Körpers gilt, und hinten durch die Gesäßmuskula-

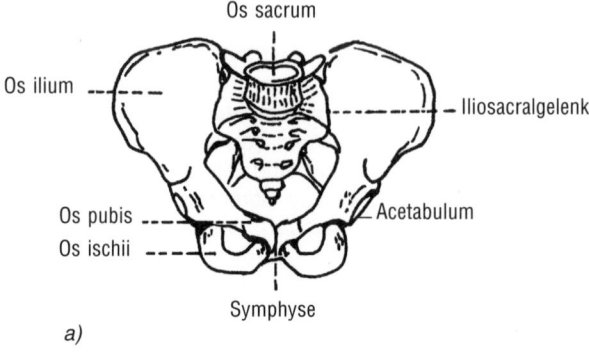

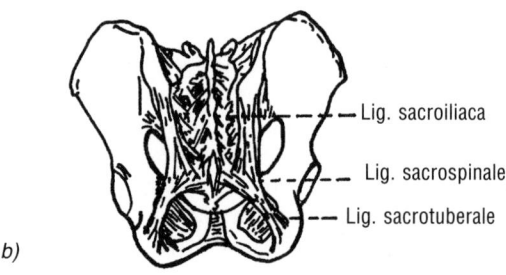

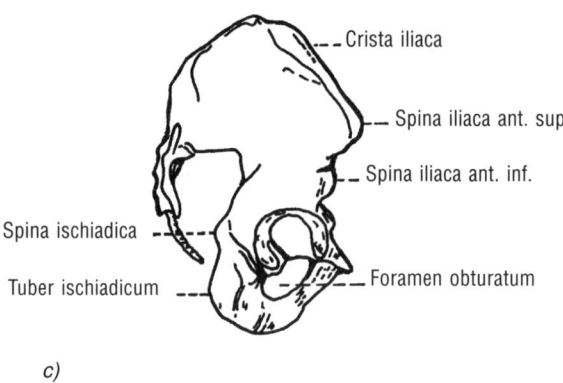

Abb. 2-63: Das Becken von vorn (a), von hinten (b) und von der Seite (c) (nach: Appell / Stang-Voss 1996)

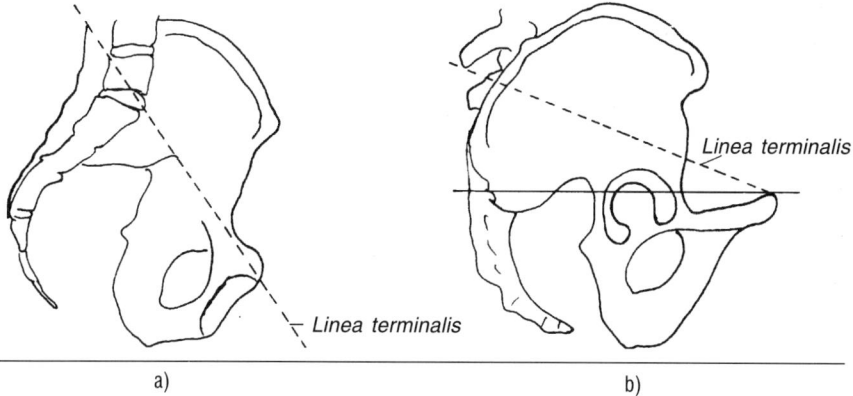

Abb. 2-64: Beckenneigung (a) im Stehen, (b) im Sitzen (nach: Benninghoff / Goerttler 1968)

tur gehalten. Alle Muskeln, die eine Wirkung auf das Hüftgelenk haben, beeinflussen dadurch auch die Beckenstellung.

Das *Hüftgelenk* ist ein Kugelgelenk, das wegen der besonders tiefen Pfanne und der straffen Führung auch als Nussgelenk bezeichnet wird. Der Gelenkkopf wird von der Gelenkpfanne weit umschlossen; die straffe Gelenkkapsel und der besonders kräftige Bandapparat tragen dazu bei, dass das Hüftgelenk eine hohe Festigkeit besitzt. Von jedem Teil des Hüftbeines – Darmbein, Sitzbein, Schambein – zieht ein kräftiges Band zum Schenkelbein (Abb. 2-65). Diese drei wichtigsten Bänder des Hüftgelenkes werden aufgrund ihrer charakteristischen An-

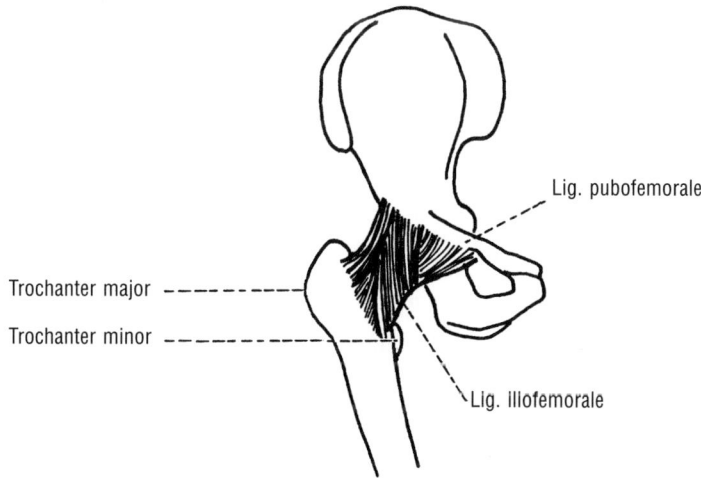

Abb. 2-65: Die Bänderschraube des Hüftgelenks (von vorn); das Sitzbein-Schenkelband (Lig. ischiofemorale) ist verdeckt (nach: Appell / Stang-Voss 1996)

ordnung als *Bänderschraube* zusammengefasst. Wird das Hüftgelenk gebeugt, sitzen die Bänder relativ locker und lassen ein großes Bewegungsausmaß zu. Wird das Hüftgelenk gestreckt, geraten die Bänder jedoch unter Spannung: die Bänderschraube zieht sich zu, so dass die Streckung im Hüftgelenk nur begrenzt möglich ist.

Bewegungen des Beines im Hüftgelenk sind in allen Ebenen möglich:

- nach vorn und hinten (Beugung / Anteversion und Streckung / Retroversion),
- zur Seite (Abduktion und Adduktion),
- im Sinne einer Rotation (Außen- und Innenrotation).

Im Hüftgelenk ist eine Streckung durch die Struktur des Hüftgelenkes und die Funktion der Bänderschraube zwar nur in geringem Maße möglich; diese Bewegung wird aber ergänzt durch eine Verstärkung der Beckenkippung und eine Vertiefung der Lendenlordose. Ebenso wird eine Bewegung zur Seite, das Abspreizen eines Beines, erweitert, indem das Becken mit angehoben bzw. zur gegenüberliegenden Seite geneigt wird; die Wirbelsäule kompensiert diese Bewegung wiederum durch eine Neigung zur anderen Seite, zu der Seite, zu der das Bein abgespreizt wird. So sind *Bewegungen des Beckens und der Wirbelsäule und die Bewegungen im Hüftgelenk nicht isoliert, sondern immer im Zusammenhang zu sehen.*

Muskulatur des Beckengürtels

Die *Muskulatur, die das Becken im Gleichgewicht hält* (Abb. 2-66) bzw. es *in der Sagittalebene bewegt*, ist einerseits die Bauchmuskulatur sowie die Gesäßmuskulatur und die hintere Oberschenkelmuskulatur, die die Beckenaufrichtung verstärken. Als Antagonisten dazu gelten die Muskeln, die eine verstärkte Beckenkippung bewirken: die Rückenmuskeln im Bereich der Lendenwirbelsäule, sowie die Muskulatur, die das Hüftgelenk beugt.

Bei der *Bauchmuskulatur* ist es im wesentlichen der gerade Bauchmuskel, der mit seinem Ansatz am Schambein dieses nach vorne bzw. oben zieht und damit das Becken aufrichtet. Durch ihre Beteiligung an der Rectusscheide unterstützen aber insbesondere die beiden schrägen Bauchmuskeln den geraden Bauchmuskel in dieser Funktion.

Die *Gesäßmuskulatur* (Abb. 2-67), insbesondere der große Gesäßmuskel, wirkt hier als Synergist der Bauchmuskulatur: Sie unterstützt die Funktion der Beckenaufrichtung. Drei Muskeln sind zu unterscheiden:

- der große Gesäßmuskel (M. glutaeus maximus),
- der mittlere Gesäßmuskel (M. glutaeus medius) und
- der kleine Gesäßmuskel (M. glutaeus minimus).

Der *große Gesäßmuskel* entspringt an der Grenze zwischen Kreuz- und Darmbein. Seine Fasern verlaufen schräg nach außen unten. Seine Sehne gewinnt eine breite Angriffsfläche am Schenkelbein.

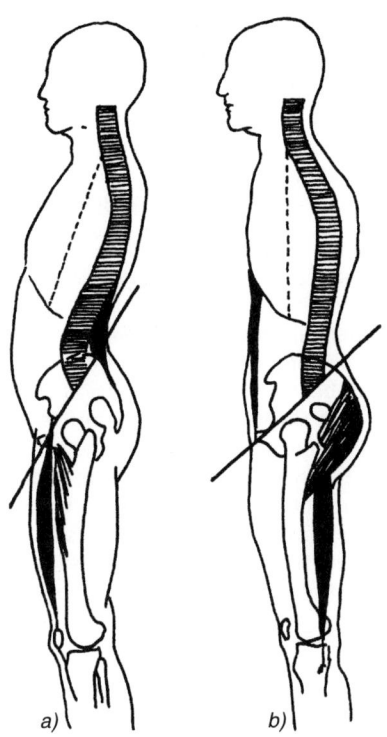

Abb. 2-66: Kippung (a) und Aufrichtung (b) des Beckens im Stand (nach: Benninghoff 1968)

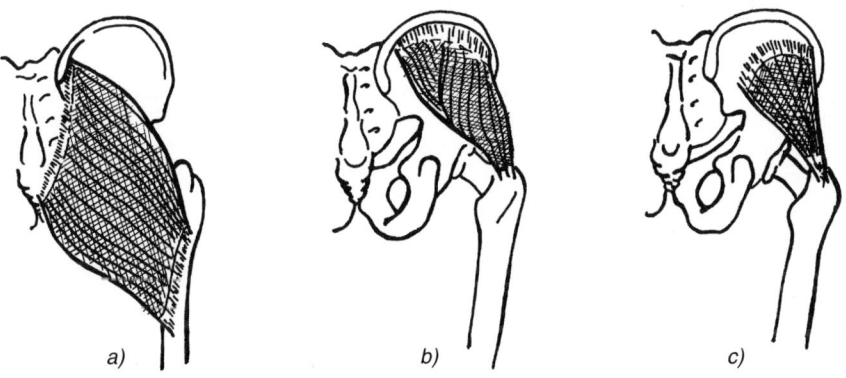

Abb. 2-67: Der große (a), mitlere (b) und kleine (c) Gesäßmuskel; alle in der Ansicht von hinten (nach: Appell / Stang-Voss 1996)

Bezogen auf das Becken besteht die Funktion des großen Gesäßmuskels darin, dass er bei Verlagerung des Körperschwerpunktes nach vorn bremst und ein Vornüberfallen verhindert; bei gestrecktem Hüftgelenk richtet er das Becken auf. Auf das Hüftgelenk wirkt er hauptsächlich im Sinne einer Streckung, d.h. das Bein wird aus einer Beugung nach unten bzw. hinten in die Streckung geführt. Seine oberen Fasern wirken aber entsprechend ihrer Lage zu den Bewegungsachsen abduzierend, die unteren adduzierend. Außerdem ist der große Gesäßmuskel ein Außenrotator.

Der *mittlere Gesäßmuskel* hat die Form eines Fächers. Er entspringt etwa sichelförmig an der Außenseite des Darmbeins und setzt am großen Rollhügel (Trochanter major) des Schenkelbeins an. Der *kleine Gesäßmuskel* wird vom mittleren bedeckt; er ähnelt diesem auch in der Form.

Bezogen auf das Hüftgelenk besteht die Hauptfunktion beider Muskeln in einer Abduktion des Beines. Auf das Becken wirken beide überwiegend im Sinne einer Seitneigung. Im Einbeinstand bzw. beim Gehen wird das Becken auf der Seite des Standbeines fixiert, damit das Spielbein frei wird.

Aufgrund der breiten Ursprungsfläche unterstützen die vorderen Fasern des mittleren und des kleinen Gesäßmuskels (zusammengefasst als „kleine Glutäen") Beugung und Innenrotation, die hinteren Fasern unterstützen entsprechend ihrer Lage zu den Gelenkachsen Streckung und Außenrotation im Hüftgelenk.

Von Bedeutung für die Beckenstellung im Sinne der Aufrichtung ist außerdem *die Gruppe der hinteren Oberschenkelmuskulatur, die ischiocrurale Muskulatur,* die das Hüftgelenk streckt und damit die Funktion des großen Gesäßmuskels unterstützt. Es sind dies im einzelnen

– der zweiköpfige Schenkelmuskel (M. biceps femoris),
– der halbhäutige Muskel (M. semimenbranosus) und
– der halbsehnige Muskel (M. semitendinosus).

Diese Muskeln sind zweigelenkig: Sie überziehen nicht nur das Hüftgelenk, sondern auch das Kniegelenk. Sie wirken auf das Hüftgelenk streckend, auf das Kniegelenk beugend.

Alle drei kommen von einem gemeinsamen Ursprung, dem Sitzbeinhöcker. In ihrem Verlauf weichen sie im unteren Drittel des Oberschenkels auseinander und begrenzen beiderseits die Kniekehle. Der zweiköpfige Schenkelmuskel setzt außen am Wadenbeinköpfchen an; die Sehne des halbsehnigen Muskels befestigt sich innen am Schienbeinknorren. Diese Befestigungsstelle, an der auch die Sehnen des Schneidermuskels (M. sartorius) und des Schlanken Muskels (M. gracilis) ansetzen, wird wegen ihrer Form auch Pes anserinus, Gänsefuß, genannt. Die Sehne des halbhäutigen Muskels ist zweigeteilt und gelangt ebenfalls an den oberen inneren Teil des Schienbeins.

Die *Rückenmuskulatur* bewirkt eine Beckenkippung, indem die Lendenlordose bei ihrer Kontraktion vertieft wird. Beteiligt ist hier sowohl der mediale Strang als auch der laterale Strang im Bereich der Lendenwirbelsäule.

Zu den *Beugern des Hüftgelenks* gehören

- der Lendendarmbeinmuskel (M. iliopsoas),
- der gerade Schenkelmuskel (M. rectus femris),
- der Spanner der Schenkelbinde (M. tensor fasciae latae),
- der Schneidermuskel (M. sartorius).

Der *Lendendarmbeinmuskel* (Abb. 2-68) gilt als der wichtigste Hüftgelenksbeuger. Er ist zweiköpfig und gliedert sich in den großen Lendenmuskel (M. psoas major) und den Darmbeinmuskel (M. iliacus). Der große Lendenmuskel entspringt von den Wirbelkörpern des 12. Brust- und 1. bis 4. Lendenwirbels sowie von den Querfortsätzen der Lendenwirbel. Der Darmbeinmuskel entspringt breitflächig an der Innenseite der Darmbeinschaufel. Beide vereinigen sich und setzen mit der gemeinsamen Sehne am kleinen Rollhügel (Trochanter minor) des Schenkelbeins an.

Der Lendendarmbeinmuskel bewirkt bei fixiertem Oberschenkel eine Beckenkippung durch den Darmbeinmuskel, der direkt am Becken entspringt, aber auch durch den großen Lendenmuskel, der bei seiner Kontraktion die Lendenlordose vertieft. Auf das Hüftgelenk wirkt der Lendendarmbeinmuskel als stärkster Beuger.

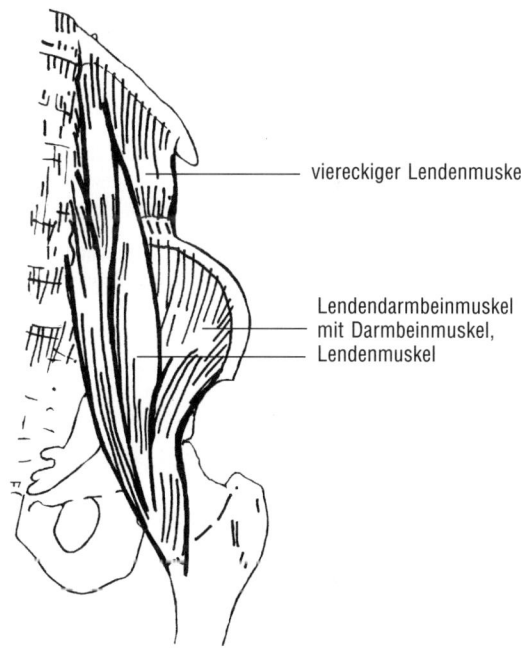

Abb. 2-68: Der Lendendarmbeinmuskel mit Lendenmuskel und Darmbeinmuskel sowie der viereckige Lendenmuskel (nach: Tittel 2000)

Neben dem Lendendarmbeinmuskel sind der Spanner der Schenkelbinde, der gerade Schenkelmuskel und der Schneidermuskel Beuger des Hüftgelenks. Sie tragen zur Beckenkippung bei, wenn der Oberschenkel fixiert ist. Die Vielzahl weiterer Muskeln, die am Oberschenkel liegen und eher geringen Einfluss auf die Beckenstellung haben – es sind dies hauptsächlich die Adduktoren und Rotatoren – sollen hier vernachlässigt werden.

Eine besondere Stellung in der Gruppe der Muskeln, die das Hüftgelenk beugen, nimmt aber der *gerade Schenkelmuskel* ein: Er ist Teil des vierköpfigen Schenkelstreckers (M. quadriceps femoris), des kräftigen vorderen Oberschenkelmuskels. Dieser wirkt als Antagonist der hinteren Oberschenkelmuskulatur, der ischiocruralen Muskulatur. Wie diese ist er zweigelenkig, indem er mit einem der vier Köpfe – dem geraden Schenkelmuskel –, der vom vorderen unteren Darmbeinstachel entspringt, das Hüftgelenk überzieht; er übernimmt hier die Funktion der Beugung und unterstützt damit den Lendendarmbeinmuskel. Die anderen drei Köpfe entspringen direkt am Schenkelbein. Alle vier Köpfe vereinigen sich und ziehen über das Kniegelenk, um mit der Sehne, in die die Kniescheibe eingelagert ist, vorn am Schienbein anzusetzen. Der vierköpfige Schenkelstrecker ist der wichtigste Strecker des Kniegelenkes.

Tabelle 2-8 zeigt im Überblick die wichtigsten Muskeln, die für die Aufrichtung und Kippung des Beckens und damit für das Ausbalancieren des Beckens in der aufrechten Haltung von Bedeutung sind.

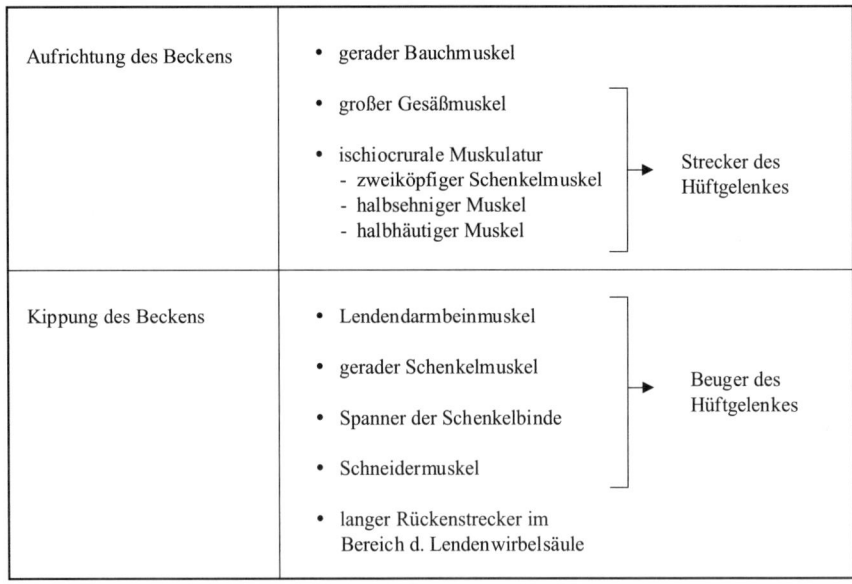

Tab. 2-8: *Wirkung ausgewählter Muskelgruppen des Rumpfes und des Hüftgelenkes auf die Bewegung des Beckens in Sagittalebene*

Der Schultergürtel

Der Schultergürtel (Abb. 2-69 a/b) unterscheidet sich ganz erheblich von dem Beckengürtel, der einen geschlossenen knöchernen, in sich kaum beweglichen Ring darstellt. Der Schultergürtel, bestehend aus den *Schlüsselbeinen (Claviculae)* und den *Schulterblättern (Scapulae)*, bildet dagegen einen unvollständigen Ring, der vorn durch das Brustbein, hinten durch Muskulatur geschlossen wird. Das Schlüsselbein ist gelenkig mit dem Brustbein (*inneres Schlüsselbeingelenk*) und mit dem Schulterblatt (*äußeres Schlüsselbeingelenk*) verbunden. Beide Gelenke sind stark durch Bänder gesichert.

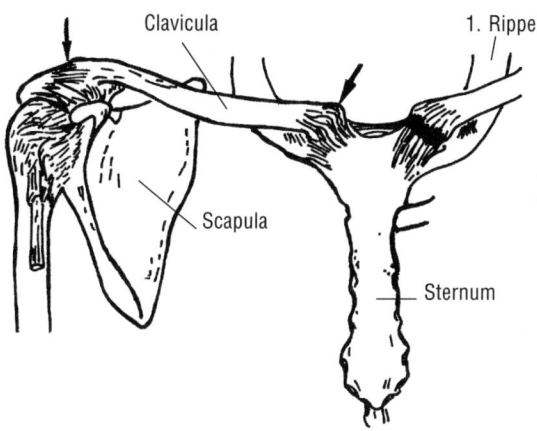

Abb. 2-69a: Der Schultergürtel; diePfeile kennzeichnen das innere und äußere Schlüsselbeingelenk (nach: Appell / Stang-Voss 1996)

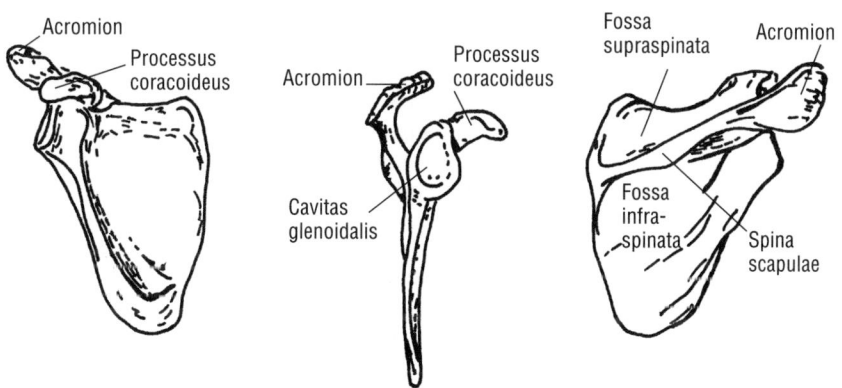

Abb. 2-69b: Das Schultergelenk in der Ansicht von vorn (a), von der Seite (b) und von hinten (c) (nach: Appell / Stang-Voss 1996)

Das Schulterblatt kann als dreieckige knöcherne Platte beschrieben werden, die an Vorder- und Rückseite von Muskeln überzogen dem Brustkorb anliegt. An der Rückseite fällt als kräftige knöcherne Leiste die Schulterblattgräte (Spina scapulae) auf, die schräg nach außen ansteigend in der Schulterhöhe (Acromion) ausläuft. Diese Leiste teilt die dorsale Fläche des Schulterblatts in zwei „Gruben", die kleinere, oben liegende Fossa supraspinata und die größere Fossa infraspinata. Der Schulterhöhe benachbart liegt ein weiterer markanter Knochenvorsprung, der nach ventral gebogene Rabenschnabelfortsatz (Processus coracoideus).

Das *Schultergelenk* wird vom Schulterblatt (Scapula) und dem Oberarmbein (Humerus) gebildet. Die Gelenkpfanne (cavitas glenoidalis) am Schulterblatt ist – verglichen mit der des Hüftgelenks – sehr klein; sie bedeckt nur etwa ein Drittel des Gelenkkopfes am Oberarm. Die Gelenkkapsel ist schlaff; sie wird durch die langen Sehnen des zweiköpfigen und dreiköpfigen Armmuskels (Caput longum des M. biceps brachii und des M. triceps brachii) vergrößert. Bänder zur Sicherung der Kapsel sind kaum vorhanden. Nach oben bietet als „Dach" ein kräftiges Band, das Ligamentum coracoacromiale, Schutz gegenüber Verletzungen. Dieses Band verläuft zwischen den beiden auffälligen Knochenvorsprüngen des Schulterblattes, dem Rabenschnabelfortsatz und der Schulterhöhe.

Das Schultergelenk besitzt also nur in geringem Maße Knochen- und Bandführung, ist aber durch Muskulatur gesichert. Es ist *das beweglichste Gelenk des Körpers*, ein Kugelgelenk. Bewegungen sind in allen Ebenen möglich:

– Vor- und Rückschwingen des Armes (Ante- und Retroversion),
– Heben und Senken des Armes (Ab- und Adduktion) und
– Drehen des Armes um seine Längsachse (Außen- und Innenrotation).

Der *Bewegungsumfang des Armes* wird wesentlich erweitert durch die *Mitbewegung des Schultergürtels*. Der Schultergürtel wirkt wie eine verschiebbare Plattform. Seine Bewegung setzt schon ein, bevor das Schultergelenk die Grenze seiner Bewegungsmöglichkeit erreicht hat; das Schultergelenk stellt sich jeweils in die Ebene ein, in der der Arm bewegt wird. Deutlich ist eine Begrenzung des Armhebens über die Horizontale hinaus, da diese Bewegung sowohl durch Muskulatur, die den Arm heranzieht, als auch durch ein Anstoßen des Armes an das „Dach" des Schultergelenkes verhindert wird. Ein Heben des Armes bis zur Senkrechten ist dennoch möglich, da das Schultergelenk zusammen mit der Gelenkpfanne aufwärts gedreht wird. Diese Bewegung des Schulterblattes macht wiederum eine Mitbewegung des Schlüsselbeines notwendig, so dass die *Zusammenarbeit von Schultergelenk, innerem und äußerem Schlüsselbeingelenk* deutlich wird. Darüber hinaus ist auch die Wirbelsäule an Bewegungen des Schultergürtels und des Armes beteiligt, da sie durch Streckung und Seitneigung ergänzend wirken kann.

Muskulatur des Schultergürtels

Die große Zahl der Muskeln, die auf den Schultergürtel wirken, soll hier gegliedert werden in die Muskulatur der Rumpfvorderseite und die der Rückseite des Rumpfes.

Auf der *Rückseite des Rumpfes* liegen
- der Kapuzenmuskel (M. trapezius),
- der Rautenmuskel (M. rhomboideus),
- der Schulterblattheber (M. levator scapulae) und
- der breite Rückenmuskel (M. latissimus dorsi).

Auf der *Vorderseite des Rumpfes* befinden sich
- der große Brustmuskel (M. pectoralis major),
- der kleine Brustmuskel (M. pectoralis minor),
- der Unterschlüsselbeinmuskel (M. subclavius) und
- der vordere Sägemuskel (M. serratus anterior).

Unter den genannten Muskeln nehmen der breite Rückenmuskel und der große Brustmuskel eine Sonderstellung ein, da sie den *Rumpf mit dem Arm verbinden*; die anderen genannten Muskeln sind *zwischen Rumpf und Schultergürtel ausgespannt*. Die übrigen Muskeln der Schulter und des Armes, die weniger Einfluss auf den Schultergürtel haben, werden hier nicht beschrieben.

Der *Kapuzenmuskel* (Abb. 2-70), auch Kappen- oder Trapezmuskel genannt, liegt oberflächlich im Bereich von Nacken und Rücken. Rechter und linker Muskel zusammen zeigen die Form eines Trapezes oder einer Mönchskappe. Die Ursprungsfläche des Muskels zieht vom Hinterhaupt über das Nackenband und die Dornfortsätze sämtlicher Brustwirbel und setzt am Schulterblatt an der Schulterblattgräte und Schulterhöhe an. Die breitbasige Ursprungsfläche bedingt absteigende, querverlaufende und aufsteigende Faserzüge, die auf den Schultergürtel unterschiedlich wirken:

- *Der absteigende Teil* hebt die Schulter und zieht sie etwas zurück oder verhindert, dass eine Last, die auf der Schulter oder von dem Arm getragen wird, die Schulter herunterzieht.
- *Der querverlaufende Teil* zieht die Schulter zurück und nähert das Schulterblatt der Dornfortsatzreihe.
- *Der aufsteigende Teil* senkt die Schulter oder hebt den Rumpf gegen die fixierte Schulter.

Der *Rautenmuskel* (Abb. 2-70) wird teilweise als ein Muskel beschrieben, teils werden großer und kleiner Rautenmuskel unterschieden. Er entspringt von den Dornfortsätzen der unteren beiden Hals- und der oberen vier Brustwirbel und setzt am inneren Schulterblattrand an.
Er hebt das Schulterblatt nach oben innen und nähert seine Spitze der Dornfortsatzreihe. Damit unterstützt er die Funktion des absteigenden Teils des Kapuzenmuskels.

Der *Schulterblattheber* (Abb. 2-70) entspringt an den Querfortsätzen des 1. bis 4. Halswirbels und setzt am oberen Schulterblattwinkel an.
Entsprechend seinem Verlauf hebt er das Schulterblatt nach vorn oben; er unterstützt ebenfalls die Funktion des absteigenden Teils des Kapuzenmuskels. Bei fixiertem Schulterblatt zieht er die Halswirbelsäule nach hinten.

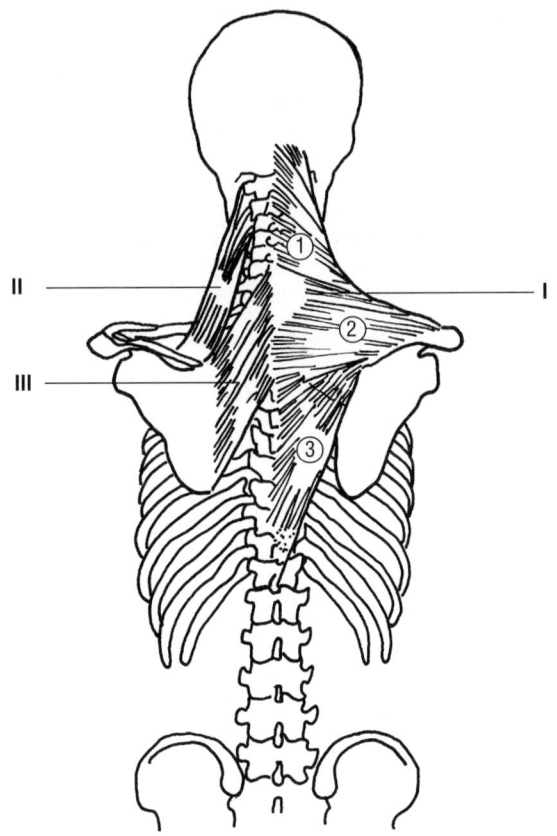

Abb. 2-70: Die hintere Muskulatur des Schultergürtels (nach: Tittel 2000)
I: Kapuzenmuskel mit absteigendem (1), quer verlaufendem (2) und aufsteigendem (3) Teil; II: Schulterblattheber; III: Rautenmuskel

Der *breite Rückenmuskel* (Abb. 2-71) verläuft mit einer langen Ursprungsfläche von den sechs unteren Brustwirbeln und den unteren Rippen, von allen Lendenwirbeln, vom Kreuzbein und dem Darmbein zur Kleinhöckerleiste des Oberarmknochens.
Bei herabhängendem Arm befindet sich der Muskel in einem verkürzten Zustand, da er seine Ansatzstelle erst mit einer schraubigen Drehung erreicht. Seine Leistung ist am größten, wenn sie aus einer Dehnstellung bei seitlich oder nach vorn gehobenem Arm beginnt wie bei einer Ausholbewegung zum Wurf oder Schlag. Er zieht den erhobenen Arm nach unten hinten. Bei fixiertem Arm hält er den Rumpf (z.B. beim Stütz am Barren).

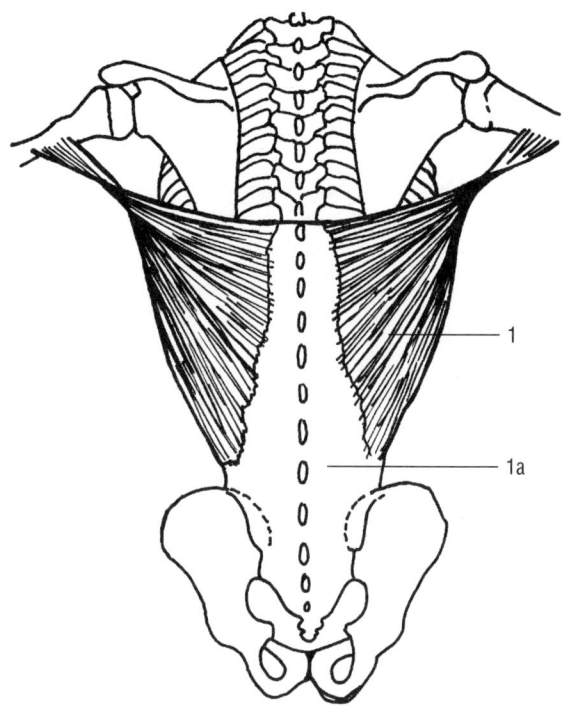

Abb. 2-71: Der breite Rückenmuskel (1) mit der Lenden-Rückenbinde (1a, Fascia thoracolumbalis) (nach: Tittel 2000)

Dem breiten Rückenmuskel wird auch eine *Wirkung auf die Atmung* zugeschrieben, da er die Wirbelsäule streckt und damit die Einatmung unterstützen kann. Andererseits ist er ein wichtiger Hilfsmuskel für die Ausatmung aufgrund seines Ursprungs am Rippenbogen. Er wird auch als „Hustenmuskel" bezeichnet, da er besonders bei angestrengter Ausatmung eingesetzt wird. Zusammen mit dem großen Rundmuskel (M. teres major) bildet der breite Rückenmuskel die hintere Achselfalte.

Der *große Brustmuskel* (Abb. 2-72) liegt als fächerförmige Platte an der vorderen Brustwand. Er entspringt am mittleren Drittel des Schlüsselbeins, mit seinem Hauptteil an der Außenfläche des Brustbeins und den Knorpeln der 2. bis 7. Rippe sowie am vorderen Teil der Rectusscheide. Seinen Ansatz nimmt er an der Großhöckerleiste des Oberarmknochens.

Bei herabhängendem Arm kreuzen sich seine Fasern, so dass der Teil, der am Schlüsselbein entspringt, am weitesten unten, der Teil, der von der Rectusscheide kommt, am weitesten oben am Arm ansetzt. Bei erhobenem Arm öffnet sich die Faserkreuzung; die Fächerform verschwindet zugunsten einer viereckigen Fläche. Durch diesen charakteristischen Verlauf bildet der große Brustmuskel die vordere Achselfalte.

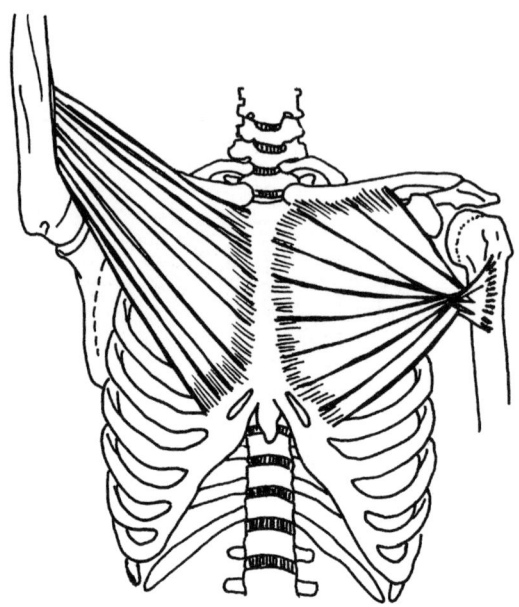

Abb. 2-72: Der große Brustmuskel; rechts Überkreuzung der Faserzüge bei herabhängendem Arm; links Aufhebung dieser Überkreuzung bei erhobenem Arm (nach: Tittel 2000)

Ähnlich wie der breite Rückenmuskel entwickelt er die größte Kraft nicht aus seiner normalen Position, sondern erst wenn der Arm gehoben wird. Aus dieser Stellung bringt er den Arm nach vorn innen (Beispiel Brustschwimmen). Den seitlich gehobenen Arm zieht er an den Körper heran. Werden beide Arme fixiert, wird der Körper durch die beiden großen Brustmuskeln hochgezogen (Tragen von Lasten, Klettern, Klimmzug).
Der breite Rückenmuskel und der aufsteigende Teil des Kapuzenmuskels wirken im gleichen Sinn wie der große Brustmuskel. Bei fixiertem, aufgestütztem Arm wirkt der große Brustmuskel als Atemhilfsmuskel für die Einatmung.

Der *kleine Brustmuskel* (Abb. 2-73) verläuft von der 3. bis 5. Rippe seitlich von dem Ursprungsgebiet des großen Brustmuskels, von dem er ganz bedeckt wird, schräg nach oben zum Rabenschnabelfortsatz.
Er zieht die Schulter nach vorn abwärts bzw. hebt den Brustkorb. Wie der große Brustmuskel wirkt er als Atemhilfsmuskel bei der Einatmung. Beide werden bei der Wiederbelebung als Rippenheber eingesetzt.

Der *Unterschlüsselbeinmuskel* (Abb. 2-73) entspringt von der oberen Fläche der 1. Rippe in unmittelbarer Nähe des Rippenknorpels und verläuft unter dem Schlüsselbein, um am unteren Rand des äußeren Schlüsselbeindrittels anzusetzen. Mit diesem Verlauf unterpolstert er das Schlüsselbein und schützt das innere Schlüsselbeingelenk, indem er das Schlüsselbein an die erste Rippe fixiert und ein starkes Abspreizen des Armes zum Beispiel durch Gewalteinwirkung verhindert. Er kann das Schlüsselbein senken. Wird das Schultergelenk fixiert, wirkt er als Rippenheber.

Der *vordere Sägemuskel* (Abb. 2-74) liegt als muschelähnlich gewölbte Platte an der seitlichen Brustwand. Er entspringt mit einzelnen Zacken sägeblattartig

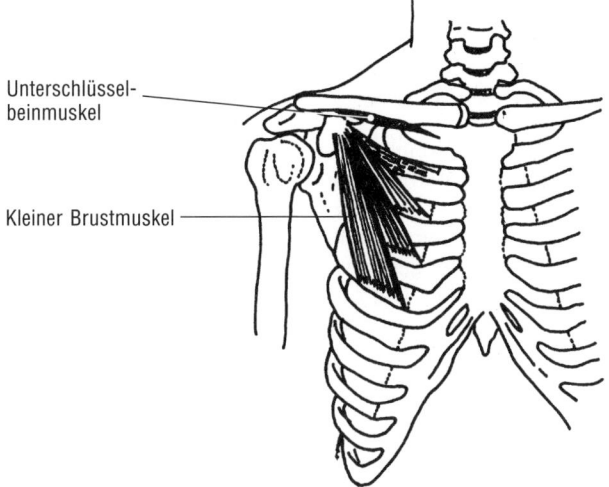

Abb. 2-73: Der kleine Brustmuskel und der Unterschlüsselbeinmuskel (nach: Tittel 2000)

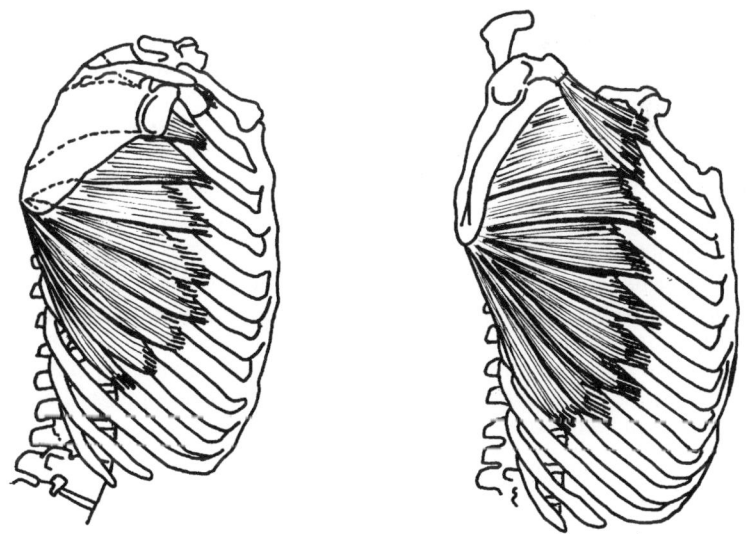

Abb. 2-74: Der vordere Sägemuskel; links Schulterblatt in normaler Position, rechts Schulterblatt nach vorn gezogen (nach: Tittel 2000)

229

von der 1. bis 9. Rippe und zieht unter das Schulterblatt. Seinen Ansatz findet er am inneren Rand des Schulterblattes. Zwischen ihm und dem Schulterblatt liegt ein weiterer Muskel, der Unterschulterblattmuskel (M. subscapularis). Entsprechend der Dicke dieser beiden Muskeln ist das Schulterblatt vom Brustkorb abgehoben.

Die vier unteren Zacken greifen in die Ursprungslinie des äußeren schrägen Bauchmuskels, indem sich die Zacken beider Muskeln abwechseln. Der Verlauf des vorderen Sägemuskels wird nach oben hin vom Rautenmuskel fortgesetzt, so dass sich ein langer einheitlicher Muskelzug – innerer schräger Bauchmuskel der einen Seite, äußerer schräger Bauchmuskel der anderen Seite, vorderer Sägemuskel und Rautenmuskel – ergibt.

Der vordere Sägemuskel zieht das Schulterblatt nach vorn. Ist der Muskel schwach ausgeprägt, steht das Schulterblatt flügelartig ab („Flügelschultern"). Wird das Schulterblatt fixiert, besteht seine Wirkung in einer kräftigen Hebung der Rippen; er gilt damit als kräftiger Atemhilfsmuskel für die Einatmung. Wirken vorderer Sägemuskel und Rautenmuskel gemeinsam, heben sie die Rippen; normalerweise sind beide aber Antagonisten. Der obere und mittlere Teil des vorderen Sägemuskels drehen das Schulterblatt und ziehen es nach vorn. Damit wird die besondere Bedeutung dieses Muskels für das Anheben des Arms über die Horizontale ersichtlich.

Insgesamt sind auch am Schultergürtel *drei Bewegungsrichtungen* zu unterscheiden, die bei der Bewegung des Schulterblattes besonders deutlich werden. Die Muskulatur, in die das Schulterblatt eingebettet ist, bewirkt entsprechend der Verlaufsrichtung ihrer Faserzüge

- Heben des Schultergürtels und Halten gegen nach unten wirkende Kräfte (Tragen von Lasten) durch *absteigende Muskelzüge*;
- Heranziehen bzw. Wegziehen des Schulterblattes an die bzw. von der Wirbelsäule, also ein horizontales Verschieben des Schulterblattes auf dem Brustkorb (Liegestütz; Tauziehen) durch *querverlaufende Muskelzüge*;
- Herabziehen des Schultergürtels und Tragen bzw. Heraufziehen des Rumpfes (Stütz am Barren; Hängen, Klimmen, Klettern) durch *aufsteigende Muskelzüge*.

Bei allen großflächigen Muskeln – Kapuzenmuskel, breiter Rückenmuskel, großer Brustmuskel, vorderer Sägemuskel – sind unterschiedlich verlaufende Züge mit unterschiedlicher Wirkung voneinander abzugrenzen. Am deutlichsten wird dieses beim Kapuzenmuskel. In der Übersicht zeigt Tabelle 2-9 die wesentlichen Funktionen der beschriebenen Muskeln auf den Schultergürtel. Am stärksten ausgeprägt ist die dritte Gruppe: die Muskeln, die den Schultergürtel herabziehen bzw. den Rumpf halten oder heraufziehen können.

Wie schon beim vorderen Sägemuskel erwähnt stellt die isolierte Betrachtung einzelner Muskeln eine grobe Vereinfachung dar. Muskulatur muss auch in ihrer Gesamtheit, im *Verhältnis der Muskeln zueinander* gesehen werden, um zu erkennen, ob *einzelne Muskeln sich in ihrer Wirkung unterstützen, also synergistisch wirken, oder als Gegenspieler (Antagonisten) arbeiten.* Bei der Vielfalt der

Muskulatur im Bereich des Schultergürtels kann das Verständnis erleichtert werden, wenn einzelne Muskeln als Bestandteil größerer Verbindungen, sog. „Muskelschlingen", gesehen werden.

Wichtige Muskelpaare mit antagonistischer Wirkung auf den Schultergürtel sind

- vorderer Sägemuskel ⇔ Rautenmuskel;
- Schulterblattheber ⇔ Kapuzenmuskel (aufsteig. Teil);
- Kapuzenmuskel (absteig. Teil) ⇔ kleiner Brustmuskel;
- Kapuzenmuskel (querverl. Teil) ⇔ vorderer Sägemuskel (querverl. Teil).

Diese Auflistung von gegensinnig arbeitenden Muskelpaaren hebt die zentrale Bedeutung des Kapuzenmuskels für Haltung und Bewegung des Schultergürtels hervor.

Beim Zusammenwirken von *vorderem Sägemuskel und Rautenmuskel* erfolgt zunächst eine Kontraktion des Rautenmuskels; das Schulterblatt wird an die Wirbelsäule herangezogen. Dadurch wird der vordere Sägemuskel gedehnt. Aus der Vordehnung bewirkt er besonders kraftvoll ein Abziehen des unteren Schulterblattwinkels und eine Drehung des Schulterblattes, so dass dessen oberer Rand der Wirbelsäule genähert wird. Diese Bewegung bringt das Schultergelenk in die Position, aus der der Arm über die Horizontale gehoben werden kann. Werden beide Muskeln gemeinsam kontrahiert, wird das Schulterblatt in einer Mittelstellung fixiert; dieses ist wesentliche Voraussetzung für die aufrechte Haltung.

♦ Heben des Schultergürtels bzw. Halten gegen nach unten wirkende Kräfte:

- absteigender Teil des Kapuzenmuskels,
- Rautenmuskel,
- Schulterblattheber,
- oberer Teil des Sägemuskels.

♦ Horizontale Bewegung des Schultergürtels:

- vorderer Sägemuskel,
- querverlaufender Teil des Kapuzenmuskels,
- Rautenmuskel.

♦ Herabziehen des Schultergürtel bzw. Tragen von Lasten oder Heraufziehen des Rumpfes:

- unterer Teil des großen Brustmuskels,
- kleiner Brustmuskel,
- unterer Teil des vorderen Sägemuskels,
- aufsteigender Teil des Kapuzenmuskels,
- breiter Rückenmuskel.

Tab. 2-9: Muskeln des Schulter-Arm-Bereiches in ihrer Wirkung auf den Schultergürtel

Schulterblattheber im Verein mit dem absteigenden Teil des Kapuzenmuskels einerseits, aufsteigender Teil des Kapuzenmuskels andererseits sind ebenfalls Antagonisten. Der eine zieht die Schulter nach oben, der andere zieht sie herab. Bei gleichzeitiger Kontraktion wird wiederum das Schulterblatt fixiert als Voraussetzung für die Haltung und Stabilisation des Schultergürtels beim Tragen von Lasten.

Nach demselben Prinzip arbeiten der *absteigende Teil des Kapuzenmuskels einerseits und der kleine Brustmuskel im Verein mit dem aufsteigenden Teil des Kapuzenmuskels andererseits*, die den Schultergürtel heben und senken bzw. bei gleichzeitiger Kontraktion fixieren.

Die querverlaufenden Züge des Kapuzenmuskels und des vorderen Sägemuskels nähern bzw. entfernen das Schulterblatt von der Dornfortsatzreihe in horizontaler Ebene oder halten bei gleichzeitiger Kontraktion das Schulterblatt in einer Mittelstellung.

Schließlich soll die *Wirkung der genannten Rumpfmuskulatur auf die Atmung* noch einmal betont werden. Neben der Bauchmuskulatur ist der breite Rückenmuskel ein Atemhilfsmuskel für die Ausatmung. Atemhilfsmuskulatur für die Einatmung sind insbesondere der kleine und der große Brustmuskel sowie der vordere Sägemuskel. Werden die Atemhilfsmuskeln für die Einatmung eingesetzt, muss der Schultergürtel zum Beispiel durch ein Aufstützen der Arme fixiert werden.

2.5 Zum Phänomen „Haltung"

Die Körperhaltung des Menschen muss als *vielschichtiges psycho-physisches Phänomen* verstanden werden. *Sie entsteht in engem Zusammenhang von somatischen und psychischen Gegebenheiten auf konstitutioneller Basis in der jeweiligen Situation; sie ist immer Ausdruck der Gesamtpersönlichkeit.*

Wird Haltung als statische Komponente dem dynamischen Geschehen der Bewegung gegenübergestellt, erfolgt damit eine unzulässige Reduzierung. *Haltung und Bewegung* müssen *als Einheit* betrachtet werden. Bewegung ist ohne stabilisierende Elemente der haltungssichernden Systeme des Organismus nicht denkbar; demgegenüber ist Haltung nie etwas Starres: *Haltung ist Bewegung* (vgl. Kap. 2.1).

Die aufrechte Haltung des Menschen lässt sich dadurch kennzeichnen, dass der Körper mit seinem relativ hoch sitzenden Schwerpunkt auf der vergleichsweise kleinen Basis der Füße ausbalanciert wird. Hieraus ergibt sich die große Vielfalt variabler Erscheinungsformen der Körperhaltung, die jeweils situationsgemäß angepasst werden können; hieraus ergibt sich aber auch die Labilität der Haltung, die vielfältigen Störfaktoren ausgesetzt ist und diesen – je nach individueller Situation und momentaner Befindlichkeit – unterschiedlich standhalten oder entgegenwirken kann. Schon Schede (1969, 46) hebt die Bedeutung motorischer Steuerungs- und Regelprozesse für die Sicherung der aufrechten Haltung hervor: *"Charakteristisch für jede Haltung ist ... der Gleichgewichtszustand zwischen der Schwerkraft und den eigenen Haltekräften"* (Abb. 2-75). Allerdings sollte bei der Gleichgewichts- wie bei der Haltungssicherung nicht von einem „Zustand" gesprochen werden; *es handelt sich um einen dynamischen Prozess.*

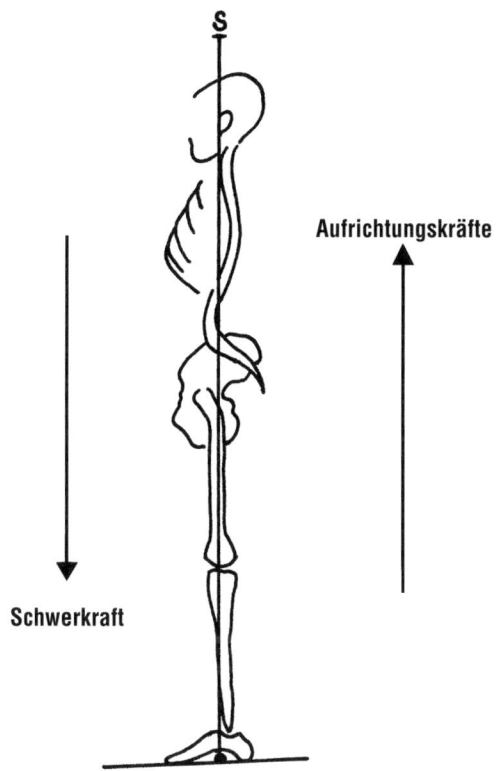

Abb. 2-75: Haltung im Spannungsfeld zwischen der Schwerkraft und den eigenen Haltekräften; s = Schwerelinie (nach: Wagenhäuser 1973)

Die *Vielfalt variabler Erscheinungsformen der aufrechten Haltung* lässt sich zwischen den beiden Extremen der Ruhehaltung einerseits und der aktiven Haltung andererseits ansiedeln (Abb. 2-76):

– Bei der *Ruhehaltung* überwiegt der Einfluss der Schwerkraft; lediglich die passiven Anteile des Haltungs- und Bewegungsapparates sichern die aufrechte Haltung. Der Muskeltonus ist niedrig; die Muskulatur erscheint kaum profiliert. Typisch für die Ruhehaltung ist eine Vertiefung der physiologischen Schwingungen der Wirbelsäule, vor allem eine Verstärkung der Kyphose im Bereich der Brustwirbelsäule und ein Vorhängen des Schultergürtels. Das

Abb. 2-76: Ruhehaltung (___) und aktive Haltung (_ _ _ _) als extreme Formen normaler Haltung (nach: Schede 1969)

Becken kann einerseits verstärkt gekippt werden, so dass eine Hyperlordose entsteht; andererseits ist aber auch eine verstärkte Aufrichtung bei gleichzeitigem Vorschieben des Beckens möglich, so dass die Sicherung der aufrechten Haltung durch die starken Bänder des Hüftgelenkes erfolgt. Im Bereich der Füße kennzeichnet eine Abflachung der Gewölbe die Ruhehaltung; die natürliche Fußverwringung wird aufgehoben zugunsten vollständiger Pronation (Belastung des Fußinnenrandes) oder vollständiger Supination (Belastung des Fußaußenrandes).

- Bei der *aktiven Haltung* – auch aufgerichtete, stramme, straffe oder militärische Haltung genannt – überwiegen dagegen die eigenen Haltekräfte. Der hohe Spannungsgrad der Muskulatur zeigt sich in einem deutlichen Muskelprofil. Die physiologischen Schwingungen der Wirbelsäule erscheinen abgeflacht, die Fußgewölbe aufgerichtet.

- Zwischen diesen beiden extremen Formen der Ruhehaltung und der aktiven Haltung existieren unzählige Erscheinungsformen der sog. *habituellen Haltung*. Diese ist einerseits Ausdruck momentaner Befindlichkeit, andererseits aber auch Ausdruck individueller Persönlichkeit. Wagenhäuser (1973) vergleicht die Vielfalt des individuellen Haltungsbildes mit dem Ausdrucksgehalt der menschlichen Mimik.

Bei der Betrachtung des Phänomens „Haltung" ist zum einen die Variabilität individueller Haltung, die Möglichkeit und – um einseitigen Belastungen vorzubeugen – Notwendigkeit stetigen Haltungswechsels hervorzuheben. Zum anderen muss aber auch festgehalten werden, dass es „die" normale oder gar ideale Haltung, die für alle Individuen als Maßstab gelten könnte, aufgrund der Vielzahl von Einflussfaktoren nicht gibt.

Als *wesentliche Faktoren, die die Haltung bestimmen*, sollen die folgenden hervorgehoben werden:

- der passive Bewegungsapparat,
- der aktive Bewegungsapparat
  - im Hinblick auf muskuläres Gleichgewicht und
  - im Hinblick auf Prozesse motorischer Steuerung und Regelung,
- die Körperwahrnehmung,
- die Psyche,
- die Atmung und
- andere, eher situationsbedingte Faktoren.

Der *passive Bewegungsapparat*, bestehend aus dem Skelett und dem Bandapparat, auch dem Ruhetonus der Muskulatur, ist zum größten Teil anlagebedingt und gibt als morphologisch-statische Komponente die Grundform der Rumpfhaltung vor. Staffel beschreibt schon 1889 vier „variante Rückenformen" als Normvarianten der Haltung (Abb. 2-77), die von Matthiaß (1966), Leger (1959), u. a. weiter differenziert werden.

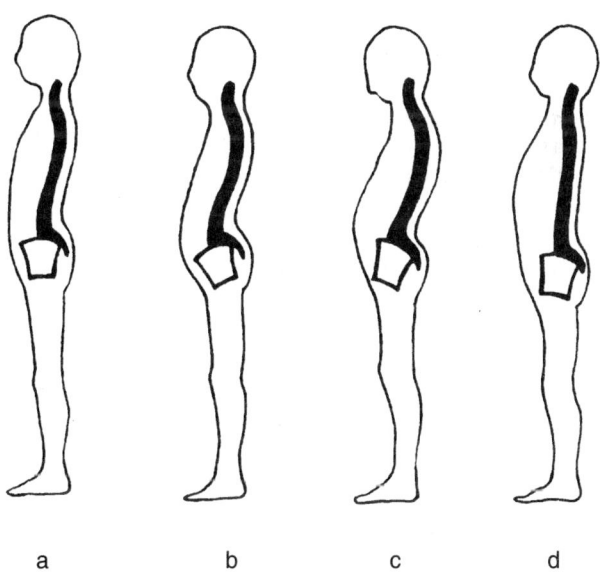

Abb. 2-77: Variante Rückenformen nach Staffel (1889): a) harmonischer Rücken, b) hohlrunder Rücken, c) totalrunder Rücken, d) flacher Rücken

Den *aktiven Bewegungsapparat* stellt die Muskulatur dar. Ihre Kraft und Dehnfähigkeit ermöglicht das Bewegungsspiel der Gelenke; ihre Funktionsfähigkeit bestimmt die Haltungsleistungsfähigkeit. Die Muskulatur sichert als sogenanntes „Muskelkorsett" den passiven Bewegungsapparat.

Wird Haltung nach Schede (1969) im Spannungsfeld zwischen der Schwerkraft und den eigenen Haltekräften gesehen, so können die entgegen der Schwerkraft arbeitenden Muskeln als „Antischwerkraftmuskulatur" („Antigravitationsmuskulatur") zusammengefasst werden. In der aufrechten Haltung bringen diese die großen Gelenke in eine Streckung oder halten sie gestreckt. Phylogenetisch bedingt sind diese Muskelgruppen um ein vielfaches stärker ausgeprägt als ihre Antagonisten; sie haben einen erheblich größeren Muskelquerschnitt, um die erforderliche Kraft entwickeln zu können.

Wichtige Muskelgruppen, die der Schwerkraft entgegen wirken, sind
- die den Schultergürtel aufrichtende Muskulatur wie zum Beispiel der Trapezmuskel (querverlaufender und aufsteigender Teil)
- der lange Rückenstrecker, insbesondere im oberen Rumpfbereich,
- die Bauchmuskulatur in ihrer Funktion als das Becken aufrichtende Muskulatur,
- die Gesäßmuskulatur,
- die vordere Oberschenkelmuskulatur als Strecker des Kniegelenkes,
- der dreiköpfige Wadenmuskel und
- die kurzen und langen Zehenbeuger.

Diesen Muskeln stehen *als Antagonisten Muskeln* gegenüber, *die im Sinne der Schwerkraft arbeiten* und entsprechend wenig Kraft entwickeln müssen, um die aufrechte Haltung zu sichern:
- der große Brustmuskel,
- der lange Rückenstrecker im Bereich der Lendenwirbelsäule,
- die das Hüftgelenk beugende Muskulatur, insbesondere der Lendendarmbeinmuskel als wichtigster Hüftgelenksbeuger,
- die hintere Oberschenkelmuskulatur (ischiocrurale Muskulatur) als Beuger des Kniegelenkes,
- die vordere Schienbeinmuskulatur (vordere Streckergruppe) sowie
- die kurzen Zehenstrecker.

Diese Muskeln haben einen vergleichsweise geringen Muskelquerschnitt.

Am Beispiel der Wadenmuskulatur als Antischwerkraftmuskulatur gegenüber der antagonistisch wirkenden Gruppe der vorderen Schienbeinmuskulatur kann diese unterschiedliche funktionelle Beanspruchung und ihre Entsprechung im Muskelquerschnitt noch einmal verdeutlicht werden.

Bei mangelnder Beanspruchung tendieren die Antischwerkraftmuskeln zur Abschwächung, ihre Gegenspieler zur Verspannung. Klee (1994) diskutiert dieses Phänomen im Zusammenhang mit dem Konzept muskulärer Balance bzw. muskulärer Dysbalance und der Differenzierung in Muskelgruppen, die überwiegend phasisch (vorwiegend mit Bewegungsfunktion) oder tonisch (vorwiegend mit Haltefunktion) arbeiten (vgl. Tab. 2-2).

In engem Zusammenhang mit der Funktionsfähigkeit der Muskulatur ist die *neuro-muskuläre Koordination* in ihrer Bedeutung für die Haltung zu sehen. Haltung wird einerseits reflektorisch gesichert; dieses geschieht überwiegend auf spinaler Ebene. Andererseits erfolgt die Haltungssicherung supraspinal; hier sind im wesentlichen subcorticale Zentren für die Haltungssicherung im Sinne einer Regelung der Stützmotorik zuständig (vgl. Kap. 2.2.6; Abb. 2-33). Hervorzuheben ist vor allem die Bedeutung der Formatio reticularis für die Regelung der Reflexerregbarkeit und Abstimmung des Muskeltonus. Diese Funktionen werden vom Kleinhirn unterstützt; hinzu kommt die Gleichgewichtsregelung durch das Kleinhirn und den Vestibularapparat. Neben der Haltungskoordination über das extrapyramidal-motorische System können aber auch bewusst Korrekturen und Veränderungen der Haltung durch Impulse über corticale Areale vorgenommen werden.

Die Bedeutung der *Körperwahrnehmung* soll hier besonders herausgestellt werden, da sie im Zusammenhang mit der Entstehung von Haltungsschwächen eine wichtige Rolle spielt und entsprechend im Rahmen der Haltungsschulung besondere Berücksichtigung findet. So wird *die gegenüber anderen Körperteilen verschwindend geringe Repräsentation des Rumpfes im motorischen und sensorischen Cortex* (vgl. Matthiaß 1977; Abb. 2-24) als eine mögliche Ursache für die weite Verbreitung von Haltungsschwächen des Rumpfes diskutiert.
Körperwahrnehmung muss aber – wie Wahrnehmung generell – als komplexes psycho-physisches Geschehen verstanden werden, das in sich physische, emotionale und psycho-soziale sowie kognitive Aspekte vereint (vgl. Kap. 3.3). Die unterschiedlichen Facetten der Körperwahrnehmung beeinflussen und überlagern sich gegenseitig; alle können Einfluss auf die Körperhaltung nehmen.

Prozesse der Steuerung und Regelung von Haltung und Bewegung stehen generell *in enger Verbindung mit emotional-motivationalen Prozessen*. Als verantwortliche Strukturen des Zentralnervensystems sind insbesondere limbisches System und Thalamus, aber auch die Formatio reticularis zu nennen.
So sind Motorik und Psyche – Psychomotorik –, aber auch Haltung und Psyche als Einheit zu sehen und damit untrennbar miteinander verbunden. *Sowohl die allgemeine psychische Konstitution als auch die momentane Befindlichkeit nehmen wesentlich Einfluss auf die Haltung bzw. finden ihren Ausdruck in Haltung und Bewegung.* Ein selbstbewusster, optimistischer Mensch hält und bewegt sich anders als ein ängstlicher, gehemmter Mensch; eine fröhliche Stimmung findet in anderer Haltung, auch in anderem Verhalten Ausdruck als eine traurige Stimmung. Angst zum Beispiel in Prüfungssituationen kann eine Erhöhung des Muskeltonus bewirken und zu angespannter oder auch verspannter Haltung führen. Sie löst aber auch zum Beispiel eine Beschleunigung der Atmung, der Herzfrequenz und Veränderung anderer vegetativer Funktionen aus.
Die *Zusammenhänge zwischen Psyche und Haltung* sind so offensichtlich, dass sie sich in einer Vielzahl sprachlicher Wendungen widerspiegeln: den Kopf hängen lassen, niedergedrückt oder niedergeschlagen sein, sich hängen lassen oder – im Gegensatz dazu – obenauf sein, Rückgrat zeigen, jemandem den Rücken stärken, jemanden aufrichten und vieles andere mehr. Die Beziehung zwischen

Emotion und Muskeltonus zeigt sich in Formulierungen wie z.B. vor Schreck erstarren oder in freudiger Erwartung gespannt sein.

Ein enger *Zusammenhang besteht zwischen der Rumpfhaltung und der Atmung*, da die Atemmuskulatur, insbesondere die Atemhilfsmuskulatur, auch für die Sicherung der aufrechten Haltung von Bedeutung ist. So führt jede tiefe Einatmung zu einer Aufrichtung der Haltung; bei forcierter Ausatmung dagegen tendiert die Erscheinungsform der Haltung zur Ruhehaltung.

Der Zusammenhang zwischen Haltung und Atmung wird bei Störungen oder Erkrankungen des Haltungs- oder des Atmungssystems besonders deutlich. So ist zum Beispiel eine chronische Bronchitis häufig von einer Fehlhaltung im Bereich des Schultergürtels begleitet; eine Skoliose schwereren Grades als Erkrankung des Haltungs- und Bewegungsapparates verursacht eine Einschränkung der Vitalkapazität. Im Rahmen spezifischer Therapieformen finden diese Zuammenhänge Berücksichtigung.

Zu beachten ist auch, dass die Atmung wie die Haltung die psychische Befindlichkeit eines Menschen widerspiegeln kann.

Zu den *situationsbedingten Faktoren*, die Einfluss auf die Haltung nehmen können, zählen zum Beispiel körperlich belastende Einflüsse durch das Klima, tageszeitlich bedingte Schwankungen des Aktivitätsniveaus, Müdigkeit oder Missbefinden aufgrund von Schlafmangel oder banalen Infekten; diese Faktoren sind flüchtig und können weitgehend vernachlässigt werden. Hinzu kommen aber auch Moden oder spezifische Ausdrucksformen wie zum Beispiel die betont lässige Haltung Jugendlicher, die durchaus längerfristig Haltungsgewohnheiten bestimmen können.

3. Entwicklung der Motorik

3.1 Zur Bedeutung der Motorik für die Entwicklung der Kindes

Die Entwicklung des Menschen beruht auf *quantitativen und qualitativen Veränderungen*. Quantitative Änderungen werden bestimmt durch
- *Wachstumsprozesse*, die eine Volumenzunahme des Organismus bedingen.

Qualitative Veränderungen erfolgen durch Prozesse der Reifung und Differenzierung, des Lernens, der Prägung und der Sozialisation:
- Als *Reifung* werden endogen bestimmte Veränderungs- und Wachstumsprozesse verstanden,
- als *Differenzierung* Prozesse der Strukturierung von Funktionen.
- *Lernen* wird charakterisiert durch überdauernde Verhaltensänderung aufgrund von Beobachtung, Übung, Erfahrung.
- Als *Prägung* gilt eine passive Übernahme von sozio-kulturellen Gegebenheiten,
- während *Sozialisation* eine Form der Anpassung an sozio-kulturell vorgegebene Strukturen darstellt.

Besonders hervorzuheben ist die Funktion der *Selbststeuerung*, durch die das Individuum die Entwicklungsprozesse aktiv gestaltet (vgl. Trautner 1992).

Resultat einer langjährigen entwicklungstheoretischen Diskussion in der Sportwissenschaft ist die heute weitgehende Akzeptanz eines *interaktionistischen Ansatzes* im Hinblick auf die motorische Entwicklung (vgl. Baur 1994a; Singer und Bös 1994). Das bedeutet, dass sich *motorische Entwicklung durch aktives Handeln des Individuums in einer Person-Umwelt-Interaktion* vollzieht: Der Mensch nimmt einerseits handelnd Einfluss auf seine Umwelt; andererseits passt er sich in seinem Verhalten der personalen und materiellen Umwelt an.

Kinder sind Gestalter ihrer eigenen Entwicklung. Der *für Kinder typische „natürliche Bewegungsdrang"* wird allerdings biologisch begründet: Er wird garantiert durch ein Überwiegen zentralnervöser Erregungsprozesse im Kindesalter. Bar Or (1986) weist darauf hin, dass bei Kindern körperliche Inaktivität immer als auffällig gewertet werden muss; deren Ursache kann im körperlichen, psychischen oder sozialen Bereich liegen.

Wahrnehmung und Bewegung haben für die Entwicklung eines Kindes quasi die *Funktion eines Katalysators* – dieses gilt umso mehr, je jünger Kinder sind. Ein hohes Maß an Bewegungsaktivität sichert das Fortschreiten der körperlichen Entwicklung. Insbesondere der Bewegungsapparat erhält dadurch die für seine Entwicklung notwendigen Reize. Nach dem Roux'schen Gesetz bedingen sich Form und Funktion des Organismus und seiner Systeme gegenseitig. Durch Reafferenzen – Rückmeldungen über Art und Grad der Bewegungsaktivität durch die Sinnesorgane an das Gehirn – wirken Wahrnehmung und Bewegung *aktivierend* auf *Stoffwechselprozesse im Gehirn*. Sie sichern die *optimale Erregbarkeit in jenen Hirnarealen, die für Steuerung und Regelung der Motorik verantwortlich sind*. Gleichzeitig haben sie aufgrund des Zusammenspiels verschiedener Systeme des Zentralnervensystems *stimulierenden Einfluss auf psychische Prozesse*; ebenso beeinflussen aber auch psychische Vorgänge *vegetative und endokrine Prozesse*, die wiederum Wahrnehmung und Bewegung modulieren (vgl. Birbaumer & Schmidt 1999; Demeter 1981; Roth 1999a).

Motorische Entwicklung – emotionale, psychosoziale, kognitive Entwicklung

Beim *Säugling und Kleinkind* stellen Wahrnehmung und Bewegung die erste und vor dem Spracherwerb die einzige Möglichkeit der *Kommunikation* dar: Wohlbefinden wie auch unangenehme Befindlichkeit werden durch Körperbewegungen, durch Mimik, Gestik und Stimme der Umgebung mitgeteilt. Mit dem zunehmenden Spracherwerb tritt die Bewegung in diesem Zusammenhang zwar in den Hintergrund, bleibt aber lebenslang bedeutsam.

Die Fähigkeit der Wahrnehmung und angemessenen Interpretation der Ausdruckskomponente von Haltung und Bewegung, ein hohes Maß an *Sensibilität für die Zusammenhänge von äußerer Bewegung und innerem Bewegt-Sein* sind Grundlage auch der *non-verbalen Kommunikation*, deren Bedeutung im sozialen Kontext nicht zu unterschätzen ist.

Der *Gewinn an Bewegungssicherheit* im Verlauf der ersten Lebensmonate und -jahre vermittelt dem Kind *Selbstsicherheit und Selbstbewusstsein*; sie trägt damit wesentlich zur psychisch-emotionalen Stabilität bei. Das Kind erfährt zunehmend „Ich kann ..." und ist bestrebt, seine *Selbständigkeit* auszubauen. Es will allein essen, sich allein anziehen und anderes mehr. Erfolgserlebnisse, Anerkennung und Lob leisten einen unverzichtbaren Beitrag zum *Aufbau eines positiven Selbstkonzepts*.

Parallel zur *Handgeschicklichkeit* entwickeln sich *Aufrichtung* und *Fortbewegung*; Fortbewegung bedeutet Ortsungebundenheit. Das Kind gewinnt die Möglichkeit, umgebende Räume zu erkunden und in Besitz zu nehmen; die zunehmende Bewegungsfähigkeit ermöglicht dem Kind eine *aktive Eroberung der Umwelt*.

Mit der Zunahme an Selbständigkeit und einer *Vergrößerung des Aktionsradius* wächst die Möglichkeit des Kindes, Erfahrungen zu sammeln: Erfahrungen mit dem eigenen Körper, mit Materialien, Gegenständen und Personen. Von besonderer Bedeutung sind hier differenzierte taktil-kinästhetische Wahrnehmungs- und Bewegungsmöglichkeiten im Zusammenhang mit vielfältigen Herausforderungen der *Orientierung im Raum*. Erfahrungen im Sinne des konkreten „Begreifens" und „Erfassens" führen im übertragenen Sinn zum Begreifen und damit zum *Erkenntnisgewinn* (vgl. „sensomotorische Intelligenz"; Piaget 1973).

Demeter (1981, 59) bezeichnet insbesondere das *Vorschulalter als das „goldene Alter der Kindheit"*, das „für die Ausformung der menschlichen Persönlichkeit ausschlaggebend ist"; diese Aussage trifft aber durchaus auch noch auf das frühe Schulkindalter zu.

Bei Vorschul- und Grundschulkindern entspricht die äußere Bewegung vielfach noch der inneren Bewegung: *Fröhliche oder traurige Stimmungen, Freude, Angst und andere Gefühle finden ihren unmittelbaren Ausdruck in Bewegung.* Im Verlauf des Vorschulalters zeigen sich aber erste Tendenzen zur Selbststeuerung von Gefühlen (Nickel & Schmidt-Denter 1995); die Erfahrung sozialer Erwartungshaltungen spielt in diesem Zusammenhang eine wichtige Rolle.

Obwohl Spielkreise, Eltern-Kind-Gruppen und ähnliche Angebote für Kleinkinder inzwischen weit verbreitet sind, markiert der *Eintritt in den Kindergarten* für die meisten Kinder einen Meilenstein im Verlauf ihrer Entwicklung: Der Besuch des Kindergartens bedeutet ein Stück mehr Unabhängigkeit und Selbständigkeit und gibt damit Anlass zu größerem Selbstbewusstsein. Neue Spielpartner – Kinder und Erwachsene – außerhalb der Familie und des mit der Familie in engerem Kontakt stehenden Personenkreises werden wahrgenommen. Kontaktaufnahme, Rücksichtnahme, Kooperation, aber auch Leistungsvergleich und Wettbewerb, Aushandeln und Einhalten von Regeln, Austragen von Konflikten, Organisieren von gemeinsamen Aktivitäten sind *wichtige Verhaltensweisen im sozialen Kontext*, die das Vorschulkind insbesondere über das Bewegungsspiel lernt. Schon in der Gruppe der Vorschulkinder, stärker noch im frühen Schulalter verleihen motorisches Können, Körperkraft und Geschicklichkeit oft besonderes *soziales Ansehen*; dieses wiederum stärkt das Selbstbewusstsein, unterstützt die *Entwicklung emotionaler Stabilität* und trägt zur *Entwicklung eines positiven Selbstkonzeptes* bei.

Das ausgeprägte Bewegungsbedürfnis ermöglicht vielfältige Erfahrungen und unterstützt damit wesentlich die *kognitive Entwicklung*: Kinder suchen sich Herausforderungen, experimentieren mit ihrer zunehmenden Bewegungsbeherrschung und ihrem Bewegungskönnen; sie gehen zielstrebig und mit wachsender Ausdauer und Konzentration an Aufgaben heran, lassen sich immer weniger von anfänglichen Misserfolgen irritieren. Praktisches Handeln führt zu Erkenntnissen, die schon im Vorschulalter hinterfragt, abstrahiert oder verallgemeinert werden. Typisch für das Vorschulalter ist auch eine rasche *Entwicklung der Sprache*; Sprachverständnis und aktives Sprechen nehmen gleichermaßen zu. Vielfach verbinden Kinder ihre Bewegungshandlungen – begleitend, rhythmisierend, akzentuierend – durch Sprache; experimentierend entstehen nicht selten phantasievolle Wortschöpfungen. Bewegungslust und Phantasie, Selbstbewusstsein und allgemeine Lebensfreude finden hier ihren Ausdruck.

Ursachen und Auswirkungen gestörter motorischer Entwicklung

Der hohe Stellenwert von Wahrnehmung und Bewegung im Rahmen der Entwicklung von Kindern kann als Hinweis darauf gewertet werden, dass Störungen in diesem Bereich erhebliche Auswirkungen auf alle Facetten der Persönlichkeitsentwicklung haben können (Abb. 3-1). Störungen der motorischen Entwicklung gefährden die Gesundheit von Kindern – *Gesundheit* verstanden als Prozess der Entwicklung physischen, emotionalen, psycho-sozialen und ökologischen Wohlbefindens –, indem die Entwicklung und Stabilisierung des Kohärenzgefühls als zentraler Komponente der Salutogenese nicht ungestört ablaufen kann (vgl. Kap. 1.3).

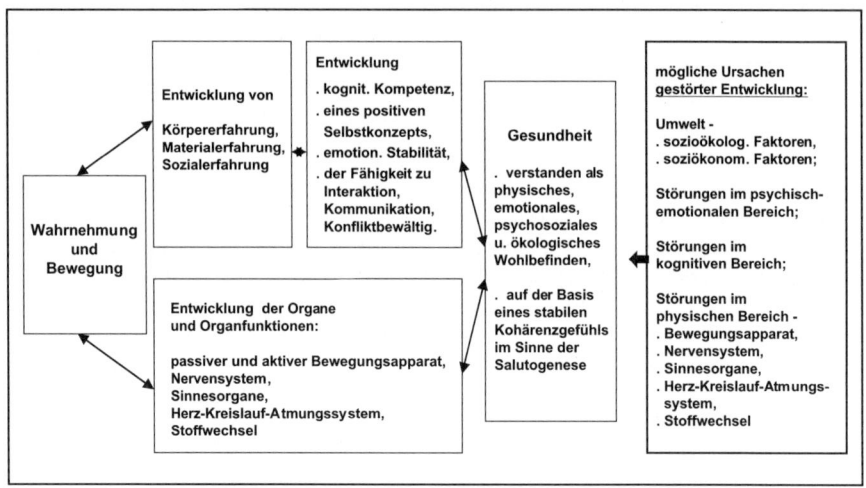

Abb. 3-1: *Wahrnehmung und Bewegung in ihrer Bedeutung für die Persönlichkeitsentwicklung im Zusammenhang mit möglichen Störfaktoren*

Das Spektrum möglicher *Ursachen einer motorischen Entwicklungsverzögerung oder -störung* ist breit gefächert.

Abgesehen von *chronischen Krankheiten* oder *Behinderungen* wäre eine *genetisch bedingte Funktionsstörung* ebenso denkbar wie eine *Entwicklungsstörung des noch unreifen Nervensystems.* Von entscheidender Bedeutung für die Entwicklung eines Kindes sind aber die *Einflüsse der Umwelt, die sich fördernd oder einschränkend auswirken,* so dass vorhandene Funktionsstörungen kompensiert oder verstärkt werden können. Schlack (1989; 1995) weist darauf hin, dass Kinder, die in sozial ungünstigen Verhältnissen leben, einem fast dreifach erhöhten Gesundheitsrisiko ausgesetzt sind. Hinzu kommt, dass ungünstige psychosoziale Lebensbedingungen die Erfolgsaussichten einer therapeutischen Intervention deutlich erschweren. Puls (1997) hebt bei der Auswertung von Längsschnittstudien, die den Einfluss biologischer und psychosozialer Risiken auf die kindliche Entwicklung untersuchen, *eine im Lebenslauf zunehmende Bedeutung der psychosozialen Lebensbedingungen für die Kompensationsfähigkeit des Organismus* hervor; der Einfluss vorhandener biologischer Risiken nimmt dagegen im Verlauf der Zeit ab.

Verschiedenste Faktoren aus dem Gesamt sozio-ökonomischer und sozio-ökologischer Bedingungen, die die Kindheit im ausgehenden 20. / beginnenden 21. Jahrhundert prägen, können verantwortlich sein für eine Einschränkung von Wahrnehmungs- und Bewegungserfahrungen im frühen Kindesalter (vgl. Kap. 1.2). Ein wichtiger Grund scheint die *Reduzierung grundlegender taktil-kinästhetischer und vestibulärer Wahrnehmungsprozesse* zu sein, deren Bedeutung für die Entwicklung der Wahrnehmung, speziell der Körperwahrnehmung, aber auch für die gesamte Persönlichkeitsentwicklung insbesondere Ayres (1984) hervorhebt.

Einschränkungen in der Quantität und Qualität der Wahrnehmungs- und Bewegungserfahrungen äußern sich in motorischem Ungeschick, motorischer Unruhe, Unsicherheit und Bewegungsunlust. Symptome können aber auch emotionale Labilität, geringe Frustrationstoleranz, Impulsivität, Aufmerksamkeits-, Konzentrations- und Antriebsstörungen sein, in deren Folge Lern- und Leistungsstörungen, aber auch Störungen des Sozialverhaltens im Sinne unangemessenen, häufig aggressiven oder regressiven Verhaltens beobachtet werden können. Oft sind auch Sprech- und Sprachstörungen im Zusammenhang mit *motorischen Auffälligkeiten* zu beobachten. Im Vorschulalter treten die genannten Symptome oder Verhaltensweisen allerdings bei vielen Kindern vorübergehend auf; ihre Interpretation erfordert eine sorgfältige Beurteilung des Entwicklungsstandes (vgl. Eggert 1994). Auch im Schulalter sollten Symptome auffälliger Verhaltensweisen kritisch vor dem Hintergrund der individuellen Lebensbedingungen eines Kindes im Kontext mit den situativ gegebenen Rahmenbedingungen betrachtet und gewertet werden.

Von besonderem Interesse für Kinder des Vorschulalters ist der *Schuleintritt* bzw. der zu erwartende Schulerfolg. Gaschler (1990, 9) findet in einer Untersuchung mit Kindern des Schulkindergartens, d.h. mit Kindern im Einschulungsalter, die als nicht schulreif beurteilt wurden, dass „nahezu zwei Drittel aller nicht schulreifen Kinder ... erhebliche motorische Probleme" haben; die etwa siebenjährigen Kinder zeigen im Mittel einen motorischen Entwicklungsrückstand von zwei Jahren (vgl. Kap. 1.4.2).

Ettrich (1994) vergleicht im Rahmen einer Längsschnittstudie den Schulerfolg von Kindern mit neurologischen Entwicklungsauffälligkeiten unterschiedlichen Schweregrades mit dem von Kindern ohne entsprechende Auffälligkeiten. Sie findet am Ende des ersten Schuljahres *signifikante Unterschiede im Schulerfolg* zwischen Kindern mit deutlichen, leichtgradigen bzw. ohne neurologische Entwicklungsauffälligkeiten. Auch Esser (1991) betont, dass Kinder mit umschriebenen Entwicklungsstörungen im Vergleich zu durchschnittlich entwickelten Kindern signifikant schlechtere Schulleistungen zeigen. Dabei nimmt er als Ursache von Entwicklungsstörungen hauptsächlich psychosoziale Belastungen an, geht aber auch von der Beteiligung genetischer Faktoren aus. Er sieht vorhandene motorische Störungen vorwiegend im Zusammenhang mit emotionalen Problemen, weniger mit Lernstörungen.

Als Folge reduzierter körperlicher und motorischer Fähigkeiten und Fertigkeiten, mangelhafter Wahrnehmungs- und Bewegungserfahrungen muss auch mit einem *erhöhten Unfallrisiko*, also einer direkten Gefährdung körperlicher Unversehrtheit, gerechnet werden. Kunz (1993) zeigt auf, dass motorisch ungeschickte, unsichere Kinder häufiger in Unfälle verwickelt sind; dieses gilt für alle Lebensbereiche – Kindergarten und Schule, Spielplatz und Haushalt –, erscheint aber besonders beachtenswert im Hinblick auf die teils erheblichen Unfallrisiken durch den Straßenverkehr.

Bewegungsmangel im Kindesalter gilt darüber hinaus als *Risikofaktor für das Auftreten gesundheitlicher Störungen* wie Bluthochdruck, Fettstoffwechselstörungen, Adipositas, auch Typ II-Diabetes; Erkrankungen des Herz-Kreislauf-Atmungs-Systems und des Stoffwechsels wie auch degenerative Erkrankungen des Stütz- und Bewegungsapparates im Erwachsenenalter werden ursächlich im Zusammenhang mit einer mangelhaften Entwicklung der Organsysteme im Kindesalter diskutiert (vgl. Sallis et al. 1988; West 2002).

Bei mangelnder Bewegungserfahrung bleibt die Körperwahrnehmung undifferenziert; daraus folgt eine ungenügende Sensibilität für den notwendigen Wechsel von Anspannung und Entspannung, die den Organismus vor einseitiger Belastung − Überlastung − schützen kann. Dieses hat in hohem Maße Relevanz für die *Kompetenz im Umgang mit Stress*; individuelle Bewältigungsmuster im Umgang mit Stressoren haben schon im Schulalter zentrale Bedeutung für die Gesunderhaltung, die Salutogenese, da sie als wichtige generalisierte Widerstandsquellen in Wechselwirkung mit dem Kohärenzgefühl stehen (vgl. Kap. 1.3).

3.2 Motorische Entwicklung als Funktion von Reifung und Übung

Grundlage motorischer Entwicklung stellen *Reifungs- und Differenzierungsprozesse innerhalb des Zentralnervensystems* dar, die eine zunehmend komplexe neuromuskuläre Koordination ermöglichen. Parallel dazu spielen *Wachstum und Entwicklung des gesamten Organismus*, insbesondere des Bewegungsapparates mit der Muskulatur als dem bewegungsausführenden Organ, eine entscheidende Rolle.

Übung − *Üben der jeweils reifen Funktion* − sichert jeden Entwicklungsfortschritt, indem durch häufiges Benutzen neuronaler Verschaltungen die Übertragung der Information und damit die Bewegung besser gelingt. Durch Üben werden motorische Fähigkeiten verbessert und Fertigkeiten herausgebildet.

Das Ausmaß der Übung, des Bewegungsbedürfnisses und der Bewegungsintensität eines Kindes mag *einerseits endogen gesteuert* sein; es kann in Abhängigkeit vom Temperament, von der Persönlichkeit eines Kindes unterschiedlich groß sein. Anderseits stehen *Übungsmöglichkeiten und Übungsgelegenheiten − sowohl in quantitativer als auch in qualitativer Hinsicht − in Abhängigkeit von der personalen und sachlichen Umwelt*; Körper- und Bewegungserfahrung können dadurch gefördert oder eingeengt werden. Abbildung 3-2 stellt die motorische Entwicklung in Abhängigkeit von individuellen Reifungs- und Sozialisationsprozessen sowie Selbststeuerungs- und Lernprozessen dar.

Zur Entwicklung des Zentralnervensystems

Kenntnisse über die Entwicklung des Zentralnervensystems erleichtern das Verständnis der Funktionsweise der Motorik, speziell auch der Ursachen und Erscheinungsformen gestörter Motorik.

Grundsätzlich ist davon auszugehen, dass die Teilungsfähigkeit der Nervenzellen spätestens nach der Geburt zum Stillstand kommt. Werden Nervenzellen

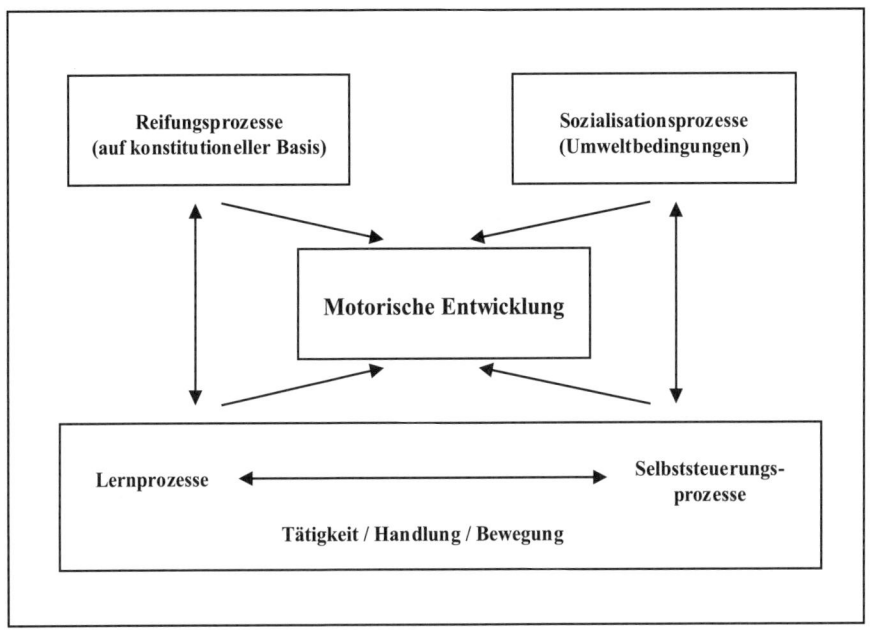

Abb. 3-2: Bedingungen individueller motorischer Entwicklung (nach: Meinel / Schnabel 1998)

zerstört, können sie nach Beendigung der Teilungsfähigkeit nicht mehr ersetzt werden. Gliazellen, die ihre Teilungsfähigkeit nicht verlieren, dienen als Ersatz zerstörter Nervenzellen und bilden Narbengewebe. Aufgrund der Plastizität des Zentralnervensystems, das sich noch in der Entwicklung befindet, können die Funktionen zerstörter Nervenzellen von unversehrten benachbarten Zellen übernommen werden. Die Volumenzunahme des Gehirns bis zur Pubertät beruht auf Wachstum und Differenzierung der Nervenzellfortsätze, der Neuriten und Dendriten.

Neuere Untersuchungen zeigen jedoch, dass es auch im Gehirn des Erwachsenen – im Bereich des Hippocampus – zur Neubildung von Nervenzellen kommen kann (Kempermann & Gage 1999). Diese Erkenntnisse geben den Bemühungen um die Behandlung neurologischer Erkrankungen neue Impulse.

Im *Ablauf normaler Hirnreifung* werden fünf Phasen unterscheiden, die aufeinander aufbauen, aber auch parallel verlaufen. Wie Tabelle 3-1 zeigt, sind exakte Angaben zur Dauer der einzelnen Entwicklungsstadien nicht möglich. Die Phasen der Hirnreifung überschneiden sich weitgehend und laufen nicht in allen Hirnabschnitten synchron ab. Strukturelle Veränderungen werden von chemischen Reifungsvorgängen begleitet, so dass u. U. die chemische Spezifität als weitere Dimension den Phasen der Hirnreifung hinzugefügt werden muss (Akert 1979).

> **Stadien der menschlichen Hirnreifung:**
>
> 1. Proliferation   bis 22. Schwangerschaftswoche, evtl. länger;
>
> 2. Migration   8. bis 27. Schwangerschaftswoche;
>
> 3. Differenzierung   15. Schwangerschaftswoche bis 4. Lebensjahr, evtl. länger;
>
> 4. Synaptogenese   18. Schwangerschaftswoche bis ...?;
>
> 5. Myelinisierung   14. Schwangerschaftswoche bis ca. 12. bis 15 Lebensjahr.

Tab. 3-1: Stadien der menschlichen Hirnreifung (Akert 1979)

1. Proliferation
Nervenzellen teilen sich und bilden die sogenannten germinalen Matrixzellen, die entlang der Anlage des Zentralnervensystems abgelagert werden.

2. Migration
Die neu gebildeten Zellen müssen zu ihrem endgültigen Bestimmungsort „wandern". Die diese Migration steuernden Kräfte sind weitgehend unbekannt („Neurobiotaxis"). Migrationsstörungen führen möglicherweise zur Fehlorganisation des Zentralnervensystems und werden als Ursache sog. minimaler cerebraler Dysfunktion (MCD) diskutiert (vgl. Lempp 1978).

3. Differenzierung und *4. Synaptogenese*
Durch *Differenzierung*, die Bildung von Zellfortsätzen, kommt es zu einer erheblichen *Gewichts- und Volumenzunahme* des Gehirns. Bis zum Ende des 1. Lebensjahres erfolgt fast eine Verdreifachung des Hirngewichts eines reifgeborenen Kindes, bis zum 12. Lebensjahr etwa eine Vervierfachung. Die Differenzierung trifft nicht alle Hirnteile gleichermaßen; die unterschiedliche Bedeutung einzelner Hirnteile im Verlauf der Entwicklung wird sichtbar an der relativen Gewichtsverteilung: der Anteil des Kleinhirns am Gesamtgewicht des Gehirns verschiebt sich von 3,1% im 3. Lebensmonat auf 10,1% im Alter von 12 Monaten; der Anteil des Hirnstamms dagegen beträgt im 3. Lebensmonat 8,3% und am Ende des 1. Lebensjahres nur noch 1,4% (Crome & Stern 1972).

Durch die Bildung neuer Fortsätze entsteht innerhalb des Zentralnervensystems eine zunehmend große Kontaktfläche, die für die *Synapsenbildung* von Bedeutung ist. Die Entwicklung der Dendriten zu „Dendritenbäumen" in der frühkindlichen Phase ist recht gut bekannt (Abb. 3-3a). Vorgänge der Spätreife unterliegen dagegen weitgehend der Spekulation. Möglicherweise löst die hormonelle Dynamik während der Pubertät neue Reifungsprozesse aus, die mehr auf chemischen als auf morphologischen Veränderungen beruhen. Vielleicht kommt Reifung im Sinne von Differenzierung und Synapsenbildung nie zum Stillstand, sondern setzt sich auch nach Abschluss des Wachstums im Erwachsenenalter fort. Ständige Inanspruchnahme durch Lernprozesse und Übung dürfte der wesentliche Anreiz hierfür sein (Abb. 3b).

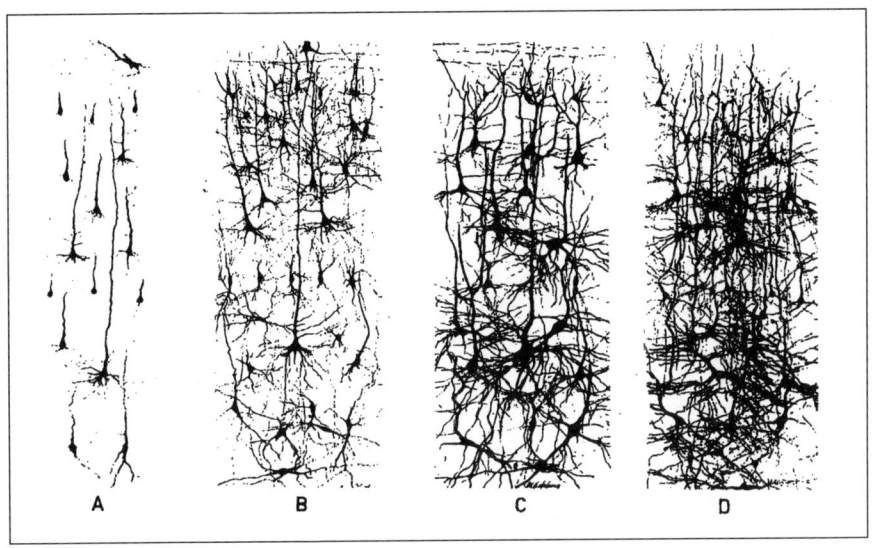

Abb. 3-3a: Differenzierung der Dendriten zu „Dendritenbäumen": A – bei der Geburt; B – nach 3 Monaten; C – nach 15 Monaten; D nach 24 Monaten (Akert 1979)

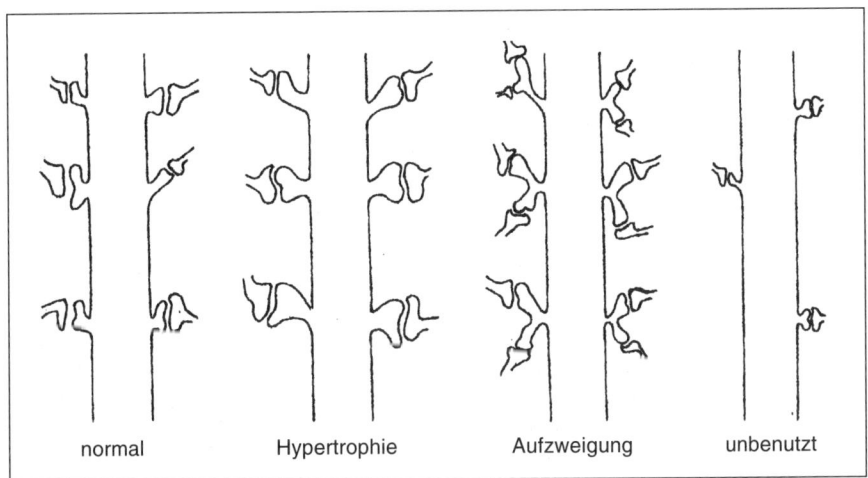

Abb. 3-3b: Plastizität dendritischer Spine-Synapsen – Ausprägung der Synapsen in Abhängigkeit von Umweitreizen (nach: Eccles 1990)

5. Myelinisierung

Zum Zeitpunkt der Geburt ist etwa ein Drittel aller Bahnen myelinisiert. An den nicht myelinisierten Bahnen setzt die *Markscheidenreifung* in einzelnen Neuronensystemen zu verschiedenen Zeiten ein und dauert unterschiedlich lange. Die meisten Systeme erhalten im Kleinkindalter ihre endgültige Markdichte, andere aber erst während der Pubertät (Abb. 3-4). Die Myelinisierung gilt als ein wichtiges histologisches Merkmal der Reifung des Nervengewebes. Neurologische Reifungsprozesse sind teilweise eindeutig mit motorischen Entwicklungsvollzügen zur Deckung zu bringen; so werden Haltung und Bewegung des Kleinkindes sichtbar sicher in ihrem Gleichgewicht in einem Alter von etwa drei bis vier Jahren, wenn die Myelinisierungsprozesse des Kleinhirns zum Abschluss kommen.

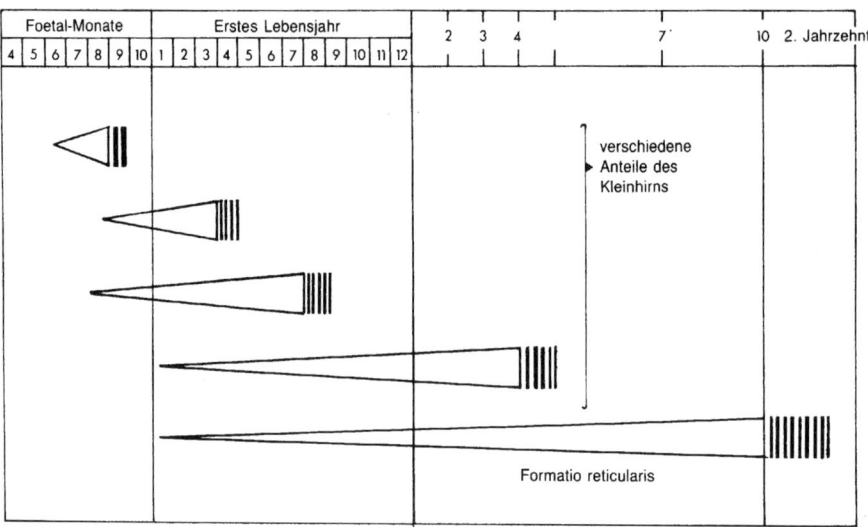

Abb. 3-4: Myelinisierung verschiedener Anteile des Kleinhirns und der Formatio reticularis (nach: Scheithauer 1975)

Anlage oder Umwelt

Die Frage, ob das Fortschreiten der motorische Entwicklung eher anlagebedingt oder umweltabhängig ist, wurde überwiegend in Tierversuchen – insbesondere im Hinblick auf Differenzierung und Synapsenbildung – untersucht. Die Ergebnisse weisen darauf hin, dass es einerseits rein anlagebedingte Prozesse gibt, andererseits solche, bei denen eine Anlage vorhanden ist, die aber bestimmte Umweltbedingungen benötigt, bevor es zur Differenzierung kommt. Darüber hinaus gibt es solche, die nur auf Umweltreize zurückzuführen sind. Hier sind synaptische Kontakte, sog. „Spine-Synapsen" auf Dendriten bekannt, die sich je nach Reizangebot unterschiedlich entwickeln (Abb. 3-3b).

Auf die *Wechselwirkung von Angeborenem und Erworbenem* in der motorischen Entwicklung des Menschen weist Milani Comparetti (1986) hin. Anhand der Auswertung von Ultraschallaufnahmen menschlicher Feten beschreibt er drei Mechanismen, die am Aufbau von Bewegungsmustern beteiligt sind

- Ein *genetischer Mechanismus* bestimmt die Ausbildung sog. „primärer motorischer Muster". Etwa zwischen der 10. und 20. Schwangerschaftswoche – vor Beginn der Synaptogenese – entstehen diese Muster, bei denen keine Funktion zu erkennen ist, die aber als Bausteine für nachfolgend zu erwerbende, komplexe Muster gelten.
- Bei dem *epigenetischen Mechanismus* kommen genetisch bedingte Muster erst bei entsprechender Anforderung aus der Umwelt zur Ausprägung. Dieser Mechanismus bildet ein Repertoire „primärer Automatismen" aus, bei denen eine funktionelle Bedeutung zu erkennen ist. So sind zum Beispiel Sprungbewegungen zu beobachten, die einer Lageveränderung im Uterus dienen. Die primären Automatismen entstehen ebenfalls schon ab der 10. Schwangerschaftswoche; ihre Entwicklung erstreckt sich aber weit über die Geburt hinaus bis in die ersten Lebensjahre.
Für den Aufbau primärer Automatismen werden zahlreiche primäre motorische Muster benötigt; jedes primäre motorische Muster kann aber an der Ausbildung verschiedener primärer Automatismen beteiligt sein.
- Durch den *Mechanismus des Lernens*, dem keine genetische Programmierung zugrunde liegt, wird ein Repertoire „sekundärer Automatismen" ausgebildet, die als Differenzierungen oder Abwandlungen der primären Automatismen anzusehen sind. Dieser Mechanismus wirkt lebenslang.

Milani Comparetti (1986) wertet die enge Verflechtung der verschiedenen Mechanismen als Zeichen der hohen Komplexität, letztlich auch der Individualität und Kreativität schon in der fetalen Entwicklung des Menschen. Sein Konzept unterstreicht die Notwendigkeit von Anregungen und Herausforderungen aus der Umwelt für eine differenzierte motorische Entwicklung schon in der fetalen Phase bis in das Säuglings- und Kleinkindalter hinein.

Die Motorik des Neugeborenen

Die Motorik des Neugeborenen wird durch Massenbewegungen, d.h. durch undifferenzierte, großräumige Bewegungen wie zum Beispiel die Strampelbewegungen gekennzeichnet, deren Steuerung durch das Rückenmark und Zentren des Hirnstamms erfolgt. Phylogenetisch ältere Anteile des Zentralnervensystems wie das Rückenmark, verlängerte Mark und die Brücke reifen schneller als entwicklungsgeschichtlich jüngere Teile. Mit zunehmendem Alter schreitet aber auch die Differenzierung höherer Hirnteile fort; die *Reflexmotorik wird allmählich von der Willkürmotorik abgelöst oder überlagert*. Die Ausbildung von Hemmeffekten, die insbesondere von Arealen der Hirnrinde und den Basalganglien ausgehen, tragen zu einer Beruhigung der Motorik des Säuglings bei. Bewusst eingeleitete, gezielte und differenzierte Bewegungen werden dem Kind zunehmend möglich. Dabei sind generell *zwei wichtige Entwicklungstrends* zu beobachten: Die Entwicklung vollzieht sich *einerseits in kranio-caudaler Richtung, andererseits in pro-*

ximo-distaler Richtung; das heißt Entwicklungsfortschritte im Sinne zunehmend gesteuerter Motorik verlaufen zum einen ausgehend vom Kopf (kranial) entlang der Längsachse des Körpers (caudal = schwanzwärts), zum anderen von rumpfnahen Bereichen (proximal) zur Peripherie des Körpers (distal).

Obwohl die kindliche Entwicklung von einer *hohen Variabilität* geprägt ist und dadurch *erhebliche individuelle Unterschiede* zeigt (vgl. Largo 1995; Michaelis, Kahle und Michaelis 1994; Michaelis, Erlewein und Michaelis 1996), erleichtert ein Grundkonzept zum *Verlauf der „Normalentwicklung"* die Orientierung (Abb. 3-5). Im Vordergrund steht das Bestreben des Säuglings, entgegen der Schwerkraft zur Aufrichtung zu gelangen und den Körper bei angemessenem Muskeltonus im Gleichgewicht zu halten (Flehmig 1979, 1996). Trotz großer individueller Unterschiede vollzieht sich die stato-motorische Entwicklung in einer bestimmten Reihenfolge von Reflexen.

Haltereflexe (tonische Reflexe) und *Stellreflexe (Stellreaktionen)* gelten als Leistung des Hirnstamms. Sie stellen ein System komplexer Haltungsmuster im Sinne elementarer Haltungssicherung dar. Im Verlauf der Entwicklung werden sie von übergeordneten Hirnstrukturen überlagert und gehemmt bzw. in willkürliche Handlungsabläufe integriert. Die tonischen Reflexe sind beim Menschen nur am unreifen Gehirn, im Säuglingsalter, auszulösen. Bleiben sie übermäßig lange erhalten, gilt dieses als Kennzeichen gestörter Hirnentwicklung; ein Persistieren dieser Reflexe würde die Entwicklung der Willkürmotorik behindern bzw. verhindern.

Die *tonischen Reflexe* sind im wesentlichen in tierexperimentellen Studien am dezerebrierten Tier, einem Tier, dessen Gehirn zwischen Brücken- und Mittelhirn durchtrennt wird, untersucht worden. Sie haben ihre zentrale Verschaltung also im Bereich des verlängerten Marks und der Brücke; die Rezeptoren liegen in der Halsmuskulatur und im Gleichgewichtsorgan (Labyrinth, Vestibularapparat). Sie werden ausgelöst durch passives Bewegen des Kopfes:

- Hals(Nacken)-Stellreflex oder Halsstellreaktion
  Der Körper folgt dem Kopf in dem Bestreben, Körper und Kopf in einer Linie zu halten; der Rumpf wird „en bloc" bewegt. Als Rezeptoren wirken die Propriozeptoren der Nackenmuskulatur.
  Bleibt dieser Reflex erhalten, gelingt es nicht, eine Rotation im Rumpf vorzunehmen, also Schultergürtel gegen Beckengürtel zu drehen. Umdrehen aus der Bauch- in die Rückenlage oder umgekehrt als Voraussetzung der Aufrichtung zum Sitzen würden erschwert oder unmöglich.

- *Tonischer Labyrinth-Reflex (TLR)*
  In Rückenlage, Kopf in Mittelstellung, erfolgt eine gleichmäßige Zunahme des Muskeltonus in der Streckmuskulatur; in der Bauchlage kommt es zu gleichmäßiger Zunahme des Tonus der Beugemuskulatur.
  Ein Persistieren des TLR würde eine Aufrichtung aus der Rückenlage unmöglich machen, da die Kopfkontrolle fehlen würde; ein gleichgewichtssicheres Sitzen wird durch die Streckung der Hüftgelenke verhindert.

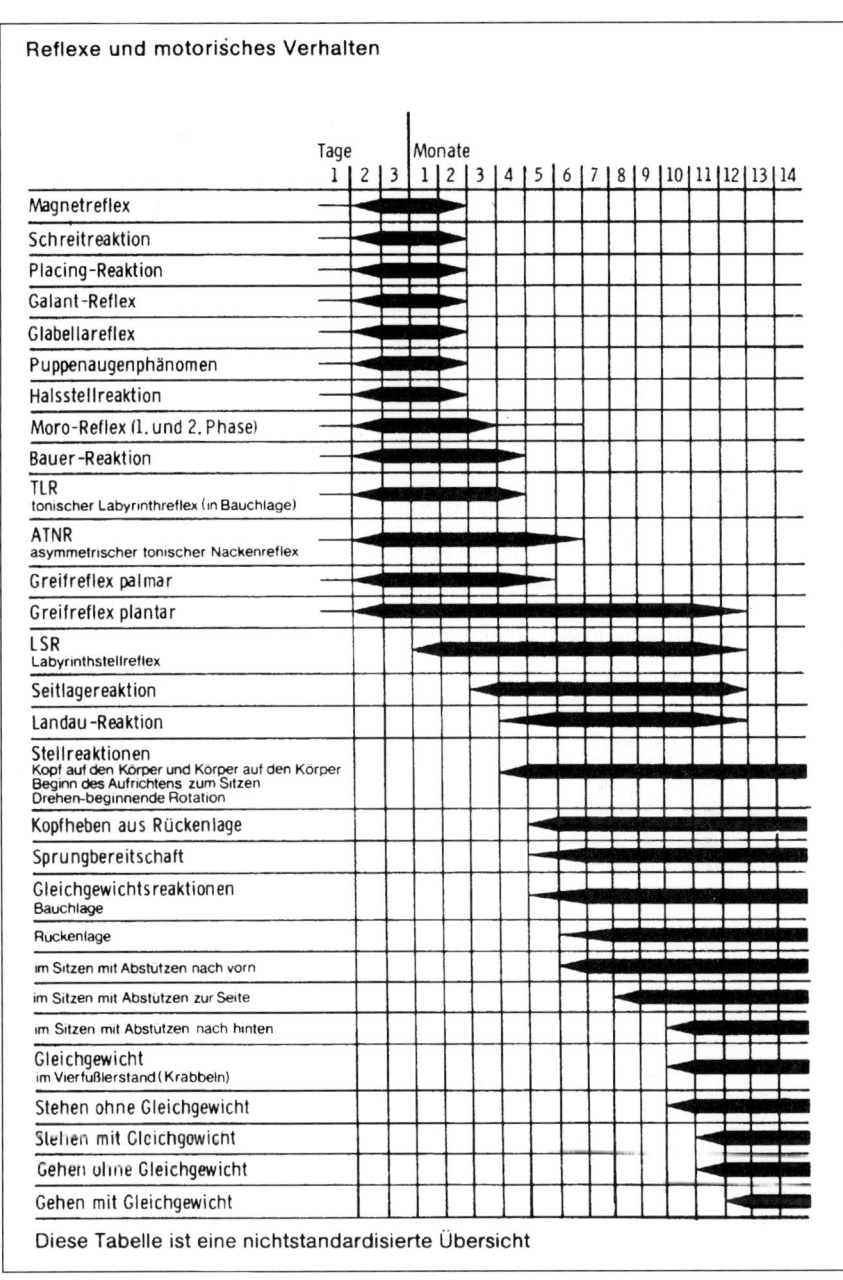

Abb. 3-5: Verlauf der Normalentwicklung – Entwicklung von Reflexen und Reaktionen (aus: Flehmig 1979)

- *Symmetrisch-tonischer Hals (Nacken)-Reflex (STNR)*
  Bei passiver Beugung des Kopfes kommt es zur Erhöhung des Muskeltonus der Beuger in den oberen Extremitäten (erhöhter Flexortonus) und der Strecker in den unteren Extremitäten (erhöhter Extensortonus). Passives Rückführen des Kopfes in den Nacken löst dagegen einen erhöhten Flexortonus der unteren, Extensortonus der oberen Extremitäten aus.
  Bleibt der STNR bestehen, kommt das Kind nicht in den Vierfüßlerstand und entsprechend nicht zur Aufrichtung.
- *Asymmetrisch-tonischer Hals (Nacken)-Reflex (ATNR)*
  Wird der Kopf in Rückenlage zur Seite gedreht, folgt eine Streckung des Gesichtsarmes und Beugung des Armes auf der Hinterhauptseite („Fechterstellung"). Die entsprechenden Reaktionen der Beine sind in der Regel nicht so deutlich ausgeprägt.
  Das Persistieren des ATNR ist häufig bei cerebral bewegungsgestörten Kindern zu beobachten. Folge ist vor allem eine Störung der Auge-Hand-Koordination; jede Bewegung entgegen der Schwerkraft wird durch die tonisch fixierte Haltung praktisch unmöglich (vgl. Flehmig 1979).

Die zentrale Verschaltung der *Stellreflexe*, oft auch als *Stellreaktionen* bezeichnet, liegt im Mittelhirn. Die Tonusverteilung im Organismus erfolgt hier ausgewogener als bei den tonischen Reflexen. Beim Aufrichten in die normale Körperposition laufen die Stellreflexe immer in einer bestimmten Reihenfolge ab:

- *Labyrinth-Stellreflex*
  Der Kopf stellt sich in Normalstellung (Gesicht vertikal, Mund horizontal) im Raum ein – unabhängig von der Lage des Körpers. Die Schwerkraft wirkt als auslösender Reiz auf den Vestibularapparat.
- *Körperstellreflex auf den Kopf*
  Eine Reizung der Körperoberfläche bei Kontakt mit dem Boden führt zur Einstellung des Kopfes in die normale Stellung im Raum, auch wenn die Information aus dem Vestibularapparat fehlt.
- *Körperstellreflex auf den Körper*
  Der Körper wird in normaler aufrechter Position gehalten, auch wenn der Kopf sich nicht in Normalstellung befindet. Afferenzen kommen auch hier von den Rezeptoren der Haut.
- *Optische Stellreflexe*
  Die aufrechte Kopf- und Körperstellung wird auch ohne Information aus dem Vestibularapparat und den Rezeptoren aus der Muskulatur und Haut aufgrund optischer Information gesichert. Die optischen Stellreflexe werden nicht vom Stammhirn gesteuert, sondern von der Großhirnrinde; sie sind also den übrigen Stellreflexen übergeordnet.

Die Stellreflexe werden etwa vom 6. Lebensmonat an durch *Gleichgewichtsreaktionen* modifiziert, ergänzt und zunehmend von Willkürmotorik überlagert.

Die *Reifung neuronaler Strukturen* als Grundlage der motorischen Entwicklung findet hauptsächlich in dem Zeitraum etwa vom letzten Drittel der Schwangerschaft bis zum Ende des ersten Lebensjahres statt. Darüber hinaus sind deutliche Reifungsvollzüge bis zum Ende des vierten Lebensjahres nachzuweisen. Die Myelinisierung der Formatio reticularis (Abb. 3-4) bis zum 14./15. Lebensjahr, vermutlich bis zum Ende der Pubertät, deutet auf weitere reifungsabhängige Fortschritte der Entwicklung von Haltung und Bewegung hin.

Mit zunehmendem Lebensalter nimmt damit die Bedeutung der Reifungsprozesse ab, während den Übungsprozessen ein immer größerer Stellenwert zukommt. Als Übung werden aber schon motorische Aktivitäten des Ungeborenen gewertet, die ab dem vierten oder fünften Schwangerschaftsmonat nachgewiesen werden.

Im Verlauf des ersten Lebensjahres entwickeln sich nebeneinander die Aufrichtung und die Fortbewegung sowie das Greifen. Reifungsbedingte Entwicklungsfortschritte werden durch ausdauerndes Üben gesichert. Schon im ersten Lebensjahr wird der Übung und dem Übungsangebot, das dem Kind zur Verfügung gestellt wird, ein hohes Maß an Bedeutung zugemessen (vgl. Baur 1994; Diem 1976; Holle 1988; Scheid 1989). Jede Empfehlung von *Säuglings-Gymnastik* (Neumann-Neurode 1976; Zukunft 1982; Zukunft-Huber 1990) und *Säuglings-Schwimmen* (Ahrend 2001; Cherek 1998; Diem et al. 1980; Raabe-Oetker 1998) erfolgt mit der Zielsetzung einer Förderung der motorischen Entwicklung. Regelmäßiges Üben mit dem Säugling oder Kleinkind bewirkt neben funktioneller Verbesserung des Haltungs- und Bewegungsapparates, neben einer Schulung der Wahrnehmungsfunktionen und der Bewegungskoordination auch eine Förderung der Persönlichkeitsentwicklung. Im Vordergrund steht hier eine Förderung der emotionalen und psychosozialen Entwicklung; dieses hat wiederum Auswirkungen auf die kognitive Entwicklung. Fehlen dagegen Bewegungsraum und Bewegungsanregungen in sozialen Situationen, entsteht ein *Deprivations-Syndrom (Hospitalismus)* mit einer generellen Entwicklungsverzögerung, die zuerst im motorischen und sozialen Bereich deutlich wird.

3.3 Entwicklung der Wahrnehmung

Neben *Wachstum und Reifung* spielen auch bei der Entwicklung der Wahrnehmung *Übung und Erfahrung sowie das Gedächtnis* eine besondere Rolle. Der Einfluss des Übens wird offensichtlich, wenn durch den Ausfall eines Sinnesorgans die verbliebenen Sinne eine außerordentliche Leistungsfähigkeit entwickeln können. So erfahren zum Beispiel bei blinden Menschen der Tastsinn zum „Lesen" der Braille-Schrift, aber auch die taktil-kinästhetische Wahrnehmung zur Orientierung im Raum eine Differenzierung, die unter „normalen" Umständen kaum zu erreichen ist.

Wahrnehmung ist nicht nur für die Entwicklung der Motorik von Bedeutung, sondern steht zusammen mit der Motorik am Anfang der *kognitiven Entwicklung* („sensomotorische Intelligenz"; Piaget 1973) und ist das entscheidende Medium für die *Kommunikation*, die *Sozialentwicklung*, die *Entwicklung der Emotionalität* und auch die *Entwicklung der Sprache* (vgl. Kap. 3.1). Damborska (1970; zit. n. Pechstein 1974) zeigt die Bedeutung der Sinnesorgane in den ersten Lebensmonaten für die Gesamtentwicklung eines Kindes im Zusammenhang mit bestimmten psycho-physischen Bedürfnissen des Säuglings auf (Tab. 3-2). Sie postuliert „kritische Perioden"; das bedeutet, dass während eines begrenzten Zeitraumes bestimmte Entwicklungsbedingungen und -reize vorhanden sein müssen, um diese Bedürfnisse zu befriedigen und damit eine günstige Entwicklung zu gewährleisten (vgl. Kap. 3.4).

Grundlegende Prozesse der Wahrnehmungsentwicklung

Affolter (1972, 1975) hebt als Zeitraum, in dem sich grundlegende Prozesse der Wahrnehmungsentwicklung vollziehen, die ersten beiden Lebensjahre hervor; sie betont aber, dass sich diese Entwicklung insgesamt über mehr als zehn Jahre erstreckt. In Anlehnung an Piaget (1973) beschreibt sie den *Entwicklungsverlauf in zwei aufeinander aufbauenden Stufen* (Abb. 3-6): eine *Stufe der modalitätsspezifischen Wahrnehmung* als Basis und darauf aufbauend die *Stufe supramodaler Wahrnehmung*; die Wahrnehmung supramodaler Art wird wiederum gegliedert in die *Stufe der intramodalen Verbindungen und der serialen Integration*. Dieses Stufenmodell kennzeichnet den hierarchischen Aufbau in der Entwicklung der Wahrnehmung: Wahrnehmungsleistungen supramodaler Art sind erst möglich, wenn die Wahrnehmung modalitätsspezifischer Art ein bestimmtes Entwicklungsniveau erreicht hat. Das bedeutet jedoch nicht, dass eine Entwicklungsstufe abgeschlossen ist, wenn die Entwicklung der nächsten Stufe beginnt. Ent-

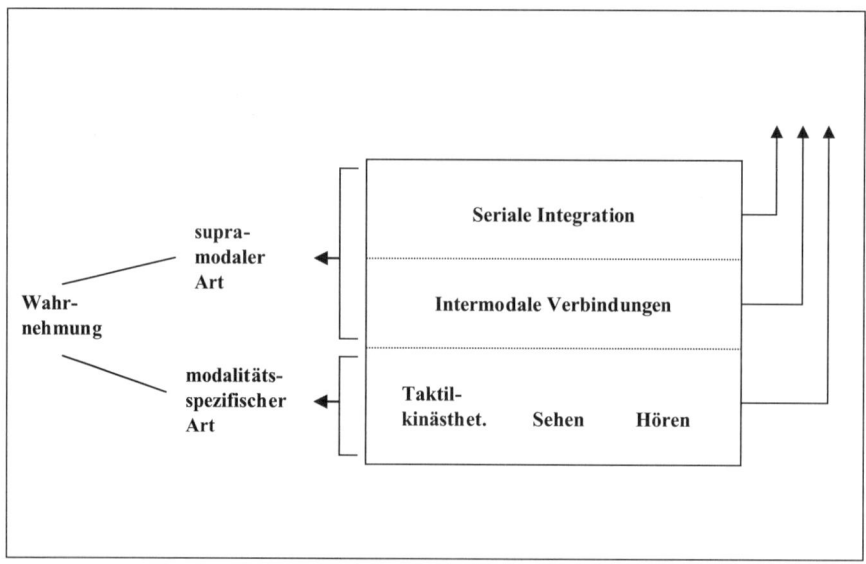

Abb. 3-6: Stufenmodell der Wahrnehmung (Affolter 1975)

‚kritische Periode'	Art des Bedürfnisses	Voraussetzung bzw. Bedingung	Verhaltensstörung bei mangelhafter Befriedigung des Bedürfnisses
Neugeborenes	1. taktile Stimulation 2. Lageveränderung durch passive Bewegung 3. aktive, unkoordinierte, unwillentliche Bewegung	Reife der Haut und Schleimhaut Reife des Vestibularapparates Reife der Propriozeptoren	Überdauern der Hypertonie des Neugeborenen; Herabsetzung der Beweglichkeit; wahrscheinlich späteres Auftreten einer ‚positiven emotionalen Stimmung'
2. – 3. Monat	spezifisch menschliches (?) Bedürfnis der sozialen Stimulation a. visuell – durch das menschl. Gesicht, b. auditiv – durch die menschl. Stimme c. kinästhetisch – durch das In-den-Arm-genommen-werden und andere Umweltreize	Reifung des N. opticus, N. cochlearis	verspätete Entwicklung der Sozialbeziehungen; verspätete Entwicklung der Wahrnehmung bzw. der kognitiven Differenzierung
3. – 6. Monat	1. aktiv koordinierte Bewegung, 2. Experimentieren, 3. Erkennen des Neuen	Reifung der motorischen Bahnen, fortschreitende Fähigkeit der Unterscheidung	herabgesetzte Beweglichkeit und Hypertonie; niedriges Niveau des Spielvermögens; stereotype Bewegungen
7. – 9. Monat	1. Sicherheits- und Geborgenheitsgefühl, 2. Verständnis auf immer höherem Niveau, 3. Identifikation, 4. spezifische emotionale Beziehung zu einer Person (Mutter) 5. soziale Antwort bzw. Erfahrungen des Erfolges	fortschreitende Fähigkeit der Unterscheidung; Beginn emotionaler sozialer Beziehungen; fortschreitende Fähigkeit der Unterscheidung; Reifung der sozialen und emotionalen Struktur	Furcht, Spannung; Verspätung in der Entwicklung der Sprache, der sozialen Beziehungen, des Spielvermögens und des Selbständigwerdens; Herabsetzung in der Initiative, im Experimentieren und in den Beziehungen zu Personen

Tab. 3-2: *Entwicklung der Sinnesorgane in den ersten Lebensmonaten und ihre Bedeutung für die Gesamtentwicklung des Kindes (nach: Damborska 1970, zit. n. Pechstein 1974)*

wicklung von Wahrnehmungsprozessen kann während des gesamten Lebens stattfinden, wenn auch – wie bei der motorischen Entwicklung – die Entwicklung der Wahrnehmung sich im Kindesalter schneller und gleichsam müheloser vollzieht als im höheren Lebensalter.

Die *Wahrnehmung modalitätsspezifischer Art* erfolgt schwerpunktmäßig in den ersten sechs Lebensmonaten. In allen Sinnesbereichen wird unabhängig voneinander ein breites Spektrum an Erfahrungen gesammelt. In jedem einzelnen Sinnesbereich werden erste modalitätsspezifische Ordnungsschemata erworben. Das Kind lernt zunächst, einen spezifischen Reiz zu „merken", später dann die Aufmerksamkeit darauf zu richten, d.h. ihn zu fixieren, und noch später, bei diesem Reiz zu verweilen und ihn zu erkunden (Affolter 1972):
- taktil-kinästhetisch bei einem Objekt innehalten, es ergreifen und abtasten;
- ein Objekt erblicken, es optisch fixieren und verfolgen;
- bei einem akustischen Reiz aufhorchen, ihn hören (fixieren) und ihm lauschen.

Bei der Wahrnehmung supramodaler Art auf der Stufe der *intermodalen Verbindungen* kommt es etwa ab dem 6. Lebensmonat zur Verknüpfung unterschiedlicher Sinnesmodalitäten. Das Kind entdeckt, dass ein Gegenstand nicht nur zu ertasten, sondern auch zu sehen und / oder zu hören ist. Unterschiedliche Reize werden gesucht, verschiedene Modalitäten erprobt und koordiniert. Charakteristisch für die Intermodalitätsstufe ist eine *Ausdifferenzierung des Lokalisationsverhaltens*: das Kind dreht sich zu einer Schallquelle um und blickt sie an, es greift nach einem Gegenstand, der in sein Blickfeld gerät, etc. Hier wird deutlich, dass *einerseits die Wahrnehmung zur Bewegung anregt, andererseits aber Bewegung die Wahrnehmungsprozesse erweitert und differenziert*. Affolter (1972) sieht auf der Stufe intermodaler Verbindungen mit der Entwicklung des Blickkontaktes auch ein wichtiges Element des Sozialverhaltens (vgl. Tab. 3-2).

Auf der Basis der Entwicklung intermodaler Verbindungen wird die *seriale Integration* möglich. Hier können sowohl mehrere Reize eines Sinnesbereiches als auch verschiedene Modalitäten nacheinander erfasst und verarbeitet werden. Dabei handelt es sich nicht um eine bloße Summation verschiedener Wahrnehmungen, sondern um *eine komplexe Integration im räumlich – zeitlichen Kontext*; verschiedene Wahrnehmungen werden in Handlungsabläufe eingebaut bzw. in Handlungszusammenhängen verstanden.

Wahrnehmung auf der Stufe serialer Integration stellt die *Grundlage allgemeiner Ordnungsschemata und Beziehungsstrukturen* dar; die Zusammenhänge zwischen Wahrnehmung und kognitiver Entwicklung werden hier besonders deutlich. Die Entwicklung der Wahrnehmung auf der Stufe serialer Integration ist *Voraussetzung für die Antizipation*, damit auch für die *Entwicklung der Bewegungsplanung und allgemeiner Handlungsfähigkeit*.

Anders als Affolter postuliert *Ayres* (1984) *vier Ebenen sensorischer Integration für die Entwicklung der Wahrnehmung* und differenziert diese in ihrer Bedeutung für die Entwicklung von Haltung und Bewegung aus (Abb. 3-7). Ihr Konzept weist in aller Deutlichkeit auf die *Zusammenhänge zwischen der Wahrnehmung und der Entwicklung der gesamten Persönlichkeit* hin.

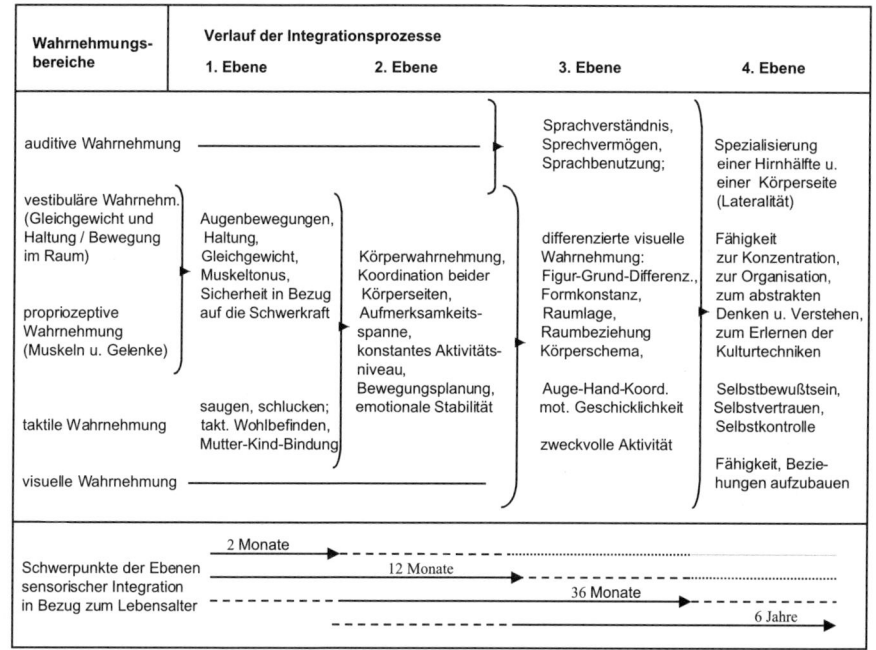

Abb. 3-7: *Sensorische Integrationsprozesse als Voraussetzung höherer psychischer Funktionen (Dordel / Welsch 1999, nach: Ayres 1984; Brüggebors 1992; Brand / Breitenbach / Maisel 1997; Milz 1996)*

Ayres (1984, 86) betont, dass sich das Kind „während der gesamten Kindheit auf jeder Ebene seiner sensorischen Integration" betätigt, gibt aber zur Orientierung Hinweise darauf, in welchem Lebensalter sich die einzelnen Integrationsfortschritte schwerpunktartig vollziehen. Im Verlauf der ersten Lebensmonate steht die Ausdifferenzierung und Integration elementarer Sinnesorgane – Vestibularapparat, Propriozeptoren und Hautrezeptoren – im Vordergrund. Visuelle und auditive Wahrnehmung entwickeln sich zunächst relativ isoliert. Im Vorschulalter beginnt die Integration aller für die Motorik bedeutsamer Wahrnehmungsbereiche. „Die vier Ebenen der sensorischen Integration sollten zu dem Zeitpunkt, an dem das Kind das *Schulalter* erreicht, voll durchlaufen und entwickelt sein. Für dieses benötigt das Kind alle Endprodukte seiner sensorischen Entwicklung" (Ayres 1984, 94).

Zum Entwicklungsverlauf einzelner Wahrnehmungsbereiche

Betrachtet man den Entwicklungsverlauf der einzelnen Wahrnehmungsbereiche, stehen zunächst die taktile, die kinästhetische und die vestibuläre Wahrnehmung im Vordergrund; Ayres (1984) bezeichnet die zugrunde liegenden Sinnessysteme als *Basissinne*, die die *Wahrnehmung des Nahraumes* ermöglichen, aber die Grundlage für die gesamte Wahrnehmungsentwicklung darstellen.

Schon *lange vor der Geburt* – ab acht Wochen nach der Konzeption –, deutlich erkennbar dann beim Neugeborenen, sind Reaktionen auf Berührung und Druck, aber auch auf Temperatur und Schmerz nachweisbar (Stirnimann 1973). Schon das ungeborene Kind spürt sich selbst über die Rezeptoren der Tiefen- und der Oberflächensensibilität beim Strampeln gegen die Uterus-Wand, es erfährt sich selbst dabei in Abgrenzung zur „Außenwelt". Eigene Bewegungen wie auch das Bewegt-werden durch die Aktivitäten der Mutter vermitteln dem Kind vestibuläre Reize. Mit der Geburt ergeben sich durch die Einwirkung der Schwerkraft gravierend veränderte Umgebungsbedingungen, die eine Herausforderung nicht nur für das vestibuläre System, sondern für alle Basissinne und das gesamte zentralnervöse System bedeuten.

Generell sind aber *taktile, kinästhetische und vestibuläre Empfindungen in utero Grundlage der frühkindlichen Entwicklung* (Halte- und Stellreflexe, Gleichgewichtsreaktionen; vgl. Kap. 3-2). Flehmig (1996) geht davon aus, dass schon *ein Mangel an Reizen für die Basissinne in utero*, wenn zum Beispiel die Mutter während der Schwangerschaft längere Zeit liegen muss, *Ursache für Entwicklungsauffälligkeiten* sein kann.

Wichtigste Wahrnehmungszonen sind beim *Neugeborenen* zunächst der Mund und das Gesicht insgesamt, aber auch die Hände. Die Entwicklung der Handmotorik beinhaltet neben der zunehmend differenzierten taktilen Wahrnehmung (Oberflächenbeschaffenheit, Formdiskriminierung, u. a.) auch die der visuellen Wahrnehmung. Sind im ersten Lebensjahr noch taktil-motorische und visuo-motorische Wahrnehmung eng miteinander verbunden, lernt ein Kind im weiteren Entwicklungsverlauf aufgrund seiner Erfahrung Gegenstände auch nach nur kurzen Reizen aus nur einem Wahrnehmungsbereich zu erkennen. So wird die Identifikation von bekannten Objekten, zum Beispiel einer Glocke oder eines Teddybären, bei isolierter Wahrnehmung aus dem akustischen oder optischen oder taktil-kinästhetischen Bereich möglich. Identifikation im taktilen Bereich erfolgt allerdings immer über die Bewegung; wird einem Menschen ein Gegenstand ohne optische Kontrolle in die Hand gelegt, ermöglicht erst ein Ertasten durch Bewegen der Finger das Erkennen des Gegenstandes.

Obwohl die biologische *Bedeutung des Sehens wie des Hörens* – die Wahrnehmung des Fernraumes – für das Neugeborene gering ist, ist die visuelle Wahrnehmung schon in den ersten Lebenstagen gut möglich. In einer Reihe von Experimenten wird versucht abzuklären, ob beim Säugling Form- oder Farbwahrnehmung vorherrschen; die Ergebnisse sind nicht ganz einheitlich. Die auditive Wahrnehmung scheint zum Zeitpunkt der Geburt nicht so weit entwickelt zu sein wie die anderen Sinnesbereiche. Auditive Diskrimination ist aber schon im Alter von zwei Monaten zu beobachten (vgl. Stirnimann 1973; Zimbardo 1995).

Schwerpunkte in der Entwicklung der *Wahrnehmung als Grundlage der kognitiven* Entwicklung sind – alle Wahrnehmungsbereiche betreffend – die Fähigkeit, Unterschiede zu erkennen (*Diskrimination*) und die Erkenntnis, dass Objekte unter wechselnden Bedingungen – Entfernung, Lichtverhältnisse etc. – gleich bleiben (*Wahrnehmungskonstanz*). Hauptsächlich im Alter von zwei bis vier bzw.

fünf Jahren lernen Kinder, Form- und Größenunterschiede zu erkennen. Die Entwicklung der Wahrnehmungskonstanz vollzieht sich schwerpunktmäßig in dem gleichen Altersbereich, hält aber bis zum Jugendalter an.
Neben der Wahrnehmungskonstanz kommt der *Figur-Grund-Wahrnehmung* große Bedeutung für die Entwicklung der Wahrnehmung und der Motorik zu. Unter Figur-Grund-Wahrnehmung wird die Fähigkeit verstanden, auf dem Hintergrund einer Vielzahl von Reizen einen bestimmten Reiz oder ein bestimmtes Reizmuster herauszulösen. Sie entwickelt sich als Grundlage der Bewegungskontrolle zunächst über das taktil-kinästhetische System, indem Bewegungen einzelner Körperteile, deren gesteigerter Muskeltonus sich gegenüber dem allgemeinen Muskeltonus abhebt, differenziert wahrgenommen werden. Auch die Figur-Grund-Wahrnehmung entwickelt sich hauptsächlich im Vorschulalter (vgl. Ayres 1984; Milz 1996; Brand, Breitenbach & Maisel 1997).
Sowohl Diskrimination als auch Wahrnehmungskonstanz als auch Figur-Grund-Wahrnehmung können durch systematisches Üben gefördert werden (vgl. Nickel 1977).
Farbe, Form und Größe von Gegenständen werden schon im Kleinkindalter in Beziehung zueinander gesetzt und in ihrer Bedeutung erfasst. Wahrnehmungen werden strukturiert und nach bestimmten Prinzipien geordnet:
– Gruppenbildung entsprechend gemeinsamer Merkmale – zum Beispiel alles, was rot ist;
– Reihenbildung – zum Beispiel von klein zu groß, von leicht zu schwer;
– Klassenbildung entsprechend eines gemeinsamen Oberbegriffes – zum Beispiel alle Tiere, alle Fahrzeuge – oder
– das Erstellen bzw. Erkennen von Relationen oder Wirkzusammenhängen (vgl. Fröhlich 1979).

Aufmerksamkeitszuwendung und Motivation sind für den Wahrnehmungsprozess sehr bedeutsam. So zeigt Ljublinskaja (1985), dass Wahrnehmungsleistungen bei Kindern im Vorschulalter erheblich größer sind, wenn entsprechende Aufgaben in Spielsituationen gestellt werden (vgl. Barchmann, Kinze & Roth 1991; Nickel 1968; u. a.).

Verbesserungen der Wahrnehmungsleistungen im *Schulalter* sind weitgehend auf das Fortschreiten der intellektuellen Entwicklung zurückzuführen (vgl. Nickel 1977). Frostig (1999, 1981) bezeichnet das Alter von drei bzw. vier bis etwa acht Jahren als den Zeitraum, in dem die „maximale Entwicklung des Wahrnehmungsvermögens" (Frostig 1973, 27) stattfindet. Dieses gilt insbesondere für die visuelle Wahrnehmung. Bis zum Ende der Vorschulzeit steht noch der taktil-motorische Bereich im Vordergrund; schon im Verlauf der Vorschulzeit entwickelt sich aber die *Dominanz der visuellen Wahrnehmung* beim Menschen.
Beim motorischen Lernen zeigt sich im frühen Schulalter, dass die Grobmotorik zunehmend nur der taktil-kinästhetischen Kontrolle bedarf; feinmotorische Aufgaben müssen aber unter visueller Kontrolle durchgeführt werden.

Besondere Bedeutung für die motorische Entwicklung haben die Entwicklung der Körperwahrnehmung und die Entwicklung der Orientierung im Raum, auch im Zusammenhang mit der zunehmend differenzierten Wahrnehmung der Zeit.

Körperwahrnehmung

Unter Körperwahrnehmung ist mehr als die Addition verschiedener Sinnesleistungen, die Information über den eigenen Körper geben, zu verstehen. Sie stellt ein *komplexes psycho-physisches Geschehen* dar, das auf verschiedenen Ebenen abläuft
– einer physiologischen,
– einer kognitiven sowie
– einer emotionalen und psychosozialen Ebene.
Diese Ebenen können sich wechselseitig beeinflussen und überlagern (Abb. 3-8). Die Körperwahrnehmung hat in dieser Komplexität nicht nur für die motorische Entwicklung und die Entwicklung der Körperhaltung zentrale Bedeutung, sondern auch für die Entwicklung der gesamten Persönlichkeit.

Der *Terminus „Körperwahrnehmung"* wird hier als Oberbegriff für das komplexe Phänomen aller auf den Körper bezogenen Wahrnehmungen gebraucht. In der Literatur existiert eine Fülle von Begriffen zu diesem Phänomen, die teils synonym, teils mehr oder weniger differenziert genutzt werden: Körpererfahrung, Körperbewusstsein, Körperorientierung, Körperschema, Körperbild oder Körperplan, body-image, body-scheme und vieles mehr (vgl. Baumann 1974; Bielefeld 1986).

Die Entwicklung der Körperwahrnehmung vollzieht sich auf drei Ebenen, die aufeinander aufbauen, sich aber auch wechselseitig beeinflussen und überlagern:

1. eine *physiologische Ebene* der Körperwahrnehmung vor allem im taktil-kinästhetischen und im vestibulären, aber auch im visuellen und auditiven Bereich:
   ➔ *der Körper wird empfunden („gespürt");*

2. eine *kognitive Ebene* der Körperwahrnehmung, auf der Wissen über Bau und Funktion des Körpers und seiner Teile erworben wird:
   ➔ *der Körper wird kennengelernt und verstanden;*

3. eine *emotionale und psychosoziale Ebene* der Körperwahrnehmung, auf der der Körper im Spiegel von Selbst- und Fremdwahrnehmung bewertet wird:
   ➔ *der Körper wird erlebt.*

Abb. 3-8: Verschiedene Ebenen der Körperwahrnehmung (Dordel 1993)

Frostig (1973) benutzt als *Oberbegriff „Körperbewusstsein"* und ordnet diesem drei Teilaspekte zu: Körperimago, Körperschema und Körperbegriff.
1. *Körperimago* entsteht aus der „Summe aller auf den Körper bezogenen Empfindungen, der Körper, wie er sich anfühlt" (Frostig 1973, 45); Grundlage sind die taktil-kinästhetischen Wahrnehmungen.
2. Unter *Körperschema* versteht Frostig demgegenüber die Regelung von Haltung und Bewegung. Bei nicht behinderten Menschen sind Körperimago und

Körperschema kaum voneinander zu trennen. Bei verschiedenen Formen von Behinderung ist es aber denkbar, dass die Körperwahrnehmung verändert ist, ohne dass es zu Störungen von Haltung und Bewegung kommt; andererseits ist zum Beispiel bei einer cerebralen Bewegungsstörung die Bewegungskoordination gestört, ohne dass die Körperwahrnehmung verändert sein muss.

3. Der *Körperbegriff* bezieht sich auf die Kenntnis des eigenen Körpers; er beinhaltet das Wissen um die anatomische Gestalt und die Körperfunktionen.

Bielefeld (1991) diskutiert im Zusammenhang mit einer umfangreichen Literaturübersicht die uneinheitliche Verwendung der Vielzahl von Begriffen und versucht den Gesamtkomplex dessen, was die Auseinandersetzung mit dem eigenen Körper ausmacht, zu strukturieren (Abb. 3-9). Er entscheidet sich für den *Terminus „Körpererfahrung"* als Oberbegriff und postuliert eine Gliederung in zwei Kategorien – Körperschema und Körperbild –, die untereinander in enger Beziehung stehen:

– Das *Körperschema* kann als das Bild, das ein Mensch von seinem Körper hat, verstanden werden; Grundlage des Körperschemas sind alle „perceptiv-kognitiven Leistungen des Individuums bezüglich des eigenen Körpers" (Bielefeld 1986, 17).

– Das *Körperbild* könnte dagegen als das Bild, das ein Mensch von sich selbst – von seiner Persönlichkeit – hat, beschrieben werden; das Körperbild „umfasst alle emotional-affektiven Leistungen des Individuums bezüglich des eigenen Körpers" (Bielefeld 1986, 17).

Anders als in den Konzepten von Frostig und von Bielefeld wird im Folgenden weiterhin „Körperwahrnehmung" als Oberbegriff genutzt, da dieser Begriff umfassender erscheint als das „Körperbewusstsein" bei Frostig, umfassender auch als „Körpererfahrung" bei Bielefeld oder „Körperorientierung" in der umfangreichen Literatur zur sensorischen Integration nach Ayres.

Die *Entwicklung der Körperwahrnehmung* vollzieht sich in einem komplexen Prozess von Reifung des Zentralnervensystems und Entwicklung aller Wahrnehmungs- und Bewegungsfunktionen und -erfahrungen, von kognitiver, emotionaler und psychosozialer Entwicklung. Eine Untersuchung des Entwicklungsverlaufes unterliegt erheblichen methodischen Schwierigkeiten. Allgemein wird jedoch angenommen, dass sich die Entwicklung der Körperwahrnehmung im wesentlichen im Alter von etwa vier bis elf bzw. zwölf Jahren vollzieht. Bei Mädchen erfolgt diese Entwicklung etwas früher und differenzierter als bei Jungen; dieses ist zu erklären aus der größeren Bedeutung der Körperlichkeit für Mädchen als für Jungen im gesellschaftlichen Kontext (vgl. Kiener 1973, 1974).

Die Körperwahrnehmung kann durch Krankheiten und Behinderungen, deutlich aber auch durch chemische Substanzen beeinflusst werden. In diesem Zusammenhang wird immer wieder das Phänomen des Phantomgliedes bzw. des Phantomschmerzes diskutiert: Nach einer Amputation wird von Wahrnehmungen – „Spüren", Kribbeln, Juckreiz, Schmerz u.a. – bezogen auf den nicht mehr vorhandenen Körperteil berichtet. Da Empfindungen in nicht vorhandenen Körperteilen auch von Menschen mit angeborenen Gliedmaßenschäden (Amelien) berichtet werden, ist eine *anlagebedingte Komponente* – die Repräsentation des gesamten Körpers im motorischen und im sensorischen Cortex (vgl. Abb. 2-24) – anzunehmen, *auf der sich die Körperwahrnehmung aufgrund konkreter Erfahrungen aus den verschiedenen Sinnesbereichen aufbaut und ausdifferenziert.*

Aus den *Erfahrungen mit dem eigenen Körper,* insbesondere der Erfahrung körperlicher und motorischer Leistungsfähigkeit und dem Grad damit verbundener Selbständigkeit, Selbstwirksamkeit und Handlungsfähigkeit, aber auch der Einschätzung des eigenen Aussehens entwickelt sich ein *individuelles Körperkonzept oder Körperbild. Positive Erfahrungen mit dem eigenen Körper begründen eine positive Selbstbewertung; ein positives Körperbild ist Grundlage eines positiven Selbstbildes.*

Die Bewertung des eigenen Körpers und der daraus resultierende Grad der Zufriedenheit ist allerdings nicht nur von der Selbstbewertung, sondern in hohem Maße von *Fremdbewertungen* abhängig. Reaktionen der Umwelt auf den Körper

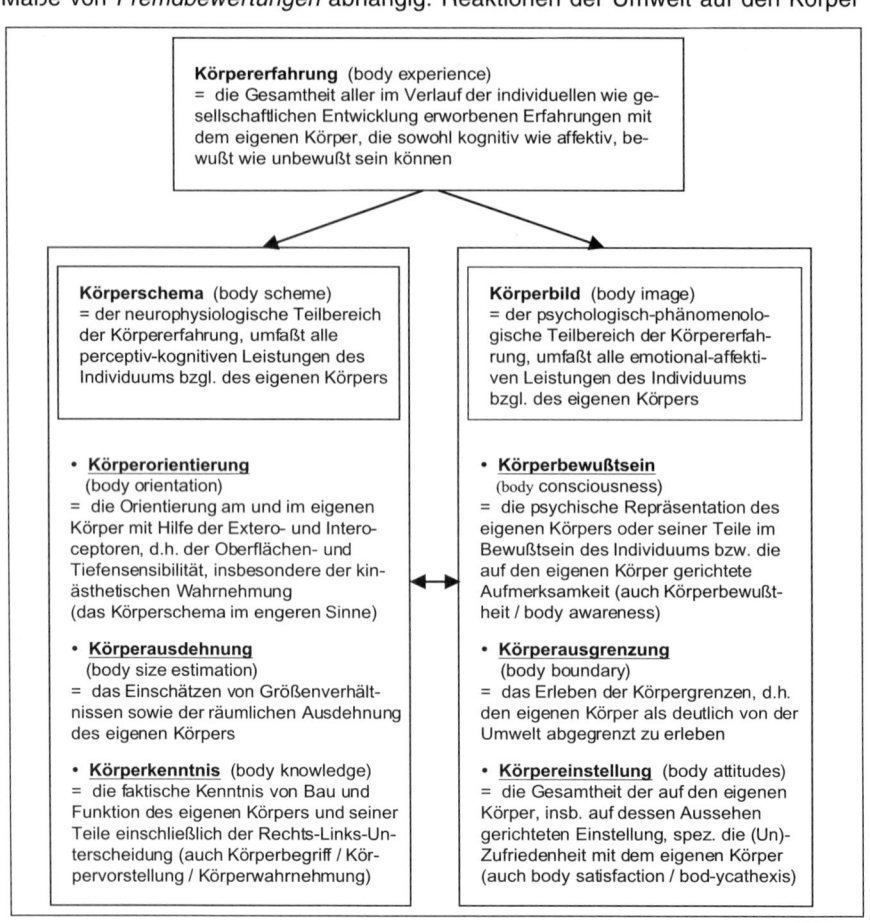

Abb. 3-9: *Struktur des Gesamtkomplexes „Körpererfahrung" (Bielefeld 1986)*

eines Kindes – sein Aussehen, sein Bewegungsverhalten, sein körperliches und motorisches Leistungsvermögen – sind von außerordentlicher Bedeutung für seine Einstellung zum eigenen Körper. Zufriedenheit mit dem eigenen Körper hat einen hohen Stellenwert im Hinblick auf den Grad der Zufriedenheit mit sich selbst; sie steht in engem Zusammenhang mit Selbstsicherheit und Selbstbewusstsein und hat Einfluss auf das Sozialverhalten und den sozialen Status in der „peer group" (vgl. Fischer 1996, 2001; Zimmer 1999, 2001).

Dagegen führen körperliche Auffälligkeiten und motorische Defizite, insbesondere im Zusammenhang mit negativen Fremdbewertungen – abfälligen, spöttischen oder kritischen Bemerkungen von Bezugspersonen, Ablehnung und sozialer Ausgrenzung innerhalb der Gleichaltrigengruppe – zu einer negativen Selbstbewertung. Das negative Körperbild wirkt sich entsprechend auf das Selbstbild aus. Auffällige Körperlichkeit und motorische Minderleistung können über die Entwicklung eines negativen Selbstkonzepts die gesamte Persönlichkeitsentwicklung beeinträchtigen (vgl. Kap. 4.2; Abb. 4-1); *ein negatives Selbstkonzept entspricht einem gering ausgeprägten Kohärenzgefühl, das eine Gefährdung für die Gesundheit darstellt* (vgl. Kap. 1.3; 5.1).

Wiegersma (1972; vgl. Affolter 2001) betont die *Bedeutung der Sprache für die Entwicklung der Körperwahrnehmung*; erst mit dem Erlernen und dem Gebrauch von entsprechenden Begriffen wird der Körper mit seinen Bestandteilen und seinen Begrenzungen gegenüber der Umgebung bewusst, die Orientierung am Körper erleichtert.

Orientierung in Raum und Zeit

Die Entwicklung der Körperwahrnehmung hängt eng zusammen mit der Orientierung in Raum und Zeit: Voraussetzung der Orientierung im Raum ist die *Orientierung am eigenen Körper*, auch im Zusammenhang mit der Erfahrung entsprechender Begriffe wie zum Beispiel oben, unten, vorn, hinten, Seite, Mitte. Veränderungen in Raum und Zeit können durch Bewegung verdeutlicht werden.

Die Grundlagen bei der *Wahrnehmung des Raumes* bilden die Größe eines Gegenstandes, seine Form, die Entfernung, also der Abstand zum Betrachter, die Lage im Raum und die räumliche Beziehung zwischen Gegenständen.

Die Erfassung räumlicher Gegebenheiten ist schwierig, da sie nicht über einen spezifischen Sinnesbereich erfolgt. Größe und Form eines Objektes erfährt schon der Säugling durch taktil-motorische und visuelle Wahrnehmung. Abstand und Lage im Raum werden bis zu einem Alter von drei bis vier Jahren hauptsächlich aufgrund taktil-kinästhetischer Wahrnehmung erfahren. Die auditive Wahrnehmung gibt Auskunft über die Richtung einer Schallquelle. Erst mit fünf bis sechs Jahren dominiert hier die visuelle Wahrnehmung.

Etwa im zweiten Lebensjahr beginnt das *Verständnis für räumliche Beziehungen*; Objekte werden hinter, unter, in etc. anderen Gegenständen gesucht. Sichere Beherrschung von räumlichen Beziehungen und Raumbegriffen kann aber erst gegen Ende der Vorschulzeit und am Anfang der Schulzeit erwartet werden. Begriffe wie oben und unten, vorn und hinten, rechts und links werden zunächst am eigenen Körper erlernt, bevor diese auf den umgebenden Raum übertragen werden. Die sichere *Unterscheidung von rechts und links* kann erst im Alter von etwa acht Jahren erwartet werden. Die Raumbegriffe sind sowohl im Sprachverständnis als auch in der aktiven Sprache eine wesentliche Hilfe für die Raumwahrnehmung und die Orientierung im Raum (vgl. Bertrand 1982; Ljublinskaja 1985).

Die *Wahrnehmung der Zeit* entwickelt sich gegen Ende des Vorschulalters. Auch sie ist schwierig zu erfassen, da sie nicht durch einen adäquaten Sinnesreiz wahrgenommen werden kann. Die Zeit „fließt", die Bezeichnungen zeitlicher Beziehungen verändern sich. „Das, was 'morgen' war, wird über Nacht 'heute' und nach einem Tag 'gestern'" (Ljublinskaja 1982, 229). Ein konkretes Erfassen und Beobachten der Zeit ist nicht möglich. Wahrnehmung der Zeit, das Erkennen der Logik zeitlicher Verhältnisse und das reale Einschätzen von Zeiträumen bilden sich allmählich aufgrund von Erfahrung heraus.

Besonderheiten der kindlichen Wahrnehmung

Die Wahrnehmung hat also bei Schulanfängern und im jüngeren Schulalter bei weitem noch nicht den Entwicklungsstand Erwachsener erreicht. Die *Besonderheiten der kindlichen Wahrnehmung* werden hauptsächlich im Zusammenhang mit der Verkehrserziehung diskutiert (vgl. Basner & De Marées 1993; Limbourg 1995), sollten aber jeder Lehrkraft bewusst sein, um den Sportunterricht bzw. Sportförderunterricht, aber auch den (Anfänger-) Unterricht im Lesen, Schreiben, Rechnen altersgerecht gestalten zu können.

- Die Entwicklung der Wahrnehmung steht wie die Entwicklung der Motorik generell in *Abhängigkeit von Übung und entsprechender Erfahrung*, so dass mit *großen individuellen Unterschieden* bei Kindern zu rechnen ist. Auf die Gefährdung der Kinder „heute" – einerseits durch Reizarmut für die Basissinne, andererseits durch Reizüberflutung der Fernsinne Sehen und Hören – soll hier nur noch einmal hingewiesen werden (vgl. Kap. 1.2).

- Die Qualität der Wahrnehmung steht immer auch *im Zusammenhang mit der Aufmerksamkeit und der Fähigkeit zur Konzentration*, die erst im Alter von 13 / 14 Jahren voll ausgebildet zu sein scheinen (vgl. Wagner 1991). Bis zum Einschulungsalter nimmt die Beständigkeit der Aufmerksamkeitslenkung zu; die Ablenkbarkeit wird geringer. Kinder diesen Alters können aber noch kaum Wesentliches von Unwesentlichem unterscheiden; es fällt ihnen schwer, sich gleichzeitig auf zwei Sinnesbereiche zu konzentrieren, z.B. Sehen – gezielt Beobachten – und gleichzeitig Hören, also verbale Informationen zu der Beobachtungsaufgabe aufzunehmen (vgl. Ljublinskaja 1985). Die Zunahme der Fähigkeit zur Aufmerksamkeit und Konzentration im Verlauf des Schulalters, auch die Entwicklung von Strategien zur Aufmerksamkeitslenkung sind im wesentlichen auf die entsprechenden Anforderungen in der Schule zurückzuführen.

- Die *Reaktionszeit* ist bei Fünfjährigen noch etwa doppelt so lang wie bei Erwachsenen, bei Mädchen in der Regel länger als bei Jungen (vgl. Basner

& De Marées 1993), entwickelt sich aber mit hoher Intensität im Verlauf des jüngeren Schulalters (Hirtz 1985, 1997).

- Auch die Entwicklung der *Diskriminationsfähigkeit aller Sinnesmodalitäten* ist beim Grundschulkind noch nicht abgeschlossen; die perzeptiven Kategorien – z.B. im visuellen Bereich Helligkeit, Farbe, Form, räumlicher Tiefeneindruck, Bewegung – entwickeln sich individuell unterschiedlich (vgl. Pieper 1990). Die Entwicklung der *Wahrnehmungskonstanz* im Zusammenhang mit verschiedenen Aspekten der Raumwahrnehmung und der Entwicklung des Zeitbegriffs sind Voraussetzungen der Fähigkeit, Geschwindigkeiten einzuschätzen.

- Das *Gesichtsfeld* – der Raum, der bei unbewegtem Kopf und fixierten Augen wahrgenommen wird – ist beim jüngeren Schulkind um etwa 30 % kleiner als das des Erwachsenen. Erst mit etwa 10 / 12 Jahren entspricht das Gesichtsfeld des Kindes dem des Erwachsenen (Basner & De Marées 1993).

- Das *Hörvermögen* liegt bis zum 4. Lebensjahr um 7 bis 12 dB niedriger als das des Erwachsenen und erreicht erst etwa im sechsten Lebensjahr seine volle Ausprägung (Pieper 1990). Aber auch Sechsjährige sind noch unsicher in der Lokalisation von Geräuschen, da die zentrale Verarbeitung akustischer Informationen in diesem Alter noch nicht voll entwickelt ist. Nur Geräusche, die von vorn oder von hinten kommen, werden richtig geortet; die Lokalisation und Interpretation von der Seite kommender Geräusche gelingt häufig nicht (Basner & De Marées 1993).

3.4 Entwicklung koordinativer Fähigkeiten und motorischer Fertigkeiten

Grundsätzlich kann bei Kindern im Kleinkind- und im Vorschulalter ein ausgeprägtes Bewegungsbedürfnis beobachtet werden. Bis zum Schuleintritt, also bis zum Alter von 6 bis 7 Jahren, steht der *Erwerb vielfältiger motorischer Grundformen* im Vordergrund (Abb. 3-10): Gehen, Laufen, Hüpfen, Springen, Klettern, Balancieren, Ziehen, Schieben, Tragen, Rollen, Hängen, Schaukeln, Werfen und Fangen werden zunehmend sicherer beherrscht; auch einfache Bewegungskombinationen wie Laufen und Springen kann das Kind am Ende der Vorschulzeit flüssig ausführen.

In einer umfangreichen *Querschnittsstudie mit Drei- bis Sechsjährigen* zeigt Vogt (1978) den Entwicklungsverlauf motorischer Fähigkeiten und Fertigkeiten sowie Bewegungskombinationen auf. Dabei lassen sich generell eine *relativ hohe Leistungsfähigkeit* der Kinder dieses Alters und teilweise erhebliche, überwiegend kontinuierliche Leistungsfortschritte im Vergleich der Drei-, Vier-, Fünf- und Sechsjährigen dokumentieren. Allerdings deuten auch hier große Standardabweichungen auf die individuelle Schwankungsbreite des motorischen Entwicklungsstandes in Abhängigkeit von unterschiedlichen sozio-kulturellen Bedingungen hin. Grundlegende Fertigkeiten in Sportarten wie zum Beispiel Schwimmen, Geräteturnen, Eislaufen, Rollschuhlaufen und Skifahren werden bei entsprechendem Angebot und umfangreichen Übungsmöglichkeiten beherrscht.

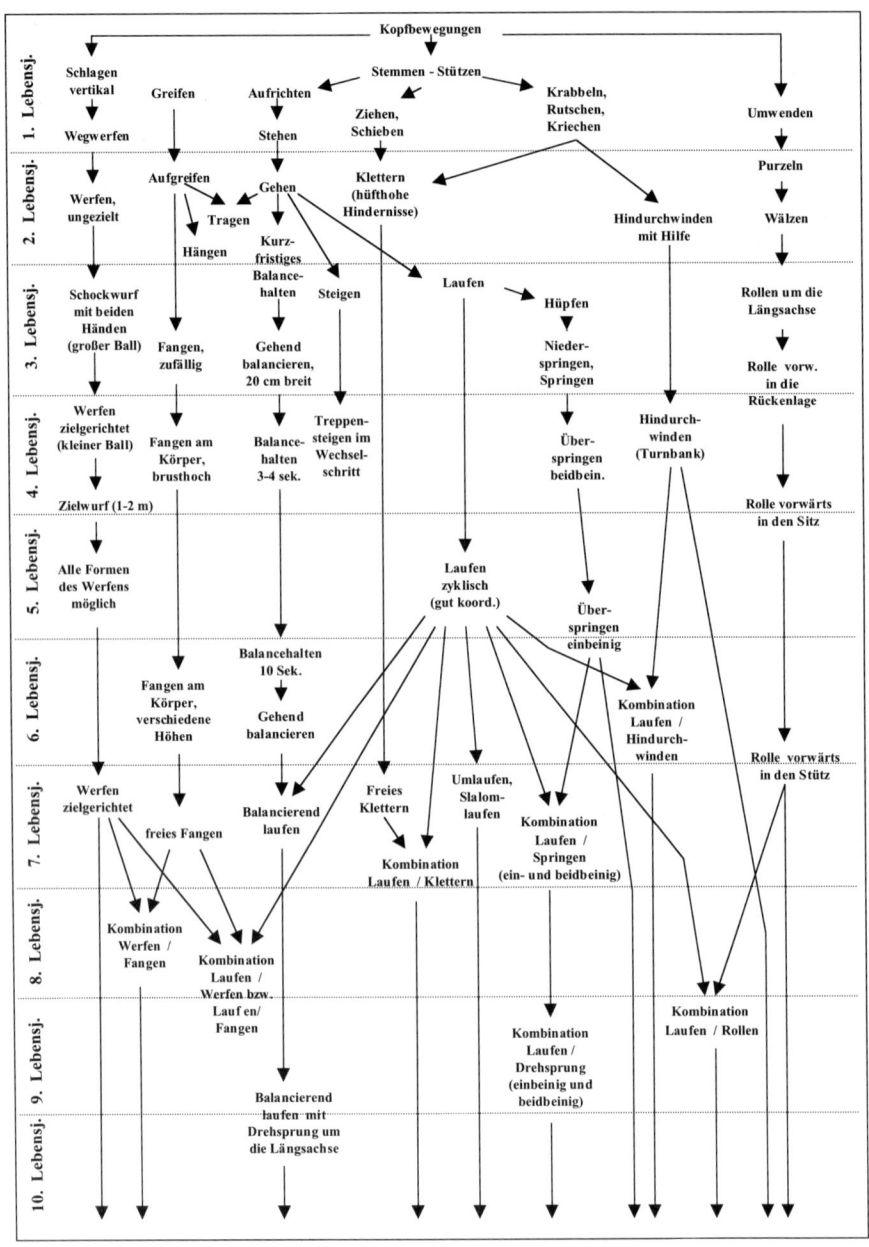

Abb. 3-10: Entwicklung elementarer Bewegungsformen (nach: Meinel / Schnabel 1998; Ockhardt 1988; Roth 1982)

Zum Entwicklungsverlauf motorischer Fertigkeiten

Am *Beispiel des Werfens und Fangens* soll der Verlauf ontogenetischer Entwicklung verdeutlicht werden (Meinel & Schnabel 1998; vgl. Schreiter 1963). Anfänge des Werfens und Fangens sind hauptsächlich im *2. und 3. Lebensjahr* zu beobachten.

Gegen Ende des 1. Lebensjahres werden kleine Gegenstände aus dem Handgelenk nach unten geschleudert; daraus entwickelt sich der zielgerichtete einhändige *Schlagwurf* oder auch der beidhändige *Schockwurf*. Die Entwicklung vollzieht sich relativ schnell, wenn genügend Übungsmöglichkeiten vorhanden sind.

Beim zweijährigen Kind ist zwischen Aushol- und eigentlicher Wurfbewegung eine längere Pause zu beobachten. Eine Zielausrichtung ist erkennbar, der Abwurf erfolgt aber entweder zu früh oder zu spät.

Beim Dreijährigen ist der Wurf schon relativ kräftig, der Körper wird aber noch nicht im Nacheinander von Arm und Rumpf eingesetzt.

Vier- bis Fünfjährige verbinden Vorbereitungs- und Hauptphase schon recht flüssig. Ein großes, etwa kopfhohes Ziel (Gymnastikreifen o. ä.) wird getroffen. Liegt das Ziel am Boden, wird eher der Schockwurf angewandt (2 Meter Entfernung).

Beim Sechsjährigen ist eine Zielgenauigkeit bis zu 5 Meter Entfernung zu beobachten.

Fangen gelingt *ab etwa 20 Monaten* auf Aufforderung, indem die Arme in Vorhalte ausgestreckt werden. Der Ball rollt, wenn er langsam und gezielt geworfen wird, wie auf Schienen bis an die Brust; das Kind winkelt dann die Arme an und fängt so den Ball. Eine Anpassung an ungenau geworfene Bälle erfolgt nicht; zur Bewegungsantizipation ist das Kind in diesem Alter nicht fähig.

Mit zwei Jahren werden die Arme dem Ball entgegengestreckt. Dabei sind die Hüftgelenke gebeugt, die Beine bleiben gestreckt. Erst *mit drei Jahren* wird eine deutliche Fangbereitschaft erkennbar: die Arme werden dem Ball entgegengestreckt, die Hände mit gespreizten Fingern dem Balldurchmesser entsprechend auseinandergehalten; der Ball wird aus der Luft gegriffen und an den Körper herangezogen.

Die Fangbereitschaft erhöht sich zunehmend; die Entfernung kann vergrößert werden. Sicheres Fangen gelingt bei ausreichender Übung schon *Fünfjährigen*.

Nach dieser Beschreibung beherrschen Kinder am *Ende des Vorschulalters unter günstigen Bedingungen sicheres Werfen und Fangen*; die meisten Lehrkräfte der Grundschule können diese Aussage aus ihrer Erfahrung mit Erstklässlern jedoch nicht unbedingt bestätigen. Hier wird die *Bedeutung der Übung* offensichtlich: Reifungsvollzüge innerhalb des Organismus geben den frühesten Zeitpunkt für das mögliche Erlernen einer Bewegungsform vor; die Entwicklung von der Grobform zur Feinform setzt aber häufiges Üben in vielfältigen Situationen *zur Festigung einer Fertigkeit* voraus. Beim einzelnen Kind kann das Alter, in dem eine Fertigkeit beherrscht wird, in Abhängigkeit vom Ausmaß individueller Bewegungserfahrungen, Bewegungsanregungen und -möglichkeiten, aber auch in Abhängigkeit von den individuellen biologischen Entwicklungsbedingungen (z.B.

Geburtsgewicht und -größe, Verlauf der stato-motorischen Entwicklung, Häufigkeit und Dauer von Krankheiten) weit von publizierten Mittelwerten abweichen (vgl. Hirtz 1997b; Kramer 1994).

Die Bedeutung einzelner Faktoren aus dem Gesamt *sozio-ökologischer und sozio-ökonomischer Bedingungen* für die motorische Entwicklung wird teilweise kontrovers diskutiert (vgl. Krombholz 1988; Baur 1994b). So gibt es teils widersprüchliche Ergebnisse empirischer Arbeiten zum Einfluss der Schichtzugehörigkeit, des Wohnortes und der Wohnverhältnisse (Größe und Ausstattung der Wohnung, Kinderzimmer, Garten, Erreichbarkeit von Spielplätzen, Verfügbarkeit von Spielgeräten, u.a.) sowie des Sportinteresses und der Sportaktivität von Eltern und Geschwistern. Insgesamt scheinen diese Faktoren im einzelnen aber recht unbedeutend zu sein; statt dessen spielen komplexe Bedingungen eine Rolle, die als Kombination von Einflussvariablen innerhalb und außerhalb des familiären Kontextes die motorische Entwicklung eher fördern oder eher hemmen können (Baur 1993, 1989, 1994; Kemper 1982; Kretschmer 2000; Rieder, Kuchenbecker & Rompe 1986; Scheid 1989; Willimczik 1981; Zimmer 1981).

Geschlechtsspezifische Unterschiede deuten sich schon im Verlauf der Vorschulzeit an. Mädchen zeigen in vielen motorischen Bereichen einen Entwicklungsvorsprung, während Jungen hauptsächlich beim Werfen und Fangen sowie bei Aufgaben, die die Kraft betonen (Klettern, Handkraft), die Mädchen übertreffen (vgl. Glauch 1989; Ludwig 1989; Vogt 1978). Mit Beginn der Schulzeit verliert sich die Überlegenheit der Mädchen. Geschlechtsspezifische Unterschiede zugunsten der Mädchen zeigen sich noch beim Hüpfen und Balancieren; Jungen erreichen vielfach sowohl im Hinblick auf koordinative Fähigkeiten, insbesondere aber bei konditionellen Fähigkeiten schon vor der Pubertät ein höheres Entwicklungsniveau als Mädchen (vgl. Baur 1994b). Diese Leistungsunterschiede werden aber generell eher mit geschlechtsspezifischen Rollenerwartungen und entsprechendem Freizeitverhalten erklärt als mit einer unterschiedlichen biologischen Ausstattung (vgl. Baur 1994b; Crasselt 1994; Krombholz 1988; Zimmermann 1995).

Nach Hirtz (1997b, 212) besteht kein Zweifel daran, dass der *Verlauf der motorischen Entwicklung als Resultat „individuell verschiedener biotischer Voraussetzungen, unterschiedlicher familiärer Lebensbedingungen und der konkreten Lebensweise der Kinder in den ersten Lebensjahren"* zu betrachten ist. Dabei gehen von fördernden bzw. hemmenden Einflussfaktoren *„nachhaltige kumulative und kompensatorische Effekte"* aus.

Entwicklung koordinativer Fähigkeiten

Die Entwicklung koordinativer Fähigkeiten steht in engem Zusammenhang mit der Entwicklung motorischer Fertigkeiten; diese findet ihren Ausdruck in der zunehmenden Qualität motorischer Fertigkeiten.

- *Vorschulalter*

Ludwig (1989, 1994; vgl. Hirtz 1997b) bestätigt ein hohes Maß interindividueller, aber auch intraindividueller Unterschiede im Verlauf der motorischen Entwicklung, insbesondere der Entwicklung koordinativer Fähigkeiten, im Vorschulalter.
- Das Alter von vier bis sechs bzw. sieben Jahren erweist sich als ein Zeitraum höchster Entwicklungsdynamik für die *Reaktionsfähigkeit*, die *räumliche Orientierungs-, Gleichgewichts- und Rhythmusfähigkeit* (Abb. 3-11, 12).
- Die *Rhythmusfähigkeit* entwickelt sich allerdings kontinuierlich weiter bis zum Alter von etwa zehn Jahren (Abb. 3-12).
- Für die *kinästhetische Differenzierungsfähigkeit* (Abb. 3-13) beginnt die Zeit intensivster Entwicklung erst im Verlauf des sechsten Lebensjahres.
Hirtz (1997b) begründet diese Entwicklungsverläufe einerseits mit Reifungsprozessen, insbesondere mit der Reifung der Analysatoren, wobei der auditive und der visuelle Analysator vor dem kinästhetischen reifen. Andererseits spielen Übungsprozesse eine Rolle, zum Beispiel die intensivere Übung der Handgeschicklichkeit im letzten Kindergartenjahr und mit Beginn der Schulzeit.

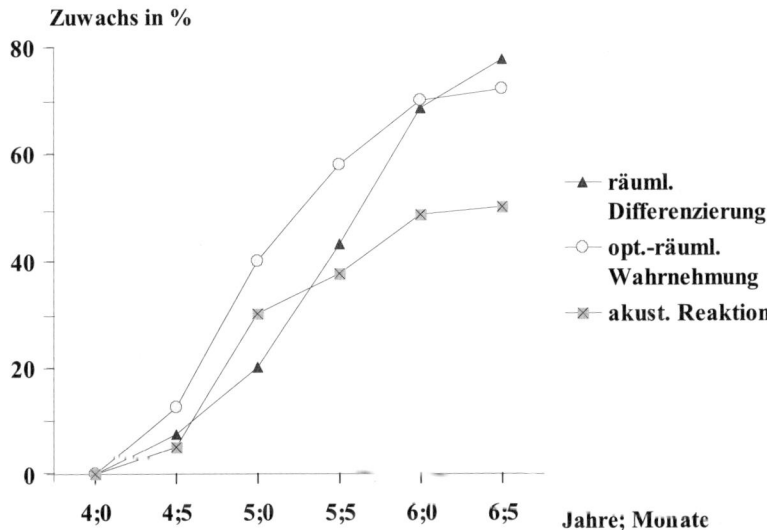

Abb. 3-11: *Entwicklung psycho-physischer Funktionen im Vorschulalter (nach: Hirtz 1997; Ludwig 1989)*

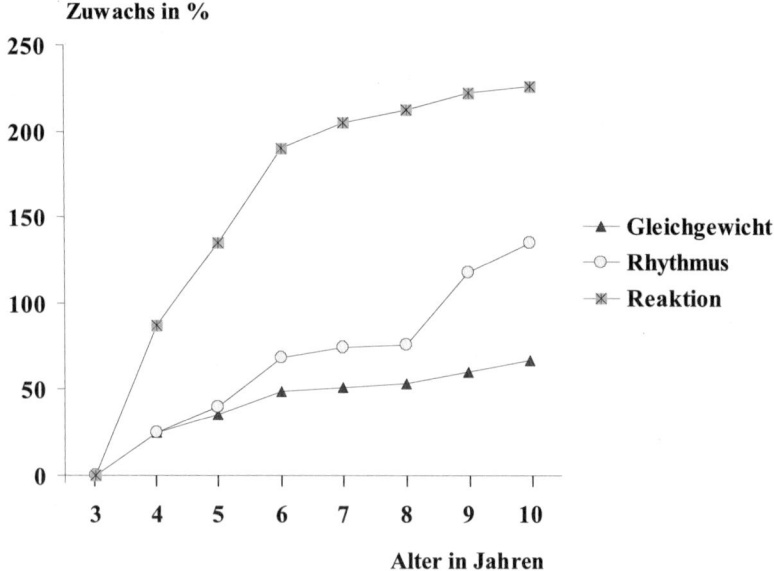

Abb. 3-12: Entwicklung der Gleichgewichts-, Rhythmus- und Reaktionsfähigkeit im Vorschul- und jüngeren Schulalter (nach Hirtz 1985; Ludwig 1989)

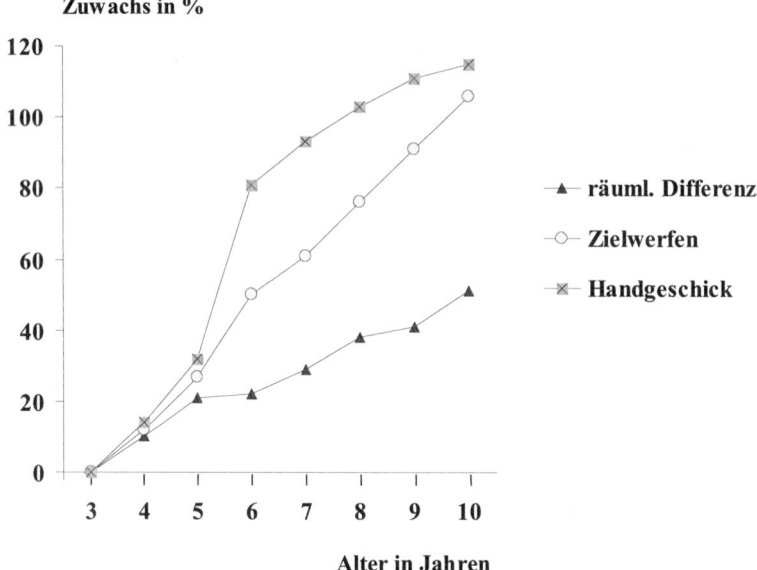

Abb. 3-13: Entwicklung der kinästhetischen Differenzierungsfähigkeit im Vorschul- und jüngeren Schulalter (nach: Hirtz 1985, 1997; Ludwig 1989)

- *Grundschulalter*

Im *Grundschulalter von etwa 6 / 7 bis 10 / 12 Jahren* sind weitere Steigerungen der koordinativ-motorischen Entwicklung zu verzeichnen. Roth & Winter (1994) dokumentieren die intensive Entwicklung koordinativer Leistungsfähigkeit in diesem Alter, indem sie die relativen Leistungszuwächse anhand der Ergebnisse verschiedener Testverfahren berechnen (Abb. 3-14).

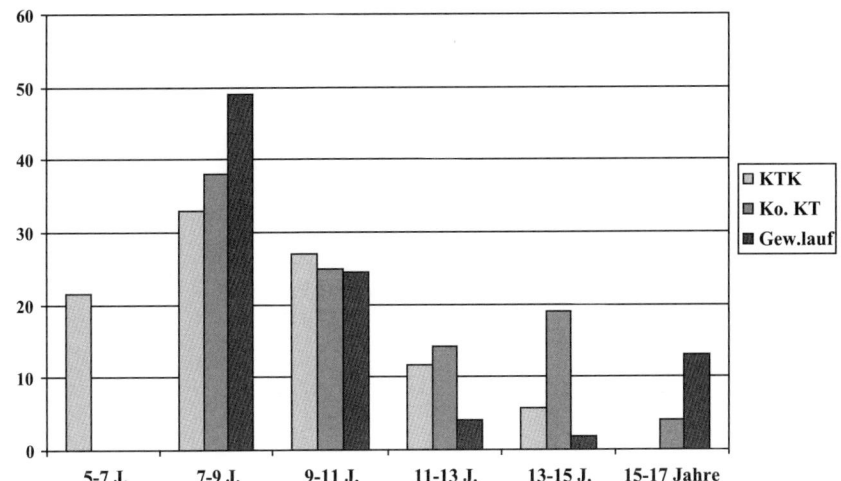

Abb. 3-14: *Prozentuale Anteile des Zuwachses koordinativer Leistungsfähigkeit im Alter von 5 bis 17 Jahren, errechnet anhand der Ergebnisse verschiedener Testverfahren (nach Roth / Winter 1994) KTK = Körperkoordinationstest für Kinder (Schilling 1974), Ko. KT = Komplexer Koordinationstest (Wellnitz / Hirtz 1983); Gew.lauf = Gewandtheitslauf (Stemmler 1977, vgl. Weineck 1996)*

Die *Fortschritte koordinativ-motorischer Entwicklung* lassen sich anhand der Verfeinerung der motorischen Grundformen Laufen, Springen, Hüpfen etc. dokumentieren. Auch kompliziertere Bewegungsverbindungen wie Laufen und Werfen oder Laufen und Rollen werden bei entsprechender Übung zunehmend beherrscht (Abb. 3-10).
Die Vervollkommnung der Bewegungsformen äußert sich generell in *quantitativer Leistungssteigerung* (Abb. 3-15), in *verbesserter Bewegungssteuerung und dadurch höherer Bewegungsqualität* sowie in einer *Zunahme variabler Verfügbarkeit*, in einer *erweiterten Anwendungsmöglichkeit des motorischen Könnens* (Meinel & Schnabel 1998).

Grundsätzlich ist für Kinder eine *hohe Motivation für motorische Aktivitäten* typisch. *Lern- und Leistungsbereitschaft* sind in der Regel groß. Die *motorische Lernfähigkeit* nimmt zu. Der Zeitraum zwischen dem 7. / 8. und 11. / 12. Le-

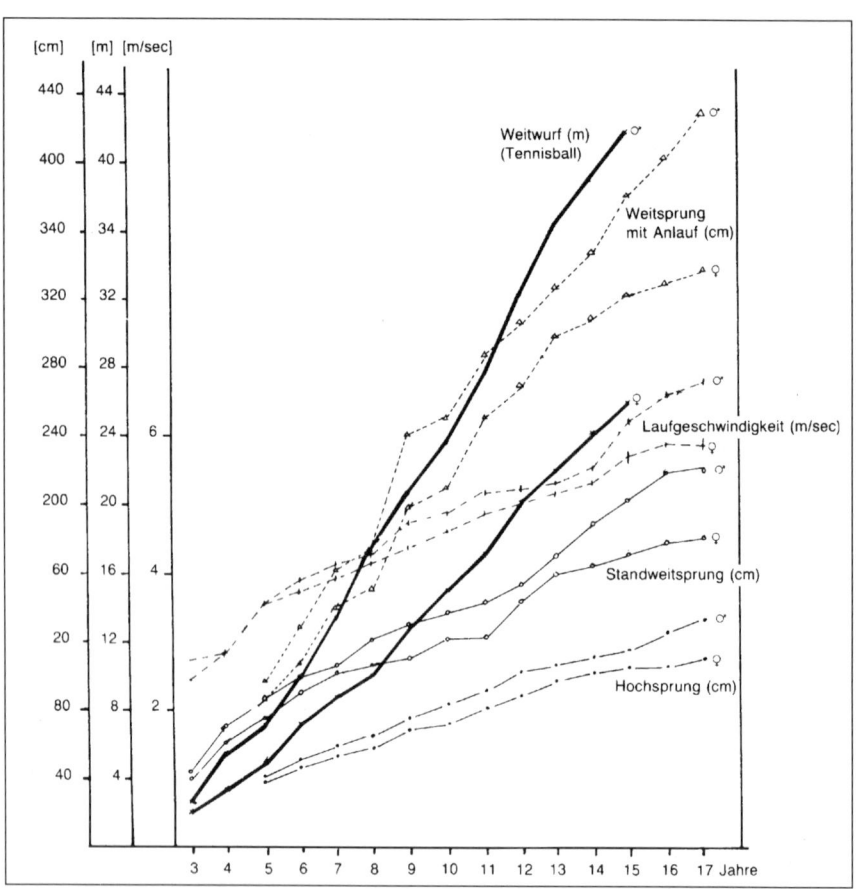

Abb. 3-15: *Entwicklung motorischer Grundformen im Kindes- und Jugendalter (Dordel 1993, nach: Wiltschkowskij)*

bensjahr wird als *Periode höchster motorischer Lernfähigkeit,* als bestes Lernalter angesehen (vgl. Hirtz et al. 1994; Meinel & Schnabel 1998). Voraussetzung für diesen Entwicklungsprozess sind allerdings günstige Umweltbedingungen, die das Lern- und Leistungsstreben der Kinder durch Bereitstellung ausreichender Lerngelegenheiten und Übungsmöglichkeiten unterstützen.

Hirtz (1979, 1985) stellt fünf Aspekte der Bewegungskoordination als *koordinative* Grundfähigkeiten heraus, *die für die Steuerung und Regelung der Motorik und das motorische Lernen im Schulalter fundamentale Bedeutung* haben (Abb. 3-16a; vgl. Kap. 2.1):

- die *kinästhetische Differenzierungsfähigkeit* – verantwortlich für die „Realisierung von genauen und ökonomischen Bewegungshandlungen auf Grund einer feindifferenzierten und präzisierten Aufnahme und Verarbeitung vorwie-

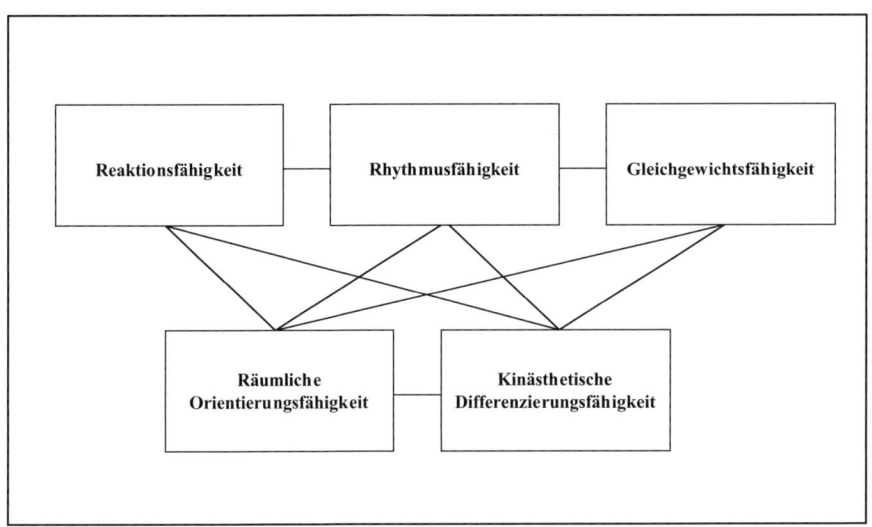

Abb. 3-16a: Für das Schulalter relevante koordinative Fähigkeiten und ihre Beziehungen untereinander (Hirtz 1985)

gend kinästhetischer Informationen; ...(sie) besitzt besondere Bedeutung für die sogenannte bewegungslenkende Reafferenz und übernimmt in der Stabilisierungsphase motorischer Lernprozesse mehr und mehr die Funktion anderer Analysatoren" (Hirtz 1985, 33);
- die *räumliche Orientierungsfähigkeit* – verantwortlich für die „Bestimmung und zieladäquate Veränderung der Lage und Bewegung des Körpers als Ganzes im Raum"; es geht dabei „besonders um die aktive Wahrnehmung der räumlichen Bedingungen der Handlung" (Hirtz 1985, 34);
- die *komplexe Reaktionsfähigkeit*, – verantwortlich für „schnelle und zweckentsprechende (aufgabengemäße) Einleitung und Ausführung kurzzeitiger, ganzkörperlicher Bewegungshandlungen auf mehr oder weniger komplizierte Signale oder vorausgehende Bewegungshandlungen beziehungsweise aktuelle Reizsituationen" (Hirtz 1985, 34);
- die *Rhythmusfähigkeit* – verantwortlich für das „Erfassen (Wahrnehmen), Speichern und Darstellen einer vorgegebenen beziehungsweise im Bewegungsablauf enthaltenen zeitlich-dynamischen Gliederung" (Hirtz 1985, 34);
die *Gleichgewichtsfähigkeit* – verantwortlich für das „Halten beziehungsweise Wiederherstellen des Gleichgewichts bei wechselnden Umweltbedingungen, der zweckmäßigen Lösung motorischer Aufgaben auf kleinen Unterstützungsflächen oder bei sehr labilen Gleichgewichtsverhältnissen" (Hirtz 1985, 34).

Den Entwicklungsverlauf dieser koordinativen Fähigkeiten kennzeichnet im Alter *zwischen dem 7. und dem 11. / 12. Lebensjahr eine hohe Dynamik* (Abb. 3-16b); im Anschluss daran folgt eine Phase geringerer Entwicklung oder Stagnation, teilweise auch Regression.

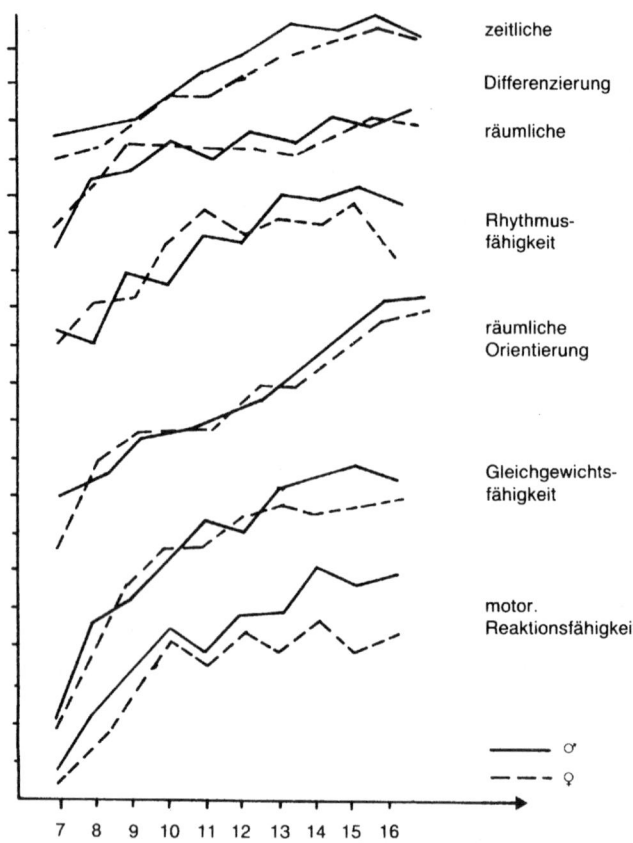

Abb. 3-16b: Entwicklungsverlauf koordinativer Fähigkeiten (Hirtz 1977)

Die hohe Entwicklungsdynamik gibt Anlass, diesem Zeitraum die *Qualität einer sensiblen Phase* zuzuschreiben. Das bedeutet, dass bei einem Mangel an adäquaten Reizen, Übungs- und Lernmöglichkeiten während der sensiblen Phase die entsprechenden Fähigkeiten nur ungenügend ausgebildet werden; später angebotene Entwicklungsreize erweisen sich als weniger wirksam oder bleiben sogar weitgehend unwirksam. Die Existenz sensibler Phasen, die aus tierexperimentellen Studien bekannt sind, wird allerdings im Hinblick auf den Prozess der motorischen Entwicklung des Menschen kontrovers diskutiert (vgl. Asmus 1995; Baur 1987; Martin 1982 b; Winter 1980, 1984).

Dennoch sollte der Entwicklung der grundlegenden koordinativen Fähigkeiten bei Kindern im Alter zwischen 7 und 11 / 12 Jahren besondere Aufmerksamkeit geschenkt werden, um die Basis für eine gute motorische Leistungsfähigkeit zu schaffen. Eine *umfangreiche, vielseitige Entwicklung koordinativer Fähigkeiten*

im jüngeren Schulalter führt auch zur Entwicklung eines hohen Niveaus motorischer Lernfähigkeit (vgl. Hirtz 1985; Hirtz und Wellnitz 1985; Hirtz und Hummel 1990).
Besondere Beachtung sollten diese Überlegungen im Hinblick auf *leistungsschwache, koordinativ-motorisch auffällige Kinder* finden; gezielte Förderung der koordinativen Fähigkeiten kann in diesem Zeitraum hoher Entwicklungsdynamik in relativ kurzer Zeit zu deutlichen Erfolgen bis hin zu einer Kompensation der Minderleistung führen (Hirtz 1985).

- *Pubertät*

Auf die Phase intensiver motorischer Entwicklung folgt eine *Phase der Umstrukturierung*. Die die Pubertät kennzeichnende hormonelle Umstellung bedingt *tiefgreifende Veränderungen in der Gesamtpersönlichkeit und im Verhalten Jugendlicher*. Das motorische Verhalten kann instabil und unausgeglichen, die Motorik plumper, schwerfälliger oder „schlaksiger" werden. Nicht selten findet sich eine Verunsicherung im Hinblick auf die eigene Körperlichkeit bis hin zur Ablehnung sportlicher Aktivitäten. Sowohl entsprechend der „Tagesform" des einzelnen als auch entsprechend der individuellen Neigungen zeigen sich erhebliche Schwankungen.

Verantwortlich für diese Veränderungen sind neben psychischen Faktoren zentralnervöse, vor allem auch *vegetative Prozesse*, die *von der hormonellen Dynamik beeinflusst* werden und *Einfluss auf die Bewegungssteuerung* nehmen. Dabei werden die „Fähigkeiten zur Steuerung ganzkörperlicher Bewegungshandlungen ... stärker beeinflusst als z.B. Reaktionszeiten und Wahrnehmungsleistungen" (Hirtz 1997b, 221). Die *motorische Lernfähigkeit ist in der Regel vermindert*, so dass die Bedingungen für das Erlernen neuer, anspruchsvoller motorischer Fertigkeiten ungünstig sind.

Hirtz und Ockhardt (1986) weisen darauf hin, dass Wachstumsraten über 6 cm pro Jahr mit Rückgängen der koordinativen Leistungsfähigkeit verbunden sind. Das starke puberale Längenwachstum mit Zuwächsen zwischen 6 und 12 cm jährlich ist bei Mädchen hauptsächlich im Alter zwischen 10,5 und 12,5 Jahren, bei Jungen zwischen 12,5 und 14,5 Jahren zu beobachten. Wachstumsschübe verlaufen häufig asynchron (asynchrone Akzeleration); verstärktes Wachstum der Extremitäten gegenüber dem des Rumpfes führt zu *veränderten Körperproportionen*, damit auch zu *anderen Hebelverhältnissen*. Eine *Anpassung des Körperschemas* an die veränderten realen Bedingungen von Körpergröße und Körperproportionen bedarf vermutlich längerer Zeit; die entstehende Diskrepanz könnte eine Ursache koordinativer Minderleistungen sein.

Obwohl durch das gesteigerte Wachstum auch die Muskelkraft zunimmt, besteht häufig ein *Missverhältnis zwischen dem erheblichen Längenwachstum und der Muskelkraft*. Dieses betrifft insbesondere die Rumpfmuskulatur, die als Muskelkorsett die Wirbelsäule stützt und die Rumpfhaltung sichert. *Verminderte Kraft der Rumpfmuskulatur* insbesondere auch im Zusammenhang mit *eingeschränkter Körperwahrnehmung* und *Koordinationsschwächen* führt zu *Haltungsschwächen*.

Eine *Minderung der körperlichen Leistungsfähigkeit im Herz-Kreislauf-Atmungs-Bereich* kann ebenfalls in dieser Entwicklungsphase auftreten, weil die motorische Aktivität vielfach über längere Zeit aufgrund *mangelnder Motivation der Jugendlichen für Bewegung* stark eingeschränkt wird.

Generell zeigt die motorische Entwicklung Jugendlicher *große individuelle Unterschiede*. Biologisches und kalendarisches Alter können stark differieren. Von den Einschränkungen koordinativ-motorischer Leistungsfähigkeit sind stärker diejenigen betroffen, die schon zuvor zu den weniger Aktiven und motorisch Leistungsschwächeren gehört haben (Hirtz 1997b). Somit kommt der Beachtung sensibler Phasen für die Entwicklung koordinativer Fähigkeiten im Vorschul- und jüngeren Schulalter umso mehr Bedeutung zu; in der Phase der Pubeszenz sollten gerade die *motorisch schwächeren oder auffälligen Jugendlichen in ihren Bewegungsaktivitäten bestätigt oder verstärkt motiviert werden*. Dabei kann eine Schwerpunktsetzung auf die Förderung der Körperwahrnehmung im Zusammenhang mit einer Stabilisierung bisheriger Bewegungserfahrungen die Entwicklung von Körperschema und Körperbild unterstützen und zur Entwicklung eines positiven Selbstkonzeptes beitragen.

Gegen Ende der Pubertät folgt eine *Phase der Stabilisierung* des motorischen Verhaltens. Die hormonelle Situation schafft *zunehmend bessere Voraussetzungen für ein Training der Muskelkraft und der Ausdauer.*

Ausgeprägte geschlechtsspezifische Unterschiede zugunsten der Jungen werden insbesondere bei Kraft-, aber auch bei Ausdauerleistungen und im Bereich der koordinativen Fähigkeiten deutlich. Nur die Beweglichkeit ist in der Regel bei Mädchen besser ausgeprägt. Die motorische Entwicklung vollzieht sich in der Folgezeit mit zunehmender Individualisierung aufgrund von unterschiedlicher Übungs- und Trainingsintensität; diese wiederum ist im wesentlichen auf die individuelle Anlage, auf die persönliche Neigung des einzelnen und die durch die Umwelt angebotenen Bewegungsaktivitäten zurückzuführen.

3.5 Entwicklung von Ausdauer, Kraft, Schnelligkeit und Flexibilität

Neben den koordinativen Fähigkeiten spielen die konditionellen Fähigkeiten für Haltung und Bewegung und als Grundlage der körperlichen Leistungsfähigkeit eine besondere Rolle. Als konditionelle Fähigkeiten werden Ausdauer, Kraft und Schnelligkeit bezeichnet. Hinzu kommt die Flexibilität als weitere motorische Beanspruchungsform, die nicht eindeutig den koordinativen oder den konditionellen Fähigkeiten zuzuordnen ist (vgl. Kap. 2.1; Abb. 2-1, 2-2).

Ausdauer

Bei der Betrachtung der Parameter des Herz-Kreislauf-Atmungs-Systems zeigt sich, dass zwischen Kindern, Jugendlichen und Erwachsenen große Unterschiede bestehen; werden diese Werte jedoch in Relation zum individuellen Körpergewicht gesetzt, ist eine weitgehende Näherung zu erkennen (Tab. 3-3). Lediglich die Pulsfrequenz und das Herzvolumen / kg Körpergewicht sind bei Kindern und Jugendlichen größer als bei Erwachsenen (Fomin & Filin 1975).

	Alter in Jahren:			Erwachsene
	8	13	15	
Absolutes Herzgewicht (g)	96,0	172,0	200,0	305,3
Relatives Herzgewicht (in % zum Körpergewicht)	0,44	0,50	0,48	0,51
Schlagvolumen (ml)	25,0	35,7	41,5	60,0
Schlagvolumen / kg Körpergewicht	0,98	0,95	0,92	0,88
Pulsfrequenz (P/min)	90,0	80,0	76,0	60,0
Minutenvolumen (ml)	2240	2850	3150	3600
Minutenvolumen / kg Körpergewicht	88,0	76,0	70,0	60,0

Tab. 3-3: Altersspezifische Veränderungen von Parametern des Herz-Kreislauf-Systems (nach: Fomin / Filin 1987)

Die *allgemeine aerobe Ausdauer* wird im wesentlichen von der maximalen Sauerstoffaufnahme bestimmt; diese steht in engem Zusammenhang mit der Größe des Herzens (vgl. Hollmann & Hettinger 2000). Die *maximale Sauerstoffaufnahme* vergrößert sich gleichmäßig im Alter von sechs bis zwölf Jahren. Sie beträgt bei Achtjährigen etwa 1,1 l / min und bei Zwölfjährigen etwa 2 l / min (Hollmann, Bouchard & Herkenrath 1965). Sie steigt auch während der Pubertät weiter an und verhält sich „ähnlich wie die charakteristischen Parameter der somatischen Entwicklung" (Bouchard & Thibault 1977, 209; vgl. Abb. 3-24). Vor der Pubertät sind kaum statistisch abzusichernde geschlechtsspezifische Unterschiede festzustellen; im Alter zwischen 13 und 16 Jahren wird jedoch der Unterschied zwischen Mädchen und Jungen hinsichtlich der maximalen Sauerstoffaufnahme aufgrund der hormonellen Dynamik stetig größer (Abb. 3-17a). Bei 18-Jährigen erreicht die maximale Sauerstoffaufnahme bei Jungen einen um 35 % höheren Wert auf als bei Mädchen (Klemt 1988).

Bei der *relativen maximalen Sauerstoffaufnahme* findet Klemt (1988) in allen Altersstufen zwischen 6 und 18 Jahren signifikant bedeutsame geschlechtsspezifische Unterschiede (Abb. 3-17b). Bei Jungen beträgt die relative maximale Sauerstoffaufnahme vor der Pubertät im Mittel 49,4 ml / min pro Kg Körperge-

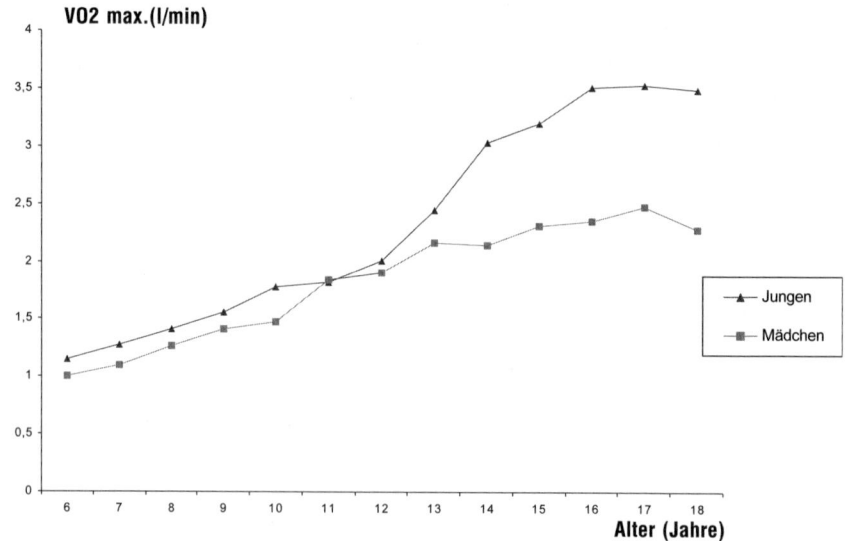

Abbildung 3-17a: Maximale Sauerstoffaufnahme (ml/min) in Abhängigkeit vom Lebensalter (nach: Klemt 1988)

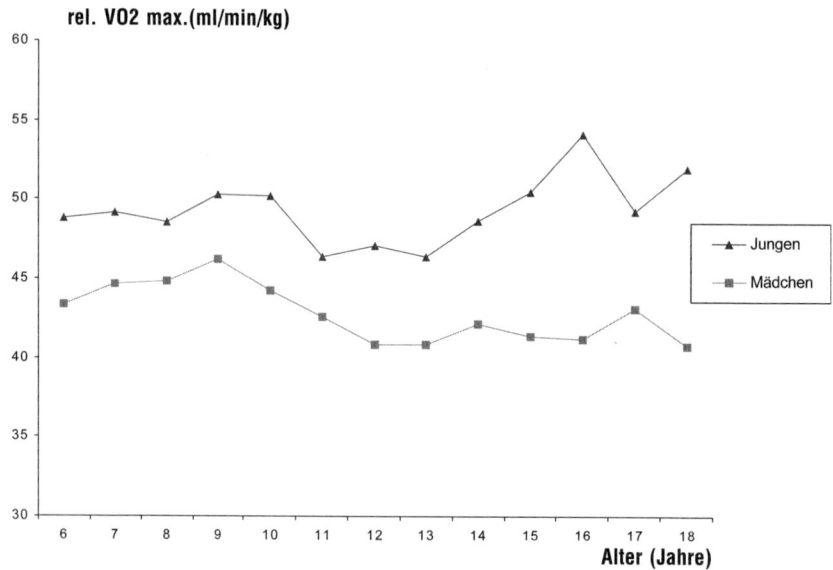

Abbildung 3-17b: Relative Sauerstoffaufnahme (ml/min/kg) in Abhängigkeit vom Lebensalter (nach: Klemt 1988)

wicht, reduziert sich während der Pubertät auf durchschnittlich 46,6 ml / min, um nach der Pubertät auf einen Mittelwert von 50,01 ml / min anzusteigen; bei Mädchen findet sich präpubertär ein Mittelwert von 44,65 ml / min, der im Verlauf der Pubertät auf 41,46 ml / min sinkt und auch postpubertär unverändert bleibt. Die geschlechtsspezifischen Unterschiede sind nicht sicher zu erklären; diskutiert werden die bei Jungen und Mädchen unterschiedlichen Fettanteile der Körpermasse im Zusammenhang mit der Abhängigkeit der maximalen Sauerstoffaufnahme vom Körpergewicht bzw. der mit steigender Körpermasse auch zunehmenden Muskelmasse (vgl. Klemt 1988; Martin et al. 1999; Rowland 1990).

Der *maximale Sauerstoffpuls* gilt als weiterer wichtiger Parameter für die Leistungsfähigkeit des Herz-Kreislauf-Systems. Er wird definiert als Quotient aus Sauerstoffaufnahme und Herzfrequenz und kennzeichnet damit die Größenordnung der Sauerstoffaufnahme pro Herzaktion. Abbildung 3-18 zeigt den linearen Anstieg des maximalen Sauerstoffpulses in der vorpuberalen Phase (Mädchen bis zehn Jahre, Jungen bis zwölf Jahre) mit erheblichen Steigerungsraten während des Entwicklungsverlaufes in der Pubertät. Geschlechtsspezifische Unterschiede ergeben sich ab 13 Jahren (Klemt 1988).

Das *Herzvolumen* steigt mit zunehmendem Alter ebenfalls entsprechend der Körpergröße und dem Körpergewicht an; eine erhebliche Steigerung erfolgt während der Pubertät. Die Innervation des Herzens durch das vegetative Nervensystem zeigt bei Kindern stärkere Einflüsse des Sympathicus; mit zunehmendem Alter vergrößern sich die Einflüsse des Parasympathicus. Dieses führt nach Fo-

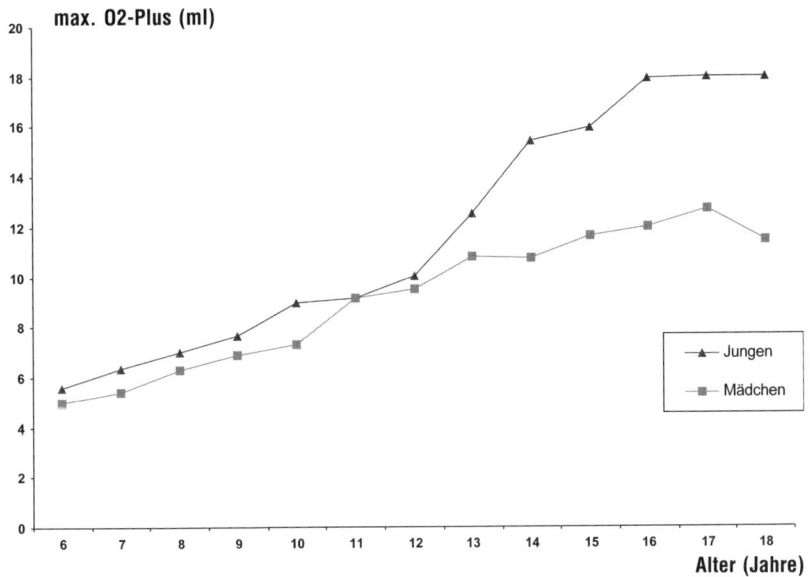

Abbildung 3-18: Maximaler Sauerstoffpuls (ml) in Abhängigkeit vom Lebensalter (nach: Klemt 1988)

min und Filin (1975), Grüneberger (1994), u.a. zu einer Verringerung der Herzfrequenz (Pulsfrequenz). Nach Bar Or (1986) und Klemt (1988) ist die bei Kindern erhöhte Herzfrequenz jedoch eher als Ausdruck ihres geringeren Herzvolumens zu interpretieren.

Eine Vergrößerung des *Herzminutenvolumens* – die vom Herzen pro Minute ausgeworfene Blutmenge; Produkt aus Schlagvolumen und Herzfrequenz – als Reaktion auf erhöhte Belastung erfolgt bei Kindern über eine Erhöhung der Herzfrequenz. Erst im Verlauf der Pubertät wird es dem Jugendlichen möglich, über eine Steigerung des Schlagvolumens – die pro Herzschlag ausgeworfene Blutmenge – auf Belastungen zu reagieren und damit zu einer größeren Ökonomie in der Leistung des Herz-Kreislauf-Systems zu kommen.

Die *Herzfrequenz* stellt einen leicht zu bestimmenden Parameter des Herz-Kreislauf-Systems dar, der sich gut zur Beurteilung von Belastungsreaktionen eignet. Demeter (1981) gibt als mittlere Ruheherzfrequenz bei Sechsjährigen 100 Schläge pro Minute (P / min) an; diese Frequenz reduziert sich bei Siebenjährigen auf 90, bei Achtjährigen auf 84 und bei Zwölfjährigen auf 80 Schläge pro Minute (vgl. Fomin & Filin 1975). Bei maximaler Belastung steigt die Pulsfrequenz bei Kindern bis auf Werte von mehr als 200 Schläge pro Minute an. Klemt (1988) dokumentiert maximale Herzfrequenzen von bis zu 205 Schlägen pro Minute bei Kindern im vorpuberalen Alter, mit leicht abfallender Tendenz im Verlauf der Pubertät; geschlechtsspezifische Unterschiede ergeben sich nicht. In der Literatur werden aber auch weit höhere maximal mögliche Herzfrequenzen bei Kindern – bis zu 240 Schläge pro Minute – angegeben (vgl. Bar-Or 1986; De Marées 1987; Fomin & Filin 1975).

Wenn die Herzfrequenz zur Bestimmung von Belastungsreaktionen eingesetzt wird, ist zu beachten, dass *psychisch-emotionale Faktoren* (Stress, Aufregung, Angst, etc.), aber auch ungünstige *klimatische Einflüsse* (hohe Temperaturen, hohe Luftfeuchtigkeit) zur Steigerung der Herzfrequenz führen. Dasselbe gilt für *Medikamente*, die zum Beispiel zur Behandlung hyperaktiver Kinder (Methylphenidat / „Ritalin") oder bei Asthma (Beta-Sympathikomimetika) eingesetzt werden; diese Faktoren wirken sich jedoch weniger auf die maximale Herzfrequenz als auf die Frequenz bei submaximalen Belastungen aus. Die Einnahme von Betablockern, die nicht selten bei herzkranken Kindern nötig ist, hat dagegen eine Senkung sowohl submaximaler als auch maximaler Herzfrequenz zur Folge (vgl. Bar-Or 1986).

Im Zusammenhang mit der Zunahme an Körpergröße und -gewicht vergrößert sich mit zunehmendem Alter auch die Lungenkapazität und damit die *pulmonale Leistungsfähigkeit*. Kinder kompensieren die geringere Atemtiefe mit einer höheren Atemfrequenz. In der Untersuchung von Klemt (1988) haben Sechs- und Siebenjährige eine *maximale Atemfrequenz* von 80 pro Minute. Diese Atemfrequenz reduziert sich pro Lebensjahr durchschnittlich um 3 Atemzüge pro Minute bis zum Alter von 15 Jahren; mit einer Atemfrequenz von 45 bis 50 pro Minute erreichen 15-Jährige die mittleren Werte Erwachsener.

Der Kurvenverlauf des *maximalen Atemminutenvolumens* – die pro Minute ein-

und ausgeatmete Luftmenge; Produkt aus Atemzugvolumen und Atemfrequenz – entspricht dem der maximalen Sauerstoffaufnahme (Klemt 1988).
Ähnlich der Pulsfrequenz und dem Schlagvolumen beim Herzminutenvolumen erhöht das Kind das Atemminutenvolumen durch eine Steigerung der Atemfrequenz; beim Jugendlichen verliert die Steigerung der Atemfrequenz zugunsten der Steigerung der Atemtiefe an Bedeutung.
Mit zunehmendem Alter erhöht sich auch die *Vitalkapazität* (Abb. 3-19).

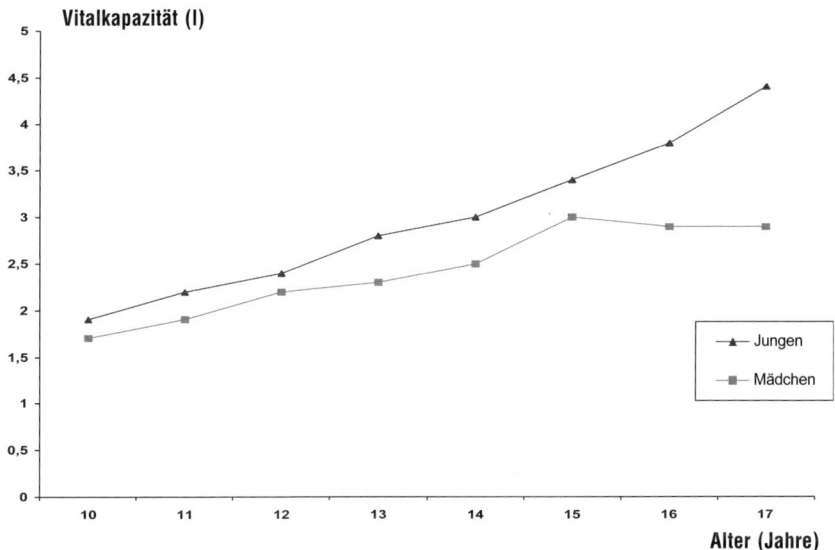

Abb. 3-19: Entwicklung der Vitalkapazität (l) im Alter von 10 bis 17 Jahren (nach: Hollmann / Hettinger 2000)

Als Kriterium für die Beurteilung der *Fähigkeit, anaerob zu arbeiten*, hat sich die Messung des Laktatspiegels (Milchsäurespiegel) bewährt. Diese Fähigkeit ist bei Kindern noch gering ausgeprägt; als Ursache hierfür wird „eine geringere Aktivität der glykolytischen Enzyme, eine reduzierte Azidosetoleranz, die vorhandene Testosteronmenge oder ...eine raschere Sauerstoffdynamik" bei Kindern diskutiert (Klemt 1988, 100; vgl. Martin et al. 1999). Rost (1993, 73) spricht allgemein von einer „geringere(n) Ausreifung des anaeroben Systems bei Kindern", für die möglicherweise niedrigere Konzentrationen der energiereichen Phosphate sowie der anaeroben „Schlüsselenzyme" im Muskel verantwortlich sind. Die Toleranz gegenüber einem höheren Milchsäurespiegel wird mit zunehmendem Alter größer (Abb. 3-20). Erst nach der Pubertät finden sich maximale Milchsäurewerte im Blut (vgl. Kindermann et al. 1978).

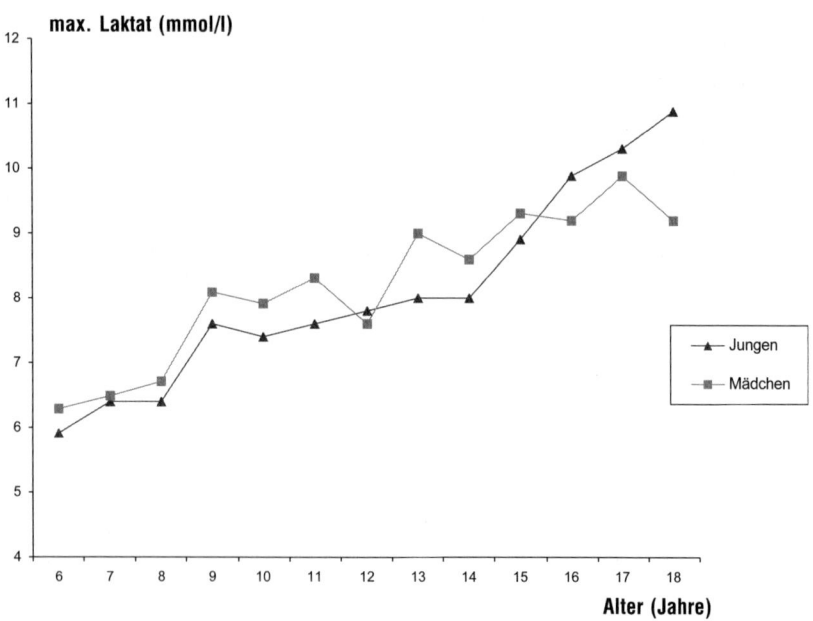

Abbildung 3-20: Maximales Laktat (mmol/ l) in Abhängigkeit vom Lebensalter (nach: Klemt 1988)

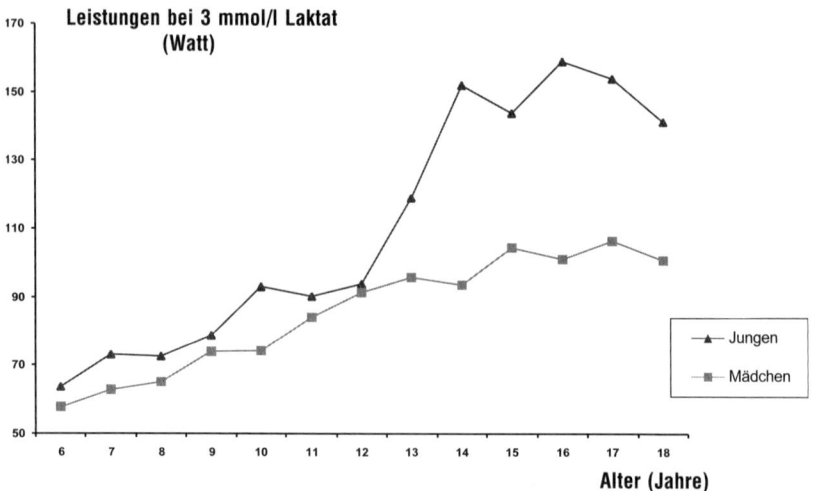

Abbildung 3-21: Leistung in Abhängigkeit vom Lebensalter, gemessen anhand der aerob-anaeroben Schwelle von 3 mmol/ l Laktat (nach: Klemt 1988)

Die Bestimmung der *aerob-anaeroben Schwelle*, des Übergangsbereiches zwischen rein aerober und anaerober, laktazider muskulärer Energiebereitstellung, stellt einen weiteren bedeutsamen Parameter zur Beurteilung kardiopulmonaler Leistungsfähigkeit dar. „Mit der aerob-anaeroben Schwelle wird der Punkt bestimmt, an dem Laktatbildung und -utilisation im Gleichgewicht stehen und der damit gleichzeitig die Ausdauerleistungsgrenze darstellt" (Klemt 1988, 75). Sie wird bei Kindern bei 3 mmol / l Laktat angenommen. Abbildung 3-21 zeigt die Entwicklung der Leistungsfähigkeit von Jungen und Mädchen im Alter von sieben bis achtzehn Jahren, gemessen anhand der aerob-anaeroben Schwelle. Vor der Pubertät sind keine geschlechtsspezifischen Unterschiede vorhanden. Auffällig bei diesen Ergebnissen ist die Stagnation der Leistung der Jungen ab 14 Jahren. Verantwortlich dafür könnte eine mangelhafte Ausbelastung sein; der Schwellenwert von 3 mml / l dürfte für Jungen diesen Alters zu niedrig gewählt sein (Klemt 1988).

Die *Entwicklung maximaler bzw. submaximaler Leistungsfähigkeit* in Abhängigkeit vom Lebensalter untersucht Klemt (1988) anhand einer stufenförmig ansteigenden Belastung auf dem Fahrradergometer (0,5 Watt pro kg Körpergewicht, Steigerung alle 3 Minuten). Die Belastung erfolgt bis zu subjektiver Erschöpfung (maximale Leistungsfähigkeit); die submaximale Leistungsfähigkeit wird mit Hilfe des PWC 170 erfasst; das bedeutet, dass die bei einer Herzfrequenz von 170 Schlägen pro Minute erreichte Leistungsfähigkeit (physical workung capacity) registriert wird. Beide Kurvenverläufe (Abb. 3-22, 3-23) erscheinen nahezu identisch. Geschlechtsspezifische Unterschiede werden erstmalig bei den 13-Jährigen festgestellt; diese vergrößern sich zunehmend. Insgesamt erreichen die Jungen eine um 29 % höhere maximale Leistungsfähigkeit als die Mädchen (vgl. Kim 1994).

Im Vergleich zu Erwachsenen zeigen Kinder keine geringere, sondern im aeroben Bereich sogar eine höhere Leistungsfähigkeit. Die maximale Leistung beträgt für Jungen vor der Pubertät 3,4 Watt / kg Körpergewicht, nach der Pubertät 3,6 Watt / kg Körpergewicht, für Mädchen vor der Pubertät 3,3 Watt / kg Körpergewicht, nach der Pubertät 2,9 Watt / kg Körpergewicht. Diese Werte liegen oberhalb der Normwerte für Erwachsene, die für den Mann mit 3 Watt / kg Körpergewicht, für die Frau mit 2,5 Watt / kg Körpergewicht (jeweils untrainiert, im Alter von 20 bis 30 Jahren) angegeben werden (Rost 1991).

Eine systematische Einflussnahme auf die Parameter des Herz-Kreislauf-Atmungs-Systems durch *Training vor der Pubertät* wurde lange Zeit als nicht lohnend abgelehnt. Gerhardus (1980, vgl. Rost & Gerhardus 1983; Rost 1993) weist jedoch bei Jungen und Mädchen (Leistungsschwimmer) ab acht Jahren eine trainingsbedingte Steigerung der Sauerstoffaufnahme und des Herzvolumens nach; Pulsfrequenz, Atemminutenvolumen und der Milchsäurespiegel werden – bezogen auf bestimmte Belastungsstufen – niedriger. Auch Gärtner und Crasselt (1976), Gürtler und Gärtner (1976), Leupold und Lorenz (1969) und Oelschlägel und Wittekopf (1976) zeigen entsprechende Trainingseffekte schon bei Kindern ab acht Jahren. Hollmann und Hettinger (2000, 508) stellen fest, dass demzufolge „eine morphologische Trainierbarkeit bei Jungen wie bei Mädchen schon un-

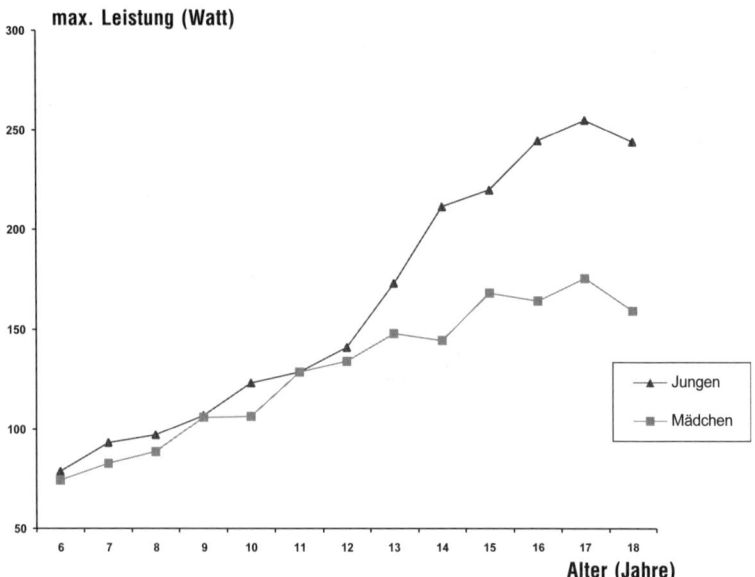

Abbildung 3-22: Maximale Leistungsfähigkeit in Abhängigkeit vom Lebensalter (nach: Klemt 1988)

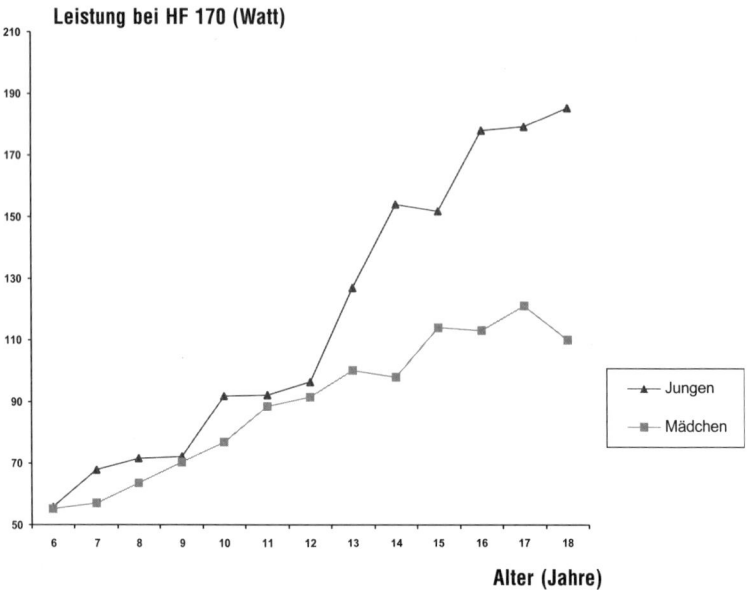

Abbildung 3-23: PWC 170 in Abhängigkeit vom Lebensalter (nach: Klemt 1988)

terhalb des 10. Lebensjahres" existiert. Dabei ist auch darauf hinzuweisen, dass es infolge des Trainings nicht zu pathologischen Erscheinungen kam. Verbesserungen der Ausdauerleistung bei Kindern im Primarbereich sind dennoch im wesentlichen auf eine *verbesserte Koordination*, eine *verbesserte Ökonomie der Bewegungsabläufe*, zurückzuführen. Die nachgewiesenen Trainingseffekte bei Kindern ab acht Jahren setzen so hohe Belastungsintensitäten und -zeiten voraus, dass dieses für den Bereich des Sportunterrichts der Schule und des Sportförderunterrichts vernachlässigt werden kann. Systematisches Training ab elf / zwölf Jahren lässt dagegen schon deutliche Trainingseffekte erkennen, obwohl die Anpassungserscheinungen des Herz-Kreislauf-Atmungs-Systems erst nach Beendigung der Pubertät als optimal angesehen werden.

Grundsätzlich ist *im Schulalter ein Training unter aeroben Bedin*gungen einer anaeroben Belastung vorzuziehen; dieses gilt sowohl aus biologischer Sicht als auch aufgrund pädagogischer und motivationaler Überlegungen (vgl. Frey 1978).

Kraft

Die Zunahme an Muskelkraft steht in engem Zusammenhang mit der Zunahme an Körpergröße und -gewicht. Die Entwicklung der Muskulatur ist im wesentlichen zurückzuführen auf das *Wachstum (Hypertrophie) vorhandener Muskelfasern*, nicht auf eine Vergrößerung der Anzahl von Muskelfasern (Hyperplasie). Im Verhältnis zum Körpergewicht beträgt der Anteil des Muskelgewebes zum Zeitpunkt der Geburt etwa 20%, zu Beginn der Pubertät 33% und erreicht nach Abschluss der Pubertät etwa 40% des gesamten Körpergewichts. Die Pubertät stellt einen Zeitraum intensiven Muskelwachstums dar. Bei Jungen verlaufen die gesteigerte muskuläre Entwicklung und der pubertäre Wachstumsschub im Alter von etwa 14 bis 16 Jahren parallel; bei Mädchen erfolgt das beschleunigte Muskelwachstum nach Abschluss der größten Längenzunahme im Alter von etwa 12 bis 14 Jahren (vgl. Bouchard & Thibault 1977; Demeter 1981) Das Fettgewebe nimmt während der Pubertät ab; dieses gilt in besonderem Maße für den Fettgewebeanteil der Extremitäten (Abb. 3-24).

Mit der *Vergrößerung der Muskelmasse* geht auch eine *Zunahme der Muskelkraft* einher. Die Kraftzunahme erfolgt – wie das Wachstum – nicht gleichmäßig, sondern schubweise. Unterschiede zeigen sich auch bei der Kraftentwicklung einzelner Muskelgruppen. Diese Unterschiede sind sowohl *alters- als auch geschlechtsspezifisch* (Fomin & Filin 1975). Bei Kindern verläuft die Entwicklung der Maximalkraft ohne nennenswerte Unterschiede, obwohl die Jungen den Mädchen durchweg leicht überlegen sind. Mit Beginn der Pubertät erfolgt bei Jungen die Zunahme an Muskelkraft wesentlich stärker als bei Mädchen, um im Alter von 18 bis 22 Jahren ein Maximum zu erreichen. Bei Mädchen ist dieses Maximum schon in einem Alter zwischen 15 und 17 Jahren erreicht (Abb. 3-25). Die Kraft der Frau beträgt im Maximum nur 2 / 3 der maximalen Muskelkraft des Mannes (Hettinger 2000; vgl. Hollmann & Hettinger 2000; Abb. 3-26).

Die Entwicklung der *Kraftausdauer* (Abb. 3-27) und der *Schnellkraft* (Abb. 3-28) nehmen einen ähnlichen Verlauf.

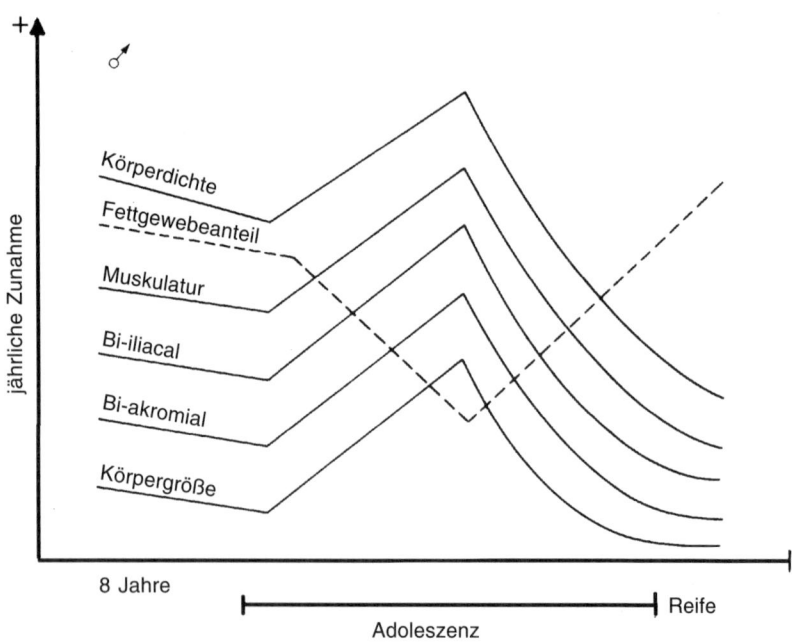

Abb. 3-24: Entwicklung einiger morphologischer Parameter bei Jungen (Bouchard / Thibault 1977)

Eine gezielte Einflussnahme auf die Muskelkraft durch *Training* wird bei Kindern bis zu einem Alter von acht bis zehn Jahren als kaum möglich oder nicht lohnend angesehen. Dennoch sind in diesem Alter trainingsbedingte Fortschritte der muskulären Leistungsfähigkeit im Sinne einer Zunahme an Muskelkraft – auch im Sinne einer Hypertrophie – möglich (Hollmann & Hettinger 2000). Im wesentlichen ist aber eine Zunahme an Muskelkraft bei Kindern – genauso wie die Steigerung der Ausdauer – auf eine verbesserte Bewegungskoordination zurückzuführen.
Mit Beginn der Pubertät wird die Trainierbarkeit der Muskulatur deutlich besser. Sie ist bei Jungen größer als bei Mädchen (Hettinger 2000). Neben den geschlechtsspezifischen Unterschieden der Trainierbarkeit ist auch die unterschiedliche Trainierbarkeit einzelner Muskelgruppen von Bedeutung. Hier sind insbesondere die Extremitäten- und die Rumpfmuskulatur gegenüberzustellen. Während als Folge eines Trainings der Unterarmbeuger bei Männern und Frauen signifikante Unterschiede zugunsten der Männer festzustellen sind, erweist sich die Trainierbarkeit der Rumpfstrecker bei beiden Geschlechtern gleich (Hettinger 2000; Hollmann & Hettinger 2000). Dieses wird auf die unterschiedliche Struktur und Funktion der Muskelgruppen – Extremitätenmuskulatur mit überwiegend dynamischer, Rumpfmuskulatur mit überwiegend statischer Arbeitsweise – zurückgeführt.

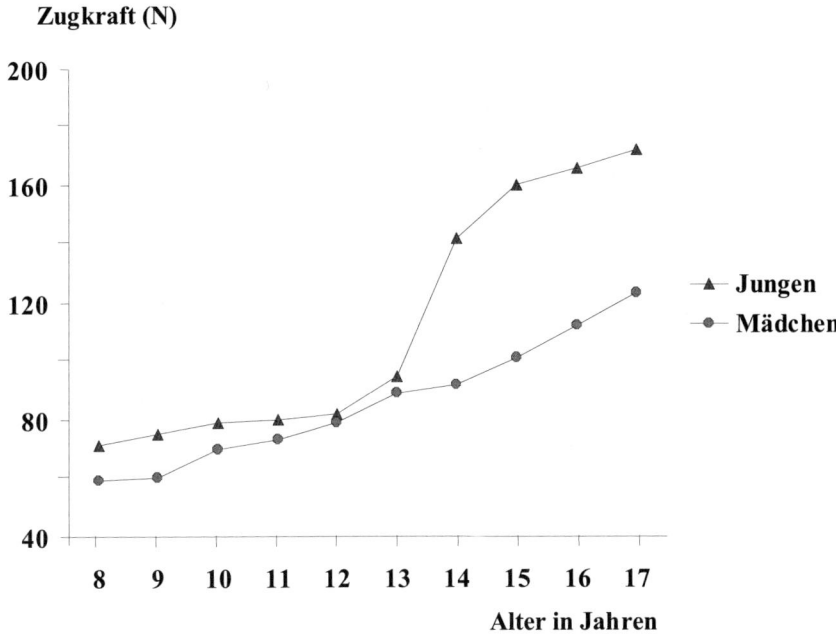

Abb. 3-25: Entwicklung der Maximalkraft – maximale Zugkraft des M. biceps brachii (nach: Farfel 1977, 1979; Meinel / Schnabel 1998)

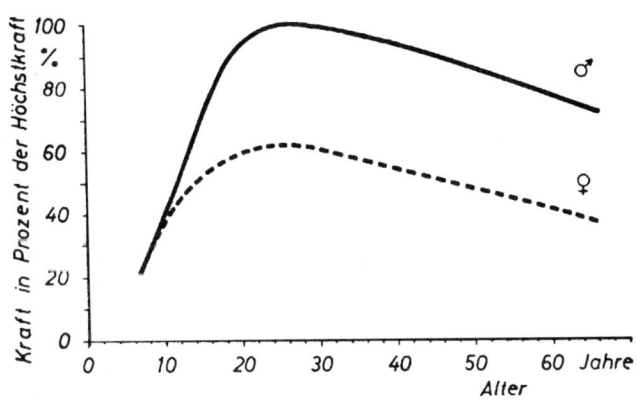

Abb. 3-26: Entwicklung der Kraft in Abhängigkeit von Alter und Geschlecht (Hettinger 1972)

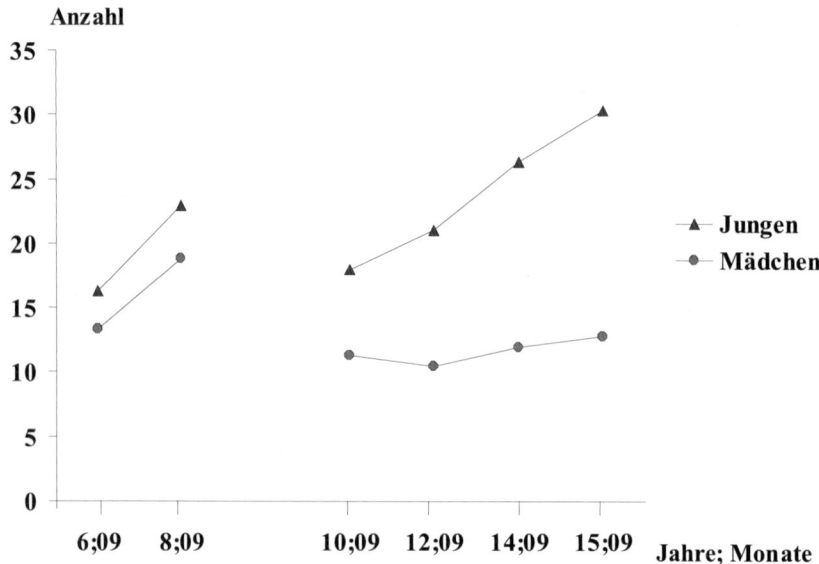

Abb. 3-27: Entwicklung der Kraftausdauer: Liegestütz – 6;09 und 8;09 Jahre an der Turnbank, ab 10;09 Jahre am Boden (nach: Crasselt et al. 1990)

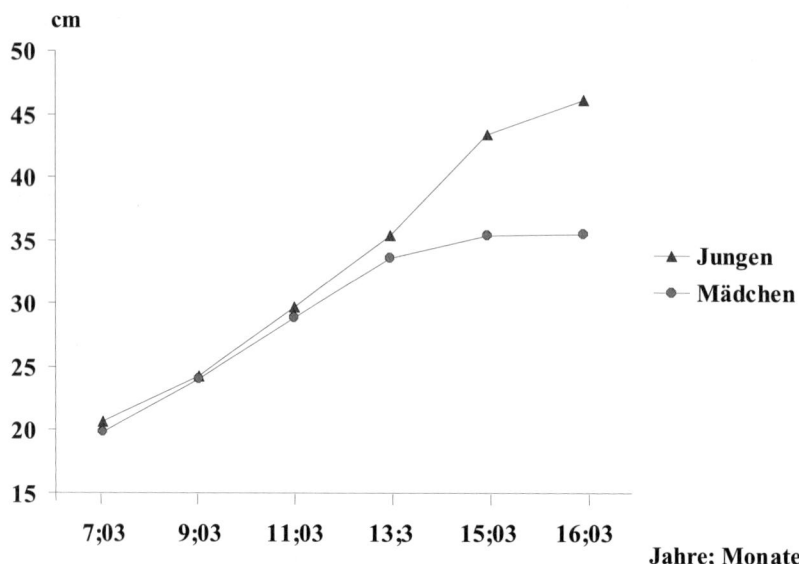

Abb. 3-28: Entwicklung der Schnellkraft: Sprungkraft – Reichhöhe im Standweitsprung (nach: Crasselt et al. 1990)

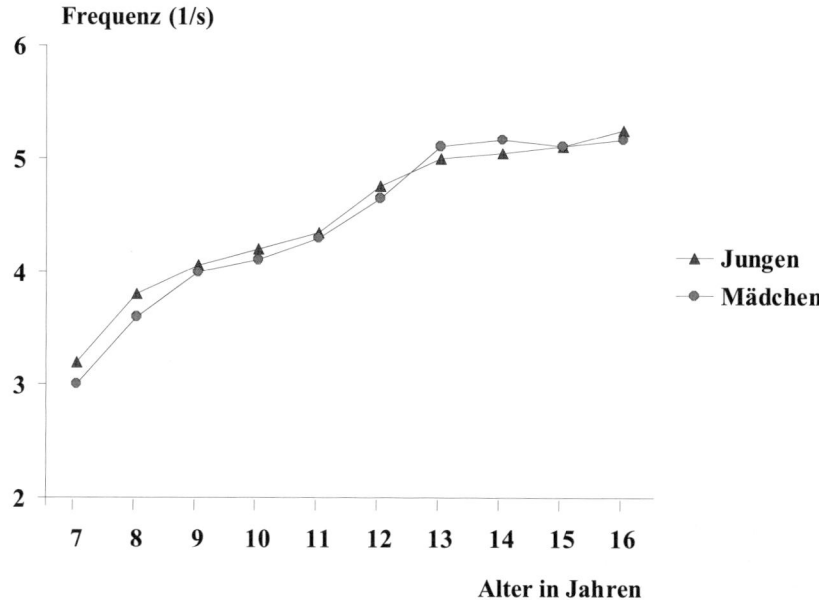

Abb. 3-29: Entwicklung der Schnelligkeit – Maximalfrequenzen verschiedener Bewegungen mit kleiner Amplitude (nach: Farfel 1977, 1979; Meinel / Schnabel 1998)

Schnelligkeit

Schnelligkeit ist abhängig von der *dynamischen Kraft der Muskulatur und der Koordination, von der Kontraktionsgeschwindigkeit, der Viskosität des Muskels, von anthropometrischen Merkmalen und der Flexibilität* (Hollmann & Hettinger 2000). Sie ist zu einem großen Teil anlagebedingt und daher nur in geringem Maße trainierbar (Martin 1982). Im Verlauf der Entwicklung steigt die Schnelligkeit von Bewegungen besonders im Alter von 8 bis 15 Jahren; bei 12- bis 15-Jährigen ist der Zusammenhang mit der Zunahme der Muskelkraft offensichtlich (Abb. 3-29). Die Bewegungsfrequenz als eher koordinative Komponente hat den Höhepunkt der Entwicklung im Alter von 7 bis 12 Jahren (vgl. Kap. 3.4).

Flexibilität

Flexibilität ist in Abhängigkeit von der *Gelenkstruktur, vom Umfang der Muskelmasse, der Dehnfähigkeit der Muskulatur, der Sehnen, Bänder, Gelenkkapseln und der Haut* zu sehen (Hollmann & Hettinger 2000). Die Flexibilität ist in der frühen Kindheit aufgrund der hohen Elastizität der Strukturen des Bewegungsapparates sehr groß. Demeter (1981, 25) weist außerdem auf den bei Kindern niedrigen Muskeltonus hin, der „weitausgreifende Bewegungen in den Gelenken begünstigt".

"Das Alter der größten Entwicklungsdynamik (der Flexibilität) reicht höchstens bis zum 10. Lebensjahr" (Hollmann & Hettinger 2000, 494). Schon im jüngeren Schulalter scheint aber die Beweglichkeit der Schultergelenke (Hoch-Rückführen der Arme) und der Hüftgelenke (Spreizfähigkeit der Beine) abzunehmen (vgl. Martin et al. 1999; Weineck 1996). Aktuelle Untersuchungen zur Gelenkbeweglichkeit bzw. zur Häufigkeit muskuläre Dysbalance bei Kindern und Jugendlichen zeigen uneinheitliche, teils widersprüchliche Ergebnisse, die vielfach im Zusammenhang mit einseitiger Belastung oder allgemeinem Bewegungsmangel diskutiert werden (vgl. Kap. 1.4.2).

Die für die Flexibilität leistungsbegrenzenden Faktoren sind mechanischer Art. Einer Beeinflussung zugänglich ist hauptsächlich die *Dehnfähigkeit* der Muskulatur und ihrer Sehnen, aber auch des Bandapparates, der Gelenkkapseln und der Haut. Im Zusammenhang mit der Verbesserung der Dehnfähigkeit ist immer auch das *Muskelkrafttraining* zu sehen. Einseitiges Training der Muskelkraft führt zur Vernachlässigung und Einschränkung der Beweglichkeit; isolierte Verbesserung der Flexibilität hat aber eine übermäßige Beweglichkeit der Gelenke zur Folge. Diese führt zu einer verstärkten Beanspruchung der Muskulatur, möglicherweise aber auch einer Überbelastung und Schädigung des passiven Bewegungsapparates.

3.6 Entwicklung der Haltung

Phylogenetische Aspekte

Die Anfälligkeit des Menschen für Schwächen und Störungen des Haltungs- und Bewegungsapparates ergibt sich aus seiner *Entwicklungsgeschichte* (Phylogenese). Während beim Vierfüßler das Gewicht des Rumpfes an der Wirbelsäule aufgehängt und auf Vorder- und Hinterbeine verteilt ist, wird beim Menschen infolge der Entwicklung des aufrechten Ganges das Körpergewicht über den Bekkengürtel auf die Beine und Füße übertragen (Abb. 3-30). Daraus folgt die hohe Beanspruchung des Fußskeletts und der Wirbelsäule in vertikaler Richtung.

Die *Aufrichtung des Menschen* erfolgt nicht einfach durch eine Drehung um 90° in den Hüftgelenken, sondern durch *Ausbildung des für den Menschen typischen Promontoriums*, eines „Knicks" zwischen Lendenwirbelsäule und Kreuzbein (vgl. Kap. 2.4). Dieser lumbosacrale Übergang wird gekennzeichnet durch eine keilförmige Ausbildung des 5. Lendenwirbels und des 1. Kreuzwirbels. „Das Kreuzbein ist damit der ruhende Punkt, um den sich die Aufrichtung vollzieht" (Lippert 1970, 13). Die Verlagerung der Lendenwirbelsäule nach vorn und damit über die Unterstützungsfläche der Beine stellt eine wichtige Voraussetzung für die Statik der aufrechten Haltung dar; sie bietet günstige Bedingungen für eine ökonomische Haltungssicherung.

Gegenüber der einfach S-förmigen Wirbelsäule des Vierfüßlers steht die spezifische *Doppel-S-Form der menschlichen Wirbelsäule*, die eine optimale Voraussetzung für die Beanspruchung der Wirbelsäule in vertikaler Richtung bietet. Die

Abb. 3-30: Gegenüberstellung des Skeletts von Mensch und Hund (nach: Dordel 1981)

physiologischen Schwingungen wirken wie elastische Federn. Abweichungen von dieser Form sowohl im Sinne übermäßig stark ausgeprägter Schwingungen als auch im Sinne einer vermehrten Streckung der Wirbelsäule und Abflachung der physiologischen Schwingungen erscheinen mechanisch unzweckmäßig und führen zu funktionell ungünstiger Beanspruchung.

Im Zusammenhang mit der Aufrichtung des Menschen ist auch die *starke Entwicklung des Beckens* zu sehen. Die Darmbeinschaufeln dienen u. a. als Ursprung des großen Gesäßmuskels, des kräftigsten Muskels des Menschen, der auch für die Haltungssicherung von besonderer Bedeutung ist.

Den aufrechten Gang und Stand ermöglicht schließlich auch die *typische Gewölbekonstruktion des menschlichen Fußes*, die ähnlich wie die Wirbelsäule in hohem Maße Elastizität gewährleistet und die Belastung aus der Senkrechten aufnimmt.

Neben einer Vielzahl weiterer morphologischer Besonderheiten als Merkmale der Anpassung des Menschen an die aufrechte Körperhaltung soll nur noch die *Form des Brustkorbs und die Stellung der Schulterblätter* genannt werden. In enger Verbindung mit Bewegungen der Wirbelsäule und des Schultergürtels steht die Atemmechanik.

Zur ontogenetischen Entwicklung

Neben der Phylogenese als Entwicklungsgeschichte des Menschen allgemein ist die Ontogenese, die individuelle Entwicklung des Einzelnen für die Haltung von

Bedeutung. Form und Funktion der für die aufrechte Haltung bedeutsamen Strukturen sind nicht von Geburt an vorhanden, sondern werden im Verlauf der Entwicklung erworben.

Die *Wirbelsäule* eines Neugeborenen ist leicht nach dorsal konvex gebogen und zeigt noch keine physiologischen Schwingungen; lediglich das Promontorium ist angeboren (Abb. 3-31, 3-32a). Reflektorisch ist schon bald nach der Geburt eine Streckung der Wirbelsäule auszulösen (Landau-Reaktion, vgl. Abb. 3-5); die aktive Streckfähigkeit wird aber erst mit etwa drei Monaten erreicht. Mit zunehmender Kraft der Nacken- und Rückenmuskulatur entwickelt sich aus der Bauchlage mit dem Bestreben des Kindes, den Kopf zu heben, zunächst die Halslordose. Mit dem Erlernen des Sitzens, des Krabbelns, insbesondere des Stehens und Gehens entstehen die Kyphose der Brust- und die Lordose der Lendenwirbelsäule (Abb. 3-32a). Die ersten Steh- und Gehversuche leiten die Rotation des Beckens nach vorn ein; dieses gilt als mechanische Voraussetzung für die Entwicklung der Lendenlordose (Rizzi 1979). Die physiologischen Schwingungen der Wirbelsäule sind zunächst nur funktionell, also vorübergehend bei entsprechender Belastung vorhanden. Die endgültige Ausprägung wird erst mit Abschluss des Wachstums erreicht.

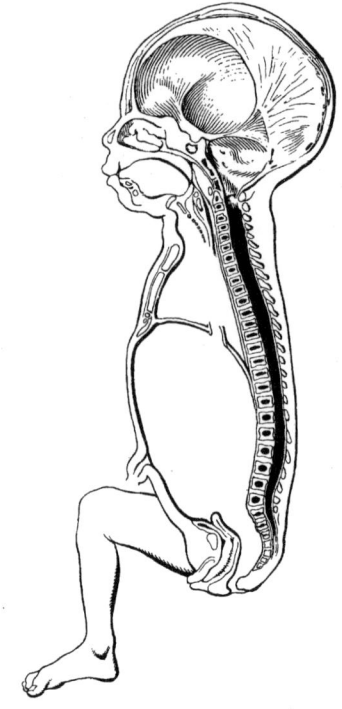

Abb. 3-31: Die Wirbelsäule eines Foetus im 7. Monat (nach: Benninghoff 1994)

Dabei kommt es erst relativ spät zur *Entwicklung der Lendenlordose*. Beim Kleinkind fällt zwar im Stand häufig ein starkes „Hohlkreuz" in Verbindung mit einem übermäßig vorgewölbten Bauch auf (Abb. 3-32b). Diese Erscheinung geht aber

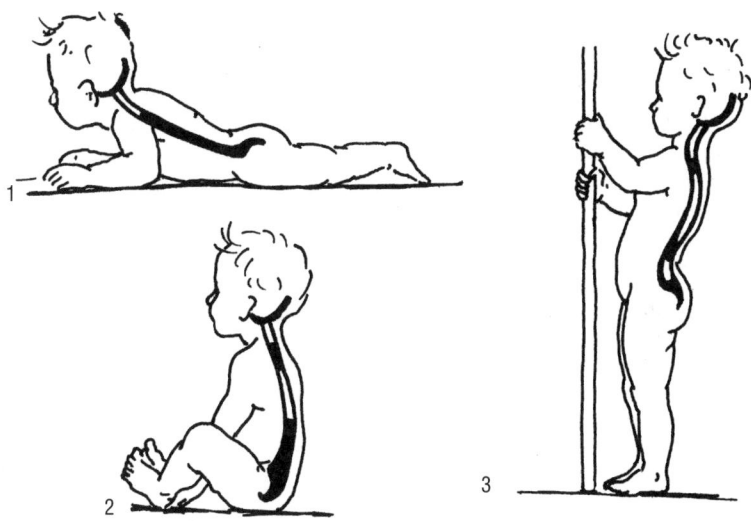

Abb. 3-32a: Stadien der statomotorischen Entwicklung des Kindes als Grundlage der Entwicklung physiologischer Schwingungen der Wirbelsäule (nach: Tittel 1990)

Abb. 3-32b: Haltung eines Kleinkindes (21 Monate alt) mit noch nicht gestreckten Hüftgelenken, physiologischer Beckenkippung, 'Hohlkreuz' und entsprechender Vorwölbung des Bauches

nicht auf eine echte Lendenlordose zurück, sondern wird durch eine Rückwärtsverlagerung des Rumpfes auf dem Becken erreicht; im Röntgenbild zeigt sich mit Ausnahme der beiden unteren Segmente ein gerader Verlauf der Lendenwirbelsäule (Schoberth 1962, 1989). Diese Haltungsform ist als Kompensation gegenüber der entwicklungsbedingten *Beugung in den Hüftgelenken* zu verstehen. Sie entspricht der Erscheinungsform eines hohlrunden Rückens nach Staffel (vgl. Abb. 2-77), die beim Kind aber nicht als Haltungsschwäche oder auch nur als Normvariante zu interpretieren ist, sondern entwicklungsbedingt quasi als ein Durchgangsstadium auftritt. Dubois (1925) stellt fest, dass bei 60% der von ihm untersuchten Kinder im siebten Lebensjahr die Ausprägung der Lendenlordose noch fehlt; ihre Ausformung findet erst im weiteren Entwicklungsverlauf statt.

Die Ausprägung der physiologischen Schwingungen der Wirbelsäule fehlt nahezu, wenn ein Mensch aufgrund schwerwiegender Erkrankungen die statomotorische Entwicklung nicht vollzieht und nicht zur Aufrichtung kommt (Benninghoff & Goerttler 1968). Das bedeutet, dass eine Anlage für die endgültige Wirbelsäulenform wohl vorhanden ist, ihre Ausprägung aber erst in Abhängigkeit von der Inanspruchnahme ihrer Funktion erfolgt.

Das beim Säugling und Kleinkind stark ausgeprägte Unterhautfettgewebe tritt allmählich zugunsten der *muskulären Entwicklung* zurück. Entwicklungsreiz für die Ausbildung der Muskulatur ist vor allem die Bewegung (Roux'sches Gesetz). Für die Entwicklung der Haltung ist von Bedeutung, dass das Kleinkind zunächst ständig die aktive Haltung einnimmt, also eine hohe Muskelspannung aufweist. Erst im Alter von etwa drei bis vier Jahren wird die Ruhehaltung möglich. Der *Haltungswechsel*, ein Wechsel von aktiver Haltung und Ruhehaltung, der im Zusammenhang mit der Entwicklung des Zentralnervensystems möglich wird (vgl. Kap. 3.2), stellt eine Voraussetzung für einen ökonomischen Einsatz des muskulären Systems dar.

Ebenso wie die Wirbelsäule sind *Fuß und Bein* zum Zeitpunkt der Geburt noch nicht voll entwickelt. Der Säugling hat einen „Schein-Plattfuß". Die Fußgewölbe sind zwar angelegt, die Fußsohle wird aber durch ein Fettpolster geschützt. Die Stellung des Fußes insgesamt kennzeichnet eine Hebung des gesamten Fußinnenrandes (Supination), der Fuß ist zur Körpermitte herangezogen (Adduktion) und der Fußrücken gegen den Unterschenkel gehoben (Dorsalflexion). Knie- und Hüftgelenke sind gebeugt; das Bein erscheint als O-Bein.

Wesentliche Veränderungen im Bereich von Fuß und Bein erfolgen wiederum mit der Entwicklung des Stehens und Gehens. Die für den Menschen typische *Fußverwringung* entsteht mit der Belastung des Vorfußes im Stand und mit der Abwicklung des Fußes beim Gehen. Der Vorfuß steht in Pronations-, der Rückfuß in Supinationsstellung. Das heißt im Bereich des Vorfußes wird der Fuß innen mit dem Großzehenballen und dem großen Zeh belastet; im Rückfuß erfolgt die Belastung im Bereich der Ferse außen. Das Fettpolster der Fußsohle wird zurückgebildet; die Fußgewölbe gewinnen im Verlauf des Kleinkind- und Vorschulalters an Höhe (vgl. Maier 1980, 1995a; Schilling 1989). Abbildung 3-33 zeigt die Entwicklung des Fußes anhand von Fußabdrücken.

Entscheidende Entwicklungsfortschritte betreffen auch die *Beinachse*. Im Bereich von Ober- und Unterschenkel finden komplizierte Torsionsvorgänge statt (vgl. Flehmig 1979; Maier 1980, 1995a), die im Zusammenhang mit entsprechenden Veränderungen des Hüftgelenks, des Kniegelenks und der Sprunggelenke zu sehen sind. Im Verlauf des Kleinkindalters verschwindet die Beugestellung der Gelenke, das Bein wird gestreckt. Das O-Bein des Säuglings bildet sich zunächst zum X-Bein des Kleinkindes um; im Alter von etwa sechs / sieben Jahren wird die Beinachse gerade (Abb. 3-34). Im zeitlichen Verlauf dieser Entwicklung sind aber erhebliche individuelle Schwankungen möglich.

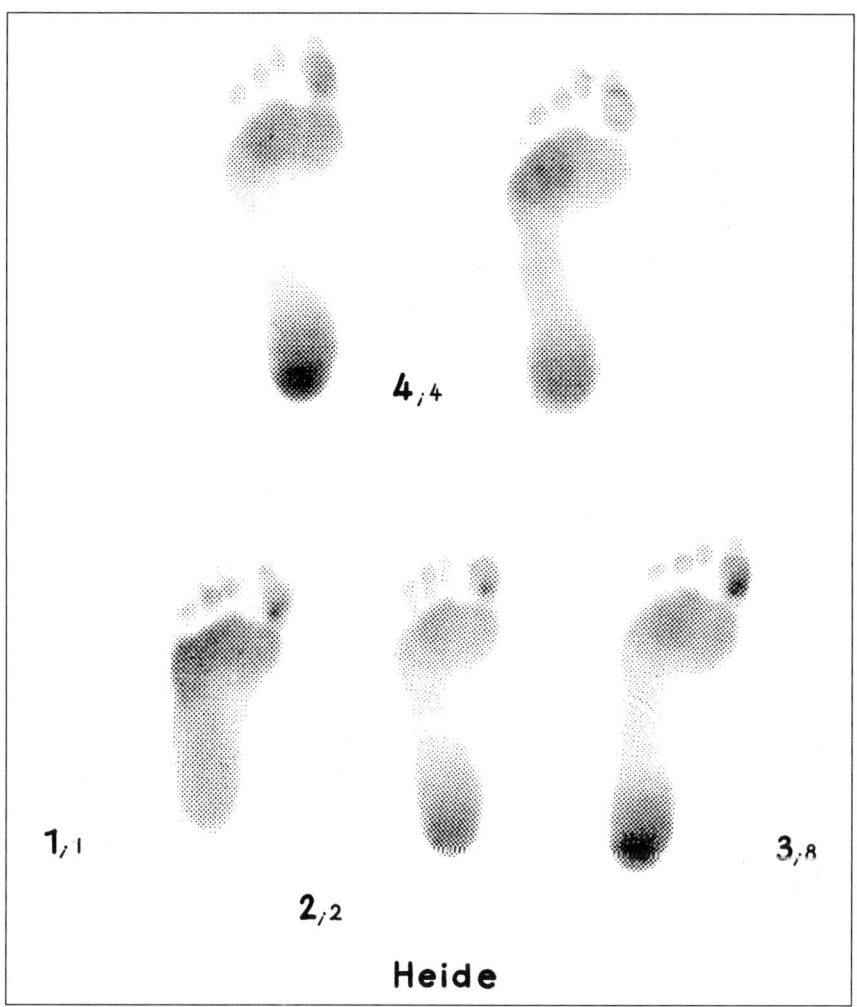

Abb. 3-33: Die Entwicklung des Fußes eines Kindes von 1;1 bis zum Alter von 4;4 Jahren anhand von Fußabdrücken (Maier 1980)

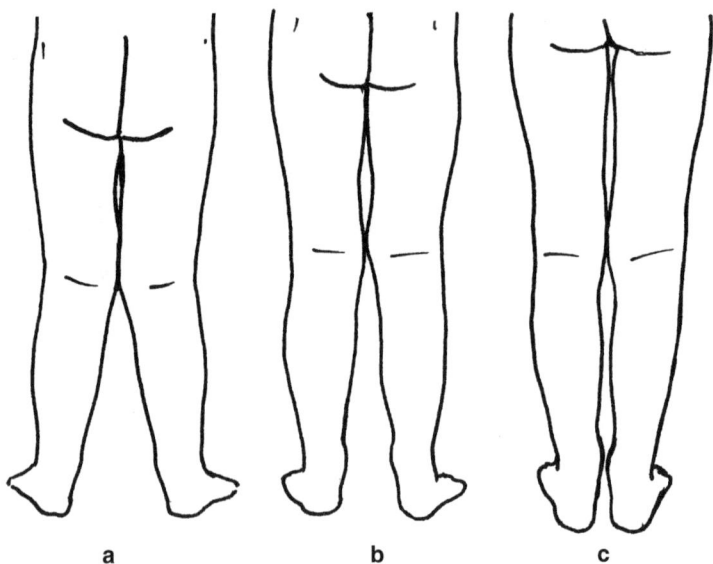

Abb. 3-34: Entwicklung der Beinachse; a - 2;10 Jahre, b - 4;10 Jahre, c - 6;3 Jahre (nach: Maier 1980)

Besondere Beachtung sollte in diesem Zusammenhang das *X-Bein des Kleinkindes* finden, das in der Regel mit einem Knicksenkfuß einhergeht (Abb. 3-34). Der Knicksenkfuß des Kleinkindes ist entwicklungsbedingt; er ist nicht als Haltungsschwäche des Fußes zu werten. Dieser sogenannte *physiologische Knicksenkfuß* verschwindet, wenn sich das Kind in den Hochzehenstand hebt (vgl. Abb. 3-35), da keine Muskelschwäche vorliegt. Der Knicksenkfuß entwickelt sich im Zusammenhang mit der Entwicklung der Beinachse zum normalen Fuß.

Obwohl sich die entscheidenden Entwicklungsvollzüge zur Zeit des intensiven Wachstums eines Kindes, also im Säuglings- und Kleinkindalter, abspielen, kommt auch die Entwicklung des Fußes und der Beinachse erst mit dem Ende des Wachstums zum Abschluss. Ebenso wie bei der Wirbelsäule beeinflusst der Grad der funktionellen Inanspruchnahme die Ausprägung der Form. Bewegungsmangel würde die Entwicklung wesentlich verzögern oder beeinträchtigen. Bei der Entwicklung des Fußes ist zusätzlich die Gefahr negativer Beeinflussung durch unangemessene und unangepasste Fußbekleidung in Betracht zu ziehen, die sowohl eine Deformierung des Fußskeletts als auch eine Beeinträchtigung muskulärer Funktionen bewirken kann (vgl. Kap. 4.3.4).

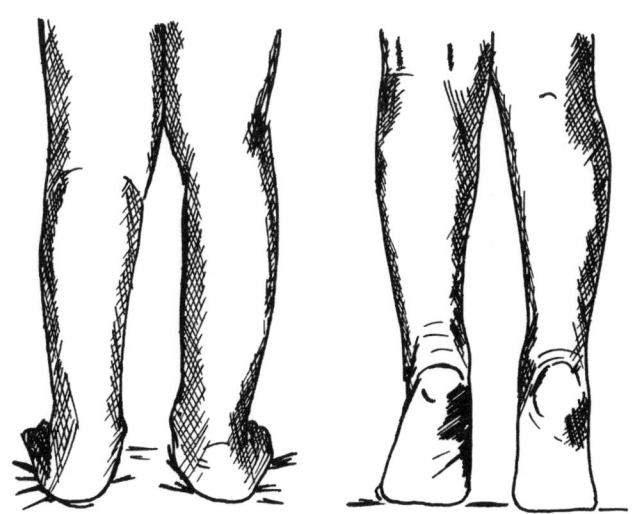

Abb.3-35: Der physiologische Knicksenkfuß des Kleinkindes verschwindet im Hochzehenstand

4. Motorische Auffälligkeiten – Ursachen, Erscheinungsformen, Beurteilungsverfahren und Maßnahmen der Intervention

4.1 Zum Problem der Norm

Der Versuch einer Abgrenzung normaler motorischer Leistungsfähigkeit und normalen motorischen Verhaltens von motorischer Auffälligkeit stellt sich als äußerst problematisch dar, da es *keine allgemein akzeptierte Übereinkunft dessen, was als „normal" anzusehen ist*, gibt.

Aussagen zur Häufigkeit motorischer Auffälligkeiten bei Kindern sollten daher mit großer Skepsis betrachtet werden. Untersuchungsergebnisse zu dieser Fragestellung sind vielfach kaum zu vergleichen, da zugrunde liegende Definitionen und angewandte Untersuchungsverfahren oft stark voneinander abweichen, teilweise auch nicht genannt werden; gelegentlich beruhen entsprechende Zahlen auf rein subjektiven Einschätzungen. Matthiaß (1966) zeigt diese Problematik auf, indem er Angaben zur Häufigkeit von Haltungsschäden anhand von Untersuchungsergebnissen verschiedener Autoren aus den Jahren 1898 bis 1959 referiert: die Werte differieren von 2,7 % bis 92,9 %. Auch in der aktuellen Literatur finden sich weit voneinander abweichende Zahlenwerte (vgl. Kap. 1.4.2).

Um gezielt fördern und die Chancen einer Förderung realistisch einschätzen zu können, sollten Art und Ausmaß, nach Möglichkeit auch die Ursachen motorischer Auffälligkeiten bekannt sein. Im Hinblick auf motorische Minderleistungen hat es sich bewährt, eine „Schwäche" von einem „Schaden", einer Störung oder einer Behinderung einerseits und von einer „Normvariante" andererseits abzugrenzen.

Als *Schwäche* wird eine *funktionelle Beeinträchtigung körperlicher Leistungsfähigkeit* angesehen wie beispielsweise eine eingeschränkte Leistungsfähigkeit der Muskulatur oder einzelner Muskelgruppen als mögliche Grundlage einer Haltungsschwäche. Ursache ist häufig Bewegungsmangel im Sinne eines Mangels an Entwicklungsreizen. Eine Schwäche kann durch gezielte Bewegungsförderung voll ausgeglichen werden.

Ein *Schaden*, eine Störung oder Behinderung ist durch eine *strukturelle Beeinträchtigung des Organismus bedingt, die durch Bewegungsförderung* – anders als die Schwäche – primär nicht beeinflusst werden kann. Als Beispiele können eine frühkindliche Hirnschädigung für den Bereich der Bewegungskoordination, ein Herzklappenfehler als Ursache verminderter Ausdauerleistungsfähigkeit oder eine idiopathische Skoliose als strukturelle Beeinträchtigung des passiven Bewegungsapparates genannt werden. Hier sind in erster Linie medizinische und therapeutische Maßnahmen notwendig; über eine gezielte Bewegungsförderung – möglichst in Absprache mit Eltern, Arzt und Krankengymnast – kann aber die motorische Entwicklung betroffener Kinder unterstützt werden. Motorischen Auffälligkeiten, die möglicherweise als Folge einer Erkrankung oder Behinderung – z.B. durch Überbehütung – auftreten könnten oder schon vorhanden sind, gilt es vorzubeugen bzw. sie auszugleichen (Sekundärprävention bzw. Kompensation).

Charakteristisch für eine *Normvariante* ist eine „normale" körperliche Leistungsfähigkeit, die aufgrund individueller Gegebenheiten, die anlage-, umwelt- oder verhaltensbedingt sein können, im unteren Bereich möglicher Leistungsbreite liegt. Die Entscheidung, was als „normal" anzusehen ist, kann allerdings stark differieren – je nachdem welche Kriterien der Festlegung von „Normen" oder Orientierungsdaten zugrunde liegen.

So kann die *„normale", durchschnittliche Ausdauerleistungsfähigkeit* von Schulkindern in Orientierung an den sportmedizinisch vorgegebenen Leistungsdaten mit mindestens 3 Watt / kg Körpergewicht bei einer stufenförmigen ergometrischen Belastung angegeben werden (Liesen & Hollmann 1977; vgl. Klemt 1988). Die Beurteilung „nomaler" Ausdauerleistungsfähigkeit kann sich aber auch an der statistisch erhobenen, durchschnittlichen Leistung der jeweiligen Altersgruppe bei einem Lauftest orientieren. Nach dem Prinzip des Cooper-Tests wird zum Beispiel gemessen, welche Strecke in einer vorgegeben Zeit gelaufen wird; in Orientierung an den Daten von Beck & Bös (1995) sollten zum Beispiel Sieben- und Achtjährige bei einem 6-Minuten-Lauf in der Halle durchschnittlich zwischen 850 und 1000 m laufen. Beide Verfahren, aber auch Lauftests mit anderen Zeitvorgaben stellen unterschiedliche Anforderungen an Kinder im Hinblick auf die muskuläre Beanspruchung und die Bewegungskoordination, aber auch im Hinblick auf die Motivation für die Aufgabe, so dass die Beurteilung eines Kindes unterschiedlich ausfallen kann, je nachdem welches Verfahren zur Anwendung kommt (vgl. Kap. 1.4.2).

Auch bei der *Bewegungskoordination* ist die Festlegung von altersentsprechenden Normen schwierig. Eine Abgrenzung zwischen Normvariante und Schwäche erscheint kaum möglich; die Übergänge sind fließend. Koordination als qualitative Komponente der Motorik ist nur schwer zu objektivieren. Die sichere Erfassung koordinativer Auffälligkeiten setzt ein hohes Maß an Erfahrung mit Bewegung und Bewegungsbeobachtung voraus; geeignete Verfahren der Motodiagnostik sind in der Regel zeitaufwändig und sollten außerdem sehr sorgfältig ausgewählt und kritisch interpretiert und gewertet werden (vgl. Kap. 4.4).

Als noch schwieriger erweist sich das *Phänomen auffälligen (motorischen) Verhaltens*. Generell ist davon auszugehen, dass verhaltensauffällige Kinder „ihrer Umwelt Schwierigkeiten machen und mit sich selbst Schwierigkeiten haben" (Myschker 1999, 37). Der Terminus Verhaltensauffälligkeit ist ein rein deskriptiver Begriff, der aussagt, dass ein Kind den altersentsprechenden Anforderungen nicht genügt; es zeigt „ein von den kultur- bzw. zeitspezifischen Erwartungsnormen abweichendes, maladaptives Verhalten" (Myschker 1999, 41)[4]. Eine exakte Festlegung dieser Erwartungsnormen erscheint jedoch kaum möglich.

---

[4] *Myschker* spricht allerdings von Verhaltensstörung; er lehnt den Begriff Verhaltensauffälligkeit als zu allgemein und wenig prägnant ab. Im Gegensatz dazu soll hier dem eher wertneutralen Begriff der Auffälligkeit der Vorzug gegeben werden.

Der Begriff der Normvariante ist am deutlichsten im Bereich der *Haltung* zu bestimmen. Er bezieht sich hier in erster Linie auf die Form des passiven Bewegungsapparates, die die Haltungsform vorgibt (vgl. Staffel 1889). Durch einen extremen, von der Idealform abweichenden, anlagebedingten Ausprägungsgrad der Form des Skeletts – der Wirbelsäule oder des Fußskeletts – kann das Erscheinungsbild einer Haltungsschwäche vorliegen, obwohl keine funktionelle Beeinträchtigung als Kennzeichen einer Schwäche vorhanden ist. Um zu entscheiden, ob ein auffälliges Erscheinungsbild einer Haltungsschwäche oder einer Normvariante entspricht, muss vor allem die Leistungsfähigkeit der Muskulatur geprüft werden; aber auch andere Faktoren, die Haltung und Haltungsleistungsfähigkeit beeinflussen können, sind zu berücksichtigen (vgl. Kap. 2.4).

4.2 Mögliche Ursachen und Auswirkungen motorischer Auffälligkeiten

Endogene und exogene Ursachen

Die Entstehung motorischer Auffälligkeiten kann auf eine *Vielzahl möglicher Ursachen* zurückgeführt werden. Selten ist nur ein Faktor eindeutig verantwortlich für körperliche und motorische Defizite. So wie die Entwicklung der Motorik im Zusammenhang von Reifung und Übung zu sehen ist, kann auch eine motorische Minderleistung auf anlagebedingten Faktoren oder auf zu geringer Umweltstimulation, insbesondere auf einem Mangel an Wahrnehmungs- und Bewegungserfahrung oder generell ungünstigen Entwicklungsbedingungen im sozio-ökologischen Kontext beruhen.

Als *endogene Ursachen* werden im wesentlichen *konstitutionelle Faktoren* und das Temperament diskutiert. In Zusammenhang mit dem *Temperament* ist vor allem die individuelle Antriebsstruktur von Bedeutung. Schon bei Säuglingen und Kleinkindern zeigen sich unterschiedliche Niveaus der Aktivität; der Grad individuellen Bewegungsbedürfnisses kann sehr verschieden ausgeprägt sein.

Beziehungen zwischen dem Temperament und körperlichen Merkmalen werden in der *Konstitutionslehre* herausgearbeitet. Am bekanntesten ist die Konstitutionslehre nach Kretschmer (1977), der im wesentlichen drei Grundtypen des Körperbaus (pyknischer, leptosomer und athletischer Typ) beschreibt, die sich deutlich in der Körpergröße und Gestalt sowie der Ausprägung von Skelett und Muskulatur, aber auch in ihrem Temperament voneinander unterscheiden. Die einzelnen Körperbautypen wurden in der Vergangenheit auch im Hinblick auf ihre Neigung zur Entwicklung körperlicher Leistungsschwächen diskutiert (vgl. Matthiaß 1966).
Die Aussagen der Konstitutionslehre unterliegen aber vielfältiger Kritik und spielen heute kaum noch eine Rolle. Insbesondere der Zusammenhang zwischen Körperbau und Temperament, der auf hormonelle Ursachen zurückgeführt wird, erscheint nicht schlüssig. Die beschriebenen Körperbautypen kommen nur selten in reiner Form vor; Tendenzen sind allerdings nicht zu übersehen. Im Kindesalter ist die Zuordnung zu einem bestimmten Körperbautyp äußerst schwie-

rig, da sich im Verlauf der Entwicklung die Körperproportionen verändern und Wachstumsschübe eine Beurteilung erschweren.

Anhand von Zwillingsuntersuchungen wird versucht, die Größe des Einflusses genetischer Faktoren auf motorische Fähigkeiten aufzuklären. Die Untersuchungsergebnisse sind jedoch uneinheitlich, teils widersprüchlich (Singer 1994). Dennoch ist davon auszugehen, dass eine Reihe von Faktoren, die die körperliche Leistungsfähigkeit mitbestimmen, *genetischer Determination* unterliegen. Neben dem Körperbau sind dieses zum Beispiel die Vitalkapazität, die aerobe und anaerobe Kapazität, die Muskelkraft und die Reaktionsgeschwindigkeit (vgl. Bouchard & Thibault 1977; Singer 1994). Berquet (1964, 1972) weist zudem darauf hin, dass die Rückenform und die Körperhaltung erblich bedingt sind; er führt auch eine „schlechte Haltung" auf eine genetische Disposition zurück. Von besonderer Bedeutung für die Haltungsleistungsfähigkeit ist die Trainierbarkeit der Muskulatur (Hettinger 1983). Diese ist ebenso wie die maximale Sauerstoffaufnahme als Kriterium der Ausdauerleistungsfähigkeit und deren Trainierbarkeit (Klissouras 1973) anlagebedingt individuell unterschiedlich. Singer (1994, 69) schätzt nach der Durchsicht entsprechender empirischer Studien, dass „genetische Faktoren ... manchmal mehr als 50 % der beobachteten phänotypischen Varianz" aufklären.

Eine für die Motorik ungünstige biogenetische Ausstattung hat aber nicht automatisch eine geringere körperliche Leistungsfähigkeit zur Folge. *Die Anlage stellt lediglich ein Potential dar; die Umweltbedingungen entscheiden, inwieweit dieses Potential genutzt wird.* Wenn Motorik bis zu 50 % durch genetische Faktoren bestimmt wird, kommen den Umweltbedingungen immerhin auch 50 % oder mehr an Bedeutung für die Entwicklung motorischer Kompetenz zu. Die Annahme einer anlagebedingten Disposition zur Entwicklung einer körperlichen Leistungsschwäche und motorischer Auffälligkeit ist aber nicht von der Hand zu weisen.

Als *exogene, umweltbedingte Ursachen* körperlicher Leistungsschwäche sind eine Vielzahl verschiedener Faktoren denkbar. In erster Linie kommt hier Bewegungsmangel in Frage, der wiederum auf eine Reihe unterschiedlicher Bedingungen, die untereinander mehr oder weniger in Beziehung stehen, zurückzuführen ist.

Ein *Mangel an Bewegungsraum* wird von einer restriktiven Umwelt vorgegeben: enge Wohnungen, kleine Kinderzimmer, Fehlen geeigneter Spiel- und Sportgeräte, kein Garten oder Hof zum Spielen, Mangel an geeigneten Spielplätzen in unmittelbarer Nähe der Wohnung. In Hochhaussiedlungen werden kleine Kinder nicht allein zum Spielen „nach draußen" geschickt, da eine Aufsicht kaum zu gewährleisten ist. Spielen in der Nähe viel befahrener Straßen ist gefährlich, wie die Unfallstatistiken alljährlich dokumentieren. Spielen in unmittelbarer Nähe zur Wohnung – im Treppenhaus, auf Fluren, in Anlagen – ist häufig verboten (vgl. Willimczik 1981).

Während vital-schwache Kinder sich diesen Umweltbedingungen in der Regel anpassen, missachten vital-starke Kinder die einengenden Verhältnisse und schaffen sich ihren Bewegungsraum auch unter ungünstigen Bedingungen. Sie geraten dadurch aber in Widerspruch zu ihrer Umwelt; häufige Konfliktsituationen legen möglicherweise den Grundstock für Verhaltensauffälligkeiten oder -störungen.

Die Lebensgewohnheiten in einer *hoch technisierten, allgemein relativ bewegungsarmen Gesellschaft* schränken die Möglichkeiten, Bewegungserfahrung zu sammeln, ganz wesentlich ein. In erster Linie ist hier das Konsumverhalten zu nennen, das Kindern in ihrer Umwelt häufig vorgelebt wird und das sie übernehmen. Fernsehen, Computer, Videospiele und Audio-Kassetten stehen auch schon bei Kindern im Freizeitverhalten an vorderer Stelle. Freie Zeit, die als Bewegungszeit genutzt werden kann, ist in einer „verplanten Kindheit" rar (vgl. Kap. 1.2).

Im alltäglichen Leben sind körperliche Belastungen und motorische Beanspruchung relativ gering und selten von hoher Intensität. Auch kürzeste Wege werden manchmal im Fahrzeug zurückgelegt, Fahrstühle statt Treppen benutzt. Selbst zur Schule müssen viele Kinder im Schulbus kommen oder werden von den Eltern im Auto gebracht, statt zu Fuß zu gehen oder mit dem Fahrrad zu fahren.

Dagegen können gemeinsames Sporttreiben innerhalb der Familie, eine positive Einstellung der Eltern zum Sport, sportliche Aktivitäten der Eltern und Geschwister sowie die Empfehlung und Unterstützung von Zugehörigkeit und Aktivität eines Kindes im Sportverein die Ausprägung körperlicher Leistungsfähigkeit und die motorische Entwicklung positiv beeinflussen (vgl. Baur 1982, 1994b). Darüber hinaus ist das Erzieherverhalten geeignet, Kinder zur Aktivität ermuntern und damit ihre Bewegungserfahrung zu fördern oder – im Gegenteil – Bewegung einzuschränken oder zu verbieten bzw. Kinder zu verunsichern und ängstlich zu machen.

Die körperliche Leistungsfähigkeit und psycho-physische Befindlichkeit kann wesentlich durch die weit verbreitete *Reizüberflutung* beeinträchtigt werden; dieses gilt auch schon für Kinder. Stress durch eine Vielzahl vor allem optischer und akustischer Reize, zum Beispiel bei häufigem Fernsehen, auch in Verbindung mit Schlafmangel, bei Jugendlichen evtl. Genussmittelmissbrauch, aber auch Lärm durch Straßenverkehr, Fluglärm, Disco-Musik u.a. führt zu hoher physischer und psychischer Belastung, die eine *vegetative Dysregulation* zur Folge haben kann. Zwei Extreme sind denkbar: die ergotrope und die trophotrope vegetative Fehlsteuerung.
- Bei einer *ergotropen Entgleisung* zeigen sich Zappeligkeit, Nervosität, geringe Konzentrationsfähigkeit, eingeschränktes Schlafbedürfnis oder Schlafstörungen und nur mäßiger Appetit. Das Bild des Zappelphilipps drängt sich auf.
- Im Gegensatz dazu wird die *trophotrope Fehlsteuerung* des vegativen Nervensystems durch Antriebsschwäche, geringe Motivation für Bewegung, hohes Schlafbedürfnis, gesteigerten Appetit und infolgedessen häufig Übergewicht gekennzeichnet. Diese Kinder wirken insgesamt phlegmatisch.

Beide Formen vegetativer Dysregulation verursachen, auch wenn sie nicht unbedingt in den beschriebenen extremen Erscheinungsformen auftreten, eine allgemeine körperliche Leistungsschwäche, die sich als eingeschränkte Ausdauerleistungsfähigkeit, aber auch in verringerter Qualität der Bewegungskoordination und der konzentrativen Leistungsfähigkeit äußern kann.

Auf weitere mögliche Gefährdungen von Kindern, insbesondere von sehr jungen Kindern, durch übermäßige Nutzung audio-visueller Medien wurde schon in Kapitel 1.2 hingewiesen: Reduzierung elementarer Wahrnehmungs- und Bewegungserfahrungen, u.U. Veränderung zentralnervöser Entwicklungsprozesse, veränderte Prozesse der Umweltaneignung, u.U. emotionale Überforderung, Gefahr der Isolation, aber auch einseitige Belastung, damit Überlastung des Haltungs- und Bewegungsapparates durch lang andauerndes Sitzen u.a.

Umweltgifte stellen für Kinder eine weitaus größere Belastung dar als für Erwachsene. Besonders empfindlich reagiert der Organismus des Säuglings und des Kleinkindes auf Schadstoffe in der Nahrung, im Wasser und in der Luft. Entwicklungsstörungen und chronische Krankheiten von Kindern werden vielfach ursächlich in Zusammenhang mit Umweltgiften gebracht; mögliche Auswirkungen von Schadstoffen zum Beispiel auf die Entwicklung des Nervensystems, auf das Immunsystem, auf die Blutbildung, auf die Funktion von Leber und Nieren wie auch auf die Entwicklung des Skeletts gelten als sicher (Hoehne 1993). Auch Einflüsse von Stress, Nikotin, Alkohol, Drogen und Medikamenten im mütterlichen Organismus während der Schwangerschaft können sich beim Kind als Entwicklungsstörung manifestieren; dieses wird zum Beispiel als eine mögliche Ursache für Hyperaktivität und Aufmerksamkeitsstörungen bei Kindern diskutiert (Schulze und Trott 1996).

Eine ausgewogene *Ernährung* ist für die Entwicklung aller Organsysteme unerlässlich. Mangelernährung wie zum Beispiel ein Mangel an Vitaminen und Mineralien wirkt sich auf die allgemeine körperliche Leistungsfähigkeit negativ aus; ein Mangel an Eiweiß ist möglicherweise für eine Muskelschwäche oder generell eine mangelhafte muskuläre Entwicklung verantwortlich. *Mangelernährung* steht nicht unbedingt im Zusammenhang mit Armut, sondern kommt als einseitige Ernährung – Bevorzugung von Süßigkeiten, Limonaden, colahaltigen Getränken, aber auch von Fast food – in allen Bevölkerungsschichten vor.

Das weitaus bekanntere Problem innerhalb der Ernährung ist das *Übergewicht*, das je nach Ausmaß erhebliche Einschränkungen der körperlichen Leistungsfähigkeit,
– insbesondere der Ausdauerleistungsfähigkeit,
– aber auch der Bewegungskoordination zur Folge haben kann.
– Darüber hinaus wirkt sich Übergewicht negativ auf die Fuß- und Beinhaltung (Knick-Senk-Füße; X-Beine), möglicherweise auch auf die Rumpfhaltung (Hohlrücken) aus.
– Übergewicht beeinträchtigt in der Regel die Motivation für Bewegung und verursacht dadurch einen Mangel an Wahrnehmungs- und Bewegungserfahrungen.
– Über die Entwicklung eines negativen Selbstkonzeptes und eingeschränkter Sozialkontakte kann Übergewicht die gesamte Persönlichkeitsentwicklung beeinträchtigen. Andererseits treten Störungen des Essverhaltens und in deren Folge Übergewicht aber auch Untergewicht – eher bei Jugendlichen, durchaus aber auch schon bei Kindern als Ausdruck, als Folge persönlicher Konflikte auf.

Auswirkungen auffälliger motorischer Entwicklung

Körperlicher Leistungsschwäche mag also eine anlagebedingte Disposition zugrunde liegen. Umweltbedingungen im weitesten Sinne scheinen aber von ausschlaggebender Bedeutung zu sein, da auch eine nicht optimale Anlage bei guter Förderung zu befriedigender Entwicklung gebracht werden kann, gute Anlagen dagegen bei ausbleibender Förderung verkümmern.

Bewegungsmangel führt bei einem gut entwickelten Organismus zur Minderung der körperlichen Leistungsfähigkeit, zur Herabsetzung der Fitness. Beim Kind hat aber eine Einschränkung der Bewegungsmöglichkeiten die Konsequenz, dass sich der Organismus in seiner Gesamtheit nicht optimal bzw. seinen Anlagen entsprechend entwickeln kann: wertvolle Zeit – die für die motorische Entwicklung wichtigen „sensiblen Phasen" – verstreicht, ohne dass das Kind in ausreichender Quantität und Qualität die notwendigen Wahrnehmungs- und Bewegungserfahrungen sammeln kann. Die für die Entwicklung wichtigen Reize bleiben aus; dieses kann sich auf alle Organsysteme – so auf Form und Funktion des aktiven und passiven Bewegungsapparates, des Nervensystems und der inneren Organe – auswirken. *Ein im Kindesalter nicht optimal ausgeschöpftes Entwicklungspotential könnte die Grundlage reduzierter Leistungsfähigkeit des Erwachsenen sein und möglicherweise die Entwicklung gesundheitlicher Beeinträchtigungen verursachen oder begünstigen.*

Ungünstige Umweltbedingungen bleiben in ihren Auswirkungen selten auf den Bereich körperlicher Leistungsfähigkeit beschränkt. Abbildung 4-1a zeigt mögli-

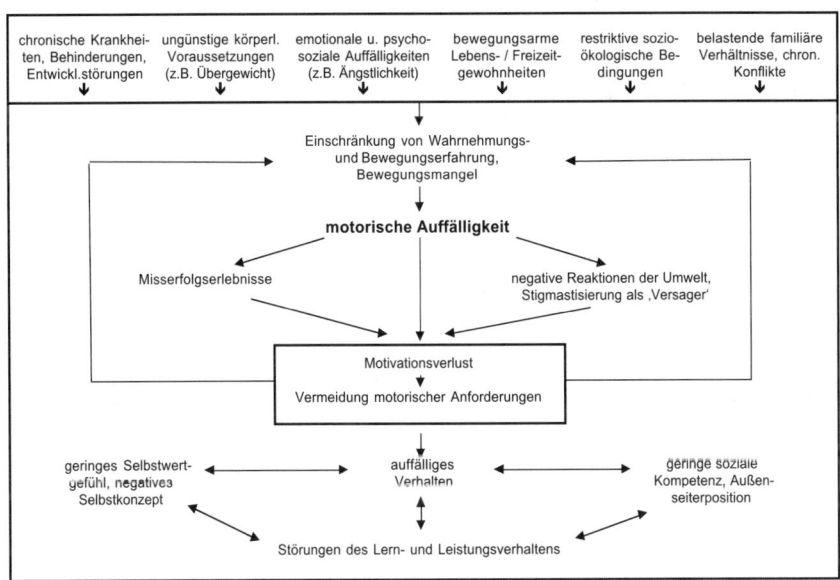

Abb. 4-1a: *Bedingungsfaktoren und mögliche Folgen motorischer Leistungsschwäche (nach: Dordel 1982, 1993; Zimmer / Cicurs 1999)*

che Ursachen motorischer Auffälligkeiten, aber auch *mögliche Auswirkungen auf andere Persönlichkeitsbereiche*:
Kinder mit motorischen Auffälligkeiten erleben in vielen Situationen, dass sie weniger geschickt sind als andere Kinder, dass sie die Erwartungen, die Eltern, Lehrer oder Freunde an sie stellen, nicht erfüllen können. Verhält sich die Umgebung eines Kindes tolerant und verständnisvoll gegenüber Entwicklungsverzögerungen und verminderter Leistungsfähigkeit, kann ein Kind durchaus emotionale Stabilität, Selbstsicherheit und soziale Kompetenz entwickeln. Fordern die Eltern aber „altersgemäße" Leistungen und bewirken damit eine ständige Überforderung des Kindes oder sind sie eher unsicher und zeigen dem Kind gegenüber zwischen Überbehütung, Verwöhnung und Strenge wechselndes Verhalten, kann dieses zu Ängstlichkeit, Entmutigung und Leistungsflucht oder zu aggressiven und destruktiven Verhaltensweisen und damit zu einem gestörten Sozialverhalten führen. Als besonders belastend empfinden Kinder Spott und Hänseleien, die sich auf körperliche und motorische Auffälligkeiten beziehen.

In der Regel entwickeln Kinder *Strategien, um Misserfolgserlebnisse und negative Reaktionen aus dem sozialen Umfeld zu bewältigen*:

- Sie versuchen, derart belastenden Situationen *auszuweichen*. Im Sportunterricht dokumentieren zahlreiche Verhaltensweisen diese Not der Kinder: „Turnzeug" vergessen, häufig die Toilette aufsuchen, Bauchschmerzen oder andere Beschwerden, die eine weitere Teilnahme am Unterricht unmöglich machen, aber auch vielfältige Hilfeleistungen für die Mitschüler oder die Lehrkraft, die den Anteil eigener Bewegungszeit reduzieren, und vieles mehr.
- Kinder versuchen aber häufig auch, ihre motorische Minderleistung zu „überspielen", davon *abzulenken*, indem sie mit Clownerien die Aufmerksamkeit auf sich lenken, geforderte motorische Aufgaben gar nicht oder bewusst übertrieben tolpatschig ausführen und damit demonstrieren, dass sie die Aufgabe als uninteressant, wahrscheinlich als zu leicht empfinden. Auch sie weichen damit angemessenen motorischen Reizen aus.
- Schließlich können Kinder direkt auf Misserfolge wie auch auf Hänseleien mit *aggressivem Verhalten* reagieren. Mit verbalen Aggressionen, mit Drohgebärden, aber auch mit tätlichen Angriffen auf Mitschüler, auch auf die Lehrkraft, oder mit der Zerstörung von Materialien und Geräten lenken sie die Aufmerksamkeit auf sich; die Qualität ihres motorischen Verhaltens, ihr Bewegungskönnen gerät dabei für alle aus dem Blick.

Bei jeder dieser unterschiedlichen Verhaltensstrategien vergrößern sich körperliche Leistungsschwächen und motorische Auffälligkeiten in einem *Teufelskreis von Bewegungsmangel, motorischer Auffälligkeit, daraus resultierendem Motivationsverlust und weiterem Bewegungsmangel*. Dieser Teufelskreis ist – einmal in Gang gesetzt – nur schwer zu durchbrechen.

Kinder, die auf ihre Probleme mit Clownerien oder aggressivem Verhalten reagieren, fallen immer auf. Sie machen Schwierigkeiten und bekommen von allen Seiten Aufmerksamkeit; die Einleitung einer gezielten Intervention wird von Eltern und Lehrkräften gleichermaßen befürwortet oder gefordert.

Kinder, die regressiv reagieren, die sich also zurückziehen, werden dagegen leicht übersehen. Sie wirken vielleicht schüchtern und eher unscheinbar; ihre Probleme fallen aber weniger auf bzw. stellen sich nicht als störend dar und werden deshalb weniger ernst genommen. Bei ihnen wird eine gezielte Intervention viel seltener als nötig erachtet, obwohl auch sie dringend Hilfe brauchen.

Auffälliges Verhalten, das sich im Zusammenhang mit körperlicher und motorischer Auffälligkeit entwickeln kann, hat also u.U. wesentliche *Auswirkungen auf die gesamte Persönlichkeitsentwicklung – auf die emotionale und psycho-soziale Entwicklung, auf die Entwicklung des Sozialverhaltens bis hin zu Störungen des Lern- und Leistungsverhaltens* (vgl. Abb. 4-1a). Bei auffälligen Verhaltensweisen von Kindern sollte immer daran gedacht werden, dass über die Motorik ein wichtiger Zugang zu den Kindern gefunden werden kann. Bewegungsförderung ist zwar kein „Allheilmittel"; der Versuch einer Intervention durch Wahrnehmungs- und Bewegungsförderung sollte aber in Erwägung gezogen werden.

Die *Situation behinderter und chronisch kranker Kinder wie auch der Kinder mit Entwicklungsstörungen* soll hier besonders hervorgehoben werden. Krankheit oder Behinderung stellt oft direkt eine Einschränkung der Bewegungsfähigkeit dar, zum Beispiel bei schwerer cerebraler Bewegungsstörung, bei einer Schädigung des Rückenmarks oder bei einem zyanotischen Herzfehler. Hier liegen Entwicklungsbedingungen vor, die eine differenzierte Förderung notwendig machen (vgl. Bar-Or 1986; Petermann 1990; Petermann, Noeker & Bode 1987).

Vielfach sind Kinder aber trotz einer – weniger schwerwiegenden – *Krankheit oder Behinderung* normal bewegungsfähig und belastbar; dieses wird insbesondere durch operative Maßnahmen zum Beispiel bei einem nichtzyanotischen Herzfehler oder therapeutischer Behandlung bei einer leichteren cerebralen Bewegungsstörung erreicht. Dennoch kommt es auch bei diesen Kindern häufig zu einem Mangel an Wahrnehmungs- und Bewegungsreizen und motorischen Auffälligkeiten, zu teils erheblichen Entwicklungsrückständen und auffälligen Verhaltensweisen, die nur sekundär mit Krankheit oder Behinderung zu begründen sind (vgl. Bar-Or 1986).

Bei Eltern, älteren Geschwistern und dem gesamten familiären Umfeld lösen Krankheit oder Behinderung eines Kindes in der Regel einen Schock aus; Enttäuschung, Trauer, Hilflosigkeit und Zukunftsängste, vor allem auch mangelhafte Kenntnisse über die Krankheit / Behinderung und die Entwicklungschancen des Kindes führen zu einer erheblichen Verunsicherung (vgl. Kap. 5.3.4). Häufig resultiert ein überbehütender und verwöhnender Erziehungsstil, der dem Kind wichtige Entwicklungsschritte vorenthält. Abbildung 4-1b betont den Stellenwert der *Überbehütung* in dem Gefüge möglicher Ursachen und Auswirkungen des Bewegungsmangels bei behinderten und chronisch kranken Kindern, die nicht unbedingt krankheits- bzw. behinderungsbedingt vermindert belastbar sein müssen.

Entwicklungsstörungen können vorwiegend die körperliche Entwicklung zum Beispiel durch Belastung mit Umweltgiften betreffen, aber auch die motorische, emo-

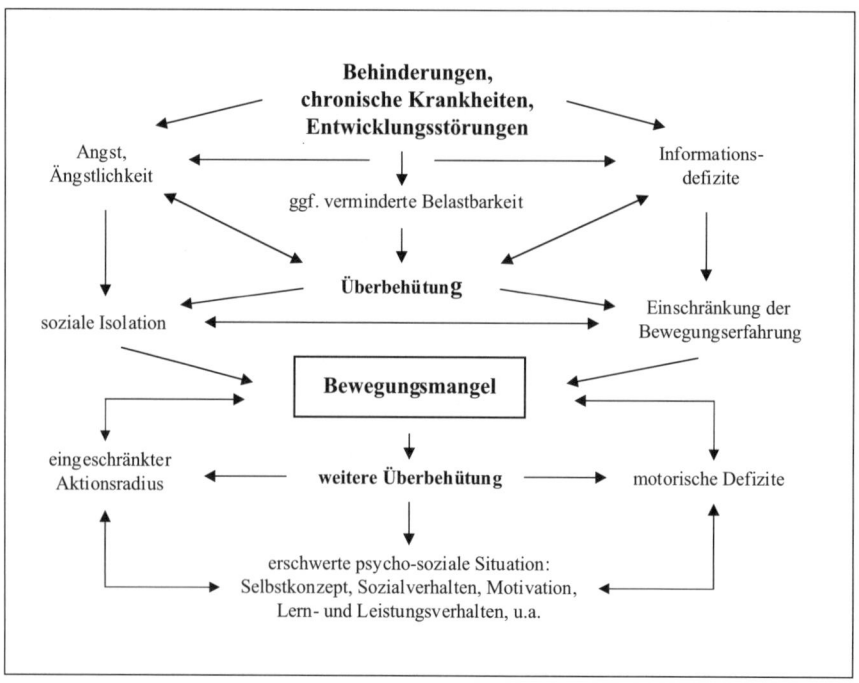

Abb. 4-1b: Mögliche Ursachen und Auswirkungen des Bewegungsmangels bei behinderten Kindern und bei Kindern mit chronischen Krankheiten oder Entwicklungsstörungen

tionale, psychosoziale und kognitive Entwicklung zum Beispiel durch Störungen der Wahrnehmungsentwicklung, der sensorischen Integration (vgl. Kap. 3.3; Kap. 4.3.2) oder durch ungünstige psychosoziale Bedingungen, durch chronische Konflikte im familiären Umfeld (z.B. Deprivationssyndrom) beeinträchtigen. Sie sind vielfach schwer einer bestimmten Ursache zuzuordnen und äußern sich relativ diffus, so dass auch sie nicht selten zu Unsicherheiten der Bezugspersonen in ihrem Verhalten gegenüber dem betroffenen Kind führen.

Betroffene Kinder erleben sich als „anders". Je nach dem Schweregrad und der damit verbundenen Beeinträchtigung und der individuellen Prognose, je nachdem, in welchem Alter die Erkrankung oder Behinderung eintritt, wie sie eintritt – durch ein akutes Ereignis oder eher schleichend – und wie die Personen im Umfeld damit umgehen, haben betroffene Kinder in unterschiedlichem Ausmaß Probleme mit der Akzeptanz der Krankheit oder Behinderung, mit der Entwicklung und Akzeptanz eines veränderten Körper- und Selbstbildes und der Entwicklung eines positiven Selbstkonzeptes, eines angemessenen Selbstwertgefühles und der Überzeugung, aktuelle und künftige Probleme – auch mit Hilfe des sozialen Umfeldes – meistern zu können (vgl. Bode 1990; Petermann, Noeker & Bode 1987). Positives Selbstkonzept, Selbstwertgefühl und Kontrollüberzeugung sind zentrale Aspekte erfolgreicher Strategien auch für die Bewältigung von Krankheit und Behinderung, wichtige Bestandteile auch des Kohärenzgefühls als zentralem Phänomen eines salutogenetischen Verständnisses von Gesundheit (vgl. Kap. 1.3; Antonovski 1997; Hurrelmann 1994; Lazarus & Launier 1981).

Ansätze zur Förderung von Kindern mit motorischen Auffälligkeiten müssen der Vielfalt und Komplexität möglicher Ursachen wie auch der möglichen Auswirkungen Rechnung tragen. Sie dürfen sich bei der Intervention nicht auf einzelne Symptome oder isolierte Entwicklungsaspekte beschränken; sie dürfen aber auch nicht ausschließlich das Kind in den Blick nehmen. Förderung über das Medium Bewegung spricht das „ganze" Kind an; dieses sollte im Sinne einer ganzheitlichen Entwicklungsförderung genutzt werden. Bewegungsförderung kann die Entwicklung eines Kindes nur positiv unterstützen, wenn die Bezugspersonen – vor allem Eltern, Geschwister, evtl. Freunde, Erzieher oder Lehrer – mit einbezogen werden. Bewegungsförderung kann umso wirksamer sein, je besser es gelingt, auch die Lebensbedingungen eines Kindes positiv zu beeinflussen (vgl. Petermann 1990).

4.3 Erscheinungsformen motorischer Auffälligkeiten

4.3.1 Motorisches Verhalten – Verhaltensauffälligkeiten

Erscheinungsformen

Als Erscheinungsformen auffälligen Verhaltens wird eine Vielzahl verschiedener Symptome beschrieben, die im wesentlichen vier Persönlichkeitsbereichen zuzuordnen sind (vgl. Dührssen 1992; Kiphard 1994; Myschker 1999; Ortner & Ortner 2000): Diese Symptome können sich im körperlichen Bereich zeigen oder den emotional – affektiven Bereich betreffen; sie können sich im Verhalten der Umwelt gegenüber oder im Leistungsverhalten äußern.

- Als *Symptome, die im körperlichen Bereich auftreten*, kommen sehr unterschiedliche Beschwerden wie allgemeine Schwäche bzw. leichte Ermüdbarkeit, Schlafstörungen, Kopfschmerzen, Herzbeschwerden, Auffälligkeiten im Bereich der Atmung, der Haut, Magenbeschwerden, Blasen- und Darmfunktionsstörungen sowie Essstörungen in Betracht, aber auch Sprachstörungen, Störungen der Koordination, Gangstörungen und Haltungsfehler. Auffällige Merkmale sind auch Tics (meist automatische, selten willkürlich zu beeinflussende Zuckungen insbesondere der mimischen Muskulatur), Tremor (Zittern; meist unwillkürliche, rhythmisch auftretende Kontraktionen antagonistisch arbeitender Muskulatur), Verkrampfungen zum Beispiel im Schreibkrampf, Formen der Selbststimulierung wie Haarezwirbeln, Lutschen, Lecken, Nägelkauen, Zähneknirschen und vieles mehr.

- *Störungen im emotional – affektiven Bereich* sind vor allem Angsterscheinungen, die situationsgebunden (z.B. Angst im Dunkeln, Angst vor dem Alleinsein, Angst vor dem Sprechen), aber auch objektgebunden (z.B. Angst vor Tieren, vor Wasser, vor Gespenstern) oder nicht objektgebunden (Angst vor dem eigenen Versagen, vor Strafen, vor Krankheiten, u.a.) sein können. Hinzu kommen Störungen des Selbstwertgefühls, Stimmungsstörungen (z.B. euphorisch, erregbar, irritierbar) bis hin zu depressiven Verstimmungen, Zwangsvorstellungen und Zwangshandlungen (z.B. Zähl-, Ordnungs-, Waschzwang), Störungen der Gefühle zu sich und anderen (z.B. Leeregefühl, Empfindungslosigkeit, Abwesenheitszustände).
- Als *Symptome im Verhalten der Umwelt gegenüber* werden Ängstlichkeit (z.B. wehleidiges, weinerliches, eher ratloses Verhalten), Kontaktstörungen (z.B. schüchternes, verschlossenes, teilnahmsloses, einzelgängerisches, aber auch distanzloses und „kontaktsüchtiges" Verhalten), überangepasstes (übermäßig bescheidenes, gefügiges, friedfertiges) und unangepasstes (jähzorniges, übermäßig trotziges, freches) Verhalten beschrieben. Das Verhalten kann als ausweichend (langsam, bequem, initiativlos, verträumt, passiv), eingeengt (pedantisch), übersteigert (ungeduldig, angeberisch), überschießend (motorisch unruhig, ungeschickt, waghalsig), sozial störend (lügen, stehlen, weglaufen, Schuleschwänzen), grob aggressiv (zerstörerisch, quälerisch, brutal, herrschsüchtig, hinterhältig) oder sexuell auffällig (sexuell belästigend, provozierend, gewalttätig) gekennzeichnet werden.
- *Symptome, die das Leistungsverhalten betreffen*, äußern sich durch plan- und zielloses Verhalten und durch geringe Ausdauer, hohe Ablenkbarkeit, verlangsamtes Arbeiten, verspieltes, lustloses, unaufmerksames, unselbständiges oder zuwendungsabhängiges Verhalten. Typisch sind auch Konzentrationsstörungen und Leistungsversagen in einzelnen Leistungsbereichen oder in bestimmten Situation wie zum Beispiel bei Klassenarbeiten.

Symptomkomplexe

Symptome von Verhaltensauffälligkeiten treten allerdings selten isoliert auf; sie finden sich häufig in einem *Symptomkomplex oder Syndrom* zusammen. Vielfach steht ein bestimmtes Symptom aus dem gesamten Komplex im Vordergrund bzw. ein Symptom erweist sich als besonders störend und findet deshalb verstärkt Beachtung. Dieses sogenannte *Primärsymptom* kann aber durchaus wechseln. So fällt bei einem Schulkind möglicherweise zunächst ein besonders ängstliches Verhalten auf, während zu einem anderen Zeitpunkt auffälliges Leistungsverhalten und Versagen in bestimmten Leistungsbereichen in den Vordergrund tritt (vgl. Dührssen 1992).

Ausgehend von einer umfangreichen Auflistung möglicher Symptome unterscheidet Myschker (1999, 47) *vier Gruppen von Kindern und Jugendlichen mit Verhaltensstörungen*, von denen allerdings nur die ersten beiden Gruppen, die mit gegensätzlichen Erscheinungsformen beschrieben werden, als sicher belegt gelten:

1. Kinder und Jugendliche mit externalisierendem, aggressiv-ausagierendem Verhalten
→ mit der Symptomatik aggressiven, überaktiven, impulsiven, exzessiv streitenden, aufsässigen, tyrannisierenden und regelverletzenden Verhaltens sowie Wutanfällen und Aufmerksamkeitsstörungen und

2. Kinder und Jugendliche mit internalisierendem, ängstlich-gehemmtem Verhalten
→ mit der Symptomatik ängstlichen, gehemmten, überempfindlichen, traurigen, interesselosen, zurückgezogenen, freudlosen Verhaltens, kränkelnd, mit somatischen Störungen, Schlafstörungen und Minderwertigkeitsgefühlen.

Hinzu kommen

3. Kinder und Jugendliche mit sozial-unreifem Verhalten
→ mit der Symptomatik nicht altersentsprechenden, unreifen Verhaltens, die leicht ermüdbar, konzentrationsschwach und leistungsschwach erscheinen und Sprach- und Sprechstörungen zeigen, sowie

4. Kinder und Jugendliche mit sozialisiert-delinquentem Verhalten
→ mit der Symptomatik verantwortungslosen, reizbaren, aggressiv-gewalttätigen, leicht erregten, leicht frustrierten, reuelosen, Normen missachtenden und risikobereiten Verhaltens, mit niedriger Hemmschwelle und Beziehungsstörungen.

Zur Entwicklung von Verhaltensstörungen

Um auffälliges Verhalten als solches zuverlässig einschätzen und gezielt intervenieren zu können, ist das Bemühen um eine sichere Diagnose (vgl. Kap. 4.4), aber auch um die Klärung möglicher Ursachen unerlässlich. Die Ursachen sind immer multifaktoriell bedingt. Im Rahmen des Ursachenkomplexes spielen endogene und exogene Faktoren, also Anlage und Umwelt, eine Rolle; Myschker (1999, 72) hebt aber auch die „schon früh wirksam werdenden Selbstbestimmungs- und Selbstorganisationstendenzen" von Kindern hervor. Dem *„sozialen System Familie"* misst er bei der Entwicklung von Verhaltensstörungen die größte Bedeutung zu. Die verschiedenen Einflussfaktoren stehen über einen längeren Zeitraum in Wechselwirkung zueinander, bevor sich auffälliges Verhalten manifestiert. Dabei ist zu bedenken, dass verschiedene Ursachen vergleichbare Verhaltensweisen zur Folge haben können, gleiche Ursachen aber möglicherweise auch zu ganz unterschiedlichen Verhaltensstörungen führen.

Myschker (1999) stellt ein *Drei-Phasen-Modell* der Entwicklung von Verhaltensstörungen vor (Abb. 4-2):

1. Die Entwicklung von Verhaltensstörungen nimmt ihren Ausgang (*erste Phase*) in einer bestimmten Problemkonstellation, die das aktuelle Wohlbefinden und die Entwicklung beeinträchtigt. Dieses könnte zum Beispiel eine motorische Auffälligkeit wie eine Koordinationsschwäche aufgrund allgemeinen Bewegungsmangels, eine gestörte Bewegungskoordination infolge einer leichten frühkindlichen Hirnschädigung (cerebrale Bewegungsstörung) oder auch eine körperliche Auffälligkeit wie Übergewicht oder Adipositas sein, die dazu

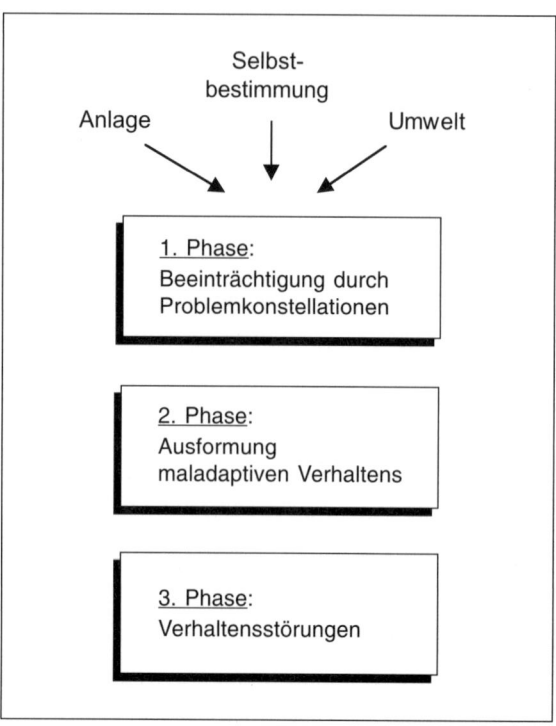

Abb. 4-2: *Drei-Phasen-Modell der Entwicklung von Verhaltensstörungen* (nach: Myschker 1999)

führen, dass das betroffene Kind Erwartungen der Umwelt nicht erfüllen kann und entsprechend negative Rückmeldungen erhält.

2. Darauf regiert das Kind mit der Entwicklung einer Strategie zur Bewältigung der belastenden Situation: Als *zweite Phase* folgt damit die Ausformung unangepassten, „maladaptiven" Verhaltens. Dieses könnte in dem genannten Beispiel zum Beispiel überangepasstes, motorischen Anforderungen eher ausweichendes Verhalten sein.

3. In der *dritten Phase* manifestieren sich die Verhaltensstörungen zum Beispiel im Sinne internalisierenden, ängstlich-gehemmten Verhaltens: Möglicherweise treten verschiedene körperliche Beschwerden auf; Angst vor dem Sportunterricht oder allgemein Angst vor körperlicher Beanspruchung im Zusammenhang mit einem reduzierten Selbstwertgefühl, mit Kontaktstörungen wie schüchternem, verschlossenen Verhalten und Störungen im Leistungsverhalten durch verlangsamtes Arbeiten und leichte Ablenkbarkeit bis hin zum Schulversagen stellen eine erhebliche Belastung für das betroffene Kind dar.

Dieses Modell der Entwicklung von Verhaltensstörungen zeigt viele Gemeinsamkeiten mit dem Prozess der Entstehung und den möglichen Auswirkungen motorischer Auffälligkeiten (Abb. 4-1a, b). Körperliche und motorische Auffälligkeiten können ein Bestandteil der Problemkonstellation sein, die am Anfang der Entwicklung von Verhaltensstörungen steht. Die Darstellung der Vielfalt möglicher Symptome auffälligen Verhaltens sollte einmal mehr für die Bedeutung der Motorik im Rahmen der Entwicklung eines Kindes sensibilisieren (vgl. Kap. 3.1; Kap. 4.2).

Körperlich-motorische Merkmale

Wird bei der Betrachtung auffälligen Verhaltens in Ergänzung bzw. als Differenzierung der Symptome im körperlichen Bereich speziell die *Symptomatik, die Haltung und Bewegung betrifft*, in den Blick genommen, so kann zunächst das *Niveau motorischer Aktivität* hervorgehoben werden: Bewegungsunruhe, Zappeligkeit, überschießende Bewegungen auf der einen Seite, im anderen Extrem Bewegungsarmut, verlangsamte und gehemmte Bewegungen.

Besonders aufschlussreich ist die *Beobachtung der Mimik und der Gestik sowie der gesamten Körperhaltung*. Die Regelung des Muskeltonus bestimmt den Grad muskulärer Anspannung – von Verspannung bis hin zu Muskelschlaffheit – und spielt neben der Gleichgewichtsregelung eine wichtige Rolle bei der Haltungssicherung. Insbesondere die *Haltung des Kopfes und der Schultern*, auch Haltung und Bewegung der Arme, Hände und Finger können die „innere Haltung", die emotionale und psychosoziale Befindlichkeit eines Menschen deutlich widerspiegeln und als *„Körpersprache"* Interaktion und Kommunikation beeinflussen.

Die Motorik bestimmt wesentlich das Sprechen und das Schreiben; typische Symptome motorischer Auffälligkeit stellen daher *Sprach- und Sprechstörungen* sowie *graphomotorische Störungen* dar. Darüber hinaus werden auch die Lese-Rechtschreib-Schwäche und die Rechenschwäche im Zusammenhang mit Defiziten der Körper- und Raumwahrnehmung diskutiert.

Insgesamt äußert sich auffälliges motorisches Verhalten überwiegend in *auffälliger Haltungs- und Bewegungskoordination* (vgl. Kap. 4.3.2; Kap. 4.3.3). In engem Zusammenhang mit Haltungs- und Bewegungskoordination steht die Wahrnehmung. Wahrnehmungsstörungen können alle Sinnesbereiche – isoliert oder kombiniert – betreffen; insbesondere Störungen der sensorischen Integration führen häufig zu komplexen Entwicklungsstörungen und auffälligem Verhalten (vgl. Kap. 3.3).

Frühzeitiges Erkennen und eine angemessene Interpretation motorischer Auffälligkeiten kann eine wertvolle Hilfe für die Einleitung einer gezielten Intervention bei Verhaltensauffälligkeiten sein, aber auch für ein verständnisvolles Verhalten von Eltern, Erziehern und Lehrern werben und damit zur Förderung der Gesamtentwicklung eines Kindes wesentlich beitragen. Kiphard (1977b, 1994, 1995) stellt in einer Checkliste (vgl. Abb. 4-3) Störungsmerkmale aus dem Bewegungs-, Wahrnehmungs- und Verhaltensbereich zusammen; diese Checkliste kann als Orientierung dienen, wenn es darum geht, auffälliges motorisches Verhaltens von Kindern zu erfassen.

Kiphard (1977a) zeigt aber auch auf, wie vielfältig Bewegungsmerkmale interpretiert werden können, indem er auffälligen motorischen Erscheinungen wie Schlaffheit, Verspannung, Steifheit, Bewegungsmangel und Bewegungsüberschuss mögliche psychische Phänomene, die Ursache, Folge oder Ausdruck sein können, zuordnet.

Die *Problematik der Deutung auffälligen motorischen Verhaltens* mag am Beispiel des Zitterns dargelegt werden:

– Zittern kann Ausdruck innerer Erregung oder unterdrückter Aggression sein; man kann vor Aufregung, Angst oder Wut zittern.
– Man kann aber auch vor Kälte zittern; dieses ist ein normaler physiologischer Prozess.
– Zittern tritt als Folge von Vergiftungen, Alkohol- oder Drogenmissbrauch ein.
– Es kann aber auch Ausdruck einer pathologischen Tonusregulation bei verschiedenen Krankheitsbildern oder zum Beispiel bei cerebraler Bewegungsstörung sein.

Eine zuverlässige Interpretation auffälliger motorischer Phänomene setzt eine sorgfältige Beobachtung der betroffenen Person im Rahmen der Gesamtsituation und des sozialen Umfeldes möglichst über einen längeren Zeitraum voraus.

4.3.2 Wahrnehmung – Wahrnehmungsstörungen

Störungen der Wahrnehmung treten häufig bei Kindern mit cerebralen Bewegungsstörungen in Folge von frühkindlicher Hirnschädigung, aber auch im Zusammenhang mit Hirntraumen oder Erkrankungen des Zentralnervensystems auf. Störungen der Wahrnehmung sind vielfach aber Entwicklungsstörungen, deren Ursache nicht genau zu fassen ist.

Störungen der Wahrnehmungsentwicklung

In Orientierung an dem *Konzept der Wahrnehmungsentwicklung von Affolter* (1972; 2001) ist hervorzuheben, dass sich eine Störung auf einer bestimmten Entwicklungsstufe – dem Konzept ihres hierarchisch gegliederten Stufenmodells zufolge – immer auf die Entwicklung nachfolgender Stufen auswirkt (vgl. Kap. 3.3; Abb. 3-6); *je früher eine Störung auftritt, umso größer wird ihr Ausmaß sein.*

Störungen der modalitätsspezifischen Stufe betreffen einen Sinneskanal allein. Die anderen Modalitäten können normal funktionieren oder sich als Folge von Kompensationsmechanismen stärker entwickeln und ausdifferenzieren als es bei einer „normalen" Entwicklung zu erwarten wäre. Dennoch geht Affolter davon aus, dass es bei Ausfall oder Störung einer Modalität zu Einschränkungen der Entwicklung der supramodalen Wahrnehmung kommt.

Bei *Störungen auf der Stufe intermodaler Verbindungen* zeigt ein Kind zwar modalitätsspezifische Leistungen in allen Bereichen, aber es fehlt das typische Lokalisationsverhalten. Das Kind „wendet sich nach einer Schallquelle nicht um, es lokalisiert nicht, es blickt eine Person in fremder Umgebung nicht an, es wirkt 'autistisch'" (Affolter 1972, 52).

Bewegungsbereich:	trifft nicht zu	trifft zu (schwach)	trifft zu (stark)
• **Bewegungsunruhe** - überaktiv, umtriebig, kann nicht stillsitzen;	☐	☐	☐
• **Bewegungsverarmung** - gehemmt, monoton, automatenhaft, ausdrucksarm;	☐	☐	☐
• **Bewegungsverlangsamung** - reagiert schwach, immer der / die letzte;	☐	☐	☐
• **Schwerfälligkeit** - tolpatschig, tapsig, plump, steif, ungelenk;	☐	☐	☐
• **Verspannung** - angespannt, verkrampft, kaum entspannungsfähig;	☐	☐	☐
• **Kraftminderung** - schlaff, muskelschwach, ‚Puddingmotorik';	☐	☐	☐
• **Störung im Bewegungsfluß** - abgehackt, eckig, unelastisch;	☐	☐	☐
• **Gleichgewichtsmangel** - unsicher im Einbeinstand, beim Balancieren auf schmaler oder labiler Fläche;	☐	☐	☐
• **auffällige Körperhaltung** - schlaff, verspannt; Kopf gesenkt, Schultern hängend oder hochgezogen;	☐	☐	☐
• **Störung der Auge-Hand-Koordination, des Handgeschicks** - unsicher, ungeschickt, ungenau im Umgang mit Handgeräten (beim Basteln, Malen), auch mit Bällen etc.;	☐	☐	☐
• **Störung der Schreibmotorik** - unsaubere, steife, ausfahrende, zittrige Schrift;	☐	☐	☐
• **Störung der Sprechmotorik** - schwerfällige Artikulation, Stottern;	☐	☐	☐
• **auffällige Begleitsymptome** - in Mimik, Gestik; Tics, Tremor, pathologische Mitbewegungen;	☐	☐	☐
Wahrnehmungsbereich:			
• **optische Wahrnehmungsstörung** - sieht nicht genau (hin), konzentriert sich schlecht, unterscheidet Gesehenes schlecht, vergißt Gesehenes schnell, reagiert verzögert;	☐	☐	☐
• **akustische Wahrnehmungsstörung** - hört nicht genau (hin), konzentriert sich schlecht; versteht, unterscheidet Gehörtes schlecht, reagiert verzögert, vergißt Gehörtes schnell;	☐	☐	☐
• **taktile Wahrnehmungsstörung** - tastet nicht genau, unterscheidet und behält taktil Wahrgenommenes schlecht, reagiert verzögert;	☐	☐	☐
• **Körper- und Raumwahrnehmungsstörungen** - spürt den eigenen Körper, die Körperspannung ungenau; erfaßt die eigene Körperstruktur schlecht, verwechselt Körperteile, Raumlage und -orientierung;	☐	☐	☐
Verhaltensbereich:			
• **Selbstwertstörung** - fühlt sich minderwertig, ist schnell entmutigt, ängstlich, Stimmungsschwankungen;	☐	☐	☐
• **Kontaktmangel** - gehemmt, gemeinschaftsunfähig, abgekapselt;	☐	☐	☐
• **Aggressivität** - distanzlos, unverträglich, greift andere an;	☐	☐	☐
• **Leistungsflucht** - leicht ablenkbar, arbeitet planlos, ziellos; weicht Anforderungen aus, kein Willenseinsatz.	☐	☐	☐

Abb. 4-3: Checkliste von Auffälligkeiten im Bewegungs-, Wahrnehmungs- und Verhaltensbereich (nach: Kiphard 1977b, 1994, 1995)

Kinder mit *Störungen der Wahrnehmungsentwicklung auf der Stufe der serialen Integration* „wirken „nervös", können nicht warten, wollen zuviel auf einmal, stoßen ununterbrochen irgendwo an, konzentrieren sich schlecht. Bei Schwierigkeiten geraten sie in Panik. Manche sprechen nicht, oder nur stark verstümmelt" (Affolter 1972, 52). Diese Beschreibung entspricht weitgehend den Verhaltensweisen von Kindern mit einem Hyperkinetischen Syndrom (HKS) bzw. Aufmerksamkeitsdefizit-Hyperaktivitäts-Störungen (ADHS).

Störungen im Bereich der Wahrnehmungsentwicklung stellen demnach *komplexe Entwicklungsstörungen* dar und können zu verschiedensten *Formen der Verhaltensauffälligkeit* führen; gezielte Wahrnehmungsförderung bietet sich entsprechend als Interventionsmaßnahme an.

Differenzierter als bei Affolter werden Störungen der Wahrnehmungsentwicklung als Störungen sensorischer Integration, insbesondere der Integration der Basissinne, bei Kesper und Hottinger (1992) beschrieben (vgl. Ayres 1984; Brand 1990; Brand, Breitenbach & Maisel 1997; Eggert & Wegner-Blesin 2000). Störungen der sensorischen Integration haben vielfältige Erscheinungsformen und sind als solche nicht leicht zu erkennen. Sie äußern sich vorwiegend als *Auffälligkeiten im emotional – affektiven Bereich, im Sozialverhalten und / oder als Lernstörungen.*

Generell können sie als Über- oder Unterempfindlichkeit in einem bestimmten Wahrnehmungsbereich auftreten. Bei einer *Überempfindlichkeit (Hypersensibilität)* werden bestimmte Reize vermieden; bei einer *Unterempfindlichkeit (Hyposensibilität)* werden bestimmte Reize aufgesucht, da dem Nervensystem die erforderliche Stimulation fehlt. Darüber hinaus gibt es eine dritte Gruppe gestörter Wahrnehmungsverarbeitung, die nicht eindeutig durch Reizvermeidung oder -suche gekennzeichnet ist; sie wird als Dysfunktion („weißes Geräusch" nach Delacato; vgl. Doering & Doering 1990) bezeichnet.

Kesper und Hottinger (1992) unterscheiden
– Störungen im taktil-kinästetischen Bereich,
– Störungen im vestibulären Bereich,
– Störungen im Bereich der Körperorientierung und
– Dyspraxie als Störung der Bewegungsplanung.

Störungen der taktilen Wahrnehmung

Bei Störungen der taktilen Wahrnehmung sind *Über- und Unterempfindlichkeit nicht eindeutig zu unterscheiden.* Kinder, die als taktil unterempfindlich erscheinen, können dennoch auf bestimmte Reize heftig reagieren (vgl. Kesper und Hottinger 1992). Bei Störungen der taktilen Wahrnehmung wird der *hohe emotionale Anteil der Hautsensibilität* deutlich: die Sensibilität der Haut als Kontaktorgan hat Bedeutung für die Körper- und Selbstwahrnehmung, aber auch für den sozialen Kontakt, so dass Kinder mit Störungen der taktilen Wahrnehmung autistische Verhaltensweisen entwickeln können. Bei der Tendenz zur Vermeidung von Berührungsreizen entwickelt sich die taktile Diskriminationsfähigkeit mangelhaft; daraus folgen *Einschränkungen der Formwahrnehmung, des Erfas-*

sens und Behaltens von Mustern, geometrischen Formen, Ziffern und Schriftzeichen (vgl. Brand 1990).

Typische Verhaltensweisen bei taktilen Wahrnehmungsstörungen sind beispielsweise (vgl. Kesper & Hottinger 1992):

- Betroffene Kinder vermeiden körperlichen Kontakt, reagieren mit Flucht- und Abwehrreaktionen, auch mit verbaler Abwehr (Schimpfwörter),
- können körperliche Nähe zum Beispiel im Sitzkreis oder Handfassung bei bestimmten Aufgaben nicht ertragen, reagieren mit Abwehr oder aggressivem Verhalten,
- vermeiden bestimmte Materialien und Stoffe, bevorzugen langärmlige Kleidung und vermeiden möglichst Barfußlaufen; sie bewegen sich u.U. überwiegend im Zehenballengang,
- bevorzugen andererseits bestimmte Materialien (Schmusetuch) und zeigen auffällige Bedürfnisse, bestimmte Materialien zu berühren,
- haben / machen Probleme beim Waschen, Zähneputzen, Nägel und Haare schneiden,
- haben feste Gewohnheiten beim Essen (Bevorzugung / Ablehnung bestimmter Nahrungsmittel und Speisen) sowohl wegen ihres Geschmacks als auch wegen des Geruchs,
- reagieren äußerst empfindlich auf Geräusche, insbesondere unbekannte Geräusche,
- reagieren überempfindlich auf Veränderungen von Strukturen wie zum Beispiel eine Sitzordnung, den gewohnten Tagesablauf oder auch Veränderung von Plänen.

Störungen der kinästhetischen Wahrnehmung

Störungen der kinästhetischen Wahrnehmung führen zur *Einschränkung differenzierter Wahrnehmung und Vorstellung des eigenen Körpers*, seiner Lage im Raum und seiner Bewegungsausmaße bis hin zu Störungen der Fähigkeit zu zielgerichteter Planung von Handlungsabläufen. Einschränkungen der Fähigkeit zur Diskrimination im kinästhetischen Bereich verursachen *Störungen der Figur-Grund-Wahrnehmung*; leichte Ablenkbarkeit, Störungen der Aufmerksamkeit und Konzentration sind die Folge. Die undifferenzierte Wahrnehmung, aber auch die mangelhafte Ausprägung von „Bewegungsspuren" im Gehirn kann als *Grundlage von Problemen beim Erlernen des Schreibens, Lesens und Rechnens* angesehen werden. Die Handhabung von Werkzeug und Materialien fällt schwer und erfordert ein hohes Maß an Aufmerksamkeit, so dass auch dadurch die Konzentrationsfähigkeit frühzeitig erschöpft wird. Schließlich können eine ausdrucksarme oder unkontrollierte Mimik und Gestik negative *Konsequenzen im sozialen Kontext* haben (vgl. Brand 1990; Kesper & Hottinger 1992).

Bei Kindern mit Störungen der kinästhetischen Wahrnehmung fällt beispielsweise auf (vgl. Eggert & Wegner-Blesin 2000; Kesper & Hottinger 1992), dass

- sie häufig in Rangeleien mit anderen Kindern verwickelt sind, weil sie unbeabsichtigt anstoßen, häufiger Missgeschicke, aber auch Unfälle erleiden,

- ihre Bewegungen überschießend, plump, ungeschickt, umständlich und unbeholfen wirken, sie Schwierigkeiten bei differenzierten, feinmotorischen Aufgaben haben, sie sich insgesamt nur wenig bewegen mögen, u.U. Angst vor der Bewegung haben,
- sie Schwierigkeiten in der Körper- und Raumorientierung haben, ihnen daher das Schätzen von Strecken und Entfernungen schwer fällt und sie sich selbst in bekannter Umgebung leicht verlaufen,
- sie schlecht Ordnung halten können,
- sie beim Schreiben oder Malen Begrenzungslinien schlecht einhalten können, der Schreibdruck besonders fest oder auffällig schwach ist, der Schreibfluss gestört erscheint,
- ihre Arbeitsweise insgesamt sehr langsam und wenig effektiv wirkt.

Störungen der vestibulären Wahrnehmung

Bei Störungen der vestibulären Wahrnehmung lassen sich deutlich Erscheinungsformen der Über- und Unterempfindlichkeit unterscheiden. Die vestibuläre Überempfindlichkeit ist oft mit einer taktil-kinästhetischen Überempfindlichkeit vergesellschaftet. Aufgrund der engen Verbindungen des vestibulären mit dem visuellen und dem auditiven System haben Störungen der vestibulären Wahrnehmung häufig weitreichende Folgen zum Beispiel auf die Entwicklung der Sprache, des Lesens und Schreibens.

Allgemeine Erscheinungsformen vestibulärer Störungen sind
- Gleichgewichtsunsicherheit (statisch und dynamisch) und Haltungslabilität,
- Störungen der Augenmuskelkontrolle – so kommt es zu Problemen beim Fixieren eines Punktes zum Beispiel beim Abschreiben von der Tafel, beim Lesen können die Reihen nicht eingehalten werden oder die Augen wirken unruhig,
- Vorhandensein einer Restsymptomatik persistierender Reflexe (ATNR, STNR, TLR; vgl. Kap. 3.2),
- relativ spätes, mühsames Erlernen zum Beispiel des Fahrradfahrens.

Bei vestibulärer Überempfindlichkeit
- vermeidet das Kind Lageveränderungen, hat Angst vor einem Hinfallen, meidet bewegliche Spielgeräte, benutzt selten freiwillig Turngeräte und reagiert unangemessen heftig, wenn es zufällig angestoßen wird,
- wird dem Kind schnell schwindelig oder übel;

bei vestibulärer Unterempfindlichkeit
- sind Kinder ständig in Bewegung, suchen nach vestibulärer Reizung, wirken „hyperaktiv",
- können nicht abwarten, geraten schnell in Konflikte mit anderen Kindern, wenn sie in einer Reihe stehen müssen,
- können Kinder sich nach einer Bewegungspause besser konzentrieren oder lernen besser im Gehen als im Sitzen,
- können die Kinder ihre Kraft nicht richtig dosieren, insbesondere die Kraft der Hände.

Störungen im Bereich der Körperorientierung

Taktil-kinästhetische und vestibuläre Störungen sind Ursache komplexer Körperwahrnehmungsstörungen, die sich auch in Kinderzeichnungen eindrucksvoll darstellen (vgl. Kesper & Hottinger 1992; Reinecke 2000).

Typische Erscheinungsformen bei Störungen der Körperorientierung sind
- Schwierigkeiten beim An- und Ausziehen, Kleidungsstücke werden verkehrt herum angezogen,
- ungeschickte Körperbewegungen, so dass das Kind überall „aneckt",
- Schwierigkeiten beim Nachahmen demonstrierter Bewegungen,
- beidseitiges, symmetrisches Einsetzen der Hände, keine Differenzierung in Arbeitshand und unterstützende Hand, beim Schreiben oder Malen keine Festhalten des Arbeitsblattes durch die nicht schreibende Hand,
- Wechseln der Hand beim Hantieren, wenn die Körpermitte gekreuzt wird, Änderung der Körperhaltung oder Drehung des Arbeitsblattes, wenn Richtungsänderungen nötig sind, Umrisse – besonders Dreiecke – können schlecht nachgezeichnet werden,
- Seitenverkehrtes Schreiben von Buchstaben oder Zahlen, Beginn des Schreibens am rechten Rand des Arbeitsblattes,
- Schwierigkeiten beim beidbeinigen Hüpfen, beim Werfen, Fangen, allgemein beim Ballspiel.

Störungen der Bewegungsplanung – Dyspraxie

Als noch komplexer als die Störungen der Körperwahrnehmung erweisen sich Störungen der Praxie. Praxie kann als „motorische Basis für die allgemeine Handlungsfähigkeit" (Kesper & Hottinger 1992, 62) verstanden werden; ihre Grundlage stellt das Körperschema dar, das als ein erstes räumliches Konzept im Zusammenhang mit dem zunehmenden Verständnis zeitlicher Strukturen auf den umgebenden Raum übertragen werden kann. Unter Dyspraxie sind „leichtgradige Handlungsstörung(en) ... bei ansonsten intakter Koordinationsfähigkeit" zu verstehen (Kiphard 1990, 39).

Bei dyspraktischen Kindern ist die *„Fähigkeit, ... ungewohnte Bewegungen planen und in einem zeitlich geordneten Bewegungsablauf ausführen zu können"* (Brand 1990, 61), eingeschränkt. Dyspraktische Störungen stehen vermutlich im *Zusammenhang mit einer gestörten Körperwahrnehmung und Mängeln im Bewegungsgedächtnis* (vgl. Eggert & Wegner-Blesin 2000).

Kesper und Hottinger (1992) nennen als Beispiele für Störungen der Praxie:
- Bilder einer Bildergeschichte werden nicht in logischer Reihenfolge geordnet, Aufträge nicht behalten oder in falscher Reihenfolge ausgeführt;
- die Organisation von Handlungsfolgen gelingt nicht, weil die Zielvorstellung fehlt;
- Handlungsfolgen können nicht ohne visuelle Kontrolle beschrieben werden;
- Gegenstände, deren Position nur verbal erläutert wird, werden nicht gefunden;

- mögliche Folgen von Handlungen werden nicht realistisch eingeschätzt, weil die Vorstellung von möglichen Problemen fehlt: Kinder überschätzen sich und geraten leicht in Gefahrensituationen;
- beim Rechnen treten Schwierigkeiten auf, weil Kinder sich die Reihenfolge von Rechenschritten nicht merken können;
- beim Lesen und Schreiben werden ähnliche Formen verwechselt (b – d – p – q), Wörter in falscher Richtung gelesen (Regen – Neger);
- Bewegungskombinationen und das Einhalten rhythmischer Abfolgen fallen schwer.

Diese Auflistung möglicher Symptome gestörter sensorischer Integration unterstreicht die *Bedeutung der Wahrnehmung für die gesamte Persönlichkeitsentwicklung, insbesondere auch für schulisches Lernen und für den Schulerfolg.* Nur über sorgfältiges Beobachten ist als mögliche Ursache von Verhaltens- oder Lernstörungen eine Störung der Wahrnehmungsentwicklung zu erkennen; nur wenn Wahrnehmungsstörungen als solche erkannt werden, kann die Chance genutzt werden, über Wahrnehmungsförderung gezielt zu intervenieren.

Eggert und Wegner-Blesin (2000, 271f) bieten einen umfangreichen Fragenkatalog an, der Eltern und Lehrern Hinweise auf Zusammenhänge zwischen auffälligen Verhaltensweisen und gestörten Wahrnehmungsfunktionen als deren mögliche Ursache geben kann. Eine übersichtliche Gliederung und konkrete Beschreibung vielfältiger Beobachtungssituationen zu Hause und in der Schule erleichtert die Orientierung und weckt Verständnis für die Bedeutung differenzierter Körperwahrnehmung und ihrer möglichen Störungen.

4.3.3 Koordination – Koordinationsschwäche und -störung

Zum Gegenstandsbereich der Bewegungskoordination

Die Bewegungskoordination kann als *qualitative Komponente der Motorik* charakterisiert werden (vgl. Kap. 2.1). Eine gut koordinierte Bewegung ist eine harmonische Bewegung, die sich durch Ökonomie auszeichnet, indem nur die für die beabsichtigte Bewegung notwendige Muskulatur Einsatz findet – mit angemessenem Krafteinsatz, entsprechendem Bewegungstempo und -umfang. Dieses ist Voraussetzung für präzise, zielgenaue Bewegungen wie auch für elastische, fließende Bewegungsabläufe. Eine gute Koordination zeichnet sich darüber hinaus durch Bewegungskonstanz aus (vgl. Kiphard 1977a; Meinel & Schnabel 1998).

Bewegungskoordination wird definiert als „die Ordnung, die Organisation von Bewegungen und damit auch der zugrundeliegenden sensomotorischen Prozesse in Ausrichtung auf ein bestimmtes Ziel beziehungsweise einen Zweck" (Meinel & Schnabel 1998, 38). Sie kommt zustande durch „das Zusammenwirken von Zentralnervensystem und Skelettmuskulatur innerhalb eines gezielten Bewegungsablaufes" (Hollmann & Hettinger 2000, 132). Hollmann und Hettinger (2000) ordnen der Koordination die Begriffe Geschicklichkeit und Gewandtheit unter: *Geschicklichkeit* bezieht sich auf die Koordination feinmotorischer, *Gewandtheit* dagegen auf die Koordination grobmotorischer Bewegungsabläufe. Unter *Feinmotorik* sind kleinräumige, hoch differenzierte Bewegungen zu verstehen, die unter Einsatz bestimmter – kleinerer – Teilbereiche der Skelettmuskulatur zustande kommen (z.B. Aufgaben, die Handgeschicklichkeit erfordern); zur *Grobmotorik* zählen dagegen großräumige, ganzkörperliche Bewegungen, die den Einsatz großer Teile der Skelettmuskulatur erfordern (z.B. Laufen). Eine strikte Trennung von Fein- und Grobmotorik ist aber nicht möglich, da einerseits bei feinmotorischen Aufgaben auch der Einsatz großer Muskelgruppen zur Stabilisierung der Körperhaltung nötig ist, andererseits grobmotorische Bewegungen in der Regel auch fein abgestimmte Anpassungsprozesse erfordern (vgl. Bös & Mechling 1983a; Kent 1996).

Prozesse der Steuerung und Regelung

Eine gute Koordination ist gebunden an ein intaktes zentrales und peripheres Nervensystem, die ungestörte Funktion der Sinnesorgane und des Stütz- und Bewegungsapparates, insbesondere an eine leistungsfähige Skelettmuskulatur. Darüber hinaus ist sie *abhängig vom Lebensalter, von der entsprechenden Hirnreife und der individuellen Bewegungserfahrung* (vgl. Kap. 3) sowie der *Motivation* für die Bewegung in einer bestimmten Situation.

Die Vorstellung der komplexen Steuerungs- und Regelungsvorgänge innerhalb motorischer Prozesse wird durch kybernetische Modelle erleichtert. Abbildung 4-4 zeigt ein vereinfachtes Modell der Bewegungskoordination (vgl. auch Abb. 2-33).

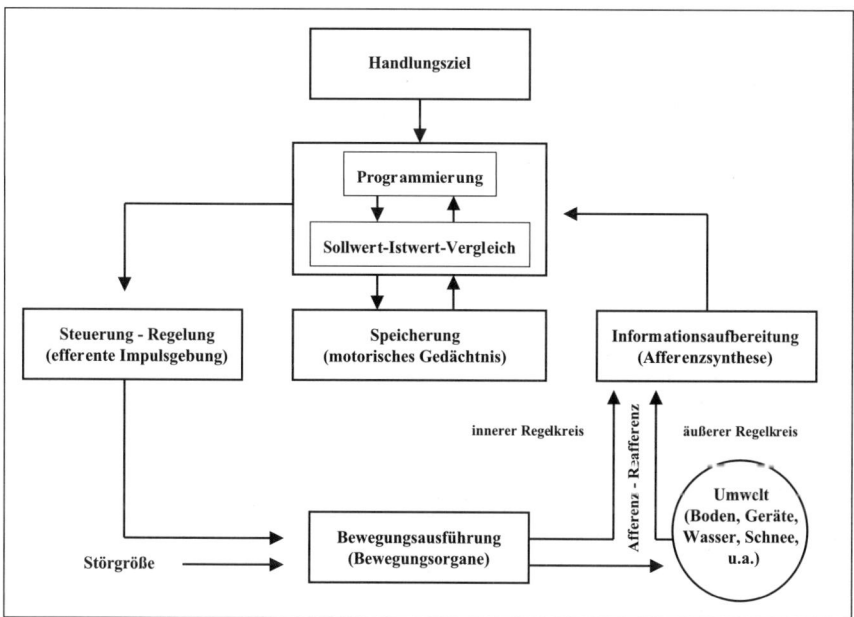

Abb. 4-4: Vereinfachtes Modell der Bewegungskoordination (Meinel / Schnabel 1998)

Die für die Bewegungskoordination erforderliche *Informationsaufnahme* erfolgt über die Rezeptoren der für die Motorik relevanten Sinnessysteme: Schnabel (1968) bezeichnet sie als Analysatoren – den kinästhetischen, den taktilen, den statico-dynamischen oder Vestibular-Analysator, den optischen und den akustischen Analysator –, durch die der Organismus Informationen über die Situation des Körpers selbst und über die Umweltverhältnisse erhält. Informationen werden als Afferenzen und Reafferenzen vor, während und am Ende der Bewegung aufgenommen und aufbereitet (*Afferenzsynthese*).

Das Handlungsziel bestimmt die *Programmierung* und den Sollwert-Istwert-Vergleich. Die Programmierung lässt im Zusammenhang mit dem Vergleich aufgenommener und gespeicherter Informationen (Istwerte), mit dem Handlungsziel und den erwarteten Reafferenzen (Sollwerte) eine Vorhersage des Bewegungsablaufes zu (*Antizipation*). Programmierung und Sollwert-Istwert-Vergleich stehen in enger Wechselbeziehung zum *motorischen Gedächtnis*: Gespeicherte Bewegungserfahrungen sind Grundlage der Programmierung und des Sollwert-Istwert-Vergleiches; neue Erfahrungen auf der Grundlage des aktuellen Programms werden gespeichert.

Programmierung und Sollwert-Istwert-Vergleich führen zu der *efferenten Impulsgebung* als Prozess der Steuerung und Regelung, der fortlaufend entsprechend der eingehenden Afferenzen und Reafferenzen moduliert oder auch korrigiert werden kann. Die Muskulatur als bewegungsausführendes Organ setzt die Impulse in Bewegung um (vgl. Meinel und Schnabel 1998).

Das hier skizzierte Modell stellt eine wesentliche Vereinfachung koordinativer Prozesse dar (Meinel & Schnabel 1998; vgl. Neumaier 1999); es wird den die Bewegungskoordination bestimmenden komplexen neurophysiologischen Prozessen wie auch den Einflüssen von Antrieb, Emotion und Motivation nicht annähernd gerecht (vgl. Kap. 2.2.4; Kap. 2.1; vgl. Abb. 2-33). Anhand dieses einfachen Modells sollen hier aber Hinweise darauf gegeben werden, welche Faktoren störend in den Regelprozess eingreifen und Koordinationsschwächen oder -störungen auslösen (können).

Mögliche Störungen der Steuerung und Regelung

- *Strukturelle Veränderungen* können sowohl die Sinnesorgane als auch das periphere oder das zentrale Nervensystem betreffen und damit eine Schädigung im Bereich der Koordination verursachen. Ebenso stören strukturelle Veränderungen des Bewegungsapparates die Koordination; diese werden aber eher als orthopädische Erkrankungen oder Behinderungen im Bereich des Stütz- und Bewegungsapparates, evtl. als Haltungsschaden bezeichnet, weniger als primär koordinatives Problem angesehen.

- *Funktionelle Einschränkungen* reduzieren die *Qualität der Informationsaufnahme*. Eine Sehschwäche, u.U. auch eine Hörbehinderung können zum Beispiel die Präzision einer Bewegung und die Reaktionsfähigkeit stark beeinträchtigen; beides – Seh- und Hörbehinderung – ist vielfach operativ oder durch Hilfsmittel zu korrigieren, so dass die Bewegungskoordination eines Kindes dadurch nicht nachhaltig gestört sein muss.

Voraussetzung für die *Entwicklung der Sinnesorgane* ist eine umfangreiche und vielfältige Beanspruchung schon im frühen Kindesalter. Aus Tierversuchen ist bekannt, dass die Seh-Leistung eines Auges, das für eine bestimmte Zeit abgedeckt wurde, deutlich schlechter ist als die Leistung des Auges, das sich unter normaler Beanspruchung entwickeln konnte. Dieses wirkt sich auf jedes visuell bestimmte Verhalten des Tieres negativ aus. Von Bedeutung ist auch der Zeitraum, in dem die Seh-Erfahrung verhindert wird; es gibt offensichtlich eine sensible Phase für die Ausdifferenzierung der Sehleistung. Auch beim Menschen bedarf das genetische Potential einer „Bestätigung durch Umwelt-Reize. Ohne diese Bestätigung in einer sensiblen Phase kommt es zur Verkümmerung der Seh-Leistung" (Pöppel 1995, 189). Eine Übertragung dieser Erkenntnisse auf alle Sinnesorgane und Modalitäten liegt nahe (vgl. Kap. 3.3); ein Mangel an Wahrnehmungs- und Bewegungsreizen in der frühen Kindheit kann dementsprechend zu *eingeschränkter, ungenügend differenzierter Informationsaufnahme* führen und damit die Qualität der Bewegungskoordination beeinträchtigen.

- Die *Informationsaufbereitung* entspricht der Zusammenfassung und Verknüpfung der Informationen aus den verschiedenen Sinneskanälen, der Wertung von Afferenzen und Reafferenzen, insbesondere im Zusammenhang mit dem aktuellen Handlungsziel. *Störungen der sensorischen Integration*, die als bedeutsame Entwicklungsstörungen beschrieben werden (vgl. Kap. 3.3; Kap. 4.3.2), können damit als eine weitere mögliche Ursache für Auffälligkeiten im Bereich der Bewegungskoordination verantwortlich gemacht werden.

Möglicherweise ist es auf Störungen der Informationsaufbereitung zurückzuführen, wenn Kinder Anweisungen (verbale bzw. akustisch – auditive Informationen) und / oder Demonstrationen (optisch – visuelle Informationen) nicht verstehen und nicht umsetzen können; diese Informationen werden u.U. nicht oder nicht ausreichend mit der propriozeptiven Wahrnehmung in Verbindung gebracht.

- Bei ungenügender Informationsaufbereitung sind negative Auswirkungen auf das *motorische Gedächtnis* zu erwarten: Gespeicherte Informationen sind qualitativ unzureichend und bieten keine zuverlässige Grundlage für Programmierung und Sollwert-Istwert-Vergleich.

Ähnliche Probleme ergeben sich generell bei einem *Mangel an Bewegungserfahrung*; Bewegungsmangel führt zu einem nur spärlich ausgestatteten motorischen Speicher, der Programmierung und Sollwert-Istwert-Vergleich erschwert.

- Die *Vorgänge der Programmierung und des Sollwert-Istwert-Vergleiches* beruhen auf komplexen neurophysiologischen Prozessen, die eine Vielzahl von Hirnstrukturen einschließen (vgl. Kap. 2.2.4). Hier ist eine Fülle von *Funktionsstörungen zum Beispiel im Bereich der Neurotransmitter* denkbar. So werden hyperaktives Verhalten und Störungen der Aufmerksamkeit und Konzentration, aber auch Störungen der Handlungsplanung (Dyspraxie) und des Gedächtnisses im Zusammenhang mit Funktionsstörungen zentralnervöser biochemischer Prozesse diskutiert (vgl. Roth 1999a, b). Auswirkungen derartiger Funktionsstörungen auf die Vorgänge der Programmierung und des Sollwert-Istwert-Vergleiches im Rahmen der Bewegungskoordination sind wahrscheinlich; geringgradige Funktionsstörungen können als Koordinationsschwäche sichtbar werden.

- Erfolgreiche Steuerung und Regelung der Koordination als *efferente Impulsgebung* beruht auf einer hohen Qualität der Programmierung und des Sollwert-Istwert-Vergleiches, die wiederum im Zusammenhang mit dem motorischen Speicher und der Informationsaufbereitung stehen. Erfolgen diese Prozesse unzureichend, hat dieses unangemessene Efferenzen und damit eine auffällige Bewegungskoordination zur Folge.
  In besonderem Maße sind die Efferenzen *auf differenzierte Reafferenzen angewiesen*, um notwendige Anpassungsprozesse zum Beispiel als Reaktion auf Veränderungen der Umweltbedingungen vornehmen, die ursprüngliche Impulsgebung also „nachregeln" zu können.
  Denkbar ist aber auch, dass die Efferenz – wie auch die Afferenz – infolge von *Übungsmangel* nicht optimal verläuft; bei mangelhafter Inanspruchnahme bleibt die Reizleitungsgeschwindigkeit auch im Bereich peripherer Nerven gering, die Übertragung an den Synapsen eingeschränkt.

- Im Bereich des Effektors, der *Muskulatur als Erfolgsorgan*, können Muskelschwächen wie auch strukturelle Veränderungen, Verletzungen oder Erkrankungen im Bereich der Muskulatur und des passiven Bewegungsapparates die Bewegungskoordination beeinträchtigen. Als Ursache für Muskelschwächen ist wiederum Bewegungsmangel, ein Mangel an Entwicklungsreizen, wahrscheinlich.

Als weitere denkbare Ursachen für auffällige Bewegungskoordination, die aus dem Modell (Abb. 4-4) nicht abzuleiten sind, sollen Motivation, Stress und energetische Prozesse genannt werden:

- Mangelhafte *Motivation* für Bewegung ist möglicherweise eine Folge häufiger Frustration bei Bewegungsaktivitäten, die in der Vermeidung motorischer Anforderungen und dadurch einem Mangel an Bewegungsreizen resultiert (vgl. Abb. 4-1).
  Geringe Motivation in einer aktuellen Bewegungssituation kann aufgrund geringen Interesses, aber auch durch verschiedene Formen eingeschränkter Befindlichkeit, Müdigkeit oder Antriebsschwäche zu mangelhafter Konzentration und zu auffälliger Koordination führen.

- *Negativer Stress (Distress)* stellt eine erhebliche Belastung für den Organismus dar, die sich als psycho-physische Erschöpfung äußert. Auf der Basis psychoneuroimmunologischer Prozesse (vgl. Kap. 1.3) können auch koordinative Auffälligkeiten entstehen.

- Für die Funktion der Muskulatur und des Nervensystems sind *energieliefernde Prozesse* erforderlich. Fehlernährung – einseitige, mangelhafte Ernährung –, aber auch Stoffwechselstörungen können daher ebenfalls die Bewegungskoordination beeinträchtigen.

Ursachen und Erscheinungsformen der Koordinationsschwäche

Neben Funktionsstörungen im Bereich des Zentralnervensystems, die auch bei geringgradiger Ausprägung eine auffällige Bewegungskoordination zur Folge haben können, steht also im Vordergrund möglicher Ursachen einer Koordinationsschwäche der Bewegungsmangel – als Mangel an Entwicklungsreizen und als Mangel an Wahrnehmungs- und Bewegungserfahrung.

Kiphard (1977a) weist neben mangelnder Übung, psychischen Einflüssen und einem „motorischem Begabungsmangel" auf konstitutioneller Basis (vgl. Kap. 4.2) auf die Möglichkeit einer entwicklungsbedingten Koordinationsschwäche hin. Diese tritt vorwiegend im Verlauf des zweiten Gestaltwandels, insbesondere im Zusammenhang mit einer asynchronen Akzeleration, auf (vgl. Kap. 3.4).

Die Koordinationsschwäche ist gekennzeichnet durch eine *Minderung der Bewegungsqualität*. Diese kann sich auf die komplexen Steuerungs- und Regelprozesse insgesamt beziehen, es können aber auch einzelne koordinative Fähigkeiten – mehr oder weniger stark – betroffen sein (vgl. Kap. 2.2).

Die *Erscheinungsformen der Koordinationsschwäche* sind dem strukturellen Gefüge koordinativer Fähigkeiten entsprechend vielfältig:

- Unsicherheit bei der Gleichgewichtserhaltung;
- unangemessener Muskeltonus;
  - zu niedrig: labile Haltung, Haltungsschwäche,
  - zu hoch: ganz- oder teilkörperliche Verspannungen;
- ungenügender Wechsel von Anspannung und Entspannung,
- mangelhafte Fähigkeit zur Entspannung;
- Mängel im Bewegungsfluss, in der Elastizität;
- unangemessene Muskelwahl, Mitbewegungen;
- unangemessener Krafteinsatz, mangelhafte Impulsdosierung;
- Mängel im Bewegungstempo, verlangsamte oder überhastete Bewegungen;
- mangelhafte Richtungspräzision, ungenügende Zielgenauigkeit;
- Mängel in der räumlichen Orientierung;
- mangelhafte räumlich-zeitliche Anpassung, mangelhafte Rhythmusfähigkeit;
- schwache Reaktionsfähigkeit, verzögerte Reaktion;
- Mängel bei der Ausführung gleichzeitiger Bewegungen;
- mangelhafte Kopplungsfähigkeit (Teilkörperbewegungen werden unzureichend aufeinander abgestimmt);
- ungenügende Bewegungskonstanz;
- Mängel in der Umstellungsfähigkeit,
- eingeschränkte motorische Lernfähigkeit.

Zur Gliederung der Vielfalt der Symptome

Um die Vielfalt der Erscheinungsformen koordinativer Auffälligkeiten übersichtlicher zu gestalten, schlägt Kiphard (1977 a) eine Gliederung vor, die zur besse-

ren Orientierung bei der Auswahl, besonders aber bei der gezielten Förderung koordinationsschwacher Kinder dienen kann. Er unterscheidet
1. die statische (stützmotorische) Koordinationsschwäche und
2. die dynamische (handlungsmotorische) Koordinationsschwäche, die wiederum Auffälligkeiten im Bereich
   a) der Grobmotorik und / oder
   b) der Feinmotorik zeigen kann.

Die *statische (stützmotorische) Koordinationsschwäche* wird in erster Linie gekennzeichnet durch mangelhafte Regelung des Muskeltonus bei der aufrechten Haltung; sie führt zu einer Haltungsschwäche (labile Haltung). Sie zeigt sich durch Unsicherheit in Situationen, die überwiegend statisches Gleichgewicht erfordern. Als typisches Merkmal gilt aber auch eine verminderte Bewegungselastizität, die sich bei Federungen, bei der Landung nach Sprüngen, auch beim „harten" Fangen von Bällen zeigt.

Bei der *dynamischen (handlungsmotorischen) Koordinationsschwäche* ist im wesentlichen Bewegung – im Gegensatz zur Haltung – betroffen.
Dabei handelt es sich um eine *grobmotorische Koordinationsschwäche*, wenn überwiegend großräumige Bewegungen auffällig sind. Hier kann auch von einer Schwäche der „Auge-Körper-Koordination" gesprochen werden, da gesamtkörperliche Bewegungen zu steuern sind; das Auge wird stellvertretend für alle Rezeptoren bzw. Analysatoren genannt.
Wenn eine *feinmotorische Koordinationsschwäche* vorliegt, erscheinen kleinräumige, fein abzustufende Bewegungen qualitativ gemindert. Der Begriff der „Auge-Hand-Koordination" kennzeichnet diesen Teilaspekt der Motorik; dabei können ähnlich differenziert wie die Hand auch der Fuß oder Bewegungen im Kopf-Nacken-Bereich gesteuert werden.

Alle oben aufgeführten Erscheinungsformen verminderter Bewegungsqualität können bei einer *dynamischen Koordinationsschwäche* beobachtet werden:
Bewegungen erscheinen möglicherweise allgemein ungeschickt und unharmonisch. Dabei weisen eckige, abgehackte, holprige ebenso wie schlaffe, kraftlose Bewegungen auf eine mangelhafte Einstellung des Muskeltonus hin.
Die dynamische Koordinationsschwäche äußert sich sehr deutlich bei Aufgaben der räumlich-zeitlichen Anpassung. Bewegungen erscheinen verlangsamt oder überhastet, motorische Reaktionen erfolgen verzögert oder fehlerhaft.
Orientierung im Raum und Anpassung an einen Partner oder eine Gruppe fallen koordinationsschwachen Kindern schwer oder gelingen nicht.
Zielgenauigkeit und Kraftabstufung beim Umgang mit Handgeräten (Schere, Stift, aber auch Ball, Reifen, Seil, u. a.) kann ebenso Schwierigkeiten bereiten wie die Anpassung an Rhythmus und Musik.
Die Gleichgewichtserhaltung in nicht alltäglichen Situationen erscheint oft fast unmöglich. Mitbewegungen stören die Harmonie und Ökonomie von Bewegungsabläufen.
Eine Kombination verschiedener Bewegungen, die gleichzeitig auszuführen sind, wie zum Beispiel Arm- und Beinbewegung beim Hampelmann-Sprung oder Ge-

hen mit gleichzeitigem In-die-Hände-klatschen bereitet koordinationsschwachen Kindern Schwierigkeiten. Die Kombination von Bewegungen, die nacheinander erfolgen sollen, wie beispielsweise die Verbindung von Anlauf und Sprung, gelingt nicht flüssig. In komplexen Bewegungssituationen – zum Beispiel bei Laufspielen – fehlt die Wendigkeit mit situationsangepasstem Abbremsen und schnellem Richtungswechsel.

Eine verminderte motorische Lernfähigkeit äußert sich darin, dass betroffene Kinder relativ lange Zeit zum Erlernen motorischer Fertigkeiten benötigen; Leistungsunterschiede im Vergleich zu Kindern mit „normaler", altersentsprechender Bewegungskoordination vergrößern sich dadurch kontinuierlich, wenn es nicht rechtzeitig zu einer Intervention kommt.

Diese Gliederung entsprechend der Symptomatik koordinativer Auffälligkeit erscheint *für die Praxis motorischer Förderung hilfreich*, da sich daraus die *notwendigen Schwerpunkte für den Unterricht* ableiten lassen. Allerdings sollte nicht übersehen werden, dass diese Gliederung nur als stark vereinfachtes theoretisches Modell zu verstehen ist. Statische und dynamische, grobmotorische und feinmotorische Anteile der Motorik dürfen nicht als eigenständige, isoliert voneinander zu betrachtende Motorikbereiche angesehen werden: die sogenannte Grobmotorik bedarf auch feinmotorischer Regelprozesse und feinmotorische Bewegungen sind ohne die Unterstützung großer haltungssichernder Muskelgruppen nicht erfolgreich durchzuführen; ebenso sind Statik und Dynamik, Haltung und Bewegung kaum voneinander zu trennen.

Ein *anderer Ansatz zur Systematisierung* der vielfältigen Erscheinungsformen der Koordinationsschwäche wird heute wegen der als diskriminierend empfundenen Bezeichnungen in der Regel abgelehnt. Er soll hier dennoch genannt werden – einerseits aus historischen Gründen, andererseits wegen des Grundgedankens, die Bewegungskoordination bzw. die *Koordinationsschwäche auch im Zusammenhang mit konditionellen Faktoren (Muskelkraft und Ausdauer, auch Beweglichkeit) und emotionalen sowie psychosozialen Gegebenheiten* zu sehen. Allerdings ist zu bedenken, dass jede Form motorischer Auffälligkeit mit emotionalen und psychosozialen Beeinträchtigungen einhergehen kann; Ursache und Wirkung sind hier selten deutlich voneinander abzugrenzen.

Diem und Scholtzmethner (1961; 1974) unterscheiden in Anlehnung an die Terminologie der 20-er Jahre des 20. Jahrhunderts im Konzept des Schulsonderturnens drei Erscheinungsformen – *„Typen"* – *der Koordinationsschwäche*: den „Schwächling", den „Steifling" und den „Krampfling".

- Den *„Schwächling"* kennzeichnet vorrangig ein niedriger Muskeltonus. Schlechte Haltungskoordination und geringe Muskelkraft, oft auch eine anlagebedingte Bindegewebsschwäche stehen im Mittelpunkt, bedingen aber auch Schwierigkeiten in der dynamischen Koordination. Aufgrund der verminderten Bewegungsqualität und der Muskelschwäche sind Ausmaß und Niveau der motorischen Aktivität eher gering; daraufhin entwickelt sich nicht selten auch eine verminderte Leistungsfähigkeit des Herz-Kreislauf-Atmungs-Systems. Es besteht also eine allgemeine körperliche und motorische Leistungsschwäche.

- Der *„Steifling"* zeigt eckige Bewegungen. Er wirkt ungelenk, schwerfällig und insgesamt bewegungsarm; sein Bewegungsverhalten wird gekennzeichnet durch Mängel im Bewegungsfluss, in der Elastizität, der Rhythmusfähigkeit und in der räumlich-zeitlichen Anpassung. Seine koordinativen Auffälligkeiten sind primär im Zusammenhang mit – wahrscheinlich konstitutionell bedingten – Einschränkungen der Gelenkbeweglichkeit zu sehen.

- Bei dem *„Krampfling",* von Kiphard (1977a) auch als *„Spannling"* bezeichnet, herrscht ein hoher Muskeltonus vor. Die Fähigkeit zur Entspannung und motorische Anpassungs- und Umstellfähigkeit sind vermindert, ebenso erscheinen Bewegungsfluss und Elastizität mangelhaft. Verursacht wird die Problematik des „Krampflings" möglicherweise durch Funktionsstörungen in der Regelung des Muskeltonus oder durch Angst, mangelndes Selbstvertrauen, durch übertriebene Leistungsorientierung oder übersteigertes Geltungsbedürfnis.

Die Beschreibung der Erscheinungsbilder des „Steiflings" und des „Krampflings" zeigen zunächst eine große Ähnlichkeit; bei genauer Beobachtung lässt sich jedoch in der Regel feststellen, ob die Einschränkungen primär im Bereich des Bewegungsapparates (Gelenkbeweglichkeit, Flexibilität) liegen oder mit der Regelung des Muskeltonus direkt die Bewegungskoordination betreffen.

Diese Gliederung der Erscheinungsformen auffälliger Koordination nach Diem und Scholtzmethner (1961; 1974) gibt deutliche *Hinweise auf eine angemessene Schwerpunktsetzung im Rahmen des Förderprogrammes.* Sie weist darauf hin, dass körperliche und motorische Leistungsfähigkeit auf der Wechselwirkung koordinativer und konditioneller Fähigkeiten sowie motorischer Fertigkeiten beruht (vgl. Abb. 2-1); eine einseitige, isolierte Förderung einzelner Leistungsbereiche kommt daher für eine motorische Intervention nicht in Betracht. Emotionale und psychosoziale Phänomene, die im Rahmen des Förderprogramms zu beachten sind, werden hier zwar speziell im Zusammenhang mit dem Erscheinungsbild des „Krampflings" beschrieben, gelten aber für jede Koordinationsschwäche und -störung. Im historischen Kontext ist hervorzuheben, dass das Anliegen einer ganzheitlichen Förderung auch im Konzept des Schulsonderturnens verankert ist (vgl. Kap. 1.1).

Mögliche Ursachen und Erscheinungsformen gestörter Koordination

- *Cerebrale Bewegungsstörung*

Von der Koordinationsschwäche ist die Störung abzugrenzen, die durch Zerstörung oder strukturelle Veränderung von Nervengewebe verursacht wird. Als mögliche *Symptome* einer cerebralen Bewegungsstörung sind vor allem Störungen des Muskeltonus, des Bewegungsausmaßes, der räumlich-zeitlichen Koordination und des Gleichgewichts zu beobachten (vgl. Kap. 2.2.6). Sie werden als hypertone Funktionsstörungen (z.B. Spastik), als dyskinetische Funktionsstörungen (z.B. Athetose, Chorea, Ballismus) und ataktische Funktionsstörungen (Ataxie) zusammengefasst. Neben den motorischen Störungen können auch Wahrnehmungs- und Sprachstörungen, cerebrale Krampfanfälle und Intelligenzdefekte sowie Verhaltensstörungen auftreten (vgl. Ferrari & Cioni 1998).

Als *Ursache* kommt insbesondere eine *frühkindliche Hirnschädigung (infantile Cerebralparese, ICP)* in Frage, die während des Zeitraums intensivster Hirnentwicklung, vom letzten Drittel der Schwangerschaft bis zum Ende des ersten Lebensjahres, evtl. bis zum vierten Lebensjahr entstehen kann. Mögliche Ursachen sind

- *praenatal (vor der Geburt)* Infektionen der Mutter (z. B. Röteln), Schädigungen durch Medikamente, Drogen oder Alkohol, Blutgruppenunverträglichkeit u. a.;
- *perinatal (zum Zeitpunkt der Geburt)* hauptsächlich Sauerstoffmangelzustände zum Beispiel bei Frühgeburten oder bei Komplikationen während der Geburt und
- *postnatal (nach der Geburt)* Unfälle oder Krankheiten des Kindes (z. B. Infektionen der Hirnhäute oder Stoffwechselstörungen).

Häufigste Ursache ist der Sauerstoffmangel während der Geburt.

Die *Diagnose* einer frühkindlichen Hirnschädigung erfolgt vorwiegend aufgrund von Abweichungen von der normalen Entwicklung der Reflexe und Reaktionen des Säuglingsalters (vgl. Abb. 3-5; Flehmig 1979). Das frühzeitige Erkennen abweichender motorischer Entwicklung ist von entscheidender Bedeutung als Grundlage einer erfolgreichen Behandlung. Zur Therapie frühkindlicher Hirnschädigung haben sich hauptsächlich zwei Methoden durchgesetzt: die entwicklungsneurologische Behandlung nach Bobath (Bobath 1977) und die entwicklungskinesiologische Behandlung nach Vojta (Vojta 2000; Vojta und Peters 1992). Wird eine Behandlung frühzeitig begonnen und konsequent durchgeführt, kann zumindest bei einem relativ geringen Störungsgrad durch Ausnutzung der Plastizität des Nervensystems die Entwicklung so beeinflusst werden, dass sie nahezu normal verläuft. Als Restsymptom bleibt dann häufig eine auffällige Koordination, die sich vorzugsweise im Bereich des Gleichgewichts, der motorischen Reaktions- und Anpassungsfähigkeit, der Handgeschicklichkeit und / oder der motorischen Lernfähigkeit äußert.

- **Hirnfunktionsstörung**

Während bei der frühkindlichen Hirnschädigung eine Störung im Nervensystem als sicher angenommen werden kann, ist die Ursache der sogenannten *Minimalen Cerebralen Dysfunktion (MCD; minimal brain Dysfunction – MBD)* umstritten. Früher wurde sie als leichte oder minimale frühkindliche Hirnschädigung bezeichnet und nur hinsichtlich des Schadensausmaßes von der frühkindlichen Hirnschädigung unterschieden. Da eine strukturelle Beeinträchtigung in vielen Fällen nicht nachzuweisen, sondern aufgrund anamnestischer Daten nur zu vermuten ist, wird die Bezeichnung Dysfunktion oder Funktionsstörung dem Begriff der Schädigung vorgezogen.

Als *mögliche Ursache* der MCD werden *Entwicklungsstörungen des unreifen Nervensystems* diskutiert, die sowohl die Migration als auch Differenzierung und Synaptogenese (vgl. Kap. 3.2) betreffen können (Akert 1979, Eccles 1990; Lempp 1978). Wender (1975a, b) vermutet eine Störung des Monoaminstoffwechsels.

Diskutiert werden Nahrungsmittelunverträglichkeiten; vor allem Phosphatzusätze in Nahrungsmitteln sowie Farb- und Aromastoffe sollen eine Störung des Hirnstoffwechsels verursachen können.

Die MCD tritt familiär gehäuft auf, Jungen sind häufiger betroffen als Mädchen; daher werden *genetische Faktoren* als verantwortlich angenommen. Zwillingsuntersuchungen untermauern diese These. Dennoch scheinen auch ungünstige milieubedingte Einflüsse die Symptomatik einer MCD hervorrufen zu können.

In besonderem Maß wirkt sich die Umweltsituation auf die Entwicklung von MCD-Kindern aus: ungünstige Bedingungen verstärken die Problematik, während bei positiven Bedingungen die Entwicklung nahezu unauffällig verlaufen kann (Ondarza-Landwehr 1979; vgl. Bauer 1986).

Eine minimale cerebrale Dysfunktion wird gekennzeichnet durch ein *breites Spektrum möglicher Erscheinungsformen*. Für die Diagnose MCD spricht eine Kombination von Störungen in verschiedenen Leistungsbereichen, die sich allerdings beim einzelnen Kind ganz unterschiedlich darstellen kann; der Ausprägungsgrad kann in den verschiedenen Störungsbereichen erheblich differieren (vgl. Bauer 1986; Corboz 1977; Groß-Selbeck 1976, 1980; Lempp 1978). Als typisch gelten

- *motorische Störungen* wie zum Beispiel alle Erscheinungsformen der Koordinationsschwäche und – in geringgradiger Ausprägung – der Koordinationsstörung, die vorwiegend die Grob- oder die Feinmotorik betreffen können, auch Sprachstörungen und graphomotorische Störungen;
- *vegetative Störungen* wie zum Beispiel ergotrope bzw. trophotrope Fehlsteuerung (vgl. Kap. 4.2), vasomotorischer Kopfschmerz, extreme Ermüdbarkeit, verlängerte Erholungsfähigkeit;
- *Wahrnehmungsstörungen* wie zum Beispiel mangelhafte Filterung von Reizen, ungenügende Strukturierung des Wahrnehmungsfeldes;
- *Störungen der Aufmerksamkeit und Konzentration* wie zum Beispiel leichte Ablenkbarkeit, Störungen der Merkfähigkeit;
- Störungen der Affektivität wie zum Beispiel emotionale Labilität, geringe Frustrationstoleranz.

Die einzelnen Störungsbereiche stehen durchaus in Beziehung zueinander. Sie sind in der Lage, sich gegenseitig zu bedingen oder einander zu verstärken. Sekundär treten Verhaltensauffälligkeiten und Lernstörungen auf.

Die *besondere Problematik der MCD* ergibt sich daraus, dass die Entwicklung der Kinder zunächst weitgehend unauffällig verläuft; von einem Kleinkind wird kein normgerechtes Verhalten erwartet. Frühestens im Kindergarten, oft erst im ersten Grundschuljahr, wenn von den Kindern zunehmend Anpassung und Lernen in einer Gruppe verlangt wird, wird die Störung erkannt. Besonders im Vergleich mit anderen wird deutlich, dass diese Kinder viele Leistungen nicht so schnell, nicht so gut erbringen können wie gleichaltrige Kinder. Trotz normaler oder guter Intelligenz entwickeln sich Lernstörungen als Reaktion auf tägliche Misserfolge, auf Überforderung durch für das Kind unangemessene Leistungs- und Verhaltensnormen. Es ist daher von entscheidender Bedeutung für die Entwicklung betroffener Kindern, dass die Störung frühzeitig diagnostiziert wird, damit eine Förderung möglichst noch vor dem Schuleintritt eingeleitet werden kann.

Von Eltern und Erziehern wird in besonderem Maße Verständnis und Toleranz gegenüber den Schwierigkeiten eines betroffenen Kindes verlangt. Die Vielfalt möglicher Symptomatik birgt allerdings die Gefahr, dass jedem irgendwie auffälligen Kind eine MCD zugeschrieben wird und diese Zuschreibung zur Stigmatisierung, zur Manifestierung einer sozialen Außenseiterrolle führt. Daher kommt einer sorgfältigen, nur interdisziplinär zu erstellenden Diagnostik, auch als Grundlage therapeutischer Intervention, eine besondere Bedeutung zu.

Wie bei einer frühkindlichen Hirnschädigung kann auch bei einer MCD krankengymnastische Behandlung notwendig sein. Häufig steht aber eine Entwicklungsförderung durch Wahrnehmungstraining und / oder psychomotorische Förderung, graphomotorisches Training, Sprachheilbehandlung, Verhaltenstherapie, Spieltherapie o.a. im Vordergrund, je nachdem welcher Bereich dem betroffenen Kind die größten Schwierigkeiten bereitet.

Das *Syndrom der minimalen cerebralen Dysfunktion* mit seinen möglichen Ursachen, Erscheinungsformen und therapeutischen Ansätzen findet seit den siebziger / achtziger Jahren starke Beachtung, wird aber *zunehmend kritisiert*, da es insgesamt schwer fassbar erscheint; eine geringgradige Hirnschädigung oder Hirnfunktionsstörung kann nur selten nachgewiesen werden.
Zahlreiche andere Begriffe werden teils als Synonyme gebraucht, teils werden einzelne Erscheinungsformen in den Vordergrund gerückt: *frühkindliches psychoorganisches Syndrom (POS), Teilleistungsstörungen, Hyperaktivität, Hyperkinetisches Syndrom (HKS), Aufmerksamkeits-Defizit-Störung (ADS), Aufmerksamkeitsdefizit-Hyperaktivitäts-Störung (ADHS), attention-deficit-disorder (ADD) und andere.*

• *Hyperkinetisches Syndrom – Aufmerksamkeitsdefizit- / Hyperaktivitätsstörung*

In der aktuellen Diskussion werden entsprechend internationaler Klassifizierung als Leitsymptome der „hyperkinetischen Störung" (ICD-10[5]) bzw. der „Aufmerksamkeitsdefizit- / Hyperaktivitätsstörung" (DSM-IV[6])

- Unaufmerksamkeit,
- Hyperaktivität und
- Impulsivität

in den Vordergrund gerückt. Zusätzlich – als sekundäre Erscheinungsformen – zeigen betroffene Kinder häufig
- soziale Probleme im Kontakt mit Kindern (distanzloses oder aggressives Verhalten, häufig albernes, insgesamt situativ unangemessenes Verhalten);
- oppositionelle Verhaltensstörungen gegenüber Erwachsenen (geringe Frustrationstoleranz, Wutausbrüche) und

---

[5] ICD-10 = International Classification of Disease (WHO 1993)
[6] DSM-IV = Diagnostisches und statistisches Manual psychischer Störungen (American Psychiatric Association 1994)

- emotionale Auffälligkeiten (geringes Selbstvertrauen, soziale Unsicherheit, Ängste, depressive Befindlichkeit);
- Schulschwierigkeiten und Schulleistungsdefizite, die sowohl im Zusammenhang mit Aufmerksamkeitsstörungen als auch mit emotionalen und sozialen Störungen stehen können, kommen hinzu; teilweise werden auch verminderte Intelligenzleistungen genannt, die jedoch durch eingeschränkte Aufmerksamkeit während der Testsituation verursacht sein könnten (vgl. Döpfner, Schürmann & Frölich 1998; Imhof et al. 1999).

Hyperkinetische Störungen und Aufmerksamkeitsdefizit-Störungen können in unterschiedlicher Ausprägung und Symptom-Konstellation *in jedem Alter* vorkommen. Bei Kindern, die jünger als vier Jahre alt sind, sind sie allerdings kaum sicher zu diagnostizieren. Döpfner, Schürmann und Frölich (1998) geben einen Überblick über die Entwicklung in den verschiedenen Altersstufen (Tab. 4-1). Dabei ist zu beachten, dass dieser Verlauf nicht zwangsläufig eintritt. Als *Risikofaktoren*, die einen ungünstigen Verlauf wahrscheinlich machen, gelten „vor allem niedrige Intelligenz, aggressives und oppositionelles Verhalten im Kindesalter, schlechte Beziehungen zu Gleichaltrigen, emotionale Instabilität und das Ausmaß der psychischen Störungen bei den Eltern". Dagegen scheint „eine intensive multimodale Langzeitbehandlung bis in die Adoleszenz hinein ... den Verlauf der Störung günstig zu beeinflussen" (Döpfner, Schürmann & Frölich 1998, 9).

In der aktuellen *Diskussion um mögliche Ursachen dieses Syndroms* rücken *neurobiologische Faktoren* – sowohl in struktureller als auch in funktioneller Hinsicht – in den Mittelpunkt; moderne bildgebende Verfahren können Hinweise auf ätiologisch bedeutsame Zusammenhänge geben (vgl. Imhof et al. 1999; von Lüpke 2001; Roth 1999):

– Im Cortex (insbesondere im Bereich des Frontalhirns) wie auch subcortical (Thalamus, N. caudatus, Hippocampus) finden sich strukturelle Auffälligkeiten.
– Im Stirnhirnbereich werden verminderte Durchblutung bzw. verminderter Glucoseverbrauch festgestellt, die für eine verringerte Aktivität dieser Hirnbereiche sprechen. – Von besonderem Interesse sind Prozesse, die die Aktivität der Neurotransmitter, speziell Dopamin, Serotonin und Noradrenalin, betreffen; hier werden allerdings weniger Defizite einzelner Transmitter als eine Imbalance zwischen den Transmittersystemen angenommen.
– Schulze und Trott (1996) diskutieren akute und / oder chronische prae- und perinatale Stresssituationen als eine mögliche Ursache für Vorgänge der Adaptation auf Neurotransmitterebene, die verantwortlich für hyperkinetische Störungen sein könnten.

Die *medikamentöse Therapie* hyperaktiver und aufmerksamkeitsgestörter Kinder orientiert sich an der Annahme einer gestörten Reizleitung und -verarbeitung: Das häufig verordnete Metylphenidat (Handelsname: Ritalin) gehört zu den Stimulantien. Seine Wirkung beruht auf einem hemmenden Einfluss auf den Rücktransport von Dopamin aus dem Synapsenspalt; dieses führt zu einer höheren Dopamin-Konzentration und damit einer Verstärkung der Reizleitung.

Säuglings- und Kleinkindalter:

- sehr hohes Aktivitätsniveau,
- Probleme beim Essen und Schlafen, gereizte Stimmungslage und daraus resultierend angespannte, negative Eltern-Kind-Interaktion,
- Entwicklungsrückstände (Motorik, Sprache, visuelle Wahrnehmung);

Kindergarten- und Vorschulalter:

- extreme motorische Unruhe,
- geringe Spielintensität und -ausdauer,
- oppositionelles Verhalten,
- Entwicklungsrückstände,
- Stabilität zwischen 4. und 7. Lebensjahr: etwa 50 %;
- Risikofaktoren für chronischen Verlauf:
    - starke Ausprägung der Hyperaktivität und Aufmerksamkeitsschwäche,
    - zusätzlich oppositionelle Verhaltensstörung,
    - negativ-kontrollierende Erziehung;

Grundschulalter:

- Steigerung der Probleme durch den Schuleintritt !
- Unruhe und Ablenkbarkeit im Unterricht,
- Lernschwächen und Teilleistungsschwächen,
- Klassenwiederholungen, Schulwechsel,
- oppositionell-aggressives Verhalten (bei mindestens 30 bis 50 %),
- Ablehnung durch Gleichaltrige,
- Leistungsunsicherheit und Selbstwertprobleme,
- Stabilität zwischen 7. und 10. Lebensjahr: mindestens 60 bis 70 %;

Jugendalter:

- Verminderung der motorischen Unruhe,
- Aufmerksamkeitsstörungen persistieren,
- aggressiv-dissoziales Verhalten (etwa 40 %),
- Alkohol- und Drogenmissbrauch,
- geringes Bildungsniveau,
- Stabilität zwischen Kindes- und Jugendalter: 30 bis 70 %;

Erwachsenenalter:

- dissoziales Verhalten / Delinquenz (20 bis 45 %),
- antisoziale Persönlichkeitsstörung (ca. 25 %),
- geringer Beschäftigungsstatus.

Tab. 4-1: Verlauf hyperkinetischer Störungen (nach: Döpfner / Schürmann / Frölich 1998)

Neben der medikamentösen Therapie, deren Nutzen im Verhältnis zu einer möglichen Gefährdung des Kindes häufig kontrovers diskutiert wird, steht die *Verhaltenstherapie* im Vordergrund der Interventionsmaßnahmen, insbesondere Verfahren des Selbstinstruktions- und Selbstmanagement-Trainings (vgl. Kap. 5.3.3). Die Familie und das erweiterte soziale Umfeld des Kindes – insbesondere Kindergarten und Schule – sind im Sinne einer systemtheoretischen Konzeption unbedingt in die Interventionsmaßnahmen mit einzubeziehen. Auf der Basis von Körperwahrnehmung und Selbsterfahrung bieten Verfahren, die Bewegung, Spiel und Sport als Medium nutzen, einen geeigneten kindgerechten Ansatz zur Förderung von Aufmerksamkeit und Konzentration, von Selbststeuerung, Handlungsplanung und sozialer Kompetenz.

4.3.4 Haltung – Haltungsschwäche und -schaden

Zur Abgrenzung normaler Haltung von Haltungsschwäche und -schaden

Im Zusammenhang mit der Problematik auffälliger Haltung wird eine Reihe von Begriffen gebraucht (Tab. 4-2), die nicht immer eindeutig definiert werden, teilweise kaum voneinander abzugrenzen sind. Da sich aus einer uneinheitlichen Terminologie Verständnis- und Interpretationsschwierigkeiten ergeben (vgl. Kap. 4.1), seien im Folgenden einige dieser Begriffe genannt und zugeordnet (vgl. Wagenhäuser 1973).

Die *normale „gute" Haltung (Normalhaltung)* mit ihren Normvarianten, Formvarianten, varianten Rückenformen wird auch als zweckmäßige, richtige, korrekte, straffe oder gesunde Haltung bezeichnet. Wertende Begriffe wie schöne oder ästhetische Haltung sollten allerdings vermieden werden.

Die *Haltungsschwäche als funktionelle Beeinträchtigung* wird auch Fehlhaltung, fehlerhafte, unzweckmäßige, schlaffe oder auch labile Haltung, Haltungsfehler

Normvariante der Haltung	Haltungsschwäche = funktionelle Beeinträchtigung	Haltungsschaden = strukturelle Beeinträchtigung
normale Haltung straffe Haltung zweckmäßige Haltung korrekte Haltung richtige Haltung gesunde Haltung Formvariante variante Rückenform	fehlerhafte Haltung unzweckmäßige Haltung labile Haltung schlaffe Haltung Fehlhaltung Haltungsfehler Haltungsinsuffizienz Haltungsverfall	krankhafte Haltung pathologische Haltung Fehlform Formfehler Stellungsfehler Haltungsanomalie Haltungsdeformität Haltungsstörung

Tab. 4-2: Haltung – Normvariante / Schwäche / Schaden und gebräuchliche Synonyme

oder Haltungsinsuffizienz genannt. Begriffe wie „schlechte Haltung" oder „unästhetische Haltung" setzen wiederum Wertmaßstäbe voraus, die kaum objektiv zu fassen sind. Die Bezeichnungen funktionelle oder reversible Haltungsstörung / Haltungsschaden sind eher missverständlich, da die Charakteristika von Schwäche und Schaden vermischt werden, und sollten daher ebenfalls vermieden werden.

Der Begriff *Haltungsverfall* wird unterschiedlich benutzt – teilweise allgemein als Oberbegriff für Veränderungen der Haltung, mehrheitlich aber als extreme Form der Haltungsschwäche.

Der *Haltungsschaden, die Störung der Haltung als strukturelle Beeinträchtigung*, ist dem Formfehler oder Stellungsfehler, der Fehlform, der morphologisch-strukturellen Haltungsanomalie, der fixierten Haltungsdeformität und der krankhaften oder pathologischen Haltung gleichzusetzen.

Böck und Presber (1967; vgl. Autorenteam SVSS 1993; Lekszas 1981; Rieder, Kuchenbecker & Rompe 1986; Schmidt 1985) unterscheiden *vier Stadien beim Übergang von normaler zu pathologischer Haltung:*

1. die normale oder straffe Haltung,
2. die schlaffe Haltung oder Haltungsschwäche,
3. den lockeren Haltungsverfall oder Haltungsfehler bei dem passiv und aktiv die volle Aufrichtung noch möglich ist,
4. den kontrakten Haltungsverfall oder Haltungsschaden, bei dem eine volle Aufrichtung nicht mehr möglich ist.

Hier wird außerdem zwischen einem *Stellungsfehler*, verursacht durch Verkürzung(en) im Bereich der Muskulatur oder des Bandapparates, und einem *Formfehler* als Veränderung von Anteilen des knöchernen Systems unterschieden.

Zusammenhänge zwischen der Haltung des Fußes und des Rumpfes

Eine Haltungsschwäche entsteht bevorzugt in den Bereichen des Haltungs- und Bewegungsapparates, die im Verlauf der Entwicklungsgeschichte des Menschen die größten Veränderungen erfahren haben, die also die aufrechte Haltung des Menschen gewährleisten (vgl. Kap. 3.6): im Bereich von Fuß und Bein und im Bereich des Rumpfes, also im Beckengürtel, der Wirbelsäule und dem Schultergürtel.

Die Haltung des Fußes und des Rumpfes steht in engem Zusammenhang: Veränderungen der Haltung von Fuß und Bein wirken sich unmittelbar auf die *Beckenstellung* aus, Veränderungen im Ausprägungsgrad der Schwingungen der Wirbelsäule, möglicherweise auch der Schultergürtel- und Kopfhaltung schließen sich an. Ebenso sind Auswirkungen von Haltungsschwächen des Rumpfes auf Haltung und Stellung von Fuß und Bein denkbar. Besonders asymmetrische Haltungsveränderungen werden in – mehr oder weniger – benachbarten Bereichen des Haltungs- und Bewegungsapparates kompensiert. Selbst bei jedem Atemzug kommt es durch Bewegungen des Brustkorbs zu minimalen Schwerpunktverlagerungen, die zu atemsynchronen Bewegungen der Hüftgelenke führen. Diese bewirken im Sinne reflektorischer Haltungssicherung auch Änderungen im Tonus der Rumpf- und Beinmuskulatur.

Eine Haltungsschwäche entwickelt sich häufig aus einem *Missbrauch der Ruhehaltung* (vgl. Kap. 2.5). Wenn die Ruhehaltung zur habituellen Haltung wird und die Aufrichtung zur aktiven Haltung nur selten und eher kurzfristig erfolgt, fehlen die notwendigen Reize zur Entwicklung bzw. zur Aufrechterhaltung der Kraft der gegen die Schwerkraft wirkenden Muskulatur; ein muskuläres Ungleichgewicht entsteht.

Entsprechend der Vielfalt der Faktoren, die die Haltung beeinflussen (vgl. Kap. 2.5), sind aber darüber hinaus vielfältige Ursachen von Haltungsschwächen denkbar. Besonderes Augenmerk sollte hier auf die *Zusammenhänge zwischen Haltung und Psyche* gelenkt werden: Emotionen beeinflussen den Muskeltonus und damit auch die Körperhaltung; so können Haltungsschwächen ihren Ausdruck nicht nur in abgeschwächter, sondern auch in verspannter Muskulatur finden.

- *Auffälligkeiten im Bereich von Fuß und Bein*

Wird die Haltungsschwäche im Bereich des Fußes im Zusammenhang mit einem Missbrauch der Ruhehaltung gesehen, ist zu beachten, dass hier *zwei Formen der Ruhehaltung* möglich sind:

– einerseits als Pronation des gesamten Fußes; der innere Fußrand wird belastet und es erscheint das Bild des *Knicksenkfußes*;
– andererseits als Supination des gesamten Fußes; der äußere Fußrand wird belastet. Diese Haltungsform, die auch als „*Kippfuß*" bezeichnet wird, könnte als Regression des Fußes zur Supinationshaltung des frühen Kindesalters interpretiert werden (Maier 1961).

Beiden Formen der Ruhehaltung gemeinsam ist das *Aufgeben der natürlichen Fußverwringung*.

Ursachen für Haltungsschwächen des Fußes

Eine spezifische Ursache für Haltungsschwächen wie auch für Schäden im Bereich des Fußes stellt – neben *Bewegungsmangel* und *Übergewicht* – die *Fußbekleidung* dar. Form und Haltung sowie die Leistungsfähigkeit der Füße können durch nicht passendes, ungeeignetes Schuhwerk negativ beeinflusst werden.

Schuhe sollten nur als Schutz vor klimatischen Einflüssen und vor Verletzungen angesehen werden, nicht als Unterstützung, auch nicht als „Lauflern-Hilfe" bei Kleinkindern. Ein gesunder Fuß benötigt keine Unterstützung oder Absicherung durch Schuhe. Da Kinderfüße noch sehr weich und formbar sind, besteht die Gefahr, dass sie sich nicht optimal sitzenden Schuhen anpassen.

In regelmäßigen Reihenuntersuchungen wird nachgewiesen, dass *immer mehr als die Hälfte der Kinder einer zufällig ausgesuchten Schulklasse nicht passende Schuhe trägt*. Diese Schuhe sind bis zu drei, sogar vier Nummern zu klein oder auch zu groß. Dabei klagen betroffene Kinder nicht über Beschwerden oder Schmerzen.

Schuhe sollten der Fußform und -größe sorgfältig angepasst und besonders in Zeiten beschleunigten Wachstums regelmäßig überprüft werden, um bleibende Schäden und Entwicklungsstörungen an den Kinderfüßen zu verhindern (vgl. Maier 1973, 1979, 1980, 1995).

- *Zu kurze Schuhe*, in denen die Füße eingepfercht werden, führen ebenso wie *zu lange und zu weite Schuhe*, in denen die Füße bei jedem Schritt nach vorn rutschen, zur Stauchung der Zehen. Die Füße können sich in den Schuhen nicht bewegen. Die Abwicklung des Fußes und der Abdruck durch die Zehen werden behindert oder verhindert, so dass die Fußmuskulatur sich nicht entwickeln kann oder verkümmert.

- *Zu enge*, insbesondere auch *spitze, der Fußform nicht entsprechende Schuhe* verformen den Vorfuß und führen zur Schädigung im Bereich des passiven Bewegungsapparates; Zehendeformitäten und ein Spreizfuß können die Folge sein.

- *Starre, unflexible Sohlen* verhindern ein elastisches Abrollen des Fußes; sie beeinträchtigen die Bewegungskoordination im Bereich des Fußes und schränken die Fußelastizität ein, die als Schutz des Gelenkknorpels im Bereich des Fußes, der Knie- und Hüftgelenke, aber auch der gesamten Wirbelsäule von Bedeutung ist.

- *Knöchelhohe Schuhe* stabilisieren passiv Fuß und Bein im Bereich der Sprunggelenke und reduzieren damit die koordinative Beanspruchung, die als aktive Sicherung der Sprunggelenke anzusehen ist.

- *Hohe Absätze* führen zu einer Schwerpunktverlagerung nach vorn und überlasten die Querwölbung des Fußes; sie begünstigen damit die Entwicklung eines Spreizfußes. Durch die veränderte Statik verursachen sie eine kompensatorische Haltungsveränderung insbesondere im Beckenbereich im Sinne einer Hyperlordose der Lendenwirbelsäule; dieses wiederum kann zu Haltungsschwächen des Rumpfes und in der Folge zu Rückenschmerzen führen.

- Die jeweils spezifische Fußform und das individuelle Bewegungsverhalten eines Kindes formen einen länger getragenen Schuh aus, so dass es auch problematisch erscheint, – zumindest länger getragene – Schuhe zum Beispiel unter Geschwistern zu „vererben".

Erscheinungsformen der Auffälligkeiten im Bereich von Fuß und Bein

Auffälligkeiten im Bereich des Fußes (Abb. 4-5) zeigen sich hauptsächlich im Hinblick auf die Ausprägung der Fußgewölbe und die natürliche Fußverwringung:

Im Hinblick auf die *Ausprägung der Fußgewölbe* ergeben sich Veränderungen
- *des Längsgewölbes* mit den Erscheinungsformen: → Senkfuß,
                                                     → Hohlfuß;
- *des Quergewölbes* mit der Erscheinungsform: → Spreizfuß.

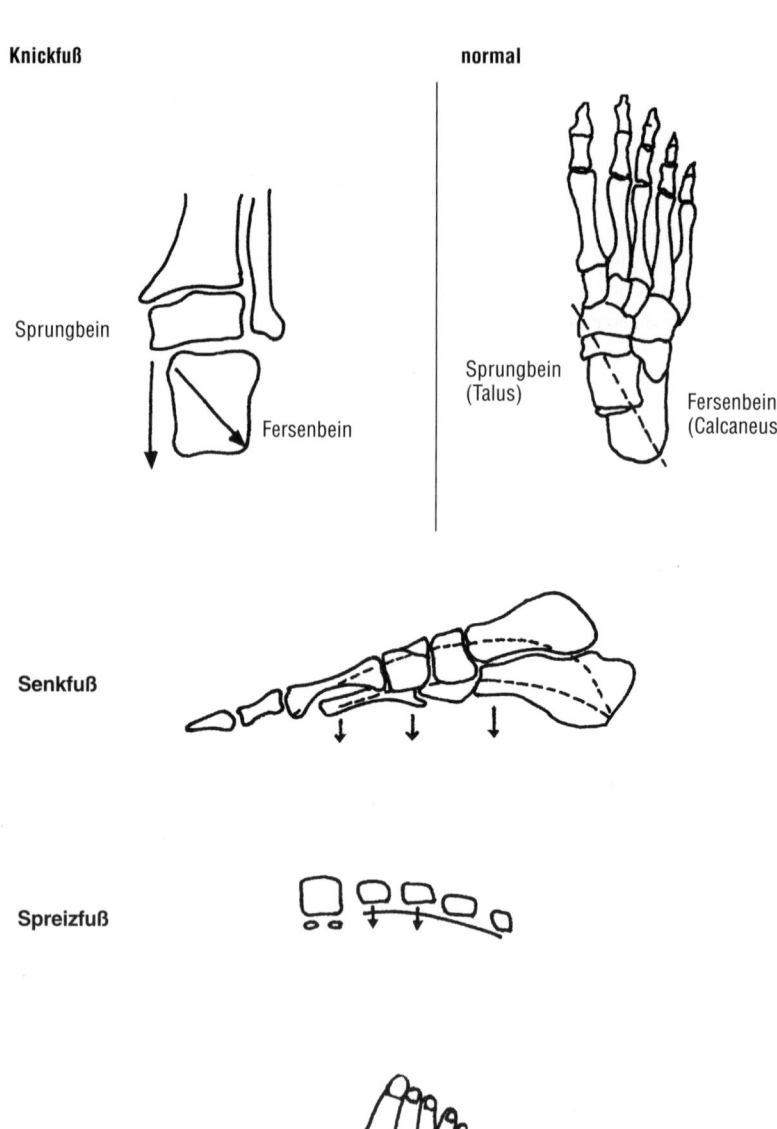

Abb. 4-5: Auffälligkeiten im Bereich von Fuß und Bein

Im Hinblick auf die *natürliche Fußverwringung*, die Stellung vom Vorfuß zum Rückfuß kommt es zu Veränderungen im Sinne einer
- verstärkten Pronation des Rückfußes → Knickfuß,
- totalen Pronation des Fußes → Knicksenkfuß,
- totalen Supination des Fußes → Kippfuß.

Hinzu kommen als Auffälligkeiten im Bereich von Fuß und Bein *Veränderungen der Zehen* und *Fehlstellungen der Beinachse*.
Als Veränderungen der Zehen sind am häufigsten der Großzehenschiefstand (Hallux valgus) und Hammer- oder Krallenzehen zu beobachten.
Als Fehlstellungen der Beinachse kommen hauptsächlich O-Bein und X-Bein, aber auch eine abnome Überstreckbarkeit der Kniegelenke („Säbelbeine") und Rotationsfehlstellungen vor.

Die Abgrenzung einer Haltungsschwäche des Fußes von einer Normvariante einerseits und einem Schaden andererseits ist nicht immer eindeutig möglich. Am sichersten als Haltungsschwäche, also als funktionelle Beeinträchtigung, zu erfassen und durch Übung und Training wirksam positiv zu beeinflussen ist der Knicksenkfuß.
Allen Haltungsschwächen im Bereich von Fuß und Bein liegen muskuläre Minderleistungen und / oder Defizite in der Wahrnehmung und der Bewegungskoordination zugrunde.

Senkfuß

Den Senkfuß kennzeichnet eine Abflachung des Längsgewölbes; beim Fußabdruck erscheint der laterale Fußrand verbreitert.
Funktionell sind vor allem eine Abschwächung der kurzen und langen Zehenbeuger, aber auch des hinteren Schienbeinmuskels denkbar; möglicherweise spielen der vordere Schienbeinmuskel zusammen mit dem langen Wadenbeinmuskel in ihrer Funktion als „Steigbügel" eine Rolle.
Im Hinblick auf die *Haltungskoordination* ist hier auf den Abdruck der Zehen, insbesondere auf den Abdruck der großen Zehe zu achten.

Hohlfuß

Ein Hohlfuß ist an der Vertiefung des Längsgewölbes zu erkennen: der äußere Fußrand liegt auch unter Belastung – im Stand – nicht dem Boden auf. Beim Fußabdruck zeichnen sich am äußeren Fußrand nur der Bereich von Ferse und Zehenballen / kleiner Zeh ab.
Funktionell können Verspannung oder Verkürzung der kurzen und langen Zehenbeuger, des hinteren, evtl. auch des vorderen Schienbeinmuskels und des langen Wadenbeinmuskels verantwortlich sein. Auch *mangelhafte Körperwahrnehmung und Haltungskoordination* kommen im Zusammenhang mit einem Hohlfuß möglicherweise vor.

Dieses Erscheinungsbild ist jedoch als Haltungsschwäche kaum denkbar, wenn eine Haltungsschwäche sich durch Missbrauch der Ruhehaltung entwickelt; durch den Einfluss der Schwerkraft würden die Gewölbe abgeflacht. Der Hohlfuß in der beschriebenen Form ist als *pathologisches Phänomen* bei Erkrankungen des Zentralnervensystems bekannt.

Tritt der Hohlfuß als Normvariante auf, sollte statt des Terminus „Hohlfuß" besser der Begriff *„hochgesprengter Fuß"* benutzt werden. Diese recht häufige individuelle Variante der Fußform ist durch einen auffällig hohen Fußrist gekennzeichnet, der knöchern vorgegeben ist. Eine starke Ausprägung des Längsgewölbes ist allerdings *auch als funktionelle Anpassung an hohe Beanspruchung* insbesondere der kurzen und langen Zehenbeuger möglich.

Spreizfuß

Der Spreizfuß erscheint als Abflachung des Quergewölbes; beim Fußabdruck tritt der Ballen besonders hervor. An der Fußsohle ist mehr oder weniger deutlich eine Hornhautschwiele unter den Köpfchen des 2. und 3. Mittelfußknochens tast- und sichtbar.

Eine *Schwäche der kurzen Muskeln der Fußsohle*, insbesondere des Heranzieher der Großzehe (M. adductor hallucis), sowie des langen Wadenbeinmuskels ist möglich, aber eher unbedeutend, da das Quergewölbe vergleichsweise gering muskulär gesichert ist. Die Abflachung des Quergewölbes geht im wesentlichen auf eine Überdehnung des die Fußgewölbe sichernden Bandapparates zurück; dieser ist durch Übung und Training nicht zu beeinflussen.

Der Spreizfuß entwickelt sich mit zunehmendem Lebensalter und muss in den meisten Fällen als Ergebnis funktioneller Anpassung des Menschen an die aufrechte Haltung angesehen werden.

Knickfuß

Der Knickfuß imponiert durch eine leichte Pronation des Rückfußes. Fersenbein und Sprungbein stehen nicht senkrecht übereinander, sondern „knicken" nach innen, zur Fußmitte hin ab. Bei enger paralleler Fußstellung verlaufen die Achillessehnen nicht parallel, sondern bilden einen nach unten offenen Winkel ($\wedge$). Dabei ist aber zu beachten, dass ein Winkel bis zu 6°, im Vorschulalter bis zu 10° als normal gilt. Beide Füße müssen nicht in gleichem Maße betroffen sein; die Schrägstellung der Achillessehnen ist nicht nur im Stand, sondern – häufig deutlicher – in der Fortbewegung zu beobachten.

Funktionell ist eine Abschwächung aller Supinatoren, insbesondere der Wadenmuskulatur (gesamte hintere Beugergruppe) denkbar; verantwortlich sind vor allem aber auch eine *mangelhafte Haltungskoordination und ungenügende Körperwahrnehmung im Bereich von Fuß und Bein, ein mangelndes Bewusstsein für Haltung und Bewegung der Füße*.

Knicksenkfuß

Der Knicksenkfuß stellt eine Kombination von Knick- und Senkfuß dar. Der Fuß wird insgesamt proniert, das heißt: der gesamte Fußinnenrand wird belastet. Ein deutlicher Knickfuß führt immer auch zu einer Senkung des Längsgewölbes, während ein Senkfuß auch isoliert vorkommen kann.

Funktionell ist eine Abschwächung nahezu aller Supinatoren und aller Plantar-

flektoren zu vermuten; hinzu kommen *mangelhafte Haltungskoordination und ungenügende Körperwahrnehmung im Bereich von Fuß und Bein.*
Der Knicksenkfuß tritt im Zusammenhang mit X-Beinen im Kleinkind- und Vorschulalter – möglicherweise bis zum Alter von sieben Jahren – entwicklungsbedingt auf (vgl. Kap. 3.6). Dieser *physiologische Knicksenkfuß* ist nicht als Haltungsschwäche zu werten; er bedarf keiner Fördermaßnahmen.

Kippfuß

Den Kippfuß kennzeichnet eine Supination des gesamten Fußes, also eine Belastung des Fußaußenrandes. *Funktionell* können eine Abschwächung der Pronatoren (langer und kurzer Wadenbeinmuskel, auch langer Zehenstrecker) sowie eine *mangelhafte Haltungskoordination und ungenügende Körperwahrnehmung im Bereich von Fuß und Bein* vorliegen.
Der Kippfuß tritt – zumindest im Kindes- und Jugendalter – vergleichsweise selten auf. Er ist als Schonhaltung zu beobachten, wenn es – eher bei Erwachsenen – zu Beschwerden / Schmerzen im Vorfußbereich zum Beispiel im Zusammenhang mit einem ausgeprägten Spreizfuß oder Entzündungen im Großzehengrundgelenk bei einem Hallux valgus kommt. Diese Schonhaltung ist aber auch bei Kindern und Jugendlichen mit Gelenkentzündungen („Rheuma", juvenile chronische Arthritis) denkbar.

Knickfuß, Knicksenkfuß und Kippfuß, also alle Auffälligkeiten im Bereich des Fußes, die als Reduzierung oder Aufhebung der natürlichen Fußverwringung erscheinen, sind nicht nur am Fuß selbst zu beobachten; Hinweise auf eine Fehlhaltung kann auch die Betrachtung schon länger getragener Schuhe geben. Während der *Abrieb an der Schuhsohle* normalerweise an der Ferse hinten außen und im Vorfuß im Bereich des Großzehenballens und großen Zehes liegt,
– ist der Hauptabrieb bei einem *Knickfuß* in der Mitte der Ferse und bei einem *Knicksenkfuß* im Innenbereich der Ferse zu sehen.
– Bei einem *Kippfuß* fällt dagegen auf, dass die Abnutzungszeichen im Bereich des Großzehenballens fehlen, statt dessen im Kleinzehenbereich zu erkennen sind. Nicht selten ist auch das Oberleder so über den Sohlenbereich geschoben, dass sich hier Beschädigungen zeigen.

Zehenfehlstellungen

Zehenfehlstellungen sind oft Folge des Spreizfußes bzw. treten mit diesem gemeinsam auf. Für beide ist mit hoher Wahrscheinlichkeit das Tragen nicht fußgerechter, nicht passender Schuhe (mit)verantwortlich. Für den Großzehenschiefstand werden darüber hinaus genetische Faktoren sowie eine Entzündung im Großzehengrundgelenk im Rahmen des rheumatischen Formenkreises diskutiert.
Beim *Großzehenschiefstand (Hallux valgus)* liegt eine leichte Pronation und mehr oder weniger starke Abweichung der Großzehe zur zweiten Zehe hin vor; im fortgeschrittenen Stadium wird die zweite Zehe über- oder unterlagert. Zu beachten ist allerdings, dass eine Abweichung der Großzehe vom mittleren Fußrand bis zu 20° noch als normal angesehen wird.

Funktionell liegt eine Verlagerung der die Großzehe bewegenden Muskulatur vor (Verlagerung von Beuger- und Streckersehnen, insbesondere der Sehne des M. abductor hallucis); typisch ist eine Einschränkung der Beweglichkeit im Großzehengrundgelenk. Eine Dorsalflexion von weniger als 50° gilt als pathologisch.

Krallenzehen (Überstreckung im Bereich der Zehengrundgelenke, Beugekontraktur im Bereich der Mittel- und Endgelenke) und *Hammerzehen* (Überstreckung im Bereich der Zehengrundgelenke, Beugekontraktur – annähernd rechtwinklig – in den Zehenendgelenken) sind wie auch der Großzehenschiefstand im Kindesalter eher selten.

Auffälligkeiten im Bereich der Beinachse

Bei allen Fehlstellungen im Bereich der Beinachse ist die Entwicklung von Fuß und Bein im Kindesalter ist zu berücksichtigen (vgl. Kap. 3.6): *O-Beine* fallen durch eine Distanz zwischen den Kniegelenken, *X-Beine* durch eine Distanz zwischen den Innenknöcheln auf. Ein Abstand der Innenknöchel bis zu 8 cm ist aber bis zum Alter von 8 Jahren tolerierbar.

Rotationsfehlstellungen treten als Folge einer Störung der komplexen Torsionsvorgänge während der Entwicklung der Beinachse auf; sie können den Fuß, den Unterschenkel oder den Oberschenkel betreffen. Auffälliges Merkmal könnte eine Einwärts- oder Auswärtsdrehung einer oder beider Kniescheibe(n) bei paralleler Beinstellung sein. Rotationsfehlstellungen sind möglicherweise für einen auffälligen Gang mit innen- oder außenrotierten Füßen verantwortlich; denkbar sind hier aber auch entsprechende Gewohnheiten eines Kindes.

Eine *abnorme Überstreckbarkeit der Kniegelenke* („Säbelbeine"; Genu recurvatum) ist häufig konstitutionell bedingt; sie steht oft im Zusammenhang mit einer allgemeinen Bindegewebsschwäche.

Haltungsschäden im Bereich des Fußes

Haltungsschäden des Fußes sind in großer Zahl und Vielfalt bekannt: Klumpfuß, Spitzfuß, Hackenfuß, etc. (vgl. Bernbeck & Dahmen 1976; Hefti 1998; Niethard 1997; Rang 1985). Fußdeformationen sind überwiegend angeboren oder entstehen infolge von Störungen des Nervensystems, häufig im Zusammenhang mit einer frühkindlichen Hirnschädigung. Ihre Behandlung bedarf intensiver orthopädischer Betreuung; im Vordergrund stehen – je nach Schweregrad – die Versorgung mit Orthesen und / oder chirurgische Maßnahmen sowie krankengymnastische Behandlung.

Schuhzurichtungen und *Einlagen* können bei Fehlstellungen und Schäden im Bereich von Fuß und Bein nützlich sein.

Bei Haltungsschwächen des Fußes sind aber Einlagen nicht nur nicht sinnvoll, sondern sogar eher schädlich. Als passive Unterstützung des Fußes fördern sie die Inaktivität der Muskulatur; damit besteht die Gefahr, dass sie das Ausmaß der Schwäche sogar vergrößern.

- **Haltungsschwächen im Bereich des Rumpfes**

Im Bereich des Rumpfes sind ebenfalls *zwei Formen der Ruhehaltung* möglich:
- einerseits werden insgesamt die Schwingungen der Wirbelsäule vertieft; es entsteht das *Erscheinungsbild des Hohlrundrückens*;
- andererseits wird der Rumpf auf dem aufgerichteten Becken zurückverlagert; die Kyphose der Brustwirbelsäule wird verstärkt und verlängert. Diese Form der Wirbelsäule wird als *Totalrundrücken* bezeichnet.

Hohlrundrücken und Totalrundrücken sind auch mögliche Normvarianten der Rumpfhaltung (vgl. Abb. 2-77 b und c).

Wird die Ruhehaltung zur habituellen Haltung, entsteht ein Ungleichgewicht der Muskulatur auf der Vorder- und Rückseite des Rumpfes; es entwickeln sich Haltungsschwächen, die durch *unterschiedliche Formen verstärkter Wirbelsäulenschwingungen* (in der Sagittalebene) auffallen.

Als Auffälligkeit der Rumpfhaltung kommt aber auch eine *Reduzierung der physiologischen Schwingungen der Wirbelsäule* vor, die im wesentlichen einer aktiven Haltung entspricht. Diese kann auf eine dauerhaft verstärkte muskuläre Anspannung, die zur Verspannung führt, zurückzuführen sein.

Individuelle Haltungs- und Bewegungsformen wie zum Beispiel die Angewohnheit einer bestimmten Standbein-Spielbein-Position oder einseitige Trage- und Sitzgewohnheiten führen schließlich zu einer asymmetrischen muskulären Beanspruchung, die *seitliche Biegungen der Wirbelsäule* (in der Frontalebene) auslösen.

Eine spezifische *Ursache* für die Entwicklung einer Haltungsschwäche des Rumpfes können neben dem Mangel an Wahrnehmungs- und Bewegungsreizen sowie Problemen im emotionalen und psychosozialen Bereich auch einseitige Belastungen darstellen. Für Kinder ist in diesem Zusammenhang vor allem häufiges und oft lang andauerndes Sitzen, besonders in nicht körpergerechtem Mobiliar denkbar. Überbeanspruchung durch häufiges Tragen schwerer Lasten – zum Beispiel zu schwere Schultaschen – und unphysiologische Belastung durch ungünstige Haltungs- und Bewegungsgewohnheiten kommen hinzu.

Erscheinungsbilder der Haltungsschwächen des Rumpfes

Auffälligkeiten im Bereich des Rumpfes zeigen sich
- überwiegend im Bereich des Beckengürtels → als Hohlrücken;
- überwiegend im Bereich des Schultergürtels → als Rundrücken;
- im Bereich des gesamten Rumpfes → als Hohlrundrücken;
  → als Totalrundrücken;
- überwiegend im Bereich der Wirbelsäule → als Flachrücken;
  → als Seitrücken.

Diese *Rückenformen* (vgl. Abb. 2-77) werden als Bezeichnung sowohl für die entsprechenden Erscheinungsbilder der *Haltungsschwäche* als auch der *Normvariante* sowie teils für den *Schaden* verwandt. Um Missverständnisse zu vermeiden, ist eine sorgfältige Abgrenzung notwendig (vgl. Kap. 4.1; Kap. 4.4.4).

Auffälligkeiten im Bereich des Beckengürtels – Hohlrücken

Im Bereich des Beckengürtels stellt die *verstärkte Kippung des Beckens* das Hauptproblem dar. Diese hat Auswirkungen auf die benachbarten Abschnitte des Skeletts: Die *Hüftgelenke werden gebeugt*, die Lendenwirbelsäule reagiert mit einer *Vertiefung der Lordose*.

Funktionell können für diese Situation verantwortlich sein:
- Verspannung oder Verkürzung der Hüftbeuger, hauptsächlich des Lendendarmbeinmuskels, aber auch der vorderen Oberschenkelmuskulatur, die das Hüftgelenk überzieht und ebenfalls als Hüftbeuger wirkt;
- Verspannung oder Verkürzung der Rückenmuskulatur im Bereich der Lendenwirbelsäule;
- Abschwächung der Bauchmuskulatur;
- Abschwächung der Gesäßmuskulatur, insbesondere des großen Gesäßmuskels; möglicherweise kommt eine Schwäche der hinteren Oberschenkelmuskulatur, der ischiocuralen Muskulatur, hinzu, die wie die Gesäßmuskulatur das Hüftgelenk streckt. Da die ischiocrurale Muskulatur zweigelenkig ist und neben der Streckung im Hüftgelenk eine Beugung im Kniegelenk bewirkt, muss ihre Situation sorgfältig geprüft werden. Bei den meisten Menschen tendiert die ischiocrurale Muskulatur in Folge ihrer Hauptfunktion – Beugung im Kniegelenk – eher zu einer Verspannung / Verkürzung als zur Abschwächung;
- eingeschränkte Beweglichkeit der Lendenwirbelsäule und der Hüftgelenke.

Von besonderer Bedeutung sind im Zusammenhang mit der Haltungsschwäche Hohlrücken eine mangelhafte Haltungskoordination und ungenügende Körperwahrnehmung – ein *mangelhaftes Haltungsbewusstsein* – vorwiegend im Bereich des Beckengürtels.

Beim Vorschulkind ist daran zu denken, dass die Beugung der Hüftgelenke und dadurch bedingt eine verstärkte Beckenkippung und der Anschein eines Hohlrückens noch entwicklungsbedingt sein können (vgl. Kap. 3.6; Abb. 3-32b).

Die relative *Häufigkeit des Hohlrückens als Haltungsschwäche* steht wahrscheinlich im Zusammenhang mit der heute *überwiegend sitzenden Lebensweise vieler Menschen* (Sitzen = Beugung der Hüftgelenke), die zur Überdehnung und Abschwächung der Muskelgruppen führt, die das Hüftgelenk strecken und das Becken aufrichten. Die Muskulatur, die das Hüftgelenk beugt und das Becken kippt, gerät in einen Verkürzungszustand, wenn Ursprung und Ansatz einander dauerhaft bzw. längerfristig genähert sind; eine Beanspruchung im Sinne der Kräftigung der Hüftgelenksstrecker und Dehnung der Hüftbeuger fehlt, wenn Kinder oft und lange sitzen – in der Schule, bei den Hausaufgaben, vor dem Fernseher, bei Videospielen, etc. (vgl. Kap. 1.2).

Das Becken befindet sich im Sitzen in einer aufgerichteten Position (vgl. Abb. 2-64), so dass die physiologische Lordose der Lendenwirbelsäule abgeflacht oder aufgehoben bzw. in eine Totalkyphose der Wirbelsäule integriert wird. Nicht nur für die Muskulatur sondern auch für den passiven Bewegungsapparat stellt das Sitzen daher eine ungünstige Belastung dar.

Auffälligkeiten im Bereich des Schultergürtels – Rundrücken

Der Schultergürtel ist im Vergleich zum Beckengürtel viel weniger knöchern und umso mehr muskulär gesichert (vgl. Kap. 2.4.2). Eine Haltungsschwäche in diesem Bereich – Rundrücken – wird charakterisiert durch einen *nach vorn hängenden Schultergürtel*, der den Brustkorb einzuengen scheint. Die Schulterblätter stehen oft als „*Flügelschultern*" ab. Die Verlagerung des Schultergürtels nach vorn führt zu einer *verstärkten Kyphose der Brustwirbelsäule*; im Bereich der Halswirbelsäule kann es zu einer Verstärkung der Lordose mit kompensatorischem Vorschieben des Kopfes kommen.

Typisch für diese Haltungsschwäche ist folgende *muskuläre Situation*:
- Verspannung oder Verkürzung des großen und kleinen Brustmuskels,
  evtl. auch der Zwischenrippenmuskulatur,
  evtl. auch der Nackenmuskulatur;
- Abschwächung der Rückenmuskulatur im Bereich der Brustwirbelsäule;
- Abschwächung der auf den Schultergürtel aufrichtend wirkenden Muskeln, hauptsächlich des Kapuzenmuskels mit seinem aufsteigenden Teil, der die Schulter senkt, und seinem querverlaufenden Teil, der die Schulter zurückzieht und das Schulterblatt der Wirbelsäule nähert,
- evtl. auch eine Abschwächung des Rautenmuskels, der das Schulterblatt der Dornfortsatzreihe zu nähern vermag,
  des vorderen Sägemuskels, der das Schulterblatt an dem Brustkorb fixiert und des breiten Rückenmuskels, der die Rumpfhaltung stabilisiert;
- eingeschränkte Beweglichkeit der Schultergelenke und der Brustwirbelsäule sowie der Halswirbelsäule.

Hinzu kommt eine *mangelhafte Haltungskoordination* und *ungenügende Körperwahrnehmung im Bereich des Schultergürtels und des Kopfes*. Oft ist das Haltungsbewusstsein insgesamt nur gering ausgeprägt.

Hohlrundrücken und Totalrundrücken

Haltungsschwächen im Bereich des Becken- und / oder Schultergürtels wirken sich immer auf die benachbarten Abschnitte der Wirbelsäule aus. Die Schwäche der gegen die Schwerkraft wirkenden Muskelgruppen, also der aufrichtenden Muskulatur, und / oder die Verspannung oder Verkürzung der Antagonisten vertieft die Schwingungen der Wirbelsäule, wie es für die Ruhehaltung typisch ist:

Das Erscheinungsbild und die funktionelle Situation des *Hohlrundrückens* entsprechen einer Kombination von Hohlrücken und Rundrücken.

Der *Totalrundrücken* gleicht im Bereich des Schultergürtels dem Rundrücken; die Kyphose der Brustwirbelsäule erscheint aber nicht nur – wie beim Rundrücken – vertieft, sondern erstreckt sich auf einen größeren Teil der Wirbelsäule, bezieht also die Lendenwirbelsäule mit ein. Dadurch kommt es zu einer Abflachung der Lendenwirbelsäule und Aufrichtung des Beckens.

Die funktionelle Situation entspricht im wesentlichen der des Rundrückens. Im Bereich des Beckengürtels stehen *mangelhafte Haltungskoordination und einge-*

schränkte *Körperwahrnehmung* im Vordergrund; ob und in welchem Maße hier eine muskuläre Dysbalance vorhanden ist, muss sorgfältig geprüft werden.

Flachrücken

Bei einem Flachrücken sind die physiologischen Schwingungen der Wirbelsäule gering ausgeprägt, so dass der *Rücken sehr gerade* und das *Becken verstärkt aufgerichtet* erscheinen. Kennzeichen der Haltungsschwäche Flachrücken ist eine *eingeschränkte Beweglichkeit der Wirbelsäule*.

Die geringe Ausprägung der Wirbelsäulenschwingungen ist *möglicherweise anlagebedingt*; kommt ein Mangel an Bewegungsreizen hinzu, kann eine deutliche Einschränkung der Flexibilität resultieren.

Als weitere Ursache ist ein *hoher Muskeltonus* im Zusammenhang mit einer *mangelhaften Fähigkeit zur Entspannung* denkbar, der infolge übermäßiger Belastung – Stress – oder emotionaler und psychosozialer Auffälligkeiten wie Ängstlichkeit oder sozial unsicheren Verhaltens auftreten kann; damit entspricht die Haltungsschwäche Flachrücken weitgehend dem Erscheinungsbild einer Koordinationsschwäche (vgl. Kap. 4.3.3; Symptomatik des „Steiflings" oder auch „Krampflings").

Obwohl gerade der Flachrücken oft als besonders „gute" Haltung angesehen wird, ist die Belastbarkeit der sehr flachen Wirbelsäule infolge ihrer *verminderten Elastizität* gering. Bei der harmonischen doppel-S-förmigen Wirbelsäule wird die Elastizität durch die physiologischen Schwingungen und die Zwischenwirbelscheiben garantiert. Fehlen die Schwingungen weitgehend, können Stauchungen der Wirbelsäule in vertikaler Richtung nur von den Bandscheiben aufgefangen werden; deren frühzeitige Abnutzung scheint damit vorprogrammiert. Hier muss in besonderem Maße – als Vorbeugung und Ausgleich gleichermaßen – neben der Förderung der Beweglichkeit der Wirbelsäule die Entwicklung und Förderung der Elastizität der Füße mit dem Ziel einer Entlastung der Wirbelsäule berücksichtigt werden. Hinzu kommt die Bewusstmachung des Muskeltonus im Zusammenhang mit einer Förderung der Entspannungsfähigkeit.

Seitrücken, Seithaltung, skoliotische Fehlhaltung – statische Skoliose

Die Seithaltung oder auch skoliotische Fehlhaltung wird charakterisiert durch eine *Biegung der Wirbelsäule in frontaler Ebene*: die Dornfortsätze der Wirbel stehen nicht senkrecht übereinander, sondern weichen seitlich von der Lotlinie ab. Eine strukturelle Veränderung innerhalb der Wirbelsäule im Zusammenhang mit einer Fixierung liegt aber bei der Seithaltung oder skoliotischen Fehlhaltung – im Gegensatz zu einer echten Skoliose oder skoliotischen Fehlstellung – nicht vor.

Als *Ursache für die Seithaltung* kommen *gewohnheitsmäßig asymmetrische Haltungen* in Frage – zum Beispiel der bequeme Stand mit einer unterschiedlichen Belastung von Standbein und Spielbein, die asymmetrische Sitzhaltung in der Schule, wenn Tische und Stühle nicht frontal zur Tafel ausgerichtet sind, oder gewohnheitsmäßig einseitiges Tragen der Schultasche, wodurch eine Schulter kompensatorisch hochgezogen, der Rumpf zur entgegengesetzten Seite geneigt wird. Des weiteren führen hohe einseitige Belastungen wie zum Beispiel *einseiti-*

ges Training im Sport (Tennis, Tischtennis u.a.) zu einer asymmetrischen Haltung durch beiderseits der Wirbelsäule unterschiedlich stark ausgeprägte Muskulatur (muskuläre Dysbalance).
Charakteristisch für die Seithaltung ist die Möglichkeit einer aktiven und passiven Haltungskorrektur. Ist eine solche Korrektur nicht möglich, muss eine strukturelle Veränderung als Grundlage der auffälligen Haltung angenommen werden, also ein Haltungsschaden. Schwäche und Schaden sind schwer eindeutig voneinander abzugrenzen.

Auch eine *statische Skoliose* kann nicht ohne weiteres der Haltungsschwäche oder dem Haltungsschaden zugeordnet werden. Sie beruht grundsätzlich auf Störungen der Statik; verantwortlich ist häufig eine *Beinlängendifferenz*, die zum Beckenschiefstand mit kompensatorischer Seitbiegung der Wirbelsäule – ohne Fixierung und Rotation – führt.
Ein Unterschied in der Beinlänge – und eine entsprechende Seithaltung – kann durchaus im Verlauf des Wachstums vorübergehend auftreten und sollte sorgfältig beobachtet werden. Bleibt die Beinlängendifferenz nach Abschluss des Wachstums bestehen, kann sie relativ einfach zum Beispiel durch Einlagenversorgung oder Schuhzurichtungen ausgeglichen werden. Durch eine Korrektur der Beinlängendifferenz wird auch die Fehlhaltung der Wirbelsäule beseitigt. Bleibt die Korrektur der Fehlstatik aus, wird die Fehlhaltung auf lange Sicht zu strukturellen Veränderung führen. Aus der Haltungsschwäche entwickelt sich dann der Haltungsschaden

Haltungsschäden im Bereich des Rumpfes

Als Schäden im Bereich des Rumpfes, die für das Kindes- und Jugendalter von Bedeutung sind, sollen hier nur die Skoliose und die Adoleszentenkyphose (Scheuermannsche Erkrankung, juvenile Kyphose) beschrieben werden (vgl. Hefti 1997; Niethard 1997).

Die *echte, strukturelle Skoliose* (Abb. 4-6) ist eine *fixierte seitliche Verbiegung der Wirbelsäule, die mit einer Rotation der Wirbelsäule und Verwringung (Torsion) einzelner Wirbelkörper einhergeht*. Je nach Schwere der Deformierung werden Skoliosen verschiedenen Grades unterschieden (vgl. Cotta & Puhl 1993). Eine Skoliose kann großbogig C-förmig erscheinen, S-förmig mit Krümmung und Gegenkrümmung oder dreibogig (Tripelskoliose) mit einer Haupt- und zwei kompensatorischen Gegenkrümmungen ausgeprägt sein. Die Torsion der Wirbelkörper zeigen *Rippenbuckel bzw. Lendenwulst* an: Es ist keine symmetrische „Rückenkulisse" vorhanden, sondern durch die Verwringung der Wirbelkörper verändern Dorn- und Querfortsätze ihre Position, so dass die Rückenkulisse beiderseits der Wirbelsäule unterschiedlich hoch erscheint.
Verschiedene Ursachen einer Skoliose sind möglich; die Mehrzahl der Skoliosen – etwa 90 % (Cotta & Puhl 1993) – wird als idiopathisch bezeichnet, das heißt die Ursache ist unbekannt. Stoffwechselstörungen, die die Skelettentwicklung beeinträchtigen, werden ebenso diskutiert wie eine genetische Disposition; Mädchen sind dreimal häufiger betroffen als Jungen.

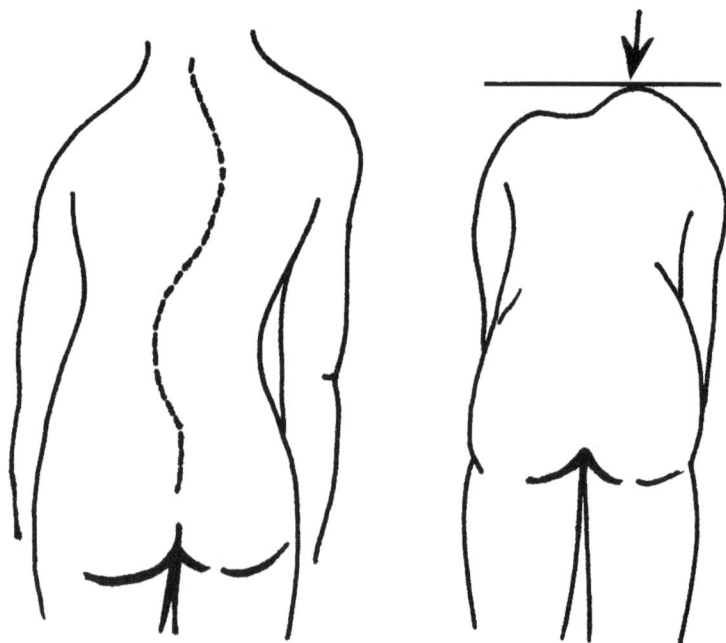

Abb. 4-6: *Typische S-förmige Skoliose; in der Rumpfvorbeuge werden anhand des „Rippenbuckels" (↓) Torsion und Rotation innerhalb der Wirbelsäule sichtbar (nach: Schmidt 1985)*

Typisch für die Skoliose ist ihre *Progredienz*, d.h. die Ausprägung der Seitverbiegung, Rotation und Torsion kann im Verlauf der Zeit zunehmen. Insbesondere in Phasen verstärkten Längenwachstums verschlechtert sich die Situation der Wirbelsäule möglicherweise in relativ kurzer Zeit erheblich. Regelmäßige orthopädische Kontrollen sind daher dringend notwendig.

Belastung und Belastbarkeit einer Skoliose im Rahmen des Schulsports wird seit langem diskutiert (vgl. Kap. 1.1). Vielfach kommt es – zumindest bei Kindern mit höhergradigen Skoliosen – zu einem (Schul-)Sportverbot. Abgesehen davon, dass bei Bewegung, Spiel und Sport generell auf gelenkschonende Belastung zu achten ist, besteht heute aber weitestgehend Übereinstimmung dahingehend, dass diese Kinder ohne Einschränkung am Schulsport, erst recht am Sportförderunterricht, teilnehmen können und – um eine soziale Ausgrenzung zu vermeiden – auch teilnehmen sollten (vgl. Eger & Cordes 1992; Siebert 1988). Sportlehrer sollten umfassend über die Erkrankung, ihren Verlauf, physiotherapeutische Behandlung, evtl. auch spezifische Kurmaßnahmen informiert sein. Wenn es zur Behandlung der Skoliose erforderlich ist, ein Korsett zu tragen, sind Absprachen notwendig, zum Beispiel ob das Korsett im Sport(förder)unterricht abgelegt werden darf. Besondere Beachtung bedarf die psychosoziale Belastung des betroffenen Kindes durch die auffällige Korsettbehandlung (vgl. Kap. 5.3.4).

Die *Adoleszentenkyphose oder Scheuermannsche Erkrankung* ist eine Entwicklungsstörung des Kindes- und Jugendalters. Sie tritt etwa im Alter von zehn / elf Jahren auf – möglicherweise schon früher – und kann mit dem Ende des Wachstums als abgeschlossen betrachtet werden. Veränderungen der Wirbelkörper und der Bandscheiben, die auf Wachstumsstörungen zurückzuführen sind, verursachen eine Fixierung der Wirbelsäule in einem umschriebenen Bereich. Am häufigsten ist die Brustwirbelsäule betroffen, so dass als typisches Erscheinungsbild ein ausgeprägter Rundrücken gilt; dieser lässt sich auch passiv nicht voll ausgleichen. Ist die Lendenwirbelsäule betroffen, entsteht ein Flachrücken.

Die Entwicklung der Adoleszentenkyphose verläuft oft untypisch. Schmerzen treten selten auf. Eine frühzeitige Diagnose ist daher schwierig; Fixierungen innerhalb der Wirbelsäule gelten als sicherstes Anzeichen für die Adoleszentenkyphose. Da eine angemessene körperliche Belastung – einerseits Vermeidung von hohen einseitigen Belastungen, andererseits gezielte, richtig dosierte Belastung – den Verlauf dieser Wachstumsstörung positiv zu beeinflussen vermag, sind eine möglichst frühzeitige Diagnose und regelmäßige fachärztliche Kontrollen unbedingt notwendig. Auch hier ist ein Sportverbot nicht angezeigt. Informationsaustausch zwischen dem betroffenen Kind, seinen Eltern, dem behandelnden Krankengymnasten und dem Sportlehrer sind die Grundlage einer optimalen Förderung durch Bewegung.

4.3.5 Ausdauer – Ausdauerschwäche

Zur Ausdauerleistungsfähigkeit von Kindern

Ausdauer wird beschrieben als „die Fähigkeit, eine gegebene Leistung über einen möglichst langen Zeitraum durchhalten zu können. Somit ist Ausdauer identisch mit Ermüdungs-Widerstandsfähigkeit" (Hollmann & Hettinger 2000, 262).

Im Rahmen möglicher Beanspruchung sind *verschiedene Formen der Ausdauer* (Abb. 4-7) zu unterscheiden. Die Differenzierung erfolgt entsprechend

- der Größe der beanspruchten Muskelmasse:
  → allgemeine bzw. lokale Ausdauer;
- der Art der Energiebereitstellung:
  → aerob bzw. anaerob;
- der physikalischen Arbeitsform:
  → dynamisch bzw. statisch.

Im Sportförderunterricht steht die *allgemeine aerobe dynamische Ausdauer* im Vordergrund des Interesses, da ihr für die Prävention und Kompensation von Ausdauerschwächen besondere Bedeutung zukommt. Sie wird definiert als Arbeitsform, bei der „aerobe Ausdauerleistungen mittels dynamischer Arbeit unter Einsatz von mehr als 1/7 bis 1/6 der gesamten Skelettmuskulatur" (Hollmann & Hettinger 2000, 292) erbracht werden. Wird weniger an Muskelmasse einge-

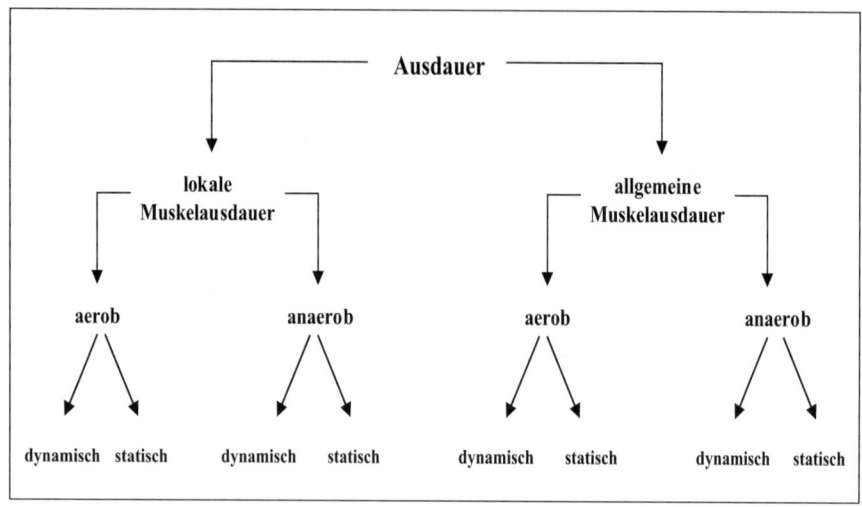

Abb. 4-7: Formen der Ausdauer (nach: Hollmann / Hettinger 2000)

setzt, spielt die Leistungsfähigkeit des Herz-Kreislauf-Atmungs-Systems nur noch eine untergeordnete Rolle: es wird die lokale Muskelausdauer beansprucht. 1/7 bis 1/6 der gesamten Skelettmuskulatur entspricht mehr als der Muskulatur eines Beines und weniger als der beider Beine.

Im Hinblick auf die *Belastungsdauer* wird unterschieden in Kurzzeit-Ausdauer mit 3 bis 10 min, Mittelzeit-Ausdauer mit 10 bis 30 min und die Langzeit-Ausdauer mit mehr als 30 min Belastung. Die allgemeine aerobe Kurzzeit-Ausdauer ist die Form der Ausdauer, die in der Situation des Schulsports vorwiegend beansprucht wird. *Neben der Motivation bestimmen die Kapazität des Herz-Kreislauf-Atmungs-Systems, des Stoffwechsels und die Bewegungskoordination die Leistungsfähigkeit im Bereich der allgemeinen aeroben Ausdauer.*

Die *allgemeine aerobe Kurzzeit-Ausdauer* hängt wesentlich von der maximalen Sauerstoffaufnahme ab; sie gilt als „Bruttokriterium" der Leistungsfähigkeit des Herz-Kreislauf-Atmungs-Systems. Dauert die Belastung über den Kurzzeit-Bereich hinaus an, sind eher muskuläre Stoffwechselprozesse die leistungsbegrenzenden Faktoren: die Zahl der Mitochondrien, der Myoglobingehalt und die Enzymaktivität in der Muskelzelle wie auch die Quantität und Qualität der Stoffwechseldepots, insbesondere des Glykogens.

Der Milchsäurespiegel im arteriellen Blut zeigt an, ob *Arbeit unter aerober oder anaerober Energiegewinnung* geleistet wird. Bei aerober Arbeit bleibt der Milchsäurespiegel niedrig; Werte bis zu 4 mmol / l im arteriellen Blut werden über längere Zeit toleriert. Die Belastung, bei der ein Milchsäurespiegel von 4 mmol / l vorhanden, aber nicht überschritten wird, wird als „*aerob-anaerobe Schwelle*" (Mader et al. 1976) bezeichnet. Bei Kindern liegt diese Schwelle etwas niedriger als bei Erwachsenen; sie wird mit 3 mmol / l angenommen (Pahlke & Israel 1980; Klemt 1988). Die höchste noch aerob geleistete Belastung wird auch Sauerstoffdauerleistungsgrenze genannt (Hollmann 1961). Als Ausdauergrenze bezeichnet Hollmann (1963) die dynamische Arbeit, die mit einer Pulsfrequenz von 130 / min geleistet wird. Bei Kindern liegen die Pulswerte wiederum etwas höher als bei Erwachsenen, so dass die *Ausdauergrenze bei Kindern im Grundschulalter etwa bei 160 / min* liegt (Scholtzmethner 1976).

Erscheinungsformen der Ausdauerschwäche

Eingeschränkte Leistungsfähigkeit des Herz-Kreislauf-Atmungs-Systems zeigt sich in verminderter Ausdauerleistungsfähigkeit, der Ausdauerschwäche. Als *Synonyme* werden die Begriffe Organschwäche, Herz-Kreislauf-Atmungsschwäche, Herz-Kreislaufschwäche und funktionelle Herz-Kreislaufschwäche gebraucht.

Eine Einschränkung der Leistungsfähigkeit im Bereich des Herz-Kreislauf-Atmungs-Systems kann sich in zwei verschiedenen Varianten äußern: als regulative Schwäche und als Leistungsschwäche.

Die *regulative Schwäche* ist hauptsächlich vegetativ bedingt. Sie äußert sich beispielsweise in orthostatischer Labilität: Langes Stehen und plötzliche Veränderungen der Körperlage, insbesondere rasches Aufrichten aus der Rückenlage in den Sitz oder Stand werden schlecht vertragen; Schwindel und Kopfschmerz sind begleitende Symptome. Häufig auffallend kalte Hände und Füße deuten auf periphere Durchblutungsstörungen hin. Die regulative Schwäche ist nicht zwingend mit eingeschränkter Ausdauerleistungsfähigkeit verbunden.

Typisch für eine *Leistungsschwäche* sind auffällige hämodynamische Parameter wie zum Beispiel eine *geringe maximale Sauerstoffaufnahme*. Eine Untersuchung an Schulkindern dokumentiert den Zusammenhang zwischen der Leistungsfähigkeit des Herz-Kreislauf-Atmungs-Systems und dem Ausmaß körperlicher Beanspruchung, indem die maximale Sauerstoffaufnahme von Kindern, die mit dem Bus, zu Fuß oder mit dem Fahrrad zur Schule kommen, ermittelt wird: Zwischen den Kindern, die Bus fahren oder zu Fuß gehen und denen, die Rad fahren, bestehen hoch signifikante Unterschiede der maximalen Sauerstoffaufnahme zugunsten der täglich Rad fahrenden Kinder; signifikante Unterschiede werden noch zwischen den Rad fahrenden Kindern, deren Schulweg weniger als 2 km bzw. mehr als 4 km beträgt, festgestellt (vgl. Hollmann & Hettinger 2000).

Charakteristisches Merkmal der Leistungsschwäche ist die *geringe „Ermüdungs-Widerstandsfähigkeit"*; die Ermüdung tritt frühzeitig ein. Im Sportunterricht fällt auf, dass die *ausdauerschwachen Schüler weniger belastbar sind als Gleichaltrige*. Bei Laufspielen jeder Art, bei den kleinen Spielen wie auch bei den großen Mannschaftsspielen halten sie sich eher im Hintergrund; sie „schonen" sich. Ausdauerbelastungen des Laufens, Schwimmens, Radfahrens etc. im Unterricht wie auch im freien Spiel brechen sie frühzeitig ab.

Als *äußerlich zu beobachtende Merkmale* der Ausdauerschwäche zeigen sich zunächst Anzeichen der Erschöpfung im Bereich der Haut und an der Atmung:

- Ausdauerschwäche führt zu *extremer Hautfärbung* schon bei geringer bis mittlerer Belastung. Die Haut im Gesicht färbt sich stark rot oder ist auffällig blass. Typisches Kennzeichen ist das blasse (weiße) Mund-Nase-Dreieck: das Gesicht ist insgesamt tief rot gefärbt; nur das Gebiet von der Nase zum Mund und zum Kinn erscheint blass.
- Ebenfalls schon bei geringer oder mittlerer Belastung ist ein *flaches (hechelndes) Atmen* zu beobachten. Die Beschleunigung der Atmung erscheint im Verhältnis zur geforderten bzw. erbrachten Leistung unangemessen.
- Hinzu kommt eine *auffällige Bewegungskoordination* im Zusammenhang mit Ausdauerbelastungen. Dieses wird deutlich an verzögerter Reaktion, mangelnder Präzision von Bewegungen, erkennbar zum Beispiel am Stolpern oder unbeabsichtigtem Rempeln o. ä.
- Nach Beendigung einer Belastung zeigt sich als Merkmal der Ausdauerschwäche eine *schlechte Erholungsfähigkeit*. Während normalerweise Kinder schnell wieder leistungsbereit sind, weisen ausdauerschwache Kinder unverhältnismäßig lange eine beschleunigte Atmung und Hautrötung als Kennzeichen der Erschöpfung auf und benötigen eine längere Zeit zur Erholung.

Alle genannten Kriterien gelten nur als Kennzeichen einer Ausdauerschwäche, wenn sie schon bei niedriger oder mittlerer Belastung auftreten. Im Zusammenhang mit hoher, erschöpfender Belastung sind sie normal. Dieses macht deutlich, dass die individuelle Intensität einer Belastung bei der Beurteilung berücksichtigt werden muss.

Objektiver als die Beobachtung äußerlich sichtbarer Symptome ist eine Pulskontrolle. *Extreme Pulsreaktionen*, insbesondere sehr hohe Pulswerte schon bei geringer oder mittlerer Belastung, deuten ebenso wie hohe Werte des Erholungspulses auf eine mangelnde Ökonomie des Herz-Kreislauf-Atmungs-Systems und damit auf eine geringe Ausdauerleistungsfähigkeit hin.

Ausdauerleistungsfähigkeit und Akzeleration

Akzeleration (Beschleunigung der Entwicklung im Verhältnis zur Norm, speziell bezogen auf das Längenwachstum) fällt insbesondere als asynchrone Akzeleration auf, bei der ein gegenüber dem Rumpf verstärktes Längenwachstum der Extremitäten zu beobachten ist. Sie tritt bei Kindern und Jugendlichen im Verlauf des ersten Gestaltwandels (etwa zwischen dem 5. und 7. Lebensjahr), stärker noch während des zweiten Gestaltwandels im Alter von etwa 10,5 bis 12,5 Jahren bei Mädchen und von etwa 12,5 bis 14,5 Jahren bei Jungen auf.

Die Akzeleration wurde lange Zeit als verstärktes Skelettwachstum angesehen, demgegenüber das Wachstum der Organe und deren Leistungsfähigkeit zurückgeblieben sei; entsprechend wurde angeraten, akzelerierte Kinder und Jugendliche zu schonen, körperliche Belastungen möglichst gering zu halten. Diese Annahme gilt seit langem als überholt. Bei akzelerierten Kindern und Jugendlichen findet sich ebenso wie bei Retardierten ein harmonisches Wachstum, das Herz-Kreislauf-Atmungs-System und Skelettsystem gleichermaßen betrifft. Darüber hin-

aus sind *akzelerierte Jugendliche in der Regel leistungsfähiger als Normalentwickelte und Retardierte* (vgl. Hollmann & Hettinger 2000).
Unangemessene Schonung würde eher die Entwicklung einer Ausdauerschwäche als Folge mangelnder Beanspruchung begünstigen. Die Akzeleration kann aber durchaus eine Ursache von Einschränkungen der Bewegungskoordination wie auch von Haltungsschwächen während der ersten puberalen Phase sein (vgl. Kap. 3.4).

Ausdauerleistungsfähigkeit und Übergewicht / Adipositas

Übergewicht bzw. Adipositas (Fettsucht) steht sicher in engem Zusammenhang mit der Leistungsfähigkeit des Herz-Kreislauf-Atmungs-Systems auch bei Kindern und Jugendlichen. So finden schon Mocellin und Rutenfranz (1968), dass Kinder mit einem Übergewicht bis zu 40 % eine um etwa 10 bis 15 % verringerte körperliche Leistungsfähigkeit besitzen; Kinder mit mehr als 40 % Übergewicht zeigen eine Einschränkung der körperlichen Leistungsfähigkeit um etwa 40%. Aktuelle Untersuchungen bestätigen diese Ergebnisse und dokumentieren *hoch signifikante Minderleistungen übergewichtiger und adipöser Kinder sowohl im Hinblick auf die kardio-pulmonale als auch auf die koordinative Leistungsfähigkeit* (vgl. Dieterle 2001; Kretschmann et al. 2001). Darüber hinaus ist auf den Zusammenhang von Übergewicht und Fettstoffwechselstörungen, Diabetes mellitus Typ II und Bluthochdruck als besonderen gesundheitlichen Risiken hinzuweisen. Diese Erkrankungen, die mit zunehmendem Alter und entsprechend länger bestehendem Übergewicht umso häufiger auftreten, gelten als Risikofaktoren für die Entwicklung von Arteriosklerose, einer für das Erwachsenenalter typischen Erkrankung, die aber auch schon im Kindes- und Jugendalter festgestellt wird (vgl. Kap. 1.2; Laessle et al. 2001; Wabitsch 2000; Wirth 2000).

Auf *Belastungen des Haltungs- und Bewegungsapparates* durch Übergewicht, die zum Beispiel zu X-Beinen und Knick-Senk-Füßen führen können, wurde schon in Kapitel 4.2 hingewiesen (vgl. Stratmann, Wabitsch & Leidl 2000; Wabitsch 2000). Für Ausdauerbelastungen übergewichtiger und adipöser Kinder sollten daher gelenkschonende Bewegungsformen ausgewählt werden; auch Empfehlungen für den Freizeitbereich sollten diese Problematik berücksichtigen.

Als besonders gravierend erscheinen schließlich *psychosoziale Belastungen*, die im Zusammenhang mit Übergewicht und Adipositas stehen. Betroffene Kinder und Jugendliche erfahren in ihrer Umwelt häufig Vorurteile und Ablehnung, die bis hin zu Nachteilen im Berufsleben führen können. Eine Sichtung empirischer Studien (Warschburger 2000; Laessle et al. 2001) weist gerade im Schulalter auf eine Häufung von Auffälligkeiten und Störungen in den Dimensionen Körperkonzept und Selbstkonzept sowie sozialer Akzeptanz und sozialer Kompetenz bei Übergewichtigen und Adipösen hin. Vielfach ergeben sich Verhaltensprobleme, die wiederum soziale Ausgrenzung oder Rückzug und Isolation bedeuten können. In der Konsequenz wird eine (weitere) Reduzierung von Bewegungsaktivität und eine Verstärkung der Nahrungsaufnahme („Frustessen") zu erwarten sein, die sowohl die negativen physischen und psychischen Folgen des Übergewichts als auch das Übergewicht selbst verstärken. Diesen typischen Teufelskreis (vgl. Kap. 4.2; Abb. 4-1) zu durchbrechen, ist vorrangiges Ziel des Sportförderunterrichts für übergewichtige Kinder.

4.4 Beurteilung von Haltung und Bewegung

4.4.1 Grundlagen der Haltungs- und Bewegungsbeurteilung

Sorgfältige Beobachtung, Einschätzung und Bewertung von Verhalten, Haltung und Bewegung sind die Grundlage einer erfolgreichen Förderung durch Bewegung.

In der Literatur wird eine Vielzahl motorischer – sportmotorischer oder psychomotorischer – Testverfahren beschrieben, die das Ziel haben, den Ausprägungsgrad motorischer Fähigkeiten und / oder Fertigkeiten zu erfassen (vgl. Bös 1987). Sie finden hauptsächlich Anwendung im Sinne der *Leistungsdiagnostik*, um Stärken und / oder Schwächen festzustellen, sowie der *Entwicklungsdiagnostik*, bei der anhand von Normdaten Aussagen über den individuellen Entwicklungsstand, einen möglicherweise vorhandenen Entwicklungsrückstand oder -vorsprung gemacht werden können. Die Ergebnisse von Testverfahren sind eine wichtige *Grundlage der Planung von Fördermaßnahmen*; im Rahmen von *Verlaufskontrollen* werden sie dazu herangezogen, die Wirksamkeit von Fördermaßnahmen zu überprüfen und zu dokumentieren, gegebenenfalls aber auch die Planung zu modifizieren.

Die Auswahl geeigneter Testverfahren orientiert sich vor allem an der spezifischen Fragestellung bzw. dem Gegenstandsbereich eines Tests, aber auch an der jeweiligen Testgüte.

Lienert (1969, 13; 14; 16) unterscheidet als *Hauptgütekriterien* eines Tests

- die *Objektivität* (Durchführungs-, Auswertungs- und Interpretationsobjektivität) als „den Grad, in dem die Ergebnisse eines Test unabhängig vom Untersucher sind",
- die *Reliabilität* als „Grad der Genauigkeit, mit dem (der Test) ein bestimmtes Persönlichkeits- oder Verhaltensmerkmal misst, gleichgültig, ob er dieses Merkmal auch zu messen beansprucht", und
- die *Validität* als „Grad der Genauigkeit, mit dem dieser Test dasjenige Persönlichkeitsmerkmal oder die Verhaltensweise, das (die) er messen soll oder zu messen vorgibt, tatsächlich misst".

Als *Nebengütekriterien* werden nach Lienert (1969) die Normierung eines Tests, seine Vergleichbarkeit, Ökonomie und Nützlichkeit genannt. Für die Anwendung eines Tests sind vor allem die Normierung und die Ökonomie von Bedeutung.

Bei der *Normierung* wird auf der Grundlage der Daten einer repräsentativen Stichprobe ein Bezugssystem erarbeitet, das die Einordnung und damit eine Wertung individueller Testleistungen erlaubt. Im Rahmen der Motodiagnostik werden als Normen überwiegend Prozenträngen (PR) oder Motorische Quotienten (MQ) angegeben. Andere Testnormen beziehen sich zum Beispiel auf z-, C- oder T-Skalen oder Stanine (Standard Scores with nine Categories); jeder Wert einer Testnorm kann in die anderen Testnormen transformiert werden (vgl. Lienert 1969). Bei der Wertung ist zu beachten, dass bei *Äquivalentnormen* wie dem Motorischen Quotienten eine *lineare Transformation* vorliegt, bei *Prozentrangnormen* dagegen eine *Flächentransformation*; das heißt, dass der Unterschied zwischen zwei Rohwerten (RW) bei der Umformung in Prozentränge unterschiedlich groß erscheint – je nachdem ob sie sich im mittleren oder im extremen Bereich der Verteilung befinden. Damit wird dem Umstand Rechnung getragen, dass sich die meisten Rohwerte um den Mittelpunkt verteilen; individuelle Unterschiede im mittleren Bereich werden durch Prozentrangnormen quasi vergrößert dargestellt, während Unterschiede in extremen Bereichen kaum differenziert werden (Abb. 4-8). Mit der Angabe eines Prozentranges kann sehr anschaulich die Position einer Testperson im Vergleich zu seiner Bezugsgruppe dargestellt werden: beispielsweise sagt ein PR von 70 aus, dass 70 % der Personen der Vergleichsgruppe das gleiche oder ein niedrigeres Testergebnis erreichen.

Die *Ökonomie* eines Tests bezieht sich auf den Aufwand an Zeit, Raum, Material und Personen, der für die Durchführung, aber auch für die Auswertung eines Tests erforderlich ist. Ökonomisch ist demnach ein Test, bei dem möglichst wenig Zeit, Raum und Material benötigt wird, der einfach, möglichst auch als Gruppentest durchzuführen ist und den man schnell und einfach auswerten kann.

Bei der Durchführung eines Testverfahrens können allerdings nicht nur die Wahl des Verfahrens und die Testperson selbst Einfluss auf das Ergebnis nehmen,

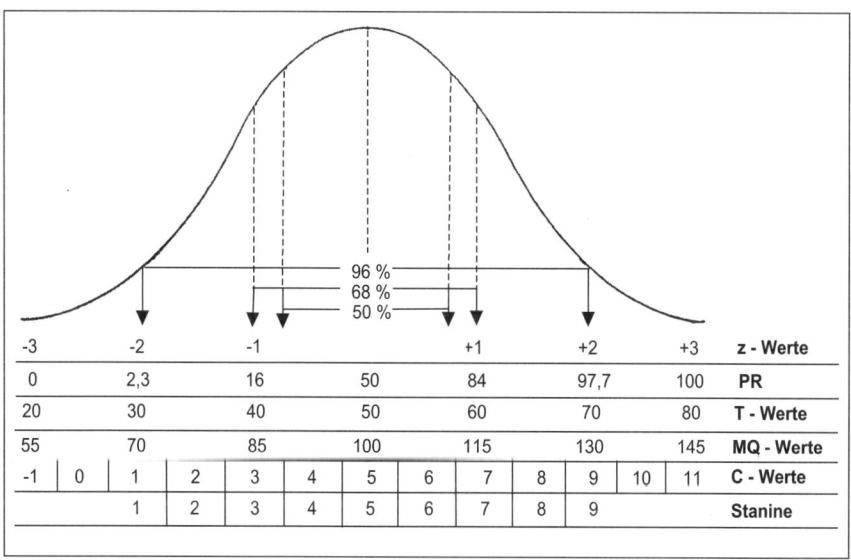

Abb. 4-8: Gebräuchliche Test – Normenskalen im Vergleich (nach: Lienert 1969; vgl. Rudolf 1986; Zimmer / Volkamer 1984)

sondern auch die Bedingungen der Testsituation und die Person des Testleiters (Tab. 4-3). Dieses ist bei der Interpretation des Ergebnisses zu beachten.

4.4.2 Motodiagnostik

Mit dem Begriff der Motodiagnostik, der ursprünglich vorwiegend im sonderpädagogischen Bereich verwandt wurde, werden *Verfahren zur Erfassung und Beurteilung motorischer Fähigkeiten und Fertigkeiten sowie motorischer Verhaltensweisen* zusammengefasst (vgl. Bös 1987; Kiphard 1980, 2001; Schilling 1973).

Motoskopie, Motometrie, Motographie

Innerhalb der Motodiagnostik sind grundsätzlich *drei Verfahrensweisen* zu unterscheiden: Motoskopie, Motometrie und Motographie.

Die *Motoskopie* beruht auf einer Beschreibung von Bewegung, der die Bewegungsbeobachtung zugrunde liegt.
Bei einer *freien, ungebundenen Bewegungsbeschreibung* wird frei formuliert; alle Aspekte einer Bewegung, die für eine bestimmte Fragestellung von Interesse sind, werden berücksichtigt. Hier fließen allerdings subjektive Erfahrungen und Auffassungen sowie die individuelle Fähigkeit zu differenzierter verbaler Beschreibung mit ein, so dass diesem Verfahren Objektivität als wichtiges Testgütekriterium fehlt
Bei der *gebundenen Bewegungsbeschreibung* bleibt der Vorteil der Motoskopie, die Erfassung qualitativer Elemente der Motorik, erhalten; es wird aber die Ob-

Testverfahren	Testperson	Testleiter	Testsituation
• Gütekriterien: Objektivität, Reliabilität, Validität; Normierung, Ökonomie • Testmaterial: Art, Beschaffenheit, Bekanntheitsgrad • Testlänge bzw. –dauer • Testanweisung: verbal / nonverbal; verständlich • Aufforderungscharakter • Übbarkeit	• Alter • Geschlecht • Herkunft, Milieu • Körpergewicht (Über-, Untergewicht) • körperliche Verfassung (gesund / krank, müde / wach) • vorangegangene Belastung • körperliche Leistungsfähigkeit: Wahrnehmung, Motorik (Grob-, Feinmotorik), Kraft, Ausdauer, Flexibilität, Hyperaktivität (?) • körperliche Behinderung (?) • geistige Leistungsfähigkeit, Verständnis, Auffassungsgabe, Aufmerksamkeit, Konzentration, ... • emotionale Situation: Aufregung, Angst, Selbstsicherheit, Interesse, Motivation, Bereitschaft zur Mitarbeit, ... • Sozialverhalten: angepasst / zurückhaltend, schüchtern / aggressiv ...	• Alter • Geschlecht • Erfahrung: Testerfahrung allgemein, Erfahrung mit dem gewählten Testverf. • Informationsvermittlung: Stimme, (Aus)Sprache, Gestik, Mimik, Haltung, ... • Persönlichkeitseigenschaften: ruhig, einfühlsam, geduldig / ungeduldig, offen / verschlossen, temperamentvoll, dominant, zurückhaltend, ... • Einstellung gegenüber der Testperson: (Un-)Voreingenommenheit, Empathie, ...	• Individualtest / Gruppentest • Raum: Lage, Größe, Ausstattung, Gestaltung, ... • körpergerechte Anpassung von Tisch, Stuhl, Arbeitsmaterialien • Lichtverhältnisse • Belüftung, Temperatur • klimatische Verhältnisse • Lärm, Geräusche • Testzeit (Uhrzeit) • Testdauer • Anwesenheit unbeteiligter Personen (z.B. Eltern)

Tab. 4-3: Einflussvariablen in der Motodiagnostik

jektivität erhöht, wenn für die Beschreibung definierte Begriffe vorgegeben werden. Außerdem können mehrere Beobachter und die Vorgabe einer standardisierten Beobachtungssituation die Objektivität steigern. Voraussetzung für ein zuverlässiges Ergebnis motoskopischer Verfahren ist aber immer eine umfassende Testleiterschulung.

Motometrie kennzeichnet die Gruppe motorischer Testverfahren, bei denen das Ergebnis gemessen wird. Höhe, Weite und Geschwindigkeit sind ebenso zu messen wie die Wiederholung einer Bewegung in vorgegebener Zeit oder die Anzahl erfolgreicher Versuche. Vorteil motometrischer Verfahren ist eine relativ hohe Objektivität; als nachteilig erscheint die Tatsache, dass nur wenige Faktoren der Motorik einwandfrei metrisch zu erfassen sind. Die Zahl eindeutig motometrischer Testverfahren ist deshalb bis heute relativ gering. Als nachteilig erweist sich auch, dass die Qualität der Bewegung zu wenig berücksichtigt wird; wird allerdings die Anzahl erfolgreicher Versuche gewertet, werden damit auch qualitative Aspekte erfasst, die wiederum auf der Beobachtung durch den Testleiter beruhen.

Motographie beinhaltet die Aufzeichnung von Bewegung; diese erfolgt beispielsweise in Form von Filmaufnahmen. Diese Aufzeichnungen stehen für eine ausführliche Analyse jederzeit zur Verfügung und können im Rahmen von Quer- und Längsschnittuntersuchungen gleichermaßen ausgewertet werden. Obwohl bei diesem Verfahren Motorik qualitativ und quantitativ objektiv und genau erfasst werden kann, führen der hohe Material- und Zeitaufwand dazu, dass die Motographie in der praktischen Arbeit von Schule und Verein wie auch im therapeutischen Kontext kaum Anwendung findet.

Motodiagnostik als Förderdiagnostik

Der in der Praxis wegen der höheren Testgüte oft bevorzugte Einsatz motometrischer Verfahren wird intensiv diskutiert (vgl. Eggert 1989; Luckert 1989), von Eggert (1995, 141) vehement kritisiert, da „die mit den klassischen psychometrischen Tests quantitativ gemessenen Fähigkeiten ... in der Regel keine verlässlichen Hinweise auf Ursachen von Lernproblemen oder die zukünftige Lernentwicklung eines Kindes noch auf detaillierte Möglichkeiten der Förderung" zulassen. Er beschreibt einen Paradigmenwechsel in der Diagnostik und postuliert als neue Perspektive die Förderdiagnostik, bei der entweder herkömmliche Verfahren so variiert werden, dass auf eine quantitative Bewertung verzichtet wird, oder neue Verfahren als „diagnostische Inventare" entwickelt werden.

Diagnostische Inventare sind im wesentlichen dadurch charakterisiert, dass hierfür nicht Einzelaufgaben in Standardsituationen objektiv erfasst, sondern Kinder möglichst von zwei Pädagogen in alltagsnahen (Spiel-) Situationen und speziellen, aber variablen diagnostischen Situationen beobachtet werden. Die diagnostischen Aussagen sollen direkt in Zusammenhang mit Interventionszielen und -inhalten gebracht werden können. Im Mittelpunkt des Interesses steht dabei immer der individuelle Entwicklungsverlauf, nicht etwa eine einmalige Befundaufnahme und der Vergleich mit den Mittelwerten der jeweiligen Bezugsgruppe.

Eine Orientierung an den Gütekriterien der klassischen Testtheorie entfällt (Eggert 1993, 1995, 1997; Eggert & Wegner-Blesin 2000).

Schäfer (1997) relativiert diese Kritik, die vereinzelt zutreffen mag, wenn es darum geht, dass unter ungünstigen Rahmenbedingungen Gutachten erstellt werden müssen (vgl. Schlee 2002; Mutzeck 2002). In vielen Praxisfeldern werden die klassischen motodiagnostischen Verfahren nach wie vor erfolgreich eingesetzt. Bei sorgfältiger Auswahl und gewissenhafter Durchführung der Tests durch erfahrene Testleiter leisten motodiagnostische Verfahren einen wertvollen Beitrag sowohl zu der Frage möglicher Ursachen von Entwicklungsauffälligkeiten und Lernproblemen als auch zu deren Prognose; ebenso und insbesondere geben die Ergebnisse motodiagnostischer Verfahren entscheidende Hinweise auf notwendige Schwerpunkte, auch auf Inhaltsbereiche eines Förderprogramms. Schilling (2001, 2002) versteht Motodiagnostik als Entwicklungsdiagnostik, bei der der Entwicklungsverlauf eines Menschen mit seinen individuellen Bedingungen erfasst und nachgezeichnet wird, um Spielräume für die Entwicklung zu eröffnen, Perspektiven aufzuzeigen und Impulse zu setzen, die allerdings von dem Kind oder der Person, die im Mittelpunkt des diagnostischen Prozesses steht, aktiv genutzt werden müssen. Motodiagnostik kann damit als ein Prozess bezeichnet werden, bei dem es darum geht, „umfassende Informationen aus der Vergangenheit und der Gegenwart so aufeinander zu beziehen, dass die Person und ihre Lebenswelt möglichst wirklichkeitsnah gespiegelt wird und pädagogisch oder therapeutisch verantwortlich in eine modifizierte Zukunft geführt werden kann" (Schilling 2002, 53). Auch motometrische Verfahren haben innerhalb dieses Prozesses ihre Bedeutung, da sie durch eine Normierung ein objektives, relativ sicheres Bezugssystem bieten.

Abbildung 4-9 zeigt dieses Konzept der Motodiagnostik, das auf der Basis einer umfangreichen Anamnese und verschiedener diagnostischer Ebenen zu einem Befund führt, aus dem die Fördermaßnahmen abgeleitet werden. In diesem Sinne sollte Motodiagnostik auch im Rahmen des Sportförderunterrichts Einsatz finden.

Ausgewählte motodiagnostische Verfahren

Im Folgenden werden ausgewählte Verfahren, die im Sportförderunterricht Einsatz finden könnten, vorgestellt (vgl. Tab 4-5, S. 386); ausführliche Angaben zur Entwicklung des jeweiligen Tests, zu seiner Durchführung, Auswertung und Interpretation der Ergebnisse sind der Literatur, speziell dem jeweiligen „Manual", der „Handanweisung" eines Tests, zu entnehmen.

- *Lincoln-Oseretzky-Skala LOS KF 18*

Als klassisches motodiagnostisches Verfahren gilt die „Metrische Stufenleiter zur Untersuchung der motorischen Begabung bei Kindern" von Oseretzky (1925; vgl. Schilling 1973). Dieses Verfahren hat weite Verbreitung gefunden; es wurde vielfach modifiziert, um es hinsichtlich der Testgüte zu verbessern. So wurde in der ehemaligen DDR die „Motometrische Rostock-OSERETZKY-Skala" (ROS) entwickelt (Kurth 1978, 1985); in der Bundesrepublik Deutschland hat Eggert (1971)

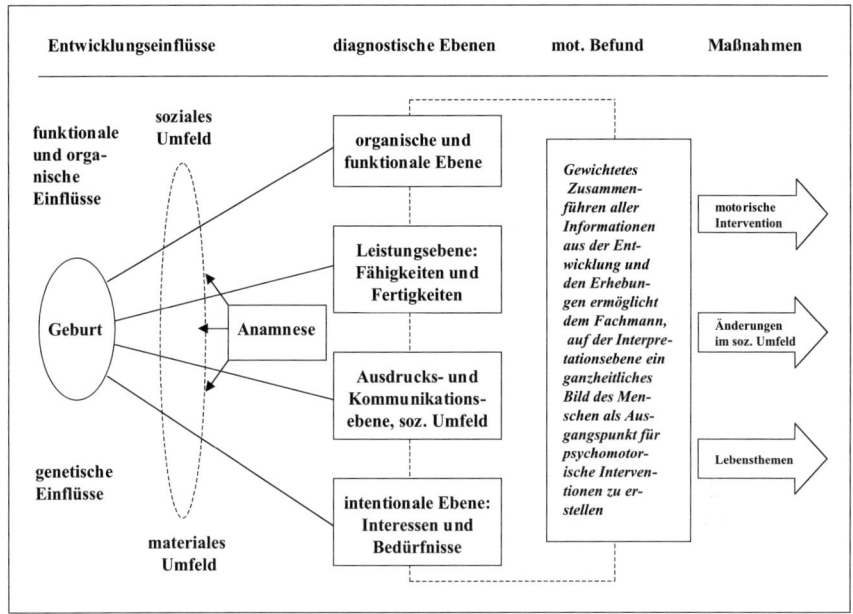

Abb. 4-9: Konzept umfassender Motodiagnostik im Sinne einer Förderdiagnostik (nach: Schilling 2001, 2002)

eine Kurzform der Hamburger-Lincoln-Oseretzky-Skala, die LOS KF 18, erarbeitet, die im sonderpädagogischen und – hauptsächlich – im klinischen Bereich Anwendung findet, um insgesamt den *motorischen Entwicklungsstand* zu beurteilen.

Abbildung 4-10 zeigt in einem Protokollbogen der LOS KF 18 die Aufgaben, die von allen Kindern in der angegebenen Reihenfolge durchgeführt werden müssen. Der Test gilt für den Altersbereich von 5 bis 13 Jahren mit Normen für geistig Behinderte, Lernbehinderte und normal entwickelte Kinder. Die Aufgaben werden dichotom, also als gelöst oder nicht gelöst mit einem oder null Punkten bewertet. Nach Eggert (1972, 206) handelt es sich bei dieser Kurzform „um ein ökonomisches Verfahren, das brauchbar und praktikabel, dazu objektiv, zuverlässig und gültig den globalen Entwicklungsstand vorhersagt. Unterschiede zwischen verschiedenen Niveaugruppen sind deutlich, Möglichkeiten der Diagnose von Entwicklungsverzögerungen sind gegeben".

Für die Anwendung in der Schule, etwa zur Beurteilung des motorischen Entwicklungsstandes als Grundlage einer Auswahl für den Sportförderunterricht, eignet sich die LOS KF 18 dennoch nicht, da die Durchführungszeit verhältnismäßig lang ist. Je nach Alter und Entwicklungsstand der Schüler kann die Testdurchführung weit mehr als 30 Minuten betragen. Die Beanspruchung von Aufmerksamkeit und Konzentration ist sehr hoch; teilweise wirken auch die für die jüngeren Kinder sehr anspruchsvollen Aufgaben frustrierend.

Protokollbogen der LOS KF 18

Auf-gabe	Kurzbeschreibung	Durch-gänge	Zeitgrenze (sek.)	Kriterien	Bewertung
1	Nase berühren	1	-	Jeder Finger mindestens 2 von 3 mal die Nase berührt; Kopf nicht bewegt; Augen geschlossen.	☐
2	Rhythmisches Klopfen mit Fingern und Füßen	1	20	Fuß und Finger synchron	☐
3	Rückwärts gehen	1	-	Fußspitzen und Fersen aneinander; kein Balancieren mit Armen; seitl. Abweichung weniger als 30 cm.	☐
4	Seilspringen	1	-	Seil übersprungen, nicht berührt	☐
5	Auf 1 Bein stehen mit geöffneten Augen	1	10	Gleichgewicht; gebeugtes Bein berührt nicht den Boden	☐
6	Seitliche Kreise mit Zeigefingern	1	10	Kreisbewegungen; Unterarm und Hände nicht mitbewegt	☐
7	Ballfangen	5	-	3 mal gefangen	☐
8	Streichhölzer sortieren	1	70 männl. 85 weibl.	Streichhölzer werfen und mehr als ein Streichholz aufnehmen = 5 sek. Zuschlag	☐
9	Hochspringen und Fersen berühren	1	-	beide Fersen berührt	☐
10	Fingerbewegung	2	2 x 10	1 Durchgang gelungen, Finger nicht verwechselt; Bewegung nicht unterbrochen	☐
11	Beidhändig Pfennige und Streichhölzer einsammeln (je 20)	1	50	Werfen und nicht simultanes Einsammeln sprachlich korrigieren	☐
12	Labyrinth durchfahren	1	50	Linien schneiden (nicht berühren): 5 sek. Zuschlag	☐
13	Balancieren auf Zehenspitzen mit geschlossenen Augen	1	15	Balance; Fersen berühren nicht den Boden; Füße nicht auf Boden verschoben; Augen geschlossen	☐
14	Kreis ausschneiden	1	60	Linien schneiden (nicht berühren): 5 sek. Zuschlag	☐
15	Öffnen und Schließen der Hände mit Drehen	1	10	Wechsel synchron; ungleiche Lage der Hände; mehr als 3 Wechsel pro Sekunde	☐
16	Füße Klopfen und Finger Kreisen	1	15	Kreisbewegung; Hände und Unterarme nicht mitbewegt; Finger und Füße im Takt	☐
17	Auf 1 Bein stehen mit geschlossenen Augen	1	10	Gleichgewicht; gebeugtes Bein berührt nicht den Boden; Augen geschlossen	☐
18	Hochsprung mit dreimaligem Händeklatschen	3	-	3 x Händeklatschen in der Luft; Fersen berühren bei der Landung nicht den Boden	☐

Abb. 4-10: Protokollbogen der LOS-KF 18 (Eggert 1971) (Kopieren verboten)

- *Körperkoordinationstest für Kinder KTK*

Der „Körperkoordinationstest für Kinder" (KTK) von Kiphard und Schilling (Schilling 1974) stellt das zur Zeit wohl bekannteste und am häufigsten eingesetzte motometrische Verfahren dar, das die Beurteilung des *Entwicklungsstandes im Hinblick auf die Gesamtkörperkoordination* zulässt. Als weitere Zielsetzung des KTK ist die *Trennung hirngeschädigter und hirngesunder Kinder* hervorzuheben. Der KTK ist vorgesehen für den Altersbereich von 5 bis 15 Jahren. Im Alter von 11 bis 15 Jahren sind normal entwickelte Kinder in ihrer Koordinationsleistung zwar kaum noch ausreichend mit diesem Verfahren zu differenzieren; die Anwendung des Tests ist aber bei Kindern mit auffälliger Bewegungskoordination auch in diesem Altersbereich hilfreich.

Der KTK besteht in seiner endgültigen Fassung (Schilling 1974) aus vier Aufgaben (Abb. 4-11), die alle einen Faktor der Bewegungskoordination, der als „Gesamtkörperkoordination und Körperbeherrschung" bezeichnet wird, repräsentieren, so dass der Test als homogen gilt. Die Testgüte ist hoch. Bös (1987) bezweifelt allerdings die Validität des KTK. Er weist auf der Grundlage eines Expertenratings darauf hin, dass nur zwei der Aufgaben (Balancieren rückwärts und Seitliches Umsetzen) primär durch koordinative Fähigkeiten bestimmt sind; bei den beiden anderen Aufgaben stehen die Kraft (Monopedales Überhüpfen) oder die Ausdauer (Seitliches Hin- und Herspringen) im Vordergrund.

Für die Praxis ist von Bedeutung, dass der KTK nur gering übbar ist; er kann also als Instrument der Therapiekontrolle eingesetzt werden, ohne dass verbesserte Ergebnisse wesentlich auf die mehrmalige Durchführung des Tests zurückzuführen sind. Die Durchführungszeit beträgt je nach Alter und Entwicklungsstand der Kinder zwischen 15 und 30 Minuten. Bei der Auswertung wird die Rohwertsumme in einen Motorischen Quotienten (MQ) umgeformt, der analog zum Intelligenzquotienten (IQ) interpretiert werden kann: Durchschnittliche Leistungen gruppieren sich um den Mittelwert von 100 (MQ 86-115; Tab. 4-4). Normtabellen liegen für Normalentwickelte, Hirngeschädigte und Verhaltensgestörte sowie für Lernbehinderte vor.

MQ – Wert	Beurteilung der Dimension „Gesamtkörperkoordination und Körperbeherrschung"
56 - 70	gestört
71 - 85	auffällig
86 - 115	normal
116 - 130	gut
131 - 145	hoch

Tab. 4-4: Klassifizierung der Ergebnisse des KTK (Schilling 1974)

Testprotokoll
Körperkoordinationstest für Kinder (KTK)

Name: Geschlecht: geb.:

Vorname: Größe: Datum:

VL: Gewicht: Alter:

1. Rückwärts Balancieren (RB)

Vorübung: pro Balken
je 1 x vorwärts und
1 x rückwärts

Versuchsdurchgang

Balkenbreite	1	2	3	Summe
6,0 cm				
4,5 cm				
3,0 cm				
Gesamt:				

RW MQ_1

2. Monopedales Überhüpfen (MÜ)

Vorübung: je 2 x re u. li
bis 5-6 J. = 0 cm Höhe
ab 7 J. = 5 cm Höhe

Anfangshöhen nach gelungener
Vorübung: 5 - 6 J. = 5 cm
7 - 8 J. = 15 cm
9 - 10 J. = 25 cm
11 - 14 J. = 35 cm

Höhe cm	0	5	10	15	20	25	30	35	40	45	50	55	60	Summe
rechts														
links														
Gesamt:														

RW MQ_2

3. Seitliches Hin- und Herspringen (SH)

Vorübung:
5 x seitlich hin- und
herspringen

Versuchsdurchgang	1	2	Summe
Sprünge / 15 sec.			

RW MQ_3

4. Seitliches Umsetzen (SU)

Vorübung:
5 x umsetzen

Versuchsdurchgang	1	2	Summe
Umsetzen / 20 sec.			

RW MQ_4

Gesamt-MQ

Summe MQ_1 bis MQ_4

Abb. 4-11: Protokollbogen des KTK (Schilling 1974 a) (Kopieren verboten)

- *Trampolin-Körperkoordinationstest TKT*

Der „Trampolin-Körperkoordinationstest" (TKT) von Kiphard (1970) ist ein motoskopisches Verfahren, das sehr erfolgreich zur *Grobauslese motorisch auffälliger Kinder*, insbesondere zur Erfassung von Kindern mit *Hirnfunktionsstörungen* eingesetzt werden kann. Wenn ein Kind zum ersten Mal auf dem Trampolin springt, gelingt bei normal entwickelter Bewegungskoordination in kürzester Zeit die Anpassung an die ungewohnte Situation; bei einer auch nur geringgradigen motorischen Störung erfolgt diese Anpassung nur unvollkommen oder gar nicht.

33 Merkmale auffälliger Bewegung werden für den TKT zu einem Beurteilungsbogen zusammengefasst (Abb. 4-12a). Jeder Proband muss von zwei Testleitern gleichzeitig während eines einfachen Fußsprungs auf dem Trampolin beobachtet werden. Wird nach mehrmaligem Springen jeweils eine Vierteldrehung ausgeführt, bis die Ausgangsposition wieder erreicht wird, sieht jeder Beobachter die Testperson von allen Seiten. Vor dem Beginn des eigentlichen Tests wird die Aufgabe allen Kindern demonstriert. Zum Abschluss darf jedes Kind noch einmal so springen, wie es möchte.

Durch Test und Retest in der Standardsituation, zwei Beobachter und eine sorgfältige Beschreibung aller 33 Merkmale ist eine hohe Objektivität gewährleistet, wenn die Beobachter intensiv geschult sind. Damit kann die Testgüte dieses motoskopischen Verfahrens als ausreichend bezeichnet werden (Kiphard 1980). Die Aussagekraft des TKT beruht im wesentlichen auf der sogenannten „Lupenwirkung" des Trampolins, die durch die Flugphase nach dem Absprung Unsicherheiten in der Haltung und Gleichgewichtserhaltung besonders deutlich macht. Darüber hinaus ermöglicht die Wiederholung der zyklischen Sprungbewegung die Entscheidung, ob einzelne Merkmale konstant auftreten. Die Durchführungszeit ist mit ein bis zwei Minuten pro Kind und Durchgang gering; für Test und Retest zusammen werden also höchstens bis zu vier Minuten benötigt.

Für die Auswertung hat Richter (1980) ein Schema entwickelt, das eine einfache Zuordnung der Beobachtungsmerkmale zu fünf Störungsgraden (vorwiegend feinmotorische oder vorwiegend grobmotorische Koordinationsschwäche, leichte vorwiegend fein- bzw. grobmotorische Störung und schwere gesamtmotorische Störung) und vier Störungsbereichen (hyperkinetisches, hypokinetisches, dysmetrisches und cerebralparetisches Syndrom) erlaubt. Eine Interpretation der Ergebnisse im Sinne differentialdiagnostischer Aussagen erscheint jedoch äußerst problematisch.

Die Ökonomie des Verfahrens in Verbindung mit der hohen Aussagekraft des Trampolinspringens, sofern es sich dabei für die Testpersonen noch um eine neuartige, ungeübte Bewegungsaufgabe handelt, empfehlen jedoch den TKT mit einer vereinfachten Bewertung als Screening-Test für die Schule: Kiphard (1980) weist darauf hin, dass im Hinblick auf die Auslese koordinationsschwacher oder -gestörter Kinder für die Förderung im schulischen Bereich die Beobachtung von nur vier Symptomgruppen ausreicht (Abb. 4-12b).

Da sich beim Trampolinspringen in der Vergangenheit Unfälle mit teils schwerwiegenden Folgen ereignet haben, ist in einzelnen Bundesländern Trampolin-

Beurteilungsbogen zum Trampolin-Körperkoordinationstest
(Zutreffende Merkmale sind vor der lfd. Nr. anzukreuzen)

Name: _____   Alter: _____   Datum: _____

Test

GESAMTABLAUF
1. Stampfen
2. Abstoppen
3. Hinfallen

HALTUNG
4. Hüftbeugung
5. Zickzackhaltung
6. Kopfhalteschwäche

SPANNUNGSGRAD
7. Sprungverspannung
8. Sprungsteifheit
9. Sprungschlaffheit

KRAFTMASS
10. zu hohes Springen
11. zu niedriges Springen

TEMPO
12. hastiges Springen
13. verlangsamtes Springen
14. Sprungverzögerung

GLEICHGEWICHT
15. Seitabweichungen
16. Gewichtsverlagerung re.
17. Gewichtsverlagerung li.

SEITENDIFFERENZ
18. re. Fuß eher abgehoben
19. li. Fuß eher abgehoben
20. re. Knie höher
21. li. Knie höher
22. Armpassivität re.
23. Armpassivität li.

HALTUNGSFIXATION
24. Armbeugehaltung re.
25. Armbeugehaltung li.
26. Handgelenkbeugehaltung re.
27. Handgelenkbeugehaltung li.
28. Spitzfußstellung re.
29. Spitzfußstellung li.

EXTRABEWEGUNGEN
30. ausfahrende Grobimpulse
31. ausfahrende Feinimpulse
32. Drehbewegungen
33. Körperzittern

Re-Test

GESAMTABLAUF
1. Stampfen
2. Abstoppen
3. Hinfallen

HALTUNG
4. Hüftbeugung
5. Zickzackhaltung
6. Kopfhalteschwäche

SPANNUNGSGRAD
7. Sprungverspannung
8. Sprungsteifheit
9. Sprungschlaffheit

KRAFTMASS
10. zu hohes Springen
11. zu niedriges Springen

TEMPO
12. hastiges Springen
13. verlangsamtes Springen
14. Sprungverzögerung

GLEICHGEWICHT
15. Seitabweichungen
16. Gewichtsverlagerung re.
17. Gewichtsverlagerung li.

SEITENDIFFERENZ
18. re. Fuß eher abgehoben
19. li. Fuß eher abgehoben
20. re. Knie höher
21. li. Knie höher
22. Armpassivität re.
23. Armpassivität li.

HALTUNGSFIXATION
24. Armbeugehaltung re.
25. Armbeugehaltung li.
26. Handgelenkbeugehaltung re.
27. Handgelenkbeugehaltung li.
28. Spitzfußstellung re.
29. Spitzfußstellung li.

EXTRABEWEGUNGEN
30. ausfahrende Grobimpulse
31. ausfahrende Feinimpulse
32. Drehbewegungen
33. Körperzittern

Bemerkungen:

Unterschrift des Beobachters

Abb. 4-12a: Protokollbogen des TKT (nach: Kiphard 1970) (Kopieren verboten)

> 1. Unterbrochenes, nicht flüssiges Springen mit Abstoppen bzw. der Neigung hinzufallen;
> 2. Gleichgewichtsunsicherheit mit Ausgleichsbewegungen der Arme und deutlichem Abweichen von der Sprungtuchmitte;
> 3. Instabilität der Haltung mit Beugung in Hüft- und Kniegelenken (Zick-Zack-Haltung);
> 4. zu hoher oder zu niedriger Muskeltonus, zu erkennen an Sprungsteifheit oder schlaffer, kraftloser Bewegung („Puddingmotorik").

Abb. 4-12b: Vier Symptomgruppen als vereinfachtes Bewertungsschema des TKT (Kiphard 1980)

springen im Sportunterricht der Schulen verboten. In anderen Bundesländern dürfen nur Lehrer mit einer speziellen Ausbildung das Gerät im Unterricht einsetzen; bei dieser Ausbildung wird insbesondere auf die notwendigen Sicherheitsmaßnahmen Wert gelegt. Die Möglichkeit dieser Zusatzausbildung sollte intensiv genutzt werden, da das Trampolin nicht nur für die Diagnostik sondern auch als Übungsgerät zur Koordinationsschulung sehr wertvoll ist. Besonders in Grundschulen gehört allerdings das Trampolin nicht zur üblichen Geräteausstattung der Turnhalle. Die Durchführung des TKT ist deshalb nur selten möglich.

- **Der Psychomotorische Screening-Test**

Ein anderes, ebenfalls motoskopisches Screening-Verfahren ist der „Psychomotorische Screening-Test" von Naville und Weber (Naville, Weber & Mock 1995), der für 6- bis 8-jährige Kinder vorgesehen ist. Dieses Verfahren lässt sich mit wenig Zeit- und Materialaufwand durchführen. Es besteht aus vier Aufgaben zur Beurteilung von Graphomotorik, Handkoordination, Auge-Handkoordination und Sprungsequenzen (Abb. 4-13). Für jede Aufgabe werden Beobachtungskriterien als Grundlage für die Wertung vorgegeben; zusätzlich kann anhand eines Videofilms eine intensive Beobachterschulung durchgeführt werden.
Die Autoren weisen ausdrücklich darauf hin, dass dieses Verfahren lediglich eine *Grobauslese psychomotorisch auffälliger Kinder* leisten kann; bei den Kindern, die hier als auffällig und damit förderbedürftig diagnostiziert werden, sollte eine differenzierte psychomotorische Entwicklungsdiagnostik vorgenommen werden.

- **Diagnostik mit Pfiffigunde**

Für 5- bis 8-Jährige vorgesehen ist die „Diagnostik mit Pfiffigunde" (Cárdenas 1992), ein motoskopisch konzipiertes Verfahren, das sich als besonders kindgemäß darstellt, da die diagnostischen Aufgaben in eine Märchenhandlung eingebettet werden. Als Zielsetzung dieses Screening-Verfahrens steht die *Auslese von Kindern mit geringgradigen Hirnfunktionsstörungen* im Vordergrund; generell

I	Grafomotorik	Strichführung
II	Handkoordination	beidhändig gegengleich Wechsel von flacher Hand und Faust
III	Auge-Hand-Koordination	Gymnastikball prellen
IV	Sprungsequenzen	1. beidbeiniges Springen 2. einbeiniges Springen, rechts und links

Abb. 4-13: Aufgaben des Psychomotorischen Screening-Tests (Naville / Weber / Mock 1995)

kann aber der *Entwicklungsstand in den Bereichen Wahrnehmung, Grob- und Feinmotorik sowie die Entwicklung der Lateralität* erfasst werden.
Die gesamte Testung besteht aus 31 Beobachtungssituationen und dauert etwa 90 Minuten; allerdings ist eine Dreiteilung der Geschichte mit jeweils etwa 30 Minuten Testzeit gut möglich. In dem ersten Teil werden schwerpunktmäßig Feinmotorik, Lateralität und Wahrnehmung überprüft, der zweite Teil widmet sich vorwiegend der Grobmotorik und der dritte Teil stellt Körperschema und Bilateralintegration in den Mittelpunkt (Abb. 4-14a).
Für die Durchführung sind zwei Personen erforderlich; empfehlenswert ist die Aufzeichnung mit einer Videokamera, so dass im nachhinein eine sorgfältige Auswertung erfolgen kann. Durch die für jede Aufgabe vorgegebenen differenzierten Beobachtungshinweise, auch Hinweise auf für die Vertiefung geeignete Literatur sowie das Angebot eines Demonstrations-Videofilms wird die notwendige Testleiterschulung erleichtert. Hinweise auf Möglichkeiten gezielter Förderung von Wahrnehmung und Bewegung, aber auch speziell auf die Förderung des Körperschemas, der Lateralität und der Entspannungsfähigkeit von Kindern sowie das Erlernen der Kulturtechniken stellen einen direkten Bezug zwischen Diagnostik und nachfolgender Intervention her.
Die Idee, motoskopische Situationen in eine Märchenhandlung einzubetten, nehmen Schönrade und Pütz (2000) auf. In drei Geschichten – *„Die Abenteuer der kleinen Hexe"* – werden je acht Aufgaben gestellt, mit denen das Wahrnehmungs- und Bewegungsverhalten 4- bis 8-Jähriger im Sinne einer „an den Stärken des Kindes orientierten Förderdiagnostik" (Schönrade & Pütz 2000, 61) erfasst werden soll (vgl. Eggert 1993). Bei einer Gruppengröße von 4 bis 6 Kindern sollte eine Geschichte mit ihren acht Aufgaben in einer Unterrichtsstunde durchzuführen sein. Als Ergänzung zur Diagnostik finden sich bei jeder Testaufgabe einzelne Förderbeispiele. Abbildung 4-14b listet die zu beobachtenden sensomotorischen und motorischen Dimensionen auf.

Schwerpunkte der Beobachtungssituationen	Teil 1 1 - 13	Teil 2 14-22	Teil 3 23-31
Grobmotorik	6	14	6
Feinmotorik	10	3	3
Körperschema	--	--	2
Gedächtnis	3	2	--
Bilateralintegration	3	1	5
Lateralität	9	6	3
Wahrnehmung	4	2	4

Abb. 4-14a: *Schwerpunkte der Beobachtungssituationen in der „Diagnostik mit Pfiffigunde" (Cárdenas 1992) und die Anzahl der Aufgaben, in denen diese Schwerpunkte im Vordergrund stehen*

Schwerpunkte der Beobachtungssituationen	Geschichte		
	1	2	3
Vestibuläre Wahrnehmung	3	2	-
kinästhetische Wahrnehmung	1	1	3
taktile / takt.-kinästh. Wahrnehmung	1	1	2
Körperschema	1	1	3
Körperkoordination	1	1	1
Auge-Hand-Koordination	1	2	2
visuelle Figur-Grund-Wahrnehmung	-	-	1
visuelles Gedächtnis, visuelles Operieren	-	1	1
Augenmuskelkontrolle	1	-	-
Auditive Wahrnehmung, Richtungshören	1	1	-
Lateralität, Bilateralintegration	1	1	1
Präferenz- und Leistungsdominanz	1	1	2

Abb. 4-14 b: *Schwerpunkte der Beobachungssituationen in dem Verfahren von Schönrade / Pütz (2000) – „Die Abenteuer der kleinen Hexe" – und die Anzahl der Aufgaben, in denen die einzelnen Dimensionen im Vordergrund stehen*

- **Checklist motorischer Verhaltensweisen CMV**

Wie der TKT, der Psychomotorische Screening-Test und die „Diagnostik mit Pfiffigunde" bzw. die „Abenteuer der kleinen Hexe" ist auch die „Checklist motorischer Verhaltensweisen" (CMV) von Schilling (1976) ein rein motoskopisches Verfahren. Hier geht es allerdings nicht um die Beurteilung einzelner motorischer Dimensionen; die CMV soll Auskunft über *psychomotorische Komponenten des Bewegungsverhaltens* geben. Sie wird für die Anwendung im Alter von 6 bis 11 Jahren vorgeschlagen.

Die CMV besteht aus einer Auflistung von 78 Eigenschaftswörtern (Abb. 4-15). Diese charakterisieren acht Dimensionen des Bewegungsverhaltens, von denen drei gut koordiniertes, eher überdurchschnittlich positives Bewegungsverhalten, fünf dagegen auffällige oder gestörte Motorik kennzeichnen. Der Beurteiler hat zu entscheiden, ob die genannten Eigenschaften auf das Bewegungsverhalten eines Kindes zutreffen oder nicht. Dabei muss das Bewegungsverhalten insgesamt, nicht das Verhalten in einer spezifischen Situation zugrunde gelegt werden. Der Testleiter muss das Kind also kennen oder über einen längeren Zeitraum in unterschiedlichen Situationen beobachten.

Lehrer, insbesondere Sportlehrer sollten in der Lage sein, die CMV durchzuführen, wenn sie Schüler über einen längeren Zeitraum in der Klasse, im Sportunterricht, in freien Arbeitsgemeinschaften, auf dem Schulhof und auf Klassenausflügen kennengelernt haben. In der Praxis herrscht hier aber große Zurückhaltung, da eine Vielzahl der Begriffe nicht nur Bewegungsverhalten charakterisiert. Zudem werden einige der Eigenschaftswörter, die nicht näher erläutert sind, insbesondere von Studierenden und jungen Lehrkräften als unverständlich oder nicht prägnant bezeichnet. Offensichtlich hat sich der Wortschatz bzw. das Sprachverständnis junger Menschen im Verlauf der vergangenen 30 Jahre deutlich verändert. Die Aussagekraft der CMV wird dadurch in Frage gestellt.

- **Frostigs Test der Motorischen Entwicklung FTM**

Anders als bei der CMV ist die Zielsetzung des „Frostigs Test der Motorischen Entwicklung" (FTM) die *Beurteilung der sensomotorischen Entwicklung* von 6- bis 10-Jährigen (Frostig 1972; dt. Ausgabe 1985). Der Test besteht aus 13 Aufgaben, die zur Beurteilung der Auge-Hand-Koordination, des Gleichgewichts, der Beweglichkeit, der Kraft und Gelenkigkeit dienen (Abb. 4-16). Die Durchführung dauert etwa 25 Minuten; auch aufgrund des relativ geringen Materialaufwandes erweist sich der FTM als recht ökonomisch.

Der FTM stellt ein motometrisches Verfahren dar; es wird jedoch die Bedeutung der Beobachtung bei der Beurteilung besonders betont. Dem Testmanual ist eine Anleitung zur gezielten Beobachtung des Verhaltens der Kinder bei der Ausführung der einzelnen Testaufgaben beigefügt. Außerdem wird auf das von Frostig (1979) für eine Entwicklungsförderung in der Altersstufe der 6- bis 10-Jährigen vorgeschlagene Trainingsprogramm „Bewegen – Wachsen – Lernen" (BWL) hingewiesen.

	trifft zu	trifft nicht zu		trifft zu	trifft nicht zu		trifft zu	trifft nicht zu
gewandt			unkonzentriert			aktiv		
tolpatschig			anstrengungsfreudig			umtriebig		
unausgewogen			arhythmisch			träge		
leichtfüßig			bedächtig			ruckartig		
reaktionsschnell			unsicher			fraulich		
bewegungsgehemmt			bequem			furchtsam		
abrupt			übereifrig			stetig		
unbeherrscht			zappelig			heftig		
langweilig			plump			fahrig		
gleichmäßig			lebhaft			tapsig		
umständlich			unelastisch			sicher		
unkontrolliert			planlos			müde		
konzentriert			vorschnell			leicht		
bewegungsfreudig			linkisch			abgehackt		
überschießend			tänzerisch			hastig		
gesammelt			unruhig			konstant		
unharmonisch			besonnen			zügig		
geschmeidig			behende			eckig		
ausfahrend			übereillig			elegant		
unbeholfen			schleppend			ruhig		
anmutig			fein			zerfahren		
schwerfällig			kantig			holprig		
sprunghaft			ungeschickt			stereotyp		
staksig			langsam			kontrolliert		
zähflüssig			federnd			graziös		
ablenkbar			beherrscht			bewegungsbegabt		

S₁ S₂ S₃ S₄ S₅ S₆ S₇ S₈

Abb. 4-15: Protokollbogen der CMV (Schilling 1976) (Kopieren verboten)

Untertest 1	Holzklötze auffädeln	30 Sek.
Untertest 2	Faust, Handkante, Fläche	20 Sek.
Untertest 3	Holzklötze versetzen	30 Sek.
Untertest 4	Liegestütze	20 Sek.
Untertest 5	Weitsprung aus dem Stand	in cm
Untertest 6	Sit-Ups	30 Sek.
Untertest 7	Sitzen-Beugen-Strecken (entspr. ‚Sit and reach')	in cm
Untertest 8	Körperhaltung verändern (Wechsel Bauchlage-Stand)	20 Sek
Untertest 9	Pendel-Lauf	in Sek.
Untertest 10	Gezieltes Werfen	Treffer
Untertest 11	Schwebebalken	Schritte
Untertest 12	Einbeiniges Balancieren, mit offenen Augen	R 30 Sek. L 30 Sek.
Untertest 13	Einbeiniges Balancieren, mit geschlossenen Augen	R 20 Sek. L 20 Sek.

Abb. 4-16: Aufgabenkatalog des FTM; R, L = rechtes, linkes Bein (nach: Frostig 1985)

Screening: Kurzform der Kernaufgaben

Aufgabe	Basiskompetenz
1. Auf Zehenspitzen stehen	Gleichgewicht
2. Spannbogen (Bauchlage, Arme u. Beine anheben)	Kraft / Ausdauer
3. Bohnensäckchen werfen	Schnelligkeit
4. Über Gymnastikstab steigen	Gelenkigkeit
5. Richtungshören	auditive Wahrnehmung
6. Weg nachzeichnen	Feinmotorik / visuelle Wahrnehmung

Abb. 4-17: Kurzform der Aufgaben des DMB (nach: Eggert 1993)

- *Diagnostisches Inventar motorischer Basiskompetenzen DMB*

Das „Diagnostische Inventar motorischer Basiskompetenzen" (DMB) ist vorgesehen für Kinder im Grundschulalter (Eggert 1993). Als *motorische Basiskompetenzen* werden *Gelenkigkeit, Kraft, Schnelligkeit, Ausdauer und Gleichgewicht* angenommen. Das DMB enthält 24 Kernaufgaben – 18 Aufgaben erfassen motorische Kompetenzen, 6 Aufgaben prüfen den sensorischen Kompetenzbereich im Hinblick auf akustische, visuelle, visuomotorische, taktile und kinästhetische Differenzierung. Neben dem kompletten Aufgabenkatalog des DMB wird eine Kurzform als Screening-Verfahren mit 6 Aufgaben vorgeschlagen, die einen Überblick über die Basiskompetenzen geben und einen ersten Hinweis auf die Identifizierung auffälliger, also förderbedürftiger Kindern leisten können (Abb. 4-17). Nach individuellen Erfordernissen sind aber auch andere Aufgabenzusammenstellungen für ein Screening möglich.

Alle Aufgaben sollen ohne verbale Instruktion zu verstehen sein; sie orientieren sich am Schulalltag und werden in der Regel in Kleingruppen durchgeführt. Die Durchführungszeit beträgt insgesamt etwa drei Schulstunden; die Durchführung erfolgt in mehreren Schritten, in der Regel durch zwei Personen und ist teilweise im Sinne motodiagnostischer Situationen schon in den Förderunterricht eingebaut (Abb. 4-18). Die motodiagnostischen Situationen bieten die Möglichkeit, zusätzlich zu den motorischen Kompetenzen verstärkt auch emotionale und soziale Komponenten des Verhaltens zu beobachten.

Für die Wertung der einzelnen Aufgaben werden Vergleichswerttabellen für 7- bis 10-jährige Kinder der Regelschule, für lernbehinderte und sprachbehinderte Kinder vorgelegt. Dem Konzept diagnostischer Inventare entsprechend (vgl. Eggert 1995) dienen diese Tabellen aber lediglich der Orientierung; es wird ausdrücklich darauf hingewiesen, dass sie nicht als Normwerte zu verstehen sind. Auf eine verkürzte Version des DMB für geistig behinderte Kinder wird hingewiesen.

- *Motoriktest für vier- bis sechsjährige Kinder MOT 4-6*

Der „Motoriktest für vier- bis sechsjährige Kinder" (MOT 4-6) von Zimmer und Volkamer (1984, 1987) stellt ein Verfahren zur *Beurteilung des motorischen Entwicklungsstandes speziell im Vorschul- und Einschulungsalter* dar. Die 18 Aufgaben (Abb. 4-19) sollen die gesamtkörperliche Gewandtheit und Koordinationsfähigkeit, die feinmotorische Geschicklichkeit, das Gleichgewichtsvermögen, die Reaktionsfähigkeit, die Sprungkraft, die Bewegungsgeschwindigkeit und -genauigkeit erfassen.

Für die Durchführung des Tests werden bei sorgfältiger Vorbereitung etwa 20 Minuten benötigt. Das Testmaterial erscheint unaufwändig. Es besteht zum größten Teil aus normalerweise in jeder Turnhalle vorhandenen Sportgeräten; die übrigen benötigten Gegenstände sind leicht zu beschaffen bzw. herzustellen.

Dem MOT 4-6 kommt in der Gruppe motodiagnostischer Verfahren besondere Bedeutung zu, da hier ein Verfahren vorliegt für eine Altersgruppe, die in anderen Tests eher am Rande oder gar nicht berücksichtigt wird. Die Durchführung des MOT 4-6 als Grundlage gezielter motorischer Förderung empfiehlt sich nicht

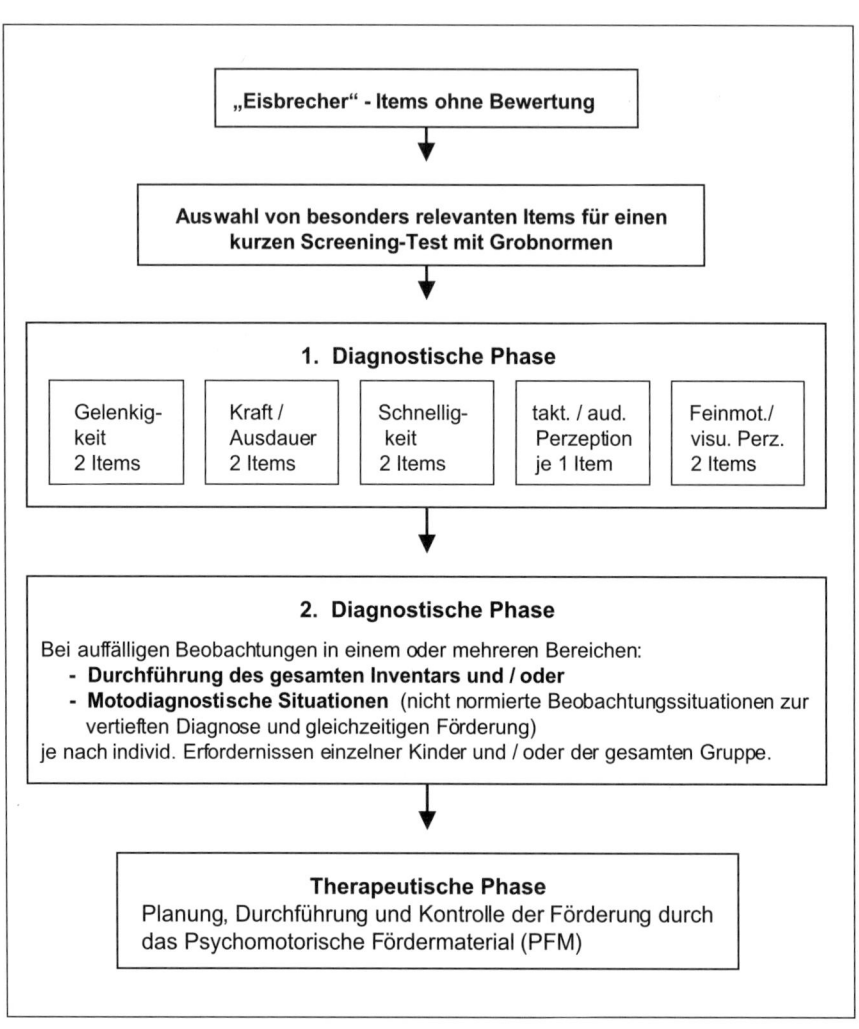

Abb. 4-18: Übersicht über die Durchführung des DMB (nach: Eggert 1993)

Protokollbogen

Aufga-be Nr.	Kurzbezeichnung der Aufgabe	Zeit-begren-zung	Bewertung	Punkte
1	Sprung in einen Reifen		Keine Bewertung	✕
2	Balancieren vorwärts		0 kein erfolgreicher Versuch 1 1 erfolgreicher Versuch 2 2 erfolgreiche Versuche	
3	Punktieren (Tapping)	10 sec.	0 26 und weniger Punkte 1 27-37 Punkte Punkte 2 38 und mehr Punkte	
4	Mit den Zehen Tuch aufgreifen	2x5 sec.	0 kein erfolgreicher Versuch 1 1 erfolgreicher Versuch mit rechtem oder linkem Fuß 2 1 erfolgreicher Versuch mit rechtem und linkem Fuß	
5	Seil seitlich überspringen	10 sec.	0 7 Sprünge und weniger 1 8-11 Sprünge 2 12 und mehr Sprünge	
6	Stab auffangen		0 Zone 4 oder Stab fallen lassen 1 Zone 2 und 3 2 Zone 1	
7	Tennisbälle in Kartons legen		0 15 und mehr sec. 1 14-12 sec. sec. 2 11 sec. und weniger	
8	Balancieren rückwärts		0 kein erfolgreicher Versuch 1 1 erfolgreicher Versuch 2 2 erfolgreiche Versuche	
9	Zielwurf auf eine Scheibe		0 kein Treffer 1 1 Treffer 2 2 -4 Treffer	
10	Streichhölzer einsammeln		0 71 sec. und mehr 1 70-54 sec. sec. 2 53 sec. und weniger	
11	Durch einen Reifen winden		0 kein erfolgreicher Versuch 1 1 erfolgreicher Versuch 2 2 erfolgreiche Versuche	
12	Einbeiniger Sprung in Reifen	2x5 sec.	0 kein erfolgreicher Versuch 1 1-2 erfolgreiche Versuche 2 mehr als 2 erfolgreiche Versuche	
13	Tennisring auffangen		0 kein erfolgreicher Versuch 1 1 erfolgreicher Versuch 2 mehr als 1 erfolgreicher Versuch	

14	Hampelmannsprung	10 sec.	0 der Hampelmannsprung kann nicht ausgeführt
			1 - zeitweise richtig ausgeführt, aber nicht 10 sec. durchgehalten
			  - Koordination der Bewegung war richtig, aber Rhythmusunterbrechung
			  - rhythmisch richtig, aber falsche Bewegungskoordination
			2 richtig in Zeit und Rhythmus und Bewegungskoordination	

15	Sprung über ein Seil		0 kein erfolgreicher Sprung 1 35 cm übersprungen 2 45 cm übersprungen	
16	Rollen um die Längsachse		0 kein erfolgreicher Versuch 1 1 erfolgreicher Versuch 2 2 erfolgreiche Versuche	
17	Aufstehen und Setzen mit Halten eines Balles		0 weder Aufsetzen noch Hinsetzen geschafft 1 Aufsetzen oder Hinsetzen geschafft 2 Aufsetzen und Hinsetzen geschafft	
18	Drehsprung in einen Reifen		0 kein erfolgreicher Versuch 1 1 erfolgreicher Versuch 2 2 erfolgreiche Versuche	
			Gesamtpunktzahl (RW)	
			Prozentrang (PR)	
			Standardwerte	

Abb. 4-19: Protokollbogen des MOT 4-6 (Zimmer / Volkamer 1984) (Kopieren verboten)

nur im Kindergarten, sondern auch noch in den ersten Klassen der Grundschule – zumindest bei den Kindern, bei denen (motorische) Entwicklungsverzögerungen vermutet werden.

- **Hammer Motorikscreening für Vorschulkinder HamMotScreen**

Während der MOT 4-6 eine allgemeine Orientierung bezüglich des motorischen Entwicklungsstandes 4- bis 6-jähriger Kinder bietet, verfolgt das „Hammer Motorikscreening für Vorschulkinder" (HamMotScreen) von Göbel und Panten (2002) zwar auch die Zielsetzung, den psychomotorischen Entwicklungsstand von Kindern dieser Altersgruppe zu erfassen, lenkt den Blick aber stärker auf *Auffälligkeiten und Störungen*, die anschließend differentialdiagnostisch abzuklären und im Rahmen einer motorischen Intervention gezielt zu fördern wären.

Dieses Verfahren wird als „videogestütztes Gruppenscreening zur Erfassung motorischer Basiskompetenzen für Vorschulkinder" (Göbel & Panten 2002, 16) bezeichnet. Es findet in Kleingruppen mit jeweils vier bis fünf Kindern und deren Eltern statt. Die Aufgaben – überwiegend motoskopische, aber auch motometrischen Aufgaben, bei denen zusätzlich zur Datenaufnahme das Verhalten der Kinder zu beobachten ist – werden in eine Spielhandlung eingebettet. Der Testleiter kann in der jeweiligen Situation flexibel agieren und spontan auf Verhaltensweisen der Kinder reagieren; eine sorgfältige Auswertung der diagnostischen Situationen erfolgt später anhand der Videoaufzeichnungen.

- **Sensorisch-integrative Motodiagnostik**

Die „Sensorisch-integrative Motodiagnostik" von Kesper und Hottinger (1992) kann bei Kindern ab einem Alter von 3 bis 4 Jahren eingesetzt werden. Über die Beobachtung von Bewegung und Verhalten gibt sie Aufschluss darüber, wie das Gehirn sensorische Reize verarbeitet bzw. ob und in welcher Art *Störungen der sensorischen Integration* vorhanden sind; sie ist Grundlage der Therapie bei sensorischen Integrationsstörungen.

Die sensorisch-integrative Motodiagnostik stellt ein umfangreiches, entsprechend zeitaufwändiges Verfahren dar, das interdisziplinär orientiert ist (Abb. 4-20). Voraussetzung ist eine medizinische Untersuchung, in der die bisherige Entwicklung des Kindes dokumentiert und abgeklärt wird, ob organische Störungen vorliegen. Ein erstes Elterngespräch soll Einblick in den Alltag des Kindes geben; die Eltern erläutern die Probleme des Kindes aus ihrer Sicht. Nach Möglichkeit werden später weitere Bezugspersonen – zum Beispiel Erzieher oder Lehrer – hinzugezogen, die ihre Erfahrungen mit dem Kind einbringen können.

Die Eltern erhalten einen umfangreichen Fragebogen zur Verhaltensbeobachtung. Die 64 Fragen zum Verhalten des Kindes sind den Kategorien taktile und kinästhetische sowie vestibuläre Wahrnehmung, Körperorientierung und Praxie zuzuordnen; sie orientieren sich damit an den Erscheinungsbilder gestörter sensorischer Integration (vgl. Kap. 4.3.2).

Die Bewegungsbeobachtung enthält 23 Aufgaben, die ebenfalls die vier Bereiche sensorischer Integration erfassen. Diese klinische Beobachtung erfordert je nach Alter und Entwicklungsstand eines Kindes etwa zwei Zeitstunden; sie kann in mehrere kürzere diagnostische Phasen aufgeteilt werden. Bei der Bewertung der Aufgaben geht es weniger darum, ob das Kind eine Aufgabe erfüllt, sondern darum, wie es sie erfüllt: Die Auswertung des Verfahrens erfolgt qualitativ. Der Beobachtung von Mimik und Haltung, von Muskeltonus und Bewegungskoordination kommt besondere Bedeutung zu; registriert werden muss gegebenfalls die bevorzugte Seite, möglicherweise vorhandene Seitendifferenzen oder assoziierte Bewegungen. Ebenso wichtig ist die Beachtung des Verhaltens – vor allem im Hinblick auf Sprache, Sprachverständnis, Aufmerksamkeit, Konzentration, Motivation, das Umgehen mit Schwierigkeiten und Misserfolg, das Suchen nach Auswegen und Lösungen.

Eine erfolgreiche Durchführung der sensorisch-integrativen Motodiagnostik setzt somit ein hohes Maß an Kenntnissen des normalen Entwicklungsverlaufes bzw. Erfahrung mit auffälliger Motorik voraus, erfordert aber auch Genauigkeit in der Bewegungsbeobachtung und Sicherheit in der Bewertung von Bewegungsabläufen, um das Bewegungsverhalten eines Kindes in der diagnostischen Situation angemessen zu werten. Eine sorgfältige Interpretation der Beobachtungen kann zu differentialdiagnostischen Aussagen führen, die wiederum unterschiedliche Prognosen bedingen können (z.B. bei Hyperaktivität, autistischen Verhaltensweisen, graphomotorischen Störungen, Lese-Rechtschreib-Schwäche, Rechenschwäche, Dyspraxie u.a.).

Die diagnostischen Kategorien (Abb. 4-21) stimmen mit den Schwerpunkten der sensorisch-integrativen Intervention überein, so dass direkt Hinweise auf notwendige Fördermaßnahmen abgeleitet werden können. Auch in die Planung der Intervention werden die Eltern, Erzieher und Lehrer mit einbezogen. Grundsätzlich wird geprüft, ob ein Zusammenhang zwischen den in Bewegung und Verhalten zu beobachtenden Auffälligkeiten und den von Eltern, Erziehern oder Lehrkräften beschriebenen Verhaltens- und Lernstörungen herzustellen ist. Möglicherweise sind weitere fachspezifische diagnostische Maßnahmen – zum Beispiel im Hinblick auf die Sprache – und entsprechend differenzierte Fördermaßnahmen vorzusehen.

- *Frostigs Entwicklungstest der visuellen Wahrnehmung FEW*

Klassisches Verfahren der Wahrnehmungsdiagnostik ist „Frostigs Entwicklungstest der visuellen Wahrnehmung" (FEW) von Frostig (1963, dt. Bearbeitung: Lockowandt 1979), der in dem Altersbereich von 4 bis 8 Jahren Anwendung findet. Die visuelle Wahrnehmung erfährt hier eine Gliederung in fünf Funktionen, die nach Frostig (Lockowandt 1979, 13) „bei Lernstörungen regelmäßig gestört sind" (Abb. 4-22):

– visuomotorische Koordination;
– Fähigkeit zur Figur-Hintergrund-Unterscheidung;
– Beachtung der Formkonstanz;
– Erkennen der Lage im Raum;
– Erfassen räumlicher Beziehungen.

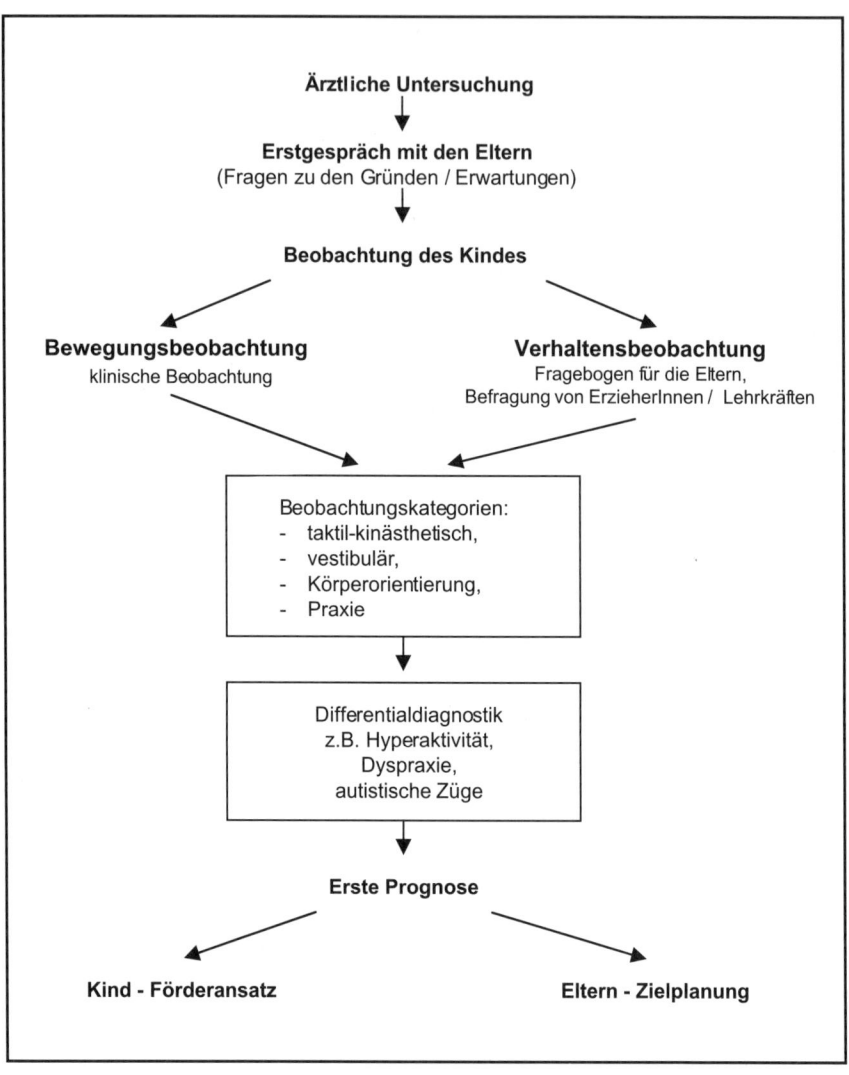

Abb. 4-20: *Prozessverlauf der sensorisch-integrativen Motodiagnostik (nach: Kesper / Hottinger 1992)*

| I | taktil-kinästhetischer Bereich:
| | - taktile Wahrnehmung,
| | - kinästhetische Wahrnehmung;
| |
| II | vestibulärer Bereich:
| | - Gleichgewicht,
| | - Stellungsintegration,
| | - Augenmuskelkontrolle;
| |
| III | Körperorientierung:
| | - Körperschema,
| | - Bilateralintegration,
| | - Lateralisation;
| |
| IV | Bewegungsplanung / Ausführung:
| | - Raumwahrnehmung,
| | - Synchronität,
| | - Rhythmus,
| | - Sequenz.

Abb.: 4-21: Beobachtungskategorien der sensorisch-integrativen Motodiagnostik (Kesper / Hottinger 1992)

In direktem Zusammenhang mit der Diagnostik der visuellen Wahrnehmung durch den FEW steht Frostigs Programm zum Wahrnehmungstraining (Frostig, Reinartz & Reinartz 1974), das sowohl präventiv als auch zur gezielten Förderung bei bestehenden Entwicklungsverzögerungen oder -störungen Einsatz finden kann.

- **Visuomotorischen Schulreifetests VSRT**

Die *visuelle Wahrnehmung*, speziell die visuomotorische Koordination, steht auch im Mittelpunkt des „Visuomotorischen Schulreifetests" (VSRT) von Esser und Stöhr (1990), da die Visuomotorik einen bedeutenden Anteil der *kognitiven Schulreife* darstellt. „Visuomotorische Leistungen sind wesentlich beim Erwerb aller Schreibvorgänge, somit auch beim Erlernen des Rechnens. Sie stehen wegen der Aufgabenstellung in engem Zusammenhang mit dem kognitiven Stil (impulsiv vs. reflexiv)" (Esser & Stöhr 1990, 5). Die Aufgabenstellung besteht darin, in ein vorgegebenes Rechteck einen Menschen zu zeichnen und ein am Rand dieses Rechtecks befindliches Muster geometrischer Formen (Dreieck, Kreuz, Kreis) fortzusetzen. Der Test ist vorgesehen für Kinder im Alter von 5;6 bis 7 Jahren.

Name des Teiltests	Beispiel	Einige geprüfte Funktionen	Beispiele von Übungen
a) Visuomotorische Koordination 	Zeichne eine gerade Linie, die zeigt, wie man auf dem Fußweg von einem Haus zum anderen kommt	Auge-Hand-Koordination - notwendig für Schreiben, Zeichnen, Handgeschick / Kunstfertigkeit, An- und Ausziehen, Basteln, usw.	Training von Augenbewegungen; Schreiben, Basteln, Arbeiten mit Werkzeug; Bewegungserziehung
b) Figur-Hintergrund-Perception 	Ziehe das Dreieck nach	Die Fähigkeit, sich auf eine Figur zu konzentrieren und sich nicht von anderen Figuren irreführen zu lassen	Spiele, in denen man versteckte Figuren in Zeichnungen findet, Sortieren
c) Konstanz der Form 	Finde alle Vierecke	Die Fähigkeit, eine Form zu erkennen, obwohl Farbe, Größe und Richtung anders sind	Erkennen von Figuren und Zeichnungen, bei denen die Richtung geändert ist. Finden aller Objekte, die die gleiche Form haben, zeichnen von Diagrammen, von dreidimensionalen Objekten
d) Position im Raum 	Finde die Form, die nicht dieselbe Richtung hat	Fähigkeit, die Position verschiedener Buchstaben zu erkennen, z.B. d und b, oder m und w	Übungen, die das Kind mit der Richtung im Raum bekanntmachen: Gib die linke Hand auf den Tisch, krieche unter den Tisch, mache ein Kreuz in der linken unteren Ecke des Papiers; Bewegungserziehung
e) Räumliche Beziehung 	Mache dasselbe Muster rechts, das du links siehst	Die Fähigkeit, Raumbeziehungen von einem Gegenstand oder Punkt zu einem anderen zu erkennen; Reihenfolge der Buchstaben im Wort	Kopieren von Mustern mit Perlen, Kugeln, Stöckchen usw.

Abb. 4-22: Zusammenfassende Darstellung der fünf im FEW geprüften Dimensionen visueller Wahrnehmung (nach: Reinelt 1977)

- **Graphomotorische Testbatterie**

Ebenfalls für das Einschulungsalter, aber auch schon für das Vorschulalter (4 bis 7 Jahre) konzipiert ist die „Graphomotorische Testbatterie" von Rudolf (1986). Die Zielsetzung dieser Testbatterie besteht darin, eine *differenzierte Beurteilung des graphomotorischen Entwicklungsniveaus* sowie eine Überprüfung der Schuleingangsvoraussetzungen vorzunehmen.

Dafür werden mit sieben Untertests
- die Wahrnehmungsfähigkeit (Wahrnehmungsaktivität),
- die visuomotorische Koordination,
- die visuelle Form- und Gestaltauffassung,
- die visuelle Bewegungskontrolle,
- die Hand- und Fingergeschicklichkeit und
- die Fähigkeit, mit Papier und Bleistift umzugehen, gemessen.

Die Durchführung der Graphomotorischen Testbatterie stellt die Grundlage für eine gezielte graphomotorische Förderung im Elementar- und Primarbereich dar. Die Ergebnisse der einzelnen Subtests geben aber auch Hinweise auf die Notwendigkeit einer gezielten Förderung visueller Wahrnehmung, der Motorik, insbesondere der Feinmotorik, und der Konzentrationsfähigkeit.

• *Beurteilung auditiver Wahrnehmung*

Während die visuelle Wahrnehmung, insbesondere die visuomotorische Koordination, fester Bestandteil von Verfahren zur Beurteilung des motorischen Entwicklungsstandes ist (vgl. LOS KF 18; FTM; MOT 4-6; DMB; u.a.), findet die auditive Wahrnehmung weniger Beachtung. Lediglich das DMB von Eggert (1993) enthält zwei Aufgaben zum Richtungshören und zur räumlichen Orientierung anhand akustischer Signale; ebenso beinhalten „Die Abenteuer der kleinen Hexe" (Schönrade & Pütz 2000) Aufgaben zum Richtungshören. Die „Diagnostik mit Pfiffigunde" (Cárdenas 1992) bietet ebenfalls zwei Aufgaben, einerseits als Hörprüfung bzw. Prüfung auditiver Dominanz, andererseits zum auditiven Kurzzeitgedächtnis bzw. der auditiven Differenzierung

Eggert und Peter (1992) legen mit dem *„Diagnostischen Inventar auditiver Alltagshandlungen" (DIAS)* ein spezifisches Verfahren für 7- bis 14-Jährige vor, mit dem die Entwicklungsstufen der auditiven Differenzierung, Lokalisation und Strukturierung erfasst werden. Dabei ist nach Eggert und Peter (1992, 31, 32) unter Differenzierung „ein erweitertes Funktionsschema beim Erkennen akustischer Signale" zu verstehen, unter Lokalisation die „raum-zeitliche Orts- und Veränderungsbestimmung anhand akustischer Signale und Handlungen" sowie unter Strukturierung die „Konstruktion und Rekonstruktion auf der Grundlage der Verinnerlichung von räumlich und zeitlich strukturierten Handlungen".

In Orientierung an den Aufgaben des DIAS werden ergänzend Vorschläge für eine gezielte Förderung auditiver Wahrnehmung gemacht und hierfür notwendige Materialien (Tonkassette) zur Verfügung gestellt.

• *Beurteilung taktil-kinästhetischer Wahrnehmung*

Spezifische Aufgaben zur Prüfung taktil-kinästhetischer Wahrnehmung sind ebenfalls in dem DMB (Eggert 1993) sowie den Verfahren von Cárdenas (1992) und von Schönrade und Pütz (2000) enthalten; in der sensorisch-integrativen Motodiagnostik (Kesper & Hottinger 1992) stellen sie einen Schwerpunkt dar.

Mit dem *„Diagnostischen Inventar taktil-kinästhetischer Alltagshandlungen von Kindern im Vorschul- und Grundschulalter" (DITKA)* legen Eggert und Wegner-

Blesin (2000) ein Verfahren vor, das dem Konzept diagnostischer Inventare folgend unter Verzicht auf die Angabe von Normwerten diagnostische Kernaufgaben und zusätzliche Beobachtungssituationen vorschlägt, die eingebettet sind in einen komplexen Förderplan.

Die sechs Kernaufgaben des DITKA beziehen sich auf die Entwicklungsstufen der Differenzierung, Lokalisation und Strukturierung taktil-kinästhetischer Wahrnehmung (vgl. DIAS); sie sind geeignet, auffällige und damit förderbedürftige Kinder von wahrscheinlich nicht förderbedürftigen Kindern zu trennen. Die diagnostische Aussage dieser Kernaufgaben kann erweitert und differenziert werden mit Hilfe der insgesamt 50 vorgeschlagenen Beobachtungssituationen, die wiederum eine Fülle von Variationen bieten. Kernaufgaben und diagnostische Situationen werden gegliedert nicht nur nach ihrer Anforderung im Hinblick auf die Entwicklungsstufen, sondern auch auf ihren Komplexitätsgrad: Die taktil-kinästhetische Wahrnehmung wird als Grundlage der Körperorientierung verstanden, auf der wiederum die Praxie oder Bewegungsplanung aufbaut (vgl. Kesper & Hottinger 1992).

Differenzierte Beobachtungskriterien und entsprechende Interpretationshilfen bei jeder Aufgabe stellen die Grundlage der Konzeption individueller Entwicklungspläne dar (vgl. Eggert 1997). Exemplarisch werden „Förder- und Beobachtungssequenzen" für die verschiedenen Komplexitätsgrade (taktil-kinästhetisch, Körperorientierung und Praxie) beschrieben; hinzu kommen Beispiele für eine gezielte Förderung in Bezug auf die Schulfächer und spezielle Sequenzen zur Sprachförderung.

Die diagnostischen Aufgaben und Beobachtungssituationen erfahren eine Ergänzung durch einen Fragenkatalog, der im Zusammenhang mit einem Elterngespräch oder dem Gespräch mit Lehrern zusätzliche Information für die Diagnostik und mögliche Förderschwerpunkte geben kann. Dieser umfangreiche Fragenkatalog gliedert sich in Fragen nach Beobachtungen zum Verhalten in Alltagssituationen zu Hause und Beobachtungen zum Verhalten in der Schule, hier insbesondere auch zur Graphomotorik, und in Fragen nach dem Selbstkonzept eines Kindes.

- *Beurteilung der Körperwahrnehmung*

Bei der Beurteilung der Körperwahrnehmung stehen in der Regel Aufgaben zur Prüfung der taktil-kinästhetischen und der vestibulären Wahrnehmung im Vordergrund; sie erfassen vorrangig die physiologischen Anteile der Körperwahrnehmung, nach Bielefeld (1986) die Körperorientierung (vgl. Kap. 3.3; Abb. 3-8, 3-9). Um der Komplexität des Phänomens Körperwahrnehmung gerecht zu werden, müssen jedoch auch *Verfahren zur Beurteilung der kognitiven sowie der emotionalen und psychosozialen Komponente* Berücksichtigung finden.

Eine *Annäherung an den kognitiven Anteil der Körperwahrnehmung* ermöglicht der *„Mann-Zeichen-Test"* von Ziler (1996), dessen Aufgabe – die Mensch-Zeichnung – auch Bestandteil des Visuomotorischen Schulreifetests (Esser & Stöhr 1990) ist. Ursprünglich als Intelligenz-Test konzipiert („draw-a-man-test"; Goodenough 1926), wird der Mann-Zeichen-Test heute vorwiegend zur Beurteilung des Körperschemas eingesetzt, indem der Grad der Differenzierung in der Gestaltung der Mensch-Zeichnung beurteilt wird.

Mit Fragen und Aufgaben zum Körperaufbau, Körperteilen, Körperbewegungen, Rechts-links-Dimensionen des Körpers und Körper- und Raumrichtungen prüft der *„Body-Image Screening Test for Blind Children"* von Cratty (1971), der auch mit nicht behinderten Kindern durchgeführt wird (vgl. Oldenburg 1981), die Körperkenntnis.

Körperausdehnung ist Gegenstand der *„Linearmethode zur Erfassung des Körperschemas"* (Baumann 1978; 1986), bei der Dimensionen des eigenen Körpers (z. B. Armlänge, Schulterbreite, Grätschweite) geschätzt und die Schätzwerte mit den realen Werten verglichen werden.

Eine exakte Trennung kognitiver und emotional / psychosozialer Aspekte der Wahrnehmung ist kaum möglich; sie gelingt am ehesten bei Verfahren zur Beurteilung der Körperkenntnis. *Emotionale und psychosoziale Anteile* werden vorwiegend bei Verfahren zur Beurteilung der Befindlichkeit, der Einstellung zum eigenen Körper oder Körperzufriedenheit sowie zum Körper- oder Selbstkonzept erfasst (vgl. Abele & Becker 1991; Abele-Brehm & Brehm 1986; Hölter 1993; Mrazek 1986; Paulus 1986). Diagnostische Verfahren in diesem Bereich sind überwiegend als Befragung konzipiert; sie liegen mehrheitlich für Jugendliche und Erwachsene vor.

Verfahren zur *Beurteilung der Befindlichkeit* werden vielfach in für Kinder modifizierter Form angeboten, indem die Antwortkategorien bildhaft dargestellt werden (z.B. „Smilies" mit unterschiedlichem Ausdruck); auch die *„Borg-Skala"* zur Messung subjektiven Belastungsempfindens wird entsprechend kindgemäß modifiziert (Borg 1962; vgl. Bar Or 1986; Taute 1999).

Martin und Walter (1982) modifizieren die *„Body-Cathexis-Scale"* von Secord und Jourard (1953) als *Skala zur Einschätzung der Körperzufriedenheit für Kinder*. Günter (unpubl., zit. n. Breidenöder-Wehrung et al. 2001; vgl. Günter 2001) entwickelt in Anlehnung an den *„Color-A-Person Body Dissatisfaction Test"* (CAPT) von Wooley und Roll (1991) den *„Körperbildmaltest für Kinder"* (KBMT-K), ein bildhaftes Verfahren zur Beurteilung der Körperzufriedenheit für 8- bis 12-Jährige.

Andere Methoden benutzen zum Beispiel *variable Zerrspiegel*, mit denen möglichst realistische Abbildungen des eigenen Körpers hergestellt, oder *Photographien von Körperteilen oder Silhouetten*, die dem eigenen Körper zugeordnet werden sollen (vgl. Baumann 1986; Collins 1991; Probst 1993; Reinecke 2000).

- **Beurteilung vestibulärer Wahrnehmung / Prüfung der Gleichgewichtsfähigkeit**

Aufgaben zur Prüfung vestibulärer Wahrnehmung sind in allen Verfahren zur Beurteilung des motorischen Entwicklungsstandes als Gleichgewichtsaufgaben enthalten. Sie werden ebenfalls im Rahmen sportmotorischer Testverfahren berücksichtigt (vgl. Bös 1987; Fetz & Kornexl 1978; Rapp & Schoder 1977).

Krebs und Kurth (1973) empfehlen einen *Aufgabenkatalog zur Beurteilung statischer und dynamischer Koordination* im Alter von 3 bis 10 Jahren, der primär zur Aufdeckung auch geringgradiger hirnorganischer Störungen vorgesehen ist. Die Aufgaben beanspruchen vorwiegend statisches und dynamisches Gleichgewicht auf der Basis vestibulärer Wahrnehmung; zur Prüfung der dynamischen Koordination kommen Aufgaben, die überwiegend Finger- und Handgeschicklichkeit erfordern, hinzu (Abb. 4-23). Die Beobachtung von Mimik und Gestik der Kinder bei der Durchführung der Aufgaben sowie ihr Aufgabenverständnis, Konzentration, Anstrengungsbereitschaft und Frustrationstoleranz kann Hinweise auf evtl. vorhandene emotionale und psychosoziale oder kognitive Auffälligkeiten geben. Ebenso sind Mitbewegungen, ausgeprägte Seitendifferenzen und Besonderheiten im Bewegungstempo zu registrieren; sie könnten auf Entwicklungsverzögerungen oder auch organische Störungen hinweisen. Die Zuordnung der einzelnen Prüfaufgaben zu bestimmten Altersangaben in der Auflistung von Krebs und Kurth (1973) sollte allerdings nur als Orientierung dienen.

- *Aspekte neurologisch-motorischer Diagnostik*

Ähnliche wie bei Krebs und Kurth (1973) werden vielfach Aufgabenkataloge – einsetzbar etwa ab Vorschul- / Einschulungsalter, aber ohne differenzierte Altersangaben – für eine neurologisch-motoskopische Untersuchung vorgeschlagen, um geringgradige Hirnfunktionsstörungen zu diagnostizieren (vgl. Hochleitner 1971; Lesigang 1978; Schirm & Hellbrügge 1971; u.a.). Auch hier stehen in der Regel *Aufgaben zur Prüfung des Gleichgewichts und der Finger- und Handgeschicklichkeit* im Vordergrund.

Schmidt et al. (1981) stellen acht Aufgaben bzw. Beobachtungspunkte als besonders aussagekräftig heraus:

- Vorhandensein von Spiegelbewegungen bei der Diadochokinese;
- Mängel beim Fingeroppositionsversuch;
- Vorhandensein choreo-athetotischer Bewegungen;
- Auftreten des Spooning-Phänomens („Löffelstellung" der Hände mit Beugung im Handgelenk und Überstreckung der Mittelhand- Fingergelenke);
- Beurteilung des Einbeinhüpfens;
- Beurteilung pathologischer Haltungsmuster beim Zehengang;
- Beurteilung des Hackengangs rückwärts;
- Beurteilung des Seiltänzergangs rückwärts.

- *Beurteilung der Handgeschicklichkeit*

Schilling (1974 a, b; vgl Baedke 1977) betont die Bedeutung von Aufgaben zur Prüfung der Handgeschicklichkeit für die *Differenzierung hirngeschädigter und hirngesunder Kinder.* Diese sind in vielen motodiagnostischen Verfahren und motorischen Testbatterien enthalten. Häufig verwendete Aufgaben sind Labyrinth-Nachfahren, Tapping, Linienziehen, Ausschneiden, Perlenaufreihen oder Steck-

Prüfalter	Statische Koordination	Dynamische Koordination
ab 3 Jahren	• sicheres Stehen, Augen geschlossen	• Hüpfen beidbeinig (2-3 mal); • Knöpfeln an Puppe, Kleid, o.ä.
ab 4 Jahren	• Stehen, Füße hintereinander, Augen geschlossen: 15 sec, • Romberg (auf Tremor achten)	• Hüpfen beidbeinig, exakt 7-8 mal in 5 sec.; • Zeigefinger-Nase-Versuch, • Finger-Finger-Versuch, • Glas Wasser (randvoll) tragen, • Zunge rhythmisch hin- und herbewegen, • Kreis malen (⌀ 5 cm)
ab 5 Jahren	• Zehenballenstand, Augen geschlossen: 10 sec	• Hüpfen einbeinig, • Hüpfen in der Hocke (Hände auf den Knien); • Diadochokinese (noch unexakt), • Strichführung, Stäbchen legen o.ä. (auf Tremor / Ataxie achten)
ab 6 Jahren	• Stehen einbeinig, Augen offen: 10 sec.	• Schlußsprung: 20 cm, • Hackengang vorwärts; • Kreis ausschneiden (Tremor / Ataxie ?)
ab 7 Jahren	• Zehenballenstand mit Rumpfbeuge, Augen offen: 10 sec.	• Fuß-vor-Fußgang (ca. 2 m sicher); • Diadochokinese sicher
ab 8 Jahren	• Kniebeuge, Arme seitlich gestreckt, Augen offen: 10 sec.	• Finger-Daumen-Versuch (Opponensbewegung hin und zurück): 5 sec. je Hand
ab 9 Jahren	• Stehen einbeinig, Augen geschlossen: 10 sec.	• Schlußsprung: 40 cm
ab 10 Jahren	• Stehen einbeinig, Augen geschlossen: 15 sec.	

ab 4 bis 5 Jahren: Prüfung auf Mitbewegungen:
- bei der Diadochokinese (kontralateral),
- beim Zunge hin- und herbewegen (Gesicht, Extremitäten),
- beim Mund öffnen und schließen (synchrone Handbewegungen),
- bei festem Händedruck (kontralaterale Mitbewegungen der Hand und Mitbewegungen von Gesicht und Körper)

Abb. 4-23: Prüfung der statischen und dynamischen Koordination im Alter von 3 bis 10 Jahren (Krebs / Kurth 1973)

spiele. Abbildung 4-24 zeigt einige Vorlagen für Handgeschicklichkeitstests in der Papier-Bleistift-Form.

Schilling (1974 b, c) empfiehlt als besonders kindgemäße Aufgaben das *Zielpunktieren an einer Hampelmann-Figur (Punktiertest für Kinder PTK)* und das *Kamelnachfahren* (Abb. 4-24 c/d). Die Aufgabe Zielpunktieren wird auch als *Leistungs-Dominanz-Test (LDT)* nach Schilling und Kirchert zur Bestimmung der Händigkeit eingesetzt (Schilling 1979; 1992).

Baedke (1977, 143) nennt fünf Faktoren, die der Handgeschicklichkeit zugrunde liegen:
1. Faktor der schnellen und genauen Handbewegung,
2. Faktor der reinen Bewegungsgeschwindigkeit,
3. Fähigkeit, geschickt mit Papier und Bleistift umgehen zu können,
4. Faktor der vorwiegend genauigkeitsbetonten Bewegung,
5. Faktor der Kraftdosierung unter Einschluss visueller Richtungsschätzfähigkeit.

Schilling (1974 b) stellt dementsprechend fünf Testaufgaben zusammen, die sich zur *Differentialdiagnose verhaltensgestörter und hirngeschädigter Kinder* eignen:

1. *Kamel-Nachfahrtest* – Die Umrandungslinie der Figur soll so schnell wie möglich ohne Abweichung mit einem Kugelschreiber nachgezogen werden.
2. *Labyrinth-Test* – Die 200 „Tore" des Labyrinths sollen in möglichst kurzer Zeit möglichst fehlerfrei mit einem Stift durchfahren werden.
3. *Zielpunktieren* – Die 150 Kreise der Hampelmann-Figur sind mit einem Stift zu punktieren; Zeit und Fehler werden gemessen.
4. *Tapping* – Auf einer Morsetaste werden 100 Klopfbewegungen ausgeführt; die Zeit wird registriert.
5. *Kraftdosierung / Kreisform* – Eine drehbare Scheibe soll so stark mit dem Zeigefinger angestoßen werden, dass dieser Impuls genau eine Drehung der Scheibe verursacht. Die Abweichungen werden gemessen.

Die große Anzahl der beschriebenen motodiagnostischen Verfahren dokumentiert die *Vielzahl unterschiedlicher Ansätze, Schwerpunkte und Verfahrensweisen* in diesem Bereich. Um die Auswahl geeigneter Verfahren bei spezifischen Fragestellungen zu erleichtern, werden in Tabelle 4-6 als Orientierungshilfe noch einmal wesentliche Merkmale der hier vorgestellten Verfahren zur Beurteilung von Wahrnehmung und Bewegung zusammengefasst.

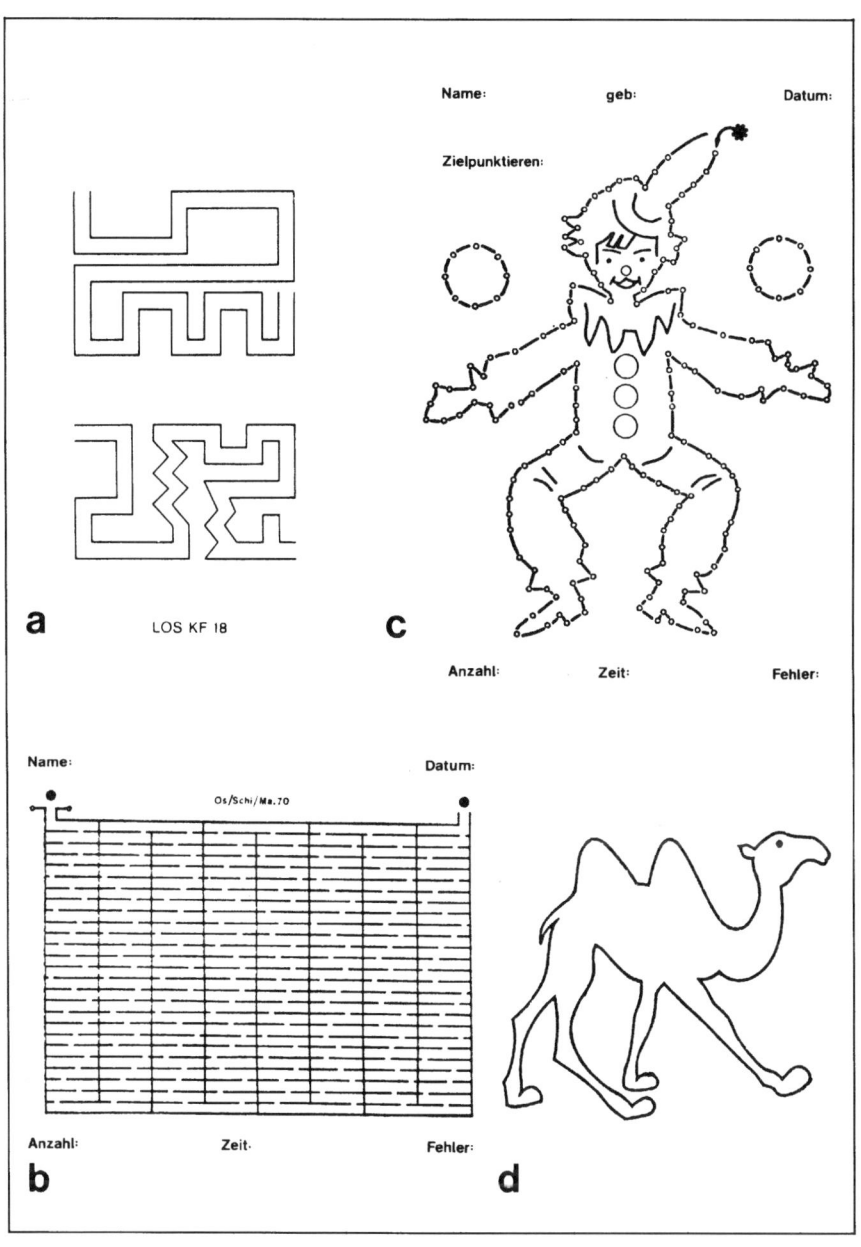

Abb. 4-24: Aufgaben zur Prüfung des Handgeschicks (a – Eggert 1971 a; b, c, d – Schilling 1974 b) (Kopieren verboten)

Verfahren	Altersbereich	Zielsetzung: Motorische Entwicklung	Auffälligkeiten / Störungen	Bereich: Grobmotorik	Feinmotorik	Wahrnehmung	Verhalten	Methode: Motometrie	Motoskopie	Bezug zu spez. Interventionsmaßnahmen
LOS KF 18	5 - 13	x	(x)	x	x	x		x		
KTK	5 - 15	x	x	x				x		
TKT	---		x	x	x		(x)		x	
Psychomotor. Screening-Test	6 - 8		x	x	x	(x)			x	(x)
'Pfiffigunde'	5 - 8	(x)	x	x	x	x	x		x	(x)
'kleine Hexe'	4 - 8	x	(x)	x	x	x			x	x
CMV	6 - 11	x	x				x		x	x
FTM	6 - 10	x	(x)	x	x	x	(x)	x	(x)	
DMB	Grundschulalter	x	(x)	x	x	x	x		x	
MOT 4-6	4 - 6	x	(x)	x	x	x		x		
HamMotScreen	4 - 6	(x)	x	x	x	x		(x)		x
Sens.-integrative Motodiagnostik	ab 3 - 4 Jahre	(x)	x	(x)	x	x	x		x	x
FEW	4 - 8	x	x		(x)	x	x	x		
VSRT	5 - 7	x	x			x	x	x		
Graphomotorische Testbatterie	4 - 7	x			x					x
DIAS	7 - 14		x			x	x	x	x	x
DITKA	Vorschul-/ Grundschulalter		x						x	x
Prüf. vestibulärer Wahrnehmung	ab 3 - 4 Jahre	(x)	x	(x)	(x)	x	(x)	x	x	
Prüf. des Finger-Handgeschicks	ab 3 - 4 Jahre		x		x	x	(x)	x	x	

Tab. 4-5: Übersicht über Zielsetzung und Methodik ausgewählter motodiagnostischer Verfahren

	auffällig	angemessen, unauffällig	auffällig
Kooperation	überangepaßt	arbeitet problemlos mit	unkooperativ, verweigernd, Abwehrhaltung
Motivation, Interesse	übermotiviert, übertrieben leistungsorientiert	bemüht, leistungsfreudig	lustlos, desinteressiert, wenig Anstrengung
Arbeitstempo	langsam, schleppend	angemessen, zügig	hektisch, hastig
Arbeitsgenauigkeit	pedantisch, perfektionistisch	sorgfältig, genau	oberflächlich, flüchtig
Ausdauer	verbissen, findet kein Ende	gut ausdauernd	gibt rasch auf, ermüdet schnell
Frustrationstoleranz	verzagt, resigniert rasch, Rückzugsverhalten	strengt sich verstärkt an, akzeptiert Versagen	wird aggressiv, albert, schimpft, lenkt ab
Aufmerksamkeit, Konzentration	eingeengt, rigid	gut konzentriert	fluktuierend, leicht ablenkbar
Impulskontrolle	überkontrolliert, zögerlich	gut kontrolliert	impulsiv, unkontrolliert, übereilt
Grobmotorik, Antrieb	bewegungsarm, antriebsschwach	ruhig	unruhig, zappelig, überaktiv
Feinmotorik	verkrampft, zittrig	geschickt	undifferenziert, unkoordiniert
Sprechtempo und Lautstärke	verlangsamt und leise	unauffällig	hastig und laut
Sprachverhalten, Kommunikation	wortkarg, sprachscheu	kommuniziert angemessen	gesprächig, spricht übertrieben viel
emotionaler Ausdruck	affektarm, verschlossen	offen, reagibel	exaltiert, affektlabil
Grundstimmung	dysphorisch, gereizt, traurig, ängstlich	ausgeglichen	gesteigert heiter, ausgelassen, albern
Selbsteinschätzung	unsicher, traut sich wenig zu	sicher	überschätzt sich
Aufmerksamkeitsheischendes Verhalten	regressiv, jammernd, klagsam	angemessen	angeberisch, kaspernd
Regelverhalten	überfolgsam, ordnet sich stark unter	angemessen	Grenzüberschreitungen, sehr eigenwillig
Kontaktverhalten	gehemmt, schüchtern, distanziert	gut kontaktfähig	ungehemmt, distanzlos

Tab. 4-6: Schema zur Verhaltensbeurteilung (Resch et al. 1999)

4.4.3 Aspekte der Verhaltensbeurteilung

Methoden der Verhaltensbeurteilung sind in der Regel die Befragung und die Beobachtung. Beide Verfahrensweisen sind von Subjektivität geprägt; dieses ist bei der Interpretation und Wertung zu berücksichtigen.

Auch in der Motodiagnostik sind teilweise sehr umfangreiche Fragebögen für Eltern und / oder Erzieher und Lehrer zum Verhalten eines Kindes Bestandteil der Verfahren, zum Beispiel bei der sensorisch-integrativen Motodiagnostik (Kesper & Hottinger 1992) und dem Diagnostischen Inventars taktil-kinästhetischer Alltagshandlungen (Eggert & Wegner-Blesin 2000). Bei zahlreichen anderen Verfahren wird ausdrücklich auf die Bedeutung der Beobachtung des Verhaltens in der Testsituation hingewiesen, um Informationen über möglicherweise vorhandene emotional-affektive, psychosoziale und / oder kognitive Auffälligkeiten zu erhalten, aber auch um Hinweise auf notwendige Schwerpunkte einer sich anschließenden Intervention aufzunehmen (vgl. Tab. 4-5). Bei der Checklist motorischer Verhaltensweisen (Schilling 1976) steht die Beurteilung des Bewegungsverhaltens im Vordergrund.

Die Beurteilung von Merkmalen des Verhaltens und der Persönlichkeit eines Kindes ist Gegenstand der psychologischen Diagnostik. Resch et al. (1999) geben mit einem Schema zur Verhaltensbeurteilung einen Überblick über wichtige Dimensionen und Kategorien des Verhaltens (Tab. 4-6); dieses Schema kann als Orientierung für eine systematische Verhaltensbeobachtung und -beurteilung dienen.

Aus der Fülle der Verfahren, deren Zielsetzung die Erfassung von Verhaltensauffälligkeiten im Kindesalter ist, sollen hier nur der *„Verhaltensbeurteilungsbogen für Vorschulkinder" (VBV 3-6) von Döpfner et al. (1993)* und *die „Marburger Verhaltensliste" (MVL) von Ehlers, Ehlers und Makus (1978)* genannt werden.

Der *Verhaltensbeurteilungsbogen für Vorschulkinder (VBV 3-6)* dient als Screening-Verfahren zur Erfassung von Verhaltensauffälligkeiten bei Kindern im Alter von 3 bis 6 Jahren sowie als Grundlage der Therapieplanung und der Therapiekontrolle. Er liegt als Elternfragebogen (VBV 3-6 EL) und als Erzieherfragebogen (VBV 3-6 ER) vor. Erfasst werden die Dimensionen
– sozial-emotionale Kompetenzen,
– oppositionell-aggressives Verhalten,
– Aufmerksamkeitsschwächen und Hyperaktivität vs. Spieldauer und
– emotionale Auffälligkeiten
Sowohl für Eltern als auch für Erzieher steht ergänzend zum Fragebogen eine Symptomliste zur Verfügung, in der Auffälligkeiten beschrieben werden, die den mit dem Fragebogen erfassten Dimensionen nicht zuzuordnen sind (z.B. Schlaf- und Essstörungen u.a.).

Die *Marburger Verhaltensliste (MVL)* stellt einen Elternfragebogen zur Diagnostik von Problemverhalten bei 6- bis 12-Jährigen dar; Gegenstand dieses Fragebogens sind die Bereiche

- emotionale Labilität,
- Kontaktangst,
- unrealistisches Selbstkonzept,
- unangepasstes Sozialverhalten und
- instabiles Leistungsverhalten.

Auch die MVL dient als Grundlage der Therapieplanung und -kontrolle.

Für die *Diagnostik eines Hyperkinetischen Syndroms* empfiehlt Altherr (1993) den *Fragebogen von Conners* (Abb. 4-25a), der sowohl von Eltern als auch von Lehrern ausgefüllt werden kann. Vorausgesetzt wird eine Beobachtungszeit von mindesten vier Wochen; wird ein Punktwert über 15 registriert, liegt mit hoher Wahrscheinlichkeit ein hyperkinetisches Syndrom vor.

Auf der Basis der Symptomliste von Conners entwickelt Skrodzki (1995, vgl. Imhof, Skrodzki & Urzinger 1999) einen erweiterten Beobachtungs- und Fragebogen für Lehrer als Grundlage von Diagnostik und Therapie aufmerksamkeitsgestörter und hyperaktiver Kinder (Abb. 4-25b).

Döpfner, Schürmann und Frölich (1998, 5) stellen Kriterien zur Diagnostik der Leitsymptome der hyperkinetischen Störung nach ICD-10 und der Aufmerksamkeitsdefizit- / Hyperaktivitätsstörung nach DSM-IV (vgl. Kap. 4.3.3) zusammen:

A) *Unaufmerksamkeit*
1. Beachtet häufig Einzelheiten nicht oder macht Flüchtigkeitsfehler bei den Schularbeiten, bei der Arbeit oder bei anderen Tätigkeiten.
2. Hat oft Schwierigkeiten, längere Zeit die Aufmerksamkeit bei Aufgaben oder Spielen aufrechtzuerhalten.
3. Scheint häufig nicht zuzuhören, wenn andere ihn / sie ansprechen.
4. Führt häufig Anweisungen anderer nicht vollständig durch und kann Schularbeiten, andere Arbeiten oder Pflichten am Arbeitsplatz nicht zu Ende bringen (nicht aufgrund von oppositionellem Verhalten oder Verständnisschwierigkeiten).
5. Hat häufig Schwierigkeiten, Aufgaben und Aktivitäten zu organisieren.
6. Vermeidet häufig, hat eine Abneigung gegen oder beschäftigt sich häufig nur widerwillig mit Aufgaben, die länger andauernde geistige Anstrengungen erfordern (wie Mitarbeit im Unterricht oder Hausaufgaben).
7. Verliert häufig Gegenstände, die er / sie für Aufgaben oder Aktivitäten benötigt (z.B. Spielsachen, Hausaufgabenhefte, Stifte, Bücher oder Werkzeug).
8. Lässt sich oft durch äußere Reize leicht ablenken.
9. Ist bei Alltagstätigkeiten häufig vergesslich.

B) *Hyperaktivität*
1. Zappelt häufig mit Händen oder Füßen oder rutscht auf dem Stuhl herum.
2. Steht (häufig) in der Klasse oder in anderen Situationen auf, in denen Sitzenbleiben erwartet wird.
3. Läuft häufig herum oder klettert exzessiv in Situationen, in denen dies unpassend ist (bei Jugendlichen oder Erwachsenen kann dies auf ein subjektives Unruhegefühl beschränkt bleiben).

Name: ....

Alter: .... Datum: ....

Beobachtung	Stärkegrad der Aktivität			
	überhaupt nicht = 0	ein wenig = 1	ziemlich viel = 2	sehr viel = 3
1. rastlos, dauernd in Bewegung				
2. reizbar, impulsiv				
3. stört andere Kinder				
4. kurze Aufmerksamkeitsspanne, beginnt vieles und führt nichts zu Ende				
5. zappelt dauernd				
6. unaufmerksam, leicht abzulenken				
7. kann nicht warten, rasch enttäuscht				
8. weint schnell				
9. Stimmung wechselt schnell und drastisch				
10. neigt zu Wutausbrüchen, explosiv, unberechenbar				

Gesamtsumme: _____

Abb. 4-25a: Conners-Fragebogen für Hyperaktivität (Altherr 1993) (Kopieren verboten)

Bei den folgenden, beschreibenden Begriffen kreuzen Sie bitte die Antwort an, die dem Verhalten der Schülerin / des Schülers am nächsten kommt.

Folgende Aussage trifft zu:	0	1	2	3	In welchen Situationen?
1. unaufmerksam, leicht abgelenkt					
2. bringt angefangene Dinge nicht zu Ende					
3. Tagträumen					
4. ständig zappelig, ruhelos, überaktiv					
5. summt vor sich hin, macht ständig Geräusche, redet dauernd					
6. erregbar, impulsiv					
7. Wutausbrüche, unvorhersehbares Verhalten					
8. schneller, ausgeprägter Stimmungswechsel					
9. weint oft und leicht					
10. Forderungen muß sofort entsprochen werden, schnell frustriert					
11. wirkt verdrossen, bockig, mißmutig					
12. lügt häufig					
13. stört, neckt, ärgert andere Kinder					
14. isoliert sich von anderen Kindern					
15. von der Gruppe wenig akzeptiert					
16. läßt sich leicht beeinflussen					
17. kein Gefühl für Fairplay					
18. unkooperativ, stur					
19. Verhalten: unpassender als das von Gleichaltrigen					
20. übermäßige Beanspruchung der Aufmerksamkeit der Lehrkraft					

0 = überhaupt nicht; 1 = ein wenig; 2 = ziemlich stark; 3 = sehr stark

Abb. 4-25b: Beobachtungsbogen für Lehrerinnen und Lehrer zur Beurteilung aufmerksamkeitsgestörten und hyperaktiven Verhaltens (nach: Skrodzki 1995, in: Imhof / Skrodzki / Urzinger 1999) (Kopieren verboten)

4. Hat häufig Schwierigkeiten, ruhig zu spielen oder sich mit Freizeitaktivitäten ruhig zu beschäftigen.
5. Ist häufig „auf Achse" oder handelt oftmals, als wäre er / sie „getrieben" (DSM-IV).
Zeigt ein anhaltendes Muster exzessiver motorischer Aktivität, das durch die soziale Umgebung oder durch Aufforderungen nicht durchgreifend beeinflussbar ist (ICD-10).

C) *Impulsivität*
1. Platzt häufig mit der Antwort heraus, bevor die Frage zu Ende gestellt ist.
2. Kann häufig nur schwer warten, bis er / sie an der Reihe ist (bei Spielen oder in Gruppensituationen).
3. Unterbricht oder stört andere häufig (platzt z.B. in Gespräche oder in Spiele anderer hinein).
4. Redet häufig übermäßig viel (ohne angemessen auf soziale Beschränkungen zu reagieren).

Für eine sichere Diagnose müssen
- „die Symptome mindestens sechs Monate lang in einem (mit) dem Entwicklungsstand des Kindes nicht zu vereinbarenden und unangemessenen Ausmaß vorliegen;
- ... bereits vor dem Alter von sieben Jahren auftreten;
- die Beeinträchtigungen durch diese Symptome sich in zwei oder mehr Lebensbereichen (z.B. in der Schule bzw. am Arbeitsplatz oder (nach ICD-10) auch an einem anderen Ort zeigen, an dem die Kinder beobachtet werden können (z.B. bei der klinischen Untersuchung);
- deutliche Hinweise auf klinisch bedeutsame Beeinträchtigungen in sozialen, schulischen oder beruflichen Funktionsbereichen vorhanden sein" (Döpfner, Schürmann & Frölich 1999, 5).

4.4.4 Verfahren der Haltungsbeurteilung

Anthropometrische, morphologische, optische Methoden

Der Wunsch, Haltung zu messen, dadurch zu objektivieren und auch zu dokumentieren, ist alt. *Anthropometrische Messungen* haben vorwiegend Künstler wie Leonardo da Vinci, Michelangelo und Dürer zum Studium der Körperproportionen durchgeführt. In der Orthopädie steht die Beurteilung der Rumpfhaltung und die Suche nach geeigneten Beurteilungsverfahren seit dem 19. Jahrhundert im Mittelpunkt des Interesses. Eine Vielzahl von mechanischen Verfahren wurde entwickelt, die zunächst nur anthropometrische und morphologische Aspekte der Haltung erfassen (vgl. Groeneveld 1976; Matthiaß 1972). Mit dem Fortschreiten technischer Möglichkeiten kommt eine Vielzahl optischer Methoden hinzu; auch die Ultraschall-Diagnostik wird zunehmend zur Haltungsbeurteilung eingesetzt.

Mit *Abdruckzeichnungen* (Gipsnegativabdruck, Zinnband, Stäbchenkyrtometer u. a.) wird die Rückenkontur eines Menschen direkt auf ein anderes Material übertragen und der Auswertung und vergleichenden Betrachtungen zugänglich gemacht.

Apparate zur *Konturenzeichnung* sind teilweise sehr aufwändig und kompliziert (vgl. z. B. Schulthess 1887); sie haben aber den Vorteil, dass die registrierten Kurven für Auswertung und Analyse zur Verfügung stehen. Der Konturograph nach Lekszas und Nieke, der nur aus Zeichentisch und Storchenschnabel besteht, ermöglicht eine Aufzeichnung der Rückenkontur senkrecht entsprechend dem Verlauf der Wirbelsäule und waagerecht entsprechend der Stellung der Schulterblätter in Höhe der Achselfalte (Lekszas 1970).
Einfachste Verfahren der *morphologischen Methode* benutzen *direkte Messungen* beispielsweise mit Maßband, Zirkel oder Lot. Die Messwerte erlauben Aussagen über die Form und den Ausprägungsgrad der Schwingungen der Wirbelsäule. Ein Beispiel für ein solches Messverfahren stellt der *Rückenindex 40 von Neugebauer* (1972) dar; diese Methode gilt als besonders ökonomisch und ist daher auch bei Reihenuntersuchungen einzusetzen. Hier wird hauptsächlich der Grad der Krümmung im Bereich der Brustwirbelsäule erfasst, indem mit einem von Neugebauer entwickelten Kyphometer einerseits die waagerechten Entfernungen des 7. Halswirbels und des tiefsten Punktes der Lendenlordose von der senkrechten Tangente an der Brustkyphose, andererseits die senkrechte Entfernung dieser beiden waagerechten Linien gemessen wird. Mit Hilfe einer trigonometrischen Formel wird der Rückenindex errechnet; Grundlage dieser Formel ist die Annahme, dass die Kyphose einem Kreisausschnitt entspricht und ein Zentriwinkel von 40° eine ideale Kyphose kennzeichnet.

Das wohl älteste Verfahren der *optischen Methode* ist die *Röntgenaufnahme*, die trotz der Entwicklung moderner bildgebender Verfahren im klinischen Bereich nach wie vor Bedeutung hat. Nicht zuletzt wegen der Strahlenbelastung verbietet sich ihre Anwendung aber im Rahmen von Reihenuntersuchungen.
Demgegenüber haben photographische Verfahren und *Film- und Videoaufnahmen* zur Beurteilung und Dokumentation der Körperhaltung weite Verbreitung gefunden. Die klassischen zweidimensionalen Aufnahmen erfahren eine Weiterentwicklung zu dreidimensionalen Verfahren, die in Verbindung mit Rechnern zur Vermessung der Körperoberfläche wie auch zur Beurteilung der Haltung herangezogen werden können (vgl. Drerup 1978; Harzmann 2000; Klee 1994; Krämer 1986; Liljenqvist et al. 1998; Schwarz et al. 1972, 1973). Diese Verfahren finden vorwiegend bei der Diagnostik und Dokumentation von Deformitäten im Bereich des Rumpfes, insbesondere von Wirbelsäulendeformitäten Einsatz. Der apparative Aufwand ist jedoch bei vielen dieser Verfahren so hoch, dass ihre Anwendung im schulischen Bereich unrealistisch erscheint. Dasselbe gilt für Ultraschall-Messungen, die sich ebenfalls für eine Beurteilung der Körperform und -haltung eignen.

Harzmann (2000) empfiehlt die Durchführung der *Videorasterstereographie (VRS)* im Rahmen schulärztlicher Reihenuntersuchungen zur Erfassung von skoliotischen Fehlhaltungen und strukturellen Skoliosen. Die Ergebnisse der VRS zeigen eine gute Korrelation mit den Ergebnissen der Röntgendiagnostik; eine angemessene Interpretation der Aufnahmen setzt allerdings eine hohe Qualifikation des Untersuchers voraus. Der apparative Aufwand erscheint insofern gerechtfertigt, als die schulärztliche Untersuchung für die notwendige Früherkennung und Prävention der Skoliose als häufigster Auffälligkeit im Bereich des passiven Bewegungsapparates im Kindesalter nicht ausreicht. Die VRS bietet „die Möglichkeit, einerseits interventionsbedürftige Fehlhaltungen und -stellungen rechtzeitig zu erfassen und entsprechend behandeln zu können, andererseits aber zu verhindern, dass geringgradige und niedrigprogrediente Haltungsstörungen überbewertet und dementsprechend „übertherapiert" werden" (Harzmann 2000, 83).

Kritische Wertung der Haltungsmessung

Bei allen Verfahren zur Haltungsmessung muss bedacht werden, dass eine Messung nur einer *Momentaufnahme* entspricht, dabei also nur eine Facette der individuellen Haltung einer Person erfasst wird. *Einzelne Messungen eignen sich nie zu einer umfassenden Haltungsbeurteilung*, da die dynamische Komponente der Haltung nicht berücksichtigt wird. Es wird jeweils nur eine Haltung berücksichtigt, die zudem oft nicht die „normale" Haltung des Probanden darstellt, da die ungewohnte Situation, vor allem auch der teilweise erhebliche apparative Aufwand besonders bei Kindern nicht selten Angst auslösen und zu Verspannungen führen kann.

Messungen benötigen oft viel Zeit, so dass die Aufmerksamkeit nachlassen und die Muskulatur ermüden kann; auch dadurch verändert sich die Haltung. Hier liegt der Vorteil der optischen Methode: Der Proband wird nicht berührt; die Aufnahme dauert nur wenige Sekunden. Allerdings sind auch hier teilweise zeitaufwändige Vorbereitungen zu treffen (z.B. das Anbringen von Messpunkten), so dass die Geduld von Testpersonen in hohem Maße beansprucht wird.

Bei Messungen mit dem Ziel der Haltungsbeurteilung besteht außerdem die Gefahr, dass eine Genauigkeit vorgespiegelt wird, die nicht realistisch erscheint. Als Beispiel mag der Rückenindex 40 von Neugebauer dienen. Die Annahme, dass ein Zentriwinkel von 40° einer Idealform der Brustkyphose entspricht, beruht auf subjektiver Einschätzung. Zudem ist der tiefste Punkt der Lendenlordose, der hier als wichtiger Messpunkt in die Berechnung eingeht, nicht exakt zu bestimmen. Dennoch hat sich dieses Verfahren zur Erfassung der Rückenform im Rahmen schulischer Reihenuntersuchungen als praktikabel erwiesen und durchaus bewährt.

Zum Anliegen funktioneller Haltungsbeurteilung

Ein Untersuchungsgang zu einer umfassenden Haltungsbeurteilung sollte sich an der Komplexität des Haltungsbegriffes orientieren (vgl. Kap. 2.5). Als Grundlage kann eine statische Betrachtung im Sinne einer Beurteilung des Erscheinungsbildes, der „Raumgestalt" (Matthiaß 1969), dienen. Die Dynamik der Haltung wird durch funktionelle Methoden erfasst. Dazu gehört auch eine Prüfung der Haltungskoordination, die vage auch als Haltungsgefühl bezeichnet wird; von besonderem Interesse ist hier ein Erfassen der Körperwahrnehmung, auch mit ihren kognitiven Facetten. Ergänzend sollte eine Einschätzung der emotionalen und psychosozialen Situation der Testperson vorgenommen werden. Diagnostik der Atmung wird nur im klinischen Bereich in Verbindung mit einem vorliegenden Haltungsschaden von Bedeutung sein; die Atmung sollte allerdings im Zusammenhang mit der Körperwahrnehmung und als Ausdruck der psychischen Befindlichkeit Beachtung finden.

Eine *umfangreiche apparative Untersuchung* zur Beurteilung der Rückenform und der Haltungsleistungsfähigkeit führt Groeneveld (1976a) durch. Zur Anwendung kommen hier die

- seitliche Photographie,
- Stereophotographie,
- Statokinesiometrie (als Projektion des Schwerpunktes in die Standfläche),
- Elektromyographie (hauptsächlich der Rückenstrecker im LWS-Bereich) und
- eine Röntgenaufnahme von der Seite im Stand.

Die Datenaufnahme erfolgt jeweils in der Ruhehaltung, beim maximalen Stemmen und bei einer Dauerbelastung durch 1/10 des maximal gestemmten Gewichtes in der Armvorhalte, nachfolgend noch einmal in der Ruhehaltung, in der aktiven Haltung und bei der maximalen Aufrichtung aus der Bauchlage.

Dieser Untersuchungsgang dokumentiert das Bemühen um eine umfassende Haltungsbeurteilung. Groeneveld (1976a, 85) betont, dass „die Ergebnisse der metrischen Untersuchungen ... durchweg eine gute Vergleichbarkeit mit den klinisch erhobenen Befunden" zeigen. Entgegen der Auffassung von Schede (1969) kann Haltung demnach durchaus metrisch erfasst werden (vgl. Klee 1994).

Im Rahmen schulischer Organisationsformen sollte eine Beurteilung der Haltung ohne erheblichen Zeit- und Materialaufwand möglich sein; apparative Verfahren erscheinen daher weitgehend ungeeignet. In Anlehnung an den klinischen Untersuchungsgang nach Groeneveld (1976a, b; vgl. Heine 1977) sollte sich die Haltungsbeurteilung, die im Rahmen des Sport(förder)unterrichtes durchgeführt wird, in zwei Teile gliedern:

- in eine *Betrachtung und Beurteilung des äußeren Erscheinungsbildes* beim aufrechten Stand in der habituellen Haltung bei paralleler Fußstellung und mit locker herabhängenden Armen und
- in eine *Überprüfung der Haltungsleistungsfähigkeit*, bei der Beweglichkeit, Dehnfähigkeit, Kraft und Koordination sowie die Körperwahrnehmung berücksichtigt werden.

Dabei kann die Betrachtung des äußeren Erscheinungsbildes nur eine Orientierung bieten. Erst über die Beurteilung der Funktionsfähigkeit ist eine Haltungsschwäche festzustellen; je differenzierter die funktionelle Beurteilung erfolgt, umso konkreter können Hinweise auf die Gestaltung eines notwendigen Förderprogramms abgeleitet werden.

In Abbildung 4-26 sind in einer Checkliste wichtige Beobachtungskriterien und im Sportunterricht praktikable Funktionsprüfungen zusammengestellt. Sind Auffälligkeiten vorhanden, können diese hier allerdings nur vermerkt werden; sie sind separat differenziert zu beschreiben.

Name: Datum:
Geb.datum: Körpergröße:
Geschlecht: Körpergewicht:

A Beobachtung des Erscheinungsbildes
➔ aus ca. 3 m Distanz und aus der Nähe

von der Seite **von hinten bzw. von vorn**

Kopfhaltung ❏ Kopfhaltung ❏
Lordose HWS ❏ Schulterblätter (‚Flügelschultern' ?) ❏
Kyphose ❏ Dornfortsätze (lotrecht ?) ❏
Kyphosescheitel ❏ Schultergürtel (waagerecht ?) ❏
Lordose LWS ❏ Schulterblätter (symmetrisch ?) ❏
Beckenstellung ❏ Schlüsselbeine / Rippen (symmetr. ?) ❏
 Beckengürtel (waagerecht ?) ❏
Kniegelenk (Streckung) ❏ Taillendreiecke ❏
Fuß - Längsgewölbe ❏ Rippenbuckel ❏
(von unten: Quergewölbe) ❏ Lendenwulst ❏
Stellung der Zehen ❏

 Kniescheibe (Rotation) ❏
 O-Bein ❏
 X-Bein ❏
 Verlauf der Achillessehnen ❏
 Stellung der Zehen ❏

B Funktionsprüfungen

Rumpfbeuge ❏ Säckchen greifen / anheben ❏
Schober'sches Maß ❏ Fersensitz ❏
Ott'sches Maß ❏ Sohlenhockstand ❏
Rutschhalte ❏ Hochzehenstand ❏
Seitneigung des Rumpfes ❏ Standweit- / Standhochsprung ❏
Rückenschaukel ❏ Federungen / Schlußsprünge ❏
Rückenlage, Arme hinter dem Kopf ❏ Fuß-vor-Fuß-Gang ❏
Rückenlage (Dehnf. d. Hüftbeuger) ❏ Trittspur / Gangspur ❏
Bauchlage (Dehnf. d. Hüftbeuger) ❏
Felgabzug / Hängen an den Tauen ❏
Einbeinstand ❏
Armvorhaltetest ❏

Abb. 4-26: Checkliste zur Haltungsbeurteilung – Vorschlag für eine Dokumentation der Haltungsleistungsfähigkeit (Erläuterungen siehe Text)

- **Beurteilung des Erscheinungsbildes**

Eine Beurteilung des Erscheinungsbildes ist immer *subjektiv*. Sicherheit bei der Haltungsbeurteilung ist nur durch viel Übung zu erreichen, am ehesten durch die sorgfältige Betrachtung vieler verschiedener Erscheinungsbilder und im Vergleich der eigenen Einschätzung mit dem Urteil anderer.

Eine systematische Haltungsbeurteilung erfolgt durch eine Beobachtung von der Seite und von hinten. Dabei erweist es sich als günstig, sich zunächst einen Gesamteindruck zu verschaffen durch eine Betrachtung aus einer Distanz von zwei bis drei Metern, bevor man aus der Nähe genauer beobachten und die Beobachtungen evtl. auch taktil kontrollieren kann.

Bei der *Betrachtung von der Seite* wird die Beurteilung des Erscheinungsbildes erleichtert durch eine Orientierung an der Schwerelinie (vgl. Abb. 2-75). Als ideal gilt die *Ausprägung der physiologischen Schwingungen der Wirbelsäule*, wenn die Lotlinie vom äußeren Gehörgang über das Schulter- und Hüftgelenk, etwas vor dem Kniegelenk und vor dem oberen Sprunggelenk verläuft (vgl. Rizzi 1979). Heine (1977, 85) gibt an, dass bei einer mittleren („normalen") Ausprägung der Wirbelsäulenschwingungen „ein vom Scheitel der Brustkyphose gefälltes Lot ... das Kreuzbein" berührt. Der Kopf sollte aufrecht in Verlängerung der Wirbelsäule gehalten werden. Eine besonders starke oder eher geringe Ausprägung der einzelnen physiologischen Schwingungen der Wirbelsäule im Zusammenhang mit der Beckenstellung (verstärkt gekippt oder aufgerichtet) ist ebenso zu beachten wie ein auffälliger Verlauf der Schwingungen. So könnte zum Beispiel ein besonders hoch oder eher tief sitzender Kyphosescheitel möglicherweise mit einer Fixierung der Wirbelsäule in diesem Bereich einhergehen; dieser „Verdacht" müsste durch eine spezifische Funktionsprüfung abgeklärt werden.

Bei den *Beinen* ist auf eine mögliche Überstreckung des Kniegelenkes zu achten. Im Bereich der *Füße* kann die Ausprägung des Längsgewölbes eingeschätzt werden. Werden die Füße angehoben, ist zusätzlich zu beurteilen, ob sich als Zeichen eines abgesunkenen Quergewölbes Hornhautschwielen im Ballenbereich unter den Köpfchen des zweiten und dritten Mittelfußköpfchens befinden. Die Zehen zeigen möglicherweise Fehlstellungen.

Bei der *Betrachtung von hinten und / oder von* vorn ist ebenfalls auf eine aufrechte, gerade *Kopfhaltung* zu achten. Die *Schulterblätter* sollten nicht als „Flügelschultern" abstehen.
Wird ein Lot gefällt, sollte dieses hinten von der Kopfmitte über die Dornfortsatzreihe bis zum Steißbein verlaufen. Markantester Orientierungspunkt ist hier der Dornfortsatz des 7. Halswirbels (Vertebra prominens). Abweichungen von der Lotlinie innerhalb der *Wirbelsäule* – möglicherweise nach beiden Seiten – können durch eine Markierung weiterer Dornfortsätze zusätzlich verdeutlicht werden. Abweichungen von dieser Schwerelinie als Kennzeichen einer seitlichen Verbiegung der Wirbelsäule sind auch als einseitiger *Schulter- und / oder Beckenhochstand* zu erkennen.

Die Beurteilung von Symmetrie bzw. Asymmetrie der Körperhaltung wird erleichtert, wenn waagerechte und senkrechte Bezugslinien im Hintergrund zur Orientierung dienen können. Auch eine unterschiedlich hohe Position der Schulterblätter oder – bei der Betrachtung von vorn – der Schlüsselbeine und der Rippen kennzeichnet eine Asymmetrie im Bereich des Rumpfes. Am stärksten fällt eine Asymmetrie der Rumpfhaltung wohl bei einem Vergleich der *Taillendreiecke*, der Räume („Luftfiguren") zwischen dem Rumpf und den herabhängenden Armen auf; von vorn ist hier zusätzlich zu beobachten, ob beide Arme und Hände in gleichem Maße Kontakt bzw. Abstand zum Becken und zu den Oberschenkeln haben.

Eine asymmetrische Rumpfhaltung kann verschiedene Ursachen haben (vgl. Kap. 4.3.4). Liegt eine idiopathische Skoliose vor, ist sie verbunden mit *Torsion und Rotation innerhalb der Wirbelsäule*. Hinweise auf eine Verwringung kann die Stellung der Schulterblätter wie auch der Schlüsselbeine und der Rippen (Asymmetrie in sagittaler Ebene) geben. Deutlicher als im aufrechten Stand sind als Merkmal der Verwringung in der *Rumpfbeuge* ein Rippenbuckel und / oder ein Lendenwulst zu erkennen; das heißt bei tangentialer Betrachtung der Rückenkulisse in der Rumpfbeuge erscheint der Rücken rechts und links der Dornfortsatzreihe unterschiedlich hoch. Im Bereich der Brustwirbelsäule wird dieses als Rippenbuckel (die höher erscheinende Seite) bzw. als Rippental, im Bereich der Lendenwirbelsäule entsprechend als Lendenwulst bzw. Lendental bezeichnet (vgl. Abb. 4-7).

Bei der Betrachtung der Beine ist von vorn bei paralleler Fuß- und Beinstellung die *Position der Kniescheiben* zu beurteilen, um evtl. einen Hinweis auf Rotationsfehlstellungen zu erhalten. Von vorn wie von hinten sind *O-Beine und X-Beine* zu erkennen. O-Beine werden durch den Abstand zwischen den Kniegelenken, X-Beine durch die Distanz der Innenknöchel dokumentiert. Beim Kleinkind sind X-Beine entwicklungsbedingt; eine Distanz der Innenknöchel bis zu 8 cm kann bis zu einem Alter von sieben / acht Jahren als „normal" angesehen werden (Heine 1977; Rang 1985; vgl. Kap. 3.6).
Veränderungen der natürlichen Fußverwringung sind als Knick-, Knicksenkfuß und als Kippfuß zu erkennen. Die Pronation im Bereich des Rückfußes als Zeichen des Knick- und Knicksenkfußes kann bei der Betrachtung einer parallelen Fußstellung von hinten anhand der Position der Achillessehnen dokumentiert werden; entwicklungsbedingt – im Zusammenhang mit dem X-Bein – gilt hier ein nach unten offener Winkel bis zu 10° im Vorschulalter, später eine Winkelstellung bis zu 6° als normal (Heine 1977). Bei der Betrachtung von vorn sind *Zehenfehlstellungen* erkennbar; insbesondere ein Hallux valgus wird bei paralleler Fußstellung deutlich (vgl. Kap. 4.3.4).

- *Beurteilung der Haltungsleistungsfähigkeit im Bereich des Rumpfes*

Funktionsprüfungen sollten die Haltungsleistungsfähigkeit in allen ihren Facetten berücksichtigen; insbesondere geht es darum, die *dynamische Komponente der Haltung* zu erfassen.

Die *Gelenkbeweglichkeit*, so auch die Beweglichkeit der Wirbelsäule, kann nach der Neutral-Null-Methode gemessen, also quantitativ erfasst werden (vgl. Cotta et al. 1990; Debrunner & Hepp 1994); diese Verfahrensweise soll hier jedoch unberücksichtigt bleiben.

Beweglichkeit der Wirbelsäule

Im Rahmen der Haltungsbeurteilung bieten sich für eine Bestimmung der Beweglichkeit der Wirbelsäule zunächst Aufgaben zur *Prüfung der passiven Beweglichkeit* an. Wenn das Bewegungsausmaß unter Einsatz der Schwerkraft geprüft wird, sind möglicherweise vorhandene Bewegungseinschränkungen durch Strukturen des passiven Bewegungsapparates oder eine verminderte Dehnfähigkeit der Muskulatur bedingt; die Muskelkraft spielt keine Rolle. Hier können sich – äußerst vorsichtig zu interpretierende – Hinweise auf Fixierungen als Anzeichen von Haltungsschäden bzw. Erkrankungen der Wirbelsäule ergeben.

- In der *Rumpfbeuge* kann die Beweglichkeit der Wirbelsäule nach vorn (Beugung) beurteilt werden. Zu erwarten ist eine harmonische Rundung des gesamten Rückens, bei der jeder Wirbel in die Bewegung einbezogen wird; jede Abweichung von dieser Form wäre auffällig. Besonderes Augenmerk ist dabei auf die *Form der Lendenwirbelsäule* zu richten. Wenn diese trotz der Beugung flach erscheint oder sogar lordotisch gebogen bleibt, ist die Beweglichkeit in diesem Abschnitt deutlich eingeschränkt; möglicherweise liegen strukturelle Veränderungen vor.
Bei der Rumpfbeuge ist darauf zu achten, dass die Testperson Rumpf und Kopf „hängen lässt", also nicht aktiv anhebt und hält. Die Kniegelenke können leicht gebeugt werden, um nicht bei einer Verspannung der ischiocruralen Muskulatur die Beugung der Hüftgelenke einzuschränken und das Bekken in einer aufgerichteten Stellung zu halten. Ein unangenehmes Spannungsgefühl in der rückwärtigen Beinmuskulatur würde zudem die Testsituation für den Probanden unnötig erschweren.

- Mit dem *Schoberschen Maß* (Abb. 4-27) kann die Beweglichkeit der Lendenwirbelsäule im Sinne der Beugung dokumentiert werden. Dabei wird im aufrechten Stand die Haut über dem Dornfortsatz des 5. Lendenwirbels sowie 10 cm oberhalb dieses Punktes markiert. Die Distanz zwischen den beiden Markierungspunkten wird erneut gemessen, wenn die Testperson den Rumpf nach vorne hängen lässt. In der Rumpfbeuge sollte sich die Distanz als Ausdruck normaler Beweglichkeit um 4 bis 6 cm vergrößern, also insgesamt 14 bis 16 cm betragen.

- In ähnlicher Weise wird bei dem *Ottschen Maß* (Abb. 4-27) die Beweglichkeit der Brustwirbelsäule (Beugung) beurteilt. Der Dornfortsatz des 7. Halswirbels sowie der Punkt der Brustwirbelsäule, der sich in 30 cm Distanz unterhalb davon befindet, werden im Stand markiert. Bei der Rumpfbeuge sollte sich diese Strecke um 2 bis 4 cm vergrößern (vgl. Debrunner & Hepp 1994).

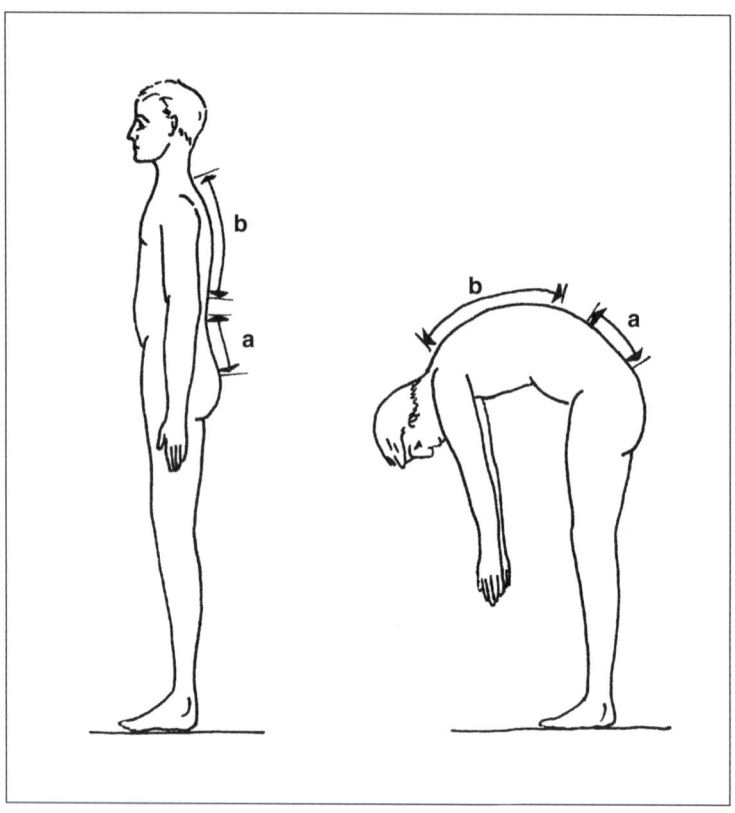

Abb. 4-27: *Schobersches Maß (a) und Ottsches Maß (b) zur Beurteilung der Beweglichkeit der Lendenwirbelsäule bzw. der Brustwirbelsäule (nach: Debrunner / Hepp 1994)*

Beide Messungen – Schobersches und Ottsches Maß – sind für Erwachsene vorgesehen. Entsprechende Werte für Kinder, orientiert an deren Körpergröße, liegen nicht vor. Hinzu kommt, dass die Messgenauigkeit vielfach eingeschränkt wird zum Beispiel durch die Unsicherheit beim Auffinden des 5. Lendenwirbels oder durch eine unterschiedliche Verschiebbarkeit der Haut. Die quantitativen Ergebnisse sollten also sehr vorsichtig interpretiert werden.

- Die Streckfähigkeit der Wirbelsäule, insbesondere der Brustwirbelsäule, kann mit der *„Rutschhalte"* beurteilt werden. Diese gymnastische Übung wird aus der Bankstellung entwickelt, indem die Arme nach vorn gestreckt werden, bis Arme und Rumpf eine Linie bilden; das Brustbein senkt sich in Richtung Boden. Nur die Hände / Unterarme und Unterschenkel / Füße haben Bodenkontakt; die Oberschenkel bleiben senkrecht.

Bei einer gut beweglichen Wirbelsäule wird diese eine harmonische Linie in einer Überstreckung bilden. Bei eingeschränkter Beweglichkeit zeigt sich lediglich eine Gerade; ist der Verlauf der gestreckten Wirbelsäule unterbrochen durch eine Kyphosierung in einem umschriebenen Bereich, deutet dieses auf eine Fixierung hin, wie sie zum Beispiel für die Scheuermannsche Krankheit typisch wäre (vgl. Kap. 4.3.4).

- Eine Beurteilung der Beweglichkeit in der Frontalebene (Seitneigung) kann im *Stand mit erhobenen Armen* und hinter dem Kopf gefalteten Händen erfolgen. Sowohl bei einer Beugung nach rechts als auch nach links sollte die Linie der Dornfortsätze einen harmonischen Verlauf zeigen. Eine Unterbrechung dieses harmonischen Verlaufes weist wiederum auf eine Fixierung hin.

- Eine allgemeine Beurteilung der Wirbelsäulenbeweglichkeit, die unauffällig in den Sportunterricht integriert werden kann, ermöglichen „Katzenbuckel" und „Pferdesattel" sowie die „Rückenschaukel".

In der Bankstellung, bei der auf eine parallele, jeweils senkrechte Position von Arm und Oberschenkel zu achten ist, soll die Wirbelsäule aktiv so weit wie möglich gerundet *(Katzenbuckel)* und – im Gegensatz dazu – so weit wie möglich „hohl" gemacht, also überstreckt werden *(Pferdesattel)*. Dabei ist darauf hinzuweisen, dass der Kopf in die Bewegung mit einbezogen wird: beim Katzenbuckel wird der Kopf gesenkt (das Kinn angezogen), beim Pferdesattel dagegen in den Nacken genommen. Zu achten ist einerseits auf das Ausmaß der Bewegungen, andererseits wiederum auf den jeweils harmonischen Verlauf der Wirbelsäulenform.

Bei der *Rückenschaukel* geht es um die intensive Rundung des Rückens als Voraussetzung einer harmonischen Schaukelbewegung, bei der Wirbel für Wirbel abgerollt wird:

- Ist die Beweglichkeit der Wirbelsäule insgesamt eingeschränkt, wie es für einen „Flachrücken" typisch wäre, fällt die Testperson auf den relativ geraden Rücken; zu einer Rollbewegung kommt es jedoch nicht. Ob eine Aufrichtung möglich ist, hängt allerdings auch von der Kraft der Bauchmuskulatur und dem eingesetzten Schwung ab.
- Ist nur im Bereich der Lendenwirbelsäule eine Einschränkung der Beweglichkeit vorhanden, wie es für einen „Hohlrücken" typisch wäre, ist die Ausführung der Rückenschaukel in der Regel möglich, aber es kommt zu einer charakteristischen zweiphasigen Bewegung: Die Testperson fällt auf den unbeweglichen Bereich von Becken plus Lendenwirbelsäule zurück und rollt dann erst flüssig über Brust- und Halswirbelsäule ab. Diese Zweiphasigkeit, die ebenso beim Aufrollen zu beobachten ist, ist deutlich zu sehen und auch zu hören, wenn die Rückenschaukel auf dem Boden oder einer festen Matte durchgeführt wird.

Die Flexibilität wird wesentlich von den Strukturen eines Gelenkes mitbestimmt, hängt aber auch von der Dehnfähigkeit der umgebenden Muskulatur ab. Bei Aufgaben zur Prüfung der Flexibilität, die aktiv unter Einsatz von Muskelkraft durchgeführt werden, ist nicht genau zu bestimmen, ob vorhandene Einschränkungen durch Strukturen des passiven Bewegungsapparates bedingt oder auf mangelhafte Dehnfähigkeit der Muskulatur zurückzuführen sind. Dennoch werden diese Aufgaben in der Regel zur Beurteilung der Dehnfähigkeit eingesetzt. So wird die beschriebene Zweiphasigkeit der Rollbewegung bei der Rückenschaukel als Einschränkung der Dehnfähigkeit der Rückenstrecker im Lendenwirbelbereich interpretiert; die Unfähigkeit, den Rücken insgesamt deutlich zu runden und abzurollen, weist auf einen Mangel an Dehnfähigkeit der gesamten Rückenstreckmuskulatur hin. Strukturelle Veränderungen im Bereich des passiven Bewegungsapparates sind jedoch nicht auszuschließen.

Dehnfähigkeit der zur Verspannung / Verkürzung tendierenden Muskelgruppen

Bei einer Überprüfung der Dehnfähigkeit ist vor allem darauf zu achten, dass nach sorgfältiger Aufwärmung in Hauptverlaufsrichtung des getesteten Muskels gedehnt und kein Ausweichen zugelassen wird. Besonderes Augenmerk ist bei mehrgelenkigen Muskeln darauf zu richten, dass der Dehnreiz so eingesetzt wird, dass alle von dem gesteteten Muskel überzogenen Gelenke korrekt einbezogen werden.

- Eine Beurteilung der *Streckfähigkeit im Schultergelenk* ist erforderlich, wenn als äußeres Erscheinungsbild ein „Rundrücken" festgestellt wird. Typisch für den Rundrücken als Haltungsschwäche könnte eine hauptsächlich durch ungenügende *Dehnfähigkeit des großen Brustmuskels* eingeschränkte Beweglichkeit im Schultergürtel sein. Als Testaufgabe eignet sich die schon oben beschriebene *„Rutschhalte"*. Bei der Ausführung ist darauf zu achten, dass die Arme etwas mehr als schulterbreit auseinander gehalten werden (Hauptverlaufsrichtung des Muskels). Die Dehnfähigkeit gilt als ausreichend, wenn im Schultergelenk eine vollständige Streckung (mindestens 180°) erreicht wird; bleibt eine Beugung (<180°) bestehen, ist dieses als auffällig zu vermerken.

In *Abwandlung der klassischen Muskelfunktionsdiagnostik* (Janda 2000) ist die Information über die Streckfähigkeit im Schultergelenk auch einfacher als in der Rutschhalte zu erhalten: Die Testperson befindet sich in der *Rückenlage* und wird aufgefordert, die Arme locker gestreckt hinter dem Kopf auf dem Boden abzulegen; dabei sind die Ellenbogengelenke leicht gebeugt, die Oberarme befinden sich in einer diagonalen Position, die der Hauptverlaufsrichtung des großen Brustmuskels entspricht. Wieder wird beobachtet, ob die Schultergelenke gestreckt sind. Beide Seiten sind gesondert zu betrachten; Seitenunterschiede kommen relativ häufig vor. Bleibt eine Beugung bestehen, fällt insbesondere auf, dass die Arme nicht komplett dem Boden aufliegen, sondern im Ellenbogenbereich der Bodenkontakt fehlt. Dabei muss darauf geachtet werden, ob sich während der Bewegung der Arme die Lendenlordose vergrößert, eine Einschränkung im Bereich der Schultergelenke also durch die Bewegung in der Wirbelsäule (Hyperlordose) kompensiert wird.

- Eine Prüfung der *Streckfähigkeit der Hüftgelenke* ist erforderlich, wenn es darum geht, funktionelle Einschränkungen bei der Haltungsschwäche „Hohlrücken" zu erkennen. Die Beurteilung der *Dehnfähigkeit des Lendendarmbeinmuskels* als wichtigstem Hüftbeuger erweist sich als besonders schwierig, da dieser Muskel nicht nur das Hüftgelenk beugt, sondern auch die Wirbelsäule im Sinne einer Vertiefung der Lordose im Bereich der Lendenwirbelsäule und das Becken im Sinne einer Verstärkung der Beckenkippung bewegt (vgl. Kap. 2.4). Bei der Prüfung der Dehnfähigkeit dieses Muskels müssen also Mitbewegungen von Wirbelsäule und Becken möglichst vermieden, zumindest aber beachtet werden.

Für eine *grobe Orientierung* eignet sich die Aufgabe, aus der *Bauchlage die Füße zu fassen und nach oben zu ziehen*, so dass sich die Knie vom Boden lösen. Die Stirn sollte am Boden gehalten, der Kopf nicht in den Nacken genommen werden, um die Lordose nicht zu verstärken; vollständig zu vermeiden ist eine Hyperlordose dabei allerdings nicht. Beurteilt wird der Gesamteindruck, das heißt mit welcher Leichtigkeit wie hoch die Knie vom Boden abgehoben werden können und in welchem Maße im Vergleich dazu die Lordose verstärkt wird. Zu beachten ist wiederum ein mögliches Abweichen von der Hauptverlaufsrichtung des Muskels, indem die Beine weit gegrätscht werden; die Beine sollten möglichst parallel gehalten werden. Als Anzeichen einer eingeschränkten Dehnfähigkeit der Hüftbeugemuskulatur gilt es, wenn bei dieser Aufgabe die Hüftgelenke gebeugt bleiben oder verstärkt gebeugt werden.

Die Aufgabe kann modifiziert werden mit der Anweisung, die Füße auf das Gesäß zu drücken; dabei wird primär die *Dehnfähigkeit der vorderen Oberschenkelmuskulatur* geprüft, auch die des geraden Schenkelmuskels, als dessen Funktion neben der Streckung im Kniegelenk die Beugung im Hüftgelenk hervorzuheben ist.

Ist eine Beurteilung der Streckfähigkeit im Hüftgelenk durch die Beobachtung nicht sicher möglich oder scheinen die Kinder die – nicht kindgemäße – Aufgabe nicht zu verstehen, kann im Einzelfall ergänzend eine taktile Prüfung vorgenommen werden: Ein Kind nimmt die Bauchlage ein. Der Lehrer fixiert mit einer Hand das Becken und hebt mit der anderen Hand den Oberschenkel des Kindes an; dabei ist deutlich zu spüren, in welchem Maße die Bewegung im Hüftgelenk möglich ist. Generell ist bei dieser Aufgabe zu beachten, dass anatomisch bedingt nur eine Streckung im Hüftgelenk (Retroversion) von etwa 10° bis 15° möglich ist. Zu berücksichtigen ist auch, dass diese Prüfung nur möglich bzw. aussagekräftig ist, wenn das Kind sich dabei entspannt.

Sicherer gelingt die Beurteilung der Dehnfähigkeit im Bereich der Hüftbeuger durch die *klassische Aufgabe der Muskelfunktionsdiagnostik* (Janda 2000), die allerdings mit etwas größerem Aufwand verbunden ist. Die Testperson begibt sich in die *Rückenlage auf einem etwa hüfthohen Kasten* und zieht beide Beine fest an den Rumpf heran. Sie wird jetzt vorsichtig so weit zum Rand des Kastens gezogen, dass gerade noch das Steißbein aufliegt, die Hüftgelenke aber keine Unterstützung durch den Kasten haben. Nun wird ein Bein gestreckt und dann passiv hängen gelassen. Das andere Bein wird nach wie vor mit beiden

Händen an den Rumpf gezogen und festgehalten, so dass durch die Beugung im Hüftgelenk die Lordose der Lendenwirbelsäule abgeflacht wird und der Rücken komplett auf dem Kasten aufliegt; diese Position muss immer wieder kontrolliert, wenn nötig korrigiert werden, um ein Ausweichen in die Lordose zu vermeiden. Das herabhängende Bein muss entspannt sein; dieses ist taktil leicht zu überprüfen. Das Bein sollte etwa in Verlängerung der Körperlängsachse herabhängen, nicht nach außen ausweichen.

Zu beobachten ist, ob als Zeichen einer normalen Streckfähigkeit im Hüftgelenk bzw. normaler Dehnfähigkeit der Hüftbeuger der Oberschenkel sich mindestens in einer waagerechten Position oder etwas unterhalb der Waagerechten befindet und der Unterschenkel senkrecht herabhängt. Bleibt das Hüftgelenk trotz des Gewichtes des herabhängenden Beines gebeugt – gut sichtbar daran, dass der Oberschenkel die Waagerechte nicht erreicht, das Kniegelenk sich also oberhalb des Hüftgelenkes befindet –, muss die Dehnfähigkeit der Hüftbeuger, hauptsächlich des Lendendarmbeinmuskels, als gering eingeschätzt werden. Hängt der Unterschenkel nicht senkrecht herunter sondern schräg nach vorn, spricht dieses für eine eingeschränkte Dehnfähigkeit des *geraden Schenkelmuskels*. Die Möglichkeiten weiterer Beobachtung und Interpretation sollen hier unberücksichtigt bleiben (vgl. Janda 2000).

Beide Seiten sind zu prüfen; Unterschiede in der Funktionsfähigkeit der Muskulatur beider Seiten sind nicht selten. Wird der Test beendet, ist darauf zu achten, dass das Kind wieder beide Beine an den Körper heranzieht und auf dem Kasten zum Sitz kommen kann, bevor es absteigt; wenn es direkt absteigen will, rutscht es in der Regel über eine Hyperlordosierung vom Kasten ab, die vermieden werden sollte.

Unter Ausnutzung des Vorteils dieser Prüfaufgabe, nämlich durch die starke Beugung eines Beines ein Ausweichen in die Hyperlordose zu vermeiden, kann bei geringerem organisatorischem Aufwand eine vereinfachte, weniger aufwändige, aber auch in ihrer Aussage reduzierte Form angeboten werden: *Auf dem Boden wird in der Rückenlage ein Bein gebeugt und mit den Armen fest an den Rumpf herangezogen. Das andere Bein soll locker gestreckt liegen bleiben.* Bei normaler Dehnfähigkeit der Hüftbeuger sollte dieses Bein komplett dem Boden aufliegen; durch das Gewicht des Beines erfolgt eine Streckung im Hüftgelenk. Bei eingeschränkter Dehnfähigkeit der Hüftbeuger kommt es dagegen zu einer Beugestellung im Hüftgelenk; damit das Bein auf dem Boden aufliegen kann, wird das Knie gebeugt.

Wird bei eingeschränkter Dehnfähigkeit der Hüftbeugemuskulatur der Grad der Beugung des an den Rumpf herangezogenen Beines variiert, kann diese Einschränkung eindrucksvoll verdeutlicht werden: Wird die Beugung verringert und damit eine Bewegung des Beckens in Richtung verstärkter Kippung ermöglicht; bewegt sich das gestreckte Bein in Richtung Boden. Wird das gebeugte Bein stärker angezogen (= Aufrichtung des Beckens), hebt sich das gestreckte Bein deutlich vom Boden ab.

Kraft der zur Abschwächung tendierenden Muskelgruppen

Für die Beurteilung der Kraft der haltungssichernden Muskulatur des Rumpfes könnten im Rahmen einer differenzierten Funktionsprüfung wiederum Aufgaben aus der Muskelfunktionsdiagnostik (Janda 2000; Peterson Kendall, Kendall Mc-Creary & Geise Provance 1998) herangezogen werden. Als Orientierung für die Praxis des Sportförderunterrichtes wird darauf jedoch verzichtet; statt dessen wird gefordert, dass die Muskelkraft ausreichen sollte, *das eigene Körpergewicht entgegen der Schwerkraft zu heben und zu halten*. Dieser Anspruch wird bei vielen Aufgaben des Gerätturnens gestellt, so dass im Rahmen der Haltungsbeurteilung einfache, koordinativ nur gering beanspruchende Aufgaben aus dem Bereich des Turnens zur Anwendung kommen können:

– Der *Felgabzug* an der etwa brusthohen Reckstange, die auch von Kinder gut zu umfassen ist, beginnt mit dem
  • Stütz, bei dem insgesamt das Maß der *Körperspannung*, insbesondere die Spannung der Gesäßmuskulatur zu beachten ist; die *Haltung im Bereich des Kopfes und des Schultergürtels* gibt auch Hinweise auf die Muskelkraft, insbesondere aber auf die Körperwahrnehmung, das „Gefühl" für die aufrechte Haltung.
  • Die Einleitung des Felgabzuges beinhaltet als *koordinative Beanspruchung* den Wechsel von der Streckung im Stütz zur Beugung, zur Rundung der Wirbelsäule; bei sorgfältiger Beobachtung ist auch hier eine Einschätzung der *Beweglichkeit der Wirbelsäule* möglich.
  • Am Ende dieser Bewegung sollen die Kinder sich „wie ein Päckchen" (Hockhang gebeugt) halten und noch einen Moment „über die Stange schauen"; dabei wird *Haltekraft insbesondere im Bereich der Arm- und Schultergürtelmuskulatur*, aber auch der Bauch- und Hüftbeugemuskulatur erforderlich.
  • Erst jetzt sollen langsam die Beine gesenkt und die Füße leise auf dem Boden aufgesetzt werden; hier wird insbesondere die *Kraft der Bauch- und Hüftbeugemuskulatur* beansprucht.
  Kinder, die diese Aufgabe nicht in der beschriebenen Form ausführen können, sondern sich lediglich um die Stange herum fallen lassen und laut mit den Füßen auf dem Boden aufschlagen, haben mit Sicherheit keine ausreichende Kraft im Bereich der Rumpfmuskulatur. Voraussetzung für diese Interpretation ist allerdings, dass sie die Aufgabe mehrmals üben dürfen und dabei jeweils Hilfen und Hinweise auf die korrekte Ausführung bekommen.

– Der Anspruch, das eigene Körpergewicht entgegen der Schwerkraft halten zu können, wird noch deutlicher beim *Hängen an den Ringen oder an zwei Tauen*. Kinder sollten es schaffen, von einer Bank in den *Beugehang gehockt* zu springen, „klein wie ein Päckchen" zweimal vor und zurück zu schaukeln und wieder auf der Bank zu landen. Dabei wird *vorrangig die Haltekraft der Arm- und Schultergürtelmuskulatur*, aber auch der Bauchmuskulatur und der Hüftbeuger beansprucht.
  Kann der Beugehang gehockt nicht eingenommen oder während des Schaukelns nicht gehalten werden, kann dieses als Anzeichen unzureichender Halte-

kraft gewertet werden. Dabei ist besonders darauf zu achten, dass die Beine eng an den Rumpf herangezogen werden; den Kindern wird diese Anforderung verdeutlicht, wenn sie zwischen Oberschenkeln und Rumpf einen Softball festhalten müssen. Werden die Oberschenkel nicht über die Waagerechte angehoben oder im Verlauf der Aufgabe unter die Waagerechte abgesenkt, wird nicht oder nicht mehr die Bauchmuskulatur beansprucht; die alleinige Beanspruchung der Hüftbeugemuskulatur führt aber in aller Regel zu einer *Hyperlordose der Lendenwirbelsäule*, die unbedingt zu vermeiden ist. Eine Differenzierung im Hinblick auf die Kraft der Schultergürtelmuskulatur wird möglich, wenn die Arme im Beugehang nicht vor dem Körper (geringere Beanspruchung), sondern seitlich neben dem Körper (höhere Beanspruchung) gehalten werden können.

– Zeigt sich im Beugehang eine ausreichende Kraft der Schultergürtelmuskulatur, können beim *Schaukeln im Langhang* verstärkt Aspekte der *Haltungskoordination* beobachtet werden: Die Kinder werden aufgefordert, während des Schaukelns aktiv zu hängen, also bewusst die Schultern herunter-, die Schulterblätter an die Wirbelsäule heranzuziehen, so dass der Schultergürtel und der Kopf frei und aufrecht gehalten werden. Im Gegensatz dazu scheinen bei einem passiven Hängen die Schultern hochgezogen, der Kopf zwischen den Armen „eingeklemmt" zu sein. Neben dem Gefühl für die Haltung von Schultergürtel und Kopf ist beim Schaukeln im Langhang auch ein guter Körperzusammenschluss, also das Bewusstsein angemessener Körperspannung erforderlich.

– Zusätzlich zu der komplexen Beurteilung der Kraft der Rumpfmuskulatur kann der Einbeinstand Aufschluss über die *Kraft und die Koordination der Gesäßmuskulatur*, speziell des *mittleren und des kleinen Gesäßmuskels* geben, die als Abduktoren auf das Hüftgelenk wirken und das Becken in der Frontalebene ausbalancieren. Sind die sogenannten kleinen Glutaen voll funktionstüchtig, bleibt das Becken in der Waagerechten, auch wenn die Versuchsperson in den Einbeinstand geht. Dagegen muss als auffällig registriert werden, wenn das Becken beim Einbeinstand eine Asymmetrie in frontaler Ebene zeigt: In dem Moment, in dem das Spielbein zum Einbeinstand angehoben wird, das Bein also als „Stütze" entfällt, sinkt das Becken zu dieser Seite ab, wenn die Kraft der kleinen Glutaen auf der Gegenseite eingeschränkt und / oder die reflektorische Haltungskoordination beeinträchtigt ist.

Als „*Trendelenburg-Zeichen*" gilt diese Erscheinung – Absinken des Beckens auf der Gegenseite beim Einbeinstand auf dem erkrankten Bein, waagerechte Position des Beckens beim Einbeinstand auf dem gesunden Bein – als typisches Anzeichen einer angeborenen Hüftgelenksluxation, aber auch bei anderen Erkrankungen im Bereich des Hüftgelenkes.

Zur Beurteilung der koordinativen Komponente der Rumpfhaltung

– Für die Beurteilung der koordinativen Komponente der Haltung – *der Körperwahrnehmung und der Haltungskoordination sowie des Bewusstseins und des Wissens um das Phänomen Haltung* – hat sich der *Armvorhalte-Test* bewährt

(Matthiaß 1966 b; vgl. Groeneveld 1976): Die Probanden werden aufgefordert, sich aufrecht hinzustellen, die Arme in die Vorhalte zu nehmen und diese Position 30 Sekunden lang unverändert beizubehalten (Abb. 4-28):
- Ein Proband gilt als *haltungsgesund* bzw. normal haltungsleistungsfähig, wenn er diesen Anforderungen entspricht.
- Er wird als *haltungsschwach* bezeichnet, wenn die Arme, die hier wie ein langer Hebel wirken und eine erhebliche Belastung insbesondere für die Rücken- und Schultergürtelmuskulatur darstellen, nicht ohne Veränderung der Rumpfhaltung in der Vorhalte getragen werden können. Als Anzeichen einer Haltungsschwäche wird die sogenannte *kompensatorische Rückneigung* eingenommen, das heißt der Beckengürtel wird vorgeschoben, der Schultergürtel bzw. der Rumpf als Ganzes nach hinten verlagert.
- Wird diese kompensatorische Rückneigung frühzeitig – schon mit dem Anheben der Arme oder im Verlauf der ersten 10 Sekunden – eingenommen, spricht Matthiaß von *Haltungsverfall*, also einer hochgradigen Haltungsschwäche.

Eine Erweiterung und Differenzierung des Armvorhalte-Tests lässt bei sorgfältiger Beobachtung ergänzende Aussagen, auch im Hinblick auf notwendige Fördermaßnahmen, zu:

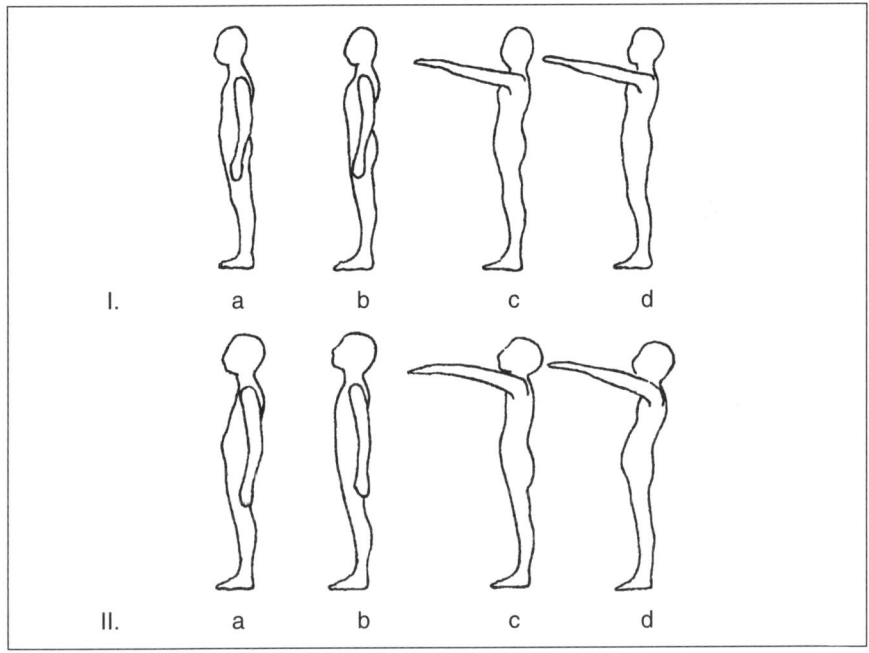

Abb. 4-28: Armvorhalte-Test bei einem haltungsgesunden (I) und einem haltungsschwachen (II) Probanden. a) habituelle Haltung; b) aufgerichtete-Haltung; c) Beginn der Armvorhalte; d) Armvorhalte nach 30 Sekunden (nach: Matthiaß 1966b)

- Vor Beginn des eigentlichen Armvorhalte-Tests sollte beobachtet werden, wie ein Proband auf die Aufforderung, die aufrechte Haltung einzunehmen – „sich groß zu machen" o.ä. – reagiert. Lässt sich kein Wechsel von der habituellen Haltung zur aufrechten Haltung erkennen, kann dieses ebenso als ein *Mangel an Körperwahrnehmung* interpretiert werden wie die Einnahme einer übertrieben angespannten, verspannten Haltung, bei der beispielsweise die Schultern hochgezogen, der Kopf in den Nakken genommen und die Atmung angehalten werden. Beides muss sorgfältig korrigiert werden, bevor mit der Armvorhalte der eigentliche Test begonnen werden kann.

- Am Ende der 30 Sekunden Testzeit sollte dem Probanden erläutert werden, welche Wertung vorgenommen wird; es wird ihm also die unerwünschte kompensatorische Rückneigung bewusst gemacht. Daraufhin sollte der Test ein zweites Mal durchgeführt werden. Bei denjenigen Testpersonen, bei denen im ersten Durchgang eine Haltungsschwäche diagnostiziert wurde, die jetzt aber die Armvorhalte ohne eine kompensatorische Rückneigung durchführen können, ist davon auszugehen, dass die Kraft der Rumpfmuskulatur für die Sicherung der Armvorhalte ausreicht, aber die *Haltungskoordination*, auch mit ihren kognitiven Anteilen, gering ausgeprägt ist.

Die Anfertigung von Photographien – zur besseren Orientierung möglichst vor einer Rasterwand – jeweils am Anfang und am Ende der Testzeit von 30 Sekunden, evtl. auch von der Ruhehaltung und der aufrechten Haltung eines Probanden erscheint zwar sehr aufwändig, kann aber als wertvolle Grundlage einer Objektivierung der Beurteilung des Armvorhalte-Tests sowie als Dokumentation der Haltungsleistungsfähigkeit vor und nach einem Förderprogramm dienen. Darüber hinaus können Photographien durchaus auch im Rahmen des Förderunterrichts als Materialien zur Bewusstmachung eingesetzt werden.

– Für eine Beurteilung der koordinativen Komponente der Körperhaltung, vor allem der Körperwahrnehmung, eignen sich auch verschiedene *Verfahren der Motodiagnostik*. So steht die Sicherung der Haltung im Mittelpunkt des Trampolin-Körperkoordinationstests (Kiphard 1970). Die Verfahren, die die verschiedenen Facetten der Körperwahrnehmung zu erfassen versuchen (vgl. Kap. 4.4.2), insbesondere die taktil-kinästhetische Wahrnehmung, aber auch die kognitive sowie die emotionale und psycho-soziale Komponente der Körperwahrnehmung, beziehen sich zwar selten direkt auf die Haltung und Haltungsleistungsfähigkeit, können aber durchaus ergänzend zur Haltungsbeurteilung herangezogen werden.

– Im Rahmen der Konzeption einer Rückenschule bzw. Sitzschule für Kinder werden spezifische Verfahren zur Evaluation der Haltungskoordination und der Körperwahrnehmung entwickelt: Neben dem Armvorhalte-Test kommen Verfahren zur *Prüfung des Kenntnisstandes* sowie zur *Beurteilung des Verhaltens* beim Sitzen, Bücken, Heben, Tragen, etc. zum Einsatz (vgl. Czolbe 1994; Kilian 1995; Nentwig & Ulrich 1990; Poschen 1997; Schmitz 1993; Schulz 1995; Stapf 1996). Stapf (1996) entwickelt und erprobt den „*Farbko-*

ordinations-Test" zur Beurteilung der Körper-Raum-Wahrnehmung; Schulz (1995) konzipiert in Anlehnung an den Mann-Zeichen-Test den *„Mann-Sitz-Test" (MST)*, um das Körperschema im Zusammenhang mit dem Kenntnisstand zum Themenkreis Sitzen zu erfassen.

- ***Beurteilung der Haltungsleistungsfähigkeit von Fuß und Bein***

Im Rahmen einer Beurteilung der Haltungsleistungsfähigkeit von Fuß und Bein kann zunächst die Beweglichkeit der Zehen (Beugung und Streckung aller Zehen, Abspreizen insbesondere der großen und der kleinen Zehe) sowie der Sprunggelenke (Plantar- und Dorsalflexion im oberen Sprunggelenk, Pronation und Supination im unteren Sprunggelenk) betrachtet werden. Exakte Messungen erscheinen hier nicht erforderlich.

- Die *Beweglichkeit der Zehengelenke* im Sinne der Zehenbeugung kann im Zusammenhang mit der Kraft der kurzen und langen Zehenbeuger, die für die muskuläre Sicherung der Gewölbekonstruktion des Fußes besondere Bedeutung haben, beurteilt werden. Sowohl mit dem rechten als auch mit dem linken Fuß wird ein *Sandsäckchen (ca. 150 g) vom Boden aufgehoben und 10 Sekunden* gehalten. Diese Aktion muss durch eine Beugung der Zehen erfolgen, nicht durch ein Einklemmen des Säckchens zwischen der ersten und der zweiten Zehe. Dabei ist ein Abstützen zur Sicherung des Gleichgewichtes erlaubt.

- Eine Beurteilung der *Dehnfähigkeit im Bereich der vorderen Streckergruppe* ist im *Fersensitz* möglich. Um den Dehnreiz korrekt – in Hauptverlaufsrichtung der Muskelgruppe – einzusetzen, sollten die Unterschenkel parallel und die Fersen annähernd zusammen gehalten werden. Als Zeichen normaler Dehnfähigkeit liegen Unterschenkel und Fußrist beider Beine / Füße dem Boden auf; bei einer Einschränkung der Dehnfähigkeit bleibt im oberen Sprunggelenk eine Beugung bestehen, erkennbar an einem freien Raum zwischen dem Gelenk und dem Boden. Allerdings ist bei eingeschränkter Dehnfähigkeit der vorderen Streckergruppe der Fersensitz meistens nur kurzfristig oder gar nicht einzunehmen, da durch den starken Dehnreiz, den das eigene Körpergewicht darstellt, die Position als unangenehm oder schmerzhaft empfunden wird.

- Für eine Beurteilung der *Dehnfähigkeit im Bereich der hinteren Beugergruppe* wird der *Sohlenhockstand* empfohlen. Kritisch anzumerken ist hier allerdings, dass mit dem Sohlenhockstand die Dehnfähigkeit des Zwillingswadenmuskels als wichtigem Bestandteil der hinteren Beugergruppe nicht ausreichend erfasst wird, da dieser Muskel nicht nur die Sprunggelenke, sondern auch das Kniegelenk überzieht und hier eine Beugung bewirkt; bei einer umfassenden Beurteilung der Dehnfähigkeit der hinteren Beugergruppe wäre im Kniegelenk eine Streckung erforderlich.

Wird der Sohlenhockstand dennoch als Prüfaufgabe gewählt, ist darauf zu achten, dass Füße und Beine parallel gehalten werden; ein Ausweichen in eine X-Beinhaltung mit einer Knicksenkfuß-Stellung sollte unbedingt vermieden werden. Wenn die Ausführung des Sohlenhockstandes nicht möglich ist, gelingt es entweder nicht, die Fußsohlen im Hockstand flach auf den Boden zu bringen, oder eine Stabilisierung der Hockstellung ist nicht möglich und die Testperson fällt nach hinten auf den Boden. Beides kann Ausdruck eingeschränkter Dehnfähigkeit sein; als Ursache sind aber auch ungünstige Hebelverhältnisse oder eine ungünstige Lage des Schwerpunktes denkbar. Der Sohlenhockstand kann somit nur als grobe Orientierung dienen.

- Aufschluss über die *Haltekraft im Bereich der Fuß- und Beinmuskulatur* gibt der *beidbeinige Hochzehenstand*. Für die Beurteilung kann zum einen die Quantität, zum anderen die Qualität der Übungsausführung herangezogen werden: Der Hochzehenstand sollte mindestens 10 Sekunden lang gehalten werden mit hoch erhobenen Fersen, die eng zusammenzuführen sind. Dabei wird die Kraft sowohl der Plantarflexoren als auch der Supinatoren erforderlich, so dass sich der Hochzehenstand auch zur Abgrenzung eines physiologischen Knicksenkfußes von dem Knicksenkfuß als Haltungsschwäche gut eignet (vgl. Kap. 3.6; Abb. 3-35). Eine leichtes Abstützen zur Gleichgewichtssicherung ist dabei erlaubt.

- Für eine Beurteilung der *dynamischen Kraft im Bereich der Fuß- und Beinmuskulatur* eignen sich Aufgaben zur *Prüfung der Sprungkraft*. Sprungkraft charakterisiert allerdings eine komplexe Beanspruchung; neben der Kraft der Fuß- und Beinmuskulatur geht es hier auch um die der Gesäßmuskulatur und der Rumpfmuskulatur, insbesondere des langen Rückenstreckers.
Sowohl der *Standweitsprung* als auch der *Standhochsprung* („Jump and Reach") sind Aufgaben, die ohne erhebliche koordinative Beanspruchung zur Beurteilung der Sprungkraft herangezogen werden können. Für beide Aufgaben liegen aus zahlreichen Untersuchungen Orientierungsdaten für alle Altersgruppen vor (vgl. Beck und Bös 1995). In Tabelle 4-7 sind die durchschnittlichen Sprungleistungen 6- bis 11-jähriger Kinder beim Standweit- und Standhochsprung zusammengestellt.

- Beim Standweit- und Standhochsprung steht die quantitative Leistung im Vordergrund. Die Bewegungsqualität – die *koordinative Komponente von Haltung und Bewegung des Fußes* – ist dabei zwar auch zu beobachten, sollte aber besser separat überprüft werden. Hierfür eignet sich beispielsweise eine Abfolge von *Federungen* am Ort oder eine *Sequenz von Schlusssprüngen* zum Beispiel auf einer Linie.
Zu bewerten ist vorrangig die *„Fußelastizität"*, die sich in einem kräftigen Abdruck des Fußes und in einer weichen Landung zeigt. Dabei ist auf eine intensive Bewegung der Zehen- und Sprunggelenke zu achten: Beim Absprung sollte der letzte Abdruck von den Zehen, insbesondere von der großen Zehe, kommen. Bei der Landung nehmen diese als erste wieder Kontakt zum Boden auf; der Fuß wird komplett abgerollt. Bei einem Bewegungsablauf wie den fortlaufenden Schlusssprüngen oder Federungen kommt es allerdings nur zu einem flüchtigen Bodenkontakt der Ferse. Neben dem Abrollvorgang im Bereich des Fußes ist eine Beugung im Knie- und Hüftgelenk erforderlich, um die Elastizität der Landung zu gewährleisten. Diese stellt für

Alter (Jahre)	Standweitsprung (Sprungweite)	Standhochsprung (Distanz zwischen Reichhöhe und Sprunghöhe)
6 J. - Jungen	99 – 116 cm	---
- Mädchen	99 – 108 cm	---
7 J. - Jungen	105 – 123 cm	18 – 24 cm
- Mädchen	101 – 117 cm	18 – 22 cm
8 J. - Jungen	115 – 134 cm	21 – 25 cm
- Mädchen	110 – 128 cm	21 – 24 cm
9 J. - Jungen	123 – 142 cm	23 – 26 cm
- Mädchen	111 – 144 cm	23 – 26 cm
10 J. - Jungen	139 – 157 cm	26 – 29 cm
- Mädchen	135 – 152 cm	25 – 30 cm
11 J. - Jungen	150 – 167 cm	28 – 32 cm
- Mädchen	145 – 160 cm	27 – 32 cm

Tab. 4-7: Durchschnittliche Leistung 6- bis 11-jähriger Jungen und Mädchen beim Standweitsprung und Standhochsprung (Beck / Bös 1995)

die Haltungssicherung wie auch für den Bewegungsfluss eine wichtige Voraussetzung dar und trägt dazu bei, dass Belastungen gelenkschonend erfolgen.
Außer auf *Abdruck und Landung* sollte auf eine *achsengerechte Einstellung von Fuß und Bein* geachtet werden, um eine physiologisch ungünstige asymmetrische Gelenkbelastung zu vermeiden.

- Zusätzlich kann zur Überprüfung der *Körperwahrnehmung im Bereich der Füße* wie auch der *Haltungskoordination allgemein* der *Fuß-vor-Fuß-Gang (Seiltänzergang)* Anwendung finden. Hier kommt es darauf an, ohne optische Kontrolle die Füße so zu setzen, dass exakt ein Fuß vor den anderen platziert wird. Der Fuß-vor-Fuß-Gang wird in der Regel vorwärts durchgeführt, kann aber auch rückwärts erfolgen. Dabei sollten die Füße weder auswärts noch einwärts gedreht werden; beides könnte für einen Mangel an taktil-kinästhetischer Wahrnehmung im Bereich der Füße sprechen, aber auch Ausdruck erheblicher Gleichgewichtsunsicherheit sein.

- *Trittspur- und Gangspurverfahren* ermöglichen die Aufzeichnung des Fußabdruckes im Stand bzw. im Gang. Sie sind geeignet zur Dokumentation der Fußform; eine Aussage über die Leistungsfähigkeit lässt sich von den Fußabdrücken jedoch nicht ableiten (vgl. Abb. 4-29; vgl. Abb. 3-33). Sie sind im

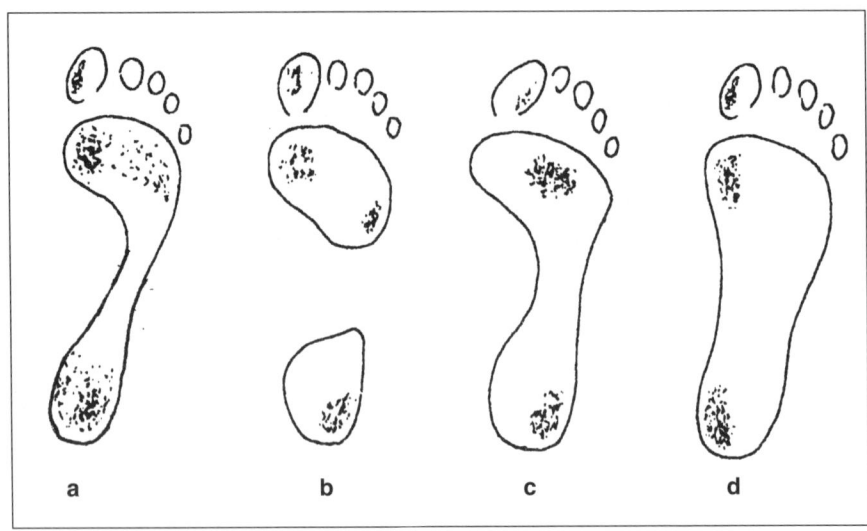

Abb. 4-29: Dokumentation der Fußform – a) Abdruck eines normalen Fußes; b) Hohlfuß; c) Spreizfuß mit Hallux valgus; d) Knick-Senkfuß

Unterricht nur mit einem relativ hohen zeitlichen und materiellen Aufwand herzustellen, wenn die Fußsohlen mit Fingerfarbe, evtl. auch mit Creme eingerieben werden, um anschließend im Stand oder Gang auf Papier (Tapetenbahnen) die Abdrücke zu erstellen.
Der hohe Aufwand erscheint dennoch gerechtfertigt, da eine solche Aktion einen wertvollen Beitrag zur Förderung taktil-kinästhetischer Wahrnehmung im Bereich der Füße leistet. Darüber hinaus kann über die Bewusstmachung das – oft gering ausgeprägte – Interesse und die Akzeptanz der eigenen Füße gesteigert werden. Möglichst fächerübergreifend sind die Fußabdrücke außerdem zur Vermittlung spezifischer kognitiver Inhalte zu nutzen.

4.4.5 Verfahren zur Beurteilung der Ausdauerleistungsfähigkeit

Auf die Problematik der Festlegung einer Norm und damit auch der Abgrenzung normaler von auffälliger Ausdauerleistungsfähigkeit wurde verschiedentlich hingewiesen (vgl. Kap. 1.4.2; Kap. 4.1).

Ergometrische Verfahren

Zuverlässige Aussagen zur Ausdauerleistungsfähigkeit liefern spiroergometrische und ergometrische Untersuchungsverfahren, bei denen Fahrrad- oder Laufbandbelastungen eingesetzt werden. Diese Verfahren sind jedoch oft sehr aufwändig und nur in entsprechend ausgestatteten Labors durchzuführen.

Als vereinfachte Funktionsprüfungen werden eine Vielzahl verschiedener Stufentests vorgeschlagen, die teilweise auch für Kinder modifiziert sind; die Aussagekraft der Stufentests wird jedoch vielfach bezweifelt bzw. als eher gering eingeschätzt (vgl. Bar-Or 1986; Hollmann & Hettinger 2000; Rost & Hollmann 1982; Scholtzmethner 1976; Valentin & Holzhauser 1976).

Die *Fahrradergometrie* hat sich dagegen als recht ökonomische Verfahrensweise durchgesetzt. Ein Fahrradergometer ist transportabel und kann auch in Schulen Einsatz finden; dabei ist vor allem darauf zu achten, dass das Fahrrad der Körpergröße von Kindern angepasst werden kann. Die Fahrradergometrie hat den Vorteil, dass die *Belastung exakt dosierbar und reproduzierbar* ist. Das eigene Körpergewicht des Probanden ist weitgehend ausgeschaltet, da die Arbeit im Sitzen verrichtet wird. Eine „Belastungsstufe 0" wäre auf dem Laufband oder bei einem Stufentest nicht möglich, da das individuell unterschiedliche Körpergewicht eine nicht auszuschließende Größe darstellt; dieses ist besonders bei übergewichtigen Personen zu beachten.

Nachteilig kann sich allerdings eine *frühzeitige lokale Ermüdung der Beinmuskulatur*, speziell des vierköpfigen Oberschenkelmuskels (M. quadriceps femoris) als Kniegelenksstrecker auswirken; bei Probanden, die nicht im Radfahren geübt sind, besonders auch bei jüngeren Kindern, bei denen die Muskulatur noch gering entwickelt ist (vgl. Bar-Or 1986; Rowland 1993), wird die muskuläre Ermüdung zum leistungsbegrenzenden Faktor und führt zum Arbeitsabbruch, ohne dass die Herz-Kreislauf-Atmungsleistungsfähigkeit vollständig erfasst werden kann.

– Aus der Fülle bekannter ergometrischer Verfahren soll hier nur die Methode skizziert werden, die speziell *für eine Abgrenzung normaler Ausdauerleistungsfähigkeit von der Ausdauerschwäche im Schulalter empfohlen* wird. Als einfach durchzuführendes Verfahren schlagen Liesen und Hollmann (1977; vgl. Rost & Hollmann 1982) ein Belastungsschema von 0,5 Watt / kg Körpergewicht mit einer Belastungszeit von jeweils 2 min auf dem Fahrradergometer vor. Während der letzten 15 Sekunden jeder Belastungsstufe wird der Puls gemessen und registriert. Die Belastung wird so lange gesteigert, bis eine Pulsfrequenz von 190 / min erreicht wird; diese gilt als Kriterium für den Grenzbereich der Leistungsfähigkeit des Herz-Kreislauf-Atmungs-Systems bei Kindern.

Für die Beurteilung genügt die Regel, dass ein normal leistungsfähiges Kind eine Leistung von *mindestens 3 Watt / kg Körpergewicht* erbringt. Sinkt die Leistung unter 2,5 Watt / kg Körpergewicht, „so liegt mit Sicherheit eine verminderte Leistungsfähigkeit vor" (Liesen & Hollmann 1972, 47).

Sportpraktische Verfahren

Neben den aufwändigen spiroergometrischen und ergometrischen Methoden sowie den Stufentests lassen aber auch sportpraxisbezogene Beurteilungsverfahren – wenn auch mit großen Einschränkungen – Aussagen über die Leistungsfähigkeit des Herz-Kreislauf-Atmungs-Systems zu. Diese finden eher im Sportunterricht Anwendung, da sie ohne großen apparativen Aufwand auskommen.

- Bekanntestes Beispiel solcher praxisbezogenen Verfahren ist der *Cooper-Test* (Cooper 1970). Der Cooper-Test besteht aus einem Dauerlauf über 12 Minuten; die in der gegebenen Zeit zurückgelegte Strecke wird gemessen. Cooper hat anhand von umfangreichen Untersuchungen die jeweils erreichte Laufstrecke und die Sauerstoffaufnahme registriert und interpretiert. Als Ergebnis seiner Arbeit kann die innerhalb der 12 Minuten zurückgelegte Entfernung einer Leistungskategorie und damit dem aktuellen Grad der Fitness, der Leistungsfähigkeit des Herz-Kreislauf-Atmungs-Systems, zugeordnet werden (Tab. 4-8a).

Der Cooper-Test wurde zunächst für junge Männer entwickelt; nachfolgend konnten Empfehlungen für die Beurteilung der Leistung von Männern und Frauen verschiedenen Alters sowie von Kindern und Jugendlichen vorgelegt werden (vgl. Beck & Bös 1995; Cooper & Cooper 1975; Kreiß 1984; Spring 1980). Als ge-

Leistungsgruppe	Zurückgelegte Entfernung	Sauerstoffverbrauch (ml / kg Kg / min)
I = sehr gut	mehr als 2,8 km	52,1 oder mehr
II = gut	2,4 km - 2,8 km	42,1 - 52
III = mäßig	2 km - 2,4 km	34,1 - 42
IV = schlecht	1,61 km - 2 km	28,1 - 34
V = sehr schlecht	weniger als 1,61 km	28 oder weniger

Tab. 4-8a: *Kategorisierung der Leistung bei einem 12-Minuten-Lauf für Männer (nach: Cooper 1979)*

Leistungs-bewertung	7 Jahre	8 Jahre	9 Jahre	10 Jahre	11 Jahre	12 Jahre	13 Jahre	14 Jahre	15 Jahre	16 Jahre
ausgezeichnet										
Jungen	2.600 m	2.650 m	2.700 m	2.750 m	2.800 m	2.850 m	2.900 m	2.950 m	3.000 m	3.050 m
Mädchen	2.400 m	2.450 m	2.500 m	2.550 m	2.600 m	2.650 m	2.700 m	2.700 m	2.700 m	2.750 m
sehr gut										
Jungen	2.400 m	2.450 m	2.500 m	2.550 m	2.600 m	2.650 m	2.700 m	2.750 m	2.800 m	2.850 m
Mädchen	2.200 m	2.250 m	2.300 m	2.350 m	2.400 m	2.450 m	2.500 m	2.500 m	2.500 m	2.550 m
gut										
Jungen	2.000 m	2.050 m	2.100 m	2.150 m	2.200 m	2.250 m	2.300 m	2.350 m	2.400 m	2.450 m
Mädchen	1.800 m	1.850 m	1.900 m	1.950 m	2.000 m	2.050 m	2.100 m	2.100 m	2.100 m	2.150 m
befriedigend										
Jungen	1.600 m	1.650 m	1.700 m	1.750 m	1.800 m	1.850 m	1.900 m	1.950 m	2.000 m	2.050 m
Mädchen	1.400 m	1.450 m	1.500 m	1.550 m	1.600 m	1.650 m	1.700 m	1.700 m	1.700 m	1.750 m
ausreichend										
Jungen	1.300 m	1.350 m	1.400 m	1.450 m	1.500 m	1.550 m	1.600 m	1.650 m	1.700 m	1.750 m
Mädchen	1.100 m	1.150 m	1.200 m	1.250 m	1.300 m	1.350 m	1.400 m	1.400 m	1.400 m	1.450 m
mangelhaft										
Jungen	1.000 m	1.050 m	1.100 m	1.150 m	1.200 m	1.250 m	1.300 m	1.350 m	1.400 m	1.450 m
Mädchen	800 m	850 m	900 m	950 m	1.000 m	1.050 m	1.100 m	1.100 m	1.100 m	1.150 m

Tab. 4-8b: *Orientierungswerte zur Leistungsbeurteilung bei einem 12-Minuten-Lauf (Cooper-Test) für Kinder und Jugendliche (mod. nach: Kreiß 1984, Schneider 2002, Zintl 1988)*

schlechtsdifferente Bewertung für Kinder und Jugendliche wurde zunächst vorgeschlagen, für Mädchen jeweils 200 m weniger als für Jungen für eine gleiche Beurteilung vorzusehen (vgl. Kreiß 1984; Zintl 1988). Da die Leistungsentwicklung von Jungen und Mädchen spätestens ab 14 Jahren aber nicht mehr parallel verläuft (vgl. Kap. 3.5), erscheint diese Vorgehensweise nicht überzeugend; hier müssten eigene Normwerte erarbeitet werden (vgl. Schneider 2002). Tabelle 4-8b zeigt Orientierungswerte für die Beurteilung des 12-Minuten-Laufes bei Kindern und Jugendlichen.

– In Anlehnung an Cooper erarbeiteten Dordel und Bernoteit (1981) einen modifizierten Cooper-Test für Kinder im Grundschulalter. Als Faustregel gilt, dass Kinder im Grundschulalter so lange zu laufen imstande sein sollten, wie es ihrem Lebensalter in Minuten entspricht, also 8-Jährige acht Minuten, 9-Jährige neun Minuten usw. Daher wird für die Gruppe der Grundschulkinder ein *8-Minuten-Lauf* vorgeschlagen. Untersuchungen in der Turnhalle, auf dem Laufband und auf dem Fahrradergometer führen zu einer Beurteilungstabelle (Tab. 4-9a), die auch für diesen Altersbereich eine Kategorisierung der Ausdauerleistungsfähigkeit zulässt. Die Kennzeichnung schwacher und extrem schwacher Ausdauerleistung erfolgt entsprechend der Aussage der Sportmedizin – weniger als 2,5 Watt / kg Körpergewicht. Kritisch anzumerken bleibt, dass die dieser Arbeit zugrunde liegende Stichprobe sehr klein ist, so dass die vorgeschlagenen Beurteilungswerte nur eine grobe Orientierung bieten können.

Tabelle 4-9b hebt die Laufstrecken hervor, deren Unterschreitung bei einem 8-Minuten-Lauf eine Ausdauerschwäche kennzeichnen würden. Da sich in der Arbeit von Bernoteit (1979) zwischen der Laufleistung der Jungen und Mädchen einerseits, der 8- und 9-Jährigen andererseits ein regelmäßiger Unterschied von jeweils 50 m zeigt, liegt eine Erweiterung der Orientierungswerte auf die Gruppe der 6- und 7-Jährigen sowie der 10- und 11-Jährigen nahe, um den gesamten Grundschulbereich zu erfassen. Für diese Werte fehlt aber eine empirische Absicherung.

– Neben dem 8-Minuten-Lauf gibt es zahlreiche weitere Lauftests für Kinder, die dem Prinzip des Cooper-Tests folgen und unterschiedliche Laufzeiten vor-

Leistungsbeurteilung	Laufleistung (m)				Leistung (W / kg KG)	O_2 – Aufnahme (ml / min / kg Kg)
	Mädchen		Jungen			
	8 Jahre	9 Jahre	8 Jahre	9 Jahre		
sehr gut	>1750	>1800	>1800	>1850	3,0	>50,0
gut	1550-1740	1600-1790	1600-1790	1650-1840	3,0	45,0 - 49,9
befriedigend	1350-1540	1400-1590	1400-1590	1450-1640	2,5	40,0 - 44,9
schwach	1150-1340	1200-1390	1200-1390	1250-1440	2,0	35,0 - 39,9
extrem schwach	<1150	<1200	<1200	<1250	2,0	<35,0

Tab. 4-9a: Richtwerte zur Beurteilung der Ausdauerleistungsfähigkeit anhand eines 8-Minuten-Laufes (nach: Dordel / Bernoteilt 1981)

Alter		Laufleistung
6 / 7 Jahre	- Jungen	< 1350 m
	- Mädchen	< 1300 m
8 Jahre	- Jungen	< 1400 m
	- Mädchen	< 1350 m
9 Jahre	- Jungen	< 1450 m
	- Mädchen	< 1400 m
10 / 11 Jahre	- Jungen	< 1500 m
	- Mädchen	< 1450 m

Tab. 4-9b: Orientierungswerte zur Beurteilung der Laufleistung von Grundschulkindern bei einem 8-Minuten-Lauf – Grenzwerte zur Erfassung der Ausdauerschwäche; nur die Werte der 8- und 9-Jährigen sind empirisch erhoben (Dordel / Bernoteit 1981)

Alter (Jahre)	durchschnittliche Leistung (m) (Beck & Bös 1995)	Leistungswerte ausdauerschwacher Kinder (m) (Fuhrmann & Schuster 1989)
6 J. - Jungen	810 - 891	< 825
- Mädchen	756 - 864	< 770
7 J. - Jungen	837 - 918	< 880
- Mädchen	756 - 864	< 825
8 J. - Jungen	918 - 999	< 935
- Mädchen	864 - 945	< 880
9 J. - Jungen	918 - 1026	< 935
- Mädchen	864 - 945	< 880
10 J. - Jungen	999 - 1107	< 990
- Mädchen	918 - 999	< 935
11 J. - Jungen	1026 - 1134	< 990
- Mädchen	945 - 1053	< 935

Tab. 4-10: Orientierungswerte zum 6-Minuten-Lauf; durchschnittliche Ausdauerleistung 6- bis 11-Jähriger und Grenzwerte zur Ausdauerschwäche

geben. Am weitesten verbreitet ist gegenwärtig der *6-Minuten-Lauf* (Tab. 4-10), der einerseits mit sechs Minuten eine ausreichende Ausdauerbeanspruchung beinhaltet, andererseits mit diesem zeitlichen Umfang für die Durchführung im Unterricht durchaus als ökonomisch gelten kann (vgl. Beck & Bös 1995; Fuhrmann & Schuster 1989).

Bei einem Vergleich der bei durchschnittlicher Ausdauerleistungsfähigkeit zu erwartenden Laufstrecken wie auch bei den Grenzwerten zur Ausdauerschwäche – umgerechnet in Meter pro Sekunde – fällt auf, dass die Werte des 8-Minuten-Laufes höher liegen als die anderer Lauftests. Zurückzuführen ist dieses auf *unterschiedliche konzeptionelle Überlegungen, die der Erstellung der Beurteilungstabellen zugrunde liegen*: eine Beurteilung entsprechend den Vorgaben der Sportmedizin beim 8-Minuten-Lauf bzw. eine Beurteilung entsprechend der statistisch ermittelten Häufigkeitsverteilung in den einzelnen Altersstufen bei den meisten anderen Lauftests, so auch beim 6-Minuten-Lauf. Die Problematik der Festlegung einer Norm wird hier wiederum deutlich.

Als *generelles Problem* einer solchen Ausdauerbelastung ist hervorzuheben, dass Kinder in der Regel zunächst nur ein *gering ausgeprägtes Zeit- und Tempogefühl* haben. Sie gehen eine Dauerbelastung häufig zu schnell an; dieses wird durch den Wettkampfcharakter des gemeinsamen Starts in einer größeren Gruppe noch zusätzlich forciert. Die Durchführung eines Lauftests bei Grundschulkindern setzt daher eine gründliche Instruktion mit ausdrücklichem Hinweis auf die Länge der Zeit und ein angemessenes Tempo voraus. Dabei ist es nicht erforderlich, dass über die gesamte Zeit ein gleichmäßiges Tempo gelaufen wird. Das Tempo kann individuell gestaltet werden; auch Gehen ist zwischendurch erlaubt. Kindern mit einem gut entwickelten Zeit- und Tempogefühl bereitet der Test in der Regel keine Schwierigkeiten.

- Eine andere in der Praxis des Sportunterrichts gebräuchliche Funktionsprüfung stellt die *Beurteilung der Erholungsfähigkeit* dar, die sich der Messung des Erholungspulses bedient. Dabei ist es sinnvoll, als Orientierung vor der Belastung zunächst den Ausgangspuls festzustellen. Sodann wird möglichst eine kurze, hohe Belastung durchgeführt zum Beispiel in Form von Pendelläufen zwischen den Grundlinien des Volleyballfeldes in der Turnhalle. Es soll möglichst maximal gelaufen werden; der Wettkampfcharakter, der sich für die Kinder schon aus dem nebeneinander Hin- und Herlaufen ergibt, stellt hierfür eine gute Motivation dar. Die Belastungszeit beträgt etwa 20 bis 30 Sekunden. Im Anschluss an die Belastung wird möglichst sofort der Puls gemessen (Belastungspuls). An die Belastungszeit schließt sich die Erholungszeit von ein bis zwei Minuten an, die durch ein möglichst ruhiges Gehen auszufüllen ist. Am Ende der Erholungszeit wird wiederum die Pulsfrequenz gemessen (Erholungspuls).

Das *Verhältnis von Belastungs- und Erholungspuls* ermöglicht eine Aussage zur Leistungsfähigkeit des Herz-Kreislauf-Atmungs-Systems: Sinkt der Puls während der Erholungszeit um 1 / 3 des Belastungspulses, ist dieses ein Kennzeichen guter Erholungsfähigkeit; Beispiel einer guten Erholungsfähigkeit wäre ein Belastungspuls von 180 / min gegenüber einem Erholungspuls von 120 / min. Eine wesentlich geringere Differenz zwischen beiden Pulswerten – eine geringe Erholungsfähigkeit – wäre Kennzeichen einer Ausdauerschwäche.

Kritisch anzumerken ist allerdings, dass Kinder das Prinzip der Pulskontrolle verstanden haben sollten und die Methode erlernen und üben müssen, bevor ihre eigene Pulsmessung als Grundlage der Bewertung dienen kann. Hinzu kommt, dass die Pulsmessung per Hand immer eine große Fehlerquelle darstellt. Insbesondere die Messung des Belastungspulses gestaltet sich oft schwierig. Außerdem ist es wichtig, ohne zeitliche Verzögerung sofort am Ende der Belastung den Belastungspuls zu messen; dieses ist aus organisatorischen Gründen in einer Gruppe kaum möglich. So ist das Ergebnis auch dieses „Tests" äußerst vorsichtig zu interpretieren und nur als grobe Orientierung zu werten.

- Die bekannteste *Prüfung der Lungenfunktion* stellt die *Messung der Vitalkapazität* dar. Mit Hilfe eines Spirometers wird das Volumen gemessen, das nach tiefster Einatmung ausgeatmet werden kann. Die Vitalkapazität steht zwar im Zusammenhang mit der Sauerstoffaufnahme und wird auch vergrößert, wenn es durch Training zu einer Erhöhung der maximalen Sauerstoffaufnahme kommt. Ihre Aussagekraft bezüglich der Leistungsfähigkeit des Herz-Kreislauf-Atmungs-Systems ist jedoch gering.

Der *Atemstoßtest (Tiffenau Test)* bestimmt die relative Sekundenkapazität oder Einsekunden-Kapazität (FEV_1 = forced expiratory volume in one second); d. h. nach maximaler Einatmung wird gemessen, welches Volumen in einer Sekunde ausgeatmet werden kann. Normalerweise beträgt diese relative Sekundenkapazität 70-80 % der Vitalkapazität eines Probanden. Geringere Werte weisen auf eine Verlegung oder Verengung der Atemwege, eine obstruktive Ventilationsstörung hin; mögliche Ursache könnte aber auch eine Schwäche der Atem- und Atemhilfsmuskulatur sein.

Neben dem Volumen-Zeit-Diagramm, das mit dem Atemstoßtest erstellt wird, kann auch ein Fluss-Volumen-Diagramm für die Beurteilung einer möglichen Verengung der Atemwege wichtig sein. Dabei wird während der gesamten Ausatmungsphase die Stärke des Atemflusses registriert.

Die *Messung der maximalen Flussgeschwindigkeit (Peak flow)* – die Erfassung des exspiratorischen Spitzenflusses am Anfang einer maximalen, explosiven Ausatmung nach vorangegangener maximaler Einatmung – ist von besonderer Bedeutung für die Einschätzung der aktuellen Belastbarkeit von Kindern mit obstruktiven Atemwegserkrankungen zum Beispiel vor oder während einer Sportstunde. Mit einem kleinen, handlichen Gerät, dem Peak-Flow-Meter, ist dieses leicht möglich. Kinder, die an Asthma bronchiale leiden, besitzen in der Regel ein Peak-Flow-Meter und haben dessen Handhabung im Rahmen einer Asthma-Schulung erlernt. Diese Geräte sind allerdings nicht geeicht; außerdem kann die Genauigkeit der Messungen durch eine Reihe von Fehlern bei der Anwendung beeinträchtigt werden. Kinder sollten regelmäßig ihren Peak Flow – immer mit dem eigenen Gerät – messen und protokollieren. Dieses Peak-Flow-Protokoll stellt für den Sportlehrer eine wichtige Orientierung für die Einschätzung individueller Werte dar; ein deutliches Unterschreiten der „normalen" Peak-Flow-Werte spricht für eine beginnende Atemnot. (vgl. Lecheler & Fischer 1990; Lecheler, Biberger & Pfannebecker 1997). Hebestreit (2002) rät zu einem Verzicht auf sportliche Belastung, wenn der Peak Flow weniger als 80 % des individuellen Mittelwertes beträgt.

- Als Verfahren zur Prüfung der Kreislaufregulation wird vorwiegend der klassische Schellong-Test eingesetzt. Im Liegen und Stehen vor und nach einer Belastung (Kniebeugen, Treppensteigen) werden Pulsfrequenz, Blutdruck und EKG gemessen. Nicht optimale Werte der Kreislaufregulation sind jedoch nicht identisch mit einer eingeschränkten Leistungsfähigkeit; der Schellong-Test ist also zur Beurteilung der Ausdauerleistungsfähigkeit nicht geeignet.

4.4.6 Beurteilung von Haltung und Bewegung im Rahmen des Sportförderunterrichts – Auswahl- und Kontrollverfahren

Die motorische Leistungsfähigkeit, der körperliche und psychomotorische Entwicklungsstand eines Kindes sowie sein soziales Verhalten, Lern- und Leistungsverhalten, aber auch die aktuelle Lebenssituation eines Kindes werden gleichermaßen in die Vorüberlegungen einbezogen, wenn es darum geht, eine Empfehlung zur Teilnahme am Sportförderunterricht auszusprechen.

Zu den Rahmenbedingungen des Auswahlverfahrens

Die Auswahl der Kinder, die am Sportförderunterricht teilnehmen sollten, trifft der Klassenlehrer, evtl. zusammen mit dem Sport(förderunterrichts)lehrer, in Absprache mit dem Schularzt und den Eltern (vgl. Kap. 1.4.1).

Erfahrenen Lehrkräften gelingt es in der Regel, schon auf der Grundlage sorgfältiger Beobachtung den Förderbedarf eines Schülers festzustellen; im Einzelfall können gezielt – auch in Kooperation mit Sonderpädagogen, Psychologen und Ärzten – diagnostische Verfahren eingesetzt werden, um einen Verdacht auf Auffälligkeiten oder Störungen in den Bereichen Haltung und Bewegung sowie Verhalten abzuklären. Die Empfehlung einer Teilnahme am Sportförderunterricht setzt auch voraus, dass die Lehrkräfte sich in dem Bereich motorischer Förderung auskennen und wissen, welche *Zielsetzungen* der Sportförderunterricht verfolgt und welche Erfolgsaussichten bestehen, aber auch welche *Grenzen* dem Sportförderunterricht als einer Maßnahme der Intervention im Rahmen schulischer Organisation gesetzt sind.

Findet der Sportförderunterricht im ersten Schuljahr statt, bieten die *Befunde der Einschulungsuntersuchung*, die der Feststellung des motorischen Entwicklungsstandes dienen, eine wichtige Orientierung. Zusätzlich können Eltern dem Lehrer wertvolle Hinweise auf besondere Verhaltensweisen, Vorlieben und Abneigungen ihres Kindes geben oder auch auf Fördermaßnahmen, die schon im Vorschulalter durchgeführt wurden oder gegenwärtig außerhalb der Schule wahrgenommen werden.

Um in möglichst kurzer Zeit möglichst umfangreich und differenziert Informationen über das motorische Verhalten eines Kindes, seinen motorischen Entwicklungs- und Leistungsstand zu erhalten, sollten in den Unterricht *Aufgaben mit hoher diagnostischer Aussagekraft* aufgenommen werden. Diese dürfen weder hinsichtlich der notwendigen Zeit noch bezüglich des erforderlichen Materials aufwändig sein. Sie müssten den Kindern gegenüber nicht unbedingt als „Tests" deklariert werden; es spricht aber auch nichts dagegen, mit der Frage „Wer kann ...?" die Kinder zu besonderer Anstrengung herauszufordern. Empfehlenswert ist es, die Beobachtungen eines jeden Kindes während dieser Prüfaufgaben zu protokollieren. Ist eine Lehrkraft allein, ist es erforderlich, die Beobachtungen nach der Unterrichtsstunde zu notieren; wahrscheinlich gehen dabei viele wichtige Beobachtungen verloren. Besser wäre es, diese Beobachtungsstunden zu zweit durchzuführen, so dass eine Person die Unterrichtsführung übernimmt, die zweite Person beobachten und protokollieren kann; im Anschluss an die Stunde sollten beide Lehrkräfte ihre Beobachtungen noch einmal austauschen und gegebenfalls ergänzen.

Abbildung 4-30 zeigt eine *Auflistung von Prüfaufgaben und deren Beurteilung*, die speziell zur Auswahl motorisch auffälliger Kinder im Grundschulalter geeignet sind. Diese Aufgaben können vom ersten Schuljahr an Einsatz finden. Bei älteren Schülern sind Erschwerungen der Aufgabenstellungen sowohl in quantitativer als auch in qualitativer Hinsicht leicht möglich; für die Aufdeckung von Auffälligkeiten genügen aber durchaus die hier beschriebenen Anforderungen, die sich im wesentlichen auf grundlegende koordinative Fähigkeiten und die Bewältigung des eigenen Körpergewichts sowie auf das Verhalten beziehen.

Einzelne Aufgaben können beliebig in den Unterricht integriert werden; es sollten aber alle Aufgaben herangezogen – und gegebenenfalls ergänzt – werden (vgl. Kap. 4.4.2 bis 4.4.5), um einen Überblick über das gesamte Spektrum motorischer Leistungsfähigkeit zu erhalten. Der gesamte Aufgabenkatalog ist – eine sorgfältige Vorbereitung vorausgesetzt – durchaus auch im Rahmen einer Doppelstunde Sportunterricht durchzuführen, wenn zwei Lehrkräfte für die umfangreichen Anforderungen von Organisation und Beobachtung zur Verfügung stehen. Auch die Durchführung einer solchen „Teststunde" macht den Kindern in aller Regel viel Spaß.

Beurteilung koordinativer Leistungsfähigkeit

Für die Beurteilung koordinativer Leistungsfähigkeit werden drei Aufgaben vorgeschlagen, die einen Überblick über die für das Schulalter relevanten koordinativen Fähigkeiten geben können.

- Das *freie Spiel mit Bällen* bietet sich als Einführung an, um eine Information über das Verhalten eines Kindes in der Bewegungssituation und seine Bewegungserfahrung, speziell seine Erfahrung mit Bällen, zu erhalten. Der Ball scheint aufgrund seines hohen Aufforderungscharakters hierfür gut geeignet; in der Regel stehen Kindern Bälle von früher Kindheit an als Spielzeug zur Verfügung, so dass ein gewisses Maß an Erfahrung mit Bällen zu erwarten ist. In der Grundschule werden den Kindern gewöhnlich Gymnastikbälle an-

Grobraster zur Auslese motorisch auffälliger Kinder

Name: .... Geb.datum: .... Klasse: ....

Größe: .... Gewicht: .... Datum: ....

A Zur koordinativen Leistungsfähigkeit ☹ 😐 ☺
- freies Spiel mit dem Gymnastikball
  - > Verhaltensweise eher passiv ☐ ☐ ☐
  - > Grobformen des Werfens, Fangens, Prellens, Rollens, Schießens nicht vorhanden ☐ ☐ ☐
    (Zutreffendes unterstreichen)
- Gymnastikball am Ort prellen (10 mal hintereinander)
  - > der Ball geht verloren, → aufgrund mangelnder Reaktionsfähigkeit ☐ ☐ ☐
  - der Standort muß verlassen werden → aufgrund mangelnder Zielgenauigkeit ☐ ☐ ☐
    → aufgrund mangelnder Kraftdosierung ☐ ☐ ☐
- Einbeinstand (Arme auf dem Rücken, 10 Sekunden)
  - > Unsicherheiten im Gleichgewicht (Bewegungen des Standbeines, > rechts ☐ ☐ ☐
    Ausgleichsbewegungen mit den Armen, mit dem Spielbein) > links ☐ ☐ ☐
- Hampelmann (6 bis 8 mal)
  - > kein flüssiger Bewegungsablauf ☐ ☐ ☐
  - > Arm- und / oder Beinbewegung nicht korrekt ☐ ☐ ☐
  - > Arm- und Beinbewegung nicht synchron ☐ ☐ ☐
  - > keine ausreichende Körperstreckung, insbesondere in den Hüftgelenken ☐ ☐ ☐
  - > Haltung und Bewegung der Füße unelastisch ☐ ☐ ☐

B Zur Haltungsleistungsfähigkeit
- Aufrichtung aus der habituellen Haltung zur aufrechten Haltung
  - > Haltungsgefühl kaum vorhanden (keine Haltungsänderung nach Aufforderung oder verkrampfte
    Haltung mit hochgezogenen Schultern, Kopf im Nacken, Atmung angehalten) ☐ ☐ ☐
- Armvorhalte in der aufrechten Haltung (30 sec.)
  - > nicht ohne erhebliche Rückverlagerung des Schultergürtels ☐ ☐ ☐
  - > nicht ohne Vorverlagerung des Beckengürtels ☐ ☐ ☐
- Hängen / Schaukeln an den Ringen oder Tauen
  - > im Beugehang gehockt mindestens zweimal vor und zurück schaukeln nicht korrekt möglich ☐ ☐ ☐
- Felgabzug am Barren oder Reck (etwa brusthoch)
  - > Stütz nicht korrekt (Schultergürtel nicht aufrecht, Körperspannung ungenügend) ☐ ☐ ☐
  - > Rücken nicht gerundet ☐ ☐ ☐
  - > Beugehang gehockt (klein ‚wie ein Päckchen') nicht möglich ☐ ☐ ☐
  - > unbeherrschtes, lautes Aufsetzen der Füße auf dem Boden ☐ ☐ ☐
- Standweitsprung
  - > weniger als 110 cm (6- / 7-Jährige); weniger als 125 cm (8- / 9-Jährige) ☐ ☐ ☐
- Hochzehenstand (leichte Gleichgewichtssicherung erlaubt)
  - > nicht korrekt (Fersen nicht sehr hoch, nicht geschlossen) ☐ ☐ ☐
  - > nicht mindestens 10 sec. ☐ ☐ ☐
- Rückenlage auf dem Boden, evtl. auf einem hüfthohen Kasten
  (ein Bein locker gestreckt; ein Bein gebeugt, fest an den Rumpf herangezogen)
  - > gestrecktes Bein nicht mindestens waagerecht, Hüftgelenk nicht gestreckt ☐ ☐ ☐

C Zur Ausdauerleistungsfähigkeit
- 6-Minuten-Dauerlauf um das Volleyballfeld in der Turnhalle
  - > geringes Zeit- / Tempogefühl (auffällig ungleichmäßiges Laufen) ☐ ☐ ☐
  - > auffällige Gesichtsfarbe (Rötung, Blässe) ☐ ☐ ☐
  - > auffällige Atmung (flach, hechelnd) ☐ ☐ ☐
  - > auffällige Koordination (Stolpern, Stampfen, ausfahrende Armbewegungen) ☐ ☐ ☐
  - > auffällig lange Erholungszeit ☐ ☐ ☐
  - > evtl. quantitative Wertung (eine Runde ca. 55 m):
    weniger als 15 Runden (6- / 7-Jährige) bzw. 16 Runden (8- / 9-Jährige) ☐ ☐ ☐

D Beobachtungen zum Verhalten im (Sport-) Unterricht
- > geringes Selbstvertrauen ☐ ☐ ☐
- > auffallend ängstliches Verhalten ☐ ☐ ☐
- > geringe Frustrationstoleranz ☐ ☐ ☐
- > leicht ablenkbar, geringe Konzentrationsfähigkeit ☐ ☐ ☐
- > soziale Außenseiterposition ☐ ☐ ☐
- > Neigung zu regressivem / aggressivem Verhalten / Clownerien (Zutreffendes unterstreichen) ☐ ☐ ☐
- > sonstige Auffälligkeiten: ....

Abb. 4-30: Grobraster zur Erfassung motorisch auffälliger Grundschulkinder ☹ = trifft zu; 😐 = trifft etwas zu; ☺ = trifft nicht zu (nach: Dordel 1987; 1988)

geboten, aber auch das Verhalten der Kinder im Umgang mit unterschiedlichen Bällen kann aufschlussreich sein.
So ist es sicher auffällig und als ein *Anzeichen für wenig oder schlechte Erfahrungen mit Bällen* zu werten, wenn ein Kind sich in der Situation des freien Ballspielens passiv verhält – am Rand steht und sich keinen Ball nimmt oder einen Ball nur festhält. Außerdem ist zu bedenken, dass schon Schulanfänger Werfen und Fangen, aber auch Prellen, Rollen und Schießen wenigstens in der Grobformen beherrschen sollten. Sind bei einzelnen Kindern auffällige Unsicherheiten zu beobachten, ist dieses zu vermerken.

- Wird als Aufgabenstellung das *Ballprellen am Ort* gewählt, sind differenziertere Beobachtungen bezüglich der koordinativen Fähigkeiten möglich. Dabei ist ausdrücklich darauf hinzuweisen, dass der Standort nicht verlassen werden darf und mehrfach hintereinander geprellt werden sollte, ohne dass der Ball verloren geht. Bei Schulanfängern genügt es, wenn die Aufgabe mit der Vorzugshand durchgeführt wird; bei älteren Kindern sollte auch die Nichtvorzugshand eingesetzt werden.

Die Aufgabe gelingt nur,
- wenn der Ball im richtigen Moment geprellt wird (motorische Reaktionsfähigkeit),
- wenn der Ball exakt von oben getroffen wird (räumliche Orientierungsfähigkeit)
- und wenn der Ball mit angemessenem Krafteinsatz geprellt wird, so dass er etwa hüfthoch springt (kinästhetische Differenzierungsfähigkeit).

Bei Mängeln im Bereich dieser koordinativen Fähigkeiten kann der Ball nicht unter Kontrolle gehalten werden; er geht verloren oder die Kinder müssen ihren Standort verlassen, um ihn wieder unter Kontrolle zu bringen.

Die Beobachtung des Ballprellens bietet nur eine erste Orientierung zur Beurteilung der genannten koordinativen Fähigkeiten. Diese werden in vielfältigen Bewegungssituationen beansprucht, so dass sorgfältige Bewegungsbeobachtung auch in alltäglichen Situationen wichtige Hinweise auf Auffälligkeiten dieser grundlegenden koordinativen Fähigkeiten geben kann.

- Der *Einbeinstand* stellt eine klassische Prüfaufgabe zur Beurteilung der Gleichgewichtsfähigkeit, speziell des statischen Gleichgewichts dar. Sowohl auf dem rechten als auch auf dem linken Bein sollten schon Schulanfänger sicher über einen Zeitraum von mindestens 10 Sekunden stehen können. Sicheres Stehen bedeutet, dass ein ruhiger Stand möglich ist und
    - keine groben Balancierbewegungen mit den Armen, dem Rumpf und / oder mit dem Spielbein ausgeführt werden und
    - das Standbein ruhig gehalten wird. Ausgleichsbewegungen des Standbeines – Hin- und Herrutschen bis hin zum Hüpfen – sind nicht erlaubt.

Leichte Seitendifferenzen – unterschiedliche Gleichgewichtssicherheit im Einbeinstand rechts und links – sind normal. Erhebliche Seitendifferenzen sind jedoch mit hoher Wahrscheinlichkeit Ausdruck einer Störung; dieses sollte medizinisch – neurologisch und orthopädisch – abgeklärt werden. Zu beachten ist allerdings auch, dass der Einbeinstand eine hohe konzentrative Beanspruchung darstellt.

Etwas zeitaufwändiger wäre die *Prüfung des dynamischen Gleichgewichts*. Hier kann das Balancieren auf einer umgedrehten Bank, auf der in der Regel 10 cm breiten „Schwebekante", zur Orientierung herangezogen werden. Schon Schulanfänger sollten imstande sein, bei guter Konzentration selbständig auf die Schwebekante aufzusteigen, sicher – mit gerade aufgesetzten Füßen, ohne wesentliche Balancierbewegungen der Arme und des Rumpfes und ohne zwischendurch abzusteigen – bis an das Ende der Bank vorwärts und dann rückwärts zurück zu balancieren und beherrscht abzusteigen. Hierbei ist neben der notwendigen Konzentration in besonderem Maße auch auf das Verhalten der Kinder – beispielsweise auffällige Ängstlichkeit – zu achten.

- Auch das *Hampelmann-Springen* stellt eine klassische Testaufgabe dar. Geprüft wird vorrangig die Simultankoordination, aber auch die Rhythmusfähigkeit als für das Schulalter relevante koordinative Fähigkeit. Dabei ist zu fordern, dass der Hampelmann mindestens 6- bis 8-mal flüssig hintereinander korrekt gesprungen wird.

Der Hampelmann-Sprung kann in unterschiedlichen Variationen ausgeführt werden; damit Kinder in der Testsituation nicht umlernen müssen, dürfen sie den Hampelmann in der ihnen bekannten Form springen. Eine korrekte Ausführung wird dadurch gekennzeichnet,
- dass mehrere Sprünge hintereinander flüssig, in einer rhythmischen Abfolge ausgeführt werden, wobei jeder einzelne Sprung gleichermaßen korrekt sein muss;
- dass die Armbewegung immer vollständig – von unten, vom Rumpf aus nach oben über den Kopf und zurück zum Rumpf – erfolgt; über dem Kopf werden die Hände zusammengeführt; die Beine müssen deutlich gegrätscht und wieder geschlossen werden;
- dass Arme und Beine gleichzeitig bewegt werden.
- Als Anzeichen einer guten Haltungskoordination kann eine sichere Körperstreckung gelten; besondere Beachtung findet dabei die Streckung der Knie- und Hüftgelenke.
- Als Hinweis auf eine gute Haltungs- und Bewegungskoordination der Füße kann die Fußelastizität, insbesondere die weiche, elastische Landung gewertet werden.

Die komplexe koordinative Beanspruchung des Hampelmann-Springens fällt insbesondere Kindern mit einer – auch geringgradigen – koordinativen Störung schwer und ist selbst bei hoher Konzentration nicht oder nur kurzfristig möglich. Darüber hinaus sollte eine nicht zu unterschätzende psychische Belastung Beachtung finden, denn diese Kinder sind sich ihres Unvermögens durchaus bewusst, da ihnen diese Aufgabe im Rahmen medizinischer wie auch psychologischer Diagnostik wahrscheinlich schon häufig gestellt wurde.

- Über die genannten Aufgaben zur Beurteilung koordinativer Leistungsfähigkeit hinaus, sollte – falls organisatorisch die Möglichkeit besteht – die Kurzform des *Trampolin-Koordinationstests (TKT)* mit allen Kindern durchgeführt werden, insbesondere um motorische Auffälligkeiten und mit größerer Sicherheit auch geringgradige Störungen erkennen zu können (vgl. Kap. 4.4.2).

Mit den Kindern, die bei den genannten Aufgaben Auffälligkeiten zeigen, sollte nach Möglichkeit zusätzlich der *Körperkoordinationstest für Kinder (KTK)* durchgeführt werden (vgl. Kap. 4.4.2). Für eine Reihenuntersuchung im Rahmen schulischer Organisation ist der KTK zu zeitaufwändig; in Einzelfällen lohnt sich dieser Aufwand aber unbedingt, wenn es darum geht, die auffällige oder gestörte Gesamtkörperkoordination zuverlässig zu dokumentieren. Möglicherweise kann ein niedriger MQ als Testergebnis eher als subjektive Beobachtungen des Lehrers dazu führen, dass über Elterngespräche und Absprache mit dem Schularzt für die betroffenen Kinder zusätzliche Interventionsmaßnahmen auch außerhalb der Schule, evtl. im Rahmen einer psychomotorischen Förder- oder Therapiegruppe geschaffen werden.

Da das Testmaterial nicht von jeder Schule angeschafft werden kann, ist anzuregen, dass in jedem Schulamt oder auch Gesundheitsamt der KTK vorhanden sein sollte, um bei Bedarf von einzelnen Lehrern ausgeliehen zu werden.

Über die Durchführung weiterer Beurteilungsverfahren sollte im Einzelfall entschieden werden. Die Beschreibung ausgewählter motodiagnostischer Verfahren in Kapitel 4.4.2 kann einen Beitrag zur Auswahl jeweils geeigneter Verfahren leisten (vgl. Tab. 4-5).

Generell ist zu empfehlen, dass zumindest alle Sport unterrichtenden Lehrkräfte sich intensiv mit den Symptomen auffälliger Motorik auseinandersetzen sollten, um ihre diagnostische Kompetenz zu erweitern. Motoskopische Verfahren, deren Zielsetzung vorrangig die Auslese motorisch auffälliger und gestörter Kinder darstellt – zum Beispiel die „Diagnostik mit Pfiffigunde" oder „Die Abenteuer der kleinen Hexe", das „Diagnostische Inventar motorischer Basiskompetenzen – DMB", die „Sensorisch-integrative Motodiagnostik" oder das „Diagnostische Inventar taktil-kinästhetischer Alltagshandlungen – DITKA" (vgl. Kap. 4.4.2) –, sind in besonderer Weise geeignet, gezieltes Beobachten herauszufordern; Kooperation mit erfahrenen Lehrkräften und Therapeuten trägt dazu bei, den „Blick zu schulen" und größere Sicherheit in der Haltungs- und Bewegungsbeurteilung zu erwerben.

Beurteilung der Haltungsleistungsfähigkeit

- Für die Beurteilung der Haltung gibt der *Armvorhaltetest* (vgl. Kap. 4.4.4; Abb. 4-28) einen guten Überblick über die Haltungsleistungsfähigkeit, speziell über die Haltungskoordination mit ihren sensorischen und kognitiven Komponenten.

In einer ersten Phase wird von der Seite die habituelle Haltung betrachtet und beobachtet, wie die *Aufrichtung aus der habituellen in die aktive, aufgerichtete Haltung* gelingt. Dabei ist darauf zu achten, dass
  • ein Haltungswechsel vorgenommen wird und

- die Aufrichtung mit korrekter Kopf- und Schultergürtelhaltung, angemessener Muskelspannung und mit fließender Atmung erfolgt.
  In der korrekten – evtl. korrigierten – aufgerichteten Haltung wird die *Armvorhalte über einen Zeitraum von 30 Sekunden* durchgeführt. Hier wird beobachtet, ob die Armvorhalte möglich ist, ohne dass
  - der Schultergürtel weit nach hinten verlagert und / oder
  - der Beckengürtel nach vorn verlagert wird.

  Liegen Veränderungen im Sinne einer kompensatorischen Rückneigung vor, sollten die Kinder verbal und durch Demonstration verdeutlicht auf diese Ausweichhaltung aufmerksam gemacht werden. Wenn die Armvorhalte danach erneut durchgeführt wird, sind differenziertere Aussagen im Hinblick auf sensorische, kognitive oder muskuläre Anteile einer vorhandenen Haltungsschwäche möglich (vgl. Kap. 4.4.4).

  Videoaufnahmen oder Fotos, die von jedem Kind in der habituellen Haltung, in der aktiven Haltung, zu Beginn und am Ende der Armvorhalte – möglichst vor einer Rasterwand – aufgenommen werden, dienen einerseits der Dokumentation, können andererseits aber auch als Medien im Unterricht zur Bewusstmachung der Haltung eingesetzt werden.

- Für die Beurteilung muskulärer Leistungsfähigkeit des Rumpfes und im Bereich von Fuß und Bein steht eine Vielzahl von Aufgaben zur Verfügung, die ohne weiteres in den Unterricht integriert werden können (vgl. Kap. 4.4.4). Im Rahmen eines Auswahlverfahrens für den Sportförderunterricht werden nur wenige Aufgaben als Orientierung vorgeschlagen: Aufgaben zur Beurteilung
  - der *Kraft der Rumpfmuskulatur* im Sinne einer Bewältigung des eigenen Körpergewichts (Hängen / Schaukeln an Tauen oder Ringen oder Felgabzug am Reck oder Barren);
  - der *Sprungkraft* (Standweitsprung);
  - der *Haltekraft im Bereich von Fuß und Bein* (Hochzehenstand);
  - der *Flexibilität im Bereich des Hüftgelenkes* / der Dehnfähigkeit der Hüftbeugemuskulatur (Rückenlage auf dem Boden oder – aufwändiger – auf einem hüfthohen Kasten, dabei ein Bein angezogen, das andere gestreckt).

Auf die Beurteilung der Flexibilität anderer Gelenke bzw. der Dehnfähigkeit anderer bei Haltungsschwächen zur Verspannung neigender Muskelgruppen wird hier verzichtet; geeignete Prüfaufgaben können aber bei Bedarf ergänzt werden.

Die Beurteilung des Erscheinungsbildes eines jeden Schülers, insbesondere auch im Hinblick auf die Symptomatik von Haltungsschäden (vgl. Kap. 4.4.4; Abb. 4-26) sollte jedem Sport(förderunterrichts)lehrer zur Gewohnheit werden.

Beurteilung der Ausdauerleistungsfähigkeit

Für die Beurteilung der Ausdauerleistungsfähigkeit können die Kinder bei jeder Ausdauerbeanspruchung wie zum Beispiel dem *6-Minuten-Lauf* (vgl. Kap. 4.4.5) beobachtet werden. Für eine gute Ausdauerleistungsfähigkeit spricht

- ruhiges, gleichmäßiges Laufen in angemessenem Tempo,
- mit unauffälliger Gesichtsfarbe (leichte Rötung),
- mit unauffälliger, leicht beschleunigter Atmung,
- ohne koordinative Auffälligkeiten und
- ohne auffällig lange Erholungszeit.

Ohne übermäßig hohen Aufwand ist auch eine quantitative Wertung des 6-Minuten-Laufes möglich: Die Gruppe wird so aufgeteilt, dass jedes Kind einen Partner hat. Während ein Kind um das Volleyball-Feld in der Turnhalle läuft, sitzt sein Partner auf der Bank und zählt die Runden, die das Kind absolviert; bewährt haben sich hier Strichlisten oder kleine Gegenstände, die für jede gelaufene Runde ausgegeben werden. Dabei wird das Volleyball-Feld mit Begrenzungskegeln so markiert, dass eine Runde 55 m entspricht (vgl. Fuhrmann & Schuster 1989); die Rundenzahl kann bis auf eine halbe Runde genau ermittelt werden. Entsprechend dem Prinzip des Cooper-Tests wird die in der vorgegebenen Zeit zurückgelegte Strecke bewertet (vgl. Kap. 4.4.5; Tab. 4-10).

Zum Verhalten eines Kindes im Sportunterricht

Über die Beurteilung von Haltung und Bewegung hinaus haben Aussagen zum Verhalten eines Kindes im Sportunterricht, aber auch im Klassenunterricht und in anderen schulischen Situationen Relevanz für eine Empfehlung zur Teilnahme am Sportförderunterricht. Abbildung 4-30 gibt in Abschnitt D Hinweise auf mögliche Auffälligkeiten im Verhalten, die jedoch vielfältig zu erweitern wären. Besondere, auffällige Verhaltensweisen eines Kindes sollten unter „Sonstiges" ergänzend notiert werden. Die Ausführungen in Kapitel 4.4.3 können für eine gezielte Verhaltensbeurteilung herangezogen werden; insbesondere Tabelle 4-6 mag eine systematische Beobachtung und Einschätzung individuellen Verhaltens erleichtern.

Aussagen zum Verhalten eines Kindes können allerdings nicht auf der Basis der Beobachtung einzelner Unterrichtsstunden gemacht werden. Hier sollten längere Beobachtungszeiträume und die Beobachtung der Kinder in unterschiedlichen Situationen zugrunde liegen.

Das „Grobrasters zur Erfassung motorischer Auffälligkeiten" als Auswahl- und Kontrollverfahren

Wird das „Grobraster zur Auslese motorisch auffälliger Kinder" (Abb. 4-30) ausgefüllt, dokumentiert jedes „trifft zu" (⊗) einen *spezifischen Förderbedarf*, der im Sportunterricht Beachtung finden sollte. Für die Zuweisung einzelner Kinder zum Sportförderunterricht reicht in der Regel eine einzige Auffälligkeit nicht aus; je nachdem wie viele Gruppen des Sportförderunterrichts eingerichtet werden können und wie viele Plätze entsprechend zur Verfügung stehen, können nur diejenigen Kinder ausgewählt werden, die den größten Förderbedarf haben.

Wird das „Grobraster" auch als *Grundlage für die Planung des Sportförderunterrichts* genutzt, sollten zusätzliche Informationen zu jedem Kind notiert werden wie zum Beispiel spezielle sportartspezifische Defizite und möglicherweise damit verbundene Probleme der Motivation, aber auch besondere sportspezifische Interessen und Leistungen, evtl. auch Aktivitäten in Sportvereinen oder im Freizeitbereich. Hinzu kommen Angaben der Eltern oder des Arztes wie zum Beispiel Verdacht auf bzw. Vorliegen eines Hyperkinetischen Syndroms (HKS), einer Aufmerksamkeits-Defizit-Störung (ADS; vgl. Kap. 4.3.3) oder anderer chronischer Krankheiten oder Behinderungen sowie parallel durchgeführte therapeutische Behandlungen (Krankengymnastik, Psychomotorische Therapie, Wahrnehmungsförderung, Spieltherapie, Sprachheilbehandlung, etc.) und anderes (vgl. Kap. 5.2).

Beobachtungen zum Verhalten und weitere Informationen zu jedem Kind wie auch die individuellen Leistungsfortschritte sollten während des Unterrichts kontinuierlich fortgeschrieben werden. *Am Ende eines Jahres Sportförderuntericht* erfolgt eine erneute Beurteilung eines jeden Kindes durch den Lehrer des Sportförderunterrichts, die einerseits auf der Dokumentation von Entwicklungsfortschritten innerhalb des Förderzeitraumes beruht; andererseits wird eine erneute umfassende Beurteilung von Haltung und Bewegung sowie Verhalten durchgeführt, die sich wiederum an dem „Grobraster zur Auslese motorisch auffälliger Kinder" orientieren kann.

Darüber hinaus ist es ratsam, weitere *Testaufgaben zur Beurteilung konditioneller und koordinativer Leistungsfähigkeit* durchzuführen, die anhand von Normwerten eine Beurteilung der verschiedenen Facetten motorischer Leistungsfähigkeit erlauben. Hierfür eignet sich das *Karlsruher Testsystem für Kinder (KATS-K)* von Bös et al. (2001). Aus diesem umfangreichen Testsystem (Tab. 4-11) können einzelne Aufgaben ausgewählt und in den Unterricht integriert werden. Ausgewählte Aufgaben werden zu Testprofilen zusammengestellt, beispielsweise zu einem Haltungstest für Kinder von 6 – 11 Jahren (HAKI); auch die Aufgaben des Allgemeinen sportmotorischen Tests für Kinder von 6-11 Jahren (AST) von Bös und Wohlmann (1987; vgl. Beck & Bös 1995) sind in dem Karlsruher Testsystem für Kinder enthalten. Die Orientierung an Altersnormen erleichtert die Bewertung und Dokumentation individueller Leistungsfähigkeit.

Eine möglichst umfassende Beurteilung am Ende des vorgesehenen Förderzeitraumes ist Grundlage der Entscheidung darüber, ob einem Kind die Teilnahme an einem weiteren Jahr Sportförderunterricht oder auch andere Maßnahmen gezielter Förderung empfohlen werden.

Testname	Fähigkeitsbereich / Aufgabenstruktur	Testaufgabe	Meßwertaufnahme
6-Minuten-Lauf (1)	Aerobe Ausdauer / Ganzkörper	In sechs Minuten eine möglichst große Laufstrecke um die Eckpunkte eines Volleyballfeldes zurücklegen	Gemessen wird die in sechs Minuten zurückgelegte Strecke auf 5 m genau.
Liegestütz (40 sec) (2)	Kraftausdauer / Teilkörper, Rumpf und obere Extremität	In der angegebenen Zeit möglichst viele Liegestütze in der vorgeschriebenen Ausführungsform absolvieren	Gezählt werden die in 40 sec richtig ausgeführten Liegestütze.
Sit-up (40 sec) (2)	Kraftausdauer / Teilkörper, Rumpf	In der angegebenen Zeit möglichst viele Sit-up in der vorgeschriebenen Ausführungsform absolvieren	Gezählt werden die in 40 sec richtig ausgeführten Sit-up.
Matthiaß-Test (2)	Kraftausdauer / Haltung	Die Testperson steht vor einem an der Wand befestigten Plakat, auf das ein Gitterraster gezeichnet wurde, und nimmt eine aktive Haltung mit vorgestreckten Armen ein.	Gemessen wird die Zeit, in der die aktive Haltung beibehalten wird.
Handkraftmessung	Maximalkraft / Isometrische Maximalbeanspruchung	Einen Handdynamometer möglichst kräftig zusammendrücken	Gemessen wird die vom Testgerät angezeigte Kraft in bar bzw. in Kilogramm auf 1/2 kg genau.
Medizinballstoß (1)	Schnellkraft / Teilkörper, obere Extremität	Aus dem parallelen Stand mit beidarmigem Stoß einen 1 kg schweren Medizinball so weit wie möglich nach vorne stoßen	Gemessen wird die Entfernung von der Abwurflinie bis zum ersten Bodenkontakt des Medizinballes in cm genau.
Standweitsprung	Schnellkraft / Teilkörper, untere Extremität	Aus dem parallelen Stand, mit beidbeinigem Absprung möglichst weit nach vorne springen	Gemessen wird die Entfernung von der Vorderkante der Absprunglinie bis zur Ferse des hinteren Fußes in cm genau.
20-Meter-Lauf (1)	Aktionsschnelligkeit / Ganzkörper	Ein 20 m lange Strecke soll aus der Hochstart-Position möglichst schnell durchlaufen werden.	Gemessen wird die Zeit vom Startsignal bis zum Durchlaufen der Ziellinie auf 1/10 sec genau.
Hindernislauf (1)	Koordination unter Zeitdruck / Ganzkörper	Einen Hindernisparcours mit Fahnenstangen und Kastenteilen auf den vorgeschriebenen Laufwegen möglichst schnell durchlaufen	Gemessen wird die Zeit auf 1/10 sec genau.
Ball-Beine-Wand-Zielwurf (1)	Koordination bei Präzisionsaufgaben / Ganzkörper	Einen Gymnastikball mit Schwung durch die grätschten Beine an die Wand werfen, dann 1/2 Drehung ausführen und den von der Wand zurückprallenden Ball fangen	Für die Lösung bzw. Teillösungen werden je nach Ausführung 1 bis 5 Punkte vergeben.
Zielwerfen an die Wand (1)	Koordination bei Präzisionsaufgaben / Teilkörper, Auge-Hand-Koordination, obere Extremität	Mit einem Tennisball auf einer Zielscheibe möglichst ins Zentrum werfen	Je nach Treffpunkt des Balles auf der Scheibe werden 3, 2, 1 oder 0 Punkte vergeben.
Einbeinstand (2)	Koordination bei Präzisionsaufgaben / Haltung	Auf einer T-Schiene auf einem Bein eine Minute Balance halten	Gemessen wird die Anzahl der Bodenberührungen des Nicht-Standbeines während einer Minute Einbeinstand.
Stand and Reach (2)	Beweglichkeit / Rumpf	Den Oberkörper nach vorne beugen und mit den Fingerspitzen soweit wie möglich nach unten kommen	Gemessen wird der Abstand der Fingerspitzen zur Standfläche auf cm genau – Plus- und Minuswerte.

Tab. 4-11: Aufgaben des Karlsruher Testsystems für Kinder (KATS-K); die mit (1) markierten Testaufgaben kennzeichnen den AST 6-11, die mit (2) markierten Aufgaben sind Aufgaben des HAKI 6-11 (nach: Bös et al. 2001)

4.5 Förderung motorischer Leistungsfähigkeit im Sportförderunterricht

4.5.1 Motorisches Lernen – Üben – Trainieren

Zum Prozess des motorischen Lernens

Lernen ist ein grundlegender Prozess im Entwicklungsverlauf des Menschen (vgl. Kap. 3.1). Motorisches Lernen besteht nach Meinel und Schnabel (1998, 158) in dem „Erwerben, Verfeinern und Stabilisieren motorischer Handlungen beziehungsweise Fertigkeiten und Verhaltensweisen". Motorisches Lernen kann also sowohl Neuerwerb als auch Vervollkommnung bedeuten und bezieht sich auf das Erlernen motorischer Fertigkeiten.

Meinel und Schnabel (1998) unterscheiden im Prozess des motorischen Lernens drei Phasen, die aufeinander aufbauen, aber auch ineinander übergehen, also nicht genau voneinander abgegrenzt werden können:

- erste Lernphase: Entwicklung der Grobkoordination,
- zweite Lernphase: Entwicklung der Feinkoordination,
- dritte Lernphase: Stabilisierung der Feinkoordination und Ausprägung der variablen Verfügbarkeit.

Die erste Lernphase charakterisiert den Zeitraum von einer ersten Begegnung mit dem Lerngegenstand bis zu einer Phase, in der die Bewegung unter günstigen, bekannten Bedingungen in einer Grobform ausgeführt werden kann; die Bewegungsausführung ist jedoch noch mangelhaft: Sie ist durch Mängel in der Muskelwahl und der Dosierung der Muskelkraft, im Bewegungsfluss, -rhythmus und -tempo, in der Bewegungspräzision, im Bewegungsumfang und in der Bewegungskopplung gekennzeichnet. Bei wiederholter Anwendung fehlt die Konstanz; die Bewegung wird bei jeder Wiederholung etwas anders ausgeführt. Insgesamt erscheint die Bewegungskoordination mangelhaft. Bewegungsvorstellung und -programmierung, Informationsaufnahme und -aufbereitung sind noch unzureichend; das motorische Gedächtnis enthält nur wenige oder keine für die Programmierung verwertbaren gespeicherten Erfahrungen. Entsprechend kann die Steuerung und Regelung des Bewegungsvollzuges nur grob erfolgen (vgl. Kap. 4.3.3).

Die koordinativen Mängel sind im wesentlichen durch das Fehlen differenzierter Reafferenzen begründet. Die Bewegungssteuerung erfolgt in der Phase der Grobkoordination hauptsächlich über den äußeren Regelkreis (vgl. Abb. 4-4). Im Vordergrund der Informationsaufnahme und -verarbeitung steht die visuelle Wahrnehmung; der Anteil des kinästhetische Analysators ist gering.

Die zweite Lernphase baut auf der Entwicklung der Grobkoordination auf und führt zu dem Stadium der Feinkoordination, in dem die erlernte Bewegung nahezu fehlerfrei ausgeführt werden kann. Diese Feinform einer Bewegung wird durch eine gute Koordination, einen zweckmäßigen, ökonomischen und harmonischen

Bewegungsverlauf charakterisiert. Bei günstigen äußeren Bedingungen sind auch eine hohe Bewegungspräzision und Bewegungskonstanz zu erwarten.

Informationsaufnahme und -aufbereitung erfolgen umfangreicher und differenzierter; das motorische Gedächtnis wird zunehmend angereichert, so dass die Bewegungsvorstellung verbessert und die Programmierung präzisiert werden kann. Die Bewegungsantizipation ist jedoch noch nicht gut genug entwickelt, um größeren Störeinflüssen gewachsen zu sein: In der zweiten Phase des Lernprozesses ist eine relativ hohe Empfindlichkeit gegenüber Störfaktoren zu beobachten.

Erst *die dritte Lernphase* führt dazu, dass der Lernende die in ihrer Feinkoordination erlernte Bewegung „auch unter schwierigen und ungewohnten Bedingungen sicher ausführen und jederzeit erfolgreich anwenden kann" (Meinel & Schnabel 1998, 183). So kommt es zu einer Stabilisierung des Erlernten, zu dem Stadium variabler Verfügbarkeit. Die Bewegungsausführung verlangt nur noch ein geringes Maß an Aufmerksamkeit; sie kann quasi automatisch erfolgen. Eine Bewegungsantizipation ist in dieser Phase besser möglich und sicherer als zuvor; Störeinflüsse werden zunehmend sicherer kompensiert.

Der *Verlauf des Lernprozesses* kann sich in Abhängigkeit von der Schwierigkeit der zu erlernenden Fertigkeit sehr unterschiedlich gestalten; andere Faktoren wie beispielsweise die Einstellung des Lernenden zum Lerngegenstand, seine aktuelle Motivation, Aufmerksamkeit und Konzentration spielen ebenfalls eine wichtige Rolle für den Lernerfolg. Hinzu kommt das individuelle motorische Ausgangsniveau, aber auch intellektuelle Voraussetzungen sowie die materialen Bedingungen und das soziale Umfeld, die die Dauer und den Erfolg des Lernprozesses beeinflussen.

Besonders hervorgehoben werden soll die *Bedeutung der Sprache* für den Prozess des motorischen Lernens (vgl. Meinel & Schnabel 1998):

- Sprache stellt generell ein wesentliches Medium sozialer Interaktion und Kommunikation dar, dessen Gestaltung für das aktuelle Wohlbefinden und die Motivation des Lernenden nicht zu unterschätzen ist.
- Über Sprache kann eine Rückmeldung über die Bewegungshandlung erfolgen, die direkt eine Veränderung – Korrektur – der Bewegungsausführung bewirkt.
- Sprache im Sinne von Bewegungsbeschreibung unter Nutzung (fach)spezifischer Begriffe unterstützt die Entwicklung konkreter Bewegungsvorstellung.
- Diese wie auch der verbale Kommentar zu einer Bewegungsausführung – Korrekur wie auch Bestätigung – führen zu einer Anreicherung des motorischen Gedächtnisses.
- Schließlich fördert die Verbalisierung der Wahrnehmung während einer Bewegungshandlung das Bewusstsein insbesondere der für die sensomotorische Regulation von Haltung und Bewegung entscheidenden kinästhetischen Wahrnehmung, die in der Regel bewusstseinsfähig, aber nicht bewusstseinspflichtig ist.

Im Verlauf des Lernprozesses wird der *Grad der Aufmerksamkeit, die bewusste Bewegungsausführung zunehmend verringert;* dieses führt

- von der nahezu vollkommen bewussten Bewegungsausführung am Anfang, in der Phase der Grobkoordination,
- bis hin zur variablen Verfügbarkeit, bei der nur der Anstoß, der Start der Bewegung willkürlich erfolgt, die Ausführung aber automatisch, unbewusst den Erfordernissen der räumlichen und zeitlichen Bedingungen angepasst wird.

Neurophysiologisch wird dieser Prozess so interpretiert, dass am Anfang die Bewegungssteuerung überwiegend über das Pyramidal-motorische-System (PMS), im Verlauf des Lernprozesses dann zunehmend und schließlich weitestgehend über das Extrapyramidal-motorische-System (EPMS) abläuft (vgl. Kap. 2.2.4; Kap. 2.2.6). Die vielfältigen Kopplungsmechanismen zwischen beiden Systemen machen die Komplexität und mögliche Differenzierungen bzw. Störungen des Lernprozesses deutlich.

Dem motorischen Lernen liegt die „*Bahnung" von Bewegungsmustern* zugrunde: Durch Übung, durch häufigen Gebrauch bestimmter neuronaler Verbindungen wird die Übertragung der Information an den Synapsen besser und schneller möglich (vgl. Kap. 2.2.1). So gilt als grundlegendes Prinzip neuronaler Plastizität die Hebb-Regel (nach Donald Hebb; vgl. Kolb & Whishaw 1996; Birbaumer & Schmidt 1999; 2000), die besagt, dass durch eine anhaltende oder wiederholte überschwellige Erregung eines Neurons durch das Axon eines anderen Neurons die Effizienz dieser Verbindung durch „einen Wachstumsprozess oder eine Stoffwechseländerung in beiden oder einem der beiden Neurone erhöht" wird (Birbaumer & Schmidt 1999, 577). Morphologische Veränderungen an Synapsen – Hypertrophie, Verzweigungen oder auch Atrophie (vgl. Abb. 3-3b) – werden in Zusammenhang mit Lernprozessen bzw. Deprivation oder auch Vergessen diskutiert; diese scheinen im Zusammenhang mit biochemischen Modifikationen im Bereich der Neurotransmitter die Grundlage von Lernen und Gedächtnis zu sein (vgl. Eccles 1990; Pöppel 1995; Roth 1997). Makroskopisch führt Lernen zu Veränderungen von Größe und Form bestimmter Hirnareale. Verschiedene Arten von Lernen und Gedächtnis sind an unterschiedliche Hirnstrukturen gebunden. Überwiegend sind subcorticale Areale verantwortlich; im Vordergrund steht hier das Limbische System, vor allem der Hippocampus. Für das motorische Lernen sind jedoch auch corticale Areale unverzichtbar (primärer motorischer Cortex, sensorische Assoziationsfelder, u.a.; vgl. Kap. 2.2.4).

Zur Abgrenzung von Übung und Training

Fortschritte im Verlauf des motorischen Lernprozesses sind nur durch Üben zu erreichen: durch wiederholtes Ausführen einer Bewegungshandlung kann der Weg von der Grobkoordination über die Feinkoordination zur Stabilisierung und variablen Verfügbarkeit zurückgelegt werden. Hollmann und Hettinger (2000, 119) „verstehen unter Übung die systematische Wiederholung gezielter Bewegungsabläufe zum Zwecke der Leistungssteigerung durch verbesserte Koordination".

Im allgemeinen Sprachgebrauch werden die Begriffe Übung und Training oft kaum voneinander getrennt, obwohl *Training deutlich von den Prozessen des Lernens und Übens, ebenso wie von Reifung und Wachstum abzugrenzen* ist. Training wird als „systematische Wiederholung gezielter überschwelliger Muskelanspannungen mit morphologischen und funktionellen Anpassungserscheinungen zum Zwecke der Leistungssteigerung" definiert (Hollmann & Hettinger 2000, 117).

Der *Trainingsprozess* vollzieht sich systematisch in
- einer Beurteilung bzw. der Kenntnis der aktuellen Leistungsfähigkeit als Ausgangssituation und Grundlage der
- Trainingsplanung, in der die Trainingsinhalte hinsichtlich ihrer Qualität und Quantität festgelegt werden, und
- Leistungskontrollen, um die Wirkung des Trainings zu prüfen und die Inhalte der veränderten Leistungsfähigkeit anzupassen, die Trainingsplanung also zu modifizieren und zu erweitern.

Der Begriff Training wird oft nur im Zusammenhang mit Leistungs- und Hochleistungssport gesehen. Es steht jedoch außer Zweifel, dass auch im mittleren und unteren Leistungsbereich Training möglich ist. Die Begriffe *präventives Training* und *rehabilitatives Training* weisen auf andere mögliche Zielgruppen hin. Im Rahmen der Prävention geht es darum, ein mittleres oder unteres Leistungsniveau zu verbessern oder zumindest zu erhalten, um Bewegungsmangelerscheinungen vorzubeugen. Auch in der Rehabilitation wird von einem niedrigen Niveau ausgehend eine Leistungssteigerung angestrebt.

Das Prinzip des Trainings beruht auf der natürlichen Wechselwirkung zwischen Form und Funktion des Organismus (*Rouxsches Gesetz*). Der Organismus hat das Bestreben, sich wechselnden Anforderungen anzupassen, um im Gleichgewicht mit der Umwelt zu stehen (*Prinzip der Homöostase*). Diese Anpassungsvorgänge des Organismus stellen die Voraussetzung für eine Leistungssteigerung dar: Gesteigerte Anforderungen werden mit erhöhter Funktionsfähigkeit beantwortet; veränderte Funktionsfähigkeit steht im Zusammenhang mit der veränderten Form des betroffenen Organs – zum Beispiel der Muskulatur.

Trainingswirkungen hängen von der *Quantität und der Qualität des Trainings* ab. Ein Übermaß an Training (Übertraining) wirkt sich ebenso negativ aus wie Trainingsmangel. Beides führt zu einer Leistungsminderung mit Änderungen im Hinblick auf Form und Funktion. Die Qualität des Trainings bestimmt seine Wirkung. Spezielles Training führt zu speziellen Anpassungserscheinungen (z. B. Krafttraining, Ausdauertraining).

Mögliche Anpassungserscheinungen des Organismus als Reaktion auf körperliches Training sind hauptsächlich für die Bereiche des Krafttraining und des Ausdauertrainings untersucht.

Anpassungserscheinungen infolge eines Krafttrainings

Ausmaß und Form der Anpassungserscheinungen infolge eines Krafttrainings stehen *in Abhängigkeit von der Intensität und dem zeitlichen Umfang des Trainings*, unterscheiden sich aber auch, je nachdem welcher *Typ des Muskelkrafttrainings* – zum Beispiel statisches oder dynamisches Krafttraining – zur Anwendung kommt. Grundsätzlich nennen Hollmann und Hettinger (2000) als Wirkungen des Krafttrainings:
- Verbesserung der inter- und der intramuskulären Koordination,
- Hypertrophie,
- Hyperplasie und
- mechanische Faktoren.

Eine Zunahme an Muskelkraft beruht am Anfang eines Trainingsprozesses zunächst auf einer *verbesserten Bewegungskoordination* (vgl. Kap. 2.2.6; Kap. 4.3.3).

Die *intermuskuläre Koordination* bezieht sich im wesentlichen auf das Zusammenspiel verschiedener Muskeln und Muskelgruppen (Agonisten, Synergisten, Antagonisten). Demgegenüber charakterisiert die *intramuskuläre Koordination* die Vorgänge, die sich in einem Muskel abspielen (verstärkte Aktivität im Zusammenhang mit der Freisetzung der Neurotransmitter, Wachstumsprozesse im Bereich der Rezeptoren bzw. der Neuronen, Vergrößerung der Anzahl eingesetzter motorischer Einheiten u.a.).

Als *Hypertrophie* wird ein Dickenwachstum der einzelnen Muskelfaser bezeichnet, das zu einer Vergrößerung des gesamten Muskelquerschnitts führt. Als Grundlage der Hypertrophie steht eine Vermehrung der kontraktilen Proteine (Aktin und Myosin) im Vordergrund. Die Energiebereitstellung im Muskel verbessert sich. Morphologische Anpassungsprozesse im Sinne einer Zunahme des Muskelquerschnitts, auch einer Veränderung der Anteile „schneller" und „langsamer" Fasern sind erst nach Wochen gezielten Trainings zu erwarten.

Unter *Hyperplasie* ist eine Zunahme der Anzahl vorhandener Muskelfasern zu verstehen. Hyperplasie durch Training konnte nur vereinzelt nachgewiesen werden; im Vergleich möglicher Trainingswirkungen kommt ihr eine untergeordnete Rolle zu.

Mechanische Faktoren, die im Zusammenhang mit dem Krafttraining von Bedeutung sind, sind die Steifigkeit bzw. Dehnbarkeit bindegewebiger Strukturen, vor allem der Sehnen und Bänder. Aber auch am Gelenkknorpel und knöchernen Strukturen, die der Übertragung von Muskelkräften dienen, sind Trainingswirkungen zu verzeichnen: am Knochen eine Vergrößerung des Mineralgehaltes, der Knochendichte wie auch Umfangvergrößerungen, im Gelenk eine Zunahme der Knorpeldicke; bei Sehnen und Bändern kommt es zur Hypertrophie der Fasern.

Anpassungserscheinungen infolge eines Ausdauertrainings

Ausdauertraining – Training der allgemeinen aeroben Ausdauer – zielt generell auf eine *Vergrößerung der aeroben Kapazität und eine bessere und schnellere Sauerstoffausnutzung im Muskel bei körperlicher Arbeit* ab. Wirkungen des Ausdauertrainings zeigen sich in vielfältigen Anpassungserscheinungen im Organismus. Hollmann und Hettinger (2000) unterscheiden *zwei Stufen der Anpassung, die aufeinander aufbauen.* Die erste Stufe ist von besonderer Bedeutung für ein gesundheitlich bedeutsames, präventives Training; auf der zweiten Stufe vollziehen sich Anpassungsprozesse, die nur im Rahmen des Leistungssports erforderlich sind.

Die *erste Stufe der Anpassungserscheinungen* führt zu einer verbesserten Ökonomie der Herzarbeit. Im Vordergrund stehen Wirkungen auf das vegetative Nervensystem im Sinne einer vagotonen (trophotropen) Einstellung; diese führt in erster Linie zu einer
- Verringerung der Herzfrequenz,
- evtl. erniedrigtem systolischem Blutdruck und
- Verminderung der Katecholaminausschüttung und anderer hormonellen Reaktionen bei körperlichem und psychischem Stress.

Hinzu kommen Anpassungserscheinungen im Skelettmuskel, die zu einer wesentlichen Entlastung des Herzens beitragen. Diese zeichnen sich ab
- im Bereich des Stoffwechsels (Vergrößerung und Vermehrung der Mitochondrien, Vergrößerung der Glykogendepots im Muskel, erhöhte Enzymaktivität, gesteigerter Myoglobingehalt, u. a.),
- im Hinblick auf die Durchblutung (verbesserte Blutverteilung im Muskel, verbesserte Kapillarisierung durch Eröffnung von Ruhekapillaren, Erweiterung und Verlängerung vorhandener Kapillaren und Neubildung von Kapillaren).

Kurzfristiges Training der allgemeinen aeroben Ausdauer bewirkt in erster Linie eine verbesserte Bewegungskoordination. Adaptationen in der Körperperipherie führen zu einer Entlastung des Herzens und damit zu einer verbesserten Ökonomie der Herzarbeit.

Die *Anpassungserscheinungen der zweiten Stufe* betreffen Parameter des Herz-Kreislauf-Systems wie eine erhebliche Vergrößerung des Herzvolumens, des maximalen Schlagvolumens, des Blutvolumens, u. a. Das sog. Sportherz entsteht aufgrund einer Hypertrophie des Herzmuskels.

Als Beitrag zur Diskussion um die Wirkungsweise des Sportförderunterrichts kann zusammenfassend festgestellt werden, dass im Primarbereich Lernen und Üben im Vordergrund stehen; verbesserte Bewegungskoordination führt aber auch zu Zuwächsen im Bereich der Muskelkraft und der allgemeinen aeroben Ausdauerleistungsfähigkeit. Im Sekundarbereich werden Lernprozesse erweitert, die Notwendigkeit des Übens steht nach wie vor im Mittelpunkt; aufgrund der sich verändernden hormonellen Bedingungen wird aber auch Kraft- und Ausdauertraining zunehmend wirksamer (vgl. Kap. 3.5); um morphologische Anpassungserscheinungen zu erreichen, fehlen allerdings im Sportförderunterricht die erforderlichen Trainingszeiten und -intensitäten.

4.5.2 Koordinationsschulung – Wahrnehmungsschulung

Koordinationsschulung steht *im Zusammenhang mit dem Prozess des motorischen Lernens* und hat das *Erwerben, Verfeinern und Stabilisieren motorischer Fertigkeiten* zum Ziel. Voraussetzung für die Ausbildung motorischer Fertigkeiten ist ein angemessenes Niveau sowohl koordinativer als auch konditioneller Fähigkeiten, die wiederum im Verlauf des Lernprozesses geübt und dadurch verbessert werden (vgl. Kap. 2.1).
Koordinationsschulung beinhaltet immer auch eine *Förderung der Wahrnehmung*. Darüber hinaus ist Wahrnehmungsschulung im Sinne eines spezifischen Trainings einzelner Sinnesmodalitäten durchaus auch unabhängig von einer Förderung der Bewegungskoordination möglich; die methodischen Maßnahmen entsprechen aber denen der Koordinationsschulung.

Erscheinungsformen der Koordinationsschwäche gleichen weitgehend denen der ersten Phase des motorischen Lernprozesses (vgl. Kap. 4.2; Kap. 4.5.1). Die Koordinationsschulung – intensives und vielfältiges Üben – kann in relativ kurzer Zeit deutliche Erfolge zeigen; dieses gilt in besonderem Maße, wenn als Ursache der auffälligen Koordination ein Mangel an Bewegungsreizen im Vordergrund steht. Allerdings müssen die spezifischen Bedingungen, die zu dem Bewegungsmangel eines Kindes geführt haben, sorgfältig geprüft und im Rahmen der Intervention berücksichtigt werden, um eine möglichst dauerhafte Förderung erreichen zu können.

Unsicherheiten in der Bewegungskoordination – eine in ihrer Qualität geminderte Motorik – kennzeichnen den Bereich motorischer Auffälligkeiten, der ein Kind am stärksten psychisch und emotional belasten, seine Sozialisation stören und damit auch psychosoziale Auffälligkeiten zur Folge haben kann. Vorbeugung bzw. Ausgleich von Koordinationsschwächen stellt daher das zentrale Anliegen des Sportförderunterrichts dar.

Schwerpunkte gezielter Koordinationsschulung

Als Schwerpunkt gezielter Koordinationsschulung ist
– die Ausbildung und Verbesserung motorischer Fertigkeiten auf der Basis
– der Förderung koordinativer (und konditioneller) Fähigkeiten zu nennen.

Im Sportförderunterricht stehen dabei *die für das Schulalter besonders relevanten koordinativen Fähigkeiten* (Hirtz 1985) im Zusammenhang mit den für die Informationsaufnahme und -aufbereitung bedeutsamen Analysatoren im Vordergrund (vgl. Kap. 3-4):
– die Förderung der Körperwahrnehmung und
– der Raumorientierung,
– die Reaktionsschulung, insbesondere die Reaktion auf akustische und optische Signale,

- die Gleichgewichtsschulung und
- die Schulung rhythmischer Fähigkeiten.

Das Grundschulalter – der Zeitraum von 7 bis 8 Jahren bis zu einem Alter von etwa 12 Jahren – wird als *sensible Phase für die Entwicklung koordinativer Fähigkeiten* angenommen (vgl. Kap. 3.4). Wenn ein gesundes Kind in diesem Alter genügend Möglichkeiten hat, in vielfältigen Situationen ein hohes Maß an Bewegungserfahrungen zu sammeln, kann eine normale Entwicklung koordinativer Fähigkeiten erwartet werden: Im Vollzug von Bewegungen steigert sich das Niveau koordinativer Fähigkeiten. Eine gezielte Förderung koordinativer Fähigkeiten bei jüngeren Schülern hat aber auch eine bessere motorische Lernfähigkeit im höheren Schulalter zur Folge (Hirtz 1985).

Voraussetzungen für eine erfolgreiche Koordinationsschulung

Grundsätzliche Voraussetzung für jeden Lernerfolg ist die Motivation. Hat ein Schüler Interesse an einer Aufgabe und dem jeweiligen Lernziel, wird ein deutlich höherer Lernerfolg nachweisbar als bei einer indifferenten Interessenlage oder sogar Ablehnung (vgl. Meinel & Schnabel 1998; Ljublinskaja 1985; u. a.). Für erfolgreiches motorisches Lernen ist ein *hohes Maß an Aufmerksamkeit* und gezielter Lenkung der Aufmerksamkeit erforderlich. Gute Lernbedingungen ermöglichen konzentriertes Üben. *Ermüdung stört den Lernprozess.*

Bei der Planung gezielter motorischer Förderung ist zu prüfen, ob der Entwicklungsstand der Fähigkeiten, auf denen die zu erlernende motorische Fertigkeit aufbaut, ausreicht. Dieses gilt sowohl für die koordinativen als auch für die konditionellen Fähigkeiten. Ist das Fähigkeitsniveau gering, muss hier eine gezielte Förderung einsetzen, um die Lernvoraussetzungen zu optimieren.

Die Aufgabenstellung muss dem *aktuellen Entwicklungs- und Leistungsstand* eines jeden Schülers angemessen sein. Individualisierung und Differenzierung sind daher wichtige Unterrichtsprinzipien im Rahmen gezielter Koordinationsschulung. Eine Aufgabe sollte möglichst so differenziert gestellt werden, dass sie für jeden der Schüler
- nicht zu schwer ist, so dass er sie offensichtlich nicht lösen kann und deshalb das Interesse verliert,
- aber auch nicht so leicht, dass sie mühelos zu lösen ist und schnell unattraktiv und langweilig wird (*Prinzip der „optimalen Passung"* nach Heckhausen).

Die Aufgabenstellung sollte nicht nur dem motorischen Leistungsstand, sondern der gesamten Persönlichkeit eines Schülers angepasst sein. Aufgaben müssen präzise formuliert werden, so dass sie für den Schüler *anschaulich* sind und seinem *kognitiven Entwicklungsstand* entsprechen. Zu berücksichtigen sind die individuellen Bewegungserfahrungen, auch im Freizeitbereich. Kenntnisse *psychischer Besonderheiten* eines Schülers, zum Beispiel Angst bzw. Ängstlichkeit in bestimmten Situationen, ein nur gering ausgeprägtes Selbstvertrauen oder sozial unsicheres Verhalten müssen ebenso in die Art der Aufgabenstellung und der Lernbedingungen eingehen wie das Wissen um möglicherweise problematische psychosoziale Konstellationen innerhalb der Lerngruppe. Auch Materialien und Geräte sollten entsprechend den aktuellen Gegebenheiten ausgewählt werden, um die Motivation der Schüler und deren Lernerfolg positiv beeinflussen zu können.

Das Üben muss beim Erlernen von Fertigkeiten *schnell erste Erfolge* zeigen. Der Schüler sollte schon nach wenigen Versuchen wenigstens zu einer Grobform der zu erlernenden Bewegung kommen, um die Motivation zu erhalten und zu unterstützen, aber auch um die Fertigkeit als Ganzes verfeinern zu können.

Die Lernbedingungen sind so zu gestalten, dass es zu einer *zunehmend differenzierten Bewegungsempfindung* kommen kann. *Alle für die Motorik relevanten Sinnesmodalitäten* sollten als Afferenzen und Reafferenzen genutzt werden (vgl. Kap. 4.3.3). Nur *vielfältige Rückmeldungen aus den Rezeptoren* führen zu einer verbesserten Bewegungskoordination. Koordinationsschulung erfordert daher häufiges und vielfältiges Üben; aber auch Bewegungsbeobachtung und Bewegungsbeschreibung können zum Lernerfolg beitragen. Besondere Bedeutung kommt der *verbalen Information* durch den Lehrer, evtl. auch durch die Mitschüler zu (vgl. Kap. 4.5.1). Sowohl Bestätigung als auch ein kritischer Kommentar zu einer Übungsausführung und entsprechende Korrekturen einer Bewegung unterstützen den Prozess der Entwicklung differenzierter kinästhetischer Wahrnehmung, indem die *Bewegungsempfindung zunehmend bewusster* wird. Dieser Vorgang kann wesentlich durch die *Verbalisierung der eigenen Wahrnehmung* gefördert werden (vgl. Kap. 4.5.1). Erst allmählich, über propriozeptive, verbale wie auch durch optische Informationen (Bewegungsdemonstration, audio-visuellen Medien) entwickelt sich eine *korrekte Bewegungsvorstellung* (vgl. Meinel & Schnabel 1998).

Koordinationsschulung beinhaltet häufiges Üben, kontinuierlich über einen längeren Zeitraum; dabei muss das *individuelle Lerntempo* jedes einzelnen Schülers berücksichtigt werden.

Hirtz (1985) stellt die *Methode des variierten Übens* in den Mittelpunkt der Koordinationsschulung und unterscheidet hier
– Maßnahmen zur Variation der Bewegungsausführung und
– Maßnahmen zur Variation der Übungsbedingungen (Abb. 4-31).
Bei der Unterrichtsgestaltung ist darauf zu achten, dass die Übungsvariationen in ihrer Schwierigkeit zunächst dem Ausgangsniveau der Grundübung entsprechen, um diese zu festigen; erst mit zunehmendem Lernerfolg wird auch die Anforderung im Bereich des variierten Übens gesteigert. Als Orientierung kann die Vorstellung von Hirtz (1997) zur hierarchischen Ordnung koordinativer Fähigkeiten (vgl. Abb. 2-4) dienen. Roth (1989, 81) fasst das Grundprinzip der Förderung koordinativer Fähigkeiten in der Formel *„Koordinationsschulung = Einfache Bewegungen + Erschwerte Bedingungen"* zusammen. Bei der Auswahl und Einschätzung von Übungsvariationen muss aber immer auch die individuelle Situation jedes einzelnen Schülers, vor allem seine Bewegungserfahrung und seine emotionale und psychosoziale Befindlichkeit in der jeweiligen Lernsituation Berücksichtigung finden.

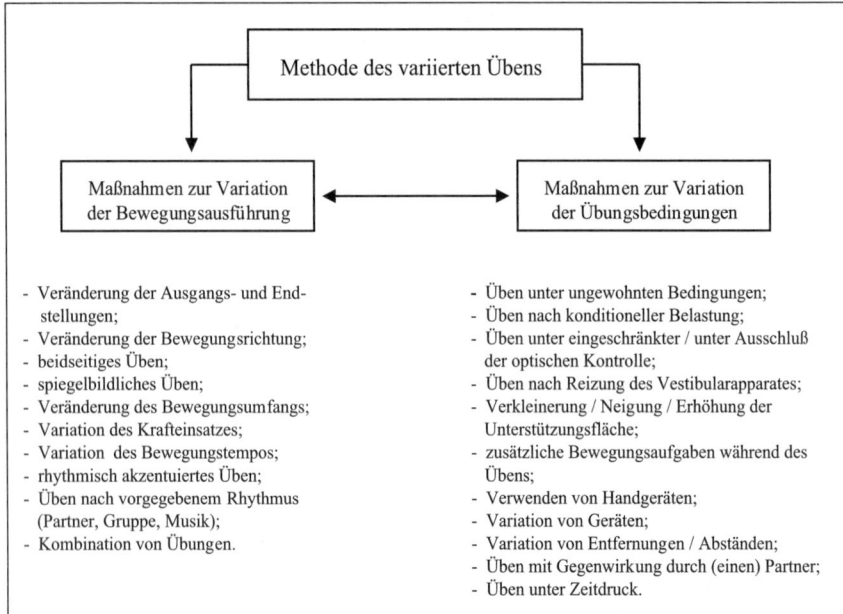

Abb. 4-31: Methode des variierten Übens (nach: Hirtz 1985)

Zusammenfassung: Bedingungen erfolgreicher Koordinationsschulung

Zusammenfassend sollen die folgenden Bedingungen erfolgreicher Koordinationsschulung hervorgehoben werden (vgl. Meinel & Schnabel 1998; Neumaier 1999; Roth 1989; Weineck 1996):

- Das Grundschulalter als sensible Phase für die Entwicklung koordinativer Fähigkeiten bietet beste Voraussetzungen für die Koordinationsschulung.
- Erfolgreiche Koordinationsschulung beruht auf
  – einer hohen Motivation für den Lerngegenstand,
  – entsprechend starker Aufmerksamkeit und Konzentration während des Übens,
  – insbesondere einer Lenkung der Aufmerksamkeit auf die Bewegungsempfindung, auf eine differenzierte Informationsaufnahme und -verarbeitung über alle für die Motorik relevanten Sinnesorgane. Besonders hervorzuheben ist hier die Bedeutung einer Bewusstmachung der kinästhetischen Wahrnehmung.
- Koordinationsschulung erfordert eine hohe Zahl an Übungswiederholungen im Sinne einer Kontinuität im Verlauf des Übens bei variierter und zunehmend komplexer gestalteter Aufgabenstellung.
- Koordinationsschulung gelingt nicht in ermüdetem Zustand.

4.5.3 Förderung von Ausdauer, Kraft, Schnelligkeit und Flexibilität

* *Ausdauer*

Unter Ausdauerschulung ist im Sportförderunterricht die *Verbesserung der allgemeinen aeroben Ausdauer* zu verstehen, die Steigerung der Ermüdungswiderstandsfähigkeit. Zur Förderung der allgemeinen aeroben Ausdauer müssen mehr als 1 / 7 bis 1 / 6 der Skelettmuskulatur eingesetzt werden (vgl. Kap. 4.3.5). Daher eignet sich in erster Linie das Laufen; aber auch Radfahren, Schwimmen, Rollschuhlaufen, Inline-Skaten, Eislaufen, Skilanglauf u. a. sind Bewegungsformen, bei denen ein großer Teil der Skelettmuskulatur beansprucht wird und die bei angemessener Dosierung die Ausdauerleistungsfähigkeit fördern.

Methoden der Ausdauerschulung

Als Methoden der Ausdauerschulung, die im Sportförderunterricht Anwendung finden, sollen hier die Dauermethode und die Intervallmethode genannt werden, die auch in Kombinationen Anwendung finden können.

- Die *Dauermethode* wird gekennzeichnet durch eine längere Belastung von mittlerer Intensität (etwa 50 % der maximalen Leistungsfähigkeit) ohne Pausen. Die Belastung kann gleichförmig sein (kontinuierliche Dauermethode) oder in der Intensität in einem mittleren Bereich variiert werden (nicht kontinuierliche Dauermethode). Die Dauer sollte mindestens drei Minuten betragen.

Bei der Dauermethode erfolgt die Energiebereitstellung aerob. Eine Möglichkeit zur Kontrolle, ob die Belastungsintensität richtig gewählt wurde, bietet die Pulsmessung. Während die Pulsfrequenz bei Erwachsenen bei einer mittleren Belastung etwa 130 P / min beträgt, sollte sie bei Kindern im Grundschulalter etwa bei 150 bis 160 P / min liegen.

- Bei der *Intervallmethode* wird planmäßig zwischen Belastung und Pausen gewechselt. Werden Belastungs- und Pausenphasen konstant gehalten, spricht man vom regelmäßigen Intervall; werden Intensität und Dauer der Belastung bzw. Dauer der Pause variiert, erfolgt das Training im unregelmäßigen Intervall.

Die *extensive Intervallmethode* kennzeichnen relativ lange Belastungsphasen mit einer Intensität von etwa 60 bis 70 % der maximal möglichen Leistung und kurze Pausen. Dagegen bestimmen hohe Intensität (etwa 90 %) und kurze Dauer der Belastungsphasen gegenüber relativ langen Pausen die *intensive Intervallmethode*.

Beim extensiven Intervalltraining wird überwiegend aerob gearbeitet. Die Pulsfrequenzen entsprechen etwa denen, die bei der Dauermethode erreicht werden, oder liegen geringfügig höher (bis 180 P / min). Genaue Angaben sind wegen der großen individuellen Schwankungen nicht möglich. Beim intensiven Intervalltraining erfolgt die Energiebereitstellung anaerob. Da die Fähigkeit, anaerob zu arbeiten, bei Kindern im Grundschulalter noch gering ausgeprägt ist (vgl. Kap. 3.5), ist ein Einsatz der intensiven Intervallmethode im Grundschulalter nicht sinnvoll.

Die Pause beim Intervalltraining sollte „lohnend" sein. Das heißt, dass nach einer Belastung in der folgenden Pause die Pulsfrequenz nicht auf den Ausgangswert sinkt, sondern nur bis auf etwa 120 bis 140 P / min zurückgeht. Der nächste Reiz setzt also vor Erreichen einer vollständigen Erholung ein: der Organismus muss sich nicht bei jedem Reiz erneut von Ruhe auf Arbeit umstellen. Die Reize summieren, ihre Wirkungen überlagern sich.

Bei der *Pausengestaltung* sind aktive und passive Pausen zu unterscheiden. Die *aktive Pause* wird in der Regel durch Gehen ausgefüllt; denkbar ist aber auch ein leichtes Hüpfen, Federn, evtl. auch Gymnastikübungen. Wichtig ist hierbei die Aktivität der Extremitätenmuskulatur, da durch die „Muskelpumpe" der venöse Rückstrom gefördert wird (vgl. Kap. 2.3.1). Ein Stehenbleiben sofort nach Belastungsende könnte zu einem Versacken des Blutes in der Peripherie führen.

Bei einer *passiven Pause* erfolgt keine Bewegungsaktivität; sie kann nach einer erschöpfenden Belastung notwendig sein, ist im Rahmen des Sportförderunterrichts aber kaum erforderlich. Für die passive Pause bietet sich als kreislaufstabilisierende Lage die Rückenlage, möglichst mit hochgelagerten Beinen an.

Zur Wirksamkeit der Ausdauerschulung

Auch für das Ausdauertraining gilt, dass Untrainierte schon in kurzer Zeit bei relativ geringem Trainingsaufwand einen hohen Leistungszuwachs verzeichnen können, während mit zunehmender Leistungsfähigkeit ein höherer Trainingsaufwand erforderlich ist, um eine Wirkung zu zeigen. Gezielte Förderung der Ausdauerleistungsfähigkeit *bei ausdauerschwachen Kindern im Sportförderunterricht* führt also schnell zu *spürbarem und messbarem Erfolg*; dieses trägt dazu bei, die Motivation für ein regelmäßiges Training aufzubauen und zu erhalten.

Ein bestimmtes Maß an Ausdauerbelastung muss allerdings *regelmäßig* erfolgen, um ein vorhandenes Niveau an Ausdauerleistungsfähigkeit zu sichern (vgl. Martin et al. 1999). Pahlke und Israel (1980, 45) geben an, dass „unter unseren gesellschaftlichen Bedingungen *60 Minuten Ausdauerschulung je Woche im Kindes- und Jugendalter* ein ausreichendes Ausdauerniveau garantiert". Wird Laufen als wirksamstes Mittel der Ausdauerschulung zur Orientierung herangezogen, sollten Kinder *pro Woche 7 bis 12 km laufen*. Wird Radfahren als Bewegungsform gewählt, sind 12 bis 25 km pro Woche als Belastungsumfang notwendig; beim Schwimmen werden 1 bis 2 km verlangt (Köhler & Peters 1980; vgl. Martin et al. 1999).

Die Wirksamkeit eines Trainings hängt aber nicht nur vom Belastungsumfang sondern auch von der *Belastungsintensität* ab. Mellerowicz (1977) schätzt im Vergleich die Bedeutung der Intensität höher als die der Dauer ein: Bei höherer Intensität und kürzerer Belastungsdauer zeigt sich ein größerer Trainingserfolg als bei geringerer Intensität und längerer Dauer. Dieses gilt sowohl für die Dauer- als auch für die Intervallmethode. Außerdem kommt es zu deutlich größerem

Leistungszuwachs, wenn mehrmals pro Woche trainiert wird, als wenn der gleiche Belastungsumfang in einer entsprechend längeren Dauer an einem einzigen Tag absolviert wird. Dementsprechend sollte in der Schule der Sportunterricht, auch der Sportförderunterricht, in Einzelstunden an verschiedenen Wochentagen durchgeführt werden, um möglichst häufig Trainingsreize setzen zu können. Bezüglich der Belastungsintensität ist mit Blick auf eine vorwiegend *präventive Zielsetzung für das Kindesalter* allerdings *eine stärker umfangs- als intensitätsbetonte Ausdauerschulung zu empfehlen* (vgl. Weineck 1996).

Liesen und Hollmann (1977, 44) weisen – wie schon C. Diem (1964, 103): „Organschule geht vor Muskelschule" (vgl. Kap. 1.1) – der Ausdauerschulung einen hohen Stellenwert zu, indem sie davon ausgehen, dass „Ausdauertraining zu einer harmonischen Entwicklung aller Organsysteme (führt), sicherlich durch vornehmliche Stimulierung übergeordneter Systeme". Auch im Sinne einer Primärprävention gegenüber Bewegungsmangel als Risikofaktor für Herz-Kreislauf-Erkrankungen im Erwachsenenalter empfehlen sie als *Minimalprogramm für das Schulalter eine Ausdauerbeanspruchung von mindestens 10 Minuten täglich mit einer Intensität von 50 bis 70 % der individuellen maximalen Leistungsfähigkeit; dieses entspricht einer Pulsfrequenz von 150 bis 170 bzw. 180 P / min* (vgl. Hollmann et al. 1983; Mellerowicz 1985).

Zur Belastungsdosierung

Dauer- und Intervallmethode bieten eine Orientierung für die Ausdauerschulung im Sportförderunterricht. Eine exakte Einhaltung der Vorschläge für die Dosierung im Rahmen der Ausdauerschulung ist im Unterricht nicht möglich, da die Ausdauerleistungsfähigkeit, sowohl die individuelle Maximalleistung als auch die aerob-anaerobe Schwelle als wichtige Kriterien für die Belastung, nur im Rahmen einer sportmedizinischen Untersuchung exakt festzustellen wären.

Pahlke und Israel (1980) weisen darauf hin, dass gut motivierte Kinder und Jugendliche bei 10- bis 15-Minuten-Testläufen selbständig ein durchschnittliches Lauftempo wählen, bei dem ihre *Belastung etwa im Bereich der aerob-anaeroben Schwelle* liegt; diese Belastungsintensität wird als in ihrer Wirksamkeit für die Entwicklung der allgemeinen aeroben Ausdauer optimal angesehen. Bei untrainierten – ausdauerschwachen – Kindern und Jugendlichen ist aber davon auszugehen, dass die für die Abstimmung von Zeit-, Tempo- und Streckengefühl notwendige Körperwahrnehmung noch ungenügend entwickelt ist und Belastungen von 10 Minuten und länger noch nicht erbracht werden können.

Als weiteres Problem für die Dosierung der Ausdauerschulung im Primarbereich kommt noch hinzu, dass hier überwiegend *Spielformen* zur Anwendung kommen, um eine hohe Motivation zu gewährleisten. Die Bedingungen für eine Belastung können zwar durch die Wahl bestimmter Spielformen vorgegeben werden. Individuell ist aber eine große Variationsbreite für die Belastungsintensität und -dauer und die Dauer der Pausen gegeben – hauptsächlich durch die Motivation jedes einzelnen Schülers, möglicherweise auch durch seine Rolle in einer Spielform.

Methode	Reizintensität	Reizdauer	Reizdichte (Verhältnis Belastung / Pause)	Reizumfang
Dauermethode - kontinuierlich - nicht kontinuierlich	50 % 40 – 60 %	mind. 3 min. mind. 3 min.	--- ---	mind. 3 min. mind. 3 min.
extensive Intervallmethode	60 – 70 %	30 – 60 sec.	groß (2 : 1)	ca. 15 min.

Tab. 4-12: Orientierungswerte zur Ausdauerbelastung im Sportförderunterricht der Grundschule

Obwohl eine exakte Dosierung der Ausdauerschulung im Primarbereich nicht möglich ist, können dennoch *Richtlinien für die Belastung als Orientierung* dienen (Tab. 4-12). Belastungen, die dem *Prinzip der extensiven Intervallmethode* entsprechen, kommen mit dem Wechsel von Bewegungsphasen längerer Dauer, aber geringerer Intensität und kürzeren Pausen dem natürlichen Bewegungsverhalten des Kindes entgegen. Nach Diem (1980) ist das Kind, auch schon das Vorschulkind, ein „Dauerleister": Es übt in Intervallen, indem es spontan Pausen einlegt. Spielformen, die diesem Prinzip folgen, werden in der Regel gut toleriert und gern durchgeführt. Für die Unterrichtsplanung ist dabei zu beachten, dass der für eine wirksame Ausdauerschulung notwendige Belastungsumfang mit etwa 15 Minuten relativ hoch ist.

Auch *Belastungen entsprechend der Dauermethode* sind für Kinder im Grundschulalter wie auch schon im Vorschulalter gut geeignet und führen zu erheblichen Leistungsverbesserungen (vgl. Klimt 1992). Problematisch aber ist die geringe Motivation für längere Belastungen mit relativ gleichbleibendem Tempo; sie werden als langweilig empfunden. Hierfür muss gezielt die *Motivation* geschaffen werden; dieses gelingt in der Regel gut, wenn die Aufmerksamkeit zum Beispiel auf die Körperwahrnehmung, aber auch auf Partner, Geräte, Materialien, Umgebungsbedingungen u.a. gelenkt wird. Weineck (1996, 227) nennt als oberstes Ziel der Ausdauerschulung im Kindesalter, „langfristig die Freude am „lang und langsam Laufen" zu entwickeln und dann zu bewahren". Dabei kann zunächst mit Ein-, Zwei- und Drei-Minuten-Läufen begonnen werden; eine Steigerung bis hin zu 15-Minuten-Läufen und darüber hinaus ist auch im Grundschulalter durchaus möglich. Als Faustregel gilt, dass ein Schulkind mindestens so lange ohne Pause laufen können sollte, wie es seinem Alter in Minuten entspricht.

- **Kraft**

Arbeitsformen des Muskels sind die die isometrische und die isotonische Kontraktion als Grundlage der statischen und der dynamischen Arbeit (vgl. Kap. 2.2.2). Die auxotonische Kontraktion enthält Anteile sowohl der statischen als auch der dynamischen Beanspruchung; sie stellt also eine Mischform dar. Sie kommt im Alltag wie im Bereich des Sports am häufigsten vor.

Die verschiedenen Arten der Muskelkraft – Maximalkraft, Schnellkraft, Kraftausdauer und deren Unterformen (vgl. Hollmann & Hettinger 2000; Martin et al. 1999; Weineck 1996) – sollen hier nicht beschrieben werden. Unter Muskelkraft wird die „Grundkraft" oder „Normalkraft" als „die bei einer willkürlichen maximalen statischen Anspannung der Muskulatur aufwendbare Kraft" (Hollmann & Hettinger 2000, 161) verstanden. Kraft entspricht damit der individuell vorhandenen Maximalkraft.

Trainingsformen

Als Trainingsformen werden das statische Krafttraining (isometrisches Training) und das dynamische Krafttraining (isotonisches Training) unterschieden.

- Beim *statischen Krafttraining* wird eine Spannung eingesetzt, „die ein Muskel oder eine Muskelgruppe in einer bestimmten Position willkürlich gegen einen fixierten Widerstand auszuüben vermag" (Hollmann & Hettinger 2000, 162). Der fixierte Widerstand kann durch ein Gerät oder einen Partner gegeben werden.
- Dynamische Kraft kann „willkürlich innerhalb eines gezielten Bewegungsablaufes entfaltet werden" (Hollmann & Hettinger 1976, 206); sie ist die „willkürlich ausgeübte Bewegung einer Masse innerhalb eines programmierten Vorganges" (Hollmann & Hettinger 2000, 182). Beim *dynamischen Krafttraining* sind verschiedene Arbeitsformen zu unterscheiden:
  - *konzentrische oder dynamisch-positive Arbeit*; dabei ist die Verkürzung eines Muskels unter Annäherung von Ansatz und Ursprung zu verstehen;
  - *exzentrische oder dynamisch-negative Arbeit*; hiermit ist die Streckung eines Beugemuskels gegen Widerstand gemeint.

  Andere Formen des dynamischen Krafttrainings sind für den Sportförderunterricht nicht relevant und werden hier vernachlässigt.

Abbildung 4-32a-c zeigt die Arbeitsweise der Muskulatur – Anteile statischer und dynamischer, konzentrischer und exzentrischer Arbeit – bei verschiedenen Übungen.

Die *Bedingungen des statischen Muskeltrainings* sind gut untersucht (Hettinger 1972, 1994; vgl. Hollmann & Hettinger 2000). Seine *Vorteile* gegenüber dem dynamischen Muskeltraining stellen sich wie folgt dar:
- gezieltes Training einzelner Muskelgruppen;
- gute Dosierbarkeit und auch Reproduzierbarkeit;
- geringer Zeit- und Mittelaufwand bei gutem Erfolg.

Diese Vorteile empfehlen das statische Muskeltraining insbesondere für die Anwendung im kompensatorischen und rehabilitativen Bereich. Den Vorteilen stehen folgende *Nachteile* gegenüber:
- Der Kraftzuwachs erfolgt nicht im Rahmen eines Bewegungsablaufes; damit entfällt eine gleichzeitige Koordinationsschulung, wie sie beim dynamischen Krafttraining gegeben ist.
- Beim statischen Krafttraining besteht die Gefahr der Pressatmung; bei gesunden Kindern kann dieser Aspekt allerdings weitgehend vernachlässigt werden.

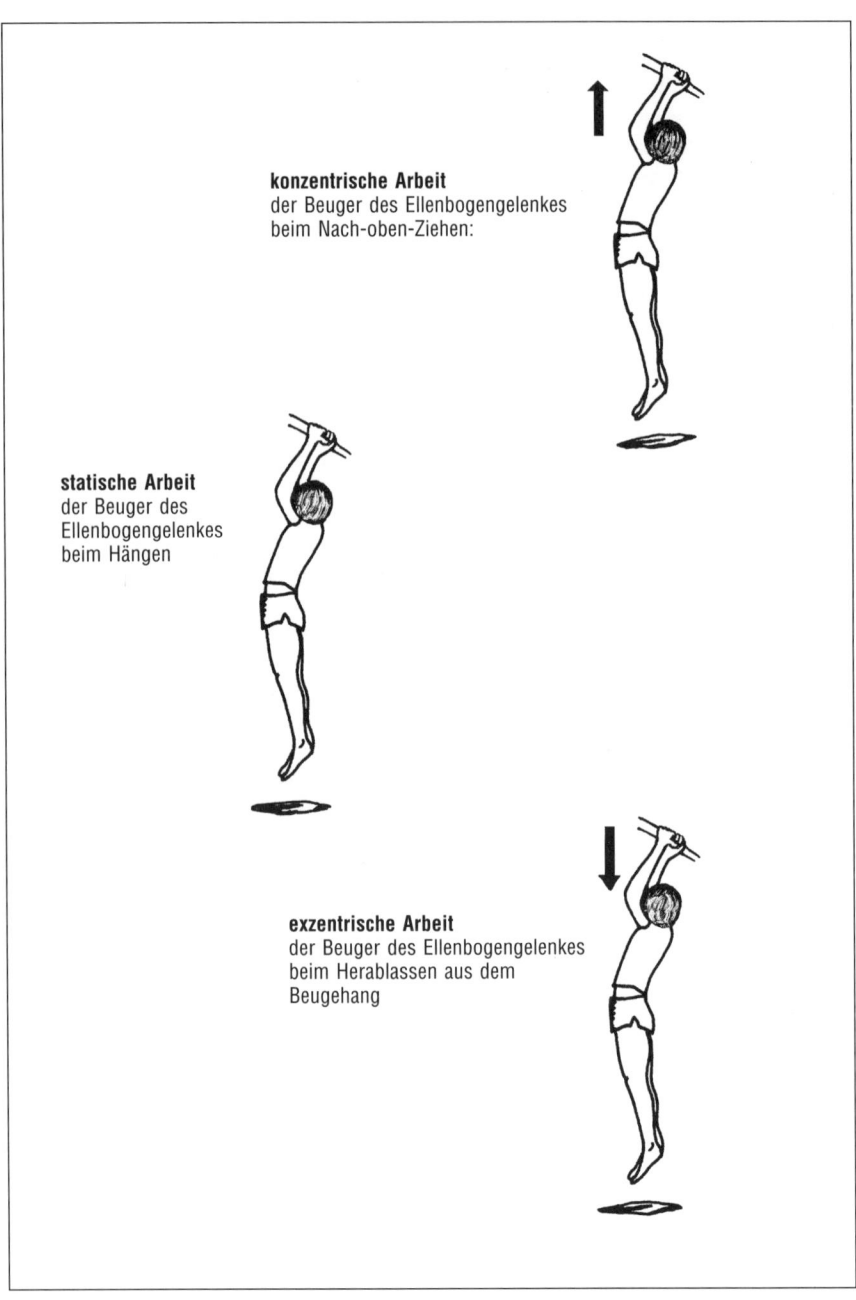

Abb. 4-32a: Klimmziehen – Arbeitsweise der Muskulatur (nach: Wirhed 1984)

statische Arbeit für die Armstrecker in der gehaltenen Position

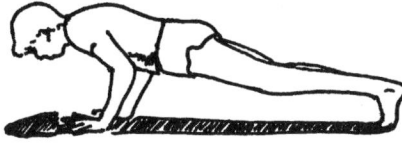

exzentrische Arbeit für die Armstrecker bei der Beugung der Arme

konzentrische Arbeit für die Armstrecker bei der Streckung der Arme

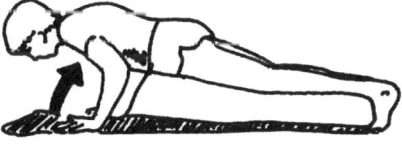

Abb. 4-32b: Liegestütz – Arbeitsweise der Muskulatur (nach: Wirhed 1984)

1/2 konzentrische Arbeit
vor allem für den geraden Bauchmuskel

2/3 statische Arbeit
für die Bauchmuskulatur;
konzentrische Arbeit
für die Hüftbeuger

3/4 konzentrische Arbeit
für die Hüftbeuger;
kaum Aktivität der Bauchmuskulatur

4 statische Arbeit
für die Rückenstrecker

Abb. 4-32c: Aufrichten aus der Rückenlage zum Sitz – Arbeitsweise der Muskulatur (nach: Wirhed 1984)

- Das statische Krafttraining wird allgemein als wenig motivierend empfunden. Bei sorgfältiger Übungsauswahl – zum Beispiel Tauziehen; Ziehen, Schieben, Tragen in Partner- oder Gruppenarbeit u.a. – ist aber durchaus eine hohe Motivation zu erwarten.

Im Allgemeinen wird nur das *dynamische Krafttraining* als für Kinder geeignet empfohlen; dennoch können in der Praxis des Sportförderunterrichts beide Trainingsformen Einsatz finden. Die Vor- und Nachteile müssen sorgfältig gegeneinander abgewogen werden.

Zur Belastungsdosierung

Für die Wirkung des statischen Krafttrainings sind folgende Faktoren ausschlaggebend:

- Belastungsintensität,
- Belastungsdauer und
- Wiederholung der Belastung.

Die *Belastungsintensität* ist in Abhängigkeit von der maximalen statischen Kraftleistung zu sehen. Eine Intensität von 20 bis 30 % entspricht der alltäglichen Belastung; sie reicht aus zum Erhalt der aktuellen Leistungsfähigkeit. Eine chronische Unterschreitung der Belastungsintensität von 20 % der Maximalkraft führt jedoch zur Atrophie, zum Abbau innerhalb des Muskels und zur Reduzierung der Muskelkraft.

Erst Trainingsreize von mehr als 30 % der Maximalkraft sind überschwellige Reize, die zum Kraftzuwachs führen. Als optimale Belastungsintensität wird der Bereich von 50 bis 70 % der Maximalkraft angesehen. Bei einer Belastungsintensität oberhalb von 70 % der Maximalkraft ist keine zusätzliche Trainingswirkung zu verzeichnen.

Bezüglich der *Belastungsdauer* ist zu erkennen, dass eine Anspannungsdauer von 20 bis 30 % der maximal möglichen Anspannungszeit einen Trainingsreiz voll wirksam werden lässt. Kurzfristige Muskelanspannungen wie beispielsweise bei einer reflektorischen Kontraktion werden nicht als Trainingsreiz wirksam.

Belastungsintensität und -dauer sind während eines Trainings im Zusammenhang zu sehen:

- Wenn für eine bestimmte Kraftbeanspruchung eine Anspannungszeit von 10 bis 15 sec möglich ist, genügt eine Anspannungszeit von etwa 3 bis 6 sec für einen optimalen Trainingsreiz.
- Wird nicht mit maximaler Intensität trainiert, muss die Anspannungszeit verlängert werden, da mit geringerer Intensität auch eine maximale Anspannungsdauer höher wäre.

Hettinger (1972) nennt Orientierungswerte für das Verhältnis zwischen der Belastungsintensität und der Belastungsdauer (Tab. 4-13).

Als optimale *Wiederholung der Belastung* werden 5 Reize pro Tag empfohlen; darüber hinaus ist kein zusätzlicher Effekt zu verzeichnen. Wird nur einmal täg-

Intensität der Muskelanspannung (% der Maximalkraft)	notwendige Anspannungsdauer (in Sekunden)
40 – 50	15 – 20
60 – 70	6 – 10
80 – 90	4 – 6
100	2 – 3

Tab. 4-13: *Belastungsintensität im Verhältnis zur Belastungsdauer (nach: Hettinger 1972)*

lich trainiert, reduziert sich der Trainingseffekt auf 80 bis 85 % dessen, was bei optimalem Training zu erreichen wäre. Ein Trainingsreiz pro Woche vermindert die Wirkung auf 40 % des maximal Möglichen. Erst bei nur noch einem Trainingsreiz innerhalb von 14 Tagen ist kein Trainingseffekt mehr zu registrieren: die Trainingswirkung ist innerhalb dieser Zeit, also bis der neue Reiz eintrifft, wieder abgebaut.

Diese Ergebnisse zeigen auf, dass ein *gezieltes Muskeltraining im Rahmen des Sportunterrichts* Erfolg verspricht, wenn die Erkenntnisse und Forderungen der Trainingslehre Berücksichtigung finden. In der Schule stehen drei Stunden Sportunterricht zur Verfügung, evtl. zusätzlich zwei Stunden Sportförderunterricht. Selbst wenn der Sportförderunterricht unabhängig vom regulären Sportunterricht betrachtet wird und im ungünstigsten Fall als Doppelstunde vorgesehen ist, führt gezieltes Muskeltraining einmal wöchentlich zu einem – wenn auch geringen – messbaren Erfolg.

Zusammenfassend lassen sich für ein *optimales Training der statischen Muskelkraft* folgende Bedingungen empfehlen (Hollmann & Hettinger 2000):
– Belastungsintensität von 50 bis 70 % der Maximalkraft;
– Anspannung von mindestens 20 bis 30 % der maximal möglichen Anspannungszeit;
– 3 bis 5 Trainingsreize pro Tag.

Beim *dynamischen Muskeltraining* finden *komplexe Bewegungsformen* Anwendung. Die Leistungsverbesserung ist hier oft zu Beginn des Trainings sehr groß; dabei kommt es zunächst aber in erster Linie durch die Übung zu einer Verbesserung der Koordination, noch nicht zum Kraftzuwachs durch morphologische Veränderungen in der Muskulatur.

Aufgrund der Komplexität und der Verschiedenartigkeit der verwendeten Bewegungsformen ist die Dosierung bei der dynamischen Beanspruchung nicht so eindeutig festzulegen wie beim statischen Muskeltraining. Die Angaben in der Literatur weichen teilweise stark voneinander ab (vgl. Frey 1981).

Für die Dosierung des dynamischen Muskeltrainings sind im wesentlichen die *Belastungsintensität und die Wiederholungszahl* bestimmend. Nach Hollmann und

Hettinger (2000) liegt die optimale Belastungsintensität ebenso wie beim statischen Muskeltraining bei 50 bis 70 % der Maximalkraft. Beim dynamischen Muskeltraining wird in Serien geübt; eine mittlere Belastung wird erreicht bei einer *Anzahl von 3 bis 6 Serien*. Innerhalb einer Serie werden *6 bis 10 Wiederholungen* durchgeführt. Zwischen den Serien sollten Pausen von 2 bis 4 Minuten liegen.

Von der Bewegungsschnelligkeit hängt ab, ob vorwiegend schnelle (helle, weiße) FT- bzw. Typ-II-Fasern oder langsame (dunkle, rote) ST- oder Typ-I-Fasern beansprucht werden.

Zur Problematik gezielten Muskeltrainings im Sportförderunterricht

Dynamisches Krafttraining im Rahmen des Sportförderunterrichts kann gut an *Stationen mit unterschiedlicher Beanspruchung* durchgeführt werden. Da dabei in hohem Maße auch die Koordination beteiligt ist, ist darauf zu achten, dass nicht in ermüdetem Zustand geübt wird. Die einzelnen Übungen müssen *funktionell richtig* ausgeführt werden, da es sonst zu schädlichen Fehlhaltungen und Fehlbelastungen des Bewegungsapparates kommen kann. Besonders gefährdet sind die Wirbelsäule, speziell im Bereich der Lendenwirbelsäule, sowie die Knie- und Fußgelenke.

Die Dosierungsvorschläge der Trainingslehre sind im Hinblick auf die Belastungsintensität im Unterricht nur annähernd zu verwirklichen, da nur mit Hilfe entsprechender Apparaturen (Dynamometrie) die Maximalkraft sicher festgestellt werden kann.

Auf eine Arbeit mit Gewichten (Hanteln, etc.) wird im Sportförderunterricht verzichtet. Hier genügt es, *das eigene Körpergewicht zu bewältigen*. Eine Differenzierung ist durch die *Veränderung der Hebel möglich*; als Hebel werden die Extremitäten eingesetzt. So würde beispielsweise bei einer Kräftigung der Bauchmuskulatur und der Hüftbeuger die Belastungsintensität sehr hoch angesetzt werden, wenn das „Klappmesser" geübt wird: die Beine sind gestreckt und wirken als langer Hebel. Eine Reduzierung der Intensität wird erreicht, wenn die gleiche Übung mit kurzem Hebel (mit gebeugten Beinen, also aus der Rückenlage zum Hockschwebesitz) durchgeführt wird.

Um einschätzen zu können, wie hoch diese Belastungen für den einzelnen Schüler sind, muss bei jedem einzelnen geprüft werden, wie und wie lange die Übung mit dem langen Hebel geübt werden kann. Wird das Klappmesser gerade 1 bis 2 mal richtig durchgeführt oder der Schwebesitz als Übung zur Förderung der statischen Kraft nur wenige Sekunden (2-3 sec) gehalten, so entspricht diese Belastung etwa der Maximalkraft und kann gleich 100 % gesetzt werden. Die Hebelverkürzung würde etwa eine Reduzierung der Belastungsintensität auf ungefähr 50 % bedeuten. Können das Klappmesser oder der Schwebesitz gar nicht ausgeführt werden oder sind sie nur bei einer *gleichzeitigen kompensatorischen Fehlhaltung* (verstärkte Beckenkippung und Lordosierung im Lendenwirbelbereich) möglich, ist die Belastung zu hoch; die maximal mögliche Leistungsfähigkeit ist überschritten. Im Sportförderunterricht sollte im Rahmen der Haltungsschulung bei muskelschwachen Kindern grundsätzlich die Belastung mit kurzen Hebeln am Anfang stehen; darauf aufbauend kann dann die Intensität gesteigert werden.

Darüber hinaus ist immer zu beachten, dass *Gymnastikübungen funktionell richtig ausgewählt und exakt durchgeführt* werden müssen, wenn sie im Sinne gezielter Muskelkräftigung wirksam werden sollen. Bei dem zuvor genannten „Klappmesser" mit langem Hebel, also mit gestreckten Beinen wird zum Beispiel primär die Hüftbeugemuskulatur, erst sekundär die Bauchmuskulatur beansprucht. Der Verlauf des Lendendarmbeinmuskels, des wichtigsten Hüftbeugers (vgl. Kap. 2.4), zeigt deutlich, dass diesem Muskel neben der Funktion der Beugung des Hüftgelenks auch die Funktion einer Verstärkung der Beckenkippung und der Lordose der Lendenwirbelsäule zukommt. Verstärkte Beckenkippung und Hyperlordose sind jedoch im Rahmen der Haltungserziehung (Vorbeugung und Ausgleich des Hohlrückens) unerwünscht und stellen – unabhängig von den Überlegungen zum Ausgleich von Muskel- und Haltungsschwächen – eine Gefährdung des lumbosacralen Übergangs dar. Das „Klappmesser" kann ohne Gefährdung des passiven Bewegungsapparates nur eingesetzt werden, wenn ausreichende Bauchmuskelkraft sowie differenzierte Körperwahrnehmung und Haltungskoordination vorhanden sind, um den Beckengürtel und die Lendenwirbelsäule zu stabilisieren. Bei Kindern mit Haltungs- und Muskelschwächen ist dieses generell nicht der Fall.

Leichter als durch Aufgaben der funktionellen Gymnastik ist eine *Förderung der Muskelkraft bei Kindern über komplexe Aufgaben möglich, bei denen es darum geht, das eigene Körpergewicht zu bewältigen* – entgegen der Schwerkraft das eigene Körpergewicht zu heben (dynamische Beanspruchung) und zu halten (statische Beanspruchung). Hierzu kommt es beispielsweise, wenn vielfältig zu variierende Gerätebahnen zu überwinden sind oder Fertigkeiten des Gerätturnens erlernt und geübt werden. Dabei wird insbesondere auch die Rumpfmuskulatur beansprucht, die im Alltag eher vernachlässigt wird und deshalb zur Entwicklung von Muskelschwächen bzw. muskulären Dysbalancen tendiert. Aufgaben aus dem Bereich des Turnens garantieren in der Regel eine hohe Motivation, damit auch die notwendige Wiederholungszahl, die für eine wirksame Kräftigung erforderlich ist. Aber auch hier ist auf Fehlhaltungen, die den passiven Bewegungsapparat gefährden, zu achten.

- *Schnelligkeit*

Schnelligkeit ist eine motorische Fähigkeit oder motorische Hauptbeanspruchungsform, die nicht eindeutig konditionell oder koordinativ bestimmt ist, sondern eine Zwischenstellung einnimmt (vgl. Kap. 2.1; Abb. 2-2). Entwicklungsbedingt kommt es zu einer Steigerung der Schnelligkeit im Alter von 7 bis 15 Jahren – einerseits durch die Entwicklung der motorischen Reaktionsfähigkeit als koordinativer Komponente im Grundschulalter, andererseits infolge der zunehmenden Muskelkraft im Alter von etwa 12 bis 15 Jahren (vgl. Kap. 3.5).

Entsprechend der hohen Entwicklungsdynamik bestehen „im Kindes- und Jugendalter ... besonders günstige Voraussetzungen für die Ausbildung der Bewegungsschnelligkeit" (Hollmann & Hettinger 2000, 261) – insbesondere im Sinne einer Schulung der Reaktionsschnelligkeit und der Frequenz einzelner wie auch komplexer Bewegungen. Im Rahmen des Sportförderunterrichts erscheint aber ein gezieltes Schnelligkeitstraining zusätzlich zu der Förderung der Schnelligkeit, die Teil der Koordinationsschulung ist, nicht erforderlich.

- *Flexibilität*

Auch die Flexibilität beinhaltet als motorische Hauptbeanspruchungsform konditionelle und koordinative Anteile (vgl. Kap. 2.1; Abb. 2-2); im Alter von etwa 10 Jahren wird der Höhepunkt der Flexibilitätsentwicklung angenommen, so dass auch hier kein gezieltes Training im Kindesalter notwendig erscheint. Empirisch erhobene Befunde weisen aber schon im Grundschulalter muskuläre Dysbalancen und Einschränkungen der Gelenkbeweglichkeit nach (vgl. Kap. 1.4.2; Kap. 3.5); im Einzelfall muss daher sorgfältig geprüft werden, ob ein Flexibilitätstraining notwendig ist.

Im Mittelpunkt möglicher Maßnahmen des Flexibilitätstrainings steht die *Förderung der Dehnfähigkeit von Muskelgruppen*, die ein bestimmtes Gelenk überziehen. Dehnung wirkt in erster Linie auf den Muskel, nur in geringerem Maße auf die zugehörigen Sehnen, den Bandapparat und die Gelenkkapsel. Die Plastizität des Muskels ermöglicht die Anpassung an eine Dehnung (vgl. Wiemann 1993; Wydra 1993).

Von Bedeutung für die Dehnfähigkeit eines Muskels ist aber auch die Einstellung des Muskeltonus. Bei einem erhöhten Muskeltonus – zum Beispiel als Folge von Angst oder Schreck – wird einer Dehnung ein größerer Widerstand entgegengesetzt als bei einem entspannten Muskel. Außerdem spielt die Temperatur und damit wiederum die Erwärmung als Vorbereitung für die Dehnung eine wichtige Rolle. Erhöhte Temperatur begünstigt den Dehneffekt; niedrige Temperatur erschwert oder beeinträchtigt die Dehnung. Bei niedriger Temperatur ist auch die Verletzungsgefahr durch einen Dehnreiz groß.

Methoden zur Förderung der Dehnfähigkeit

Grundsätzlich zu unterscheidende Formen der Dehnung sind die aktive und die passive Dehnung, die jeweils statisch oder dynamisch ausgeführt werden können:

- Bei einer *aktiven Dehnung* geht der Dehnreiz von dem Antagonisten der zu dehnenden Muskulatur aus, also von der Muskulatur, die auf dasselbe Gelenk in derselben Ebene, aber in entgegengesetzter Richtung einwirkt.
  Als vorteilhaft wirkt sich hier eine gute Dosierbarkeit des Dehnreizes bei gleichzeitiger Kräftigung der antagonistisch wirkenden Muskulatur aus. Liegt eine muskuläre Dysbalance vor, ist jedoch die antagonistische Muskulatur zu schwach, um einen wirksamen Dehnreiz auszulösen.

- Bei einer *passiven Dehnung* wird der Dehnreiz nicht von der antagonistisch wirkenden Muskulatur erzeugt sondern von Fremdkräften wie zum Beispiel der Schwerkraft, dem eigenen Körpergewicht oder anderen, nicht antagonistisch wirkenden Muskelgruppen, einem Partner oder Gewichten.

Je nachdem, welcher Fremdreiz eingesetzt wird, ist die passive Dehnung sehr wirksam; bei unangemessenem Dehnreiz zum Beispiel durch einen Partner besteht jedoch eine nicht unerhebliche Verletzungsgefahr.

- Bei einer *statischen Dehnung* müssen Ursprung und Ansatz eines Muskels so weit wie möglich voneinander entfernt und in dieser Position größter Spannung, der Dehnstellung, gehalten werden. Das statische Dehnen wird auch als „Stretching" bezeichnet.
Die statische Dehnung ist gut zu dosieren; das auftretende Spannungsgefühl wird jedoch oft als sehr unangenehm empfunden und daher die Dehnstellung nicht lang genug gehalten.

- Bei einer *dynamischen Dehnung* werden in der Positionen größter Spannung leichte Federungen mit sehr kleinen Bewegungsausschlägen um den Punkt größter Spannung durchgeführt.
Die Federung wird als angenehm empfunden und wirkt quasi als „einschleichender Reiz" für die Einnahme und Aufrechterhaltung der Dehnstellung; die Dehnspannung kann gut ertragen werden. Hierbei kann in besonderem Maße auch die Wahrnehmung von Muskelspannung und Bewegung gefördert werden; allerdings ist ein gewisses Maß an Körperwahrnehmung und Bewegungskoordination Voraussetzung für den erfolgreichen Einsatz dieser Methode. Eine – falsch verstandene – dynamische Dehnung ist wirkungslos, wenn durch große, ruckartige Bewegungen in dem zu dehnenden Muskel eine reflektorische Gegenspannung ausgelöst wird. Hinzu kommt eine Verletzungsgefahr durch ruckartige Bewegungen.

Bewertung der verschiedenen gebräuchlichen Dehntechniken

Spring et al. (1988) legen eine Übersicht und Bewertung der verschiedenen gebräuchlichen Dehntechniken vor (vgl. Abb. 4-33).

Unter *dynamischem Dehnen* verstehen Spring et al. (1988) allerdings nur die früher übliche sogenannte *„Schwunggymnastik"*, die durch das Auslösen einer reflektorischen Gegenspannung nicht zu einer Dehnung führen kann, und lehnen diese Vorgehensweise folgerichtig ab. Wird das dynamische Dehnen jedoch langsam, leicht federnd durchgeführt, ergeben sich keine Nachteile und die Wirksamkeit ist der des statischen Dehnens vergleichbar (Klee 1996; Wiemann 1993; Wiemann & Klee 1999; Wydra 1993; Wydra, Bös & Karisch 1991).

Spring et al. (1988) empfehlen das *passiv-statische Dehnen, die bekannteste Form des Stretchings, als besonders wirksam*. Auch sie weisen auf die Bedeutung individueller Körperwahrnehmung hin: Es soll die Position eingenommen werden, „in der das Dehngefühl noch angenehm ist. Ein leichtes Ziehen im Muskel ist erlaubt, Schmerzen dürfen aber nicht auftreten" (Spring et al. 1988, 129). Die Dehnstellung sollte über eine Zeitdauer von 15 bis 30 Sekunden gehalten werden.

Die *Wirkungsweise des aktiv-statischen Dehnens* ist auf das *Prinzip der antagonistischen Hemmung* zurückzuführen (vgl. Kap. 2.2.6): Durch die Kontraktion des

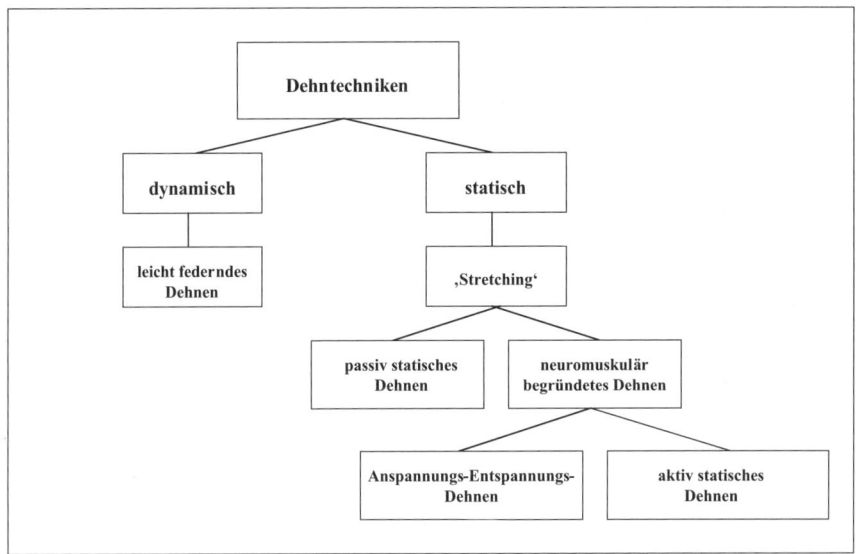

Abb. 4-33: Methoden zur Förderung der Dehnfähigkeit (nach: Spring et al. 1988)

Antagonisten, der den Dehnreiz bewirkt, wird der zu dehnende Muskel gehemmt; da er keine Spannung entwickeln kann, ist die Dehnung gut möglich. Spring et al. (1988) schlagen für das aktiv-statische Dehnen eine Dauer des Dehnreizes von 10 bis 20 Sekunden vor.

Das *Anspannungs-Entspannungs-Dehnen* – auch CHRS-Dehnung (contract-hold-relax-stretch) – stellt eine relativ komplexe Methode dar, die eher im therapeutischen Rahmen zur Behandlung von Kontrakturen Anwendung findet (vgl. PNF – „Propriozeptive neuromuskuläre Facilitation"; Knott & Voss 1981). Die Wirkung des Anspannungs-Entspannungs-Dehnens beruht auf dem *Prinzip der postisometrischen Hemmung*: Einer isometrischen Kontraktion folgt eine Phase verminderter Spannung desselben Muskels (Relaxationsphase), in der einem Dehnreiz wenig Widerstand entgegen gesetzt wird. In der Praxis wird eine isometrische Anspannung von mindestens 30 bis 50 % der Maximalkraft und einer Dauer von 5 bis 10 Sekunden vorgeschlagen; daran schließt sich eine kurze Phase (2 bis 5 Sekunden) bewusster Entspannung an, der die gezielte Dehnung des vorher kontrahierten Muskels folgt. Dieser Vorgang wird mehrfach wiederholt (vgl. Einsingbach 1992; Spring et al. 1988).

Förderung der Dehnfähigkeit im Sportförderunterricht

Mit Ausnahme des schwierigen Anspannungs-Entspannungs-Dehnens eignen sich für den Einsatz im Rahmen des Sportförderunterrichts alle genannten Methoden. Die jeweiligen Vor- und Nachteile müssen sorgfältig abgewogen werden – einerseits im Zusammenhang mit den Voraussetzungen, die die Kinder im Hinblick auf Körperwahrnehmung, Konzentrationsfähgkeit und Motivation mitbringen, andererseits im Zusammenhang mit dem Ausmaß eingeschränkter Dehnfähigkeit und vorhandener Kraft der Antagonisten.

Zur Dehnung eignen sich einfache *Übungen der funktionellen Gymnastik*. Der größte Effekt ergibt sich, wenn in Hauptverlaufsrichtung eines Muskels gedehnt wird. Bei zweigelenkigen Muskeln wie zum Beispiel der ischiocruralen Muskulatur muss die Wirkung des zu dehnenden Muskels auf beide Gelenke bei der Wahl der Ausgangsposition für die Dehnung berücksichtigt werden. Je nach Alter der Kinder kann die Vermittlung grundlegender Kenntnisse funktioneller Anatomie die Förderung der taktil-kinästhetischen Wahrnehmung unterstützen und zur Motivation beitragen.

Für die Dehnung verspannter Muskulatur im Rahmen muskulärer Dysbalance bei Haltungsschwächen erscheint ein gehaltenes Dehnen sinnvoll und auch im Sportförderunterricht praktikabel. Gehaltenes Dehnen erfolgt überwiegend aktiv, ist aber auch passiv möglich. Folgende *Empfehlung zur Dosierung* kann als Orientierung dienen:

- Eine korrekte Dehnstellung wird eingenommen, so dass ein leichter Zug, ein Spannungsgefühl im Muskel spürbar wird. Es sollte kein Schmerz auftreten. Das subjektive Schmerzempfinden ist allerdings individuell sehr unterschiedlich und kann bei sehr empfindlichen Kindern eine wirksame Dehnung verhindern.
- Die Dehnstellung sollte 10 bis 20 Sekunden gehalten werden. Dabei wird ruhig und gleichmäßig geatmet. Dieses sollte ohne Anstrengung, ohne Schmerzen möglich sein; dabei lässt das Spannungsgefühl in der Regel etwas nach. Das Halten der Dehnstellung über mindestens 10 Sekunden fällt Kindern zunächst schwer und könnte über kürzere Zeiten eingeführt werden.
Bewusstes Atmen unterstützt das Dehnen, indem die Aufmerksamkeit auf die Atmung gelenkt wird. Bewusstes Atmen trägt aber auch zu einer allgemeinen Entspannung bei.
- Eine kurze Pause – etwa 3 Sekunden – schließt sich an; der Muskel wird entspannt.
- Darauf folgt eine Wiederholung der Übung. Der Bewegungsraum, das Ausmaß der Dehnstellung, sollte jetzt etwas größer sein als zu Anfang.

Dieses Dehnen kann etwa 5 mal wiederholt werden, ehe sich eine längere Pause anschließt, die der Lockerung dient. Danach sollte die Folge von Dehnreizen erneut eingesetzt werden. Bei täglichem Üben in dieser Form zeigen sich relativ schnell deutliche Erfolge. Im schulischen Rahmen ist dieses zwar nicht möglich, in der Regel im Primarbereich auch nicht notwendig; im Einzelfall mögen diese Hinweise aber durchaus auch für Kinder, eher für Jugendliche interessant sein.

Gedehnte Muskelgruppen müssen immer im Anschluss an die Dehnung auch gekräftigt werden, da es sonst zur Schwäche kommen kann. Die Verbesserung der *Dehnfähigkeit eines Muskels* steht nicht nur im Zusammenhang mit der *Flexibilität*, sondern auch mit seiner *Kraft*. Ein vorgedehnter Muskel bietet eine optimale Ausgangslage für die Entwicklung der Kraft (vgl. Kap. 2.2.2).

Zu beachten ist allerdings auch, dass ein Übermaß an Flexibilität – *Hypermobilität* – ungünstig ist, da dadurch der passive Bewegungsapparat hoch beansprucht, u.U. gefährdet wird. Hypermobilität erfordert gezielte Muskelkräftigung und sorgfältige Förderung der Körperwahrnehmung und der Bewegungskoordination.

Zusammenfassung: Bedingungen für eine erfolgreiche Förderung von Ausdauer, Kraft, Schnelligkeit und Flexibilität

Zusammenfassend sollen die folgenden Bedingungen für eine erfolgreiche Förderung von Ausdauer, Kraft, Schnelligkeit und Flexibilität im Kindesalter hervorgehoben werden (vgl. Hollmann & Hettinger 2000; Martin et al. 1999; Weineck 1996):

- Ausdauer
- Ausdauerschulung bezieht sich auf die Förderung der allgemeinen aeroben Ausdauer.
- Sie sollte abwechslungsreich sein und Spaß machen, „langfristig die Freude am „lang und langsam Laufen" ... entwickeln und ... bewahren" (Weineck 1996, 227).
- Anaerobe Belastungen sind für die Ausdauerschulung im Kindesalter nicht geeignet.
- Bei einer angemessenen Belastung (Dauermethode, extensive Intervallmethode) sind Pulsfrequenzen von 150 bis 180 P / min zu erwarten.
- Spielformen, die der extensiven Intervallmethode entsprechen, beinhalten in der Regel eine hohe Motivation, sind aber kaum exakt zu dosieren.
- Für als eher langweilig empfundene Spiel- und Übungsformen der Dauermethode kann die Motivation durch eine Lenkung der Aufmerksamkeit auf die Körperwahrnehmung, auf Geräte, Materialien, Partner, Gruppe, u.a. geschaffen werden.

- Kraft
- Für das Kindesalter wird ein Programm umfangreicher und vielfältiger, überwiegend dynamischer Muskelkräftigung empfohlen. Dabei steht eine Kräftigung der im Alltag weniger beanspruchten Rumpfmuskulatur im Vordergrund.
- Liegen muskuläre Dysbalancen vor, müssen einzelne Muskelgruppen gezielt gekräftigt werden.
- Die Bewältigung des eigenen Körpergewichts reicht als Belastung aus; die Arbeit mit Gewichten ist nicht notwendig.
- Fehlhaltungen und Fehlbelastungen des Haltungs- und Bewegungsapparates sind zu vermeiden; gefährdet sind insbesondere die Wirbelsäule (Hyperlordose), Knie- und Fußgelenke sowie die Fußgewölbe.

- *Schnelligkeit*
- Im Alter von 7 bis 15 Jahren kommt es entwicklungsbedingt zu einer erheblichen Steigerung der Schnelligkeit.
- Eine Förderung der Schnelligkeit erfolgt im Zusammenhang mit der Förderung koordinativer Fähigkeiten (Reaktionsschnelligkeit, Bewegungsfrequenz).
- Ein darüber hinaus gehendes gezieltes Schnelligkeitstraining ist im Rahmen des Sportförderunterrichts nicht erforderlich.

- *Flexibilität*
- Ein spezielles Flexibilitätstraining im Kindesalter scheint nicht erforderlich zu sein, da der Höhepunkt der Flexibilitätsentwicklung schon in einem Alter von etwa 10 Jahren angenommen wird. Zunehmend werden jedoch muskuläre Dysbalancen auch bei Kindern festgestellt; hier ist eine gezielte Förderung der Dehnfähigkeit verspannter Muskulatur vorzusehen.
- Gezielte Förderung der Dehnfähigkeit im Kindesalter baut auf der Förderung der Körperwahrnehmung auf und kann durch eine kindgemäße Vermittlung grundlegender funktionell-anatomischer Kenntnisse sinnvoll ergänzt werden.
- Sowohl dynamische als auch statische Formen des Dehnens können – unter Beachtung einer korrekten Übungsausführung, der notwendigen Konzentration und Motivation – mit Kindern durchgeführt werden.
- Partnerarbeit beim Dehnen ist wegen der Verletzungsgefahr zu vermeiden.

4.5.4 Haltungsschulung

Im Rahmen der Haltungsschulung müssen die verschiedenen Facetten, die die Haltung bestimmen (vgl. Kap. 2.2.4), Beachtung finden. Eine Einflussnahme auf Haltung und Haltungsleistungsfähigkeit ist im Sportförderunterrichts hauptsächlich möglich durch
- eine Optimierung der muskulären Situation im Zusammenhang mit
- einer Förderung der Haltungs- und Bewegungskoordination.

Änderungen im Bereich des passiven Bewegungsapparates durch Bewegung, Spiel und Sport sind im Rahmen des Sportförderunterrichts nicht zu erwarten.

Optimierung der muskulären Situation

Unter einer *optimalen muskulären Situation* ist ein ausgewogenes Verhältnis der Kraft von Agonisten und Antagonisten zu verstehen; dazu gehört auch eine gute Dehnfähigkeit der Muskulatur, die wiederum einen bedeutenden Faktor für die Beweglichkeit der Gelenke darstellt.

Eine Gefährdung für die Körperhaltung geht vor allem von einem Missbrauch der Ruhehaltung aus: Häufig entstehen Haltungsschwächen, wenn die Ruhehaltung zur gewohnheitsmäßigen, zur habituellen Haltung wird. Dieses führt zu einer Abschwächung, einer Minderung der Kraft der entgegen der Schwerkraft wirkenden Muskelgruppen und Verspannung bis hin zur Verkürzung der jeweiligen Antagonisten, deren Dehnfähigkeit vermindert wird. Die von der betroffenen

Muskulatur überzogenen Gelenke werden in ihrer Beweglichkeit eingeschränkt (vgl. Kap. 4.3.4).

Im Rahmen präventiver Maßnahmen genügt eine *vielseitige, dem Entwicklungs- und Leistungsstand angemessene muskuläre Beanspruchung als Beitrag zur Vorbeugung gegenüber Haltungsschwächen*; bei einer vielseitigen körperlichen Betätigung ist davon auszugehen, dass neben der Muskelkraft auch ihre Dehnfähigkeit und die Beweglichkeit der Gelenke ein hohes Niveau erreichen.

Wird eine *Haltungsschwäche* vermutet, kann nur eine sorgfältige Haltungsbeurteilung klären, ob und in welcher Hinsicht Einschränkungen der Haltungsleistungsfähigkeit vorliegen. Von dem *Ergebnis der Haltungsbeurteilung* ausgehend lassen sich die Schwerpunkte eines gezielten Ausgleichsprogrammes festlegen. Im Hinblick auf die Optimierung muskulärer Leistungsfähigkeit steht *bei Kindern in der Regel die Kräftigung der „Antischwerkraftmuskulatur" im Vordergrund*; liegen muskuläre Verspannungen im Zusammenhang mit muskulärer Dysbalance vor, kann auch eine gezielte Dehnung der verspannten Muskulatur erforderlich werden (vgl. Kap. 4.5.3).

Förderung der Haltungs- und Bewegungskoordination

Eine Optimierung der muskulären Situation mag die Grundlage der Haltungsschulung darstellen. Sie allein führt aber nicht zu einer Veränderung der gewohnheitsmäßigen Haltung. Im Vordergrund einer Haltungsschulung im Sinne einer Einflussnahme auf die gewohnheitsmäßige Haltung eines Menschen steht die *Förderung der Haltungskoordination*. Hier geht es in erster Linie darum, die individuelle Haltung und mögliche Haltungsveränderungen bewusst zu machen. Dabei ist die Aufmerksamkeit insbesondere auf die Körperregionen zu lenken, deren Stabilität am ehesten gefährdet ist: Zentrale Bedeutung kommt der Stellung des Beckens und dem gesamten Beckengürtel zu, aber auch die Haltung von Schultergürtel und Kopf und die Wirbelsäule mit ihren physiologischen Schwingungen sowie die Haltung im Bereich von Fuß und Bein müssen hier Beachtung finden. Auf die Zusammenhänge zwischen der Haltung des Rumpfes und der der Füße, insbesondere die Bedeutung der Fußelastizität für die Rumpfhaltung ist besonders hinzuweisen.

Die Förderung der Haltungskoordination erfolgt hauptsächlich über die *Körperwahrnehmung*. Hier steht die *Förderung der taktil-kinästhetischen Wahrnehmung* im Vordergrund. Das Spüren von Haltung und Haltungsveränderungen zum Beispiel im Zusammenhang mit der Atmung, die Bewusstmachung muskulärer Anspannung und Entspannung, Wahrnehmung des Muskeltonus auch im Zusammenhang mit der psychischen Befindlichkeit spielen eine zentrale Rolle.

Aber auch die *visuelle Wahrnehmung* wird genutzt, indem Körperhaltung – die eigene Haltung oder die anderer Personen – direkt, im Spiegel, auf Fotografien oder Videoaufnahmen betrachtet, beschrieben, auch interpretiert und bewertet wird.

Verbalisierung eigener Beobachtungen und Empfindungen trägt wesentlich zur Bewusstmachung bei. Ebenso sind verbale Informationen von außen, durch den Lehrer oder die Mitschüler, sachlich begründete Kommentare zur aktuellen Körperhaltung, auch Korrekturen und Bestätigung unverzichtbar, wenn es darum geht, ein angemessenes Körperbild im Hinblick auf die Haltung entwickeln zu können.

Die *Förderung vestibulärer Wahrnehmung* spielt für die Haltungsschulung eine besondere Rolle. Generell wird das Problem der aufrechten Haltung dadurch gekennzeichnet, dass der Körper mit seinem relativ hoch sitzenden Schwerpunkt auf der vergleichsweise kleinen Basis der Füße ausbalanciert werden muss. Prozesse der Steuerung und Regelung von Haltung und Bewegung werden in besonderem Maße herausgefordert, wenn im Rahmen der Gleichgewichtsschulung beispielsweise bei einer verkleinerten oder einer beweglichen Unterstützungsfläche oder auch gegenüber anderen Störfaktoren die Haltung gesichert werden muss. Gleichgewichtsschulung kann immer als kindgemäße Haltungsschulung genutzt werden.

Die Entwicklung der Körperwahrnehmung, die auch als Körpergefühl oder speziell als Haltungsgefühl bezeichnet wird, wird unterstützt durch die *Vermittlung von Kenntnissen zum Phänomen Haltung*. Diese Kenntnisse können sich auf elementare biologische Grundlagen und gesundheitsorientierte Aspekte wie zum Beispiel die Bedeutung physiologischer Haltungsgewohnheiten oder Anforderungen an einen ergonomisch gestalteten Arbeitsplatz in der Schule beziehen, aber auch entwicklungsgeschichtliche, völkerkundliche oder andere Bereiche betreffen; sie müssen allerdings dem kognitiven Entwicklungsstand und der Interessenlage der Schüler angepasst sein.

Die *Förderung der Entspannungsfähigkeit* baut auf einer allgemeinen Körperwahrnehmungsschulung auf. Sie steht zum Beispiel im Mittelpunkt eines Ausgleichsprogramms für Kinder mit einem flachen Rücken, bei denen psychische Gegebenheiten als Ursache für einen erhöhten Muskeltonus angenommen werden. Förderung der Entspannungsfähigkeit ist aber darüber hinaus als zentrale Zielsetzung des Sportförderunterrichts zu verstehen. Im Sinne einer allgemeinen Gesundheitsförderung erleichtert die Fähigkeit zur Entspannung den Umgang mit Stressoren und unterstützt die Bewältigung von Stress (vgl. Kap. 1.3).

Veränderung von Haltungsgewohnheiten

Haltungsschulung mit dem Ziel der Veränderung, der Verbesserung gewohnheitsmäßig eingenommener Haltung (und Bewegung) ist in der Regel nicht nur ein Prozess des Erlernens neuer Haltungsmuster, sondern beinhaltet einen *Prozess des Umlernens*, wenn Haltungsschwächen vorhanden sind. Das bedeutet, dass ein Vorgang des Löschens, des Vergessens erlernter Muster vorausgehen muss, bevor die erwünschten Muster erlernt und schließlich automatisiert werden. Umlernen ist deutlich schwieriger als der Neuerwerb motorischer Fertigkeiten. Vermutlich liegt hier die Schwierigkeit einer Haltungskorrektur begründet. Hinzu kommt, dass die bei der Haltungsschulung notwendigen Korrekturimpulse eine sehr differenzierte Körperwahrnehmung erfordern, die Kinder erst entwickeln müssen. Verbesserung der Haltungskoordination, Entwicklung eines sicheren Haltungsgefühls ist eine Zielsetzung, die *nur in einem größeren zeitlichen Rahmen zu verwirklichen* ist. Im Sportförderunterricht und im Sportunterricht der Schule sollte eine kurze Einheit zur Schulung der Körperwahrnehmung und speziell des Haltungsgefühls mindestens im Verlauf eines Schulhalbjahres Bestandteil jeder Unterrichtsstunde Sport / Sportförderunterricht sein und später immer wieder aufgenommen werden, um zum Erfolg führen zu können. Insbesondere im Zusammenhang mit dem Sitzen sollten günstige und ungünstige Haltungsgewohnheiten auch im Klassenraum thematisiert und Hilfen zur Verbesserung unphysiologischer Haltung angeboten, wirbelsäulenunfreundliche Bewegungsformen vor allem beim Heben und Tragen konsequent korrigiert werden.

Zur Wechselwirkung von Haltung und Psyche

Im Zusammenhang mit der Haltungskoordination soll noch einmal auf die Komplexität des Phänomens Haltung hingewiesen werden. Die *momentane Stimmung* eines Menschen drückt sich oft deutlich in seiner Haltung und in seinem Gang aus. Aber auch *charakteristische Persönlichkeitsmerkmale* manifestieren sich in einer typischen Körperhaltung und einem entsprechenden Bewegungsverhalten. So ist ein ängstlicher, schüchterner Mensch oft schon äußerlich in der Körperhaltung von jemand zu unterscheiden, der sehr selbstsicher ist und sich eher dominant verhält. Andererseits kann manchmal schon eine Lockerung oder auch eine Straffung, eine Aufrichtung der aktuellen Haltung eine Verbesserung der momentanen Befindlichkeit einleiten.

Beim Ausgleich von Haltungsschwächen ist daher grundsätzlich auch an die Wechselwirkung von Psyche und Haltung zu denken. Diese Zusammenhänge können zum Beispiel durch Elemente des darstellenden Spiels bewusst gemacht werden. Der Wahrnehmung und angemessenen Interpretation des Ausdrucks von Haltung, Gestik und Mimik – der Körpersprache – kommt im *sozialen Kontext* als Grundlage von Interaktion und Kommunikation besondere Bedeutung zu; auch dieses kann im Sportförderunterricht thematisiert werden.

Verursachen psychische Probleme die „schlechte" Haltung oder verstärken sie diese, sollte hier auch der zentrale Ansatzpunkt für eine Intervention gesucht werden. Die Sensibilität des Lehrers für die emotionale Reaktionslage des Schülers spielt in diesem Zusammenhang eine bedeutende Rolle. Eine Vielzahl organisatorischer und methodischer Maßnahmen ausgehend von der Wahl, evtl. auch Gestaltung des Unterrichtsraumes, über die Auswahl von Materialien und Geräten bis hin zu spezifischen Überlegungen zur Gruppenzusammensetzung und zum Lehrerverhalten – kann in der Unterrichtssituation zur Entlastung beitragen. Um diese Kindern wirksam fördern zu können, sind allerdings intensive Absprachen und Zusammenarbeit mit Eltern und anderen Lehrern, evtl. auch Therapeuten notwendig. Sportförderunterricht allein wird die Probleme dieser Kinder nicht lösen, die Haltung höchstens kurzfristig verbessern können.

Haltung und Atmung

Ebenso sind die Zusammenhänge zwischen Haltung und Atmung zu beachten. Treten Haltungsschwächen des Rumpfes, meistens in Form eines Rundrückens, infolge von – zumeist chronischen – Erkrankungen des Atmungssystems auf, kommt einer gezielten Haltungsschulung besondere Bedeutung zu; der Erfolg dieser Haltungsschulung bleibt aber gering, solange die Erkrankung besteht. Da chronisch kranke Kinder in der Regel therapeutisch betreut werden und Haltungsschulung einen Bestandteil des Therapiekonzepts zum Beispiel bei chronischer Bronchitis oder Asthma bronchiale darstellt, ist hier wiederum ein Austausch, gegebenfalls eine Kooperation mit dem behandelnden Therapeuten empfehlenswert. Betroffene Kinder können ermutigt werden, ihre Erfahrungen und Kenntnisse im Hinblick auf Haltungs- und Atemschulung den Mitschülern zu vermitteln (vgl. Kap. 5.3.4).

Zusammenfassung: Bedingungen für eine erfolgreiche Haltungsschulung

Zusammenfassend sollen grundlegende Bedingungen für eine erfolgreiche Haltungsschulung hervorgehoben werden:

- Grundlage gezielter Haltungsschulung ist eine differenzierte Haltungsbeurteilung, die alle Facetten des Phänomens Haltung berücksichtigt.
- Im Vordergrund der Haltungsschulung stehen im Kindesalter
    - eine allgemeine Muskelkräftigung, nur in Einzelfällen differenzierte Kräftigung abgeschwächter und Dehnung verspannter Muskelgruppen, und
    - die Förderung der Haltungskoordination, deren Basis eine umfangreiche, zunehmend differenzierte Förderung der Körperwahrnehmung darstellt.
- Spezifische Inhalte der Förderung der Haltungskoordination beziehen sich auf
    - die Bewusstmachung des Muskeltonus,
    - Förderung der Entspannungsfähigkeit;
    - Bewusstmachung aktueller Haltung und möglicher Veränderungen in Bezug auf die Haltung
        - des Beckengürtels,
        - der Wirbelsäule insgesamt,
        - des Schultergürtels und
        - des Kopfes.
    - Bewusstmachung von Haltung und Bewegung der Füße, insbesondere
        - Abwicklung der Füße beim Gehen, Laufen, Federn, Hüpfen, Springen,
        - kräftiger Absprung (letzter Abdruck vom großen Zeh), weiche, elastische Landung und achsengerechte Einstellung von Knie und Fuß beim Springen und Landen;
    - Vermittlung von Kenntnissen zum Problemkreis Haltung wie zum Beispiel grundlegende funktionell-anatomische Kenntnisse, Kenntnis der gesundheitlichen Bedeutung unphysiologischer Haltungs- und Bewegungsgewohnheiten, u.a.;

- Bewusstmachung der Zusammenhänge von
  - Haltung und Atmung,
  - Haltung und Psyche bzw.
  - Haltung und Körperausdruck (Körpersprache).
- Erfolgreiche Haltungsschulung setzt wie die Koordinationsschulung Motivation voraus, erfordert Konzentration während des Übens und muss langfristig konsequent verfolgt werden.

5. Didaktisch-methodische Überlegungen zum Sportförderunterricht

5.1 Zielsetzungen und Schwerpunkte der Bewegungsförderung

Körperliche und motorische Auffälligkeiten gefährden die Entwicklung eines Kindes in ihrer Gesamtheit. Dabei können die körperlich-motorische Entwicklung ebenso wie die emotionale, die psychosoziale und die kognitive Entwicklung betroffen sein (vgl. Kap. 3.1, Kap. 4.2; Abb. 4-1, 4-2). Je jünger ein Kind ist, wenn es Einschränkungen seiner Wahrnehmungs- und Bewegungsmöglichkeiten erleidet, umso schwerwiegender und komplexer können die Auswirkungen sein. Für eine harmonische, ungestörte Entwicklung sind viele und vielfältige Beanspruchungen, also in Quantität und in Qualität umfangreiche Wahrnehmungs- und Bewegungserfahrungen erforderlich, die zur Auseinandersetzung mit dem eigenen Körper wie auch mit der materialen und der personalen Umwelt herausfordern und zur Erprobung und Erweiterung eigener Kompetenzen führen.

Der häufig durch mangelhafte Wahrnehmungs- und Bewegungserfahrung in Gang gesetzte *Teufelskreis*, der
→ von motorischer Minderleistung und / oder psychosozialer Auffälligkeit ausgehend
→ zu Einschränkung oder Verlust der Motivation für Bewegungsaktivitäten bis hin zu Selbstwertproblemen und Resignation auch im sozialen Kontext führt und
→ nachfolgend weiteren Bewegungsmangel auslöst, vorhandene Defizite verstärkt und verschiedenste Symptome von Verhaltensauffälligkeiten verursachen kann (vgl. Kap. 4.2; Abb. 4-1), sollte möglichst im Sinne der Prävention vermieden oder durch Intervention unterbrochen werden.

Sportförderunterricht als Entwicklungsförderung

Zielsetzung des Sportförderunterrichts ist eine individuelle, ganzheitlich orientierte Entwicklungsförderung über das Medium Bewegung.
Diese Förderung individueller Entwicklung schließt das Bemühen um Prävention und / oder Kompensation motorischer Defizite und psycho-sozialer Auffälligkeiten mit ein und verfolgt insgesamt das Ziel einer Steigerung von Gesundheit und Wohlbefinden. Im schulischen Rahmen kann durch die motorische Förderung eine stärkere Einbindung der Kinder in das Schulleben, eine Steigerung ihrer Schulzufriedenheit und damit auch ihrer Lern- und Leistungsfähigkeit erreicht werden (vgl. KMK 1999).

Die *Schwerpunkte der Bewegungsförderung* ergeben sich
— aus dem Alter und dem Entwicklungsstand der Kinder,

- ihren Vorlieben, Wünschen und Interessen an Bewegungsaktivitäten, auch in Orientierung an Anregungen aus dem Freizeitbereich und
- der körperlichen und motorischen Leistungsfähigkeit bzw. der Art und dem Grad körperlicher Leistungsschwächen und motorischer Defizite sowie
- aus dem Ausmaß und den Erscheinungsformen psychomotorischer und psychosozialer, möglicherweise auch kognitiver Probleme der Kinder;
- aus der Zusammensetzung der jeweiligen Gruppe und
- den organisatorischen Rahmenbedingungen (Zeit, Raum, Geräte und Materialien, Lehrpersonen).

• *Vorschulalter*

Entsprechend dem Verlauf der motorischen Entwicklung steht im Elementarbereich eine umfassende Förderung der Wahrnehmung und elementarer Bewegungsformen im Vordergrund:
- schwerpunktmäßig taktil-kinästhetische und vestibuläre, aber auch visuelle und auditive Wahrnehmung,
- insbesondere Körperwahrnehmung und
- Orientierung im Raum,
- Reaktion auf akustische, optische, evtl. auch taktile Reize,
- elementare Bewegungsformen wie Laufen, Hüpfen, Springen, Balancieren, Klettern, Schaukeln, Schwingen, Ziehen, Schieben, Tragen, Werfen, Fangen, etc., auch in einfachen Bewegungsverbindungen.

Vielfältige Beanspruchungen stellen natürliche Entwicklungsreize dar und beinhalten eine Förderung koordinativer und konditioneller Fähigkeiten.

Motorische Auffälligkeiten sind im Vorschulalter in der Regel *Ausdruck verzögerter Entwicklung* und / oder *allgemeiner körperlicher Leistungsschwäche*. Symptome spezifischer Defizite wie z.B. einer Haltungsschwäche oder einer Ausdauerschwäche sind aufgrund der Dynamik entsprechender Entwicklungsprozesse noch kaum festzustellen. Relativ häufig zu beobachten sind dagegen im Zusammenhang mit einer allgemeinen motorischen Retardierung Auffälligkeiten im Bereich der Grob- und / oder der Feinmotorik, besonders im Hinblick auf die Körperwahrnehmung und das Gleichgewichtsvermögen. Im Vordergrund stehen oft *emotionale und psychosoziale Besonderheiten* – zum Beispiel auffällig ängstliches, gehemmtes Verhalten, Angst insbesondere im Zusammenhang mit motorischen Anforderungen, aber auch unangemessen riskantes Verhalten und daraus resultierend häufige Verletzungen oder Unfälle, extreme motorische Unruhe, geringe Ausdauer und Geduld, häufig aggressives, oppositionelles Verhalten und vieles mehr.

Unabhängig von der Ursache – mangelnde Wahrnehmungs- und Bewegungserfahrung aufgrund ungünstiger Entwicklungsbedingungen oder im Zusammenhang mit einer Behinderung, einer chronischen Krankheit oder auch infolge einer Hirnfunktionsstörung – sind motorische Auffälligkeiten wie auch begleitende psychosoziale Probleme gerade gegen Ende des Vorschulalters bzw. Anfang des Grundschulalters einer Förderung durch Bewegung mit guten Chancen auf Erfolg zugänglich, wenn die Förderung im Einvernehmen und mit Unterstützung der Eltern und Erzieher, gegebenenfalls in Kooperation mit Ärzten und Therapeuten erfolgen kann.

- *Schulanfang – Grundschulalter*

Ähnlich wie im Elementarbereich hat auch im Primarbereich die Bewegungsförderung im wesentlichen die Funktion einer *allgemeinen Entwicklungsförderung* auf der Basis umfassender Wahrnehmungs- und Bewegungsschulung. Neben motorisch-koordinativen Auffälligkeiten treten in diesem Alter aber auch schon Symptome eingeschränkter Leistungsfähigkeit des Haltungs- und Bewegungsapparates und des Herz-Kreislauf-Atmungs-Systems auf, so dass der Sportförderunterricht zunehmend auch *kompensatorische Aufgaben* übernimmt. Besondere Beachtung erfordert die Problematik des Übergewichts schon bei Erstklässlern. Emotionale und psychosoziale Auffälligkeiten werden durch die Anforderungen, die die Einschulung mit sich bringt, häufig verstärkt.

Im Verlauf der Schulzeit ist eine *Tendenz zum Anstieg der Häufigkeit körperlicher und motorischer Auffälligkeiten* zu beobachten (vgl. Kap. 1.2; 1.4.2). Gesundheitliche Probleme wie Übergewicht, koordinative und konditionelle Defizite, insbesondere auch eine muskuläre Dysbalance, Stresssymptome im physischen und psychischen Bereich, Konzentrations- und Aufmerksamkeitsprobleme sowie Einschränkungen der Anstrengungsbereitschaft können vermehrt auftreten. Als Ursache hierfür wäre zum Beispiel eine Reduzierung von Bewegungsaktivitäten durch eine Verlagerung der Interessen denkbar, aber auch einseitige Belastungen zum Beispiel durch häufiges, langandauerndes Sitzen in der Schule wie auch in der Freizeit; hinzu kommen zunehmend höhere Anforderungen in der Schule, u.U. im Zusammenhang mit einem hohen Erwartungsdruck seitens der Familie. Auffälliges Verhalten sowohl im Lern- und Leistungsbereich als auch im sozialen Kontext sollte immer im Zusammenhang mit Selbstwertproblemen von Kindern und Jugendlichen gesehen werden.

- *Primar- und Sekundarstufe(n)*

Im Sportförderunterricht der Primarstufe wie auch der Sekundarstufen werden aufbauend auf der Förderung von Wahrnehmung und elementaren Bewegungsformen vor allem *(sport-)motorische Fertigkeiten* erarbeitet. Dieses erfolgt in der Regel in Anlehnung an die Inhalte des regulären Sportunterrichts, so dass die zusätzliche Übungszeit im Sportförderunterricht Kindern mit einer geringeren motorischen Lernfähigkeit die Chance gibt, komplexe Fertigkeiten zu erlernen und den Anschluss an das Leistungsniveau der Lerngruppe zu finden und zu halten. Werden Fertigkeiten im Sportförderunterricht erlernt, bevor sie im regulären Sportunterricht thematisiert werden, kann dieser Lernvorsprung auch über die Anerkennung der Leistung durch die Gruppe der Mitschüler als Beitrag zur Steigerung des Selbstbewusstseins genutzt werden.

Kinder, die dem Schulsport eher ablehnend gegenüber stehen, sind möglicherweise stärker zu motivieren, wenn im Sportförderunterricht gezielt andere inhaltliche Akzente als im regulären Sportunterricht gesetzt werden. Dieses können

Bewegungs-, Spiel- und Sportformen sein, die der außerschulischen Bewegungskultur zuzuordnen sind; dieses können aber auch Spiel- und Sportgeräte sein, die im regulären Sportunterricht nicht oder nur selten zum Einsatz kommen. Kinder sollten hierzu ihre Vorstellungen und Wünsche äußern und zu einer aktiven Beteiligung an der Planung und Gestaltung des Unterrichts angeregt und aufgefordert werden.

Von besonderer Bedeutung als Inhalt des regulären Sportunterrichts wie des Sportförderunterrichts sind Fertigkeiten, die Kinder befähigen und motivieren, ihre Freizeit bewegungsaktiv zu gestalten – während der Schulzeit und möglichst lebenslang *(vgl. KMK 1999)*. Prävention gegenüber Bewegungsmangel durch die Motivation zu selbständigem, gesundheitsförderlichem Sporttreiben, aber auch Kompensation von motorischen Auffälligkeiten kann einen bedeutsamen Beitrag zur *Mobilisierung von Schutzfaktoren* leisten, die zur *Erhaltung und Stabilisierung der Gesundheit* erforderlich sind (vgl. Kap. 1.3).

Sportförderunterricht als Gesundheitsförderung

- *Mobilisierung von Schutzfaktoren*

Der Sportförderunterricht bietet eine Fülle von Möglichkeiten, Schutzfaktoren zu unterstützen, die im Konzept der Salutogenese (Antonovsky 1987, 1997) als *generalisierte Widerstandsquellen* bezeichnet werden (vgl. Kap. 1.3). Hierzu gehören

- als *physiologische Faktoren* alle Maßnahmen, die zur Förderung der körperlichen und motorischen Leistungsfähigkeit und zum Ausgleich vorhandener Defizite führen.
Dieses kann aktuell eine Steigerung der Befindlichkeit und der Lebensqualität bedeuten und gilt generell – insbesondere im Zusammenhang mit der Motivation zu freizeitorientiertem, lebenslangem Sporttreiben – als wichtiger Beitrag zur Prävention gegenüber der Vielzahl von zivilisationsbedingten Erkrankungen schon im Kindes- und Jugendalter, aber auch im (späteren) Erwachsenenalter.

- als *kognitive Faktoren* die Vermittlung von Kenntnissen über Formen der Belastung im Rahmen von Bewegung, Spiel und Sport und die jeweils individuelle Belastbarkeit.
Im Zusammenhang mit entsprechenden Kenntnissen, die möglichst fächerübergreifend vermittelt werden sollten, erwerben Kinder im Sportförderunterricht ein Gespür für psycho-physische Belastungen auch als Grundlage einer realistischen Selbsteinschätzung und eines verantwortungsvollen Umgangs mit sich selbst, mit ihren Mitmenschen und der Umwelt.

- als Hilfe zur Entwicklung *individueller Bewältigungsmuster im Umgang mit Stressoren* eine Sensibilisierung für die Reaktionen des eigenen Körpers. Diese entwickelt sich auf der Basis zunehmend differenzierter Körperwahrnehmung im Zusammenhang mit dem Erwerb entsprechender Kenntnisse. Diese Sensibilität ist Voraussetzung für das Erlernen von Techniken und Verfahren zur Förderung der Entspannungsfähigkeit; die Fähigkeit, sich in belastenden Situationen bewusst zu entspannen, kann im Rahmen des Sportförderunterrichts allerdings nur angebahnt werden.

- Als *soziale Unterstützungssysteme* sind zunächst die *Gruppe des Sportförderunterrichts* selbst, aber auch der Klassenverband und die Schule zu nennen.

Diese können nur als soziale Unterstützungssysteme wirken, wenn es gelingt, an der Schule ein integrationsförderndes, positives soziales Klima zu schaffen, in dem auch individuelle Schwächen oder Auffälligkeiten und entsprechende Fördermaßnahmen Akzeptanz finden. Fehlen diese Voraussetzungen, führt eine zusätzliche Förderung in der Kleingruppe möglicherweise zu Spott, Ablehnung und Ausgrenzung und damit zu einer zusätzlichen Belastung, die als besonderer Stressor die Gesundheit gefährdet.

Im Sportförderunterricht bieten sich aber aufgrund der Größe und der Zusammensetzung der Gruppe besondere Chancen für die Förderung sozialer Kompetenzen (vgl. Kap. 5.3.2). Den Kindern wird Verständnis für die Schwächen anderer vermittelt ebenso wie die Bereitschaft, die Stärken anderer anzuerkennen, gefördert wird. Werden Akzeptanz der eigenen Schwächen und Toleranz, Rücksichtnahme, Hilfsbereitschaft, auch Verantwortungsbewusstsein gegenüber anderen mit ihren Schwächen und Stärken angebahnt, sollte sich jeder in der Gruppe gut aufgehoben und wohl fühlen können.

Neben der pädagogischen Kompetenz der Lehrkraft ist allerdings auch die Unterstützung von Eltern und Geschwistern der Kinder notwendig:

- zum Beispiel durch eine positive Einstellung gegenüber dem Sportförderunterricht,

- durch die Bereitschaft, bewegungsaktives Freizeitverhalten der Kinder zu unterstützen und dafür die notwendigen Rahmenbedingungen zu schaffen – beispielsweise durch die Anschaffung erwünschter Geräte und Materialien oder die Erlaubnis, einem Sportverein beizutreten

- oder auch durch die Bereitschaft, zusammen mit dem Kind Sport zu treiben und die Freizeit gemeinsam bewegungsaktiv(er) zu gestalten.

Eine enge Zusammenarbeit der Lehrkraft, die den Sportförderunterricht erteilt, mit *Klassenlehrern und Fachlehrern* der Kinder, die den Sportförderunterricht besuchen, sollte dazu beitragen, die Position dieser Kinder in ihrer Klasse und in der Schule zu stärken. Ebenso können in Einzelfällen Informationsaustausch und Kooperation mit behandelnden *Ärzten und Therapeuten* Entlastung für ein Kind bedeuten und den Erfolg der motorischen Förderung unterstützen.

- *Ökonomische Faktoren* im Bereich der Familie sind nicht außer Acht zu lassen als Unterstützung des Kindes (Kosten für Sportkleidung, Geräte und Materialien, für Vereinsbeiträge u.a.); sie sind aber auch Voraussetzung für die Möglichkeit der Schulen, Sportfördergruppen einzurichten und die notwendigen Rahmenbedingungen (Ausstattung, u.U. Anmietung von Räumen u.a.)

zu schaffen. Hier sind *soziale und ökonomische Aspekte der Unterstützung* innerhalb der Gemeinde und der Gesellschaft insgesamt gefragt.

- **Zur Stärkung des Kohärenzgefühls**

In Wechselwirkung mit den generalisierten Widerstandsquellen steht das Kohärenzgefühl (Kohärenzsinn), das als zentrales Phänomen im Konzept der Salutogenese hervorzuheben ist (vgl. Kap. 1.3). Entsprechend rückt die *Stärkung des Kohärenzgefühls* in den Mittelpunkt gesundheitsfördernder Maßnahmen.

Ein starkes Kohärenzgefühl geht einher mit der Gewissheit, Lebensbedingungen und Aufgabenstellungen zu verstehen, beinflussen und kontrollieren sowie gestellte Anforderungen bewältigen zu können; es wird gekennzeichnet durch die Überzeugung, dass Anstrengung und Engagement sich lohnen. Das Kohärenzgefühls kann im wesentlichen mit einem *positiven Selbstkonzept* gleich gesetzt werden *(vgl. Hurrelmann 1994)*.

Das Selbstbild – das Bild, das ein Mensch von sich selbst hat – entwickelt sich aufgrund vielfältiger Erfahrungen, im wesentlichen aufgrund der Erfahrungen, die im Zusammenhang mit dem eigenen Körper stehen und zur Ausbildung des individuellen Körperbildes führen. Dieses Körperbild oder Körperkonzept stellt somit einen wichtigen Teilaspekt des Selbstbildes oder Selbstkonzeptes dar (vgl. Kap. 3.3).

Damit wird die *Bedeutung der Förderung der Körperwahrnehmung als grundlegendem Inhaltsbereich des Sportförderunterrichts* unterstrichen: Die Förderung differenzierter Körperwahrnehmung bezieht sich nicht nur auf die physiologischen und die kognitiven Anteile der Wahrnehmung, sondern bemüht sich auch darum, über die emotionalen und psychosozialen Aspekte ein positives Körperbild zu vermitteln (vgl. Kap. 3.3; Abb. 3-8, 3-9). So kann durch die Förderung der Körperwahrnehmung im Mittelpunkt einer ganzheitlich orientierten Entwicklungsförderung über das Medium Bewegung ein wesentlicher Beitrag zur Stärkung des Kohärenzgefühls und damit zur Stabilisierung der Gesundheit geleistet werden (vgl. Kap. 1.3).

Allerdings ist auch kritisch darauf hinzuweisen, dass im Sportförderunterricht nur Impulse gesetzt werden können. Vor allem der relativ geringe zeitliche Rahmen, aber auch generell die Wirksamkeit motopädagogischer Maßnahmen im Vergleich zu den individuell gegebenen, u.U. ungünstigen sozio-ökonomischen und sozio-ökologischen Lebensbedingungen eines Kindes relativieren die *Chancen des Sportförderunterrichts* im Hinblick auf eine wirksame Stärkung des Kohärenzgefühls und überdauernde Gesundheitsförderung *(vgl. Brodtmann 1998)*, wenn es nicht gelingt, das Anliegen des Sportförderunterrichts in den gesamten Schulalltag und in die Familien der Kinder hineinzutragen, die Öffentlichkeit dafür zu sensibilisieren und die Verantwortung der Politik einzufordern.

5.2 Zur Planung und Durchführung des Sportförderunterrichts

5.2.1 Voraussetzungen für die Planung

In der Gruppe des Sportförderunterrichts befinden sich Kinder aus verschiedenen Klassen und Klassenstufen. Alle Kinder der Gruppe haben einen – individuell unterschiedlichen – spezifischen Förderbedarf, der zu der Empfehlung einer Teilnahme am Sportförderunterricht geführt hat. Daher kennzeichnet in der Regel eine *große Heterogenität* die Gruppe der am Sportförderunterricht teilnehmenden Kinder. Insbesondere die Kinder mit psychosozialen Auffälligkeiten stellen die Lehrkraft vor eine große Herausforderung: Im Sportförderunterricht sammeln sich oft die „schwierigen" Kinder der Schule. Die geringe Gruppengröße, die eine sorgfältige Beobachtung und intensiven Kontakt zu jedem einzelnen Kind als Grundlage individueller Förderung zulässt, bietet aber die Chance, diese Herausforderung zu meistern.

Zusammensetzung der Gruppe

Schon im Vorfeld ist die Zusammensetzung einer Gruppe zusammen mit den Klassenlehrern, die die Kinder kennen, sorgfältig zu planen. Nach Möglichkeit sollten einer Sportförderunterrichtsgruppe nicht mehrere Kinder mit deutlichen Verhaltensauffälligkeiten zugeteilt werden, da diese die Aufmerksamkeit der Lehrkraft in hohem Maße binden. Trotz guter Planung kommt es aber in Einzelfällen vor, dass ein Kind aufgrund seines problematischen Verhaltens eine Gruppe dominiert und verhindert, dass jedes Gruppenmitglied ausreichend Beachtung und die nötige individuelle Förderung erhält. Hier kann es hilfreich sein, dieses Kind aus der Gruppe auszugliedern und seine Integration in eine andere Gruppe zu versuchen. Es ist aber durchaus auch denkbar, dass die Verhaltensprobleme eines Kindes so groß sind, dass sie im Rahmen des Sportförderunterrichts nicht aufgefangen werden können. In Absprache mit den Eltern und mit Kollegen, nach Möglichkeit unter Beteiligung von Vertretern des schulpsychologischen Dienstes, sollte dann eine Möglichkeit zusätzlicher außerschulischer Förderung, wahrscheinlich verhaltenstherapeutischer Maßnahmen, gesucht und eingeleitet werden.

Voraussetzung für die Planung des Unterrichts ist das Bemühen um eine *umfangreiche, möglichst differenzierte Information über jedes einzelne Kind der Gruppe*. Dabei sind zunächst die Informationen zusammenzutragen, die zur Empfehlung des Sportförderunterrichts geführt haben: die Befunde des Schularztes, wenn dieser ein Auswahlverfahren durchgeführt hat, und / oder die Beurteilungen der jeweiligen Klassenlehrer, teilweise auch Wünsche von Eltern. Hinzu kommen die Informationen über die Kinder aus Elterngesprächen.
Gespräche mit Eltern, Lehrern und anderen Bezugspersonen eines Kindes, möglicherweise mit Ärzten und Therapeuten bieten nicht nur zu Beginn, sondern während, u.U. auch nach Abschluss eines Sportförderunterrichtskurses eine un-

verzichtbare Informationsquelle, die den Erfolg der motorischen Förderung – im Sportförderunterricht und darüber hinaus – wesentlich unterstützen kann.

Erste Unterrichtsstunden – Kennenlernen, Beobachtung und Beurteilung von Verhalten, Haltung und Bewegung

Die ersten Unterrichtsstunden haben im wesentlichen das Ziel des gegenseitigen Kennenlernens: Der Lehrer macht sich mit den Schülern vertraut und umgekehrt; die Schüler nehmen untereinander Kontakt auf und suchen ihren Platz in der neuen Gruppe. Gerade für psychosozial auffällige, in ihrer Klasse schlecht integrierte, sozial randständige Kinder eröffnet die neue Gruppe, in der sich ein soziales Gefüge noch entwickeln und stabilisieren wird, eine große Chance: Hier können sie – u.U anders als in der Herkunftsklasse – Akzeptanz und Wertschätzung erfahren und in einem positiven sozialen Klima die eigene soziale Sensibilität, aber auch die eigene Frustrationstoleranz vergrößern und die Fähigkeit zur Kommunikation und Kooperation sowie die Fähigkeit, Konflikte auszutragen, ausbauen. Sorgfältige Beobachtung jedes einzelnen Gruppenmitgliedes ist Grundlage sowohl für aktuelle Interventionen als auch für die längerfristige Planung.

Aspekte der Integration und der Motivation bestimmen vorrangig die Gestaltung der ersten Stunden. Im Gespräch können Erwartungen und Wünsche, vielleicht auch Ängste und Befürchtungen der Kinder in Erfahrung gebracht werden; im Gespräch sollten aber auch Regeln für das Miteinander in der Sportförderunterrichtsgruppe gemeinsam erarbeitet, u.U. schriftlich fixiert und gut sichtbar in der Turnhalle angebracht werden. Diese Regeln können nach Bedarf immer wieder in Erinnerung gebracht, aber auch diskutiert, modifiziert und erweitert werden.

Die Inhalte werden so gewählt, dass sie das Miteinander herausfordern und möglichst allen Kindern Spaß machen; darüber hinaus sollten sie vielfältige Beanspruchungen beinhalten, die dem Lehrer einen *Überblick über die motorische Leistungsfähigkeit bzw. vorhandene Defizite jedes einzelnen Kindes* ermöglichen. Hier bieten sich die Aufgaben an, die für eine spezifische Auswahluntersuchung für den Sportförderunterricht empfohlen werden (vgl. Kap. 4.4, spez. 4.4.6; Abb. 4-30). Einzelne Aufgaben oder Aufgabengruppen sind leicht in den Unterricht zu integrieren. Damit hier möglichst wenig Information verloren geht, empfiehlt es sich, eine zweite Person hinzuzuziehen, die die Beobachtungen protokolliert. Möglicherweise können Videoaufzeichnungen angefertigt werden, die später eine differenzierte Auswertung erlauben.

Eine *qualitative Bewertung des motorischen Verhaltens* gelingt umso besser, je mehr Erfahrung in der Bewegungsbeobachtung ein Lehrer hat. Einfacher ist die *Erhebung quantitativer Daten.* So kann bei Grundschulkindern die Beurteilung körperlicher Leistungsfähigkeit zum Beispiel anhand des Allgemeinen sportmotorischen Tests für Kinder von 6-11 Jahren (AST) von Bös und Wohlmann (1987) oder des Karlsruher Testsystems für Kinder (KATS-K) von Bös et al. (2001) vorgenommen werden. Der Auswahltest Sportförderunterricht (AST) bzw. Münchner Fitnesstest (MFT) von Rusch, Bradfisch und Irrgang (1994; vgl. Rusch & Weineck 1998) bietet sich für Kinder und Jugendliche an (6- bis 17-Jährige). Für

Jugendliche (11- bis 17-Jährige) empfehlen Bös und Mechling (vgl. Beck & Bös 1995) darüber hinaus das International Physical Fitness Test Profil (IPPTP). Diese Verfahren führen mit ihren konkreten Vorgaben bezüglich benötigter Materialien, der Durchführung sowie der Messwertaufnahme bei einer jeden Aufgabe zu einem objektiven Ergebnis, das anhand der vorhandenen Normwerte interpretiert werden kann. Bei wiederholter Durchführung sind Leistungsfortschritte gut zu dokumentieren. Allerdings ist auch die Durchführung dieser Verfahren mit einigem organisatorischem Aufwand verbunden. Bei jüngeren Kindern sollte pro Station / pro Aufgabe ein Helfer zur Verfügung stehen; ältere Schüler können die Stationen partnerweise durchlaufen und gegenseitig die erreichte Punktzahl protokollieren.

Eine solche quantitative Beurteilung – deklariert als Fitness-Olympiade, o.ä. – wird in aller Regel von Kindern gern absolviert. Allerdings ist darauf zu achten, dass nicht ein Ergebnisvergleich der Kinder untereinander in den Mittelpunkt gerät, sondern individuell die Stärken und Schwächen als Grundlage einer realistischen Selbsteinschätzung bewusst gemacht werden. Das Bewusstsein eigener körperlicher Stärken und motorischer Leistungsfähigkeit unterstützt das Selbstbewusstsein und kann als Motivation dienen, auch an den Schwächen zu arbeiten; letztlich muss ein jeder aber auch lernen, eigene Schwächen zu akzeptieren. Bei wiederholter Durchführung der Testaufgaben sind intraindividuelle Verbesserungen herauszustellen und von allen Gruppenmitgliedern zu würdigen.

Dokumentation von Beobachtungen und Beurteilungsverfahren

Alle Informationen über jedes einzelne Kind, zum Beispiel
- individuelle Stärken und Schwächen, insbesondere im motorischen Leistungsbereich,
- Interessen, Wünsche, Vorlieben und Abneigungen,
- besondere Kenntnisse und Kompetenzen, aber auch vorhandene Defizite,
- problematisches Verhalten wie auch bemerkenswerte positive Verhaltensweisen, insbesondere im sozialen Kontext

sollten schriftlich fixiert und fortlaufend – im Verlauf des gesamten Förderkurses – ergänzt werden. Diese Dokumentation stellt eine wichtige Grundlage für Gespräche mit Eltern und den Austausch mit Kollegen dar. Aber auch die Planung und erfolgreiche Durchführung der Intervention sind nur auf der Basis umfangreicher Kenntnisse und zunehmenden Verständnisses für die Situation eines jeden Kindes denkbar.

Mehrdimensionalität als Prinzip der Förderung durch Bewegung

Um das Anliegen des Sportförderunterrichts – eine individuelle, ganzheitlich orientierte Entwicklungsförderung – zu verwirklichen, wird die Mehrdimensionalität der Bewegung genutzt (vgl. Kap. 2.1; Abb. 2-5; Kap. 1.3; Abb. 1-9): Eine Bewegung stellt nicht nur eine körperliche und motorische – koordinative und konditionelle – Belastung dar, sondern beinhaltet immer auch eine emotionale, psycho-soziale und eine kognitive Beanspruchung; mehr oder weniger deutlich spielen auch ökologische Aspekte eine Rolle.

Schon bei der Planung des Unterrichts kommt es darauf an, sich diese verschiedenen Aspekte einer jeden Bewegungsaufgabe bewusst zu machen und zu prüfen, inwieweit diese für jedes einzelne Kind der Gruppe relevant sind bzw. inwieweit ein spezifischer Förderbedarf besteht. Eine bestimmte Aufgabenstellung wie zum Beispiel das *Überwinden einer Gerätebahn* kann

- für ein Kind der Gruppe eine besondere Anforderung an die Muskelkraft darstellen,
- für ein anderes Kind stehen koordinative Aspekte wie Impulsdosierung, Bewegungsfluss, Elastizität oder auch Flexibilität im Vordergrund.
- Andere wiederum haben weniger konditionelle oder koordinative Probleme, müssen aber ihre Angst überwinden oder ihre Risikobereitschaft angemessen einsetzen;
- sie müssen u.U. Hilfe anfordern und in Anspruch nehmen, möglicherweise auch anderen Hilfe anbieten,
- ihre Aufmerksamkeit bewusst auf bestimmte Raumwege oder Signale lenken und vieles mehr.

Schon bei der Planung einer Stunde sollte überlegt werden, wie die vorgesehenen Inhalte aufbereitet werden können, um bei gleicher Aufgabenstellung bzw. im Rahmen eines bestimmten Unterrichtsschwerpunktes jedem einzelnen Kind die Impulse zu geben, die im Sinne individueller Förderung vorrangig notwendig sind.

Abbildung 5-1 verdeutlicht dieses Konzept: Ausgangspunkt und Grundlage motorischer Intervention stellt die Förderung der *Körperwahrnehmung* dar, die unter Berücksichtigung der physischen, kognitiven und emotional-psychosozialen Facetten der Körperwahrnehmung (vgl. Abb. 3-8) den ganzen Menschen anspricht – ihn fordert und fördert. Entsprechend ist zu prüfen, in welcher Hinsicht und in welchem Maße darüber hinaus eine Beanspruchung der unterschiedlichen *Dimensionen der Motorik* durch die jeweils geplanten Unterrichtsinhalte zu erwarten ist. Im Vergleich mit dem spezifischen Förderbedarf der einzelnen Kinder innerhalb einer Gruppe kann auf dieser Basis eine individuelle ganzheitliche Förderung erfolgen.

5.2.2 Jahresplanung

Die Informationen, die im Verlauf der ersten Stunden aus Gesprächen und Beobachtungen, evtl. aus Testverfahren gesammelt wurden, sind Grundlage der Gesamtplanung, die sich in der Regel über ein Schuljahr erstreckt. Ein Förderschwerpunkt sollte für einen Zeitraum (Abschnitt) von vier bis sechs Wochen geplant werden, damit die Chance besteht, Bewusstsein zu wecken und Erfolge sichtbar zu machen.

Die Schwerpunktsetzung orientiert sich primär an den *klassischen Förderbereichen*: Bewegungskoordination (Wahrnehmung, koordinative Fähigkeiten, motorische Fertigkeiten), Haltungsbewusstsein / Haltungsleistungsfähigkeit des Fußes und des Rumpfes mit allen Facetten, die die Körperhaltung bestimmen, und die allgemeine aerobe Ausdauer. Diese Schwerpunkte enthalten vielfältige Überschnei-

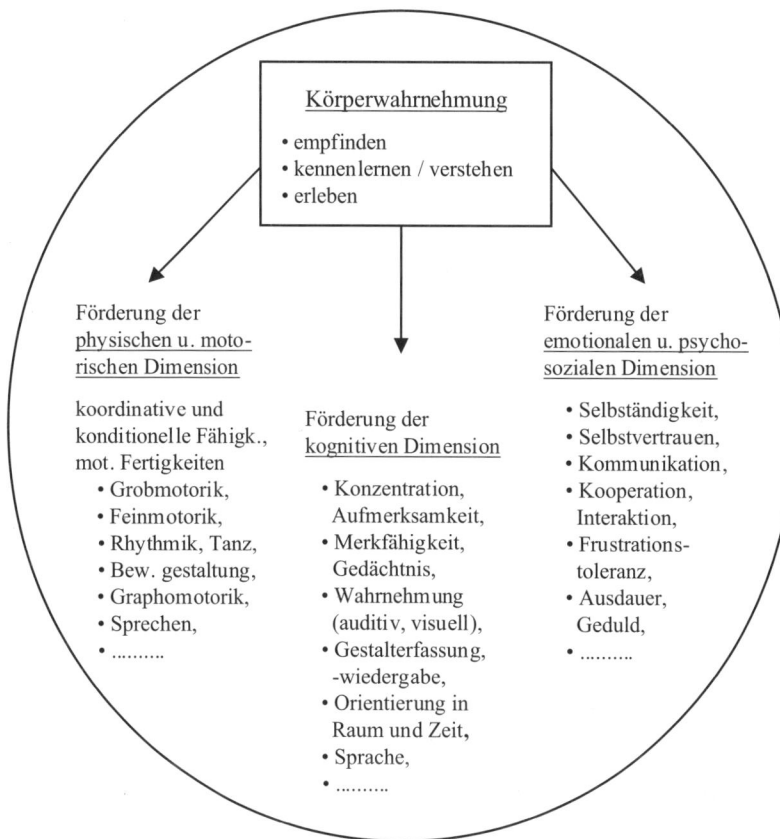

Abb. 5-1: Körperwahrnehmung im Mittelpunkt des Sportförderunterrichts – Mehrdimensionalität als grundlegendes Prinzip motorischer Intervention

dungen wie zum Beispiele koordinative Anteile der Haltungs- und Ausdauerleistungsfähigkeit, konditionelle Anteile motorischer Fertigkeiten, Haltungsbewusstsein im Rahmen koordinativer Beanspruchung und bei motorischen Fertigkeiten, Körperwahrnehmung bei Ausdauerbelastungen etc., so dass sich auch bei einer solchen Schwerpunktsetzung keine einseitige Förderung ergibt.

Unabhängig von dieser haltungs- und bewegungsorientierten Schwerpunktsetzung kommen immer vielfältige Möglichkeiten – und Notwendigkeiten – pädagogischer Einflussnahme hinzu, die im Sinne der Mehrdimensionalität aufbereitet werden; hier ist vor allem an die Unterstützung individueller Motivation zu denken, an die Anregung zu mehr Bewegungsaktivität im Freizeitbereich, die Förderung eines positiven Körper- und Selbstbildes, Förderung der sozialen Kompetenz und die Steigerung des Lern- und Leistungsverhaltens. Je nach Art und

Grad individueller Probleme oder spezifischer Gruppenzusammensetzung kann auch eine dieser Zielsetzungen als Schwerpunktthema des Sportförderunterrichts für einen bestimmten Zeitraum im Vordergrund stehen.

Für die Schüler wird die Planung konkreter und erleichtert ihnen möglicherweise die Anteilnahme und aktive Beteiligung an der Planung, wenn eine *Orientierung an den Inhaltsbereichen des Schulsports oder außerschulisch aktuellen Bewegungsformen* erfolgt, die den Kindern mehr oder weniger geläufig sind. Die Inhaltsbereiche des Schulsports werden in den Richtlinien und Lehrplänen für die einzelnen Schulstufen und Schulformen beschrieben. Eine Analyse dieser Inhalte im Hinblick auf die unterschiedlichen Beanspruchungsformen verdeutlicht die Zusammenhänge mit den klassischen Schwerpunkten des Sportförderunterrichts; beide lassen sich problemlos zur Deckung bringen.

Eine weitere Orientierungsmöglichkeit für die Jahresplanung des Sportförderunterrichts stellen *äußere Bedingungen* wie die Jahreszeiten, auch Fest- und Feiertage und schulische Rahmenbedingungen wie Ferienzeiten, Schulfeste u.a. dar.
− So bietet es sich zum Beispiel an, ein leichtathletisch orientiertes Schulsportfest oder eine entsprechende Initiative eines Sportvereins oder der Kommune zum Anlass zu nehmen, im Sportförderunterricht einen Schwerpunkt Ausdauerschulung – „Lieber länger laufen" o.ä. – einzuplanen und sich mit der Gruppe an dem Ereignis aktiv zu beteiligen.
− Schuljahresabschlussfeste werden in der Regel von Schülergruppen gestaltet; hier kann auch die Gruppe des Sportförderunterrichts einen Beitrag leisten – zum Beispiel als Ergebnis des Schwerpunkts Koordinationsschulung eine „Zirkusvorstellung" mit Balancierübungen, Clownerien und anderem, je nach Vermögen der einzelnen Kinder oder eine Demonstration „Bodenakrobatik", die sich aus dem Schwerpunkt Haltungsschulung – Körper- / Haltungswahrnehmung, Körperzusammenschluss, Muskelkraft – ergibt, und vieles mehr.
− Besondere Witterungsbedingungen – Sturm, Schnee, Eis – können zwar nicht geplant werden, sollten aber nach Möglichkeit spontan zur Förderung der Körperwahrnehmung und als Anregung für mehr Bewegungsaktivität im Freien, auch bei vermeintlich schlechtem Wetter, genutzt werden.

Viele andere Anlässe für die Planung des Sportförderunterrichts sind denkbar. Im Vordergrund stehen aber immer die Bedürfnisse der Kinder einer Gruppe.

5.2.3 Planung einer Unterrichtseinheit

Die Planung einer Unterrichtsstunde setzt vielfältige Vorüberlegungen voraus, die einerseits die Rahmenbedingungen, anderseits die Zusammensetzung der Gruppe und die individuellen Bedingungen jedes einzelnen Kindes sowie die geplanten Inhalte der Stunde betreffen.

- *Zu den Rahmenbedingungen*

Die Vorüberlegungen zu den Rahmenbedingungen erscheinen selbstverständlich. Dennoch ergeben sich in der Praxis nicht selten erhebliche Irritationen, wenn diese Vorüberlegungen vernachlässigt wurden oder sich kurzfristige Änderungen ergeben.

Voraussetzung für die Planung einer Stunde ist die Kenntnis und Berücksichtigung der *zeitlichen und räumlichen Bedingungen*:

Integriert in den Vormittagsunterricht stehen für den Sportförderunterricht in der Regel Randstunden zur Verfügung. Motivation, Konzentration und Leistungsbereitschaft der Kinder können sehr unterschiedlich sein, je nachdem ob sie in der ersten / zweiten Stunde oder mittags (5. / 6. Stunde) zum Sportförderunterricht gehen. Wenn der Förderunterricht nachmittags angeboten wird, stellt sich die Frage, ob die Kinder in der Schule bleiben oder nachmittags ein zweites Mal zur Schule kommen, ob sie zu Mittag gegessen haben oder nicht, und vieles mehr. Zu der Bedeutung, die die Unterrichtszeit generell hat, kommen noch die jeweils situativen Bedingungen hinzu, die teils in die Planung mit einzubeziehen sind, teils spontane Berücksichtigung erfordern: Welche Ereignisse mit welcher Bedeutung für das einzelne Kind haben vor dem Sportförderunterricht stattgefunden (z.B. Klassenarbeit, beliebtes / weniger beliebtes oder besonders anstrengendes Unterrichtsfach, Streit auf dem Schulhof, Aufregungen auf dem Schulweg), welches Unterrichtsfach, welche Tätigkeiten / Ereignisse folgen dem Sportförderunterricht, welche möglicherweise besonders attraktiven Parallelangebote zum Sportförderunterricht gäbe es (generell oder an bestimmten Tagen)?

Als Raum steht in der Regel eine Turnhalle zur Verfügung. Voraussetzung für die Stundenplanung ist die genaue Kenntnis der Raummaße, auch der Nebenräume und Zugangswege, der Anordnung von Fenstern, Türen und Geräteraum, der Anzahl und Beschaffenheit vorhandener Geräte und Materialien (intakt?, Größe / Gewicht?, von Kindern zu transportieren, aufzubauen, zu sichern?, u.a.) sowie deren Aufbewahrungsort ebenso wie des Aufbewahrungsortes von notwendigen Schlüsseln.

Zur Sorgfaltspflicht gehört es schließlich auch, sich zu vergewissern wo sich der Erste-Hilfe-Kasten befindet, wie er zugänglich ist (Schlüssel?), ob er vollständig ausgestattet ist und welcher Arzt im Notfall zu verständigen ist. Nehmen behinderte oder chronisch kranke Kinder am Unterricht teil, ist u.U. die Information über besondere Notfallmaßnahmen erforderlich.

Andere Räume, die alternativ zur Turnhalle genutzt werden können oder teilweise auch genutzt werden müssen, sollten ebenso sorgfältig in ihren räumlichen und materialen Gegebenheiten in Erfahrung gebracht und auf ihre Eignung für die Umsetzung der Ziele des Sportförderunterrichts geprüft werden. Als alternative Räume kommen zum Beispiel der Schulhof, anderes Außengelände der Schule, evtl. in der Umgebung der Schule in Frage, aber auch ein Sportplatz, ein Lehrschwimmbecken oder Schwimmbad, eine Pausenhalle oder ein größerer Klassenraum.

- *Zu den Bedingungen der Gruppe*

Die Gruppengröße und das Alter der Kinder sind ebenso bekannt wie die Zugehörigkeit der Kinder zu unterschiedlichen Klassen und Klassenstufen. Die Kenntnis der Inhalte des Sportunterrichts dieser Klassen kann eine wichtige Orientierung für die Planung des Sportförderunterrichts geben.

Findet der Sportförderunterricht nachmittags statt, kommen häufig Geschwisterkinder und Freunde mit, die gern teilnehmen möchten. Hier ist vorab zu klären – mit der Schulleitung im Hinblick auf versicherungstechnische Fragen, ebenso mit Eltern, die eine Teilnahme von Geschwisterkindern befürworten –, inwieweit diese Wünsche grundsätzlich Berücksichtigung finden dürfen. Dürfen „Gäste" teilnehmen, muss die Gruppengröße bei der Planung flexibel gehandhabt werden.

Findet der Sportförderunterricht nachmittags statt, ist generell mit einer stabilen Gruppengröße nicht zu rechnen. Zumindest wenn im Primarbereich die Kinder zum Sportförderunterricht am Nachmittag erneut in die Schule kommen müssen, entscheiden sich Eltern und / oder Kinder nicht selten, anderen Aktivitäten größere Priorität zuzumessen (Kindergeburtstag, Arztbesuch, Einkäufe, etc.). Wenn die schulpolitische Entwicklung auch im Primarbereich künftig zu mehr Ganztagsschulen führt, wird sich diese Situation allerdings verändern.

Bei der Zusammensetzung der Gruppe ist einerseits die möglichst genaue, umfassende Kenntnis der Persönlichkeit und des Entwicklungsstandes jedes einzelnen Kindes mit seinen Stärken und Schwächen Voraussetzung für die Planung einer Stunde, die das Ziel individueller Förderung verfolgt. Die Dokumentation aller Informationen über und Erfahrungen mit einem jeden Kind der Gruppe „schärft den Blick" des Lehrers für den einzelnen Schüler und bietet eine sichere Orientierungshilfe für die Planung.

Andererseits müssen soziale Strukturen und Rollen innerhalb der Gruppe wie zum Beispiel Freundschaften, Cliquen, Rivalitäten, Sympathie und Antipathie im Verhältnis einzelner Kinder zueinander, gegenseitige Akzeptanz, Bewunderung oder Ablehnung und Außenseiterpositionen einzelner – möglichst auch deren Begründung – erkannt und beachtet, auch in ihren dynamischen Veränderungsprozessen beobachtet werden. Das Bemühen um ein freundlich akzeptierendes Miteinander innerhalb der Gruppe und den Abbau von Außenseiterpositionen im Zusammenhang mit einer Förderung der sozialen Kompetenz aller stellt eine wichtige Grundlage für die Unterrichtsplanung dar.

- *Offener versus geschlossener Unterricht*

Überlegungen zur Stundenplanung erfordern zunächst eine Auseinandersetzung mit vorhandenen Unterrichtskonzepten. Dem klassischen lernzielorientierten Konzept wird ein offenes Unterrichtskonzept gegenübergestellt (vgl. Kurz 1998).

Charakteristisch für einen *lernzielorientierten (geschlossenen) Unterricht* sind Entscheidungen des Lehrers: Er legt Unterrichtsziele, Inhalte und Methoden fest und kontrolliert, ob die gesetzten Ziele erreicht wurden. Die Ergebnisse der Lernkontrollen sind Grundlage weiterer Planung.

Stringente Planung und Durchführung des Unterrichts nach diesem Konzept sind allerdings nicht ohne weiteres möglich. Als Gegenpol wird, im wesentlich initiiert durch die Frankfurter Arbeitsgruppe (1982), für eine Öffnung des Sportunterrichts plädiert. *Offener Unterricht* besteht aber nicht – wie manchmal missverstanden – aus planlosem, allein von Schülern bestimmtem, spontanem Agieren, das leicht im Chaos endet. Eine Gegenüberstellung offenen und geschlossenen Unterrichts darf nicht als Kontroverse – „Toben oder Lernen" – verstanden werden (Funke 199, 121).

Sportunterricht als schulische Veranstaltung hat immer Ziele zu verfolgen (vgl. Wurzel 1994). Dieses gilt auch für den Sportförderunterricht. Eine Orientierung an vorgegebenen Lernzielen steht deshalb außer Frage. Mehrdimensionalität als grundlegendes Prinzip der Förderung durch Bewegung lässt sich allerdings besser in einem mehr oder weniger weit geöffneten Unterricht verwirklichen. Insofern sollte Sportförderunterricht so geschlossen (lernzielorientiert) wie nötig, aber so offen wie möglich geplant werden, um seinen Zielsetzungen gerecht werden zu können.

Eine Öffnung des Unterrichts heißt nicht Verzicht auf Planung. Offener Unterricht ist in seinem Verlauf offen. Er muss auch – zumindest teilweise – ergebnisoffen sein, wenn er der Individualität der Schüler gerecht werden will und wenn er die Förderung von Kreativität, Selbständigkeit, Verantwortungsbewusstsein, Teamfähigkeit, Fähigkeit zur Lösung von Problemen, und andere pädagogisch bedeutsame Zielen verfolgt. Das bedeutet für die Planung, dass es keinen „eingleisigen", genau vorhersehbaren Stundenverlauf geben kann. Typisch sind Bewegungsaufgaben, die von Schülern in einem vorgegebenen Rahmen frei gestaltet werden können. Bei jüngeren Kindern sind die Bewegungsaufgaben leicht in kindgemäße, die Phantasie anregende Geschichten einzubinden, die über mehrere Stunden hinweg zum Unterrichtsthema werden.

Schon in die Planung sollten umfangreiche Überlegungen zu möglichen Variationen und alternativen Lösungen der Bewegungsaufgaben eingehen, auch wenn die Lösungen, die die Kinder finden, von diesen u.U. erheblich abweichen; falls die Kinder keine adäquaten Lösungen finden, muss der Lehrer hier gezielt Hilfestellung geben können. Auch die jeweils situationsspezifischen Bedingungen und die Verhaltensweisen der Kinder, die nie ganz genau vorauszusehen sind, bestimmen den Unterrichtsverlauf mit. Funke (1991, 13) kennzeichnet „die Grundstruktur von Unterricht als ein Verständigung erzeugendes, aufeinander bezogenes Handeln von Schülern und Lehrern".

Dieses Verständnis von Unterricht stellt hohe Anforderungen an die Kompetenz der Lehrkraft – sowohl an die fachliche als auch an die pädagogische Kompetenz.

- *Zur Verlaufsplanung*

Die inhaltliche Planung einer Stunde ergibt sich aus der übergeordneten Jahres- bzw. Abschnittsplanung, in der Interessen wie auch konkrete Wünsche der Kinder Berücksichtigung gefunden haben, sowie aus dem Verlauf der vorhergehenden Stunde(n).

Klassische Dreiteilung der Unterrichtseinheit

Für die Struktur einer Unterrichtsstunde gilt nach wie vor die klassische Dreiteilung in
- eine Einführung als psycho-physische Einstimmung auf die Stunde,
- einen Hauptteil, den Schwerpunkt der Stunde, und
- einen Ausklang, der die Unterrichtsstunde inhaltlich abrundet und die Schüler psycho-physisch zur Ruhe nach Belastungen bzw. zu einem mittleren Aktivierungsniveau nach einer Entspannungsphase führt.

Insgesamt sollte eine Unterrichtsstunde in sich abgerundet sein. Als *„roter Faden"*, der auch für die Kinder erkennbar ist, kann insbesondere bei jüngeren Kindern eine Geschichte oder eine Spielidee die gesamte Stunde begleiten. Der Schwerpunkt der Stunde, der am Anfang genannt und in den Reflexionsphasen wiederholt thematisiert wird, sollte im Verlauf der Stunde konsequent verfolgt werden – auch wenn ein konkretes Ergebnis nicht vorherzusagen ist.

Am *Anfang einer Stunde* haben die Kinder in der Regel die Möglichkeit, sich frei zu bewegen und dabei die Geräte und Materialien, die zugänglich sind oder gezielt zur Verfügung gestellt werden, zu benutzen. Die jeweils spezifische Gruppensituation bestimmt die Regeln und die Zeitdauer dieser Phase. Alternativ oder ergänzend zu dieser freien Phase wird vielfach ein gemeinsames Laufspiel als Einstimmung gewählt.

Zielsetzung dieser einführenden Einheit ist bei jüngeren Kindern weniger die physische Erwärmung als Verletzungsprophylaxe. Kinder sind „Kaltstarter", brauchen also diese Erwärmung (noch) nicht; gleichwohl kann schon bei Kindern die „im Sport" übliche und notwendige vorbereitende Erwärmung bewusst gemacht werden. Der Stundenanfang soll hauptsächlich ein angemessenes Aktivierungsniveau als Vorbereitung auf den Stundenschwerpunkt bewirken, auch schon kognitiv auf das Thema vorbereiten und möglicherweise je nach Spielidee eine bestimmte Atmosphäre schaffen.

Ein gemeinsames Laufspiel, bei dem die Bewegungsintensität individuell gestaltet werden kann, ist geeignet, angestauten Bewegungsdrang abzubauen, aber auch zu aktivieren – je nachdem, was individuell erforderlich ist. Wettlaufspiele (Staffelspiele) oder Mannschaftsspiele, bei denen es darum geht, einen Sieger – und einen Verlierer – zu bestimmen (z.B. „Haltet die Seite frei"), erscheinen hierfür weniger geeignet. Einerseits ist dabei jeder aufgefordert, „sein Bestes zu geben", also sich maximal zu belasten; andererseits führt der Spielausgang mit Siegern und Verlierern u.U. zu erheblichen emotionalen Problemen einzelner und zu Auseinandersetzungen innerhalb der Gruppe, die dann thematisiert werden müssen und möglicherweise zum Stundenschwerpunkt werden. Auf den geplanten Schwerpunkt wäre die Aufmerksamkeit der Kinder nur schwer und mit erheblicher Verzögerung zu lenken.

Im Sportförderunterricht hat sich durchaus auch ein bewegungsärmerer Stundenanfang bewährt, der die Kinder, die beispielsweise aufgeregt aus der Pause kommen, zur Ruhe führt und ihre Aufmerksamkeit gezielt auf den Stundenschwerpunkt lenkt. Hier bieten sich vor allem Aufgaben aus dem Bereich der Konzentrations- und Wahrnehmungsschulung an.

Der *Hauptteil* dient der *Erarbeitung des Stundenschwerpunktes*, der seitens des Lehrers organisatorisch sorgfältig vorstrukturiert und inhaltlich möglichst umfassend aufbereitet werden muss. Den Kindern wird eine konkrete Bewegungsaufgabe gestellt, die ihnen genügend Spielraum lässt, die Aufgabe nach ihren Vorstellungen zu lösen, auch verschiedene Lösungen zu erarbeiten und auszuprobieren, auch mit Lösungen anderer zu vergleichen. Der Lehrer nutzt diese Übungsphase zur Beobachtung und zu individuellen Kommentaren, Hilfen, Lob und Ermutigung – je nachdem welche Impulse bei dem einzelnen Kind entsprechend der individuellen Förderziele notwendig sind. Hier ist allerdings die Entscheidung, zu welchem Zeitpunkt bei dem einzelnen Kind eine Unterstützung des Lehrers angebracht ist, nicht einfach.

Nach einer ausreichend langen Übungsphase folgt eine *Reflexionsphase*. Die Zeitdauer der Erprobungsphase ist nicht vorab zu bestimmen. Sie wird länger ausfallen, wenn die Kinder motiviert und engagiert, intensiv und erfolgreich üben. Dagegen wird die Reflexionsphase früher eingeschaltet, wenn die Übungsphase eher lustlos verläuft und wenig Erfolg zeigt. Die Reflexionsphase verfolgt dann das Ziel, die Aufgabenstellung zu präzisieren, möglicherweise im Gespräch zu konkretisieren oder anhand einer Demonstration zu verdeutlichen, evtl. auch zu vereinfachen; nach dieser Reflexion folgt eine erneute Übungsphase, in der wiederum beobachtet wird, ob und inwiefern die Aufgabenstellung nun erfüllt werden kann; auch diese Phase bietet wieder zahlreiche Möglichkeiten individueller Intervention.

Verläuft dagegen die erste Erprobungsphase erfolgreich, dient die Reflexion dazu, die Ergebnisse aufzuzeigen und den Übungserfolg bewusst zu machen. Die Kinder werden aufgefordert, ihre Erfahrungen während der Erprobungsphase und Einschätzung der Demonstrationen zu beschreiben. Der *Verbalisierung* kommt hier nicht nur im Hinblick auf den motorischen Lernprozess besondere Bedeutung zu (vgl. Kap. 4.5.2). Sie kann generell zu einer Erweiterung sprachlicher Kompetenz der Kinder eingesetzt werden; zur individuellen Förderung wird ein Beitrag geleistet, wenn zum Beispiel ein schüchternes Kind zum Sprechen ermuntert wird und seitens der Gruppe Aufmerksamkeit und Anerkennung erfährt.

Für eine zweite Übungsphase wird eine neue Bewegungsaufgabe gestellt, durch die Impulse gesetzt werden, die eine Fortsetzung der ersten Bewegungsaufgabe im Sinne einer Erweiterung oder Vertiefung oder Variation nahelegen. Der zweiten Erprobungsphase folgt eine erneute, für diese Stunde abschließende Reflexion, die wiederum ein Unterrichtsgespräch mit Demonstrationen als Ergebnis enthalten kann und Perspektiven – für die nachfolgende Sportförderunterrichtsstunde, aber u.U. auch für den nachfolgenden Fachunterricht, das Schulleben allgemein, den Schulsport oder den Freizeitbereich – einschließt.

Diese abschließende Reflexion kann schon dem *Ausklang* der Stunde entsprechen. Als Ausklang sind aber auch – je nach dem Inhalt und der Belastungsintensität des Hauptteils – Laufspiele als aktivierender oder Entspannungsphasen als beruhigender Abschluss der Stunde denkbar.

Dieses Konzept einer Stundenplanung zeigt deutlich, dass der Schwerpunkt vorab bestimmt wird; wie die Stunde letztlich verläuft, zu welchem Ergebnis sie führt und welche Perspektiven sich für die weitergehende Planung ergeben, hängt vor allem von der Gruppe mit ihren einzelnen Mitgliedern ab. Von dem Lehrer verlangt dieses Planungskonzept eine intensive Vorbereitung, in der er quasi als Planspiel mögliche Aufgabenlösungen, aber auch individuelle Verhaltensweisen der einzelnen Kinder vorauszusehen versucht, um die vielfältig möglichen Erweiterungen erfolgreich begleiten und unterstützen zu können. Die Vorschläge zur Methode des variierten Übens von Hirtz (1985) können hier eine wertvolle Planungshilfe darstellen (vgl. Abb. 4-31). Flexibilität und die Bereitschaft, sich auf die Ideen der Kinder einzulassen, aber auch notwendige Grenzen zu setzen, kennzeichnen das Lehrerverhalten.

Abbildung 5-2 zeigt schematisch die Verlaufsplanung einer Unterrichtsstunde, die für den Sportförderunterricht als typisch gelten kann (vgl. Wurzel 1994).

Rituale als Bestandteil einer Unterrichtseinheit

Ein bestimmter organisatorischer Rahmen und „Rituale", die besonders den Stundenanfang wie auch das Stundenende bestimmen, sind geeignet, gerade Kindern mit Verhaltensauffälligkeiten eine Orientierung zu geben. Verlässliche äußere Strukturen geben auch inneren Halt.

Neben dem grundsätzlichen Erfordernis der Absprache und konsequenten Einhaltung von Regeln im Sportförderunterricht, kann zu diesem *organisatorischen Rahmen* zum Beispiel gehören, dass sich Schüler und Lehrer zum Stundenanfang und -ende ebenso wie zu Unterrichtsgesprächen während der Reflexionsphasen in einem Kreis zusammensetzen. Dabei sollte auf die Kreisform Wert gelegt, gleichmäßige Abstände zu den Nachbarn eingehalten und dabei die Nachbarn bewusst wahrgenommen werden.

Zum Ritual kann es werden, dass während dieser Phasen alle – Kinder und Lehrer – im *Schneidersitz* sitzen. Dabei sollte die aufrechte Haltung eingefordert, aber immer wieder auch im Wechsel die Ruhehaltung bewusst gemacht werden. Kontinuität in der Bewusstmachung und Konsequenz im Hinblick auf notwendige Korrekturen und Hilfen sind Voraussetzung für eine erfolgreiche Haltungserziehung. Der Schneidersitz in der aufrechten Haltung als Ritual, an das sich die Kinder gegenseitig und auch den Lehrer erinnern und notfalls korrigieren, darf nicht als Drill missverstanden werden, sondern stellt einen wichtigen Unterrichtsinhalt – Haltungswechsel, Bedeutung der aufrechten Haltung – dar, der auch auf das Sitzen im Klassenzimmer und möglichst auch zu Hause übertragen werden sollte.

Ebenso bieten sich kurze Einheiten zur *Konzentrations- und Wahrnehmungsförderung* sowie zur *Entspannung* als feste Bestandteile einer jeden Stunde des Sportförderunterrichts an, die den Stundenanfang bzw. den Abschluss einer Stun-

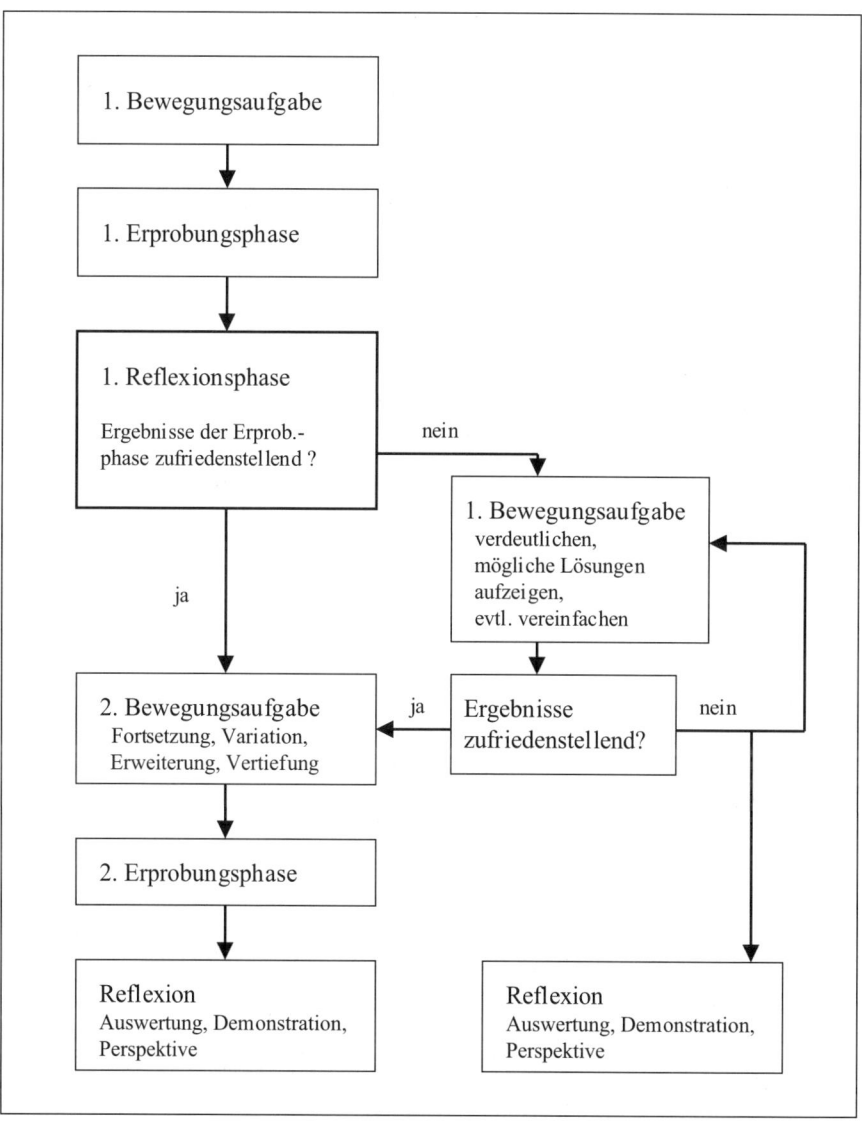

Abb. 5-2: Verlaufsplanung einer Unterrichtsstunde (Wurzel 1994)

de bestimmen. Die erlernten Aufgaben zur Förderung der Entspannung sollten nach Möglichkeit auch in den Klassenunterricht integriert und deren Nutzen im Alltag bewusst gemacht werden.

Ein beliebtes Ritual zum Stundenabschluss stellt schließlich die *gemeinsame Verabschiedung* dar – mit Handfassung im Kreis und einem gemeinsam ausgewählten Motto, ähnlich den Ritualen, die in den Mannschaftssportarten üblich sind und die die Kinder in der Regel kennen.

5.2.4 Bewegungslandschaften im Sportförderunterricht

Von der Bewegungsbaustelle zum Konzept eines spiel- und handlungsorientierten Unterrichts

Ausgehend von den Ideen der Frankfurter Arbeitsgruppe (1982) entwickelt Miedzinski (1983, 1994) zunächst für Vorschulkinder das *Konzept der Bewegungsbaustelle*. Im Gegensatz zu einer wenig motivierenden Bewegungsumwelt, die zum Beispiel von Spielplätzen mit ihrer häufig nur geringen Anzahl überwiegend einseitig zu benutzender, fest installierter Geräte repräsentiert wird, will die Bewegungsbaustelle „Kindern die Chance geben, selbsttätig ihre Bewegungsumwelt mitzugestalten, d.h. in aktiver Auseinandersetzung mit den Dingen mehr über deren Eigenschaften und Handhabung, sowie über den eigenen Körper zu erfahren. Das Erlebnis des Gelingens ihrer Baupläne und Bewegungsabsichten durch gemeinsame Bemühungen und das lustvolle Erfahren der damit verbundenen Bewegungsexperimente vermittelt Selbstvertrauen und Bewegungssicherheit und schafft Zugänge zu neuen Unternehmungen und Wagnissen" (Miedzinski 1983, 7).

Als *Materialien* werden einfache, leicht zu beschaffende „Bauelemente" verwandt, die für Kinder leicht zu bewältigen sind und die einen hohen Aufforderungscharakter besitzen, indem sie Gelegenheit

- zum Beispiel zum Heben, Tragen, Stapeln geben und
- zum Rollen, Federn, Kippeln u.a. motivieren,
- sich aber auch verändern oder kombinieren lassen.

Zum Einsatz kommen vor allem Autoreifen und -schläuche verschiedener Größe, Bauteile aus Holz oder Styropor in unterschiedlichen Größen und Formen sowie Seile, Taue und andere Materialien, die geeignet sind, stabile Verbindungen und Aufhängungen zu schaffen.

Ursprünglich für das Spielen und Bauen im Freien gedacht, ist die Idee der Bewegungsbaustelle leicht auf den Unterricht in der Turnhalle zu übertragen. Dabei kommen auch die hier verfügbaren Sportgeräte und -materialen zum Einsatz, ergänzt durch vielfältige Alltagsmaterialien wie Papprollen, Joghurtbecher, Bierdeckel u.a..

Wird das Konzept der Bewegungsbaustelle im Sportförderunterricht eingesetzt, stellt sich als wichtige Aufgabe der Lehrperson einerseits die Schwerpunktsetzung und eine gewisse Vorstrukturierung einer Stunde durch die Auswahl der zur Verfügung stehenden Geräte und Materialien. Themen zum Bauen könnten zum Beispiel sein:

- Türme, Häuser, Tunnel, Höhlen,
- Klettergelegenheiten,
- Situationen zum Schaukeln,
- Brücken, Stege und andere Balanciergelegenheiten,
- wackelige und kippelige Balancierstationen,
- rollende und / oder gleitende Fahrzeuge.

Von einzelnen Themen ausgehend sind Kombinationen im Sinne der Planung und Gestaltung von Geräte- / Bewegungsstationen und -bahnen bis hin zu Gerätebahnen und *Bewegungslandschaften* unter einem bestimmten, gemeinsam verabredeten Motto wie zum Beispiel Spielplatz, Dschungel, Raumpatrouille, u.a. denkbar.

Das selbsttätige Planen und Bauen der Kinder wie auch ihre Nutzung der selbst gestalteten Bewegungsräume muss der Lehrer unter dem *Aspekt der Sicherheit* beratend begleiten. Kinder lernen, Risiken abzuschätzen und mit der eigenen Angst umzugehen – Angst überwinden, aber auch Angst eingestehen und akzeptieren. Sie werden ermutigt, etwas zu wagen, lernen aber auch, Gefahren zu erkennen und im Zusammenhang mit einer (zunehmend) realistischen Selbsteinschätzung und unter Berücksichtigung der Verantwortung für sich selbst und für andere zu werten.

Aufgabe des Lehrers ist es, die Kinder dabei zu unterstützen, aber auch mögliche Gefahren im Unterricht zu erkennen und Unfällen vorzubeugen. Hierfür muss er selbst sicher sein im Umgang mit Sportgeräten und notwendige Sicherheitsmaßnahmen auch bei deren alternativer Nutzung kennen (vgl. Baumann & Hundeloh 1996; Baumann, Hundeloh & Bockhorst; Hofele 1996; Köckenberger 1997b; Walther-Roche & Stock 2001). So kann mit dem Konzept der Bewegungsbaustelle bzw. der Gestaltung von Bewegungslandschaften auch ein wichtiger Beitrag zur Sicherheitserziehung in der Schule geleistet werden.

Das Konzept der Bewegungsbaustelle kann im Ansatz zunächst als *kompensatorisch orientiert* verstanden werden: Kindern soll mehr Raum und Gelegenheit zum Sammeln vielfältiger Bewegungserfahrungen verschafft werden, um die Auswirkungen einer bewegungsarmen Umwelt – Bewegungsmangel – zu kompensieren. Unter Berücksichtigung der Bedeutung, die Bewegung für die Gesamtentwicklung eines Kindes hat, empfiehlt sich aber auch die Bewegungsbaustelle als *Möglichkeit ganzheitlicher Entwicklungsförderung durch Bewegung*. Sie hat daher ebenso wie die Bewegungslandschaft weite Verbreitung gefunden in der vorschulischen und schulischen Bewegungserziehung wie auch im therapeutischen Kontext (vgl. Groschyk 1996; Göbel, Jarosch & Panten 1996).

Wesentliche Elemente der Bewegungsbaustelle und der Bewegungslandschaft enthält *das Konzept eines spiel- und handlungsorientierten Unterrichts*, ein ganzheitliches Förderkonzept speziell für das 1. und 2. Grundschuljahr (Fritz et al. 1989). Eine Zusammenstellung möglicher – erwarteter – Effekte zeigt Abbildung 5-3.

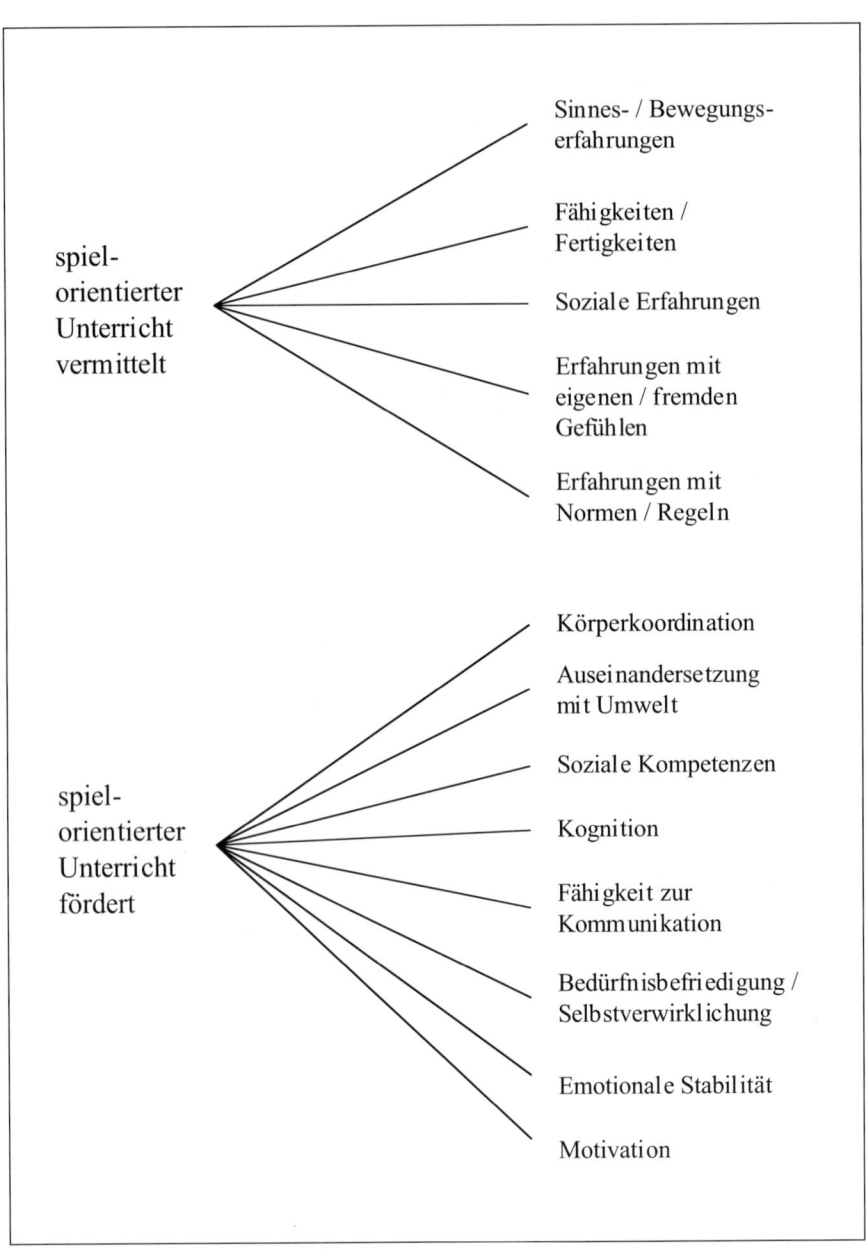

Abb. 5-3: Mögliche Auswirkungen eines spielorientierten Unterrichts (Keller / Fritz 1995)

Als *Zielsetzungen* formulieren Keller und Fritz (1995, 23)
„– Aufbau von Handlungsfähigkeit,
 – Integration zum Klassenverband und Förderung sozialer Kompetenz,
 – Aufbau einer positiven, erfolgszuversichtlichen Leistungsmotivation" sowie
„– die Fortführung und Übertragung der Methode in den allgemeinen Unterricht".

Das Konzept enthält drei aufeinander aufbauende Phasen:
- *Phase 1:* Am Anfang lernen die Kinder zunehmend die Geräte und Materialien der Turnhalle sowie vielfältige Alltagsmaterialien, auch in Kombinationen – beispielsweise den „Kletterberg" (Kombination Sprossenwand – Weichboden) – kennen und haben die Möglichkeit, diese umfangreich zu erproben und in Spielsituationen einzusetzen. Diese Bewegungserfahrungen schließen vielfältige Sinnes- und Wahrnehmungserfahrungen ein; ebenso wird durch Ruhephasen die Erfahrung von Entspannung angebahnt. Soziale Erfahrung wird gezielt durch Spielhandlungen zu zweit und in Kleingruppen gefördert.

- *Phase 2:* Diese Phase dient der „Erprobung und Entwicklung von Handlungsplänen" im Rahmen eines themenorientierten Unterrichts. Ein bestimmtes Gerätearrangement sowie eine Geschichte als Handlungsanlass wird vorgegeben; die Geschichte soll von den Kindern zunächst nachgespielt werden: Die Kinder verteilen / übernehmen Rollen, gestalten die Bewegungsräume aus und ergänzen Materialien, Geräte und Gerätekombinationen. Darüber hinaus wird die Geschichte von den Kindern durch eigene Spielideen erweitert und ausgestaltet, so dass der Anteil eigenständiger Planung zunehmend größer wird.
Ergänzend zu den Bewegungshandlungen können die Ideen zum Beispiel auch in Form von Briefen formuliert und / oder dargestellt – gezeichnet und gebastelt – werden, so dass eine fächerübergreifende Bearbeitung der jeweiligen Thematik ermöglicht und herausgefordert wird.

- *Phase 3:* Im Mittelpunkt steht hier das selbständige Handeln, das im Klassenunterricht vorbereitet wird durch die gemeinsame Auswahl eines Themas. Vertiefende Informationen zum Thema suchen die Kinder hauptsächlich selbst, können dabei aber von Lehrern unterstützt werden. Die Verantwortung für die Handlungsplanung, die Gestaltung der Spiel- und Bewegungsräume und die Realisierung des Handlungsziels liegt in der Verantwortung der Kinder und wird von dem / den Lehrer(n) nur beratend begleitet.

Keller und Fritz (1995) stellen zahlreiche und vielfältige Beispiele und Materialien zur Umsetzung ihres Konzepts im Verlauf der drei Phasen vor. Sie dokumentieren die Möglichkeiten fächerübergreifenden Lernens und betonen die Bedeutung der Bewegung für das schulische Lernen, aber auch den Transfer schulischen Lernens auf den Alltag von Kindern.

Bei der Evaluation des Konzepts zeigen sich hochsignifikante Verbesserungen der Planungsfähigkeit (Fritz 1997). Mögliche Effekte in Bezug auf die motorische Leistungsfähigkeit sowie die emotionale und soziale Kompetenz werden nicht geprüft.

Vetter (1998) diskutiert die Zielsetzung und mögliche Wirkungen von Bewegungslandschaften im Zusammenhang mit dem Anliegen psychomotorischer Förderung. Er hebt wie Fritz et al. (1989) die Bedeutung der Entwicklung von Handlungsfähigkeit, auch als Voraussetzung für schulisches Lernen, hervor (vgl. Fischer 2001). „Der Erfolg der eigenen Problemlösestrategie gibt dem Kind das Selbstbewusstsein, neue, schwierigere Wege auszuprobieren" (Vetter 1998, 11). Diese Aussage deckt sich weitgehend mit der Begründung des Konzepts der Bewegungsbaustelle von Miedzinski (1983, 7; s.o.) und dokumentiert die breite Akzeptanz dieser Idee.

Bewegungslandschaften im Sportförderunterricht

Die Grundidee von Bewegungsbaustelle und Bewegungslandschaft wie auch des Konzepts des spiel- und handlungsorientierten Unterrichts und der psychomotorischen Förderung entspricht im wesentlichen dem Anliegen des Sportförderunterrichts, wenn auch unterschiedliche Akzentuierungen gesetzt werden:
Angestrebt wird eine ganzheitliche Entwicklungsförderung, bei der Kinder umfangreiche Wahrnehmungs- und Bewegungserfahrungen machen. Im Vordergrund steht die Stabilisierung motorischer Fertigkeiten; besonderes Gewicht wird auf die Entwicklung und Förderung eines positiven Selbstkonzepts, den Erwerb sozialer Kompetenz und die Steigerung von Lern- und Leistungsfähigkeit gelegt. Als übergeordnetes Ziel kann die Erweiterung allgemeiner Handlungsfähigkeit hervorgehoben werden.

Besondere Kennzeichen von Bewegungslandschaften sind (vgl. Ketschmer 1994, 1999, 2000a)

- eine Spielidee / eine Geschichte / ein Thema, die / das die Kinder motiviert, sich phantasievoll und kreativ mit
- einem vorgegebenen Gerätearrangement und seinen möglichen Veränderungen und Erweiterungen auseinanderzusetzen.
- Die Gestaltung der „Landschaft" ist nur in Absprache und gegenseitiger Unterstützung innerhalb der Gruppe möglich.
- Die Kinder werden zur Selbsttätigkeit aufgefordert, zum selbständigen Handeln geführt, wobei gegenseitige Absprachen und das Aushandeln gemeinsamer Strategien in Kleingruppen wie auch in der Gesamtgruppe Voraussetzung erfolgreichen Planens und Handelns sind.
- Im Bewegungsbereich stehen motorische Grundtätigkeiten im Vordergrund;
- die Gerätekombinationen sind variabel, um auch bei unterschiedlichen Leistungsvoraussetzungen bewältigt werden zu können.
- Das Thema „berührt" die Kinder, löst eine emotionale Beteiligung aus und führt zu einem erlebnisorientierten Unterrichtsgeschehen.
- Der Lehrer hält sich weitgehend zurück.

Wie immer im Rahmen offenen Unterrichts sind die Anforderungen an den Lehrer jedoch hoch. Es reicht nicht aus, einen bestimmten Geräteparcours zur Verfügung zu stellen und auf das Bewegungsbedürfnis der Kinder zu vertrauen. Zunächst muss das Thema sehr sorgfältig ausgewählt, auf die Interessenlage der Kinder abgestimmt werden. Letztendlich kann der Lehrer Angebote machen, die Entscheidung sollten aber die Kinder treffen. Ein *Bewegungsthema* muss über mehrere Stunden den Unterricht bestimmen, um den Kindern die Chance zu geben, sich mit dem Thema zu beschäftigen, sich zu informieren und „einzuleben", damit sie das Thema variieren und erweitern, die Bewegungslandschaft selbständig gestalten können. Eine *fächerübegreifende Bearbeitung* des gewählten Themas wäre vorteilhaft (vgl. Keller & Fritz 1995). Im Sportförderunterricht ist dieses allerdings vielfach kaum möglich – zum Beispiel wenn der Unterricht am Nachmittag relativ unabhängig von dem Geschehen am Schulvormittag von einem Lehrer erteilt wird, der nicht dem Kollegium angehört. Aber auch in diesem Fall fällt es den Kindern in der Regel leicht, sich in jeder Stunde Sportförderunterricht auf das jeweilige Thema einzustellen.

Auch die Geräte und Gerätekombinationen, die als Bewegungslandschaft vorgegeben bzw. für die Erweiterung und Variationen zur Verfügung gestellt werden, sind sorgfältig auszuwählen. Dabei spielen Überlegungen zur Attraktivität von Geräten und deren Aufforderungscharakter ebenso eine Rolle wie deren Handhabbarkeit, um Veränderungen herbeizuführen und differenzierte Anforderungen herzustellen, auch im Sinne der Möglichkeit und Notwendigkeit des gegenseitigen Helfens und Sicherns; letztlich müssen auch *Aspekte der Sicherheit und der Unfallverhütung* schon in der Planungsphase Berücksichtigung finden (vgl. Kretschmer 1999).

Während des Unterrichts stellt sich dem Lehrer zunächst vorrangig die Aufgabe, zu beobachten – zu beobachten, wie die spezifische Aufgabenstellung von den Kindern aufgenommen und das Gerätearrangement angenommen wird, welches Kind sich wie einbringt, mit wem Kontakt aufnimmt und in welcher Form kooperiert. Von zentraler Bedeutung ist schließlich die Beobachtung des Bewegungsverhaltens. Im Zusammenhang mit der möglichst differenzierten Kenntnis eines jeden Kindes mit seinen Stärken und Schwächen und dem jeweils individuellen Förderbedarf ergeben sich aus diesen Beobachtungen die notwendigen Entscheidungen für Maßnahmen der Intervention.

Dieses können Impulse zur Weiterentwicklung von Ideen, aber auch kritische Hinweise im Hinblick auf die Realisierbarkeit von Plänen oder auf mögliche Gefahren sein. Es können Anregungen für mögliche Problemlösungen und Vorschläge zur Erleichterung oder Erschwerung von Aufgabenstellungen – allgemein oder für einzelne Kinder – gegeben werden. Der Lehrer kann aktive Hilfestellung anbieten oder andere Kinder auf die Notwendigkeit von Hilfestellung aufmerksam machen. Impulse, Anregungen, Hinweise und Hilfen zur individuellen Bewältigung der motorischen Anforderungen müssen im Sinne individueller Förderung immer auch die Grundsätze des motorischen Lernens, Übens und Trainierens (vgl. Kap. 4.5) berücksichtigen.

Von großer Bedeutung ist der *Zeitpunkt einer Intervention*: Hilfen dürfen nicht zu früh erfolgen, um nicht die Initiative der Kinder zu blockieren, ihnen nicht das Erfolgserlebnis eigenständiger Lösungswege zu nehmen; werden aber Hilfen gar nicht oder zu spät gegeben, stellen sich Frustration und das Erleben von Misserfolg ein. Der richtige Zeitpunkt für eine Anregung oder Unterstützung ist für einzelne Kinder in Abhängigkeit von dem individuellen Selbstkonzept, dem Grad individueller Erfolgszuversicht oder Misserfolgserwartung und der entsprechenden Frustrationstoleranz sehr unterschiedlich.

Unverzüglich muss der Lehrer jedoch reagieren, wenn es zu Unfallgefahren kommt – sei es durch die Veränderung von Gerätearrangements, sei es durch Aktionen der Kinder, die sich selbst oder andere in Gefahr bringen. Zwar ist die Risikobereitschaft auch bei Lehrern unterschiedlich hoch; jeder muss sich aber seiner Verantwortung bewusst sein und entsprechend handeln.

Unverzüglich sollten auch *Korrekturen* erfolgen, wenn Kinder sich ungünstig – zum Beispiel nicht gelenkschonend, nicht rückenfreundlich – belasten. Diese gesundheitlich bedeutsamen Hinweise unterbleiben oft, um nicht die Kreativität der Kinder einzuschränken oder um den Spielfluss nicht zu stören.

Die Bedeutung körpergerechter Belastung – zum Beispiel der korrekte Einsatz der Füße im Sinne einer Schonung der Gewölbefunktion, achsengerechte Knie-Fuß-Einstellung, elastische, federnde Landung nach Sprüngen, rückengerechtes Heben, Tragen, Sitzen, Vermeidung von Verspannungen zum Beispiel im Bereich von Schultergürtel, Hals- und Lendenwirbelsäule – sollte frühzeitig im Unterricht, möglichst auch fächerübergreifend thematisiert werden. Wenn im Zusammenhang mit einer zunehmend differenzierten Körperwahrnehmung das Bewusstsein hierfür geweckt und im Verlauf des Unterrichts wie auch in außerunterrichtlichen Situationen immer wieder daran erinnert wird, werden nicht körpergerechte Belastungen in dem Bewegungsverhalten von Kindern immer seltener auftreten. So weist Czolbe (1994) großes Interesse an der Thematik einer Rückenschule und hochsignifikante Verbesserungen im Bewegungsverhalten schon bei Kindergarten-Kindern und Erstklässlern nach. Wenn das entsprechende Bewusstsein angebahnt wurde, wird – falls erforderlich – auch im Rahmen einer Bewegungslandschaft ein kurzer Hinweis als Korrektur genügen, der die Aktivitäten eines Kindes nicht wesentlich stört. Kontinuität und Konsequenz sind gerade für den Erfolg der Haltungserziehung von nicht zu unterschätzender Bedeutung (vgl. Kap. 4.5.4).

Kretschmer (2000a) weist auf *weitere mögliche Probleme von Bewegungslandschaften* hin:

– Es könnte sich eine *Tendenz zur Geschlechtertrennung* verstärken. Häufig verhalten sich Jungen dominant, Mädchen ordnen sich unter oder stehen abseits, wenn gemeinsames Planen und Bauen thematisiert wird. Auf der Grundlage einer Sensibilisierung für diese Thematik kann durch sorgfältige Beobachtung und individuelle Förderung in der kleinen Gruppe des Sportförderunterrichts dieser Tendenz gut entgegengesteuert werden.

– Wenn Bewegungslandschaften dazu dienen, den Mangel an Bewegungserfahrungen, den Kinder in ihrer normalen Bewegungsumwelt erleiden, zu kompensieren, ist eine *Tendenz zur „Überdachung des Sports"* zu befürchten. Auch hier kann das Bemühen, im Sportförderunterricht einen Bezug zu Freizeitaktivitäten herzustellen, dieser Tendenz entgegenwirken. Zudem sollte

Sportförderunterricht – wann und wo immer möglich – auch im Freien, unter verschiedenen klimatischen Bedingungen und in unterschiedlichem Gelände durchgeführt werden.

- Schließlich könnten Bewegungslandschaften die *Konsumhaltung von Kindern verstärken.* Dieses gilt jedoch nur, wenn Bewegungslandschaften in der Turnhalle von Lehrern, u.U. mit Unterstützung des Hausmeisters aufgebaut und von Kindern in den Sportstunden benutzt werden, wobei Auf-, Um- und Abbau von Geräten nicht vorgesehen, u.U. auch nicht erlaubt ist. Eine solche Vorgehensweise würde eher einem Beschäftigen der Kinder entsprechen, nicht aber einem Sportunterricht gerecht werden, erst recht nicht dem Anliegen des Sportförderunterrichts.

Unter Berücksichtigung der Möglichkeiten individueller Förderung, deren Realisierung großes Engagement und hohe fachliche und pädagogische Kompetenz des Lehrers voraussetzt, kann der Einsatz von Bewegungslandschaften im Sportförderunterricht sehr erfolgreich sein. Dabei ist aber unbedingt darauf zu achten, dass die Kinder auch eine *ausreichende motorische Herausforderung* erfahren. Schon im 3. / 4. Schuljahr, möglicherweise früher, erst recht im Sekundarbereich fühlen sich Kinder von Geschichten als Bewegungsanlass nicht mehr angesprochen; sie erwarten auch im Sportförderunterricht „richtigen Sport", also vorwiegend sportspezifische Themenschwerpunkte.

Aspekte des gemeinschaftlichen Planens und Problemlösens können aber bei älteren Schülern mit der Akzentuierung erlebnispädagogischer Aufgabenstellungen wieder in den Mittelpunkt gerückt werden (vgl. Heckmair & Michl 2002; Gilsdorf & Kistner 2001). Auch hier muss bei der Planung sorgfältig bedacht werden, inwieweit die körperlichen und motorischen Voraussetzungen der einzelnen Schüler ausreichen bzw. ausreichend gefördert werden.

5.3 Lehrerverhalten – Schülerverhalten[7]

5.3.1 Zur Person des Lehrers

„Motivation der Schüler ist in erster Linie ein Problem der Motivation des Lehrers und erst in zweiter oder dritter Linie ein Problem der Methode oder des Stoffes" (Volkamer & Zimmer 1990, 84). Diese These ist unschwer zu erweitern: Nicht nur die – möglicherweise wechselnde – Motivation eines Lehrers, sondern seine ganze Persönlichkeit, seine Ausstrahlung und sein Verhalten haben wesentlichen Anteil am Unterrichtserfolg; dieses gilt in besonderem Maße für den Förderunterricht. „Rezepte" für einen erfolgreichen Unterricht – losgelöst von den Rahmenbedingungen und den beteiligten Personen – kann es nicht geben.

---

[7] Die Ausführungen zum Lehrer- und Schülerverhalten gelten im Prinzip für jeden Sportunterricht, sollen hier aber für den Sportförderunterricht eine besondere Akzentuierung erhalten.

Unterricht findet in einem sozialen Kontext statt. Neben der Fachkompetenz des Lehrers ist seine soziale Kompetenz von Bedeutung, neben inhaltlichen Aspekten bedürfen *Beziehungsaspekte* besonderer Beachtung. Unterricht stellt immer einen zielorientierten Kommunikationsprozess dar, für den der Lehrer mit seiner Sachautorität Verantwortung trägt, in den er sich aber mit seiner ganzen unverwechselbaren Persönlichkeit einbringt. Lehrerverhalten und Schülerverhalten sind in einer Wechselwirkung aufeinander bezogen; *Lehren und Lernen* kann *als dialogischer Prozess* verstanden werden (vgl. Burow 1988; Grell 1995; Heidemann 1996).

Jeder Lehrer entwickelt seinen persönlichen Unterrichtsstil. Dennoch sollen Empfehlungen für das Lehrerverhalten gegeben werden, die gerade für den Sportförderunterricht hilfreich sein können. Als wesentliche Aspekte eines guten Lehrerverhaltens gelten – dem Therapeutenverhalten entsprechend – folgende Fähigkeiten und Eigenschaften (Kiphard 1995; vgl. Berndt & Trenner 1998; Tausch & Tausch 1998):

- Ehrlichkeit und Echtheit – Authentizität – in der Person und im Verhalten des Lehrers;
- seine Bereitschaft und die Fähigkeit, sich in andere Menschen hineinzuversetzen, einzufühlen (Empathie);
- die Bereitschaft zu Unvoreingenommenheit und positiver Zuwendung, Wohlwollen, Verständnis und Ermutigung – auch gegenüber „schwierigen" Kindern;
- Freundlichkeit, Humor, Geduld, Konfliktfähigkeit und Konflikttoleranz, Konsequenz im Verhalten;
- Frustrationstoleranz, Bereitschaft und die Fähigkeit, Störmanöver und aggressives Verhalten nicht persönlich zu nehmen.

Voraussetzung für den Erfolg einer Intervention sind neben der fachlichen Kompetenz *persönliches Interesse an jedem einzelnen Kind*, auch an seinen Bezugspersonen und seiner Lebenswelt sowie deutliches Engagement für das Anliegen individueller Förderung.

Jeder Lehrer muss sich auch seiner *Vorbildfunktion* bewusst sein; er dient als Modell, gleichgültig ob er dieses beabsichtigt oder aber nicht wünscht bzw. nicht wahrhaben will (vgl. Bandura 1976). Diese Vorbildfunktion spielt zum Beispiel eine Rolle im Hinblick auf die Rahmenbedingungen des Unterrichts: Pünktlichkeit, Zuverlässigkeit, Ordnung (beispielsweise im Geräteraum, in den Schränken, beim Transport von Materialien und Geräten), angemessene Sportkleidung, konsequentes Ablegen von Schmuck; auch Aspekte der Hygiene und gesundheitsorientiertes Verhalten – Bewegungsverhalten, Ernährung, Rauchen, u.a. – sollten in diesem Zusammenhang Beachtung finden. Sicher nimmt kein Lehrer für sich in Anspruch, perfekt zu sein; er gewinnt aber an Glaubwürdigkeit, wenn er bereit ist, eigene Fehler und Schwächen einzugestehen oder gegebenenfalls zu erläutern, weshalb er bestimmte Anforderungen, die er an die Kinder stellt, selbst nicht erfüllen kann.

Der Förderunterricht sollte in einer *entspannten, freundlichen Atmosphäre* stattfinden, in der jedes Kind sich wohlfühlen, sich in seiner Persönlichkeit mit allen Stärken und Schwächen akzeptiert und als der Gruppe zugehörig wahrnehmen kann. Von den äußeren Rahmenbedingungen abgesehen tragen das nonverbale Verhalten und die Sprache sowie der Umgang des Lehrers mit der Gruppe und jedem einzelnen Kind wesentlich zu dieser Atmosphäre bei.

Nonverbales Verhalten

Zum nonverbalen Verhalten, das gezielt im Unterricht eingesetzt werden kann, gehören vor allem Mimik, Gestik und Köperhaltung sowie die Stellung des Lehrers im Raum und seine Nutzung von Distanzen. Über die Augen nimmt er mit einzelnen Kindern Kontakt auf – je nach begleitender Mimik und Gestik positiv verstärkend, ermunternd, Verständnis / Einverständnis signalisierend oder Aufmerksamkeit einfordernd oder missbilligend, ermahnend. *Mimik, Gestik und Körperhaltung* sind in ihrem Ausdruck oft erst in Kombination sicher zu interpretieren. Eigene Gewohnheiten sollten im Hinblick auf Mimik, Gestik und Haltung kritisch geprüft, die eigene Körpersprache kultiviert werden (vgl. Heidemann 1996; Molcho 1983).

Über den *Blickkontakt*, der alle Kinder einbezieht, kann der Lehrer prüfen, ob Informationen verstanden wurden, ob Einvernehmen herrscht, wenn Absprachen getroffen oder Regeln festgelegt werden. Hierfür ist es wichtig, einen *Standort* zu wählen, von dem aus alle Kinder „in den Blick" zu nehmen sind. Im Verlauf des Unterrichts in der Turnhalle sind häufige Positionswechsel erforderlich, um einerseits einen Überblick über das ganze Geschehen zu haben, andererseits aber immer wieder den Kontakt zu einzelnen durch räumliche Nähe herzustellen bzw. zu intensivieren.

Auf die für die Kommunikation wichtigen *Distanzzonen* weist Heidemann (1996) hin:

- Die „Ansprachedistanz", der Abstand, der gewöhnlich gegenüber einer Gruppe eingehalten wird, beträgt etwa drei bis vier Meter.
- Die „persönliche Distanz", die für Kleingruppen typisch ist oder auch in einem persönlicheren Gespräch genutzt wird, kann mit etwa 60 bis 150 cm angegeben werden. Als Faustregel gilt, dass Gesprächspartner etwa eine Armlänge Abstand voneinander einhalten sollten.
- Die „Intimdistanz" stellt den persönlichen Raum dar, der im menschlichen Miteinander respektiert werden sollte, wenn man jemandem „nicht zu nahe treten" will. Sie beträgt etwa 50 bis 60 cm.

Ein vertrauensvolles Verhältnis zwischen Lehrer und Schüler, insbesondere bei jüngeren Kindern, erlaubt jedoch ein Überschreiten dieser Distanz. *Größere körperliche Nähe oder Körperkontakt* wie ein freundliches Auf-die Schulter-klopfen, Arm-um-die-Schulter- oder auch nur Hand-auf-den-Arm-legen o.ä. kann zur Beruhigung eines Kindes beitragen und als Ermunterung oder Signal freundlicher Wertschätzung eingesetzt werden. Bei Kindern mit Wahrnehmungsstörungen, die körperliche Nähe oder Berührung kaum ertragen oder – im Gegenteil – zu distanzlosem Verhalten neigen, also die Intimdistanz anderer häufig / ständig überschreiten (vgl. Kap. 4.3.2), ist jedoch die jeweils individuelle Situation zu berücksichtigen: Berührungen und eine zu große Nähe werden vermieden bzw. der persönliche Raum wird konsequent eingefordert und bewusst Distanz gehalten.

Bei jüngeren, körperlich kleineren Kindern ist darauf zu achten, dass *gleiche Blickhöhe* zu einer vertrauensvollen Atmosphäre beiträgt. Der Lehrer sollte sich also zum Gespräch mit der Gruppe oder mit einzelnen Kinder hinsetzen, auch für kürzere individuelle Hinweise oder Korrekturen sich hocken oder niederbeugen. Ein Lehrer, der steht, während die Kinder zum Beispiel im Kreis sitzen und zu ihm aufschauen müssen, schafft dagegen Distanz; ein vertrauensvolles Gespräch ist in dieser räumlichen Konstellation nicht denkbar.

Sprechen und Sprache

Neben dem nonverbalen Verhalten steht die Sprache im Mittelpunkt der Verständigung zwischen Lehrer und Schülern. Inhaltlich muss die Lehrersprache auf das Alter der Kinder bzw. ihren *Wortschatz* abgestimmt sein. Fachbegriffe, die sich auf den Bewegungs- und Sportbereich beziehen, können – je nach Schwerpunktthema des Förderunterrichts – eingeführt, erläutert und zunehmend korrekt genutzt werden. So stellt die Einführung differenzierter Begriffe zur Orientierung am Körper (Ferse, Fußrist, Kniekehle, Ellenbogen, u.a.) und zur Orientierung im Raum (Diagonale, Dreieck, Rechteck, Winkel, u.a.) einen elementaren Bestandteil in den Themenbereichen Körper- und Raumwahrnehmung dar (vgl. Kap. 3.3). Kinder sollten auch Körperpositionen wie Schneidersitz, Langsitz, Kniestand, u.a. kennenlernen und Geräte und Materialien korrekt bezeichnen können; ebenso sollten sie lernen, dass ein Purzelbaum Rolle vorwärts heißt, dass man einen Ball prellt, nicht „titscht", etc.

Kinder sollten zum Sprechen aufgefordert werden. *Verbalisierung* spielt eine wichtige Rolle im Prozess des motorischen Lernens (vgl. Kap. 4.5.1, 4.5.2), kann aber auch im Zusammenhang mit spezifischem Förderbedarf im emotionalen und psychosozialen bzw. kognitiven Bereich eingesetzt werden. Schüchterne, unsichere Kinder, aber auch Kinder mit geringer sprachlicher Kompetenz werden gezielt aufgefordert und ermutigt, sich – auch vor der Gruppe – zu äußern. Ihre Vorschläge und Ideen sollten dann Anerkennung und Unterstützung finden, Formulierungen gegebenenfalls ergänzt werden, ohne dass das Kind dadurch Kritik erfährt. Nonverbales Verhalten kann hier positiv verstärken.

Eine *klare, deutliche Sprache* ist Voraussetzung für die Verständigung. Die Sprache sollte im Unterricht sachlich sein, um Kindern zu vermitteln, dass sie ernst genommen werden; eine übertrieben „kindliche" Sprache wird in der Regel von Kindern als unecht empfunden.

Kurze Sätze und *präzise Formulierungen* insbesondere bei Fragen, aber auch bei Aufgabenstellungen und Anweisungen garantieren einen ökonomischen Unterrichtsverlauf; insbesondere in Reflexionsphasen setzen präzise sach- und situationsgerechte Fragen wichtige Impulse, die zur Bewusstmachung führen und Lösungen aufzeigen.

Von besonderer Bedeutung für das Lehrerverhalten sind aber auch die *Lautstärke*, mit der gesprochen wird, die *Stimmlage* und das *Sprechtempo*. In der Turnhalle, erst recht im Schwimmbad besteht die Tendenz, besonders laut zu sprechen, um verstanden zu werden und um sich mit der Stimme durchzusetzen. Eine laute Stimme, besonders bei einer höheren Stimmlage und schnellem Sprechen ist jedoch eher schlecht zu verstehen. Die Praxis zeigt zudem, dass der Geräuschpegel im Unterricht umso stärker ansteigt, je lauter der Lehrer spricht. Es empfiehlt sich daher, durch Handzeichen Signale zu setzen, um die Kinder zusammenzurufen und dann in normaler Lautstärke die notwendigen Informationen zu vermitteln.

Durch besonders leises Sprechen kann die Aufmerksamkeit erhöht werden; außerdem wird dadurch gezielt ein Gegenpol zu dem oft auch von Kindern als unangenehm empfundenen lauten Geschehen in der Turnhalle gesetzt. Besonders bei jüngeren Kindern kann eine Modulation der Lautstärke und der Stimmlage in Kombination mit Mimik, Gestik und Körperhaltung Spannung erzeugen und durch eine gewisse Faszination verstärkt Interesse an einer bestimmten Aufgabenstellung wecken. Auch durch bewusst eingesetzte Sprechpausen werden Impulse gesetzt, so dass nicht nur der Sprache, sondern auch der Stimme als wichtigem Instrument des Lehrerverhaltens besondere Aufmerksamkeit geschenkt werden sollte.

5.3.2 Aspekte einer ganzheitlichen Entwicklungsförderung

Die Zielsetzung des Sportförderunterrichts – eine ganzheitliche Entwicklungsförderung der Kinder, die „motorische Defizite und psycho-soziale Auffälligkeiten aufweisen", vielfach auch in ihrer „schulischen Lern- und Leistungsfähigkeit" eingeschränkt sind (KMK 1999, 2/3), – ist durch die Auswahl geeigneter Übungen und Übungsschwerpunkte allein nicht zu verwirklichen; hier spielt das Verhalten des Lehrers, insbesondere seine Zuwendung zu dem einzelnen Kind und seine Bereitschaft, sich der individuellen Probleme und Nöte des Kindes anzunehmen, eine wichtige Rolle, um das Prinzip der Mehrdimensionalität der Förderung durch Bewegung einsetzen zu können (vgl. Kap. 5.2; Abb. 5-1). Durch sein Verhalten, sein Arrangement spezifisch wirksamer Unterrichtssituationen und seine Impulse im Hinblick auf Verhaltensweisen innerhalb der Gruppe kann der Lehrer Einfluss nehmen auf Motivation und Selbstkonzept, Sozialverhalten und individuellen sozialen Status sowie Lern- und Leistungsverhalten einzelner Kinder; dabei ergeben sich allerdings vielfältige Überschneidungen in der Wirkungsweise einzelner Maßnahmen.

Zur Motivation im Sportförderunterricht

Die Orientierung an einem eher offenen Unterrichtskonzept stellt die Grundlage für eine entspannte Atmosphäre im Sportförderunterricht dar, in der jedes Kind der Gruppe die Gelegenheit findet, gegebenfalls ermutigt wird, sich mit seinen Wünschen einzubringen, und ohne Konkurrenz- und Leistungsdruck agieren kann. Bei der Planung des Förderunterrichts nehmen Überlegungen zur Motivation der

Kinder breiten Raum ein. Kinder werden an der Planung und Gestaltung des Unterrichts beteiligt; ihr mehr oder weniger eigenständiges Üben und Lernen im Bereich selbst gewählter Bewegungsthemen beruht auf *intrinsischer Motivation*. Ein Anknüpfen an die Lebens- und Erlebniswelt der Kinder durch Anregung von Phantasie und Kreativität, durch Orientierung an Freizeitaktivitäten und aktuellen Formen der auch für Kinder interessanten öffentlichen Bewegungskultur, auch eine Herausforderung durch attraktive Geräte und Materialien können die Motivation für den Sportförderunterricht wesentlich (mit)bestimmen.

Jedoch bewegen sich nicht alle Kinder aus eigenem Antrieb gern; trotz attraktiver Angebote halten sich einzelne Kinder eher zurück. Grund dafür sind häufig negative Erfahrungen im Zusammenhang mit Bewegung, Spiel und Sport, Misserfolgserlebnisse und / oder soziale Ausgrenzung, die zu ihrem Rückzug aus Bewegungssituationen und Meidung motorischer Anforderung geführt haben (vgl. Kap. 4.2). Die Motivation dieser Kinder stellt im Sportförderunterricht eine besondere Herausforderung dar.

Kinder gehen mit *Erfolg oder Misserfolg* bei einer bestimmten Aufgabenstellung ganz unterschiedlich um, je nachdem

- wie das individuelle Anspruchsniveau ausgeprägt ist,
- welche spezifische Ursachenerklärung (Attribuierung) für Erfolg oder Misserfolg herangezogen und
- wie hoch der Bewertungsmaßstab für die eigene Leistung gesetzt wird (vgl. Berndt 1998; Weichert 2000b; Wessling-Lünnemann 1984).

Heckhausen (1963; 1980) stellt zwei verschiedene „typische" Strategien der Wahrnehmung und des Handelns in Leistungssituationen gegenüber – zum einen die Hoffnung auf Erfolg, zum anderen die Furcht vor Misserfolg:

- Kinder, die dem *„Hoffnung auf Erfolg – Typ"* angehören, haben ein positives Selbstkonzept entwickelt. Sie begegnen Situationen, in denen bestimmte Leistungen gefordert werden, mit Zuversicht und interpretieren eine erfolgreiche Aufgabenbewältigung als Ergebnis eigener Fähigkeiten und der eigenen Anstrengung. Ihr Anspruchsniveau liegt in einem mittleren, individuell angemessenen Bereich; sie entwickeln eine realistische Selbsteinschätzung und stecken sich selbst Ziele, die ihren Fähigkeiten entsprechen; so ist die Chance, diese Ziele zu erreichen, hoch. Die Anstrengungsbereitschaft dieser Kinder ist groß. Bei Misslingen einer Aufgabe suchen sie die Ursache hierfür in einer zu geringen Anstrengung und üben ausdauernd, um zum Erfolg zu kommen. Dadurch werden relativ schnell deutliche Leistungsfortschritte erreicht.

- Kinder, die dem *„Furcht vor Misserfolg – Typ"* angehören, erleben dagegen Leistungsanforderungen als bedrohlich und versuchen, ihnen auszuweichen. Sie schätzen ihre Fähigkeiten nur selten realistisch ein; eigene Ziele werden zu niedrig oder zu hoch gesteckt. Bei häufiger Unterforderung fehlen aber wichtige Entwicklungs- und Lernanreize, so dass die Misserfolgswahrscheinlichkeit bei angemessener, altersentsprechender Anforderung steigt; bei Überforderung sind Misserfolge abzusehen und eine Anstrengung erscheint von vornherein nicht lohnend. Werden von Bezugspersonen nur geringe Anforderungen gestellt, signalisiert das dem Kind, dass Eltern und Lehrer ihm nichts zutrauen; Überforderung seitens der Bezugspersonen vermittelt ebenfalls ein Gefühl der Minderwertigkeit, da es nicht gelingt, den Erwartungen zu entsprechen.

Erfolge werden von diesen Kindern als Resultat externer Faktoren – zum Beispiel als zufällig – gewertet, Misserfolge jedoch dem eigenen Unvermögen zugeschrieben. Das negative Selbstkonzept behindert eine realistische Selbsteinschätzung und verhindert geduldiges Üben bei angemessenen Aufgabenstellungen; die Anstrengungsbereitschaft der Kinder ist gering ausgeprägt, Leistungszuwächse sind nur mühsam zu erreichen.

Förderung realistischer Selbsteinschätzung, Vermittlung eines individuell angemessenen Anspruchsniveaus und Bewertungsmaßstabes, Steigerung der Frustrationstoleranz und die Unterstützung ausdauernden, geduldigen Übens sind wichtige Zielsetzungen der Intervention bei leistungsängstlichen, misserfolgsorientierten Kindern. *Maßnahmen zur Förderung der Motivation* beziehen sich einerseits auf das Lehrerverhalten, andererseits auf die inhaltliche Gestaltung des Unterrichts (vgl. Wessling-Lünnemann 1984; Berndt 1998):

- *Förderung eines angemessenen Anspruchsniveaus* durch
  – freie Wahl der Aufgabenschwierigkeit bei differenzierter Aufgabenstellung,
  – die Möglichkeit, u.U. auch Anregung durch den Lehrer, die gewählte Schwierigkeitsstufe zu verändern (erleichtern / erschweren),
  – die Anregung, individuelle Zielsetzungen zu formulieren und zu verfolgen,
  – die Ermutigung, auch einen Misserfolg einzukalkulieren und zu akzeptieren,
  – die Wahl von Aufgabenstellungen, die individuelle Fortschritte möglichst schnell deutlich machen,
  – die Förderung von ausdauerndem Üben, auch dadurch, dass ausreichend Zeit und Raum zur Verfügung gestellt werden,
  – Festlegung realistischer Nahziele / Zwischenziele bei längerfristigen Zielsetzungen wie dem Erlernen komplexer Fertigkeiten;

- *Abbau ungünstiger Voreingenommenheit* durch
  – Gespräche über den Themenbereich Leistung – individuelle Leistungsfähigkeit, Leistungsvoraussetzungen, Leistungssteigerung,
  – Aufforderung an die Schüler, unterschiedliche Leistungen aus ihrer Sicht zu erklären, Vermittlung angemessener Ursachenzuschreibung,
  – Bewusstmachung der Bedeutung eines individuellen Bewertungsmaßstabes,
  – Bewusstmachung notwendiger Anstrengungsbereitschaft im Zusammenhang mit einer angemessenen Aufgabenschwierigkeit;

- *Bewertung individueller Leistungsfortschritte* durch
  – individuelle Hinweise, Bestätigung, Lob, Hilfen und Korrekturen,
  – Gespräche über Leistungsfortschritte – objektive bzw. subjektive Bewertung,
  – gemeinsame Festlegung von Bewertungskriterien, auch die Betonung der Bedeutung von Kriterien subjektiven Erlebens,

- Aufgabenstellungen, die keinen direkten Leistungsvergleich ermöglichen / nahelegen, Vermeidung von Wettkämpfen und Konkurrenzsituationen bzw. das Angebot alternativer Wettbewerbsformen,
- Aufgabenstellungen, die individuelle Leistungsfortschritte deutlich machen,
- Leistungskarten zur eigenständigen Beurteilung von Fortschritten (bei älteren Schülern);

- *Vermittlung von Erfolgszuversicht* durch
- Verbalisierung positiver Erwartungen,
- Unterstützung durch Mimik, Gestik, Körperhaltung des Lehrers,
- differenzierte Aufgabenstellung, bei der leistungsschwächere Kinder nicht ausgegrenzt werden oder sich durch eine offensichtlich relativ anspruchsarme Aufgabe diskriminiert fühlen – in diesem Zusammenhang kommt dem sozialen Klima in der Gruppe besondere Bedeutung zu,
- Betonung der Zusammenhänge zwischen Anstrengungsbereitschaft und Übungserfolg;

- *Förderung realistischer Selbsteinschätzung* durch
- freie Wahl der Aufgabenschwierigkeit, Unterstützung eines individuell angemessenen Anspruchsniveaus,
- Bewusstmachung eigener Stärken und Schwächen,
- Akzeptanz der Notwendigkeit, an den eigenen Schwächen zu arbeiten,
- Betonung individueller Leistungsfortschritte,
- Stärkung eines positiven Selbstkonzepts durch die Abstimmung des individuellen Anspruchsniveaus auf die eigenen Fähigkeiten.

Förderung eines positiven Selbstkonzepts

Die Entwicklung der Leistungsmotivation und die Bewertung von Erfolg oder Misserfolg stehen in engem Zusammenhang mit der Selbstwahrnehmung und dem Selbstkonzept (vgl. Kap. 3.3), das wiederum im Sinne des Kohärenzgefühls für die Gesundheit eines Menschen zentrale Bedeutung hat (vgl. Kap. 1.3; Kap. 5.1). Möglichkeiten einer gezielten Einflussnahme auf das Selbstkonzept, die schon im Zusammenhang mit den Maßnahmen zur Motivationsförderung eine Rolle spielen, sollen hier gesondert hervorgehoben werden.

Auf die die Motivation bestimmenden individuellen Bewertungsprozesse und die Entwicklung des Selbstkonzepts nehmen neben der Selbstbewertung *Fremdbewertungen* – im Schulalter nicht zuletzt durch Mitschüler und Lehrer – großen Einfluss. Gerade im Grundschulalter spielen die körperliche und motorische Leistungsfähigkeit eine bedeutende Rolle für die Akzeptanz eines Kindes und seine Wertschätzung innerhalb der Gleichaltrigengruppe. Körperliche Beeinträchtigungen, ein auffälliges Äußeres oder auch motorische Minderleistungen führen dagegen leicht zu Spott und Hänseleien, zu persönlicher Ablehnung und sozialer Ausgrenzung; eine solche negative Fremdbewertung mit ihren Folgen hat in der Regel negative Auswirkungen nicht nur auf das Körperkonzept, sondern auch auf das Selbstkonzept.

Der großen Bedeutung der Fremdbewertung innerhalb dieses Entwicklungsprozesses eröffnet aber auch *Chancen für eine Intervention* – im Hinblick auf eine Förderung der Motivation für Bewegung, Spiel und Sport und eine positive Einflussnahme auf die Befindlichkeit eines Kindes innerhalb der Fördergruppe, möglicherweise innerhalb des gesamten Schullebens, aber auch im Sinne einer Stabilisierung seiner Persönlichkeit durch die Entwicklung, Förderung oder Stabilisierung eines positiven Selbstkonzepts (vgl. Volkamer & Zimmer 1986; Zimmer 1987). Dabei spielt nicht nur das Verhalten des Lehrers gegenüber einem Kind eine Rolle; wesentliche Voraussetzung ist ein angenehmes soziales Klima innerhalb der Gruppe. In einer Atmosphäre, die von gegenseitiger Achtung und dem Bemühen um Verständigung und Verständnis füreinander geprägt ist, in der jedes Kind auch mit seinen Schwächen von den Mitschülern akzeptiert und unterstützt wird, stellt eine Voraussetzung dafür dar, dass ein Kind *umfangreiche positive Fremdbewertung* erfahren kann.

Über Bewegung erlebt ein Kind direkt seine körperliche und motorische Leistungsfähigkeit; es erfährt seine Möglichkeiten, Einfluss zu nehmen – auf Geräte, Materialien, Personen – und etwas zu bewirken. Erfolg und / oder Misserfolg werden direkt wahrgenommen und mit der eigenen Person in Verbindung gebracht. Um die *Erfahrung der Selbstwirksamkeit* und die *Ursachenzuschreibung* positiv zu nutzen, müssen in der Anfangsphase einer motorischen Förderung die Aufgaben so gestellt werden, dass sie von den Kindern sicher bewältigt werden können. Erfolge werden betont – dem Kind gegenüber durch Lob und Anerkennung, aber auch der Gruppe gegenüber durch Hervorhebung der besonderen Leistung des einzelnen Kindes.

Dabei ist zu bedenken, dass *Lob als Mittel positiver Verstärkung* unbestritten ist. Lob zeigt allerdings nur Wirkung, wenn es realistisch ist und gezielt eingesetzt wird. Zu häufiges und eher mechanisches Loben wird unglaubwürdig und verliert seine Wirkung. Differenziertes Lob, das die reale Leistung eines Kindes hervorhebt, wird nicht nur als Zuwendung erlebt, sondern macht einem Kind die eigenen Stärken bewusst. Gegenüber der Gruppe ist es notwendig, bei allen Kindern eine *Sensibilität für individuelles Bewerten* zu entwickeln, damit individuelle Leistungsfortschritte auch anerkannt werden können, wenn die objektive Leistung als schwach wahrgenommen wird.

Für unsichere, ängstliche, misserfolgsorientierte Kinder eröffnet eine positive Bewertung durch den Lehrer und die Mitschüler die Chance, allmählich eine positive Selbstwertschätzung aufzubauen. Diese wiederum ermutigt die Kinder, aktiv(er) zu werden, sich mehr zuzutrauen, sich auch selbstbewusst in Aktivitäten der Gruppe einzubringen. Erst wenn die Kinder in der Fördergruppe positive Erfahrungen machen konnten, ist die Konfrontation mit ihren Schwächen und das Bemühen um deren Ausgleich sinnvoll.
In der heterogenen Gruppe des Sportförderunterrichts ist dieses jedoch nicht immer einfach. Wenn Kinder mit verschiedensten motorischen Auffälligkeiten und problematischem Verhalten in einer Gruppe zusammenkommen, sind Defizite häufig offensichtlich und werden von einzelnen Kindern der Gruppe u.U. negativ

kommentiert. Hier kommt dem Lehrerverhalten besondere Bedeutung zu: Der Lehrer versucht dem schwächeren Kind zu vermitteln, dass er es trotz vorhandener körperlich-motorischer Schwächen akzeptiert und schätzt. Möglicherweise helfen dem Kind Hinweise auf persönliche Stärken in anderen schulischen oder außerschulischen Bereichen, eine positive Selbstwertschätzung aufzubauen, die eigenen Schwächen zu akzeptieren und die Bereitschaft zu entwickeln, an der Beseitigung dieser Schwächen zu arbeiten. Dieses wird wiederum durch die Bestätigung auch kleinster Lern- und Leistungsfortschritte unterstützt.

Dem Kind bleibt es aber trotz positiver Entwicklung im Sportförderunterricht u.U. nicht erspart, *außerhalb des „Schonraums" der Fördergruppe* mit negativer Fremdbewertung konfrontiert zu werden, falls seine motorische Leistungsfähigkeit generell oder in bestimmten Bereichen objektiv als relativ gering zu bewerten ist. Wenn das Kinder aber im Sportförderunterricht lernt, seine Schwächen zu akzeptieren und seine Stärken zu betonen und auszubauen, wenn es trotz seiner Schwächen ein positives Körperbild entwickelt und sein Selbstbild positiv gefestigt hat, wird es „stark" und selbstbewusst genug sein, um mit solchen Konfrontationen umgehen zu können. Diese positive Entwicklung wird aber im Sportförderunterricht allein kaum zu erreichen sein, sondern bedarf der Unterstützung möglichst aller Bezugspersonen im Leben eines Kindes. Die Notwendigkeit der Kooperation von Lehrern, Eltern und anderen für ein Kind wichtigen Personen wird hier wiederum deutlich.

Soziales Lernen – Förderung sozialer Integration

„Soziales Lernen findet prinzipiell in jedem Sportunterricht statt" (Balz 1998, 150); motorisches Lernen und soziales Lernen sind kaum zu trennen. Soziale Lernprozesse vollziehen sich – unabhängig davon, ob sie geplant sind oder nicht.

Im Sportförderunterricht sollte den Prozessen des sozialen Lernens besondere Beachtung geschenkt werden. Da motorische Auffälligkeiten vielfach von psychosozialen Auffälligkeiten begleitet werden (vgl. Kap. 4.3.1), andererseits problematisches soziales Verhalten im Rahmen von Bewegung, Spiel und Sport besonders deutlich wird bzw. bewusst gemacht werden kann, stellt die Förderung angemessenen sozialen Verhaltens eine wichtige Zielsetzung dar.

Soziales Lernen erfolgt wesentlich durch *Nachahmung*. Auch der Lehrer dient als Modell für soziales Verhalten. Soziale Kompetenz wird aber auch durch Erfahrung erworben; dieses kann gezielt im Unterricht unterstützt werden.
Wichtige Aspekte sozialer Kompetenz sind Einfühlungsvermögen, Hilfsbereitschaft, Toleranz, Rücksichtnahme, Verantwortungsbewusstsein, die Fähigkeit zur Kontaktaufnahme, zur Kooperation und Kommunikation, die Fähigkeit zur Übernahme von Rollen, zum Umgang mit Regeln, zur Lösung von Konflikten, aber auch zur Toleranz gegenüber Konflikten und vieles mehr.

Als besonderer Aspekt sozialer Kompetenz soll hier die Fähigkeit zur Rollenübernahme, der *sozialen Perspektivenübernahme*, hervorgehoben werden. Die Fähigkeit, sich in die Rolle einer anderen Person hineinzuversetzen, seine Perspektive zu übernehmen, gilt als wichtige kognitive Voraussetzung angemessenen sozialen Verhaltens. Diese Fähigkeit entwickelt sich im wesentlichen bis zum Alter von 15 Jahren und wird von Selmann (1982) im Zusammenhang mit der Entwicklung des moralischen Urteilens dargestellt (vgl. Singer & Ungerer-Röhrich 1984):

- Im Alter von 3 bis 6 Jahren haben Kinder eine *egozentrische Perspektive*. Sie unterscheiden zwar zwischen sich und anderen Personen, aber nicht zwischen eigenen Gedanken und Gefühlen und den Gedanken und Gefühlen anderer. Sie nehmen Gefühlsäußerungen anderer wahr, sehen aber einen kausalen Zusammenhang zwischen Handlungen und deren Gründen nicht.

- Für das Alter von 6 bis 8 Jahren gilt eine *sozial-informationsbezogene Perspektivenübernahme* als typisch: Kinder nehmen wahr, dass andere Personen eine eigene, in ihrem Denken begründete Perspektive haben, die anders als die eigene Perspektive sein kann; sie können sich jedoch nur auf eine Perspektive konzentrieren.

- Kindern im Alter von 8 bis 10 Jahren wird eine *selbstreflexive Perspektivenübernahme* zugeschrieben: Es ist ihnen möglich, sich in die Rolle einer anderen Person zu versetzen und dadurch seine Gefühle, Gedanken und Handlungsabsichten zu beurteilen. Sie können die Perspektiven aber noch nicht auf einer Ebene simultaner Gegenseitigkeit wahrnehmen.

- Im Alter von 10 bis 12 Jahren wird dann eine *wechselseitige Perspektivenübernahme* möglich: In diesem Alter kann ein Kind gleichzeitig die eigene Perspektive und die einer anderen Person wahrnehmen und zusätzlich beide Perspektiven quasi von außen, aus der Perspektive einer dritten Person betrachten.

- Ab etwa 12 bis 15 Jahren wird die *Perspektivenübernahme mit dem sozialen und konventionellen System* möglich: Dem Kind wird klar, dass trotz wechselseitiger Perspektivenübernahme ein vollständiges Verstehen einer anderen Person nicht unbedingt möglich ist. Soziale Konventionen, die von allen Gruppenmitgliedern unabhängig von der individuellen Position, Rolle und Erfahrung verstanden werden, werden als notwendig erachtet und akzeptiert.

Obwohl Altersangaben bei Entwicklungs„stufen" angesichts der Individualität in der Entwicklung von Kindern problematisch sind, sollte der Entwicklungsverlauf der Fähigkeit zur Perspektivenübernahme im Sportförderunterricht Berücksichtigung finden, um auch jüngere Kinder zu fördern, aber nicht zu überfordern.

In Anlehnung an Balz (1998) werden fünf Schwerpunkte genannt, die im Rahmen des Sportförderunterrichts für eine *gezielte Förderung sozialer Kompetenz* geeignet scheinen. Diese Schwerpunkte sind nicht unabhängig voneinander; es werden viele Überschneidungen deutlich. Sie können durchaus zu eigenständigen Themen im Sportförderunterricht werden, wenn problematisches soziales Verhalten in einer Gruppe vorrangig den Förderbedarf bestimmt; sie fließen aber in jeden anderen Unterrichtsschwerpunkt mehr oder weniger deutlich mit ein.

- *Verantwortung für ein positives soziales Klima in der Gruppe übernehmen*

Der Förderunterricht sollte in einer freundlichen, entspannten Atmosphäre stattfinden, in der jedes Kind sich wohlfühlen, sich geachtet und angenommen fühlen kann. Die Verantwortung für dieses Klima tragen alle gemeinsam. Der Lehrer sorgt durch sein ruhiges, freundliches, humorvolles Verhalten für eine positive Grundstimmung; je nach situationsspezifischen Erfordernissen unterstützt oder ermahnt er die Kinder und fördert dadurch die Sensibilität für ein das soziale Klima förderliches Verhalten.

Der *sorgsame Umgang mit Gefühlen* steht hier im Vordergrund. Eigene Gefühle wie Freude, Stolz, Ärger, Angst sollten durchaus ausgelebt, Wohlbefinden wie Missbefinden verbalisiert werden. Aber auch notwendige Grenzen sind bewusst zu machen und zu respektieren, zum Beispiel wenn die Gefühle anderer verletzt werden. Je besser der Lehrer die einzelnen Kinder kennt, sich der emotionalen Labilität oder spezifischer Empfindlichkeit und individueller Frustrationstoleranz bewusst ist, umso besser kann er lenkend oder intervenierend wirken. Positive Verhaltensweisen im Miteinander sollten unterstützt und verstärkt werden. Negative Gefühle, ablehnende Haltungen sind möglichst abzuschwächen und abzubauen; sie können – vorsichtig, um niemand zu verletzen, – thematisiert, mit einzelnen und in der Gruppe besprochen werden. Die Aufforderung, sich in den jeweils anderen hineinzuversetzen und ihn zu verstehen versuchen, stellt die Grundlage für die gemeinsame Suche nach Lösungen für ein erträgliches Miteinander dar.

- *Unterschiede wahrnehmen – differenzieren und integrieren*

Die Gruppe des Sportförderunterrichts ist in der Regel durch eine große Heterogenität geprägt. Wahrnehmung und Akzeptanz individueller Unterschiede stellen eine Voraussetzung für das erwünschte positive soziale Klima dar und sind als eine zentrale Zielsetzung des sozialen Lernens im Sportförderunterricht hervorzuheben.

Offensichtliche äußere Unterschiede einzelner Kinder im Zusammenhang mit ihrer Leistungsfähigkeit und ihrem Verhalten können im Unterricht thematisiert werden, um Verständnis füreinander zu entwickeln und zu unterstützen. Dabei ist seitens des Lehrers ein hohes Maß an Sensibilität und eine sichere Einschätzung von Einstellungen und Verhaltensweisen der Schüler erforderlich, da bei dieser Thematik die Gefahr besteht, einzelne zu verletzen.

Auffälliges Körpergewicht und extreme Körpergröße sowie Körperbehinderungen sind nicht nur äußerlich sichtbare Merkmale, sondern gehen häufig einher mit verminderter körperlicher und motorischer Leistungsfähigkeit.

Die sportliche Leistungsfähigkeit von *Menschen mit Behinderungen* wird durch den Hinweis auf die vielfältigen Möglichkeiten des Behindertensports bewusst gemacht: Behindertenspezifische Spiel- und Sportformen wie Rollstuhlbasketball oder -rugby können über Videoaufnahmen vermittelt werden; Tor- und Rollball für Sehbehinderte und Blinde werden zum Beispiel konkret innerhalb der Gruppe mit dem Handicap von Augenbinden gespielt, möglicherweise die eigenen Verhaltensweisen im Spiel wiederum über Videoaufnahmen mit der Leistung Blinder verglichen. Der Hinweis auf Behindertensportgruppen am Ort und die Empfehlung, Sportgruppen behinderter Kinder zu besuchen, evtl. daran teilzunehmen kann ebenso wie der Verweis auf jeweils aktuelle Sportwettkämpfe Behinderter zur Bewusstmachung sportlicher Leistungsfähigkeit im Zusammenhang mit unterschiedlichen körperlichen Voraussetzungen beitragen. Dabei empfiehlt sich eine fächerübergreifende Bearbeitung dieser Thematik; im Sportförderunterricht allein reicht die vorhandene Zeit hierfür kaum aus.

Das Thema *Übergewicht* stellt ein „heikles" Thema dar, da Übergewichtige in der Öffentlichkeit häufig negativ beurteilt, teils diskriminiert werden und Kinder diese Vorurteile leicht übernehmen. In einer Atmosphäre, die geprägt ist von Toleranz und gegenseitiger Akzeptanz, kann es aber gelingen, die Problematik von Vorurteilen und die Gefahr sozialer Ausgrenzung aufgrund körperlicher Auffälligkeiten bewusst zu machen. Objektiv wäre die Bedeutung des Körpergewichts, auch der Körperproportionen und der Körpergröße für verschiedene Sportarten zu thematisieren.

Chronisch kranke Kinder fallen meistens äußerlich nicht auf, können aber durch ihre krankheitsbedingt erschwerten Lebensbedingungen psychosoziale Auffälligkeiten und / oder körperlich-motorische Einschränkungen entwickeln. Information über die Krankheit – seitens des Lehrers, aber auch durch das betroffene Kind selbst – kann hier zu mehr Verständnis führen. Insbesondere krankheitsbedingt erforderliche Maßnahmen und Verhaltensweisen müssen der Gruppe verständlich gemacht werden. Hier ist zum Beispiel daran zu denken, dass chronisch kranke Kinder teilweise auch im Verlauf des Schultages Medikamente nehmen müssen (zum Beispiel bei Asthma, Diabetes mellitus), während des Unterrichts essen dürfen (Diabetes mellitus), bei Allergien auf bestimmte Maßnahmen angewiesen sind (Allergenkarenz), bei hyperaktivem Verhalten sich u.U. in Absprache mit dem Lehrer bestimmte „Auszeiten" nehmen dürfen, bei einem Herzfehler selbständig im Sportunterricht aussetzen, und vieles mehr (vgl. Kap. 5.3.4).

Wahrnehmung und Verständnis für Unterschiede in den Leistungsvoraussetzungen und der Leistungsfähigkeit einzelner Kinder stellen die Grundlage für die Akzeptanz von differenzierten Aufgabenstellungen im Unterricht dar. Unterschiede im Schwierigkeitsgrad einer Aufgabe, in den Ausführungsbedingungen, in der Belastungsdosierung und im Hinblick auf Art und Umfang materialer und personaler Hilfen oder im Einsatz von Medien haben als *Maßnahmen der Differenzierung* gerade im Sportförderunterricht mit der Zielsetzung intensiver individueller Förderung Tradition. Dabei sollte aber das Anliegen der Integration, des gemeinsamen Spielens und Sporttreibens trotz unterschiedlicher Voraussetzungen, nicht außer acht gelassen werden. Weichert (2000a) weist auf die *notwendige Balance zwischen Differenzieren und Integrieren* hin.

Vorschläge für *Maßnahmen der Integration Leistungsschwächerer* beziehen sich insbesondere
- auf die Zusammensetzung von Gruppen – die Bevorzugung heterogener gegenüber leistungshomogenen Kleingruppen im Unterricht,
- auf Veränderungen von Spielregeln, um alle Gruppenmitglieder möglichst gleichmäßig am Spielgeschehen zu beteiligen,

- auf die Einführung unterschiedlicher Bewertungsmaßstäbe oder erschwerter Bedingungen – „Handicaps" – für die leistungsstärkeren Kinder,
- aber auch auf den weitgehenden Verzicht auf klassische Konkurrenz- und Wettbewerbssituationen zugunsten von Aufgaben und Spielformen,
  - bei denen die Einzelleistung nicht deutlich wird, statt dessen die Kooperation stärker im Vordergrund steht,
  - die nur durch die Beteiligung aller, nur bei gegenseitiger Rücksichtnahme und Hilfe gelöst werden können,
  - möglicherweise auch Aufgaben, bei denen die einzelnen Gruppenmitglieder taktisch klug entsprechend ihrer individuellen Stärken einzusetzen sind.

Generell können *verschiedene Rollen im Unterricht* so besetzt werden, dass nach Möglichkeit jedes Kind seinen besonderen Fähigkeiten entsprechend gefordert wird; hier sind gleichermaßen körperliche und sportmotorische wie auch emotionale, soziale und kognitive Fähigkeiten zu berücksichtigen und hervorzuheben.

Bei allen Überlegungen zur Integration Schwächerer muss der individuelle Entwicklungsstand Beachtung finden, um insbesondere jüngere Kinder nicht zu überfordern. Ebenso darf bei dem Bemühen um Integration das Bedürfnis nach Leistung und Bestätigung bei den leistungsstärkeren Kindern nicht vernachlässigt werden. Im offenen Unterricht, bei dem eine elementare motorische Förderung im Vordergrund steht, ist dieses relativ leicht zu verwirklichen. Sind die Inhalte stärker sportmotorisch ausgerichtet, wird in der Regel die objektive individuelle Leistung, auch der Leistungsvergleich für die Kinder wichtiger; insbesondere bei Mannschaftsspielen fällt es Kindern und Jugendlichen oft schwer, veränderte Regeln zu akzeptieren. Differenzieren in homogenen Gruppen unter dem Aspekt individueller Interessen und Leistungsfähigkeit zumindest für bestimmte Zeiten, bestimmte Unterrichtsinhalte nützt letztlich auch der Zielsetzung der Integration mehr als ein Zwang zur Vermeidung jeglicher Konkurrenz und Leistungsorientierung im Sportförderunterricht, der unnötig zu Konflikten führen kann.

- *Rollen übernehmen*

Eine Rolle zu übernehmen bietet die Möglichkeit und die Notwendigkeit, sich in die Situation einer anderen Person hineinzuversetzen, ihre Gefühle und Erwartungen wahrzunehmen, also ihre Perspektiven zu übernehmen, sich aber auch mit dieser Rolle grundsätzlich auseinanderzusetzen, sie zu reflektieren, möglicherweise zu modifizieren, auszugestalten oder auch abzulehnen.

Im Sportförderunterricht sind unterschiedlichste Rollen denkbar – die Rolle des Akteurs und die Rolle des Zuschauers, die des Spielers, des Mitspielers und des Schiedsrichters, die Rolle des Angreifers und des Verteidigers, des Beobachtenden, Bewertenden und die Rolle dessen, der beobachtet und bewertet wird, die des Helfers und die des Hilfe Suchenden oder Hilfe Annehmenden, die Rolle des Lehrers, Spielführers, die Rolle des „Paten" für Schwächere, für Jüngere, die Rolle dessen, der plant, organisiert, motiviert, Streit schlichtet, letztlich auch die Rolle des Siegers und die des Verlierers, und vieles mehr. In der Regel übernehmen Kinder je nach Unterrichtsgeschehen häufig wechselnde Rollen.

Individuelle Stärken und Schwächen prädestinieren Kinder für bestimmte Rollen im Unterricht. Im Sinne der Förderung eines positiven Selbstkonzepts wird die Übernahme von Rollen, die die soziale Anerkennung verstärken, unterstützt. Führen aber Leistungsschwäche, Misserfolg und negative Selbst- und Fremdbewertung zu einer negativen Etikettierung und zu der Tendenz, selbständig Rollen mit geringer Attraktivität zu übernehmen oder immer häufiger in diese Rollen hineingedrängt zu werden, ist dringend eine gezielte Intervention erforderlich. Teil dieser Intervention ist eine Unterrichtsgestaltung, die betroffenen Kindern zu größerer sozialer Akzeptanz verhilft, indem ihre Stärken in den Vordergrund gerückt werden, und ihnen positiv besetzte Aufgaben und Rollen übertragen werden. Zu dieser Intervention gehören aber auch Gespräche innerhalb der Gruppe über individuelle Stärken und Schwächen und über die Gefahr einer Stigmatisierung und ihrer Folgen.

Der gezielte Einsatz des *Wechsels von Rollen* im Unterricht kann grundsätzlich die Tendenz zur Entwicklung starrer Rollen vermeiden und führt zu größerer Erfahrung mit unterschiedlichen Handlungspositionen und damit zu größerer sozialer Kompetenz. Im Rahmen von *Rollenspielen* kann darüber hinaus ein Perspektivenwechsel gezielt herbeigeführt und bewusst gemacht werden. Dabei sollte die Verbalisierung von Gefühlen im Zusammenhang mit einer anderen Rolle, aber auch die Beobachtung und Beschreibung von rollenspezifischen Verhaltensweisen herausgefordert werden, um die soziale Sensibilität zu erhöhen.

- *Mit Regeln umgehen*

Regeln sind soziale Vereinbarungen, die das Zusammenleben erleichtern. Im Rahmen sportlicher Aktivitäten wird die Notwendigkeit, Regeln zu verstehen und Regeln zu befolgen, als selbstverständlich hingenommen, häufig aber auch sehr starr gehandhabt.

Um die soziale Kompetenz von Kindern zu fördern, sollte der Lehrer
- Kindern bestehende Regeln erläutern und transparent machen,
- auf die Einhaltung bestehender Regeln streng achten und Regelverstöße konsequent ahnden,
- Kinder aber auch ermutigen, bestehende Regeln zu hinterfragen und
- bei Bedarf gemeinsam Regeländerungen vorzunehmen, die für eine bestimmte Aufgabenstellung oder Problemlage sinnvoll sind.

Die Beachtung bestehender Regeln ist vorrangig bei Bewegungs- und Sportspielen von Bedeutung, spielt aber in vielen anderen Situationen des Sportförderunterrichts ebenfalls eine Rolle. Abgesehen von den Rahmenbedingungen (Pünktlichkeit, Kleidung, Umgang mit Geräten und Materialien, Befolgen von Anweisungen, etc.) ist auch bei Unterrichtsgesprächen auf die Einhaltung von Regeln zu achten (andere zu Wort kommen, ausreden lassen, deutlich sprechen, ruhig zuhören, nicht nur Aufmerksamkeit für sich beanspruchen, etc.), um ein angenehmes soziales Klima zu gewährleisten und unnötige Konflikte zu vermeiden.

Die Fähigkeit, mit Regeln flexibel umgehen zu können, ist Voraussetzung für gemeinsames Spielen und Sporttreiben in heterogenen Gruppen im Unterricht wie im Freizeitbereich. Auch im Rahmen des Sportförderunterrichts kann diese Fähigkeit angebahnt und unterstützt werden, indem Kinder aufgefordert werden, zum Beispiel ein bekanntes Spiel im Hinblick auf bestimmte Rahmenbedingungen oder eine besondere Gruppenkonstellation abzuwandeln, geeignete Regeln auszuhandeln und zu erproben, gegebenfalls erneut zu verändern.

- *Konflikte vermeiden – Konflikte bewältigen*
Konflikte können immer in Gruppen entstehen – bei unterschiedlichen Interessenlagen, Wünschen und Bedürfnissen. Im Spiel und bei sportlichen Aktivitäten ergeben sie sich vorwiegend aus Konkurrenz- und Wettkampfsituationen, bei Aktionen des Mit- wie auch des Gegeneinanders, bei kritischen Regelauslegungen und Regelverstößen. Die Fähigkeit, Konflikte zu vermeiden, aber auch Konflikte auszutragen und zu lösen, stellt einen wichtigen Aspekt sozialer Kompetenz dar.

In einer freundlichen, von gegenseitiger Akzeptanz und Wertschätzung geprägten Atmosphäre fällt es leichter, Erfolg und Misserfolg, Sieg und Niederlage, Konkurrenz und Frustrationen zu ertragen. Leistungsunterschiede werden weniger deutlich und weniger wichtig, wenn im Unterricht Aspekte der Kooperation und das Miteinander stärker in den Vordergrund gerückt werden.

Dennoch sind Konflikte nicht zu vermeiden. Kinder müssen lernen, sich Konflikten zu stellen. Sie müssen die Gelegenheit bekommen und nutzen,

- ihre Position und ihre Sicht einer Konfliktsituation darzulegen,
- aber auch die Ansicht anderer und deren Argumente zuzulassen und
- zu prüfen, sich damit auseinanderzusetzen und eine Lösung anzustreben,
- gegebenfalls auch eine Lösung zu akzeptieren, bei der sie nachgeben und von ihrer Ausgangsposition abrücken müssen.

Der Lehrer, aber auch unbeteiligte Kinder der Gruppe können hier helfen, indem sie die Konfliktparteien zur Ruhe ermahnen, jedem die Gelegenheit verschaffen, sich zu äußern, und dazu auffordern, eine gemeinsame Lösung zu suchen, vielleicht auch selbst Lösungsvorschläge machen.

Förderung allgemeiner Lern- und Leistungsfähigkeit

Eine gezielte motorische Förderung kann positive Auswirkungen auf kognitive Funktionen und schulischen Lernerfolg haben. Die Effekte sind allerdings geringer als vielfach erwartet (vgl. Kap. 1.4.3).
Um dem Auftrag der Kultusministerkonferenz entsprechend (KMK 1999) im Rahmen des Sportförderunterrichts Kinder zu einer Steigerung ihrer allgemeinen Lern- und Leistungsfähigkeit zu führen, empfehlen sich sowohl besondere inhaltliche Entscheidungen als auch Maßnahmen, die sich auf das Lehrerverhalten beziehen.

- Eine ungestörte Wahrnehmungs- und Bewegungsentwicklung stellt die Grundlage für erfolgreiches Lernen und angemessenes Verhalten dar. Wenn Kinder in diesem Bereich Entwicklungsrückstände oder -störungen haben, kann es besonders im Schuleingangsalter wesentlich zum schulischen Lernerfolg beitragen, wenn die *Förderung der elementaren Wahrnehmung (taktil-kinästhetisch, vestibulär) und der räumlichen Orientierung* in den Mittelpunkt der Fördermaßnahmen gestellt wird.

Das Erlernen der Kulturtechniken – Schreiben, Lesen und Rechnen – setzt umfangeiche und differenzierte Wahrnehmungs- und Bewegungserfahrungen voraus. Von besonderer Bedeutung sind vielfältige ganzkörperliche Aufgaben, um den eigenen Körper zu spüren, sich am eigenen Körper zu orientieren und den eigenen Körper im Verhältnis zum umgebenden Raum zu erfahren, bevor Formen und räumliche Beziehungen auf dem Papier erkannt oder im Sinne feinmotorischer – speziell graphomotorischer – Beanspruchung zu Papier gebracht werden können. Die konkrete Erfahrung von Raum und Räumlichkeit gilt auch als Voraussetzung der Vorstellung von Zahlenräumen, von Mengen und Größenordnungen (vgl. Kap. 4.3.2).

„Bewegtes Lernen", Lernen mit allen Sinnen erleichtert und unterstützt den Lernerfolg und fördert gleichzeitig die Lernmotivation von Kindern (vgl. Köckenberger 1997a). Auf die Bedeutung fächerübergreifenden Unterrichts und die Notwendigkeit enger Kooperation des Sportförderunterricht-Lehrers mit anderen Kollegen der Schule und den Eltern, um eine bestmögliche individuelle Förderung zu erreichen, ist hier erneut hinzuweisen. Liegen Lern- und Leistungsstörungen vor, ist dringend eine zusätzliche therapeutische Intervention zu empfehlen (vgl. Kesper 2002).

– Zur *Steigerung konzentrativer Leistungsfähigkeit* trägt eine gezielte Förderung der Wahrnehmung bei. Die Lenkung der Aufmerksamkeit zum Beispiel auf die Wahrnehmung des Muskeltonus und Tonusänderungen oder auf die Sicherung des Gleichgewichts erfordern und erleichtern ein Ausblenden anderer Reize – vorausgesetzt, dass es gelingt, die Aufgabe für die Kinder „spannend" zu machen, also eine hohe Motivation für die jeweilige Aufgabenstellung zu schaffen. Zu bedenken ist hier, dass diese Aufgaben Konzentration gleichermaßen fordern und fördern. Um eine Überforderung und damit einen Motivationsverlust zu vermeiden, müssen Zeitpunkt und Dauer der Aufgaben sorgfältig geplant und im Unterricht flexibel eingesetzt werden.

– Auch die *Förderung der Entspannungsfähigkeit* gelingt auf der Basis differenzierter Körperwahrnehmungsschulung. Gezielte Lenkung der Aufmerksamkeit und weitgehendes Ausblenden äußerer Reize führt zu zentraler Entspannung. Wenn es Kindern gelingt, die im Sportförderunterricht erlernten Entspannungstechniken gezielt in Stresssituationen zum Beispiel im Schulalltag anwenden, kann dieses zu einer deutlichen Steigerung ihrer Lern- und Leistungsfähigkeit führen.

– Auch das *Bewusstsein für die Notwendigkeit eines Wechsels von Anspannung und Entspannung*, von Belastung und Entlastung und ein entsprechendes Verhalten im Alltag – Vermeidung einseitiger Belastung, Einsatz von Bewegungspausen, Gewöhnung an dynamisches Sitzen, u.a. – führt zu höherer Belastbarkeit und verbesserter (konzentrativer) Leistungsfähigkeit.

- Ein gezielter Einsatz der Sprache trägt zur *Förderung des sprachlichen Ausdrucks und zur Erweiterung des Wortschatzes* bei. Kinder werden zum Beispiel aufgefordert, eigene Ideen und Vorschläge für die Unterrichtsplanung und -gestaltung zu verbalisieren, sprachlich Beiträge zur Bewältigung von Konflikten zu leisten oder Bewegungs- und Verhaltensbeoachtungen zu beschreiben. Generell ist aber darauf zu achten, dass im Sportförderunterricht nicht die sprachlichen Anteile – seitens der Kinder und des Lehrers – im Vergleich zu dem Umfang der Bewegungsaktivitäten überwiegen.

- Die Aufforderung, Anweisungen oder Aussagen zu wiederholen, fördert das Aufmerksamkeitsverhalten, aber auch *Merkfähigkeit und Gedächtnis*. Darüber hinaus ist eine Beanspruchung der Gedächtnisfunktion in vielen Situationen des Sportförderunterrichts denkbar und sollte gezielt herausgefordert werden.

- Besonders hervorgehoben werden sollen in diesem Zusammenhang die Erfahrungen mit dem Konzept des spiel- und handlungsorientierten Unterrichts (vgl. Kap. 5.2): Offene, zunehmend komplexe Aufgabenstellungen in Spiel- und Bewegungssituationen fordern zu gemeinsamem Planen und kontrolliertem Handeln auf und fördern die *Fähigkeit zur Entwicklung von Strategien*, um auftretende Probleme zu lösen. Dadurch werden sicher kognitive Prozesse unterstützt, die die Lern- und Leistungsfähigkeit grundlegend bestimmen (vgl. Fritz 1997). Bei der Bearbeitung der Aufgaben in Kleingruppen sollte sich der Lehrer aber vergewissern, dass alle Kinder einbezogen werden und nicht einzelne allein die Aufgabenbewältigung bestimmen.

Eine Steigerung der allgemeinen schulischen Lern- und Leistungsfähigkeit ist aber auch zu erwarten, wenn positive Effekte der Bewegungsförderung im Sinne einer *Stabilisierung der Persönlichkeit* über den Sportförderunterricht hinaus auf das gesamte Schulleben übertragen werden können. So können alle individuellen Fortschritte wie zum Beispiel eine Steigerung des Selbstbewusstseins und positive Selbstbewertung, Wahrnehmung eigener Leistungsfähigkeit, eigener Stärken, Abbau von Misserfolgsorientierung und Aufbau von Leistungsoptimismus, Vergrößerung der Frustrationstoleranz, Akzeptanz eigener Schwächen, Steigerung der Anstrengungsbereitschaft, Motivation zum Üben, Erfahrung von Achtung und Anerkennung innerhalb der Gruppe, Erleichterung der Integration durch Förderung sozialer Kompetenz zu *größerer Schulzufriedenheit* und *generell höherer Leistungsbereitschaft* führen. Diese wiederum bedingen eine Steigerung des Lernerfolgs (vgl. Kap. 1.4.3).

5.3.3 Zum Umgang mit auffälligem Verhalten

Auffälliges Verhalten ist nicht eindeutig von „normalem" Verhalten abzugrenzen. Als problematisch – „auffällig" – sind Verhaltensweisen zu werten, wenn sie dem Kind selbst wie auch seiner Umwelt Schwierigkeiten bereiten (vgl. Myschker 1999). Auffälliges Verhalten im Sinne einer Verhaltensstörung bedarf therapeutischer Behandlung, für die der Lehrer nicht zuständig ist, über deren Verlauf er sich aber informieren sollte, um die Therapie bestmöglich unterstützen zu können.

Aussagen des Therapeuten über seine Wahrnehmung eines Kindes und seine Arbeit mit diesem Kind können wesentliche Impulse auch für das Verhalten des Lehrers dem Kind gegenüber geben.

Aus der Fülle verhaltenstherapeutischer Ansätze und Verfahren sollen im Folgenden nur einige Hinweise auf Maßnahmen der Verhaltensmodifikation gegeben werden. Diese entsprechen weitgehend möglichen pädagogischen Maßnahmen, von denen sie sich hauptsächlich dadurch unterscheiden, dass die Maßnahmen der Verhaltensmodifikation systematisch und kontrolliert eingesetzt werden (Palmowski 1996).

Verhaltenstherapeutische Maßnahmen basieren vielfach auf einem lerntheoretischen Ansatz: Menschliches Verhalten ist erlernt. Erwünschtes Verhalten wird durch positive Verstärkung (Bestätigen, Loben, Anerkennen, Belohnen) aufgebaut, unerwünschtes Verhalten durch Extinktion (= Löschen; Ignorieren, Tadeln, Bestrafen) abgebaut.

Token-Systeme

Wichtige Verfahren der Verhaltensmodifikation sind Token-Systeme (vgl. Fliegel et al. 1994; Myschker 1999; Ortner & Ortner 2000; Petermann & Petermann 1993), die sowohl im Rahmen einer therapeutischen Behandlung als auch im schulischen oder familiären Kontext Anwendung finden können.

Token-Systeme arbeiten mit sog. Tokens, die ein Kind nach vorheriger Absprache als Verstärkung / Belohnung für bestimmte erwünschte Verhaltensweisen bekommt. Als Tokens können je nach Alter und Interesse eines Kindes kleine Gegenstände (Chips, Münzen, Wertmarken, Gutscheine) oder auch Punkte, Stempel, „Smilies", u.a. eingesetzt werden, die das Kind in einer bestimmten Anzahl gegen vorher festgelegte, erwünschte Objekte oder Tätigkeiten eintauschen kann. Dabei hat es sich als hilfreich erwiesen, wenn zwischen dem Kind und seinem Partner (Therapeut, Lehrer, Vater / Mutter) ein schriftlich festgelegter „Vertrag" geschlossen wird, in dem

– das erwünschte, durch Tokens verstärkte Verhalten genau, ohne Spielraum für Interpretationen definiert wird,
– die Art der Tokens benannt,
– die Regeln, nach denen die Tokens erworben werden, bestimmt und
– die Eintauschverstärker, auch in ihren Abstufungen (kleine, mittlere, große Belohnung), beschrieben sowie
– die Regeln, nach denen die Tokens in diese Verstärker einzutauschen sind, festgelegt werden.

Ein solcher Vertrag unterstreicht die Bedeutung der Maßnahme: Das Kind fühlt sich ernst genommen, widmet dem erwünschten Verhalten verstärkt Aufmerksamkeit und hat eine zusätzliche Möglichkeit, sein eigenes Verhalten zu kontrollieren.

Beim Einsatz von Token-Systemen sollte darauf geachtet werden, dass Tokens und Eintauschverstärker mit sozialen Verstärkern verbunden werden. Das Token-System wird ausgeblendet, wenn das erwünschte Verhalten aufgebaut ist.

Selbstinstruktionen

Das Selbstinstruktionstraining ist eine Methode der kognitiv-verhaltenstherapeutischen Intervention, die auf Meichenbaum und Goodman (1971) zurückgeht. Dabei wird die Bedeutung der inneren Sprache, des Sprechens mit sich selbst, für die Planung und Strukturierung von Handlungen genutzt; Zielsetzung ist vorwiegend eine Verbesserung der Fähigkeit zur Selbststeuerung und zur Kontrolle von Handlungsprozessen.

Anwendung findet das Selbstinstruktionstraining zum Beispiel bei Kindern mit impulsivem und aufmerksamkeitsgestörtem Verhalten. Diese Kinder sollen lernen, ihre Impulse zu kontrollieren, die Aufmerksamkeit den Anforderungen entsprechend zu zentrieren und aufrecht zu erhalten, um Handlungspläne entwickeln und Aufgaben bewältigen zu können (vgl. Döpfner, Schürmann & Frölich 1998; Lauth & Schlottke 1997).

Bei ängstlichen Kindern führen Selbstinstruktionen zu einer Verminderung ihrer Angst und zu einer verbesserten aufgabenbezogenen Handlungskontrolle, indem die Konzentration auf die Angst und deren Begleiterscheinungen reduziert, statt dessen die Aufmerksamkeitskapazitäten auf die gegebenen Anforderungen gelenkt werden (Schack 1994, 1997).

Voraussetzung für den Einsatz von Selbstinstruktionen ist die Bewusstmachung des problematischen Verhaltens. Die Einführung der Technik erfolgt durch die Demonstration des Therapeuten oder Lehrers, der laut denkt – wie eine Aufgabe zu lösen wäre, welche Schwierigkeiten auftreten und wie sie bewältigt werden könnten, sich dann für eine Lösung entscheidet, den Erfolg kontrolliert und schließlich bestätigt. Die einzelnen Schritte werden in kurzen Merksätzen – „Arbeitsregeln" – festgehalten und durch Signalkarten mit ansprechenden Comic-Figuren verdeutlicht. Döpfner, Schürmann und Frölich (1998, 331) unterscheiden die Signale

– Stopp, was soll ich tun?
– Wie ist mein Plan?
– Sorgfältig, Schritt für Schritt zum Ziel!
– Stopp, überprüfen!
– Prima!

Kiphard (1993) empfiehlt die Signale STOPP! – SCHAU! – HÖRE! – DENKE!, die verbal und anschaulich durch Signalkarten verdeutlicht zur Überwindung von impulsivem und hyperaktivem Verhalten eingesetzt werden (vgl. Meichenbaum 1979; Meichenbaum und Goodman 1971; Myschker 1999).

Die zunächst laut gesprochenen Selbstinstruktionen werden zunehmend leiser gesprochen, geflüstert und schließlich nur noch gedacht. Auch die Hilfe durch die Signalkarten wird allmählich abgebaut, wenn das Kind sicherer in der Selbstkontrolle wird.

Selbstmanagement

Methoden zur Unterstützung des Selbstmanagements werden häufig mit Token-Systemen und mit Techniken der Selbstinstruktion kombiniert (vgl. Döpfner, Schürmann & Frölich 1998; Petermann & Petermann 1993). Sie haben das Ziel, das Kind für sein problematisches Verhalten in Alltagssituationen zu sensibilisieren und ihm Hilfen zu geben, sich an Regeln zu halten, um erwünschtes Verhalten zunehmend selbständig aufzubauen.

Auch für ein erfolgreiches Selbstmanagement stehen zunächst die Definition des problematischen Verhaltens und die Motivation für eine Veränderung dieses Verhaltens im Vordergrund. Gemeinsam mit dem Kind erarbeitet der Therapeut / Lehrer konkrete Ziele, zum Beispiel „Ich will mich nicht so oft mit anderen Kindern streiten".

In einen Arbeitsbogen – „Detektiv-Bogen" (vgl. Döpfner, Schürmann & Frölich 1998; Petermann & Petermann 1993) – trägt das Kind täglich, evtl. für jede Schulstunde ein, ob und wie gut es ihm gelungen ist, das erwünschte Verhalten zu zeigen. Selbstbeobachtung, Selbstbewertung und Selbstkontrolle müssen mit dem Kind intensiv erarbeitet werden; anfänglich stellen Fremdbeobachtung und Fremdverstärkung – durch den Therapeuten, Lehrer oder die Eltern, je nachdem wo sich das problematische Verhalten vorwiegend zeigt – eine hilfreiche Unterstützung dar.

Die Erfolge des Selbstmanagements sollten möglichst engmaschig kontrolliert und mit dem Kind besprochen werden. Stellen sich nicht kurzfristig Erfolge ein, muss die Verfahrensweise modifiziert werden; andernfalls erlebt das Kind die tägliche Dokumentation seiner Misserfolge als zunehmende Belastung und wird die Bereitschaft zur Kooperation, die Bereitschaft, aktiv an der Bewältigung seiner Verhaltensprobleme zu arbeiten, verlieren.

Ökosystemische Techniken

Bei der Einschätzung von Verhalten sind immer die Bedingungen, unter denen dieses Verhalten auftritt, zu berücksichtigen – personelle, materiale, räumliche Bedingungen. Molnar und Lindquist (1993, 14) weisen aus einer ökosystemischen Perspektive darauf hin, dass auffälliges Verhalten nicht als Ausdruck oder Ergebnis der Unzulänglichkeiten einer Person, sondern „als Teil eines Musters interpersoneller Interaktionen" gesehen werden muss. Wenn ein Teil des Systems verändert wird oder sich verändert, sind auch Verhaltensänderungen zu erwarten. So können Verhaltensprobleme von Schülern bewältigt werden, wenn der Lehrer seine Wahrnehmung des Problems und dadurch sein Verhalten dem problematischen Schüler gegenüber ändert.

- Die *Technik der Umdeutungen* beruht auf der Tatsache, dass jede Verhaltensweise unterschiedlich begründet und interpretiert werden kann. Je nach individuellem Standpunkt kann auch problematisches Verhalten als angemessen angesehen werden. Der Umgang mit auffälligem Verhalten fällt leichter, wenn dieses nicht als Störverhalten gewertet, sondern eine andere – positive

- Interpretationsmöglichkeit gesucht wird. So können zum Beispiel Verhaltensweisen wie Reden, Zwischenrufe, Herumlaufen als Unterrichtsstörung, aber auch als Ausdruck besonderen Interesses interpretiert werden.

Als Elemente der Technik des Umdeutens empfehlen Molnar und Lindquist (1993)
- Bewusstmachung des problematischen Verhaltens und seiner bisherigen Deutung bzw. der eigenen Reaktionsweisen auf dieses Verhalten,
- Suche nach alternativen – positiven – Interpretationsmöglichkeiten und Auswahl einer überzeugenden alternativen Deutung,
- bewusstes Ausformulieren dieser neuen Deutung und Suche nach Handlungsweisen, die diese neue Deutung berücksichtigen.

- Bei der *Technik der positiven Konnotation des Motivs* werden positiv zu bewertende Motive für das problematische Verhalten eines Kindes gesucht. Als positive Begründung dafür, dass ein Kind sich während der Gesprächsphasen im Unterricht nicht beteiligt, kann zum Beispiel angeführt werden, dass es erst gründlich nachdenkt, bevor es etwas sagt; als Motivation dafür, dass ein Kind „den Klassenkasper spielt", kann sein Wunsch nach Anerkennung und Zuwendung gelten.

- Bei der *Technik der positiven Konnotation der Funktion* geht es darum, die Auswirkungen auffälligen Verhaltens positiv zu werten. Das Kind, das sich nicht am Unterricht beteiligt, beansprucht zum Beispiel weniger Aufmerksamkeit des Lehrers, die dadurch anderen Kindern zugute kommt; der „Klassenkasper" sorgt für gute Stimmung in der Gruppe, bereitet den anderen Freude.

- Die *Technik der Symptomverschreibung* fordert direkt dazu auf, das problematische Verhalten zu zeigen; allerdings wird verabredet, dass dieses in einer modifizierten Form erfolgen muss.

- Die *Technik der indirekten Beeinflussung des Problems* nimmt nicht das problematische Verhalten direkt in den Blick, sondern versucht eine Einflussnahme durch eine Veränderung in einem anderen Bereich des Systems. Wenn es gelingt, das betreffende Kind insgesamt positiver zu sehen, relativiert sich auch das Problemverhalten.

- Die *Technik der Lokalisierung von Ausnahmen* stellt quasi eine Erweiterung der Technik der indirekten Beeinflussung dar. Hier sollen direkt die Stärken eines Kindes, sein unproblematisches Verhalten in den Mittelpunkt gerückt werden, um die Perspektive des Problems zu verändern. Molnar und Lindquist (1993) weisen darauf hin, dass diese Technik nicht mit den Techniken der positiven Verstärkung identisch ist, da die positive Verstärkung sich nur auf eine Person bezieht, bei der Lokalisierung von Ausnahmen aber das gesamte Ökosystem gesehen wird.

Aspekte pädagogisch-therapeutischer Intervention im Sportförderunterricht

Auffälliges Verhalten stellt für jeden Lehrer eine besondere Herausforderung dar. „Rezepte" für den Umgang mit Verhaltensauffälligkeiten gibt es nicht. Die Beschäftigung mit therapeutischen Verfahren und Techniken kann aber wesentlich Einfluss auf das Lehrerverhalten nehmen. So rät Hölter (1987, 16) dazu, „als Pädagoge von Therapien (zu) lernen".

Die ehemals scharfe Trennung zwischen therapeutischem und pädagogischem Handeln besteht heute nicht mehr. So nennt Myschker (1999) als pädagogisch-therapeutische Verfahren, die bei Verhaltensstörungen zur Anwendung kommen können, die Gesprächsführung, Aspekte der Spieltherapie, Kunst- und Musiktherapie, Verfahren der Verhaltensmodifikation, Entspannungsverfahren und Meditation, Aspekte der Mototherapie und des Wahrnehmungstrainings (Sensorische Integration nach Ayres, Perzeptionsförderung nach Affolter, Wahrnehmungs- und Bewegungsförderung nach Frostig).

Wann und wo immer die Gelegenheit besteht, sollten Lehrer versuchen, in diese Verfahren Einblick zu nehmen. Beim Einsatz pädagogisch-therapeutischer Verfahren ist allerdings dringend eine Kooperation im Kollegenkreis, nach Möglichkeit im Zusammenhang mit Supervision, zu empfehlen.

Voraussetzung für eine entsprechende Intervention ist eine differenzierte Wahrnehmung des problematischen Verhaltens und der Versuch, dieses im Zusammenhang mit den jeweils situativen Bedingungen und den Lebensbedingungen eines Kindes zu verstehen.

Eine weitere Voraussetzung stellt die Bereitschaft zu einer kritischen Reflexion der eigenen Einstellung zu dem störenden Verhalten und dem eigenen Verhalten gegenüber dem auffälligen Kind dar, so wie es die ökosystemischen Techniken vorsehen.

Hinzu kommt die Bereitschaft, viel Zeit und Kraft zu investieren, die für Beratungsgespräche und Kooperation mit Kollegen und Eltern, evtl. Therapeuten erforderlich sind. Ebenso sind Einzelgespräche mit dem Kind und das Erstellen von Arbeitsmaterialien (Verträge, Arbeitsblätter, Signalkarten), die bei den genannten Techniken der Verhaltensmodifikation zur Anwendung kommen, sehr zeit- und arbeitsaufwändig.

Als Bekräftigung, teils als Erweiterung der Hinweise auf Möglichkeiten einer ganzheitlichen Förderung im Rahmen des Sportförderunterrichts (Kap. 5.3.2) sollen nachfolgend pädagogisch-therapeutisch Maßnahmen zusammengefasst werden, die in Anlehnung an Hölter (1987) als Vorbeugung, aber auch als Hilfe zur Lösung von Konflikten, die sich im Zusammenhang mit auffälligem Verhalten ergeben, dienen können. Sie tragen ingesamt zu einer Erweiterung der Handlungskompetenz von Lehrern im Umgang mit auffälligem Verhalten im Unterricht bei.

1. *Förderung der Selbstkontrolle und der Selbstbeherrschung als vorbeugende Maßnahme*, zum Beispiel durch
   – Strukturierung der Situation, Festlegung von Regeln, Betonung von Ritualen,
   – vorab Ansprechen möglicherweise auftretender Konfliktsituationen und deren Vermeidung,
   – bewusstes Ignorieren von Störungen, Entschärfen von Spannungen durch Humor, Reduzierung von Spannungen durch ein Gespräch, durch offene Diskussion,

- Vermittlung von Wertschätzung und Akzeptanz, Verstärkung der Anteilnahme,
- Hilfe zur Selbstkontrolle durch körperliche Nähe, Berührung,
- u.U. Empfehlung einer „Auszeit" nach vorheriger Absprache, zum Beispiel kurzfristiges Hinausschicken eines Kindes, um die Selbstkontrolle wieder herzustellen.

2. *Situationsgerechte Hilfen*, zum Beispiel
- individuelle Hilfestellung,
- Veränderung von Gruppenkonstellationen, auch beschützendes Eingreifen,
- Veränderung räumlicher Gegebenheiten, Einschränkung des Bewegungsraums, Entfernung ablenkender, auffordernder „verführerischer" Materialen und Geräte,
- Orientierung an Routineabläufen im Unterricht, Rituale,
- konsequentes Einfordern der Einhaltung von Regeln, entsprechende Reaktion auf Regelverletzungen, deutliches Setzen von Grenzen,
- Umdeutungen, paradoxe, überraschende Hinweise und Aufforderungen.

3. *Appell an das Gewissen, der allerdings nur wirksam wird, wenn elementare Wertvorstellungen vorhanden sind:*
- direkter Appell, Hinweis auf mögliche direkte Auswirkungen und spätere Folgen des aktuellen Verhaltens,
- Hinweise, Kommentare, Deutungen,
- reflektierende Bearbeitung im Anschluss an eine Konfliktsituation.

4. Einsatz der *Techniken positiver Verstärkung bzw. Extinktion*
durch gezieltes Loben und Tadeln, durch Anerkennung, Belohnung und Versprechungen oder Kritik, Drohung und Bestrafung. Hölter (1989, 23) spricht hier von dem „Einsatz des Lust- und Unlustprinzips".

5.3.4 Behinderte und chronisch kranke Kinder im Sportförderunterricht

Gemeinsamer Unterricht – Integration durch Bewegung, Spiel und Sport

Gemeinsamer Unterricht behinderter und nicht behinderter Kinder und Jugendlicher wird von Kindern, Eltern und Lehrkräften inzwischen überwiegend positiv bewertet (Dumke 1993; Fediuk 1999; Jantzen 2000; Scheidt 1995; Strotmann & Tietig 2002). Die Anzahl integrativ arbeitender Schulen hat – zumindest im Primarbereich – stetig zugenommen; vielerorts wird die Einrichtung zusätzlicher Integrationsklassen von Eltern vehement gefordert. Die Zahl der Schüler mit sonderpädagogischem Förderbedarf, die an allgemeinen Schulen unterrichtet werden, ist im Jahr 2000 gegenüber 1999 um 25,9 % gestiegen[8].

---

[8] Dokumentation Nr. 159 der Kultusministerkonferenz (www.kmk.org)

Im gemeinsamen Unterricht sollen als *Grundlage der Integration* Gleichberechtigung vermittelt, Toleranz und gegenseitige Akzeptanz gefördert und Unsicherheit oder auch Hemmschwellen abgebaut werden. Grundlage erfolgreicher Integration ist eine humane Schule, in der behinderte und nicht behinderte Kinder ihren jeweils individuellen Bedürfnissen und spezifischen Fähigkeiten entsprechend gefördert und gefordert werden (vgl. KMK 1994).

Die Qualität dieser individuellen Förderung und Forderung hängt in hohem Maße von den schulischen Rahmenbedingungen, sicher auch von der Zusammensetzung einer Klasse und von der Art und dem Ausmaß individueller Behinderung ab. Von besonderer Bedeutung für den Erfolg individueller Förderung ist aber die – pädagogische und fachliche – Kompetenz der Lehrkräfte (vgl. Bundschuh 1997; Jantzen 2000).

In der langjährigen Diskussion um die schulische Integration spielt der gemeinsame Sportunterricht kaum eine Rolle, obwohl die *integrative Funktion von Bewegung, Spiel und Sport* in zahlreichen Projekten nachgewiesen wurde. Eine Befragung an Schulen (vgl. Kerp 1993; Scheid 1995) zu den *Möglichkeiten der Integration behinderter Kinder in den Sportunterricht* ergibt,

– dass die Chancen einer Integration Blinder und Gehörloser als extrem schlecht eingeschätzt werden; dieses gilt ebenso für Kinder mit einer Körperbehinderung bzw. einer geistigen Behinderung schweren Grades. Als leichter integrierbar werden Sehbehinderte und Schwerhörige sowie Geistigbehinderte (geringer Ausprägungsgrad) angesehen, während bei einer Integration Lernbehinderter und Sprachbehinderter, auch erziehungsschwieriger Kinder sowie der Integration von Kindern mit einer Körperbehinderung leichteren Grades die geringsten Schwierigkeiten gesehen werden.

– Fast 90 % aller behinderter Kinder der Integrationsklassen nehmen am Sportunterricht teil. Aus der Gruppe der Körperbehinderten ist allerdings für 43 % der Kinder eine Teilnahme nicht möglich; als Gründe hierfür werden der Schweregrad der Behinderung, aber auch die Rahmenbedingungen der jeweiligen Schule angegeben (Scheid 1995). In der Studie von Kerp (1993) nehmen 97 % der behinderten Kinder am Sportunterricht teil; hier sind 5,7 % der körperbehinderten Kinder durch ärztliches Attest (Herzfehler, kindliches Rheuma / juvenile chronische Arthritis) vom Sportunterricht freigestellt.

– Als *Auswirkung eines integrativen Sportunterrichts* nennen die befragten Lehrer bei den behinderten Kindern eine Steigerung motorischer Fähigkeiten und Fertigkeiten, insgesamt einen Anstieg der Bewegungssicherheit; das Bewegungsverhalten der nicht behinderten Kinder regt zur Nachahmung an. Hinzu kommen wesentliche positive Effekte im emotionalen und psychosozialen Bereich: Steigerung von Selbstsicherheit und Durchsetzungsvermögen, Abbau von Ängsten und Hemmungen, insgesamt Förderung der sozialen Kompetenz.

Bei den nicht behinderten Kindern wird eine normale Leistungsentwicklung beobachtet; in ihrem Verhalten in leistungs- und konkurrenzorientierten Aufgabenstellungen deuten sich Veränderungen an. Die Kindern entwickeln im integrativen Unterricht in hohem Maße Hilfsbereitschaft, Rücksichtnahme, Verständnis füreinander und gegenseitige Akzeptanz. Freundschaften zwischen behinderten und nicht behinderten Kindern bahnen sich an.

Scheid (1995) berichtet aber auch von *problematischen Situationen*, von Über- und Unterforderungen und von Ausgrenzung behinderter Kinder, die von der Klasse als Belastung empfunden werden. Kerp (1993) zitiert Aussagen von Lehrkräften, die deutlich machen, dass differenzierende Aufgabenstellungen von den Leistungsstärkeren negativ kommentiert und von den behinderten Kindern als diskriminierend empfunden werden. Die Wahrnehmung eigener „Ungeschicklichkeit" im Vergleich zu den Nichtbehinderten führt zu Aggressionen. „Für unsere körperbehinderten Kinder ist es (Sportunterricht) das einzige Fach, in dem ihre Behinderung überhaupt offensichtlich wird, ... ist daher eher (ein) Stressfach" (Kerp 1993, 94).

Die Zielsetzungen des gemeinsamen Unterrichts sind durch Bewegung, Spiel und Sport in einem offenen Unterricht gut zu verwirklichen (vgl. Eggert 1994a, 1996). Bei älteren, oft stärker leistungsorientierten Schülern, bei denen eine Orientierung an sport(art)spezifischen Unterrichtsinhalten sinnvoll ist, stoßen die Möglichkeiten der Integration dagegen oft an Grenzen (vgl. Weichert 2000); hier erscheint im Sinne behinderter und nichtbehinderter Schüler gleichermaßen – zumindest zeitweise – eine Differenzierung nach Interesse und individueller Leistungsfähigkeit sinnvoll (vgl. Kap. 5.3.2).

Als *zentrale Prinzipien einer integrativen Pädagogik* nennt Feuser (1986, 1990) Kooperation, Individualisierung und innere Differenzierung (vgl. Fediuk 1999). In Anlehnung an Scheid (1995) können als Ergebnis der Analyse vorhandener Integrationsprojekte im Bereich von Bewegung, Spiel und Sport diesen Prinzipien inhaltliche Schwerpunkte und methodische Maßnahmen zugeordnet werden (vgl. Kap. 5.3.2):

→ *Kooperation*
- durch gemeinsame Planung und Realisierung von Spielideen, wobei behinderte und nicht behinderte Kinder unter Berücksichtigung individueller Stärken und Schwächen ihren Bedürfnissen und Möglichkeiten entsprechend teilhaben; ohne gegenseitige Unterstützung ist dieses in der Regel nicht möglich;
- kommunikative Prozesse werden in Gang gesetzt, gegenseitiges Verständnis aufgebaut, vorhandene Berührungsängste und Unsicherheiten reduziert bzw. abgebaut;

→ *Individualisierung*
- durch Erprobung und Ausbau individueller Fähigkeiten, aber auch Wahrnehmung individueller Grenzen; Entwicklung / Förderung realistischer Selbsteinschätzung und selbständiger Handlungsfähigkeit;
- in offenen Unterrichtssituationen ist es am ehesten möglich, individuellen Bedürfnissen zu entsprechen und eigene Stärken einzubringen; offener Unterricht fordert soziales Lernen heraus;

→ *Differenzierung*
- durch offene Bewegungsangebote, prozessorientierte Planungs-, Entscheidungs- und Handlungsspielräume;
- durch Methoden des variierten Übens, durch das Angebot unterschiedlicher Schwierigkeitsstufen, durch Variation traditioneller Inhalte, durch Modifizierung von Regeln.

Chancen und Probleme des gemeinsamen Sportförderunterrichts

Die Zielsetzungen und die Probleme des gemeinsamen (Sport-) Unterrichts entsprechen wie die Vorschläge für inhaltliche Schwerpunkte und methodische Maßnahmen weitestgehend denen des Sportförderunterrichts. Durch die Rahmenbedingungen des Sportförderunterrichts – insbesondere durch die geringe Gruppengröße – ist die Chance besonders intensiver Förderung gegeben; inwieweit positive Effekte über die Grenzen der Fördergruppe hinaus Wirkung zeigen, hängt in hohem Maße von den Umfeldbedingungen (in der Klasse, in der Schule, in der Familie, in der Gemeinde), aber auch von dem Engagement und der Kompetenz des Lehrers ab.

- *Notwendige Informationen*

Nehmen behinderte und chronisch kranke Kinder am Sportförderunterricht teil, muss der Lehrer sich um möglichst umfassende Information über die jeweilige Behinderung bzw. Erkrankung bemühen

- über Art und Schweregrad der Behinderung oder Erkrankung,
- über den individuellen Krankheitsverlauf bei chronischen Krankheiten sowie über mögliche Begleit- und Folgeerscheinungen der Krankheit bzw. Behinderung,
- über den Stellenwert der Krankheit bzw. Behinderung im Leben des Kindes und der Familie
- sowie die Belastungen, die sich im Alltag daraus ergeben.

Besonderheiten in der Entwicklung des Kindes, insbesondere in der motorischen Entwicklung, seine Erfahrungen mit Bewegung, Spiel und Sport, auch mit therapeutischen Maßnahmen (Mototherapie, Physiotherapie, Ergotherapie, u.a.), Vorlieben und Abneigungen des Kindes im Bewegungsbereich wie auch diesbezügliche Wünsche und Vorstellungen sollten in Erfahrung gebracht werden (vgl. Kap. 5.2.1).

Auskunft geben das Kind selber und seine Eltern oder auch behandelnde Therapeuten; hilfreich sind in der Regel Selbsthilfeverbände, die oft auch Informationsmaterial speziell für Lehrer bereitstellen.

Vielfach ist eine Kontaktaufnahme zu dem behandelnden Arzt empfehlenswert; hierfür ist allerdings das Einverständnis der Eltern einzuholen. Der Arzt kann differenziert Auskunft über die Erkrankung des Kindes und seine aktuelle körperliche Belastbarkeit geben, über die jeweils aktuelle Medikation und deren mögliche Nebenwirkungen sowie möglicherweise erforderliche Hilfsmittel. Je mehr Informationen der Arzt seinerseits von einem Lehrer über Rahmenbedingungen, Inhalte und Methodik des Sportförderunterrichts und des Schulsports generell bekommt, umso konkreter können seine Empfehlungen für die körperliche Belastung eines Kindes im Unterricht sein. Der Arzt gibt auch Auskunft darüber, was Lehrkräfte in einer möglichen Notfallsituation tun können.

Von besonderer Bedeutung für die individuelle Förderung wie auch für Aspekte der Integration im Sportförderunterricht und im Schulsport ist die sorgfältige Information über körperliche und motorische Einschränkungen der Kinder, die im wesentlichen auf die folgenden Erkrankungen und Schädigungen zurückzuführen sind (vgl. ISB 1993; Stadler 1999; vgl. KMK 1998):

- *Erkrankungen und Schädigungen des Zentralnervensystems* wie zum Beispiel frühkindliche Hirnschädigung (infantile Cerebralparese, ICP), Schäden nach Schädel-Hirn-Trauma oder Entzündungen des Zentralnervensystems, cerebrale Anfallsleiden (Epilepsie), Querschnittslähmung durch Schädigung des Rückenmarks (bei Kindern vorwiegend Spina bifida);
- *Erkrankungen und Schädigungen der Muskulatur und des Skelettsystems*, zum Beispiel Muskelerkrankungen (z.B. progressive Muskeldystrophie), Wachstumsstörungen, insbesondere Formen des Kleinwuchses, Glasknochenkrankheit, Erkrankungen / Fehlbildungen der Wirbelsäule, der Extremitäten und der Gelenke, Amputationen;
- *chronische Krankheiten und Fehlfunktionen der Organe*; hierbei handelt es sich um
  - Erkrankungen aus dem rheumatischen Formenkreis (z.B. juvenile chronische Arthritis),
  - Erkrankungen der Atemwege wie Asthma bronchiale,
  - Stoffwechselerkrankungen wie Diabetes mellitus, Typ I,
  - Erkrankungen des Herz-Kreislauf- und Gefäßsystems,
  - chronische Formen der Niereninsuffizienz,
  - Hämophilie („Bluterkrankheit") sowie
  - Erkrankungen der Haut wie zum Beispiel die Neurodermitis.

Besonders hervorgehoben werden sollen hier die Kinder mit chronischen Krankheiten, deren Anzahl seit den sechziger Jahren stetig zunimmt; ihr Anteil wird heute auf etwa 10 bis 20 % geschätzt (Warschburger 2000; vgl. Kap 1.2). Chronisch kranke Kinder werden – zumindest bei einem leichteren Krankheitsverlauf – kaum als behindert wahrgenommen. Da sie in der Regel zielgleich unterrichtet werden und ihre Entwicklung scheinbar unauffällig verläuft, besuchen sie meistens eine allgemeine Schule; ihre Aufnahme in eine Integrationsklasse wird oft als nicht erforderlich erachtet. Dennoch erscheint die Zuordnung chronischer Krankheiten zu der Gruppe der Körperbehinderungen gerechtfertigt, da betroffene Kinder durch die Erkrankung in allen Entwicklungsbereichen beeinträchtigt sein können.

- ***Besonderheiten der Entwicklung behinderter und chronisch kranker Kinder***

Behinderungen und chronische Krankheiten dürfen nicht als rein biologisches bzw. medizinisches Problem angesehen werden; sie betreffen immer den ganzen Menschen in seinem personellen, materialen und ökologischen Umfeld. Sie stellen einen schwerwiegenden Stressfaktor dar, der Gesundheit und Wohlbefinden gefährdet. Entsprechend dem salutogenetischen Verständnis von Gesundheit nach Antonovsky (1987, 1997) hängt ein erfolgreicher Umgang mit Stressoren davon ab, in welchem Maße generalisierte Widerstandsquellen als Schutzfaktoren zur Verfügung stehen bzw. inwieweit es gelingt, diese zu mobilisieren. Zu diesen Schutzfaktoren gehören neben genetischer Disposition und biologischen Faktoren vor allem soziale Unterstützungssysteme, ökonomische Faktoren und kulturelle bzw. gesellschaftliche Bezüge, aber auch kognitive Faktoren und individuelle Bewältigungsmuster (vgl. Kap. 1.3; Kap. 5.1).

Petermann, Noeker und Bode (1987, 32f; vgl. Bode 1990) nennen besondere psychosoziale Belastungen, die bei chronischen Krankheiten auftreten können und die gleichermaßen auf Kinder mit Behinderungen zutreffen:

→ *Probleme bei der Alltagsbewältigung*, auch im Hinblick auf soziale Rollen und Bindungen
wie zum Beispiel die Notwendigkeit, spezifische Risiken (Verletzung bei Hämophilie, auslösende Allergene bei Asthma, u.a.) zu vermeiden; notwendige Disziplin bei Diät oder der Einnahme von Medikamenten; Sonderrolle als behindertes / krankes Kind in der Familie, problematische Beziehung insbesondere zu Geschwistern;

→ *Krankenhausaufenthalte*,
dadurch Trennungen von Eltern, Geschwistern und Freunden; Einschränkungen der Mobilität; Auseinandersetzung mit der besonderen Situation in der Klinik;

→ *Beeinträchtigung körperlicher Unversehrtheit*
durch körperliche Schwäche, Befindlichkeitsstörungen oder Schmerzen; Unsicherheiten und Ängste im Zusammenhang mit diagnostischen und therapeutischen Maßnahmen, insbesondere mit operativen Eingriffen; u.U. sichtbare Veränderungen wie eine Gliedmaßenfehlbildung oder Amputation, Veränderungen der Haut, auch auffällige Narben; Abhängigkeit von Medikamenten und Hilfsmitteln, aber auch von Personen; Einschränkungen der Selbständigkeit, eines selbst bestimmten Lebens;

→ *Beeinträchtigung der Identitätsentwicklung und der Zukunftsperspektive*
im Zusammenhang mit Entwicklungsrückständen, realistischer Einschätzung persönlicher Stärken und Schwächen, Akzeptieren möglicher Einschränkungen schulischer und beruflicher Perspektiven;

→ *Störungen in der Entwicklung eines positiven Selbstkonzepts*
im Zusammenhang mit einem möglicherweise veränderten Körperbild; Hilflosigkeit, Angst vor Abhängigkeit, davor, anderen zur Last zu fallen; Schamgefühle im Zusammenhang mit einer Stigmatisierung als „Behinderte(r)"; Minderwertigkeitsgefühle, verändertes Kommunikationsverhalten, insbesondere auch gegenüber dem anderen Geschlecht;

→ *existentielle Konfrontation mit Krankheit und Tod*
als Konfrontation mit den eigenen Einschränkungen, u.U. als Bedrohung durch einen frühen Tod; aber auch als Frage nach dem Sinn der Erkrankung; evtl. Schuldgefühle und Verbitterung.

Das Ausmaß einer Gefährdung der Entwicklung durch eine chronische Krankheit hängt neben dem Schweregrad der Erkrankung nicht unwesentlich davon ab,

- in welchem Alter sie auftritt,
- ob sie akut oder schleichend beginnt,
- ob sie progressiv, evtl. in Schüben verläuft und
- welche Behandlungsmöglichkeiten bestehen bzw. welche Prognosen gestellt werden können (Petermann, Noeker & Bode 1987).

Mit zunehmendem Alter und steigendem Wissen über das Krankheitsgeschehen steigern sich in der Regel die Fähigkeit und die Bereitschaft eines Kindes zum Selbstmanagement. Mit zunehmendem Alter verändern sich auch die individuell zur Verfügung stehenden Bewältigungsstrategien; der Stellenwert, der gesundheitsrelevanten Themen zugemessen wird, wird größer.

Eine chronische Krankheit oder Behinderung stellt aber immer nur einen Stressor neben vielen anderen, die es zu bewältigen gilt, dar. Krankheitsspezifische Belastungen kommen zu den Entwicklungsaufgaben der jeweiligen Altersstufe hinzu. Es hängt von der Persönlichkeit eines betroffenen Kindes ab, wie es die Krankheit bewertet und inwieweit mit der Erkrankung ein aktiver Bewältigungsprozess einhergeht (Eiser 1993; Oerter & Dreher 1995; Petermann, Noeker & Bode 1987; Warschburger 2000).

Während eine chronische Krankheit durch vielfältige Belastungen die Bewältigung altersgemäßer Entwicklungsaufgaben verzögern oder behindern kann, ist durchaus eine andere Entwicklungstendenz möglich: Nicht selten ist bei betroffenen Kindern ein Maß an Selbständigkeit und Selbstbewusstsein wie auch Verantwortungsbewusstsein sich selbst und der Umwelt gegenüber zu beobachten, das das anderer Kinder in ihrem Alter weit übertrifft (Warschburger 2000).

- *Individuelle Belastung / Belastbarkeit*

Für behinderte und chronisch kranke Kinder gilt wie für alle anderen Kinder als Zielsetzung des Sportförderunterrichts eine individuelle, ganzheitlich orientierte Entwicklungsförderung über das Medium Bewegung (vgl. Kap. 5.1). Bei allen Überlegungen zur Unterrichtsplanung, zu inhaltlichen Entscheidungen wie auch zum Lehrerverhalten (vgl. Kap. 5.2) finden die Kenntnisse über die jeweilige Erkrankung / Behinderung und die spezifischen Informationen über die erschwerten Entwicklungsbedingungen eines Kindes Berücksichtigung. Je nach Gruppenzusammensetzung kann es notwendig sein, dass die Förderung der Integration im Rahmen des sozialen Lernens (vgl. Kap. 5.3.2) als Unterrichtsschwerpunkt in den Vordergrund rückt.

Grundlage der individuellen Förderung sind zunächst Informationen über die Krankheit oder Behinderung und deren Bedeutung im Zusammenhang mit körperlicher und motorischer Belastung (vgl. Hebestreit et al. 2002; Heck 1983). Darüber hinaus muss aber die individuelle Situation eines Kindes möglichst umfassend beobachtet werden: Art und Ausmaß der körperlichen und motorischen Einschränkungen eines Kindes, seine körperliche Aktivität und sein Bewegungsverhalten. Außer im Sportförderunterricht selbst bieten sich zahlreiche Gelegenheiten zur Beobachtung; schon auf den Wegen, auf dem Schulweg oder dem Weg vom Klassenraum zur Turnhalle etc., im Umkleideraum, auf dem Schulhof, letztlich auch im Klassenraum ist zu beobachten, wie ein Kind mit seiner Krankheit oder Behinderung umgeht, ob und welche Schwierigkeiten es bei alltäglichen Anforderungen hat und was es sich selbst zutraut, wie es sich selbst belastet.

Eine wichtige Zielsetzung motorischer Intervention ist die *Förderung realistischer Selbsteinschätzung*, um Kindern die Chance zu geben, sich selbständig – und selbstbewusst – so zu belasten, wie es ihre jeweils momentane Situation zulässt. Gerade behinderte und chronisch kranke Kinder wachsen vielfach überbehütet auf, so dass sie selbst gar nicht wissen, was sie können und wie belastbar sie sind (vgl. Kap. 4.2). Andererseits führen emotionale und psychosoziale Beanspruchungen innerhalb der Kindergruppe und in der Unterrichtssituation möglicherweise dazu, dass Körpersignale nicht wahrgenommen oder nicht beachtet werden, so dass es zur Überforderung kommt.

Sowohl bei Unter- als auch bei Überforderung wird eine Intervention nicht den gewünschten Erfolg erbringen, weil die angemessenen Entwicklungsreize fehlen. Darüber hinaus kann eine Überforderung sich aber bei chronisch kranken Kindern schädlich auswirken und u.U. unerwünschte Zwischenfällen auslösen (z.B. bei Asthma, Diabetes mellitus, Herzfehler), bei behinderten Kindern zu Unfällen führen. Sorgfältige Beobachtung im Unterricht und sensible Beratung und Betreuung durch den Lehrer sind notwendig, um die für die individuelle Förderung notwendigen Reize setzen zu können und insbesondere die Entwicklung realistischer Selbsteinschätzung zu unterstützen.

Im Folgenden werden nur schlaglichtartig Hinweise gegeben, die die Aufmerksamkeit des Lehrers auf einige für die Planung des Sportförderunterrichts bedeutsame körperliche und motorische Einschränkungen chronisch kranker und behinderter Kinder lenken sollen, um Überforderung zu vermeiden und auf mögliche Schwierigkeiten bei dem gemeinsamen Unterricht vorbereitet zu sein.

Einschränkung elementarer motorischer Fertigkeiten

Einschränkungen elementarer motorischer Fertigkeiten wie Stehen, Gehen, Laufen, Greifen, etc. sind in unterschiedlichem Ausmaß bei Schädigungen des Zentralnervensystems zu erwarten. Cerebrale Bewegungsstörungen sind Folgen gestörter Steuerung und Kontrolle der Motorik. Gleichgewichtsunsicherheiten schon beim Sitzen, vor allem aber im Stand und bei der Fortbewegung, Reaktions- und Anpassungsprobleme in Spielsituationen, besonders beim Umgang mit Handgeräten, können den gemeinsamen Sportförderunterricht stark behindern. Aber auch Greifen im Sinne von Festhalten zum Beispiel an den Ringen (Hängen) oder am Reck (Stützen) im Zusammenhang mit verminderter Muskelkraft ist möglicherweise stark eingeschränkt. Dabei ist mit Asymmetrien zu rechnen, die im Rahmen der Intervention zu berücksichtigen sind.

Einschränkungen elementarer motorischer Fertigkeiten treten aber auch bei vielen Erkrankungen und Schädigungen der Muskulatur und des Skelettsystems

(z.B. Amputation, progressive Muskeldystrophie) sowie bei chronischen Krankheiten (z.B. Erkrankungen des rheumatischen Formenkreises) auf.
Bei der motorischen Intervention steht zunächst die Förderung elementarer motorischer Fertigkeiten im Vordergrund; sportspezifische Fertigkeiten werden je nach Entwicklungsstand und individuellem Interesse zunehmend angeboten.

Unterstützung durch Hilfsmittel

Behinderte Kinder brauchen vielfach Hilfsmittel – von orthopädischen Schuhen oder Schuhzurichtungen bei Fußdeformitäten über die Korsettversorgung bei Skoliose bis zu verschiedenen Formen von Gehhilfen und dem Rollstuhl. Hier ist zu klären, ob die Hilfsmittel auch im Sportunterricht Einsatz finden sollen: Werden sie nicht benutzt, muss sorgfältig geprüft werden, inwieweit dadurch die Bewegungsfähigkeit reduziert wird. In der Regel sollte ein behindertes Kind im Sportförderunterricht nicht auf sein(e) Hilfsmittel verzichten; hier ist dann darauf zu achten, dass andere Kinder dadurch nicht gefährdet / verletzt werden.

Die Versorgung mit Hilfsmitteln ist bei Kindern immer auch im Zusammenhang mit ihrem Wachstum zu sehen: Hilfsmittel „wachsen nicht mit", sondern müssen dem Wachstum entsprechend angepasst und erneuert werden. Hier kann der Lehrer, der die Kinder im Sportförderunterricht sehr sorgfältig in ihrem Bewegungsverhalten beobachten kann, den Eltern möglicherweise wertvolle Hinweise geben, wenn die Hilfsmittel nicht (mehr) passen oder nicht funktionsgerecht eingesetzt werden. Insbesondere die Rollstuhlversorgung von Kindern erfolgt oft nicht unter dem Aspekt der Unterstützung bestmöglicher motorischer Entwicklung und Selbständigkeit; aber auch im Umgang mit ihrem Rollstuhl brauchen viele Kinder mehr Sicherheit, entsprechend spezifisches Training.

Einschränkungen im Bereich koordinativer und konditioneller Fähigkeiten

Einschränkungen im Bereich *koordinativer Fähigkeiten* sind bei vielen behinderten und chronisch kranken Kindern aufgrund mangelnder Wahrnehmungs- und Bewegungserfahrungen im Zusammenhang mit ihren erschwerten Entwicklungsbedingungen zu erwarten. Störungen der Bewegungskoordination treten bei Erkrankungen und Schädigungen des Zentralnervensystems auf; im Vordergrund stehen Störungen des Muskeltonus, des Gleichgewichts und der räumlich-zeitlichen Koordination (vgl. Kap. 2.2.6).

Bei Störungen der Koordination wie auch bei Beeinträchtigungen der Wahrnehmungs- und Bewegungsentwicklung kann die Förderung der taktil-kinästhetischen und vestibulären Wahrnehmung, speziell die Förderung der Körperwahrnehmung mit ihrer umfassenden Bedeutung für die gesamte Persönlichkeit und die Förderung elementarer motorischer Fertigkeiten im Sportförderunterricht wichtige Impulse setzen. Kinder mit Koordinationsstörungen brauchen besonders viel Zeit und Ruhe zum Üben, verbale Unterstützung und Verständnis, vielfach auch Hilfen – passiv durch Geräte und Materialien, aktiv durch den Lehrer oder andere Kinder –, um Übungserfolge wahrnehmen zu können. Auf die Zusammenhänge zwischen Bewegungskoordination und Emotion ist besonders zu achten: Psychische Belastungen wie Aufregung, Ärger, Angst führen zu einer Steigerung des Muskeltonus; Tendenzen zur Verspannung werden dadurch verstärkt, eine situationsangemessene Bewegungskoordination wird be- oder verhindert.

Einschränkungen *konditioneller Fähigkeiten* – Verminderung von Kraft und Ausdauer – sind häufig auch im Zusammenhang mit Störungen des Zentralnervensystems festzustellen. Im Vordergrund stehen hier aber Erkrankungen und Schädigungen des Bewegungsapparates und der inneren Organe.

Reduzierte *Muskelkraft,* u.U. zunehmender Kraftverlust ist typisch für Formen der Muskeldystrophie, Erkrankungen aus dem rheumatischen Formenkreis, durch ungünstige Körperproportionen auch bei Wachstumsstörungen. Eingeschränkte Muskelkraft kann aber auch infolge ungenügender Entwicklungsreize im Zusammenhang mit einem überbehütenden Erziehungsstil vieler Eltern behinderter und chronisch kranker Kinder auftreten (vgl. Abb. 4-1b).

Abgesehen von den Formen der progressiven Muskeldystrophie ist ein Zuwachs an Muskelkraft bei sorgfältiger Dosierung und guter Motivation leicht zu erreichen. Bei Erkrankungen aus dem rheumatischen Formenkreis sind Belastungen im Zusammenhang mit dem schubartigen Krankheitsverlauf, der Schmerzsymptomatik und der entsprechenden Medikation sorgfältig mit den Eltern des Kindes und dem Arzt abzustimmen. Der progressive Verlauf der Muskeldystrophien, eine deutliche Verschlechterung der Belastbarkeit eines Kindes erfordert besondere Sensibilität im Umgang mit diesem Kind und Berücksichtigung der emotionalen Verfassung speziell in Belastungssituationen.

Reduzierte Belastbarkeit im Bereich der *Ausdauerleistungsfähigkeit* ist einerseits wiederum aufgrund von mangelnden Entwicklungsreizen bei unangemessener Schonung behinderter und chronisch kranker Kinder zu erwarten, andererseits bei Erkrankungen der Atmungsorgane und des Herz-Kreislauf- und Gefäßsystems. Bei diesen chronisch kranken Kindern muss zunächst die individuelle Belastbarkeit durch eine umfassende medizinische Untersuchung geklärt werden (vgl. Hebestreit 2002; Lawrenz & Seiler 2002). Liegt generell eine „Sporteignung" vor, wird Ausdauerschulung in einem Bereich mittlerer Belastungsintensität empfohlen (vgl. Dordel 2002). Bei Erkrankungen der Atmungsorgane hat sich eine umfangreiche Erwärmung vor der Ausdauerbelastung als günstig herausgestellt; Intervallbelastungen werden besser toleriert als Formen der Dauerbelastung (vgl. Lecheler & Fischer 1990; Lecheler, Biberger & Pfannebecker 1997). Zu beachten ist auch, dass Beanspruchung statischer Kraft zu einer Mehrbelastung des Herz-Kreislauf-Atmungssystems führen kann; insbesondere Pressatmung sollte vermieden werden.

Bei der Belastungssteuerung ist zu berücksichtigen, ob die Kinder Herzfrequenzsenkende Medikamente nehmen; außerdem ist ihr Bewegungsverhalten auf Anzeichen erschöpfender Belastung (Atemfrequenz, Hautfarbe, Bewegungskoordination, Körperhaltung) zu beobachten. Kinder sollten ihrem eigenen Belastungsempfinden entsprechend selbständig Pausen einlegen dürfen.

Schnelligkeit und Flexibilität werden zwar oft zu den konditionellen Fähigkeiten gerechnet, haben aber auch koordinative Anteile und sollen hier gesondert betrachtet werden. Einschränkungen in beiden Bereichen motorischer Beanspruchung sind typisch zum Beispiel bei frühkindlicher Hirnschädigung; entsprechende Belastungen müssen im Sportförderunterricht sorgfältig dosiert werden.

Förderung der Flexibilität stellt im Sinne einer Kontrakturprophylaxe einen Schwerpunkt krankengymnastischer Behandlung sowohl bei Erkrankungen und Schädigungen des Zentralnervensystems (nicht nur bei cerebralen Bewegungsstörungen, sondern auch bei Schädigungen des Rückenmarks) als auch bei vielen Erkrankungen und Schädigungen im Bereich des Haltungs- und Bewegungsapparates dar. Im Sportförderunterricht sollte auch für behinderte und chronisch kranke Kinder vielseitigen koordinativen Beanspruchungen der Vorzug gegenüber Maßnahmen zur gezielten Förderung der Dehnfähigkeit verspannter oder zur Verspannung tendierender Muskulatur und der Gelenkbeweglichkeit gegeben werden. Bei Jugendlichen können dagegen im Zusammenhang mit der Vermittlung entsprechender Kenntnisse auch Maßnahmen zur Förderung der Flexibilität in den Vordergrund rücken.

Bei der *Förderung von Schnelligkeit* geht es immer auch um Zeitdruck, der psychisch belasten und Prozesse des motorischen Lernens stören kann, wenn er zu früh eingesetzt wird. Daher sind Maßnahmen zur Förderung der Schnelligkeit im Rahmen des Sportförderunterrichts mit großer Vorsicht einzusetzen.

Weitere Beeinträchtigungen

Über mögliche Einschränkungen elementarer motorischer Fertigkeiten sowie koordinativer und konditioneller Fähigkeiten hinaus ist eine Vielzahl weiterer Beeinträchtigungen behinderter und chronisch kranker Kinder im Sportförderunterricht denkbar:
- So haben Kinder zum Beispiel häufig *Schmerzen* insbesondere bei entzündlichen Erkrankungen; hier wird auf eine Teilnahme am Sportförderunterricht in der Regel verzichtet.
- Allgemeine *Entwicklungs- und Wachstumsstörungen* zum Beispiel bei chronischer Niereninsuffizienz schränken die körperliche Leistungsfähigkeit allgemein ein.
- *Reizungen der Haut* zum Beispiel durch die Schweißbildung bei körperlicher Belastung oder durch gechlortes Wasser beim Schwimmen stellen zum Beispiel bei Neurodermitis oder anderen Erkrankungen der Haut eine erhebliche Belastungen betroffener Kinder dar.
- Generell muss die *emotionale und psychosoziale Belastung äußerlich sichtbarer Behinderung oder Krankheit* beachtet werden. Hier sind zum Beispiel Erkrankungen der Haut, aber auch Adipositas oder cerebrale Bewegungsstörungen zu nennen, die vielfach zu Ablehnung und sozialer Ausgrenzung führen.

Bei allen Behinderungen und chronischen Krankheiten ist zu prüfen, ob zusätzliche Störungen im Sinne einer *Mehrfachbehinderung* oder *sekundäre Leistungs-*

schwächen oder -schäden vorhanden sind. So steht zum Beispiel bei Kindern mit Down-Syndrom eine geistige Behinderung im Vordergrund; die körperliche und motorische Leistungsfähigkeit ist aber häufig zusätzlich durch einen Herzfehler und einen verminderten Muskeltonus reduziert.

- **Unfälle, Medikamente, Notfallsituationen**

Unfälle bei Bewegung, Spiel und Sport stehen oft im Zusammenhang mit Überforderung und unrealistischer Selbsteinschätzung bzw. mangelhafter Einschätzung von Risiken und Gefahren, wie es zum Beispiel als typisch für Kinder mit Aufmerksamkeitsdefizit- / Hyperaktivitätsstörung gilt.

Kinder, die zu cerebralen Krampfanfälle neigen (häufig bei frühkindlicher Hirnschädigung), sollten insbesondere bei unfallträchtigen oder besonders gefährdenden Sportarten wie Schwimmen, Klettern, Turnen sehr sorgfältig beobachtet, wenn möglich individuell begleitet / gesichert werden.

Unfälle, auch kleinere Verletzungen sowie Stauchungen, Prellungen, Zerrungen etc. müssen unbedingt vermieden werden bei Kindern mit Hämophilie („Bluterkrankheit"), bei denen insbesondere Einblutungen in die Gelenke mit nachfolgenden Funktionseinbußen gefürchtet sind. Aber auch bei Kindern, die wie viele herzkranke Kinder Medikamente zur „Verdünnung des Blutes" (Gerinnungshemmer, Antikoagulantien) nehmen müssen, stellen schon kleine Verletzungen eine erhebliche Gefährdung dar.
Extreme Vorsichtsmaßnahmen sind bei der Glasknochenkrankheit notwendig, um betroffene Kinder nach Möglichkeit vor Knochenbrüchen zu schützen.

Viele behinderte und chronisch kranke Kinder nehmen regelmäßig *Medikamente*. Mögliche Nebenwirkungen dieser Medikamente betreffen vorwiegend die Aktivität und das Aufmerksamkeitsverhalten bzw. die Konzentrationsfähigkeit und beeinträchtigen generell das Verhalten sowie die Lern- und Leistungsfähigkeit. Entsprechende Hinweise von Lehrern stellen eine wichtige Hilfe auf der Suche nach der bestmöglichen Dosierung dar.

Bei onkologischen Erkrankungen wie auch nach Transplantationen werden Medikamente gegeben, die auf das Immunsystem wirken (Immunsuppressiva). Hier ist mit auffälliger Müdigkeit der Kinder und eingeschränkter Aufmerksamkeit im Unterricht zu rechnen; betroffene Kindern sind vor allem durch eine erhöhte Infektanfälligkeit gefährdet.

Insbesondere Medikamente, die Einfluss auf das vegetative Nervensystem nehmen, führen zu Veränderungen der Herzfrequenz. So nehmen herzkranke Kinder häufig Medikamente, die zu einer Senkung der Herzfrequenz führen; dasselbe gilt aber auch für Medikamente, die bei Asthma oder bei einem hyperkinetischen Syndrom verordnet werden. Wird die Herzfrequenz zur Beurteilung aktueller Belastung und generell zur Belastungssteuerung herangezogen, ist dieses zu berücksichtigen.

Bei dem für Kinder typischen *„Typ-I-Diabetes"* besteht die Therapie im wesentlichen aus der Trias Insulinsubstitution – Ernährung – Bewegung. Diese drei Bausteine müssen ausgewogen aufeinander abgestimmt sein. Unvorhergesehene körperliche Belastung, deren Dauer und Intensität bei der vorher gegebenen Insulindosis nicht eingeplant werden konnte, führt zum Abfall des Blutzuckerspiegels; durch zusätzliche Kohlenhydratzufuhr über die Nahrung (Traubenzucker) kann eine gefährliche Unterzuckerung vermieden werden. Erhebliche psychische Belastungen führen dagegen möglicherweise zu einem Anstieg des Blutzuckerspiegels. Bei Unsicherheit sollte ein Kind auch während des Sport(förder)unterrichts eine Blutzuckermessung vornehmen dürfen. Betroffene Kinder werden in umfangreichen Schulungen mit den Risiken ihrer Krankheit und den therapeutischen Möglichkeiten vertraut gemacht. Der Lehrer sollte sich bei dem Kind darüber informieren, Anteil nehmen und Verständnis zeigen; er sollte dem Kind, dem im Umgang mit seiner Krankheit ein hohes Maß an Selbstkontrolle und Disziplin abverlangt wird, jegliche Unterstützung zusichern.

Belastungsinduziertes Asthma tritt während körperlicher Belastung auf. Neben einer Dauermedikation wird empfohlen, kurz vor einer Belastung – als Akutprophylaxe – ein Medikament zu nehmen; dieses wird durch Inhalation zugeführt. Durch Messung des Peak Flow (max. Flussgeschwindigkeit), eine einfach durchzuführende Lungenfunktionsprüfung, kann das Kind selbständig seine aktuelle Belastbarkeit feststellen (vgl. Kap. 4.4.5). Der Lehrer sollte das Kind in seinem Umgang mit der Krankheit unterstützen, gegebenenfalls an notwendige Maßnahmen erinnern. Neben der Medikation und der Funktionsprüfung gehören auch atemerleichternde Stellungen zum Management von Atemnot-Situationen. Diese können durchaus – von dem kranken Kind erläutert – zum Unterrichtsthema für alle Kinder werden, einerseits um die Körperwahrnehmung zu fördern, andererseits aber auch um Verständnis für die Krankheit und notwendige Krankheitsbewältigung zu wecken oder zu verstärken.

Notfälle können im Sportförderunterricht durch Unfälle ausgelöst werden. Im Zusammenhang mit Behinderungen und Krankheiten ist vor allem an Krampfanfälle, Unterzuckerung (Hypoglykämie) bei Diabetes, an einen akuten Asthmaanfall oder an einen Notfall – meistens als „Herzrasen" beschrieben – bei herzkranken Kindern zu denken. In jedem Fall sollte ein Lehrer sich schon bei einem ersten Gespräch mit den Eltern, möglichst auch mit dem behandelnden Arzt mit der Möglichkeit einer Notfallsituation und entsprechenden Maßnahmen auseinandersetzen. Der Umgang mit dem jeweiligen Notfallmedikament sollte bekannt sein bzw. erlernt werden. Das Medikament muss verfügbar sein: Entweder trägt das Kind es stets bei sich oder es wird dem Lehrer ausgehändigt bzw. an einem bestimmten Platz in der Schule / in der Turnhalle deponiert. Dabei sollte regelmäßig kontrolliert werden, ob das Medikament wirklich vorhanden ist. Ebenso müssen Telefonnummern des Notarztes, u.U. des jeweils behandelnden Arztes oder der Klinik und natürlich die Telefonnummern der Eltern bekannt sein. Regelmäßige Auffrischung der Kenntnisse über Erste Hilfe geben dem Lehrer zusätzlich Sicherheit (vgl. Ferrari 2002).

5.4 Bewegungsförderung im Rahmen einer „Bewegten Schule"

Zum Konzept der „Bewegten Schule"

Anlass für die Entwicklung des Konzepts einer bewegten Schule war Mitte der 80-er Jahre die „erschreckende Zunahme der Rückenbeschwerden bei Kindern und Jugendlichen in den Schulen" (Illi 1995, 404). Wie schon im 18. Jahrhundert als wesentliche Begründung für die Entwicklung der medizinischen Gymnastik und Anfang des 20. Jahrhunderts im Zusammenhang mit der Einführung des orthopädischen Schulturnens (vgl. Kap. 1.1) wird die Aufmerksamkeit auf die hohe *Belastung durch das Sitzen* gelenkt: Verantwortlich für Rückenbeschwerden schon bei Kindern und Jugendlichen kann häufiges, lang andauerndes Sitzen sein, vor allem Sitzen in und an nicht körpergerecht gestaltetem und nicht der Körpergröße und den Körperproportionen angepasstem Mobiliar; Auswirkungen dieser Fehlbelastung und Überlastung des Haltungs- und Bewegungsapparates auf Gesundheit und Wohlbefinden in höherem Lebensalter sind nicht eindeutig zu belegen, gelten aber als sehr wahrscheinlich (vgl. Bös 1999).

Darüber hinaus weist Illi (1995, 406) auf weitere *Aspekte einer Gesundheitsgefährdung in der Schule* hin. Er nennt als „Belastungen, (die) auf den menschlichen Organismus im Lebensraum Schule (treffen),

– öffentliche Schule als Lernfabrik und Sitzschule,
– Fächerkanon mit Stofffülle als ungesunde Stressfaktoren,
– große Schulklassen in eingeschränkten, bewegungsfeindlichen Lebensräumen,
– starres Schulmobiliar ohne Anpassung an die individuellen Bedürfnisse,
– mangelhafte Entwicklungsreize durch einseitigen Sportunterricht,
– unverbindliche Lehrinhalte über Körper- und Gesundheitsbildung,
– Bewegungsmangel als Ursache verminderter Körperwahrnehmung,
– kurze Unterrichtspausen ohne aktiven Bewegungsausgleich,
– passives und statisches Sitzen als körperfeindliches Disziplinierungsmittel (und)
– statische Lehr- und Lernformen ohne Handlungsbezug."

Im Sinne einer Gesundheitsförderung in der Schule ergeben sich hieraus konkrete *Aufgaben der Verhaltens- und der Verhältnisprävention* (Abb. 5-4); in der Konsequenz muss Bewegung als allgemein gültiges, übergreifendes Unterrichtsprinzip gefordert werden. Sein Konzept einer bewegten Schule (Abb. 5-5) bettet Illi (1995, 408) in einen *ganzheitlich orientierten pädagogischen Prozess* ein:

„Sitzen als Belastung → umschreibt das Problem,

→ Bewegter Unterricht → umschreibt eine Lösung,

→ Bewegte Schule → umschreibt unsere Aufgabe,

→ Bewegtes Sein → umschreibt unser Ziel."

Die Idee einer „Bewegten Schule" hat inzwischen breite Akzeptanz gefunden; ihre Maßnahmen werden allerdings häufig unter ein etwas abgewandeltes Motto

Bewegte Schule
im Spannungsfeld von
Verhaltens- und **Verhältnisprävention**

Sinnesaktives Lehren und Lernen	⟷ Bewegende Unterrichts- bzw. Lernräume
Bewegtes Sitz- und Arbeitsverhalten	⟷ Bewegliche Möbel und Arbeitsplätze
Regelmäßiger Spannungsausgleich	⟷ Wirksame Entlastungs- und Entspannungsnischen
Bewegtes Pausenverhalten	⟷ Bewegungsfreundliche Hausflure und Pausenhöfe
Wahrnehmungsfördernder Bewegungsunterricht	⟷ Minimalforderungen für den Sportunterricht
Gesundheitsbewußtes Alltagsverhalten	⟷ Gesundheitsförderliche Alltagsverhältnisse

Abb. 5-4: Aspekte der Verhaltens- und Verhältnisprävention in einer Bewegten Schule (nach: Illi / Pühse 1997)

gestellt: Bewegungsfreudige Schule, Bewegungsfreundliche Schule, Schule in Bewegung, Schule als Bewegungsraum, Mehr Bewegung in die Schule!, Schule in Bewegung bringen! u.a.

Bausteine der bewegten Schule

In zahlreichen Projekten und Modellversuchen kommt es zu einer Realisierung des Konzepts einer bewegten Schule. Dabei werden durchaus unterschiedliche Akzente gesetzt. Als wichtigste Bestandteile kristallisieren sich jedoch neben dem Schulsport mit dem Sportunterricht und den vielfältigen Facetten des außerun-

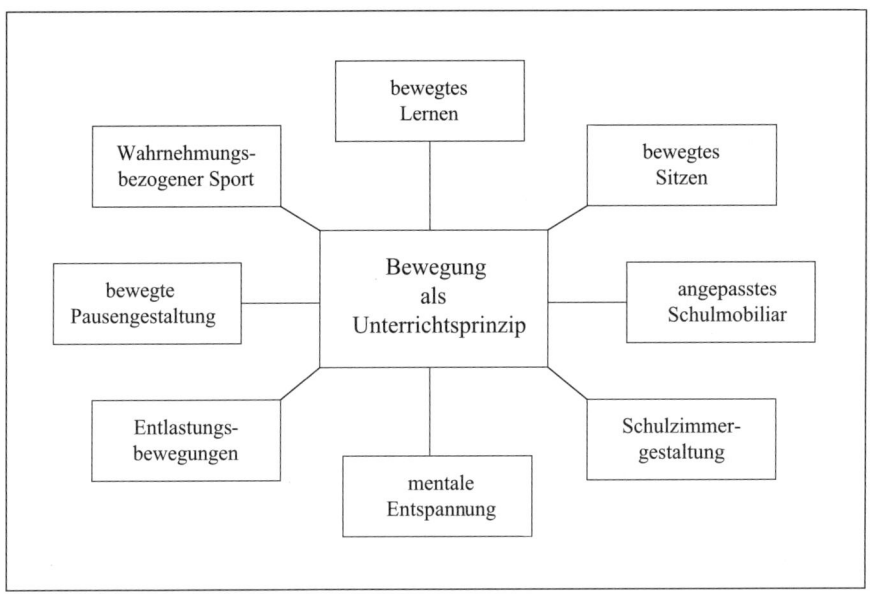

Abb. 5-5: Bausteine einer Bewegten Schule (nach: Illi 1995)

terrichtlichen Schulsports (vgl. Abb. 1-12) vor allem die folgenden Bausteine heraus (vgl. Kottmann, Küpper & Pack 1997; Lütgeharm 1999; Regensburger Projektgruppe 1999; u.a.):

- *Bewegtes Sitzen* mit
  - der Vermittlung von Kenntnissen über grundlegende biologische Zusammenhänge sowie über Anforderungen an eine ergonomische Arbeitsplatzgestaltung, auch die Möglichkeit der Nutzung von Hilfsmitteln (Keilkissen, Pultaufsatz, u.a.),
  - Bewusstmachung und Förderung eines „bewegten", aktiv-dynamischen Sitzens im Unterricht, auch mit der Erlaubnis einer alternativen Nutzung des herkömmlichen Mobiliars und Wechsels der Sitzgelegenheiten etc.;
  - dabei wird auch auf eine den aktuellen Erfordernissen entsprechende (Um-) Gestaltung der Anordnung von Tischen und Stühlen geachtet.
- *Bewegtes Lernen* ist ein aktiv handelndes Lernen, ein Lernen mit allen Sinnen,
  - bei dem zum Beispiel Zahlen, Buchstaben, Begriffe von einzelnen Kindern oder in Kleingruppen dargestellt oder mit verschiedenen Materialien hergestellt und erprobt werden,
  - Aufgaben nur in Kombination mit Bewegungsaktivitäten entgegen genommen, gelöst und / oder kontrolliert werden können („Laufdiktat", „Rechengymnastik", u.a.).

- Im Rahmen von Projektunterricht können komplexe Fragestellungen – auch im Sekundarbereich – praktisch handelnd erarbeitet werden.
- Bewegungspausen im Unterricht werden zeitlich flexibel und situativ angemessen zur Aktivierung, Beruhigung oder Entspannung eingesetzt; mit der Zielsetzung einer Rhythmisierung des Unterrichts kommen neben Bewegungsaktivitäten Stille-Übungen und Aufgaben zur Förderung der Entspannung zum Einsatz. Die Kinder sollten für die Notwendigkeit von Bewegungspausen sensibilisiert, mit möglichen Inhalten vertraut gemacht und zu deren selbständiger Gestaltung befähigt werden.
Organisatorisch sind geeignete Materialien bereit zu halten; außerdem muss entschieden werden, welche Räume genutzt werden können, ohne andere Klassen zu stören.
- Die *bewegte Pause* bezieht sich auf die Bewegungsaktivität auf dem Schulhof. Voraussetzung hierfür ist eine anregende, auch variable Gestaltung des Schulgeländes mit unterschiedlichen Funktionsräumen (Spielzone, Ruhezone, etc.) und mit – verschiedene Altersstufen und Interessen – ansprechenden Geräten und Materialien. Bewegungsaktivitäten müssen erlaubt, eindeutig geregelt, gegebenenfalls betreut werden.

Für alle Bausteine der bewegten Schule gilt die Forderung nach einem fächerübergreifenden Einsatz bzw. einer fächerübergreifenden Bearbeitung. Alle Bausteine müssen auch von den Lehrern ernst genommen und von ihnen selbst verwirklicht werden. Ebenso sind die Eltern und Geschwister der Schüler nach Möglichkeit in die Aktivitäten einzubeziehen.

Effekte einer bewegten Schule

Eine umfassende, systematische Überprüfung der Auswirkungen einer bewegten Schule steht bisher noch aus. Vorliegende empirische Arbeiten weisen aber auf vielfältige positive Effekte hin (Breithecker 1988; Dordel 2000b; Dordel & Breithecker i. Vorb.; Kahl 1998; Gröbert, Kleine & Podlich 2002; Müller 2000):

- Im Bereich *motorischer Leistungsfähigkeit* kommt es vor allem zu Steigerungen der Bewegungskoordination und der Haltungsleistungsfähigkeit, aber auch zu einem Anstieg der Muskelkraft.
- Im *kognitiven Bereich* lassen sich Verbesserungen im Hinblick auf die konzentrative Leistungsfähigkeit nachweisen.
- Hinzu kommt ein deutlicher Zugewinn an *sozialer Kompetenz* (Kontaktfähigkeit, gegenseitige Akzeptanz und Integration, Abnahme von Aggressionen).
- Die *Selbständigkeit* der Kinder nimmt zu.
- Vielfach wird die *aktuelle Befindlichkeit* positiv beeinflusst.
- Positive Tendenzen ergeben sich schließlich auch allgemein bei der Einschätzung der *Schulzufriedenheit* und der *Lernfreude* der Kinder.

Kritische Stimmen

Trotz dieser positiven Effekte wird auch Kritik an der bewegten Schule geäußert. So warnt Hölter (1998) vor einer falsch verstandenen „Schule als Bewegungsraum", vor vordergründiger Mobilität und einem bedingungslosen Ausleben von Bewegungsbedürfnissen, denn eine Reduzierung des kindlichen Bewegungsdranges und ein Rückgang körperbezogener Ausdrucksformen sind Bestandteile der ontogenetischen Entwicklung. Diese Entwicklungstendenz muss in der Schule Beachtung und Unterstützung finden.

In den Vordergrund einer bewegten Schule kann aber die Förderung der (Körper-) Wahrnehmung – awareness – gerückt werden, die zu „eine(r) größere(n) Achtsamkeit für den Umgang mit sich selbst und seinen Mitmenschen und den Dingen der Umwelt" führt (Hölter 1998, 5). Eine Rhythmisierung des Unterrichts, bei der Belastung und Entlastung, Anspannung und Entspannung, Bewegung und Ruhe gleichermaßen ihre Berechtigung haben, sollte als Leitmotiv für eine sinnvolle (Bewegungs-) Erziehung gelten.

Balz (1999) mahnt vor allem eine bessere theoretische Fundierung und systematische empirische Überprüfung des Konzepts der bewegten Schule an.

Eine Realisierung dieses Konzepts wird zudem häufig als problematisch angesehen, da die Rahmenbedingungen vieler Schulen eine Umsetzung nur eingeschränkt zulassen (vgl. Neumann 2000; Regensburger Projektgruppe 1999). Insbesondere im Sekundarbereich fürchten Lehrer oft Unruhe und Zeitverlust durch Bewegung im Unterricht.

Schließlich wird auch die Sorge geäußert, dass als Folge einer weiten Verbreitung des Konzepts der bewegten Schule möglicherweise der Schulsport, zumindest aber der Sportunterricht als überflüssig erachtet werden könnte (vgl. Balz 1999).

Argumente für eine bewegte Schule

Als Grundlage der Forderung nach einer bewegten Schule werden ganz verschiedene Argumente zusammengetragen (vgl. Balz 1999; Laging 2000; Klupsch-Sahlmann 1999; Regensburger Projektgruppe 1999):

– Die bewegte Schule hat zunächst eine *präventive Perspektive*, die im Mittelpunkt der Gesundheitsförderung steht. Hier spielen gleichermaßen *physiologische* und *ergonomische* Aspekte eine Rolle. Insbesondere der einseitigen Belastung durch das Sitzen soll entgegengesteuert werden. Als *Maßnahme der Verhaltensprävention* führen Bewegungspausen einen Belastungswechsel herbei. Schüler sollen ein Gespür für den notwendigen Wechsel von Anspannung und Entspannung entwickeln; sie sollen lernen, aktiv-dynamisch zu sitzen und sich generell rückenfreundlich zu verhalten – innerhalb und außerhalb der Schule. Als *Maßnahme der Verhältnisprävention* gilt vor allem die Bereitstellung ergonomischer Schulmöbel; dazu gehören aber auch genügend große Räume, die Bewegungspausen im Unterricht zulassen.

– Ebenfalls im Zusammenhang mit der Gesundheitsförderung steht eine *kompensatorische Perspektive* der bewegten Schule. Die Kompensation bezieht sich auf den allgemeinen *Mangel an Wahrnehmungs- und Bewegungserfahrungen*, den Kinder schon früh in ihrem Lebensraum erfahren und der sich in der Schule fortsetzt. Wenn Bös (1999) darauf hinweist, dass Grundschulkinder neun Stunden täglich sitzen (vgl. Kempf & Fischer 1993), sich aber nur etwa eine Stunde pro Tag bewegen, erscheint es konsequent, die Sitzzeit wenigstens in der Schule zu reduzieren; gelingt es, den Kindern Impulse für Bewegungsaktivitäten zu geben und die Gefährdung durch Bewegungsmangel bewusst zu machen, ändern sich möglicherweise auch die Bewegungsgewohnheiten im außerschulischen Bereich. Hierfür ist eine intensive Zusammenarbeit mit den Eltern und anderen außerschulischen Partnern dringend erforderlich.

Im Sinne der kompensatorischen Perspektive ist auch eine zunehmende *(Bewegungs-)Sicherheit* von Kindern hervorzuheben. Kommt es in einer bewegten Schule zu einem Anstieg der Bewegungskoordination, aber auch zu einer Steigerung aktueller Befindlichkeit und des Aufmerksamkeitsverhaltens von Kindern, ist eine Reduzierung von Unfällen in der Schule zu erwarten.

- Darüber hinaus hat die bewegte Schule eine *sozialökologische Perspektive*, indem die Schule als Lebensraum bewegungsfreundlich und anregend gestaltet wird und sich als Bewegungsraum für Kinder – auch außerhalb der Unterrichtszeiten – öffnet.

- Von einer allgemein *entwicklungsfördernden Perspektive* ist auszugehen, wenn durch die bewegte Schule eine Verbesserung der Bewegungs- und Haltungskoordination, eine Steigerung des Selbstbewusstseins, der Selbständigkeit und der sozialen Kompetenz sowie kognitiver Funktionen erreicht wird. Insgesamt kann die bewegte Schule damit einen Beitrag zur Stabilisierung der Persönlichkeit leisten (vgl. Kap. 1.4.3).

- Zusammenhänge zwischen *Bewegung und Lernen* sind einerseits *entwicklungspsychologisch* zu begründen: Zumindest jüngere Kinder sammeln handelnd Erfahrungen, erwerben Kenntnisse durch aktives Be-greifen und Erfassen; erfolgreiches Lernen bedeutet Lernen mit allen Sinnen, Lernen mit Kopf, Herz und Hand.

Andererseits können *neurophysiologische Begründungen* herangezogen werden: Bewegungsaktivität fördert allgemein die Durchblutung im Gehirn; durch Bewegung werden hormonelle und immunologische Prozesse beeinflusst, die zum Abbau von Stress und zu einer Steigerung des psychischen und mentalen Wohlbefindens führen können (vgl. Kap. 1.3; vgl. Fischer, Dickreiter & Mosmann 1998). Bewegung stimuliert auch neuronale Zentren, die nicht an der Steuerung und Regelung der Motorik beteiligt sind (vgl. Schädle-Schardt 2000) und trägt damit grundsätzlich zur Entwicklung des Nervensystems bei (vgl. Kap. 3).

Durch proprioceptive Reize kann über das aufsteigende reticulär aktivierende System (ARAS) ein angemessenes Aktivierungsniveau herbeigeführt (vgl. Schoberth 1989) und dadurch Aufmerksamkeit und Lernen gefördert werden. Die Kinesiologie geht davon aus, dass „Brain Gym" über eine stärkere Verknüpfung der rechten und der linken Hirnhälfte dazu beiträgt, Lernblockaden zu lösen (Buchner 1998; Dennison 1994; Kroneberg & Förder 1999; Meyenburg 1996).

- Die bewegte Schule hat darüber hinaus eine *schulpolitische Perspektive*, indem Bewegung in den Mittelpunkt des Schulprogramms rückt.

Diese Argumente, die für eine bewegte Schule sprechen, dokumentieren ganz unterschiedliche Sichtweisen oder Schwerpunktsetzungen. Allen gemeinsam ist jedoch die Überzeugung, dass Bewegung ein unverzichtbarer Bestandteil einer ungestörten Entwicklung von Kindern ist. Deshalb steht außer Frage, dass Bewegung im Schulleben fest verankert sein muss.

Sportförderunterricht in einer bewegten Schule

Das Konzept der bewegten Schule hat mit dem des Sportförderunterrichts *viele Gemeinsamkeiten*: Im Vordergrund steht dabei die Zielsetzung einer ganzheitlichen Entwicklungsförderung durch Bewegung, einer Entwicklungsförderung, die im Sinne der Salutogenese einer Gesundheitsförderung entspricht (vgl. Kap. 5.1).

Alle Argumente, die als Plädoyer für eine Einführung der bewegten Schule gelten, haben Tradition als Begründung einer gezielten motorischen Förderung in der Schule – als Begründung des Sportförderunterrichts (vgl. Kap. 1).

Im Zusammenhang mit dem Sportförderunterricht wie mit der bewegten Schule soll auch das *Konzept der Rückenschule* für Kinder erwähnt werden, das Anfang der 90-er Jahre entstanden ist und weite Verbreitung gefunden hat (vgl. Czolbe 1994; Kempf & Fischer 1993; Kollmuß & Stotz 1995; Lehmann 1998; Sachs-Amid 1994). Rückenschule für Kinder wurde überwiegend außerschulisch angeboten, aber auch in die Schulen hineingetragen zum Beispiel als Bestandteil des *Konzepts Gesundheitsfördernde Schule* (vgl. Barkhoz & Paulus 1998).

Als Anlass für diese Konzeptentwicklungen stand einerseits die veränderten Haltungs- und Bewegungsgewohnheiten von Kindern im Mittelpunkt, die mit zunehmender Sorge betrachtet wurden. Andererseits ergab sich aus der Arbeit mit der Rückenschule für Erwachsene die Forderung nach einer *Maßnahme der Primärprävention* gegenüber Erkrankungen des Haltungs- und Bewegungsapparates im Erwachsenenalter; diese sollten schon im Vorschul- und Schulalter ansetzen.

Die Ziele und Inhalte der Kinderrückenschule sind klassische Bestandteile des Sportförderunterrichts und gleichermaßen eng mit dem Konzept der bewegten Schule verbunden.

Unterschiede zwischen dem Sportförderunterricht und der bewegten Schule beziehen sich auf den Grad der Allgemeinheit bzw. auf Spezifität und Intensität:

- In der kleinen Gruppe des *Sportförderunterrichts* hat der Lehrer die Chance, jedes Kind seinen individuellen Erfordernissen entsprechend zu ermutigen und zu unterstützen, zu fordern und zu fördern. Allerdings findet der Unterricht höchstens zweimal pro Woche statt; gelingt es nicht, den Sportförderunterricht mit allen Facetten des Schulsports zu verknüpfen, in das Schulleben einzubetten und Impulse auch im Hinblick auf den außerschulischen Lebensbereich zu setzen, bleiben die Erfolge möglicherweise gering.

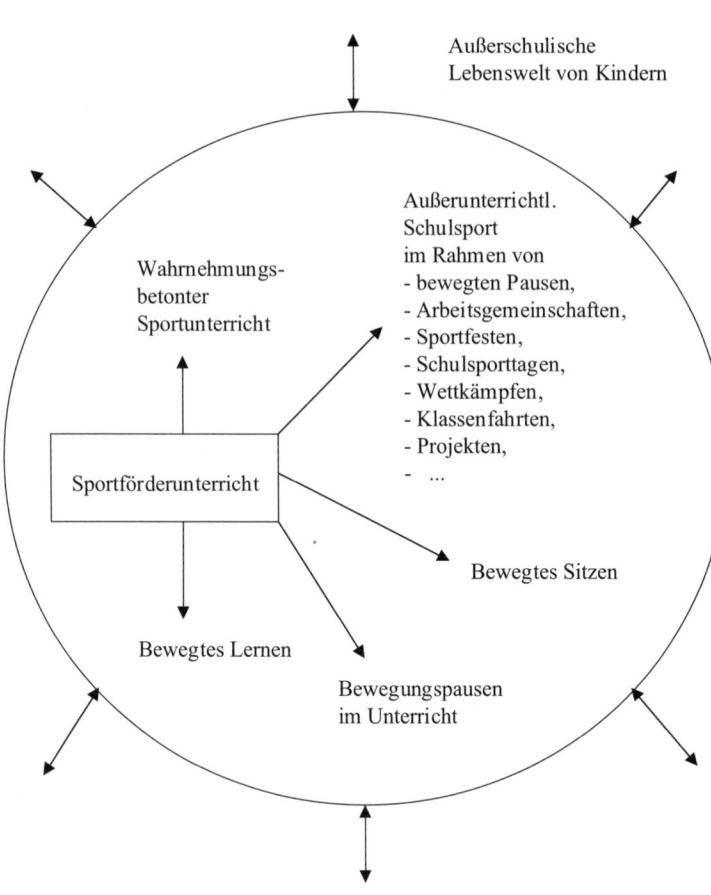

Abb. 5-6: Sportförderunterricht – eingebettet in das Konzept der bewegten Schule

- Das Konzept der *bewegten Schule* hat den Vorteil, dass Bewegung das gesamte Schulleben bestimmt. Bewegungsanregungen erfolgen für alle Kinder täglich in großer Zahl. Dabei bleibt aber fraglich, inwieweit diese Anregungen den individuellen Bedürfnissen eines jeden Kindes entsprechen und als spezifische Förderung wirksam werden können.

Eine bewegte Schule kann trotz aller positiver Auswirkungen den Sportförderunterricht nicht ersetzen. So zeigt der Modellversuch mit einer täglichen Bewegungszeit (Wasmund-Bodenstedt 1984) in aller Deutlichkeit, dass die motorisch auffälligen Kinder vergleichsweise wenig von diesem allgemeinen Bewegungsangebot profitieren. Im Rahmen einer gezielten motorischen Intervention, bei der in der kleinen Gruppe des Sportförderunterrichts mit großer Intensität die für jedes Kind notwendigen Impulse gesetzt werden können, ist es dagegen möglich, motorische Auffälligkeiten zu verringern oder abzubauen (Dordel & Rittershaußen 1997; vgl. Kap. 1.4.3). Im Hinblick auf eine Förderung der motorischen Entwicklung ist auch der Sportunterricht der bewegten Schule deutlich überlegen, wie Müller (2000) im Vergleich der bewegten Schule mit dem Projekt einer täglichen Sportstunde in der Grundschule (Obst & Bös 1999) nachweist.

Dem Konzept der bewegten Schule kommt zur Unterstützung einer ganzheitlichen Entwicklungsförderung große Bedeutung zu: Bewegung sollte ein grundlegendes Prinzip des Lernens und des gesamten Schullebens sein (vgl. Balz 1999). Körperlich und motorisch auffällige Kinder brauchen jedoch eine zusätzliche, gezielte Förderung; hierfür bietet der Sportförderunterricht die besten Chancen. Über die beiden Stunden Sportförderunterricht pro Woche hinaus sollten aber auch die vielfältigen Bewegungsmöglichkeiten im Rahmen einer bewegten Schule genutzt werden, um gerade den motorisch auffälligen Kindern durch Lob und Bestätigung Mut zu machen, sie zur Aktivität anzuregen, ihnen Hilfen anzubieten und Erfolgserlebnisse zu vermitteln. Voraussetzung hierfür ist allerdings eine Sensibilisierung möglichst aller Lehrkräfte für die Belange dieser Kinder und die Möglichkeiten ihrer Förderung durch Bewegung. Abbildung 5-6 verdeutlicht die Einbettung des Sportförderunterrichts in das Konzept einer bewegten Schule; dabei müssen alle schulische Aktivitäten vielfältig mit dem außerschulischen Leben der Kinder verknüpft werden (vgl. Kap. 1.4.1).

6. Vorschläge für die Unterrichtspraxis

Im Sportförderunterricht werden alle Formen von Bewegung, Spiel und Sport eingesetzt. Es sind keine spezifischen Übungen erforderlich; bekannte Bewegungs-, Spiel- und Sportformen bedürfen jedoch einer besonderen Aufbereitung und Vermittlung (vgl. Kap. 5), um die Zielsetzung einer Förderung durch Bewegung erreichen zu können. Dieses gilt insbesondere für die Förderung der emotionalen, psychosozialen und kognitiven Entwicklung von Kindern im Rahmen des Sportförderunterrichts (Kap. 5.3.2).
Im Folgenden werden exemplarisch Übungsbeispiele zu den klassischen Förderbereichen Bewegungskoordination, Haltungs- und Ausdauerleistungsfähigkeit zusammengestellt, die unter Berücksichtigung der Überlegungen zum motorischen Lernen, Üben und Trainieren (Kap. 4.5) als Orientierung für die Planung und Durchführung des Sportförderunterrichts dienen können.

6.1 Förderung der Bewegungskoordination

Die Förderung der Koordination orientiert sich hauptsächlich an den für das Schulalter relevanten koordinativen Fähigkeiten:
- der kinästhetischen Differenzierungsfähigkeit,
- der räumlichen Orientierungsfähigkeit,
- der Reaktionsfähigkeit,
- der Gleichgewichtsfähigkeit,
- der Rhythmusfähigkeit

sowie
- der Erarbeitung motorischer Fertigkeiten.

Die Förderung der Wahrnehmung, der grundlegende Bedeutung für die Bewegungskoordination zukommt, bezieht sich einerseits auf die für die Motorik bedeutsamen Sinnesbereiche, andererseits auf das komplexe Phänomen der Körperwahrnehmung (vgl. Kap. 3.3; 4.3.3).

Dabei sind Überschneidungen nicht zu vermeiden (vgl. Abb. 3-16a). So kann zum Beispiel eine Übung zur Reaktionsschulung gleichzeitig auch das Gleichgewichtsvermögen, die Körperwahrnehmung und Raumorientierung sowie die Ausdauerleistungsfähigkeit beanspruchen bzw. verbessern, ohne dass bei jedem Übungsbeispiel alle beanspruchten Fähigkeiten genannt werden. In besonders engem Zusammenhang – und daher in der Praxis kaum exakt voneinander zu trennen – stehen die kinästhetische Differenzierungsfähigkeit und die räumliche Orientierungsfähigkeit (Hirtz 1979, 1985).

Die meisten Übungen sind zunächst ruhig und konzentriert möglichst sorgfältig durchzuführen. Wenn im Verlauf eines Lernprozesses eine Fähigkeit genügend gefestigt wurde, sollte auch unter Zeitdruck geübt werden; zunehmend können dann Variationen mit komplexeren Anforderungen eingeführt werden (vgl. Abb. 2-4; Kap. 4.5.1, 4.5.2).

Eine exakte Zuordnung der Übungsbeispiele zu einer bestimmten Alters- oder Klassenstufe ist schwierig, da Kinder unterschiedliche Voraussetzungen mitbringen und auch auf Aufgabenstellungen verschieden reagieren – je nach Zusammensetzung einer Gruppe, dem sozialen Klima innerhalb der Gruppe, nach ihrer individuellen Bewegungserfahrung, der aktuellen Motivation und der Fähigkeit zur Konzentration. Nahezu alle Übungen sind schon mit 6-/7-Jährigen durchzuführen, können sich genauso gut aber auch für Jugendliche oder Erwachsene eignen.

Motorische Fertigkeiten, die im Rahmen des Sportförderunterrichts erarbeitet werden, orientieren sich im wesentlichen an den Vorgaben der Richtlinien und Lehrpläne Sport für die jeweilige Schulform und Schulstufe. Darüber hinaus ist aber auch die Erarbeitung grundlegender Fertigkeiten anderer Sportarten denkbar und den organisatorischen Möglichkeiten einer Schule entsprechend zu realisieren.

- *Wahrnehmung*

Eine Förderung elementarer Wahrnehmungsprozesse auch über das Kleinkind- und Vorschulalter hinaus gewinnt an Bedeutung, wenn die „normalen" Entwicklungsbedingungen Kindern nur wenig Wahrnehmungserfahrungen ermöglichen und Wahrnehmungsstörungen immer öfter festgestellt werden müssen (vgl. Kap. 1.2; 4.3.2).

Als für die Motorik und damit für die Bewegungskoordination relevante Wahrnehmungsbereiche stehen das Fühlen (taktile Wahrnehmung) und Spüren (kinästhetische Wahrnehmung) sowie das Gleichgewicht (vestibuläre Wahrnehmung), aber auch das Sehen (visuelle Wahrnehmung) und Hören (auditive Wahrnehmung) im Vordergrund. Darüber hinaus werden – vor allem im therapeutischen Kontext – auch Riechen (olfaktorische Wahrnehmung) und Schmecken (gustatorische Wahrnehmung) thematisiert (vgl. Anders 2001; Brüggebors 1992, 1994; Doering & Doering 1990; Doering et al. 1996; Löscher 1996; Rohde-Köttelwesch 1996).

– *Förderung taktil-kinästhetischer Wahrnehmung*
Aspekte taktiler und kinästhetischer Wahrnehmung sind oft nur schwer voneinander zu trennen. Beide – Oberflächen- und Tiefensensibilität – haben auch eine besondere emotionale Qualität und Bedeutung im sozialen Kontext (vgl. Anders 2001).

Die *taktile Wahrnehmung* wird durch Aufgaben des Erkennens und Beschreibens, des Unterscheidens und Zuordnens verschiedener Kategorien wie Form, Größe, Gewicht, Dichte, Oberflächen- bzw. Materialbeschaffenheit und Temperatur herausgefordert.

Für die Förderung *kinästhetischer Wahrnehmung* kommen Aufgaben zur Bewusstmachung des Muskeltonus in Frage, des Unterscheidens und der bewussten Veränderung der Muskelspannung und muskulärer Impulse. Ebenso können bestimmte Gelenkstellungen, deren mögliche oder notwendige Veränderungen bewusst gemacht und geübt werden.

– *Förderung vestibulärer Wahrnehmung*
Die vestibuläre Wahrnehmung bezieht sich auf die bewusste Wahrnehmung der Lage des Körpers im Raum und deren Veränderungen. Aufgaben zur Bewusstmachung dieser Wahrnehmungen und die Förderung der Gleichgewichtssicherheit nehmen im Rahmen der Koordinationsschulung breiten Raum ein (s.u.).

– *Förderung visueller Wahrnehmung*
Hier bieten sich vor allem Aufgaben des Erkennens und Unterscheidens bzw. Zuordnens von Größen, Farben, Formen und Mengen an. Wahrnehmungskonstanz, Wahrnehmung der Raumlage und räumlicher Beziehungen sowie die Figur-Hintergrund-Wahrnehmung, die Frostig (1973; vgl. Frostig, Reinartz & Reinartz 1974; Lockowandt 1979) neben der visuomotorischen Koordination als wichtige Faktoren visueller Wahrnehmung herausstellt, können dabei gezielt gefördert werden. Die visuomotorische Koordination ist Grundlage vieler feinmotorischer Aufgaben und wird zum Beispiel im Umgang mit Handgeräten beansprucht. Hinzu kommt als wichtiger Teilbereich der Raumwahrnehmung das Einschätzen und Differenzieren von Abständen, u.U. auch in Verbindung mit der visuellen Wahrnehmung und Wertung von Geschwindigkeiten.
Aufgaben zur Haltungs- und Bewegungsbeobachtung sind schließlich wesentlicher Bestandteil sowohl der Koordinationsschulung als auch der Haltungserziehung.

– *Förderung auditiver Wahrnehmung*
Bei der Förderung der auditiven Wahrnehmung geht es im wesentlichen um das Erkennen und Unterscheiden der Lautstärke, der Tonhöhe, der Dauer eines Tones und der Klangfarbe sowie von Tonfrequenzen bzw. Rhythmen. Hinzu kommt auch die auditive Wahrnehmung der Entfernung und der Richtung von Tönen, Klängen und Geräuschen sowie die Identifikation und Zuordnung bekannter Geräusche.

– *Förderung olfaktorischer und gustatorischer Wahrnehmung*
Riechen und Schmecken spielen im Sportförderunterricht nur eine untergeordnete Rolle. Allerdings sollte auch der Bewegungsbereich mit Aufgaben des Erkennens und Unterscheidens, Beschreibens und Identifizierens der verschiedenen perzeptiven Kategorien einbezogen werden, wenn die Sinnesorgane und ihre Funktionen fächerübergreifend erarbeitet werden.
Findet der Sportförderunterricht außerhalb der Turnhalle statt, bietet es sich an, Gerüche bewusst zu machen und mit Themen der Umwelterziehung zu verknüpfen. Auch die Wahrnehmungsbereiche Riechen und Schmecken sind stark emotional besetzt.
Im Bereich der *olfaktorischen Wahrnehmung* sind unterschiedliche Kategorien nicht eindeutig zu beschreiben; unterschieden werden zum Beispiel frischer, blumiger, fruchtiger, milder, scharfer, würziger, stechender, modriger Geruch.
Perzeptive Kategorien der *gustatorischen Wahrnehmung* stellen die klassischen Geschmacksrichtungen süß, sauer, bitter und salzig dar.

Alle Formen der Wahrnehmungsschulung sind mit einer *Anforderung an Aufmerksamkeit und Konzentration* verbunden. Gezielte Wahrnehmungsförderung stellt immer auch eine Förderung konzentrativer Leistungsfähigkeit dar und hat damit besondere Bedeutung für die Lern- und Leistungsfähigkeit (vgl. Kap. 5.3.2).

Bei der Förderung visueller Wahrnehmung sollte die *Lenkung der Aufmerksamkeit* auf den jeweiligen Wahrnehmungsgegenstand besondere Beachtung finden („schau genau hin!"). Lässt die Konzentration nach, müssen die Aufgaben beendet, evtl. später wieder aufgenommen werden.

Hören, Fühlen und Spüren, auch Schmecken und Riechen wird intensiver unter *Ausschluss der optischen Kontrolle* wahrgenommen, weil die Konzentration auf die jeweilige Aufgabe erhöht wird, wenn eine mögliche Ablenkung durch andere Reize entfällt; wird mit offenen Augen geübt, stehen vielfach optische Informationen im Vordergrund und verhindern die bewusste Wahrnehmung von Informationen aus anderen Sinnesbereichen. Vielen Kindern hilft es, sich zu konzentrieren, wenn dabei die Augen verbunden werden; andere reagieren dagegen ängstlich und werden durch die ungewohnten Bedingungen eher abgelenkt. Tücher oder Augenbinden können angeboten werden; kein Kind sollte aber gezwungen werden, die Aufgaben mit verbundenen Augen durchzuführen.

Bei der Gleichgewichtsschulung bedeutet ein Ausschluss der optischen Kontrolle eine erhebliche Erschwerung der Anforderungen und findet als Maßnahme der Differenzierung Einsatz.

Durch eine *Verbalisierung* werden Wahrnehmungsinhalte bewusst(er). Dieses spielt insbesondere bei der kinästhetischen Wahrnehmung im Zusammenhang mit dem motorischen Lernen eine wichtige Rolle (vgl. Kap. 4.5.1).

Eine Förderung der Konzentration erfolgt auch bei einer gezielten *Beanspruchung der Merkfähigkeit*, wenn zum Beispiel eine bestimmte Reihenfolge von Reizen aufgesucht, einzelne Reize oder Reizkombinationen wiedererkannt oder Unterschiede benannt werden sollen (z.B. bei Memory- oder Kim-Spielen).

Anforderungen an die visuomotorische Koordination wie auch an die taktil-kinästhetische Wahrnehmung stellen wichtige Bestandteile graphomotorischer Förderprogramme dar, die insbesondere für Kinder mit Lese-Rechtschreib- und Rechenschwäche angeboten werden.

Die Förderung elementarer Wahrnehmungsprozesse im visuellen, auditiven oder taktilen Bereich steht im Sportförderunterricht in aller Regel nicht im Vordergrund, hat aber einen hohen Stellenwert im Zusammenhang mit der Lern- und Leistungsfähigkeit. So sollte eine Phase zur Förderung der konzentrativen Leistungsfähigkeit und / oder zur Förderung der Gedächtnisleistung als fester Bestandteil einer jeden Unterrichtseinheit – als Ritual – eingeplant werden. (vgl. Kap. 5.2.3).

- *Körperwahrnehmung*

Bei der Förderung der Körperwahrnehmung müssen die physiologischen, die kognitiven und die emotionalen / psychosozialen Anteile Berücksichtigung finden (vgl. Kap. 3.3; Abb. 3-88):

– Auf der *physiologischen Ebene der Körperwahrnehmung* steht die Förderung taktil-kinästhetischer und vestibulärer Wahrnehmung im Vordergrund; Anteile visueller Wahrnehmung kommen hinzu, während die auditive Wahrnehmung hier von untergeordneter Bedeutung ist.

- Um den *kognitiven Bereich der Körperwahrnehmung* zu fördern, werden Kenntnisse über den menschlichen Körper in seinem Aufbau, seiner Gliederung, seiner Ausdehnung, seinen Proportionen und über seine Funktionen und Bewegungsmöglichkeiten vermittelt. Dabei ist entscheidend, dass die Kinder diese Kenntnisse im Sportförderunterricht aktiv handelnd erwerben und vertiefen können.

- Eine Einflussnahme auf den *emotionalen und psychosozialen Anteil der Körperwahrnehmung* hat das Ziel, über die Erfahrung eines möglichst angenehmen, günstigen Bildes vom eigenen Körper die Entwicklung eines positiven Selbstbildes zu unterstützen und damit zu einer Stabilisierung der Persönlichkeit beizutragen (vgl. Kap. 3.3; Kap. 5.3.2).

Bei den folgenden Übungsbeispielen wird nicht danach unterschieden, ob mehr die physiologischen Aspekte, kognitive oder emotionale Anteile beeinflusst werden (sollen). Je nachdem welche individuellen Bedürfnisse im Vordergrund stehen und wie die Rahmenbedingungen – insbesondere die Gruppenzusammensetzung – beschaffen sind, können alle Aufgaben unterschiedlich akzentuiert eingesetzt werden:
Die Kinder werden aufgefordert, ihre Wahrnehmungen zu verbalisieren – sorgfältig zu beobachten und zu beschreiben, was sie tun und was sie dabei spüren, und zu erläutern, was sie zum Beispiel über die jeweilig beanspruchten Funktionen des Körpers wissen. Physiologische Vorgänge werden so bewusst(er); vorhandene Kenntnisse können differenziert und erweitert werden.
Mögliche Veränderungen der Befindlichkeit der Kinder während des Unterrichts und verbale wie auch nonverbale Äußerungen, die Aufschluss geben über vorhandene negative Wahrnehmungen in Bezug auf den eigenen Körper, müssen sorgfältig beobachtet und behutsam kommentiert bzw. bei der Planung und Gestaltung künftiger Unterrichtsstunden berücksichtigt werden. Positive Wahrnehmungen werden bestätigt und unterstützt.

Bewegungsmöglichkeiten des Körpers

- Bewegungsmöglichkeiten des Körpers, zum Beispiel der Arme ausprobieren und verbalisieren:
kreisen, pendeln, strecken, beugen, stoßen, schlagen, etc.; Bewegungen auch mit geschlossenen Augen ausführen;
- „Wie kann man stehen?" – verschiedene Stände ausprobieren:
Bei dieser Aufgabe ist das Problem der Gleichgewichtserhaltung anzusprechen, evtl. die Funktion von Standbein und Spielbein zu klären.
- Nach Aufforderung bestimmte Haltungen einnehmen, bestimmte Bewegungen durchführen – zunächst mit offenen, aber auch mit geschlossenen Augen;
- „Spiegelbild"
Haltungen, auch langsam geführte Bewegungen der Arme werden spiegel-

bildlich nachgemacht; partnerweises Üben ist ebenso möglich wie ein Üben in der Gruppe. Beim Üben in der Gruppe ist darauf zu achten, dass alle das Vorbild gleich gut, aus der gleichen Perspektive sehen können;
- „Schaufensterpuppe": Partner A stellt eine Puppe dar, B „formt sie", bringt sie in eine bestimmte Position.
Hier ist besonders darauf hinzuweisen, dass die Kinder behutsam miteinander umgehen. Nicht in allen Gelenken sind alle Bewegungen möglich! Wichtig ist auch die vorsichtige Veränderung der Stellung von Füßen und Beinen (Gleichgewicht, Standbein / Spielbein).
Partner B stellt sich selbst in die Position, in die er A gebracht hat, bevor die Rollen getauscht werden; dabei sollte auf eine möglichst genaue Imitation des Vorbildes geachtet werden;
- „Denkmal":
Der Lehrer (oder auch ein Kind) stellt ein „Denkmal" dar, indem er eine bestimmte Position einnimmt. Die Gruppe prägt sich diese Position ein. Während die Kinder der Gruppe die Augen schließen, verändert das „Denkmal" – mehr oder weniger deutlich – seine Position. Die Kinder sollen dann wieder hinsehen und die Veränderungen erkennen und möglichst präzise benennen, evtl. auch die Position des Denkmals selber einnehmen.

Körperteile benennen / Orientierung am Körper

Erfahrungsgemäß kennen auch 6- / 7-Jährige zum Beispiel Begriffe wie Wange, Ellenbogen, Schulter, Hüfte, Kniekehle, Ferse, Fußrist, etc. noch nicht.
- Körperquiz:
Der Lehrer zeigt – zum Beispiel mit einem „Zauberstab" – auf bestimmte Körperteile, die differenziert benannt werden sollen.
- Körperteile identifizieren:
Körperteile werden genannt, Partner A berührt oder bedeckt mit einem Tuch diese bei Partner B.
- „Magnetische Körperteile":
Kinder laufen durcheinander und berühren auf Zuruf mit dem (den) genannten Körperteil(en) den Boden.
- Körperberührungen:
Kinder laufen durcheinander; auf Zuruf berühren sich jeweils zwei Kinder gegenseitig mit den genannten Körperteilen, zum Beispiel mit den Fußsohlen, den kleinen Fingern, etc.

Alle Übungen eignen sich gut zur Förderung der Merkfähigkeit, wenn mehrere Körperteile genannt werden; schwieriger wird es, wenn die Rechts- / Links-Orientierung hinzu genommen wird.
Vielfach können die Aufgaben mit Begriffen der räumlichen Orientierung kombiniert werden (z.B. oben, unten, Seite, Mitte).

Rechts- / Links-Orientierung

- Rechts- / Links-Orientierung am eigenen Körper:
„Wo ist dein rechter Arm?" – „Stell dich auf dein linkes Bein" – „Fass dein rechtes Ohr an!, etc.

Kinder, die noch Schwierigkeiten mit der Rechts- / Links-Orientierung haben, können sich zunächst zum Beispiel an einem roten Band um das rechte Handgelenk orientieren.
- Kombination der Rechts- / Links-Orientierung mit der Bezeichnung verschiedener Körperteile:
Berühre mit der rechten Hand dein linkes Ohrläppchen, mit dem linken Daumen dein linkes Knie, etc.
- „Verkehrte Welt":
Der Lehrer oder ein Schüler nennt zum Beispiel „rechtes Ohr", berührt aber sein linkes Ohr oder – deutlicher – sein rechtes Knie; die Kinder dürfen sich nicht vom optischen Bild verwirren lassen, sondern sollen den Körperteil berühren, der genannt wurde.

Die Aufgaben werden schwieriger, wenn auch die Merkfähigkeit beansprucht wird: „Berühre zuerst mit dem rechten Handrücken den rechten Oberschenkel dann mit dem linken großen Zeh die rechte Kniekehle und schließlich mit dem rechten Ellenbogen die rechte Wade!" o.ä.

Zu einer Erhöhung der Schwierigkeit kommt es, wenn die Aufgaben schnell ausgeführt werden müssen.

Erheblich schwerer sind entsprechende Aufgaben, wenn die Orientierung am Körper eines Partners oder an einem Objekt erfolgt, zum Beispiel „Leg ein Bohnensäckchen auf die linke Schulter deines Partners, einen Tennisring auf den rechten Fuß und binde ein Seilchen um sein linkes Handgelenk!"
oder sich die Kinder aus dem Laufen heraus auf Zuruf rechts bzw. links vom Lehrer aufstellen, der beliebig seine Position ändert. Sollen sich die Kinder rechts oder links zum Beispiel von einem Kasten aufstellen, muss wie bei allen Objekten deutlich markiert werden, wo vorn und hinten ist, da sonst eine Rechts- / Links-Orientierung nicht möglich ist.

Körperausdehnung

→ Körperausdehnung erkennen und vergleichen:
- Partnerweise, ein Kind liegt auf einer Matte (Rückenlage), das andere zeichnet den Körperumriss mit Kreide nach oder legt Seilchen eng um den Körper des Partners. Wenn dieser Umriss fertig gezeichnet / gelegt ist, steht das eine Kind auf und betrachtet seinen Körperumriss. Das andere Kind versucht, sich in diesen Umriss hineinzulegen. Unterschiede sollen bewusst werden. Dabei sind auch die Umrisse der anderen Kinder zu berücksichtigen. Körperausmaße werden verglichen: „Wer ist am größten, am kleinsten, gleich groß?" Auch Körperproportionen können bewusst gemacht werden: „Was ist länger – Arm oder Bein, Bein oder Rumpf?", etc.
- Erheblich schwieriger wird die Aufgabe, wenn das Kind, dessen Körperumriss gezeichnet wird, sich nicht in der Rückenlage befindet, sondern jede beliebige Position einnehmen kann; andere sollen herausfinden, um welche Position es sich handelt und diese Position selbst einnehmen. Hier ist in hohem Maße die Vorstellung von Körperbewegung und -haltung und deren möglichen Veränderungen erforderlich.

Außer der visuellen Wahrnehmung kann auch die taktile Wahrnehmung herausgefordert werden, wenn eine Kind sich in einer bestimmten Haltung unter einem Tuch befindet und taktil seine Position erfasst und nachgeahmt werden soll. Die nachgeahmte Position wird anschließend sorgfältig mit dem Vorbild verglichen; andere Kinder, die hier als „Schiedsrichter" eingesetzt werden, werden dabei in der Sorgfalt ihrer Haltungs- und Bewegungsbeobachtung gefordert.

→ Körpermaße / Körperraum schätzen:
- Waagerechte, senkrechte, schräge Linien werden mit Klebeband an einer Wand (auch auf dem Boden) markiert; Kinder sollen bestimmte Maße ihres eigenen Körpers schätzen (Armlänge, Schulterbreite, Beinlänge, Hand etc.) und auf einer Linie eintragen; anschließend wird ausgemessen und das reale Maß ebenfalls eingetragen. Unterschiede werden bewusst gemacht. Auf welchen Linien (waagerecht, senkrecht, schräg) ist eine realistische Einschätzung leichter?
- auf einem Blatt Papier die geschätzte Länge des eigenen Fußes auftragen, ohne dass der Fuß direkt daneben steht (!); danach prüfen, wie weit die Vorstellung der Realität entspricht; dasselbe auch mit der Länge des Unterarmes (Elle!); beide Maße vergleichen!

→ Bewusstmachung der Körperform, speziell der Form der Wirbelsäule:
Rückenlage, Augen geschlossen; die Kinder sollen spüren und beschreiben, mit welchen Körperteilen sie fest dem Boden aufliegen, wo der Körperkontakt zum Boden am deutlichsten ist und wo Zwischenräume bestehen. Die Zwischenräume können verdeutlicht werden, indem ein Partner sie durch Berührung markiert, evtl. durch Materialien – Tücher, Sandsäckchen, etc. – ausfüllt. Die Begriffe Lordose und Kyphose können eingeführt werden; die Form der Wirbelsäule ist evtl. ergänzend durch ein Modell zu veranschaulichen.

Bewusstmachung des Muskeltonus / Betonung hoher Körperspannung – Körperzusammenschluss

- Bewusstmachung des Muskeltonus durch extreme Formen der Muskelspannung:
  partnerweise, Partner A liegt in entspannter Rückenlage auf einer Matte; B prüft, ob A vollständig entspannt ist, indem er eine Fußspitze antippt, eine Hand / einen Arm anhebt, sanft schüttelt. Die Kinder werden darauf hingewiesen, dass es sichtbar und spürbar ist, wenn sie „festhalten", wenn sie nicht entspannt sind; evtl. ist eine Demonstration der entspannten Rückenlage notwendig.
  Im Gegensatz zur Entspannung folgt die Anspannung. Partner B prüft wieder, indem er einen Arm, ein Bein anhebt.
  Der Wechsel von Entspannung und Anspannung kann auch auf Aufforderung des Partner erfolgen: „Mach dein linkes Bein fest / steif", „Lass deinen rechten Arm locker", etc.
- „Roboter" und „Schlenkerpuppe":
  Die Kinder bewegen sich „wie ein Roboter" mit hoher Körperspannung – steif, eckig, „ungelenk", im Gegensatz dazu „wie eine Schlenkerpuppe" mit wenig

Spannung – übertrieben locker.
Wie sieht das aus? Wie fühlt sich das an?
- „Brett anheben":
partnerweise, Partner A in Rückenlage mit hoher Muskelspannung, B fasst die Füße von A und hebt A an, der „steif wie ein Brett" sein soll. Hier ist in der Regel der Hinweis auf die Streckung der Hüftgelenke, auf die Aufrichtung des Beckens, auf die Spannung der Bauch- und Gesäßmuskulatur notwendig. Nicht in eine Überstreckung gehen!
Beide Partner sollten bei dieser Übung ungefähr gleich groß bzw. kräftig sein. Auch ist auf das richtige – rückengerechte – Heben hinzuweisen – nicht mit gestreckten Beinen und vorgeneigtem Rumpf heben und tragen, sondern durch Beugung der Knie- und Hüftgelenke den eigenen Körperschwerpunkt unter das zu hebende Gewicht bringen!
- Seitlage auf einer Linie:
partnerweise, Partner A liegt mit guter Körperspannung in Seitlage auf einer Linie, Partner B kontrolliert bzw. korrigiert die Körperstreckung durch Orientierung an der Linie. Oft wird eine überstreckte Haltung eingenommen (Hyperlordose); durch taktile Kontrolle kann die Spannung der Bauch- und Gesäßmuskulatur geprüft und die Überstreckung korrigiert werden.
Ist eine stabile Seitlage erreicht, berührt, stößt Partner B das Kind, das sich in der Seitlage befindet, leicht an; dieses muss durch Differenzierung der Körperspannung verhindern, aus dem Gleichgewicht zu geraten und umzufallen. Zahlreiche reflektorische, haltungssichernde Muskelaktionen sind zu beobachten; durch ein Schließen der Augen werden diese dem übenden Kind deutlicher wahrnehmbar.
- „Wälzrolle" oder „Baumstammrollen":
Bei hoher Körperspannung wird eine Rolle um die Körperlängsachse durchgeführt oder ein Kind wird um die Längsachse „wie ein Baumstamm" gerollt. Da es schwer ist, während der Drehung die Körperspannung zu halten, sollten zwei Kinder gleichzeitig an Schulter- und Beckengürtel die Bewegung initiieren und kontrollieren.
- „Scheibenwischer":
Partner A liegt in der Rückenlage mit in Knie- und Hüftgelenken angewinkelten Beinen (Stufenlagerung), Arme neben dem Körper; Partner B fasst die Füße/Beine und bewegt sie behutsam nach rechts und links; Partner A soll durch eine gute Körperspannung besonders im Rumpf dieser Bewegung mit dem ganzen Körper folgen, eine Verwringung in der Körpermitte vermeiden.
- Waageliegen auf der (lebenden) Bank:
Partner A geht in eine stabile (!) Bankstellung (Arme und Oberschenkel parallel; gute Bauchmuskelspannung, Kopf in Verlängerung der Wirbelsäule); Partner B legt sich bäuchlings quer auf diese Bank und versucht, Arme und Beine so anzuheben, dass sich sein Körper „in der Waage" befindet. Gelingt dieses, kann Partner A durch behutsame Vor- / Rückbewegungen, evtl. kleine „Schritte" nach vorn Impulse setzen, die die Aufrechterhaltung der Körperspannung von Partner B erheblich erschweren. Diese Übung erfordert ein hohes Maß an Muskelkraft im Bereich des Rumpfes!

- Liegestütz:
  Alle Formen des Liegestütz, auch des Seitliegestütz, im Unterarmstütz wie in der Ausführung mit gestreckten Armen, auch in Variationen, bei denen ein Arm oder ein Bein vom Boden gelöst werden, sind Aufgaben, bei denen sowohl Muskelkraft als auch die Wahrnehmung und Kontrolle des Muskeltonus besonders im unteren Rumpfbereich / im Bereich des Beckengürtels erforderlich sind.
  Liegestütz rücklings sollte wegen der meistens problematischen Haltung im Schultergürtel bei Kindern vermieden oder mit einer gezielten Lenkung der Aufmerksamkeit auf die Schultergürtelhaltung durchgeführt werden; Voraussetzung für das Gelingen ist eine ausreichende Muskelkraft.
- „Vertrauensübung" in der Dreiergruppe / „Pendel":
  Zwei Kinder stehen sich gegenüber und schieben das dritte Kind in der Mitte zwischen sich hin und her. Das Kind in der Mitte muss eine gute Körperspannung halten, ähnlich wie beim „Baumstammrollen"; evtl. kann es dabei die Augen schließen, um sich besser auf die Wahrnehmung des Muskeltonus konzentrieren zu können. Um Unfallgefahren zu vermeiden, sollte der Abstand zwischen den beiden äußeren Kindern nicht zu groß sein; Schrittstellung erhöht die Reaktionsbereitschaft. Die Kinder werden auf ihre Verantwortung füreinander hingewiesen, auf die Notwendigkeit gegenseitigen Vertrauens. Ein viertes Kind könnte seitlich stehen und beobachten, ob die Körperspannung eingehalten wird, entsprechend kommentieren bzw. korrigieren.
- Hockstand – Strecksprung – Hockstand:
  partnerweise, A führt die Übung aus, B beobachtet, kommentiert bzw. korrigiert insbesondere die Körperspannung beim Strecksprung. Eine Eigenkontrolle durch einen Spiegel wäre hier hilfreich.
  Auf einer Matte kann der Wechsel von hoher Muskelspannung bei dem Strecksprung und Entspannung bei einem „Zusammensacken" – wie eine Marionette, deren Fäden losgelassen werden – geübt werden.
- „Versteinern":
  Auf Zuruf bleiben die Kinder aus freiem Lauf „wie versteinert" stehen. Verschiedene Stände repräsentieren einen unterschiedlichen Schwierigkeitsgrad: je höher die Anforderung an das Gleichgewichtsvermögen, umso größer ist die erforderliche Körperkontrolle. Letztlich erfordern alle Aufgaben mit hoher Anforderung an die Gleichgewichtserhaltung eine gute kinästhetische Kontrolle. Über taktile, evtl. nur noch verbale Kontrolle erhalten die Kinder eine Rückmeldung über ihre Haltung.

Eine differenzierte Körperwahrnehmung und eine gute muskuläre Leistungsfähigkeit sind zum Beispiel Voraussetzung für alle Formen der Akrobatik (vgl. Blume 1995), die sich als attraktive Schwerpunktsetzung auch für den Sportförderunterricht anbieten.

Körperausdruck

Bewusstmachung der Ausdrucksmöglichkeiten nicht nur durch Mimik und Gestik, sondern auch durch die Körperhaltung und -bewegung kann einen wesentlichen

Beitrag zur *Förderung kommunikativer Fähigkeiten* darstellen.
- Wie kann man gehen / stehen / sitzen / liegen?
- Wie geht / steht / sitzt / liegt jemand, der fröhlich / ängstlich / schüchtern / aufgeregt / wütend etc. ist?
- Stellt euch vor, ihr seid müde (ärgerlich, gleichgültig, neugierig etc.) – wie bewegt / haltet ihr euch dann?
- Jeder darf sich eine Situation ausdenken und darstellen; die anderen Kinder sollen erkennen, welche Stimmung, welcher Ausdruck gemeint ist.
- Erarbeitung kleiner Spielszenen.

Bei allen Aufgaben des Darstellenden Spiels und der Pantomime ist ein bewusster Einsatz des Muskeltonus (s.o.: Marionette, Schlenkerpuppe, Roboter, etc.) erforderlich.

Entspannungsfähigkeit

Die Fähigkeit zur Entspannung steht in engem Zusammenhang mit einer differenzierten Körperwahrnehmung bzw. baut auf ihr auf.
Entspannungstechniken werden gezielt zur *psycho-physischen Regulation* eingesetzt, zum Beispiel zur Optimierung des Aktivitätsniveaus bei hyperaktiven Kindern (vgl. Petermann 1999; v. d. Schoot 1977), im Rahmen verhaltenstherapeutischer und psychotherapeutischer Intervention (vgl. Döpfner, Schürmann & Frölich 1998; Fuchs 1985; Myschker 1999; Petermann & Petermann 1993; Petermann, Zimmermann & Menzel 1998), aber auch allgemein zum *Abbau von Stress*. Die Förderung der Entspannungsfähigkeit hat daher einen hohen Stellenwert auch im Rahmen der *Gesundheitsförderung*.

Petermann (1999) unterscheidet grundsätzlich drei Arten der Entspannung:
– die sensorische Entspannung,
– die imaginative Entspannung und
– die kognitive Entspannung.

→ Zu den *Verfahren der sensorischen Entspannung* gehört die Progressive Muskelentspannung, die auf die *Progressive Relaxation* von Jacobson zurückgeht (vgl. Stokvis & Wiesenhütter 1979). Hier werden nacheinander verschiedene Muskelgruppen für wenige Sekunden stark angespannt und anschließend wieder „losgelassen". Im Vordergrund steht die Wahrnehmung des Kontrastes. Buchmann (1974) entwickelt ein Verfahren der „Tiefmuskelentspannung", das er auch im Sportunterricht mit Jugendlichen durchführt.
Eine andere für Jugendliche geeignete Modifikation der progressiven Muskelentspannung schlägt Petermann (1999) vor. Dabei werden in einer entspannten Sitzhaltung mit geschlossenen Augen nacheinander zehn Muskelgruppen bewusst angespannt und anschließend entspannt. Die Anspannungsphase dauert jeweils etwa fünf bis sieben Sekunden, die Entspannungsphase 30 bis 40 Sekunden. Die Aufmerksamkeit der Jugendlichen wird gezielt auf mögliche Wahrnehmungen während der Anspannung und der Entspannung gelenkt; verschiedene Assoziations- und Vorstellungshilfen erleichtern die hohe muskuläre Anspannung.

Bei Grundschulkindern hat sich eher eine „Entspannung durch Anspannung" zur *psycho-physischen Regulation* bewährt: Nach einer Kreislaufbelastung legen sich die Kinder auf ein verabredetes Zeichen hin auf den Boden, evtl. jedes auf „seine" Matte in einem bestimmten Teil der Halle, und versuchen, ganz ruhig zu liegen, nicht mehr zu reden und sich zunehmend zu entspannen. Der Lehrer unterstützt diesen Vorgang durch ruhiges, kommentierendes Sprechen; hierbei kann die Aufmerksamkeit der Kinder auf Atmung, Herzschlag oder andere Aspekte der Körperwahrnehmung gelenkt werden.

Janz (1978) setzt mit gutem Erfolg die Methode der *Funktionellen Entspannung* nach Fuchs (1974; vgl. Fuchs 1985) bei Kindern mit Konzentrationsstörungen ein. Hier wird die Aufmerksamkeit der Kinder auf eine bewusste Wahrnehmung des eigenen Körpers gelenkt: „Was hört ihr?", „Seht ihr etwas, obwohl ihr die Augen geschlossen habt?", „Schmeckt, riecht ihr etwas?", „Spürt ihr euren Herzschlag, eure Atmung?", etc.

Von positiven Erfahrungen auch bei Kindern und Jugendlichen mit dem von ihr entwickelten Verfahren der *Eutonie* berichtet Alexander (1978; pers. Mitt.). Dabei geht es darum, den angemessenen „wahren" Muskeltonus zu finden: die Aufmerksamkeit wird auf den Körper, seine Ausdehnung, seine Grenzen, den Kontakt zum Boden, den Spannungsgrad der Muskulatur, die Stellung der Gelenke, u.a. gelenkt (vgl. Anders 1985).

Entspannungsaufgaben wie zum Beispiel „Pizzabacken", „Autowaschstraße", oder „Wetter machen", bei denen taktil-kinästhetische Reize unterschiedlicher Qualität und Intensität auf den Rücken eines Partners aufgebracht werden, werden vielfach bei Kindern und Jugendlichen erfolgreich eingesetzt. Ebenso führen verschiedene Formen der Partnermassage zur Entspannung und finden in jedem Alter Anwendung.

Auch *Yoga* als eines der klassischen Entspannungsverfahren wird schon für Kinder empfohlen (vgl. Böttcher 1977, Carr 1982). Das bewusste Einnehmen bestimmter Positionen und Haltungen kann wesentlich auch zur Entwicklung von Körperbewusstsein und Haltungsgefühl beitragen.

→ *Imaginative Entspannungsverfahren* gelten als für Kinder besonders geeignet. Hierzu zählen Phantasiegeschichten und Körperreisen, die vielfach auch kognitive Anteile enthalten (vgl. Friedrich & Friebel 1996; Köckenberger & Gaiser 1996, Müller 1985, 1995; Portmann & Schneider 1988).

Petermann (1999) stellt die „Kapitän-Nemo-Geschichten" als für Kinder besonders geeignet heraus (vgl. Petermann & Petermann 1993): Die Leitmotive des Kapitän Nemo, das langsame Anziehen des Taucheranzugs und Besteigen des Unterseebootes gibt den Kindern eine wichtige Orientierung; die Vorstellung des Aufenthaltes im Wasser vermittelt ein Gefühl der Schwerelosigkeit; Bewegungen werden gebremst, Geräusche gedämpft, so dass hyperaktives, aggressives Verhalten reduziert wird. Grundübungen des autogenen Trainings (Schwere- und Wärme-Übung) können integriert werden; für verhaltensgestörte Kinder wird eine Vorsatzformel – „Nur ruhig Blut, dann geht alles gut" (Petermann 1999, 86) – einbezogen.

→ Bei den *Verfahren der kognitiven Entspannung* steht neben der Meditation das *autogene Training* im Vordergrund, das in der Schule erfolgreich im Sekundarbereich vermittelt werden kann. Von Jugendlichen werden Formen der Bewegungsmeditation wie auch das autogene Training in der Regel mit Interesse aufgenommen, erlernt und auch im Alltag angewendet (vgl. Lange 1992; Moegling 1986; 1997; Moegling & Moegling 1984; Müller 1978). Jüngere Kinder sind mit einer Technik, die wesentlich auf Autosuggestion beruht, überfordert, obwohl im therapeutischen Kontext schon bei 5- / 6-Jährigen Autogenes Training erfolgreich eingesetzt wird (Eberlein 1984; Kruse 1992). In viele Phantasiegeschichten (vgl. Müller 1985, 1995) sind aber wie in die Kapitän-Nemo-Geschichten Anteile des Autogenen Trainings einbezogen

→ Als für Vorschul- und Grundschulkinder geeignetes, bewegungsorientiertes sensorisches Entspannungsverfahren, das auch kognitive und imaginative Anteile enthält, stellt Petermann (1999) das *„Schildkröten-Phantasie-Verfahren"* heraus. Hier wird zunächst die Schildkröte als Tier, das sich bei Störungen in seinen Panzer zurückziehen kann, thematisiert. Die Kinder werden aufgefordert, das Bewegungsverhalten der Schildkröte nachzuahmen, also sich langsam und leise zu bewegen und sich in „ihren Panzer zurückzuziehen", wenn sie irgendwo anstoßen oder angestoßen werden. Erst auf ein Signal hin – Berührung durch den Lehrer – dürfen sie wieder „herauskriechen".

Das Schildkröten-Phantasie-Verfahren sollte über einen Zeitraum von mehreren Wochen täglich durchgeführt werden; anschließend sollten die Kinder in der Lage sein, sich in belastenden Situationen in ihren imaginativen Schutzpanzer zurückzuziehen. Einprägsame Merkverse – zum Beispiel „Hast Du Nöte, denk an die Schildkröte" (Petermann 1999, 77) – helfen dabei.

Wahrnehmung der Umgebung

Bisher wurden nur Übungsbeispiele zur Schulung der Körperwahrnehmung in der „normalen" Situation des Sportunterrichts, in der Turnhalle genannt. Darüber hinaus sind vielfältige Körpererfahrungen in anderen „Bewegungs-Umwelten" zu sammeln, bewusst zu machen und zu vertiefen. Auch im Rahmen des Sportförderunterrichts sollte dieses ermöglicht werden. Ohne allzu großen organisatorischen Aufwand wären folgende Erfahrungen denkbar:

- im Schwimmbad hauptsächlich der Auftrieb des Wassers, der Wasserwiderstand, auch mögliche Orientierungsprobleme im Wasser und unter Wasser, etc.
- auf Freiflächen die taktil-kinästhetische Wahrnehmung verschiedener Böden: Sand, Gras, Asphalt, Kunststoffflächen; barfuß laufen und laufen mit Schuhen im Vergleich; sich auf unterschiedliche klimatische Verhältnisse einstellen, etc.
- Fortbewegung mit und auf verschiedenen Geräten – Fahren, Rollen Gleiten und die damit verbunden Anforderungen an die Wahrnehmung, Nutzung unterschiedlicher Geräte im Vergleich, mit unterschiedlichen Körperhaltungen, in unterschiedlichem Gelände, etc.

- Fortbewegungsmöglichkeiten im Winter wie Gehen, Laufen, Rutschen auf Eis, im Schnee, Eislaufen, Skifahren, Rodeln, etc.
- Wahrnehmung und Bewegung in der Natur – Wiesen, Wälder, Felder, auch im Zusammenhang mit Möglichkeiten und Notwendigkeiten des Umweltschutzes.

Diese Situationen bieten vielfach auch besondere Anlässe für spezifische Themen der Gesundheitsförderung wie zum Beispiel

- Körperhygiene – Waschen und Duschen (nicht nur) im Schwimmbad, Notwendigkeit des Tragens von Badekappen, Bedeutung der Schwimmbrillen, Bedeutung der Prophylaxe gegenüber Fußpilz (Desinfektionsspray-Anlage, sorgfältiges Abtrocknen, Badeschuhe); sorgfältiges Abtrocknen auch als Vorbeugung gegenüber Erkältungskrankheiten;
- Abhärtung, Bedeutung des Schwitzens, angemessene Bekleidung allgemein während sportlichen Bewegens, besonders aber auch im Hinblick auf Außentemperaturen im Sommer bzw. Winter, auch als Vorbeugung gegenüber Erkältungskrankheiten;
- Bedeutung angemessener Fußbekleidung im Hinblick auf Haltung und Bewegungsmöglichkeiten bzw. Gefährdung der Füße.

• *Kinästhetische Differenzierungsfähigkeit*

Grundlage kinästhetischer Differenzierungsfähigkeit ist die Fähigkeit, Informationen aus den Proprioceptoren bewusst wahrzunehmen (vgl. Kap. 2.2.3) und den situativen Erfordernissen entsprechend anzupassen. Im Vordergrund stehen hier Aufgaben mit einer Zielorientierung, aber auch Aufgabenstellungen zur Sicherung eines Objektgleichgewichts; vielfach steht der Umgang mit Handgeräten im Mittelpunkt.
Alle Übungen können mit verschieden Geräten, insbesondere mit Bällen unterschiedlicher Qualität, teilweise aber auch mit Reifen, mit der rechten und der linken Hand, auch mit dem rechten und dem linken Fuß, teils mit geschlossenen Augen, einzeln oder in der Gruppe als Wettbewerb durchgeführt werden, so dass sich Aufgaben mit unterschiedlichem Schwierigkeitsgrad ergeben.
Die Schulung der kinästhetischen Differenzierungsfähigkeit bezieht sich nicht nur auf die räumliche Differenzierung, sondern auch auf die Zeit. Übungsbeispiele dazu werden auch im Zusammenhang mit der Erarbeitung des Zeitgefühls im Rahmen der Ausdauerschulung genannt.
Kiphard (Hünnekens & Kiphard 1971) bezeichnet Aufgaben zur Förderung der kinästhetischen Differenzierungsfähigkeit auch als „Behutsamkeitsübungen", die den Kindern dazu verhelfen sich auf sich selbst zu konzentrieren und über das Erlernen kleiner „Kunststücke" Selbstvertrauen zu gewinnen und zu vergrößern.

Objektgleichgewicht

• Im aufrechten Stand wird ein Stab horizontal auf der Hand oder einem Finger ausbalanciert, auf der Handinnenseite, auf dem Handrücken, evtl. im Wechsel Handrücken / Handfläche oder – schwieriger – Handfläche / Handrücken; rechte und linke Hand gleichermaßen einsetzen;

- dasselbe in der Fortbewegung;
- dasselbe, aber aus dem Stand in den Sitz, die Bauchlage, Rückenlage, wieder in den Stand zurück;
- „Wo, auf welchem Körperteil kann man den Stab noch horizontal balancieren?", auch in der Fortbewegung, hinsetzen, hinlegen, wieder aufstehen;
- „Wer kann den Stab auch vertikal balancieren?" – auf einer Hand, einem Finger rechts, links, auf anderen Körperteilen, im Stand, in der Fortbewegung, auf vorgegebenen Raumwegen, im Sitz;
- Balancieren anderer Gegenstände mit allen möglichen Variationen;
  zum Ausprobieren, zur freien Kombination verschiedener Geräte können auch alltägliche Gegenstände zur Verfügung gestellt werden wie Papprollen, Plastikbecher verschiedener Form und Größe, Plastikflaschen etc., dazu unterschiedliche Bälle, Keulen, u.a. Die Kinder können hier selbständig „Kunststücke erfinden" und üben.

Impulsdosierung – Zielgenauigkeit mit Handgeräten

- Reifen werden in der Regel laut klappend auf den Boden gelegt. Im Gegensatz dazu sollen die Kinder sich bemühen, ihre Reifen behutsam und geräuschlos abzulegen. Jedes Kind darf einmal vormachen; die anderen hören genau zu.
- Ball prellen in unterschiedlichen Höhen: frei; auf Zuruf in bestimmter Höhe (kniehoch, hüfthoch, kopfhoch, etc.); auch als Nachahmung eines Vorbildes (Spiegelbild);
- Ball rollen gegen eine Wand mit starkem Impuls, so dass er zurückrollt oder -springt; im Gegensatz dazu mit gerade soviel Impuls, dass er kurz vor der Wand liegen bleibt;
- Ball in einen Reifen rollen, mit so viel Impuls, dass er in den Reifen hinein, also über den Rand hinweg rollt, auf der gegenüberliegenden Seite aber nicht wieder hinaus rollt;
- Ball mit dem Fuß stoßen, so dass er ein bestimmtes Ziel exakt erreicht;
- einen Ball mit einem Gymnastikstab rollen, evtl. auf vorgegebenen Raumwegen, ohne dass der Kontakt zwischen Ball und Stab verloren geht – „seinen Hund an der Leine spazieren führen";
- um eine Gymnastikkeule oder Kunststoffflasche (evtl. mit – unterschiedlich viel – Sand gefüllt), die auf dem Boden steht, wird ein Gymnastikseil gelegt; mit dem Seil soll die Keule / Flasche gezogen werden, evtl. auf vorgegebenen Raumwegen, ohne dass sie umfällt. Die Aufgabe ist umso leichter, je kürzer das Seil gefasst wird.
- Ein Ziel wird vorgegeben und markiert; es soll exakt erreicht werden, nachdem ein Ball 5 mal (fünf Impulse) gerollt wird; vor dem jeweils nächsten Impuls muss der Ball zur Ruhe gekommen sein; Tennisbälle mit ihrer rauhen Filzhülle eignen sich hierfür besonders;
- partnerweise, Partner sitzen sich gegenüber, zwei Bälle werden von einem Partner nacheinander gerollt, so dass der zweite Ball den ersten überholt, der zweite Ball den ersten trifft, beide Bälle gleichzeitig beim Partner ankommen;

- Bohnensäckchen, Münzen, etc. werden so geworfen, dass sie möglichst nah an einem Ziel – zum Beispiel eine Wand – landen;
- nacheinander sollen verschieden weit entfernte Ziele getroffen werden;
- Zielwerfen / -prellen in Zonen unterschiedlicher Entfernung, auch auf Ziele unterschiedlicher Höhe, mit unterschiedlichen Geräten.

Impulsdosierung – Zielgenauigkeit ganzkörperlich

- eine vorgegebene Strecke ist mit einer bestimmten Anzahl von Schritten / Sprüngen zu überwinden;
    - dabei können die einzelnen Schritte / Sprünge unterschiedlich groß / weit sein oder
    - die Strecke ist mit möglichst gleich großen Schritten / Sprüngen zu überwinden (Markierungen zur Kontrolle);
- eine vorgegebene Strecke soll mit gleicher Schrittzahl in unterschiedlichem Tempo zurückgelegt werden; Reifenreihen eignen sich hier gut zur Orientierung.
- eine vorgegebene Strecke soll mit gleicher Schrittzahl vorwärts, rückwärts, seitwärts zurückgelegt werden;
- unterschiedlich lange Strecken sollen mit gleicher Schrittzahl, in unterschiedlichem Tempo, vorwärts / rückwärts / seitwärts zurückgelegt werden;
- Zonenspringen
    - in die Weite zum Beispiel bei verschiedenen „Hüpfkästchen",
    - in die Höhe zum Beispiel beim „Gummitwist";
    - aus der Höhe (Kasten) herab.

- *Räumliche Orientierungsfähigkeit*

Im Rahmen der individuellen Entwicklung erfolgt die räumliche Orientierung des Kindes zunächst in Bezug auf den eigenen Körper. Übungen zur Schulung der Raumorientierung decken sich daher teilweise mit denen der *Körperwahrnehmung* oder erweitern diese, indem die Begriffe zur Orientierung am Körper auf den Raum übertragen werden: vorn, hinten, oben, unten, rechts, links, Mitte, Seite, vor, hinter, neben, zwischen, etc.
Auch Begriffe wie gerade, schräg, diagonal, rund, eckig, oval, Kreis, Dreieck, Viereck, Rechteck, Quadrat, etc. können erarbeitet werden. Sie werden erklärt, visuell, evtl. auch taktil wahrgenommen und in der eigenen Körperbewegung in Beziehung zum Raum erfahren.
Die Wahrnehmung des umgebenden Raumes wird bewusster, wenn Informationen aus dem Raum ohne optische Kontrolle aufgenommen werden.
Die räumliche Orientierung sollte zweidimensional und dreidimensional erfolgen. Die Erfahrung der Position des eigenen Körpers im Raum ist relativ einfach, wenn der Raum unverändert bleibt; sie ist dagegen schwierig, wenn die Orientierung an beweglichen Geräten und Partnern notwendig ist.

Eine gute Raumorientierung ist für das tägliche Leben, für alle Bewegungsaktionen und -reaktionen unerlässlich. Die Schulung der räumlichen Orientierungsfähigkeit stellt zum Beispiel einen wichtigen Bestandteil der *Verkehrserziehung* bei jüngeren Kindern dar. Im Rahmen sportlicher Bewegung kommt der Raumorientierung besondere Bedeutung zu, sei es im Bereich des Turnens, im Bereich von Rhythmik und Tanz, beim Schwimmen, in der Leichtathletik (Orientierungslauf!), beim Inline-Skaten im Gelände etc. Höchste Anforderungen an die räumliche Orientierungsfähigkeit stellen schließlich alle Sportspiele, in denen die Wahrnehmung und Reaktion auf ständig sich verändernde räumliche Gegebenheiten – Ball und Personen sind in Bewegung – notwendig ist.

Erfahrung des Raumes ohne optische Kontrolle

→ Freies Bewegen:
- Die Kinder bewegen sich frei im Raum mit geschlossenen Augen. Sie konzentrieren sich auf die Informationen über den Raum, die sie aus unterschiedlichen Sinnesbereichen erhalten. Im anschließenden Unterrichtsgespräch werden die Beobachtungen geschildert, evtl. gezielt erfragt:
  Was habt ihr gefühlt?; Wer hat Angst gehabt, wem ist das Gehen mit geschlossenen Augen unangenehm gewesen, „merkwürdig" vorgekommen? Warum?;
  Habt ihr immer ungefähr gewusst, wo ihr gerade seid – in der Nahe einer Wand, welcher Wand, am Fenster, etc.?;
  Habt ihr gemerkt, wenn ein anderes Kind in der Nähe war?; Wer ist mit jemand zusammengestoßen, wer nicht?;
  Habt ihr trotz geschlossener Augen etwas „gesehen"?; Was habt ihr gehört?; Hat jemand etwas gerochen?
  Falls schon Zeitgefühl erarbeitet wurde: Was meint ihr, wie lange ihr mit geschlossenen Augen gegangen seid? – Bei eher unangenehmen Gefühlen wird die Zeit in der Regel überschätzt.
  Evtl. können die Kinder auf die Orientierung Blinder hingewiesen werden; hier empfiehlt sich eine fächerübergreifende Erarbeitung des Themas.
- im Stand etwa 5 m vor einer Wand – mit geschlossenen Augen vorwärts gehen und möglichst nah vor der Wand stehen bleiben (ohne taktile Kontrolle); sich auf die Veränderungen der Raumwahrnehmung konzentrieren!

→ Von einer Markierung aus mit geschlossenen Augen
- fünf Schritte vorwärts gehen, stehen bleiben, dann fünf Schritte rückwärts gehen; wird die Markierung wieder erreicht?
- dasselbe, aber nach den Schritten vorwärts eine halbe Drehung durchführen und mit derselben Schrittzahl wieder vorwärts gehen;
- von einer Markierung aus drei Schritte gehen; Anfang und Ende dieser Strecke werden markiert; der Ausgangspunkt wird zum Mittelpunkt eines Kreises, den das Kind nun gehen soll. Die anderen Kinder beobachten, ob die Kreisform entsteht und ob der Kreis geschlossen wird, das Kind also wieder zu der entsprechenden Markierung kommt.

→ Vorstellung des Bewegungsraumes:
- Klebestreifen mit unterschiedlichen Markierungen senkrecht, waagerecht, schräg an einer Wand anbringen; eine bestimmte Markierung wird als Ziel ausgewählt, danach mit geschlossenen Augen versuchen, dieses Ziel zu be-

rühren – mit der Vorzugs- und der Nicht-Vorzugshand, mit dem rechten und dem linken Fuß; Abweichungen von dem Ziel werden ausgemessen und verglichen;
- An der Wand werden verschiedenfarbige Markierungen angebracht, die innerhalb des Bewegungsraumes der Arme liegen; zwei Markierungen (eine rechts, eine links der Mitte) werden ausgewählt: Wer kann beide Punkte mit geschlossenen Augen berühren? Wer stellt sich mit dem Rücken an die Wand und berührt beide Punkte?
- Unterschiedliche Ziele auf dem Boden werden markiert; ein Ziel wird ausgewählt und anschließend versucht, von einer bestimmten Startlinie aus dieses Ziel mit geschlossenen Augen zu erreichen – so weit zu gehen, dass das Ziel gerade mit den Zehenspitzen erreicht wird; Abweichungen in der Richtung und in der Distanz werden registriert.

Aufgaben des Führens und Folgens

→ Blindenführen:
- Partner A schließt die Augen und lässt sich von B durch den Raum führen. B wird auf seine Verantwortung für den Partner hingewiesen; A muss darauf vertrauen können, dass er nirgends anstößt. Wenn sich mehrere Paare auf kleinerem Raum bewegen, verlangt diese Übung von den Kindern schon eine gute Raumwahrnehmung. Der Kontakt zwischen beiden Partnern sollte nur minimal durch die Fingerspitzen oder die Handflächen gegeben sein, damit ein sensibles Führen und Folgen erforderlich wird (Körperwahrnehmung!), kein Schieben oder Ziehen. Der Partner wird vorwärts, rückwärts, seitwärts, in Kurven, im Kreis, auf Zehenspitzen, in der Hockstellung evtl. über Hindernisse, um Hindernisse herum geführt. Akustische Hilfen oder Anweisungen sollten nicht gegeben werden.
- An die Stelle des Körperkontaktes kann die Verbindung durch ein Gerät, zum Beispiel Luftballon, Ball, Reifen treten; das Gerät wird dabei nicht mit den Händen festgehalten, sondern zwischen den Partnern zum Beispiel Rücken an Rucken, Schulter an Schulter etc. transportiert. Geht das Gerät verloren, zeigt dieses deutlich einen Fehler an.
- Interessanter, aber auch schwieriger wird die Aufgabe, wenn beide Partner zwischen sich ein Seil straff gespannt halten. Durch die Distanz beider Partner und die Möglichkeit, das Seil in unterschiedlichen Höhen zu halten, ergeben sich vielfältige Variationen – zum Beispiel über das Seil eines anderen Paares zu steigen oder darunter her zu gehen.
Werden Geräte hinzugenommen, sollten zumindest bei jüngeren Kindern beide Partner die Augen offen halten; die Anpassung an den Partner, die Aufgaben des Führens und Folgens stehen dann eindeutig gegenüber der Körperwahrnehmung im Vordergrund.
- Als Vorbereitung dieser recht anspruchsvollen Aufgaben eignet sich für jüngere Kinder das Spiel „Pferd und Kutscher":
Partner A spielt das Pferd und legt sich als Zaumzeug lose ein Seil vor den Körper oder nimmt es in die Hände, B hält die Enden des Seilchens und gibt über diese „Zügel" dem Pferd Bewegungsrichtung und -geschwindigkeit an.

→ „Roboter":
Partnerweise, Partner A spielt einen Roboter, B gibt ihm die Befehle zur Fortbewegung verbal oder taktil: Berührung auf dem Rücken bedeutet je nach Situation „vorwärts" oder „stopp"; Berührung auf der rechten (linken) Schulter heißt „Vierteldrehung nach rechts (links)". Partner A schließt die Augen, er kann mit hoher Körperspannung und ruckartigen Bewegungen gehen – so wie er sich die Bewegung eines Roboters vorstellt (Körperwahrnehmung!).

- Einerseits steht hier die Rechts- / Links-Orientierung Vordergrund, wenn die Informationen verbal gegeben werden.
- Andererseits kann – bei älteren Schülern – auf das orthogonale System des Raumes hingewiesen werden: Jede Vierteldrehung sollte exakt einem Winkel von 90° entsprechen. Nach mehreren Drehungen werden die Augen geöffnet; eine Kontrolle ermöglicht die Orientierung an den Wänden und den Linien der Spielfeldmarkierungen.
- Sehr viel höhere Anforderungen an die räumliche Orientierungsfähigkeit stellt die Aufgabe, wenn eine Person für zwei Roboter verantwortlich ist und diese nicht parallel, sondern in unterschiedliche Richtungen schickt.
- Dabei kann auch die Aufgabe gestellt werden, dass beide Roboter nach einer bestimmten Zeit an einem bestimmten Ort / in einer bestimmten Position (z. B. mit den Rücken zueinander / nah beieinander am Fenster) ankommen müssen.

Richtungshören

- Die Kinder sitzen oder liegen mit geschlossenen Augen auf dem Boden.
Der Lehrer (oder ein Kind) bewegt sich – auf Umwegen – im Raum, die Kinder sollen die entstehenden Geräusche verfolgen, evtl. die Richtung, aus der jeweils Geräusche kommen, zeigen.
Der Lehrer (oder ein Kind) sucht möglichst leise einen bestimmten Platz im Raum auf, klatscht dann in die Hände oder gibt ein anderes vorher verabredetes Signal (mit der Zunge schnalzen, mit den Fingern schnipsen, auch Instrumente wie Flöte Klangstäbe, Triangel, Zimbel, Schellen u.a. können eingesetzt werden). Ein vorher bestimmtes Kind aus der Gruppe steht auf, zeigt die Richtung, geht mit geschlossenen Augen auf den Lehrer zu und versucht möglichst nah bei ihm stehen zu bleiben. Wenn die angegebene Bewegungsrichtung nicht stimmt, muss die Richtung erneut durch das Signal kenntlich gemacht werden. Meistens wird aber nicht nur die Richtung, sondern auch die Distanz der Geräuschquelle recht genau erfasst bzw. die Nähe der Person gespürt.
Die Anforderung an die Konzentration und die auditive Wahrnehmung wird erhöht, wenn nicht vorher verabredet wird, welches Kind geht, sondern ein Name geflüstert wird.
Richtungsänderungen werden erforderlich, wenn der Lehrer ein Kind mit geschlossenen Augen durch den Raum „lotst", indem er mehrfach seine Position (leise!) ändert, und eine neue akustische Orientierung gibt.
Die Kinder werden einzeln aufgerufen; der Lehrer gibt Richtung und Distanz durch Zuruf (Name des Kindes) an. Das aufgerufene Kind soll mit geschlos-

senen Augen eine gerade Strecke auf den Lehrer zugehen, in der Mitte aber eine ganze Drehung machen und dann geradeaus weitergehen.

- „Indianer-Spiel":
  Die Kinder bilden zwei Gruppen. Die Kinder der einen Gruppe setzen sich mit geschlossenen Augen im Schneidersitz frei verteilt in einer Hallenhälfte hin. Die Kinder der anderen Gruppe verabreden, an wen sie sich „anschleichen" wollen. Sie gehen dann leise und behutsam auf vielen Umwegen zu ihrem Ziel und bleiben dort stehen. Das Kind (die Kinder?) aus der anderen Gruppe, das meint, dass die „Indianer" bei ihm stehen, meldet sich; alle dürfen die Augen öffnen und kontrollieren.

- „Der Hund bewacht seinen Knochen":
  Ein Kind sitzt oder kauert als „Hund" in der Hallenmitte. Als sein „Knochen" liegt ein Bohnensäckchen, Tennisring, o.ä. neben oder hinter ihm. Die anderen Kinder versuchen sich anzuschleichen und den „Knochen" unbemerkt zu stehlen.

Distanzen schätzen

- Der Lehrer gibt eine Strecke vor, indem er sich einem Kind gegenüber aufstellt und fragt: Was meinst du, wie viele Füße („Gänsefüßchen") du bis zu mir brauchst? Alle Kinder schätzen, dann wird ausprobiert. Dabei sollte laut mitgezählt werden. Wenn die Schätzungen der Kinder weit auseinander gehen oder sehr unrealistisch sind, sollte nach 10 Füßen gestoppt werden, um allen eine Chance zu geben, neu zu schätzen im Vergleich der zurückgelegten mit der noch zurückzulegenden Strecke.
  An Stelle frei zu variierender Strecken können auch Linien der Spielfeldmarkierungen, die Länge der Turnbänke, von Seilchen, der Zauberschnur, u.a. geschätzt und gemessen werden.
  An Stelle der „Gänsefüßchen" können auch andere Körpermaße eingesetzt werden (Hände, Unterarm + Hand, der ganze Körper, der ganze Körper + ausgestreckte Arme, etc.)

- Raum nutzen:
  Die Kinder bewegen sich frei im Raum, sollen aber darauf achten, den Raum gut auszunutzen und sich möglichst gleichmäßig zu verteilen. Nirgends dürfen große Lücken entstehen. Auf Zuruf bleiben alle stehen, schauen sich um und prüfen, ob die Gruppe sich gut im Raum verteilt hat. Nach dem Stopp-Zeichen können die Kinder auch ihre Positionen noch verändern, bis sie meinen, dass überall ungefähr gleiche Abstände hergestellt sind. Zur Kontrolle werden verschiedene Abstände mit „Gänsefüßchen" ausgemessen.
  Je größer der Raum im Verhältnis zur Anzahl der Kinder ist, desto schwieriger wird die Aufgabe.

Raumwege gehen / laufen / erkennen

- Reifen dienen als Orientierung, um möglichst exakt einen Kreis, eine Acht, u.U. auch ein Oval zu laufen.

- Eine Reifenreihe mit regelmäßigen Abständen dient der Orientierung für einen Slalomlauf. Wenn zwei Partner jeweils parallel, gegengleich laufen, ist eine gute Anpassung an den Partner – zusätzlich zur Raumorientierung – notwendig. Ein Hinweis auf den wichtigen Blickkontakt, bevor sich die Wege beider Partner zwischen den Reifen kreuzen, kann hilfreich sein.
- Das Gehen auf einer Geraden mit gleichmäßiger Schnittlänge wird geübt, wenn Reifen in einer Reihe eng hintereinander liegen (vgl. kinästhetische Differenzierungsfähigkeit!). Die Kinder sollen jeweils nur einen Fuß in die Mitte eines Reifens stellen; dabei wird auch das Gleichgewichtsvermögen beansprucht, da sich die Kinder relativ lange im Einbeinstand befinden. Für kleinere Kinder ist die Aufgabe zu schwer, wenn keine kleinen Reifen zur Verfügung stehen; u.U. kann die Schrittlänge mit Klebeband markiert werden. Das Gehen erfolgt zunächst vorwärts, später auch rückwärts, jeweils zuerst mit offenen, dann mit geschlossenen Augen. Ein Abweichen von der Geraden wird ebenso wie eine Veränderung der Schrittlänge deutlich, wenn ein Reifen berührt wird.
- partnerweise, Partner A führt B, der die Augen geschlossen hält, auf einem bestimmten Weg, den dieser erkennen soll – zum Beispiel Kreis, Acht, Spirale, Dreieck, Viereck etc., evtl. auch einfache Ziffern oder Buchstaben. Um allzu komplizierte Raumwege zu vermeiden, sollten hier Vorgaben gemacht werden.
- partnerweise, Partner A führt B, der die Augen geschlossen hält, durch den Raum, indem drei vorgegebene Zielpunkte angesteuert werden; wird der Zielpunkt erreicht, darf B ganz kurz die Augen öffnen, um sie sogleich wieder zu schließen. Am Ende soll B den zurückgelegten Weg beschreiben.

Räumliche Beziehungen erkennen und wiedergeben

→ Formen / Muster erkennen / wiedergeben
- Reifen können vielfältig zur Schulung der räumlichen Orientierungsfähigkeit benutzt werden. So werden Muster auf Papier gezeichnet, die mit Reifen auf den Boden gelegt werden sollen. Je nachdem wie viele Kreise / Reifen in welcher Beziehung zueinander angeordnet werden, ist der Schwierigkeitsgrad dieser Aufgabe sehr unterschiedlich zu gestalten.
  Außerdem wird der Schwierigkeitsgrad dadurch bestimmt, ob die Zahl der benötigten Reifen zur Verfügung steht oder ob das Kind die Anzahl erfassen muss, ob das Muster zur dauernden Kontrolle vorliegt oder nur kurzzeitig geboten und im Gedächtnis behalten werden muss. Jeweils ein Kind führt die Aufgabe aus, die anderen beobachten, kontrollieren und helfen, falls dieses notwendig ist.
- Ähnliche Aufgaben zur Erfassung der Raumlage und zur Formerfassung und -wiedergabe können mit anderen Materialien angeboten werden: Mit Seilchen werden Muster gelegt, die die Kinder nachahmen sollen; besser als Seilchen eignet sich das leicht formbare Bleiband (Gardinenband). Wenn Deckel von Konserven- oder Marmeladengläsern oder Flaschen in großer Zahl gesammelt wurden, können u.U. alle Kinder auf kleinerem Raum die gleichen Muster wie mit den Reifen legen.

- Unterschiedliche Farben und Größen der Materialien bieten weitere Differenzierungsmöglichkeiten.
- Dreidimensional können Muster zum Beispiel mit Schwämmen oder mit Holzbausteinen gelegt werden.

Gleichgültig, welches Material benutzt wird, sollten Kinder immer auch Gelegenheit haben, selbständig mit diesem Material zu experimentieren, zu bauen, Muster zu „erfinden".

→ Raumwege finden, vor- und nachmachen:
Reifen werden zu einem Muster zusammengefügt – zum Beispiel zehn Reifen zu einem großen Dreieck. Alle anderen, auch unregelmäßige Muster sind denkbar; Überschneidungen der Reifen sollten allerdings zunächst vermieden werden. Es können zum Beispiel folgende Aufgaben gestellt werden:
- Jeder sucht sich einen Weg, bei dem er jeden Reifen einmal, aber keinen zweimal betritt. Ein Kind übt, die anderen beobachten. Jedes Kind sollte möglichst einen „eigenen", neuen Weg finden;
- dasselbe, aber jedem Kind wird ein bestimmter Reifen als Ausgangspunkt für seinen Weg zugewiesen.
- Ein Kind soll beliebig einen Weg zum Beispiel durch 4 Reifen suchen, ein anderes Kind geht genau diesen Weg nach. Je länger der vorgegebene Weg ist, desto schwieriger wird die Aufgabe.
- Auf Papier ist das benutzte Reifenmuster vorgezeichnet und gleichzeitig ein bestimmter Weg markiert. Ein Kind soll diesen Weg durch die Reifen gehen.

→ Anpassung des eigenen Raumweges an ein bewegliches Gerät:
Bei diesen Aufgaben wird die Beherrschung der jeweiligen Fertigkeiten mit dem Handgerät – zum Beispiel Rollen des Reifens – vorausgesetzt.
- Reifen oder Ball rollen, nebenher laufen, das Gerät überholen, umlaufen, überspringen mit vielfältigen Variationen; das Gerät wieder aufnehmen, etc.;
- partnerweise, in der Fortbewegung wird der Reifen dem Partner zugerollt, der Ball gerollt oder geworfen.

→ Anpassung an die Zauberschnur (das lange Seil):
- die Zauberschnur wird in wechselnder Höhe gehalten und in der Halle hin und hergetragen; die Kinder sollen entsprechend der jeweiligen Situation darüber springen oder unter der Schnur herlaufen, ohne sie zu berühren;
- die Zauberschnur wird in der Mitte der Halle geschlängelt (waagerecht, senkrecht oder beides im Wechsel), gependelt oder geschwungen, die Kinder sollen die Schnur überlaufen bzw. durchlaufen, ohne sie zu berühren. Wenn die Kinder mit relativ langem Anlauf üben (von einer Stirnseite der Halle zur anderen) ist nicht nur eine genaue Beobachtung, sondern auch während des Anlaufens eine sorgfältige Anpassung der eigenen Geschwindigkeit (kinästhetische Differenzierungsfähigkeit!) erforderlich.

→ Dreidimensionale Räume:
Hier geht es im wesentlichen darum, Räume und ihre Ausdehnung abzuschätzen und in Beziehung zur eigenen Körpergröße oder der Größe und dem Umfang bestimmter Objekte zu setzen.

Die Räume sind stabil und unbeweglich:
- zwei oder mehr Reifen werden zusammengestellt und gehalten; die Kinder sollen einschätzen, was durch welchen Zwischenraum hindurch passt, dann ausprobieren,
welche Zwischenräume groß genug sind, um selbst hindurchzukriechen oder hindurchzusteigen,
welche Zwischenräume groß genug sind, um einen Ball, ein Bohnensäckchen, einen Luftballon, etc. hindurchzugeben, ohne die Reifen zu berühren;
- dasselbe, die Räume können aber statt mit Reifen von zwei oder drei Kindern gebildet werden, indem sie sich wie zu einem Denkmal gruppieren und mit ihren Körpern, hauptsächlich mit Armen und Beinen größere und kleinere Zwischenräume bilden.

Die Räume / Hindernisse sind in Bewegung:
- Reifen in Bewegung: Partnerweise, Partner A hält einen Reifen senkrecht und dreht ihn langsam; B soll hindurchschlüpfen, ohne anzustoßen;
- durch den gerollten Reifen schlüpfen: Der Reifen wird selbst oder von einem Partner gerollt. Er muss möglichst langsam und gerade gerollt werden können. Auch dieses ist eine Fertigkeit, die von den Kindern als Kunststück angesehen und gern geübt wird.
- Reifen andrehen, abwarten, dann hinein- und hinausspringen, ohne den Reifen zu berühren.
- Den gedrehten Reifen behutsam wieder antippen, wenn er sich schon relativ flach bewegt, so dass er sich wieder aufrichtet;
- mehrere Reifen (ca. 5) werden auf einer Linie hintereinander in ausreichendem Abstand angedreht und möglichst lange in Bewegung gehalten. Wird der letzte Reifen angedreht, bewegt sich der erste schon wieder relativ flach und muss neu angedreht werden. Die Aufgabe kann auch als Wettbewerb verschiedener Kinder oder Gruppen durchgeführt werden.

Überwinden einer Hindernisbahn:
- Die Hindernisse (z.B. Bänke, Kastenteile – mit Matten fixiert, kleine und große Kästen, Böcke, u.a.) sollten möglichst unterschiedlich hoch und unterschiedlich weit voneinander entfernt sein; die Aufgaben können – auch unvorhergesehen, auf Zuruf – wechseln (z.B. über die Bank springen oder darunter kriechen).
- Niedersprünge vom Kasten, auch aus dem Lauf über eine Kastentreppe mit Drehungen – Vierteldrehung, halbe, evtl. ganze Drehung, die möglichst exakt ausgeführt werden sollten.

Kleine Spiele (Reaktionsspiele)

- Jedes Kind hat einen Reifen, legt ihn auf den Boden; alle Kinder laufen um alle Reifen in der gesamten Halle herum, auf Zuruf läuft jedes Kind möglichst schnell zu seinem Reifen zurück;
dasselbe, aber ein Reifen weniger als Kinder; auf Zuruf versucht jedes Kind, sich in irgendeinen Reifen zu stellen („Reise nach Jerusalem"). Ein Kind findet keinen Reifen, sollte aber deshalb nicht ausscheiden. Das Spiel beginnt

schnell wieder von vorn, so dass beim nächsten Stopp ein anderes Kind übrig bleibt.
Diese Aufgaben sind einfacher, wenn farbige Reifen benutzt werden; werden unlackierte Holzreifen verwendet, ist der Kontrast auf einem Parkettboden gering. Die räumliche Orientierung wird durch die schwierige visuelle Wahrnehmung erschwert.
- andere Reaktionsspiele (s.u.) wie
  „Bäumchen wechsel dich";
  „Verkehrspolizei / Schutzmannspiel";
  Lauf- und Fangspiele, insbesondere solche mit Aufgaben des Erlösens;
  Ballspiele wie zum Beispiel „Jägerball", „Zehnerfang", u.a., die ein Freilaufen einerseits, andererseits gezieltes Werfen und Fangen bzw. Ausweichen nötig machen.

Eine Vielzahl von Lauf- und Fangspielen, die ein hohes Maß an räumlicher Orientierungsfähigkeit voraussetzen bzw. fördern, werden auch als Beispiele für die Ausdauerschulung genannt.

- *Reaktionsfähigkeit*

Die motorische Reaktionsfähigkeit ist wie die kinästhetische Differenzierungsfähigkeit und die räumliche Orientierungsfähigkeit von grundlegender Bedeutung für die Bewegungskoordination (vgl. Hirtz 1985; Vilkner 1986).

Die Förderung der Reaktionsfähigkeit hat das Ziel, die Reaktionsschnelligkeit zu verbessern; die Reaktion auf einen Reiz sollte in möglichst kurzer Zeit erfolgen. Dabei sind nach Vilkner (1986) *einfache motorische Reaktionen*, bei denen nur ein Körperteil, nur wenige Muskelgruppen beteiligt sind, von *komplexen motorischen Reaktionen*, meistens ganzkörperliche Bewegungshandlungen in sportspezifischen Situationen, zu unterscheiden.

Grosser und Zimmermann (1983) untergliedern in *einfache Reaktionen*, die wie zum Beispiel beim Start eine eindeutige, festgelegte Bewegungsantwort verlangen, und *Auswahl-Reaktionen,* die zum Beispiel in komplexen Situationen im Spiel (Fußball, Tennis) oder in Kampfsportarten (Fechten, Boxen, etc.) erforderlich sind.

Gerade bei jüngeren Kindern ist die Optimierung einfacher motorischer Reaktionen als Unterstützung der normalen Entwicklung der Reaktionsfähigkeit sinnvoll. Im Sportförderunterricht gewinnt aber auch die Förderung komplexer motorischer Reaktionen an Bedeutung, insbesondere im Hinblick auf die Befähigung der Kinder zum – möglichst selbständigen – Sporttreiben.

Die motorische Reaktion erfolgt in der Regel auf ein akustisches oder ein optisches Signal, seltener auf einen taktilen Reiz. Das Signal kann von einem Schüler selbst gegeben werden; hier ist die Reaktion wesentlich leichter möglich, als wenn der Reiz von einer anderen Person oder einem Gerät ausgeht.

Die Reaktion ist relativ einfach, wenn ein regelmäßig wiederkehrendes Signal aus einer ruhigen Position konzentriert erwartet werden kann und eine einfache, bekannte Bewegung als Reaktion zu erfolgen hat. Die Aufgabe wird schwieriger, wenn

- der Zeitpunkt, zu dem das Signal erschient, nicht bekannt ist, das Signal nicht in regelmäßigen Abständen erfolgt,
- auf ein Signal von mehreren möglichen die richtige Bewegungsantwort gewählt werden muss,
- Signale aus dem akustischen und dem optischen Bereich unregelmäßig wechseln,
- die Reaktion aus der Bewegung erfolgen muss,
- die Art der Reaktion nicht bekannt ist, die Bewegungsantwort zum Beispiel auf Zuruf unter erheblichem Zeitdruck ausgeführt werden muss,
- die Reaktion in einer komplexen Situation wie im Mannschaftsspiel stattfindet.

Reaktion auf akustische Signale aus der Ruhe

→ Einfache Positionswechsel:
- auf Zuruf wird eine bestimmte Position eingenommen (Bauchlage, Schneidersitz, Einbeinstand, etc.), auch in schnellem Wechsel;
- die Kinder sitzen (liegen, stehen, mit Blick zur Laufrichtung, entgegen der Laufrichtung, etc.), auf Pfiff (Klatschen, Zuruf, Rassel, Gong, etc.) laufen alle zu einer Linie, einem Kasten oder einer anderen vorher verabredeten Markierung;
- Kinder sitzen im Kreis, auf Zuruf wechselnde Aufgaben wie zum Beispiel Wer steht zuerst auf einer Bank?, Wer liegt zuerst auf einer Matte?, Wer sitzt zuerst auf einer schwarzen Linie?, etc.

→ Übungen mit dem Gymnastikstab:
- jedes Kind hat einen Stab und stellt ihn senkrecht vor sich auf den Boden, auf Pfiff dreht sich jeder einmal (zweimal?) um sich selbst und versucht, den Stab wieder aufzufangen;
- partnerweise, beide Partner stehen sich mit senkrecht aufgestelltem Stab gegenüber; die Abstände sind zu variieren – je weiter, desto schwieriger. Auf Pfiff wechseln beide Partner den Platz; jeder versucht, den Stab des Partners aufzufangen. Bei dieser Aufgabe ist deutlich zu beobachten, dass dem Partner, der das Signal gibt, die Reaktion leichter fällt. Für beide Partner ist der Schwierigkeitsgrad gleich, wenn das Signal vom Lehrer oder einem dritten Kind gegeben wird.
- in der Gruppe in Kreisaufstellung, Stäbe senkrecht aufgestellt, auf Pfiff nimmt jeder den Platz seines Nebenmannes ein und fängt dessen Stab. Schwierig wird die Aufgabe, wenn auf Zuruf nach rechts oder links gewechselt werden soll oder die Kommandos „codiert" werden: rechts = 1 x klatschen; links = 2 x klatschen o.ä.

→ Laufspiele:
- „Bäumchen wechsel dich!" – Jedes Kind steht in einem Reifen oder einer anderen Bodenmarkierung (Klebeband, Teppichfliesen o.ä.); ein Kind hat keinen Reifen, sondern ruft „Bäumchen wechsel dich!" Daraufhin muss jedes Kind seinen Reifen verlassen und sich einen anderen Platz suchen. Ein anderes Kind bleibt übrig und das Spiel beginnt von vorn.

- „Rette sich, wer kann! – Die Kinder sitzen im Kreis, auf Zuruf „Rette sich, wer kann!" laufen alle so schnell wie möglich aus dem Kreis heraus und stellen sich auf Bänke, Matten oder andere Geräte, die dafür bereit stehen. Dieses Spiel kann auch aus der Bewegung gespielt werden. Wird es aus der Ruhe durchgeführt, wird es interessanter wenn es in eine – möglichst spannende – Geschichte „verpackt" wird.
- „Schwarz-Weiß" – Zwei Gruppen sitzen sich an der Mittellinie gegenüber; eine Gruppe wird als „schwarz", die andere als „weiß" bezeichnet. Auf Zuruf „schwarz" laufen die Kinder der schwarzen Gruppe weg bis zu einer verabredeten Ziellinie; die anderen versuchen, sie zu fangen. Beim Kommando „weiß" werden die Rollen von Fänger und Verfolgten vertauscht. Die Ausgangsposition kann vielfältig variiert werden. Auch dieses Spiel wird interessanter, wenn eine Geschichte erzählt wird, in der möglichst oft die Wörter schwarz und weiß vorkommen. Es können auch andere Wörter als Signal verabredet werden.
- „Nummernwettlauf" – Die Kinder stehen wie bei einer Staffel in Mannschaften hintereinander, etwa vier Kinder in einer Mannschaft. Jedes Kind bekommt eine Nummer; in jeder Gruppe werden zum Beispiel die Nummern 1 bis 4 verteilt. Auf Zuruf einer Nummer läuft aus jeder Gruppe das Kind mit dieser Nummer bis zu einem bestimmten Ziel und zu seinem Platz zurück. Bei allen Laufspielen sollte die Laufstrecke relativ kurz gewählt werden, wenn die Reaktionsschulung im Vordergrund steht.
- „Schuhfangen" – Die Kinder stehen sich in zwei Gruppen nebeneinander etwa an beiden Stirnseiten der Halle gegenüber. Ähnlich wie beim Nummernwettlauf werden in beiden Gruppen die gleichen Nummern verteilt. In der Mitte der Halle liegt ein Schuh, Tennisring o.ä. Auf Zuruf einer Zahl läuft aus jeder Mannschaft das jeweilige Kind und versucht den „Schuh" zu seiner Mannschaft zu bringen, kann aber auch von dem Kind der anderen Mannschaft gefangen werden. Bei diesem Spiel entscheidet allerdings oft die Taktik des Verhaltens „am Schuh", weniger die Reaktionsschnelligkeit.
- „Komm mit – Lauf weg!" – Alle Kinder bis auf eines sitzen im Kreis. Das einzelne Kind läuft außen um den Kreis herum und tippt einem Kind aus dem Kreis auf den Rücken, während es ruft „Komm mit!" oder „Lauf weg!". Dann beginnt ein Wettlauf dieser beiden Kinder um den Kreis herum; das erste Kind setzt sich auf den freien Platz im Kreis, das zweite läuft außen herum und das Spiel beginnt von neuem.

Reaktion auf akustische Signale aus der Bewegung

→ Stopp-Spiele:
- Freies Laufen im Raum, auf Pfiff bleiben alle „wie versteinert" (eingefroren, verzaubert, o.ä.) stehen.
- Freies Laufen im Raum nach Musik; beim Aussetzen der Musik setzen sich alle Kinder hin, bleiben stehen o.ä. wie beim Spiel „Rette sich, wer kann!"
- Drei verschiedene Signale (z.B. Pfiff, Klatschen, Stampfen oder 1 x, 2 x, 3 x klatschen oder Zuruf: eins, zwei, drei) und zugehörige Reaktionen (z.B. Hochzehenstand, Bauchlage, Schwebesitz) werden verabredet; freies Laufen im

Raum, auf jedes Signal soll möglichst schnell, möglichst richtig reagiert werden.
Je mehr Signale und zugehörige Reaktionen bestimmt werden, umso schwieriger wird die Aufgabe. Bei jüngeren Kindern genügen zunächst auch zwei verschiedene Signale.
- „Feuer – Wasser – Luft" – wie oben: Reaktionen auf Feuer (z.B. in den Kreis laufen), Wasser (z.B. sich auf eine Bank stellen) und Luft (z.B. Hochzehenstand) werden verabredet und von den Kindern aus dem freien Lauf heraus auf Zuruf ausgeführt.
- „Atomspiel" – Freies Laufen im Raum, auf Zuruf einer Zahl finden sich Kinder in Gruppen der genannten Zahl zusammen und setzen sich hin.

→ Platz suchen:
Hier sind Reaktionsfähigkeit und räumliche Orientierungsfähigkeit gleichermaßen gefordert (s.o.).
- Jedes Kind hat einen Reifen und legt ihn auf den Boden. Alle laufen um alle Reifen herum; auf Pfiff läuft jeder zu seinem Reifen.
- „Reise nach Jerusalem" – wie oben, aber ein Reifen weniger als Kinder; freies Laufen um die Reifen herum; auf Pfiff versucht jedes Kind, sich in einen Reifen zu stellen; ein Kind bleibt ohne Reifen.
- „Hundehüttenspiel" – partnerweise in Kreisaufstellung; ein Kind steht mit gegrätschten Beinen, das andere hockt zwischen den Beinen wie in einer „Hundehütte". Die „Hunde" laufen außen um den Kreis, auf Pfiff läuft jeder so schnell wie möglich zu seinem Partner oder schlüpft in irgendeine Hütte oder es laufen außen mehr Kinder als „Hundehütten" vorhanden sind, so dass ein Kind oder mehrere keinen Platz finden. Rollenwechsel.

→ Zuordnung unterschiedlicher Geschwindigkeit:
- Autospiel" – Die Kinder spielen Autos, die sich in verschiedenen Gängen = verschiedenen Geschwindigkeiten bewegen. Auf Zuruf „erster Gang", „zweiter Gang" etc. erfolgt eine Anpassung der Laufgeschwindigkeit.
- „Flugzeugspiel" – Die Kinder bewegen sich wie Flugzeuge auf Zuruf: Segelflieger – langsam mit ausgebreiteten Armen; Hubschrauber – Hüpfen, evtl. mit Armkreisen (für jüngere Kinder ist Hüpfen mit gleichzeitigem Armkreisen als Aufgabe der Doppelkoordination zu schwer!); Düsenjäger – schnelles Laufen, wahrscheinlich mit entsprechendem Geräusch verbunden!

Reaktion auf optische Signale aus der Ruhe:

→ Partnerübungen am Ort:
- Gleichzeitig versuchen die Kinder, dem jeweils anderen auf die ausgestreckte Hand zu tippen (nicht schlagen!); dieses zieht die Hand möglichst schnell zuruck.
- Gleichzeitig versuchen die Kinder, dem jeweils anderen auf den Rücken zu tippen oder – vorsichtig! – auf die Füße zu „treten".
- Mit einem Stab (auch mit Papprollen, Bohnensäckchen, Softball oder anderen Gegenständen möglich): Partner A hält die Hände auf dem Rücken, B steht ihm gegenüber (u.U. den Abstand variieren!) und hält den Stab waage-

recht. Ohne akustisches Zeichen lässt B den Stab los; A soll ihn fangen, bevor er auf den Boden fällt. Je höher der Stab gehalten wird, umso leichter ist die Aufgabe. Sie ist auch leichter, wenn der Stab von unten gefangen wird, also in die Handflächen fällt, schwerer, wenn er von oben aus der Luft gegriffen werden soll.
- Dasselbe mit senkrecht gehaltenem Stab, der jetzt einhändig rechts oder links gefangen wird.

→ Orientierung an einem Handgerät in Bewegung:
- mit Ball (oder Reifen): Jedes Kind hat einen Ball. Der Ball wird gerollt; erst wenn er eine Linie passiert, läuft das Kind los, um ihn möglichst einzuholen, bevor er die gegenüber liegende Seite erreicht.
- Jedes Kind hat einen Ball: die Gruppe befindet sich in der Gassenaufstellung. Durch die Mitte der Gasse wird ein anderer Ball gerollt. Die Kinder sollen versuchen, diesen mit ihrem eigenen Ball abzutreffen.
- partnerweise, Aufstellung hintereinander; alle Paare stehen nebeneinander und beobachten einen gerollten Ball. Wenn dieser Ball eine bestimmte Linie / Markierung erreicht, laufen alle los. Jeweils der Hintermann versucht, seinen Partner einzuholen.
- mit Seilchen: partnerweise, Partner A schlängelt ein Seilchen; B versucht, auf das Ende des Seilchens zu treten.
- Kreisaufstellung; der Lehrer steht in der Mitte und schwingt ein Seilchen, dessen Ende mit einem Tennisring o.ä. beschwert ist, im Kreis flach über den Boden. Die Kinder sollen über das Seil springen. Wer nicht rechtzeitig abspringt, bei wem also das Seilchen hängen bleibt, geht in die Mitte und schwingt jetzt das Seil. Jüngeren Kindern gelingt die Aufgabe des Seil-Schwingens allerdings oft noch nicht!
- mit Zauberschnur: aus dem Stand überlaufen die Kinder die geschlängelte oder gependelte Schnur, laufen unter der geschwungenen Schnur durch (siehe Raumorientierung!).
- Einspringen in die geschwungene Schnur oder in der Dreiergruppe in das geschwungene Seilchen.

→ Spielformen:
Viele der Spielformen, die als Beispiele einer Reaktion auf akustische Signale aus der Ruhe genannt wurden, können auch mit optischen Signalen oder auch mit akustischen und optischen Signalen im Wechsel durchgeführt werden.
- „Schwarz-Weiß" – wie oben; es werden schwarze oder weiße Karten hochgehalten; genauso gut können andere optische Signale verabredet werden.
- „Nummernwettlauf – wie oben; die Zahlen werden auf vorher vorbereiteten Tafeln gezeigt, nicht gerufen; oder beide Signale werden gemischt.
- „Verkehrspolizei" – Die Kinder verteilen sich in vier Gruppen auf die Ecken des Volleyball-Feldes; der Lehrer oder ein Kind steht in der Mitte und zeigt durch seine Armhaltung an, welche Gruppen die Plätze tauschen sollen.
- „Katz und Maus" – Kreisaufstellung mit Handfassung; ein Kind spielt die Katze, eines die Maus. Die Katze will die Maus fangen; die Kinder im Kreis können durch Lösen der Handfassung die Maus unterstützen, indem sie sie

hindurch lassen, der Katze aber den Weg versperren.
- „Irrgarten" – ähnlich wie „Katz und Maus", aber schwieriger in der räumlichen Orientierung: Die Kinder stehen in Reihen mit Handfassung hintereinander, so dass Gassen entstehen. Durch eine Vierteldrehung kann die Richtung der Gassen verändert werden, so dass die Wege für Katze oder Maus jeweils offen oder versperrt sind. Dieses Spiel ist eher für etwas größere Gruppen geeignet; die Gruppen im Sportförderunterricht sind oft zu klein.

Reaktion auf optische Signale aus der Bewegung:

Auch hier können Spielformen, bei denen es vorrangig um die Schulung der Reaktion auf akustische Signale geht, abgewandelt benutzt werden. Zu beachten ist aber, dass akustische Signale jederzeit wirksam werden, während optische Signale nur aufgenommen werden können, wenn die Augen auf die Reizquelle gerichtet werden bzw. das Signal im Gesichtsfeld erscheint. Die Kinder müssen also ständig die Person, die das optische Signal gibt, ansehen. Dadurch wird die Fortbewegung oft behindert.

- „Schattenlaufen" – partnerweise; Partner A läuft, hüpft, bewegt sich im Seitgalopp, als Hampelmann, etc.; B macht seine Bewegungen möglichst exakt nach.
  Dasselbe ist auch in der Gruppe möglich, wenn gewährleistet ist, dass alle Kinder denjenigen, der vormacht, gut sehen können.
- „Ochs am Berg" – Ein Kind steht als „Ochs" auf der einen Hallenseite an der Wand, die anderen Kinder auf der gegenüberliegenden Seite. Während sich der „Ochs" kurz mit dem Gesicht zur Wand dreht, dürfen sich die Kinder ihm nähern. Wer zuerst den „Ochs" erreicht, hat gewonnen und darf dessen Rolle übernehmen. Wer allerdings noch in Bewegung ist, wenn der „Ochs" sich zur Gruppe umdreht, wird auf seine Ausgangsposition zurückgeschickt. Gute Beobachtung und Körperbeherrschung (kinästhetische Differenzierungsfähigkeit und Gleichgewichtsfähigkeit) sind gleichermaßen erforderlich.
- „Henne und Habicht" – Die Kinder der Gruppe bis auf eines bilden eine Reihe, indem jedes seinen Vordermann um die Hüften fasst. Das erste Kind dieser Schlange ist die „Henne", die Kinder dahinter ihre „Küken". Das einzelne Kind spielt den „Habicht", der das letzte Küken der Reihe fangen will. Durch geschicktes Ausweichen der Henne und ihrer Küken wird das möglichst verhindert.
- „Schwänzchen fangen" – Jedes Kind befestigt ein Parteiband o.ä. auf seinem Rücken am Hosenbund oder am Gymnastikanzug. Jedes Kind versucht nun, den anderen möglichst viele „Schwänzchen" abzujagen, sein eigenes aber zu schützen. Dabei darf auch das Kind, dessen „Schwänzchen" verloren gegangen ist, weiter mitspielen; wenn es selbst eines fängt, befestigt es dieses bei sich.

Dasselbe Spiel wird auch mit Wäscheklammern gespielt. Es ist dann schwieriger, wenn die Klammern an verschiedenen Körperteilen befestigt werden können, zum Beispiel am Bauch oder am Bein / am Strumpf.

Neben der Reaktionsfähigkeit spielt hier je nach Dauer des Spiels die *Ausdauerleistungsfähigkeit* eine bedeutende Rolle. Bei allen Lauf- und Fangspielen ist zu beachten, dass infolge einer sehr hohen Belastung des Herz-Kreislauf-Atmungs-Systems die Reaktionsfähigkeit beeinträchtigt werden kann. Bei oder nach hoher Ausdauerbelastung ist eine gezielte Reaktionsschulung also nicht sinnvoll.

Grundsätzlich beanspruchen auch Übungen zur Schulung *rhythmischer Fähigkeiten* die motorische Reaktionsfähigkeit aus dem Stand oder aus der Bewegung; sowohl die Reaktion auf akustische als auch auf optische Signale ist möglich.

Alle *Übungen mit Handgeräten,* so die Erarbeitung zum Beispiel der *Fertigkeiten* Prellen, Rollen, Werfen und Fangen, des Seilspringens, und viele Aufgaben, bei denen die Anpassung an den Partner im Vordergrund steht, schulen die Reaktion hauptsächlich auf optische Reize, aus dem Stand oder aus der Bewegung.

Reaktion in komplexen Situationen

Komplexe Situationen, die eine hohe Anforderung vorwiegend an die Reaktion auf optische Reize aus dem Stand und / oder aus der Bewegung stellen, ergeben sich im Spiel, zum Beispiel bei den sogenannten *„Kleinen Spielen"* wie
- „Zehnerfang",
- „Ball über die Schnur",
- „Jägerball",
- „Völkerball",
- „Haltet die Seite frei",
- „Haltet den Korb voll",

oder in *„Großen Spielen",* den Mannschaftsspielen, die in vereinfachter Form – den „Mini-Spielen" – auch schon in der Grundschule gespielt werden:
- Korbball und Mini-Basketball,
- Fußball, Vorübungen und Kleinfeldspiele,
- Hockey mit vereinfachten Regeln, u.a.

Reaktion auf taktile Signale

Spiel- und Übungsformen im Bewegungsbereich, bei denen eindeutig die Reaktion auf einen taktilen Reiz erfolgt, sind selten, weil bei der Schulung dieses Nahsinns die führenden Fernsinne ausgeschaltet werden müssen. Dieses kann geschehen, indem die Augen geschlossen werden; die akustische Information ist aber kaum zu vermeiden. Als mögliche Übungen bieten sich aber zum Beispiel an:
- „Roboter" – partnerweise, durch Berührung auf dem Rücken, auf der Schulter gibt ein Kind dem anderen die Informationen „vorwärts, stopp, Vierteldrehung nach rechts oder links", auf die entsprechend zu reagieren ist (Raumorientierung, s.o.);
- partnerweise aus dem Stand oder aus der Bewegung hintereinander; der Hintermann tippt dem Vordermann auf den Rücken, dreht sich um und läuft bis zu ein Markierung; das andere Kind versucht, ihn vorher zu fangen.

- „Komm mit" – wie oben, aber nicht auf ein akustisches Signal, sondern auf Berührung. Die Kinder im Kreis halten die Augen geschlossen; das Kind außen versucht, sehr leise um den Kreis herumzugehen.
Schwieriger wird diese Aufgabe, wenn je nachdem, welche Schulter berührt wird, mit „Komm mit" oder „Lauf weg", also Laufen in gleicher oder in Gegenrichtung reagiert werden soll.

- **Gleichgewichtsfähigkeit**

Die Gleichgewichtsfähigkeit ist Grundlage vieler sportmotorischer Fertigkeiten – zum Beispiel im Geräteturnen, in Gymnastik und Tanz, beim Radfahren, Rollschuhlaufen, Inlineskaten, Eislaufen, Skifahren, Kanufahren, u.a. Umfangreiche und möglichst vielseitige Gleichgewichtsschulung im Grundschulalter, auch schon im Vorschulalter, unterstützt und optimiert die Entwicklung dieser grundlegenden koordinativen Fähigkeit und stellt auch eine wichtige Grundlage für selbständige motorische Aktivitäten der Kinder im Freizeitbereich dar.

Die Gleichgewichtsfähigkeit ist zu differenzieren in
- die Fähigkeit zur *Sicherung des statischen Gleichgewichts* bei bestimmten Ständen oder Lagepositionen wie zum Beispiel im Hochzehenstand oder beim Waageliegen auf der Bank, dem Barren, u.a. und
- die Fähigkeit zur *Sicherung des dynamischen Gleichgewichts* in der Bewegung zum Beispiel bei jeder Form des Balancierens.

Statisches und dynamisches Gleichgewicht sind wesentliche Faktoren auch im Rahmen der Entwicklung von Körper- und Haltungsgefühl. Ihrer Schulung kommt daher im Sportförderunterricht besondere Bedeutung zu.

Fetz (1980) u.a. nennen als weitere Form der Gleichgewichtsfähigkeit
- die Fähigkeit zur Sicherung eines Objektgleichgewichts zum Beispiel beim Balancieren eines Gymnastikstabes auf der Hand oder anderen Körperteilen.

Objektgleichgewicht soll hier nicht als Gleichgewichtsfähigkeit im engeren Sinne betrachtet werden, da es sich dabei nicht um die Sicherung des Gleichgewichts bezogen auf den eigenen Körper handelt. Übungen zur Schulung des Objektgleichgewichts werden im Zusammenhang mit der Förderung kinästhetischer Differenzierungsfähigkeit genannt.

Übungen zur Schulung des statischen und dynamischen Gleichgewichts sollten grundsätzlich barfuß durchgeführt werden, um gezielt auch die taktil-kinästhetische Wahrnehmung im Bereich der Fußsohlen zu fördern, das Haltungsgefühl zu steigern und die Fuß- und Beinmuskulatur zu kräftigen. Insbesondere bei Übungen des statischen Gleichgewichts ist immer auch die Rumpfhaltung bewusst zu machen und gegebenenfalls zu korrigieren.

Für die Variation von Gleichgewichtsübungen bzw. für die *Steigerung des Schwierigkeitsgrades* bieten sich folgende Möglichkeiten an, die auch kombiniert werden können:
- Verkleinerung der Unterstützungsfläche,
- Variation der Höhe, auch Schräge der Balancierfläche,

- Reizung des Vestibularapparates, also Übungen nach vorausgegangener Veränderung der Körperlage und nach geradliniger Beschleunigung, insbesondere aber auch nach Drehbeschleunigung,
- Ausschließen der optischen Kontrolle,
- Labilität der Unterstützungsfläche,
- Doppelkoordination, insbesondere durch Aufgaben der Auge-Hand-Koordination zusätzlich zu der Gleichgewichtsanforderung.

Statisches Gleichgewicht

→ Positionen mit tiefem Schwerpunkt:
- Bankstellung, ein Arm oder ein Bein wird vom Boden gelöst und in verschiedene Positionen (vor, hoch, seitlich, gestreckt oder gebeugt gehalten) gebracht; Wer kann gleichzeitig einen Arm und ein Bein vom Boden lösen? – Arm und Bein der gleichen Seite oder diagonal, in verschiedenen Positionen;
- Kniestand einbeinig, das freie Bein wird in verschiedene Richtungen gestreckt;
- verschiedene Lagepositionen, zum Beispiel Seitlage auf dem Boden, Waageliegen auf dem Kasten oder einer Bank, auch der „lebenden Bank" (Partner), Waageliegen auf dem Barrenholm, auf der Reckstange;

→ Stände mit Variationen:
- Steigende Gleichgewichtsanforderung von der Schritt- oder Grätschstellung über den Schlussstand, Fuß-vor-Fuß-Stand (Seiltänzerstand) zum Einbeinstand, Hochzehenstand oder einbeinigen Hochzehenstand; alles auch mit geschlossenen Augen – Wer kann sicher stehen, ohne zu wackeln, ohne mit den Armen zu rudern, Wie lange? Wer steht sicher, auch wenn er angestoßen wird, wer lässt sich nicht aus dem Gleichgewicht bringen?
Die Kinder stehen frei verteilt im Raum; der Lehrer geht herum, kommentiert oder korrigiert, tippt einzelne Kinder, die recht sicher stehen, leicht von hinten oder von der Seite an.
- Einbeinstand mit verschiedenen Variationen des Spielbeins werden ausprobiert – Gewichtsverlagerungen bis hin zur Standwaage; Ablegen / Aufheben von Gegenständen, weit entfernt vom Standort;
- „Partnerkampf" – je zwei Kinder stehen sich auf einer Linie mit knapp einer Armlänge Abstand gegenüber; jedes versucht durch leichtes Anstoßen des Partners diesen aus dem Gleichgewicht zu bringen, ohne selbst das Gleichgewicht zu verlieren. Die Füße sollen sich am Boden „ansaugen" (Kräftigung der Fuß- und Beinmuskulatur, der Zehenbeuger!). Die Füße stehen dabei
  - Fuß vor Fuß, so dass der hintere Fuß mit den Zehen die Ferse des vorderen Fußes berührt; beide Füße stehen exakt auf der Linie, nicht ausgedreht;
  - im Einbeinstand rechts oder links, ebenfalls exakt auf der Linie;
  - evtl. im Hochzehenstand (sehr schwer!).
  - Als Variation und weitere Erschwerung der Gleichgewichtserhaltung werden die Hände auch auf den Rücken genommen oder auf die Hüften gestützt: die Arme können jetzt nicht mehr ausbalancieren. Diese Variation erfolgt im Einbeinstand; der Partner wird – sanft! – mit dem Fuß des Spielbeines angestoßen.

- Verschiedene Stände in unterschiedlichen Höhen, mit unterschiedlich großer Unterstützungsfläche – Kasten, kleiner Kasten, Bänke in verschiedenen Höhen, auch schräg zum Beispiel in die Sprossenwand eingehängt, Balken in unterschiedlichen Höhen, etc.; auch auf Zuruf aus der Bewegung, auch Stehen mit geschlossenen Augen.
  Der Seitstand auf einem Balken sollte nur als Hochzehenstand durchgeführt werden, da sonst in der Regel der Mittelfuß belastet wird und damit die Längsgewölbe der Füße „durchgetreten" werden (Knicksenkfußhaltung!).

→ Gleichgewichtssicherung nach vestibulärer Reizung:
- Freies Laufen, auf Zuruf stehen – in Schrittstellung mit geschlossenen Füßen, Einbeinstand rechts oder links, Hochzehenstand; alles auch mit geschlossenen Augen. Es sollten aus der Bewegung nur die Stände / die Variationen geübt werden, die aus der Ruhe sicher beherrscht werden.
- Sicherer Stand nach Sprüngen vom Kasten – aus dem Stand auf dem Kasten und aus dem Überlaufen einer Kastentreppe.
  Liegt eine Weichbodenmatte hinter dem Kasten, ist der sichere Stand durch diese labile Unterstützungsfläche erschwert.
  Eine sichere Landung wird auch durch Drehungen beim Absprung erschwert.
- Aus der Rückenschaukel in den Stand kommen;
- Rolle vorwärts oder rückwärts in den Stand, etc.;
- Schaukeln an Ringen oder Tauen, in den sicheren Stand kommen;
- sicherer Stand nach Federungen auf dem Reutherbrett oder auf dem Trampolin, Airtramp, auch Weichbodenmatte, etc.
- „Mühle" – partnerweise mit Handfassung „über Kreuz"; beide Partner drehen sich schnell umeinander, lassen auf Zuruf eines der Partner oder einer dritten Person los und versuchen, sofort sicher zu stehen.
  Die Wirkung der Zentrifugalkraft sollte bei dieser Übung beachtet werden. Aus der schnellen Bewegung werden die Kinder nach außen geschleudert, wenn die Handfassung gelöst wird. Es darf deshalb nicht zu nah an den Wänden geübt werden.
- Drehungen im Stand – ein Partner dreht sich möglichst schnell um sich selbst; auf Zuruf des Partners bleibt er plötzlich stehen – in einer frei gewählten Schrittstellung „wie versteinert", in der Grundstellung, im Einbeinstand rechts oder links, jeweils mit offenen oder geschlossenen Augen, etc.
  Die Drehungen werden rechts bzw. auch links herum durchgeführt. Die Kinder beschreiben ihre Empfindungen.
- Aus dem Laufen auf Zuruf Drehung – Stand, mit offenen oder geschlossenen Augen. Dabei kann jeweils auf exakte Viertel-, halbe oder ganze Drehung geachtet werden (Raumorientierung!).

→ Stände auf labiler Unterstützungsfläche:
  Verschiedene Stände auf labiler Unterstützungsfläche, mit offenen oder geschlossenen Augen, zum Beispiel
- auf dem Medizinball – Unterstützung durch Partner erforderlich (Sicherheitsstellung);
- auf dem Sportkreisel, Therapiekreisel, dem Pedalo, Wippe, Rollquick, u.a.

(Kleingeräte aus dem Angebot psychomotorischer Übungsgeräte);
- auf dem Trampolin als Stoppen nach dem Springen oder während das Sprungtuch durch den Lehrer / Helfer bewegt wird;

Labile Unterstützungsflächen können auch durch vielfältige Kombinationen von Geräten der normalen Turnhallenausstattung hergestellt werden, z.B.
- Stäbe als „Rollen" oder Rollbretter unter Kastendeckel oder Bank;
- Wippe, hergestellt aus einem zweiteiligen Kasten (evtl. nur Kastendeckel), darauf eine umgedrehte Bank mit je einer Matte unter jedem Bankende;
- Bank einseitig eingehängt (auch komplett eingehängt möglich) in die Schaukelringe (mit Stab und Seilchen befestigt) oder verknotete Taue;
- Ziehtau als „Schlappseil" verknotet zwischen zwei Barren oder Sprossenwände; etc.
- viele Seilchen verknotet zwischen den Barrenholmen, so dass die Seile als Schlaufen etwa in gleicher Höhe hängen, evtl. eine Bank so verknotet eingehängt, so dass ein „Wackelsteg" entsteht;
- Kastendeckel oder Weichboden mit Medizinbällen unterlagert, u.a.

Die Sicherheit solcher Gerätekombinationen, die die Kinder auch selbständig „erfinden" und variieren können, muss sorgfältig geprüft werden, um Unfallgefahren zu vermeiden Auch die Kinder sollten für solche *Sicherheitsmaßnahmen* sensibilisiert werden.

Werden Stände auf labiler Unterstützungsfläche aus dem Lauf geübt, muss ebenfalls auf Unfallgefahren, auf die Notwendigkeit einer Sicherheitsstellung und des behutsamen Aufsteigens auf das Gerät hingewiesen werden. Der Medizinball zum Beispiel rutscht leicht nach vorn weg, wenn Kinder aus dem Lauf nicht exakt aufsteigen; es besteht also die Gefahr, auf den Rücken zu fallen.

→ Aufgaben der Doppelkoordination:
Alle Übungen zur Schulung des statischen Gleichgewichts können mit Handgeräten kombiniert werden. Sehr schwierig, aber reizvoll und als *Kunststück* beliebt bei den Kindern ist die Kombination von Ständen – besonders auf labiler Unterstützungsfläche – mit gleichzeitigem Experimentieren / Hantieren mit Handgeräten. Auch Grundschulkinder können zum Beispiel als Zusatzaufgabe
- einen Stab waagerecht balancieren,
- einen Luftballon hochschlagen und in der Luft halten oder
- einen Ball hochwerfen und fangen.

Bei allen Zusatzaufgaben ist zu beachten, dass nur solche Übungen gewählt werden, die sicher beherrscht werden; Zusatzaufgaben werden nur eingesetzt, wenn die Grundübung sicher durchgeführt werden kann.

Auch Partnerübungen sind möglich, wenn eine Aufgabe zur Schulung des statischen Gleichgewichts kombiniert wird zum Beispiel mit gegenseitigem Zuwerfen und Fangen von Bällen, Tennisringen, Sandsäckchen, etc. oder Zuprellen von Bällen, Rollen von Reifen, etc.

Dynamisches Gleichgewicht

→ Balancieren auf verkleinerter Unterstützungsfläche:
- Balancieren Fuß vor Fuß („Gänsefüßchen", „Seiltänzergang") und Balancie-

ren im Ballengang als Verkleinerung der Unterstützungsfläche des Körpers;
- Balancieren auf dem Boden zum Beispiel auf Linien, für Kinder reizvoller auf Seilchen, evtl. auf Kreppstreifen, da hier die taktil-kinästhetische Wahrnehmung als Rückmeldung richtiger oder falscher Übungsausführung wirkt;
- mit ansteigender Schwierigkeit auf der Bank, der umgedrehten Bank (Schwebekante), auf dem Rundbalken, auf dem Lüneburger Stegel, dem Barrenholm (Stufenbarren, der obere Holm kann als „Geländer" genutzt werden) oder der Reckstange (am Boden auf einer Matte liegend);
Bei der Bank, der umgedrehten Bank, dem Rundbalken und Lüneburger Stegel ist die Höhe zu variieren; mit diesen Geräten sind auch schräge Balancierflächen herzustellen.

→ Variationen:
Wie beim statischen Gleichgewicht können labile Balancierflächen eingesetzt und die optische Kontrolle ausgeschlossen werden.
- Freies Balancieren vorwärts und rückwärts;
- Seitwärts Gehen auf einer schmalen Balancierfläche ist wiederum sehr schwierig, weil es nur im Ballengang erfolgen sollte, um die Längsgewölbe der Füße nicht unangemessen zu belasten (s.o.);
- Balancieren vorwärts und rückwärts, verbunden durch Drehungen; flüssiges Drehen aus dem Hochzehenstand (über die „offene" Seite) kann am Boden auf Linien vorgeübt werden;
- Balancieren im Vierfüßlergang oder im „Kleinmanngang" / „Entengang";
- Balancieren partnerweise mit Körperkontakt, zum Beispiel Handfassung: die Arme können nicht mehr zu Ausbalancieren eingesetzt werden!; zum Beispiel Partner A geht vorwärts, Partner B rückwärts oder A im „Kleinmanngang", B aufrecht dahinter; etc.
- Balancieren und gleichzeitig einen Gegenstand – zum Beispiel einen großen Softball, Luftballon, o.ä. – mit beiden Händen tragen, von einer Hand in die andere übergeben, kleineren Ball, Tennisring, o.ä. auch unter der Bank durchgeben, etc.; auch hier kann nicht mehr wesentlich mit den Armen ausbalanciert werden.
- Balancieren und dabei „Hindernisse" übersteigen – zum Beispiel werden Keulen, Plastikflaschen oder Dosen auf der Balancierfläche aufgestellt, Medizinbälle darauf gelegt oder Stäbe, Reifen etc. in unterschiedlichen Höhen und Richtungen von Kindern gehalten.
- Balancieren „wie jemand, der betrunken ist!", also sich selbst so weit wie möglich aus dem Gleichgewicht bringen;
- Balancieren mit Regenschirm wie ein Seiltänzer, sich dabei mutig weit hinauslehnen (Gewichtsverlagerungen);
- Balancieren mit „Verkleiden": Am Ende der Balancierfläche liegen in einem kleinen Kasten verschiedene Kleidungsstücke bereit. Das erste Kind der Gruppe balanciert über das Gerät, wählt ein Kleidungsstück und zieht es an. Es balanciert zurück, übergibt dem nächsten sein Kleidungsstück; dieser zieht es jetzt an, balanciert selbst bis zum Ende des Gerätes, sucht sich dort ein weiteres Kleidungsstück, zieht es auch an, etc.

Diese Aufgabe kann auch als „Staffel" durchgeführt werden. Es sollte dann aber darauf geachtet werden, dass die Kinder nicht nur schnell sind, sondern auch sorgfältig balancieren. Die Gruppe gewinnt, bei der niemand vom Gerät absteigen musste.

→ Doppelkoordination
- Balancieren mit Handgeräten als Aufgabe der Doppelkoordination: vielfältige Variationsmöglichkeiten durch Handgeräte wie Ball, Seil, Reifen, Stab, Tennisring, Bohnensäckchen, auch in Kombination, auch zusammen mit einem Partner oder mit Alltagsgeräten wie Plastikbecher, Tücher, Papprollen, etc.. Die Kinder können selbständig Geräte auswählen, Übungen kreativ ausgestalten und zu Kunststücken ausbauen.

→ Gerätekombinationen – Balancierbahnen:
- verschiedene Balanciergeräte mit unterschiedlichem Schwierigkeitsgrad können kombiniert werden – auch mit Aufgaben zur Schulung des statischen Gleichgewichts – zu einem großen Parcours; hier kann fortlaufend geübt werden im Kreisbetrieb wie bei einer Hindernisbahn oder im Stationsbetrieb, so dass einzelne Kinder beliebig lange an einzelnen Geräten üben und variieren können.

Für alle Aufgaben der Gleichgewichtsschulung gilt, dass den Kindern *viel Zeit zum Üben* gegeben werden muss, damit sie genügen Sicherheit erwerben können.
Die vielfältigen Möglichkeiten der Variation bieten eine ideale Grundlage für Individualisierung und Differenzierung. Der Lehrer übernimmt beratende Funktion (vgl. Kap. 4.5.2; Abb. 4-31).
Das Ausschließen der optischen Kontrolle kann als Erhöhung des Schwierigkeitsgrades eingesetzt werden. Die optische Kontrolle als *Blickfixierung* dagegen dient unsicheren Kindern als Hilfe. Für die Blickfixierung werden auffällige Markierungen in Augenhöhe der Kinder an der Wand angebracht, die dem Balanciergerät gegenüberliegt.

Die Blickfixierung in Augenhöhe kann auch für die *Haltungserziehung* genutzt werden, da eine aufrechte Kopfhaltung – Kopf in Verlängerung der Wirbelsäule – eine aufrechte Körperhaltung zur Folge hat. Zusätzliche Unterstützung einer aufrechten Schultergürtelhaltung sowie einer angemessenen Anspannung von Bauch- und Gesäßmuskulatur kann über eine taktile Hilfe erreicht werden, wenn die Kinder während des Balancierens einen Tennisring, ein Sandsäckchen, o.ä. auf dem Kopf tragen; der Gegenstand muss allerdings auf dem Scheitel getragen werden, nicht auf der Stirn oder dem Hinterkopf, um die aufrechte Haltung zu fördern.
Auch Haltung und Bewegung der Füße werden während des Balancierens bewusst gemacht, wenn die Aufmerksamkeit der Kinder auf die taktil-kinästhetische Wahrnehmung gelenkt wird: Die Füße müssen sorgfältig – gerade, parallel zur Balancierfläche – aufgesetzt werden; bei einem „schrägen" Einsatz der Füße (Abduktion, Außenrotation), ergibt sich eine ungünstige Belastung der Längsgewölbe. Außerdem ist auf „leises" Absteigen vom Balanciergerät, elastisches Lan-

den beim Abspringen zu achten, um auf die Notwendigkeit gelenkschonender Bewegung aufmerksam zu machen.

Gleichgewichtsschulung fördert die *Konzentrationsfähigkeit*, verlangt allerdings auch eine hohe Konzentration. Um konzentriertes Üben zu erleichtern,
- ist vor allem der Schwierigkeitsgrad der Aufgaben so zu wählen, dass diese nicht zu leicht, aber auch nicht zu schwer sind (Prinzip der Passung): Wird eine nur geringe Anforderung gestellt, erscheinen die Aufgaben den Kindern nicht reizvoll; sie verlieren schnell die Lust oder sind von Anfang an unkonzentriert; bei zu hohen Anforderungen sind sie dagegen schnell frustriert, wenn das Üben aussichtslos erscheint (vgl. Kap. 4.5.2).
- Es müssen ausreichend Übungsmöglichkeiten zur Verfügung gestellt werden; lange Wartezeiten an einem Gerät würden zu Unruhe und Konzentrationsverlust führen.
- Durch rechtzeitigen dynamischen Wechsel kann der Lehrer ein Aufrechterhalten bzw. Wiederherstellen der Konzentration ermöglichen (vgl. Kap. 5.2.3).
- Schließlich kann auch durch einen Hinweis auf die Bedeutung der Konzentration für die Gleichgewichtserhaltung an das Verständnis der Kinder appelliert werden.

Ein hoher Schwierigkeitsgrad der Übungen macht die *Bedeutung gegenseitiger Hilfestellung* und partnerschaftlichen Verhaltens allen Kindern einsichtig, so dass Hilfe- oder Sicherheitsstellung bereitwillig geleistet, aber ebenso auch entgegengenommen wird.

- *Rhythmusfähigkeit*

„Rhythmus ist die dynamische Gruppierung, Gliederung und Akzentuierung von Bestandteilen eines Ablaufes, dessen Orientierung von einem angeforderten und / oder vom Individuum selbstgewählten Zeitschema bestimmt wird" (Röthig 1983, 303).
Der Bewegungsrhythmus erfasst „die spezifische, charakteristische zeitliche Ordnung eines motorischen Aktes" (Meinel & Schnabel 1998, 95).

Rhythmusfähigkeit beinhaltet somit vor allem eine *Gliederung der Zeit*. Bei Bewegungsabläufen kommt eine *Gliederung des Raumes* sowie ein bestimmter regelmäßiger *Wechsel von muskulärer Spannung und Entspannung* hinzu. Neben einer einfachen Gliederung in regelmäßig wiederkehrende Abschnitte können bestimmte Akzentuierungen oder auch eine Kombination unterschiedlich gegliederter Zeiträume und Raumwege einen Bewegungsablauf bestimmen.

Ein enger Zusammenhang besteht zwischen *Bewegungs- und Atemrhythmus*: beide können koordiniert werden. Rhythmus und Rhythmusfähigkeit werden auch in Beziehung gesetzt zur *Sprache*. Einzelne Wörter machen in ihrer besonderen Betonung, die den Kindern geläufig ist, bestimmte Akzentuierungen bewusst; Kinderreime und Sprechverse fordern eine Umsetzung in Bewegung geradezu heraus. Schließlich wird bei allen Formen der Bewegungsbegleitung und bei der Bewegung nach Musik die Rhythmusfähigkeit gefordert und gefördert. Wird die Bewegungsbegleitung in den Mittelpunkt gestellt, ist zum Beispiel beim Klatschen,

Trommeln etc. die hohe Anforderung an die *Hand- und Fingergeschicklichkeit* zu beachten; beim Einsatz komplexer Körperrhythmen werden die *Körperwahrnehmung* und *Bewegungskoordination* umfangreich beansprucht.

Eine Inanspruchnahme der Rhythmusfähigkeit basiert immer auf Wahrnehmungsförderung – in der Regel auf auditiver Wahrnehmung, aber auch visueller oder taktil-kinästhetischer Wahrnehmung, so dass auch Körperwahrnehmung und Raumorientierung gefördert werden.

Die Förderung der Rhythmusfähigkeit wird auch als grundlegendes Prinzip pädagogischer Arbeit mit dem Ziel einer umfassenden Persönlichkeitsentwicklung insbesondere im Hinblick auf eine *Förderung der Kommunikation und Kreativität*, teils auch mit therapeutischer Zielsetzung gesehen (vgl. Bünner & Röthig 1975):

– rhythmische Gymnastik nach Dalcroze (1921),
– rhythmische Erziehung nach Feudel (1963),
– rhythmisch-musische Gymnastik nach Medau (1960),
– Eurhythmie nach Steiner (1965),
– Scheiblauer-Rhythmik (Neikes 1969);
– heilpädagogische Rhythmik (Krimm v. Fischer 1992; Mattmüller-Frick 1995; Zuckrigl-Helbling 1994).

Im Folgenden sollen aber nicht die Konzepte der verschiedenen Richtungen rhythmischer Erziehung erläutert werden. Als gemeinsame Grundlage werden Beispiele für eine Förderung der Rhythmusfähigkeit genannt, die auch im Rahmen des Sportförderunterrichts Anwendung finden können.

Rhythmisierung der Sprache

- Namen der Kinder (oder andere Wörter) werden als Beispiele unterschiedlicher Akzentuierung
    - gesprochen,
    - geklatscht und
    - in Bewegung / Fortbewegung übertragen.

Dafür eigenen sich Namen mit unterschiedlicher Silbenzahl wie Marc, Stefan, Erika, Anneliese u.a. oder auch mit Auftakt wie Angelika, Elisabeth, Matthias. Andreas, etc.; Verbindungen, also Taktwechsel sind möglich.

Die Kinder können selbständig vielfältige Variationen, Kombinationen verschiedener Begriffe und unterschiedliche Möglichkeiten der Begleitung ausprobieren. Das „Spiel" mit der Sprache macht gerade den Kindern im Grundschulalter viel Freude. Sprechverse, Reime, auch der Text von Kinderliedern kann gesprochen, der Rhythmus geklatscht oder getrommelt und in Bewegung übertragen werden.

Bewegungsbegleitung

- Es wird partnerweise oder in zwei Gruppen geübt: A geht, läuft oder hüpft, B begleitet.
Neben Klatschen, Stampfen, Patschen, also Bewegung und Produktion von Geräuschen mit dem eigenen Körper werden einfache Instrumente wie Handtrom-

mel oder Klangstäbe, aber auch selbst erfundene und angefertigte Instrumente wie zum Beispiel Dosen mit unterschiedlichem Inhalt als Rasseln benutzt.
- Bewegung und Bewegungsbegleitung können zwischen den Partnern oder Gruppen wie ein Echo hin- und hergehen. Der Rollenwechsel zwischen A und B kann aber auch anders festgelegt werden und in einem bestimmten Ablauf erfolgen. Raumwege sind vorzugeben oder von den Kindern selbst zu finden, so dass einfache Tanzformen entstehen.

Gymnastische Grundformen

- Gehen, Laufen, Hüpfen, Federn, Springen oder Galopp, auch in Kombinationen oder in verschiedenen Tempi, wird durch Sprechen, Klatschen, Trommeln, etc. begleitet. Die Kinder finden selbständig rhythmische Bewegungsabläufe, die sie mehrfach wiederholen und auch begleiten können.
- Hier eignen sich insbesondere Federungen in Reifen, über Linien, Seilchen, o.ä., aber auch Kombinationen von Laufen und Hüpfen, Seitgalopp rechts und links, etc.
- Wenn Handgeräte beherrscht werden, zum Beispiel Seilspringen bzw. Laufen oder Hüpfen mit dem Seilchen, werden rhythmische Abläufe beim Seilspringen gefunden, aber auch Laufen im Zweier- oder Dreier-Rhythmus mit dem Seil kann bewusst gemacht und geübt werden.
Ebenso kann Ballprellen, auch Werfen und Fangen rhythmisch gestaltet werden.
- Überlaufen oder Überspringen von Bänken, Mattenbahnen, Reifenreihen, etc. kann rhythmisiert werden.
- Anlaufschulung zum Beispiel auch für den Weitsprung oder den Pferdsprung etc. beinhaltet ebenfalls eine Schulung rhythmischer Fähigkeiten.

Tanzformen

- Bewegungsformen zu Kinderreimen und Spielliedern,
- Kindertänze,
- Bewegungsformen zu aktueller Musik / Pop-Musik (vgl. Hering 2002).

- *Motorische Fertigkeiten*

Die Erarbeitung motorischer Fertigkeiten baut auf der Schulung koordinativer und konditioneller Fähigkeiten auf; die Entwicklung dieser Fähigkeiten erfolgt aber auch im Rahmen der Erarbeitung motorischer Fertigkeiten (vgl. Kap. 2.1). Die Möglichkeiten einer Erarbeitung motorischer Fertigkeiten ist im Zusammenhang mit dem Alter bzw. dem motorischen Entwicklungsstand der Kinder zu sehen. Hinweise auf entsprechende Inhalte sind u.a. den Richtlinien und Lehrplänen für den Sportunterricht zu entnehmen. Die Erarbeitung motorischer Fertigkeiten im Rahmen des Sportförderunterrichts ist daher in mehrfacher Hinsicht von Bedeutung (vgl. Kap. 5.2.2):

– Einerseits wird dadurch erreicht, dass die Schüler das Leistungsniveau der Klasse (wieder) erreichen bzw. sich diesem annähern, wenn im Sportförderunterricht die Inhalte des Sportunterrichts erarbeitet und gefestigt werden.

- Andererseits befähigen sportmotorische Fertigkeiten die Schüler, am Sport der Altersgruppe erfolgreich teilzunehmen, aber auch allgemein – zum Beispiel im Rahmen gemeinsamer Aktivitäten mit der Familie – im Freizeitbereich Sport treiben zu können.
- Schließlich werden durch die Erarbeitung motorischer Fertigkeiten koordinative und konditionelle Fähigkeiten verbessert und dadurch die allgemeine körperliche Leistungsfähigkeit gesteigert.

Im Folgenden sollen nur exemplarisch Fertigkeiten aus den klassischen Schulsportarten genannt werden, die auch Themen des Sportförderunterricht sein können.

Turnen

Turnen steht oft im Mittelpunkt des Sportunterrichts der Primarstufe, auch als Spielturnen, Hindernisturnen oder bei den verschiedenen Bewegungslandschaften. Hier werden vielfältige Erfahrungen im Umgang mit dem eigenen Körper, mit Partnern und mit Geräten gesammelt. Eine Reihe von Grundtätigkeiten, die in der „natürlichen" Umwelt kaum noch möglich, mit Sicherheit nicht zwingend notwendig sind, werden im Gerätturnen angewandt: klettern, klimmen, schaukeln, schwingen, hangeln, hängen, stützen, balancieren, etc (vgl. Kap. 5.2.4).

Beim Turnen lernen die Kinder, in unterschiedlichen Situationen ihr eigenes Körpergewicht zu bewältigen. Gleichzeitig mit dem Sammeln von Bewegungserfahrungen, mit dem Erlernen motorischer Fertigkeiten kommt es zu einer umfassenden Beanspruchung des aktiven und passiven Bewegungsapparates; dieses ist für die körperliche Entwicklung insgesamt, speziell aber auch als Grundlage der *Haltungsschulung* von Bedeutung (vgl. Kap. 4.5.3, 4.5.4).

Neben der Erarbeitung einzelner Elemente des Turnens umfasst dieser Bereich auch die vielfältigen Möglichkeiten der Bewegungskombination. Die Kinder werden ermutigt, selbständig Verbindungen zu finden und flüssig zu turnen (vgl. Kap. 4.5.2).

Eine sorgfältige Unterrichtsplanung ist gerade beim Gerätturnen mit leistungsschwachen Schülern von besonderer Bedeutung, um schon durch eine angemessene Übungswahl, durch gezielte individuelle Hilfen und Korrekturen jedem Kind Vertrauen in die eigene Leistung zu vermitteln und Angst, sofern sie vorhanden ist, abbauen zu helfen.

Gerätturnen beinhaltet darüber hinaus eine Reihe von Ordnungsformen und Sicherheitsvorkehrungen, um Unfallgefahren zu vermeiden. Die Kinder lernen, sich einzufügen, Rücksicht zu nehmen, Hilfestellung zu geben und anzunehmen. Sie lernen auch, Verantwortung für den Gerätetransport, den Auf- und Abbau der Geräte zu übernehmen.

Neben einem freien Erproben der Geräte sind im Sportförderunterricht der Primarstufe zum Beispiel folgende grundlegende Elemente zu erarbeiten und zu kombinieren (vgl. Martin & Bantz 1992):

Am Barren bzw. Reck:
- Stützen, dabei ist auf eine freie Schultergürtelhaltung sowie auf eine gute Körperspannung zu achten;
- Hangstandlaufen;
- Felgabzug aus dem Stütz in den Stand bzw. zum Hockhang;
- Überdrehen rückwärts und vorwärts;
- Kniehangschwingen;
- Knieaufschwung;
- Felgaufschwung über Gerätehilfe (Stufenbarren), Partnerhilfe zum freien Aufschwung;

An Tauen bzw. Ringen:
- Klettern am Tau, Wanderklettern an mehreren Tauen;
- Hängen und Schaukeln im Beugehang von der Bank oder kleinen Kästen; vielfältige Variationen mit dem Ball (mit den Füßen / auf den Oberschenkeln transportieren, wegstoßen, -werfen, etc.) und Partnerhilfe oder in Kombination mit Kästen sind möglich (vgl. Kap. 6.2.2);
- Schaukeln im Langhang mit Auftippen der Füße; evtl. – wenn der Körperzusammenschluss beherrscht wird – mit halber Drehung;

An der Bank bzw. dem Kasten:
- Stützsprünge über die Bank (hinauf- / herabspringen, Hockstütz-, Grätschstützsprünge, u.a.);
- Niedersprünge von der Bank, vom kleinen Kasten;
- Anlauf, Sprung am hüfthohen Kasten:
  - Aufknien bzw. Aufhocken,
  - freies Herabspringen, Strecksprung ab; Strecksprung mit halber Drehung u.a.,
  - Hockwende;
- aus der Bauchlage vom Kasten abrollen;
- am Längskasten aufhocken, rollen zum Hockstand auf dem Kasten; Strecksprung ab;

Am Boden:
- Rückenschaukel, Rolle vorwärts und rückwärts – mit „Geländehilfe", freies Rollen, auch in Verbindungen;
- Zappelhandstand, Wandhandstand und Handstand an der Wand, Aufschwingen zum Handstand mit und ohne Partnerhilfe;
- „Radeln" über Bänke; Radschlagen mit Gerätehilfe zu beiden Seiten.

An der Schwebekante der Bank, am Rundbalken oder Lüneburger Stegel:
- Hier sind alle Variationen der Übungsformen zur Schulung des statischen und dynamischen Gleichgewichts möglich (s.o.). Die Schüler können auch angeregt werden, einzelne Elemente zu einer „Kür" zusammenzustellen.

Wenn die Kinder im Umgang mit den Geräten eine gewisse Erfahrung und Sicherheit gewonnen haben, sollten sie ermutigt werden, Gerätekombinationen zu finden und zu erproben, Hindernisbahnen zu konstruieren und – mit der Hilfe des Lehrers wenn dies erforderlich ist – aufzubauen. Durch die Anwendung werden die erlernten Fertigkeiten stabilisiert (vgl. Kap. 4.5.1). Die Schüler „erfinden" aber auch selbständig neue Übungen im Umgang mit den Gerätekombinationen und erfahren, dass sie nicht auf die traditionellen Inhalte fixiert sind (vgl. Kap. 5.2.4).

Gymnastik/Tanz

In dem Bereich Gymnastik / Tanz werden alle koordinativen Fähigkeiten gefordert und gefördert:
- Grundformen der Fortbewegung wie Gehen, Laufen, Hüpfen, Federn, Galopp, Springen, auch Kriechen, Schlängeln, u.a.;
  - auch in Kombinationen,
  - mit Drehungen,
  - auf verschiedenen Raumwegen,
  - variiert durch unterschiedliche Tempi,
  - mit unterschiedlicher Dynamik,
  - auch mit dem Partner oder mit der Gruppe,
  - nach Musik oder Bewegungsbegleitung,
- Bewegungsbegleitung durch Einsatz der Stimme, Körpergeräusche (Klatschen, Stampfen, etc.) oder mit einfachen Klanginstrumenten;
- selbständiges Finden rhythmischer Abläufe;
- Tanzformen,
- einfache Formen des Darstellenden Spiels,
- Erproben vielfältiger Bewegungsmöglichkeiten mit Materialien und Handgeräten (Bälle, Reifen, Seil, Band)
  - am Ort,
  - in der Fortbewegung mit Variationen (s.o.).

Hinzu kommen Inhalte der funktionellen Gymnastik zur Lockerung, Beweglichmachung, Dehnung und Kräftigung; je nach Bewegungsintensität wird auch die Ausdauerleistungsfähigkeit beansprucht. Bei den Inhalten zur Förderung der konditionellen Grundlagen können rhythmische Bewegungsbegleitung oder Begleitung durch Musik in der Regel wesentlich die Motivation unterstützen.

Aufgabenstellungen aus dem Bewegungsbereich Gymnastik / Tanz sind in besonderem Maße geeignet, die Entwicklung der *Haltungsleistungsfähigkeit*, vor allem das Haltungsbewusstsein zu fördern.

Spiele

Fertigkeiten im Bereich Spiele kommt vor allem Bedeutung im Hinblick auf die Befähigung und Motivation für ein Sporttreiben auch außerhalb des Sportunterrichts und Sportförderunterrichts zu – im Freizeitbereich außerhalb der Schule und möglichst über die Schulzeit hinaus bis in das Erwachsenenalter.

Grundlage der Spielfähigkeit ist wiederum die Wahrnehmung:
- *Körperwahrnehmung*, speziell die Erfahrung unterschiedlicher Grade der Muskelspannung als Grundlage angemessener Impulsdosierung im Umgang mit

Materialien. Die verschiedenen Bälle vom leicht zu handhabenden Luftballon über den Wasserball, Softbälle verschiedener Größe, Gymnastikball, evtl. Volley-, Hand- und Basketball bis hin zum kleinen, schnellen Tennis- und Tischtennisball sollen erfahren und zunehmend beherrscht werden; erschwert wird der Umgang mit einem Ball, wenn er nicht mehr direkt mit der Hand, sondern über ein Gerät wie das Speckbrett, den Tischtennisschläger, evtl. einen Stab oder den Hockeyschläger bewegt wird.
- *Raumorientierung* im Sinne von Übersicht über den vorhandenen Raum, Erkennen von freien Räumen, auch innerhalb der sich bewegenden Gruppe, Wahrnehmen von Raumwegen und Spielpartnern.

Darauf aufbauend kann auch schon in den sogenannten „kleinen Spielen" taktisches Verhalten bewusst gemacht und geübt werden.

Fertigkeiten im Umgang mit Bällen sind
– Werfen und Fangen,
– Prellen,
– Schlagen,
– Rollen und Schießen.

Beim Rollen kann ein gezieltes und dosiertes Rollen, Führen und Aufnehmen des Balles mit der Hand geübt werden; dieses ist allerdings mehr für den Bereich der Gymnastik von Bedeutung. Im Bereich Spiele gehören diese Fertigkeiten zum Hockey, wenn der Ball mit einem Hockeyschläger oder – bedingt – Gymnastikstab gespielt wird. Der gerollte Ball steht aber im Mittelpunkt des Fußballspiels, wenn der Ball mit dem Fuß geführt, gestoppt, geschossen wird.

Voraussetzung für die zunehmende *Sicherheit im Umgang mit Bällen* ist zunächst
– ein selbständiges Üben am Ort, u.U. unter Einbeziehung der Wand, also Werfen, Rollen, Schießen gegen eine Wand.

Schwieriger werden die Aufgaben
– in der Fortbewegung: Laufen, Ball werfen und fangen oder prellen, hochschlagen, am Fuß führen oder mit der Hand rollen.

Noch anspruchsvoller sind Übungen zur Schulung der Fertigkeiten mit Bällen, wenn sie
– im Zusammenspiel mit einem Partner – am Ort und besonders in der Fortbewegung – Anwendung finden.

Eine gute Möglichkeit, die Ballsicherheit zu fördern, bietet die „Ballprobe": Nach dem Prinzip „War kann?" werden Aufgaben gestellt, die dem Leistungsniveau der Kinder entsprechen – zum Beispiel
- Wer kann 10 x den Ball hochwerfen und fangen, ohne dass er auf den Boden fällt? Geht der Ball verloren, wird wieder von vorn angefangen;
- dasselbe, aber vor dem Fangen sich einmal um sich selbst drehen,
- dasselbe, aber vor dem Fangen sich hinsetzen und wieder aufstehen,
- dasselbe, aber den Ball unter dem rechten (linken) Bein hochwerfen,
- dasselbe, aber den Ball durch die gegrätschten Beine hochwerfen,

Dabei werden alle Aufgaben zuerst mit der rechten, danach mit der linken Hand ausgeführt.

Die Kinder finden selbständig Variationen, die sie ausprobieren und vorschlagen können. Eine Reihe von vier oder fünf Aufgaben wird ausgewählt und als „Ballprobe" zusammengestellt. Erst wenn die erste Aufgabe richtig gelöst ist (10 x fehlerfrei hintereinander), darf mit der nächsten Aufgabe begonnen werden. Jedes Kind bemüht sich, als erstes fertig zu sein oder am weitesten zu kommen. Wichtig bei dieser Art Wettbewerb ist das Prinzip, dass die Qualität vor und über die Quantität gestellt wird. Dabei müssen die Kinder auch lernen, ehrlich zu sich selbst und zur Gruppe zu sein.

Sind innerhalb der Gruppe große Leistungsunterschiede vorhanden, kann mit unterschiedlichen Bällen geübt werden, um zu gewährleisten, dass alle Kinder die Aufgaben lösen können. Dieses kann notwendig sein, wenn Kinder mit – auch leichten – Koordinationsstörungen zu der Gruppe gehören; sie unterscheiden sich oft erheblich von den koordinationsschwachen Kindern nicht nur in der Bewegungsqualität sondern auch im Lerntempo. Diese Kinder üben dann erfolgreich die gleichen Aufgaben wie die anderen zum Beispiel mit einem Luftballon, dem Wasserball oder einem größeren Softball. Angemessen für Kinder im Grundschulalter wäre der Gymnastikball. Kinder, die schon sehr sicher im Umgang mit Bällen sind, wählen kleinere und schnellere Bälle. Alle müssen lernen, solche Formen der Differenzierung zu finden und vor allem die Notwendigkeit einer solchen Maßnahme zu akzeptieren.

Ähnliche Aufgaben wie oben für den Bereich Werfen / Fangen lassen sich mühelos für das Prellen, Schlagen und Rollen oder Schießen finden.

Anwendung finden die erlernten Fertigkeiten in einer Reihe kleiner Spiele (Reaktionsspiele) wie zum Beispiel
- Haltet den Kasten voll,
- Haltet die Seite frei,
- Jägerball,
- Kastenball, Ball treiben,
- Ball über die Schnur,
- Zehnerfang.

Auf der Grundlage einer guten Ballsicherheit und ausreichender Spielerfahrung im Hinblick auf Kooperation mit einem Partner bzw. innerhalb einer Mannschaft und auf einfache taktische Verhaltensweisen kann auch schon im Sportförderunterricht der Primarstufe mit Kindern der 3. und 4 Jahrgangsstufe ein Mannschaftsspiel – zum Beispiel Basketball oder Hockey – eingeführt und in vereinfachter Form gespielt werden.

Im Sekundarbereich kann ein Mannschaftsspiel als inhaltlicher Schwerpunkt des Sportförderunterrichts gewählt werden. Falls es die organisatorischen Möglichkeiten einer Schule zulassen, könnten Förderkurse mit unterschiedlichem Schwerpunkt – zum Beispiel Basketball, Gymnastik / Tanz, Schwimmen – angeboten werden, von denen die Schüler entsprechend ihrer Interessen einen Kurs wählen. Auf diese Weise wäre von vornherein eine hohe Motivation der Schüler zu erwarten. Die Zielsetzung einer besseren Befähigung für den Freizeitsport würde bei dieser Organisationsform in den Vordergrund rücken, ohne dass die anderen Ziele des Sportförderunterrichts vernachlässigt werden müssten.

Leichtathletik

Die Inhalte der Leichtathletik stehen im Sportförderunterricht weniger als zu erarbeitende Fertigkeiten im Vordergrund; es werden aber koordinative und konditionelle Fähigkeiten als Grundlage leichtathletischer Disziplinen erarbeitet.

Mögliche Inhalte sind z.B.:
- Erarbeitung von Zeit-, Tempo- und Streckengefühl als Voraussetzung für den Dauerlauf;
- Reaktions- und Startspiele;
- Rhythmusschulung als Bestandteil der Gestaltung des Anlaufs beim Springen und Werfen;
- Springen in vielfältigen Variationen, auch mit Anlauf, in die Weite und in die Höhe;
- Werfen als Zielwerfen und Weitwerfen; Erarbeitung der Schlagwurftechnik.

Steht einer Gruppe des Sportförderunterrichts ein Freiplatz oder anderes Außengelände zur Verfügung, sollte dieser unbedingt genutzt werden. Von besonderem Interesse eher für ältere Schüler kann eine Einführung in den Orientierungslauf sein; hier wäre wieder eine fächerübergreifende Arbeit empfehlenswert. Wie bei den anderen traditionellen Schulsportarten zeigt sich auch bei der Leichtathletik, dass sowohl eine gezielte Koordinationsschulung als auch Ausdauer- und Haltungsschulung – insbesondere bezogen auf die Fußhaltung – mit den Inhalten dieser Sportart möglich ist.

Schwimmen

Steht für den Sportförderunterricht ein Schwimmbecken zur Verfügung, ist auch dieses sehr gut unter dem Aspekt der Bewegungsförderung zu nutzen. Einerseits stellt das Schwimmen eine typische „Lifetime"-Sportart dar. Andererseits erleben beim Schwimmen manchmal gerade die Schüler Erfolge und damit eine positive Verstärkung auch für selbständiges Sporttreiben, die in anderen Sportarten eher negative Erfahrungen gemacht haben. Häufig finden übergewichtige Kinder im Wasser „ihr Element".

Bewegung im Wasser bietet eine Fülle möglicher neuer Körpererfahrungen, die bewusst gemacht und ausgebaut werden können.

- Freies Bewegen und Spielen – auch mit Geräten – im Wasser trägt zur Wassergewöhnung bei.
- Wassersicherheit wird entwickelt durch vielfältig zu variierende Formen des
  - Auftreibens und Gleitens,
  - Tauchens und
  - Springens sowie
  - Bewusstmachung der Atmung.
- Schwimmarten sind zu erarbeiten und – zumindest eine Technik – so weit zu festigen, dass die Kinder zunehmend auch ausdauernd schwimmen können.
- Wassergymnastik macht in der Regel besonders Schülern des Sekundarbereiches Spaß. Hier wird vielfach auch Musik eingesetzt und trägt u.U. entscheidend zur Motivation bei.

Schwimmen – hauptsächlich das Erarbeiten der Schwimmarten – beinhaltet in besonderem Maße Koordinationsschulung. Wie bei den anderen Sportarten kann aber auch beim Schwimmen eine Förderung der Haltungs- und Ausdauerleistungsfähigkeit erreicht werden.

Im Zusammenhang mit Haltungsschwächen wird immer wieder diskutiert, welche Schwimmart bei welcher Haltungsschwäche zu empfehlen ist (vgl. Bondzio 1979; Breithecker 1982; Brinkmann 1961; Volck 1977; u.a.): Rückenschwimmen in jeder Form wird als positiv bei allen Haltungsschwächen des Rumpfes angesehen. Brustschwimmen erscheint dagegen wegen der Gefahr einer verstärkten Lendenlordose beim Anheben des Kopfes problematisch; Delphinschwimmen ist weitgehend abzulehnen.

Teilweise werden – je nach dem individuellen Erscheinungsbild einer Haltungsschwäche – Modifizierungen der Techniken des Sportschwimmens im Hinblick auf die Kopfhaltung oder Schwimmen in Seitlage, im Kreis oder „Slalomschwimmen" empfohlen. Solche Überlegungen sind im Bereich der Rehabilitation und des Behindertensports von Bedeutung; hier kommt es darauf an, für jeden Teilnehmer entsprechend seiner Bewegungsmöglichkeiten die individuell günstigste Technik zu finden. Im Rahmen des Sportförderunterrichts sind diese Überlegungen dagegen zu vernachlässigen. Hier geht es in erster Linie darum, Sicherheit im Wasser und Freude am Schwimmen zu vermitteln sowie eine gute Koordination zu erarbeiten und damit ökonomisches, ausdauerndes Schwimmen in mindestens einer Schwimmart zu ermöglichen. Gezielte Haltungserziehung sowohl im koordinativen Bereich als auch im Hinblick auf Dehnfähigkeit und Kraft der Muskulatur ist sinnvoller „an Land" unter den normalen Bedingungen der Schwerkraft durchzuführen. Der gesundheitliche Wert des Schwimmens wird durch diese Einschränkung nicht verringert.

6.2 Förderung der Haltungsleistungsfähigkeit

Im Rahmen der Haltungserziehung müssen alle Faktoren, die die Haltungsleistungsfähigkeit bestimmen, Berücksichtigung finden. (vgl. Kap. 2.5; 4.5.4). Da die muskulären und die koordinativen Anteile der Haltung am ehesten durch die Bewegungsförderung zu beeinflussen sind, sollen nur hierfür im Folgenden Übungsbeispiele genannt werden.

Haltung und Haltungsleistungsfähigkeit beziehen sich auf den gesamten Organismus; dennoch werden nachfolgend der besseren Übersichtlichkeit wegen Fördermaßnahmen für die Haltungsleistungsfähigkeit der Füße und des Rumpfes getrennt aufgeführt. Die engen Zusammenhänge zwischen Fuß- und Rumpfhaltung sollten aber in der Unterrichtspraxis jederzeit Beachtung finden. Obwohl in den einzelnen Unterrichtseinheiten eine bestimmte Schwerpunktsetzung auf Teilbereiche von Haltung und Bewegung im Rahmen des Förderunterrichts mit seinen spezifischen Zielen notwendig ist, stehen immer Motorik als Ganzes und jedes Kind als Person im Mittelpunkt.

6.2.1 Zur Haltungsleistungsfähigkeit im Bereich von Fuß und Bein

Aufgaben zur Förderung der Haltungsleistungsfähigkeit im Bereich von Fuß und Bein sind stets barfuß durchzuführen, da nur so die notwendige Sensibilität erworben und Haltung und Bewegung sorgfältig kontrolliert werden können.

- *Haltungs- und Bewegungskoordination*

Als Grundlage der Förderung von Haltungs- und Bewegungskoordination im Bereich von Fuß und Bein dienen
- die Förderung der Körperwahrnehmung,
  insbesondere der taktil-kinästhetischen Wahrnehmung in diesem Bereich, in Verbindung mit einer Bewusstmachung der Bewegungsmöglichkeit der Füße und der Vermittlung von Kenntnissen zu Bau und Funktion der Füße, insbesondere der Bedeutung der Gewölbekonstruktion
  und der Gefährdung der Füße zum Beispiel durch nicht passende Schuhe,
- und die Bewusstmachung und Koordination von Haltung und Bewegung der Füße, insbesondere beim Federn, Hüpfen und Springen in Verbindung mit der gesundheitlichen Bedeutung elastischer Fußarbeit als Schutz für die Gelenke.

Förderung der Körperwahrnehmung

- Erproben der Bewegungsmöglichkeiten der Zehen und der Sprunggelenke im Zusammenhang mit der Bezeichnung der einzelnen Teile des Fußes und ihrer Funktionen:
- Durch Massieren der Füße und passives Bewegen der verschiedenen Gelenke wird die taktil-kinästhetische Wahrnehmung intensiviert.
- Geschichten über die Füße oder Geschichten, die die Füße „erleben", finden gerade bei jüngere Kindern oft besonderes Interesse; die Füße oder die einzelnen Zehen können dafür angemalt, markiert, mit „Gesichtern" versehen werden, o.ä.
- Eher ältere Kinder erproben die Bewegungs- und Ausdrucksmöglichkeiten der Füße zum Beispiel in einer Form des „Fußtheaters".
- Die Herstellung von Fußabdrücken (Fingerfarben) trägt vor allem dazu bei, Interesse an den eigenen Füßen zu wecken, verdeutlicht aber auch die individuelle Form und – eingeschränkt – die Funktion (vgl. Trittspur-, Gangspurverfahren im Rahmen der Diagnostik; vgl. Kap. 4.4.4).
- Eher bei älteren Schülern könnten zum Beispiel – möglicherweise im Rahmen eines Projekts, fächerübergreifend – Fotos von Füßen und Händen hergestellt werden, die evtl. auch Gesichtern zuzuordnen sind, um auf die Individualität hinzuweisen.
- Gehen in vielfältigen Variationen – schleichen, schlurfen, stampfen, trippeln, schlendern, etc. – wird erprobt und im Hinblick auf die jeweilige Ausdrucks- / Eindruckskomponente wahrgenommen (passiv im Sinne des Beobachtens, aktiv als Erleben);

- Fußfühlparcours mit zahlreichen Variationen:
- partnerweise, Partner A führt B, der die Augen geschlossen oder verbunden hat, über einen Parcours, der unterschiedliche taktil-kinästhetische, evtl. auch vestibuläre Wahrnehmungen herausfordert. Hier können die Geräte und Materialien der Turnhalle Einsatz finden (Seilchen, Moosgummiringe, Tennisbälle, Softbälle, Turnmatten, Bänke, kleine Kästen, Reutherbrett, evtl. Kreisel, etc.), aber auch durch andere Materialien ergänzt werden (z.B. verschiedene Stoffe, Fell, Kissen, Metall, Wasser, etc.); ebenso kann ein Parcours im Freien mit vielfältigen Naturmaterialien gestaltet werden.
Voraussetzung ist ein positives soziales Klima in der Gruppe, so dass gegenseitiges Vertrauen und ein verantwortungsvoller Umgang miteinander zu erwarten sind. Die Kinder, die geführt werden, beschreiben ihre Wahrnehmungen, auch ihre Gefühle in der ungewohnten Situation, in der sie sich wesentlich auf die Informationen, die sie über ihre Füße erhalten, verlassen müssen.
- partnerweise werden „Fußfühlkisten" zur Verfügung gestellt – Schuhkartons, die unterschiedliche kleine Gegenstände enthalten; Partner A mit geschlossenen / verbundenen Augen erhält von B einen Gegenstand „in die Füße", den er möglichst differenziert nur aufgrund der Erkundung durch die Füße beschreiben, nach Möglichkeit identifizieren soll; anschließend wird gewechselt. Die Gegenstände werden mehrfach ausgetauscht, damit sie nicht vorher gesehen werden können.
- Kenntnisse werden vermittelt, auch fächerübergreifend, zum Beispiel
- über Bau und Funktion der Füße, insbesondere die Bedeutung der Gewölbefunktion für Haltung und Bewegung,
- evtl. über die Entwicklung der Füße und der Beinachse im Zusammenhang mit der funktionellen Beanspruchung,
- über die Gefährdung dieser Entwicklung, Gefährdung der Form, Haltung und Leistungsfähigkeit der Füße durch Bewegungsmangel, Übergewicht, vor allem durch nicht fußgerechte, nicht passende Schuhe;
- über die Anforderungen, die an gut passende Schuhe zu stellen sind.

Bewusstmachung von Haltung und Bewegung der Füße

Kernübung für die Bewusstmachung der Fußhaltung und -bewegung und die Förderung der Haltungskoordination stellt das *Stützfedern und -springen* an einem etwa hüfthohen Gerät dar. Wichtigste Aspekte der Bewusstmachung sind

- der *kräftige Abdruck von den Zehen*, insbesondere vom großen Zeh; Hierdurch erfolgt eine Kräftigung aller Plantarflektoren des Fußes, auch eine Kräftigung der langen Zehenbeuger, sowie der kurzen Zehenbeuger. Die Kräftigung der kurzen und langen Zehenbeuger unterstützt wesentlich die Sicherung der Gewölbekonstruktion des Fußes, insbesondere des Längsgewölbes.
- das *Abwickeln des ganzen Fußes bei der Landung* – vom großen Zeh, der als erster wieder Kontakt zum Boden aufnimmt, bis zur Ferse; die weiche Landung wird durch eine Beugung in Knie- und Hüftgelenken fortgesetzt.

Die Elastizität des Fußes wird durch die betonte Abwicklung gefördert. Die Fußelastizität wirkt über Knie und Hüftgelenke auf den Rumpf.

– eine *achsengerechte Stellung von Fuß- und Kniegelenken* bei Absprung und Landung, um eine unphysiologische – asymmetrische – Belastung der Gelenke zu vermeiden.

Um eine X-Bein- und Knicksenkfuß-Haltung zu verhindern, sollten die Kinder die Füße bei jeder Landung in eine enge parallele Stellung bringen, obwohl eine bessere Standsicherheit bei fast schulterbreiter Stellung der Füße erreicht wird.

Diese Aspekte korrekter Fußhaltung und -belastung sollten den Kindern bewusst werden und zunächst durch optische Kontrolle, die beim hüfthohen Stütz gut möglich ist, allmählich immer stärker nur durch die kinästhetische Kontrolle verwirklicht werden. In der Partnerarbeit wird die Bewegungsbeobachtung geschult; die Schüler lernen, sich gegenseitig zu helfen und zu korrigieren.

Wird die Koordination beim Stützfedern / -springen beherrscht, werden freie Federungen und Sprünge geübt. Hier kann differenziert werden zwischen der Erarbeitung des Abdrucks und der Landung, um die Aufmerksamkeit möglichst nur auf einen Punkt zu lenken:
- Erarbeitung der elastischen Landung beim Herabspringen vom Kastendeckel oder von der Bank; hohe Niedersprünge (mehr als kniehoch) sollten wegen der großen Belastung vermieden werden;
- Erarbeitung des kräftigen Abdrucks vom großen Zeh beim Aufspringen auf einen Kastendeckel, evtl auf eine Bank.

Schließlich wird beides kombiniert und kommt bei vielfältigen Formen des Gehens, Laufens, Hüpfens und Springens zur Anwendung. Dabei ist zu beachten, dass der Haltungskoordination der Füße umso weniger Aufmerksamkeit gewidmet wird, je größer die koordinative Beanspruchung einer Bewegungsaufgabe ist (Beispiel: Seilspringen). Bedeutung und Notwendigkeit der elastischen Fußarbeit muss den Kindern immer wieder in Erinnerung gerufen werden.

- **Muskuläre Leistungsfähigkeit**

Die Förderung muskulärer Leistungsfähigkeit im Bereich von Fuß und Bein bezieht sich auf die
– Beweglichmachung der Zehengelenke, die zum Teil gleichzeitig eine Kräftigung der kurzen und langen Zehenbeuger bewirkt und damit zur Sicherung der Fußgewölbe beiträgt,
– Beweglichmachung des oberen und unteren Sprunggelenks,
– Förderung der Dehnfähigkeit der Unterschenkelmuskulatur: der vorderen Strecker- und der hinteren Beugergruppe,
– Förderung der Kraft der Beuger des Fußes (Plantarflektoren), also der Waden- und Wadenbeinmuskulatur, Förderung sowohl im Hinblick auf die statische als auch auf die dynamische Kraft.

Beweglichmachung der Zehengelenke

- beliebige Sitzposition, allerdings ohne dass es beim Aufstützen zu einer ungünstigen Schultergürtelhaltung kommt; Erprobung aller Möglichkeiten aktiver Bewegung der Zehen – beugen, strecken, spreizen.
Die Fähigkeit des Abspreizens der großen Zehe ist – zumindest bei Jugendlichen und Erwachsenen – nicht selten eingeschränkt und verursacht das Erscheinungsbild des Großzehenschiefstandes (Hallux valgus). Als spezifische Ausgleichsmaßnahme sollte das Abspreizen der großen Zehe intensiv geübt werden:
- passives Abspreizen der großen Zehen, falls die aktive Bewegung nicht möglich ist
   - mit Hilfe der Hände
   - mit Hilfe der Zehen, indem die großen Zehen beider Füße sich gegenseitig zur Körpermitte ziehen,
   - mit Hilfe des Bodens; der große Zeh wird auf den Boden gestützt und zur Seite – von den anderen Zehen weg – gedrückt.
- Zangengriff zum Beispiel an einem Seil; ein Seil wird auf dem Boden ausgelegt; der Schüler balanciert über das Seil, indem der große Zeh auf der einen Seite, der Fuß mit den anderen Zehen auf der anderen Seite des Seils aufgesetzt werden. Falls die Bewegung nicht aktiv möglich ist, erfolgt die Hilfe wieder durch die Hände oder den Druck gegen den Boden;
ebenso: Balancieren über die Bodenmarkierungen der Halle oder aufgeklebte Kreppstreifen, die breiter sind als das Gymnastikseil.

Intensive Beugung der Zehen und damit Kräftigung der für die Erhaltung der Fußgewölbe wichtigen Muskulatur ist durch vielfältig zu variierende Aufgaben des Greifens möglich. Hierzu eignen sich zahlreiche Gegenstände wie zum Beispiel Seile, Sandsäckchen, Tücher, auch Papiertaschentücher, Zeitungspapier, Strümpfe, Bleistifte, kleine Äste / Stäbe, Steine, Eicheln, Haselnüsse, Korkenstücke und vieles andere. Im Folgenden sollen exemplarische Übungsmöglichkeiten mit zwei verschiedenen Materialien aufgezeigt werden, mit Seilen und mit Zeitungspapier. Seile sind in jeder Turnhalle vorhanden; Zeitungspapier ist leicht zu beschaffen:

- Ein Seil wird mit dem rechten (linken) Fuß aufgehoben und wieder abgelegt; dabei sollten die Seile mit den Zehen gegriffen, nicht zwischen die Zehen geklemmt werden. Die Kinder probieren aus, an welcher Stelle das Seil am leichtesten, wo am schwierigsten zu greifen ist;
- die Kinder heben das Seil mit einem Fuß vom Boden auf und winken damit oder schlängeln es am Boden, ohne loszulassen;
- das Seil wird mit einem Fuß hochgehoben und in der Luft dem anderen Fuß übergeben;
- partnerweise wird ein Seil übergeben; beide Füße sollen eingesetzt werden;
- ein oder mehrere Seile werden nur mit den Füßen verknotet, die Knoten anschließend auch mit den Füßen wieder gelöst;
- ein Seil wird mit den Füßen zu einer Form gelegt: Kreis, Dreieck, Viereck, ein bestimmter Buchstabe, eine Zahl, o.ä.

Legen die Kinder selbständig verschiedene Formen, können sie umhergehen und die Formen der anderen Kinder versuchen zu erkennen. Sie können Formen „nachgehen", indem sie auf den Seilen in der jeweiligen Form balancieren oder versuchen, die gleiche Form frei im Raum neben dem Seil zu gehen. Neben der Beweglichmachung der Zehengelenke und Kräftigung der Zehenbeuger können so auch Gleichgewichtsfähigkeit und Formerfassung bzw. Raumorientierung gefördert werden (vgl. Kap. 6.1).

- Mit den Seilen können einzeln oder in Gruppen „Bilder" geformt werden, zum Beispiel ein Haus, eine Blume, ein Auto, eine Ente, etc. Auch hier sollten die Kinder die entstandenen Formen betrachten und benennen.

Werden Formen und Figuren gelegt, ist darauf zu achten, dass die Zielsetzung der Beweglichmachung nicht in den Hintergrund rückt; die Kinder schieben dabei oft die Seile mit den Füßen nur hin und her, statt mit den Zehen zu greifen.

- Eine Zeitung (Doppelblatt) wird im Sitz mit beiden Füßen gefasst und hochgehalten, so dass die Kinder im Sitzen lesen könnten;
- die Zeitung wird gefaltet – möglichst exakt und möglichst oft, so dass sie mit beiden oder auch nur mit einem Fuß verdeckt werden kann. Sie wird ebenso wieder entfaltet und glatt gestrichen.
- Ein Zeitungsblatt wird mit einem Fuß oder beiden, im Sitz oder im Stand „zusammengeknüllt", so dass ein kleiner Ball entsteht; dieser sollte wiederum so klein sein, dass er unter den Füßen verschwindet.

Dieses Zusammenschieben des Papiers erfolgt durch die Bewegung des „Raupenganges", das heißt Zehen und Fersen werden im Wechsel einander genähert und wieder voneinander entfernt; durch Kontraktion der Muskulatur an der Fußsohle wird der Fuß in sich verkürzt und durch Entspannung der Muskulatur wieder gestreckt.

– Der Zeitungspapier-Ball wird jetzt hoch und weit geworfen, in verschiedene Richtungen, in einen kleinen Kasten, in einen Kreis hinein, etc.
– mit diesen Papier-Bällen kann gespielt werden, zum Beispiel
„Haltet die Seite frei", indem die Bälle mit dem Fuß in das gegnerische Feld gelegt oder geworfen werden,
ein Staffel-Spiel, bei dem die Kinder einer Mannschaft in einer bestimmten Zeit möglichst viele Bälle aus dem Mittelkreis in ihre Reifen transportieren sollen. Die Bälle werden jeweils mit einem Fuß, möglichst dem rechten und linken im Wechsel, getragen. Dabei sollte der Abstand zwischen Mittelkreis und Reifen relativ klein sein, etwa 5 m, da das einbeinige Hüpfen eine hohe Belastung für die Fuß- und Beinmuskulatur darstellt; ist die Wadenmuskulatur schwach und das Haltungsgefühl schlecht entwickelt, kann einbeiniges Hüpfen eine Überlastung darstellen, die unbedingt zu vermeiden ist.
Ähnliche Spielformen sind in vielen Variationen möglich; die Kinder können selbstständig Vorschläge machen.
- Zeitungspapier wird mit den Zehen in möglichst kleine Schnipsel zerrissen. Auch diese Schnipsel können mit der Bewegung des Raupenganges zu kleinen Bällen geformt werden.

Am Schluss einer Stunde oder Übungsphase, in der Zeitungspapier benutzt wurde, können die Schnipsel und Papierreste mit den Füßen aufgehoben und zum Papierkorb getragen werden.

Beweglichmachung der Sprunggelenke

Im *oberen Sprunggelenk* erfolgt die Bewegung der Plantar- und Dorsalflexion, der Beugung und Streckung.
Die Begriffe Beugung und Streckung sind hier jedoch missverständlich, denn das, was in der Gymnastik als Beugung bezeichnet wird, nämlich das Heben der Fußspitze, wird durch Kontraktion der Muskulatur bewirkt, die an der vorderen Seite des Unterschenkels liegt, durch die vordere Streckergruppe. Die Beugung in der Gymnastik ist also anatomisch eine Streckung oder eine Dorsalflexion.
Die Gegenbewegung, das Senken der Fußspitze, wird entsprechend in der Gymnastik als Streckung bezeichnet, aber durch die Kontraktion der Beuger an der Rückseite des Unterschenkels erreicht; diese Bewegung wird als Plantarflexion bezeichnet.
Für die Beweglichmachung im oberen Sprunggelenk gilt als Kernübung:
- Sitz mit gebeugten Beinen vor einer Linie oder auch einem quer ausgelegten Seil; im Wechsel werden die Fußspitzen hinter die Linie, die Fersen vor der Linie aufgetippt.

Durch Mitsprechen, zum Beispiel „tip und tap" o.ä. oder eines Verses, den die Kinder selbst finden, evtl. auch begleitendes Trommeln oder Klatschen, kann diese recht langweilige Übung interessanter gestaltet werden. Auch das Tempo ist zu variieren. Es ist aber darauf zu achten, dass sorgfältig, nicht nur flüchtig, geübt wird, so dass durch eine intensive Beanspruchung der antagonistisch wirkenden Beuger und Strecker der Bewegungsumfang des Gelenkes ausgenutzt wird.
Wird die Übung ohne Aufstützen der Arme durchgeführt, wird gleichzeitig eine Kräftigung der Rumpfmuskulatur erreicht. Auf die gute Haftung im Schultergürtel ist besonders hinzuweisen.
Die Übung kann mit dem rechten (linken) Fuß, mit beiden gleichzeitig oder im Wechsel durchgeführt werden. Werden beide Füße im Wechsel bewegt, stellt das eine hohe Anforderung an die Bewegungskoordination dar; die jüngeren Kinder sind damit oft überfordert.

Im *unteren Sprunggelenk* erfolgen die Pronation (Senkung des inneren Fußrandes) und die Supination (Heben des inneren Fußrandes).
- Im Sitz werden im Wechsel die Fußsohlen und – so gut es geht – die Fußrücken zueinander gedreht.

Damit die Bewegung tatsächlich nur im unteren Sprunggelenk stattfindet, muss eine Rotation im Hüftgelenk ausgeschlossen werden. Dieses ist im Sitz mit gebeugten Knie und Hüftgelenken möglich. Werden die Kinder auf diesen Zusammenhang hingewiesen, achten sie selbständig auf die richtige Übungsausführung. Werden die Knie oder Oberschenkel mit den Händen gehalten, wird dadurch eine recht gute taktile Kontrolle möglich.

Zur *Kombination* der Bewegung beider Sprunggelenke kommt es beim Fußkreisen:
- im Sitz mit gebeugten Beinen werden die Füße einzeln oder gleichzeitig, gleichseitig oder gegeneinander gekreist.

Jüngere Kinder – eher im Kindergartenalter, aber durchaus auch noch in den ersten Grundschuljahren – können durch Geschichten zu phantasievollem Agieren der Füße angeregt werden. Die Füße können spazieren gehen, sich treffen, sich unterhalten, winken, nicken, klopfen, etc. Auch auf diese Art kann die Beweglichkeit der Gelenke gefördert werden.

Bei älteren Schülern werden die Ausdrucksmöglichkeiten der Füße – wie die der Hände – bis hin zu Formen des „Fußtheaters" erprobt (s.o.). Auch dabei werden die Sprunggelenke intensiv und vielseitig bewegt.

Die Beweglichmachung der Sprunggelenke sollte nur aktiv in der Entlastung, als überwiegend im Sitzen erfolgen. Eine Beanspruchung mit einer Belastung durch das gesamte Körpergewicht – gehen, laufen nur auf den Fußaußenkanten (lateraler Fußrand) oder auf den Innenseiten der Füße (medialer Fußrand) – ist unbedingt zu vermeiden, da hierdurch der die Sprunggelenke sichernde Bandapparat überlastet würde.

Förderung der Dehnfähigkeit der Fuß- und Beinmuskulatur

Förderung der Dehnfähigkeit der *vorderen Streckergruppe*:
- Fersensitz, die Füße sollten eng parallel, die Fersen zusammengehalten werden. Das eigene Körpergewicht wirkt als Dehnreiz. Dasselbe ist auch im Stütz möglich; Hände und Fußrücken haben Bodenkontakt; auf dem Fußrücken wird leicht gefedert. Ähnlich gelingt die Übung im Stand, wenn ein Fuß „umgelegt" wird, so dass der Fußrist gegen den Boden gedrückt wird.

Die Dehnung der *hinteren Beugergruppe* ist in vielen Variationen möglich:
- im Sohlenhockstand,
- im Stand, ein Bein möglichst weit nach hinten gestellt, die Ferse bleibt am Boden,
- im Ballenstand auf einem Balken, der Sprossenwand, o.ä.; die Fersen werden nach unten gedrückt,
- jede Form der Rumpfbeuge im Stand oder im Lang- bzw. auch Grätschsitz mit gestreckten Kniegelenken und dorsalflektierten Füßen.

Eine Kombination beider Bereiche in einer Übungsfolge ist möglich, zum Beispiel
- Hockstand – Stütz, „Umlegen" der Füße auf die Fußrücken oder Umspringen – Fersensitz – wieder Stütz, Sprung in den Hockstütz – Sohlenhockstand – Hockstütz und Strecken der Kniegelenke.

Förderung der Kraft der Beuger des Fußes (Plantarflektoren)

- *Förderung der statischen Kraft* ist durch alle Formen des Einbeinstandes oder Zehenballenstandes, auch einbeinig, zu erreichen.

Beim beidbeinigen Ballenstand ist auf das Zusammenführen der Fersen hinzuweisen; dadurch wird die natürliche Fußverwringung – Pronation des Vorfußes / Supination des Rückfußes – unterstützt und bewusst gemacht.

Einbeinstand und Ballenstand finden in vielfältigen Gleichgewichtssituationen Anwendung. Übungen zur Schulung des statischen Gleichgewichts und zur Verbesserung der Haltekraft der Fuß- und Beinmuskulatur sind weitgehend identisch (vgl. Kap. 6.1).
Alle Übungen im Ballenstand, insbesondere auf dem Rundbalken, stellen allerdings eine hohe Belastung des Vorfußes dar und „fördern" dadurch die Entwicklung eines Spreizfußes. Dieses sollte beim Ausgleichsprogramm beachtet werden.

- Eine *Förderung der dynamischen Kraft* sollte bei den Kindern mit Haltungsschwächen der Füße, insbesondere auch bei übergewichtigen Kindern, zunächst nur durch Stützfedern und -springen angestrebt werden, da hierbei ein Teil des Körpergewichts von der Schultergürtelmuskulatur getragen wird und nicht das gesamte Körpergewicht auf den Füßen lastet. Außerdem ist die Haltungskoordination bei diesen Übungsformen wesentlich durch die Möglichkeit der optischen Kontrolle erleichtert (s.o.).
– Stützfedern am hüfthohen Kasten, Rundbalken, u.a.; evtl. partnerweise im Wechsel, auch mit rhythmischer Begleitung;
– Stützspringen an Bänken, auch am Bock oder Kasten.

Wird Haltung und Belastung der Füße angemessen beherrscht, können viele Formen des Federns, Hüpfens und Springens zur Schulung der dynamischen Kraft Anwendung finden. Die richtige Bewegungsausführung muss aber ständig beobachtet und – falls notwendig – korrigiert werden. Auch wenn ein Programm zur Kräftigung der Fuß- und Beinmuskulatur grundsätzlich nach trainingswissenschaftlichen Erkenntnissen richtig geplant wird, könnten sich eher negative Effekte einstellen, wenn die Kinder ihre Füße stets unelastisch einsetzen.
Im Verlauf des Unterrichts kann es immer wieder erforderlich sein, die Kernübung des Stützfederns einzuschieben, um die korrekte Fußhaltung in Erinnerung zu rufen.

Förderung der dynamischen Kraft mit vollständiger Körpergewichtsbelastung:
- Federn am Ort, vorwärts, rückwärts, seitwärts, in einer bestimmten Folge, auch mit rhythmischer Begleitung, allein, mit einem Partner, in der Gruppe, auch im Wechsel; zur Orientierung können z.B. Linien, Seile, Reifen dienen; Kinder können selbständig kleine rhythmische Folgen erarbeiten;
- Laufen und Springen über eine Mattenbahn, Mattengräben, Bänke, eine Reifenreihe oder andere Markierungen;
Laufsprünge, Schrittsprünge, Schlusssprünge, auch mit Tieffederungen, auch in rhythmischer Folge;
- Hindernisbahnen, auch eine Kastentreppe,
- „Sprunggärten" zur Sprungkraftschulung;
- Springen mit Betonung der Weite, Weitsprung;
- Springen mit Betonung der Höhe, Hochsprung;
- Erarbeitung des Absprungs vom Reutherbrett, verschiedene Sprünge über den Bock und den Kasten im Rahmen des Gerätturnens.

6.2.2 Zur Haltungsleistungsfähigkeit des Rumpfes

- *Haltungskoordination*

Grundlage der Haltungserziehung stellt eine umfangreiche Förderung der Körperwahrnehmung mit ihren physiologischen, kognitiven und emotionalen sowie psychosozialen Anteilen dar (vgl. Kap. 6.1), die im Sinne einer differenzierten Haltungswahrnehmung erweitert wird. Ein Schwerpunkt liegt dabei auf der Bewusstmachung der jeweils aktuellen Haltung, Möglichkeiten einer Haltungsveränderung und spezifischen individuellen Hinweisen und möglicherweise notwendiger Korrektur.

Bewusstmachung der Haltung im Bereich des Beckengürtels

– „Kernübung"
Bewusstmachung der Haltung im Bereich des Beckengürtels ist am leichtesten in der Rückenlage möglich, wenn die verschiedenen Regionen des Körpers gespürt und benannt werden, mit denen der Körper auf dem Boden aufliegt bzw. bei denen kein Bodenkontakt vorhanden ist.
Die Konzentration wird dann auf die Lendenlordose gelenkt:
- Rückenlage, eine Hand wird zwischen Boden und Lendenwirbelsäule geschoben, um die Größe des Raumes zu „er-fassen"; evtl. auch partnerweise, um beim Partner diesen Raum zu sehen und zu spüren.
  Um Unterschiede zu erkennen, können bei mehreren Kindern die Zwischenräume zwischen Lendenlordose und Boden mit Materialien (Sandsäckchen, Tücher) ausgefüllt und verglichen werden.
- Rückenlage mit gebeugten Beinen; Prüfung des Raumes zwischen Boden und Lendenwirbelsäule – taktil und optisch.
- Rückenlage, im Wechsel die Beine beugen und strecken; die Beine sollten dabei möglichst langsam in die Streckung gleiten bzw. an den Rumpf herangezogen werden. Die Bewegung im Bereich von Becken und Lendenwirbelsäule sollte gespürt werden; dieses gelingt am besten mit geschlossenen Augen. Die Bewegung kann taktil kontrolliert, bei einem Partner auch optisch erfasst werden.

Nachdem die im Bereich von Becken und Lendenwirbelsäule mögliche Bewegung bewusst gemacht, wahrgenommen und verbalisiert wurde, wird die Aufgabe gestellt:
- Wer kann auch in der Rückenlage mit gestreckten Beinen den Zwischenraum zwischen Boden und Rumpf verkleinern oder ganz verschwinden lassen?

Kinder, denen die aktive Bewegung gelingt, sollen verbalisieren, was sie tun; alle versuchen dann, durch gezieltes Anspannen der Bauch- und / oder Gesäßmuskulatur das Becken aufzurichten, dadurch die Lendenwirbelsäule abzuflachen.
Eine leichte Beugung in den Kniegelenken kann die Aufrichtung des Beckens unterstützen (Funktion der Gruppe der ischiocruralen Muskulatur!).

- Die aktive Beckenaufrichtung wird partnerweise geübt, die Kinder beobachten und kontrollieren sich gegenseitig. Handgeräte wie Tücher, Seilchen, auch kleinere Bohnensäckchen können zur Kontrolle eingesetzt werden, indem sie in den Zwischenraum geschoben und aktiv „eingeklemmt" werden.

  – Anwendung in anderen Positionen – Aufrichtung/Kippung des Beckens
- Im Fersensitz mit einer Hilfe durch die Orientierung an der räumlichen Vorstellung: „Setz dich im Wechsel einmal *vor* die Fersen, einmal *hinter* die Fersen und versuche, dabei den Schultergürtel und den Kopf ganz ruhig zu halten".
- In der Bankstellung (stabile Bank: Arme und Oberschenkel senkrecht, Kopf in Verlängerung der Wirbelsäule) mit einer taktilen Hilfe: der Partner macht durch einfaches Auflegen einer Hand oder auch leichtes Reiben den Bereich des Beckengürtels und der Lendenwirbelsäule bewusst; er signalisiert dadurch, wo die Bewegung erfolgen soll.

  Durch sanftes Klopfen oder massageartiges Berühren der Muskulatur beiderseits der Dornfortsatzreihe kann ein differenziertes Bewegen der Lendenwirbel – „Wirbel für Wirbel" – noch stärker provoziert werden.
- Im Stand kommt es zur Anwendung des Erlernten; ein wichtiges Ziel der Haltungserziehung ist erreicht, wenn ein Kind „schlechte", unphysiologische Haltungsformen – bei sich und bei anderen – erkennen und seine eigene Haltung aktiv korrigieren kann.

  Im Stand hilft das eigene Spiegelbild oder ein Partner, unterschiedliche Haltungsformen zu erkennen und zu verändern.
- Ruhehaltung und aufrechte Haltung werden bewusst als extreme Haltungsformen eingenommen und von der habituellen Haltung unterschieden. Die habituelle Haltung sollte bewusst variiert werden können. Eine Wand kann im Stand – ähnlich wie der Boden in der Rückenlage – immer wieder als Kontrolle dienen.

– Bedeutung der Beckenstellung für die Sitzhaltung

Die klassische Haltung im Sitzen – auf Möbeln mit rechtwinklig angeordneter Sitzfläche – beinhaltet ein aufgerichtetes Becken mit entsprechend abgeflachter Lendenlordose (vgl. Abb. 2-64) und evtl. nachfolgender Rundrücken- / Totalrundrückenhaltung. Diese und mögliche Variationen der Sitzhaltung sollten den Kindern – auch in Verbindung mit den Vor- und Nachteilen verschiedener Sitzmöbel – bewusst gemacht werden. Ebenso ist die gesundheitliche Bedeutung des Sitz-Verhaltens und entsprechender Gewohnheiten zu thematisieren.

In einem fächerübergreifenden Unterricht, auch in Zusammenhang mit anderen Bereichen der „Bewegten Schule" sollte eine möglichst vielseitige Erarbeitung des Themenkreises angestrebt werden, um möglichst günstige Haltungsgewohnheiten zu unterstützen bzw. eine Veränderung von eher negativen Haltungsgewohnheiten anzubahnen. Je älter Schüler sind, umso mehr kann über die Vermittlung kognitiver Inhalte auch Einsicht in den Themenkreis Haltung – Haltungsschwäche bzw. -störung und notwendige kompensatorische Maßnahmen erwartet werden.

Bewusstmachung der Haltung im Bereich des Schultergürtels

− „Kernübung"

Die Bewusstmachung der Haltung im Bereich des Schultergürtels erfolgt zunächst im Schneidersitz über einen Wechsel zwischen einer entspannten Haltung, die der Ruhehaltung entspricht (verstärkt gerundeter Rücken, nach vorn unten geneigter Schultergürtel und Kopf), und der optimalen Aufrichtung von Rumpf, Schultergürtel und Kopf.

Über die Extreme der Anspannung der aufrichtenden Muskulatur bei dem Gegensatz von Ruhehaltung und aktiver Haltung ist die Bewusstmachung der Muskelspannung gut möglich; die Aufmerksamkeit kann dadurch auch auf den Grad der Muskelspannung bei der habituellen Haltung des Schultergürtels gelenkt werden und möglicherweise notwendige Korrekturen einleiten.

Der Schneidersitz wird für die Bewusstmachung gewählt, da die Konzentration so nur auf *einen* Bereich der Rumpfhaltung gelenkt werden muss. Zudem erleichtert der Schneidersitz die aufrechte Haltung, da durch die Beugung der Kniegelenke eine Verstärkung der Beckenaufrichtung aufgrund der möglicherweise verspannten ischiocruralen Muskulatur entfällt.

Eine optimale muskuläre Anspannung wird allerdings oft mit einer Verspannung verwechselt. In dieser Phase sind deshalb sorgfältige *Korrekturen* notwendig, die in der Regel oft wiederholt werden müssen. Diese Korrekturen beziehen sich auf
− die Haltung des Kopfes, der oft zu weit in den Nacken genommen wird,
− die Haltung des Schultergürtels: die Schultern werden häufig hochgezogen oder auch übertrieben zurückgeführt,
− die Haltung des Rumpfes, der oft in eine Überstreckung mit verstärkter Lendenlordose gebracht wird und
− die Atmung, da nicht selten nach maximaler Einatmung die Luft angehalten wird.

Als Hilfe zur Bewusstmachung von Ruhehaltung und aktiver Haltung, insbesondere als Orientierung für das Erarbeiten der aktiven Haltung kann die Vorstellung einer Marionette herangezogen werden: Wenn der Puppenspieler von oben an dem Faden zieht, der auf dem Kopf − dem Scheitel − der Marionette befestigt ist, richten sich der Kopf und nachfolgend der Rumpf und der ganze Körper in die Senkrechte auf. Nach einer kurzen Übungszeit genügt es auch im Klassenzimmer, Blickkontakt zu einem Kind aufzunehmen und mit dem Griff zum (eigenen) Scheitel die Aufrichtung anzudeuten, um das Kind an die aufrechte Haltung zu erinnern.

In Anlehnung an die Alexander-Technik (nach F. Alexander, vgl. Drake 1993; Leibowitz & Connington 1991; Riemkasten 1976) kann − eher mit älteren Schülern − die „Längung" und „Weitung" des Rückens erarbeitet werden. Für eine korrekte Kopfhaltung sollen der Hinterkopf angehoben, das Kinn gesenkt werden. Als Kontrolle wird die eigene Faust oder − in der Größe etwa entsprechend − ein Tennisball zwischen Kinn und Brustbein gehalten.

Hilfen und Korrekturen sind zunächst taktil und verbal zu geben. Später genügen verbale Hinweise allein – auch durch einen Partner, der auf der Basis entsprechender Kenntnisse sorgfältig beobachtet. Der Wechsel von Entspannung und Anspannung muss oft geübt werden, auch im Klassenraum im Zusammenhang mit bewegtem Sitzen und Bewegungspausen, wenn sich Sicherheit in der Haltungskoordination entwickelt soll.

- Variationen
  - partnerweise Rücken an Rücken im Schneidersitz; intensiver Kontakt zum Rücken des Partners soll gesucht und wahrgenommen werden. Der Schultergürtel mindestens eines Partners ist zum Beispiel nicht aufgerichtet, wenn zwischen beiden Partnern ein deutlicher Abstand am Boden bleibt.
  Werden dabei die Arme nach oben gestreckt und gegenseitig gefasst, wird die Bedeutung der Beweglichkeit in den Schultergelenken bewusst: Bei eingeschränkter Beweglichkeit kann der Kontakt zum Rücken des Partners nicht gehalten werden.
  - Partner A im Schneidersitz, B hält einen Stab senkrecht an den Rücken von A. Wechsel von Entspannung und Anspannung; in der Phase der Aufrichtung bietet der Stab eine gute Orientierung. Auf die senkrechte Position des Stabes, der leicht wegrutscht, ist besonders zu achten.
  Der Stab kann auch waagerecht gehalten werden, um die Stellung und Bewegung der Schulterblätter bewusst zu machen.

Die Schultergürtelhaltung bei unterschiedlichen Belastungen sollte ebenfalls bewusst gemacht werden.
- Werden die Arme in Hochhalte gehoben, sollten *nicht* die Schultern mit hochgezogen werden; eine differenzierte Bewegung der Schultern ist bewusst zu machen.
- Beim Hängen, Schaukeln und Schwingen darf das Körpergewicht nicht dazu führen, dass der Kopf zwischen den Schultern „verschwindet"; *aktives Hängen* muss geübt werden.
- Beim Tragen ist darauf zu achten, dass die Schulter(n) durch das zu tragende Gewicht nicht herabgezogen oder kompensatorisch hochgezogen werden. Hinweise auf Haltungsgewohnheiten – zum Beispiel einseitiges Schultasche-Tragen – sind wichtig und können ebenfalls zu einer Verbesserung von Haltungsgewohnheiten führen, wenn es dem Lehrer gelingt, Interesse und Verständnis der Schüler zu wecken.

Alle Variationen der Schultergürtelhaltung sollten im Zusammenhang mit der Atmung bewusst gemacht werden – bei tiefer Einatmung, forcierter Ausatmung, aber auch im Zusammenhang mit „normaler" Atmung.

Bewusstmachung der Bewegungsmöglichkeiten der Wirbelsäule

Bewusstmachung der Bewegungsmöglichkeiten der Wirbelsäule ist insbesondere durch solche Aufgaben möglich, bei denen feine Bewegungsimpulse erforderlich sind. Zur Sensibilisierung tragen alle Übungen zur Schulung der taktil-kinästhetischen Wahrnehmung im Bereich des Rückens bei.

- Partner A in Bauchlage,
- B „zeichnet" oder „schreibt" A auf den Rücken: Dreieck, Viereck, Kreis, Oval, etc; Zahlen bis hin zu kleinen Rechenaufgaben, Buchstaben bis hin zu einfachen Wörtern;
- B legt A Gegenstände (einzeln, mehrere, verschiedene) auf den Rücken, die A im Hinblick auf Form, Gewicht, evtl. Temperatur, evtl. im Hinblick auf Unterschiede beschreibt;
- Bankstellung, ein oder mehrere Bohnensäckchen o.a. werden auf den Rücken gelegt; die Kinder sollen die Gegenstände auch bei Bewegungen des Rumpfes und in der Fortbewegung spüren, sie nicht verlieren;
- Partner A in Bankstellung, B legt einen Gymnastikstab auf die Wirbelsäule von A; dieser spürt, wo der Stab auf den Dornfortsätzen aufliegt; vorsichtige, differenzierte Bewegungen der Wirbelsäule intensivieren die Wahrnehmung;
- Partner A in Bankstellung, versucht einen Ball auf seinem Rücken auszubalancieren und in Bewegung zu bringen – möglichst vom Kopf bis zum Becken und zurück zu rollen. B sichert, um zu verhindern, dass der Ball seitlich herunterrollt;
Fixierungen im Bereich der Wirbelsäule, auch Seitabweichungen werden bei dieser Übung sehr deutlich, da sie einen harmonischen Bewegungsverlauf stören; allerdings ist der koordinative Anspruch dieser Aufgabe sehr hoch.
- Bankstellung, alle Bewegungsmöglichkeiten der Wirbelsäule, auch verschiedene Intensitäten der Bewegung, werden erprobt, zum Beispiel Katzenbuckel und „Pferdesattel" bis hin zu Körperwellen, aber auch Seitbewegung und Rotation werden durchgeführt und kombiniert.
- Aus verschiedenen Ausgangspositionen – Rückenlage, Schneidersitz, Fersensitz, Kniestand, Stand – versuchen die Kinder, die Wirbelsäule Wirbel für Wirbel auf- bzw. abzurollen, zum Beispiel aus dem Sitz (Beine gebeugt, Füße aufgestellt) zur Rückenlage und wieder zum Sitz.

Alle genannten Übungen zur Bewusstmachung der Haltung verlangen sehr viel Konzentration und sind in der Regel mit der Vermittlung spezifischer Kenntnisse zu verbinden. Alter und Entwicklungsstand der Kinder bedürfen sowohl im Hinblick auf die Konzentrationsfähigkeit als auch auf den entsprechenden Kenntnisstand im Hinblick auf Haltung und Haltungsleistungsfähigkeit besonderer Beachtung.

Haltungserziehung sollte als durchgängiges Prinzip in jeder Unterrichtsstunde Berücksichtigung finden, auch wenn andere Schwerpunkte erarbeitet werden. Die bewusste, aufrechte Sitzhaltung kann grundsätzlich während der Gesprächsphasen im Sitzkreis gefordert werden (vgl. Kap. 5.2.3).

Bewusstmachung der Rumpfhaltung „als Ganzes"

Schwerpunkte der Haltungserziehung, bei denen die Haltung des gesamten Rumpfes im Mittelpunkt steht, sind
- die Erarbeitung des Körperzusammenschlusses und
- die Förderung der Entspannungsfähigkeit,

- die Gleichgewichtsschulung und
- die Bewusstmachung der Körperausdrucks.

Für alle Themenbereich finden sich Übungsbeispiele im Zusammenhang mit der Förderung der Körperwahrnehmung (Kap. 6.1).

Therapeutische Ansätze

Körper- und Haltungswahrnehmung, meistens in Zusammenhang mit einer bewussten Atmung, stehen im Mittelpunkt zahlreicher körperorientierter (psycho-) therapeutischer Verfahren. Hier ergeben sich vielfältige Berührungspunkte mit der pädagogisch orientierten Haltungs- und Bewegungserziehung; insbesondere im Sekundarbereich kann der Sportförderunterricht wertvolle Impulse durch Hinweise auf therapeutische Verfahren geben und die Haltungserziehung intensivieren und differenzieren.

Neben den schon genannten Entspannungstechniken und Hinweisen auf Verfahren der Bewegungsmeditation (Kap. 6.1) sollen hier nur einige weitere Verfahren genannt werden, auf deren Inhalte zur Körper-, Haltungs- und Bewegungswahrnehmung im Sportförderunterricht Bezug genommen werden kann:

- Sensory Awareness (Brooks 1979);
- Body Sense (Haxthausen & Lemann 1988);
- Integrative Bewegungstherapie (Höhmann-Kost 1991);
- Bewußtheit durch Bewegung nach Feldenkrais (Feldenkrais 1978; vgl. Alon 1993; Bauer 1997; Friedmann 1993; Rywerant 1985);
- Eutonie (Alexander 1978);
- Rolfing (Rolf 1997; vgl. Schwind 2001)
- Alexander-Technik (vgl. Drake 1993; Friedmann 1993; Leibowitz & Connington 1991; Riemkasten 1976);
- Zilgrei (Zillo & Greissing 1983);
- Ismakogie (vgl. Horatschek & Horatschek 1986).

- *Muskuläre Leistungsfähigkeit*

Bei einer gezielten Förderung muskulärer Leistungsfähigkeit als Bestandteil individueller Haltungsleistungsfähigkeit werden die notwendigen Schwerpunkte in Orientierung an den Ergebnissen der Haltungsbeurteilung gesetzt (vgl. Kap. 4.4.4).

Die möglichen Inhalte sind der funktionellen Gymnastik zu entnehmen. Im Vordergrund stehen die
- Förderung der Kraft abgeschwächter Muskulatur und
- Förderung der Dehnfähigkeit verspannter Muskulatur sowie
- Beweglichmachung der Gelenke, insbesondere die Beweglichmachung der Wirbelsäule.

Im Kindesalter überwiegt deutlich die Notwendigkeit einer Beanspruchung im Hinblick auf Kraft; demgegenüber kommt der Förderung der Flexibilität vergleichsweise geringe Bedeutung zu.

Bei Jugendlichen ebenso wie bei Erwachsenen können dagegen gezielte Beweglichmachung, Dehnung und Kräftigung gleichermaßen notwendig sein. Verständnis für funktionelle Gymnastik, Kenntnis der Übungswirkungen und Einsicht in die Notwendigkeit bestimmter Ausgleichsmaßnahmen wird mit zunehmendem Alter größer, so dass die Schüler der Sekundarstufe lernen, selbständig Gymnastikprogramme mit unterschiedlicher Zielsetzung zusammenzustellen. Sie können dadurch zum Beispiel die Planung und Durchführung von Unterrichtsteilen übernehmen; sie sind vor allem aber auch im Stande, selbständig kompetent zu üben und zu trainieren und bestimmte Formen des (Kraft-) Trainings zum Beispiel im Fitness-Studio kritisch zu hinterfragen.

Bei jüngeren Kinder ist die Durchführung funktioneller Gymnastik jedoch mit erheblichen Schwierigkeiten verbunden, da sie noch über relativ wenig Körpererfahrung bzw. wenig differenzierte Körperwahrnehmung und nur geringe Kenntnisse bezüglich der Muskelfunktionen verfügen. Ihnen fehlt daher das Verständnis für die Notwendigkeit korrekter Übungsausführung; Korrekturen, die vom Lehrer gegeben werden, können aufgrund der geringen Körperwahrnehmung nur unzureichend umgesetzt werden. Auch als Folge der insgesamt unbefriedigenden Übungssituation ergibt sich eine nur geringe Motivation für die Inhalte der funktionellen Gymnastik.

Um die Motivation zu verbessern, werden Gymnastikprogramme für Kinder häufig in Geschichten eingebettet, an die Vorstellung von Haltung und Bewegung verschiedener Tiere gekoppelt, in Orientierung an Handgeräten, dem eigenen Kuscheltier o.ä. oder mit Musikbegleitung angeboten (vgl. Beh & Rößler 1992; Kempf & Fischer 1993; Kollmuß & Stotz 1995; Lehmann 1998; Sachs-Amid 1994; Schneider 1997). Eine korrekte Übungsausführung ist dabei allerdings nicht gewährleistet, da die Aufmerksamkeit der Kinder von der Körperwahrnehmung eher abgelenkt wird. Erst mit zunehmendem Alter können und sollten auch Kinder funktionell orientierte Gymnastikformen im Zusammenhang mit entsprechenden funktionellen Kenntnissen erlernen.

Mit dem Ziel einer allgemeinen Förderung muskulärer Leistungsfähigkeit kann bei Kindern im Primarbereich auch das Turnen im Mittelpunkt stehen. Hierfür findet sich gerade in diesem Alter in der Regel eine hohe Motivation. Unter funktionellen Gesichtspunkten ist diese Schwerpunktsetzung ebenfalls sinnvoll, da die Entwicklung der Muskelkraft bei Kindern eine vielfältige Beanspruchung insbesondere der Rumpfmuskulatur erfordert. Im Geräteturnen muss in unterschiedlichen Situationen das eigene Körpergewicht entgegen der Schwerkraft bewältigt werden; dieses gilt als die für das Kindesalter geeignete Form muskulärer Beanspruchung (vgl. Kap. 4.5.3).

Obwohl nachfolgend eine große Zahl von überwiegend gymnastischen Übungsformen zusammengestellt wird, soll hier noch einmal betont werden, dass diese im Rahmen kompensatorischer Programme Bedeutung haben, im Sportförderunterricht mit Grundschulkindern aber nicht im Vordergrund stehen.

Muskuläre Leistungsfähigkeit im Bereich des Beckengürtels

Im Bereich des Beckengürtels liegen die Schwerpunkte gezielter muskulärer Förderung auf der
- Kräftigung der Bauchmuskulatur und / oder
- Kräftigung der Gesäßmuskulatur;
- Förderung der Dehnfähigkeit der Hüftbeuger und / oder
- Förderung der Dehnfähigkeit der Rückenmuskulatur im Bereich der Lendenwirbelsäule.

Kräftigung der Bauchmuskulatur

Die Kräftigung der Bauchmuskulatur ist durch eine Vielzahl gymnastischer Übungsformen möglich, und zwar durch Übungen, bei denen
- der Beckengürtel gegen den Schultergürtel,
- der Schultergürtel gegen den Beckengürtel sowie
- Schultergürtel und Beckengürtel gegeneinander bewegt oder gehalten werden.

Die Übungen können gradlinig ausgeführt werden und bewirken dann hauptsächlich eine Kräftigung des geraden Bauchmuskels. Werden sie schräg durchgeführt, zum Beispiel rechtes Bein gegen linke Schulter, erfolgt eine Kräftigung der schrägen Bauchmuskulatur.

Eine gezielte Kräftigung der Bauchmuskulatur im Rahmen sportlicher Übungsprogramme zum Ausgleich von Haltungsschwächen ist jedoch insofern problematisch, als bei den Übungen nach den oben genannten Prinzipien in der Regel auch die Hüftbeugemuskulatur gekräftigt wird. Diese Muskelgruppe tendiert aber bei Haltungsschwächen des Rumpfes eher zur Verkürzung, sollte also gedehnt und nicht zusätzlich gekräftigt werden. Im Rahmen spezifischer Ausgleichsprogramme ist deshalb ihre Aktivität weitgehend auszuschließen, indem die Hüftgelenke schon in der Ausgangsposition möglichst rechtwinklig gebeugt werden. Sind Ursprung und Ansatz eines Muskels schon stark genähert, kann dieser Muskel nur noch geringfügig Kraft entwickeln (vgl. Kap. 2.2.2).

- Rückenlage, die Unterschenkel werden auf einen kleinen Kasten o.ä. gelegt, so dass in den Hüftgelenken ein Winkel von 90° entsteht; Kopf und Rumpf werden nur so weit angehoben, bis sich die Unterschenkel von der Unterlage abzuheben beginnen. Es genügt ein Anheben (Aufrollen) von Kopf und Schultergürtel, bis die Schulterblätter gerade keinen Kontakt mehr zum Boden haben. Das Becken bleibt am Boden; es darf nicht zu einer Lordosierung der Lendenwirbelsäule kommen.
- Rückenlage, Hüft- und Kniegelenke werden etwa rechtwinklig gebeugt; es wird versucht, das Becken vom Boden abzuheben;
- Rückenlage, Hüft- und Kniegelenke werden etwa rechtwinklig gebeugt, die Beine werden nach rechts (links) gesenkt;
- Rückenlage, Füße nah am Gesäß aufgestellt; der Rumpf wird schräg aufgerichtet, so dass der linke Arm den rechten Unterschenkel außen berührt; dasselbe zur anderen Seite. Die Aufrichtung sollte nur so weit erfolgen, dass das Becken noch am Boden bleibt, die Füße behalten Bodenkontakt.

Im Rahmen der Haltungsschulung genügt es in der Regel, mit kurzen Hebeln zu arbeiten (vgl. Kap. 4.5.3). Wird die Belastung zu hoch dosiert, kommt es durch eine kompensatorische Anspannung der Hüftbeuger und der Rückenstreckmuskulatur zu einer Verstärkung der Lendenlordose und Kippung des Beckens.
So ist das „Klappmesser" wie der Schwebesitz mit gestreckten Beinen und viele andere traditionelle Gymnastikübungen im Förderprogramm bei Haltungsschwächen nicht nur nicht sinnvoll, sondern eher schädlich, da dabei eine hohes Maß an Muskelkraft wie auch an Körperwahrnehmung vorauszusetzen wäre, das bei haltungsschwachen Kindern nicht vorhanden ist.

Als „Entwicklungsförderung" bei Grundschulkindern und allgemein im Rahmen präventiver Programme ist durch sorgfältiges Beobachten der jeweiligen Übungsausführung eine individuell angemessene Dosierung zu erreichen; kommt es zu Fehlhaltungen als Folge von Überlastung, müssen diese unmittelbar korrigiert, die Belastungsintensität reduziert werden. Allerdings sind im Hinblick auf die Übungsauswahl hier nicht so strenge Maßstäbe wie bei spezifischen Ausgleichsprogrammen anzulegen. In einem ausgewogenen Förderprogramm werden Kräftigung der Bauch- und der Hüftbeugemuskulatur in Verbindung mit einer Dehnung der Rückenstrecker sowie Dehnung der Hüftbeuger, oft in Verbindung mit einer Kräftigung der Gesäßmuskulatur gleichermaßen Berücksichtigung finden.

Aus der Fülle möglicher Übungsbeispiele sollen im Folgenden nur einige Beispiele genannt werden, und zwar solche Übungen, bei denen neben der Kräftigung der Bauchmuskulatur die *Geschicklichkeit* im Vordergrund steht. Diese Übungen beinhalten weitaus mehr Motivation als rein funktionelle Übungen. Sie werden deshalb – nicht nur von Kindern – gern oft wiederholt und gewährleisten damit eine hohe Übungsintensität. Hier bieten sich vielfältige Übungen mit Handgeräten – zum Beispiel mit Bällen – an. Allerdings wird bei den nachfolgend genannten Aufgaben im Hockschwebesitz neben der Bauchmuskulatur auch die Hüftbeugemuskulatur beansprucht.

- Hockschwebesitz, ein Ball wird ohne Zuhilfenahme der Hände von den Füßen zu den Knien und zurück gerollt. Wer schafft es am längsten, ohne dass der Ball herunterrollt? Verschieden große Bälle, auch andere Materialien können Anwendung finden.
  Bei allen Übungen im Hockschwebesitz dürfen die Arme nicht aufgestützt werden. So kommt es gleichzeitig zu einer Kräftigung der Rücken- und Schultergürtelmuskulatur; eine „schlechte" Schultergürtelhaltung, bei der die Schultern hochgedrückt werden, wird vermieden.
- Hockschwebesitz, ein Ball wird mit den Füßen vor-, rück-, seitwärts auf dem Boden gerollt;
- Hockschwebesitz, der Ball wird mit den Füßen gehalten, losgelassen und wieder aufgefangen – entweder mit beiden Füßen gefasst oder auf den Fußrücken ausbalanciert;
- Hockschwebesitz, der Ball wird mit den Füßen geworfen:
  – hochwerfen und fangen, der Ball wird entweder mit den Händen oder wieder mit den Füßen aufgefangen;

- Zielwerfen – zum Partner, in einen kleinen Kasten, in unterschiedliche Richtungen, auf verschiedene Distanzen.

Wer schafft es möglichst oft? Welches Paar, welche Gruppe ist am erfolgreichsten? Bei älteren Schülern können bestimmte Übungsfolgen festgelegt werden, zum Beispiel Ball mit den Füßen hochwerfen, mit dem Kopf dem Partner zuspielen; der Partner fängt mit den Füßen, wirft den Ball hoch, etc. Je höher die Anforderung an die Bewegungskoordination ist, umso mehr gerät allerdings die Zielsetzung der Muskelkräftigung in den Hintergrund.
- Hockschwebesitz, der Ball wird dem Partner mit den Füßen zugerollt oder geprellt,
- hin- und herprellen, ohne dass der Ball zwischendurch gefangen werden muss,
- zupritschen des Balles mit den Fußsohlen.

Alle Formen des Rollens, Prellens, Werfens und Fangens – allein, mit dem Partner, mit einem oder zwei Bällen – sollten die Schüler möglichst selbständig ausprobieren, um Variationen und Kombinationen zu finden. Schüler, die bereits ein gutes Ballgefühl und viel Erfahrung mit Bällen haben, zeigen sich bei diesen Übungen außerordentlich ideenreich.
- Hockschwebesitz partnerweise gegenüber, A hält einen Ball mit den Füßen, B versucht, den Ball mit den Füßen wegzuziehen.
- partnerweise oder in einer kleinen Gruppe wird der Ball, in der Gruppe auch mehrere Bälle, mit den Füßen übergeben, zum Beispiel
- in der Gruppe im Kreis nach rechts oder links,
- zum Partner gegenüber nach einer ganzen Drehung im Hockschwebesitz,
- Hockschwebesitz, Rückenlage, der Ball wird hinter dem Kopf dem Partner übergeben; dieser nimmt ihn mit den Füßen oder mit den Händen auf, etc.

Übungen aus dem *Gerätturnen* enthalten zumindest für Grundschulkinder in der Regel eine bedeutend höhere Motivation und auch eine größere Übungsintensität, da das eigene Körpergewicht entgegen der Schwerkraft gehoben und gehalten werden muss, so zum Beispiel beim
- Überdrehen vor- und rückwärts,
- Felgabzug,
- Felgaufschwung,
- auch Formen des Auf- und Umwindens.

Entsprechend der Methodik des Gerätturnens werden diese Übungen erlernt und auch in Übungsverbindungen geturnt (vgl. Kap. 6.1; vgl. Martin & Bantz 1992).

Kräftigung der Gesäßmuskulatur

Aufgaben der funktionellen Gymnastik zur Kräftigung des großen Gesäßmuskels bewirken durch die Streckung des Hüftgelenkes gleichzeitig eine aktive Dehnung der Hüftbeuger (s.u.); dabei ist immer darauf zu achten, dass eine Hyperlordose der Lendenwirbelsäule vermieden wird.
- Bauchlage, Anheben eines oder beider Beine, Beine gebeugt oder gestreckt; werden die Beine bei gleichzeitiger Beugung im Kniegelenk angehoben (im Hüftgelenk gestreckt), wird die Beteiligung der ischiocruralen Muskulatur an der Streckung des Hüftgelenks verringert;

- Seitlage oder Stand, Rückführen, auch Seitführen eines Beines; bei der Seitführung des Beines (Abduktion im Hüftgelenk) sind vorwiegend der mittlere und der kleine Gesäßmuskel aktiv;
- Rückenlage, Füße nah am Gesäß aufgestellt; Anheben des Beckengürtels bis zur Streckung im Hüftgelenk; Hyperlordose vermeiden!
  Wird bei der Übung zusätzlich ein Bein in Verlängerung des Rumpfes gestreckt, stellt dieses eine erhebliche Anforderung an die Stabilisierung der Haltung dar (Gleichgewicht).
- Bankstellung mit Streckung des rechten (linken) Beines, auch Standwaage; Hyperlordose vermeiden!
- Gehen, Laufen, Hüpfen rückwärts mit deutlicher Streckung im Hüftgelenk (nicht nur Beugung im Kniegelenk); auch Seitgalopp, Grätsch- und Schrittwechselsprünge. Diese Bewegungsformen können gut in Verbindung mit der Schulung der Rhythmusfähigkeit geübt werden (Kap. 6.1).
- Strecksprünge aus der leichten Kniebeuge;
- aus dem Hockstand oder unterschiedlich tiefen Kniebeugen zur vollständigen Körperstreckung kommen, auch in Verbindung mit einer Schulung des statischen Gleichgewichts zum Beispiel auf dem Balken;
- jedes Steigen, Treppen steigen, auch Überlaufen einer Kastentreppe mit anschließenden unterschiedlichen Sprüngen in die Weichbodenmatte.
- Alle Formen des Körperzusammenschlusses (Kap. 6.1) beanspruchen durch die notwendige Streckung der Hüftgelenke auch die Kraft der Gesäßmuskulatur.

Förderung der Dehnfähigkeit der Hüftbeuger

- Bauchlage, die Hände fassen die Füße und ziehen die möglichst parallel gehaltenen Beine nach oben, ohne wesentlich den Schultergürtel und den Kopf zu heben.
  Diese Übung wird auch als Orientierungstest zur Prüfung der Dehnfähigkeit der Hüftbeuger empfohlen (vgl. Kap. 4.4.4).
- dasselbe aktiv, also rechtes (linkes) Bein / beide Beine aus der Bauchlage anheben und halten; die aktive Dehnung erfolgt durch die Anspannung der Gesäßmuskulatur, dient also gleichzeitig der Kräftigung dieser Muskelgruppe (s.o.);
- Seitlage, Rückführen eines Beines mit Handfassung (passive Dehnung) oder aktiv durch die Kraft der Gesäßmuskulatur. Das untere Bein sollte in Hüft- und Kniegelenk, gebeugt werden, um eine stabile Lage zu gewährleisten, vor allem aber um durch die Beugung im Hüftgelenk das Becken zu stabilisieren und eine Verstärkung der Lendenlordose zu verhindern.
- Bauchlage, Hände in Schulterhöhe auf den Boden legen und Arme strecken („Kobra-Haltung" im Yoga); auf gute Schultergürtelhaltung achten!
  Die intensive Dehnung der Hüftbeuger wird nur durch eine extreme Lendenlordose und Beckenkippung möglich. Diese im Rahmen der Haltungsschulung eigentlich unerwünschte extreme Haltung bzw. Bewegung sollte durch eine sofort anschließende Gegenbewegung – zum Beispiel Rückenschaukel

oder Kauerstellung wie die „Kaninchen-Haltung" des Yoga – ausgeglichen werden; durch diese Gegenbewegung wird die Rückenmuskulatur gedehnt.
- Rückenlage, Beine gebeugt, Füße möglichst nah am Gesäß aufgestellt im Wechsel mit der Nackenbrücke; Hyperlordose vermeiden!
- Bankstellung, rechtes (linkes) Bein nach hinten oben strecken, so weit wie möglich nach oben gestreckt halten oder leicht federn; die aktive Dehnung erfolgt wieder in Abhängigkeit von der Kraft der Gesäßmuskulatur bzw. die Übung bewirkt auch eine Kräftigung der Gesäßmuskulatur. Becken und Lendenwirbelsäule sollten dabei in einer Mittelstellung gehalten werden. Wird im Wechsel zum Rückführen des Beines dieses gebeugt und das Knie zur Nase geführt, kommt es auch zur Dehnung der Rückenmuskulatur und zur Beweglichmachung der Wirbelsäule.
- Bankstellung rücklings mit betonter Streckung der Hüftgelenke; evtl. können die Knie leicht nach vorn verlagert werden.
  Diese Übung ist für Grundschulkinder allerdings ungeeignet, da die Kraft der Rumpfmuskulatur in der Regel hierfür nicht ausreicht. Insbesondere die Haltung im Bereich des Schultergürtels bleibt meistens unbefriedigend.
- Ausfallschritt rechts (links), dabei sollte der Rumpf nicht aufrecht gehalten, sondern etwas nach vorn geneigt werden, um eine Lordosierung der Lendenwirbelsäule zu vermeiden.
- Einbeinstand; vielseitige Beinschwünge fördern die Beweglichkeit im Hüftgelenk. Betontes Rückschwingen oder auch Rückführen eines Beines dehnt die Hüftbeuger und kräftigt die Gesäßmuskulatur. Diese Übung ist allerdings nur sinnvoll, wenn bei gutem Körper- und Haltungsgefühl das Becken stabilisiert werden kann; geschieht dies nicht, geht jedes Rückführen / -schwingen des Beines mit einer Verstärkung der Lendenlordose und einer Beugung im Hüftgelenk des Standbeines einher.

Bei allen Übungen zur Dehnung der Hüftbeuger ist eine Verstärkung der Lendenlordose kaum zu vermeiden. Dies gilt in besonderem Maße für Personen mit einer Haltungsschwäche des Rumpfes, deren Körper- und Haltungsgefühl nicht optimal entwickelt ist. Parallel zu den Übungen zur Verbesserung der Beweglichkeit, Dehnfähigkeit und Kraft sollte also die Schulung des Körpergefühls erfolgen, damit allmählich eine immer bessere Haltungskontrolle möglich wird. Übungen zur Dehnung der Hüftbeuger sollten im Wechsel mit Übungen zur Dehnung der Rückenmuskulatur bzw. zur Kräftigung der Bauchmuskulatur eingesetzt werden, um einen Ausgleich für die verstärkte Lordosierung zu schaffen.

Förderung der Dehnfähigkeit der Rückenmuskulatur im Bereich der Lendenwirbelsäule

- Rückenlage, beide Beine gebeugt, Hände ziehen die Knie in Richtung Brust;
- wie oben, aber die Arme werden seitlich neben dem Körper ausgestreckt; die gebeugten Beine werden im Wechsel nach rechts und links abgelegt, während der Schultergürtel fest gegen den Boden gedrückt wird.
  Betont wird jeweils die Endphase der Bewegung (Beine am Boden), nicht die Bewegungsphase, da sonst die Kräftigung der schrägen Bauchmuskulatur im

Vordergrund stehen würde. Da auch die Kräftigung im Rahmen der Haltungsschulung erforderlich ist, sollte allerdings beides verbunden werden.
- Rückenlage, rechtes (linkes) Bein wird – gebeugt oder gestreckt – links (rechts) neben dem Körper abgelegt. Der Schultergürtel bleibt am Boden. Mit dem linken (rechten) Arm kann der Dehnreiz verstärkt werden;
- Seitlage, ein Knie oder auch beide Knie werden in Richtung Brust gezogen;
- Fersensitz, Rumpfvorbeuge, so dass die Stirn die Knie berührt (Kauerstellung);
- Bankstellung mit taktiler Hilfe, um differenziert im Bereich der Lendenwirbelsäule zu bewegen; ebenso können alle anderen Aufgaben zur Bewusstmachung der Haltung im Bereich des Beckengürtels (s.o.) hier Einsatz finden.
- Bankstellung mit Katzenbuckel, Variation: das rechte (linke) Knie wird zur Nase geführt;
- Rückenschaukel;
- alle Rollbewegungen, auch an Geräten – Rolle vorwärts, rückwärts, auch Überdrehen, Felgabzug, Felgaufschwung.
- Rückenlage, Beine werden – gebeugt oder gestreckt – hinter den Kopf geführt
  - Knie werden neben die Ohren gelegt.
  - beide Knie rechts (links) neben den Kopf,
  - die Fußspitzen wandern so weit wie möglich nach hinten, nach links und rechts,
  - Handgeräte (Bohnensäckchen, Ball o.ä.) werden mit den Füßen transportiert, hinter dem Kopf abgelegt und wieder aufgenommen, von den Füßen in die Hände übergeben, etc.

  Diese Übungsformen sind allerdings problematisch, da sie eine hohe Belastung für die Halswirbelsäule darstellen. Bei Erwachsenen sind sie wegen erheblicher Verletzungsgefahr zu vermeiden.
- Langsitz oder Grätschsitz, Rumpfvorbeuge
  - mit möglichst gestrecktem Rumpf nach vorn, nach rechts und links,
  - dasselbe, aber der Rumpf wird gebeugt die Stirn auf die Knie gelegt, die Hände fassen die Füße,
  - viele Variationen mit Handgeräten, zum Beispiel einen Stab, Ball, o.ä. leise hinter oder neben den Füßen ablegen und wieder aufnehmen, etc.
- Sitz mit gebeugten Beinen, Hände fassen die Füße, Stirn berührt die Knie; die Beine werden gestreckt, ohne die Füße loszulassen und ohne den Kontakt zur Stirn zu verlieren.
- Sitz mit gebeugten Beinen, Hände fassen die Füße; die Beine werden zum Schwebesitz gestreckt, ohne die Füße loszulassen.
  - beide Beine werden in die Luft gegrätscht oder parallel gehalten,
  - ein Bein wird am Oberschenkel gefasst und möglichst nah an den Rumpf herangezogen.
- Rumpfvorbeuge aus dem Stand
  - mit geschlossenen oder gegrätschten Beinen,
  - zahlreiche Variationen mit Handgeräten, z.B. wird ein Ball im Grätschstand in

Achterform um die Füße gerollt, etc.
- Hockstand, Hände fassen die Fußknöchel; Stirn liegt auf den Knien; die Beine werden gesteckt, ohne die Füße loszulassen; die Stirn bleibt an den Knien;
- Stand, rechtes (linkes) Bein etwa hüfthoch auf Kasten, Sprossenwand, o.ä. aufgelegt; Rumpf vorbeugen;
- Vierfüßlergang mit gestreckten Kniegelenken (Bärengang);
- Liegestütz vorlings, Hände und Füße nähern sich so weit wie möglich.

Nur die ersten der genannten Übungen, bei denen die Kniegelenke gebeugt sind und der Schultergürtel vollständig am Boden bleibt, bewirken speziell eine Dehnung der Rückenmuskulatur im Bereich der Lendenwirbelsäule. Werden Kopf und Schultergürtel in eine Bewegung mit einbezogen (z.B. Rückenschaukel), erfolgt eine Dehnung der gesamten Rückenstrecker und Beweglichmachung der gesamten Wirbelsäule.

Werden außerdem die Beine gestreckt gehalten, kommt es auch zu einer Dehnung der Muskulatur der gesamten Beinrückseite. Von besonderer Bedeutung ist hier die ischiocrurale Muskulatur, deren Funktion in der Streckung der Hüftgelenke sowie der Beugung der Kniegelenke liegt: Eine Einschränkung der Dehnfähigkeit dieser Muskelgruppe bewirkt zum Beispiel im Stand mit gestreckten Beinen ein nur geringes Ausmaß der Rumpfbeuge durch eine Reduzierung der Hüftgelenksbeweglichkeit; eine hohe Dehnfähigkeit dieser Muskeln bei derselben Übung ermöglicht dagegen eine tiefe Rumpfbeuge, obwohl andere Teile der Rumpfrückseite – zum Beispiel die Rückenmuskulatur im Bereich der Lendenwirbelsäule – eine nur geringe Dehnfähigkeit aufweisen. Eine Messung des Finger-Boden-Abstandes bei der Rumpfbeuge, eine häufig verwendete „Test"-Übung zur Prüfung allgemeiner Rumpfbeweglichkeit, lässt also nur bei genauer Beobachtung der Übungsausführung Rückschlüsse auf die Dehnfähigkeit der Muskulatur der Rumpfrückseite zu.

Muskuläre Leistungsfähigkeit im Bereich des Schultergürtels

Im Bereich des Schultergürtels liegen die Schwerpunkte gezielter muskulärer Förderung auf der
- Kräftigung der Rückenmuskulatur im Bereich der Brustwirbelsäule,
- Kräftigung der Schultergürtelmuskulatur.
- Dehnung der Brustmuskulatur und Weitung des Brustkorbs.

Kräftigung der Rückenmuskulatur im Bereich der Brustwirbelsäule

Jedes Aufrichten des Rumpfes aus der Bauchlage kräftigt die Rückenstreckmuskulatur. Hier sollte allerdings differenziert werden:
Die Aufrichtung aus der „normalen" Bauchlage, aus der gestreckten Körperhaltung, kräftigt überwiegend die unteren Teile des Rückenstreckers, also im Bereich der Lendenwirbelsäule. In diesem Bereich liegt aber bei Haltungsschwächen eher eine Verspannung vor; deshalb sollte hier die Dehnung im Vordergrund stehen und eine Verstärkung der Lendenlordose möglichst vermieden werden.

Eine Kräftigung der Rückenstrecker im Bereich der Brustwirbelsäule wird dagegen erreicht, wenn der Rumpf aus einer Bauchlage mit gebeugten Hüftgelenken bis zur Waagerechten bzw. bis zur Körperstreckung gehoben wird.

- Bauchlage quer auf einer Bank oder einem Kasten, d.h. der Rumpf wird im Bereich des Beckens von dem Gerät unterstützt; Füße, u.U. auch die Hände haben Kontakt zum Boden,
— die Füße behalten Bodenkontakt, der Rumpf wird bis zur Waagerechten angehoben und gehalten.

Die Übungsintensität kann durch Hebelveränderung variiert werden: Arme neben dem Körper, Arme in Seithalte oder Hände im Nacken oder unter dem Kinn, Arme in Vorhalte.

— Waageliegen: aus der Bauchlage werden Rumpf und Beine gehoben, bis der Körper insgesamt in die Waagerechte gebracht und gehalten wird. Hier wird die Muskulatur der gesamten Körperrückseite – Rumpf und Beine – gekräftigt.

Diese Übung kann intensiviert werden wenn sie auf einem Partner als „lebender Bank" durchgeführt wird. Bewegt sich diese „Bank" leicht, während der Partner sich in der Waage befindet, muss die Haltung durch zahlreiche Korrekturimpulse gesichert werden (vgl. Kap. 6.1).

- Fersensitz mit Rumpfbeuge (Kauerstellung), Anheben des Rumpfes und Aufrichten – langsam – bis zur Senkrechten.

Dasselbe auch, wenn der Rumpf vor dem Anheben so weit wie möglich nach von verlagert wird.

- Schneidersitz mit Rumpfbeuge, langsames Anheben des Rumpfes und Aufrichten bis zur Senkrechten.
- Kniestand, der Rumpf wird – bei Rückverlagerung des Gesäßes – bis zur Waagerechten gesenkt und gehalten.
- Stand mit Rumpfbeuge, Aufrichten des Rumpfes bis zur Waagerechten und halten oder aus dem Stand senken des Rumpfes bis zur Waagerechten.

Beim Kniestand und Stand sollten die Beine leicht gegrätscht werden, um eine bessere Standsicherheit zu gewährleisten. Alle genannten Übungen können auch mit einer Rotation durchgeführt werden, also wechselseitig die rechte und linke Schulter stärker anheben.

Alle Übungen können vielfältig mit Handgeräten variiert werden.

Kräftigung der Schultergürtelmuskulatur

Zahlreiche Tätigkeiten beanspruchen die Arm- und Schultergürtelmuskulatur und können in allgemeinen Übungs- und speziellen Ausgleichsprogrammen Anwendung finden: tragen, ziehen, schieben, stoßen, werfen, stützen, stemmen, klettern, klimmen, hängen, schaukeln, schwingen ...

Im Rahmen gezielter Ausgleichsprogramme eignen sich Widerstandsübungen, die relativ gut zu dosieren sind; jüngere Kinder könnten allerdings mit der notwendigen Dosierung bei Partneraufgaben überfordert sein.

- Partner A sitzt im Schneidersitz, Arme in Hochhalte mit einem Stab; B steht dahinter; gegen angemessenen Widerstand durch B wird der Stab bis in Höhe

des Schultergürtels heruntergezogen. Dabei ist auf eine aufrechte Rumpf- und freie Schultergürtelhaltung zu achten;
dasselbe, aber der Stab wird nicht heruntergezogen, sondern hochgedrückt.
- Zieh- und Schiebekämpfe, zum Beispiel
- Partner stehen sich gegenüber, beide fassen einen quer gehaltenen Stab und versuchen, sich gegenseitig zu schieben bzw. zu ziehen, bis ein Partner eine bestimmte, vorher festgelegte Markierung überschritten hat. Beide Partner sollten etwa gleich kräftig sein.
Beim „Ziehkampf" müssen Kinder darauf hingewiesen werden, dass ein überraschendes Loslassen des Stabes für den Partner eine erhebliche Verletzungsgefahr mit sich bringen kann.
- Tauziehen mit etwa gleich starken Partnern oder Gruppen.
- Partner stehen nebeneinander mit etwa in Schulterhöhe aneinander gelegten Handflächen; jeder versucht, den Partner wegzudrücken.
- Als Einzelübung
- Fersensitz, die Hände werden hinter dem Rücken verschränkt, die gestreckten Arme gegeneinander gedrückt und dadurch die Schulterblätter einander genähert.
- Schneidersitz mit betont aufrechter Rumpfhaltung, ein Stab wird mit beiden Händen etwa kopfhoch gehalten und bis auf die Höhe der Schulterblätter geführt. Die Hände sollten auf einer Höhe bleiben, so dass der Stab immer waagerecht gehalten wird; Bewegung und Haltung der Schulterblätter sind deutlich zu spüren.
- In der Dreiergruppe, Partner A und B halten zwischen sich einen Stab etwa in Hüfthöhe. Partner C
- stützt sich auf den Stab,
- setzt sich auf den Boden unter den Stab und zieht sich hoch, so dass der Kopf über den Stab gehoben und gehalten wird,
- hängt sich mit gebeugten Armen und Beinen an den Stab, so dass kein Bodenkontakt mehr vorhanden ist.
Sowohl bei C als auch bei A und B, die den Stab halten und damit das Körpergewicht des Partners C tragen, ist auf eine gute Schultergürtelhaltung zu achten.

Alle Formen des Geräteturnens beanspruchen die Arm- und Schultergürtelmuskulatur sowie die Rumpfmuskulatur insgesamt, zum Beispiel
- an Bänken
- Stützsprünge in vielen Variationen,
- Ziehen über die Bank in Bauchlage; in Rückenlage nur, wenn die Knie in Richtung Brust gezogen werden, da sonst eine Verstärkung der Lendenlordose erfolgt;
- Bank in Sprossenwand oder Gitterleiter eingehängt,
- auf der Bank auf allen Vieren hochlaufen oder in Bauchlage hochziehen, an der Sprossenwand / Gitterleiter herunter klettern oder umgekehrt Sprossenwand oder Gitterleiter hochklettern – viele Variationen möglich –, auf der

Bank herunterlaufen oder -rutschen. Durch unterschiedliche Schräge der Bank wird der Schwierigkeitsgrad variiert.
- Stützfähigkeit wird vielfältig beim Bodenturnen geschult – beim Rollen, Handstand, Radschlagen, ebenso beim Bockspringen und am Kasten, bei Übungsformen am Barren und am Reck.
- Verschiedene Formen des Kletterns an Sprossenwand und Gitterleiter, an den Stangen und den Tauen;
- Schaukeln an Ringen und Tauen;
- Verschiedene Geräte können kombiniert werden und als Hindernisbahn frei von den Schülern überwunden oder mit bestimmter Aufgabenstellung gezielt zur Kräftigung der Arm- und Schultergürtelmuskulatur, aber auch allgemein zur vielseitigen Kräftigung der Rumpfmuskulatur eingesetzt werden (Bewegungslandschaften).

Exemplarisch für die Vielfalt der Variationsmöglichkeiten soll im Folgenden der Schwerpunkt „Schaukeln an den Tauen" dargestellt werden. Gerade Grundschulkinder turnen sehr gern an den Tauen, so dass die hohe Motivation auch für die Zielsetzung der Kräftigung genutzt werden kann. Vorteilhalt ist auch, dass der Aufwand des Geräteauf- und -abbaus bei den Tauen relativ gering ist. Kinder bestimmen weitgehend selbst die Griffhöhe; ein häufiges Verstellen der Höhe, das bei den Ringen aufgrund unterschiedlicher Körpergröße der Kinder unerlässlich ist, entfällt. Zu bedenken ist allerdings, dass Greifen an den Tauen die Hände stark belastet. Ein Wechselprogramm zur Entlastung der Hände und auch der Arm- und Schultergürtelmuskulatur ist deshalb immer einzuplanen.

- Schaukeln im Langhang, vor und zurück
– jeweils mit Zwischenschritten,
– über einen Mattengraben oder eine Matte hinweg,
– zum Sitz auf einen Kasten, Stand, auch mit halber Drehung.

Bei der Gerätekombination muss sorgfältig auf den angemessenen Abstand beider Geräte geachtet werden. Abstand und Kastenhöhe sind zu variieren und im Rahmen der Differenzierung einzusetzen.
- Schaukeln im Beugehang
– als „Päckchen", Arme und Beine sind gebeugt, aber auch
– Arme gebeugt, Beine gestreckt;
- Schaukeln im Beugehang aus dem Stand auf einer Bank
– vor- und rückschaukeln und wieder zum Stand auf der Bank kommen.

Auch hier ist der richtige Abstand der Bank von den Tauen wichtig. Wird die Bank schräg gestellt, können die Kinder im Sinne einer Differenzierung den Schwierigkeitsgrad ihrer Übung selbst wählen.
– Wer schafft es wie oft?
– Wer kann als „Päckchen" so klein bleiben, dass ein Ball, der auf die Oberschenkel gelegt wird, nicht herunterrollt?

Der Ball auf den Oberschenkeln, der möglichst zwischen den Beinen und dem Rumpf „eingeklemmt" werden sollte, führt dazu, dass auch die Bauchmuskulatur eingesetzt, dadurch das Becken aufgerichtet wird. Werden nur

die Hüftgelenke gebeugt (Aktivität hauptsächlich des Lendendarmbeinmuskels), kommt es meistens zu einer unerwünschten kompensatorischen Beckenkippung und Hyperlordose. Deshalb sollte immer darauf geachtet werden, dass die Knie bis über die Waagerechte angehoben werden; die Orientierung an dem Ball auf den Oberschenkeln stellt hier eine wichtige Hilfe dar.
- Wer schafft es, synchron zusammen mit seinem Nachbarn vor- und zurückzuschaukeln?
• Variation des Schaukelns durch Handgeräte, z.B. einen Ball.

Am günstigsten lässt sich ein Schaumstoffball etwa in Volleyballgröße während des Schaukelns mit den Füßen transportieren. Wer kann es auch mit Bällen anderer Größe, anderen Materials, evtl. auch anderen Gewichts? Medizinbälle sollten jedoch nicht benutzt werden: die Belastung wäre bei Kindern und im Rahmen von Ausgleichsprogrammen auch mit Jugendlichen und Erwachsenen zu hoch.
- Der Ball wird während des Schaukelns mit den Füßen gehalten und wieder auf der Bank abgelegt;
- der Ball wird während des Vorschaukelns mit den Füßen transportiert und am Ende des Vorschaukelns möglichst weit weggeworfen;
Wer wirft am weitesten?
Wer wirft den Ball genau in einen kleinen Kasten (umgedreht)?
Wer – auch welche Gruppe – hat die meisten Treffer?
- der Ball liegt auf einem Kasten, stabilisiert durch einen Tennisring, oder wird von einem Partner gehalten; er wird mit den Füßen vorn aufgenommen und beim nächsten Vorschaukeln wieder abgelegt;
- der Ball wird von einem Partner zugeworfen und soll möglichst in der Luft mit den Füßen gefangen oder auch weggeschossen werden;
diese Aufgabe verlangt allerdings ein hohes Maß an Ballgeschick von dem zuwerfenden Partner; u.U. muss der Lehrer diese Aufgabe übernehmen.

Viele Variationen mit Bällen oder anderen Handgeräten, auch in Verbindung mit einem Partner sind denkbar; die Kinder finden selbständig oft überraschende Lösungen.

In der Regel sollten die Schüler an zwei Tauen schaukeln, da dieses für die Schultergürtelhaltung vorteilhaft ist. Besonders beliebt bei jüngeren Schülern ist aber auch das
• „Tarzan-Schaukeln" an einem Tau: Das Kind gibt dem Tau einen Impuls und springt an das schaukelnde Tau. Je nach Wunsch und Mut kann jedes Kind selbst bestimmen, wie viel Schwung es seinem Tau gibt. Das Schaukeln am Tau wird mit einem Sprung in den Weichboden beendet.

Förderung der Dehnfähigkeit der Brustmuskulatur

• Rutschhalte, Oberschenkel stehen senkrecht; die Arme werden etwas mehr als schulterbreit gehalten; das Brustbein soll möglichst nah zum Boden gebracht werden – evtl. leicht federn, Unterstützung durch einen ist Partner möglich.

Werden die Arme wenig mehr als schulterbreit gehalten, wird in Hauptverlaufsrichtung des Muskels gedehnt. Geringere Anteile der Brustmuskulatur werden aber auch gedehnt, wenn die Arme seitlich oder gerade nach oben gestreckt werden.

Da die Rutschhalte neben der Streckung der Schultergelenke und der Dehnung der Brustmuskulatur auch eine Streckung der gesamten Wirbelsäule bewirkt, sind bei dieser Übung auch die Beckenstellung und der Grad der Lendenlordose zu beachten.

- Werden die Oberschenkel senkrecht gehalten, möglichst noch die Hände auf ein etwa kniehohes Gerät, nicht auf dem Boden aufgelegt, befindet sich das Becken in einer mittleren Stellung, die Lendenwirbelsäule in einer leichten, der „normalen" Lordose.
- Wird das Gesäß nach vorn verlagert, vergrößert sich dadurch der Winkel im Kniegelenk über 90° hinaus, kommt es zu einer verstärkten Beckenkippung und Vertiefung der Lendenlordose.
- Das Becken befindet sich dagegen in aufgerichteter Stellung und die Lendenlordose wird abgeflacht, wenn das Gesäß zu den Fersen hin nach hinten verlagert wird; der Winkel in den Kniegelenken wird deutlich kleiner als 90°.

Je nachdem zu welcher Beckenstellung eine Person tendiert, können diese minimalen Übungsvariationen zur Differenzierung innerhalb gezielter Ausgleichsprogramme genutzt werden.

- Schneidersitz, aktive Dehnung der Brustmuskulatur, indem die Arme etwas mehr als schulterbreit bei aufrechter Rumpfhaltung nach oben hinten gestreckt werden. Die Haltung der Arme kann bis zur Seithalte variiert werden.
  Dasselbe kann auch mit gebeugten Armen durchgeführt werden. Die Hände werden im Nacken gehalten, die Ellenbogen nach hinten gedrückt.
  Die Sitzposition ist gegenüber dem Stand vorzuziehen, da hier ein Ausweichen in die verstärkte Lendenlordose und Beckenkippung, ein kompensatorisches „Vorschieben des Beckens", nicht möglich ist. Gerade wenn eine Haltungsschwäche vorliegt, ist es leichter, die Konzentration auf nur einen Bereich des Körpers lenken zu müssen.
- partnerweise Schneidersitz Rücken an Rücken; Arme in Hochhalte etwas mehr als schulterbreit, Handfassung; wechselweise zieht jeder seinen Partner in eine Streckung, evtl. leichte Überstreckung. Beide Partner sollten etwa gleich groß sein;
- partnerweise, A sitzt im Schneidersitz, B steht dahinter; B stabilisiert die aufrechte Rumpfhaltung von A, indem er sein Standbein seitlich an den Rücken von A stellt; B fasst die Oberarme von A von vorn und führt sie nach hinten. Nicht reißen!
  Für Grundschulkinder sind Partnerübungen, bei denen der Partner den Dehnreiz sorgfältig dosieren muss, ungeeignet!
- partnerweise, A in Bauchlage, Arme nach vorn gestreckt; B steht im Grätschstand über A, fasst seine Oberarme und hebt sie an.
  Variation: A hält einen Stab in den Händen, B steht vor A, fasst den Stab und

hebt so Arme und Rumpf von A an. A muss passiv bleiben; er darf nicht selbst den Rumpf heben, wenn ein Dehnreiz wirksam werden soll. Der Kopf kann zwischen den Armen gehalten werden oder – besser – passiv hängen. Kinder ziehen sich gern auf diese Weise gegenseitig durch die Halle, auch in Verbindung mit seitlichen Impulsen, die zu Schlängelbewegungen und damit zur Beweglichmachung der Wirbelsäule in frontaler Ebene führen.
Bei dieser Übung ist darauf zu achten, dass das Heben der Arme durch den Partner – je höher umso mehr – zu einer Streckung der Wirbelsäule führt. Die Verstärkung der Lendenlordose sollte aber in Grenzen gehalten und durch eine anschließende Gegenbewegung ausgeglichen werden.
- Arme in Schräghochhalte, Hände werden auf einen etwa hüfthohen Kasten, die Sprossenwand o.ä. gelegt, der Rumpf wird nach unten gedrückt, evtl. leicht gefedert.
Variation: partnerweise, beide Partner legen sich gegenseitig die Hände auf die Schultern und gehen so weit auseinander, dass sie in der Rumpfvorbeuge die Schultergelenke in Streckung bzw. Überstreckung bringen.
Die hier genannten Gymnastikübungen sind mit jüngeren Kindern kaum wirkungsvoll durchzuführen. Sie sind weitgehend einem gezielten Übungs- und Ausgleichsprogramm für ältere Schüler vorbehalten.

Bei Grundschulkindern bietet sich zur Dehnung der Brustmuskulatur und Weitung des Brustkorbes jedes passive Hängen an; als Dehnreiz wirkt das eigene Körpergewicht.
- Hängen an der Sprossenwand,
- Hängen und Schaukeln an den Ringen,
- Hängen und Schaukeln an den Tauen, dabei sollten zwei Taue benutzt werden, da dabei ebenso wie bei den Ringen ein etwa diagonaler Zug entsteht, der wiederum der Hauptverlaufsrichtung der Brustmuskulatur entspricht;
- auch Schwingen am Hochreck oder am hohen Barrenholm,
- Hangstandlaufen mit Vorschwingen der Beine.

Bei allen Formen des Hängens, Schaukelns und Schwingens ist zu beachten, dass es bei passivem Hängen zu einem wirksamen Dehnreiz kommt.
Da bei Kindern eine eingeschränkte Dehnfähigkeit eher selten vorkommt, ist hier jedoch in aller Regel die größere Betonung auf eine aktive Schultergürtelhaltung zu legen: Durch Bewusstmachung der Schultergürtelhaltung und / oder gezielte Kräftigung der Schultergürtelmuskulatur, insbesondere zum Beispiel des aufsteigenden und des quer verlaufenden Teils des Kapuzenmuskels, sollte den Kindern vermittelt werden, dass sie möglichst mit aktiv heruntergezogenen Schultern, mit der Wirbelsäule angenäherten Schulterblättern hängen und schaukeln.

Beweglichkeit der Wirbelsäule

Die Schwingungen der Wirbelsäule, die beim Flachrücken und auch beim Seitrücken oft in ihrer Ausprägung vermindert sind, können durch Ausgleichsprogramme nicht verstärkt werden. Zielsetzung ist hier – neben der Bewusstmachung der Haltung und der Förderung der Entspannungsfähigkeit – vor allem eine Förderung der Beweglichkeit der Wirbelsäulen.

- in den einzelnen Abschnitten – Hals-, Brust- und Lendenwirbelsäule – und
- in den verschiedenen Bewegungsrichtungen bzw. -ebenen:

- Förderung der Vor- und Rückbeugung – Beweglichmachung in der Sagittalebene,
- Förderung der Seitbeugung – Beweglichmachung in der Frontalebene,
- Förderung der Rotation – Beweglichmachung in der Horizontalebene.

Eine Vielzahl von Übungsbeispielen zur Förderung der Beweglichkeit der Wirbelsäule wurde schon bei den Übungen zur Verbesserung von Dehnfähigkeit und Kraft genannt. Intensiver als Gymnastikübungen und für Grundschulkinder besser geeignet sind wiederum Übungsformen an Geräten, speziell Übungen des Auf- und Umwindens, des Schlängelns, Kriechens, Robbens. Übungen an einer Gerätebahn führen zu intensiver Beweglichmachung der Wirbelsäule, wenn die Geräte so gewählt bzw. kombiniert werden, dass ein Ausweichen unmöglich ist. Die Übungen müssen „zwingend" sein.

Außerdem kommt es darauf an, den Kindern deutlich zu machen, dass hier nicht Quantität und Schnelligkeit, sondern die Qualität der Übungsausführung im Vordergrund steht. Es sollte besonders sorgfältig gearbeitet werden.

→ *Beweglichmachung der Wirbelsäule in der Sagittalebene*
- geschmeidiges Über- und Unterkriechen von Hindernissen:
zum Beispiel Kombination von zwei parallel stehenden umgedrehten Bänken, dazwischen – ebenfalls parallel angeordnet – kleine Kästen oder zweiteilige Sprungkästen; die Kinder kriechen bzw. ziehen sich auf dem Bauch unter der ersten Bank hindurch, über den dahinter stehenden Kasten hinüber und sofort wieder unter der nächsten Bank hindurch. Die Abstände zwischen den Bänken sind so eng zu wählen, dass dem Kind zum Beispiel eine Aufrichtung zum Kniestand oder in die Bankstellung nicht möglich ist. Ein Ausweichen zur Seite sollte ebenso vermieden werden; die Kinder sind darauf hinzuweisen. Wenn mehrere Kinder nebeneinander üben, ist ein seitliches Ausweichen aus Platzgründen nicht möglich;
- Rückenschaukel mit anschließendem Streckprung oder auch Rückenschaukel im Wechsel mit Nackenbrücke;
- Hangstandlaufen mit anschließendem Felgabzug, u.a.

→ *Beweglichmachung der Wirbelsäule in der Frontalebene*
- umgedrehte Bank, Zwischenräume werden mit je einem Medizinball unterteilt; die Kinder schlängeln sich seitlich – möglichst nah an der Bank – durch die engen Zwischenräume;
- Schlängeln oder Robben im Slalom um möglichst eng hintereinander aufgestellte Keulen, Medizinbälle o.ä.;
- auch auf allen Vieren oder in der Bankstellung im Slalom oder in Achterform möglichst eng um Hindernisse herumkriechen.

→ Allgemeine Beweglichmachung der Wirbelsäule unter *Betonung der Rotation (Horizontalebene)*

- Aufwinden am Stufenbarren, einer Kombination Reck / Kasten o.ä.;
- Schlängelndes Klettern an der Gitterleiter.

Partnerübungen mit oder ohne Handgerät können ebenso im Rahmen gezielter Beweglichmachung der Wirbelsäule Anwendung finden, eignen sich aber eher für ältere Schüler. Ein Ausweichen ist hier leicht möglich. Der Lehrer muss oft helfen und sorgfältig korrigieren, damit ein guter Übungseffekt erreicht wird.

- Partner stehen im Grätschstand, Rücken zueinander und übergeben einen Ball im Wechsel durch die Beine und über Kopf (*Sagittalebene*);
  Der Abstand zwischen beiden Partnern wird so weit wie möglich vergrößert. Durch die Beine muss der Ball bei einem relativ großen Abstand gerollt oder leicht geworfen werden. Bei der Ballübergabe über Kopf sollten die Schüler dem Ball nach- bzw. entgegensehen: durch die Rückbeugung des Kopfes wird erst die Streckung / Überstreckung der Wirbelsäule möglich.
- Partner sitzen im Schneidersitz Rücken an Rücken; ein Ball wird mit beiden Händen dem Partner seitlich übergeben, der Partner nimmt mit beiden Händen den Ball an. Es wird nach beiden Seiten geübt (*Horizontalebene*).
  Die beidhändige Ballübergabe ist zu betonen, da bei einhändiger Ausführung eine Rotation der Wirbelsäule nicht oder nur in geringem Maße notwendig ist. Der Abstand zwischen beiden Partnern wird so weit wie möglich vergrößert. Auch bei größerem Abstand soll die Rumpfhaftung aufrecht bleiben und die Rotation der Wirbelsäule nicht durch ein Rutschen auf dem Gesäß ersetzt werden.
  Dasselbe ist auch im Stand möglich. Die Rotationsbewegung wird dann aber oft hauptsächlich durch eine Bewegung der Hüftgelenke erreicht; die Wirbelsäule kann nahezu gerade bleiben. Um ein solches Ausweichen zu vermelden, sollten Übungen zur Beweglichmachung der Wirbelsäule im Stand nur angeboten werden, wenn durch ein gut entwickeltes Körper- und Haltungsgefühl die richtige Übungsausführung gewährleistet ist.
- Partner stehen sich gegenüber mit Handfassung. Ohne die Handfassung zu lösen, drehen sich beide einmal um sich selbst. Hier ist wieder darauf zu achten, dass sich beide ansehen, wenn sie mit dem Rücken zueinander stehen, Arme und Hände befinden sich über dem Kopf. Eine Rückbeugung wird sonst nicht erreicht. Es wird nach beiden Seiten gedreht. Beweglichkeit in *allen Ebenen* wird gefördert.
- Partner stehen sich gegenüber mit Handfassung. Ohne die Handfassung zu lösen, steigen beide mit einem Bein (Partner A mit dem rechten, B mit dem linken Bein, oder umgekehrt) von außen über die gefassten Hände nach innen, führen die Arme der anderen Seite über den Kopf, drehen sich dabei auf der Stelle jeder um sich selbst und steigen mit dem anderen Bein über die Hände. Die Ausgangsstellung wird wieder erreicht
  Dasselbe ist einzeln möglich, wenn anstelle der Handfassung mit dem Partner ein Stab mit beiden Händen gehalten wird. Je enger die Handfassung am Stab, umso intensiver ist die Bewegung der Wirbelsäule; gleichzeitig ist eine hohe Beweglichkeit der Schultergelenke erforderlich.

- Ein Stab wird senkrecht gestellt und mit einer Hand leicht oben festgehalten. Ohne den Stab loszulassen, wird eine ganze Körperdrehung unter dem gestreckten Arm hindurch durchgeführt. Wird der Stab auf eine Matte gestellt, rutscht er nicht so leicht weg. Je kürzer der Stab im Verhältnis zur Körpergröße des Übenden ist, umso höher ist die Übungsintensität.
- Ein Reifen wird senkrecht gehalten; möglichst ohne den Reifen zu berühren, soll hindurchgestiegen werden.
- Ein Reifen wird waagerecht vor dem Körper gehalten; ohne den Reifen zu berühren, kann man hineinsteigen, ihn nach oben und wieder vor den Körper führen.
- Mehrere Reifen werden senkrecht oder waagerecht, auch schräg und in vielfältigen Kombinationen vom Partner gehalten; durch möglichst viele der entstehenden Zwischenräume sollen die Kinder schlängeln, ohne die Reifen zu berühren. Dasselbe ist auch mit Partnern möglich, die mit ihren Körpern Zwischenräume unterschiedlicher Form und Größe bilden (vgl. Kap. 6.1; räumlich Orientierungsfähigkeit).
- Partner A in Bankstellung
- B steigt über A und kriecht unter ihm hindurch, ohne anzustoßen,
- B schlängelt sich in Achterform um Arme und Bein, auch durch die gegrätschten Arme und Beine.
- Partner A steht in Grätschstellung, B kriecht oder schlängelt um die gegrätschten Beine. Dasselbe auch in der Gruppe, wenn mehrere Kinder mit gegrätschten Beinen nebeneinander stehen.

Wenn Übungsprogramme zur Förderung der Beweglichkeit der Wirbelsäule zusammengestellt werden, ist unbedingt zu berücksichtigen, dass die verringerten physiologischen Schwingungen der Wirbelsäule eine Einschränkung der Elastizität zur Folge haben und eine hohe Belastung der Zwischenwirbelscheiben bei vielen Bewegungen, insbesondere bei Sprüngen bewirken. Stauchungen können aber durch eine gute Fußelastizität kompensiert werde. Übungsformen zur Förderung der Fußelastizität sollten deshalb im Förderprogramm mit den Übungen zur Beweglichmachung der Wirbelsäule kombiniert werden.

6.3 Förderung der Ausdauerleistungsfähigkeit

Für eine Förderung der Ausdauerleistungsfähigkeit bieten sich bei Grundschulkindern Laufspiele an, die ohne großen Aufwand in der Turnhalle oder im Freien, in Gruppen oder auch paarweise durchgeführt werden können. Eine Förderung der allgemeinen aeroben Ausdauer ist aber auch möglich beim Schwimmen, sofern mindestens eine Technik beherrscht wird. Radfahren, Rollschuhlaufen, Inline-Skaten, Eislaufen, Skilanglaufen, und anderen Sportarten, die vor allem auch einen hohen Freizeitwert besitzen, sollten angeboten werden, wenn entsprechende organisatorische Möglichkeiten vorhanden sind.

Spielformen haben den Vorteil, dass sie im Allgemeinen eine hohe Motivation besitzen. Gerade jüngere Kinder laufen in der Regel gern im Spiel und belasten sich entsprechend ihrer Leistungsfähigkeit individuell. Eine gezielte Dosierung

der Belastung durch den Lehrer ist dabei aber nur in sehr begrenztem Umfang möglich. Eine gewisse Kontrolle bieten die sorgfältige Beobachtung der einzelnen Schüler im Hinblick auf Anzeichen der Erschöpfung und die Pulsmessung (vgl. Kap. 4.3.5).
Bei älteren Schülern können *Übungsformen* angewendet und individuell dosiert werden. Möglichkeiten der Leistungsbeurteilung und Kenntnisse der Trainingslehre sind insbesondere den Schülern des Sekundarbereiches zu vermitteln, um sie zu befähigen und zu motivieren, sich auch in ihrer Freizeit selbständig angemessen zu belasten.

Dauermethode

Als Voraussetzung für Belastungen entsprechend der Dauermethode gilt die Entwicklung von *Zeit-, Tempo- und Streckengefühl*.
- Spielformen zur Entwicklung eines Tempogefühls können schon im Vorschulalter angeboten werden, zum Beispiel
- Autospiel; entsprechend der „Gänge" eines Autos und korrespondierender Geschwindigkeiten bedeutet der erste Gang – Gehen, der zweite Gang – langsames Traben, der dritte Gang – schnelles Laufen und der vierte Gang Höchstgeschwindigkeit.
Je nachdem welche Gänge der Spielleiter angibt, kommt eher die nicht kontinuierliche Dauermethode oder die extensive Intervallmethode zur Anwendung.
- Die gleiche Zielsetzung wird verfolgt, wenn Flugzeuge (Segelflieger – Hubschrauber – Düsenjäger) oder Tiere (Schnecke – Hund – Gepard) verschiedene Geschwindigkeiten symbolisieren.

- Das Zeitgefühl wird mit Hilfe der Stoppuhr erarbeitet:
- Als Vorübung werden kurze Zeitintervalle (z.B. 10 oder 15 sec) vorgegeben und sollen von den Kindern geschätzt werden. Als Unterstützung der Konzentration auf die Zeitvorgabe hilft es, die Augen zu schließen.
- Besteht dabei eine gewisse Sicherheit, werden diese Zeitintervalle In Bewegung umgesetzt – zum Beispiel 10 sec. Gehen, 10 sec. Stehen, etc.
- Zielübung ist der Dreiecks- oder Viereckslauf zunächst mit gleich langen Strecken. Die Kinder verteilen sich in Gruppen auf die Eckpunkte der Halle und versuchen, in der vorgegebenen Zeit jeweils von Ecke zu Ecke möglichst gleichmäßig zu laufen. Die Zeitintervalle werden vom Lehrer durch Zuruf oder Pfiff deutlich gemacht. Laufen einzelne Kinder zu schnell, erwarten sie am nächsten Eckpunkt das Zeichen des Lehrers, indem sie auf der Stelle laufen; wer zu langsam läuft und beim Pfiff den nächsten Eckpunkt noch nicht erreicht hat, muss sein Tempo beschleunigen. Als Maßnahme der Individualisierung können unterschiedlich lange Seitenlinien angeboten werden.
Das Ziel ist erreicht, wenn es allen gelingt, gleichmäßig über längere Zeit um das Dreieck zu laufen. Die Aufmerksamkeit der Kinder richtet sich dabei auf die Signale des Lehrers, so dass die lange Zeit relativ gleichmäßigen Laufens den Kindern nicht langweilig wird.
- Wird ein Dreieck / Viereck mit unterschiedlich langen Strecken vorgegeben, werden gleichzeitig Zeit-, Tempo- und Streckengefühl erarbeitet; die Schwie-

rigkeit wird dadurch erheblich größer. Um eine angemessene Belastungsintensität zu erreichen, müssen Zeitintervall und Streckenlänge sorgfältig aufeinander abgestimmt werden.

So wie beim Autospiel die Vorstellung „Auto" im Vordergrund steht und der Dreiecks- / Viereckslauf durch die Stoppuhr bzw. die Signale des Lehrers interessant wird, müssen andere Möglichkeiten der *Motivation für ein mehr oder weniger gleichförmiges Laufen über einen längeren Zeitraum* gefunden werden. Die Aufmerksamkeit der Schüler könnte zum Beispiel gelenkt werden auf
- Musik oder Bewegungsbegleitung
– „Lauft so lange, wie die Musik spielt". Im Zusammenhang mit der Schulung rhythmischer Fähigkeiten (vgl. Kap. 6.1) kann durch den Charakter der Musik das Tempo bzw. die Art der Bewegung vorgegeben oder auch variiert werden;
– Tanzformen, Tänze;
- Gelände (Waldlauf oder Hindernisse, z.B. ein Geräteparcours in der Halle oder vorgegebene Raumwege, „Straßen");
– Fahrtspiel,
– Formen des Orientierungslaufes;
- Handgeräte wie Ball, Reifen oder Seil

Werden Handgeräte eingesetzt, muss darauf geachtet werden, dass die koordinative Anforderung dem Entwicklungstand der Kinder entspricht. Ist der koordinative Anspruch zu hoch, steht die Koordinationsschulung im Vordergrund, die Ausdauerbelastung bleibt gering. So wird zum Beispiel Seilspringen bei Erwachsenen durchaus als Konditionstraining eingesetzt; Schulanfänger wären damit koordinativ sicher überfordert. Folgende Übungsformen sind aber auch bei Grundschulkindern im Sinne der Dauermethode denkbar:
– Überlaufen eines geschlängelten oder gependelten Seils; wird ein langes Seil oder die Zauberschnur benutzt, können mehrere Kinder gleichzeitig die Schnur überlaufen, außen – um diejenigen, die das Seil bewegen, herum – zurücklaufen und vom Ausgangspunkt wieder starten, ohne dass eine Pause entsteht. Wird das Durchlaufen unter dem geschwungenen Seil beherrscht (Raumorientierung!), kann auch das „am laufenden Band" erfolgen.
– Ballspiele wie zum Beispiel „Haltet die Seite frei", „Haltet den Kasten voll", „Kastenball", „Treibball", „Rollball", u.a.
Die Belastungsintensität kann bei diesen Spielen je nach der Größe der Gruppe (Anzahl der Spieler), der Größe des Spielfeldes und der Anzahl – auch der Art der Bälle – variiert werden.
- Verteilung oder Einsammeln von Materialien; je mehr Material zur Verfügung steht, umso länger wird gelaufen:
Bierdeckel, Karten, andere Kleinteile, die in großer Zahl vorhanden sind, müssen – jeweils einzeln – an bestimmte Plätze gebracht oder dort abgeholt werden (Vorstellung: Briefträger verteilt die Post). Wer ist zuerst fertig? oder Wer braucht am wenigsten Zeit?
– ebenso: Materialien nach bestimmten Kriterien bestimmten Räumen zuordnen und dorthin bringen (Umzug, welches Teil gehört in welchen Raum?);

- Puzzle zusammensetzen, dafür nur jeweils ein Teil an der anderen Hallenseite abholen; etc.
• Orientierung an Partner oder Gruppe:
- Schattenlaufen; partnerweise oder in kleinen Gruppen, ein Kind macht Bewegungen vor, das / die andere(n) ahmt / ahmen sie als Schatten nach.
- Überholstaffel; die gesamte Gruppe oder mehrere kleine Gruppen laufen als „Schlange" hintereinander her auf frei gewählten oder vorgegebenen Raumwegen in mittlerem Tempo; auf ein Zeichen beschleunigt der letzte einer Gruppe um zu überholen, sich an die Spitze der Gruppe zu setzen und im mittleren Tempo weiterzulaufen.
- partnerweise während des gemeinsamen Laufens Rätsel raten – Was bin ich?, Fragen dürfen nur mit ja oder nein beantwortet werden; geraten werden Tiere, Berufe, bekannte Persönlichkeiten etc.

Extensive Intervallmethode

Spielformen, die weitgehend den Bedingungen der extensiven Intervallmethode entsprechen, sind alle *Reaktionsspiele* (vgl. Kap. 6.1). Dabei wechseln längere Laufphasen und kürzere Pausen ab; der Spielleiter bestimmt jeweils die Länge der einzelnen Phasen (vgl. Kap. 4.5.3).
• „Feuer, Wasser; Blitz": Die Kinder laufen in mittlerem Tempo durcheinander; auf das jeweilige Kommando – Feuer, Wasser oder Blitz – soll möglichst schnell richtig – wie vorher verabredet – reagiert werden.
• „Atomspiel": Die Kinder laufen in mittlerem Tempo durcheinander; auf Zuruf einer Zahl bilden sich möglichst schnell Gruppen entsprechender Anzahl.
• „Platz finden": Reifen liegen frei verteilt im Raum, jedes Kind steht in „seinem" Reifen. Auf Zeichen laufen alle um alle Reifen herum; auf Zuruf versucht jeder, möglichst schnell wieder in „seinen" Reifen zu gelangen.
• „Reise nach Jerusalem": Reifen – ein Reifen weniger als Mitspieler – liegen verteilt im Raum. Alle laufen um die Reifen herum; auf Zuruf versucht jedes Kind, sich in einen Reifen zu stellen. Ein Kind findet keinen Reifen.
Alle Reaktionsspiele sollten ohne Ausscheiden gespielt werden, da meistens die leistungsschwächeren Spieler als erste ausscheiden und am Spiel nicht weiter teilnehmen würden, obwohl gerade für sie die Belastung am wichtigsten wäre.

• Beliebt sind bei den Kindern auch die *Fangspiele*, die in vielen Variationen gespielt werden. Die Motivation führt in der Regel zu hoher individueller Belastung; die Belastungshöhe und -dauer sowie die Pausendauer sind aber vom Lehrer nicht zu steuern. Eine Möglichkeit der Einflussnahme ergibt sich aus der Rollenverteilung – der Fänger wird höher belastet als die übrigen Kinder – und der Spielfeldgröße. Auch die Anzahl der Fänger bedingt eine unterschiedlich hohe Reizintensität. Beispiele für Fangspiele sind
- „Paarfangen";
- „Fangen und Erlösen";
- „Hase und Jäger";

- „Wer fürchtet sich vor dem schwarzen/bösen Mann?"
- „Fischer, Fischer, wie tief ist das Wasser?"
- „Wie spät ist es, Herr Wolf?"
- „Schwänzchen fangen",
- „Sechstagerennen", u.a.

- Als Form des regelmäßigen extensiven Intervalltrainings kann an Stationen mit vorgegebener Belastungs- und Pausenzeit geübt werden – ähnlich dem Circuit-Training, allerdings mit Stationen ohne erhebliche Belastung der Koordination und der Kraft wie zum Beispiel
- Laufen um zwei Malstangen herum,
- Überlaufen einer Mattenbahn,
- im Slalom um Hütchen herumlaufen,
- Überlaufen von kleinen Kästen oder Kastendeckeln, etc.

Intensive Intervallmethode

Übungsformen, die der intensiven Intervallmethode entsprechen, sind Staffeln und Staffelspiele:
- Wendestaffel und Pendelstaffel, auch als
- Hindernisstaffel, Transportstaffel, o.ä.

Als Spielformen können „Nummernwettlauf", „Schwarz – Weiß", auch „Komm mit – Lauf weg", u.a. vorgeschlagen werden.

Die intensive Belastung wird durch den Wettkampfcharakter erreicht: Jeder läuft, so schnell er kann. Die Strecke, die mit maximaler Geschwindigkeit gelaufen werden kann, beträgt im Grundschulalter etwa 20 bis 40 m. Das Verhältnis von Belastung und Pause, die Reizdichte, ergibt sich aus der Größe der Mannschaft; bei 6 Kindern pro Mannschaft entspricht das Verhältnis von Belastung zu Pause 1:5. Am Anfang genügen 2 bis 3 Wiederholungen. Die Wiederholungszahl, die Reizdichte und – bedingt – die Streckenlänge können variiert werden, um die Belastungsintensität zu verändern.

Spiel- und Übungsformen der intensiven Intervallmethode als Formen anaerober Belastung bleiben aber der Ausdauerschulung im Sekundarbereich vorbehalten (vgl. Kap. 4.5.3).

Anhang: KMK-Empfehlungen

Veröffentlichungen der
Kultusministerkonferenz

**Grundsätze
für die Durchführung von Sportförderunterricht
sowie für die Ausbildung und Prüfung zum Erwerb der
Befähigung für das Erteilen von
Sportförderunterricht**

(Empfehlung der Kultusministerkonferenz vom 26.02.1982
in der Fassung vom 17.09.1999)

Sekretariat der Ständigen Konferenz
der Kultusminister der Länder
in der Bundesrepublik Deutschland

P R Ä A M B E L

Der Sport gehört zu jenen schulischen Lern- und Erfahrungsbereichen, die in den zurückliegenden Jahrzehnten eine besondere Entwicklung erfahren haben. Vielfältige Maßnahmen in den einzelnen Ländern – von der Lehrerausbildung über neue Curricula bis zur Einführung täglicher Bewegungszeiten, vom Sportstättenbau bis zur bewegungsfreundlichen (Um-)Gestaltung der Schulhöfe – haben hierzu beigetragen. Die Kultusministerkonferenz hat sich bei dieser Entwicklung als Ort der Koordinierung bewährt.
Die veränderten Lebensbedingungen machen für eine zunehmende Anzahl von Schülerinnen und Schülern den Sportunterricht ergänzende Fördermaßnahmen erforderlich. Dazu zählen insbesondere auch Angebote eines Sportförderunterrichts, dessen Weiterentwicklung folgende Prinzipien zugrunde liegen:

I. Sportförderunterricht

1. Begründung

Der Sportförderunterricht kann zusätzlich zum obligatorischen Sportunterricht an den Schulen durchgeführt werden. Er ist vor allem für Schülerinnen und Schüler bestimmt, die motorische Defizite und psycho-soziale Auffälligkeiten aufweisen, und zielt darauf ab, ihre Bewegungsentwicklung positiv zu beeinflussen und ihre Gesundheit und damit ihr Wohlbefinden zu steigern.

Oft korrelieren schulische Lernleistungen und auffälliges psycho-soziales Verhalten bei Schülerinnen und Schülern sehr eng mit körperlichen Entwicklungsrückständen und motorischen Leistungsdefiziten. Daher dient der Sportförderunterricht auch der Steigerung einer allgemeinen schulischen Lern- und Leistungsfähigkeit und verbesserten Integration der Schülerinnen in das Schulleben.

2. Aufgaben

Im Sportförderunterricht sollen Schülerinnen und Schüler mit motorischen und psycho-sozialen Schwächen durch eine besonders qualifizierte Lehrkraft langfristig und gezielt gefördert werden. Sie sollen sich der Leistungsfähigkeit ihres Körpers (wieder) sicher werden und jene Kompetenzen erwerben, die für die Teilnahme am Bewegungsleben der Gleichaltrigen wichtig sind.

Für Kinder und Jugendliche mit schwerwiegenden körperlichen Defiziten und psycho-motorischen Störungen sollten zusätzliche therapeutische Möglichkeiten aufgezeigt werden. Die Förderung behinderter Kinder und Jugendlicher ist vorzusehen, soweit dies möglich ist.

Die Auswahl der Schülerinnen und Schüler für den Sportförderunterricht erfolgt unter Beteiligung der Erziehungsberechtigten und ist vorrangig unter spezifischen sportpädagogischen Förderungskriterien durchzuführen. Die Formen der Zusammenarbeit zwischen den Sportlehrkräften und Gesundheitsämtern, speziell Schulärztinnen bzw. Schulärzten, sowie niedergelassenen Ärztinnen bzw. Ärzten werden ebenso durch die Länder geregelt wie die Modalitäten zur Durchführung ggf. zusätzlich erforderlicher ärztlicher Untersuchungen.

3. Didaktisches Konzept

Ziel des Sportförderunterrichts ist die ganzheitliche Förderung der Persönlichkeitsentwicklung von Kindern und Jugendlichen durch Bewegung, Spiel und Sport unter besonderer Berücksichtigung der Gesundheit. Dabei sollen didaktische Prinzipien wie Kindgemäßheit, Offenheit, Freiwilligkeit und Selbständigkeit im Vordergrund stehen.

Eine isolierte Berücksichtigung biologisch-medizinischer Aspekte und ein ausschließlich auf die körperliche Symptomatik ausgerichtetes unterrichtliches Vorgehen sind im Sinne eines ganzheitlichen Persönlichkeits- und Gesundheitsverständnisses nicht ausreichend.

Mangel an Bewegungserfahrungen bzw. einseitige Anforderungen führen in der Regel zu körperlichen Einschränkungen und ziehen häufig psychische und soziale Belastungen und Probleme der Kinder und Jugendlichen nach sich. Deshalb soll der Sportförderunterricht zusätzlich einen Ausgleich für psycho-soziale Probleme bieten. Er dient den Schülerinnen und Schülern zur Steigerung des Selbstwertgefühls, zur Entwicklung einer positiven Grundeinstellung und als Bereich der psychischen Entspannung und des sozialen Wohlbefindens.

4. Inhalte

Der Sportförderunterricht bezieht alle Inhalte des Schulsports mit ein, soweit dies sinnvoll und organisatorisch möglich ist. Die Auswahl der Inhalte soll sich vornehmlich an den grundlegenden und spezifischen Bedürfnissen der an ihm teilnehmenden Schülerinnen und Schüler orientieren. Anregungen aus ihrem Bewegungsleben und Spielverhalten sollten berücksichtigt und aufgenommen werden. Ferner sollte der Entwicklung sportlicher Neigungen und Interessen, die in die Freizeit hineinwirken, Raum gegeben werden.

Inhaltliche Schwerpunkte stellen – insbesondere im Primarbereich – elementare Körper- und Bewegungserfahrungen und die Förderung bzw. Entwicklung sozialer Kompetenzen dar. Der Förderung von Wahrnehmung und Bewegungskoordination kommt eine herausgehobene Bedeutung zu. Daneben sollten eine vielfältige Beanspruchung der Muskulatur sowie eine Erhöhung der physischen wie psychischen Belastbarkeit bzw. Leistungsfähigkeit angestrebt werden.

Inhaltliche Schwerpunkte bilden darüber hinaus insbesondere der Aufbau von Befähigung und Motivation zum Sporttreiben in Schule und Freizeit und die Vermittlung von Kompetenzen im Hinblick auf eine dem individuellen Leistungsvermögen angemessene sportliche Belastung.

5. Organisation

Der Sportförderunterricht soll inhaltliche Bezüge zum obligatorischen Sportunterricht und zum außerunterrichtlichen Schulsport herstellen. Eine Kooperation der im Sportförderunterricht tätigen Lehrkräfte mit den übrigen Lehrkräften der Schule ist erforderlich. Vor allem bei jüngeren Schülerinnen und Schülern ist die Integration der Eltern in die Fördermaßnahmen, stärker als im sonstigen schulischen Leben üblich, anzustreben. Die Eltern sollten über die Bedeutung der Motorik für die Gesamtentwicklung eines Kindes informiert werden. Im Rahmen der außerschulischen Kooperation sollte insbesondere auch die Zusammenarbeit mit Sportvereinen erfolgen.

6. Qualifikation der Lehrkräfte

Die Qualifikation der im Sportförderunterricht tätigen Lehrkräfte unterliegt besonderen Anforderungen. Eine Zusatzausbildung ist erforderlich.

II. Ausbildung

1. Ziel der Ausbildung

Ziel der Ausbildung ist die Vermittlung von spezifischen Kenntnissen und Fähigkeiten für das Erteilen von Sportförderunterricht für Schülerinnen und Schüler mit deutlichen körperlichen Entwicklungsrückständen, motorischen Defiziten, psycho-motorischen Störungen und psycho-sozialen Auffälligkeiten in allen Schularten und Schulformen.

2. Ausbildungswege

Die Ausbildung zum Erwerb der Befähigung für das Erteilen von Sportförderunterricht kann durchgeführt werden
a) für Studierende im Fach Sport im Rahmen des Studienganges für ein Lehramt an Schulen,
b) für Lehrkräfte im Schuldienst mit Fakultas Sport bzw. einer Unterrichtserlaubnis für Sport.

3. Zulassung zur Ausbildung

Die Voraussetzungen für die Zulassung zur Ausbildung nach Nummer 2 a) werden durch die entsprechenden Studienordnungen und Ausbildungsgänge der Hochschulen, die Zulassungsvoraussetzungen für die besonderen Lehrgänge nach Nummer 2 b) durch die Bestimmungen der Länder geregelt.

4. Umfang und Gliederung der Ausbildung

Die Ausbildung umfasst mindestens 72 Stunden und berücksichtigt folgende Schwerpunkte:
a) Didaktik und Methodik des Sportförderunterrichts,
b) didaktisch-methodische Übungen,
c) unterrichtspraktische Ausbildung,
d) biologisch-medizinische Grundlagen des Sportförderunterrichts.

5. Ausbildungsinhalte

Inhalte der Ausbildung sollten sein:

a) Didaktik und Methodik des Sportförderunterrichts

— Erscheinungsformen, Ursachen, Auswirkungen und Ausgleichsmöglichkeiten senso-motorischer und psycho-sozialer Auffälligkeiten im Kindes- und Jugendalter;
— Test- und Auswahlverfahren;

- Gesetzmäßigkeiten und Störungen der kindlichen Entwicklung;
- Belastbarkeit und Trainingswirkungen im Kindes- und Jugendalter;
- motorische Leistungsschwäche und psychische Störungen (z.B. verhaltensauffällige Kinder im Schulsport);
- Integration der geförderten Kinder und Jugendlichen in das allgemeine schulische Leben;
- Einflussmöglichkeiten auf das Freizeitverhalten;
- Lehrplan, Organisation;
- Lehrverfahren und Lehrerverhalten;
- spezielle Aspekte der Förderung (psycho-motorische Erziehung, Konzepte bewegungsfreudiger/ bewegungsfördernder Schulen, Entspannungstechniken und –verfahren, Verfahren psycho-physischer Regulation u.ä.);

b) <u>didaktisch-methodische Übungen im Sportförderunterricht</u>
   (Übungen mit Experimentalcharakter)
- Erarbeitung von Unterrichtsbeispielen zur Wahrnehmungsförderung und motorischen Förderung;
- Erarbeitung von Unterrichtsbeispielen zur sozialen, emotionalen und kognitiven Entwicklungsförderung über Bewegung, Spiel und Sport;
- exemplarische Erarbeitung von Situationen mit differenziertem Unterrichtsverlauf;
- Entwicklung von Beispielen und Techniken des Lehrerverhaltens für den Umgang mit verhaltensauffälligen Kindern und ihre Integration im Unterricht;
- Analyse von Demonstrationsstunden, ggf. unter Verwendung audiovisueller Medien;

c) <u>biologisch-medizinische Grundlagen des Sportförderunterrichts</u>
- Bau und Funktion des kindlichen und jugendlichen Organismus;
- biologische Entwicklungsprozesse im Kindesalter und ihre Beeinflussbarkeit durch Bewegung, Spiel und Sport;
- Bedeutung gesundheitlich relevanter Dysfunktionen im Bereich des Nervensystems, des Herz-Kreislauf-Atmungssystems, der Muskulatur und des Stoffwechsels im Kindes- und Jugendalter, Abgrenzungen der Haltungs- und Leistungsschwäche gegenüber der Normvariante und irreversiblen Beeinträchtigungen;
- Ausgewählte bewegungs- und sporttherapeutische Maßnahmen der Pädiatrie zur möglichen weiterführenden Beratung der Erziehungsberechtigten;
- Grundlagen der gesunden Ernährung.

III. Prüfung

1. Zweck der Prüfung

Durch die Prüfung sollen die Bewerberinnen und Bewerber nachweisen, dass sie befähigt sind, Sportförderunterricht zu erteilen. Mit Bestehen der Prüfung wird die Berechtigung erworben, Sportförderunterricht in der Schule zu erteilen.

2. Prüfungsausschuss

Die Prüfung wird nach den Bestimmungen der Länder durchgeführt.

3. Voraussetzungen für die Zulassung zur Prüfung

Vor der Zulassung zur Prüfung ist die vorgeschriebene Ausbildung nach Abschnitt II. nachzuweisen.

4. Gliederung der Prüfung

Die Prüfung kann einen lehrpraktischen Teil sowie einen schriftlichen und einen mündlichen Teil beinhalten. Die näheren Bestimmungen über die Gestaltung und den Umfang der Prüfung treffen die Länder.

5. Bewertungen der Prüfungsleistungen und Prüfungsergebnisse

Die Bestimmungen über die Bewertung der Prüfungsleistungen sowie über die Feststellung des Prüfungsergebnisses treffen die Länder.

6. Wiederholungen der Prüfung

Wiederholungen der Prüfung sind bei Nichtbestehen zulässig.

Literatur

Abele, A.; Becker, P. (Hrsg.): Wohlbefinden. Weinheim-München: Juventa

Abele-Brehm, A.; Brehm, W. (1986): Zur Konzeptualisierung und Messung von Befindlichkeit. Die Entwicklung der „Befindlichkeitsskalen" (BFS). Diagnostica 32 (3), 209-228

Ader, R. (ed.) (1981): Psychoneuroimmunology. New York: Academic Press

Affolter, F. (1972): Aspekte der Entwicklung und Pathologie von Wahrnehmungsfunktionen. In: Gautier, E.; Prod'hom, L. S. (Red.): Pädiatrische Fortbildungskurse für die Praxis. Bd. 34. Gehörstörungen beim Kind. S. 49-55. Basel-München: Karger

Affolter, F. (1975): Wahrnehmungsprozesse, deren Störung und Auswirkung auf die Schulleistungen, insbesondere Lesen und Schreiben. Zeitschr. Kinder- u. Jugendpsychiatrie 3 (2), 223-234

Affolter, F. (2001[3]): Wahrnehmung, Wirklichkeit und Sprache. Villingen-Schwenningen: Neckar-Verlag

Ahrendt, L. (2001): Säuglingsschwimmen. Aachen: Meyer & Meyer

Akert, K. (1979): Probleme der Hirnreifung. In: Lempp, R. (Hrsg.): Teilleistungsstörungen im Kindesalter. S. 12-32. Bern-Stuttgart-Wien: Huber

Alexander, G. (1978[3]): Eutonie. Ein Weg der körperlichen Selbsterfahrung. München: Kösel

Altfeld, K. (1998): Die Entwicklung der Gesamtkörperkoordination im Grundschulalter. Diplomarbeit Köln

Alon, R. (1993): Leben ohne Rückenschmerzen. Bewegen in Einklang mit der Natur. Feldenkrais-Lektionen I. Paderborn: Junfermann

Anders, W. (1985): Eutonie und autogenes Training bei verhaltensauffälligen Schülern. Motorik 8 (2), 58-66

Anders, W. (2001): Häute scho(e)n berührt? Körperkontakt in Entwicklung und Erziehung. Dortmund: verlag modernes Lernen

Andry, N. (1741): L'orthopédie ou l'art de prevenir et de corriger dans les enfants les difformités du corps. Paris; dtsch. Übers. (1744): Orthopädie, oder die Kunst, bey Kindern die Ungestaltheit des Leibes zu verhüten und zu verbessern. Berlin; Reprint (1987): Stuttgart: Schattauer

Antonovsky, A. (1979): Health, Stress, and Coping: New Perspectives on Mental and Physical Well-Being. San Francisco: Jossey-Bass

Antonovsky, A. (1987): Unraveling the Mystery of Health – How People Manage Stress and Stay Well. San Francisco: Jossey-Bass

Antonovsky, A. (1997): Salutogenese. Zur Entmystifizierung der Gesundheit. Deutsche erweiterte Ausgabe von Alexa Franke. Tübingen: Deutsche Gesellschaft für Verhaltenstherapie

Appell, H.J.; Stang-Voss, C. (1996³): Funktionelle Anatomie. Grundlagen sportlicher Leistung und Bewegung. München: Bergmann

Asmus, G. (1979): Physiologische Grundlagen von Haltung und Bewegung. Weinheim-New York: Verl. Chemie

Asmus, S. (1995): Sensibel genug für sensible Phasen? In: Nicolaus, J.; Zimmermann, K. W. (Red.): Sportwissenschaft interdisziplinär. Kassel: Gesamthochschul-Bibliothek

Autorenteam SVSS (1993): Sitzen als Belastung. Ismaning: PMSI Holdings Deutschland GmbH

Ayres, A. J. (1979): Lernstörungen. Sensorisch-integrative Dysfunktionen. Berlin-Heidelberg-New York: Springer

Ayres, A.J. (1984): Bausteine der kindlichen Entwicklung. Berlin-Heidelberg-New York-Tokyo: Springer

Baacke, D. (1995⁶): Die 6- bis 12jährigen. Einführung in die Probleme des Kindesalters. Weinheim-Basel: Beltz

Badtke, G., Bittmann, F.; Bull, H.J. (1988): Ausprägung einer zweckmäßigen Körperhaltung im Schulsport. Körpererziehung 38 (8/9), 365-371

Baedke, D. (1977): Handgeschicklichkeit bei Kindern. Psychomotorik 2 (4), 136-147

Balz, E. (1998³): Wie kann man soziales Lernen fördern? In: Bielefelder Sportpädagogen (Hrsg.): Methoden im Sportunterricht. Ein Lehrbuch in 14 Lektionen. S. 149-167. Schorndorf: Hofmann

Balz, E. (1999): Die bewegte Schule – Konzept und Kritik. Sportunterricht 48 (10), 417-424

Bandura, A. (1976): Lernen am Modell. Ansätze zu einer sozial-kognitiven Lerntheorie. Stuttgart: Klett

Barchmann, H.; Kinze, W.; Roth, N. (Hrsg.) (1991): Aufmerksamkeit und Konzentration im Kindesalter. Berlin: Verlag Gesundheit

Barkholz, U.; Paulus, P. (1998): Gesundheitsfördernde Schulen. Konzept – Projektergebnisse – Möglichkeiten der Beteiligung. Gamburg: Verl. f. Gesundheitsforderung

Bar-Or, O. (1986): Die Praxis der Sportmedizin in der Kinderheilkunde. Berlin-Heidelberg-New-York: Springer

Basner, B.; De Marées, H. (1993): Fahrrad- und Straßenverkehrstüchtigkeit von Grundschüler. Münster: GUVV Westfalen-Lippe

Bastian, K. (1992): Zur Haltung und Haltungsleistungsfähigkeit im Bereich des Beckengürtels. Eine empirische Untersuchung bei fünf- bis achtjährigen Kindern. Diplomarbeit Köln

Bauer, A. (1986): Minimale cerebrale Dysfunktion und / oder Hyperaktivität im Kindesalter. Berlin-Heidelberg: Springer

Baumann, N.; Hundeloh, H. (1996): Alternative Nutzung von Sportgeräten. München: Bundesverband der Unfallkassen

Baumann, N.; Hundeloh, H.; Bockhorst, R. (1998): Bewegungsangebote sicher gestalten. Dortmund: verlag modernes lernen

Baumann, S. (1974): Das Körperschema. Sportwissenschaft 4 (4), 299-313

Baumann, S. (1977): Körperschema und Bewegung. Sportwissenschaft 8 (1), 91-101

Baumann, S. (1986): Die Orientierung am und im eigenen Körper – Das Körperschema im engeren Sinne. In: Bielefeld, J. (Hrsg.): Körpererfahrung. Grundlage menschlichen Bewegungsverhaltens. S. 161-187. Göttingen-Toronto-Zürich: Hogrefe

Baur, J. (1982): Zur Bewegungssozialisaiton in der Herkunftsfamilie. Sportwissenschaft 12 (2), 121-151

Baur, J. (1987): Über die Bedeutung „sensibler Phasen" für das Kinder- und Jugendtraining. Leistungssport 17 (4), 9-14

Baur, J. (1989): Körper- und Bewegungskarrieren. Dialektische Analysen zur Entwicklung von Körper und Bewegung im Kindes- und Jugendalter. Schorndorf: Hofmann

Baur, J. (1993): Motorische Entwicklung in kulturellen Kontexten. Köln: Strauß

Baur, J. (1994a): Motorische Entwicklung: Konzeptionen und Trends. In: Baur, J.; Bös, K.; Singer, R. (Hrsg.): Motorische Entwicklung. Ein Handbuch. S. 27-47. Schorndorf: Hofmann

Baur, J. (1994b): Motorische Entwicklung in sozialökologischen Kontexten, In: Baur, J.; Bös, K.; Singer, R. (Hrsg.): Motorische Entwicklung. Ein Handbuch. S. 72-90. Schorndorf: Hofmann

Beck, J.; Bös, K. (1995): Normwerte motorischer Leistungsfähigkeit. Köln: Strauß

Beh, D.; Rößler, O. (1992): „Der Zoo macht Gymnastik" – Ein präventiv ausgerichtetes Gymnastikprogramm für 3- bis 10jährige Kinder. Krankengymnastik 44 (11), 1398-1404

Bengel, J.; Strittmatter, R.; Willmann, H. (1998): Was erhält Menschen gesund? Antonovskys Modell der Salutogenese – Diskussionsstand und Stellenwert. Forschung und Praxis der Gesundheitsförderung. Band 6. Bundeszentrale für gesundheitliche Aufklärung (Hrsg.). Bergisch-Gladbach: Schiffmann

Benninhoff, A., Görttler, K. (1968[10]): Lehrbuch der Anatomie des Menschen. Erster Band. München-Berlin-Wien: Urban & Schwarzenberg

Benninghoff, A.; Hrsg. v. Drenckhahn, D.; Zenker, W. (1994[15]): Anatomie: Makroskopische Anatomie, Embryologie und Histologie des Menschen. Band 1. München-Wien-Baltimore: Urban & Schwarzenberg

Berends, R. (1996): Die Überprüfung der Effizienz eines Rückenschulprogramms im Zusammenhang mit dem AOK-Fitball als Alternativsitzmöbel in der Schule – unter besonderer Berücksichtigung der stützmotorischen Haltungskoordination. Diplomarbeit Köln

Bernbeck, R.; Dahmen, G (1976[2]): Kinderorthopädie. Stuttgart: Thieme

Berndt, I. (1998[3]): Wie motiviere ich meine Schülerinnen und Schüler? In: Bielefelder Sportpädagogen (Hrsg.): Methoden im Sportunterricht. Ein Lehrbuch in 14 Lektionen. S. 187-201. Schorndorf: Hofmann

Berndt, I.; Trenner, B. (1998[3]): Was macht einen guten Sportlehrer, eine gute Sportlehrerin aus? In: Bielefelder Sportpädagogen (Hrsg.): Methoden im Sportunterricht. Ein Lehrbuch in 14 Lektionen. S. 237-252. Schorndorf: Hofmann

Bernoteit, M. (1979): Überprüfung der Ausdauerleistungsfähigkeit bei Grundschulkindern der 2. und 3. Jahrgangsstufe. Diplomarbeit Köln

Berquet, K. H. (1964): Zwillingsuntersuchungen über die menschliche Haltung, den Haltungsschaden und verschiedene Formelemente der Wirbelsäule. Düsseldorf: Habilitationsschrift

Berquet, K. H. (1972[3]): Zur Erbbiologie der menschlichen Haltung. In: Matthiaß, H. H. (Red.): Probleme der Haltungsbeurteilung. S. 57-78. Düren: Lohmann

Bertrand, L. (1982): Die Entwicklung des Raum-Zeit-Begriffs beim Kind. Motorik 5 (4), 136-142

Beudels, W. (1996): Evaluation psychomotorisher Fördermaßnahmen bei von der Schule zurückgestellten Kindern. Motorik 19 (1), 26-36

Beudels, W. (1997): Die Wirksamkeit psychomotorischer Förderung – Ergebnisse einer vergleichenden empirischen Untersuchung. In: Leyendecker, C.; Horstmann, T. (Hrsg.): Frühförderung und Frühbehandlung. Wissenschaftliche Grundlagen, praxisorientierte Ansätze und Perspektiven interdisziplinärer Zusammenarbeit. S. 129-135. Heidelberg: Winter – Programm Ed. Schindele

Bibra, H. v.; Fiebig, B. (1993): Zur Bedeutung und Wirksamkeit eines psychomotorischen Förderprogramms für Schulanfänger. Eine empirische Studie. Diplomarbeit Köln

Bielefeld, J. (1986): Zur Begrifflichkeit und Strukturierung der Auseinandersetzung mit dem eigenen Körper. In: Bielefeld, J. (Hrsg.): Körpererfahrung. Grundlage menschlichen Bewegungsverhaltens. S. 3-35. Göttingen-Toronto-Zürich: Hogrefe

Bielefeld, C.; Bielefeld, J. (1986): Körperkenntnis – Das faktische Wissen über Bau und Funktion des eigenen Körpers und seiner Teile. In: Bielefeld, J. (Hrsg.): Körpererfahrung. Grundlage menschlichen Bewegungsverhaltens. S. 188-223. Göttingen-Toronto-Zürich: Hogrefe

Bildungskommission NRW (1995): Zukunft der Bildung. Schule der Zukunft. Denkschrift der Kommission „Zukunft der Bildung – Schule der Zukunft" beim Ministerpräsidenten des Landes Nordrhein-Westfalen. Neuwied-Kriftel-Berlin: Luchterhand

Birbaumer, N.; Schmidt, R. F. (1999[4]): Biologische Psychologie. Berlin-Heidelberg-New York: Springer

Birbaumer, N.; Schmidt, R. F. (2000[4]): Lernen und Gedächtnis. In: Schmidt, R. F.; Schaible, H. G. (Hrsg.): Neuro- und Sinnesphysiologie. S. 435-454. Berlin-Heidelberg-New York: Springer

Bitmann, F.; Badtke, G.; Gründel, W.; Dahlmann, M. (1989). Zur Dynamik der Muskelfunktion im jüngeren und mittleren Schulalter. Medizin und Sport 29 (2), 46-49

Bitmann, F.; Badtke, G.; Sotzko, A.; Rodefeld, E. (1987): Muskelfunktion und Haltung im Schulalter. Medizin und Sport 27 (4), 101-103

Blencke, A. (1913): Orthopädische Sonderturnkurse. Entstehungsgeschichte der Kurse, ihre zweckmäßige Einrichtung und ihr Wert bei der Behandlung der Wirbelsäulenverkrümmungen. Stuttgart: Enke

Blencke, A. (1927): Sonderturnen für Rückenschwächlinge an den Schulen. In: Deutsch. Orthop. Gesellschaft (Hrsg.): Orthopädie und Leibesübungen. S. 7-37. Stuttgart: Enke

Blume, M. (1995): Akrobatik mit Kindern und Jugendlichen in Schule und Verein. Aachen: Meyer & Meyer

Bobath, B. (1976[3]): Abnorme Haltungsreflexe bei Gehirnschäden. Stuttgart: Thieme

Bode, U. (1990): Psychosoziale Versorgung chronischer Krankheiten im Kindes- und Jugendalter. In: Petermann, F.; Bode, U.; Schlack, H. G. (Hrsg.): Chronisch kranke Kinder und Jugendliche. Eine interdisziplinäre Aufgabe. S. 17-25. Köln: Dt. Ärzte-Verlag

Böck, o.V.; Presber, o.V. (1967): Haltungserziehung. Berlin: Volk und Wissen

Bös, K. (1987): Handbuch sportmotorischer Tests. Göttingen-Toronto-Zürich: Hogrefe Verl. f. Psychologie

Bös, K. (1999): Kinder und Jugendliche brauchen Sport! In: Bös, K.; Schott, N. (Hrsg.): Kinder brauchen Bewegung – leben mit Turnen, Sport, Spiel. S. 29-47. Hamburg: Czwalina

Bös, K. (2000): AST 6-11 – Allgemeiner sportmotorischer Test für Kinder von 6 – 11 Jahren. Haltung und Bewegung 20 (2), 5-16

Bös, K. (Hrsg.) (2001²): Handbuch Motorische Tests. Sportmotorische Tests, motorische Funktionstests, Fragebogen zur körperlich-sportlichen Aktivität und sportpsychologische Diagnoseverfahren. Göttingen-Bern-Toronto-Seattle: Hogrefe. Verl. f. Psychologie

Bös, K.; Mechling, H. (1983⁵a): Motorik. In: Röthig, P.; Becker, H.; Carl, K.; Kayser, D. (Red.): Sportwissenschaftliches Lexikon. S. 253-257. Schorndorf: Hofmann

Bös, K.; Mechling, H. (1983b): Dimensionen sportmotorischer Leistung. Schorndorf: Hofmann

Bös, K.; Opper, E.; Woll, A. (2002): Fitness in der Grundschule. Förderung von körperlich-sportlicher Aktivität, Haltung und Fitness zum Zweck der Gesundheitsförderung und Unfallverhütung. Endbericht. Forschungsprojekt der Universität Karlsruhe

Bös, K.; Opper, E.; Woll, A.; Liebisch, R.; Breithecker, D.; Kremer, B. (2001): Das Karlsruher Testsystem für Kinder (KATS-K) – Testmanual. Haltung und Bewegung 21 (4), 4-66

Bös, K.; Wohlmann, R. (1987): Allgemeiner sportmotorischer Test (AST 6-11) zur Diagnose der konditionellen und koordinativen Leistungsfähigkeit. Lehrhilfen für den Sportunterricht 36 (10), 145-156

Böttcher, U. (1977): Yoga für Kinder. Bad Homburg v.d.H.: Limpert

Bondzio, H. (1979): Schwimmen im Schulsonderturnen. Möglichkeiten einer Verbesserung der Haltungs- und Koordinationsleistung durch Schwimmen im 2. und 3. Schuljahr. Diplomarbeit Köln

Borg, G. (1962): Physical Performance and Percieved Exertion. Lund: Gleerup

Bouchard, C.; Thibault, M. C. (1977²): Jugend und Sport. In: Hollmann, W. (Hrsg.): Zentrale Themen der Sportmedizin. S. 206-220. Berlin-Heidelberg-New York: Springer

Brand, I. (1990): Förderung integrationsgestörter Kinder im Schulunterricht. Ist das möglich? In: Doering, W.; Doering, W. (Hrsg.): Sensorische Integration. Anwendungsbereiche und Vergleich mit anderen Fördermethoden / Konzepten. S. 49-85. Dortmund: verlag modernes lernen

Brand, I.; Breitenbach, E.; Maisel, V. (1997⁶): Integrationsstörungen. Diagnose und Therapie im Erstunterricht. Würzburg: Bentheim.

Brandt, K.; Eggert, D.; Jendritzki, H.; Küppers, B. (1997): Untersuchungen zur motorischen Entwicklung von Kindern im Grundschulalter in den Jahren 1985 und 1995. Praxis der Psychomotorik 22 (2), 101-107

Brehm, W. (1987): „Sich-Wohlfühlen" als Ziel der Gesundheitserziehung im Sport. In: Kottmann, L.; Küpper, D.; Brodtmann, D. (Red.): Gesundheit, Gesundheitserziehung, Sportpädagogik. S. 28-50. Wuppertal: Universität

Brehm, W. (1990): Der Sport-Typ und der Verzicht-Typ. Subjektive Theorien von Schülerinnen und Schülern über Gesundheit und Sport (-Unterricht). Sportunterricht 39 (4), 125-134

Breitenöder-Wehrung, A.; Kuhn, G.; Günter, M.; Neu, A. (1998): Vergleich des Körperbildes bei gesunden und psychisch bzw. chronisch kranken Kindern mit Hilfe des KBMT-K. Psychother. Psychosom med. Psychol. 48 (12), 483-490

Breithecker, D. (1982): Das Schwimmen und seine Bedeutung für den Sportförderunterricht. Haltung und Bewegung 2 (2), 13-18

Breithecker, D. (1998): Bewegte Schule. Vom statischen Sitzen zum lebendigen Lernen. Wiesbaden: BAG f. Haltungs- und Bewegungsförderung e.V.

Breithecker, D.; Liebisch, R. (1990): Auswahlverfahren zum Sportförderunterricht. Haltung und Bewegung 10 (1), 8-36

Breithecker, D.; Liebisch, R. (Red.) (1993): Mit Sport – Spiel – Spaß zur besseren Haltung. Rückenschule für Kinder. Mainz: BAG zur Förderung haltungs- u. bewegungsauffälliger Kinder u. Jugendlicher e.V.

Bremers, E. (1999): Bewegungsräume von Kindern. Ein Vergleich zwischen Stadt- und Landkindern. Examensarbeit Universität Köln

Breuer, C.; Rumpeltin, C.; Schülert, T. (1998): Lebensweltbezogene Ansätze in der Bewegungsförderung von Kindern im Vorschulalter. Evaluation des Projektes „Hüpfdötzchen – Kindergarten in Bewegung". Praxis der Psychomotorik 23 (1), 13-16

Brinkhoff, K. P. (1996): Über die veränderten Bedingungen des Aufwachsens: die Kindheit. Sportpädagogik 20 (2), 6-13

Brinkmann, H. (1961): Das Sonderschwimmen. Die Leibeserziehung 10 (12), 383-389

Brodtmann, D. (1991): Gesundheitserziehung im Schulsport. Sportpädagogik 15 (5), 16-22

Brodtmann, D. (1996): Kinder – Bewegung – Gesundheit. Was sind die wirklichen Risikofaktoren? – Eine sportpädagogische Widerrede. Sportpädagogik 20 (5), 6-11

Brodtmann, D. (1998): Gesundheitsförderung im Schulsport. Sportpädagogik 22 (3), 15-26

Brösskamp-Stone, U.; Kickbusch, I.; Walter, U. (1998): Gesundheitsförderung. In: Schwartz, F. W.; Badura, B.; Leidl, R.; Raspe, H.; Siegrist, J. (Hrsg.): Das Public Health Buch. Gesundheit und Gesundheitswesen. S. 141-150. München-Wien- Baltimore: Urban & Schwarzenberg

Brooks, C. V. W. (1979): Erleben durch die Sinne (Sensory Awareness). Paderborn: Junfermann

Brüggebors, G. (1992, 1994): Einführung in die Holistische Sensorische Integration (HSI). Teil 1., Teil 2. Dortmund: verlag modernes lernen.

Bründel, H.; Hurrelmann, K. (1996): Einführung in die Kindheitsforschung. Weinheim-Basel: Beltz

Buchner, C. (1998[4]): Stillsein ist lernbar. Konzentration – Meditation – Disziplin in der Schule. Kirchzarten: VAK

Buchmann, K. E. (1974): Tiefmuskelentspannung (TME) – Ein Verfahren zur Selbstentspannung. Lehrhilfen für den Sportunterricht 23 (8), 85-90

Bünner, G.; Röthig, P. (Hrsg.) (1975): Grundlagen und Methoden rhythmischer Erziehung. Stuttgart: Klett

Bundschuh, K. (1997): Integration als immer noch ungelöstes Problem bei Kindern mit speziellem Förderbedarf. Zeitschrift für Heilpädagogik 48 (8), 310-315

Bullinger, M.; Pöppel, E. (1988): Lebensqualität in der Medizin, Schlagwort oder Forschungsansatz. Dtsch. Ärzteblatt 85 (11), 504-505

Bullinger, M.; Ravens-Sieberer, U. (1995): Stand der Forschung zur gesundheitsbezogenen Lebensqualität von Kindern. Eine Literaturanalyse. Präv.-Rehab. 7 (3), 106-121

Burow, O. A. (1988): Grundlagen der Gestaltpädagogik. Dortmund: verlag modernes lernen

Butterwegge, C. (Hrsg.) (2000): Kinderarmut in Deutschland. Ursachen, Erscheinungsformen und Gegenmaßnahmen. Frankfurt-New York: Campus Verlag

BzgA Bundeszentrale für gesundheitliche Aufklärung (Hg.) (1996): Leitbegriffe der Gesundheitsförderung. Glossar zu Konzepten, Strategien und Methoden der Gesundheitsförderung. Schwabenheim: Sabo

Cárdenas, B. (1992): Diagnostik mit Pfiffigunde. Ein kindgemäßes Verfahren zur Beobachtung von Wahrnehmung und Motorik (5-8 Jahre). Dortmund: borgmann publishing

Carr, R. (1982): Bewegungsspiele und Yoga mit Kindern. München: Kösel

Cherek, R. (1998): Säuglings- und Kleinkinderschwimmen. Dortmund: verlag modernes lernen

Collins, M. E. (1991): Body Figure Perceptions and Preferences among Preadolescent Children. Int. J. Eat Disorder 10 (2), 199-208

Cooper, K. H. (1970): Bewegungstraining. Praktische Anleitung zur Steigerung der Leistungsfähigkeit. Frankfurt/M.: Fischer

Cooper, M.; Cooper, K. H. (1975): Bewegungstraining für die Frau. Frankfurt/M.: Fischer

Corboz, R. J. (1977): Psychopathologie und Therapie von Hirnfunktionsstörungen im Kindes- und Jugendalter. Therapeutische Umschau 34 (1), 6-14

Cotta, H.; Puhl, W. (1993[5]): Orthopädie. Stuttgart-New York: Thieme

Cotta, H.; Heipertz, W.; Hüter-Becker, A.; Rompe, G. (1990[2]): Krankengymnastik. Taschenlehrbuch in 11 Bänden. Band 5: Orthopädie. Stuttgart-New York: Thieme

Crasselt, W. (1994): Zur Entwicklung körperlich-sportlicher Leistungen vom Kindes- bis ins frühe Erwachsenenalter. In: Hirtz, P.; Nüske, F. (Hrsg.): Motorische Entwicklung in der Diskussion. Sankt Augustin: Academia

Crasselt, W.; Forchel, I.; Kroll, M.; Schulz, A. (Wiss. Bearb.) (1990): Zum Kinder- und Jugendsport – Realitäten, Wünsche und Tendenzen. Forschungsergebnisse und Ableitungen aus dem Forschungsvorhaben „Physische Entwicklung der jungen Generation" an der Deutschen Hochschule für Körperkultur Leipzig. Leipzig: Pinkvoss

Cratty, B. J. (1971): Movement and Spatial Awareness in Blind Children and Youth. Springfield: Thomas

Crome, L.; Stern, J. (1972[2]): Pathology of Mental Retardation. Edinbourgh-London: Churchill Livingstone

Czolbe, A. B. (1994): Rückenschule in Kindergarten und Schule. Hamburg: Kovač

Dalcroze, E. J. (1921): Rhyhmus, Musik und Erziehung. Basel: Schwabe & Co.

Dannenmann, F.; Hannig-Schosser, J.; Ullmann, R. (Hrsg.) (1997): Schule als Bewegungsraum. Konzeptionen – Positionen – Konkretionen. Weilheim/Teck: Bräuer

Daugs, R.; Blischke, K.; Marschall, F.; Müller H. (Hrsg.) (1996): Kognition und Motorik. Hamburg: Czwalina

Debrunner, H. U.; Hepp, W. R. (1994[6]): Orthopädisches Diagnostikum. Stuttgart-New York: Thieme

De Marées, H. (1987[5]): Sportphysiologie. Köln: Tropon

Demeter, A. (1981): Sport im Wachstums- und Entwicklungsalter. Anatomische, physiologische und psychologische Aspekte. Leipzig: Barth

Dennison, P. E. (1994[9]): Befreite Bahnen. Freiburg: VAK

Diem, C. (1964[4]): Wesen und Lehre des Sports und der Leibeserziehung. Berlin-Zürich-Dublin: Weidmann

Diem, L. (1976): Bewegungsfähigkeit und Bewegungserziehung in der Frühperiode (0 bis 3 Jahre). In: Hahn, E.; Preising, W. (Red.): Die menschliche Bewegung. Human Movement. S. 80-92. Schorndorf: Hofmann

Diem, L. (1980): Spiel und Sport im Kindergarten. München: Kösel

Diem, L.; Lehr, U.; Olbrich, U.; Undeutsch, U. (1980): Längsschnittuntersuchung über die Wirkung frühzeitiger motorischer Stimulierung auf die Gesamtentwicklung des Kindes im 4. – 6. Lebensjahr. Schorndorf: Hofmann

Diem, L.; Scholtzmethner, R. (1961): Ausgleichsgymnastik und Schulsonderturnen. Frankfurt/M.: Limpert

Diem, L.; Scholtzmethner, R. (1974): Schulsonderturnen. Frankfurt/M.: Limpert

Dieterle, F. (2001): Die motorische Leistungsfähigkeit bei Schulanfängern. Diplomarbeit Köln

Döpfner, M.; Berner, W.; Fleischmann, T.; Schmidt, M. (1993): Verhaltensbeobachtungsbogen für Vorschulkinder (VBV 3-6). Weinheim: Beltz Test

Döpfner, M; Schürmann, S.; Frölich, J. (1998^2): Therapieprogramm für Kinder mit hyperkinetischem und oppositionellem Problemverhalten. THOP. Weinheim: Psychologie Verlags Union

Doering, W.; Doering, W. (1990): Sensorische Integration – ein alltäglicher Vorgang. In: Doering, W.; Doering, W. (Hrsg.): Sensorische Integration. Anwendungsbereiche und Vergleich mit anderen Fördermethoden / Konzepten. S. 11-25. Dortmund: verlag modernes lernen

Doering, W.; Doering, W.; Dose, G.; Stadelmann, M. (Hrsg.) (1996): Sinn & Sinne im Dialog. Dortmund: borgmann publishing

Dordel, H.J. (1986): Das leistungsschwache Kind – Auswahl durch den Sportlehrer für den Förderunterricht im Sport (Schulsonderturnen). In: Rost, R.; Starischka, S. (Hrsg.): Das Kind im Zentrum interdisziplinärer Forschung. Symposium Dortmund 1985. S. 88-98. Erlensee: SFT

Dordel, H.J. (1987): Das leistungsschwache Kind im Schulsport – Beitrag zur Frage der Beurteilung und Auswahl für eine motorische Förderung im Schulsonderturnen. In: Ausschuß deutscher Leibeserzieher ADL (Hrsg.): Sport. Planen – Durchführen – Auswerten. S. 164-166. Schorndorf: Hofmann

Dordel, H.J. (1992): Stimmen die Förderungs- und Ausbildungskonzepte für motorisch förderungsbedürftige Kinder und ihre Lehrer in Niedersachsen? In: Zieschang, K; Buchmeier, W. (Hrsg.): Sport zwischen Tradition und Zukunft. S. 116-117. Schorndorf: Hofmann

Dordel, S. (1981): Dokumentation und Bericht zum Stand der Forschung im Schulsonderturnen. In: Jochheim, K. A.; v.d. Schoot, P (Hrsg.): Behindertensport und Rehabilitation. S. 275-348. Schorndorf: Hofmann

Dordel, S. (1981/1982): Zur Problematik der Haltungserziehung. Sport Praxis in Schule und Verein. 22 (12), 235-236 / 23 (1), 13-14

Dordel, S. (1982): Schulsonderturnen als Haltungsturnen? Eine Stellungnahme zur gegenwärtigen Diskussion des Schulsonderturnens. In: Decker, W.; Lämmer, M. (Red.): Kölner Beiträge zur Sportwissenschaft 10/11. S. 107-126. Sankt Augustin: Richartz

Dordel, S. (1985): Die körperliche Leistungsschwäche im Kindesalter. Sport und Gesundheit 2 (1), 30-33

Dordel, S. (1993³): Bewegungsförderung in der Schule. Handbuch des Schulsonderturnens / Sportförderunterrichtes. Dortmund: verlag modernes lernen

Dordel, S. (1998): Ätiologie und Symptomatik motorischer Defizite und Auffälligkeiten. In: Bundeszentrale für gesundheitliche Aufklärung (Hrsg.): Gesundheit von Kindern. Epidemiologische Grundlagen. S. 98-113. Köln: Asmuth

Dordel, S. (2000 a): Kindheit heute: Veränderte Lebensbedingungen = reduzierte motorische Leistungsfähigkeit? Motorische Entwicklung und Leistungsfähigkeit im Zeitwandel. Sportunterricht 49 (11), 341-349

Dordel, S. (2000 b): Veränderte Lebensbedingungen = Reduzierte motorische Leistungsfähigkeit? Ein Beitrag zur Entwicklung der Gesamtkörperkoordination von Grundschulkindern. Gesundheitssport und Sporttherapie 16 (6), 209-216

Dordel, S. (2001): Zur Bedeutung motorischer Förderung für Kinder – auch für Kinder mit angeborenen Herzfehlern. In: Bjarnason-Wehrens, B.; Dordel, S. (Hrsg.): Motorische Förderung von Kindern mit angeborenen Herzfehlern. S. 45-58. Sankt Augustin: Academia

Dordel, S. (2002): Chronisch kranke Kinder in der Schule – Empfehlungen für die Integration von Kindern mit angeborenen Herzfehlern im Rahmen des Schulsports. Sportunterricht 51 (11), 332-338

Dordel, S.; Bernoteit, M. (1981): Ausdauer bei 8- bis 9jährigen. Ein Beitrag zur Auswahluntersuchung für das Schulsonderturnen. Sportunterricht 30 (9), 345-350

Dordel, S.; Breithecker, D. (i. Vorb.): Bewegte Schule als Chance einer Förderung der Lern- und Leistungsfähigkeit?

Dordel, S.; Drees, C.; Liebel, A. (2000): Motorische Auffälligkeiten in der Eingangsklasse der Grundschule. Haltung und Bewegung 29 (3), 5-16

Dordel, S.; Ritttershaußen, A. (1997): Bewegungsförderung als Entwicklungsförderung? Ein Beitrag zur Effizienz des Sportförderunterrichts in der Primarstufe. Haltung und Bewegung 17 (4), 5-24

Dordel, S.; Welsch, M. (1999): Motorische Förderung im Vorschul- und Einschulungsalter. Haltung und Bewegung 19 (4), 5-21

Drake, J. (1993): Alexander-Technik im Alltag. Wie Sie Bewegung und Haltung verbessern können. München: Kösel

Drees, C. (1998): Bestimmung der Häufigkeit psychomotorischer Auffälligkeiten bei Schulkindern im Alter von 6 – 8 Jahren. Diplomarbeit Köln

Drerup, B. (1978): Anwendungen der Moirè-Topographie zur Diagnose und Dokumentation von Fehlbildungen des Rumpfes. Z. Orthop. 116 (6), 789-794

Dührssen, A. (1992[15]): Psychogene Erkrankungen bei Kindern und Jugendlichen. Göttingen: Vandenhoek & Ruprecht

Dumke, D. (1993): Integrative Erziehung. Behinderte in der Regelschule. Psychol., Erz., Unterr. 40, 130-142

DSB (Deutscher Sportbund) (2001): WIAD-Studie: Bewegungsstatus von Kindern und Jugendlichen in Deutschland. Frankfurt /M.: imquadrat multimedia gmbh

Dubois, M. (1925): Prinzipielle Fragen aus der Pathologie und Therapie der sagittalen und frontalen Verkrümmungen der Wirbelsäule. Schweiz. Med. Wochenschr. 55 (38); 867-873

Eberlein, G. (1984[2]): Autogenes Training mit Kindern. Düseldorf-Wien: Econ

Eccles, J. C. (1990[6]): Das Gehirn des Menschen. München-Zürich: Piper

Echternach, H. (1912): Handbuch des Orthopädischen Schulturnens. Berlin: Weidmann

Eger, T.; Cordes, U. (1992): Skoliose – Indikation für ein Sportverbot? Orthop. Praxis 28 (2), 84-86

Eggert, D. (1971): LOS KF 18. Lincoln-Oseretzky-Skala. Kurzform zur Messung des motorischen Entwicklungsstandes von normalen und behinderten Kindern im Alter von 5 bis 13 Jahren. Manual. Weinheim: Beltz Test Ges.

Eggert, D. (1972): Motometrische Verfahren nach Oseretzky: eine Übersicht, ein Bericht über ein neues Kurzverfahren und ein Versuch zu einem Modell. In: Eggert, D. und Kiphard, E. J. (Hrsg.): Die Bedeutung der Motorik für die Entwicklung normaler und behinderter Kinder. S. 166-209. Schorndorf: Hofmann

Eggert, D. (Hrsg.) (1975): Psychomotorisches Training. Ein Projekt mit lese-rechtschreibschwachen Grundschülern. Weinheim-Basel: Beltz

Eggert, D. (1989): Von der normorientierten Motometrie zur Förderdiagnostik in der Motodiagnostik. Motopäde 6 (4), 5-10

Eggert, D. (1993): DMB. Diagnostisches Inventar motorischer Basiskompetenzen bei lern- und entwicklungsauffälligen Kindern im Grundschulalter. Dortmund: verlag modernes lernen

Eggert, D. (1994): Theorie und Praxis der psychomotorischen Förderung. Dortmund: verlag modernes lernen

Eggert, D. (1994a): Integration, Motopädagogik und Sport. Möglichkeiten der psychomotorischen Förderung im gemeinsamen Leben behinderter und nichtbehinderter Kinder (Teil 1 und 2). Motorik 17 (2), 39-45 und (3), 74-80

Eggert, D. (1995): Von der Kritik an den motometrischen Tests zu den individuellen Entwicklungsplänen in der qualitativen Motodiagnostik. Motorik 18 (4), 134-148

Eggert, D. (1996): Bewegungserziehung im gemeinsamen Unterricht – Pädagogische Forderungen und Perspektiven. In: LSW (Landesinstitut für Schule und Weiterbildung) (Hrsg.): Bewegungserziehung und Sport in der sonderpädagogischen Förderung. S. 24-45. Bönen: Kettler.

Eggert, D. (1997): Von den Stärken ausgehen ... Individuelle Entwicklungspläne in der Lernförderdiagnostik. Dortmund: verlag modernes lernen

Eggert, D.; Brandt, K.; Jendritzki, H.; Küppers, B. (2000): Verändern sich die motorischen Kompetenzen von Schulkindern? Ein Vergleich zwischen den Jahren 1985 und 1995. Sportunterricht 49 (11), 350-355

Eggert, D.; Lütje, B. (1991): Psychomotorik in der (Sonder)Schule? Empirische Studien zu den Grenzen eines Förderkonzepts. Praxis der Psychomotorik 16 (3), 156-168

Eggert, D.; Peter, T. (1992): DIAS. Diagnostisches Inventar auditiver Alltagshandlungen. Dortmund: verlag modernes lernen

Eggert, D.; Ratschinski, G. (1993): DMB. Diagnostisches Inventar motorischer Basiskompetenzen bei lern- und entwicklungsauffälligen Kindern im Grundschulalter. Dortmund: verlag modernes lernen

Eggert, D.; Wegner-Blesin, N. (2000): DITKA. Diagnostisches Inventar taktil-kinästhetischer Alltagshandlungen von Kindern im Vorschul- und Grundschulalter. Dortmund: verlag modernes lernen

Ehlers, B.; Ehlers, T.; Makus, H. (1978): Marburger Verhaltensliste (MVL). Göttingen: Hogrefe

Einsingbach, T. (1992^2): Aktive und passive Therapieformen bei gesunden Sportlern und bei Sportverletzten. In: Einsingbach, T.; Klümper, A.; Biedermann, L.: Sportphysiotherapie und Rehabilitation. S. 2-189. Stuttgart-New York: Thieme

Eiser, C. (1993): Growing up with a chronic disease. The impact on children and their families. London-Philadelphia: Kingsley

Englicht, C. (1997): Die motorische Leistungsfähigkeit der 11-15jährigen im Zeitwandel von 25 Jahren. Diplomarbeit Köln

Esser, G. (1991): Früherkennung von Teilleistungsstörungen. Öff. Gesundh.-Wes. 53 (8/9), 470-473

Esser, G.; Stöhr, R. M. (1990): Visuomotorischer Schulreifetest. VSRT. Handbuch. Bern-Stuttgart-Toronto: Huber

Etnier, J. L.; Salazar, W.; Landers, D. M.; Petruzello, S. J.; Han, M.; Nowell, P. (1997): The Influence of Physical Fitness and Exercise Upon Cognitive

Functioning: A Meta-Analysis. Journal of Sport & Exercise Psychology 19 (3), 249-277

Ettrich, C. (1994): Entwicklungsneurologische Längsschnittdaten im Rahmen einer komplexen Entwicklungsdiagnostik als Basis der Schuleingangsuntersuchung und Schulbewährung. Frankfurt a. M.: Peter Lang

Eunicke-Morell, C. (1989): Untersuchung zum Zusammenhang von Motorik und Intelligenz – theoretische und methodologische Aspekte. Motorik 12 (2), 57-65

Eysel, U. (2001^4): Sehen. In: Schmidt, R. F.; Schaible, H. G. (Hrsg.): Neuro- und Sinnesphysiologie. S. 273-316. Berlin-Heidelberg-New York: Springer

Farfel, W. S. (1977): Bewegungssteuerung im Sport. Berlin: Sportverlag

Farfel, W. S. (1979): Sensomotorische und physische Fähigkeiten. Zur motorischen Begabung von Kindern. Leistungssport 9 (1), 31-34

Faust, B. C. (1794): Gesundheits-Katechismus zum Gebrauche in den Schulen und beym häuslichen Unterricht. Bückeburg: Althans

Fediuk, F. (1999): Integrativer Schulsport. Eine Analyse nationaler und internationaler Beiträge zum gemeinsamen Schulsport von Kindern und Jugendlichen mit und ohne Behinderungen. Kassel: Geamthochschul-Bibliothek

Feldenkrais, M. (1978): Bewußtheit durch Bewegung. Der aufrechte Gang. Frankfurt/M.: Suhrkamp

Ferrari, R. (2002): Erste Hilfe bei Notfällen im Sport. In: Hebestreit, H.; Ferrari, R.; Meyer-Holz, J.; Lawrenz, W.; Jünst, B. K.: Kinder- und Jugendsportmedizin. Grundlagen, Praxis, Trainingstherapie. S. 228-235. Stuttgart-New York: Thieme

Ferrari, A.; Cioni, G. (Hrsg.) (1998): Infantile Zerebralparese. Spontaner Verlauf und Orientierungshilfen für die Rehabilitation. Berlin-Heidelberg-New York: Springer

Feudel, E. (1963): Dynamische Pädagogik. Freiburg-Basel-Wien: Herder

Feuser, G. (1986): Unverzichtbare Grundlagen und Formen der gemeinsamen Erziehung behinderter und nichtbehinderter Kinder in Kindergarten und Schule. Behindertenpädagogik 25 (2), 122-139

Feuser, G. (1990): Grundlagen einer integrativen Pädagogik im Kindergarten- und Vorschulalter. Behinderte 13 (1), 5-26

Fetz, F. (1980^2): Bewegungslehre der Leibesübungen. Frankfurt/M.: Limpert

Fetz, F.; Kornexl, E. (1978^2): Sportmotorische Tests. Berlin-München-Frankfurt/M.: Bartels & Wernitz

Fischer, B.; Dickreiter, B.; Mosmann, H. (1998): Bewegung und geistige Leistungsfähigkeit! Was ist gesichert? In: Illi; U.; Breithecker, D.; Mundigler,

S. (Hrsg.): Bewegte Schule – Gesunde Schule. S. 131-136. CH Wäldi: IFB

Fischer, K. (1996): Körpererfahrung und Identität als Grundbegriffe der Psychomotorik. Motorik 19 (3), 102-105

Fischer, K. (2001): Einführung in die Psychomotorik. München-Basel: E. Reinhardt

Flehmig, I. (1979): Normale Entwicklung des Säuglings und seine Abweichungen. Stuttgart: Thieme

Flehmig, I. (1996): Neue Aspekte der Kindesentwicklung. In: Rohde-Köttelwesch, E. (Hrsg.): Sehen – Spüren – Hören. Wahrnehmung integrativ betrachtet. S. 44-49. Dortmund: verlag modernes lernen

Fliegel, S.; Groeger, W. M.; Künzel, R.; Schulte, D.; Sorgatz, H. (1994[3]): Verhaltenstherapeutische Standardmethoden. Ein Übungsbuch. Weinheim: Beltz, Psych.-Verl.-Union

Fomin, N. A.; Filin, W. P. (1975): Altersspezifische Grundlagen der körperlichen Erziehung. Schorndorf: Hofmann

Frank, J. P. (1786-1794): System einer vollständigen medicinischen Polizey. Band 1 bis 4 (1786-1790). Wien: von Trattner; Band 5 bis 12 (1791-1794). Frankenthal: Gegel

Frankfurter Arbeitsgruppe (Hrsg.) (1982): Offener Sportunterricht – analysieren und planen. Reinbek: Rowohlt

Franzkowiak, P.; Sabo, P. (Hg.) (1998[2]): Dokumente der Gesundheitsförderung. Mainz: Sabo

Frey, G. (1978): Entwicklungsgemäßes Training in der Schule. Sportwissenschaft 8 (2/3), 172-204

Frey, G. (1981): Training im Schulsport. Schorndorf: Hofmann

Friedel-Ensle, J. (1991): Der Körperkoordinationstest für Kinder (KTK) als Bewertungsmaßstab für eine therapieinduzierte Verbesserung der Körperkoordination. Eine Pilotstudie. Dissertation Tübingen

Friedmann, E. D. (1993): Laban, Alexander, Feldenkrais. Pioniere bewußter Wahrnehmung durch Bewegungserfahrung. Drei Essays. Paderborn: Junfermann

Friedrich, S.; Friebel, V. (1996): Entspannung für Kinder. Reinbek: Rowohlt

Fritz, A. (1997): Spiel – ein Medium zur Vermittlung kognitiver und sozialer Kompetenzen. Beschreibung und erste Evaluationsergebnisse einer spiel- und bewegungsorientierten Förderung für Kinder mit Entwicklungsverzögerungen und Verhaltensauffälligkeiten. In: Leyendecker, C.; Horstmann, T. (Hrsg.): Frühförderung und Frühbehandlung. Wissenschaftliche Grundlagen, praxisorientierte Ansätze und Perspektiven interdisziplinärer Zusammenarbeit. S. 430-440. Heidelberg: Winter – Programm Ed. Schindele

Fritz, A.; Frobese, R.; Esser, O.; Keller, R.; Spengler, U. (1989): Schule zum Anfassen. Ein Arbeitsbuch. Heidelberg: HVA, Ed. Schindele

Fröhlich, A. D. (1979³): Frühkindliche Hirnschädigung und allgemeine Entwicklung. In: Fröhlich, A. D. (Hrsg.): Wahrnehmungsstörungen und Wahrnehmungstraining bei Körperbehinderten. S. 59-72. Rheinstetten: Schindele

Fröhner, G. (1997): Körperhaltung und Beweglichkeit bei Schulkindern. Ein Projekt der Sächsischen Landesvereinigung für Gesundheitsförderung e.V. zur primären Prävention von Haltungsschäden und -schwächen. Dresden: Druckhaus Dresden GmbH

Frostig, M. (1973; 1999⁶): Bewegungserziehung. Neue Wege der Heilpädagogik. München-Basel: Reinhardt

Frostig, M. (1979²): BWL. Bewegen-Wachsen-Lernen. Bewegungserziehung. Deutsche Ausgabe von A. und E. Reinartz. Hannover: Schroedel

Frostig, M. (1981): Grundfragen zur perzeptiven und kognitiven Entwicklung des Kindes; Prinzipien der Diagnostik und der Behandlung spezifischer Lernstörungen. In: Frostig, M.; Müller, H. (Hrsg.): Teilleistungsstörungen. Ihre Erkennung und Behandlung bei Kindern. München-Wien-Baltimore: Urban & Schwarzenberg

Frostig, M. (1985): Frostigs Test der Motorischen Entwicklung. FTM. Handanweisung. Deutsche Ausgabe von O. Bratfisch. Stockholm: AOB Studium AB

Frostig, M.; Reinartz, A.; Reinartz, E. (1974): Individualprogramm zum Wahrnehmungstraining. Dortmund: Crüwell

Fuchs, M. (1974): Funktionelle Entspannung. Theorie und Praxis einer organismischen Entspannung über den rhythmisierten Atem. Stuttgart: Hippokrates

Fuchs, M. (Hg.) (1985): Funktionelle Entspannung in der Kinderpsychotherapie. München: Reinhardt

Fuhrmann, R.; Schuster, A. (1989): Zum Problem der Ausdauer im Auswahlverfahren des Sportförderunterrichts. Haltung und Bewegung 9 (3), 13-18

Funke, J. (1991): Unterricht öffnen – offener unterrichten. Sportpädagogik 15 (2), 12-18

Gärtner, H.; Crasselt, W. (1976): Zur Dynamik der körperlichen und sportlichen Leistungsentwicklung im frühen Schulalter. Medizin und Sport 16 (4/5/6), 106-117

Gaschler, P. (1987): Zur Motorik im Einschulungsalter. Eine Vergleichsstudie nicht schulreifer und schulreifer Kinder. Dissertation Hannover

Gaschler, P. (1990): Sportförderunterricht (Schulsonderturnen) im Schulkindergarten. Überlegungen zur motorischen Frühförderung nicht schulreifer Kinder. Haltung und Bewegung 10 (4), 6-13.

Gaschler, P. (1992): Wie effizient ist der Sportförderunterricht? Fördermaßnahmen empirisch überprüft und zu Forderungen weiterentwickelt. Sportunterricht 41 (2), 57-65

Gaschler, P. (1998): Motorische Entwicklung und Leistungsfähigkeit von Vorschulkindern in Abhängigkeit von Alter und Geschlecht. Haltung und Bewegung 18 (4), S. 5-18

Gaschler, P. (1999): Motorik von Kindern und Jugendlichen heute. Eine Generation von „Weicheiern, Schlaffis und Desinteressierten"? (Teil 1). Haltung und Bewegung 19 (3), 5-16

Gaschler, P. (2000): Motorik von Kindern und Jugendlichen heute. Eine Generation von Weicheiern, Schlaffis und Desinteressierten – Teil 2. Haltung und Bewegung 20 (1), 5-16

Gaschler, P. (2001): Motorik von Kindern und Jugendlichen heute – Eine Generation von „Weicheiern, Schlaffis und Desinteressierten"? (Teil 3). Haltung und Bewegung 21 (1), 5-17

Gaschler, P.; Heinecke, I. (1990): Zur Beweglichkeit von Kindern heute und vor zehn Jahren. Sportunterricht 39 (10), 373-384

Gerhardus, H. (1980): Über den Einfluß eines Leistungsausdauertrainings im Kindesalter auf kardiopulmonale Parameter. Köln: Dissertation

Gibson, J. J. (1982^2a): Die Sinne und der Prozeß der Wahrnehmung. Bern-Stuttgart-Wien: Huber

Gibson, J. J. (1982b): Wahrnehmung und Umwelt: der ökologische Ansatz in der visuellen Wahrnehmung. München-Wien-Baltimore: Urban & Schwarzenberg

Gilsdorf, R.; Kistner, G. (2001^9): Kooperative Abenteuerspiele 1. Praxishilfe für Schule, Jugendarbeit und Erwachsenenbildung. Seelze-Velber: Kallmeyer

Glauch, R. (1989): Untersuchung zur Entwicklung koordinativer Fähigkeiten bei vier- bis sechsjährigen Kindern innerhalb des ganztägigen, pädagogischen Prozesses im Kindergarten. Dissertation Halle

Göbel, H.; Jarosch, B.; Panten, D. (1996): Die Bewegungslandschaft – ein Beispiel für psychomotorische Therapie bei bewegungsunruhigen und aufmerksamkeitsgestörten Kindern. In: Passolt, M. (Hrsg.): Mototherapeutische Arbeit mit hyperaktiven Kindern. S. 153-166. München-Basel: Reinhardt

Göbel, H.; Panten, D. (2002): HamMotScreen für Vorschulkinder – ein videogestütztes Gruppenscreening zur Erfassung psychomotorischer Basiskompetenzen. Praxis der Psychomotorik 27 (1), 14-21

Goodenough, F. L. (1926): Measurement of Intelligence by Drawings. New York-Chicago: Harcout, Brace & World

Graf, C.; Koch, B.; Kretschmann, E.; Bjarnason-Wehrens, B.; Dordel, S. (in Vorb.): CHILT. Children's Health Interventional Trial. Ausgewählte Resultate der Eingangsuntersuchung.

Grell, J. (1995): Techniken des Lehrerverhaltens. Weinheim-Basel: Beltz

Gröbert, D.; Kleine, W.; Podlich, C. (2002): Zufriedener durch „Bewegte Schule"? Sportpädagogik 26 (3), 38-42

Groeneveld, H. B. (1976a): Metrische Erfassung und Definition von Rückenform und Haltung des Menschen. Stuttgart: Hippokrates

Groeneveld, H. B. (1976b): Standardisierte Diagnostik von Haltungsschäden bei Kindern. Niedersächsisches Ärzteblatt 49 (7), 222-224

Groschyk, A. (1996): Die Bewegungsbaustelle – Gestaltung und Wirksamkeit frei zugänglicher Bewegungsangebote für hyperaktive Kinder. In: Passolt, M. (Hrsg.): Mototherapeutische Arbeit mit hyperaktiven Kindern. S. 143-152. München-Basel: Reinhardt

Groß-Selbeck, G. (1976): Das Bild der leichten frühkindlichen Hirnschäden in der täglichen Praxis. Deutsches Ärzteblatt 73 (1), 15-20; (2), 57-61

Groß-Selbeck, G. (1980): Die leichte zerebrale Funktionsstörung im Kindesalter. Med. Welt 31 (8), 285-288

Grosser, M.; Zimmermann, E. (1983[5]): Reaktionsschnelligkeit. In: Röthig, P. (Red.): Sportwissenschaftliches Lexikon. S. 293-294. Schorndorf: Hofmann

Grüneberger, H. (1994): Untersuchung von Herzfrequenz, Sinusarrhythmie, Atemfrequenz bei Belastung und in der Erholungsphase bei 6 und 7 jährigen Kindern. Leipzig: Dissertation

Günter, M. (2001): Körperbild, Identität und Objektbeziehungen – Das Bild des eigenen Körpers als Beziehungsangebot. S. 80-92. In: Passolt, M. (Hrsg.): Hyperaktivität zwischen Psychoanalyse, Neurobiologie und Systemtheorie. München-Basel: Reinhardt

Gürtler, H.; Gärtner, H. (1976): Die körperliche Entwicklung und sportliche Leistungsfähigkeit im Kindesalter. Medizin und Sport 16 (4,5,6), 117-125

Gundlach, M. (1968): Systembeziehungen körperlicher Fähigkeiten und Fertigkeiten. Theorie u. Praxis d. Körperkultur 17. Beiheft II, 198-205

Gutewort, W.; Pöhlmann, R. (1966): Biomechanik – Motorik. Gedanken zum Terminologieversuch von G. Schnabel. Theorie u. Praxis d. Körperkultur 15 (6), 595-604

Hahmann, H.; Lieblsch, R.; Breithecker, D. (1985): Effizienzuntersuchung im Sportförderunterricht bei Erstkläßlern. Haltung und Bewegung 5 (4), 11-44

Handwerker, H. O. (1997[27]): Allgemeine Sinnesphysiologie. In: Schmidt, R. F.; Thews, G. (Hrsg.): Physiologie des Menschen. S. 195-215. Berlin-Heidelberg-New York: Springer

Hartung, K. (1981): Gesundheitserziehung – unverzichtbarer Bestandteil des schulärztlichen Dienstes. In: Bundesvereinigung für Gesundheitserziehung e.V. (Hrsg.): Gesundheitserziehung als Aufgabe des Schulgesundheitsdienstes. S. 11-22. Hameln: Niemeyer

Harzmann, H. C. (2000): Stellenwert der Videorasterstereographie als schulärztliche Screeningmethode von skoliotischen Fehlhaltungen und strukturellen Skoliosen. Dissertation München

Haxthausen, M.; Leman, R. (1988): Body Sense. Neue Bewegungsübungen zur täglichen Entspannung. Paderborn: Junfermann

Hebbelinck, M.; Borms, J. (1978): Körperliches Wachstum und Leistungsfähigkeit bei Schulkindern. Leipzig: Barth

Hebestreit, H. (2002): Asthma bronchiale. In: Hebestreit, H.; Ferrari, R.; Meyer-Holz, J.; Lawrenz, W.; Jünst, B. K.: Kinder- und Jugendsportmedizin. Grundlagen, Praxis, Trainingstherapie. S. 97-104. Stuttgart-New York: Thieme

Hebestreit, H.; Ferrari, R.; Meyer-Holz, J.; Lawrenz, W.; Jünst, B. K. (2002): Kinder- und Jugendsportmedizin. Grundlagen, Praxis, Trainingstherapie. Stuttgart-New York: Thieme

Heck, K. J. (Red.) (1988): Freistellungen im Schulsport. Zur ärztlich indizierten Rückstellung vom sportpraktischen Unterricht. Schorndorf: Hofmann

Heckhausen, H. (1963): Hoffnung und Furcht in der Leistungsmotivation. Meisenheim: Hain

Heckhausen, H. (1980): Motivation und Handeln. Heidelberg: Springer

Heckmair, B.; Michl, W. (2002[4]): Erleben und Lernen. Einstieg in die Erlebnispädagogik. Neuwied: Luchterhand

Hefti, F. (1997): Kinderorthopädie in der Praxis. Berlin: Springer

Heine, J. (1977): Probleme der Haltungsbeurteilung. In: Volck, G.; Reiber, H. (Red.): Schulsonderturnen in der Diskussion. S. 79-95. Schorndorf: Hofmann

Heidemann, R. (1996[5]): Körpersprache im Unterricht. Ein praxisorientierter Ratgeber. Wiesbaden: Quelle & Meyer

Hengst, H.; Köhler, M.; Riedmüller, B.; Wambach, M. M. (Hrsg.) (1981): Kindheit als Fiktion. Frankfurt / M.: Suhrkamp

Hering, W. (2002): Kunterbunte Bewegungshits. 88 Lieder, Verse, Geschichten, leichte HipHop-Stücke und viele Spielideen zum Mitmachen für Kids im Vorschul- und Grundschulalter. Münster: Ökotopia

Hettinger, T. (1972[4]; 2000[7]): Isometrisches Muskeltraining. Stuttgart: Thieme

Hinnerks, W.; Puschert, M. (1925): Leitfaden für das Orthopädische Schulturnen. Leipzig-Berlin: Teubner

Hirtz, P. (1977): Struktur und Entwicklung koordinativer Leistungsvoraussetzungen bei Schulkindern. Theorie und Praxis der Körperkultur 26 (7), 503-510

Hirtz, P. (1979): Koordinativ-motorische Vervollkommnung der Kinder und Jugendlichen. Theorie und Praxis der Körperkultur 28. Beiheft 1, 11-16

Hirtz, P. (1985): Koordinative Fähigkeiten im Schulsport. Berlin: Volk und Wissen

Hirtz, P. (1997a[2]): Motorische Handlungskompetenz als Funktion motorischer Fähigkeiten. In: Hirtz, P.; Kirchner, G.; Pöhlmann, R. (Hrsg.): Sportmotorik. Grundlagen, Anwendungen und Grenzgebiete. S. 117-148. Kassel: Gesamthochschul-Bibliothek

Hirtz, P. (1997b[2]): Vielfalt und Reichtum der Individualentwicklung – die motorische Ontogenese. In: Hirtz, P.; Kirchner, G.; Pöhlmann, R. (Hrsg.): Sportmotorik. Grundlagen, Anwendungen und Grenzgebiete. S. 207-231. Kassel: Gesamthochschul-Bibliothek

Hirtz, P.; Gürtler, H.; Hinsching, J.; Ilg, H. (1994): Vorpuberale motorische Individualentwicklung – Gemischte Greifswalder Längs- und Querschnittsstudie. In: Hirtz, P.; Nüske, F. (Hrsg.): Motorische Entwicklung in der Diskussion. Sankt Augustin: Academia

Hirtz, P.; Hummel, A. (1990): Lernen im Schulsport als pädagogisch geführter Aneignungsprozeß. Theorie und Praxis der Körperkultur 39. Beiheft 1, 7-23

Hirtz, P.; Hummel, A.; Rostock, J. (1994): Aneignung individueller motorischer Handlungsfähigkeit im Sportunterricht. Körpererziehung 44 (12), 402-409

Hirtz, P.; Ockhardt (1986): Untersuchungsergebnisse zur individuellen motorischen Entwicklung. Körpererziehung 36 (2/3), 81-89

Hirtz, P.; Wellnitz, I. (1985): Hohes Niveau koordinativer Fähigkeiten führt zu besseren Ergebnissen im motorischen Lernen. Körpererziehung 35 (4), 151-154

Hochleitner, M. (1971): Untersuchungstechnik zur Erkennung minimaler zerebraler Bewegungsstörungen. Fortschr. Med. 89 (3), 100-103

Hoehne, R. (1993): Wie geht's den Kindern? Kind und Gesundheit. In: Deutsches Jugendinstitut (Hrsg.): Was für Kinder. Aufwachsen in Deutschland. Ein Handbuch. S. 229-233. München: Kösel

Höhmann-Kost, A. (1991): Bewegung ist Leben. Einführung in Theorie und Praxis der Integrativen Bewegungstherapie (IBT). Paderborn: Junfermann

Hölter, G. (1987): Als Pädagoge von Therapien lernen. Sportpädagogik 11 (4), 16-28

Hölter, G. (1993): Ansätze zu einer Methodik der Mototherapie. In: Hölter, G. (Hrsg.): Mototherapie mit Erwachsenen. Sport, Spiel und Bewegung in Psychiatrie, Psychosomatik und Suchtbehandlung. S. 52-80. Schorndorf: Hofmann

Hölter, G. (1998): Vom Wert des Sitzens in der Schule. Sportpädagogik 22 (3), 4-5

Hofele, U. (1996[2]): Erlebnisturnen. Über 90 Vorschläge zu Gerätekombinationen in der Turnhalle. Dortmund: verl. modernes lernen

Holle, B. (1988): Die motorische und perzeptuelle Entwicklung des Kindes. Ein praktisches Lehrbuch für die Arbeit mit normalen und retardierten Kindern. München-Weinheim: Psychologie Verl. Union

Holle, D. (1993): Beurteilung der Haltungsleistungsfähigkeit, speziell im Bereich des Beckens und der Lendenwirbelsäule, im Rahmen des Auswahlverfahrens des Sportförderunterrichts. Diplomarbeit Köln

Hollmann, W. (1961): Zur Frage der Dauerleistungsfähigkeit. Fortschr. Med. 79 (17), 439-446

Hollmann, W. (1963): Höchst- und Dauerleistungsfähigkeit des Sportlers. München: Barth

Hollmann, W.; Bouchard, C.; Herkenrath, G. (1965): Die Entwicklung des kardiopulmonalen Systems bei Kindern und Jugendlichen. Sportarzt und Sportmedizin 16 (7), 255-260

Hollmann, W.; Heck, H.; Liesen, H.; Rost, R.; Bouchard, C.; Kawahats, K. (1978): Zur gesundheitlichen Bedeutung des Schulsports. Sportwissenschaft 8 (2-3), 142-151

Hollmann, W.; Hettinger, T. (1976[1]; 2000[4]): Sportmedizin. Grundlagen für Arbeit, Training und Präventivmedizin. Stuttgart-New York: Schattauer

Hollmann, W.; Rost, R.; Dufaux, B.; Liesen, H. (1983[2]): Prävention und Rehabilitation von Herz-Kreislaufkrankheiten durch körperliches Training. Stuttgart: Hippokrates

Holzer, V. (1993): Verlorene Kindheit? Zur Situation von Kindern und Jugendlichen in Österreich. Kind, Jugend, Gesellschaft. 36 (4), 122-127

Horatschek, B.; Horatschek, R. (1986): Fit durch Ismakogie. Richtig sitzen, stehen und bewegen. Ein Übungsbuch für den Alltag. St. Pölten-Wien: Verl. Niederösterreichisches Pressehaus

Hormann, C. (1996): „Sitzschule" in der Schule. Untersuchung der Auswirkungen auf haltungsbeeinflussende Muskelgruppen im Bereich des Beckengürtels. Diplomarbeit Köln

Hünnekens, H.; Kiphard, E.J. (1960; 1971[4]): Bewegung heilt. Psychomotorische Übungsbehandlung bei entwicklungsrückständigen Kindern. Gütersloh: Flöttmann

Hurrelmann, K. (1990): Familienstreß. Schulstreß. Freizeitstreß. Gesundheitsförderung für Kinder und Jugendliche. Weinheim-Basel: Beltz

Hurrelmann, K. (1994³): Sozialisation und Gesundheit. Somatische, psychische und soziale Risikofaktoren im Lebenslauf. Weinheim-München: Juventa

Hurrelmann, K. (2000): Gesundheitssoziologie. Weinheim: Juventa

IDIS (Institut für Dokumentation und Information, Sozialmedizin und öffentliches Gesundheitswesen) (1993): Dokumentation der schulärztlichen Untersuchungen Nordrhein-Westfalen. Bielefeld

Illert, M.; Kuhtz-Buschbeck, J. P. (2001⁴): Motorische Systeme. In: Schmidt, R. F.; Schaible, H. G. (Hrsg.): Neuro- und Sinnesphysiologie. S. 111-150. Berlin-Heidelberg-New York: Springer

Illi, U. (1995): Bewegte Schule. Die Bedeutung und Funktion der Bewegung als Beitrag einer ganzheitlichen Gesundheitsbildung im Lebensraum Schule. Sportunterricht 44 (10), 404-415

Illi, U.; Pühse, U. (1997): Bewegte Schule – Das schweizerische Beispiel. In: Dannenmann, F.; Hanning-Schosser, J.; Ullmann, R. (Hrsg.): Schule als Bewegungsraum. Konzeptionen – Positionen – Konkretionen. S. 43-51. Weilheim/Teck: Bräuer

Illi; U.; Breithecker, D.; Mundigler, S. (Hrsg.) (1998): Bewegte Schule – Gesunde Schule. CH Wäldi: IFB

Imhof, M; Skrodzki, K.; Urzinger, M. S.; Frey-Flügge, E. (Red.) (1999): Aufmerksamkeitsgestörte, hyperaktive Kinder und Jugendliche im Unterricht. Donauwörth: Auer

ISB (Staatsinstitut für Schulpädagogik und Bildungsforschung München) (1993): Die Schule für Körperbehinderte. Leitgedanken zu Erziehung, Unterricht und Förderung. München: Hintermaier

Janda, V. (1979): Muskelfunktionsdiagnostik. Leuven: acco

Janda, V. (2000⁴): Manuelle Muskelfunktionsdiagnostik. München-Jena: Urban & Fischer

Janssen, T. (1996): Die Überprüfung der Effizienz eines Rückenschulprogramms im Zusammenhang mit der Einführung des AOK-Fitballs als Alternativsitzmöbel in der Schule – unter besonderer Berücksichtigung der Diagnostik der haltungsbeein-flussenden Muskelgruppen. Diplomarbeit Köln

Jantzen, W. (2000): Möglichkeiten und Chancen des Gemeinsamen Unterrichts von behinderten und nichtbehinderten Kindern: Didaktische Grundfragen. Zeitschrift für Heilpädagogik 51 (2), 46-55

Janz, G. (1978): Funktionellle Entspannung bei Kindern mit Konzentrationsstörungen. Praxis der Kinderpsychologie und Kinderpsychiatrie 27 (6), 201-205

Jentschura, G. (1977): Haltungsschäden bei Kindern und Jugendlichen. Stuttgart: Enke

Kahl, H. (1993): Bewegungsförderung im Unterricht. Einfluß auf Konzentration, Verhalten und Beschwerden (Befinden) – Evaluationsergebnisse. Haltung und Bewegung 13 (2), 36-42

Kahl, H. (1998): Bewegungsaktivitäten im Unterricht. Einfluß auf Konzentration und Verhalten, Leistungen und Lernfreude der Schüler in der Unterstufe – Ergebnisse verschiedener Interventionsmodelle. In: Illi; U.; Breithecker, D.; Mundigler, S. (Hrsg.): Bewegte Schule – Gesunde Schule. S. 95-101. CH Wäldi: IFB

Kahle, W. (2001^7): Nervensystem und Sinnesorgane. Taschenatlas der Anatomie Band 3. Stuttgart-New York: Thieme

Karch, D.; Schellenschmitt, M.; Feike, R. (1989): Psychomotorische Therapie. In: Karch, D.; Michaelis, R.; Rennen-Allhoff; Schlack, H. G. (Hrsg.): Normale und gestörte Entwicklung. Kritische Aspekte zu Diagnostik und Therapie. S. 91-103. Berlin-Heidelberg: Springer

Keitz, T. v. (1993): Die Beurteilung der Ausdauerleistungsfähigkeit bei 6- bis 10-jährigen Grundschulkindern, mit Hilfe eines Fahrradergometertests nach Liesen / Hollmann. Diplomarbeit Köln

Keller, R.; Fritz, A. (1995): Auf leisen Sohlen durch den Unterricht. Ein Arbeitsbuch zum spiel- und handlungsorientierten Unterricht im 1. und 2. Grundschuljahr. Schorndorf: Hofmann

Kemper, F.-J. (1982): Motorik und Sozialisation. Bad Homburg: Limpert

Kempermann, G.; Gage, F.H. (1999): New nerve Cells for the Adult Brain. Scientific American (5), 38-43

Kempf, H. D.; Fischer, J. (1993): Rückenschule für Kinder. Haltungsschwächen korrigieren – Haltungsschäden vorbeugen. Reinbek: Rowohlt

Kent, M. (Hrsg.) (1996): Wörterbuch Sport und Sportmedizin. Wiesbaden: Limpert

Kerp, S. (1993): Möglichkeiten und Grenzen der Integration behinderter Schülerinnen und Schüler in den Sportunterricht der Primarstufe. Diplomarbeit Köln.

Kesper, G. (Hg.) (2002): Sensorische Integration und Lernen. München-Basel: Reinhardt

Kesper, G.; Hottinger, S. (1992): Mototherapie bei sensorischen Integrationsstörungen. München-Basel: Reinhardt

Kesselmann, G. (1990): Langzeiteffekte einer therapeutisch orientierten Bewegungserziehung – im Rahmen einer kinderpsychiatrischen Betreuung. Dissertation Erlangen

Kickbusch, I. (1992): Plädoyer für ein neues Denken: Muster – Chaos – Kontext. Neue Handlungsansätze in der Gesundheitsförderung. In: Paulus, P. (Hrsg.): Prävention und Gesundheitsförderung – Perspektiven für die psychosoziale Praxis. S. 23-33. Köln: GwG

Kiener, F. (1973; 1974): Untersuchungen zum Körperbild (Body Image) I; II. Zeitschr. f. klin. Psychologie und Psychotherapie 21 (4), 335-351; 22 (1), 45-66

Kilian, P. (1995): Möglichkeiten und Förderung des Sitzverhaltens auf herkömmlichem Schulgestühl und auf Sitzbällen anhand einer Sitzschule. Untersuchung der Auswirkungen der „Sitzschule" auf das Sitzverhalten und das Wissen über rückengerechtes Verhalten. Diplomarbeit Köln

Kim, J. H. (1994): Die PWC im Kindes- und Jugendalter (7-18 Jahre) und ihre Bedeutung für den Schul- und Vereinssport. Dissertation Gießen

Kindermann, W.; Keul, J.; Simon, G.; Reindell, H. (1978): Anpassungserscheinungen durch Schul- und Leistungssport im Kindesalter. Sportwissenschaft 8 (2/3), 222-234

Kirsch, A. (1974): Internationaler Standard Fitness-Test. In: Drefke, H.; Vent, H.; Kirsch, A.: Schulsport in Nordrhein-Westfalen. Internationaler Konditionstest und Beurteilungskriterien für Gymnastik und Tanz. Beiheft. S. 5-79. Köln

Kirsch, A.; Kunze, G. (1972): Mittelwert und Standardabweichung von 6 bis 17jährigen Schülern im Internationalen Standard Fitness-Test. Unveröffentliche Ausgabe

Kiphard, E. J. (1970[1];1977[3]a): Bewegungs- und Koordinationsschwächen im Grundschulalter. Hofmann: Schorndorf

Kiphard, E. J. (1977b): Welche Kinder benötigen psychomotorische Fördermaßnahmen? Psychomotorik 2 (1), 7-11

Kiphard, E. J. (1980[1]; 2001[9]): Motopädagogik. Psychomotorische Entwicklungsförderung 1. Dortmund: verlag modernes lernen

Kiphard, E. J. (1982): Sportförderunterricht / Schulsonderturnen unter pädagogischem Aspekt. Motorik 5 (1), 17-24

Kiphard, E. J. (1983[1]; 1995[4]): Mototherapie Teil I. Dortmund: verlag modernes lernen

Kiphard, E. J. (1983[1]; 1994[4]): Mototherapie Teil II. Dortmund: verlag modernes lernen

Kiphard, E. J. (1990): Dyspraxie – das Problem kindlicher Handlungsstörungen. In: Doering, W.; Doering, W. (Hrsg.): Sensorische Integration. Anwendungsbereiche und Vergleich mit anderen Fördermethoden / Konzepten. S. 37-48. Dortmund: verlag modernes lernen

Kiphard, E. J. (1993): Das hyperaktive Kind aus psychomotorischer Sicht. In: Passolt, M. (Hrsg.): Hyperaktive Kinder: Psychomotorische Therapie. S. 64-84. München-Basel: Reinhardt

Kiphard, E.J.; Huppertz, H. (1968): Erziehung durch Bewegung. Sportunterricht mit motorisch schwachen und lernbehinderten Kindern. Bad Godesberg: Dürr

Kirchem, A. (1999): Werden unsere Kinder schwächer? In: Roth, K; Pauer, T.; Reischle K. (Hrsg.): Dimensionen und Visionen des Sports. Evaluation – Profilbildung – Globalisierung. S. 181. Hamburg: Czwalina

Kiss, A. (1995): Zur gesundheitlichen Lage von Jugendlichen in Berlin unter besonderer Berücksichtigung der Ergebnisse der Schulentlassungsuntersuchungen 1991/1992. Eine statistische Analyse. In: Senatsverwaltung für Gesundheit (Hrsg.): Diskussionsbeiträge zur Gesundheits- und Sozialforschung. S. 1-140. Berlin: Eigenverl.

Kiss, A. (1997): Gesundheit und Gesundheitsverhalten von Jugendlichen in Berlin unter besonderer Berücksichtigung der Ergebnisse der Schulentlassungsuntersuchungen 1994/95. In: Senatsverwaltung für Gesundheit und Soziales Berlin (Hrsg.): Diskussionsbeiträge zur Gesundheits- und Sozialforschung. S. 1-186. Berlin: Eigenverl.

Klapp, B. (1952): Das Klappsche Kriechverfahren. Stuttgart: Thieme

Klapp, R. (1910^2): Funktionelle Behandlung der Skoliose. Nebst einem Beitrag zur Kenntnis einiger orthogenetisch-degenerativer Krankheiten. Jena: Fischer

Klavis, M. (1997): Überprüfung der Effizienz eines Rückenschulprogrammes beim Einsatz des Sitzballes als Alternativsitzmöbel in der Schule, speziell Überprüfung von Aufmerksamkeit und Sitzverhalten. Diplomarbeit Köln

Kleber, E. W.; Kleber, G.; Hans, O. (1975): Differentieller Leistungstest – KG. Handanweisung. Braunschweig: Westermann 1975

Klee, A. (1994): Haltung, muskuläre Balance und Training. Thun-Frankfurt/M.: Deutsch

Klee, A. (1996): Dynamisches Dehnen versus Anspannungs-Entspannungs-Stretching – ein experimenteller Vergleich in einem Grundkurs. Lehrhilfen für den Sportunterricht 45 (10), 145-154

Kleine, W. (1997): Entwöhnen wir unseren Kindern die Bewegung? Sportunterricht 46 (11); 487-493

Kleine, W.; Schulz, N. (Hrsg.) (1999): Modernisierte Kindheit – sportliche Kindheit? Sankt Augustin: Academia

Klemt, U. (1988): Die kardio-pulmonale Leistungsfähigkeit im Kindes- und Jugendalter. Querschnittsuntersuchung an Kölner Schulkindern im Alter von 8 bis 18 Jahren. Köln: Strauß

Klimt, F. (1992): Sportmedizin im Kindes- und Jugendalter. Stuttgart: Thieme

Klissouras, V. (1973): Erblichkeit und Training. Studien mit Zwillingen. Leistungssport 3 (5), 357-368

Klocke, A.; Hurrelmann, K. (Hrsg.) (1998): Kinder und Jugendliche in Armut. Umfang, Auswirkungen und Konsequenzen. Opladen-Wiesbaden: Westdeutscher Verlag

Klupsch-Sahlmann, R. (Hrsg.) (1999): Mehr Bewegung in der Grundschule. Grundlagen, Bewegungschancen im Schulleben, Beispiele für alle Fächer. Berlin: Cornelsen

KMK (Sekretariat der Ständigen Konferenz der Kultusminister der Länder in der Bundesrepublik Deutschland) (1982): Grundsätze für die Durchführung eines Förderunterrichts im Schulsport (Schulsonderturnen) sowie für die Ausbildung und Prüfung zum Erwerb der Befähigung für das Erteilen von Förderunterricht.

KMK (Sekretariat der Ständigen Konferenz der Kultusminister der Länder in der Bundesrepublik Deutschland) (1992): Empfehlung zur Intensivierung des Sportförderunterrichts.

KMK (Sekretariat der Ständigen Konferenz der Kultusminister der Länder in der Bundesrepublik Deutschland) (1994): Empfehlungen zur sonderpädagogischen Förderung in den Schulen in der Bundesrepublik Deutschland.

KMK (Sekretariat der Ständigen Konferenz der Kultusminister der Länder in der Bundesrepublik Deutschland) (1998): Empfehlungen zum Förderschwerpunkt körperliche und motorische Entwicklung.

KMK (Sekretariat der Ständigen Konferenz der Kultusminister der Länder in der Bundesrepublik Deutschland) (1999): Grundsätze für die Durchführung von Sportförderunterricht sowie für die Ausbildung und Prüfung zum Erwerb der Befähigung für das Erteilen von Sportförderunterricht.

KM NRW (Der Kultusminister des Landes Nordrhein-Westfalen) (1952): Erwerb der Lehrbefähigung im Schulsonderturnen. Düsseldorf

KM NRW (Der Kultusminister des Landes Nordrhein-Westfalen) (1980): Richtlinien Sport. Band I. Allgemeiner Teil. Köln: Greven

Knott, M.; Voss, D. E. (1981[3]): Komplexbewegungen. Bewegungsbahnung nach Dr. Kabat. Stuttgart-New York: Fischer

Koch, C. F. (1830): Die Gymnastik aus dem Gesichtspuncte der Diätetik und Psychologie, nebst einer Nachricht von der gymnastischen Anstalt zu Magdeburg. Magdeburg: Creutz

Köckenberger, H. (1997[2] a): Bewegtes Lernen. Lesen, schreiben, rechnen lernen mit dem ganzen Körper. Die „Chefstunde". Dortmund: borgmann publishing

Köckenberger, H. (1997[2] b): Bewegungsräume. Entwicklungs- und kindorientierte Bewegungserziehung. Dortmund: borgmann publishing

Köckenberger, H.; Gaiser, G. (1996): „Sei doch endlich still!" Entspannungsspiele und -geschichten für Kinder. Dortmund: borgmann publishing

Köhler, H.; Peters, H. (1980): Planung und Kontrolle. In: Wikowski, R. (Red.): Ausdauerleistungsfähigkeit im Schulsport. S. 115-141. Berlin: Volk und Wissen

Köster, S. (1997): Der Standweitsprung als sportmotorische Testaufgabe für Grundschüler – eine Revision. Diplomarbeit Köln

Kolb, B.; Whishaw, I. Q. (1996^2): Neuropsychologie. Heidelberg-Berlin-Oxford: Spektrum Akad. Verl.

Kottmann, L.; Küpper, D.; Pack, R. P. (1997): Bewegungsfreudige Schule. Band I: Grundlagen. Münster: Saga

Kollmuß, S.; Stotz, S. (1995): Rückenschule für Kinder – ein Kinderspiel. München: Pflaum

Krämer, K. L. (1986): Medizinische Photographie in der Orthopädie einst und heute – Ein geschichtlicher Abriß. Z. Orthop. 124 (5), 578-586

Kramer, F. (1994): Zur individuellen Entwicklung motorischer Fähigkeiten im jüngeren Schulalter. In: Hirtz, P.; Nüske, F. (Hrsg.): Motorische Entwicklung in der Diskussion. Sankt Augustin: Academia

Krebs, H.; Kurth, B. (1973): Untersuchung der statischen und dynamischen Koordination bei Kindern. Filmbeiheft C 1076/1972. Göttingen: IWF

Kreiß, F. (1984): Cooper-Test. Der Übungsleiter: Arbeitshilfen für Übungsleiter im Deutschen Sportbund 17 (4), 122

Kretschmann, E.; Lawrenz, A.; Lawrenz, W.; Schmitz, H.; Nespethal, K.; Bjarnason-Wehrens, B. (2001): Motorische Entwicklung und Leistungsfähigkeit bei adipösen Kindern und Jugendlichen. Dtsch. Z. Sportmed. 52 (S 7-8), 26

Kretschmer, E. (1977^{26}): Körperbau und Charakter. Berlin-Heidelberg-New York: Springer

Kretschmer, J. (1994): Bauen und Bewegen. Sportpädagogik 18 (4), 26-38

Kretschmer, J. (1999): Tun oder Nicht-Tun? Zur Betreuung von Bewegungslandschaften. Motorik 22 (1), 12-19

Kretschmer, J. (2000): Was wissen wir wirklich über die Folgen der veränderten Bewegungswelt? Körpererziehung 50 (4), 217-223

Kretschmer, J. (2000a): Mit Bewegungslandschaften der veränderten Bewegungsumwelt begegnen? Sportunterricht 49 (2), 44-49

Kretschmer, J.; Giewald, C. (2001): Veränderte Kindheit – veränderter Schulsport? Sportunterricht 50 (2), 36-42

Krimm v. Fischer, C. (Hrsg.) (1992): Erziehen mit Musik und Bewegung. Praxisanleitung zur musikalisch-rhythmischen Erziehung. Freiburg: Herder

Krombholz, H. (1985): Können kognitive Leistungen durch motorische Fördermaßnahmen gesteigert werden? Eine Zusammenstellung vorliegender Untersuchungen zur Wirksamkeit psychomotorischer Übungsprogramme. Heilpädagogische Forschung XII (1), 73-79

Krombholz, H. (1988): Sportliche und kognitive Leistungen im Grundschulalter. Eine Längsschnittuntersuchung. Frankfurt/M.-Bern-New York-Paris: Peter Lang

Krombholz, H. (1989): Körperschema und motorische Leistungen im Kindesalter. Motorik 12 (2), 50-56

Kromeyer-Hauschild, K.; Wabitsch, M.; Kunze, D.; Geller, F.; Geiß, H. C.; Hesse, V.; von Hippel, A.; Jaeger, U.; Johnsen, D.; Korte, W.; Menner, K.; Müller, G.; Müller, J. M.; Niemann-Pilatus, A.; Remer, T.; Schaefer, F.; Wittchen, H.-U.; Zabransky, S.; Zellner, K.; Ziegler, A.; Hebegrand, J. (2001): Perzentile für den Body mass-Index für das Kindes- und Jugendalter unter Heranziehung verschiedener deutscher Stichproben. Monatsschr. Kinderheilk. 149 (8), 807-818

Kroneberg, L.; Förder, G. (1999[4]): Kinesiologie für Kinder. München: Gräfe & Unzer

Kruber, D. (1997): Aerobe Leistungsfähigkeit in der Schule. Eine Repräsentativerhebung an rheinhessisch-pfälzischen Schülerinnen und Schülern. Sportunterricht 46 (1), 21-23

Kruse, W. (1992[2]): Einführung in das autogene Training mit Kindern. Köln: Dt. Ärzte-Verl.

Kunz, T. (1992): Ergebnisse der Untersuchung „Psychomotorische Förderung in Grundschulen". Unv. Manuskript. Eigenunfallvers. d. Stadt Frankfurt

Kunz, T. (1993): Weniger Unfälle durch Bewegung. Mit Bewegungsspielen gegen Unfälle und Gesundheitsschäden bei Kindergartenkindern. Schorndorf: Hofmann.

Kunz, T. (1994): Spielerische Bewegungsförderung in Kindergärten und Grundschulen. Praxis der Psychomotorik 19 (4), 214-224

Kunze, D.; Murken, J. D. (1974): Diagnostik von Längenalter und Gewichtsalter mit nouon Somatogrammon. Kindorarzt 5 (12), 1077 1085

Kurth, E. (1978): Motometrische Entwicklungsdiagnostik. Ergebnisse klinisch-psychologischer Untersuchungen. Berlin: VEB Deutscher Verlag der Wissenschaften

Kurth, E. (1985): Motometrische Rostock-Oseretzky-Skala (ROS). Handanweisung. Berlin: Psychodiagn. Zentrum / Humboldt-Universität zu Berlin

Kurth, E.; Möller, S. (2001): Vergleichende Untersuchung der motorischen Koordination im Grundschulalter im Zeitraum 1971 – 1998. Die neue Sonderschule 46 (4), 296-301

Kurz, D. (1998[3]): Wie offen soll und darf der Sportunterricht sein? In: Bielefelder Sportpädagogen (Hrsg.): Methoden im Sportunterricht. Ein Lehrbuch in 14 Lektionen. S. 219-235. Schorndorf: Hofmann

Laessle, R.; Lehrke, S.; Wurmser, H.; Pirke, K. M. (2001): Adipositas im Kindes- und Jugendalter. Basiswissen und Therapie. Berlin-Heidelberg: Springer

Laging, R. (2000): Theoretische Bezüge und Konzepte der Bewegten Schule – Grundlagen und Überblick. In: Laging, R.; Schillack, G. (Hrsg.): Die Schule kommt in Bewegung. Konzepte, Untersuchungen und praktische Beispiele zur Bewegten Schule. S. 2-38. Baltmannsweiler: Schneider-Verl.

Laging, R.; Schillack, G. (Hrsg.) (2000): Die Schule kommt in Bewegung. Konzepte, Untersuchungen und praktische Beispiele zur Bewegten Schule. Baltmannsweiler: Schneider-Verl.

Lange, R. (1992): Entspannung – Körpererfahrung – Meditation. Sankt Augustin: Academia

Largo, R. H. (1995): Kindliche Entwicklung und psychosoziale Entwicklung. In: Schlack, H. G. (Hrsg.): Sozialpädiatrie. Gesundheit.Krankheit.Lebenswelten. S. 7-22. Stuttgart-Jena-New York: G. Fischer

Lauth, G. W.; Schlottke, P. F. (1997[3]): Training mit aufmerksamkeitsgestörten Kindern. Weinheim: Psych.-Verl.-Union

Lawrenz, W.; Seiler, T. (2002): Erkrankungen des Herzens und der großen Gefäße. In: Hebestreit, H.; Ferrari, R.; Meyer-Holz, J.; Lawrenz, W.; Jünst, B. K.: Kinder- und Jugendsportmedizin. Grundlagen, Praxis, Trainingstherapie. S. 86-97. Stuttgart-New York: Thieme

Lazarus, R. S.; Launier, R. (1981): Streßbezogene Transaktionen zwischen Person und Umwelt. In: Nitsch, J. (Hg.): Streß. Theorien, Untersuchungen, Maßnahmen. S. 213-259. Bern: Huber

Lecheler, J.; Fischer, J. (1990): Bewegung und Sport bei Asthma bronchiale. Ein Handbuch für Ärzte, Lehrer, Eltern und Erzieher. Köln: Echo Verlags-GmbH

Lecheler, J.; Biberger, A.; Pfannebecker, B. (1997): Asthma & Sport. Theoretische Grundlagen und praktische Handlungsanleitungen. Berchtesgaden: INA Verlag

Ledig, M. (1992): Vielfalt oder Einfalt – Das Aktivitätenspektrum von Kindern. In: Deutsches Jugendinstitut (Hrsg.): Was tun Kinder am Nachmittag? Ergebnisse einer empirischen Studie zur mittleren Kindheit. S. 31-74. Weinheim-München: Juventa

Leger, W. (1959): Die Form der Wirbelsäule mit Untersuchungen über ihre Beziehung zum Becken und die Statik der aufrechten Haltung. Beilageheft zur Zeitschrift für Orthopädie. Band 9. Stuttgart: Enke

Lehmann, G. (1998): Rückenschule für Kinder. Rückenproblemen spielerisch vorbeugen. München: Gräfe und Unzer

Leibowitz; J.; Connington, B. (1991): Die Alexander-Technik. Körpertherapie für Jedermann. Bern-München-Wien: Scherz

Leithäuser, A. (1996): Überprüfung der Einsatzfähigkeit alternativer Schulmöbel am Beispiel des Sitzballes in der Sekundarstufe I einer Regelschule und dessen Einfluß auf die Haltungsleistungsfähigkeit. Diplomarbeit Köln

Lekszas, G. (1970): Ein neues Meßgerät zur Funktionsdiagnostik der Wirbelsäule. Zeitschr. ärztl. Fortb. 64 (12), 602-608

Lekszas, G. (1981²): Heilsport in der Orthopädie. Stuttgart: Enke

Lempp, R. (1978): Gibt es eine minimal brain dysfunction? Der Kinderarzt 9 (12), 1644-1652

Lempp, R. (Hrsg.) (1979): Teilleistungsstörungen im Kindesalter. Bern-Stuttgart-Wien: Huber

Lensing-Conrady, R. (1999): Rollerfahren im Vorschulalter – Eine wissenschaftliche Untersuchung zur Effizienz des Rollerfahrens für die Kindesentwicklung im Vorschulalter bestätigt unsere Kindheitserfahrungen. Praxis der Psychomotorik 24 (2), 98-102

Lesigang, C. (1978): Die motoskopische Erkennung minimaler Zerebralparesen. Ein Beitrag zur Motodiagnostik im Kindesalter. Wien: Facultas

Leupold, D. W.; Lorenz, K. (1969): Normwerte für die Spiroergometrie im Kindesalter. Medizin und Sport 9 (10/11), 293-302

Liebel, A. (1999): Der „Psychomotorische Screening-Test" und seine Anwendung in der Eingangsklasse der Grundschule. Diplomarbeit Köln

Liebisch, R.; Hanel, R. (1991): Ergebnisse eines Beurteilungsverfahrens der körperlichen Leistungsfähigkeit im Rahmen der Auswahl für das Sonderturnen im Verein bzw. für den Sportförderunterricht. Haltung und Bewegung 11 (2), 8-18

Lienert, G. A. (1969³): Testaufbau und Testanalyse. Weinheim-Berlin-Basel: Verl. Julius Beltz

Liesen, H.; Hollmann, W. (1977): Grundsätzliche Erwägungen zum Schulsonderturnen aus sportinternistischer Sicht. In: Volck, G., Reiber, H. (Hrsg.): Schulsonderturnen in der Diskussion. S. 41-48. Schorndorf. Hofmann

Liljenqvist, U.; Halm, H.; Hierholzer, E.; Drerup, B.; Weiland, M. (1998): Die dreidimensionale Oberflächenvermessung von Wirbelsäulendeformitäten anhand der Videorasterstereographie. Z. Orthop. 136 (1), 57-64

Limbourg, M. (1995): Kinder im Straßenverkehr. Münster: GUVV Westfalen-Lippe

Lippert, H. (1970): Probleme der Statik und Dynamik von Wirbelsäule und Rückenmark. In: Trostorf, E.; Stender, H. S. (Hrsg.): Wirbelsäule und Nervensystem. S. 9-15. Stuttgart: Thieme

Ljublinskaja, A. (1982³, 1985⁵): Kinderpsychologie. Köln: Pahl-Rugenstein

Lochmüller, H. (1925): Die Klappschen Kriechübungen. Ein methodischer Leitfaden für die Schule. Leipzig.Berlin: Teubner

Lockowandt, O. (1979³): FEW. Frostigs Entwicklungstest der visuellen Wahrnehmung. Manual. Weinheim: Beltz Test GmbH

lögd NRW (Landesinstitut für den Öffentlichen Gesundheitsdienst NRW) (2002): Dokumentation der schulärztlichen Untersuchungen Nordrhein-Westfalen. Ergebnisse 2002. Bielefeld

Löscher, W. (Hrsg.) (1996²): Vom Sinn der Sinne. Spielerische Wahrnehmungsförderung für Kinder. München: Don Bosco

Lorinser, K. I. (1836): Zum Schutze der Gesundheit in den Schulen. Berlin: Enslin

LSW (Landesinstitut für Schule und Weiterbildung) (1999): Bewegung, Spiel und Sport im Schulprogramm. Drittes Schulsport-Symposion Nordrhein-Westfalen. Dokumentation. Bönen: Kettler

Luckert, H. (1989): Förderdiagnostik – nur ein neuer Begriff? Motopäde 6 (1), 14-18

Ludwig, G. (1989): Untersuchungen zu Auffälligkeiten in der koordinativ-motorischen Entwicklung im Vorschulalter. Ein Beitrag zur Theorie der rehabilitativen motorischen Erziehung. Dissertation Berlin

Ludwig, G. (1994): Motorische Entwicklung im Vorschulalter unter dem Aspekt unterschiedlicher Entwicklungsbedingungen. In: Hirtz, P.; Nüske, F. (Hrsg.): Motorische Entwicklung in der Diskussion. S. 149-159. Sankt Augustin: Academia

Lütgeharm, R. (1999): Besser lernen in einer „bewegungsfreudigen Schule". Praktische Hilfen für den Schulalltag. Celle: Pohl

von Lüpke, H. (2001): Hyperaktivität zwischen „Stoffwechselstörung" und Psychodynamik. In: Passolt, M. (Hrsg.): Hyperaktivität zwischen Psychoanalyse, Neurobiologie und Systemtheorie: S. 111-130. München: Reinhardt

Maas, H.; Spiess, S. (1992): Ganzheitliche Entwicklungsförderung von psychomotorisch auffälligen Schulkindern des ersten Schuljahres durch Bewegung, Sport und Spiel, unter besonderer Berücksichtigung der Bewegungskoordination. Überprüfung der Wirksamkeit eines psychomotorischen Förderprogramms. Diplomarbeit Köln

Mader, A.; Liesen, H.; Heck, H.; Philippi, H.; Rost, R.; Schürch, P.; Hollmann, W. (1976): Zur Beurteilung der sportartspezifischen Ausdauerleistungsfähigkeit im Labor. Sportarzt u. Sportmed. 27 (4; 5), 80-88; 109-112

MAGS NRW (Ministerium für Arbeit, Gesundheit und Soziales des Landes Nordrhein-Westfalen) (1997): Mit gleichen Chancen leben – Aktionsprogramm zur Integration behinderter Menschen in NRW (verabschiedet am 16.12.1997); darin enthalten: „Landesprogramm zum Ausbau des kompensatorischen Sports in den Schulen".

Maier, E. (1961): Die Grenzen des Normalen und die Beurteilung der Fehlhaltungen beim Fuß des Kindes. Der öffentliche Gesundheitsdienst 23 (4), 139-151

Maier, E. (1973): Der gesunde Kinderfuß, seine Entwicklung und Bekleidung. In: Rausch, E.; Otte, P. (Hrsg.): Vorsorge in der Orthopädie. Praktische Orthopädie. Band 4. S. 33-44. Bruchsal: Vordruckverlag GmbH

Maier. E. (1979²): Der Fuß. Kleve: G. Hoffmann GmbH

Maier, E. (1980): Die Reifung des Kinderfußes. 67. Tagung d. Dt. Ges. f. Orth. u. Traumatol. Münster. Sonderdruck

Maier, E. (1995²a): Die Reifung des Kinderfußes. In: Baumgartner, R.; Stinus, H.: Die orthopädietechnische Versorgung des Fußes. S. 14-22. Stuttgart-New York: Thieme

Maier, E. (1995²b): Kinderschuhe. In: Baumgartner, R.; Stinus, H.: Die orthopädietechnische Versorgung des Fußes. S. 163-169. Stuttgart-New York: Thieme

Marhold, G. (1965): Um Begriffe und Definitionen. Theorie u. Praxis d. Körperkultur 14 (11), 1013-1015

Martin, D. (1982): Zur sportlichen Leistungsfähigkeit von Kindern. Sportwissenschaft 12 (3), 255-274

Martin, D.; Nicolaus, J.; Ostrowski, C.; Rost, K. (1999): Handbuch Kinder- und Jugendtraining. Schorndorf: Hofmann

Martin, K.; Bantz, H. (1992): Vielseitigkeitsschulung an Geräten. Vom Kindes- bis zum Jugendalter. Schorndorf: Hofmann

Martin, M.; Walter, R. (1982): Körperselbstbild und Neurotizismus bei Kindern und Jugendlichen. Praxis der Kinderpsychologie und Kinderpsychiatrie 31 (6), 213-218

MASSKS NRW (Ministerium für Arbeit, Soziales und Stadtentwicklung, Kultur und Sport) (1999): Schulsport in NRW. Schuljahr 1999/2000. Erkrath: Toennes

Matthee, J. (1993): Die Beurteilung der Ausdauerleistungsfähigkeit bei 6-10jährigen Grundschulkindern, mit Hilfe des modifizierten Cooper-Tests, 8-Minuten-Lauf. Diplomarbeit Köln

Matthiaß, H. H. (1966): Reifung, Wachstum und Wachstumsstörungen des Haltungs- und Bewegungsapparates im Jugendalter. Basel-Freiburg-New York: Karger

Matthiaß, H. H. (1969): Frühdiagnose von Haltungsschäden. Therapiewoche 19 (18), 857-862

Matthiaß, H. H. (1972³): Probleme der Haltungsbeurteilung. In: Matthiaß, H. H. (Red.): Probleme der Haltungsbeurteilung. S. 7-18. Düren: Lohmann

Matthiaß, H. H. (1977): Regelvorgänge bei der Haltung – Grundlagen der menschlichen Haltung. In: Volck, G.; Reiber, H. (Red.): Schulsonderturnen in der Diskussion. S. 60-78. Schorndorf: Hofmann

Mattmüller-Frick, F. (1995): Das Rhythmik-Buch. 677 bei Mimi Scheiblauer gesammelte Grundübungen. Seelze: Kallmeyer

May, M. (1999): Möglichkeiten einer gezielten Einflußnahme auf das Sitzverhalten von Kindern der Jahrgangsstufe 5. Diplomarbeit Köln

Mechling, H. (1984): Bewegungswissenschaft. In: Carl, K.; Kayser, D.; Mechling, H.; Preising, W. (Hrsg.): Handbuch Sport. Wissenschaftliche Grundlagen von Unterricht und Training. Band I. S. 83-134. Düsseldorf: Schwann

Medau, H.; Roedenbeck, E. (1960⁴). Rhythmisch-musikalische Gymnastik. Frankfurt/M.: Limpert

Meichenbaum, D. (1979): Kognitive Verhaltensmodifikation. München: Urban & Schwarzenberg

Meichenbaum, D.; Goodman, J. (1971): Training impulsive children to talk to themselves: A means of developing self-control. Journal of Abnormal Psychology 77 (2), 115-129

Meinel, K; Schnabel, G. (1998⁹): Bewegungslehre – Sportmotorik. Abriß einer Theorie der sportlichen Motorik unter pädagogischem Aspekt. Berlin: Sportverlag

Mellerowicz, H. (1977²): Training. In: Hollmann, W. (Hrsg.): Zentrale Themen der Sportmedizin. S. 181-193. Berlin-Heidelberg-New York: Springer

Mellerowicz, H. (1985): Gesundheit und Leistung. Training als Mittel der präventiven Medizin. Berlin-Heidelberg-New York: Springer

Mersmann, H. (1998): Gesundheit von Schulanfängern – Auswirkungen sozialer Benachteiligungen. In: Bundeszentrale für gesundheitliche Aufklärung (Hrsg.): Gesundheit von Kindern. Epidemiologische Grundlagen. S. 60-78. Köln: Asmuth

Mertens, K. (1990): editorial zum Schwerpunktheft: Wahrnehmung – theoretische und praktische Aspekte. Motorik 13 (1), 1-2

Meyenburg, C. (Hrsg.) (1996³): Die Sache mit dem X. Brain Gym„ in der Schule. Freiburg: VAK

MFJFG NRW (Ministerium für Frauen, Jugend, Familie und Gesundheit des Landes Nordrhein-Westfalen) (1999): Kinder und Jugendliche an der Schwelle zum 21. Jahrhundert. Chancen, Risiken, Herausforderungen. 7. Kinder-

und Jugendbericht des Landesregierung Nordrhein-Westfalen. Selm: Lonnemann

Michaelis, R.; Erlewein, R.; Michaelis, U. S. (1996): Variabilität und Individualität in der motorischen Entwicklung. Motorik 19 (1), 4-11

Michaelis, R.; Kahle, H.; Michaelis, U. S. (1994): Variabilität in der frühen motorischen Entwicklung. In: Schlack, H. G.; Largo, R. H.; Michaelis, R.; Neuhäuser, G.; Ohrt, B. (Hrsg.): Praktische Entwicklungsneurologie. S. 25-36. München: H. Marseille

Michaud, P. A.; Narring, F.; Cauderay, M.; Cavadini, C. (1999): Sports activity, physical activity and fitness of 9- to 19-year-old teenagers in the canton of Vaud (Switzerland). Schweiz. Med. Wochenschr. 129 (18), 691-699

Miedzinski, K. (1983): Die Bewegungsbaustelle – Kinder bauen sich ihre Bewegungsanlässe selbst. Dortmund: verlag modernes lernen

Miedzinski, K. (1994): Was beim Bauen passiert und in Bewegung kommt ... Bauen und Bewegen ein Kinderspiel. Praxis der Psychomotorik 19 (4), 197-204

Miketta, G. (1992²): Netzwerk Mensch. Psychoneuroimmunologie: Den Verbindungen von Körper und Seele auf der Spur. Stuttgart: TRIAS – Thieme Hippokrates Enke

Mikulicz, J. v.; Tomasczewski, V. (1902): Orthopädische Gymnastik gegen Rückgratsverkrümmungen und schlechte Körperhaltung. Jena: Fischer

Milani Comparetti, A. (1986): Von der „Medizin der Krankheit" zu einer „Medizin der Gesundheit". In: Paritätisches Bildungswerk Bundesverband (Hrsg.): Von der Behandlung der Krankheit zur Sorge um Gesundheit. S. 16-27. Frankfurt/M.: Mattes Verlag

Milz, I. (1996): Neuropsychologie für Pädagogen. Neuropsychologische Voraussetzungen für Lernen und Verhalten. Dortmund: verlag modernes lernen

Moegling, B.; Moegling, K. (1984): Sanfte Körpererfahrung. Für dich selbst und zwischen uns. Kassel: Kasseler Verl.

Moegling, K. (1986): Bewegungsmeditation. Sportpädagogik 10 (1), 8-17

Moegling, K. (1997): Zeitgemäßer Sportunterricht. Praxismodelle eines ganzheitlichen Bewegungsunterrichts im Schulsport. Dortmund: verlag modernes lernen

Möhring (o.V.) (1927): Hilfsturnen statt orthopädische Sonderturnkurse. In: Deutsch. Orthop. Gesellschaft (Hrsg.): Orthopädie und Leibesübungen. S. 37-41. Stuttgart: Enke

Molcho, S. (1983): Körpersprache. München: Mosaik

Molnar, A.; Lindquist, B. (1993³): Verhaltensprobleme in der Schule. Lösungsstrategien für die Praxis. Dortmund: borgmann publishing

Mrazek, J. (1986): Einstellungen zum eigenen Körper – Grundlagen und Befunde. In: Bielefeld, J. (Hrsg.): Körpererfahrung. Grundlage menschlichen Bewegungsverhaltens. S. 223-251. Göttingen-Toronto-Zürich: Hogrefe

MSWWF NRW (Ministerium für Schule und Weiterbildung, Wissenschaft und Forschung des Landes Nordrhein-Westfalen) (1999): Richtlinien und Lehrpläne für die Grundschule in Nordrhein-Westfalen. Sport. Frechen: Ritterbach

Müller, C. (2000): Was bewirkt die bewegte Schule? In: Laging, R.; Schillack, G. (Hrsg.): Die Schule kommt in Bewegung. Konzepte, Untersuchungen und praktische Beispiele zur Bewegten Schule. S. 194-203. Baltmannsweiler: Schneider-Verl.

Müller, E. (1978): Entspannungsmethoden in der Schule. Praxis der Leibesübungen 19 (2), 23-25

Müller, E. (1985): Auf der Silberlichtstraße des Mondes. Autogenes Training mit Märchen zum Entspannen und Träumen. Frankfurt/M.: Fischer

Müller, E. (1995): Du spürst unter deinen Füßen das Gras. Autogenes Training in Phantasie- und Märchenreisen. Frankfurt/M.: Fischer

Müller, S. (2002): Häufigkeiten von grobmotorischen und feinmotorischen Auffälligkeiten im Einschulungsalter. Diplomarbeit Köln

Mutzeck, W. (Hrsg.) (2002^3): Förderdiagnostik. Konzepte und Methoden. Weinheim-Basel: Beltz

Myschker, N. (1999^3): Verhaltensstörungen bei Kindern und Jugendlichen. Stuttgart-Berlin-Köln: Kohlhammer

Naville, S.; Weber, A.; Mock, B. (1995^2): Psychomotorischer Screening-Test. Zürich: Eigenverlag

Neikes, J. L. (1969): Scheiblauer-Rhythmik. Orthagogische Rhythmik. Wuppertal-Ratingen-Düsseldorf: Henn

Nentwig, C. G.; Ullrich, C. H. (1990): Wirksamkeit eines Verhaltenstrainings für Wirbelsäulenpatienten: eine prospektive kontrollierte Studie. In: Nentwig, C. G.; Krämer, J.; Ullrich, C. H. (Hrsg.): Die Rückenschule. S. 103-110. Stuttgart: Enke

Neisser, U. (1979): Kognition und Wirklichkeit. Stuttgart: Klett-Cotta

Neugebauer, H. (1972): Wachstum und Haltung. Österr. Ärztezeitung 27 (19), 1029-1043

Neumaier, A. (1999): Koordinatives Anforderungsprofil und Koordinationstraining. Grundlagen – Analyse – Methodik. Köln: Strauß

Neumaier, A.; Mester, J. (1990): Wahrnehmung als Grundlage und integrativer Bestandteil sportmotorischer Handlungen. Motorik 13 (1), 14-22

Neumann, P. (2000): "*Wir sitzen immer nur steif wie ein Besenstiel und machen nie Pause*" – oder: Was bleibt von dem Konzept der Bewegten Schule in der Praxis übrig? Ergebnisse aus einer Studie in Bayern. In: Laging, R.; Schillack, G. (Hrsg.): Die Schule kommt in Bewegung. Konzepte, Untersuchungen und praktische Beispiele zur Bewegten Schule. S. 204-216. Baltmannsweiler: Schneider-Verl.

Neumann-Neurode, D. (1976[29]): Säuglingsgymnastik. Heidelberg: Quelle & Meier

Nickel, H. (1968): Untersuchungen zur erhöhten Motivation für eine einzelheitliche Auffassung der visuellen Wahrnehmung vierjähriger Kinder. Psychol. Rundschau 19 (1), 9-17

Nickel, H. (1977): Der normale Entwicklungsverlauf von Wahrnehmungsprozessen im Kindesalter. In: Berger, E. (Hrsg.); Teilleistungsschwächen bei Kindern. S. 23-42. Bern-Stuttgart-Wien: Huber

Nickel, H. (1989): Das Problem der Schulreife – eine systemische Analyse und ihre praktischen Konsequenzen. In: Karch, D.; Michaelis, R.; Rennen-Allhoff; Schlack, H. G. (Hrsg.): Normale und gestörte Entwicklung. Kritische Aspekte zu Diagnostik und Therapie. S. 51-67. Berlin-Heidelberg: Springer

Nickel, H.; Schmidt-Denter, U. (1995[5]): Vom Kleinkind zum Schulkind. München-Basel: Reinhardt.

Niethard, F. U. (1997): Kinderorthopädie. Stuttgart-New York: Thieme

Obst, F.; Bös, K. (1999): Tägliche Sportstunde in der Grundschule. In: Bös, K.; Schott, N. (Hrsg.): Kinder brauchen Bewegung – leben mit Turnen, Sport, Spiel. S. 88-91. Hamburg: Czwalina

Ockhardt, L. (1988): Untersuchungen zum motorischen Lernen im Sportunterricht jüngerer Schulkinder. Dissertation Greifswald

Oelschlägel, H.; Wittekopf, G. (1976): Physiologische Grundlagen der sportlichen Leistungsfähigkeit im frühen Schulalter. Medizin und Sport 16 (4/5/6), 126-130

Oerter, R.; Dreher, E. (1995[3]): Jugendalter. In: Oerter, R.; Montada, L. (Hrsg.): Entwicklungspsychologie. Ein Lehrbuch. S. 310-395. Weinheim: Psych. Verl. Union

Oldenburg, S. (1981). Die Entwicklung des Körperschemas beim normalsichtigen und beim blinden Kind. Diplomarbeit Köln

Ondarza-Landwehr, G. v. (1979): Prognose minimaler Hirnfunktionsstörungen im Vorschulalter. Eine prospektive Studie zur Entwicklung von Risikokindern unter verschiedenen sozio-ökonomischen Bedingungen. Weinheim-Basel: Beltz

Ortner, A.; Ortner, R. (2000[5]): Verhaltens- und Lernschwierigkeiten. Handbuch für die Grundschulpraxis. Weinheim-Basel: Beltz

Otten, G. (1991): Psychomotorische Förderung von motorisch auffälligen Schülern des 1. und 2. Schuljahres – Überprüfung eines gezielten Übungsprogramms im Sportförderunterricht. Diplomarbeit Köln

Ottendorf, H.; Briese, G. (Hrsg.) (1926): Prüfungsordnung für Lehrer und Lehrerinnen der vorbeugenden und ausgleichenden Leibesübungen (Orthopädisches Schulturnen). Berlin: Weidmann

Pahlke, U.; Israel, S. (1980): Sportmedizinisch-biowissenschaftliche Grundfragen der Ausdauer im Kindes- und Jugendalter. In: Wikowski, R. (Red.): Ausdauerleistungsfähigkeit im Schulsport. S. 21-48. Berlin: Volk und Wissen

Palmowski, W. (1996): Anders handeln. Lehrerverhalten in Konfliktsituationen. Dortmund: borgmann publishing

Paulus, P. (1986): Körpererfahrung und Selbsterfahrung in persönlichkeitspsychologischer Sicht. In: Bielefeld, J. (Hrsg.): Körpererfahrung. Grundlage menschlichen Bewegungsverhaltens. S. 87-124. Göttingen-Toronto-Zürich: Hogrefe

Pechstein, J. (1974): Umweltabhängigkeit der frühen zentralnervösen Entwicklung. Stuttgart: Thieme

Petermann, F. (1990): Psychosoziale Folgen chronischer Krankheiten im Kindes- und Jugendalter. In: Petermann, F.; Bode, U.; Schlack, H. G. (Hrsg.): Chronisch kranke Kinder und Jugendliche. Eine interdisziplinäre Aufgabe. S. 13-15. Köln: Dt. Ärzte-Verlag

Petermann, F.; Noeker, M.; Bode, U. (1987): Psychologie chronischer Krankheiten im Kindes- und Jugendalter. München-Weinheim: Psychologie-Verlags-Union

Petermann, F.; Bode, U.; Schlack, H. G. (Hrsg.) (1990): Chronisch kranke Kinder und Jugendliche. Eine interdisziplinäre Aufgabe. Köln: Dt. Ärzte-Verlag

Petermann, F.; Petermann, U. (1993[6]): Training mit aggressiven Kindern. Einzeltraining, Kindergruppe, Elternberatung. Weinheim: Psych.-Verl.-Union

Petermann, F.; Vaitl, D. (Hrsg.) (1994): Handbuch der Entspannungsverfahren. Band 2. Anwendungen. Weinheim: Psychologie Verl. Union

Petermann, U. (1999[2]): Entspannungstechniken für Kinder und Jugendliche. Ein Praxisbuch. Weinheim-Basel: Beltz

Petermann, U.; Zimmermann, B.; Menzel, S. (1998): Wirkungen kindangemessener Entspannungsverfahren. Zeitschrift für Heilpädagogik 49 (11), 497-506

Peterson Kendall, F.; Kendall McCreary, E.; Geise Provence, P. (1998³): Muskeln. Funktionen und Tests. Lübeck-Stuttgart-Jena-Ulm: Fischer

Piaget, J. (1973²): Das Erwachen der Intelligenz beim Kinde. Stuttgart: Klett

Piehler, S.; Ilg, H. (1995): Zur Effizienz von Sportförderunterricht – der in Mecklenburg-Vorpommern eigentlich nicht existiert. Körpererziehung 45 (7/8), 259-262

Pieper, W. (1990): Entwicklung der Wahrnehmung. In: Hetzer, H.; Todt, E.; Seiffge-Krenke, I; Arbinger, R. (Hrsg.): Angewandte Entwicklungspsychologie des Kindes- und Jugendalters. S. 19-46. Heidelberg: Quelle und Meyer

Platzer, W. (1999⁷): Bewegungsapparat. Taschenatlas der Anatomie Band 1. Stuttgart-New York: Thieme

Pöhlmann, R. (1997²): Was ist, was kann Motorik? Eine Gegenstands- und Aufgabenbestimmung. In: Hirtz, P.; Kirchner, G.; Pöhlmann, R. (Hrsg.): Sportmotorik. Grundlagen, Anwendungen und Grenzgebiete. S. 13-31. Kassel: Gesamthochschul-Bibliothek

Pöppel, E. (1995³): Lust und Schmerz. Über den Ursprung der Welt im Gehirn. München: Goldmann

Portmann, R.; Schneider, E. (1988²): Spiele zur Entspannung und Konzentration. München: Don Bosco

Poschen, S. (1997): Förderung des rückengerechten Sitzens in der Schule – Überprüfung eines Sitzschulkonzeptes in der Sekundarstufe I. Diplomarbeit Köln

Postman, N. (1983): Das Verschwinden der Kindheit. Frankfurt / M.: Fischer

Prenner, K. (1989): Zum sozialen Wandel von Kindheit und Bewegungswelt. In: Irmischer, T.; Fischer, K. (Red.): Psychomotorik in der Entwicklung. S. 39-53. Schorndorf: Hofmann

Probst, M. (1993): Psychomotorische Therapie bei Anorexia nervosa Patientinnen. In: Hölter, G. (Hrsg.): Mototherapie mit Erwachsenen. Sport, Spiel und Bewegung in Psychiatrie, Psychosomatik und Suchtbehandlung. S. 161-173. Schorndorf: Hofmann

Puls, E. (1997): Nachuntersuchung frühbehandelter Kinder. In: Leyendecker, C.; Horstmann, T. (Hrsg.): Frühförderung und Frühbehandlung. Wissenschaftliche Grundlagen, praxisorientierte Ansätze und Perspektiven interdisziplinärer Zusammenarbeit. S. 23-32. Heidelberg: Winter, Programm Ed. Schindele

Raabe-Oetker, A. (1998): Spiel und Spaß im Wasser – Babyschwimmen. Niedernhausen/Ts.: Falken

Rang, M. (1985): Kinderorthopädie. Ein kleiner Leitfaden zu einem großen Thema. Bern-Stuttgart-Toronto: Huber

Rapp, G.; Schoder, G. (1977): Motorische Testverfahren. Grundlagen, Aufgaben und Anwendung in Sportpraxis und Bewegungsdiagnostik. Stuttgart: Central-Druck

Rausch, K. (1995): Alternatives Sitzen in der Schule unter besonderer Berücksichtigung des Sitzens an der Körperbehindertenschule. Diplomarbeit Köln

Regensburger Projektgruppe (1999): Die bewegte Schule – Anspruch und Wirklichkeit. Sportpädagogik 23 (1), 3-10

Reinecke, M. (2000): Körperbilder von Kindern und Jugendlichen. Körperbezogene Diagnostik in der klinischen Psychologie. Bern: Peter Lang AG

Reinelt, A. (1977): Entwicklung und Diagnostik von Wahrnehmungsfunktionen. In: Berger, E. (Hrsg.): Minimale cerebrale Dysfunktion bei Kindern. Kritischer Literaturüberblick. S. 92-130. Bern-Stuttgart-Wien: Huber

Remschmidt, H. (1990): Grundsätze zur Versorgung gestörter Kinder und Jugendlicher. Praxis der Kinderpsychologie und Kinderpsychiatrie. 39 (9/10), 338-347

Resch, F.; Parzer, P.; Brunner, R. M.; Haffner, J.; Koch, E.; Oelkers, R.; Schuch, B.; Strehlow, U. (1999[2]): Entwicklungspsychopathologie des Kindes- und Jugendalters. Ein Lehrbuch. Weinheim: PsychologieVerlagsUnion

Richter, B. (1980): Vereinfachte Auswertung des Trampolin – Körperkoordinationstests (TKT). Motorik 3 (1), 3-6

Riebel, H.J. (1980): Bewegungsdiagnose und Sportförderungsprogramme im Grundschulalter. Bad Homburg: Limpert

Rieder, H.; Kuchenbecker, R.; Rompe, G. (1986): Motorische Entwicklung, Haltungsschwächen und Sozialisationsbedingungen. Schorndorf: Hofmann

Riemkasten, F. (1976[5]): Die Alexander-Methode. Bedeutung, Folgen und Abstellung der Haltungsschäden. Heidelberg: Haug

Ritter, S.; Adolph, H. (1995): Stadt-Land-Unterschiede im Freizeitsport bei Kindern – eine vergleichende empirische Untersuchung. Kassel: Universität-Gesamthochschule

Rittershaußen, A. (1994): Zur Effizienz motorischer Förderung im Grundschulalter. Eine Längsschnittstudie. Diplomarbeit Köln

Rizzi, M. A. (1979): Die menschliche Haltung und die Wirbelsäule. Stuttgart: Hippokrates

Rodgers, N. (1999): Unglaubliche optische Illusionen. Augsburg: Weltbild

Röthig, P. (1983[5]): Rhythmus. In: Röthig, P. (Red.): Sportwissenschaftliches Lexikon. S. 303. Schorndorf: Hofmann

Röthlisberger, C.; Seiler, R. (1999): Sport, Stress, Emotional Support and Mental Health in Adolescence. A two-year longitudinal study. European Yearbook of Sport Psychology. Vol. 3, 58-76

Rohde-Köttelwesch, E. (Hrsg.) (1996): Sehen – Spüren – Hören. Wahrnehmung integrativ betrachtet. Dortmund: borgmann publishing

Rohen, J. W. (1994⁵): Funktionelle Anatomie des Nervensystems. Stuttgart-New York: Schattauer

Rolf, I. P. (1997²): Rolfing. Strukturelle Integration. Wandel und Gleichgewicht der Körperstruktur. München: H. Hugendubel

Rolff, H. G.; Zimmermann, P. (1993³): Kindheit im Wandel. Weinheim-Basel: Beltz

Rolland-Cachera, M. F.; Sempé, M.; Guilloud-Bataille, M.; Patois, E.; Péquignot-Guggenbuhl, F.; Fautrad, V. (1982): Adiposity indices in children. The American Journal of Clinical Nutrition 36 (7), 178-184

Rost, R. (1991): Sport- und Bewegungstherapie bei inneren Krankheiten. Köln: Dt. Ärzte-Verlag

Rost, R. (1993): Die Leistungsfähigkeit und Trainierbarkeit im Kindes- und Jugendalter. Dt. Z. Sportmed. 44 (2), 72-80

Rost, R.; Gerhardus, H. (1983): Untersuchungen der Trainierbarkeit des kardiopulmonalen Systems bei Kindern vor der Pubertät – ein Quer- und Längsschnittvergleich zwischen untrainierten Schulkindern und gleichaltrigen Spitzensportlern. In: Hecker, G.; Baumann, W.; Grosser, M.; Hollmann, W.; Meinberg, E. (Hrsg.): Schulsport, Leistungssport, Breitensport. S. 52-55. Sankt Augustin: Richarz

Rost, R.; Hollmann, W. (1982): Belastungsuntersuchungen in der Praxis. Grundlagen, Technik und Interpretation ergometrischer Untersuchungsverfahren. Stuttgart-New York: Thieme

Roth, G. (1999³a): Das Gehirn und seine Wirklichkeit. Kognitive Neurobiologie und ihre philosophischen Konsequenzen. Frankfurt/M.: Suhrkamp

Roth, G. (1999b): Entstehen und Funktion von Bewußtsein. Deutsches Ärzteblatt 96 (30), 1957-1961

Roth, K (1982): Strukturanalyse koordinativer Fähigkeiten. Bad Homburg: Limpert

Roth, K. (1989): Wie verbessert man koordinative Fähigkeiten? In: Bielefelder Sportpädagogen (Hrsg.): Methoden im Sportunterricht. S. 76-87. Schorndorf: Hofmann

Roth, K.; Willimczik, K. (1999): Bewegungswissenschaft. Reinbek: Rowohlt

Roth, K.; Winter, R. (1984): Entwicklung koordinativer Fähigkeiten. In: Baur, J.; Bös, K.; Singer, R. (Hrsg.): Motorische Entwicklung. Ein Handbuch. S. 191-216. Schorndorf: Hofmann

Rowland, T. W. (1990): Developmental aspects of physiological function relating to aerobic exercise in children. Sports medicine 10 (4), 255-266

Rowland, T. W. (1993): Aerobic exercise testing protocols. In: Rowland, T. W.: Pediatric Laboratory Exercise Testing. S. 19-41. Champaign Il.: Human Kinetics

Rudolf, H. (1986): Graphomotorische Testbatterie. Manual. Weinheim: Beltz Test Ges.

Rusch, H. (1999): Sportförderunterricht – nötiger denn je? Bewegungserziehung 53 (4), 4-9

Rusch, H.: Bradfisch,, J.; Irrgang, W. (1994): Auswahltest Sportförderunterricht. Lehrhilfen für den Sportunterricht 43 (1), 1-7

Rusch, H.; Irrgang, W. (1996): Verändert sich die körperliche Leistungsfähigkeit von Kindern und Jugendlichen? Eine Studie über die Entwicklung der körperlichen Leistungsfähigkeit. Unveröff. Manuskript

Rusch, H.; Weineck, J. (1998[5]): Sportförderunterricht. Lehr- und Übungsbuch zur Förderung der Gesundheit durch Bewegung. Schorndorf: Hofmann

Rywerant, Y. (1985): Die Feldenkrais-Methode. Heidelberg: Kübler & Akselrad

Sachs-Amid, F. (1994): Kinder in der Balance? Praxisorientierte Maßnahmen zur Schaffung von Verhaltens-(Körper-)Bewußtheit und Haltungskompetenz bei Vor- und Grundschulkindern. Sankt Augustin: Asgard

Sallis, J. F.; Patterson, T. L.; Buone, M. J.; Nader, P. R. (1988): Relation of cardiovascular fitness to cardiovascular risk factors in children and adults. American Journal of Epidemiology 127 (5), 933-941

Sallis, J. F.; McKenzie, T. L.; Kolody, B.; Lewis, M.; Marshall, S.; Rosengard, P. (1999): Effects of Health-Related Physical Education on Academic Achievement: Project SPARK. Research Quaterly for Exercise and Sport 70 (2), 127-134

Sattel, L; Quell, M. (1978): Sensomotorik und Sozialstatus. Entwicklungen bei Kindern im 1. Schuljahr. Sportunterricht 27 (3), 93-97

Schack, T. (1994): Zur Entwicklung der Handlungskontrolle sportbezogen ängstlicher Schüler. Interventionsmanual. Unveröff. Manuskript TU Chemnitz

Schack, T. (1997): Ängstliche Schüler im Sport. Interventionsverfahren zur Entwicklung der Handlungskontrolle. Schorndorf: Hofmann

Schädle-Schardt, W. (2000): Experimentelle Erfahrungen zum bewegten Lernen und Denken. In: Laging, R.; Schillack, G. (Hrsg.): Die Schule kommt in Bewegung. Konzepte, Untersuchungen und praktische Beispiele zur Bewegten Schule. S. 217-237. Baltmannsweiler: Schneider-Verl.

Schäfer, M. (1997): Zur Anwendung motometrischer und psychologischer Testverfahren in unterschiedlichen Praxisfeldern. Motorik 20 (1), 9-14

Schäffler, A.; Schmidt, S. (1996[2]): Mensch und Körper. Anatomie, Physiologie, Krankheitsbilder. Ulm-Stuttgart-Jena-Lübeck: Jungjohann bei G. Fischer

Schede, F. (1927[1], 1969[5]): Grundlagen der körperlichen Erziehung. Stuttgart: Enke

Scheid, V. (1989): Bewegung und Entwicklung im Kleinkindalter. Schorndorf: Hofmann

Scheid, V. (1995): Chancen der Integration durch Sport. Aachen: Meyer & Meyer

Scheithauer, G. (1975): Statomotorische Entwicklung und neurologische Reifung. In: Müller, H. J.; Decker, R.; Schilling, F. (Red.): Motorik im Vorschulalter. S. 11-13. Schorndorf: Hofmann

Scherer, F. (1983): Zielsetzung und Aufgaben des Sportunterrichts mit sehbehinderten und blinden Kindern und Jugendlichen im schulischen und außerschulischen Bereich. In: Scherer, F.: Sport mit blinden und sehbehinderten Kindern und Jugendlichen. S. 10-33. Schorndorf: Hofmann

Schilling, F. (1973): Motodiagnostik des Kindesalters. Berlin: Marhold

Schilling, F. (1974): Körperkoordinationstest für Kinder. KTK. Manual. Weinheim: Beltz Test GmbH

Schilling, F. (1974a): Neue Ansätze zur Untersuchung der Hand- und Fingergeschicklichkeit im Kindesalter. Sportwissenschaft 4 (3), 176-298

Schilling, F. (1974b): Untersuchungen zur diagnostischen Valenz der manuellen Geschicklichkeit im Kindesalter. Mschr. Kinderheilk. 122 (7), 763-766

Schilling, F. (1976): Checklist motorischer Verhaltensweisen. CMV. Handanweisung. Braunschweig: Westermann

Schilling, F. (1979): Die Bestimmung der Händigkeit. Motorik 2 (2), 43-49

Schilling, F. (1992): Linkshändigkeit, Graphomotorik und Schreibenlernen. Motorik 15 (3), 135-147

Schilling, F. (2001): Festrede anläßlich einer Feierstunde zum 15jährigen Bestehen des Diplom-Aufbaustudiengangs Motologie. In: Fischer, K.; Holland-Moritz, H. (Red.): Mosaiksteine der Motologie. S. 9-19. Schorndorf: Hofmann

Schilling, F. (2002): Motodiagnostisches Konzept zur Planung von psychomotorischer Förderung und Behandlung. Motorik 25 (2), 50-8

Schilling, W. (1989): Morphologische und funktionelle Entwicklung des Kinderfußes. Med. Orth. Tech. 109 (1), 2-6

Schirm, H.; Hellbrügge, T. (1971): Zur Diagnostik minimaler cerebraler Bewegungsstörungen. Kinderarzt 19 (2), 72-75

Schlack, H. G. (1989): Psychosoziale Einflüsse auf die Entwicklung. In: Karch, D.; Michaelis, R.; Rennen-Allhoff, B.; Schlack, H. G. (Hrsg.): Normale und gestörte Entwicklung. Kritische Aspekte zu Diagnostik und Therapie. S. 41-49. Berlin-Heidelberg-New York: Springer.

Schlack, H. G. (1995): Gesundheit und Krankheit. In: Schlack, H. G. (Hrsg.): Sozialpädiatrie – Gesundheit – Krankheit – Lebenswelten. S. 73-81. Stuttgart-Jena-New York: Fischer.

Schlaf, G.; Pudel, V. (1983): Referenzgewichte für deutsche Kinder und Jugendliche. Aktuelle Ernährungsmedizin 8 (6) 235-240

Schlee, J. (2002³): Was kann Diagnostik für die pädagogische Praxis leisten? Zu den Ansprüchen sogenannter Förderdiagnostik. In: Mutzeck, W. (Hrsg.) Förderdiagnostik. Konzepte und Methoden. S. 181-193. Weinheim-Basel: Beltz

Schmidt, F. A.; Schroeder, F. (1911): Orthopädisches Schulturnen. Haltungsfehler und leichte Rückgratsverkrümmungen im Schulalter, deren Verhütung und Bekämpfung durch geeignete Übungen. Leipzig-Berlin: Teubner

Schmidt, H. (1985): Orthopädische Grundlagen für sportliches Üben und Trainieren. Leipzig: Barth

Schmidt, H.; Frauendorf, V.; Asmussen, U.; Kraft, W. (1983): Der Muskeltest nach Janda für die sportmedizinische Praxis. Medizin und Sport 23 (9), 271-278

Schmidt, M. H.; Althoff, A.; Esser, G.; Allehoff, W. (1981): Selektion diagnostischer Merkmale dargestellt an der neurologisch-motoskopischen Untersuchung Achtjähriger. Z. Kinder-Jugendpsychiat. 9 (4), 423-434

Schmidt, R. F. (1987⁶) (Hrsg.): Grundriß der Neurophysiologie. Berlin-Heidelberg-New York: Springer

Schmidt, R. F.; Schaible, H. G. (Hrsg.) (2001⁴): Neuro- und Sinnesphysiologie. Berlin-Heidelberg-New York: Springer

Schmidt, W. (1997): Veränderte Kindheit – veränderte Bewegungswelt: Analysen und Befunde. Sportwissenschaft 27 (2), 143-159

Schmitz, W. (1993): Schulung der Sitzhaltung in der Primarstufe. Eine empirische Untersuchung des Einflusses einer „Sitzschule" auf das habituelle Sitzverhalten. Diplomarbeit Köln

Schnabel, G. (1968): Zur Bewegungskoordination. Wiss. Z. d. Dt. Hochsch. f. Körperkultur Leipzig 10 (1), 13-32

Schneider, M. (1997): Gymnstik-Spaß für Rücken und Füße. Gymnastikgeschichten und Spiele mit Musik für Kinder ab 5 Jahren. Münster: Ökotopia

Schoberth, H. (1962): Sitzhaltung. Sitzschaden. Sitzmöbel. Berlin-Göttingen-Heidelberg: Springer

Schoberth, H. (1989): Orthopädie des Sitzens. Berlin-Heidelberg-New York: Springer

Schoot, P. v. d. (1976): Aktivierungstheoretische Perspektiven als wissenschaftliche Grundlegung für den Sportunterricht mit geistig retardierten Kindern. Schorndorf: Hofmann

Schoot, P. v. d. (1977): Psychophysische Aspekte des Schulsonderturnens unter dem Gesichtspunkt von Aktivierung und Motorik. In: Volck, G.; Reiber, H.: (Red.). Schulsonderturnen in der Diskussion. S. 28-40. Schorndorf: Hofmann

Schöler, M. (1996): „Sitzschule" in der Schule. Untersuchung der Auswirkungen auf die Haltungsleistungsfähigkeit. Diplomarbeit Köln

Schönrade, S.; Pütz, G. (2000): Die Abenteuer der kleinen Hexe. Bewegung und Wahrnehmung beobachten, verstehen, beurteilen, fördern. Dortmund: borgmann publishing

Scholtzmethner, R. (1976): Die körperliche Leistungsschwäche im Kindesalter und ihr Ausgleich durch kompensatorischen Sport. Eine Dokumentation des Schulsonderturnens. Dissertation Köln

Schreber, D. G. M. (1852): Kinesiatrik oder die Gymnastische Heilmethode für Ärzte und gebildete Nicht-Ärzte. Leipzig: Fleischer

Schreber, D. G. M. (1853): Die schädlichen Körperhaltungen und Gewohnheiten der Kinder nebst Angabe der Mittel dagegen. Leipzig: Fleischer

Schreber, D. G. M. (1855): Ärztliche Zimmer-Gymnastik oder System der ohne Geräth und Beistand überall ausführbaren heilgymnastischen Freiübungen als Mittel der Gesundheit und Lebenstüchtigkeit für beide Geschlechter, jedes Alter und alle Gebrauchszwecke. Leipzig: Fleischer

Schreiter, R. (1963): Die Entwicklung der Bewegungsfertigkeiten Fangen und Werfen bei Kindern im vierten bis achten Lebensjahr. Theorie und Praxis der Körperkultur 12 (1), 73-77

Schuck, K. D.; Adden, D. (1972): Eine Untersuchung über den Einfluß eines motorischen Trainings auf die Intelligenzleistung lernbehinderter Sonderschüler. In: Eggert, D. und Kiphard, E. J. (Hrsg.): Die Bedeutung der Motorik für die Entwicklung normaler und behinderter Kinder. S. 266-282. Schorndorf: Hofmann

Schulthess, W. (1887): Ein neuer Meß- und Zeichnungsapparat für Rückgratsverkrümmungen. Zbl. Orth. Chir. 4 (4), 25-44

Schulz, J. (1995): Alternatives Sitzen in der Schule. Überprüfung der Auswirkungen alternativer Schulmöbel auf Sizhaltung und Konzentrationsleistung. Diplomarbeit Köln

Schulze, U.; Trott, G. E. (1996): Perinatale Komplikationen bei Hyperkinetischem Syndrom. Pädiatrische Praxis 50 (3), 383-393

Schwarz, G. H.; Kellner, H.; Zeltner, H.; Töpken, R. (1972, 1973): Biophotogrammetrische Erfassung und Verlaufskontrolle von Haltungsschwächen Jugendlicher. Sportarzt und Sportmedizin 23 (12), 320-324; 24 (1), 12-20

Schwind, P. (2001^2): Alles im Lot. Eine Einführung in die Rolfing-Methode. Kreuzlingen/München: H. Hugendubel

Secord, P. F.; Jourard, S. M. (1953): The Appraisal of Body-Cathexis: Body-Cathexis and the Self. Journal of Consulting Psychology 17 (5), 343-347

Seitz, R. J. (2001): Motorisches Lernen: Untersuchungen mit der funktionellen Bildgebung. Dtsch. Z. Sportmed. 52 (12), 343-349

Selmann, R. L. (1982): Sozial-kognitives Verständnis. In: Geulen, D. (Hrsg.): Perspektivenübernahme und soziales Handeln. S. 223-256. Frankfurt: Suhrkamp

Shephard, R. J. (1997): Curricular Physical Activity and Academic Performance. Pediatric Exercise Science 9 (2),113-126

Siebert, H. J. (1988): Erkrankungen und Verletzungen es Bewegungsapparates. In: Heck, K. J. (Red.): Freistellungen im Schulsport. Zur ärztlich indizierten Rückstellung vom sportpraktischen Unterricht. S. 63-90. Schorndorf: Hofmann

Singer, R. (1994): Biogenetische Einflüsse auf die Entwicklung. In: Baur, J.; Bös, K.; Singer, R. (Hrsg.): Motorische Entwicklung. Ein Handbuch. S. 51-71. Schorndorf: Hofmann

Singer, R.; Bös, K. (1994): Motorische Entwicklung: Gegenstandsbereich und Entwicklungseinflüsse. In: Baur, J.; Bös, K.; Singer, R. (Hrsg.): Motorische Entwicklung. Ein Handbuch. S. 15-26. Schorndorf: Hofmann

Singer, R.; Ungerer-Röhrich, U. (1984): Zum Problem des „sozialen Lernens" im Sportunterricht. In: Hackfort, D. (Hrsg.): Handeln im Sportunterricht. – Psychologisch-didaktische Analysen. S. 37-66. Köln: bps-Verlag

Spring, P. (1980): Lieber länger laufen lernen. Sporterziehung in der Schule 3 (7/8), 6-13

Spring, H. (1981): Muskelfunktionsdiagnostik nach Janda. Schweiz. Ztschr. Sportmed. 29 (4), 143-146

Spring, H.; Illi, I.; Kunz, H. R.; Röthlin, K.; Schneider, W.; Tritschler, T. (1988[2]): Dehn- und Kräftigungsgymnastik. Stretching und dynamische Kräftigung. Stuttgart-New York: Thieme

Stadler, H. (1999): Förderschwerpunkt körperliche und motorische Entwicklung. Zeitschrift für Heilpädagogik 50 (4), 156-164

Staffel, F. (1889): Die menschlichen Haltungstypen und ihre Beziehungen zu den Rückgratsverkrümmungen. Wiesbaden: Bergmann

Stapf, C. (1996): „Sitzschule" in der Schule. Überprüfung der Wirkungen eines körperwahrnehmungsbetonten Sportunterrichts auf die konzentrative und koordinative Leistungsfähigkeit. Diplomarbeit Köln

Steiner, R. (1965): Die Entstehung und Entwicklung der Eurhythmie. Dornbach: Verl. d. R. Steiner Nachlaßverwaltung

Stemmler, R. (1977): Entwicklungsschübe in der körperlichen Leistungsfähigkeit. Theorie und Praxis der Körperkultur 26 (4), 278-284

Stirnimann, E. (1973[2]): Psychologie des neugeborenen Kindes. München: Kindler

Stokvis, B.; Wiesenhütter, E. (1979): Lehrbuch der Entspannung. Stuttgart: Hippokrates

Stratmann, D.; Wabitsch, M.; Leidl, R. (2000): Adipositas im Kindes- und Jugendalter. Ansätze zur ökonomischen Analyse. Monatsschr. Kinderheilk. 148 (8), 786-792

Strotmann, M.; Tietig, E. (2002): Gemeinsamer Unterricht zwischen Anspruch und Wirklichkeit. eine Analyse der Bedingungen von Umschulungen körperbehinderter Kinder in die Schule für Körperbehinderte anhand von Fallbeispielen. Zeitschrift für Heilpädagogik 53 (2), 69-74

Tauchel, U.; Müller, B. (1986): Untersuchungen zu Muskelfunktionsstörungen im Kindesalter und die Bedeutung des arthromuskulären Gleichgewichtes für die sportliche Betätigung. Medizin und Sport 26 (4), 120-125

Tausch, R.; Tausch, A.M. (1998[11]): Erziehungspsychologie. Begegnung von Person zu Person. Göttingen-Bern-Toronto-Seattle: Hogrefe

Taute, J. (1999): Beurteilung der Leistungsfähigkeit bei gesunden und herzkranken Kindern im Alter von 5 bis 7 Jahren mittels einer Laufband- und Fahrradergometrie. Diplomarbeit Köln

Terhart, E. (1996): Kompetenzen von Lehrern in einer Schule der Zukunft. In: Landesinstitut für Schule und Weiterbildung (Hrsg.): Bewegungserziehung / Sport in der Lehreraus- und Lehrerfortbildung. Zweites Schulsport-Symposion Nordrhein-Westfalen. Dokumentation. S. 14-29. Bönen: Kettler

Thiele, J. (1999): „Un-Bewegte Kindheit?" Anmerkungen zur Defizithypothese in aktuellen Körperdiskursen. Sportunterricht 48 (4), 141-149

Tissot, C. J. (1780): Gymnastique médicinale et chirurgicale, ou Essai sur l'utilité du mouvement, ou des différens exercises du corps, et du repos dans la cure des maladies. Paris: Bastian; dtsch. Übers. (1782): Medicinische und chirurgische Gymnastik, oder Versuch über den Nutzen der Bewegung oder der verschiedenen Leibesübungen, und der Ruhe bey Heilung der Krankheiten. Leipzig: Jacobaer

Tittel, K. (2000[13]): Beschreibende und funktionelle Anatomie des Menschen. Jena: Fischer

Trautner, H. M. (1992[2]): Lehrbuch der Entwicklungspsychologie. Band 1. Göttingen: Hogrefe.

Uhlenbruck, G. (1996): Sport und Immunsystem. In: The Club of Cologne (Hrsg.): Gesundheitsförderung und körperliche Aktivität. S. 189-207. Köln: Strauß

Ulich, D. (1987): Krise und Entwicklung. München: Psychol. Verlagsunion

Valentin, B. (1961): Geschichte der Orthopädie. Stuttgart: Thieme

Valentin, H.; Holzhauser, K. P. (1976): Funktionsprüfungen von Herz und Kreislauf. Eine Übersicht der bisher erarbeiteten und gegenwärtig gebräuchlichen Verfahren zur Erfassung der Herz- und Kreislauf-Funktion. Köln: Dt. Ärzte-Verlag

Vetter, M. (1998): Was lernt man eigentlich in einer Bewegungslandschaft? Zur Bedeutung der Handlungskompetenz als Voraussetzung für Lernprozesse. Praxis der Psychomotorik 23 (1), 4-12

Vilkner, H. J. (1986): Zur Vervollkommnung der motorischen Reaktionsfähigkeit im Sportunterricht. Körpererziehung 36 (5), 181-190

Vogt, U. (1978): Die Motorik 3- bis 6jähriger Kinder. Ihre Abhängigkeit vom biologischen Entwicklungsstand und sozialen Umweltfaktoren. Schorndorf: Hofmann

Vojta, V. (2000^6): Die cerebralen Bewegungsstörungen im Säuglingsalter. Frühdiagnose und Frühtherapie. Stuttgart: Enke

Vojta, V.; Peters, A. (1992): Das Vojta-Prinzip. Muskelspiele in Reflexfortbewegung und motorischer Ontogenese. Berlin-Heidelberg-New York: Springer

Volck, G. (1977): Schwimmen in der Schule. Schorndorf: Hofmann

Volck, H.; Reiber, H. (Red.) (1977): Schulsonderturnen in der Diskussion. Schorndorf: Hofmann

Volkamer, M.; Zimmer, R. (1986): Kindzentrierte Mototherapie. Motorik 9 (2), 49-58

Volkamer, M.; Zimmer, R. (1990^2): Vom Mut, trotzdem Lehrer zu sein. Überlegungen am Beispiel des Sportunterrichts. Schorndorf: Hofmann

Wabitsch, M. (2000): Adipositas im Kindes- und Jugendalter. In: Klör, H. U. (Hrsg.): Adipositas: Genese – Diagnose – Therapie. S. 145-156. München: Medikon

Wabitsch, M.; Kunze, D. (2001): Adipositas im Kindes- und Jugendalter. Basisinformationen und Leitlinien für Diagnostik, Therapie und Prävention. Monatsschrift Kinderheilkunde 149 (8), 805-806

Wagenhäuser, F. J. (1973): Das Problem der Haltung. Orthopäde 2 (3), 128-139

Wagner, I. (1991): Entwicklungspsychologische Grundlagen. In: Barchmann, H.; Kinze, W.; Roth, N. (Hrsg.): Aufmerksamkeit und Konzentration im Kindesalter. S. 72-80. Berlin: Verlag Gesundheit

Waller, H. (1996): Gesundheitswissenschaft. Eine Einführung in Grundlagen und Praxis. Stuttgart: Kohlhammer

Walther-Roche, M.; Stock, A. (2001): Erlebnislandschaften in der Turnhalle. Ein praktisches Handbuch für Spiel, Spaß & Abenteuer in Schule, Verein und Freizeit. Schorndorf: Hofmann

Wasmund-Bodenstedt, U. (1984): Die tägliche Bewegungszeit in der Grundschule. Schorndorf: Hofmann

Warschburger, P. (2000): Chronisch kranke Kinder und Jugendliche. Psychosoziale Belastungen und Bewältigungsanforderungen. Göttingen-Bern-Toronto-Seattle: Hogrefe. Verl. f. Psychol.

Warschburger, P.; Petermann, F.; Fromme, C.; Wojtalla, N. (1999): Adipositastraining mit Kindern und Jugendlichen. Weinheim: Psychologie Verl. Union

Wender, P. H. (1975): The minimal brain dysfunction syndrome. Annual Review of Medicine 26, 45-62

Wender, P. H. (1975b): A possible monoaminergic basis for minimal brain dysfunction. Psychopharmacology Bulletin 11 (3), 36

Weichert, W. (2000a): Differenzieren und integrieren. In: Wolters, P.; Ehni, H.; Kretschmer, J.; Scherler, K. H.; Weichert, W.: Didaktik des Schulsports. S. 187-211. Schorndorf: Hofmann

Weichert, W. (2000b): Motivieren und disziplinieren. In: Wolters, P.; Ehni, H.; Kretschmer, J.; Scherler, K. H.; Weichert, W.: Didaktik des Schulsports. S. 212-238. Schorndorf: Hofmann

Weineck, J. (1996^9): Optimales Training. Erlangen: perimed

Weineck, J.; Köstermeyer, G.; Sönnichsen, A. (1997): PEP eine Studie zur Präventionserziehung – Teil 1: Zum motorischen Leistungsvermögen von Schulanfängern. Haltung und Bewegung 17 (1), 5-16

Wellnitz, I.; Hirtz, P. (1983): Langzeitwirkungen eines pädagogischen Experimentes zur Entwicklung koordinativer Fähigkeiten in der Unterstufe. Körpererziehung 33 (1), 4-7

Wemmer, U. (1990): Umweltgifte im kindlichen Organismus. Belastung durch Schwermetalle. Der Kinderarzt 21 (10), 1383-1384

Wessling-Lünnemann, G. (1984): Sensibilisierung für motivationsförderndes Verhalten im Sportunterricht. In: Hackfort, D. (Hrsg.): Handeln im Sportunterricht. – Psychologisch-didaktische Analysen. S. 234-261. Köln: bps-Verlag

Werner, J. A. L. (1838): Medicinische Gymnastik oder die Kunst, verunstaltete und von ihren natürlichen Form- und Lageverhältnissen abweichende Theile des menschlichen Körpers nach anatomischen und physiologischen Grundsätzen in die ursprünglichen Richtungen zurückzuführen und darin zu kräftigen, durch 100 Figuren erläutert. Dresden-Leipzig: Arnold

West, C. D. (2002). Der D-Zug Adipositas rast in die Zukunft. 8. Kongress für Jugendmedizin in Weimar. Kinder- und Jugendarzt 33 (4), 294-298

Wiegersma, P. H. (1972): Psychomotorik, Körperschema und Körpererleben. In: Eggert, D.; Kiphard, E. J. (Hrsg.): Die Bedeutung der Motorik für die Entwicklung normaler und behinderter Kinder. S. 98-120. Schorndorf: Hofmann

Wiemann, K. (1993): Stretching. Grundlagen, Möglichkeiten, Grenzen. Sportunterricht 42 (3), 91-106

Wiemann, K.; Klee, A. (1999): Dehnen und Stretching – Effekte, Methoden, Hinweise für die Praxis. Teil I und II. Sport Praxis 40 (3), 8-12 und (4), 37-41

Wilhelm, F. (1997²): Feldenkrais – kurz & praktisch. Freiburg: Bauer

Willimczik, K. (1981): Bewegungsverhalten und Bewegungsstörungen im Grundschulalter – Entwicklung, Ursachen, Abbaumöglichkeiten. Stuttgart-Berlin-Köln-Mainz: Kohlhammer

Willimczik, K.; Roth, K. (1983): Bewegungslehre. Grundlagen-Methoden-Analysen. Reinbek: Rowohlt

Wiltschkowskij, E. S. (1974): Die Entwicklung der Motorik von Kindern des Vorschul- und Schulalters. Lehrhilfen für den Sportunterricht 23 (11), 130-132

Winn, M. (1984): Kinder ohne Kindheit. Laßt Kinder wieder Kinder sein. Reinbek: Rowohlt

Winter, R. (1980): Zum Problem der sensiblen und kritischen Phasen in der Kindheit und Jugend. Medizin und Sport 20 (4), 102-104

Winter, R. (1984): Zum Problem der sensiblen Phasen im Kindes- und Jugendalter. Körpererziehung 34 (8/9), 342-358

Wirhed, R. (1984): Sport – Anatomie und Bewegungslehre. Stuttgart-New York: Schattauer

Wirth, A. (1998): Adipositas-Fibel. Berlin: Springer

Wirth, A. (2000): Adipositas – Epidemiologie, Ätiologie, Folgekrankheiten, Therapie. Berlin: Springer

Wooley, O. W.; Roll, S. (1991): The Color-A-Person Body Dissatisfaction Test: Stability, Internal Consistency, Validity and Factor Structure. Journal of Personality Assessment 56 (3), 395-413

Wurzel, B. (1994): Offenheit und Planung. Wider die Einseitigkeit lernzielorientierter Unterrichtsentwürfe. Sportunterricht 43 (3), 99-106

Wydra, G. (1993): Muskeldehnung – aktueller Stand der Forschung. Dtsch. Z. Sportmed. 44 (3); 104-111

Wydra, G.; Bös, K.; Karisch, G. (1991): Zur Effektivität verschiedener Dehntechniken. Dtsch. Z. Sportmed. 42 (9), 386-400

Zabransky, S.; Weinand, C.; Schmidgen, A.; Schafmeister, C.; Müller, S.; Hollinger-Philipp, R.; Danker-Hopfe, H. (2000): Saarländische Wachstumsstudie 1995: Perzentilen für Körperhöhe, Körpergewicht und BMI von 4 – 18-jährigen Jungen und Mädchen. Kinder- und Jugendarzt 31 (9), 822-827

Ziler, H. (1996⁹): Der Mann-Zeichen-Test in detailstatistischer Auswertung. Münster: Aschendorff

Zillo, A.; Greissing, H. (1983): Neue Hoffnung: Zilgrei. Schmerzfrei durch eine kombinierte Haltungs- und Atemtherapie. München: Mosaik

Zimbardo, P. G. (1995[6]): Psychologie. Berlin-Heidelberg: Springer

Zimmer, R. (1981): Motorik und Persönlichkeitsentwicklung bei Kindern im Vorschulalter. Schorndorf: Hofmann

Zimmer, R. (1987): Das Selbstbewußtsein stärken. Sportpädagogik 11 (4), 44-49

Zimmer, R. (1993): Handbuch der Bewegungserziehung. Freiburg-Basel-Wien: Herder

Zimmer, R. (1999): Handbuch der Psychomotorik. Theorie und Praxis der psychomotorischen Förderung von Kindern. Freiburg-Basel-Wien: Herder

Zimmer, R. (2001): Die Bedeutung von Körper- und Bewegungserfahrungen für die Entwicklung des Selbstkonzeptes bei Kindern. In: Bundesarbeitsgemeinschaft für Haltungs- und Bewegungsförderung e.V. (Hrsg.): Bewegung, Gesundheit, Sozialkompetenz in der Kinder- und Jugendarbeit. S. 41-46. Wiesbaden 2001

Zimmer, R.; Cicurs, H. (1999[5]): Psychomotorik. Neue Ansätze im Sportförderunterricht und Sonderturnen. Schorndorf: Hofmann

Zimmer, R.; Volkamer, M. (1984; 1987[2]): MOT 4-6. Motoriktest für vier- bis sechsjährige Kinder. Manual. Weinheim: Beltz Testgesellschaft

Zimmermann, K. W. (1995): Geschlechtsspezifische Differenzen in motorischen Fertigkeiten während der Kindheit und Jugendzeit. In: Nicolaus, J.; Zimmermann, K. W. (Red.): Sportwissenschaft interdisziplinär. S. 271-280. Kassel: Gesamthochschul-Bibliothek

Zintl, F. (1988): Grundlagen, Methoden, Trainingssteuerung. München-Wien-Zürich: BLV Verlagsges.

Zuckrigl, R.; Helbling, H. (1994): Rhythmik hilft behinderten Kindern. Ziele und Realisierungsbeispiele aus der Praxis der psychomotorischen Erziehung. München-Basel: Reinhardt

Zukunft, B. (1982): Moderne Säuglingsgymnastik. Stuttgart-New York: Thieme

Zukunft-Huber, B. (1990). Die ungestörte Entwicklung des Säuglings. Stuttgart: TRIAS

Zwiauer, K.; Wabitsch, M. (1997): Relativer Body-mass-Index (BMI) zur Beurteilung von Übergewicht und Adipositas im Kindes- und Jugendalter. Empfehlung der European Childhood Obesity Group. Monatsschr. Kinderheilk. 145 (12), 1312-1318

Stichwortverzeichnis

A
Adipositas 39f., 353, 522
aerobe Arbeit 185f., 285, 302, 349f.
aerob-anaerobe Schwelle 283, 302, 350, 441
afferente Bahnen 114
Afferenzen 321f.
aktive Dehnung 451
aktive Haltung 234, 343, 424
Akzeleration 275, 325, 352
anaerobe Arbeit 185f., 281, 285, 349f., 439
angewandtes Schulturnen 17
Armvorhaltetest 89f., 407f.
AST 6-11 82f., 97, 427
Asthma bronchiale 39, 419, 460, 524
Atemhilfsmuskulatur 183, 187, 238
Atemmechanik 182, 291
Atemmuskulatur 182, 186, 238
Atmung 238, 454, 457, 460, 591f.
ATS (=MFT) 86f., 97
auditive Wahrnehmung 255, 258, 379, 537
Aufmerksamkeit 151, 154, 171, 264, 317, 332, 330f., 465, 505, 523
ADS, ADHS 316, 331, 427
ARAS 155, 530
Auge-Hand-Koordination 172, 326
Ausdauer 86, 88, 96, 110, 276f., 349f., 439, 455, 521
Auswahlverfahren 21, 60, 419f.

B
Basalganglien 145, 152f., 166 f., 169, 249
Befindlichkeitsstörungen 37, 41
behinderte Kinder 307, 512
Behinderungen 242, 500
Beinachse 295, 339, 342
Beweglichkeit 83, 96, 113
Bewegte Schule 34, 78, 101, 105, 525, 599
Bewegtes Lernen 64, 105, 505f., 527

Bewegungsmangel 32, 168, 244, 296, 299, 302, 305, 323, 325, 336, 435, 483, 525, 530
Bewegungspause 505, 528, 592
Bewegungsplanung 149, 151, 155, 256, 316, 319, 380
Bewegungsraum 30f., 302

C
Cerebrale Bewegungsstörung 328f.
Chronisch kranke Kinder 39, 242, 307, 242, 501, 512
CMV 368f.
Cooper-Test 88f., 414f.

D
DIAS 379
DITKA 379f.
Differenzierung 500f., 514, 578
DMB 80, 97, 370f.
dynamisches Krafttraing 443
dynamische Dehnung 452
Dyspraxie 319f., 323, 334, 375

E
efferente Bahnen 115
Efferenzen 322, 324
Emotion 45, 151, 168, 254, 260, 262, 306, 309, 316
Empathie 356, 490
Empfindung 170
endokrines (hormonelles System) 45, 168
Entspannungsfähigkeit 346, 458, 505, 528, 541f.
Entwicklungsbedingungen 65f., 241f.
Entwicklungsförderung 463, 471, 483, 486, 493, 518, 531
Entwicklungsstörungen 242f., 307, 314f.
Erholungsfähigkeit 417, 352
Extrapyramidal-motorisches System 150, 431

F
Feinmotorik 68, 321, 326f.
FEW 375f.
Flachrücken 343, 346
Flexibilität 113, 289, 451, 455, 521
Formatio reticularis 45, 146, 151, 155
Fremdbewertung 262f., 496f.
FTM 368f.
funktionelle Gymnastik 450, 454, 594
Fußbekleidung 336
Fußelastizität 194, 203 f., 423, 582f., 611
Fußgewölbe 194f., 203f., 291, 294, 337, 397
Fußverwringung 194, 294, 336, 341, 338, 587

G
Gedächtnis 115, 119, 151, 171f., 324, 506
gemeinsamer Unterricht 512f.
Gesamtkörperkoordination 68, 73f., 97, 104, 361
Geschicklichkeit 320
Gesundheit 42f., 100, 168, 241
Gesundheitsförderung 46f., 531
Gewandtheit 96, 320
Gleichgewichtsfähigkeit 111, 269f., 565f.
graphomotorische Störung 313, 330, 375, 378, 380
Graphomotorische Testbatterie 378f.
graue Substanz 116, 158
Grobmotorik 321, 326f.
Großhirn 146f.
Großhirnrinde 150, 169
gustatorische Wahrnehmung 537

H
habituelle Haltung 234, 424
Häufigkeit motorischer Auffälligkeit 38, 66f., 80, 98
Halterefrexe 250, 258
Haltung 89, 107, 155, 160, 232f.
Haltungserziehung 480
Haltungsgewohnheiten 458
Haltungskoordination 250, 313, 339f., 344f.,406f., 457f.
Haltungsleistungsfähigkeit 89f., 580f.
Handgeschicklichkeit 240, 270, 382f.
Handlungsfähigkeit 256, 262, 485
Hohlfuß 337, 339
Hohlrücken 304, 343f., 344
Hohlrundrücken 343, 345
Hyperaktivität 323, 331
HKS 316, 331, 389f., 427
Hypermobilität 455
Hypophyse 154, 162
Hypothalamus 45, 151, 154, 162

I
Immunsystem 46, 51, 168
Individualisierung 514
Integration 106, 470, 500f., 512f.
ISFT 87f.

K
kinästetische Differenzierungsfähigkeit 110, 112, 273, 535, 548f.
kinästhetische Wahrnehmung 254f., 258f., 317f., 379f., 408, 430, 536
Kippfuß 339
Kleinhirn 155, 166f., 169
Knickfuß 339, 340
Knicksenkfuß 296, 304, 336, 339, 340, 410
Kognition 45, 101, 106, 153, 167f., 172, 530
Kognitive Entwicklung 240f.
Kohärenzgefühl 47f., 241, 263, 468, 496
Kommunikation 34, 240, 254, 313
kompensatorischer Sport 57f.
konditionelle Fähigkeiten 109f., 276, 435, 521
Konflikte 109, 504
Konzentration 79, 264, 317, 330, 332, 334, 465, 523, 528, 537, 571, 593
Koordinationsschulung 435f., 438
koordinative Fähigkeiten 109f., 268f., 435, 520, 535
koordinative Störung 169, 423

Körperbild 262f., 276, 458, 468, 473
Körperkonzept 262, 381, 496
Körperschema 260f.
Körpersprache 313, 459, 491
Körperwahrnehmung 237, 243, 260f., 313, 334, 339f., 379f. 406, 408, 457, 472, 538f., 589f.
Kontraktion 122f., 185
Korrekturen 488
Kraft 84, 92f., 110, 126, 285, 442f., 455, 521
Krafttraining 433f.
KTK 67f., 97, 361f.

L
Lendenwulst 347, 398
Lern- und Leistungsfähigkeit 538, 486, 504, 523
Lern- und Leistungsverhalten 56, 307, 309f., 473f.
Lernprozesse 119
Lernstörungen 316, 320, 330, 332f.
Limbisches System 45, 146, 151f., 162, 168, 431
LOS KF 18 358f.

M
Mann-Zeichen-Test 380, 409
Medienkonsum 32, 79, 304
medizinische Gymnastik 11f., 525
Merkfähigkeit 538
MFT (=ATS) 87
Minimale cerebrale Dysfunktion 264, 329 f.
Mobiliar 343
MOT 4-6 67f., 371f.
Motivation 102, 115, 151, 168, 276, 304, 324, 430, 436, 470, 473, 489, 493f., 505
motorische Einheit 122, 433
motorische Fähigkeiten 108f.
motorische Fertigkeiten 108, 167, 265f., 429, 435, 519, 573f.
motorische Leistungsfähigkeit 79f., 96
motorische Lernfähigkeit 105, 111, 271, 275, 326, 327, 329, 436

motorische Auffälligkeit 67f., 243, 313
motorische Handlungsfähigkeit 52, 100, 108, 113
motorisches Gedächtnis 167, 149, 319, 322f., 429
motorisches Lernen 155, 429f., 522
Muskelfunktionsdiagnostik 92f., 402f.
Muskelspindel 133f., 160f.
Muskeltonus 108, 128, 155, 169f., 250, 289, 313, 325, 328, 346, 451, 457

N
natürlicher Bewegungsdrang 239
Neuromotorik 108
Neurotransmitter 120f., 332, 431

O
O-Bein 295, 339, 342, 398
olfaktorische Wahrnehmung 537
Organisation 20, 59
Organschwäche 23, 351
orthopädische Gymnastik 14, 17
orthopädisches Schulturnen 11f., 525
Ottsches Maß 399

P
passive Dehnung 451
peripheres Nervensystem 114
personale Ressourcen 43, 53
Perspektivenwechsel 498f.
Perzeption 170
physiologischer Knicksenkfuß 296, 341, 410
physiologische Schwingungen 206, 292, 343, 397
Praxie 319, 380
Projektionsbahnen 146, 150f.
Psychomotorik 23, 108
Psychomotorischer Screening-Test 73, 365
psychosoziale Entwicklung 260, 262
PTK 73, 384
Pyramidal-motorisches System 150, 169, 431

R

Räumliche Orientierungsfähigkeit 111f., 273f., 535, 550f.
Reafferenzen 322
Reaktionsfähigkeit 110f., 270, 273f., 558f.
Realistische Selbsteinschätzung 483, 494 f., 496, 517f.
Reflexe 159f., 163f., 169
Reflexmotorik 162f., 249
Regeln 470, 503, 511, 512
Reizüberflutung 33, 78, 303
Rezeptoren 114, 128f., 171
Rhythmusfähigkeit 111f., 269f., 571f.
Rippenbuckel 347, 398
Rituale 480, 512, 514, 538
Rollenübernahme 502
ROS 79, 97, 358
Rückenmark 156f.
Rückenschule 26, 101, 488, 531
Ruhehaltung 233, 336, 343
Rundrücken 343, 345

S

Salutogenese 47, 241, 244, 308, 466, 468, 517, 531
Sauerstoffschuld 187f.
Scheuermannsche Krankheit 347, 349, 401
Schnelligkeit 110, 289, 450f., 522
Schobersches Maß 399
Schulsonderturnen 22f.
Schulsport 62, 474, 532
Schwedische Gymnastik 14
Schwedisches Schulturnen 14
Seitrücken 343, 346
Selbstbewertung 262, 503, 506
Selbstbild 49, 262, 263, 468, 473, 539
Selbstinstruktion 508
Selbstkonzept 45, 54, 100, 106, 240f., 263, 276, 304, 380, 486, 488, 494, 496f., 503, 517
Selbststeuerung 245, 334
Selbstwirksamkeit 262
Senkfuß 337, 339

Sensible Phase 254, 274, 276, 305, 323, 436
Sensomotorik 108
Sensorische Integration 33, 143, 257, 374
Sicherheit 483, 487, 568
Sitzen 19, 32, 459, 465, 488, 505, 525
Sitzhaltung 344, 590
Skoliose 16, 96, 346f., 393, 398
soziale Kompetenz 306, 331, 334, 473, 486, 498, 528, 530
soziale Ressourcen 43, 46, 53
soziales Klima 496, 497, 500f.
Sozialverhalten 102, 106, 241, 254, 304, 306, 316f.
sozio-ökologische Bedingungen 70f., 78, 79, 102, 242, 268, 301f.
sozio-ökonomische Bedingungen 28, 242, 268
Soziomotorik 108
Sprach- und Sprechstörungen 313, 330
Sprache 241f., 254, 263, 318, 375, 430, 492, 506, 571
Spreizfuß 337, 340
statisches Krafttraining 443
statische Dehnung 452
Stellreflexe 252, 258
Stress 45, 50, 244, 280, 303, 304, 324, 346, 458
Stressoren 49, 465, 466, 517
Synapsen 119, 246, 431

T

taktile Wahrnehmung 254f., 257f., 316f., 379f., 408, 536
Thalamus 154, 162, 167
TKT 363f., 408
Token-Systeme 507f.
Totalrundrücken 343, 345
Training 100, 431f.

U

Überbehütung 307, 521
Übergewicht 39f., 304, 336, 353, 413, 465, 501

Übung 100, 267, 431f.
Umweltgifte 36, 304, 307
unphysiologische Belastung 343, 346

V
vegetatives Nervensystem 45, 161f., 168, 178
Verbalisierung 437, 458, 479, 492, 503, 538
Verhaltensauffälligkeit 38, 41, 66, 243, 300, 302, 306, 309f., 320, 506f.
Verhaltensstrategien 306
Vestibularapparat 135f.
vestibuläre Wahrnehmung 257f., 318f., 381f., 537
visuelle Wahrnehmung 254f., 257f., 375f., 537

Vitalkapazität 281, 302, 418
vorbeugende und ausgleichende Leibesübungen 16f.
VSRT 377f.

W
Wahrnehmung 80, 97, 106, 115, 170f., 253f., 313, 314f.
weiße Substanz 116, 158
Willkürmotorik 249, 250

X
X-Bein 295, 304, 339, 342, 398

Z
Zentralnervensystem 114f., 244

Glossar

Erklärung einiger für das Verständnis wichtiger Begriffe

Abduktion – „Wegziehen", Bewegung des Wegführens von der Körpermitte (Medianebene); Gegensatz: Adduktion

Adaptation – Anpassung

Adduktion – „Heranziehen", Bewegung des Heranführens an die Körpermitte (Medianebene); Gegensatz: Abduktion

Adipositas – „Fettsucht", übermäßige Vermehrung / Bildung von Fettgewebe

aerob – Sauerstoff benötigend, in Gegenwart von Sauerstoff; Gegensatz: anaerob

afferent – „zuführend", von der Peripherie zum Zentralnervensystem leitend; Gegensatz: efferent

Agonist – innerhalb eines gegensinnig wirkenden Muskelpaares (z.B. Beuger – Strecker) der Muskel, der eine bestimmte Bewegung bewirkt; Gegensatz: Antagonist

akustisch – die Sinnesempfindung der Ohren als Hörorgan betreffend

Akzeleration – „Beschleunigung", beschleunigte Entwicklung, insbes. beschleunigtes Wachstum: synchrone A. betrifft den gesamten Körper; asynchrone A. wird

durch unterschiedliche Wachstumsgeschwindigkeit des Rumpfes und der Extremitäten gekennzeichnet.
Alveole – Lungenbläschen
anaerob – keinen Sauerstoff benötigend, in Abwesenheit von Sauerstoff; Gegensatz: aerob
Antagonist – Gegenspieler zu dem in einem gegensinnig wirkenden Muskelpaar (z.B. Beuger – Strecker) aktiven Muskel; Gegensatz: Agonist
anterior – vorn, vorderer; Gegensatz: posterior
Anteversion – Bewegung nach vorn; Gegensatz: Retroversion
Anthropometrie – Messungen am menschlichen Körper, Bestimmung der Maßverhältnisse
Arterie – vom Herzen wegführendes Blutgefäß
Asthma – Störung der Atmung mit erschwerter Ausatmung, anfallsweise auftretend
Atrophie – Schwund, Rückbildung von Organen, Geweben, Zellen
auditiv – das Hören betreffend, auditive Wahrnehmung
Außenrotation – Auswärtsdrehung
auxotonisch – Kontraktionsform des Muskels mit isotonischen und isometrischen Anteilen
Axon – Achsenzylinderfortsatz einer Nervenzelle, Neurit
Basalganglien – Stammganglien; Gruppe subcortical gelegener, für die Motorik bedeutsamer Kerngebiete
bilateral – beidseitig
Bilateralintegration – koordiniertes Zusammenspiel beider Körperhälften
caudal – „schwanzwärts", fußwärts, abwärts liegend; Gegensatz: cranial

cerebral – das Gehirn (Cerebrum) betreffend
cerebellär – das Kleinhirn (Cerebellum) betreffend
cortical – die Hirnrinde (Cortex) betreffend
cranial – zum Kopf gehörig, kopfwärts, scheitelwärts; Gegensatz: caudal
Dendrit – verzweigter, verästelter Fortsatz einer Nervenzelle
Diadochokinese – Fähigkeit, in schneller Folge antagonistische Bewegungen (z.B. Pronation / Supination der Hand) durchzuführen
Diastole – Erschlaffungsphase des Herzmuskels; Gegensatz: Systole
Disposition – Veranlagung
distal – von der Körpermitte entfernt liegend, rumpffern; Gegensatz: proximal
dorsal – rückwärts, zum Rücken hin liegend, hinten; Gegensatz: ventral
Dyspraxie – Störung der Praxie, der Fähigkeit zur Bewegungsplanung und -ausführung
Dystrophie – Ernährungsstörung, Mangelernährung
efferent – „wegführend", vom Zentralnervensystem zur Peripherie leitend; Gegensatz: afferent
endogen – von innen, im Organismus selbst entstehend; Gegensatz: exogen
Empathie – Bereitschaft und Fähigkeit, sich in andere Menschen einzufühlen
ergotrop – im Sinne einer Leistungssteigerung wirkend; Gegensatz: trophotrop
Evaluation – Bewertung, Beurteilung

Evolution – Entwicklung, Entwicklungsgeschichte
exogen – außerhalb des Organismus entstanden, von außen eingeführt; Gegensatz: endogen
Extension – Streckung; Gegensatz: Flexion
Extremität – Gliedmaße
Faszie – feste, bindegewebige Hülle einzelner Muskeln oder Muskelgruppen
Flexion – Beugung; Gegensatz: Extension
frontal – die Vorderseite, Stirnseite betreffend
Frontalebene – parallel zur Stirn verlaufende Ebene des Körpers; Bewegung in F. = Lateralflexion
Ganglion – „Nervenknoten", Anhäufung von Nervenzellen
Graphomotorik – „Schreibmotorik", für das Schreiben und Zeichnen notwendige fein abgestimmte Bewegungen der Finger und der Hand
gustatorisch – den Geschmackssinn betreffend
Homöostase – inneres Gleichgewicht, Konstanz des inneren Milieus gegenüber äußeren Einflüssen
Horizontalebene – waagerecht verlaufende Körperebene, auch Transversalebene; Bewegung in H. = Rotation
Hyperplasie – Vergrößerung von Gewebe durch Vermehrung / Teilung von Zellen
Hypertonus – bezogen auf den Muskeltonus: übermäßig hoher Tonus
Hypertrophie – Vergrößerung von Gewebe durch Volumenzunahme der Zellen infolge verstärkter Beanspruchung

Hypotonus – bezogen auf den Muskeltonus: übermäßig geringer, niedriger Tonus
Indikation – Veranlassung einer bestimmten Therapie; Gegensatz: Kontraindikation
inferior – innen, innerer; Gegensatz: superior
Inhibition – Hemmung
Innenrotation – Einwärtsdrehung
Innervation – Versorgung eines Körperteils / Organs mit Nerven
Insuffizienz – Schwäche, unzureichende Funktionsfähigkeit
Interstitium – Zwischenraum im Gewebe, Raum zwischen Zellen und Blutgefäßen
isometrisch – gleiche Länge behaltend, Kontraktionsform eines Muskels
isotonisch – gleiche Spannung behaltend, Kontraktionsform eines Muskels
Item – (Test-)Aufgabe
Kapillare – „Haargefäß", kleinstes Blutgefäß
kardio-pulmonal – das Herz-Kreislauf-Atmungs-System betreffend
kardio-vaskulär – das Herz-Kreislauf-System betreffend
kinästhetisch – die Wahrnehmung der eigenen Bewegung betreffend
Kinästhesie – „Bewegungsgefühl", Bewegungswahrnehmung durch Information aus Muskeln, Sehnen und Gelenken
kognitiv – Vorgänge des Denkens, Wahrnehmens, Erkennens betreffend
Kohärenzgefühl, Kohärenzsinn – zentrales Phänomen der Salutogenese, verantwortlich für den Erhalt / die Stabilisierung bzw. Wiederherstellung der Gesundheit
Kompensation – Ausgleich

Konstitution – Gesamtzustand eines Menschen, körperliche Verfassung
Kontraindikation – Gegenanzeige, Veranlassung, eine bestimmte Therapie nicht einzusetzen; Gegensatz: Indikation
Kontraktion – „Zusammenziehung", Verkürzung eines Muskels
Kontraktur – Zustand dauernder Verkürzung
kontralateral – die Gegenseite betreffend, auf der entgegengesetzten Seite
Kyphose – Krümmung der Wirbelsäule nach hinten (dorsal konvex) – Brustkyphose
lateral – von der Körpermitte entfernt; Gegensatz: medial
Lateralflexion – Seitbewegung des Körpers nach rechts bzw. links
Lateralität – „Seitigkeit", bevorzugte Verarbeitung bestimmter Prozesse in einer Großhirnhälfte
Lordose – Krümmung der Wirbelsäule nach vorn (ventral konvex) – Lendenlordose, Halslordose
medial – zur Körpermitte hin orientiert; Gegensatz: lateral
Medianebene – exakt durch die Körpermitte verlaufende Sagittalebene
mnemisch – das Gedächtnis betreffend
Muskeltonus – Grundspannung eines Muskels
Neurit – lang ausgezogener Fortsatz einer Nervenzelle, Axon
olfaktorisch – den Geruchssinn betreffend
Ontogenese – Entwicklung des Individuums
optisch – die Sinnesempfindung der Augen als Sehorgan betreffend
orthostatisch – die aufrechte Haltung betreffend
palmar – die Handfläche betreffend, zur Handfläche hin
Parameter – bestimmte, zur Beurteilung geeignete Funktionsgröße
Parasympathicus – Anteil des vegetativen (autonomen) Nervensystems, dient der Erholung des Organismus
pathologisch – krankhaft
peripher – am Rande befindlich
perzeptiv, perzeptorisch – die Wahrnehmung betreffend
phasisch – regelmäßig wiederkehrend
physisch – körperlich, die körperliche Beschaffenheit betreffend
physiologisch – die normalen Organfunktionen betreffend
plantar – die Fußsohle betreffend, zur Fußsohle hin
posterior – hinten, hinterer; Gegensatz: anterior
Prävention – Vorbeugung
Praxie – Fähigkeit, einen Bewegungsablauf zu planen und räumlich-zeitlich geordnet auszuführen
Proband – Testperson
Pronation – Einwärtsdrehung, z.B. Heben des lateralen / Senken des medialen Fußrandes; Gegensatz: Supination
propriozeptiv – die Wahrnehmung von Eigenbewegung(en) betreffend
proximal – näher zur Körpermitte hin orientiert; Gegensatz: distal
pulmonal – die Lunge betreffend
Reafferenz – Rückmeldung zur Kontrolle / Anpassung von Bewegung
reflektorisch – durch Reflex(e) vermittelt, unwillkürlich
Reflex – unwillkürlich ablaufender Vorgang im Zentralnervensystem, der automatisch eine bestimmte Antwort auf einen Reiz auslöst

refraktär – unempfänglich, nicht zu beeinflussen
Retroversion – Bewegung nach hinten; Gegensatz: Anteversion
Rezeptor – „Empfänger", Aufnahmeorgan für einen spezifischen Sinnesreiz
Rotation – Drehung
Sagittalebene – parallel zur (von vorn nach hinten ausgerichteten) „Pfeilnaht" des Schädels verlaufende Körperebene (sagitta = der Pfeil); Bewegung in S. = Ante- bzw. Retroversion, Vor- bzw. Rückführen / -beugen
Salutogenese – „Entstehung von Gesundheit"; Konzept eines Kontinuums zwischen den beiden Polen Gesundheit und Krankheit; das individuelle Kohärenzgefühl bestimmt die aktuelle Position und die Richtung, in der ein Mensch sich zwischen diesen Polen bewegt.
Screening-Verfahren – Sichtung, Suchtest, Reihenuntersuchung; Verfahren, mit dem schnell und relativ grob Auffälligkeiten erfasst werden können.
sensorisch – die Sinnesorgane betreffend
somatisch – den Körper betreffend
spastisch – verkrampft, mit hohem Muskeltonus
spinal – das Rückenmark, die Wirbelsäule betreffend
statomotorische Entwicklung – frühkindliche Entwicklung von Haltung und Bewegung
subcortical – unterhalb der Hirnrinde (Cortex) gelegen
superior – oben, oberer; Gegensatz: inferior
Supination – Auswärtsdrehung, z.B. Heben des medialen / Senken des lateralen Fußrandes; Gegensatz: Pronation

supraspinal – oberhalb des Rückenmarks gelegen
Sympathikus – Anteil des vegetativen (autonomen) Nervensystems; als „Leistungsnerv" verantwortlich für die Umstellung des Organismus auf / seine Anpassung an Leistungsanforderungen
Synapse – Kontaktstelle zwischen einem Nervenzellfortsatz und dem „Erfolgsorgan", z.B. einem Muskel
Synergist – gleichsinnig arbeitender Muskel, der den Agonisten unterstützt
Synkinesie – unwillkürliche Mitbewegung
Systole – Kontraktionsphase des Herzmuskels; Gegensatz: Diastole
taktil – den Tastsinn betreffend
tonisch – durch anhaltende Muskelspannung charakterisiert
Torsion – Verdrehung / Achsendrehung, Verwringung
Transmitter – Substanz zur Übertragung von Nervenreizen
Tremor – Muskelzittern
trophisch – die Ernährung von Geweben betreffend
trophotrop – im Sinne der Erholung wirkend; Gegensatz: ergotrop
vaskulär – das Gefäßsystem betreffend
vegetativ – das vegetative (autonome) Nervensystem betreffend
Vene – zum Herzen hinführendes Blutgefäß
ventral – bauchwärts, zum Bauch hin liegend, vorn; Gegensatz: dorsal
vestibulär – den Vestibularapparat (Gleichgewichtsorgan) betreffend
visceral – die Eingeweide betreffend
visuell – das Sehen betreffend, visuelle Wahrnehmung
volitiv – den Willen betreffend